New Testament Greek Manuscripts

John

Also by Reuben J. Swanson:

The Horizontal Line Synopsis of the Gospels

The Horizontal Line Synopsis of the Gospels (Greek ed.)

New Testament Greek Manuscripts: Matthew

New Testament Greek Manuscripts: Mark

New Testament Greek Manuscripts: Luke

New Testament Greek Manuscripts

Variant Readings
Arranged in Horizontal Lines
against Codex Vaticanus

John

Edited by
Reuben J. Swanson

Sheffield Academic Press
Sheffield, England

William Carey International University Press
Pasadena CA, USA

Sheffield Academic Press
Mansion House, 19 Kingfield Road
Sheffield S11 9AS England
ph 44-114255-4433
fax 44-114255-4626
email: admin@sheffac.demon.co.uk

William Carey International University Press
1539 East Howard Strret
Pasadena, CA 91104 USA
ph (818) 398-2175
fax (818) 398-2240
email: publications@wciu.edu

Library of Congress Catalog Card Number: 95-72073

Sheffield Academic Press: William Carey International University Press:
  ISBN# 1-85075-775-5 (Paperback)   ISBN # 0-86585-054-2 (Paperback)
  ISBN# 1-85075-598-1 (Hard Cover)   ISBN # 0-86585-062-3 (Hard Cover)

The Symbol Greek font used to print this work is available from
Linguist's Software P.O. Box 580 Edmonds WA 98020-0580 U.S.A. (206) 775-1130

To Marian

Partner and Helpmeet
in this Venture
of Love

Foreword

Of the several kinds of tools available for the detailed study of the Greek New Testament—such as lexica, grammars, concordances, commentaries—the textual apparatus is often given the least attention or is overlooked entirely. Yet any serious investigation of a given passage will entail analysis of variant readings in order to ascertain the original form of the text as well as the several modifications introduced during the subsequent transmission of that passage.

The history of assembling textual information for an apparatus of variant readings of the Greek New Testament spans many generations. The earliest in printed format was the work of Robert Stephanus who in 1550 issued at Paris a handsome folio-sized edition of the Greek New Testament. The inner margins of the volume present a variety of readings drawn from sixteen witnesses, each identified by a Greek letter. The letter α signifies the text of the Complutensian Polyglot Bible, printed in 1514. The other letters refer to fifteen Greek manuscripts, the oldest of which is the manuscript known today as codex Bezae, identified by the letter β. According to Stephanus's "Epistle to the Reader," the manuscript had been collated for him in Italy by his friends. From their collation Stephanus included 389 citations of the manuscript (as counted by F. H. A. Scrivener). Other manuscripts are cited somewhat more frequently.

This first *apparatus criticus* of rather modest dimensions was expanded stage by stage by subsequent editors. A dramatic enlargement was published at London in 1707 when John Mill, after thirty years of labor, reproduced Stephanus's text with a vastly increased apparatus, gathered from manuscripts, versions, and patristic citations, totalling about 30,000 variant readings.

The next major step was taken by a Swiss scholar living in the Netherlands, Johann Jakob Wettstein, whose two-volume edition of 1751-52 more than doubled the number of manuscripts ever cited before. He also introduced a system of symbols for manuscripts, designating uncials by capital letters and minuscules by Arabic numerals. During the followng century the culmination of Constantin von Tischendorf's lifelong interest in the Greek text of the Bible was climaxed by the publication of his *Editio octava critica maior* in 1869-72. A reprint of the edition in 1969 is an indication that even a century later it is still of value in scholarly research.

In the twentieth century a monumental edition and apparatus of the Greek New Testament was prepared by Hermann von Soden and a score of assistants (1913). Despite von Soden's prolonged investigation of Greek minuscules as well as intensive study of the history of the Greek text, the edition proved to be (in the words of Kirsopp Lake) "a magnificent failure." The most recent extensive apparatus of variant readings, collected by members of an American and British Committee, was set forth in two volumes published at Oxford in 1984 and 1987. The extent of the work can be judged from the fact that 600 pages are devoted to presenting manuscript evidence for the Gospel according to Luke.

All of the publications mentioned above organized the textual evidence in a more or less traditional format. The present volume prepared by Reuben Swanson, however, employs a different kind of format, one that enables the eye to take in at a glance the variations between and among the witnesses. It is, as one might say today, the "user friendly" format that Swanson had developed earlier for his *Horizontal Line Synopsis of the Gospels* (1975; 2nd ed. 1984). In the present volume, however, instead of presenting evidence from a maximum of four texts, the compiler was confronted with the task of presenting on each page far more numerous and diverse pieces of evidence from a wide variety of witnesses, some of which had undergone scribal correction. When one considers that Swanson not only collected and formatted this material but also produced a finished product ready for printing, one can appreciate that the volume represents extraordinary dedication and attention to minute detail. All who make use of his apparatus of readings must feel a debt of gratitude to Swanson for having devised such an innovative and useful tool for the study of the Greek text of the New Testament.

Bruce M. Metzger

Introduction

The sub-title of this book, "Variant Readings Arranged in Horizontal Lines against Codex Vaticanus," suggests two departures from the past in the crafting of a new edition of the Greek New Testament. This work is different in principle for it avoids the eclecticism that characterizes all current editions, and it differs in methodology inasmuch as every variation and all information from every source used are faithfully and completely reported in a parallel line format. To say that this edition avoids eclecticism means that it does not consist of words from several different manuscripts mixed together without identification of the sources. Nevertheless, it preserves some of the techniques of current editions, for some of the symbols designating types of variant readings are continued.

Part I. An Historical Review of Text Editions

"Why a new edition of the Greek New Testament?" you may ask. We already have several editions, such as Nestle-Aland's *Novum Testamentum Graece*, Westcott–Hort's *The New Testament in the Original Greek*, and The United Bible Societies' *The Greek New Testament, et al*, that are adequate for the needs of the church and for scholarship, do we not? This is an appropriate question.

A principal feature of all current editions is the eclectic nature of the text, that is, the mixing together of words or phrases from several different manuscripts without identification of the sources. The texts have been revised again and again over many generations, mainly by a process of editing the early Textus Receptus through the substitution of selected readings from various manuscript sources that the editors considered to be earlier and more authentic than readings in their exemplar.

The earliest printed text of the New Testament, called the Complutensian, was edited by Cardinal Ximenes in 1514. He based his text upon a few late manuscripts that he failed to identify; therefore it has little or no critical value today. The second printed text, which was actually published earlier than the Complutensian, was prepared by Erasmus from six or seven minuscule manuscripts that were in the possession of a printer by the name of Froben at Basel. Only minuscule 1, used occasionally by Erasmus, is considered by critics today to have genuine value, although in this writer's estimation minuscule 2 deserves more credibility than it has received. Erasmus hastened the preparation of his work in order that his edition might be the first in print. He succeeded in this objective at the expense of quality, for at least in one instance he took the liberty of translating the concluding verses of the Apocalypse into Greek from Latin manuscripts of the Vulgate because his Greek sources were deficient.

These two editions named above became the basis for all subsequent early texts, including the third edition of Robert Stephanus in 1550, Beza's editions prepared over a lifetime in the sixteenth and early seventeenth centuries, and Elzevirs' editions of 1624 and 1633. Elzevirs' editions were based upon a comparison of Stephanus's and Beza's works; the 1633 edition came to be called the "Textus Receptus."

All critical editions from that point to current critical editions have been attempts to improve upon the Textus Receptus by comparing additional and later manuscripts to it and by substituting readings that the editors considered to be closer to readings in the original autographs. The current texts are the result.

In regard to these current texts, the present work has shown that readings have been selected and substituted based upon an inadequate representation of the evidence; the readings and their support are often misleading and/or in error; readings are often cited only in part; and, finally, readings from every manuscript used that are equal in importance to those cited by the editors have been consistently omitted.

Faulty or incomplete reporting of the evidence cannot provide a sufficient base for critical judgments as to which readings are superior, that is, earlier and more authentic. Moreover, the apparatus reporting the evidence is more difficult to use than the present horizontal line technique. The variants are cited in a massive set of footnotes at the bottom of each page, a situation that creates a problem for the user of correlating text and variant reading material.

An examination of the most widely used current critical editions, for example, Nestle–Aland *Novum Testamentum Graece* (Stuttgart, 1979), Westcott–Hort *The New Testament in the Original Greek* (New York, 1935), and the edition issued by the United Bible Societies entitled *The Greek New Testament* (Fourth Edition, 1993), leads to the conclusion that the methodology can be improved. The base for these editions was prepared in the sixteenth and seventeenth centuries. That base has been emended again and again over the intervening centuries by numerous scholars with access to earlier manuscripts not available to the earlier pioneer critics. The intention has been to provide a text embodying the best critical judgments of specialists in the discipline. But the result demonstrates that readings are not always fully and correctly reported, and editors are not always consistent in their use of the evidence from the earlier sources.

The editor of this work is convinced that a new beginning should be made in the crafting of a tool for use in the church and for scholarly research and writing. The principal deficiency of all current editions is the fallacy of origins. All have originated from the Textus Receptus of 1633. The Textus Receptus from its very inception was an eclectic text, meaning, as mentioned above, the mixing together of words and phrases from different manuscripts without identification of the sources. It was composed from a number of manuscripts with readings being chosen from each according to the principle of substitution. For example, although Erasmus used minuscule 2 as the basis for his text, he sometimes substituted readings from minuscule 1 for readings in minuscule 2 on the premise that a particular reading from minuscule 1 was superior or more authentic than a reading in minuscule 2. Modern scholarship has demonstrated that, although both manuscripts 1 and 2 are twelfth century, manuscript 1 preserves a better text in many passages than the text of manuscript 2. Erasmus relied principally upon a late and inferior text for the production of his edition and simply corrected that text in certain passages by substituting readings from minuscule 1. From the beginning the principle has prevailed in the preparation of critical editions that an eclectic text is superior to an actual manuscript text that had been scripture for an early Christian community.

This initial mixture, Textus Receptus, became the basis for all subsequent editions. Readings have been substituted throughout the Textus Receptus from a multitude of manuscript sources by textual critics and editors from the seventeenth century to the present time with the result that the present text is a most eclectic document. Thus an emended Textus Receptus is in fact the basic text for translation, for research and writing, and for all hermeneutical and exegetical studies today. Remnants of the twelfth century minuscules used by Erasmus still remain the basis for some passages in all current critical editions, and these remnants have become so mixed with readings substituted from other sources that there are passages in modern editions for which this writer has found no manuscript support in the many sources used for this production. Furthermore, the eclectic method in use is suspect because the reader can never know whether parallel passages in the gospels are truly parallel or whether the parallelism is a creation of the editors by this process of editing. If the latter be the case, then much of the hermeneutical and exegetical work dependent upon current texts needs serious review.

Part II. A New Edition Based upon a New Principle and a New Methodology

A new edition is offered based upon a new principle and a new methodology, and what has proven useful in previous editions is conserved. In addition, a new format has been created for easy access to the material. The first and most momentous decision was to choose an unaltered source document from the early church to be the text for this work. The problem is that we have only one complete uncial manuscript for the entire New Testament—Codex Sinaiticus, a fourth century manuscript discovered by Constantinus Tischendorf in 1844 at the monastery of St. Catherine on Mount Sinai. This has long been recognized as one of the most important New Testament manuscripts in our possession. However, there is another manuscript, although incomplete in some portions of the New Testament, that is recognized by nearly all critics to be superior in quality to all others. That manuscript is Codex Vaticanus, a fourth century manuscript in the Vatican Library. However, the new approach does not succeed or fail due to the choice of Vaticanus over Sinaiticus.

Rather, the essential criteria for acceptance of a new edition of the Greek New Testament must be the trinity of completeness, accuracy, and efficiency.

1) Completeness is not to be understood in the sense of a complete reporting of all manuscripts, versions, lectionaries, and church fathers, but rather the complete reporting of every variant from those particular sources used for this work. There is no edition that is complete in the former sense, or in the latter sense, for that matter. One of the deficiencies of current critical editions is the omission of important variants in many passages from the sources used. For example, a variant or two may be reported for a passage from Codex D, a very important fifth century manuscript, but an equally important variant and even variants from the same passage are ignored and omitted. This is never the case in this work. All variants, even different spellings, are reported completely. In the view of this editor, it is important to include every variant and every kind of variant from the individual sources. *Judgments have not been made as to what is important and what is unimportant.* Seemingly insignificant differences, such as spelling (itacisms), may be of high importance in tracing family relationships among manuscripts. It would be impossible to include complete information from every manuscript, version, church father, and lectionary, because of the volume of material involved. The decision has been made to limit the sources used for this first edition to a select list of manuscripts in the Greek language.

It was the hope of the editor to include information from certain church fathers and from lectionary editions, but time has not permitted the fulfillment of that hope, with one exception. Each citation of the gospels from Clement of Alexandria is set forth immediately below the verse from which it is cited with an underlining of those words which are in agreement with one or more of the manuscript witnesses. This material was available since this was the doctoral project of the editor. Versions are highly important sources of information for early readings, but there is a twofold problem: first, to find specialists in Latin, Syriac, and Coptic who are equally conversant in Greek; and, second, to be completely accurate in identifying equivalents between a reading in a version and a reading in the Greek text. Since there is disagreement among specialists as to which readings are equivalent in two languages, it seems wise to limit the materials used for this first edition to a select list of Greek sources. It is the hope of the editor that the parallel line format will make it possible for specialists in the languages of the versions to make more authoritative judgments as to the linkage with a Greek text or texts.

2) Accuracy of reporting is a second highly important criterion. A comparison of the material reported in the apparatus of Nestle–Aland to the material reported in the apparatus of this new work will indicate not only the incompleteness of the former, but also the many inaccuracies. Every effort has been made to assure accuracy for this new work; manuscripts have

been read twice and even three times with additional checking of specific passages. However, the editor must acknowledge that it is difficult to assure complete accuracy in every instance, since such a vast amount of detail is incorporated into a work of this nature. The writer cautions the user to check the data by personally consulting the manuscript(s) whenever the information is to be used authoritatively.

3) A third criterion is efficiency. Anyone who has tried to correlate the text and the variant readings in the apparatus of Nestle–Aland should realize how inefficient this arrangement is, since all variant material is printed in footnotes and continuously. In this new edition all substantial variants are reported immediately in the groupings of parallel lines. Thus the reader can view the phenomena both horizontally and vertically, since an effort has been made to juxtapose the variant readings one above the other through spacing. The reader is able to view the relevant variant material immediately and is spared the effort of trying to correlate readings a page–length from each other. Readings that include obvious errors and different spellings, except for those in the text of Codex Vaticanus that are printed *verbatim,* are placed in the footnotes so as to be available for in–depth studies of family relationships among manuscripts.

Part III. The Particular Sources Used for this Edition

The editor simply reproduces information about the sources from UBS[4], p. xiii, since in this instance he conforms to widely accepted usage. "The Greek manuscript evidence includes papyri, uncials designated traditionally by capital letters (referred to as "letter uncials"), uncials designated by Arabic numbers with an initial 0 (the "numbered uncials"), and minuscules (numbered without an initial 0). All manuscripts are cited and identified in accordance with the Gregory-Aland nomenclature found in Kurt Aland, *Kurzgefasste Liste.*"[1]

a) The papyri:

Number	Location		Date
$\mathfrak{P}^1$	Philadelphia		III
$\mathfrak{P}^2$	Florence		VI
$\mathfrak{P}^5$	London		III
$\mathfrak{P}^6$	Strasbourg		IV
$\mathfrak{P}^{19}$	Oxford		IV/V
$\mathfrak{P}^{22}$	Glasgow		III
$\mathfrak{P}^{25}$	Berlin	late	IV
$\mathfrak{P}^{35}$	Florence		IV(?)
$\mathfrak{P}^{36}$	Florence		VI
$\mathfrak{P}^{37}$	Ann Arbor, Mich	about	300
$\mathfrak{P}^{39}$	Rochester, N. Y.		III
$\mathfrak{P}^{46}$	Dublin: Chester Beatty, and Vienna		III
$\mathfrak{P}^{52}$	Manchester		II
$\mathfrak{P}^{53}$	Ann Arbor, Mich.		III

---

1. Barbara and Kurt Aland, Johannes Karavidopoulos, Carlo M. Martini, and Bruce M. Metzger, Editors, *The Greek New Testament,* 4th ed., United Bible Societies, 1993.

	Number	Location	Date
$\mathfrak{P}^{59}$		New York: P. Colt 3	VII
$\mathfrak{P}^{60}$		New York: P. Colt 4	VII
$\mathfrak{P}^{62}$		Oslo	IV
$\mathfrak{P}^{63}$		Berlin	about 500
$\mathfrak{P}^{66}$		Geneva: P. Bodmer II	about 200
$\mathfrak{P}^{75}$		Geneva: P. Bodmer XIV, XV	early III
$\mathfrak{P}^{76}$		Vienna	VI
$\mathfrak{P}^{82}$		Strasbourg	IV/V

b) The Uncials:

Manuscript		Location	Date
ℵ	01	London: Sinaiticus	IV
A	02	London: Alexandrinus	V
B	03	Rome: Vaticanus	IV
C	04	Paris: Ephraemi Rescriptus	V
D	05	Paris: Bezae Cantabrigiensis	V/VI
E	07	Basel	VIII
F	09	Utrecht	IX
G	012	Dresden: Boernerianus	IX
H	013	Hamburg and Cambridge	IX
K	017	Paris	IX
L	019	Paris: Regius	VIII
M	021	Paris	IX
N	022	St. Petersburg and elsewhere	VI
P	024	Wolfenbuttel	VI
Q	026	Wolfenbuttel	V
S	028	London	VI
T	029	Rome	V
U	030	Venice	IX
W	032	Washington: Freer Gospels	V
Y	034	Cambridge	IX
Γ	036	St. Petersburg and Oxford	X
Δ	037	St. Gall	IX
Θ	037	Tiflis: Koridethi	IX
Λ	039	Oxford	IX
Π	041	St. Petersburg	IX
Ψ	044	Athos	VIII/IX
Ω	045	Athos	IX
0171		Florence	IV

c) The minuscules:

Number	Location	Date
1 (f^1)	Basle	XII
2	Basle	XII
13 (f^{13})	Paris	XIII
28	Paris	XI

33	Paris	IX
69 (*f*13)	Leicester	XV
118 (*f*1)	Oxford	XIII
124 (*f*13)	Vienna	XI
157	Rome	XII
565	Leningrad	IX
579	Paris	XIII
700	London	XI
788	Athens	XI
1071	Mt. Athos	XII
1346 (*f*13)	Jerusalem	X,XI
1424	Maywood, Ill.	IX, X
1582 (*f*1)	Mt. Athos	X (949)

d) Church Fathers:

Clement of Alexandria (Cl)[2]   ca. 200

e) Editions:

u Barbara and Kurt Aland, Johannes Karavidapoulos, Carlo M. Martini, and Bruce M. Metzger, Editors, *The Greek New Testament*, 4th ed., United Bible Societies, 1993.

w Westcott, Brooke Foss and Hort, Fenton John Anthony, *The New Testament in the Original Greek* (New York: Macmillan), 1935.

τ *Η ΚΑΙΝΗ ΔΙΑΘΗΚΗ*, Reproduced by photographic offset at the University of Chicago Press from *Η ΚΑΙΝΗ ΔΙΑΘΗΚΗ* (Oxford, 1873).

Part IV. A Description of the Edition

The special and unique features of this work include the following:

1) Codex Vaticanus, a fourth century manuscript, is printed in full and serves as the exemplar. Vaticanus, widely considered to be superior to all other witnesses, is chosen as the primary witness, for, as Sir Frederic Kenyon wrote, "Codex Vaticanus [is] the most valuable of all the manuscripts of the Greek Bible."[3] Professor Kurt Aland, noted textual critic, likewise evaluated Vaticanus most highly, writing, "Among the uncials, B has a position of undisputed precedence in the gospels."[4]

The rationale for the choice of Codex Vaticanus as the text for this work may be simply stated: a) it is often recognized as the best manuscript available, and b) there is a strong possibility that it was either one of the copies prepared for the Emperor Constans by Athanasius in the earlier years of his exile at Rome or one of the fifty copies prepared by Eusebius in Caesarea by order of Emperor Constantine about the year C.E. 332. The most serious question that emerges about the choice of Vaticanus as the work proceeds for all of the New Testament is

---

2. Stahlin, Otto (ed.). *Clemens Alexandrinus*. Vols. I-IV. Leipzig: J. C. Hinrichs (Vol. I *Protrepticus Paedigogus*, 1905. Vol. II *Stromata*, Books 1-6, 1906. Vol. III *Stromata*, Books 7-8. *Excerpta ex Theodoto. Eclogai Propheticae. Quis Dives Salvetur. Fragmente* 1909. Vol. IV *Register*, 1936).
3. Sir Frederic Kenyon, *Our Bible and the Ancient Manuscripts* (Harper, 1958), p. 202.
4. Kurt Aland, *Nestle-Aland Novum Testamentum Graece*, 26th ed. (Stuttgart, 1983), p. 49.

that it lacks the ending to the Epistle to the Hebrews, the Pastoral Epistles, and the Apocalypse. Although Codex Sinaiticus is complete, it lacks the quality throughout characteristic of Vaticanus. Codex Vaticanus has thus been chosen as the basic text for this edition, and another manuscript text will be selected when a decision must be made for those portions of the New Testament that are lacking in Vaticanus.

2) The text of Vaticanus is printed in full as the top and the lead line for each of the groupings of parallel lines (except in a few instances of gross error in the text where the emended text of Vaticanus, represented as Vaticanus corrected [B^c], replaces it). Vaticanus original (B*) in these instances is placed on line two. The rationale for putting Vaticanus at the top is to provide the reader access to a text that was a text in the early life of the Christian community.

3) The witnesses are listed for each line of text in this usual order: first, Vaticanus (B 03); second, papyri in their numerical order; third, the uncials in their alphabetical order with the exception that Family 𝔐 appears in the order for Laudianus (E 08) and is accompanied by the additional Byzantine witnesses in sequence thereafter if listed individually; fourth, the one arabic numbered uncial used (0171); fifth, the minuscules in this order, Family 1, Family 13, 33 as "queen of the minuscules," and the remaining minuscules used in numerical order.

4) The use of symbols for the family groupings that have been identified by critics has been continued for this work. They are the following.

a) The symbol 𝔐 representing a group of manuscripts called the Byzantine witnesses. This grouping includes E F G H S Y and Ω for this work. However, the reader is cautioned to check in every instance to determine whether or not any of these sources is cited individually, since each may sometimes differ from the majority, and also to check the footnote section entitled **lac.** as explained below.

b) The symbol f^1 represents minuscules 1, 118, and 1582 read for this work, although these may be cited individually when not in agreement. It is to be noted that there are frequent corrections of minuscule 1582 by a later hand, so that it is cited 1582* (original) and 1582^c (corrector). There is a question in the mind of the editor, however, as to the appropriateness of using the asterisk to indicate the original reading, since it is obvious that the citing of minuscule 1582 without the asterisk should always indicate what the scribe wrote originally. The original is the reading and should always be evaluated from that perspective. There are instances where an obvious error distorts the meaning of the saying or phrase and demands correction. Even in these instances the correction should be considered to be secondary.

The same may be said for every other use of the asterisk when used to indicate an original reading. However, there are occasions when it is necessary to designate the obvious, since the reading of the corrector is not always specifically identified among the witnesses but is subsumed under *rell*, all the remaining witnesses. It seems appropriate then to continue the use of the asterisk for clarity, although for the purposes of identifying family relationships the original reading should always have priority.

c) The symbol f^{13} represents minuscules 13, 69, 124, 788, and 1346 read for this work, although these may be cited individually when not in agreement. The information from manuscripts 788 and 1346 was added later, since these manuscripts are among the earlier of the cursives. Minuscule 788 has been identified previously as belonging to f^{13}. The identification of minuscule 1346 to be a member of this family is a new and important finding by the editor.

5) All variants of every kind from each source used are reported in full.

6) A parallel, or horizontal line, format has been developed to report all substantial variants from each of the sources used, so that the reader has immediate access to all variant readings in a format that makes it possible to visualize their significance as groupings of parallel lines are scanned horizontally and vertically.

7) The reporting of every variant and of the various notes found in the margins of the manuscripts results in a virtual facsimile of every source used for this work. One advantage of this method of representation is that each manuscript can actually be reconstructed electronically out of the data for independent study.

8) In addition to the substantial variants reported in the groupings of horizontal lines, additional information from the manuscripts is presented in a series of footnotes for each page as follows:

a) The first section is designated **lac.** (*lacunae*) to indicate page by page which manuscipts are not represented for this particular page of the work. The precise beginning for readings from manuscripts with *lacunae* is preceded by a series of dots leading up to the initial word in the text (...................... λέγει), and the precise ending of the text is shown by a series of dots after the final word of the text (λέγει ....). Occasionally an entire line of dots in a grouping of parallel lines is necessary, since the initial word of the text happens to be the initial word of the following line of text. This method of presentation is used throughout for the citing of the papyri that are presented *in toto* with a series of dots representing the missing words or parts of words.

b) A second section is designated by the capital letter **A**. This section contains orthographical variants (itacisms, that is, different spellings of words), scribal errors, and erasures that cannot be deciphered from microfilm copy. The variants involving proper names are shown in the parallel lines, since some authorities, notably E. C. Colwell,[5] are of the view that such variants have ultimate value for determining family relationships among manuscripts. This information has other value as well. J. H. Moulton writes, ". . .the orthographical peculiarities of the NT uncials, ... in comparison with the papyri and inscriptions, will help to fix the provenance of the MSS, and thus supply criteria for the localising of textual types, ... an indispensable step towards the ultimate goal of criticism."[6] An example to illustrate the value of this information is the occurrence of δαί for δέ in Cursives 1 1582 in the following passages: Mt. 7.3; 21.28; Lk. 6.41; 12.57. This itacism occurs only rarely in other manuscripts. This suggests an interesting possibility—was Cursive 1582 the exemplar for the scribe who copied Cursive 1, since Cursive 1582 is X century and Cursive 1 XII century? This rare itacism, numerous unusual orthographical similarities, and unusual variant readings (compare a long homoioteleuton in Lk. 6.32-33), are the basis for this suggestion. Homoioteleuton is that phenomenon in which a scribe skips a series of words or a phrase because of "like endings." Occasionally this has happened because the same word occurs at the ends of lines. The scribe in copying has completed a line of text, but when he looks again at his exemplar his eye catches the same word at the end of another line of text. Thus the material between is accidentally omitted. The reporting of all variants, even itacisms, is indispensable for telling us something of the provenance of the manuscript, and also as an indicator of the quality of the scribal work.

---

5. In personal conversation December, 1955.

6. James Hope Moulton, *Grammar of the New Testament Greek,* Volume I. *Prolegomena* (Edinburgh, 1906), p. 41.

c) A third section designated capital letter **B** lists contractions of the *nomina sacra* (sacred names) together with supporting witnesses. This information may have relevance in determining family relationships, since scribes did not always contract the *nomina sacra* nor always in the same form. There are also instances when additional words were contracted, although these did not come into common usage. For a full discussion of these phenomena, the reader is referred to Bruce M. Metzger, *Manuscripts of the Greek Bible.* [7]

d) A fourth section designated capital letter **C** includes the κεφάλαια *majora* and τίτλοι,[8] as well as what this writer calls "lectionary notes"; that is, the indicators for readers of the beginnings (ἀρχή) and endings (τέλος)[8] of Sunday and holy day scriptures. The various phrases identifying the occasion and providing an "intelligible commencement or conclusion" for the reading are also included. The editor has most often reproduced the information in its abbreviated form as in the manuscript margins.

e) Finally, a fifth section designated capital letter **D** cites the chapter or section numbers from the margins as well as the Eusebian canon tables.[9] The system of section numbering varies from manuscript to manuscript. The section numbering for Vaticanus, singular and unique, is printed immediately in the text. All other references are cited in the footnote section. It is to be understood that the witnesses cited in support of the text of Vaticanus never support that section numbering. The reader should know that the numbers in the manuscripts cited with the Greek enumerating system of letters with a bar above ($\bar{\alpha} = 1$, $\bar{\beta} = 2$, etc.) do not always have a bar above the letter indicating that it is a numeral. The editor has taken the liberty of editing the manuscripts in these instances by adding the bar to make the identification certain to the reader.

9) The modern chapter and verse divisions for this work are identical with those found in UBS[4].

10) The section headings, the κεφάλαια and τίτλοι, are absent in Vaticanus. The κεφάλαια and τίτλοι are cited in the body of this work at their appropriate locations without identification as to source. The reader is referred to footnote **C** where they are cited *verbatim* as they occur in the manuscripts with variants and source identifications.

11) The section headings in English are from UBS[4] with revisions and additions by the editor where in his view a more definitive and descriptive title is appropriate. The cross references to parallel passages are taken from the editor's work, *The Horizontal Line Synopsis of the Gospels*.[10]

12) Citations of Old Testament direct quotations are printed in boldface type as in USB[4]. Some but not all of the differences from Vaticanus in the parallel lines are likewise in boldface under the assumption that scribes may have been acquainted with a Septuagint text which contained these variants.

13) Poetic passages from the Old Testament citations in the gospels, as well as passages from the teachings of Jesus that have a poetic structure, are indented as in UBS[4]. However, it is to be noted that additional teaching passages have been organized into a poetic structure in this

---

7. Bruce M. Metzger, *Manuscripts of the Greek Bible*, (New York, 1981), pp. 36f.
8. *Ibid.*, pp. 40f., 43f.
9. Ibid., pp. 40ff.
10. Reuben J. Swanson, *The Horizontal Line Synopsis of the Gospels*, 2nd ed. (William Carey Library, Pasadena: 1984).

Introduction

work. It is the editor's view that the model for many of Jesus' sayings came from the Old Testament, especially from the prophets, the Psalms, and possibly even Proverbs.

14) The text and the textual apparatus are one and the same for this work. The information from the sources used is presented in a series of parallel lines with the manuscript support for each line cited at the end of the line, that is, at the right hand margin. Frequently this information exceeds the space available at the end of the line. When additional space is needed to cite the support for Codex B (always the top line of a grouping of parallel lines), the list of supporting witnesses is sometimes moved to the line below with a bracket ([↑) or to the line above with a bracket ([↓), the arrow indicating to which line the additional witnesses belong. This method is also used for other lines within the groupings of parallel lines as space allows. The bottom line of a grouping of parallel lines frequently includes the most witnesses. The overflow for the enumeration of the witnesses to the previous line is preceded by bracket ([↓), but this symbol is considered unnecessary when the overflow is to the succeeding line.

15) The citation of the manuscript witnesses is always supplemented by the citation of the readings line by line from UBS⁴ represented by boldface **u**, by the readings from Westcott and Hort's critical edition represented by boldface **w**, and by the readings from Textus Receptus represented by boldface τ. It should be noted that references to these three sources are always cited in every grouping of parallel lines. In those passages where the UBS⁴ committee and/or Westcott and Hort offered the reader two or even three possibilities for alternate readings, their usage is continued by citing a **u** or a **w** in square brackets [**u**], [**w**],[**uw**] in those passages where the text is regarded as disputed. The intent is to make it possible for the reader to see in context the critical choices scholars have made from among the variants considered for their editions. The reader is referred to the work of Bruce M. Metzger, *A Textual Commentary on the Greek New Testament*,[11] for an explanation of the principles that guided the committee preparing UBS⁴ in their selection of preferred readings. Without question many of these choices are good and reliable ones. Nevertheless it becomes clear through an examination of the parallel line phenomena that on occasion there are lines of text in UBS⁴ and in Westcott and Hort that have no manuscript support in the sources used for this work.

Since, as the editor maintains, the basic text in contemporary editions ultimately goes back to Erasmus, it was supposed that this phenomenon could have resulted from the undocumented presence of minuscule 2, Erasmus' main text for his edition. With that possibility in view, minuscule 2 has been included in the list of the sources used for this work. The results are ambiguous, since no clear pattern was determined, although the inclusion of minuscule 2 has led this writer to a new and higher appreciation of the quality of the manuscript than many critics have assigned to it.

16) The term "*rell*," meaning "all the remaining witnesses," used when it seems unnecessary to cite every source individually, is to be understood to mean, "all the remaining witnesses used for this work." If the reader needs to cite a specific manuscript out of this inclusion, he/she should refer to the footnote entitled **lac.** (*lacunae*) to be certain that this particular manuscript has the passage.

Two convenient symbols for variant readings have been used for this work. Occasionaly the symbol for word order (ˢ ˡ) is used to indicate a different verse order and also the sign for

---

11. Bruce M. Metzger, *A Textual Commentary on the Greek New Testament* (United Bible Societies 1971). 2nd ed., 1994.

addition (^{T}) when a phrase or verse of some length could not be fitted into the parallel line format. The addition is printed immediately below the verse with the sign ^{T} placed in the text to indicate where the addition is made.

17) Certain typographical features are used throughout the parallel line format to indicate differences from the basic text, Codex Vaticanus. As stated elsewhere, a series of dots (··············) indicates a *lacuna*. Omissions of words or phrases are indicated by a blank space in the text. Whenever the omission extends beyond one or more lines the abbreviation, om., is placed at the beginning of the line to call attention to the omission. The usual procedure is to incorporate additions of words or phrases into the groupings of lines with the exception of longer additions as stated in (16) above. Underlining of variants is used to call attention to substitutions and changes in word order.

Part V. Summary

The advantages of the choice of a single manuscript as a base text (in this case Vaticanus) and the decision to give a complete reproduction of all the information from the other sources used for this work are, in the view of the editor, the following :

1) The objective nature in the reporting of the information. The user reads what early Christians heard in public worship, and/or what early Christians read in their devotional, hermeneutical, and exegetical study of the gospels. The user is able to evaluate the information and make a personal judgment as to its significance and value historically and theologically.

2) Substantial numbers of variant readings are immediately accessible as in no other work, and are in a format that makes it possible to follow the text of any manuscript of choice throughout the gospels.

3) A complete and composite resource is thus available for many disciplines employed by New Testament scholars, whether textual, historical, exegetical, and/or hermeneutical study.

4) Seemingly inconsequential variants are available as an aid in unraveling the history of the transmission of the Greek New Testament texts over the centuries.

5) A base is established from which to make a more accurate and substantial comparison of readings from the versions (Latin, Syriac, Coptic, *et al.*) and to equate or identify more precisely the Greek exemplar from which they may have been translated.

6) A base is also established from which to prepare a new kind of Synopsis of the Gospels that will demonstrate a true contextual comparison, since it will be based upon a single text that was a text in the life and history of the Christian community at an early date.

7) The integrity of each and every scribal witness is preserved by the full reporting of data, since each scribal witness in a certain sense is a unique presentation of testimony to Jesus Christ during the first fifteen centuries of our era.

Part VI. Acknowledgements

A large number of friends and colleagues have contributed in significant ways to this project over the years. One hesitates to begin to list them, since not all can be named. The following persons, however, have been particularly helpful and are worthy of mention: First, my dear wife, Marian, without whom this project could not have been completed. She has been a most gracious "computer-widow" during the past several years while I have concentrated almost exclusively on research and writing. Second, my deep appreciation is expressed to Ralph D. Winter of William Carey International University, Pasadena, who has given strong support and wise counsel. William Carey International University has secured the financial assistance of a gracious benefactor, Richard Mott, who has provided the financial resources so essential for a project of this magnitude. Professor Bruce M. Metzger of Princeton Theological Seminary has given invaluable advice on numerous occasions and has suggested changes and corrections that have improved the final result. Since the editor was and is a virtual novice at the intricacies of the computer, he has relied heavily upon specialists for assistance with the technical aspects. Personal friends who have been particularly helpful are John Wascher of Camarillo, Christopher Vendor of St. John's Seminary, Corinne Armstrong of William Carey International University, and Philip B. Payne of Linguist's Software. Staff members from The Ancient Biblical Manuscript Center at Claremont have been most cooperative in providing manuscript materials. St. John's Seminary Library of Camarillo has been the depository for interlibrary loans, and the librarians and staff are commended for their kindness and cooperation. Western Carolina University, where the editor served on the faculty for many years, and Dean Gerald Eller of the University, are remembered for their support, particularly in the purchase of a large number of microfilmed copies of manuscripts for the exclusive use of the editor. The editor also expresses his admiration and gratitude to all those who have labored in the discipline of the text of the Greek New Testament over the years. This present work could not at all be possible without the contributions and accomplishments of those who have gone before. Only a few of the many persons who have been invaluable in their support and assistance could be mentioned by name, but thanks are due to all of those who kept the compiler in their prayers and in their thoughts during the long gestation of this work.

Reuben J. Swanson

Key To The Use Of This Material

ΚΑΤΑ ΜΑΘΘΑΙΟΝ   19.3-5 ←2

μ̄ περὶ τῶν ἐπερωτησάντων εἰ ἔξεστιν ἀπολῦσαι τὴν γυναῖκα   ←3

Teaching About Divorce And Remarriage   ←4
(Mark 10.2-12; Luke 16.18)   ←5

6→	ρ̄ῑγ̄ 3 Καὶ προσῆλθον αὐτῷ	Φαρεισαῖοι	πειράζοντες αὐτὸν καὶ λέγοντες,	B	←8
	3 Καὶ προσ······ ····τῷ	Φ·············	·············· ···· ··········	𝔓²⁵	←9
7→	3 Καὶ προσῆλθον αὐτῷ <u>οἱ</u>	<u>Φαρισέοι</u>	πειράζοντες αὐτὸν καὶ λέγοντες,	ℵ	
	3 Καὶ προσῆλθον αὐτῷ	<u>Φαρισαῖοι</u>	πειράζοντες αὐτὸν καὶ λέγοντες,	C L M* Y Θ Π f¹ 124 565	←10
	3 Καὶ προσῆλθον αὐτῷ <u>οἱ</u>	<u>Φαρισαῖοι</u>	πειράζοντες αὐτὸν καὶ <u>λέγουσιν αὐτῷ</u>,	D* [↑579 700 788 u	←11
	3 Καὶ προσῆλθον αὐτῷ <u>οἱ</u>	<u>Φαρισαῖοι</u>	πειράζοντες αὐτὸν καὶ λέγοντες,	K	
	3 Καὶ προσῆλθον αὐτῷ	<u>Φαρισαῖοι</u>	πειράζοντες αὐτὸν καὶ λέγοντες <u>αὐτῷ</u>,	W Δ	[↑12
	3 Καὶ ········ <u>θαν</u> αὐτῷ	<u>Φαρισαῖ·</u>·	·············· ········· καὶ λέγοντες <u>αὐτῷ</u>,	33	
	3 Καὶ <u>προσῆλθαν</u> αὐτῷ	<u>Φαρισαῖοι</u>	πειράζοντες αὐτὸν καὶ λέγοντες,	w	←13
	3 Καὶ προσῆλθον αὐτῷ <u>οἱ</u>	<u>Φαρισαῖοι</u>	πειράζοντες αὐτὸν καὶ λέγοντες <u>αὐτῷ</u>,	Dᶜ 𝔐 Mᶜ U 118 f¹³ 2 28	←14
				157 1071 1346 1424 τ	←15

	Εἰ ἔξεστιν	ἀπολῦσαι τὴν γυναῖκα αὐτοῦ κατὰ πᾶσαν αἰτίαν; 4 ὁ δὲ	B ℵ* L 579 w	
16→	Εἰ ἔξεστιν <u>ἀνθρώπῳ</u>	ἀπο········ ····· γυναῖκ········ ········ ········· ····ίαν; 4 ὁ δὲ	33	
	Εἰ ἔξεστιν <u>ἀνθρώπῳ</u> <u>τινι</u>	ἀπολῦσαι τὴν γυναῖκα αὐτοῦ κατὰ πᾶσαν αἰτίαν; 4 ὁ δὲ	565	
	Εἰ ἔξεστιν <u>τινι</u>	ἀπολῦσαι τὴν γυναῖκα αὐτοῦ κατὰ πᾶσαν αἰτίαν; 4 ὁ δὲ	700	
	Εἰ ἔξεστιν <u>ἀνδρὶ</u>	ἀπολῦσαι τὴν γυναῖκα αὐτοῦ κατὰ πᾶσαν αἰτίαν; 4 ὁ δὲ	1424ᶜ	←17
	Εἰ ἔξεστιν <u>ἀνθρώπῳ</u>	ἀπολῦσαι τὴν γυναῖκα αὐτοῦ κατὰ πᾶσαν αἰτίαν; 4 ὁ δὲ	uτ rell	←18

19→   [Cl S III 47.2 <u>ει</u> <u>εξεστιν</u> <u>απολυσαι</u> <u>γυναικα</u> Μωσεως επιτρεψαντος;]

20→   **lac.** 19.3-5 𝔓⁴⁵ A N P Q Γ

21→   A 3 κε (και) L ¦ προσηλθων Θ ¦ πιραζοντες ℵ ¦ πειραζωντες Θ ¦ αυτων (αυτον) Θ ¦ εξεστην 579 ¦ εξεστι 700ᶜ ανθροπω K ¦ απολυσε ℵ Θ* ¦ γυνεκα ℵ ¦ αιτειαν D 579 ¦ ετιαν Θ* 4 ανεγνωται W 579 ¦ αρρεν E ¦ θηλη 13 ¦ θηλοι 28 565 ¦ θυλοι 579 5 καταλιψι ℵ ¦ καταλιψει C W Θ ¦ καταλυψει 13 ¦ καταληψει 579 1424

22→   B 3 α̅ν̅ω̅ ℵ³ C 𝔐 M S U W Δ Θ Π Ω f¹ 118 f¹³ 69 124 2 33 28 157 565 788 1071 1346 1424* ¦ α̅ν̅ο̅ν̅ 28 5 α̅ν̅ο̅ς̅ ℵ C 𝔐 L M S U W Δ Θ Π Ω f¹ 118 f¹³ 69 124 2 28 157 565 579 700 788 1071 1346 1424

23→   C 3 μ̄ περι των επερωτησαντων (του επερωτησαντος F 1071) ει εξεστιν (εξεστην L) απολυσαι (απολυειν S Π Ω 579) την (om. 28) γυναικα (+ αυτου H L S Ω 1424): 𝔐 K L M S U Δ Π Ω f¹ 2 28 157 565 579 1071 1424 ¦ μ̄ περι των ········ ··· Θ ¦ μ̄ πε του ει εξεστιν απολ.την γυναι f¹³ ¦ μ̄ μ̄ πε του ει εξεστιν απολυσαι την γυνακα αυτου (om.1346) 124 788 1346 ¦ Μθ μ : Μρ κη Μ Π ¦ αρχη F ¦ αρχη: Σαββατω ι̅α̅ τω καιρω εκεινω (om. G H). προσηλθων (προσηλθον G ¦ προσηλθ H) οι φαρισαιοι τω ι̅υ̅ (+ πειραζ G ¦ πειραζοντες H): E G (ante πειραζ.) ¦ αρχ (ζητ οπισωᵐᵍ): Σα ι̅α̅ αρχ τω κ.ρ.ω προσηλθον οι φαρισαιοι τω ι̅υ̅ πσα ειραζοντ Υ ¦ αρχ: Μθ Σα ι̅α̅ τω καιρω, προσηλθον οι φαρισαιοι τω ι̅υ̅ πειραζοντες αυτον, M

24→   D 3 ρ̄π̄θ̄ 28

1→ Gospel title.

←2 Chapter and Verses for page.

←3 Pericope title in Greek (see footnote C below).

←4 Pericope title in English.

←5 Parallel passages from other Gospels.

6→ Chapter or paragraph number for Vaticanus only.

7→ Grouping of parallel lines of variant readings.

←8 Codex Vaticanus B always the top line.

←9 Papyrus²⁵ note ······ (dots) indicate lacunae in text.

←10 f¹ is the symbol for Family One. Mss. 1 118 1582 read for this work. These mss. are cited individually when not in agreement.

←11 U symbol for UBS text. UBS text agrees with this line of variant readings and may stand alone.

[↑12 Up arrow indicates these mss. belong with above line; the reverse arrow ([↓) indicates these mss. belong with below line.

←13 W symbol for Westcott-Hort text. Westcott-Hort text agrees with this line of variant readings and may stand alone.

←14 𝔐 is the symbol for a group of Mss. called the Byzantine witnesses. Mss. E F G H S Y Ω have been read for this work. These mss. are cited individually when not in agreement. f¹³ is the symbol for Family Thirteen. Mss. 13 69 124 788 1346 have been read for this work. These mss. are cited individually when not in agreement.

←15 τ symbol for Textus Receptus text. Textus Receptus agrees with this line of variant readings and may stand alone.

16→ Variants (additions, substitutions, different word order) underlined; blank area indicates omission.

←17 1424ᶜ indicates a corrected reading for ms. 1424; unless otherwise cited 1424* (original reading) belongs with rell.

←18 rell refers to all remaining mss. used for this work which are not specifically cited. The reader is referred to the list of mss. used for this work as found in the Introduction, pages vi - viii.

19→ Clement of Alexandria cited beneath the relevant verse with words or phrases in agreement with some text(s) underlined.

20→ The verses indicated here are lacking (*lacunae*) in the texts indicated.

21→ Footnote A records variant spellings and errors not cited in the parallel lines.

22→ Footnote B records contractions of *nomine sacra*.

23→ κεφάλαια and τίτλοι from the margins indicate headings, beginnings and endings for scripture reading for Sundays and holy days.

24→ Chapter and section numbers from the margins and Eusebian canon tables.

Contents

Contents

Contents

John

KATA IWANHN

του κατα ιωαννην ευαγγελιου τα κεφαλαια	A E F K U Δ Π Ψ f^1 69 124 157 565 1424
του κατα ιωαννου ευαγγελιου τα κεφαλεα	H
κεφαλαια του κατ ιωαννην ευαγγελιου	M
κεφαλαια του κατ ιω ευαγγελιου	S Λ Ω 28
του κατα ιωαννην ευαγγελιου κεφαλεα	Θ*
του κατα ιωαννην ευαγγελιου κεφαλεα	Θᶜ
ευαγγελιον κατα ιω αρνου? τα κεφαλ	f^{13}
του κατα ιω ευα κεφαλαια	1346

*Cursive 69 omits section numbers

[ᾱ]	περι του εγ κανα γαμου	A F Ψ 157
[ᾱ]	περι του εν κανα γαμου	E H K M S U Δ Θ Λ Π Ω f^1 f^{13} 69 124 565 1346 1424
[ᾱ]	περι γαμου του εν κανα	Y
[ᾱ]	περι εν κανα γαμου	K 28
[α]	περι του εκ κανα γαμου	579

[β̄]	περι των εκβληθεντων εκ του ιερου	Aᶜ E F H Y K M S U Δ Θ Λ Π Ψ Ω f^1 f^{13} 69 124 28 157 565 579 1346 1424
[β̄]	περι των εβληθεντων εκ του ιερου	A*

[γ̄]	περι νικοδημου	A E F Y K M S U Δ Θ Π Ψ Ω f^1 f^{13} 124 157 1346
[γ̄]	περι του νικοδημου	H 69 1424
om.	Λ	
[γ̄]	περι νικοδιμου	28 565
[γ̄]	περι νικοδημου	579

(δ̄)	ζητησεις περι καθαρισμου	A Ω 157 565
(δ̄)	ζητησις περι καθαρισμου	C E F H Y K S U Δ Π Ψ f^1 f^{13} 69 124 28 1346 1424
(δ̄)	πε ζητησεις περι καθαρισμου	Y
(δ̄)	περι καθαρισμου ζητησις	M Θ
(γ̄)	ζητησις περι καθαρσεω	Λ
γ	πε καθαρισμου	579

ε̄	περι της σαμαρειτιδος	E H Y K M S U Δ Λ Ψ Ω f^1 124 157 1346
ε̄	περι της σαμαρειτιδος	Λ
ε̄	περι της αμαριτιδος	69
ε̄	περι της σαμαριτιδος	579
ε	περι της σαμαρειτιδος γυναικος	1424

ς̄	περι	του βασιλικου	A C E F H Y S U Θ Π Ψ Ω f^1 f^{13} 124 28 157 565 1424
ς̄	περι	βασιλικου	K
ς̄	περι	του βασιλεικου	M Δ 1346
ε̄	περι	του βασιλικου	Λ
ς̄	περι του καθαρισμου και	του βασιλικου	69
ς	περι	του βασιλεικου	579

ζ̄	περι του τριακοντα και οκτω ετη εχοντος			εν τη ασθενεια	A C Y K Δ Π f^1 1424
ζ̄	περι του τριακοντα και οκτω ετη εχοντος			εν τη ασθενια	E
ζ̄	περι του παραλιτικου				F
ζ̄	περι του λη ετη		εχοντος	εν ασθενεια	H
ζ̄	περι του λη ετη		εχοντος	εν τη ασθενια	M U Θ
ζ̄	περι του λη ετη		εχοντος	εν τη ασθενεια	S 157
ζ̄	περι του λ ετη		εχοντος	εν τη ασθενεια	Λ
ζ̄	περι του τριακοντα οκτω ετη εχοντος			εν τη ασθενεια αυτου	Ψ
ζ̄	περι του λ κ, η ετη εχ			εν τ ασθενεια	Ω
ζ̄	περι του λ και η		εχοντος	εν τη ασθενεια	f^{13}
ζ̄	περι του λ και η ετων εχοντος			εν τη ασθενεια αυτου	69
ζ̄	περι του λ και οκτω ετη εχοντος			εν τη ασθενεια αυτου	124
ζ̄	περι του τα τριακοντα οκτω ετι εχοντ η πε			εν τη ασθενια	28
ζ̄	περι του λη		εχοντος	εν τη ασθενεια	565
ζ̄	περι του τριακοντα και οκτω ετη εχωντος			εν τη ασθεν····	579
ζ̄	περι του τριακοντα οκτω ετη			εν τη ασθενεια αυτ	1346

η̄	περι των πεντε αρτων και των δυο ιχθυων			A K Δ Π Ψ 1424
η̄	περι των πεντε αρτων			C f^{13} 69
η̄	περι των ε̄ αρτων και των β̄ ιχθυων			E H S Y M U Θ Ω 157 565
η̄	περι των ε̄ αρτων			F 124 1346
η̄	περι των ε̄ αρτων και των β̄ ιχθυων			Λ 579
η̄	περι των ε̄ αρτων και των δυο ιχθυων			f^1
θ	περι των ε̄ αρτων και των β̄ ιχθυων			28

θ̄	περι του εν θαλασση περιπατου	A C E F H Y K M S U Δ Θ Π Ψ Ω f^1 f^{13} 69 124 157 565 1346 1424
η̄	περι του εν θαλασση περιπατου	Λ 579
ι	περι του εν θαλασση περιπατου	28

1

ī		περι του τυφλου	A Ψ f^{13} 69 124 1346 1424
ī		περι του τυφλου εν γενετης	C f^1 157
ī		περι του εκ γεννητης τυφλου	E F Y Δ Ω 565
ī	πε της μοιχαλιδος ῑα	πε του εν γεννητης τυφλου	H
ī	πε της μοιχαλιδος ῑα	πε του εκ γεννητης τυφλου	K M
ī		περι του εκ γεννητης τυφλου	S U
ī		περι τυφλου εν γενετης	Θ
ī		πε του εκ γεννιτης τυφλου	Λ
ī		περι του τυφλου εκ γεννητης	Π
ῑα		πε του εκ γεννητης τυφλ,	28
θ̄		πε του εγ γεννιτης τυφλου	579
ῑ		πε του εγ γεννιτης τυφλου	579

ῑα	περι λαζαρου	A C E F Y S U Δ Θ Π Ψ f^1 565
ῑβ	περι του λαζαρου	H
ῑβ	περι λαζαρου	K M 28
ῑ	περι του λαζαρου	Λ
ῑα	περι του λαζαρου	Ω f^{13} 69 124 157 1346 1424
om.		579

ῑβ	περι της αλιψασης	τον κ̄ν̄ μυρω	A C f^{13}
ῑβ	περι της αληψασης	τον κ̄ν̄ μυρω	E F Θ 565
ῑγ	περι της αλειψασης	τον κ̄ν̄ μυρω	H K M 28
ῑβ	περι της αλειψασης	τον κ̄ν̄ μυρω	Y S U Π Ψ Ω f^1 157 1346 1424
ῑβ	περι της αλειψασης	τον κ̄ν̄ μυρω	Δ
ῑα	περι της αλειψασης	τον κ̄ν̄ μυρου	Λ
ῑβ	περι της αλειψασης	τον κ̄ν̄ μυρου	69
ῑα	περι της αληψασης	τον κν μυρον	579

ῑγ	περι ων ειπεν ιουδας	A C E F Y S U Π Ψ Ω f^1 f^{13} 69 124 157 565 1346 1424
ῑδ	περι ων ειπεν ιουδας	H K M Δ 28
ῑγ	περι ων ειπεν ιουδας εις καριωτης	Θ
ῑβ	περι ων ειπεν ιουδας	Λ 579

ῑδ	περι του ονου	A E Y S U Λ Π Ψ Ω f^1 f^{13} 69 124 565 1346 1424
ῑδ	περι του πωλου	C
ῑδ	περι της ονου	F Θ
ῑε	περι του ονου	H K M Δ 28
ῑγ	περι του ονου	Λ 579
ῑδ	περι του οναριου	157

ῑε	περι των προσελθοντων ελληνων	A C E F Y S U Π Ψ Ω f^1 f^{13} 69 124 157 565 1346 1424
ῑϛ	περι των προσελθοντων ελληνων	H M Δ 28
ῑϛ	περι των προσελθοντων ελληνων	K
ῑε	περι των προσελθοντων ελληνων	Θ
ῑδ	περι των προσελθοντων ελληνων	Λ
ῑδ	περι των προσελθοντων ελληνων	579

ῑϛ	περι του νιπτηρος	A C E F Y S Ω f^1 f^{13} 69 157 565 1346 1424
ῑζ	περι του νιπτηρος	H K M Δ 28
ῑϛ	περι του νηπτηρος	U Π Ψ 124
ῑϛ	περι του νιπειρος	Θ
ῑε	περι του νιπτηρος	Λ
ῑε	περι του νηπτηρος	579

ῑζ	περι του παρακλητου	A C E F Y S U Δ Π Ω f^1 f^{13} 69 124 157 565 1346 1424
ῑζ	περι του παρακλητου ιη αρνησις πετρου	Ψ
ῑη	περι του παρακλητου	H K M 28
ῑϛ	περι του παρακλητου	Λ
ῑϛ	περι του παραλυτικου	579

ῑη	περι της αιτησεως	του σωματος του κ̄ῡ	A F f^{13}
ῑη	περι της αιτησεως	του κυριακου σωματος	C S Y U Δ Π Ω f^1 69 124 157 1346 1424
ῑη	περι της αιτησαιως	του κυριακου σωματος	E
ῑη	περι της αιτησεως	του σωματος του κ̄ῡ χριστω τελειω χαρις	Fbot
ῑθ	περι της αιτησεως	του κυριακου σωματος	H K
ῑθ	περι της αιτησεως	του σωματος του κ̄ῡ	M Ψ
ῑη	περι της αιτησεως	του σωμα του κ̄ῡ	Θ
ῑζ	περι της αιτησεως	του σωματος του ιυ	Λ
ῑθ	περι της ετισεως	του κυριακου σωματος	28
ῑη	περι της αιτησεως	του σωματος του κ̄ῡ	565
ῑζ	περι της αιτησαιως	του σωματος του κυ	579

τελος των κεφαλαιων του κατα Ιωαννην ευαγγελιου 1424 ¦ Ιστεον οτι το κατα Ιω̄ ευαγγελιον εν τοις χρονοις του Ιωαννου υπηγραφη υπ Ιωαννου του θεολογου και ευαγγελιστου ευπαιμωτημησω· διηγειται δε την επι του π̄ρ̄ς̄ ηγεμονι νηου και προσκτιμην και ευδοξον χ̄ῡ γενεαν 1424

εις τον αγιον ιω̄ τον απο κ, ευαγγε̂ βροντης γονον σε χ̄ς̄ εικοτως σπεφει. ως την αναρχον π̄ρ̄ς̄ εξαν ετιου· γεννησιν αυτου συνηψαν φθογγος γλωσς:μεγιστα βροντισαν τα τη κτισει παση. ευαγγελιστα παννακαρ κ, παρνεθ φωστηρ ιωαννη τε των αποστολων: και πλειον αυτων κω πεφιλμεναι: αλλ ως προς αυτον νυν εχων παρρησια ανωθεν ετου την λυσιν των πταισματ: εμοι δωθηναι τω ποθω κ, κτιμενω· την παντος ολβου την δε την ανωτερα: των σωνφαινον δογματων θειαν βιβλω.
28

2

προοιμιον του κατα ιωαννην ευαγγελιου εξανεπιγραφου
Την απασαν ιστοριαν της χυ παρουσιας, διατωντες σαρων ευαγγελιστων αναπληρουμενην ευρισκομεν. ως το παρα ματθαιω σιωπηθεν, εν μαρκω αναπληρουμενον. και το εν μαρκω απομνησθεν, εν τω λουκα φανερουμενον. και απερ εν τοις τρισι τουτοις ευαγγελισταις ουκ ειρηται. εν ιωαννη τω θεολογω αναπληρουνται. υστατος γαρ τουτων, ιωαννης. ο της βροντης υιος μετακληθεις. πανυ γαρ αλιεου αυτου γενομενου. ως παρεδοσαν ημιν οτε ειρηναιος και ευσεβιος. και αλλοι πιστοι κατα διαδοχην γεγονοτες ιστορικοι κατ εκεινο καιρου αιρεσεων αναφυεισων δεινων. υπαγορευσαι το ευαγγελιον τω εαυτου μαθητη. και παπια ευσεβιω τω ιεραπολιτη. προσαναπληρωσιν των προ αυτου κηρυξοντων τον λογον τοις ανα πασαν την οικουμενην εθνσιν. οιον φημι τον εγκανα γαμον. και τον υιον του βασιλεως εν αυτη τη κανα. μετα το καταβηναι αυτον εξ ιεροσολυμων. προελαλησαν τα νικοδημω των αρχοντι των Ιουδιων. την περι του θειου βαπτισματος αναγεννησιν. κατα μηναι τον βασιλικον απο της καφαρναουμ. και ευρειν εν τη κανα τον κν. και λαβειν υπ αυτου την του υιου θεραπειαν. αλλος γαρ εστιν ο εν τη καπερναουμ εκατονταρχος. ο παρα ματθαιω και λουκα αδομενος, και ετερος ο παρα τω ιωαννη επι μνησθεις βασιλικος. ομος γαρ δια υιον ηρωτα. ο δε δια δουλον εντιμον παρεκαλει. ωσαυτως τα εν τη συχαρ θεια αυτου λογια ως εδιελεγετο τη σαμαρειτιδι. τον εν τη προβατικη παραλυτικον, περι ου μονου μεμνηται ο θεσπεσιος ιωαννης. ετερος γαρ ουτος ο παρα τον εν τη καπερναουμ. περι ου μεμνηται ματθαιος και λουκας. ομοιως τα λαληθεντα τοις ιουδαιοις υπ αυτου εν τη καπεναουμ διδασκοντος εν συναγωγη, μετα το πλησθηναι εν τη μεριαδιων αρτων. τα τε εν ιεροσολυμοις εν τη εορη των σκηνων. και εν τοις εγκαινιοις του ιερου εν τη στοα σολομωνος. του εκγεννητης τυφλου. και λαζαρου την αναβιωσιν. και παντα τα καθεξης ακολουθα. τα τε επι του πωλου. των προσελθοντων ελληνων τω φιλιππω. τα επι του νιπτηρος. και μετα το δειπνον. μεχρι της προσευχης και της παραδκοσεως λεγομενα. και του λαου τας εκβοησεις ων ουκ εμνησθησαν αναγραψαι εν ταις εαυτων θειαις βιβλοις οι προ τουτου ευαγγελισαμενοι. τα τε μετα την εκ νεκρων αναστασιν του δεσποτου χυ. επιφερομενα παρα τω ιωαννη. και απαξαπλως ως προειπομεν, τα παρα τουτω απομνημονευθεντα, εν τω αλλω αναπληρουμενα. αμφω γαρ οι τεσσαρες αναπληρουσι την παντων ιστοριαν του δεσποτου χυ. μια γαρ η δοξα των θεοφραστων. και εν κηρυγμα πνς αγιου το λαληθεν εν αυτοις. και επιχορηγησαν ενι εκαστω αυτων αναπληρωσαι τα γεγονοτα. και προλαληθ̄ υπο του δεσποτου ιυ χυ υιου του θῡ. 157

стιχοι εις τον ευαγγελιστην ιωαννην τον θεολο̄:

Ο παρθενος τι. τον τεκοντα τον κατω:
Απ ων τεκοντα τον θν κταται μονον:
Ως παρθενος γαρ προς τον εκ της παρθενου:
Καλουντα χν οια συγγενης τρεχη:
Εντευθεν εις το στηθος αυτου γνησιως:
Πεσων εκειθεν την αβυσσον λαμβανει:
Της γνωσεως· και παντα πλουτει τον κοσμον:
Μυστηριων αγνωστα και τοις αγγελοις:
Θεηγοροις τεταρτος ουν ιωαννης:
Ευαγγελισταις· αλλ εν υψει δογματων:
Πρωτος μεγιστος ακρος αρχη και τελος: 157

Prologue: The Word Became Flesh
(Matthew 3.1-2, 11a; Mark 1.4, 7; Luke 3.2b-3; 9.32; 3.16a)

ᾱ 1.1 Ἐν ἀρχῇ ἦν ὁ λόγος, καὶ ὁ λόγος ἦν πρὸς τὸν θεόν, καὶ   θεὸς ἦν ὁ λόγος.   B 𝔓[66.75] **uwτ** rell
1.1 Ἐν ἀρχῇ   C
1.1 Ἐν ἀρχῇ ἦν ὁ λόγος, ...   F
1.1 Ἐν ἀρχῇ ἦν ὁ λόγος, καὶ ὁ λόγος ἦν πρὸς τὸν θεόν, καὶ <u>ο</u> θεὸς ἦν ὁ λόγος   L

[Cl Pr 6.3; Exc 6.1 <u>εν αρχη ην ο λογος και ο λογος ην προς τον θεον και θεος ην ο λογος</u>] [Cl Pr 7.3 οτι <u>ο λογος</u> ος (ο 1 ms) <u>ην προς τον θεον</u>] [Cl Exc 19.2 <u>εν αρχη ην ο λογος και ο λογος ην προς τον θεον</u>] [Cl Pr 110 1 <u>ο λογος ην εν τω θεω</u>] [Cl Pr 6.3 <u>εν αρχη</u> ο λογος ην] [Cl Pd I 62.4 <u>εν αρχη</u> ο λογος ην <u>εν τω θεω, και θεος ην ο λογος</u>]

2 οὗτος ἦν ἐν ἀρχῇ πρὸς τὸν θεόν. **3** πάντα δι᾽ αὐτοῦ ἐγένετο, καὶ χωρὶς αὐτοῦ   B 𝔓[66.75] **uwτ** rell
2 οὗτος ἦν ἐν ἀρχῇ πρὸς τὸν θεόν. **3** πάντα <u>διὰ</u> αὐτοῦ ἐγένετο, καὶ χωρὶς αὐτοῦ   D[c]

ἐγένετο οὐδὲ ἕν	ὃ γέγονεν	**4** ἐν	αὐτῷ ζωὴ ἦν,	καὶ ἡ ζωὴ ἦν τὸ φῶς·	B*
ἐγένετο οὐδὲ ἕν	ὃ γέγονεν	**4** ἐν	αὐτῷ ζωὴ ἦν,	καὶ ἡ ζωὴ ἦν τὸ φῶς <u>τῶν ἀνθρώπων</u>·	B[c] A
ἐγένετο <u>οὐδέν</u>	ὃ γέγονεν	**4**	αὐτῷ ζωὴ ἦν,	καὶ ἡ ζωὴ ἦν τὸ φῶς <u>τῶν ἀνθρώπων</u>·	𝔓[66]
ἐγένετο οὐδὲ ἕν	ὃ γέγονεν	**4** ἐν	αὐτῷ <u>ζω</u> ἦν,	καὶ ἡ <u>ζω</u> ἦν τὸ φῶς <u>τῶν ἀνθρώπων</u>·	𝔓[75*]
ἐγένετο οὐδὲ ἕν.	ὃ γέγονεν	**4** ἐν	αὐτῷ ζωὴ ἦν,	καὶ ἡ ζωὴ ἦν τὸ φῶς <u>τῶν ἀνθρώπων</u>·	𝔓[75c] L Θ Ω
ἐγένετο <u>οὐδέν</u>	ὃ γέγονεν	**4** ἐν	αὐτῷ ζωὴ <u>ἐστιν</u>,	καὶ ἡ ζωὴ ἦν τὸ φῶς <u>τῶν ἀνθρώπων</u>·	ℵ* [↑u[w]]
ἐγένετο οὐδέν.	ὃ γέγονεν	**4** ἐν	αὐτῷ ζωὴ ἦν,	καὶ ἡ ζωὴ ἦν τὸ φῶς <u>τῶν ἀνθρώπων</u>·	ℵ[c]
··········· ··δὲ ἕν.	ὃ γέγονεν	**4** ἐν	αὐτῷ ζωὴ ἦν,	καὶ ἡ ζωὴ ἦν τὸ φῶς <u>τῶν ἀνθρώπων</u>·	C
ἐγένετο οὐδέν.	ὃ γέγονεν	**4** ἐν	αὐτῷ ζωὴ <u>ἐστιν</u>,	καὶ ἡ ζωὴ ἦν τὸ φῶς <u>τῶν ἀνθρώπω</u>·	D
··········· οὐδὲ ἕν	ὃ γέγονεν	**4** ἐν	αὐτῷ ζωὴ ἦν,	καὶ ἡ ζωὴ ἦν τὸ φῶς <u>τῶν ἀνθρώπων</u>·	F
··········· οὐδὲ ἕν.	ὃ γέγονεν	**4** ἐν	αὐτῷ ζωὴ ἦν,	καὶ ἦν τὸ φῶς <u>τῶν ἀνθρώπων</u>·	S*
ἐγένετο οὐδὲ ἕν.	ὃ γέγονεν	**4** ἐν	αὐτῷ ζωὴ,	καὶ ἡ ζωὴ ἦν τὸ φῶς <u>τῶν ἀνθρώπων</u>·	W[sup]
ἐγένετο <u>οὐδὲν</u>	ὃ γέγονεν	**4** ἐν	αὐτῷ ζωὴ ἦν,	καὶ ἡ ζωὴ ἦν τὸ φῶς <u>τῶν ἀνθρώπων</u>·	1 1582*
ἐγένετο οὐδὲ ἕν·	ὃ γέγονεν ·	**4** ἐν	αὐτῷ ζωὴ ἦν,	καὶ ἡ ζωὴ ἦν τὸ φῶς <u>τῶν ἀνθρώπων</u>·	69 28
ἐγένετο οὐδὲ ἕν,	ὃ γέγονεν ·	**4** ἐν	αὐτῷ ζωὴ ἦν,	καὶ ἡ ζωὴ ἦν τὸ φῶς <u>τῶν ἀνθρώπων</u>·	579 τ
ἐγένετο οὐδὲ ἕν,	ὃ γέγονεν ·	**4** ἐν	αὐτῷ ζωὴ ἦν,	καὶ ἡ ζωὴ ἦν τὸ φῶς <u>τῶν ἀνθρώπων</u>·	700
ἐγένετο <u>οὐδὲν</u>·	ὃ γέγονεν ·	**4** ἐν	αὐτῷ ζωὴ ἦν,	καὶ ἡ ζωὴ ἦν τὸ φῶς <u>τῶν ἀνθρώπων</u>·	1071
ἐγένετο οὐδὲ ἕν	ὃ γέγονεν.	**4** ἐν	αὐτῷ ζωὴ ἦν,	καὶ ἡ ζωὴ ἦν τὸ φῶς <u>τῶν ἀνθρώπων</u>·	𝔐 K Δ Λ Π Ψ 1582[c] 118 *f*[13] 2 33 565 1424 [w]

[Cl S VI 95.1; S VI 125.2 <u>παντα δι αυτου εγενετο και χωρις αυτου εγενετο ουδε εν</u>] [Cl Pd 97.3 <u>παντα γαρ δι αυτου εγενετο και χωρις αυτου εγενετο ουδε εν</u>] [Cl S VII 17.2 δι ου τα παντα <u>εγενετο και χωρις ου γεγονεν ουδεν</u>] [Cl S V 103.1 <u>δι ου παντα εγενετο</u>] [Cl Exc 45.3 <u>παντα γαρ δι αυτου γεγονεν και χωρις αυτου ουδεν</u>] [Cl S I 45.5 <u>και ουδεν χωρις αυτου εγενετο</u>] [Cl Pd I 60.2 ου <u>χωρις αυτου εγενετο ουδε εν</u>] [Cl Pd III 33.3 <u>και εγενετο</u> ανευ αυτου <u>ουδε εν</u>] [Cl S VI 145.5 <u>και χωρις εγενετο ουδε εν</u>] [Cl S VI 58.1; S VI 141.7; S VI 153.4 <u>δι ου τα παντα εγενετο και χωρις αυτου εγενετο ουδε εν</u>][Cl Exc 8.2 <u>παντα δι αυτου εγενετο</u>] [Cl Pd I 27.2; II 79.3 <u>ο γαρ γεγονεν</u>] [Cl Exc 6.4; 19.2 <u>ο γεγονεν</u>] [Cl Pd I 27.1; Pd II 79.3; Exc 6.4; Exc 19.2 <u>εν αυτω ζωη εστιν</u>] [Cl S IV 42.3 οτι <u>ζωη ην το φως</u>] [Cl Exc 13.1 <u>το φως των ανθρωπων</u>]

---

lac. 1.1-4 𝔓[45] F N P Γ 157 ¦ vss. 1-3 C

Inscription: κατα Ιωανην B ¦ ευαγγελιον κατα Ιωανη 𝔓[66] 𝔓[75] ¦ κατα Ιωαννην ℵ F H ¦ ευαγγελιον κατα Ιωαννην (Ιω Ω *f*[13]) A C E G K L M S U W Δ Θ Ψ Ω *f*[13] 124 <u>2</u> 33 28 565 700 1424 ¦ ευαγγελιον κατα Μαθθαιον ετελεσθη αρχεται ευαγγελιον κατα Ιωαννην D ¦ ιστεον οτι το κατα ιω ευαγγελιον. εν τοις χρονοις τραιανου υπηγορευθ υπο ιω <u>εν</u> πατμω τη νησω· διηγειται δε την επι του πρς ηγεμονικην και πρακτικην <u>κ</u>, εν δοξον του χυ γενεαν Υ ¦ ευαγγελιον κατα ιω Υ 1346 ¦ το κατα ιωαννην ευαγγελιον εξεδοθη μετα χρονου σλβ της του ιω αναληψεως <u>Η</u> ¦ τη μεγαλη κ, το σεβασμιου πας Μ ¦ ευαγγελιον κατα ιω Λ Π 1 ¦ Το κατα Ιωαννην ευαγγελιον 1582 ¦ αρχη του κατα ιω ευαου 118 ¦ ευαγγελιον εκ του κατα ιωαννην 69 1071 ¦ ευαγγελ αγιο κατα ιωαννην 28 ¦ το κατα Ιωαννην αγιον ευαγγελιον 579

A 1.2 αρχει Π 3 ενεγετο[1] D ¦ χωρεις A 5 φενει L W ¦ αυτω (αυτο) Θ 2* ¦ κατελαβε 69 7 μαρτυρησει Η 2* ¦ μαρτυρισει 1071 ¦ μαρτυριση 579 ¦ περη Θ ¦ πιστευσωσι Υ K M S U Ω *f*[1] 118 13 69 124 28 565 700 788 1346 1424 8 εκινος ℵ W ¦ μαρτυρησει U 565 1071 ¦ περη Θ 9 αληθινον Δ Θ 2* ¦ φωτιζειν L ¦ φωτιζι W ¦ ανθρωπων 565 ¦ ερχωμενον 579

B 1.1 θ̄ν̄ B (lac. 𝔓[66]) 𝔓[75] ℵ A D 𝔐 K L M S U W Δ Θ Λ Π Ψ Ω *f*[1] 118 *f*[13] 69 124 2 33 28 565 579 700 788 1071 1346 1424 ¦ θ̄ς̄ B 𝔓[66] 𝔓[75] ℵ A D 𝔐 K L M S U W Δ Θ Λ Π Ψ Ω *f*[1] 118 *f*[13] 69 124 2 33 28 565 579 700 788 1071 1346 1424 2 θ̄ν̄ B (lac. 𝔓[66]) 𝔓[75] ℵ A D 𝔐 K L M S U W Δ Θ Λ Π Ψ Ω *f*[1] 118 *f*[13] 69 124 2 33 28 565 579 700 788 1071 1346 1424 4 ανων 𝔓[75] A C 𝔐 K L M S U W Δ Θ Λ Π Ψ Ω *f*[1] 118 *f*[13] 69 124 2 33 28 565 579 700 1071 1346 1424

C 1.1 αρχη: τη μεγαλη κυριακει E ¦ τη μεγαλ, κυ, G ¦ τη αγια κ, μγ κ,υ του πασχ εν αρχη ην ο λογος Υ ¦ αρχ: της ϛ ωρ τη μγ δ Υ[2] ¦ κυρι του πασχα S 124 ¦ (ante εν αρχη) το α ιδιον δηλοι Λ ¦ τη αγια κ,υ του πασχ Ω ¦ τη αγια κ, μεγλ κ,υρ του πασχ: τη μ,γλ κ,υ 118 ¦ τη αγια S, μγ κ,υ του πασχ 2 ¦ αρχ: τς ϛ ωρ του ημ δ̄ 2[2] ¦ αρχ κ,υ 28 ¦ λ,μ τη κ,υ του πασχ 1071 2 (ante ουτος ην) το συν α ιδιον ημιν εν εθηνεν Λ ¦ τη αγια μεγ κ,υ του πασχ Ψ ¦ τη αγ κ, μγλ κ,υ του πασχ *f*[1]

D 1.1 α̅/ι̅ ℵ A Θ ¦ α̅ C E K Λ 118 124 2 28 788 1346 ¦ α̅/γ̅ S Y M U Ψ Ω 1424 ¦ Ιω α̅ : Λο α̅ : Μθ ι̅δ̅ M ¦ Ιω α̅ : Λο α̅ : Μτ α̅ 124 2 β̅/γ̅ Ψ

5

5 καὶ τὸ φῶς ἐν τῇ σκοτίᾳ   φαίνει, καὶ ἡ σκοτία   αὐτὸ   οὐ κατέλαβεν.   B 𝔓⁶⁶ uwτ rell
5 καὶ τὸ φῶς ἐν τῇ σκοτεία   φαίνει, καὶ ἡ σκοτεία   αὐτὸ   οὐ κατέλαβεν.   𝔓⁷⁵ C 33 579 700
5 ....   F
5 καὶ τὸ φῶς ἐν τῇ σκοτεία   φαίνει, καὶ ἡ σκοτεία   αὐτὸν οὐ κατέλαβεν.   H
5 καὶ τὸ φῶς ἐν τῇ σκοτεία   φαίνει, καὶ ἡ σκοτία   αὐτὸ   οὐ κατέλαβεν.   69
5 καὶ τὸ φῶς ἐν τῇ σκοτίᾳ   φαίνει, καὶ ἡ σκοτεία   αὐτῷ   οὐ κατέλαβεν.   1071
5 καὶ τὸ φῶς ἐν τῇ σκοτίᾳ   φαίνει, καὶ ἡ σκοτεία   αὐτὸ   οὐ κατέλαβεν.   1346

[Cl Pd II 79.3 ο δε το φως εχων εγρηγορεν, και η σκοτια αυτον ου καταλαμβανει] [Cl Pd I 28.3 πλην εν φωτι εστιν και το σκοτος αυτον ου καταλαμβανει] [Cl Exc 8.4 και η σκοτια αυτον ου κατελαβεν] [Cl Pd II 99.6 και η σκοτια, φησιν, αυτο ου καταλαμβανει]

β̅ 6 Ἐγένετο ἄνθρωπος ἀπεσταλμένος παρὰ θεοῦ,   ὄνομα αὐτῷ Ἰωάνης·   B 𝔓⁷⁵ w
6 Ἐγένετο ἄνθρωπος ἀπεσταλμένος παρὰ θεοῦ   ἦν, ὄνομα αὐτῷ Ἰωάννης·   ℵ* Dᶜ
6 Ἐγένετο ἄνθρωπος ἀπεσταλμένος παρὰ κυρίου ἦν, ὄνομα αὐτῷ Ἰωάννην·   D*
6 Ἐγένετο ἄνθρωπος ἀπεσταλμένος ἀπὸ θεοῦ   ἦν, ὄνομα αὐτῷ Ἰωάννης·   Wˢᵘᵖ
6 Ἐγένετο ἄνθρωπος ἀπεσταλμένος παρὰ θεοῦ,   ὄνομα αὐτοῦ Ἰωάννης·   1346
6 Ἐγένετο ἄνθρωπος ἀπεσταλμένος παρὰ θεοῦ,   ὄνομα αὐτῷ Ἰωάννης·   𝔓⁶⁶ uτ rell

7 οὗτος ἦλθεν εἰς μαρτυρίαν, ἵνα μαρτυρήσῃ περὶ τοῦ φωτός, ἵνα πάντες πιστεύσωσιν   B 𝔓⁶⁶ uwτ rell
7 οὗτος ἦλθεν εἰς μαρτυρίον, ἵνα μαρτυρήσῃ περὶ τοῦ φωτός, ἵνα πάντες πιστεύσωσιν   𝔓⁷⁵
7 οὗτος ἦλθεν εἰς μαρτυρίαν, ἵνα μαρτυρήσῃ περὶ τοῦ φωτός, ἵνα πάντες πιστεύσουσιν   D
7 .... εἰς μαρτυρίαν, ἵνα μαρτυρήσῃ περὶ τοῦ φωτός, ἵνα πάντες πιστεύσωσιν   F

δι' αὐτοῦ. 8 οὐκ ἦν ἐκεῖνος τὸ φῶς, ἀλλ᾽ ἵνα μαρτυρήσῃ περὶ τοῦ φωτός. 9 Ἦν τὸ   B 𝔓⁷⁵ uwτ rell
δι' αὐτοῦ. 8 οὐκ ἦν ἐκεῖνος τὸ φῶς, ἀλλὰ ἵνα μαρτυρήσῃ περὶ τοῦ φωτός. 9 Ἦν τὸ   𝔓⁶⁶
δι' αὐτοῦ. 8 οὐκ ἦν ἐκεῖνος τὸ φῶς, ἀλλ᾽ ἵνα μαρτυρη······ 9 Ἦν τὸ   F

φῶς τὸ ἀληθεινόν, ὃ φωτίζει πάντα   ἄνθρωπον, ἐρχόμενον εἰς τὸν κόσμον.   B ℵ A L 33 1071 1424
φῶς τὸ ἀληθινόν, ὃ φωτίζει πάντων   ἄνθρωπον, ἐρχόμενον εἰς τὸν κόσμον.   𝔓⁶⁶*
φῶς τὸ ἀληθινόν, ὃ φωτίζει πάντα   ἄνθρωπον, ἐρχόμενον εἰς τὸν κόσμον.   𝔓⁶⁶ᶜ·⁷⁵ uwτ rell

[Cl S II 21.1 ην γαρ το φως το αληθινον] [Cl Exc 41.3 ο φωτιζει παντα ανθρωπον ερχομενον εις τον κοσμον]

10 ἐν τῷ κόσμῳ ἦν,   καὶ ὁ κόσμος δι' αὐτοῦ ἐγένετο, καὶ ὁ κόσμος αὐτὸν οὐκ ἔγνω.   B 𝔓⁶⁶·⁷⁵* uwτ
10 ἐν τῷ κόσμῳ ηην,   καὶ ὁ κόσμος δι' αὐτοῦ ἐγένετο, καὶ ὁ κόσμος αὐτὸν οὐκ ἔγνω.   𝔓⁷⁵ᶜ   [↑rell
10 ἐν τῷ κόσμῳ ἦν,   καὶ ὁ κόσμος δι' αὐτὸν ἐγένετο, καὶ ὁ κόσμος αὐτὸν οὐκ ἔγνω.   ℵ*
10 .... καὶ ὁ κόσμος αὐτὸν οὐκ ἔγνω.   F
10 ἐν τῷ κόσμῳ ἦν,   καὶ ὁ ....   H
10 ἐν τῷ κόσμῳ ἦν,   καὶ ὁ κόσμος δι' αὐτοῦ ἐγένετο, καὶ ὁ κόσμος αὐτοῦ οὐκ ἔγνω.   1

11 εἰς τὰ ἴδια ἦλθεν, καὶ οἱ ἴδιοι αὐτὸν οὐ παρέλαβον. 12 ὅσοι δὲ ἔλαβαν αὐτόν,   B* w
11 εἰς τὰ ἴδια ἦλθεν, καὶ οἱ ἴδιοι αὐτὸν οὐ παρέλαβον. 12 ὅσοι   ἔλαβον αὐτόν,   D
11 εἰς τὰ ἴδια ἦλθεν, καὶ οἱ ἴδιοι αὐτὸν οὐ παρέλαβον. 12 ὅσοι δὲ ἔλαβον αὐτόν,   Bᶜ 𝔓⁶⁶·⁷⁵ uτ rell

[Cl S VII 83.2 εις τα ιδια, φησιν, ηλθεν ο υιος του θεου και οι ιδιοι αυτον ουκ εδεξαντο]

ἔδωκεν αὐτοῖς ἐξουσίαν τέκνα θεοῦ γενέσθαι, τοῖς πιστεύουσιν εἰς τὸ ὄνομα αὐτοῦ,   B 𝔓⁶⁶·⁷⁵ uwτ rell
ἔδωκεν αὐτοῖς ἐξουσίαν τέκνα θεοῦ γενε········ ....   F
....τοῦ,   H

[Cl S IV 26.5 εξουσιαν τεκνα θεου γενεσθαι]

lac. 1.5-12 𝔓⁴⁵ F N P R Γ 157 ¦ vss. 10-12 H

A 1.2 αρχει Π 3 ενεγετο¹ D ¦ χωρεις A 5 φενει L W ¦ αυτω (αυτο) Θ 2* ¦ κατελαβε 69 7 μαρτυρησει H 2* ¦ μαρτυρισει 1071 ¦ μαρτυρισῃ 579 ¦ περη Θ ¦ πιστευσωσι Y K M S U Ω f¹ 118 13 69 124 28 565 700 788 1346 1424 8 εκινος ℵ W ¦ μαρτυρησει U 565 1071 ¦ περη Θ 9 αληθνον Δ Θ 2* ¦ φωτιζειν L ¦ φωτιζι W ¦ ανθρωπων 565 ¦ ερχωμενον 579 10 εγενετω 579 11 ηλθε 118 700 ¦ ι (οι) 579 ¦ ειδιοι W ¦ παρελαβων 579 12 εδων D* ¦ γενεσθε ℵ W

B 6 α̅ν̅ο̅ς̅ A C E G H K L M S U W Δ Θ Λ Π Ψ Ω f¹ 118 f¹³ 69 124 2 33 28 565 579 700 788 1071 1346 1424 ¦ θ̅υ̅ B 𝔓⁶⁶ 𝔓⁷⁵ ℵ A C Dᶜ 𝔐 K L M S U W Δ Θ Λ Π Ψ Ω f¹ 118 f¹³ 69 124 2 33 28 565 579 700 788 1071 1346 1424 ¦ κ̅υ̅ D* 9 α̅ν̅ο̅ν̅ 𝔓⁷⁵ A C 𝔐 K L M S U W Δ Θ Λ Π Ψ f¹ 118 f¹³ 69 124 2 33 28 565 579 700 788 1071 1346 1424 12 θ̅υ̅ B 𝔓⁶⁶ 𝔓⁷⁵ ℵ A C D 𝔐 K L M S U W Δ Θ Λ Π Ψ Ω f¹ 118 f¹³ 69 124 2 33 28 565 579 700 788 1071 1346 1424

C 5 μακαριος ο αναγινκον τουτο το βηβλιον μετα φοβου και τρομου 579

D 6 β̅/γ̅ ℵ A G M U Y Θ 118 124 1424 ¦ β̅ C E H K Λ 2 565 579 788 ¦ β̅/ι̅ S 1346 ¦ β̅/α̅ 28 ¦ Ιω β̅ : Λο ζ̅ : Μθ ϛ̅ M ¦ Ιω β̅ : Λο ϛ̅ : Μρ . : Μτ α̅ 124 7 β̅/γ̅ Ω 1071 9 γ̅/γ̅ ℵ G S U Y M Θ Ψ Ω 118 28 1424 ¦ γ̅/ι̅ A 1071 ¦ γ̅ C E H K Λ 2 565 579 1346 ¦ γ̅/δ̅ Π ¦ γ̅/ε̅ 124 788 ¦ Ιω γ̅ : Λο α̅ : Μθ ι̅δ̅ M ¦ Ιω γ̅ : Λο ι̅δ̅ : Μρ . : Μτ . 124 11 δ̅/ι̅ ℵ G M S U Y Θ Λ Ψ Ω 118 124 28 788 1071 1424 ¦ δ̅ E F L f¹³ 2 565 579 1346 ¦ Ευ Ιω δ̅ : Λο . : Μρ . Μθ . E ¦ Ιω δ̅ : Λο . : Μρ . : Μτ . 124 12 δ̅ C K ¦ δ̅/α̅ Π

13 οἳ οὐκ ἐξ αἱμάτων οὐδὲ ἐκ θελήματος σαρκὸς   B*
13 οἳ οὐκ ἐξ αἱμάτων οὐδὲ ἐκ θελήματος σαρκὸς οὐδὲ   θελήματος ἀνδρὸς   ℵ*
13   οὐκ ἐξ αἱμάτων οὐδὲ ἐκ θελήματος σαρκὸς οὐδὲ   θελήματος ἀνδρὸς   D*
13 οἳ οὐκ ἐξ αἱμάτων οὐδὲ ἐκ θελήματος   ἀνδρὸς   E*
13 ....   F
13 οἳ οὐκ ἐξ αἱμάτων οὐδὲ ἐκ θελήματος σαρκὸς οὐδ̅ ἐκ θελήματος ἀνδρὸς   Λ
13 ....-ξ αἱμάτων οὐδὲ ἐκ θελήματος σαρκὸς οὐδὲ ἐκ θελήματος ἀνδρὸς   157
13 οἳ οὐκ ἐξ αἱμάτων οὐδὲ ἐκ θελήματος σαρκὸς οὐδὲ ἐκ θελήματος ἀνδρὸς   Bᶜ 𝔭⁶⁶·⁷⁵ ℵᶜ A C Dᶜ 𝔐 K L M
                                                                          U Wˢᵘᵖ Δ Θ Π Ψ f¹ f¹³ 2 33 28 565 579 700 1071 1424 **uwτ**

ἀλλ᾿ ἐκ   θεοῦ ἐγενήθησαν.   B* 𝔭⁷⁵ A S Δ Θ 28 1071 1346
ἀλλ᾿ ἐκ   θεοῦ ἐγεννήθησαν.   Bᶜ **uwτ** rell
ἀλλὰ ἐκ   θεοῦ ἐγεννήθησαν.   𝔭⁶⁶ Wˢᵘᵖ
ἀλλ᾿ ἐκ τοῦ θεοῦ ἐγεννήθησαν.   E

[Cl S II 58.2 τον ουκ εξ αιματων ουδε εκ θεληματος σαρκος]

14 Καὶ ὁ λόγος σὰρξ ἐγένετο καὶ ἐσκήνωσεν ἐν ἡμῖν, καὶ ἐθεασάμεθα τὴν δόξαν αὐτοῦ, δόξαν ὡς

μονογενοῦς παρὰ πατρός, πλήρης χάριτος   ἀληθείας. **15** Ἰωάνης   μαρτυρεῖ περὶ αὐτοῦ B*
μονογενοῦς παρὰ πατρός, πλήρης χάριτος **καὶ** ἀληθείας. **15** Ἰωάνης   μαρτυρεῖ περὶ αὐτοῦ Bᶜ 𝔭⁷⁵ w
μονογενοῦς παρὰ πατρός, **πλήρη** χάριτος **καὶ** ἀληθείας. **15** Ἰωάννης μαρτυρεῖ περὶ αὐτοῦ D
μονογενοῦς παρὰ πατρός, πλήρης χάριτος **καὶ** ἀληθείας. **15** Ἰωάννης μαρτυρεῖ περὶ αὐτοῦ **uτ** rell

[Cl Exc 19.1 και ο λογος σαρξ εγενετο] [Cl S V 16.5 οταν ο λογος σαρξ γενηται] [Cl Pd II 20.1 ο λογος γεγονεν σαρξ] [Cl Exc 7.3 δοξαν ως μονογενους]

καὶ κέκραγεν λέγων, Οὗτος ἦν ὃ εἶπων,   Ὁ ὀπίσω μου ἐρχόμενος   ἔμπροσθέν μου B* ℵᶜ·¹ C*
καὶ κέκραγεν λέγων, Οὗτος ἦν ὃν εἶπον,   ὀπίσω μου ἐρχόμενος   ἔμπροσθέν μου 𝔭⁶⁶*Δ [↑[w]]
καὶ κέκραγεν,   Οὗτος ἦν,   Ὁ ὀπίσω μου ἐρχόμενος ὃς ἔμπροσθέν μου ℵ*
καὶ κέκραγεν λέγων, Οὗτος ἦν ὃν ἔλεγων,   Ὁ ὀπίσω μου ἐρχόμενος   ἔμπροσθέν μου Cᶜ
καὶ κέκραγεν,   Οὗτος ἦν ὃν εἶπον,   Ὁ ὀπίσω μου ἐρχόμενος   ἔμπροσθέν μου D*
καὶ κέκραγεν,   Οὗτος ἦν ὃν εἶπον ὑμῖν, Ὁ ὀπίσω μου ἐρχόμενος   ἔμπροσθέν μου Dᶜ
καὶ κέκραγεν λέγων, Οὗτος ἦν ὃν εἶπον ὑμῖν, Ὁ ὀπίσω μου ἐρχόμενος ὃς ἔμπροσθέν μου Wˢᵘᵖ
καὶ κέκραγεν λέγων, Οὗτος ἦν ὃν εἶπεν,   Ὁ ὀπίσω μου ἐρχόμενος   ἔμπροσθέν μου 28
καὶ κέκραγεν λέγων, Οὗτος ἦν ὃν εἶπον,   Ὁ ὀπίσω μου ἐρχόμενος   ἔμπροσθέν μου Bᶜ 𝔭⁶⁶ᶜ 𝔭⁷⁵
                                                                          ℵᶜ·² A 𝔐 K L M U Θ Λ Π Ψ f¹ f¹³ 2 33 157 565 700 1071 1424 **u[w]τ**

γέγονεν, ὅτι πρῶτός μου ἦν. **16** ὅτι ἐκ τοῦ πληρώματος αὐτοῦ ἡμεῖς πάντες B 𝔭⁶⁶ 𝔭⁷⁵ ℵ C* D L 33 579 **uw**
γέγονεν, ὅτι πρῶτός μου ἦν. **16 καὶ** ἐκ τοῦ πληρώματος αὐτοῦ ἡμεῖς πάντες A Cᶜ 𝔐 K M U Wˢᵘᵖ Δ Θ Λ Π Ψ
                                                                          f¹ f¹³ 2 28 157 565 700 1071 1424 τ

ἐλάβομεν καὶ χάριν ἀντὶ χάριτος· **17** ὅτι   ὁ νόμος διὰ Μωϋσέως ἐδόθη, B 𝔭⁶⁶·⁷⁵ **uw** rell
....   **17** ....   D
ζωὴν ἐλάβομεν καὶ χάριν ἀντὶ χάριτος· **17** ὅτι   ὁ νόμος διὰ Μωϋσέως ἐδόθη, Wˢᵘᵖ
ἐλάβομεν καὶ χάριν ἀντὶ χάριτος· **17** ὅτι ὁ ὁ νόμος διὰ Μωϋσέως ἐδόθη, Λ
ἐλάβομεν καὶ χάριν ἀντὶ χάριτος· **17** ὅτι   ὁ νόμος διὰ Μωμωσέως ἐδόθη, 565
ἐλάβομεν καὶ χάριν ἀντὶ χάριτος· **17** ὅτι   ὁ νόμος διὰ Μωσέως   ἐδόθη, A 𝔐 M U Λ f¹ f¹³ 2 28
                                                                          157 700 1071 1424 τ

[Cl S I 87.5 παντες, φησιν, εκ του πληρωματος αυτου ελαβομεν] [Cl S I 169.4 ο νομος εδοθη][Cl S I 167.1 ο νομος εικοτως ειρηται δια Μωυσεως δεδοσθαι] [Cl S I 170.2 δια Μωυσεως δεδοσθαι τον νομον]

lac. 1.13-17 𝔭⁴⁵ F N P Γ ¦ vss. 16-17 D ¦ vs. 13 F 157

A 13 εματων D L W ¦ σαρχος 𝔭⁶⁶ ¦ εεκ²·³ L ¦ θελημα² W 14 σαξ L ¦ εγενετω 579 ¦ εσκεινωσεν E* 1071 ¦ ημειν D ¦ πληρις H 2* 579 1071 ¦ χαρητος E Θ Λ ¦ αληθιας 𝔭⁶⁶ ℵ D W ¦ αληθειας Θ 15 μαρτυρι 𝔭⁶⁶ ℵ D E* M W Θ ¦ μαρτυρη 579 ¦ καικραγεν 𝔭⁶⁶* ¦ κεκραγε 𝔭⁷⁵ Υ K M S U Ω 118 124 28 69 157 565 700 788 ¦ εκεκραγε 1346 ¦ ουτως 579 ¦ ερχωμενος 579 ¦ ενπροσθεν D ¦ εμπροσθε 157 15 προτος Θ* 16 ημις W ¦ ελαβωμεν 13 28 ¦ χαρην Θ 17 εδωθη H Ω 13 1071 1424 ¦ εδωθει 579

B 13 θ̅υ̅ B 𝔭⁶⁶ 𝔭⁷⁵ ℵ A C D 𝔐 K L M S U W Δ Θ Λ Π Ψ Ω f¹ 118 f¹³ 69 124 2 33 28 157 565 579 700 788 1071 1346 1424 14 π̅ρ̅ς̅ 𝔭⁶⁶ A C E G H Y K L M S U W Δ Θ Λ Π Ψ Ω f¹ 118 f¹³ 69 124 2 33 28 157 565 579 700 788 1071 1346 1424 ¦ προς F

D 14 ε̄/γ̄ ℵ G S U Y M Θ Λ Π Ω 118 28 1071 1424 ¦ δ̄/ῑ Λ ¦ ε̄ C F H K L 2 157 565 579 1346 ¦ ε̄/δ̄ E ¦ ε̄/ῑ Ψ 124 788 ¦ ῑ/δ̄/ῑ 28 ¦ Ευ Ιω ε̄ : Λο ῑδ̄ : Μρ ᾱ : Μθ ᾱ E ¦ Ιω ε̄ : Λο . : Μρ λ̄ : Μτ ῑᾱ 124 15 ς̄/ᾱ ℵ E G S U Y M Θ Π Ψ Ω 118 124 28 1071 ¦ ς̄/ῑ Λ 788 ¦ ς̄ C F H K L 2 157 565 579 1346 ¦ ῑ/ε̄/ῑ 28 ¦ Ευ Ιω ς̄ : Λο ῑ : Μρ . : Μθ ῑᾱ E ¦ Ιω ς̄ : Λο . : Μρ . : Μτ . 124 ¦ (ante ο οπισω) ξ̄ F H 565 ¦ ξ̄/ῑ G 1071 16 ξ̄/ῑ ℵ A E S U Y Θ Π Ψ Ω 118 124 28 1424 ¦ ξ̄ L f¹³ 2 157 579 788 1346 ¦ ξ̄/ᾱ M ¦ ς̄/ᾱ Λ ¦ ῑ/ς̄/ῑ 28 ¦ Ευ Ιω ξ̄ : Λο . : Μρ . : Μθ . E ¦ Ιω ξ̄ : Λο . : Μρ . :L Μτ . 124 ¦ (ante και χαριν) ξ̄/ῑ Λ 17 ξ̄ K

7

ἡ χάρις   καὶ ἡ ἀλήθεια διὰ Ἰησοῦ Χριστοῦ ἐγένετο. γ̄ **18** θεὸν οὐδεὶς   B 𝔓⁷⁵ **uwτ** rell
ἡ χάρις δὲ καὶ ἡ ἀλήθεια διὰ Ἰησοῦ Χριστοῦ ἐγένετο. **18** θεὸν οὐδεὶς   𝔓⁶⁶
ἡ χάρις   καὶ ἡ ἀλήθεια διὰ Ἰησοῦ ἐγένετο. **18** θεὸν οὐδεὶς   ℵ*
ἡ δὲ χάρις καὶ ἡ ἀλήθεια διὰ Ἰησοῦ Χριστοῦ ἐγένετο. **18** θεὸν οὐδεὶς   Wˢᵘᵖ
ἡ χάρις   καὶ ἡ ἀλήθεια διὰ Χριστοῦ Ἰησοῦ ἐγένετο. **18** θεὸν οὐδεὶς   565

[Cl Pd I 60.2 επι του νομου εδοθη, φησι, μονον, η δε αληθεια .. δια Ιησου γινεσθαι] [Cl Q 8.1 ο νομος δια Μωσεως εδοθη, η χαρις και η αληθεια δια Ιησου Χριστου] [Cl Pd I 60.1 ο νομος δια Μωσεως εδοθη . . . η δε αιδιος χαρις και η αληθεια δια Ιησου Χριστου εγενετο]

ἑώρακεν πώποτε·   μονογενὴς θεὸς ὁ ὢν εἰς τὸν κόλπον   B* 𝔓⁶⁶ C* L **uw**
ἑόρακεν πώποτε·   μονογενὴς θεὸς ὁ ὢν εἰς τὸν κόλπον   B ᶜ
πώποτε ἑόρακεν·   ὁ μονογενὴς θεὸς ὁ ὢν εἰς τὸν κόλπον   𝔓⁷⁵*
ἑόρακεν πώποτε·   ὁ μονογενὴς θεὸς ὁ ὢν εἰς τὸν κόλπον   𝔓⁷⁵ᶜ
ἑώρακεν πώποτε·   μονογενὴς θεὸς εἰς τὸν κόλπον   ℵ*
ἑώρακεν πώποτε·   ὁ μονογενὴς θεὸς ὁ ὢν εἰς τὸν κόλπον   ℵᶜ
ἑόρακεν πώποτε·   ὁ μονογενὴς υἱὸς ὁ ὢν εἰς τὸν κόλπον   𝔐 K 28
ἑώρακεν πώποτε· εἰ μὴ ὁ μονογενὴς υἱὸς ὁ ὢν εἰς τὸν κόλπον Wˢᵘᵖ
ἑώρακεν πώποτε·   ὁ μονογενὴς υἱὸς ὁ ὢν ἐν τοῖς κόλποις   565   [↓579 700 1071 1424 τ
ἑώρακεν πώποτε·   ὁ μονογενὴς υἱὸς ὁ ὢν εἰς τὸν κόλπον   A Cᶜ Y M S U Δ Θ Λ Π Ψ Ω f¹ f¹³ 2 157

τοῦ πατρὸς ἐκεῖνος ἐξηγήσατο.   B 𝔓⁶⁶·⁷⁵ **uwτ** rell
τοῦ πατρὸς ἐκεῖνος ἐξηγήσατο ἡμῖν.   Wˢᵘᵖ
           ἐκεῖνος ἐξηγήσατο.   69
τοῦ πατρὸς ἐξηγήσατο.   2*

[Cl S V 81.3 θεον ουδεις εωρακεν πωποτε· ο μονογενης θεος, ο ων εις τον κολπον του πατρος, εκεινος εξηγησατο][Cl Q 37.1 τον κολπον του πατρος, ον ο μονογενης θεος μονος εξηγησατο][Cl Exc 6.2 ο μονογενης θεος ο ων εις τον κολπον του πατρος, εκεινος εξηγησατο] [Cl S I 169.4 ο τον κολπον του πατρος εξηγουμενος υιος μονογενης] [Cl Exc 7.3 μονογενης υιος εις τον κολπον του πατρος][Cl Exc 8.1 εις τον κολπον του πατρος] [Cl Exc 8.2 ουτος τον κολπον του πατρος εξηγησατο]

The First Witness: John The Baptist
(Matthew 3.1-16; Mark 1.2-10; Luke 3.2-22)

19 Καὶ αὕτη ἐστὶν ἡ μαρτυρία τοῦ Ἰωάνου, ὅτε ἀπέστειλαν πρὸς αὐτὸν οἱ   B w
19 Καὶ αὕτη ἐστὶν ἡ μαρτυρία τοῦ Ἰωάνου, ὅτε ἀπέστειλεν   οἱ   𝔓⁷⁵
19 Καὶ αὕτη ἐστὶν ἡ μαρτυρία τοῦ Ἰωάννου, ὅτε ἀπέστειλαν πρὸς αὐτὸν οἱ   C* 33 1071 [u]
19 Καὶ αὕτη ἐστὶν ἡ μαρτυρία τοῦ Ἰωάννου, ὅτι ἀπέστειλαν   οἱ   F
19 Καὶ αὕτη ἐστὶν ἡ μαρτυρία οὗ Ἰωάννου,   ὅτε ἀπέστειλαν   οἱ   Π*
19 Καὶ αὕτη ἐστὶν ἡ μαρτυρία Ἰωάννου,   ὅτε ἀπέστειλαν   οἱ   f¹
19 Καὶ αὕτη ἐστὶν ἡ μαρτυρία τοῦ Ἰωάννου, ὅτε ἀπέστειλαν ἐξ Ἱεροσολύμων   124
19 Καὶ αὕτη ἐστὶν ἡ μαρτυρία τοῦ Ἰωάννου, ὅτε ἀπέστειλαν   οἱ   𝔓⁶⁶ [u]τ rell

---

lac. 1.17-19 𝔓⁴⁵ D N P Γ

A 17 αληθια 𝔓⁶⁶ ℵ W ¦ αλνα G **18** ουδις W ¦ εωρακε Y M U 118 13 69 124 565 700 788 1346 ¦ εορακε 28 ¦ πωποται 𝔓⁶⁶ ¦ ποποτε H U 1071 ¦ εκινος 𝔓⁶⁶ W **19** εστην Θ ¦ απεστιλαν 𝔓⁶⁶ ℵ L W ¦ απεστηλαν 2* ¦ απεστειλαν 579

B 17 ιυ̅ B 𝔓⁶⁶ 𝔓⁷⁵ ℵ A C 𝔐 K L M S U W Δ Θ Λ Π Ψ Ω f¹ 118 f¹³ 124 2 33 28 157 565 579 700 788 1071 1346 1424 ¦ χ̅υ̅ B 𝔓⁶⁶ 𝔓⁷⁵ ℵᶜ A C 𝔐 K L M S U W Δ Θ Λ Π Ψ Ω f¹ 118 f¹³ 69 124 2 33 28 157 565 579 700 788 1071 1346 1424 **18** θ̅ν̅ B 𝔓⁶⁶ 𝔓⁷⁵ ℵ A C 𝔐 K L M S U W Δ Θ Λ Π Ψ Ω f¹ 118 f¹³ 69 124 2 33 28 157 579 700 788 1071 1346 1424 ¦ θ̅ς̅ B 𝔓⁶⁶ ℵ C ¦ υ̅ς̅ 𝔐 K L M S U W Δ Λ Π Ψ Ω 2 33 28 565 579 1071 1424 ¦ π̅ρ̅ς̅ 𝔓⁶⁶ A C 𝔐 K L M S U W Δ Θ Λ Π Ψ Ω f¹ 118 f¹³ 124 2 33 28 157 565 579 700 788 1071 1346 1424

C 17 τελος (post εγενετο) 𝔐 L Θ Λ Ψ Ω f¹ f¹³ 124 2 700 1346 1424 ¦ τελ τς κ,υ M 28 **18** αρχη: τη β̄ του πασχα. Ε Ω 2 124 ¦ β̄ εκ του κατα ιω̅ F ¦ αρχη: τη β̄ της διακιν, G ¦ αρχ H Λ f¹³ 579 700 1346 ¦ αρχ: τη β̄ της διακ, θ̄ν ουδεις εωρακε Y ¦ τη β̄ της διακινη, μου θ̄ν ουδεις εωρακε πωποτε M ¦ τη β̄ της διακινισμου S 1071 ¦ αρχ Θ ¦ αρχ τη δευτ τς διακινησιμου Ψ ¦ αρχ β̄ τη β̄ της διακινισιμ: θ̄ν ουδεις 118 ¦ τη γ̄ του δ,η ζτ Λου κ,ε ρ̄ι̅γ̅ 118 ¦ αρχ β̄ τη β̄ τς διακ θ̄ν ουδεις εωρακ f¹ ¦ αρχ β̄ 28 ¦ της β̄ θ̄νου ο θ̅ς̅ εωρακεν ποποτ, 28 ¦ αρχ τη β̄ τς διακινησιμου 157 788 ¦

D 18 η̅/γ̅ ℵ S Y U Θ Λ Π Ω 28 788 1424 ¦ η̅/β̅ A 1071 ¦ η̅ C F H K (L) M f¹ f¹³ 2 157 565 1346 ¦ η̅/δ̅ Ε ¦ η̅/ι̅ G 118 124 ¦ η̅/α̅ Ψ ¦ Ευ Ιω λ : Λο ρ̄ι̅θ̅ : Μθ . : Μρ ρ̄ι̅α̅ Ε ¦ Ιω η̅ : Λο ζ̄ : Μρ δ̄ : Μτ η̅ 124 **19** θ̅/ι̅ ℵ A E M S U Y Θ Ψ Ω 118 124 28 788 1071 ¦ θ̅ C F G H K (L) Π f¹³ 2 157 565 579 1346 ¦ Ευ Ιω θ̅: Λο .: Μθ . : Μρ . Ε ¦ Ιω θ̅ : Λο . : Μρ . : Μτ . 124

8

Ἰουδαῖοι	ἐξ Ἰεροσολύμων ἱερεῖς καὶ Λευείτας	ἵνα	B 𝔓⁶⁶ 𝔓⁷⁵ ℵ w
Ἰουδαῖοι	ἐξ Ἰεροσολύμων ἱερεῖς καὶ <u>Λευίτας</u> <u>πρὸς αὐτὸν</u> ἵνα		A Π Ψ *f*¹³ 157 579
<u>Ἰουδέοι</u>	ἐξ Ἰεροσολύμων ἱερεῖς καὶ Λευείτας	ἵνα	Wˢᵘᵖ
<u>Ἰουδέοι</u>	ἐξ Ἰεροσολύμων ἱερεῖς καὶ Λευείτας <u>πρὸς αὐτὸν</u> ἵνα		Θ
<u>Ἰδυδαῖ</u>	ἐξ Ἰεροσολύμων ἱερεῖς καὶ <u>Λευίτας</u>	ἵνα	118
	οἱ <u>Ἰουδαῖοι</u> ἱερεῖς καὶ <u>Λευίτας</u> <u>πρὸς αὐτὸν</u>, <u>Συ τίς εἶ</u>; ἵνα		124
Ἰουδαῖοι	ἐξ <u>Ἐροσολύμων</u> ἱερεῖς καὶ <u>Λευίτας</u>	ἵνα	1071*
Ἰουδαῖοι <u>πρὸς αὐτὸν</u>	ἐξ Ἰεροσολύμων ἱερεῖς καὶ <u>Λευίτας</u>	ἵνα	1424 [↓565 700 1071ᶜ **uτ**
Ἰουδαῖοι	ἐξ Ἰεροσολύμων ἱερεῖς καὶ <u>Λευίτας</u>	ἵνα	C 𝔐 K L M U Δ Λ *f*¹ 2 33 28

ἐρωτήσωσιν	αὐτόν,	<u>Σὺ τίς εἶ</u>; **20** καὶ ὡμολόγησεν καὶ οὐκ ἠρνήσατο,	B 𝔓⁶⁶ᶜ 124 **uwτ** rell
ἐρωτήσωσιν	αὐτόν,	<u>Σὺς</u> εἶ; **20** καὶ ὡμολόγησεν καὶ οὐκ ἠρνήσατο,	𝔓⁶⁶*
<u>ἐρωτήσουσιν</u>	αὐτόν,	<u>Σὺ τίς εἶ</u>; **20** καὶ ὡμολόγησεν καὶ οὐκ ἠρνήσατο,	𝔓⁷⁵ L Wˢᵘᵖ Δ 33
<u>ἐπερωτήσωσιν</u>	αὐτόν,	<u>Σὺ τίς εἶ</u>; **20** καὶ ὡμολόγησεν καὶ οὐκ ἠρνήσατο,	ℵ
ἐρωτήσωσιν	αὐτόν,	<u>Σὺ τί εἶ</u>; **20** καὶ ὡμολόγησεν καὶ οὐκ ἠρνήσατο,	G
ἐρωτήσωσιν	αὐτόν,	<u>Ὅτι σὺ εἶ</u>; **20** καὶ ὡμολόγησεν καὶ οὐκ ἠρνήσατο,	565
<u>ἐρωτήσουσιν</u>	αὐτόν,	<u>Σὺ τίς εἶ</u>; **20** καὶ <u>ὁμολόγησεν</u>	579

καὶ ὡμολόγησεν	ὅτι Ἐγὼ οὐκ εἰμὶ ὁ Χριστός. **21** καὶ ἠρώτησαν αὐτόν,	B 𝔓⁶⁶ 𝔓⁷⁵ A C* Δ Ψ **uw**
	ὅτι Ἐγὼ οὐκ εἰμὶ ὁ Χριστός. **21** καὶ <u>ἐπηρώτησαν</u> πάλιν,	ℵ*
	ὅτι Ἐγὼ οὐκ εἰμὶ ὁ Χριστός. **21** καὶ ἠρώτησαν αὐτὸν πάλιν,	ℵᶜ
ὡμολόγησεν	ὅτι <u>Οὐκ εἰμὶ ἐγὼ</u> ὁ Χριστός. **21** καὶ ἠρώτησαν αὐτόν,	Cᶜ *f*¹
ὡμολόγησεν	ὅτι Ἐγὼ οὐκ εἰμὶ ὁ Χριστός. **21** καὶ ἠρώτησαν αὐτόν,	L 33
ὡμολόγησεν	ὅτι Ἐγὼ οὐκ εἰμὶ ὁ Χριστός. **21** καὶ ἠρώτησαν αὐτὸν πάλιν,	Wˢᵘᵖ
	ὅτι Ἐγὼ οὐκ εἰμὶ ὁ Χριστός. **21** καὶ ἠρώτησαν αὐτόν,	579
καὶ ὡμολόγησεν	ὅτι <u>Οὐκ εἰμὶ ἐγὼ</u> ὁ Χριστός. **21** καὶ ἠρώτησαν αὐτόν,	𝔐 K M U Θ Λ Π *f*¹³ 2 28 157 565 700 1071 1424 **τ**

Σὺ οὖν τί;	Ἡλείας εἶ; καὶ λέγει,	Οὐκ εἰμι.	Ὁ προφήτης εἶ σύ;	B
<u>Τίς</u> οὖν <u>σύ</u>;	Ἡλείας εἶ; ‥‥‥ λέγει,	Οὐκ εἰμι.	Ὁ προφήτης εἶ σύ;	𝔓⁶⁶
Τί οὖν <u>σύ</u>;	Ἡλείας εἶ; καὶ λέγει,	Οὐκ εἰμι.	Ὁ προφήτης εἶ σύ;	𝔓⁷⁵ [w]
Τί οὖν	<u>Ἡλίας</u> εἶ; λέγει,	Οὐκ εἰμι.	Προφήτης εἶ σύ;	ℵ*
Τί οὖν	<u>Ἡλίας</u> εἶ; λέγει,	Οὐκ εἰμι.	Ὁ προφήτης εἶ σύ;	ℵᶜ
Τί οὖν <u>σύ</u>;	<u>Ἡλίας</u> εἶ; καὶ λέγει,	Οὐκ εἰμι.	Ὁ προφήτης εἶ σύ;	C* 33 **u**
Τί οὖν	<u>Ἡλίας</u> εἶ; καὶ λέγει,	Οὐκ εἰμι.	Ὁ προφήτης εἶ σύ;	L
Τί οὖν;	<u>Ἡλίας</u> εἶ σύ;		Ὁ προφήτης εἶ σύ;	S
Τί οὖν <u>σύ</u>; εἶ <u>Ἡλίας</u>; καὶ λέγει,		Οὐκ εἰμι. Τί οὖν;	Ὁ προφήτης εἶ σύ;	Wˢᵘᵖ
Τί οὖν;	Ἡλείας εἶ <u>σύ</u>; καὶ λέγει,	Οὐκ εἰμι.	Ὁ προφήτης εἶ σύ;	Θ
Τί οὖν;	<u>Ἡλίας</u> εἶ <u>σύ</u>; καὶ λέγει,	Οὐκ εἰμι.	Ὁ προφήτης εἶ σύ;	Ψ
Τί οὖν;	<u>Ἡλίας</u> εἶ σύ; καὶ <u>ἀπεκρίθη</u>, <u>Οὔ</u>.		Προφήτης εἶ σύ;	69
Τί οὖν;	<u>Ἡλίας</u> εἶ σύ;			565
Συ <u>τίς ει</u>; Ἡλίας εἶ; καὶ λέγει,		Οὐκ εἰμι.	Ὁ προφήτης εἶ σύ;	1071
Τί οὖν <u>σύ</u>; Ἡλείας εἶ; καὶ λέγει,		Οὐκ εἰμι.	Ὁ προφήτης εἶ σύ;	[w]
Τί οὖν;	Ἡλείας εἶ; καὶ λέγει,	Οὐκ εἰμι.	Ὁ προφήτης εἶ σύ;	[w]
Τί οὖν;	<u>Ἡλίας</u> εἶ σύ; καὶ λέγει,	Οὐκ εἰμι.	Ὁ προφήτης εἶ σύ;	A Cᶜ 𝔐 K M U Δ Λ Π *f*¹ *f*¹³ 2 28 157 579 700 1424 **τ**

καὶ ἀπεκρίθη, Οὔ.	**22** εἶπαν οὖν αὐτῷ, Τίς εἶ; ἵνα ἀπόκρισιν δῶμεν τοῖς	B 𝔓⁶⁶* C* Wˢᵘᵖ Δ **uw**
καὶ ἀπεκρίθη, Οὔ.	**22** εἶπαν οὖν αὐτῷ, <u>Σὺ</u> τίς εἶ; ἵνα ἀπόκρισιν δῶμεν τοῖς	𝔓⁶⁶ᶜ 𝔓⁷⁵
καὶ ἀπεκρίθη, Οὔ.	**22** <u>εἶπον</u> οὖν αὐτῷ, <u>Σὺ</u> τίς εἶ; ἵνα ἀπόκρισιν δῶμεν τοῖς	E* 157
καὶ ἀπεκρίθη, Οὔ.	**22** <u>εἶπον</u> οὖν αὐτῷ, Τίς εἶ; ἵνα <u>ἀνάκρισιν</u> δῶμεν τοῖς	M
‥‥‥ ‥‥‥‥‥ Οὔ.	**22** <u>εἶπον</u> οὖν αὐτῷ, Τίς εἶ; ἵνα ἀπόκρισιν δῶμεν τοῖς	N
ἀπεκρίθη, Οὔ.	**22** <u>εἶπον</u> οὖν, Τίς εἶ; ἵνα ἀπόκρισιν δῶμεν τοῖς	*f*¹
ἀπεκρίθη, Οὔ.	**22** <u>εἶπον</u> οὖν αὐτῷ, Τίς εἶ; ἵνα ἀπόκρισιν δῶμεν τοῖς	118
καὶ λέγει, Οὐκ <u>εἰμί</u>.	**22** <u>εἶπον</u> οὖν αὐτῷ, Τίς εἶ; ἵνα ἀπόκρισιν δῶμεν τοῖς	69
καὶ ἀπεκρίθη, Οὔ.	**22** <u>εἶπον</u> οὖν αὐτῷ, Τίς εἶ; <u>εἰπὲ ἡμῖν</u> ἵνα ἀπόκρισιν δῶμεν τοῖς	1071
καὶ ἀπεκρίθη, Οὔ.	**22** <u>εἶπον</u> οὖν αὐτῷ, Τίς εἶ; ἵνα ἀπόκρισιν δῶμεν τοῖς	ℵ A Cᶜ 𝔐 K L Θ Λ Π Ψ *f*¹³ 2 33 28 565 579 700 1424 **τ**

---

lac. **1.19-22** 𝔓⁴⁵ D P Γ ¦ vss. 19-21 N

A 19 ιερις ℵ W | ερωτισωσιν K **13 20** ομολογησεν¹·² H K Θ 13 1071 1346 1424 ¦ ωμολογησε¹ Y M 118 69 157 565 700 ¦ ομολογησεν² 700 ¦ ιμι 𝔓⁶⁶ ℵ W ¦ ειμει Θ **21** ιρωτησαν 1071 ¦ η (ει¹) 157 ¦ λεγι W ¦ ειμει W ¦ ημι 579 ¦ προφητις F 13 28 1071 **21** απεκριθει 28 **22** αποκρισειν N ¦ αποκρησιν 579

B 20 χ̅ς̅ B 𝔓⁶⁶ 𝔓⁷⁵ ℵ A C 𝔐 L M S U W Δ Θ Λ Π Ψ Ω *f*¹ 118 *f*¹³ 69 124 2 33 28 157 565 579 700 788 1071 1346 1424

D 20 θ̅/ι̅ Λ ¦ ι̅/θ̅/ι̅ 28 **21** θ̅ *f*¹

9

πέμψασιν ἡμᾶς· τί λέγεις περὶ σεαυτοῦ; **23**   ἔφη,   B 𝔓⁶⁶·⁷⁵ **uwτ** rell
πέμψασιν ἡμᾶς· τί λέγεις περὶ σεαυτοῦ; **23** <u>ὁ δὲ</u> ἔφη,   f¹³
πέμψασιν <u>ἡμῖν</u>· τί λέγεις περὶ σεαυτοῦ; **23**   ἔφη,   28

    Ἐγὼ **φωνὴ βοῶντος ἐν τῇ ἐρήμῳ,**   B 𝔓⁶⁶·⁷⁵ **uwτ** rell
    ⋯⋯⋯ **ων**·⋯⋯⋯ ⋯ ⋯⋯⋯⋯⋯⋯   𝔓⁵
       Φωνὴ βοῶντος ἐν τῇ ἐρήμῳ,   69
    Ἐγὼ **φωνὴ βοῶντος**   **ἐρήμῳ,**   2*

      Εὐθύνατε   **τὴν ὁδὸν κυρίου,**   B 𝔓⁶⁶·⁷⁵ **uwτ** rell
    ⋯⋯⋯⋯⋯   ⋯⋯⋯   ⋯⋯⋯⋯⋯   𝔓⁵
      Ἐτοιμάσατε   **τὴν ὁδὸν κυρίου,**   124

      om.   B 𝔓⁶⁶·⁷⁵ **uwτ** rell
    <u>εὐθίας</u> <u>ποιεῖτε</u> <u>τὰς τρίβους</u> <u>αὐτοῦ</u>.   Wˢᵘᵖ

καθὼς εἶπεν Ἡσαΐας ὁ προφήτης. **24** Καὶ   ἀπεσταλμένοι ἦσαν ἐκ τῶν Φαρεισαίων.   B
⋯⋯⋯⋯ν Ἡσα⋯⋯⋯ ⋯⋯⋯ **24**   ⋯⋯⋯⋯λμένοι ἦσαν ἐκ τῶν <u>Φαρισαίων.</u>   𝔓⁵
καθὼς εἶπεν Ἡσαΐας ὁ προφήτης. **24** Καὶ   ἀπεσταλμένοι ἦσαν ἐκ τῶν <u>Φαρισαίων.</u>   𝔓⁶⁶·⁷⁵ ℵ* A* C*
καθὼς εἶπεν <u>Ἰσαΐας</u> ὁ προφήτης. **24** Καὶ   ἀπεσταλμένοι ἦσαν ἐκ τῶν <u>Φαρισαίων.</u>   L   [↑Ψ **uw**
καθὼς εἶπεν Ἡσαΐας ὁ προφήτης. **24** Καὶ <u>οἱ</u> ἀπεσταλμένοι ἦσαν ἐκ τῶν <u>Φαρισέων.</u>   N Wˢᵘᵖ
καθὼς εἶπεν Ἡσαΐας ὁ προφήτης. **24** Καὶ <u>οἱ</u> ἀπεσταλμένοι ἦσαν ἐκ τῶν <u>Φαρισαίων.</u>   ℵᶜ Aᶜ Cᶜ 𝔐 K M U
                                            Δ Θ Λ Π f¹ f¹³ 2 33 28 157 565 579 700 1071 1424 τ

25 καὶ ἠρώτησαν αὐτὸν καὶ εἶπαν αὐτῷ,   Τί οὖν βαπτίζεις εἰ σὺ οὐκ εἶ ὁ Χριστὸς   B 𝔓⁶⁶ 𝔓⁷⁵ C* L Wˢᵘᵖ
25 ⋯⋯⋯⋯⋯⋯⋯ν καὶ ε⋯⋯⋯   ⋯⋯⋯⋯⋯ίζεις εἰ⋯⋯⋯ ⋯ ⋯⋯⋯⋯   𝔓⁵   [↑33 **uw**
25   καὶ εἶπον αὐτῷ,   Τί οὖν βαπτίζεις εἰ σὺ οὐκ εἶ ὁ Χριστὸς   ℵ
25 καὶ ἠρώτησαν αὐτὸν καὶ <u>εἶπον</u> αὐτῷ,   Τί οὖν βαπτίζεις εἰ σὺ οὐκ <u>εἰς</u> ὁ Χριστὸς   Δ
25 καὶ ἠρώτησαν αὐτὸν καὶ <u>εἶπον</u> αὐτῷ,   Τί οὖν βαπτίζεις εἰ σὺ οὐκ εἶ   Χριστὸς   124
25 καὶ ἠρώτησαν αὐτὸν καὶ <u>εἶπον</u> <u>αὐτόν,</u>   Τί οὖν βαπτίζεις εἰ σὺ οὐκ εἶ ὁ Χριστὸς   28
25 καὶ ἠρώτησαν αὐτὸν καὶ <u>εἶπον</u> αὐτῷ,   Τί οὖν βαπτίζεις εἰ σὺ οὐκ εἶ ὁ Χριστὸς   A Cᶜ 𝔐 K M N U Θ
                                       Λ Π Ψ f¹ f¹³ 2 157 565 579 700 1071 1424 τ

οὐδὲ Ἡλείας οὐδὲ ὁ προφήτης; **26** ἀπεκρίθη   αὐτοῖς ὁ Ἰωάνης λέγων, Ἐγὼ   B **w**
          οὐδὲ ὁ πρ⋯⋯⋯ **26** ⋯⋯⋯⋯   ⋯⋯⋯⋯⋯ωάνν⋯ ⋯⋯⋯ ⋯⋯⋯   𝔓⁵
                      26 ⋯⋯⋯⋯   ⋯⋯⋯⋯⋯ωάγ⋯⋯ ⋯⋯⋯ ⋯⋯⋯   𝔓⁵⁹
οὐδὲ Ἡλίας οὐδὲ ὁ προφήτης; **26** ἀπεκρίθη   αὐτοῖς ὁ <u>Ἰωάννης</u> λέγων, Ἐγὼ   𝔓⁶⁶* ℵ N Wˢᵘᵖ Ψ 118
οὐδὲ Ἡλείας οὐδὲ ὁ προφήτης; **26** ἀπεκρίθη   αὐτοῖς ὁ <u>Ἰωάννης</u> λέγων, Ἐγὼ   𝔓⁶⁶ᶜ   [↑1071 **u**
οὐδὲ Ἡλείας οὐδὲ ὁ προφήτης; **26** ἀπεκρίθη   αὐτοῖς ὁ <u>Ἰωάνης,</u>   Ἐγὼ   𝔓⁷⁵*
οὐδὲ Ἡλείας οὐδὲ ὁ προφήτης; **26** ἀπεκρίθη   αὐτοῖς ὁ <u>Ἰωάννης,</u>   Ἐγὼ   𝔓⁷⁵ᶜ
οὐδὲ <u>Ἡλίας</u> οὐδὲ ὁ προφήτης; **26** ἀπεκρίθη   αὐτοῖς   <u>Ἰωάννης</u> λέγων, Ἐγὼ   A
οὐδὲ <u>Ἡλίας</u> οὐδὲ ὁ προφήτης; **26** ἀπεκρίθη   αὐτοῖς ὁ <u>Ἰωάννης</u> λέγων, Ἐγὼ   C
οὐδὲ Ἡλείας οὐδὲ ὁ προφήτης; **26** <u>ἀπεκρίνατο</u>   αὐτοῖς ὁ <u>Ἰωάννης</u> λέγων, Ἐγὼ   L
<u>οὔτε</u> Ἡλίας <u>οὔτε</u> ὁ προφήτης; **26** <u>ἀπεκρίνατο</u>   αὐτοῖς ὁ <u>Ἰωάννης</u> λέγων, Ἐγὼ   U
<u>οὔτε</u> Ἡλίας <u>οὔτε</u> προφήτης; **26** ἀπεκρίθη   αὐτοῖς ὁ <u>Ἰωάννης</u> λέγων, Ἐγὼ   Δ
οὐδὲ <u>Ἡλίας</u> οὐδὲ ὁ προφήτης; **26** ἀπεκρίθη   αὐτοῖς ὁ <u>Ἰωάννης</u> λέγων, Ἐγὼ   Θ 28
οὐδὲ <u>Ἡλίας</u> οὐδὲ ὁ προφήτης; **26** ἀπεκρίθη   αὐτοῖς ὁ <u>Ἰωάννης,</u>   Ἐγὼ   f¹
<u>οὔτε</u> Ἡλίας <u>οὔτε</u> ὁ προφήτης; **26** ἀπεκρίθη   αὐτοῖς ὁ <u>Ἰωάννης</u> λέγων, Ἐγὼ <u>μὲν</u>   f¹³
<u>οὔτε</u> Ἡλίας οὐδὲ ὁ προφήτης; **26** ἀπεκρίθη   αὐτοῖς ὁ <u>Ἰωάννης,</u>   Ἐγὼ <u>μὲν</u>   124
οὐδὲ <u>Ἡλίας</u> οὐδὲ ὁ προφήτης; **26** <u>ἀπεκρίνατο</u>   αὐτοῖς ὁ <u>Ἰωάννης</u> λέγων, Ἐγὼ   33
οὐδὲ <u>Ἡλίας</u> οὐδὲ ὁ προφήτης; **26** <u>ἀπεκρήνατο</u>   αὐτοῖς ὁ <u>Ἰωάννης</u> λέγων, Ἐγὼ   579   [↓1424 τ
<u>οὔτε</u> Ἡλίας <u>οὔτε</u> ὁ προφήτης; **26** ἀπεκρίθη   αὐτοῖς ὁ <u>Ἰωάννης</u> λέγων, Ἐγὼ   𝔐 K M Λ Π 157 565 700

---

lac. 1.22-26 𝔓⁴⁵ D P Γ

A 22 εγεις 𝔓⁶⁶* | λεγις W **23** ευθυναται 𝔓⁶⁶ L N | οδων 579 | προφητις 28 **24** και μ Δ | εισαν 1071 **25** αυτων 579 | βαπτιζις W
| βαπτιζης 579 | βααπτιζει 1071 | ι (ει²) W | προφητις 28 **26** απεκριθει 28

B 23 κ̄ῡ B 𝔓⁶⁶ 𝔓⁷⁵ ℵ A C 𝔐 K L M N S U W Δ Θ Λ Π Ψ Ω f¹ 118 f¹³ 69 124 33 28 157 565 579 700 788 1071 1346 1424
25 χ̄ς̄ B 𝔓⁶⁶ 𝔓⁷⁵ ℵ A C 𝔐 K L M N S U W Δ Θ Λ Π Ψ Ω f¹ 118 f¹³ 69 124 33 28 157 565 579 700 788 1071 1346 1424

C 26 αρχ τη επαυριον μετα τα φωτ του προδρ 157

D 23 ῑ/ᾱ ℵ A E G M S U Y Θ Λ Π Ψ Ω 118 124 28 700 788 1071 1424 ¦ ῑ C F H K L f¹ f¹³ 2 565 1346 | Ευ Ιω ῑ : Λο ζ̄ : Μθ β̄ :
Μρ η̄ E | Ιω ῑ : Λο . : Μρ . : Μτ . 124 **24** ῑᾱ/ῑ ℵ A E G M S U Y Θ Λ Π Ω 118 28 788 1071 1424 ¦ ῑᾱ C F H K L f¹ f¹³ 2 28 157
565 ¦ ῑᾱ/γ̄ Ψ ¦ ῑᾱ/ᾱ 124 | Ευ Ιω ῑᾱ : Λο . : Μθ . : Μρ . E | Ιω : Λο . : Μρ . : Μτ . 124 **25** ῑ 579 **26** ῑβ̄/ᾱ ℵ A E G M S U Y Θ Ψ Ω 118
124 28 788 1071 1424 ¦ ῑβ̄ C F H K L f¹ f¹³ 2 28 157 565 1346 ¦ ῑβ̄/ῑ Ν Λ ¦ ῑβ̄/β̄ Π ¦ ῑᾱ 579 ¦ ς̄ᾱ 700 | Ευ Ιω ῑβ̄ : Λο ῑ : Μθ δ̄ : Μρ
ῑᾱ E | Ιω ῑβ̄ : Λο ῑγ̄ : Μρ δ̄ : Μθ ῑᾱ 124

βαπτίζω	ἐν	ὕδατι· μέσος	ὑμῶν στήκει	ὃν ὑμεῖς	οὐκ οἴδατε,	B L **w**
....	...	·· δατι· μ····	....	....	οὐκ οἴ·····	𝔓5
····πτίζω	....	·······ος	ὑμ·····	···ι	ὃν·····	𝔓59
βαπτίζω	ἐν	ὕδατι· μέσος	ὑμῶν ἔστηκεν	ὃν ὑμεῖς	οὐκ οἴδατε,	𝔓66 C* **u**
βαπτίζω	ἐν	ὕδατι· μέσος	ὑμῶν ἰστήκει	ὃν ὑμεῖς	οὐκ οἴδατε,	𝔓75
βαπτίζω	ἐν τῷ	ὕδατι· μέσος	ὑμῶν ἔστηκει	ὃν ὑμεῖς	οὐκ οἴδατε,	ℵ*
βαπτίζω	ἐν	ὕδατι· μέσος	ὑμῶν ἔστηκει	ὃν ὑμεῖς	οὐκ οἴδατε,	ℵc
βαπτίζω	ἐν	ὕδατι· μέσος δὲ	ὑμῶν στήκει	ὃν ὑμεῖς	οὐκ οἴδατε,	G f1
βαπτίζω ὑμᾶς	ἐν	ὕδατι· μέσος δὲ	ὑμῶν ἔστηκεν	ὃν ὑμεῖς	οὐκ οἴδατε,	N Δ Θ 565 1424
βαπτίζω	ἐν	ὕδατι· μέσος δὲ	ὑμῶν ἔστηκεν	ὃν ὑμεῖς	οὐκ οἴδατε,	f13
βαπτίζω ὑμᾶς	ἐν	ὕδατι· μέσος δὲ	ὑμῶν ἰστήκει	ὃν ὑμεῖς	οὐκ οἴδατε,	1071
βαπτίζω	ἐν	ὕδατι· μέσος δὲ	ὑμῶν ἔστηκεν	ὃν ὑμεῖς	οὐκ οἴδατε,	A Cc 𝔐 K M U Wsup Λ Π Ψ 118 2 33 28 157 579 700 τ

27		ὀπίσω μου ἐρχόμενος,		B ℵ* **w**
27		····σω μ···· .		𝔓5 (om. ος ...γεγ. cj Aland)
27		ὁ ὀπίσω μου ἐρχόμενος,		𝔓66.75 ℵc C* L Wsup f1 33 579 1071 **u**
27 οὗτός ἐστιν		ὁ ὀπίσω μου ἐρχόμενος, ὃς ἔμπροσθέν μου γέγονεν,		G
27 αὐτός ἐστιν		μου ἐρχόμενος, ὃς ἔμπρ,		N*
27 αὐτός ἐστιν ὃν εἶπον		ὁ ὀπίσω μου ἐρχόμενος, ὃς ἔμπροσθέν μου γέγονεν,		S
27		ὁ ὀπίσω μου ἐρχόμενος, ἔμπροσθέν μου γέγονεν,		Θ
27 οὗτός ἐστιν		ὁ ὀπίσω μου ἐρχόμενος,		Ψ
27 αὐτός ἐστιν		ὁ ὀπίσω μου ἐρχόμενος, ὃς ἔμπροσθέν μου γέγονεν ὅτι πρῶτός μου ἦν,	28	
27 αὐτός ἐστιν		ὁ ὀπίσω μου ἐρχόμενος, ὃς ἔμπροσθέν μου γέγονεν,		A Cc 𝔐 K M Nc U Δ Λ Π 118 f13 2 157 565 700 1424 τ

οὗ οὐκ εἰμὶ ἐγὼ ἄξιος	ἵνα λύσω αὐτοῦ	τὸν ἱμάντα τοῦ ὑποδήματος.τ		B Nc Wsup Ψ 118 69 788 [**uw**]
········· ·················	·······τοῦ τὸν········			𝔓5
οὗ οὐκ εἰμὶ ἱκανὸς	ἵνα λύσω τὸν	τὸν ἱμάντα τοῦ ὑποδήματος αὐτοῦ.		𝔓66*
οὗ οὐκ εἰμὶ ἐγὼ ἱκανὸς	ἵνα λύσω	τὸν ἱμάντα τοῦ ὑποδήματος αὐτοῦ.		𝔓66c
οὗ οὐκ εἰμὶ ἱκανὸς	ἵνα λύσω αὐτοῦ	τὸν ἱμάντα τοῦ ὑποδήματος.		𝔓75
οὗ οὐκ εἰμὶ ἄξιος	ἵνα λύσω αὐτοῦ	τὸν ἱμάντα τοῦ ὑποδήματος.		ℵ C L 33 565 1071 1346 [**uw**]
μεῖ ἐγὼ ἄξιος	ἵνα λύσω αὐτοῦ	τὸν ἱμάντα τοῦ ὑποδήματος.		N*
οὐκ εἰμὶ ἐγὼ ἄξιος	ἵνα λύσω αὐτοῦ	τὸν ἱμάντα τοῦ ὑποδήματος.		f13
οὗ οὐκ εἰμὶ ἐγὼ ἄξιος	ἵνα λύσω αὐτοῦ	τὸν ἱμάντα.		579 [↓28 157 700 1424 τ
οὗ ἐγὼ οὐκ εἰμὶ ἄξιος	ἵνα λύσω αὐτοῦ	τὸν ἱμάντα τοῦ ὑποδήματος.		A 𝔐 K M U Δ Θ Λ Π f1 124 2

τ ἐκεῖνος ὑμᾶς βαπτίσει ἐν πνεύματι ἁγίῳ καὶ πυρί.	E F G H 2*
αὐτὸς ὑμᾶς βαπτίσει ἐν πνεύματι ἁγίῳ καὶ πυρί.	N

[Cl S V 55.1 ουκ ειμι, φησιν, αξιος τον ιμαντα του υποδηματος λυσαι κυριου]

28 Ταῦτα	ἐν Βηθανίᾳ ἐγένετο	πέραν τοῦ Ἰορδάνου,		ὅπου ἦν ὁ	B 𝔓75 C* Wsup **uw**
28 Ταῦτα	ἐν Β·············	····ραν τοῦ Ἰο····		········ ··	𝔓5
28 Ταῦτα	ἐγένετο ἐν Βηθανίᾳ	πέραν τοῦ Ἰορδάνου,		ὅπου ἦν ὁ	𝔓66
28 Ταῦτα	ἐγένετο ἐν Βηθανίᾳ	πέραν τοῦ Ἰορδάνου ποταμοῦ,		ὅπου ἦν ὁ	ℵ*
28 Ταῦτα	ἐγένετο ἐν Βηθαραβᾶ	πέραν τοῦ Ἰορδάνου ποταμοῦ,		ὅπου ἦν ὁ	ℵc
28 Ταῦτα	ἐν Βηθαβαρᾶ ἐγένετο	πέραν τοῦ Ἰορδάνου,		ὅπου ἦν ὁ	Cc
28 Ταῦτα	ἐν Βιθανίᾳ ἐγένετο	πέραν τοῦ Ἰορδάνου,		ὅπου ἦν	G 565 1071
28 Ταῦτα	ἐγένετο ἐν Βηθανίᾳ	πέραν τοῦ Ἰορδάνου,		ὅπου ἦν	Hc
28 Ταῦτα μὲν	ἐν Βηθαβαρᾶ	πέραν τοῦ Ἰορδάνου,		ὅπου ἦν	K Π
28 Ταῦτα	ἐν Βηθανίᾳ ἐγένοντο	πέραν τοῦ Ἰορδάνου,		ὅπου ἦν	N
28 Ταῦτα	ἐν Βιθαβαρᾶ ἐγένετο	πέραν τοῦ Ἰορδάνου,		ὅπου ἦν	U
28 Ταῦτα	ἐν Βεθανίᾳ ἐγένετο	πέραν τοῦ Ἰορδάνου,		ὅπου ἦν	Δ*
28 Ταῦτα	ἐν Βηθεβαρᾶ ἐγένοντο	πέραν τοῦ Ἰορδάνου,		ὅπου ἦν	Λ
28 Ταῦτα	ἐν Βηθαβαρᾶ ἐγένετο	πέραν τοῦ Ἰορδάνου,		ὅπου ἦν	f1 2c 33 τ
28 Ταῦτα	ἐν Βηθεβαρᾶ ἐγένετο	πέραν τοῦ Ἰορδάνου,		ὅπου ἦν	f13
28 Ταῦτα	ἐν Βηθεβαρᾶ ἐγένετο	πέραν τοῦ Ἰορδάνου,		ὅπου	69
28 Ταῦτα	ἐν Βηθανίᾳ ἐγένετο	πέραν τοῦ Ἰορδάνου,		ὅπου ἦν	A 𝔐 L M Δc Θ Ψ 118 124 2* 28 157 579 700 1424

lac. 1.26-28 𝔓45 D P Γ

A 26 εστικεν Δ* Θ Ω 579 | υμις N W | οιδαται 𝔓66 L N 27 οπισο 28 | ερχωμενος 579 | εμπροσθε Ω | γεγον G ⁝ γεγωνεν 13 2* | ειμει Nc | ιμει W | ημαντα 2* | βαπτησει 2* | πυρει N 28 εγενετω 579

B 27 πνι E F G H N 2*

D 28 ιγ/ι ℵ A G M S U Y Θ Π Ψ Ω 118 124 28 1071 1424 ⁝ ιγ C F H K f1 f13 2 157 565 788 1346 ⁝ ιγ/α E Λ | Ευ Ιω ιγ : Λο . : Μθ . : Μρ . Ε | Ιω ιγ: Λο ι :Μρ . : Μτ . 124

Ἰωάνης	βαπτίζων.	B w
........ης	βαπτί......	𝔭⁵
Ἰωάννης πρῶτον	βαπτίζων.	f¹³ 69ᶜ
Ἰωάννης	βαπτίζων τὸ πρῶτον.	C
Ἰωάννης τὸ πρῶτον	βαπτίζων.	1071 1346
Ἰωάννης	βαπτίζων.	124 788 uτ rell

δ 29	Τῇ	ἐπαύριον βλέπει	τὸν Ἰησοῦν ἐρχόμενον πρὸς αὐτὸν καὶ	B 𝔭⁶⁶·⁷⁵ 788 uw rell
29		........ει	τὸν Ἰησοῦν ....αἰ	𝔭⁵
29	Τῇ	ἐπαύριον βλέπει ὁ Ἰωάννις	τὸν Ἰησοῦν ἐρχόμενον πρὸς αὐτὸν καὶ	Cᶜ
29	Τῇ	ἐπαύριον βλέπει ὁ Ἰωάννης	τὸν Ἰησοῦν ἐρχόμενον πρὸς αὐτὸν καὶ	Eᶜ F G H P Λ f¹³ 2
29			.... ἐρχόμενον πρὸς αὐτὸν καὶ	P [↑1071 τ
29	Τῇ	ἐπαύριον βλέπει __	τὸν Ἰησοῦν ἐρχόμενον καὶ	Wˢᵘᵖ
29	Τῇ	ἐπαύριον βλέπει ὁ ιω	τὸν Ἰησοῦν ἐρχόμενον πρὸς αὐτὸν καὶ	28ᶜ
29	Τῇ δὲ	ἐπαύριον βλέπει	τὸν Ἰησοῦν ἐρχόμενον πρὸς αὐτὸν καὶ	565

λέγει, Ἴδε ὁ ἀμνὸς τοῦ θεοῦ ὁ αἴρων τὴν ἁμαρτίαν τοῦ κόσμου.	**30**	οὗτός ἐστιν	B 𝔭⁶⁶·⁷⁵ uwτ rell
λέγει, ... ἣν ἁμαρ.....	**30**	..στιν	𝔭⁵
λέγοντα, Ὁ ἀμνὸς τοῦ θεοῦ ὁ αἴρων τὴν ἁμαρτίαν τοῦ κόσμου.	**30**	οὗτός ἐστιν	M
λέγει, Ἴδε ὁ ἀμνὸς τοῦ θεοῦ ὁ αἴρων τὰς ἁμαρτίας τοῦ κόσμου.	**30**	οὗτός ἐστιν	Wˢᵘᵖ

ὑπὲρ οὗ ἐγὼ εἶπον,	Ὀπίσω μου ἔρχεται ἀνὴρ ὃς ἔμπροσθέν μου γέγονεν,	B 𝔭⁶⁶ 𝔭⁷⁵ ℵ* C* uw
ὑπε··	··ρχεται α······	𝔭⁵
περὶ οὗ ἐγώ,	Ὀπίσω μου ἔρχεται ἀνὴρ ὃς ἔμπροσθέν μου γέγονεν,	G*
ὑπὲρ οὗ ἐγὼ εἶπον ὑμῖν ὅτι	Ὀπίσω μου ἔρχεται ἀνὴρ ὃς ἔμπροσθέν μου γέγονεν,	Wˢᵘᵖ
περὶ οὗ ἐγὼ εἶπον ὑμῖν,	Ὀπίσω μου ἔρχεται ἀνὴρ ὃς ἔμπροσθέν μου γέγονεν,	f¹³
περὶ οὗ εἶπον ἐγώ,	Ὀπίσω μου ἔρχεται ἀνὴρ ὃς ἔμπροσθέν μου γέγονεν,	1071
περὶ οὗ ἐγὼ εἶπον,	Ὀπίσω μου ἔρχεται ἀνὴρ ὃς ἔμπροσθέν μου γέγονεν,	ℵᶜ Cᶜ A 𝔐 K L M N P

U Δ Θ Λ Π Ψ f¹ 2 33 28 157 565 579 700 1424 τ

ὅτι πρῶτός μου ἦν.	**31** κἀγὼ οὐκ ᾔδειν αὐτόν, ἀλλ᾽ ἵνα φανερωθῇ τῷ Ἰσραὴλ διὰ	B 𝔭⁶⁶·⁷⁵ uwτ rell
....	**31** .... διὰ	𝔭⁵⁵
ὅτι πρῶτός μου ἦν.	**31** κἀγὼ οὐκ ἔγνων αὐτόν, ἀλλ᾽ ἵνα φανερωθῇ τῷ Ἰσραὴλ διὰ	579

τοῦτο ἦλθον ἐγὼ ἐν	ὕδατι βαπτίζων.	**32** Καὶ ἐμαρτύρησεν	Ἰωάνης	λέγων	B L w
.... ἐν	ὕδα····	**32** Καὶ ἐμαρτύ····	···ης	λέγων	𝔭⁵⁵
τοῦτο ἦλθον ἐγὼ ἐν	ὕδατι βαπτίζων.	**32** Καὶ ἐμαρτύρησεν	Ἰωάννης		ℵ*
τοῦτο ἦλθον ἐγὼ ἐν τῷ	ὕδατι βαπτίζων.	**32** Καὶ ἐμαρτύρησεν	Ἰωάννης	λέγων	A 𝔐 K N Δ Π 565 2 τ
τοῦτο ἐγὼ ἦλθον ἐν	ὕδατι βαπτίζων.	**32** Καὶ ἐμαρτύρησεν	Ἰωάννης	λέγων	C*
τοῦτο ἦλθον ἐγὼ ἐν	ὕδατι βαπτίζων.	**32** Καὶ ἐμαρτύρησεν ὁ	Ἰωάννης	λέγων	Cᶜ G 69 124 788
τοῦτο ἦλθον ἐγὼ ἐν τῷ	ὕδατι βαπτίζων.	**32** Καὶ ἐμαρτύρησεν ὁ	Ἰωάννης	λέγων	M U f¹³
τοῦτο ἦλθον ἐγὼ ἐν	ὕδατι βαπτίζιν.	**32** Καὶ ἐμαρτύρησεν	Ἰωάννης	λέγων	Wˢᵘᵖ
τοῦτο ἦλθον	ἐν τῷ ὕδατι βαπτίζων.	**32** Καὶ ἐμαρτύρησεν	Ἰωάννης	λέγων	28 157
τοῦτο ἐγὼ ἦλθον ἐν τῷ	ὕδατι βαπτίζων.	**32** Καὶ ἐμαρτύρησεν	Ἰωάννης	λέγων	700 [↓579 1071 1424 u
τοῦτο ἦλθον ἐγὼ ἐν	ὕδατι βαπτίζων.	**32** Καὶ ἐμαρτύρησεν	Ἰωάννης	λέγων	𝔭⁶⁶·⁷⁵ ℵᶜ P Θ Λ Ψ f¹ 33

lac. 1.28-32 𝔭⁴⁵ D Γ ¦ vss. 28-29 P

A 28 βαπτιζον K 29 επαυρον 1071 ¦ βλεπι ℵ N W ¦ ερχωμενον 579 ¦ λεγι W ¦ ερων ℵ N W Θ ¦ αιρον 700 ¦ αμαρτιαν Θ 30 ουτως 579 ¦ εστι Y f¹ 118 124 28 69 157 565 700 788 ¦ ερχετε K ¦ εμπροσθε 69 ¦ εμπρωσθεν 579 ¦ απρ L ¦ γεγωνεν Θ 579 ¦ προτος Θ* 31 ηδην G* M U 1346 ¦ ηδιν N W ¦ ειδειν 13 ¦ ιδειν 1071 ¦ φαναιρωθη N ¦ τουτω 579 32 εμαρτυρισεν E H Θ 13 2* 1071

B 29 ι̅ν̅ B 𝔭⁶⁶ 𝔭⁷⁵ ℵ A C 𝔐 K L M N S U W Δ Θ Λ Π Ψ Ω f¹ 118 f¹³ 124 2 33 28 157 565 579 700 788 1071 1346 1424 ¦ ι̅η̅ν 𝔭⁵ ¦ θ̅υ̅ B 𝔭⁶⁶ 𝔭⁷⁵ ℵ A C 𝔐 K L M N S U W Δ Θ Λ Π Ψ Ω f¹ 118 f¹³ 69 124 2 33 28 157 565 579 700 788 1071 1346 1424 31 ι̅σ̅λ̅ ℵ ¦ ι̅η̅λ 𝔭⁷⁵ A C 𝔐 K L M N P S U W Θ Λ Π Ψ Ω f¹ 118 f¹³ 69 124 2 28 157 565 579 700 788 1071 1346 1424 ¦ ι̅σ̅λ̅ Δ

C 28 τελος (post βαπτιζων) E H S Y Θ Λ Ψ Ω 124 2 157 579 788 1071 1424 ¦ τελος της β̅ G M f¹ 28 ¦ τελ της ο ι̅ω̅ 118 29 αρχη: τη επαυριον των φωτων τω καιρω εκεινω (om. H) βλεπει ο ιωαννης (ι̅ω̅ H): (ante βλεπει) E* H ¦ ante ο Ιωαν. Eᶜ) E ¦ αρχη: τη επαυριον των φωτων (ante βλεπει) G* ¦ εκ τ κυ τα ι̅ω̅: ✳ τω καιρω εκεινω βλεπει ιωαννης τον ι̅ν̅ ερχομενον: G² ¦ αρχ: τη επαυριον τ̅ φωτ· τω κ.ρω βλεπει ο ιω τον ι̅ν̅ ερχο Y ¦ τη επαυρι, τς φ τω και, βλεπει ο ιωαννης τον, M ¦ εις τ συναξ του προφ S ¦ τη επαυρ, των φωτ αρχ τη επαυριον βλεπει ι̅ω̅ Ω ¦ αρχ γ̅ τη επαυριον των φωτ τω καιρω εκεινω βλεπει ο ι̅ω̅ τ̅ ι̅ν̅ f¹ ¦ αρχ γ̅ τη επαυριον των φωτ τω καιρω εκεινω: τω βλεπει ο ιω του ιν 118 ¦ αρχη: τη επαυριον των φωτων τω καιρω εκεινω 2 ¦ αρχ τω κ.ρω εκεινω βλεπ ο ι̅ω̅ τον ι̅ν̅ ερχομε: 28 ¦ αρχ L Λ 157 1424 ¦ αρχ: τω κ.ρω βλεπει ο ιωαννης Θ ¦ τη επαυριον των φωτ, f¹³ 28 1346 ¦ αρχ: τη ημερα των φωτ 579 ¦ αρχη: τη επαυριον των φωτων 788

D 29 ι̅γ̅ L ¦ ι̅γ̅/ι̅Ν̅ ¦ ι̅δ̅ Θ ¦ ι̅β̅ 579 30 ι̅δ̅/δ̅ ℵ ¦ ι̅δ̅/α A E G L M N S U Y Λ Π Ψ Ω 118 28 788 1071 1424 ¦ ι̅δ̅ F H K f¹ 2 157 565 1346 ¦ ι̅γ̅ 28 579 ¦ Ευ Ιω ι̅δ̅ : Λο ι̅ : Μθ ι̅α̅ : Μρ δ̅ 32 ι̅ε̅/α̅ ℵ A E G M S U Y Θ Λ Π Ψ 118 124 28 1071 1424 ¦ ι̅ε̅ C F H K (L) f¹ 2 157 565 ¦ Ευ Ιω ι̅ε̅ : Λο ι̅γ̅ : Μθ ι̅δ̅ : Μρ ε̅ ¦ Ιω ι̅ε̅ : Λο ο̅δ̅ : Μρ ε̅ : Μτ ι̅δ̅ 124

ὅτι Τεθέαμαι τὸ πνεῦμα καταβαῖνον ὡς   περιστερὰν ἐξ   οὐρανοῦ καὶ   B 𝔭⁷⁵ A C 𝔐 L N W^{sp} Θ Ψ 124
ο   ·ὸ πνεῦμα κατα   περιστερὰν   ·   ·αὶ   𝔭⁵⁵   [↑2 565 579 uw
ὅτι Τεθέαμαι τὸ πνεῦμα ὡς περιστερὰν   καταβαῖνον ἐκ τοῦ οὐρανοῦ καὶ   ℵ
ὅτι Τεθέαμαι τὸ πνεῦμα καταβαῖνον ὡσεὶ περιστερὰν ἐκ τοῦ οὐρανοῦ καὶ   f¹   [↓157 700 1071 1424 τ
ὅτι Τεθέαμαι τὸ πνεῦμα καταβαῖνον ὡσεὶ περιστερὰν ἐξ   οὐρανοῦ καὶ   𝔭⁶⁶ Y K M P U Δ Λ Π f¹³ 28

ἔμεινεν   ἐπ᾿ αὐτόν. 33 κἀγὼ   οὐκ ᾔδειν αὐτόν, ἀλλ᾿ ὁ πέμψας με βαπτίζειν   B 𝔭^{66.75} uwτ rell
                   33   ἀλλ᾿ ὁ   𝔭⁵
ἔμεινεν   33 ·γὼ   οὐκ ᾔδειν   ·πέμψας με βαπ·   𝔭⁵⁵
μένον   ἐπ᾿ αὐτόν. 33 καὶ ἐγὼ οὐκ ᾔδειν αὐτόν, ἀλλ᾿ ὁ πέμψας με βαπτίζειν   ℵ
ἔμεινεν   ἐπ᾿ αὐτόν. 33 κἀγὼ   οὐκ ᾔδειν,   ἀλλ᾿ ὁ πέμψας με βαπτίζειν   A*
μένον   ἐπ᾿ αὐτόν. 33 κἀγὼ   οὐκ ᾔδειν αὐτόν, ἀλλ᾿ ὁ πέμψας με βαπτίζειν   W^{sup}
ἔμεινεν   ἐπ᾿ αὐτόν. 33   ἀλλ᾿ ὁ πέμψας με βαπτίζων   579
ἐρχόμενον ἐπ᾿ αὐτόν. 33 κἀγὼ   οὐκ ᾔδειν αὐτόν, ἀλλ᾿ ὁ πέμψας με βαπτίζειν   1424

ἐν   ὕδατι ἐκεῖνός μοι εἶπεν, Ἐφ᾿ ὃν ἂν ἴδῃς τὸ πνεῦμα καταβαῖνον καὶ μένον ἐπ᾿   B 𝔭⁷⁵ uwτ rell
····   ·δατ···   ·δης τὸ   ·ον ἐπ᾿   𝔭⁵
····   ὕδατι ἐκεῖνός ······· ·φ᾿ ὃν ἂν ἴδῃς ········ ·βαῖνον καὶ ·······   𝔭⁵⁵
ἐν τῷ   ὕδατι ἐκεῖνός μοι εἶπεν, Ἐφ᾿ ὃν ἂν ἴδῃς τὸ πνεῦμα καταβαῖνον καὶ μένον ἐπ᾿   𝔭⁶⁶ ℵ f¹
ἐν   ὕδατι ἐκεῖνός μοι εἶπεν, Ἐφ᾿ ὃν ἂν ἴδῃς τὸ πνεῦμα καταβαῖνον   ἐπ᾿   565

αὐτόν, οὗτός ἐστιν ὁ βαπτίζων ἐν   πνεύματι ἁγίῳ.   34 κἀγὼ   B 𝔭^{66.75} uwτ rell
αὐ······   ·ων ἐν   π·········   34   𝔭⁵
····τόν, οὗτός   34   𝔭⁵⁵
αὐτόν, αὐτός ἐστιν ὁ βαπτίζων ἐν   πνεύματι ἁγίῳ.   34 κἀγὼ   A 1424
αὐτόν, οὗτός ἐστιν ὁ βαπτίζων ἐν   πνεύματι ἁγίῳ.καὶ πυρί 34 κἀγὼ   C*
αὐτόν, οὗτός ἐστιν ὁ βαπτίζων ἐν τῷ πνεύματι ἁγίῳ.   34 κἀγὼ   L N
αὐτῷ, οὗτός ἐστιν ὁ βαπτίζων ἐν   πνεύματι ἁγίῳ.   34 κἀγὼ   W^{sup}
αὐτόν, οὗτός ἐστιν ὁ βαπτίζων ἐν τῷ πνεύματι τῷ ἁγίῳ.   34 κἀγὼ   33 579

                                                         [↓Ω f¹ f¹³ 2 157 565 579 700 1071 1424 uwτ
ἑώρακα,   καὶ μεμαρτύρηκα ὅτι οὗτός ἐστιν ὁ υἱὸς   τοῦ θεοῦ.   B 𝔭⁶⁶ ℵ^c A C Y L M N S U Δ Λ Ψ
·········   ······· ·ρτύρηκα ······· ·· ·····   τοῦ θεοῦ.   𝔭⁵
ἑόρακα,   καὶ μεμαρτύρηκα ὅτι οὗτός ἐστιν ὁ υἱὸς   τοῦ θεοῦ.   𝔭⁷⁵ 𝔐 K P W^{sup} Θ Π 33 28
ἑώρακα,   καὶ μεμαρτύρηκα ὅτι οὗτός ἐστιν ὁ ἐκλεκτὸς τοῦ θεοῦ.   ℵ*
ἑόρακα αὐτόν, καὶ μεμαρτύρηκα ὅτι οὗτός ἐστιν ὁ υἱὸς   τοῦ θεοῦ.   G*
ἑόρακα αὐτόν, καὶ μεμαρτύρηκα ὅτι αὐτός ἐστιν ὁ υἱὸς   τοῦ θεοῦ.   124

---

lac. 1.32-34 𝔭⁴⁵ D Γ

A 32 τεθεαμε W ¦ τεθαιαμαι 579 ¦ καταβενον W Θ ¦ καταβαιννον F 124 28 ¦ καταβαιννον 579 ¦ περιστραν L ¦ εμειν L ¦ εμινεν N ¦ εμηνεν Θ 579 33 ηδιν N W ¦ ειδειν 13 ¦ οιδειν 69 ¦ ηδην 124 ¦ ιδειν 1071 1424 ¦ μαι L ¦ βπτιζειν 𝔭^{66*} ¦ βαπτειζιν N ¦ βαπτιζιν W ¦ εκινος ℵ W ¦ ειδης 𝔭⁶⁶ L W 157 1071 ¦ ιδεις 13 2* ¦ ειδοις 69 ¦ ων (ον) 579 ¦ καταβενον W Θ ¦ καταβαινων 13 124 ¦ μενων 1346 ¦ αυτων² 579 ¦ οτος W* ¦ ουτως 579 34 εωρα Δ ¦ μεμαρτυρικα Θ 13 124 28 579 700 1346 ¦ ουτως 579 ¦ εστι 579

B 32 πνᾱ 𝔭⁵⁵ 𝔭⁶⁶ 𝔭⁷⁵ ℵ A C 𝔐 K L M N P S U W Δ Θ Λ Π Ψ Ω f¹ 118 f¹³ 69 124 2 33 28 157 565 579 700 788 1071 1346 1424 ¦ ουνου AEHYKLMPSUΔΘΛΠΨΩ f¹ 118 69 124 2 33 28 157 565 579 700 788 1071 1346 1424 ¦ ουρου W 33 πνᾱ (𝔭⁵⁵) 𝔭⁶⁶ 𝔭⁷⁵ ℵ A C 𝔐 K L M N P S U W Δ Θ Λ Π Ψ Ω f¹ 118 f¹³ 69 124 2 33 28 157 565 579 700 788 1071 1346 1424 ¦ πνι 𝔭⁵ 𝔭⁶⁶ 𝔭⁷⁵ ℵ A C 𝔐 K L M N P S U W Δ Θ Λ Π Ψ Ω f¹ 118 f¹³ 69 124 2 33 28 157 565 579 700 788 1071 1346 1424 34 υς 𝔭⁶⁶ 𝔭⁷⁵ ℵ^c C 𝔐 K L M N P S U W Λ Π Ψ Ω 2 33 28 565 1071 1424 ¦ θυ B 𝔭⁵ 𝔭⁶⁶ 𝔭⁷⁵ ℵ A C 𝔐 K L M N P S U W Θ Λ Π Ψ Ω f¹ 118 f¹³ 69 124 2 33 28 157 565 579 700 788 1071 1346 1424

C 34 τελος (post του θυ) E H S Y Θ Λ Ω f¹ 118 f¹³ 124 2 157 579 788 1346 1424 ¦ τελ τς του M

13

John Identifies Jesus As The Lamb Of God

ε̄ 35 Τῇ ἐπαύριον πάλιν εἱστήκει Ἰωάνης καὶ ἐκ τῶν μαθητῶν αὐτοῦ δύο B
35 Τῇ ....ης καὶ ἐκ .... ο 𝔓⁵
35 Τῇ ἐπαύριον πάλιν ἱστήκει ὁ Ἰωάννης καὶ ἐκ τῶν μαθητῶν αὐτοῦ δύο 𝔓⁶⁶ A F H P Δ f¹³ 33
35 Τῇ ἐπαύριον εἱστήχει Ἰωάννης καὶ ἐκ τῶν μαθητῶν αὐτοῦ δύο 𝔓⁷⁵
35 Τῇ ἐπαύριον πάλιν ἱστήκι ὁ Ἰωάννης καὶ ἐκ τῶν μαθητῶν αὐτοῦ δύο ℵ Wˢᵘᵖ
35 Τῇ ἐπαύριον πάλιν εἱστήκει Ἰωάννης καὶ ἐκ τῶν μαθητῶν αὐτοῦ δύο L
35 Τῇ ἐπαύριον ἱστήκει ὁ Ἰωάννης καὶ ἐκ τῶν μαθητῶν αὐτοῦ δύο Ψ 1071
35 Τῇ ἐπαύριον πάλιν ἱστήκει Ἰωάννης καὶ ἐκ τῶν μαθητῶν αὐτοῦ δύο 28
35 Τῇ ἐπαύριον ἱστήκη πάλιν ὁ Ἰωάννης καὶ ἐκ τῶν μαθητῶν αὐτοῦ δύο 579
35 Τῇ ἐπαύριον πάλιν ἱστήκει Ἰωάνης καὶ ἐκ τῶν μαθητῶν αὐτοῦ δύο w
35 Τῇ ἐπαύριον πάλιν εἱστήκει ὁ Ἰωάννης καὶ ἐκ τῶν μαθητῶν αὐτοῦ δύο C 𝔐 K M N U Θ Λ Π f¹
69 2 157 565 700 788 1346 1424 uτ

36 καὶ ἐμβλέψας τῷ Ἰησοῦ περιπατοῦντι λέγει, Ἴδε ὁ ἀμνὸς τοῦ θεοῦ ᵀ. B 𝔓⁶⁶·⁷⁵ uwτ rell
36 καὶ ἐμ ....οῦντι λέγει, ... 𝔓⁵
36 .... ψας τῷ Ἰησοῦ π..................γει, Εἴδε ὁ ἀ........ ...... 𝔓⁵⁵
36 καὶ ἐμβλέψας τῷ Ἰησοῦ περιπατοῦντι λέγει, Ἴδε ὁ Χριστὸς ὁ ἀμνὸς τοῦ θεοῦ. G Λ 124 788

ᵀὁ αἴρων τὴν ἁμαρτίαν τοῦ κόσμου.   𝔓⁶⁶* C*
ἁ ἔρων τὰς ἁμαρτίας τοῦ κόσμου.   Wˢᵘᵖ

[Cl Pd I 24.4 ιδου ο αμνος του θεου]

Two Disciples Of John Follow Jesus

37 καὶ ἤκουσαν οἱ δύο μαθηταὶ αὐτοῦ λαλοῦντος καὶ ἠκολούθησαν τῷ Ἰησοῦ. B ℵᶜ 1071 u[w]
37 ....υσαν οἱ δ̇ ο ....κολούθη........ .... 𝔓⁵
37 .... ἤκουσαν ο̇.. ....τοῦ λαλοῦν.............θησαν τῷ Ἰησοῦ. 𝔓⁵⁵
37 καὶ ἤκουσαν οἱ δύο αὐτοῦ μαθηταὶ λαλοῦντος καὶ ἠκολούθησαν τῷ Ἰησοῦ. 𝔓⁶⁶·⁷⁵ C* L 33
37 ἤκουσαν οἱ δύο αὐτοῦ μαθηταὶ λαλοῦντος καὶ ἠκολούθησαν τῷ Ἰησοῦ. ℵ* [↑Wˢᵖ 579 [w]
37 ἤκουσαν οἱ δύο αὐτοῦ μαθηταὶ λαλοῦντος καὶ ἠκολούθησαν τῷ Ἰησοῦ. Ψ
37 ἤκουσαν αὐτοῦ οἱ δύο μαθηταὶ λαλοῦντος καὶ ἠκολούθησαν τῷ Ἰησοῦ. f¹
37 καὶ ἤκουσαν αὐτῷ οἱ δύο μαθηταὶ αὐτ λαλοῦντος καὶ ἠκολούθησαν τῷ Ἰησοῦ. 69
37 καὶ ἤκουσαν αὐτοῦ οἱ δύο μαθηταὶ αὐτοῦ λαλοῦντος καὶ ἠκολούθησαν τῷ Ἰησοῦ. 28
37 καὶ ἤκουσαν οἱ δύο μαθηταὶ λαλοῦντος καὶ ἠκολούθησαν τῷ Ἰησοῦ. 157
37 καὶ ἤκουσαν αὐτοῦ οἱ δύο μαθηταὶ λαλοῦντος καὶ ἠκολούθησαν τῷ Ἰησοῦ. 700
37 καὶ ἤκουσαν αὐτοῦ δύο μαθηταὶ λαλοῦντος καὶ ἠκολούθησαν τῷ Ἰησοῦ. 1346
37 καὶ ἤκουσαν αὐτοῦ οἱ δύο μαθηταὶ λαλοῦντος καὶ ἠκολούθησαν τῷ Ἰησοῦ. A Cᶜ 𝔐 K M N P
U Δ Θ Λ Π 118 f¹³ 2 565 1424 τ

38 στραφεὶς δὲ ὁ Ἰησοῦς καὶ θεασάμενος αὐτοὺς ἀκολουθοῦντας λέγει αὐτοῖς, B 𝔓⁷⁵ uwτ rell
38 ....ὲ ὁ Ἰησοῦς καὶ θε........... ....ολουθοῦντας · 𝔓⁵
38 .... ὁ Ἰησοῦς καὶ θεασ........... ἀκολούθησα... ....τοῖς, 𝔓⁵⁵
38 στραφεὶς δὲ ὁ Ἰησοῦς καὶ θεασάμενος αὐτοὺς ἀκολουθοῦντας αὐτῷ λέγει αὐτοῖς, 𝔓⁶⁶ C*
38 στραφεὶς ὁ Ἰησοῦς καὶ θεασάμενος αὐτοὺς ἀκολουθοῦντας λέγει, ℵ*
38 στραφεὶς ὁ Ἰησοῦς καὶ θεασάμενος αὐτοὺς ἀκολουθοῦντας λέγει αὐτοῖς, E F H M Λ Ω 2 28

lac. 1.35-38 𝔓⁴⁵ D Γ

A 35 παυριον 𝔓⁶⁶* | επαυρον 1071* | ηστηκει 124 | παλι W 36 ενβλεψας Θ | λεγι W | ειδε 𝔓⁵⁵ P W 37 ηκολουσαν K* | λαλουντως 579 38 στραφις W | λεγι W

B 35 ιως 118 | δ̄ 𝔓⁷⁵ 36 ιῡ B 𝔓⁵⁵ 𝔓⁶⁶ 𝔓⁷⁵ ℵ A C 𝔐 K L M N P S U W Δ Θ Λ Π Ψ Ω f¹ 118 f¹³ 124 2 33 28 157 565 579 700 788 1071 1424 | χς G Λ 124 | θῡ B 𝔓⁶⁶ 𝔓⁷⁵ ℵ A C 𝔐 K L M N P S U W Δ Θ Λ Π Ψ Ω f¹ 118 f¹³ 69 124 2 33 28 157 565 579 700 788 1071 1424 37 ιῡ B 𝔓⁵⁵ 𝔓⁶⁶ 𝔓⁷⁵ ℵ A C 𝔐 K L M N P S U W Δ Θ Λ Π Ψ Ω f¹ 118 f¹³ 124 2 33 28 157 565 579 700 788 1071 1346 1424 38 ῑς B 𝔓⁵⁵ 𝔓⁶⁶ 𝔓⁷⁵ ℵ A C 𝔐 K L M N P S U W Δ Θ Λ Π Ψ Ω f¹ 118 f¹³ 124 2 33 28 157 700 565 579 788 1071 1346 1424 ¦ της 𝔓⁵

C 35 αρχη: τη δ̄ τοις διακονοις τω καιρω εκεινω. (ante ειστηκ.) E ¦ αρχη τω καιρω εκεινω G ¦ αρχη: τω κ,ρω εις τη Gᵐᵍ ¦ αρχη: τη δ̄ της διακιν, το αυτ κ, εις τ μνημ του αγιου αποστολου ανδρεου G ¦ αρχη: τη δ̄ του πασχ κ, του αγιου απτ ανδρεου τω κ, ιστικει ο ιω (ante ειστηκ.) H ¦ αρχ (ante ειστηκει): τη δ̄ της διακι,ν τω κ,ρ,ω εκεινω, ειστηκει ο ῑω̄ κ, Υ ¦ τη δ̄ τς διακ, τω καιρω, ειστηκει ο ιωαν, M ¦ τη δ̄ της διακ τω κ S ¦ αρχ: τω κ,ρω ειστηκει ο ιωαννης Θ ¦ αρχ Λ f¹ 579 ¦ (ante ιστηκει) αρχ τη τε δ̄ τς διακινησμου Ψ ¦ εις τ αγ αποστολους Ανδ κ, Φιλιπ τη δ̄ του πασχ τω καιρω ειστηκει Ω ¦ αρχ δ̄ τη δ̄ τς διακινησιμου: τω καιρω εκεινω ειστηκει ο ῑω̄ κ f¹ ¦ αρχη: τη δ̄ τς διακινησμου τω καιρω εκεινω ειστηκει κ, η,ο ῑδ̄ 118 ¦ αρχη: τη δ̄ του πασχ το αυτ κ, εις τ αγιον αποστολον ανδρεαν· τω καιρ,ω εκ,ν 2 ¦ αρχ της δ̄ του κ,ρω εκεινω, ιστηκη ο ῑω̄ κ, εκ τω κ, τον αγ ανδρεου του αποστολ 28 ¦ αρχ τη δ̄ τς διακινησιμου· και εις τον αγιον αποστολον Ανδρεαν 157 ¦ αρχ τη δ̄ της διακινησμου 124 788 1071 1346 ¦ αρχη τω καιρω 1424

D 35 ῑς̄/η̄ ℵ A E M N S U Y Λ Π Ψ Ω 124 28 1071 1424 ¦ ῑς̄ C F G H K (L) P Θ f¹ f¹³ 2 565 579 788 1346 | Ευ Ιω ῑς̄ : Λο . : Μθ . : Μρ . E | Ιω ῑς̄ : Λο . : Μρ π̄β̄ : Μτ ρ̄ξ̄ς̄ 124

Τί	ζητεῖτε; οἱ δὲ εἶπαν αὐτῷ,	'Ραββεί,	ὃ λέγεται μεθερμηνευόμενον	Διδάσκαλε,[Τ]	B 𝔓66.75 Wsup w
...	.... ε; εἶπ	....	.... μηνευόμε	....	𝔓5*
...	.... ε; οἱ δὲ εἶπ	....	.... μηνευόμε	....	𝔓5c
Τί	ζητ				𝔓55 [+ερμηνεια]
Τί	ζητεῖτε; οἱ δὲ εἶπον αὐτῷ,	'Ραββεί,	ὃ λέγεται ερμηνευόμενον	Διδάσκαλε,	א* 𝔐 K P Λ 2
Τί	ζητεῖτε; οἱ δὲ εἶπον αὐτῷ,	'Ραββεί,	ὃ λέγεται μεθερμηνευόμενον	Διδάσκαλε,	אc
Τί	ζητεῖτε; οἱ δὲ εἶπον αὐτῷ,	'Ραββί,	ὃ λέγεται μεθερμηνευόμενον	Διδάσκαλε,	A Cc L N Ψ 33 157
Τί	ζητεῖτε; οἱ δὲ εἶπαν αὐτῷ,	'Ραββί,	ὃ λέγεται μεθερμηνευόμενον	Διδάσκαλε,	C* u [↑1071
Τίνα	ζητεῖτε; οἱ δὲ εἶπον αὐτῷ,	'Ραββεί,	ὃ λέγεται ερμηνευόμενον	Διδάσκαλε,	Θ
Τί	ζητεῖτε; οἱ δὲ εἶπον αὐτῷ,	'Ραββί,	ὃ ερμηνεύεται	Διδάσκαλε,	f1
Τί	ζητεῖτε; οἱ δὲ εἶπον αὐτῷ,	'Ραββεί,	ὃ ερμηνεύεται	Διδάσκαλε,	118
Τίνα	ζητεῖτε; οἱ δὲ εἶπον αὐτῷ,	'Ραββί,	ὃ λέγεται ερμηνευόμενον	Διδάσκαλε,	f13
Τί	ζητεῖτε; οἱ δὲ εἶπον αὐτῷ,	'Ραββί,			28
Τί	ζητεῖτε; ὁ δὲ εἶπον αὐτῷ,	'Ραββί,	ὃ λέγεται μεθερμηνευβώμενον	Διδάσκαλε,	579
Τί	ζητεῖτε; οἱ δὲ εἶπον,	'Ραββεί,	ὃ λέγεται μεθερμηνευόμενον	Διδάσκαλε,	1424
Τί	ζητεῖτε; οἱ δὲ εἶπον αὐτῷ,	'Ραββί,	ὃ λέγεται ερμηνευόμενον	Διδάσκαλε,	F G M S U Δ Π Ω
					69 124 565 700 788 τ

[Τ]ο πετρος δε ..... ηγγιζειν ειπεν αυτω εφ ον ιδεις το π̄ν̄ᾱ ουτος εστιν και ο ῑω̄ φησιν καγω ουκ ηδειν αυτον ..... ουν ειπεν ουτος εστιν περι ου εγω ειπεν προ της επι φοιτησεως και καθ ολου του π̄ν̄ς̄ λεγομενον ῑω̄ εγινωσκεν οτι μελλει τις ερχεσθε ου μη πενηςατο τις οθεν το πρωτον α οριςτως απεκριθη εκεινος ειπων το δε δευτερον και υπεδειξενουτος ειπων εστιν μεχρι νυν αγνοουμενος περι ου α οριςτως ειπον S

ποῦ μένεις; 39	λέγει αὐτοῖς,	Ἔρχεσθε καὶ ὄψεσθε	ἦλθαν οὖν	καὶ εἶδαν ποῦ	B* 𝔓66.75 C* Wsup uw
ποῦ μένεις; 39	λέγει αὐτοῖς,	Ἔρχεσθε καὶ ὄψεσθε	ἦλθον οὖν	καὶ εἶδον ποῦ	Bc L Ψ 33 579
.... εις; 39	λέγει	.... [οψε]σθε	ἦλθαν	....	𝔓5
ποῦ μένεις; 39	λέγει αὐτοῖς,	Ἔρχεσθε καὶ ἴδετε	ἦλθον οὖν	καὶ εἶδον ποῦ	א A N Θ Λ f13 157 1071
ποῦ μένεις; 39	λέγει αὐτοῖς,	Ἔρχεσθε καὶ ἴδετε	ἦλθαν οὖν	καὶ εἶδαν ποῦ	Cc
ποῦ μένεις; 39	λέγει αὐτοῖς,	Ἔρχεσθε καὶ ἴδατε	ἦλθον	καὶ εἶδον ποῦ	Δ
ποῦ μένεις; 39	λέγει αὐτοῖς,	Ἔρχεσθε καὶ ὄψεσθε	ἦλθον	καὶ εἶδον ποῦ	f1 [↓700 1424 τ
ποῦ μένεις; 39	λέγει αὐτοῖς,	Ἔρχεσθε καὶ ἴδετε	ἦλθον	καὶ εἶδον ποῦ	𝔐 K M P U Π 69 2 28 565

μένει καὶ παρ' αὐτῷ ἔμειναν τὴν ἡμέραν ἐκείνην· ὥρα	ἦν ὡς δεκάτη.	B 𝔓66.75 uw rell
.... αὶ παρ' αὐτῷ			𝔓5
μένει καὶ παρ' αὐτῷ ἔμειναν τὴν ἡμέραν ἐκείνην· ὥρα	ἦν ὡς ἕκτη.	A
μένει καὶ παρ' αὐτῷ ἔμειναν τὴν ἡμέραν ἐκείνην· ὥρα	ἦν δεκάτη.	G
μένει καὶ παρ' αὐτῷ ἔμειναν τὴν ἡμέραν			N
μένει καὶ παρ' αὐτῷ ἔμεινον τὴν ἡμέραν ἐκείνην· ὥρα	ἦν ὡς δεκάτη.	P
μένει καὶ παρ' αὐτῷ ἔμειναν ἐκείνην τὴν ἡμέραν· ὥρα	ἦν ὡς δεκάτη.	f13
μένει καὶ παρ' αὐτῷ ἔμειναν τὴν ἡμέραν ἐκείνην· ὥρα δὲ	ἦν ὡς δεκάτη.	τ

Andrew Brings His Brother Peter To The Messiah
(Matthew 4.18-22; Mark 1.16-20; Luke 5.1-11)

40	Ἦν	'Ανδρέας ὁ ἀδελφὸς Σίμωνος	Πέτρου	εἷς ἐκ τῶν δύο τῶν	B 𝔓66.75 124 788 uwτ rell
40	Ἦν	'Ανδρέας ὁ ἀδελφὸς Σίμωνος	Πέτρου	εἷς ἐκ τῶν δύο	א* C
40	Ἦν δὲ	'Ανδρέας ὁ ἀδελφὸς Σίμωνος	Πέτρου	εἷς ἐκ τῶν δύο τῶν	A Λ f13 2c 579 1424
40	Ἦν	'Ανδρέας ὁ ἀδελφὸς Σίμωνος	Πέτρου καὶ	εἷς ἐκ τῶν δύο τῶν	L
40	Ἦν δὲ	'Ανδρέας ὁ ἀδελφὸς Σείμωνος	Πέτρου	εἷς ἐκ τῶν δύο τῶν	Wsup
40	Ἦν δὲ	'Ανδρέας ὁ ἀδελφὸς Σίμωνος	Πέτρου	εἷς ἐκ τῶν δύο τῶν	28
40	Ἦν	'Ανδρέας ὁ ἀδελφὸς Σίμωνος	Πέτρου	εἷς ἐκ τῶν	1071

lac. 1.38-40 𝔓45 D Γ ¦ vss. 39-40 N

A 38 ζητειται 𝔓66 579 ¦ ζητιται N W ¦ λεγετε 𝔓66 A Y P W Λ 124 1346 ¦ μθερμηνευομενον 𝔓66* ¦ μενης L 2* 1346 ¦ μενις N W 39 λεγι W ¦ ερχεσθαι 𝔓66 A N P W Δ 13 2* 579 1071 1346 ¦ οψεσθαι 𝔓66 L W 579 ¦ ηδετε Cc ¦ ιδαται N 2* ¦ ειδετε P Λ ¦ ιδον א A Y K L N S Δ Π 13 33 579 1071 1346 1424 ¦ ιδαν C ¦ μαινει א ¦ μενι W ¦ μενη 2* 1071 ¦ εμιναν א N W ¦ ηραν (ημεραν) K* ¦ εκινην W

ἀκουσάντων παρὰ Ἰωάνου	καὶ ἀκολουθησάντων αὐτῷ·	**41**	εὐρέσκει	οὗτος	B*
ἀκουσάντων παρὰ Ἰωάνου	καὶ ἀκολουθησάντων αὐτῷ·	**41**	εὐρείσκει	οὗτος	Bᶜ
ἀκουσάντων παρὰ Ἰωάννου	καὶ ἠκολουθησάντων αὐτῷ·	**41**	εὐρίσκει	οὗτος	𝔭⁷⁵
ἀκουσάντων παρὰ Ἰωάννου	καὶ ἀκολουθησάντων τῷ Ἰησοῦ·	**41**	εὐρίσκει	οὗτος	G
ἀκουσάντων παρὰ Ἰωάννου	......	**41**	......	....	C
ἀκουσάντων παρὰ Ἰωάννου	καὶ ἀκολουθησάντων αὐτῷ·	**41**	......	......	P
ἀκουσάντων παρὰ Ἰωάννου	καὶ ἀκολουθησάντων αὐτῷ·	**41**	εὐρίσκι	οὗτος	Wˢᵘᵖ
ἀκουσάντων παρὰ Ἰωάννου	καὶ ἀκολουθησάντων αὐτῷ·	**41**	εὐρίσκει	αὐτὸς	Δ
ἀκουσάντων παρὰ Ἰωάννου	καὶ ἀκολουθησάντων τοῦ Ἰησοῦ·	**41**	εὐρίσκει	οὗτος	Λ
ἀκουσάντων παρὰ Ἰωάννου	καὶ ἀκολουθησάντων αὐτῶν·	**41**	εὐρίσκει	οὗτος	124
ἀκουσάντων παρὰ Ἰωάνου	καὶ ἀκολουθησάντων αὐτῷ·	**41**	εὐρίσκει	οὗτος	w
ἀκουσάντων παρὰ Ἰωάννου	καὶ ἀκολουθησάντων αὐτῷ·	**41**	εὐρίσκει	οὗτος	𝔭⁶⁶ ℵ A 𝔐 K L M

U Θ Π Ψ f¹ 118 f¹³ 2 33 28 157 565 579 700 1071 1424 **u τ**

πρῶτον	τὸν ἀδελφὸν τὸν ἴδιον Σίμωνα καὶ λέγει αὐτῷ, Εὑρήκαμεν τὸν	B 𝔭⁶⁶ 𝔭⁷⁵ ℵᶜ A M Θ Π Ψ	
....	τὸν ἀδελφὸν τὸν ἴδιον Σίμωνα καὶ λέγει αὐτῷ, Εὑρήκαμεν τὸν	33	[↑f¹ f¹³ **uw**
πρῶτος πρῶτος	τὸν ἀδελφὸν τὸν ἴδιον Σίμωνα καὶ λέγει αὐτῷ, Εὑρήκαμεν τὸν	28	
	τὸν ἀδελφὸν τὸν ἴδιον Σίμωνα καὶ λέγει αὐτῷ, Εὑρήκαμεν τὸν	1424	
πρῶτος	τὸν ἀδελφὸν τὸν ἴδιον Σίμωνα καὶ λέγει αὐτῷ, Εὑρήκαμεν τὸν	ℵ* 𝔐 K L U Wˢᵘᵖ Δ Λ 124	

2 157 565 579 700 1071 **τ**

Μεσσίαν, ὅ ἐστιν μεθερμηνευόμενον	Χριστός· **42**		ἤγαγεν αὐτὸν πρὸς τὸν	B 𝔭⁶⁶* 𝔭⁷⁵ ℵ **uw**
Μεσσίαν, ὅ ἐστιν μεθερμηνευόμενον	Χριστός· **42**	οὗτος	ἤγαγεν αὐτὸν πρὸς τὸν	𝔭⁶⁶ᶜ f¹
Μεσσίαν, ὅ ἐστιν μεθερμηνευόμενον	Χριστός· **42**	καὶ	ἤγαγεν αὐτὸν πρὸς τὸν	A Y Wˢᵘᵖ Δ Θ
Μεσίαν, ὅ ἐστιν μεθερμηνευόμενον	Χριστός· **42**	οὗτος	ἤγαγεν αὐτὸν πρὸς τὸν	G
Μεσίαν, ὅ ἐστιν μεθερμηνευόμενον	Χριστός· **42**	καὶ	ἤγαγον αὐτὸν πρὸς τὸν	K Ψ
Μεσίαν, ὅ ἐστιν μεθερμηνευόμενος	Χριστός· **42**		ἤγαγεν αὐτὸν πρὸς τὸν	L*
Μεσσίαν, ὅ ἐστιν μεθερμηνευόμενος	Χριστός· **42**		ἤγαγεν αὐτὸν πρὸς τὸν	Lᶜ
Μεσίαν, ὅ ἐστιν μεθερμηνευόμενον	Χριστός· **42**		ἤγαγεν αὐτὸν πρὸς τὸν	2*
Μεσίαν, ὅ ἐστιν με............μενον	Χριστός· **42**	καὶ	ἤγαγεν αὐτὸν πρὸς τὸν	33
Μεσίαν, ὅ ἐστιν μεθερμηνεβόμενος	Χριστός· **42**	ἤγαγεν	δὲ αὐτὸν πρὸς τὸν	579
Μεσσίαν, ὅ ἐστιν μεθερμηνευόμενον ὁ	Χριστός· **42**	καὶ	ἤγαγεν αὐτὸν πρὸς τὸν	τ
Μεσίαν, ὅ ἐστιν μεθερμηνευόμενον	Χριστός· **42**	καὶ	ἤγαγεν αὐτὸν πρὸς τὸν	𝔐 M U Λ Π 118

f¹³ 2ᶜ 28 157 565 700 1071 1424

Ἰησοῦν. ἐμβλέψας	αὐτῷ ὁ Ἰησοῦς εἶπεν,	Σὺ εἶ Σίμων ὁ υἱὸς Ἰωάνου,	B* w
Ἰησοῦν. ἐμβλέψας	αὐτῷ ὁ Ἰησοῦς εἶπεν,	Σὺ εἶ Σίμων ὁ υἱὸς Ἰωάννου,	𝔭⁶⁶ ℵ L **u**
Ἰησοῦν. ἐμβλέψας δὲ	αὐτῷ ὁ Ἰησοῦς εἶπεν,	Σὺ εἶ Σίμων ὁ υἱὸς Ἰωάννου,	𝔭⁷⁵
Ἰησοῦν. καὶ ἐμβλέψας	αὐτῷ ὁ Ἰησοῦς εἶπεν,	Σὺ εἶ Σίμων ὁ υἱὸς Ἰωάννου,	Wˢᵖ
Ἰησοῦν. ἐμβλέψας δὲ	αὐτῷ ὁ Ἰησοῦς εἶπεν,	Σὺ εἶ Σίμων ὁ υἱὸς Ἰωνᾶ,	S Δ Λ 1582ᶜ f¹³
Ἰησοῦν. ἐμβλέψας δὲ	αὐτῷ ὁ Ἰησοῦς εἶπεν,	Σὺ εἶ Σίμων υἱὸς Ἰωαννᾶ,	Θ [1071 1424 **τ**
Ἰησοῦν. ἐμβλέψας	αὐτῷ ὁ Ἰησοῦς εἶπεν,	Σὺ εἶ Σίμων υἱὸς Ἰωνᾶ,	1 1582* 28
Ἰησοῦν. ἐμβλέψας δὲ	αὐτῷ ὁ Ἰησοῦς εἶπεν,	Σὺ εἶ Σίμων υἱὸς Ἰωνᾶ,	69 788
Ἰησοῦν. ἐμβλέψας δὲ	αὐτῷ ὁ Ἰησοῦς εἶπεν,	Σ......μων ὁ υἱὸς Ἰωάννου,	33
Ἰησοῦν. ἐμβλέψας	αὐτῷ ὁ Ἰησοῦς περιπατοῦντι λέγει εἰ σὺ εἶ Σίμων ὁ υἱὸς Ἰωνᾶ,		579
Ἰησοῦν. ἐμβλέψας	αὐτῷ ὁ Ἰησοῦς εἶπεν,	Σὺ εἶ Σίμων ὁ υἱὸς Ἰωνᾶ,	Bᶜ A 𝔐 K M U

Π Ψ 118 2 157 565 700

σὺ κληθήση Κηφᾶς, ὃ ἑρμηνεύεται Πέτρος.	B 𝔭⁶⁶·⁷⁵ **uwτ** rell
σὺ κληθήση Κηφᾶς, ὃς ἑρμηνεύεται Πέτρος.	A

---

lac. 1.38-40 𝔭⁴⁵ C D N Γ ¦ vss. 39-41 N ¦ vss. 41-42 P

---

40 ακολουθεισαντων 13 **41** ουτως 13 579 ¦ αδελφων 579 ¦ ευρικαμεν Δ 2 1071 1346 ¦ λεγι W ¦ εστι Y M S U Ω f¹ 118 13 69 124 157 565 700 788 1346 ¦ μεθερμινευομενον E ¦ μεθερμηνευονον K **42** ειπε Y 118 157 ¦ κληθησει H 13 2* ¦ ερμηνευετε E H U W Δ Θ 13 565 1071

B 40 ῑῡ G Λ **41** χ͞ς B 𝔭⁶⁶ 𝔭⁷⁵ ℵ A 𝔐 K L M S U W Δ Θ Λ Π Ψ Ω f¹ 118 f¹³ 69 124 2 33 28 157 565 579 700 788 1071 1346 1424 **42** ῑν B 𝔭⁶⁶ 𝔭⁷⁵ ℵ A 𝔐 K L M S U W Δ Θ Λ Π Ψ Ω f¹ 118 f¹³ 124 2 33 28 157 565 579 700 788 1071 1346 1424 ¦ ῑς B 𝔭⁶⁶ 𝔭⁷⁵ ℵ A 𝔐 K L M S U W Δ Θ Λ Π Ψ Ω f¹ 118 f¹³ 124 2 33 28 157 565 579 700 788 1071 1346 1424 ¦ ῡς F G H K M S U W Π Ψ Ω 2 28 565 579 1424

C 42 τελος (post Πετρος) E* F G Ω f¹³ 2 1071 ¦ τελος του απο H (+του φιλπ²) ¦ τε: κ,υ της ορθοδ Y ¦ τελ του αγ, απο ανδρεου, M ¦ τελ τη α,πο **43** αρχη: κυριακη α͞ τω νηστειω τω καιρω εκεινω ηθελησεν ο ι͞ς (ante εξελθειν) E ¦ κυ, α͞ των νηστειων G ¦

D 41 ῑζ/α A S Y U Θ Ψ 118 124 28 788 1424 ¦ ῑζ/ι E 1071 ¦ ῑε F ¦ ῑζ G H L Λ f¹ f¹³ 2 28 157 565 579 1346 ¦ Ευ Ιω ῑζ : Λο ρ͞δ : Μρ π͞β : Μθ ρξ͞ς E ¦ Ιω ῑζ : Λο . : Μρ . : Μθ . 124 ¦ ῑζ/α (ante κ. λεγει) ℵ ¦ ῑζ K

Jesus Finds Philip And Invites Him To Follow

ϛ 43 Τῇ ἐπαύριον ἠθέλησεν   ἐξελθεῖν εἰς τὴν Γαλειλαίαν   καὶ εὑρίσκει   B Θ*
   43 Τῇ ἐπαύριον ἠθέλησεν ὁ Ἰησοῦς ἐξελθεῖν εἰς τὴν Γαλιλαίαν   καὶ εὑρίσκει   F H U Ω f¹³ 2 28 τ
   43 Τῇ ἐπαύριον ἠθέλησεν ὁ Ἰησοῦς ἐξελθεῖν εἰς τὴν Γαληλαίαν   καὶ εὑρίσκει   G
   43 Τῇ ἐπαύριον ἠθέλησεν   ἐξελθεῖν εἰς τὴν Γαλειλέαν   καὶ εὑρίσκει   Wˢᵘᵖ
   43 Τῇ ἐπαύριον ἠθέλησεν ὁ Ἰησοῦς ἐξελθεῖν εἰς τὴν Γαλειλαίαν   καὶ εὑρίσκει   Θᶜ
   43 Τῇ ἐπαυ······ ······σεν   ἐξελθεῖν εἰς τὴν Γαλιλαίαν   καὶ εὑρίσκει   33
   43 Τῇ ἐπαύριον ἠθέλησεν   ἐξελθεῖν εἰς τὴν Γαλιλαίαν   καὶ εὑρίσκει   𝔭⁶⁶·⁷⁵ ℵ A 𝔐 K L
                                               M Δ Λ Π Ψ f¹ 157 565 579 700 1071 1424 uw

                                        [↓Λ Π Ψ f¹ 124 28 157 579 1071 1346 uw
Φίλιππον. καὶ λέγει αὐτῷ ὁ Ἰησοῦς, Ἀκολούθει μοι. 44 ἦν δὲ ὁ Φίλιππος   B 𝔭⁶·⁷⁵ ℵᶜ A 𝔐 K L U Δ Θ
Φίλιππον. καὶ λέγει αὐτῷ   Ἰησοῦς, Ἀκολούθει μοι. 44 ἦν   Φίλιππος   ℵ*
Φίλιππον. καὶ λέγει αὐτῷ,   Ἀκολούθει μοι. 44 ἦν δὲ   Φίλιππος   F* 69
Φίλιππον. καὶ λέγει αὐτῷ,   Ἀκολούθει μοι. 44 ἦν δὲ ὁ Φίλιππος   Fᶜ H M 2 700 1424 τ
Φίλιππον. καὶ λέγει αὐτῷ ὁ Ἰησοῦς, Ἀκολούθει μοι. 44 ἦν δὲ   Φίλιππος   Wˢᵘᵖ f¹³ 565
Φίλιππον. καὶ λέγει α······   ······ 44 ἦν δὲ ὁ Φίλιππος   33

ἀπὸ Βηθσαϊδά,   ἐκ τῆς πόλεως Ἀνδρέου   καὶ Πέτρου.   B 𝔭⁷⁵ᶜ 124 788 1346 uwτ rell
ἀπὸ Βηθσαϊδάν,   ἐκ τῆς πόλεως Ἀνδρέου   καὶ Πέτρου.   𝔭⁶⁶ f¹³
ἀπὸ Βηδσαϊδά,   ἐκ τῆς πόλεως Ἀνδρέου   καὶ Πέτρου.   𝔭⁷⁵* Θ * 579
ἀπὸ Βηδσαϊδάν,   τῆς πόλεως Ἀνδρέου   καὶ Πέτρου.   ℵ*
ἀπὸ Βηδσαϊδά,   ἐκ τῆς πόλεως Ἀνδρέου   καὶ Πέτρου.   Θᶜ
ἀπὸ Βιθσαϊδά,   ἐκ τῆς πόλεως Ἀνδραίου   καὶ Πέτρου.   Ψ
ἀπὸ Βηθσαϊδά,   ἐκ τῆς πόλεως Ἀνδρέου   καὶ ······   33
ἀπὸ Βιθσαϊδά,   ἐκ τῆς πόλεως Ἀνδρέου   καὶ Πέτρου.   1071

Philip Finds Nathanael And Brings Him To Jesus

   45 εὑρίσκει Φίλιππος τὸν Ναθαναὴλ καὶ λέγει αὐτῷ, Ὃν ἔγραψεν Μωϋσῆς   B 𝔭⁶⁶ 𝔭⁷⁵ Y K L S Wˢᵘᵖ Λᶜ
   45 εὑρίσκει Φίλιππος τὸν Ναθανὴλ καὶ λέγει αὐτῷ, Ὃν ἔγραψεν Μωϋσῆς   Δ* [↑Π Ψ Ω f¹³ 28 579 uw
   45 εὑρίσκει Φίλιππος τὸν Ναθαὴλ   καὶ λέγει αὐτῷ, Ὃν ἔγραψεν Μωϋσῆς   Λ*
   45 εὑρίσκει Φίλιππος τὸν Ναθαναὴλ καὶ λέγει αὐτῷ, Ὃν ἔγραψεν Μωϋσεῖς   Θ
   45 ············ ·········πος τὸν Ναθαναὴλ καὶ λέγει αὐτῷ, Ὃν ἔγραψεν Μωϋσῆς   33
   45 εὑρίσκει Φίλιππος τὸν Ναθαναὴλ καὶ λέγει αὐτῷ, Ὃν ἔγραψεν Μωσῆς   ℵ A 𝔐 M U Δᶜ f¹ 69 2 157
                                             565 700 788 1071 1346 1424 τ

ἐν τῷ νόμῳ καὶ οἱ προφῆται εὑρήκαμεν, Ἰησοῦν   υἱὸν τοῦ Ἰωσὴφ τὸν ἀπὸ   B 𝔭⁶⁶ᶜ·⁷⁵ ℵ 579 uw
ἐν τῷ νόμῳ καὶ οἱ προφῆται εὑρήκαμεν, Ἰησοῦν   υἱὸν τοῦ Ἰσὴφ τὸν ἀπὸ   𝔭⁶⁶*
ἐν τῷ νόμῳ καὶ οἱ προφῆται εὑρήκαμεν, Ἰησοῦν τὸν υἱὸν   Ἰωσὴφ τὸν ἀπὸ   A Y K M Δ Π 1424
ἐν τῷ νόμῳ καὶ οἱ προφῆται εὑρήκαμεν,   τὸν υἱὸν τοῦ Ἰωσὴφ τὸν ἀπὸ   L
ἐν τῷ νόμῳ καὶ οἱ προφῆται εὑρήκαμεν, Ἰησοῦν τὸν υἱὸν τοῦ Ἰωσὴφ τοῦ ἀπὸ   S
ἐν τῷ νόμῳ καὶ οἱ προφῆται εὑρήκαμεν, Ἰησοῦν τὸν   τῷ   Ἰωσὴφ τὸν ἀπὸ   Wˢᵘᵖ
ἐν τῷ ············ εὑρήκαμεν, Ἰησοῦν   υἱὸν   Ἰωσὴφ τὸν ἀπὸ   33
ἐν τῷ νόμῳ καὶ οἱ προφῆται εὑρήκαμεν, Ἰησοῦν τὸν   ἀπὸ   1071 [↓157 565 700 τ
ἐν τῷ νόμῳ καὶ οἱ προφῆται εὑρήκαμεν, Ἰησοῦν τὸν υἱὸν τοῦ Ἰωσὴφ τὸν ἀπὸ   𝔐 U Θ Λ Ψ f¹ f¹³ 2 28

---

lac. 1.43-45 𝔭⁴⁵ C D N P Γ

A 43 ηθελισεν K | εξελθιν ℵ W | εξελθην 579 | ευρισκι 𝔭⁶⁶ W | ευρεσκει 13 | λεγι 𝔭⁶⁶ W | ακολουθι ℵ W 579 1071 ¦ ακολουθη E G H L | μι (μοι) 1346 **45** ευρισκι 𝔭⁶⁶ W ¦ ευρεσκει 13 | λεγι W | εγραψε Y K M U f¹ 118 13 69 157 700 788 1346 | προφητε 579 | ευρικαμεν Ω 118 579 1071 1346

B 43 ῑϛ̄¹ F G H S U Δ Θᶜ Ω 118 f¹³ 124 28 565 788 1071 1346 | ῑϛ̄² B 𝔭⁶⁶ 𝔭⁷⁵ ℵ A E G Y K L U W Θ Λ Π Ψ Ω f¹ f¹³ 124 28 157 788 1346 **45** ῑν̄ B 𝔭⁶⁶ 𝔭⁷⁵ ℵ A 𝔐 K M S U W Δ Θ Λ Π Ψ Ω f¹ 118 f¹³ 124 2 33 28 157 565 579 700 788 1071 1346 1424 | ῡν̄ 𝔭⁶⁶ ℵ E F G H K L M S U Δ Π Ψ 2 28 565 1424

C 43 αρχη: κυριακη ᾱ τω νηστειω τω καιρω εκεινω ηθελησεν ο ῑϛ̄ (ante εξελθειν) E | κυ, ᾱ των νηστειων G ¦ αρχη: κ,υ ᾱ των νηστ τω κ, ηθελησεν ο ῑϛ̄ εξελθ H | αρχ (ante ηθελησεν): κ,υ ᾱ τ̄ νηστ τω κ,ρ,ω ηθελησεν ο ῑϛ̄ εξελθ Y ¦ κυ ᾱ τω νηστ τω και, ηθελησεν ο ῑϛ̄ εξελθ εις, τ M ¦ κυ τς ορθοδοξ S | αρχ: τω κ,ρω ηθελησεν ο ῑϛ̄ Θ | αρχ Λ 1424 | αρχ: κ,υ των νηστ ᾱ κ, τ̄ αγι προφ μωυσεω κ, ααρ, Ω | αρχ ε κ,υ ᾱ τ̄ νηδεῖ τω καιρω ηθελησεν ο ῑϛ̄ εξελθ f¹ ¦ αρχ ε τη κ,υ της ορθοδοξε̄ῖ: τω ηθελησεν ο ῑϛ̄ εξελθ : τω καιρω εκεινω ηθε λ,ην̄ ο ῑϛ̄ 118 ¦ αρχ του ευα φιλιπ f¹³ ¦ του αποστολου ανδρεου 124 | αρχη: κυριακη ᾱ τω νηστειω τω καιρω εκεινω 2 ¦ αρχ κ,υ τω κ,ρω εκεινω ηθελησ 28 | αρχ κυριακη ᾱ των νηστειων και μνημωσεως και ααρων και των λοιπων και εις τον αγιον απο φιλιππον 157 | αρχ κ,υ τ̄ της νηστ του αποσ φιλιππου 788 ¦ κυριακη ᾱ τω νηστειω 1071 ¦ αρχ του απο φιλιπου 1346

D 43 ῑη̄/ῑ̄ ℵ A E G M S U Y Θ Λ Π Ψ Ω 118 124 28 788 1071 1424 ¦ ῑη̄ F H K L f¹ f¹³ 2 28 157 565 579 1346 | Ιω ῑη̄ : Λο . : Μρ . : Μθ . 124 **44** ῑθ̄ F

Ναζαρέτ.	**46**	καὶ εἶπεν αὐτῷ Ναθαναήλ,	Ἐκ Ναζαρὲτ	δύναταί τι ἀγαθὸν	B 𝔓⁶⁶ A L 1582 118 157 565
Ναζαρέτ.	**46**	εἶπεν αὐτῷ Ναθαναήλ,	Ἐκ Ναζαρὲτ	δύναται <u>ἀγαθόν τι</u>	ℵ* [↑579 **uwτ**
Ναζαρέτ.	**46**	εἶπεν αὐτῷ Ναθαναήλ,	Ἐκ Ναζαρὲτ	δύναταί τι ἀγαθὸν	ℵᶜ
Ναζαρέτ.	**46**	καὶ εἶπεν αὐτῷ Ναθαναήλ,	Ἐκ <u>Ναζαρὲθ</u>	δύναταί τι ἀγαθὸν	H
<u>Ναζαράθ.</u>	**46**	καὶ εἶπεν αὐτῷ Ναθαναήλ,	Ἐκ Ναζαρὲτ	δύναταί τι ἀγαθὸν	Δ
<u>Ναράτ.</u>	**46**	καὶ εἶπεν αὐτῷ Ναθαναήλ,	Ἐκ <u>Ναζαρὰτ</u>	δύναταί τι ἀγαθὸν	Θ
<u>Ναζαρέθ.</u>	**46**	καὶ εἶπεν αὐτῷ <u>Ναθαήλ,</u>	Ἐκ <u>Ναζαρὲθ</u>	δύναταί τι ἀγαθὸν	*f*¹³
<u>Ναναζαρέθ</u>.	**46**	καὶ εἶπεν αὐτῷ Ναθαναήλ,	Ἐκ <u>Ναζαρὲθ</u>	δύναταί τι ἀγαθὸν	69*
<u>Ναζα······</u>	**46**	······εν αὐτ···		······ναταί τι ἀγαθὸν	33
<u>Ναζαρέθ.</u>	**46**	καὶ εἶπεν αὐτῷ Ναθαναήλ,	Ἐκ <u>Ναζὲτ</u>	δύναταί τι ἀγαθὸν	1071
<u>Ναζαρέθ.</u>	**46**	καὶ εἶπεν αὐτῷ Ναθαναήλ,	Ἐκ <u>Ναζαρὲθ</u>	δύναταί τι ἀγαθὸν	𝔓⁷⁵ 𝔐 K M U Wˢᵘᵖ Λ Π Ψ 1 69ᶜ 124 2 28 700 788 1346 1424

εἶναι; λέγει αὐτῷ ὁ Φίλιππος, Ἔρχου καὶ ἴδε.	**47**	εἶδεν	Ἰησοῦς τὸν	B w
εἶναι; λέγει αὐτῷ ὁ Φίλιππος, Ἔρχου καὶ ἴδε.	**47**	εἶδεν	<u>ὁ</u> Ἰησοῦς τὸν	𝔓⁶⁶ᶜ 𝔓⁷⁵ L 579 [**u**]
εἶναι; λέγει αὐτῷ Φίλιππος, Ἔρχου καὶ ἴδε.	**47**	<u>ἰδὼν</u>	<u>ὁ</u> Ἰησοῦς τὸν	ℵ*
εἶναι; λέγει αὐτῷ Φίλιππος, Ἔρχου καὶ ἴδε.	**47**	εἶδεν <u>δὲ</u>	<u>ὁ</u> Ἰησοῦς τὸν	Wˢᵘᵖ
εἶναι; λέγει αὐτῷ Φίλιππος, Ἔρχου καὶ ἴδε.	**47**	<u>ἰδὼν</u> <u>δὲ</u>	<u>ὁ</u> Ἰησοῦς τὸν	124
εἶναι; λέγει αὐτῷ ὁ Φ······	**47**	··	········ ·····	33
εἶναι; λέγει αὐτῷ Φίλιππος, Ἔρχου καὶ ἴδε.	**47**	<u>ἴδε</u> <u>δὲ</u>	<u>ὁ</u> Ἰησοῦς τὸν	157
εἶναι; λέγει αὐτῷ Φίλιππος, Ἔρχου καὶ ἴδε.	**47**	εἶδεν	<u>ὁ</u> Ἰησοῦς τὸν	1071
εἶναι; λέγει αὐτῷ Φίλιππος, Ἔρχου καὶ ἴδε.	**47**	εἶδεν	<u>ὁ</u> Ἰησοῦς τὸν	𝔓⁶⁶* ℵᶜ A 𝔐 K M U Δ Θ Λ Π Ψ *f*¹ *f*¹³ 2 28 565 700 1424 [**u**]τ

Ναθαναὴλ ἐρχόμενον πρὸς αὐτὸν καὶ λέγει περὶ αὐτοῦ,	Ἴδε ἀληθῶς	B 𝔓⁶⁶·⁷⁵ **uwτ** rell
Ναθαναὴλ ἐρχόμενον πρὸς αὐτὸν λέγει περὶ <u>τοῦ Ναθαναήλ,</u>	Ἴδε ἀληθῶς	ℵ*
<u>Ναθαὴλ</u> ἐρχόμενον πρὸς αὐτὸν καὶ λέγει περὶ αὐτοῦ,	Ἴδε ἀληθῶς	Λ*
······ ἐρχόμενον πρὸς αὐτὸν καὶ λέγει περὶ αὐτοῦ,	Ἴδε ἀληθῶς	33
Ναθαναὴλ ἐρχόμενον πρὸς αὐτὸν καὶ λέγει	<u>αὐτῷ,</u> Ἴδε ἀληθῶς	157
Ναθαναὴλ ἐρχόμενον πρὸς αὐτὸν καὶ λέγει περὶ αὐτοῦ,	<u>Εἰ</u> ἀληθῶς	579

Ἰσραηλείτης ἐν ᾧ δόλος οὐκ ἔστιν.	**48** λέγει αὐτῷ Ναθαναήλ, Πόθεν με γεινώσκεις;	B 𝔓⁷⁵
Ἰσραηλείτης ἐν ᾧ δόλος οὐκ ἔστιν.	**48** λέγει αὐτῷ Ναθαναήλ, Πόθεν με γινώσκεις;	𝔓⁶⁶ Θ w
<u>Ἰσδραηλείτης</u> ἐν ᾧ δόλος οὐκ ἔστιν.	**48** λέγει αὐτῷ Ναθαναήλ, Πόθεν με γινώσκεις;	ℵ
<u>Ἰσραηλίτης</u> ἐν ᾧ δόλος οὐκ ἔστιν.	**48** λέγει αὐτῷ Ναθαναήλ, Πόθεν με <u>γιγνώσκεις;</u>	Wˢᵘᵖ
<u>Ἰσραηλήτης</u> ἐν ᾧ δόλος οὐκ ἔστιν.	**48** λέγει αὐτῷ Ναθαναήλ, Πόθεν με γινώσκεις;	579
<u>Ἰσραηλίτης</u> ἐν ᾧ δόλος οὐκ ἔστιν.	**48** λέγει αὐτῷ Ναθαναήλ, Πόθεν με <u>γινώσκεις;</u>	A 𝔐 K L M U Δ Λ Π Ψ *f*¹ *f*¹³ 2 33 28 157 565 700 1071 1424 **uτ**

ἀπεκρίθη Ἰησοῦς καὶ εἶπεν αὐτῷ, Πρὸ τοῦ σαι Φίλιππον φωνῆσαι ὄντα ὑπὸ τὴν		B*
······ καὶ εἶπε······ ······ τοῦ <u>σε</u> Φ······ ······ῆσαι ὄντα ······ν		𝔓⁵⁹
ἀπεκρίθη <u>ὁ</u> Ἰησοῦς καὶ εἶπεν αὐτῷ, Πρὸ τοῦ <u>σε</u> Φίλιππον φωνῆσαι ὄντα ὑπὸ τὴν		ℵ Θ Ψ *f*¹ *f*¹³ 579 1071 τ
ἀπεκρίθη Ἰησοῦς καὶ εἶπεν αὐτῷ, Πρὸ τοῦ <u>σε</u> Φίλιππον φωνῆσαι ὄντα ὑπὸ τὴν		𝔓⁶⁶·⁷⁵ **uw** rell

συκῆν εἶδόν σε.	**49** ἀπεκρίθη αὐτῷ	Ναθαναήλ, Ῥαββεί, σὺ εἶ	ὁ	B 𝔓⁶⁶ᶜ·⁷⁵ w
συκῆν εἶδόν σε.	**49** ἀπεκρίθη αὐτῷ	Ναθαναήλ, Ῥαββεί, σὺ εἶ <u>ἀληθῶς</u>	ὁ	𝔓⁶⁶*
συκῆν εἶδόν σε.	**49** ἀπεκρίθη αὐτῷ	Ναθαναήλ, <u>Ῥαββί,</u> σὺ εἶ	ὁ	L Wˢᵘᵖ 33 579 **u**
συκῆν εἶδόν σε.	**49** ἀπεκρίθη <u>Ναθαναὴλ καὶ εἶπεν,</u>	Ῥαββεί, σὺ εἶ	ὁ	ℵ
συκῆν εἶδόν σε.	**49** ἀπεκρίθη <u>Ναθαναὴλ καὶ εἶπεν αὐτῷ,</u>	<u>Ῥαββί,</u> σὺ εἶ	ὁ	Δ Ψ 28
συκῆν εἶδόν σε.	**49** ἀπεκρίθη <u>Ναθαναὴλ καὶ λέγει αὐτῷ,</u>	Ῥαββεί, σὺ εἶ	ὁ	A 𝔐 Θ Λ Π 2 1424
συκῆν εἶδόν σε.	**49** ἀπεκρίθη <u>Ναθαναὴλ καὶ λέγει αὐτῷ,</u>	<u>Ῥαββί,</u>		S *f*¹³
συκῆν εἶδόν σε.	**49** ἀπεκρίθη αὐτῷ <u>Ναθαναὴλ καὶ εἶπεν,</u>	Ῥαββί, σὺ εἶ	ὁ	124
συκῆν εἶδόν σε.	**49** ἀπεκρίθη <u>Ναθαναὴλ καὶ λέγει αὐτῷ,</u> <u>Ῥαββί,</u>	σὺ εἶ	ὁ	F G K M U Ω *f*¹ 69 157 565 700 788 1071 1346 τ

---

lac. 1.45-49 𝔓⁴⁵ C D N P Γ

A **46** δυνατε W | λεγι W | ειδε 𝔓⁶⁶ Λ **47** ιδην 𝔓⁷⁵ ℵᶜ K S Π Ω 28 579 1071 1424 | λεγι W | ειδε L W | αλληθως Θ ¦ αλιθως 1071 | ο (ω) L Θ* | δολως 579 | εστι Y M 118 157 565 700 **48** λεγι W | ποθε 1346 | απεκριθει 1071 579 | φωνησε L W 1071 | ιδον ℵ K L Δ Θ Π 13 33 788 1071 1346 1424 ¦ ιδων 579 **49** απεκριθει 579

B **47** ι̅ς̅ B 𝔓⁶⁶ 𝔓⁷⁵ ℵ A 𝔐 K L M S U W Δ Θ Λ Π Ψ Ω *f*¹ 118 *f*¹³ 124 2 28 157 565 579 700 788 1071 1346 1424 **48** ι̅ς̅ B 𝔓⁶⁶ 𝔓⁷⁵ ℵ A 𝔐 K L M S U W Δ Θ Λ Π Ψ Ω *f*¹ 118 *f*¹³ 124 2 33 28 157 565 579 700 788 1071 1346 1424

C **47** τη β̅ τς β̅ εβδομαδ της ν̅ 157

υἱὸς τοῦ θεοῦ, σὺ βασιλεὺς εἶ τοῦ Ἰσραήλ. **50** ἀπεκρίθη   Ἰησοῦς καὶ εἶπεν   B^c 𝔓⁷⁵ A L W^{sup} f¹
υἱὸς τοῦ θεοῦ, σὺ <u>βασιλεὺ</u> εἶ τοῦ Ἰσραήλ. **50** ἀπεκρίθη   Ἰησοῦς καὶ εἶπεν   B*   [↑579 **uw**
              σὺ <u>εἶ ὁ βασιλεὺς</u> τοῦ Ἰσραήλ. **50** ἀπεκρίθη   Ἰησοῦς καὶ εἶπεν   S
υἱὸς τοῦ θεοῦ, σὺ βασιλεὺς εἶ τοῦ Ἰσραήλ. **50** ἀπεκρίθη <u>ὁ</u>   Ἰησοῦς καὶ εἶπεν   Ψ
              σὺ <u>εἶ ὁ βασιλεὺς</u> τοῦ Ἰσραήλ. **50** ἀπεκρίθη <u>ὁ</u>   Ἰησοῦς καὶ εἶπεν   f¹³
υἱὸς τοῦ θεοῦ, σὺ <u>εἶ ὁ βασιλεὺς</u> τοῦ Ἰσραήλ. **50** ἀπεκρίθη <u>ὁ</u>   Ἰησοῦς καὶ εἶπεν   118 69 124 157 788
υἱὸς τοῦ θεοῦ, σὺ βασιλεὺς εἶ τοῦ Ἰσραήλ. **50** ἀπεκρίθη <u>αὐτῷ</u> Ἰησοῦς καὶ εἶπεν, 33   [↑1346
υἱὸς τοῦ θεοῦ, σὺ <u>εἶ ὁ βασιλεὺς</u> τοῦ Ἰσραήλ. **50** ἀπεκρίθη   Ἰησοῦς καὶ <u>λέγει</u> 28 1424
υἱὸς τοῦ θεοῦ, σὺ <u>εἶ ὁ βασιλεὺς</u> τοῦ Ἰσραήλ. **50** ἀπεκρίθη   Ἰησοῦς καὶ εἶπεν   𝔓⁶⁶ ℵ K M U Δ Θ
                                                                      Λ Π 2 565 700 1071 τ

αὐτῷ, Ὅτι εἶπόν σοι ὅτι εἶδόν σε ὑποκάτω τῆς συκῆς, πιστεύεις;   μείζω   τούτων   B A G L Ψ 157 788
αὐτῷ, Ὅτι εἶπόν σοι ὅτι εἶδόν σε ὑπὸ   <u>τὴν συκῆν</u>, πιστεύεις;   <u>μείζονα</u> τούτων   𝔓⁶⁶   [↑**uw**
αὐτῷ, Ὅτι εἶπόν σοι ὅτι εἶδόν σε ὑποκάτω τῆς συκῆς, πιστεύεις;   <u>μείζων</u> τούτων   𝔓⁷⁵ f¹³
αὐτῷ, Ὅτι εἶπόν σοι ὅτι εἶδόν σε ὑποκάτω τῆς συκῆς, πιστεύεις;   <u>μείζονα</u> τούτων   ℵ
αὐτῷ, Ὅτι εἶπόν σοι   εἶδόν σε ὑποκάτω τῆς συκῆς, πιστεύεις;   <u>μείζων</u> τούτων   M Δ 2* 28 1071
αὐτῷ, Ὅτι <u>εἶπον</u>   ὅτι εἶδόν   ὑποκάτω τῆς συκῆς, πιστεύεις;   <u>τούτων</u> <u>μίζω</u>   W^{sup}   [↑1424
αὐτῷ, Ὅτι <u>σοι εἶπον</u>   εἶδόν σε ὑποκάτω τῆς συκῆς, πιστεύεις;   μείζω   τούτων   69
      Ὅτι εἶπόν σοι   εἶδόν σε ὑποκάτω τῆς συκῆς, πιστεύεις;   μείζω   τούτων   33
αὐτῷ, Ὅτι εἶπόν σοι   εἶδόν σε ὑποκάτω τῆς συκῆς, πιστεύεις; <u>ἃ</u> <u>μίζων</u> τούτων   579
αὐτῷ, Ὅτι εἶπόν σοι   εἶδόν σε ὑποκάτω τῆς συκῆς, πιστεύεις;   μείζω   τούτων   𝔐 K U Θ Λ Π f¹
                                                                      124 2^c 565 700 τ

ὄψῃ. **51** καὶ λέγει αὐτῷ, Ἀμὴν ἀμὴν λέγω ὑμῖν,   ὄψεσθε τὸν οὐρανὸν   B 𝔓^{66.75} ℵ L W^{sup} **uw**
<u>ὄψει.</u> **51** καὶ λέγει αὐτῷ, Ἀμὴν ἀμὴν λέγω ὑμῖν, <u>ἀπ' ἄρτι</u> ὄψεσθε τὸν οὐρανὸν   Y U f¹ 69 2 565 700
ὄψῃ. **51** καὶ λέγει αὐτῷ, Ἀμὴν   λέγω ὑμῖν, <u>ἀπ' ἄρτι</u> ὄψεσθε τὸν οὐρανὸν   28   [↑1346 τ
<u>ὄψει.</u> **51** καὶ λέγει αὐτῷ, Ἀμὴν ἀμὴν λέγω <u>σοι</u>, <u>ἀπ' ἄρτι</u> ὄψεσθε τὸν οὐρανὸν   157
ὄψῃ. **51** καὶ λέγει αὐτῷ, Ἀμὴν ἀμὴν λέγω ὑμῖν, <u>ἀπ' ἄρτι</u> ὄψεσθε τὸν οὐρανὸν   A 𝔐 K M Δ Θ Λ Π Ψ
                                                                      f¹³ 33 1071 1424

ἀνεῳγότα καὶ τοὺς ἀγγέλους τοῦ θεοῦ ἀναβαίνοντας καὶ καταβαίνοντας   B 𝔓^{66.75} **uwτ** rell
<u>ἠνεῳγότα</u> καὶ τοὺς ἀγγέλους τοῦ θεοῦ ἀναβαίνοντας καὶ καταβαίνοντας   ℵ*

ἐπὶ τὸν υἱὸν τοῦ ἀνθρώπου.

ᾱ περὶ τοῦ ἐν κανὰ γάμου

The First Sign: Water Changed To Wine At Cana

ζ **2.1** Καὶ τῇ τρίτῃ ἡμέρᾳ   γάμος ἐγένετο ἐν   Κανὰ τῆς   Γαλειλαίας, καὶ ἦν ἡ   B
  2.1 Καὶ τῇ <u>ἡμέρᾳ τῇ τρίτῃ</u> γάμος ἐγένετο ἐν <u>τῇ</u> Κανὰ τῆς   <u>Γαλιλαίας</u>, καὶ ἦν ἡ   𝔓⁷⁵
  2.1 Καὶ τῇ <u>ἡμέρᾳ τῇ τρίτῃ</u> γάμος ἐγένετο ἐν   Κανὰ τῆς   <u>Γαληλαίας</u>, καὶ ἦν ἡ   L
  2.1 Καὶ τῇ <u>τρίτῃ</u>   γάμος ἐγένετο ἐν   Κανὰ τῆς   <u>Γαλιλαίας</u>, καὶ ἦν ἡ   M
  2.1 Καὶ τῇ τρίτῃ ἡμέρᾳ   γάμος ἐγένετο ἐν   Κανὰ τῆς <u>τῆς</u> <u>Γαλιλαίας</u>, καὶ ἦν ἡ   U
  2.1 Καὶ τῇ <u>ἡμέρᾳ τῇ τρίτῃ</u> γάμος <u>ἐγίνετο</u> ἐν   Κανὰ τῆς   <u>Γαλιλέας</u>, καὶ ἦν ἡ   W^{sup}
  2.1 Καὶ τῇ τρίτῃ ἡμέρᾳ   γάμος ἐγένετο ἐν   Κανὰ τῆς   <u>Γαλιλαίας</u>, καὶ ἦν ἡ   Θ f¹³ [**w**]
  2.1 Καὶ τῇ <u>ἡμέρᾳ τῇ τρίτῃ</u> γάμος ἐγένετο ἐν   Κανὰ τῆς   <u>Γαλιλαίας</u>, καὶ ἦν ἡ   𝔓⁶⁶ ℵ A 𝔐 K
                                                  Δ Λ Π Ψ f¹ 2 33 28 157 565 579 700 1071 1424 **u[w]τ**

---

lac. 1.49-2.1 𝔓⁴⁵ C D N P Γ

A 49 βλευς W **50** απεκριθει 28 579 ¦ ιδον A K L Δ Π 33 579 1071 1424 ¦ πιστευης 579 **51** λεγι W ¦ οψεσθαι ℵ A W Θ Ω 2* 579 1071 ¦ ανεωγωτα- 1424 ¦ αναβενοντας W Θ ¦ καταβενοντας W **2.1** τριτι Θ

B 49 υς ℵ 𝔐 K L M U W Λ Π Ψ Ω 2 33 28 565 1071 1424 ¦ θῡ B 𝔓⁶⁶ 𝔓⁷⁵ ℵ A 𝔐 K L M U W Δ Θ Λ Π Ψ Ω f¹ 118 124 2 33 28 69 157 565 579 700 788 1071 1346 1424 ¦ βλευς W ¦ ιηλ 𝔓⁷⁵ ℵ A 𝔐 K L M S U W Λ Π Ψ Ω f¹ f¹³ 69 124 2 33 28 157 565 579 700 788 1071 1346 1424 ¦ ισλ Δ **50** ις B 𝔓⁶⁶ 𝔓⁷⁵ ℵ A 𝔐 K L M S U W Λ Π Ψ Ω f¹ 118 f¹³ 124 2 33 28 157 565 579 700 788 1071 1346 1424 ¦ βλευς W ¦ ιηλ 𝔓⁷⁵ ℵ A 𝔐 K L M S U W Δ Θ Λ Π Ψ Ω f¹ 118 f¹³ 69 124 2 33 28 157 565 579 700 788 1071 1346 1424 **51** ουνον A F G H Y K L M S U Π Ψ Ω f¹ 118 f¹³ 69 124 2 33 28 157 565 700 788 1071 1346 1424 ¦ ουρον W ¦ ουνῶν 579 ¦ θῡ B 𝔓⁶⁶ 𝔓⁷⁵ ℵ A 𝔐 K L M S U W Δ Θ Λ Π Ψ Ω f¹ 118 f¹³ 69 124 2 33 28 157 565 579 700 788 1071 1424 ¦ υῡ 𝔓⁶⁶ ℵ 𝔐 K L M U W Δ Λ Π f¹ 2 33 28 565 1071 1424 ¦ ανου 𝔓⁶⁶ 𝔓⁷⁵ A E F G H K L M S U W Δ Θ Λ Π Ψ Ω f¹ 118 f¹³ 69 2 33 28 157 565 579 700 788 1346 1424 **2.1** γ̄ W

C 50 τετραβαγε· F **51** τελος (post ανοῡ) E H S Y Θ Λ Ψ Ω f¹ 118 f¹³ 124 2 157 700 788 1071 1346 1424 ¦ τελος της κυ, G M ¦ τελ τς δ̄ κ, τς κ,υ 28 **2.1** ᾱ Λ 118 ¦ ᾱ περι του εν (εγ F Λ 28) κανα γαμου. 𝔐 K L M S U Δ Θ Λ Π Ω f¹ 124 2 28 157 579 788 1071 1424 ¦ αρχη: τη β̄ της απολουσιμου· τω καιρω εκεινω (om. 2) (ante γαμος) E 2 ¦ αρχη: τη β̄ της β̄ εβδ τω κ,ρω γαμος εγενετο G H ¦ αρχ (ante γαμος): τη β̄ της β̄ εβδ τω κ,ρ,ω γαμος εγενετο εν κανα τῆς Υ ¦ τη β̄ τς β̄ εβδ τω καιρ, γαμος εγενετο εκ, M ¦ τη β̄ της β̄ εβδ τω κ S ¦ αρχ: τω κ,ρω Θ ¦ αρχ τω και εκει, Λ ¦ τη β̄ τς β̄ εβδ τω καιρω γαμος εγενετο Ω ¦ αρχ ς̄ τη β̄ τς β̄ εβδ τω καιρω εκεινω γαμος εγενετο f¹ ¦ αρχ ς̄ τη β̄ τς β̄ εβδομα του πασχα τω γαμος εγενετο εν κανα 118 ¦ αρχη: τη β̄ της απολουσιμου πασχα 124 ¦ αρχ τς β̄ τω καιρω εκεινω γαμος εγενετο 28 ¦ αρχ 157 579 700 ¦ αρχη: τη β̄ της απολουσιμου 788 ¦ αρχη: τη β̄ της β̄ εβδ 1071 ¦ αρχ τη β̄ του αντιπασχα 1346 ¦ αρχη τω καιρω 1424

D 2.1 ιθ/ι Θ ¦ ιθ Λ 579 ¦ ιη 1071 (sic!)

19

μήτηρ τοῦ Ἰησοῦ ἐκεῖ· 2 ἐκλήθη δὲ καὶ ὁ Ἰησοῦς   καὶ οἱ μαθηταὶ αὐτοῦ εἰς   B 𝔭⁶⁶ᶜ·⁷⁵ uwτ rell
μήτηρ τοῦ Ἰησοῦ ἐκεῖ· 2 ἐκλήθη δὲ   ὁ Ἰησοῦς   καὶ οἱ μαθηταὶ αὐτοῦ εἰς   𝔭⁶⁶* 157
μήτηρ τοῦ Ἰησοῦ ἐκεῖ· 2 ἐκλήθη δὲ καὶ ὁ Ἰησοῦς ἐκῑ καὶ οἱ μαθηταὶ αὐτοῦ εἰς   Wˢᵘᵖ
μήτηρ τοῦ Ἰησοῦ ἐκεῖ· 2 ἐκλήθη δὲ καὶ   Ἰησοῦς   καὶ οἱ μαθηταὶ αὐτοῦ εἰς   Ω
μήτηρ τοῦ Ἰησοῦ ἐκεῖ· 2 ἐκλήθη δὲ καὶ ὁ Ἰησοῦς   καὶ οἱ μαθηταὶ αὐτοῦ εἰς   700
μήτηρ τοῦ Ἰησοῦ ἐκεῖ· 2 ἐκλήθη δὲ καὶ ὁ Ἰησοῦς ἐ   καὶ οἱ μαθηταὶ αὐτοῦ εἰς   1346

τὸν γάμον. 3 καὶ ὑστερήσαντος οἴνου   λέγει ἡ μήτηρ B 𝔭⁶⁶·⁷⁵ uwτ
τὸν γάμον. 3 καὶ οἶνον οὐκ εἶχον, ὅτι συνετελέσθη ὁ οἶνος τοῦ γάμου· εἶτα λέγει ἡ μήτηρ ℵ* [↑rell
τὸν γάμον. 3 καὶ οἰστερήσαντες οἴνου   λέγει ἡ μήτηρ Ω 2

                    τοῦ Ἰησοῦ πρὸς αὐτόν, Οἶνον οὐκ ἔχουσι. 4 καὶ λέγει B Y
                    τοῦ Ἰησοῦ πρὸς αὐτόν, Οἶνον οὐκ ἔχουσιν. 4 καὶ λέγει 𝔭⁶⁶ ℵᶜˡ A G K L Wˢᵘᵖ Θ
                    τοῦ Ἰησοῦ πρὸς αὐτόν, Οἶνος οὐκ ἐστίν.   4   λέγει ℵ* [↑Π f¹³ 33 1071 [u]w
                    τοῦ Ἰησοῦ πρὸς αὐτόν, Οἶνον οὐκ ἔχουσι. 4   λέγει M S f¹ 157
αὐτοῦ   πρὸς αὐτόν,   Οἶνον οὐκ ἔχουσιν. 4 καὶ λέγει U
αὐτοῦ τοῖς καθημένοις τοῦ Ἰησοῦ πρὸς αὐτόν, Οἶνον οὐκ ἔχουσιν. 4 καὶ λέγει Δ*
αὐτοῦ   τοῦ Ἰησοῦ πρὸς αὐτόν, Οἶνον οὐκ ἔχουσιν. 4 καὶ λέγει Δᶜ
αὐτοῦ   πρὸς αὐτόν,   Οἶνον οὐκ ἔχουσι. 4   λέγει 700 [↓565 579 1424 [u]τ
                    τοῦ Ἰησοῦ πρὸς αὐτόν, Οἶνον οὐκ ἔχουσιν. 4   λέγει 𝔭⁷⁵ ℵᶜ² 𝔐 Λ Ψ 124 2 28

αὐτῇ ὁ Ἰησοῦς, Τί ἐμοὶ καὶ σοί, γύναι; οὔπω ἥκει ἡ ὥρα μου. 5 λέγει   ἡ μήτηρ B 𝔭⁶⁶·⁷⁵* uwτ
αὐτῇ ὁ Ἰησοῦς, Τί ἐμοὶ καὶ σού, γύναι; οὔπω ἥκει ἡ ὥρα μου. 5 λέγει   ἡ μήτηρ 𝔭⁷⁵ᶜ [↑rell
αὐτῇ ὁ Ἰησοῦς, Τί ἐμοὶ καὶ σύ, γύναι; οὔπω ἥκει ἡ ὥρα μου. 5 λέγει   ἡ μήτηρ K Wˢᵘᵖ Θ Λ 69
αὐτῇ,   Τί ἐμοὶ καὶ σοί, γύναι; οὔπω ἥκει ἡ ὥρα μου. 5 λέγει   ἡ μήτηρ Δ [↑1424
αὐτῇ ὁ Ἰησοῦς, Τί ἐμοὶ καὶ σοί, γύναι; οὔπω ἥκει ἡ ὥρα μου. 5 λέγει οὖν ἡ μήτηρ 28
αὐτοῖς ὁ Ἰησοῦς, Τί ἐμὴ καὶ σοί, γύναι; οὔπω ἥκει ἡ ὥρα μου. 5 λέγει   ἡ μήτηρ 1346

αὐτοῦ τοῖς διακόνοις, Ὅ τι   ἂν λέγῃ ὑμῖν   ποιήσατε. 6 ἦσαν δὲ B A Eᶜ Gᶜ Δ Π Ψ 69 uwτ
αὐτοῦ τοῖς διακόνοις, Ὅ τι   ἐὰν λέγῃ ὑμῖν   ποιήσατε. 6 ἦσαν δὲ 𝔭⁶⁶·⁷⁵ Wˢᵘᵖ f¹ 565
αὐτοῦ τοῖς διακόνοις, Ὅ τι ὃ ἂν λέγῃ ὑμῖν   ποιήσατε. 6 ἦσαν δὲ ℵ
αὐτοῦ τοῖς διακόνοις, Ὅ τι   ἐὰν λέγει ὑμῖν   ποιήσατε. 6 ἦσαν δὲ 124
αὐτοῦ τοῖς διακόνοις, Ὅ τι   ἂν λέγει ἡμῖν   ποιήσατε. 6 ἦσαν δὲ 2
αὐτοῦ τοῖς διακόνοις, Ὅ τι   ἃ λέγει ὑμῖν   ποιήσατε. 6 ἦσαν δὲ 33
αὐτοῦ τοῖς διακόνοις, Ὅ τι   ἂν λέγει ὑμῖν ποιεῖν ποιήσατε. 6 ἦσαν δὲ 28 [↓700 1071 1424
αὐτοῦ τοῖς διακόνοις, Ὅ τι   ἂν λέγει ὑμῖν   ποιήσατε. 6 ἦσαν δὲ 𝔐 K L M U Θ Λ f¹³ 157 579

ἐκεῖ λίθιναι ὑδρίαι ἓξ κατὰ τὸν καθαρισμὸν τῶν Ἰουδαίων κείμεναι, χωροῦσα1 ἀνὰ B 𝔭⁶⁶ ℵᶜ L Ψ 579
ἐκεῖ λίθιναι ὑδρίαι ἓξ κατὰ τὸν καθαρισμὸν τῶν Ἰδαίων κείμεναι, χωρῆσαι ἀνὰ 𝔭⁷⁵ [↑uw
ἐκεῖ λίθιναι ὑδρίαι ἓξ κατὰ τὸν καθαρισμὸν τῶν Ἰουδαίων,   χωροῦσαι ἀνὰ ℵ*
....ναι κατὰ τὸν καθαρισμὸν τῶν Ἰουδαίων, χωροῦσαι ἀνὰ N
ἐκεῖ ὑδρίαι λίθιναι ἓξ κατὰ τὸν καθαρισμὸν τῶν Ἰουδέων κείμεναι, χωροῦσαι ἀνὰ Wˢᵘᵖ
ἐκεῖ ὑδρίαι λίθιναι ἓξ κατὰ τὸν καθαρισμὸν τῶν Ἰουδαίων,   χωροῦσαι ἀνὰ f¹³
ἐκεῖ ὑδρίαι λίθιναι κείμεναι ἓξ κατὰ τὸν καθαρισμὸν τῶν Ἰουδαίων, χωροῦσαι ἀνὰ 69 124 788
ἐκεῖ λίθιναι ὑδρίαι ἓξ κατὰ τὸν καθαρισμὸν τῶν Ἰουδαίων κείμεναι, χωροῦσαι ἀνὰ 33
ἐκεῖ ὑδρίαι ἓξ λίθιναι κατὰ τὸν καθρισμὸν τῶν Ἰουδαίων κείμεναι, χωροῦσαι ἀνὰ 1071
ἐκεῖ ὑδρίαι λίθιναι ἓξ κείμεναι κατὰ τὸν καθαρισμὸν τῶν Ἰουδαίων, χωροῦσαι ἀνὰ A 𝔐 K M U Δ Θ Λ
                                               Π f¹ 2 28 157 565 700 1346ᶜ 1424 τ

lac. 2.1-6 𝔭⁴⁵ C D N P Γ

A 1 ου (του) L | εκι W 3 οιστερησαντος F ¦ υστερισαντος 565 | λεγι W 4 λεγι W | κα (και²) 𝔭⁷⁵ᶜ | ηκι W 5 τοι (τοις) Θ | λεγι
W | ποιησαται 𝔭⁶⁶ L 6 εκι W | λιθινε A W ¦ λιθιθιναι L | λιθηναι 28 | υδριε W | των καθαρισμων F | καθαρησμον Θ | κιμεναι
ℵᶜ W | χωρους L

B 2.1 μηρ A E F G H K L M S U W Δ Θ Λ Π Ψ Ω f¹ 118 f¹³ 69 124 2 33 28 565 579 700 788 1071 1346 1424 | ῑῡ B 𝔭⁶⁶ 𝔭⁷⁵ ℵ
A 𝔐 K L M S U W Δ Θ Λ Π Ψ Ω f¹ 118 f¹³ 124 2 33 28 157 565 579 700 788 1071 1346 1424 2 ῑς B 𝔭⁶⁶ 𝔭⁷⁵ ℵ A 𝔐 K L M S
U W Δ Θ Λ Π Ψ Ω f¹ 118 f¹³ 124 2 33 28 157 565 579 700 788 1071 1346 1424 3 μηρ A 𝔐 K L M S U W Δ Θ Λ Π Ψ Ω f¹
118 f¹³ 69 124 2 33 28 157 565 579 700 788 1071 1346 1424 | ῑῡ B 𝔭⁶⁶ 𝔭⁷⁵ ℵ A 𝔐 K L M S W Δ Θ Λ Π Ψ Ω f¹ 118 f¹³ 124 2
33 28 157 565 579 788 1071 1346 1424 4 ῑς B 𝔭⁶⁶ 𝔭⁷⁵ ℵ A 𝔐 K L M S U W Θ Λ Π Ψ Ω f¹ 118 f¹³ 124 2 33 28 157 565 579
700 788 1071 1346 1424 5 μηρ A 𝔐 K L M S U W Δ Θ Λ Π Ψ Ω f¹ 118 f¹³ 69 124 2 33 28 157 565 579 700 788 1071 1346
1424

μετρητὰς δύο ἢ τρεῖς. **7** λέγει αὐτοῖς ὁ Ἰησοῦς, Γεμίσατε τὰς ὑδρίας ὕδατος. B 124 1346 **uwτ** rell
μετρητὰς δύο ἢ <u>τρίς</u>. **7** λέγει αὐτοῖς ὁ Ἰησοῦς, Γεμίσατε τὰς ὑδρίας ὕδατος. 𝔓⁶⁶ A L N Θ *f*¹³
<u>μήτρας</u> δύο ἢ τρεῖς. **7** λέγει αὐτοῖς ὁ Ἰησοῦς, Γεμίσατε τὰς ὑδρίας ὕδατος. 𝔓⁷⁵
μετρητὰς δύο ἢ τρεῖς. **7** <u>καὶ</u> λέγει αὐτοῖς ὁ Ἰησοῦς, Γεμίσατε τὰς ὑδρίας ὕδατος. ℵ
μετρητὰς δύο ἢ <u>τρίς</u>. **7** <u>καὶ</u> λέγει αὐτοῖς ὁ Ἰησοῦς, Γεμίσατε τὰς ὑδρίας ὕδατος. Wˢᵘᵖ

καὶ ἐγέμισαν αὐτὰς ἕως ἄνω. **8** καὶ λέγει αὐτοῖς,   Ἀντλήσατε νῦν καὶ φέρετε τῷ B 𝔓⁶⁶·⁷⁵ **uwτ** rell
καὶ ἐγέμισαν <u>αὐτὰ</u> ἕως ἄνω. **8** καὶ λέγει αὐτοῖς,   Ἀντλήσατε νῦν καὶ φέρετε τῷ 124
καὶ ἐγέμισαν αὐτὰς ἕως ἄνω. **8** <u>λέγει αὐτοῖς,</u>   Ἀντλήσατε νῦν καὶ φέρετε τῷ 33
καὶ ἐγέμισαν αὐτὰς ἕως ἄνω. **8** καὶ λέγει αὐτοῖς,   Ἀντλήσατε   καὶ φέρετε τῷ 28
καὶ ἐγέμισαν αὐτὰς ἕως ἄνω. **8** <u>λέγει αὐτοῖς ὁ Ἰησοῦς,</u> Ἀντλήσατε νῦν καὶ φέρετε τῷ 579

ἀρχιτρικλείνῳ· οἱ δὲ ἤνεγκαν. **9** ὡς δὲ ἐγεύσατο ὁ ἀρχιτρίκλεινος τὸ ὕδωρ οἶνον B 𝔓⁶⁶·⁷⁵
<u>ἀρχιτρικλίνῳ·</u> οἱ δὲ ἤνεγκαν. **9** ὡς δὲ ἐγεύσατο ὁ <u>ἀρχιτλίκλινος</u> τὸ ὕδωρ οἶνον ℵ*
<u>ἀρχιτρικλίνῳ·</u> <u>καὶ</u> ἤνεγκαν. **9** ὡς δὲ ἐγεύσατο ὁ <u>ἀρχιτρίκλινος</u> τὸ ὕδωρ οἶνον A 𝔐 M U Δ Λ *f*¹³ 2 28
ἀρχιτρικλείνῳ· <u>καὶ</u> ἤνεγκαν. **9** ὡς δὲ ἐγεύσατο ὁ ἀρχιτρίκλεινος τὸ ὕδωρ οἶνον Θ [↑157 700 1424 τ
<u>ἀρχιτρικλίνῳ·</u> οἱ δὲ ἤνεγκαν. **9** ὡς δὲ ἐγεύσατο ὁ <u>ἀρχιτρίκλινος</u> τὸ ὕδωρ 579
<u>ἀρχιτρινκλίνῳ·</u> <u>καὶ</u> ἤνεγκαν. **9** ὡς δὲ ἐγεύσατο ὁ <u>ἀρχιτρίκλινος</u> τὸ ὕδωρ οἶνον 788
<u>ἀρχιτρικλίνῳ·</u> οἱ δὲ ἤνεγκαν. **9** ὡς δὲ ἐγεύσατο ὁ <u>ἀρχιτρίκλινος</u> τὸ ὕδωρ οἶνον ℵᶜ K L N S U Wˢᵘᵖ Π Ψ
*f*¹ 124 33 565 1071 **uw**

γεγενημένον καὶ οὐκ ᾔδει πόθεν ἐστίν, οἱ δὲ διάκονοι ᾔδεισαν οἱ   ἠντληκότες B 𝔓⁶⁶ᶜ·⁷⁵ **uwτ** rell
γεγενημένον καὶ οὐκ ᾔδει πόθεν ἐστίν, οἱ δὲ διάκονοι <u>ἦσαν</u>   οἱ   ἠντληκότες 𝔓⁶⁶*
            καὶ οὐκ ᾔδει πόθεν ἐστίν, οἱ δὲ διάκονοι ᾔδεισαν οἱ   ἠντληκότες 157
<u>γεγεννημένον</u> καὶ οὐκ ᾔδει πόθεν ἐστίν, οἱ δὲ διάκονοι <u>ᾔδησαν</u> οἱ η <u>ἀντληκότες</u> 579
γεγενημένον καὶ οὐκ ᾔδει πόθεν ἐστίν, οἱ δὲ διάκονοι <u>ᾔδεσαν</u> οἱ   ἠντληκότες 1424

τὸ ὕδωρ, φωνεῖ τὸν νυμφίον ὁ ἀρχιτρίκλεινος **10** καὶ λέγει αὐτῷ, Πᾶς ἄνθρωπος B 𝔓⁶⁶ 𝔓⁷⁵ A Θ
τὸ ὕδωρ, φωνεῖ τὸν νυμφίον ὁ <u>ἀρχιτρίκλινος</u> **10** καὶ λέγει,   Πᾶς ἄνθρωπος ℵ
τὸ ὕδωρ, φωνεῖ τὸν νυμφίον ὁ <u>ἀρχιτρίκλινος</u> **10** καὶ λέγει αὐτῷ, Πᾶς ἄνθρωπος **uwτ** rell

πρῶτον τὸν καλὸν οἶνον τίθησιν καὶ ὅταν μεθυσθῶσιν   τὸν ἐλάσσω· σὺ B 𝔓⁶⁶ L Wˢᵘᵖ Ψ **uw**
<u>τὸν καλὸν οἶνον πρῶτον</u> τίθησιν καὶ ὅταν μεθυσθῶσιν   τὸν ἐλάσσω· σὺ 𝔓⁷⁵
πρῶτον τὸν καλὸν οἶνον τίθησιν καὶ ὅταν μεθυσθῶσιν   τὸν ἐλάσσω· σὺ <u>δὲ</u> ℵ*
πρῶτον τὸν καλὸν οἶνον τίθησιν καὶ ὅταν μεθυσθῶσιν <u>τότε</u>   τὸν ἐλάσσω· σὺ <u>δὲ</u> ℵᶜ G Λ *f*¹³ 28 1071
πρῶτον τὸν καλὸν οἶνον τίθησιν καὶ ὅταν μεθυσθῶσιν <u>τότε τότε</u> τὸν ἐλάσσω· σὺ 157*
πρῶτον τὸν καλὸν οἶνον τίθησιν καὶ ὅταν <u>μεθυσῶσιν</u>   τὸν ἐλάσσω· σὺ 579
πρῶτον τὸν καλὸν οἶνον <u>τίθησει</u> καὶ ὅταν <u>μεθιστῶσιν</u> <u>τότε</u> τὸν ἐλάσσω· σὺ <u>δὲ</u> 1346
πρῶτον τὸν καλὸν οἶνον τίθησιν καὶ ὅταν μεθυσθῶσιν <u>τότε</u>   τὸν ἐλάσσω· σὺ A 𝔐 K M N U Δ Θ
Π *f*¹ 2 33 157ᶜ 565 700 1424 τ

τετήρηκας τὸν καλὸν οἶνον ἕως ἄρτι. **11** Ταύτην ἐποίησεν   ἀρχὴν   τῶν B 𝔓⁶⁶ᶜ·⁷⁵ A L N Θ Λ Π Ψ *f*¹
τετήρηκας τὸν καλὸν οἶνον ἕως ἄρτι. **11** Ταύτην <u>πρώτην</u> <u>ἀρχὴν</u> <u>ἐποίησεν</u> τῶν 𝔓⁶⁶*   [↑33 565 **uw**
τετήρηκας τὸν καλὸν οἶνον ἕως ἄρτι. **11** Ταύτην ἐποίησεν   ἀρχὴν   579
τετήρηκας τὸν καλὸν οἶνον ἕως ἄρτι. **11** Ταύτην ἐποίησεν <u>τὴν</u> ἀρχὴν   τῶν ℵ 𝔐 K M U Wˢᵘᵖ Δ 118 *f*¹³
2 28 157 700 1071 1424 τ

σημείων ὁ Ἰησοῦς ἐν Κανὰ τῆς Γαλειλαίας   καὶ ἐφανέρωσεν τὴν δόξαν αὐτοῦ, B 𝔓⁶⁶
σημείων ὁ Ἰησοῦς ἐν Κανὰ τῆς <u>Γαλιλαίας</u> <u>πρώτην</u> καὶ ἐφανέρωσεν τὴν δόξαν, ℵ*
σημείων ὁ Ἰησοῦς <u>ἐγ</u> Κανὰ τῆς <u>Γαλιλαίας</u>   καὶ ἐφανέρωσεν τὴν δόξαν αὐτοῦ, A F
σημείων ὁ Ἰησοῦς ἐν Κανὰ τῆς <u>Γαληλαίας</u>   καὶ ἐφανέρωσεν τὴν δόξαν αὐτοῦ, H
σημείων ὁ Ἰησοῦς ἐν Κανὰ τῆς <u>Γαλιλέας</u>   καὶ ἐφανέρωσεν τὴν δόξαν αὐτοῦ, Wˢᵘᵖ
        ὁ Ἰησοῦς ἐν Κανὰ τῆς <u>Γαλιλαίας</u>   καὶ ἐφανέρωσεν τὴν δόξαν αὐτοῦ, 579
σημείων ὁ Ἰησοῦς ἐν Κανὰ τῆς <u>Γαλιλαίας</u>   καὶ ἐφανέρωσεν τὴν δόξαν αὐτοῦ, 𝔓⁷⁵ ℵᶜ 𝔐 K L M N
U Δ Θ Λ Π Ψ *f*¹ *f*¹³ 2 33 28 157 565 700 1071 1424 **uwτ**

---

lac. 2.6-11 𝔓⁴⁵ C D P Γ

A **6** μετριτας F H K L Θ Λ Ψ 1 124 28 565 1071 1346 1424 **7** λεγι W | γεμισαται L N ¦ γεμησατε K Θ 2ᶜ 28 1071 | υδρειας 33 579 | οιδατος 2* | εγεμισαν Θ 2 28 1071 **8** λεγι 𝔓⁶⁶ W | αντλησαται 𝔓⁶⁶ L N | φερεται 𝔓⁶⁶ L N 13 2 579 **9** ος K | γεγεννημενον F | ηδη E* 13 | ηδι W | ειδη 1071 ¦ ηδη 1346 | ηδισαν W | οιδησαν 69 | ηδησαν 28 | ητληκοτες K Θ* | τω (το²) 28 | φωνι N W | φωνη 13 28 579 | ταν (τον) Θ | αρχιτρικληνος 579 1424 **10** λεγι W | πρωτων Θ | τιθηση Υ M S Ψ Ω *f*¹ 118 13 157 565 700 788 | τηθησιν 579 | μεθυσθωσι Υ M S U Π Ω *f*¹ 118 124 28 69 157 565 700 788 | μεθυστωσιν 13 | τοτεν W | ελασσων G | τετρικας E H Ω 13 33 579 1071 1346 | οινο 579 | ε (εως) 𝔓⁶⁶* | αρτη K L **11** εποιησε G Υ M S U Ω 118 13 28 157 700 788 1346 | **11** σημιων ℵ L N W | σημειον Δ Λ* 1346 | εφανερωσε Υ M S U *f*¹ 118 13 69 28 157 700 788 1346 | τη (της) 𝔓⁶⁶

B **6** β̄ 𝔓⁷⁵ W | γ̄ 𝔓⁷⁵ W **7** ι̅ς̅ B 𝔓⁶⁶ 𝔓⁷⁵ ℵ A 𝔐 K L M N S U W Δ Θ Λ Π Ψ Ω *f*¹ 118 *f*¹³ 124 2 33 28 157 565 579 700 788 1071 1346 1424 **8** ι̅ς̅ 579 **10** ανος 𝔓⁶⁶ 𝔓⁷⁵ A 𝔐 K L M N S U W Δ Θ Λ Π Ψ Ω *f*¹ 118 *f*¹³ 69 124 2 33 28 157 565 700 788 1346 1424 **11** ι̅ς̅ B 𝔓⁶⁶ 𝔓⁷⁵ ℵ A 𝔐 K L M N S U W Δ Θ Λ Π Ψ Ω *f*¹ 118 *f*¹³ 124 33 28 157 565 579 700 788 1071 1346 1424

21

καὶ ἐπίστευσαν εἰς αὐτὸν οἱ μαθηταὶ αὐτοῦ.　　　B 𝔓^{66c.75} **uwτ** rell
καὶ ἐπίστευσαν εἰς <u>σαυτὸν</u> οἱ μαθηταὶ αὐτοῦ.　　𝔓⁶⁶*
καὶ ἐπίστευσαν <u>οἱ μαθηταὶ αὐτοῦ εἰς αὐτὸν</u>.　　ℵ*

η̄ 12	Μετὰ τοῦτο	κατέβη		εἰς Καφαρναοὺμ	αὐτὸς	B 𝔓⁶⁶ 𝔓⁷⁵ ℵ uw
12	<u>Καὶ</u> μετὰ τοῦτο	κατέβη		εἰς <u>Καπερναοὺμ</u>	αὐτὸς	H
12	Μετὰ <u>ταῦτα</u>	κατέβη		εἰς <u>Καπερναοὺμ</u>	αὐτὸς	M 124
12	Μετὰ τοῦτο	κατέβη			αὐτὸς	W^{sup}
12	Μετὰ τοῦτο	κατέβη	<u>ὁ Ἰησοῦς</u>	εἰς <u>Καπερναοὺμ</u>	αὐτὸς	f¹ 565 1424
12	Μετὰ <u>τούτω</u>	κατέβη		εἰς <u>Καπερναοὺμ</u>	αὐτὸς	788　　[↓157 579 700 1071 τ
12	Μετὰ τοῦτο	κατέβη		εἰς <u>Καπερναοὺμ</u>	αὐτὸς	A 𝔐 K L N U Δ Θ Λ Π Ψ 118 f¹³ 2 33 28

καὶ ἡ μήτηρ αὐτοῦ καὶ οἱ ἀδελφοὶ　　καὶ οἱ μαθηταὶ αὐτοῦ καὶ ἐκεῖ　B 𝔓⁶⁶*.⁷⁵ Ψ 1071 [u]w
καὶ ἡ μήτηρ αὐτοῦ καὶ οἱ ἀδελφοὶ <u>αὐτοῦ</u>　　　　　καὶ ἐκεῖ　ℵ
καὶ ἡ μήτηρ αὐτοῦ <u>καὶ οἱ μαθηταὶ αὐτοῦ</u> <u>καὶ οἱ ἀδελφοὶ</u>　　καὶ ἐκεῖ　K Π f¹³ 28
καὶ ἡ μήτηρ αὐτοῦ καὶ οἱ ἀδελφοὶ　　καὶ οἱ μαθηταὶ　καὶ ἐκεῖ　L
<u>καὶ οἱ μαθηταὶ αὐτοῦ καὶ ἡ μήτηρ</u>　　<u>καὶ οἱ ἀδελφοὶ</u> αὐτοῦ καὶ　W^{sup}
καὶ ἡ μήτηρ αὐτοῦ　　καὶ οἱ μαθηταὶ αὐτοῦ καὶ ἐκεῖ　579
καὶ ἡ μήτηρ αὐτοῦ καὶ οἱ ἀδελφοὶ <u>αὐτοῦ</u> καὶ οἱ μαθηταὶ αὐτοῦ καὶ ἐκεῖ　𝔓^{66c} A 𝔐 M N U Δ Θ Λ f¹ 69
　　　　　　　　　　　　　　　　　124 2 33 157 565 700 788 1346 1424 [u]τ

ἔμειναν οὐ πολλὰς ἡμέρας.　　B 𝔓⁶⁶*.⁷⁵ **uwτ** rell
<u>ἔμεινεν</u> οὐ πολλὰς ἡμέρας.　　𝔓^{66c} A F G H^c Λ f¹ 124 565
....　P

β̄ περὶ τῶν ἐκβληθέντων ἐκ τοῦ ἱεροῦ

Jesus Drives From The Temple Those Who Bought And Sold
(Matthew 21.12-13; Mark 11.15-17; Luke 19.45-46)

13	Καὶ ἐγγὺς	ἦν τὸ πάσχα	τῶν Ἰουδαίων, καὶ ἀνέβη		B 𝔓^{66c.75} **uwτ** rell
13	Καὶ ἐγγὺς <u>δὲ</u>	ἦν τὸ πάσχα	τῶν Ἰουδαίων, καὶ ἀνέβη		𝔓⁶⁶*
13	<u>Ἐγγὺς δὲ</u>	ἦν τὸ πάσχα	τῶν Ἰουδαίων, καὶ ἀνέβη		ℵ
13	Καὶ ἐγγὺς	ἦν τὸ πάσχα	τῶν Ἰουδαίων, καὶ ἀνέβη	<u>ὁ Ἰησοῦς</u>	A
13	Καὶ ἐγγὺς	ἦν τὸ πάσχα	τῶν <u>Ἰουδέων,</u> καὶ ἀνέβη		W^{sup}
13	Καὶ ἐγγὺς	ἦν τὸ πάσχα <u>ἡ ἑορτὴ</u>	τῶν Ἰουδαίων, καὶ ἀνέβη		579

εἰς Ἱεροσόλυμα ὁ Ἰησοῦς.　**14** καὶ εὗρεν ἐν τῷ ἱερῷ τοὺς　B ℵ 𝔐 K P W^{sup} Δ Θ Λ Π Ψ f¹ 2 33 28 157 565
<u>ὁ Ἰησοῦς εἰς Ἱεροσόλυμα.</u>　**14** καὶ εὗρεν ἐν τῷ ἱερῷ τοὺς　𝔓⁶⁶ 𝔓⁷⁵ G L M N U 1071 1424 [↑579 700 **uwτ**
εἰς Ἱεροσόλυμα　Ἰησοῦς.　**14** καὶ εὗρεν ἐν τῷ ἱερῷ τοὺς　A
εἰς Ἱεροσόλυμα.　　**14** καὶ εὗρεν ἐν τῷ ἱερῷ τοὺς　f¹³

---

lac. 2.11-14 𝔓⁴⁵ C D Γ ¦ vss. 11-12 P

A **11** σημιων ℵ L N W ¦ σημειον Δ Λ* 1346 ¦ εφανερωσε Y M S U f¹ 118 13 69 28 157 700 788 1346 ¦ τη (της) 𝔓⁶⁶ ¦ εισς 𝔓⁶⁶* ¦ μαθητε W **12** τουτω **13** ¦ μαθητε W ¦ εμειναιν 𝔓^{66c} ¦ εμιναν ℵ N W ¦ πολας Θ* **13** ειν (ην) Θ ¦ ις (εις) ℵ **14** ηυρεν N

B **11** ι̅ς̅ B 𝔓⁶⁶ 𝔓⁷⁵ ℵ A 𝔐 K L M N S U W Δ Θ Λ Π Ψ Ω f¹ 118 f¹³ 124 33 28 157 565 579 700 788 1071 1346 1424 **12** ι̅ς̅ f¹ 565 1424 ¦ μ̅η̅ρ̅ A 𝔐 K L M N S U W Δ Θ Λ Π Ψ Ω f¹ 118 f¹³ 69 124 2 33 28 157 565 579 700 788 1071 1346 1424 **13** ι̅ς̅ B 𝔓⁷⁵ ℵ 𝔐 K M N P S U W Δ Θ Λ Π Ψ Ω f¹ 118 2 33 28 157 565 579 700 1071 1424 ¦ ι̅ς̅^{1.2} A

C **11** τελος (post μαθ. αυτου) E H S Y Θ Λ Ω f¹³ 124 2 157 788 1071 1346 ¦ τελος β̅ G f¹ ¦ τελ τς β̅ β̅ M ¦ τελ τς β̅ 28 **12** β̅ περι των εκβληθεντων εκ του ιερου: F H S U 2 157 ¦ αρχη: τη παρασκευη του πασχα. τω καιρω εκεινω εισηλθεν ο ι̅ς̅ εις καπερναουμ (ante αυτος) E ¦ αρχη: τη παρ, της α ευδ τω καιρω ανεβη ο ι̅ς̅ εις ιεροσολυ, (ante μετα) G ¦ αρχη: τη παρασκ,ε του πασχ τω κ, ηλθεν ο ι̅ς̅ εις καπερναουμ H ¦ αρχ (ante εις καπερ.): τη παρ,α της διακ, τω κ,ρ,ω ηλθεν ο ι̅ς̅ εις καπερναουμ Y ¦ τη παρασκ,ε τς διακιν, τω και, ηλθεν ο ι̅ς̅ εις καπερ, M ¦ τη παρασκ τς διακ τω κ ηλθεν ο ι̅ς̅ S ¦ αρχ: εις καπερνουμ Θ ¦ αρχ Λ f¹³ ¦ αρχ τη παρασκ,ε τς διακινησιμ Ψ 788 1346 ¦ τη παρ, τω καιρω κατεβη ο ι̅ς̅ Ω ¦ αρχ ζ̅ τη ς̅ τς διακ, τω καιρω εκει ηλθεν ο ι̅ς̅ εις καπερναουμ f¹ ¦ αρχ ζ̅ τη παρα τ̅ς̅ διακινησιμου: τω ηλθεν ο ι̅ς̅ εις κα 118 ¦ αρχ τς ς̅ τω καιρω εκεινω ηλθεν ο ι̅ς̅ εις καπερναουμ 28 ¦ αρχ τη πασρασκευη τς διακινησιμου 157 ¦ αρχ τη ς̅ τς διακινισιμ 124 1071 ¦ τελ L 579 **13** β̅ A 118 ¦ β̅ περι των εκβληθεντων εκ του ιερου: E L Δ Θ Λ Π 1424 ¦ αρχ G 157 579 ¦ αρξ Θ **14** β̅ περι των εκβληθεντων εκ του ιερου G Y K M Ω 28 579 1071

D **12** ι̅θ̅/ζ̅ ℵ E G M S Υ Π Ψ Ω 124 28 788 1071 1424 ¦ ι̅θ̅/δ̅ A 118 ¦ ι̅θ̅ F* H K L Λ f¹ f¹³ 157 1346 ¦ Ευ Ιω ι̅θ̅ : Λο .: Μρ .: Μθ ι̅θ̅ E ¦ Ιω ι̅θ̅ : Λο σ̅ξ̅ : Μρ σ̅κ̅α̅ : Μτ σ̅ι̅α̅ 124 **13** κ̅/α̅ ℵ A E M N S U Y Θ Λ Π Ψ Ω 118 124 28 788 1424 ¦ κ̅ F G H K P L f¹³ 2 157 565 579 1071 1346 ¦ Ευ Ιω κ̅ : Λο σ̅ξ̅ : Μρ ρ̅ν̅ς̅ : Μθ σ̅ο̅α̅ E ¦ Ιω κ̅ : Λο σ̅λ̅η̅ : Μρ σ̅ν̅γ̅ : Μτ σ̅ο̅δ̅ 124 ¦ κ̅α̅ L (ante και ανεβη) ¦ κ̅α̅/α̅ N S Λ Ω **14** κ̅α̅/α̅ ℵ A E G M U Y Θ Ψ 118 124 28 788 1424 ¦ κ̅α̅ F H K P f¹³ 2 157 565 1071 1346 ¦ Ευ Ιω κ̅α̅ : Λο σ̅λ̅η̅ : Μρ ρ̅κ̅α̅ : Μθ σ̅ι̅α̅ E ¦ Ιω κ̅α̅ : Λο .: Μρ .: Μτ . 124

πωλοῦντας   βόας καὶ   πρόβατα   καὶ περιστερὰς καὶ τοὺς κερματιστὰς   B 𝔓⁶⁶ **uwτ** rell
πωλοῦντας <u>τὰς</u> βόας καὶ   πρόβατα   καὶ περιστερὰς καὶ τοὺς κερματιστὰς   𝔓⁷⁵ 1346
πωλοῦντας <u>καὶ τὰ</u> <u>πρόβατα</u> καὶ <u>βόας</u>   καὶ περιστερὰς καὶ τοὺς κερματιστὰς   ℵ*
πωλοῦντας   βόας καὶ <u>τὰ</u> πρόβατα   καὶ περιστερὰς καὶ τοὺς κερματιστὰς   ℵ^c
πωλοῦντας   βόας καὶ   πρόβατα   καὶ περιστερὰς καὶ τοὺς <u>κολλυβιστὰς</u>   W^sup
πωλοῦντας <u>τοὺς</u> βόας καὶ   πρόβατα   καὶ περιστερὰς καὶ τοὺς κερματιστὰς   2
πωλοῦντας   βόας καὶ   πρόβατα   καὶ περιστερὰς καὶ τοὺς κερματιστὰς   1346

καθημένους, **15** καὶ ποιήσας   φραγέλλιον ἐκ σχοινίων   B ℵ^c A 𝔐 K M P U Δ Θ Λ Π Ψ f¹³ 2 28 157 1071
καθημένους, **15** καὶ ποιήσας <u>ὡς</u> φραγέλλιον ἐκ σχοινίων   𝔓⁶⁶ 𝔓⁷⁵ G L N W^sup f¹ 565   [↑700 1424 **uwτ**
καθημένους, **15** καὶ <u>ἐποίησεν</u>   φραγέλλιον ἐκ σχοινίων <u>καὶ</u>   ℵ*
καθημένους, **15** καὶ ποιήσας <u>ὡς</u> φραγέλλιον ἐκ <u>σχοινίου</u>   33
καθημένους, **15** καὶ ποιήσας   φραγέλλιον ἐκ σχοινίων <u>καὶ</u>   579

πάντας ἐξέβαλεν ἐκ τοῦ ἱεροῦ τά τε πρόβατα καὶ τοὺς βόας, καὶ τῶν κολλυβιστῶν   B 𝔓⁶⁶·⁷⁵ **uwτ** rell
πάντας ἐξέβαλεν ἐκ τοῦ ἱεροῦ τά   πρόβατα καὶ τοὺς βόας, καὶ τῶν κολλυβιστῶν   ℵ*
πάντας ἐξέβαλεν ἐκ τοῦ ἱεροῦ τά τε πρόβατα καὶ τοὺς βόας, καὶ τῶν <u>κολλυβιστῶν</u>   33
πάντας <u>ἐξέβελεν</u> ἐκ τοῦ ἱεροῦ τά τε πρόβατα καὶ τοὺς βόας, καὶ τῶν κολλυβιστῶν   1071

ἐξέχεεν τὰ κέρματα   καὶ τὰς τραπέζας ἀνέτρεψεν,   **16** καὶ τοῖς   B 𝔓⁶⁶c W^sup 33 [**w**]
ἐξέχεεν <u>τὸ κέρμα</u>   καὶ τὰς τραπέζας ἀνέτρεψεν,   **16** καὶ τοῖς   𝔓⁶⁶* Θ **u**
ἐξέχεεν τὰ κέρματα   καὶ τὰς τραπέζας <u>ἀνέστρεψεν</u>,   **16** καὶ τοῖς   𝔓⁷⁵ L [**w**]
ἐξέχεεν <u>τὸ κέρμα</u>   καὶ τὰς τραπέζας <u>κατέστρεψεν</u>,   **16** καὶ τοῖς   ℵ f¹³ 69^c 157
<u>τὸ κέρμα ἐξέχεεν</u>   καὶ τὰς τραπέζας <u>ἀνέστρεψεν</u>,   **16** καὶ τοῖς   G f¹ 565
<u>ἐξέχεν</u> <u>τὸ κέρμα</u>   καὶ τὰς τραπέζας <u>ἀνέστρεψεν</u>,   **16** καὶ τοῖς   Δ
ἐξέχεεν <u>τὸ κέρμα</u>   καὶ τὰς τραπέζας <u>κατόρθωσε</u>,   **16** καὶ τοῖς   69*
<u>ἐξέχεαν</u> τὰ κέρματα   καὶ τὰς τραπέζας <u>ἀνέστρεψεν</u>,   **16** καὶ τοῖς   579
ἐξέχεεν <u>τὸ κέρμα</u>   καὶ τὰς τραπέζας <u>κατέστρεψεν</u>,   **16** καὶ <u>τοὺς</u>   1346   [↓1424 τ
ἐξέχεεν <u>τὸ κέρμα</u>   καὶ τὰς τραπέζας <u>ἀνέστρεψεν</u>,   **16** καὶ τοῖς   A 𝔐 K M N P U Λ Π Ψ 2 28 700 1071

τὰς περιστερὰς πωλοῦσιν   εἶπεν, Ἄρατε ταῦτα ἐντεῦθεν,   μὴ   B 𝔓⁷⁵ ℵ 𝔐 L M N P Δ Λ Π Ψ 2 1424 **uwτ**
τὰς περιστερὰς πωλοῦσιν   εἶπεν, Ἄρατε ταῦτα ἐντεῦθεν, <u>καὶ</u> μὴ   𝔓⁶⁶ A U Θ f¹ f¹³ 33 28 157 565 700 1071
τὰς περιστερὰς <u>πωλοῦντας</u>   εἶπεν, Ἄρατε ταῦτα ἐντεῦθεν,   μὴ   H
τὰς περιστερὰς <u>πωλοῦνται</u>   εἶπεν, Ἄρατε ταῦτα ἐντεῦθεν,   μὴ   K
<u>πωλοῦσιν τὰς περιστερὰς</u>   εἶπεν, Ἄρατε ταῦτα ἐντεῦθεν, <u>καὶ</u> μὴ   W^sup
τὰς περιστερὰς πωλοῦσιν   εἶπεν, Ἄρατε <u>ταῦθα</u> ἐντεῦθεν,   μὴ   579

ποιεῖτε τὸν οἶκον τοῦ πατρός μου οἶκον   ἐμπορίου. **17** Ἐμνήσθησαν   οἱ μαθηταὶ   B 𝔓⁶⁶ ℵ L Ψ 579
ποιεῖτε τὸν οἶκον τοῦ πατρός μου <u>οἶκος</u>   ἐμπορίου. **17** Ἐμνήσθησαν   οἱ μαθηταὶ   𝔓⁷⁵   [↑**uw**
ποιεῖτε τὸν οἶκον τοῦ πατρός μου οἶκον   ἐμπορίου. **17** <u>Ἐμνησαν</u> <u>δὲ</u>   οἱ μαθηταὶ   H
ποιεῖτε τὸν οἶκον τοῦ πατρός μου οἶκον   ἐμπορίου. **17** Ἐμνήσθησαν <u>δὲ καὶ</u>   οἱ μαθηταὶ   M
ποιεῖτε τὸν οἶκον τοῦ πατρός μου οἶκον   ἐμπορίου. **17** <u>Ἐμνήσθη δὲ</u>   οἱ μαθηταὶ   U
ποιεῖτε τὸν οἶκον τοῦ πατρός μου οἶκον   ἐμπορίου. **17** <u>Καὶ ἐμνήσθησαν</u>   οἱ μαθηταὶ   W^sup
ποιεῖτε τὸν οἶκον τοῦ πατρός μου οἶκον   ἐμπορίου. **17** Ἐμνήσθησαν <u>δὲ</u>   οἱ μαθηταὶ   A 𝔐 K N P Δ Θ
                                          Λ Π f¹ f¹³ 2 33 28 157 565 700 1071 1424 τ

[Cl Exc 9.2 εξελθετε εκ του οικου <u>του</u> <u>πατρος</u> <u>μου</u>]

---

lac. **2.14-17** 𝔓⁴⁵ C D Γ

A 14 πολουντας Δ* Θ 1 13 579 | κε (και³) W | κεραματιστας Θ ¦ κερματηστας 579 | καθημενος H **15** φραγελιον U Θ 2 1424 ¦ φραγγελιον Ω | σφραγελιον 69| εχ (εκ) W | σχωινιων E* | σχυνιων N 565 579 | σχονιον 28 | **15** ται (τα¹) 𝔓⁶⁶* | προβα M | κολυβιστων Y Θ 1424 | κολλυβιστον Δ* 579 | εξεχεε Y 118 13 69 157 700 788 1346 | ανεστρεψε Y U 118 700 | κατεσρεψεν 13 ¦ κατεστρεψε 157 **16** πωλουσειν N | πολουσιν 2* 579 | ειπε 579 | αραται 𝔓⁶⁶ ¦ ταυθα 28 | μεη (μη) W | ποιειται 𝔓⁶⁶ ℵ L N ¦ ποιητε E Λ 33 | ενποριου E W ¦ εμπορειου M 124 565 **17** εμνησθησαν E*

B 16 πρὸς 𝔓⁷⁵ ¦ πρς A 𝔐 K L M N P S U W Δ Θ Λ Π Ψ Ω f¹ 118 f¹³ 69 124 33 28 157 565 579 700 788 1071 1346 1424

D 17 κβ̄/ῑ ℵ A E G M N S U Y Θ Π Ω 118 124 28 788 1424 ¦ κβ̄ F H K L f¹³ 2 565 1071 1346 ¦ κβ̄/β̄ Λ ¦ κβ̄/ᾱ Ψ | Ευ Ιω κβ̄ : Λο. : Μρ .: Μθ . E | Ιω κβ̄ : Λο .: Μρ .: Μτ . 124

αὐτοῦ ὅτι ἐστίν γεγραμμένον,   Ὁ ζῆλος τοῦ οἴκου σου καταφάγεταί   με. B
αὐτοῦ ὅτι γεγραμμένον ἐστίν ὅτι   Ὁ ζῆλος τοῦ οἴκου σου καταφάγετὲ   με. 𝔓66 Wsup
αὐτοῦ ὅτι γεγραμμένον ἐστίν ὅτι   Ὁ ζῆλος τοῦ οἴκου σου καταφάγεταί   με. 𝔓75
αὐτοῦ ὅτι γεγραμμένον ἐστίν,   Ὁ ζῆλος τοῦ οἴκου σου καταφάγετέ   με. L Θ 1346
αὐτοῦ ὅτι γεγραμμένον ἐστίν,   ζῆλος τοῦ οἴκου σου καταφάγεταί   με. Δ
αὐτοῦ ὅτι γεγραμμένον ἐστίν,   Ὁ ζῆλος τοῦ οἴκου σου κατέφαγέ με. 69 τ
      ὅτι γεγραμμένον ἐστίν,   Ὁ ζῆλος τοῦ οἴκου σου καταφάγεται   με. 33
αὐτοῦ ὅτι γεγραμμένον ἐστίν ὅτι   Ὁ ζῆλος τοῦ οἴκου σου κατέφαγέν   με. 1071
αὐτοῦ ὅτι γεγραμμένον ἐστίν,   Ὁ ζῆλος τοῦ οἴκου σου καταφάγεταί με.   ℵ A 𝔐 K M N P Λ Π Ψ f¹
                                                                          f¹³ 2 28 157 565 579 700 1424 uw

The Sign Of The Temple Destroyed And Restored In Three Days

18 ἀπεκρίθησαν οὖν οἱ Ἰουδαῖοι καὶ εἶπαν αὐτῷ, Τί σημεῖον δεικνύεις   B 𝔓66.75 uw
18 ἀπεκρίθησαν οὖν οἱ Ἰουδαῖοι καὶ εἶπον αὐτῷ, Τί σημεῖον διγνύεις   A P
18 ἀπεκρίθησαν   οἱ Ἰουδαῖοι καὶ εἶπον αὐτῷ, Τί σημεῖον δεικνύεις   Y f¹³ 579
18 ἀπεκρίθησαν οὖν οἱ Ἰουδαῖοι καὶ εἶπαν αὐτῷ, Τί σημεῖον διγνύεις   L
18 ἀπεκρίθησαν   οἱ Ἰουδαῖοι καὶ εἶπον αὐτῷ, Τί σημεῖον διγνύεις   N
18 ἀπεκρίθησαν οὖν οἱ Ἰουδέοι   καὶ εἶπον αὐτῷ, Τί σημεῖον δεικνύεις   Wsup
18 ἀπεκρίθησαν οὖν οἱ Ἰδαῖοι   καὶ εἶπον αὐτῷ, Τί σημεῖον δεικνύεις   Ω*
18 ἀπεκρίθησαν δὲ οἱ Ἰουδαῖοι καὶ εἶπον αὐτῷ, Τί σημεῖον δεικνύεις   1582
18 ἀπεκρίθησαν   οἱ Ἰουδαῖοι καὶ εἶπαν αὐτῷ, Τί σημεῖον δεικνύεις   33
18 ἀπεκρίθησαν οὖν οἱ Ἰουδαῖοι καὶ εἶπον αὐτῷ, Τί σημεῖον δεικνύεις   ℵ 𝔐 K M U Δ Θ Λ Π Ψ f¹ 124 2
                                                                          28 157 565 700 788 1071 1424 τ

                                                                          [↓Π Ψ 2 157 700 1071 1424 uw
ἡμῖν ὅτι ταῦτα ποιεῖς; **19** ἀπεκρίθη   Ἰησοῦς καὶ εἶπεν αὐτοῖς, Λύσατε   B 𝔓66 A 𝔐 M P U Wsup Δ Θ Λ
     ὅτι ταῦτα ποιεῖς; **19** ἀπεκρίθη   Ἰησοῦς καὶ εἶπεν αὐτοῖς, Λύσατε   𝔓75 L
ἡμῖν ὅτι ταῦτα ποιεῖς; **19** ἀπεκρίθη ὁ Ἰησοῦς καὶ εἶπεν αὐτοῖς, Λύσατε   ℵ K N Ω f¹ f¹³ 33 28 565 579 τ

τὸν ναὸν τοῦτον καὶ   τρισι ἡμέραις ἐγερῶ αὐτόν. **20** εἶπαν οὖν   οἱ Ἰουδαῖοι, B [w]
τὸν ναὸν τοῦτον καὶ ἐν τρισι ἡμέραις ἐγερῶ αὐτόν. **20** εἶπαν οὖν   οἱ Ἰουδαῖοι, 𝔓66.75 N 579
τὸν ναὸν τοῦτον καὶ ἐν τρισι ἡμέραις ἐγερῶ αὐτόν. **20** εἶπον οὖν αὐτῷ οἱ Ἰουδαῖοι, M Θ [↑u[w]
τὸν ναὸν τοῦτον καὶ ἐν τρισι ἡμέραις ἐγερῶ αὐτόν. **20** εἶπαν οὖν   οἱ Ἰουδέοι, Wsup
τὸν ναὸν τοῦτον καὶ ἐν τρισι ἡμέραις ἐγερῶ αὐτόν. **20** εἶπον οὖν   οἱ Ἰουδαίου, Δ*
τὸν ναὸν τοῦτον καὶ ἐν τρισι ἡμέραις ἐγείρω αὐτόν. **20** εἶπον οὖν αὐτῷ οἱ Ἰουδαῖοι, 33
τὸν ναὸν τοῦτον καὶ ἐν τρισι ἡμέραις ἐγερῶ αὐτόν. **20** εἶπον οὖν   οἱ Ἰουδαῖοι, ℵ A 𝔐 K L P U Δᶜ
                                                                         Λ Π Ψ f¹ f¹³ 2 28 157 565 700 1071 1424 τ

[Cl F 36 ο κυριος λυσατε, ειπε, τον ναον τουτον, και εν τρισιν ημεραις εγερω αυτον]

Τεσσεράκοντα καὶ ἓξ ἔτεσιν οἰκοδομήθη ὁ ναὸς οὗτος, καὶ σὺ ἐν τρισὶν   B* 𝔓66c 33 579 uw
Τεσσεράκοντα καὶ ἓξ ἔτεσιν οἰκοδομήθη ὁ ναὸς οὗτος, καὶ   ἐν τρισὶν   𝔓66*
μ̅   καὶ ἓξ ἔτεσιν οἰκοδομήθη ὁ ναὸς οὗτος, καί σοι ἐν τρισὶν   𝔓75*
μ̅   καὶ ἓξ ἔτεσιν οἰκοδομήθη ὁ ναὸς οὗτος, καὶ σὺ ἐν τρισὶν   𝔓75c
Τεσσεράκοντα καὶ ἓξ ἔτεσιν οἰκοδομήθη ὁ ναὸς οὗτος, καὶ σὺ   τρισὶν   ℵ
Τεσσεράκοντα καὶ ἓξ ἔτεσιν ᾠκοδομήθη ὁ ναὸς οὗτος, καὶ σὺ ἐν τρισὶν   A G L M N P Δ Θ
Τεσσαράκοντα καὶ ἓξ ἔτεσιν ᾠκοδομήθη ὁ ναὸς οὗτος, καὶ σὺ ἐν τρισὶν   H
μ̅   καὶ ἓξ ἔτεσιν ὁ ναὸς οὗτος οἰκοδομήθη, καὶ σὺ ἐν τρισὶν   Wsup
Τεσσαράκοντα καὶ ἓξ ἔτεσιν ᾠκοδομήθη ὁ ναὸς οὗτος, καὶ σὺ ἐν τρισὶν   Ψ 124
Τεσσαράκοντα καὶ ἕξ ἔστιν ᾠκοδομήθη ὁ ναὸς οὗτος, καὶ σὺ ἐν τρισὶν   1071 [↓565 700 1071 1424 τ
Τεσσαράκοντα καὶ ἓξ ἔτεσιν ᾠκοδομήθη ὁ ναὸς οὗτος, καὶ σὺ ἐν τρισὶν   Bᶜ 𝔐 K U Λ Π f¹ f¹³ 2 28 157

[Cl F 36 ειπον οι Ιουδαιοι, τεσσαρακοντα και εξ ετεσιν ο ναος ουτος ᾠκοδομηθη, και συ τρισιν ημεραις
εγερεις αυτον;]

lac. 2.17-20 𝔓45 C D Γ

A **17** γεγραμενον 124* 2 ¦ καταφαγετα F* ¦ κατεφαγετε L ¦ κατεφαγε 2ᶜ ¦ μαι W **18** σημιον 𝔓66 ℵ L N W ¦ δικνυεις 𝔓66 ℵ W Δ
Θ ¦ δεκνυεις Λ* **19** λυσαται 𝔓66 L N W ¦ τουτων 579 ¦ τλρισιν Δ* ¦ τρισιν Δᶜ 118 124 2 33 579 700 788 1346 ¦ τρισσεν 1071 ¦
ημαιραις L ¦ ημερες W **20** αιτεσιν 579 ¦ ωκοδομηθη Θ ¦ οικοδομηθη 2* ¦ οικοδωμηθη 579

B **19** ι̅ς̅ B 𝔓66 𝔓75 ℵ A 𝔐 K L M N P S U W Δ Θ Λ Π Ψ Ω f¹ 118 f¹³ 124 2 33 28 157 565 579 700 788 1346 1424 ¦ μ̅, ϛ̅ W

D **18** κ̅γ̅/δ̅ ℵ Y M S U Λ Ω 118 124 28 788 1424 ¦ κ̅γ̅/ι̅ Ε Π 1071 ¦ κ̅γ̅ F H K L f¹³ 2 565 1346 ¦ κ̅γ̅/α̅ G Θ Ψ ¦ κ̅γ̅/β̅ N ¦ Ευ Ιω κ̅γ̅ :
Λο . : Μρ ο̅ζ̅ : Μθ ρ̅ξ̅α̅ Ε ¦ Ιω κ̅γ̅ : Λ . : Μρ ο̅ς̅ : Μτ ρ̅ξ̅δ̅ 124 **19** κ̅δ̅/ι̅ ℵ E G M U Y Θ Ψ Ω 28 1424 ¦ κ̅δ̅/α̅ A ¦ κ̅δ̅ F H K L Π f¹³ 2
565 1346 ¦ κ̅δ̅/ε̅ Λ ¦ κ̅δ̅/β̅ 124 788 1071 ¦ Ευ Ιω κ̅δ̅ : Λο . : Μρ ο̅ζ̅ : Μθ ρ̅ξ̅α̅ Ε

ἡμέραις ἐγερεῖς αὐτόν; **21** ἐκεῖνος δὲ ἔλεγεν περὶ τοῦ ναοῦ τοῦ σώματος αὐτοῦ. B 𝔭^{66.75} uwτ rell
ἡμέραις ἐγερεῖς αὐτόν; **21** ἐκεῖνος δὲ ἔλεγεν περὶ τοῦ ναοῦ τοῦ σώματος.   ℵ*
ἡμέραις ἐγερεῖς αὐτόν; **21** αὐτὸς δὲ ἔλεγεν περὶ τοῦ ναοῦ τοῦ σώματος αὐτοῦ. W^{sup}
ἡμέραις ἐγείρεις αὐτόν; **21** ἐκεῖνος δὲ ἔλεγεν περὶ τοῦ ναοῦ τοῦ σώματος αὐτοῦ. 33

[Cl F 36 εκεινος δε ελεγε περι του ναου του σωματος αυτου]

22 ὅτε οὖν ἠγέρθη ἐκ νεκρῶν, ἐμνήσθησαν οἱ μαθηταὶ αὐτοῦ ὅτι τοῦτο ἔλεγεν,   B 𝔭^{66.75} uw rell
22 ὅτε οὖν ἠγέρθη ἐκ νεκρῶν, ἐμνήσθησαν οἱ μαθηταὶ αὐτοῦ ὅτι τοῦτο ἔλεγεν αὐτοῖς, Κ Π τ
22 ὅτε οὖν ἠνέστη ἐκ νεκρῶν, ἐμνήσθησαν αὐτῷ   ὅτι τοῦτο ἔλεγεν,   W^{sup}
22 ὅτε οὖν ἠγέρθη ἐκ νεκρῶν, ἐμνήσθησαν οἱ μαθηταὶ αὐτοῦ ὅτι τούτοις ἔλεγεν,   579

καὶ ἐπίστευσαν τῇ γραφῇ καὶ τῷ λόγῳ ὃν εἶπεν   ὁ Ἰησοῦς. B 𝔭^{66c.75} ℵ L uw
καὶ ἐπίστευσαν τῇ γραφῇ καὶ τῷ λόγῳ ὃνν εἶπεν   ὁ Ἰησοῦς. 𝔭^{66*}
καὶ ἐπίστευσαν τῇ γραφῇ καὶ τῷ λόγῳ ᾧ εἶπεν αὐτοῖς ὁ Ἰησοῦς. f^{13}
καὶ ἐπίστευσαν τῇ γραφῇ καὶ τῷ λόγῳ ᾧ εἶπεν   ὁ Ἰησοῦς. A 𝔐 Κ Μ Ν Π U W^{sup} Δ Θ Λ Π Ψ f^1 124
                                                                                             2 33 28 157 565 579 700 788 1071 1424 τ

Jesus Visits Jerusalem For The Passover
(Matthew 9.4; Mark 2.8; Luke 5.22)

δ 23 Ὡς δὲ ἦν ἐν τοῖς Ἱεροσολύμοις ἐν τῷ   πάσχα τῇ ἑορτῇ, πολλοὶ ἐπίστευσαν B
23 Ὡς δὲ ἦν ἐν τοῖς Ἱεροσολύμοις ἐν τῷ   πάσχα ἐν τῇ ἑορτῇ, πολλοὶ ἐπίστευσαν E 33 1071^c τ
23 Ὡς δὲ ἦν ἐν τοῖς Ἱεροσολύμοις τὸ   πάσχα ἐν τῇ ἑορτῇ, πολλοὶ ἐπίστευσαν 69
23 Ὡς δὲ ἦν ἐν   Ἱεροσωλύμοις ἐν τῷ   πάσχα ἐν τῇ ἑορτῇ, πολλοὶ ἐπίστευσαν 2
23 Ὡς δὲ ἦν ἐν τοῖς Ἱεροσωλύμοις ἐν τῷ   πάσχα ἐν τῇ ἑορτῇ, πολλοὶ ἐπίστευσαν 579
23 Ὡς δὲ ἦν ἐν   Ἱεροσολύμοις ἐν τῷ τῶ πάσχα ἐν τῇ ἑορτῇ, πολλοὶ ἐπίστευσαν 1071*
23 Ὡς δὲ ἦν ἐν τοῖς Ἱεροσολύμοις ἐν τῷ   πάσχα ἐν τῇ ἑορτῇ, πολλοὶ ἐπίστευσαν uw rell

εἰς τὸ ὄνομα αὐτοῦ θεωροῦντες αὐτοῦ τὰ σημεῖα ἃ ἐποίει· **24** αὐτὸς δὲ   Ἰησοῦς B 𝔭^{66.75} L uw
εἰς τὸ ὄνομα αὐτοῦ θεωροῦντες   τὰ σημεῖα ἃ ἐποίει· **24** αὐτὸς δὲ ὁ Ἰησοῦς M f^1 565
εἰς τὸ ὄνομα αὐτοῦ θεωροῦντες αὐτοῦ τὰ σημεῖα ἃ ποιεῖ· **24** αὐτὸς δὲ ὁ Ἰησοῦς 579
εἰς τὸ ὄνομα αὐτοῦ θεωροῦντες τὰ σημεῖα αὐτοῦ ἃ ἐποίει· **24** αὐτὸς δὲ ὁ Ἰησοῦς 1071
ἐν τῷ ὀνόματι αὐτοῦ θεωροῦντες αὐτοῦ τὰ σημεῖα ἃ ἐποίει· **24** αὐτὸς δὲ ὁ Ἰησοῦς 1424
εἰς τὸ ὄνομα αὐτοῦ θεωροῦντες αὐτοῦ τὰ σημεῖα ἃ ἐποίει· **24** αὐτὸς δὲ ὁ Ἰησοῦς ℵ A 𝔐 Κ Ν Π U
                                                                                                         W^{sup} Δ Θ Λ Π Ψ f^{13} 2 33 28 157 700 τ

οὐκ ἐπίστευεν αὐτὸν αὐτοῖς διὰ τὸ αὐτὸν γινώσκειν πάντας **25** καὶ ὅτι B L Ψ*Ω* 700 1071 uw
οὐκ ἐπίστευεν   αὐτοῖς διὰ τὸ αὐτὸν γεινώσκειν πάντας **25** καὶ ὅτι 𝔭^{75}
οὐκ ἐπίστευεν αὐτὸν αὐτοῖς διὰ τὸ   γιγνώσκιν πάντας **25** καὶ ὅτι ℵ*
οὐκ ἐπίστευεν ἑαυτὸν αὐτοῖς διὰ τὸ   γιγνώσκιν πάντας **25** καὶ ὅτι ℵ^c
οὐκ ἐπίστευεν αὐτὸν αὐτοῖς διὰ τὸ αὐτὸν γινώσκειν πάντας **25** καὶ A*
οὐκ ἐπίστευεν ἑαυτὸν αὐτοῖς διὰ τὸ αὐτὸν γινώσκειν πάντας **25** καὶ A^c
οὐκ ἐπίστευεν ἑαυτὸν αὐτοῖς διὰ τὸ αὐτὸν γινώσκειν πάντα **25** καὶ ὅτι 𝔐 f^{13} 2*
οὐκ ἐπίστευεν ἑαυτὸν αὐτοῖς διὰ τὸ αὐτὸν γινώσκιν πάντας **25** καὶ ὅτι Ν Ρ
οὐκ ἐπίστευσεν θεαυτὸν αὐτοῖς διὰ τὸ αὐτὸν γινώσκιν πάντας **25** καὶ ὅτι W^{sup*}
οὐκ ἐπίστευσεν ἑαυτὸν αὐτοῖς διὰ τὸ αὐτὸν γινώσκιν πάντας **25** καὶ ὅτι W^{sup.c}
οὐκ ἐπίστευεν ἑαυτὸν αὐτοῖς διὰ τὸ αὐτὸν γεινώσκειν πάντας **25** καὶ ὅτι Θ
οὐκ ἐπίστευεν ἑαυτὸν αὐτοῖς διὰ τὸ αὐτὸν γινώσκειν πάντας **25** καὶ ὅτι Λ 565
οὐκ ἐπίστευεν ἑαυτὸν ἑαυτοῖς διὰ τὸ αὐτὸν γινώσκειν πάντας **25** καὶ ὅτι 33
οὐκ ἐπίστευεν   αὐτοῖς διὰ τὸ αὐτὸν γινώσκην πάντας **25** καὶ ὅτι 579 [↓f^1 2^c 28 157 1424 τ
οὐκ ἐπίστευεν ἑαυτὸν αὐτοῖς διὰ τὸ αὐτὸν γινώσκειν πάντας **25** καὶ ὅτι 𝔭^{66} Υ Κ Μ S U Δ Π Ψ^c Ω^c

lac. 2.20-25 𝔭^{45} C D Γ

A 20 ημερες εγερις W **21** εκινος Ν | ελεγε Υ 118 69 157 700 788 1346 **22** ελεγε Υ 118 700 | ειπε Υ | το (τω) 579 **23** η (ην) Θ | πασχας Μ | θεορουντες 1071 | σημια 𝔭^{66} ℵ L N W | σειμεια 1071 **24** επιστευ U | γινοσκειν 1071

B 22 ῑς B 𝔭^{66} 𝔭^{75} ℵ A 𝔐 K L M N P S U W Δ Θ Λ Π Ψ Ω f^1 118 f^{13} 124 2 33 28 157 565 579 700 788 1071 1346 1424 **24** ῑς B 𝔭^{66} 𝔭^{75} ℵ A 𝔐 K L M N P S U W Δ Θ Λ Π Ψ Ω f^1 118 124 2 33 28 157 565 579 700 788 1071 1346 1424

C 22 τελος (post ο ῑς) E H S Υ Θ Λ Ψ Ω 118 f^{13} 124 2 579 788 1071 1346 ¦ τελος της παρ, (παρασ,κ Μ) G M ¦ τελ τς ⲋ f^1 28 **23** τη ε τς διακινησιμου 157

D 23 κε̄ 157

25

οὐ χρείαν   εἶχεν ἵνα τις μαρτυρήση περὶ τοῦ ἀνθρώπου· αὐτὸς γὰρ   B 𝔓⁶⁶ᶜ·⁷⁵ uwτ rell
οὐ χρείαν   εἶχεν ἵνα τις μαρτυρήση περὶ   ἀνθρώπου· αὐτὸς γὰρ   𝔓⁶⁶*
χρείαν οὐκ εἶχεν ἵνα τις μαρτυρήση περὶ τοῦ ἀνθρώπου· αὐτὸς γὰρ   א
οὐ χρείαν   .... P
οὐ χρείαν   εἶχεν ἵνα τις μαρτυρήσει περὶ τοῦ ἀνθρώπου· αὐτὸς γὰρ   1346

ἐγίνωσκεν   τί ἦν ἐν   τῷ ἀνθρώπῳ.   B 𝔓⁶⁶ uwτ rell
ἐγείνωσκεν   τί ἦν ἐν   τῷ ἀνθρώπῳ.   𝔓⁷⁵ Θ
ἐγίνωσκεν   τί ἦν ἐν τί ἦν ἐν τῷ ἀνθρώπῳ.   א*
ἐγιγνωσκεν   τί ἦν ἐν   τῷ ἀνθρώπῳ.   Wˢᵘᵖ

γ̄ περὶ νικοδήμου

Dialog With Nicodemus: Birth By Water And Spirit

ῑ 3.1 Ἦν δὲ   ἄνθρωπος ἐκ τῶν Φαρεισαίων, Νικόδημος ὄνομα αὐτῷ, ἄρχων τῶν B
 3.1 Ἦν δὲ   ἄνθρωπος ἐκ τῶν Φαρισαίων,   Νεικόδημος ὄνομα αὐτῷ, ἄρχων τῶν 𝔓⁶⁶·⁷⁵
 3.1 Ἦν δὲ   ἄνθρωπος ἐκ τῶν Φαρισαίων,   Νικόδημος ὀνόματι,   ἄρχων τῶν א*
 3.1 Ἦν δὲ   ἄνθρωπος ἐκ τῶν Φαρισαίων,   Νηκόδημος ὄνομα αὐτῷ, ἄρχων τῶν L
 3.1 Ἦν δέ τις ἄνθρωπος ἐκ τῶν Φαρισαίων,   Νικόδημος ὄνομα αὐτῷ, ἄρχων τῶν M
 3.1 Ἦν δὲ   ἄνθρωπος ἐκ τῶν Φαρισέων,   Νικόδημος ὄνομα αὐτῷ, ἄρχων τῶν Wˢᵘᵖ
 3.1 Ἦν   ἄνθρωπος ἐκ τῶν Φαρεισαίων, Νεικόδημος ὄνομα αὐτῷ, ἄρχων τῶν Θ
 3.1 Ἦν δὲ   ἄνθρωπος ἐκ τῶν Φαρισαίων,   Νικώδης   ὄνομα αὐτῷ, ἄρχων τῶν 69
 3.1 Ἦν δὲ   ἄνθρωπος ἐκ τῶν Φαρισαίων,   Νικόδιμος ὄνομα αὐτῷ, ἄρχων τῶν 1071
 3.1 Ἦν δὲ   ἄνθρωπος ἐκ τῶν Φαρισαίων,   Νικόδημος ὄνομα αὐτῷ, ἄρχων τῶν אᶜ A 𝔐 K N U Δ
                                                                              Λ Π Ψ f¹ f¹³ 2 33 28 157 565 579 700 1071 1424 uwτ

Ἰουδαίων· 2 οὗτος ἦλθεν πρὸς αὐτὸν   νυκτὸς καὶ εἶπεν αὐτῷ, Ῥαββεί,   B 𝔓⁶⁶·⁷⁵ A Y Θ Λ 565 1424 w
Ἰουδαίων· 2 οὗτος ἦλθεν νυκτὸς πρὸς αὐτὸν   καὶ εἶπεν αὐτῷ, Ῥαββεί,   א
Ἰουδαίων· 2 οὗτος ἦλθεν πρὸς τὸν Ἰησοῦν νυκτὸς καὶ εἶπεν αὐτῷ, Ῥαββεί,   E F H 2
Ἰουδαίων· 2 οὗτος ἦλθεν πρὸς τὸν Ἰησοῦν νυκτὸς καὶ εἶπεν αὐτῷ, Ῥαββί,   G M N f¹³ 28 τ
Ἰουδέων· 2 οὗτος ἦλθεν πρὸς αὐτὸν   νυκτὸς καὶ εἶπεν αὐτῷ, Ῥαββεί,   Wˢᵘᵖ   [↓579 700 1071 u
Ἰουδαίων· 2 οὗτος ἦλθεν πρὸς αὐτὸν   νυκτὸς καὶ εἶπεν αὐτῷ, Ῥαββί,   K L S U Δ Π Ψ Ω f¹ 33 157

οἴδαμεν ὅτι   ἀπὸ θεοῦ   ἐλήλυθας διδάσκαλος· οὐδεὶς γὰρ   B 𝔓⁶⁶·⁷⁵ uwτ rell
οἴδαμεν ὅτι   ἀπὸ θεοῦ   ἐλήλυθας διδάσκαλος· καὶ οὐδὶς   א
οἴδαμεν ὅτι   ἀπὸ θεοῦ ἐξῆλθες καὶ ἐλήλυθας διδάσκαλος· οὐδεὶς γὰρ   28
οἴδαμεν ὅτι   ἀπὸ θεοῦ   εξελήλυθας διδάσκαλος· οὐδεὶς γὰρ   700
οἴδαμεν ὅτι σὺ ἀπὸ θεοῦ   ἐλήλυθας διδάσκαλος· οὐδεὶς γὰρ   1071

---

lac. 2.25-3.2 𝔓⁴⁵ C D P Γ

A 25 χριαν 𝔓⁶⁶* א A L N W | της (τις) L | μαρτυρησει Θ 1071 | μαρτυρισι 13 579 | περη Θ | εγινωσκε Y f¹ 118 124 565 700
3.1 αρχον E L 2 ηλθε Y 118 69 157 700 | ελοιλεθας W | διδιδασκαλος K | οιδις N W

B 25 ανου 𝔓⁶⁶ 𝔓⁷⁵ A E G H Y K L M N S U W Δ Λ Π Ψ Ω f¹ 118 f¹³ 69 124 2 33 28 157 565 579 700 1071 1346 1424 | ανω̅
𝔓⁶⁶ 𝔓⁷⁵ A 𝔐 K L M N S U W Δ Θ Λ Π Ψ Ω f¹ 118 f¹³ 124 2 33 157 579 700 788 1071 1346 1424 3.1 ανος 𝔓⁶⁶ 𝔓⁷⁵ A 𝔐 K L
M N S U W Δ Λ Π Ψ Ω f¹ 118 f¹³ 69 124 2 33 28 157 565 579 700 788 1071 1346 1424 2 ιν̅ E F G H M N f¹³ 124 2 28 788
1346 | θυ̅ B 𝔓⁶⁶ 𝔓⁷⁵ א A 𝔐 K L M N S U W Δ Θ Λ Π Ψ Ω f¹ 118 f¹³ 69 124 2 33 28 157 565 579 700 788 1071 1346 1424

C 25 τελ 579 1346 3.1 γ̄ A 118 | γ̄ περι (+ του f¹ 1424) νηκοδημου (νικοδημου F G H S U Y K M Δ Θ Π Ω f¹ 124 2 28 157 579
788 1071 1424 | νικοδιμου Λ): 𝔐 K M S U Δ Θ Λ Π Ω f¹ 124 2 28 157 579 788 1071 1424 | γ̄ περι νηκοδημου ζητησις περι
καθαρισμου L | αρχη F L Θ Λ 157 579 | αρχη: τη (om. 2) ε̄ του πασχα· τω καιρω εκεινω (om. 2) ανος τις ην (ante εκ των) E 2 |
αρχη: τη ε̄ της διακ, τω κ.ρ, ανος τις ην εκ των G | αρχη: τη ε̄ του πασχ τω κ, ανος τις εκ των φαρισαιων H | αρχ: τη ε̄ της διακ,
τω κ,ρ,ω ανος τις ην εκ των φαρισαιων Y | αρχη: τη ε̄ τς διακ, τω και, ανος τις· ην εκ των φαρ, M | τη ε̄ τς διακ τω ε̄ κ ανος τις ην S |
αρχ τη πεμπτη τς διακινησιμου Ψ | τω καιρω ανος τις ην Ω | αρχ η̄ τη ε̄ τς δ̄,κ,υ τω καιρω εκει ανος τις ην εκ τ̄ φαρισαιων f¹ |
αρχ η̄ τη ε̄ τς διακινησιμου: τω ανος τις ην εκ των φαρισαιων 118 | αρχ τς ε̄ τω καιρω εκεινω ανος τις ην εκ των φαρισαι 28 |
αρχη: τη ε̄ της διακινισημ 124 1071 | αρχη: τη ε̄ της διακ, 788 1346 | αρχ κ,υ του αγι σηλβεερουπ υπ ρωμ 1071² | αρχη τω
καιρω 1424

D 3.1 κδ/ῑ S | κδ̄ Λ 579 1071

δύναται ταῦτα τὰ σημεῖα   ποιεῖν ἃ σὺ ποιεῖς, ἐὰν μὴ ᾖ ὁ θεὸς μετ' αὐτοῦ. B 𝔓⁶⁶ᶜ·⁷⁵ᶜ ℵ A N U Ψ 33
δύναται ταῦτα τὰ σημεῖα   ποιεῖν ἃ σὺ ποιεῖς, ἐὰν μὴ   ὁ θεὸς μετ' αὐτοῦ. 𝔓⁶⁶* [↑579 1071ᶜ uw
δύναται ταῦτα τὰ σημεῖα ἃ   ποιεῖν ἃ σὺ ποιεῖς, ἐὰν μὴ ᾖ ὁ θεὸς μετ' αὐτοῦ. 𝔓⁷⁵*
δύναται ταῦτα   σημεῖα   ποιεῖν ἃ σὺ ποιεῖς, ἐὰν μὴ   ὁ θεὸς μετ' αὐτοῦ. L
δύναται τὰ σημεῖα ταῦτα   ποιεῖν ἃ σὺ ποιεῖς, ἐὰν μὴ ᾖ ὁ θεὸς μετ' αὐτοῦ. Wˢᵘᵖ
ταῦτα τὰ σημεῖα δύναται   ποιεῖν ἃ σὺ ποιεῖς, εἰ μὴ ᾖ ὁ θεὸς μετ' αὐτοῦ. Θ
ταῦτα τὰ σημεῖα δύναται   ποιεῖν αἲ σὺ ποιεῖς, ἐὰν μὴ ᾖ ὁ θεὸς μετ' αὐτοῦ. Λ
ταῦτα τὰ σημεῖα δύναται   ποιεῖν ἃ σὺ ποιεῖς, ἐὰν μὴ ᾖ ὁ θεὸς μετὰ σου.   Π*
ταῦτα τὰ σημεῖα δύναται   ποιῆσαι,   ἐὰν μὴ ᾖ ὁ θεὸς μετ' αὐτοῦ. f¹ 565
ταῦτα τὰ σημεῖα δύναται   ποιῆσαι ἃ σὺ ποιεῖς, ἐὰν μὴ ᾖ ὁ θεὸς μετ' αὐτοῦ. 1582ᶜ
ταῦτα   σημεῖα δύναται   ποιεῖν ἃ σὺ ποιεῖς, ἐὰν μὴ ᾖ ὁ θεὸς μετ' αὐτοῦ. 69
ταῦτα τὰ σημεῖα δύναται   ποιεῖν,   ἐὰν μὴ ᾖ ὁ θεὸς μετ' αὐτοῦ. 28
δύναται ταῦτα τὰ σημεῖα   ποιεῖν ἃ σὺ ποιεῖν, ἐὰν μὴ ᾖ ὁ θεὸς μετ' αὐτοῦ. 1071* [[↓700 1424 τ
ταῦτα τὰ σημεῖα δύναται   ποιεῖν ἃ σὺ ποιεῖς, ἐὰν μὴ ᾖ ὁ θεὸς μετ' αὐτοῦ. 𝔐 K M Δ Πᶜ f¹³ 2 157

3 ἀπεκρίθη   Ἰησοῦς καὶ εἶπεν αὐτῷ, Ἀμὴν ἀμὴν λέγω σοι, ἐὰν μή τις B 𝔓⁶⁶ᶜ·⁷⁵ᶜ G K L M Wˢᵘᵖ Π Ψ Ω
3 ἀπεκρίθη ὁ Ἰησοῦς,   Ἀμὴν ἀμὴν λέγω σοι, ἐὰν μή τις ℵ* [↑f¹ 157 565 700 1424 uw
3 ἀπεκρίθη   Ἰησοῦς καὶ εἶπεν αὐτῷ, Ἀμὴν ἀμὴν λέγω ὑμῖν, ἐὰν μή τις 𝔓⁶⁶*·⁷⁵*
3 ἀπεκρίθη   Ἰησοῦς καὶ .... F
3 ἀπεκρίθη ὁ Ἰησοῦς καὶ εἶπεν αὐτῷ, Ἀμὴν   λέγω σοι, ἐὰν μή τις Θ
3 ἀπεκρίθη ὁ Ἰησοῦς καὶ εἶπεν αὐτῷ, Ἀμὴν ἀμὴν λέγω ὑμῖν, ἐὰν μή τις 579   [↓1071 τ
3 ἀπεκρίθη ὁ Ἰησοῦς καὶ εἶπεν αὐτῷ, Ἀμὴν ἀμὴν λέγω σοι, ἐὰν μή τις ℵᶜ A 𝔐 N U Δ Λ 118 f¹³ 2 33 28

γεννηθῇ ἄνωθεν, οὐ δύναται ἰδεῖν τὴν βασιλείαν τοῦ θεοῦ. 4 λέγει πρὸς B 𝔓⁶⁶·⁷⁵ᶜ uwτ rell
γεννηθῆν ἄνωθεν, οὐ δύναται ἰδεῖν τὴν βασιλείαν τοῦ θεοῦ. 4 λέγει πρὸς 𝔓⁷⁵*
γεννηθῇ ἄνωθεν, οὐ δύναται ἤδεῖν τὴν βασιλείαν τοῦ θεοῦ. 4 λέγει πρὸς Θ

αὐτὸν   Νεικόδημος, Πῶς δύναται ἄνθρωπος γεννηθῆναι   γέρων ὤν; μὴ B
αὐτὸν   Νικόδημος, Πῶς δύναται γεννηθῆναι ἄνθρωπος   γέρων ὤν; μὴ 𝔓⁶⁶
αὐτὸν   Νικόδημος, Πῶς δύναται ἄνθρωπος γεννηθῆναι   γέρων ὤν; μὴ 𝔓⁷⁵ E* G N Wˢᵘᵖ Θ Ψ
αὐτὸν ὁ Νικόδημος, Πῶς δύναται ἄνθρωπος γέρων ὤν   γεννηθῆναι; μὴ ℵ [↑124 579 788 [uw]
αὐτὸν ὁ Νεικόδημος, Πῶς δύναται ἄνθρωπος γενηθῆναι   γέρων;   μὴ A*
αὐτὸν ὁ Νεικόδημος, Πῶς δύναται ἄνθρωπος γεννηθῆναι   γέρων ὤν; μὴ Aᶜ
αὐτὸν ὁ Νεικόδημος, Πῶς δύναται ἄνθρωπος γεννηθῆναι ἄνωθεν γέρων ὤν; μὴ H
αὐτὸν   Νικόδιμος, Πῶς δύναται ἄνθρωπος γεννηθῆναι   γέρων ὤν; μὴ L
αὐτὸν ·· ....δημος, Πῶς δύναται ἄνθρωπος γεννηθῆναι   γέρων;   μὴ 33
αὐτὸν   Νικόδημος, Πῶς δύναται ἄνθρωπος γεννηθῆναι ἄνωθεν γέρων ὤν; μὴ 28
αὐτὸν ὁ Νικόδημος, Πῶς δύναται ἄνθρωπος γεννηθῆναι   γέρων;   μὴ 565
αὐτὸν ὁ Νικόδημος, Πῶς δύναται ἄνθρωπος γεννηθῆναι   γέρων ὤν; μὴ 1071
αὐτὸν ὁ Νικόδημος, Πῶς δύναται ἄνθρωπος γεννηθῆναι   γέρων ὤν; μὴ Eᶜ Y K M S U Δ Λ Π Ω
                                                                      f¹ f¹³ 2 157 700 1424 [uw]τ

δύναται εἰς τὴν κοιλίαν τῆς μητρὸς αὐτοῦ δεύτερον εἰσελθεῖν καὶ γεννηθῆναι; B 𝔓⁶⁶·⁷⁵ uwτ rell
δύναται εἰς τὴν κοιλίαν τῆς μητρὸς αὐτοῦ δεύτερον εἰσελθεῖν καὶ γεννηθῆναι; A* L
δύναται εἰς τὴν κοιλίαν τῆς .... ·ὑτοῦ δεύτερον εἰσελθεῖν καὶ γεννηθῆναι; 33

5 ἀπεκρίθη ὁ Ἰησοῦς,   Ἀμὴν ἀμὴν λέγω σοι, ἐὰν μή τις B N U 69 124 1071 [w]τ
5 ἀπεκρίθη   Ἰησοῦς καὶ εἶπεν,   Ἀμὴν ἀμὴν λέγω σοι, ἐὰν μή τις ℵᶜ
5 ἀπεκρίθη   Ἰησοῦς,   Ἀμὴν   λέγω σοι, ἐὰν μή τις A Θ
5 ἀπεκρίθη   Ἰησοῦς καὶ εἶπεν αὐτῷ, Ἀμὴν ἀμὴν λέγω σοι, ἐὰν μή τις K M Π
5 ἀπεκρίθη ὁ Ἰησοῦς καὶ εἶπεν,   Ἀμὴν ἀμὴν λέγω σοι, ἐὰν μή τις L
5 ἀπεκρίθη ὁ Ἰησοῦς καὶ εἶπεν αὐτῷ, Ἀμὴν ἀμὴν λέγω σοι, ἐὰν μή τις f¹³
5 ἀπεκρίθη ὁ Ἰησοῦς,   Ἀμὴν ἀμὴν λέγω σοι, ... τις 33
5 ἀπεκρίθη   Ἰησοῦς καὶ εἶπεν αὐτῷ, Ἀμὴν ἀμὴν λέγω ὑμῖν, ἐὰν μή τις 579
5 ἀπεκρίθη   Ἰησοῦς καὶ εἶπεν αὐτῷ, Ἀμὴν ἀμὴν λέγω σοι, ἐὰν μή τις 1424
5 ἀπεκρίθη   Ἰησοῦς,   Ἀμὴν ἀμὴν λέγω σοι, ἐὰν μή τις 𝔓⁶⁶·⁷⁵ ℵ* 𝔐 Wˢᵘᵖ Δ Λ Ψ f¹ 2
                                                                  28 157 700 788 1424 u[w]

lac. 3.2-5 𝔓⁴⁵ C D P Γ ¦ vss. 3-5 F

A 2 δυναται G ¦ δυνατε W Θ 579 ¦ σημια 𝔓⁶⁶ ℵ L N W ¦ ποιην Θ ¦ ποιης 579 ¦ ει (η) 28 3 της (τις) L Θ ¦ γενηθη 2* ¦ δυνατε K W 579 ¦ ειδιν W ¦ ιδην 579 4 λεγι 𝔓⁶⁶* W ¦ προ Ω* ¦ δυνατε¹ L Θ W 579 ¦ γεννηναι K* ¦ γεννηθηνε¹·² W ¦ μυ (μη) Θ ¦ δυνατε² W 28 579 ¦ εισελθιν 𝔓⁶⁶ ℵ N W ¦ γεννηθαναι¹ Δ* 5 απεκρίθει 28 ¦ της (τις) L

B 2 θ̅ς̅ B 𝔓⁶⁶ 𝔓⁷⁵ ℵ A 𝔐 K L M N S U W Δ Θ Λ Π Ψ Ω f¹ 118 f¹³ 69 124 2 33 28 157 565 579 700 788 1071 1346 1424 3 ι̅ς̅ B 𝔓⁶⁶ 𝔓⁷⁵ ℵ A 𝔐 K L M N S U W Δ Θ Λ Π Ψ Ω f¹ 118 f¹³ 124 2 33 28 157 565 579 700 788 1071 1346 1424 ¦ β̅λ̅ειαν W ¦ θ̅υ̅ B 𝔓⁶⁶ 𝔓⁷⁵ ℵ A 𝔐 K L M N S U W Δ Θ Λ Π Ψ Ω f¹ 118 f¹³ 69 124 2 33 28 157 565 579 700 788 1071 1346 1424 4 ανος 𝔓⁷⁵ A 𝔐 K L M N S U W Δ Θ Λ Π Ψ Ω f¹ 118 f¹³ 69 2 33 28 157 565 579 700 700 1071 1346 1424 ¦ μ̅ρ̅ς̅ A 𝔐 K M N S U W Δ Λ Π Ψ Ω f¹ 118 f¹³ 69 124 2 28 157 565 579 700 788 1071 1346 1424 5 ι̅ς̅ B 𝔓⁶⁶ 𝔓⁷⁵ ℵ A 𝔐 K L M S U W Δ Θ Λ Π Ψ Ω f¹ 118 f¹³ 124 2 33 28 157 565 579 700 788 1071 1346

γεννηθῇ ἐξ ὕδατος καὶ πνεύματος, οὐ δύναται εἰσελθεῖν εἰς τὴν βασιλείαν Β 𝔓66.75 **uwτ** rell
ἐξ ὕδατος καὶ πνεύματος γεννηθῇ, οὐ δύναται εἰδεῖν τὴν βασιλείαν ℵ*
ἐξ ὕδατος καὶ πνεύματος γεννηθῇ, οὐ δύναται εἰσελθεῖν εἰς τὴν βασιλείαν ℵc
γεννηθῇ ἐξ ὕδατος καὶ πνεύματος, οὐ δύναται εἰσελθεῖν εἰς τὴν βασιλείαν Α 1424
γεννηθῇ ἐξ ὕδατος καὶ πνεύματος, οὐ δύναται ἰδεῖν τὴν βασιλείαν Μ

[Cl Ecl 7.1 δι υδατος και πνευματος]

τοῦ θεοῦ. **6** τὸ γεγεννημένον ἐκ τῆς σαρκὸς σάρξ ἐστιν, καὶ τὸ γεγεννημένον Β 𝔓66.75 **uwτ** rell
τῶν οὐρανῶν. **6** τὸ γεγεννημένον ἐκ τῆς σαρκὸς σάρξ ἐστιν, καὶ τὸ γεγεννημένον ℵ*
τοῦ θεοῦ. **6** τὸ γεγεννημένον ἐκ τῆς σαρκὸς σάρξ ἐστιν, καὶ τὸ γεγεννημένον Α Θ
τοῦ θεοῦ. **6** τὸ γεγεννημένον ἐκ τῆς σαρκὸς σάρξ ἐστιν, καὶ τὸ γεγεννημένον Π
τοῦ θεοῦ. **6** τὸ γεγεννημένον ἐκ τῆς σαρκὸς σάρξ ἐστιν, καὶ τὸ γεγεννημένον 2
τοῦ θεοῦ. **6** τὸ ···············μένον ἐκ τῆς σαρκὸς σάρξ ἐστιν, καὶ τὸ γεγεννημένον 33

[Cl S III 84.3 το γεννωμενον εκ της σαρκος σαρξ εστιν, ουτω το εκ πνευματος πνευμα]

ἐκ τοῦ πνεύματος πνεῦμά ἐστιν. **7** μὴ θαυμάσῃς ὅτι εἶπόν σοι, Δεῖ ὑμᾶς Β 𝔓66.75 **uwτ** rell
ἐκ τοῦ πνεύματος πνεῦμά ἐστιν. **7** καὶ μὴ θαυμάσῃς ὅτι εἶπόν σοι, Δεῖ ἡμᾶς 69
ἐκ τοῦ πνεύματος πνεῦμά ἐστιν. **7** μὴ θαυμάσῃς ὅτι εἶπόν σοι ὅτι Δεῖ ἡμᾶς 2
ἐκ τοῦ πνεύματος πνεῦμά ἐστιν. **7** μὴ ··········· ···· εἶπόν σοι, Δεῖ ὑμᾶς 33
ἐκ τοῦ πνεύματος πνεῦμά ἐστιν. **7** μὴ θαυμάσῃς ὅτι εἶπόν σοι, Δεῖ ἡμᾶς 565
ἐκ τοῦ πνεύματος πνεῦμά ἐστιν. **7** μὴ οὖν θαυμάσει ὅτι εἶπόν σοι ὅτι Δῖ ὑμᾶς 579
ἐκ τοῦ πνεύματος πνεῦμά ἐστιν. **7** μὴ θαυμάσῃς ὅτι εἶπόν, Δεῖ ὑμᾶς 1424

γεννηθῆναι ἄνωθεν. **8** τὸ πνεῦμα ὅπου θέλει πνεῖ καὶ τὴν φωνὴν αὐτοῦ ἀκούεις, Β 𝔓66.75 **uwτ** rell
γεννηθῆναι ἄνωθεν. **8** τὸ πνεῦμα ὅπου θέλει πνεῖ καὶ τὴν φωνὴν αὐτοῦ ἀκούεις, Α
γεννηθῆναι ἄνωθεν. **8** τὸ πνεῦμα ὅπου θέλει πνεῖ καὶ ······ ··········· ············ ····ούεις, 33

ἀλλὰ οὐκ οἶδας πόθεν ἔρχεται καὶ ποῦ ὑπάγει· οὕτως ἐστιν πᾶς ὁ γεγεννημένος Β Δ 2 579 700 1071
ἀλλ᾽ οὐκ οἶδας πόθεν ἔρχεται καὶ ποῦ ὑπάγει· οὕτως ἐστιν πᾶς ὁ γενήμενος 𝔓66*
ἀλλ᾽ οὐκ οἶδες πόθεν ἔρχεται καὶ ποῦ ὑπάγει· οὕτως ἐστιν πᾶς ὁ γεγεννημένος 𝔓75
ἀλλ᾽ οὐκ οἶδας πόθεν ἔρχεται ἢ ποῦ ὑπάγει· οὕτως ἐστιν πᾶς ὁ γεγεννημένος Α Ψ
ἀλλ᾽ οὐκ οἶδας πόθεν ἔρχεται καὶ ποῦ ὑπάγει· οὕτως ἐστιν καὶ πᾶς ὁ γεγεννημένος 118
ἀλλ᾽ οὐκ οἶδας πόθεν ἔρχεται καὶ ποῦ ὑπάγει· οὕτως ἐστιν πᾶς ὁ γεγεννημένος 69
ἀλλ᾽ οὐκ οἶδας πόθεν ἔρχεται καὶ ποῦ ὑπάγει· οὕτως ἐστιν πᾶς ··· ············ 33
ἀλλ᾽ οὐκ οἶδας πόθεν ἔρχεται καὶ ποῦ ὑπάγει· οὕτως ἐστιν πᾶς ὁ γεγεννημένος **uwτ** rell

ἐκ τοῦ πνεύματος. **9** ἀπεκρίθη Νεικόδημος καὶ εἶπεν αὐτῷ, Πῶς Β Θ
ἐκ τοῦ ὕδατος καὶ τοῦ πνεύματος. **9** ἀπεκρίθη Νικόδημος καὶ εἶπεν αὐτῷ, Πῶς ℵ
ἐκ τοῦ πνεύματος. **9** ἀπεκρίθη Νηκόδημος καὶ εἶπεν αὐτῷ, Πῶς L
···· τοῦ πνεύματος. **9** ἀπεκρίθη Νικόδημος καὶ εἶπεν αὐτῷ, Πῶς 33
ἐκ τοῦ πνεύματος. **9** ἀπεκρίθη Νικώδημος καὶ εἶπεν αὐτῷ, Πῶς 1071
ἐκ τοῦ πνεύματος. **9** ἀπεκρίθη Νικόδημος καὶ εἶπεν αὐτῷ, Πῶς **uwτ** rell

δύναται ταῦτα γενέσθαι; **10** ἀπεκρίθη Ἰησοῦς καὶ εἶπεν αὐτῷ, Σὺ εἶ ὁ Β 𝔓66.75 **uw** rell
δύναται ταῦτα γενέσθαι; **10** ἀπεκρίθη ὁ Ἰησοῦς καὶ εἶπεν αὐτῷ, Σὺ εἶ ὁ ℵ Ν 118c f13 579 1071 τ
δύναται ··········· **10** ··············θη Ἰησοῦς καὶ εἶπεν αὐτῷ, Σὺ εἶ ὁ 33

---

lac. 3.5-10 𝔓45 C D F P Γ

Α **5** δύνατε W 579 ¦ δαναται Δ* ǀ εισελθιν ℵc W ¦ εισελθην 579 ǀ βασιλιαν 𝔓66 ℵ W **6** γεγεννημενον1.2 Η ǀ εστι1.2 Υ Μ S f1 700 788¦ εστι1 124 ǀ εστι2 118 157 1346 ǀ γεγεννημενον2 𝔓66* **7** θαυμασεις Ε* 2 ǀ δι ℵ W Θ ǀ γεννηθηνε W **8** πνευα 𝔓66* ǀ θελι W ǀ πνει 𝔓75 ǀ πνι ℵ W ǀ πνεει L ǀ πνη 1346 ǀ κουεις 69 ǀ αλ S* ǀ ουτος 69 ǀ εστι Υ U f1 118 13 124 157 565 700 788 1346 ǀ γεγεννημενος Η **9** δυνατε W Θ 579 ǀ ταυ (ταυτα) 579 700

Β **5** π̅ν̅ς̅, θ̅υ̅ 𝔓66 𝔓75 ℵ Α 𝔐 K L M N S U W Δ Θ Λ Π Ψ Ω f1 118 f13 69 124 2 33 28 157 565 579 700 788 1071 1346 1424 ¦ π̅ν̅ ς̅ ℵ ¦ θ̅υ̅ Β **6** π̅ν̅ς̅ 𝔓66 𝔓75 ℵ Α 𝔐 K L M N S U W Δ Θ Λ Π Ψ Ω f1 118 f13 69 124 2 33 28 157 565 579 700 788 1071 1346 1424 ¦ π̅ν̅α̅ 𝔓75 ℵ Α G H Y L M N S U W Δ Θ Λ Π Ψ Ω f1 118 f13 69 124 2 33 28 157 565 579 700 788 1071 1346 1424 **8** π̅ν̅α̅ 𝔓66c 𝔓75 ℵ Α 𝔐 K L M N S U W Δ Θ Λ Π Ψ Ω f1 118 f13 69 124 2 33 28 157 565 579 700 788 1071 1346 1424 ¦ π̅ν̅ς̅ 𝔓66 𝔓75 ℵ Α 𝔐 L M N S U W Δ Θ Λ Π Ψ Ω f1 118 f13 69 124 2 33 28 157 565 579 700 788 1071 1346 **10** ι̅ς̅, ι̅η̅λ̅ 𝔓75 ℵ Α 𝔐 K L M N S U W Θ Λ Π Ψ Ω f1 118 f13 124 2 33 28 157 565 579 700 788 1071 1346 1424 ¦ ι̅η̅λ̅ 69 ¦ ι̅ς̅ Β 𝔓66 Δ ¦ ι̅σ̅λ̅ Δ

C **10** τη β ζ,η κ,ε ϛ 118

διδάσκαλος τοῦ Ἰσραὴλ καὶ ταῦτα οὐ γεινώσκεις; 11 ἀμὴν ἀμὴν λέγω σοι ὅτι   B 𝔭⁶⁶ 𝔭⁷⁵
διδάσκαλος τοῦ Ἰσραὴλ καὶ ταῦτα οὐ γινώσκις;   11 ἀμὴν ἀμὴν λέγω σοι ὅτι   א
διδάσκαλος τοῦ Ἰσραὴλ καὶ ταῦτα οὐ γινώσκεις;   11 ἀμὴν   λέγω σοι ὅτι   L*
διδάσκαλος τοῦ Ἰσραὴλ καὶ ταῦτα οὐ γιγνώσκις;   11 ἀμὴν ἀμὴν λέγω σοι ὅτι   Wˢᵘᵖ
διδάσκαλος τοῦ Ἰσραὴλ καὶ ταῦτα οὐ γενώσκεις;   11 ἀμὴν ἀμὴν λέγω σοι ὅτι   Θ
διδάσκαλος τοῦ Ἰσραὴλ καὶ ταῦτα οὐ ....   11 ....ν λε....   33
διδάσκαλος τοῦ Ἰσραὴλ καὶ ταῦτα οὐ γινώσκεις;   11 ἀμὴν ἀμὴν λέγω σοι ὅτι   uwτ rell

ὃ οἴδαμεν λαλοῦμεν καὶ ὃ ἑωράκαμεν μαρτυροῦμεν, καὶ τὴν μαρτυρίαν   B 𝔭⁶⁶ᶜ א A Y N S U Λ Π Ψ Ω f¹ f¹³
ὃ οἴδαμεν λαλοῦμεν καὶ ὃ ἑωράκομεν μαρτυροῦμεν, καὶ τὴν μαρτυρίαν   𝔭⁶⁶*   [↑2 157 700 1071 1424 uwτ
.... ν λαλοῦμεν καὶ ὃ ἑοράκαμεν μαρτυροῦ....   33
ὃ οἴδαμεν λαλοῦμεν καὶ ἑωράκαμεν μαρτυροῦμεν, καὶ τὴν μαρτυρία   579
ὃ οἴδαμεν λαλοῦμεν καὶ ὃ ἑοράκαμεν μαρτυροῦμεν, καὶ τὴν μαρτυρίαν   𝔭⁷⁵ 𝔐 K L M Wˢᵘᵖ Δ Θ 28 565 788

ἡμῶν οὐ   λαμβάνετε. 12 εἰ τὰ ἐπίγεια εἶπον ὑμῖν καὶ οὐ   πιστεύετε,   B 𝔭⁶⁶·⁷⁵ 1346 uwτ rell
ἡμῶν οὐ   λαμβάνετε. 12 εἰ τὰ ἐπίγεια εἶπον ὑμῖν καὶ οὐκ ἐπιστεύσατε,   E H 2ᶜ
ἡμῶν οὐδεὶς λαμβάνει. 12 εἰ τὰ ἐπίγεια εἶπον ὑμῖν καὶ οὐ   πιστεύετε,   N
ἡμῶν οὐ   λαμβάνετε. 12 εἰ τὰ ἐπίγεια εἶπον ὑμῖν   οὐ   πιστεύετε,   f¹³
ἡμῶν οὐ   λαμβάνετε. 12 εἰ τὰ ἐπίγεια εἶπον   καὶ οὐκ ἐπιστεύσατε,   2*
.... 12 ...... ἐπίγεια εἶπον ὑμῖν καὶ οὐ   πιστεύετε,   33
ἡμῶν οὐ   λαμβάνετε. 12 εἰ τὰ ἐπίγεια εἶπον ὑμῖν καὶ οὐ   πιστέβεται,   579
ἡμῶν οὐδεὶς λαμβάνετε. 12 εἰ τὰ ἐπίγεια εἶπον ὑμῖν καὶ οὐ   πιστεύετε,   700
ὑμῶν οὐδεὶς λαμβάνει. 12 εἰ τὰ ἐπίγηα εἰπὼν ὑμῖν καὶ οὐ   πιστεύετε,   1071

πῶς   ἐὰν εἴπω ὑμῖν τὰ ἐπουράνια πιστεύσετε; 13 καὶ B 𝔭⁶⁶ א A L N U Δ* Ψ Ω* 1582ᶜ f¹³ 33 700 1071 uwτ
πῶς   ἐὰν εἴπω ὑμῖν τὰ ἐπουράνια πιστεύετε; 13 καὶ 𝔭⁷⁵ Λ 579
πῶς   ἐὰν εἴπω   τὰ ἐπουράνια πιστεύσετε; 13 καὶ E
πῶς δὲ ἐὰν εἴπω   τὰ οὐράνια πιστεύσητε; 13 καὶ H
πῶς δὲ ἐὰν εἴπω ὑμῖν τὰ ἐπουράνια πιστεύσητε; 13 καὶ S
πῶς   ἐὰν εἴπω ὑμῖν τὰ ἐπουράνια πιστεύσετε; 13 καὶ, εἶπεν ὁ κυριος, Θᵐᵍ
πῶς   ἐὰν εἴπω ὑμῖν τὰ ἐπουράνια πιστεύσετε; 13 καὶ εἶπον Ωᶜ
πῶς   ἐὰν εἴπω   τὰ ἐπουράνια πιστεύσητε; 13 καὶ 2 [↓118 69 124 28 157 565 1424
πῶς   ἐὰν εἴπω ὑμῖν τὰ ἐπουράνια πιστεύσητε; 13 καὶ G Y K M Wˢᵘᵖ Δᶜ Θ* Π 1 1582*

οὐδεὶς   ἀναβέβηκεν εἰς τὸν οὐρανὸν εἰ μὴ ὁ ἐκ τοῦ οὐρανοῦ καταβάς,   B 𝔭⁶⁶·⁷⁵ uwτ rell
οὐδεὶς ἐστιν ὃς ἀνέβη   εἰς τὸν οὐρανὸν εἰ μὴ ὁ ἐκ τοῦ οὐρανοῦ καταβάς,   Wˢᵘᵖ

ὁ υἱὸς τοῦ ἀνθρώπου.   14 καὶ καθὼς Μωϋσῆς ὕψωσεν τὸν B 𝔭⁶⁶ 𝔭⁷⁵ א L Wˢᵘᵖ 33 uw
.. ..   14 καὶ καθω ....   τὸν 𝔭³⁶
ὁ υἱὸς τοῦ ἀνθρώπου.   14 ...... καθὼς Μωϋσῆς ὕψωσεν τὸν 𝔭⁶³
ὁ υἱὸς τοῦ ἀνθρώπου ὁ ὢν ἐν τῷ οὐρανῷ. 14 καὶ καθὼς Μωϋσῆς ὕψωσεν τὸν Y K N S Θ Π Ψ Ω 124 28 157
ὁ υἱὸς τοῦ ἀνθρώπου ὁ   ἐν τῷ οὐρανῷ. 14 καὶ καθὼς Μωσῆς ὕψωσεν τὸν A* [↑579 1071 1346
ὁ υἱὸς τοῦ ἀνθρώπου ὁ ὢν ἐν τῷ οὐρανῷ. 14 καὶ καθὼς Μωσῆς ὕψωσεν τὸν Aᶜ 𝔐 M U Δ Λ f¹ f¹³ 2 565
                                                                   700 1424 τ

lac. 3.10-14 𝔭⁴⁵ C D F P Γ

A 11 αμιν¹ Θ | λαμβανεται 𝔭⁶⁶ א Δ Θ 13 157 579 12 επιγια 𝔭⁶⁶ א K N W Δ 28 | υμειν¹·² 𝔭⁶⁶| πιστευεται א N W Ω 69 | πιστευτε Δ | πιστευεται 𝔭⁶⁶ א E N Δ* 33 | πιστευσηται W Δᶜ | πιστευεται 579 13 ουδις 𝔭⁶⁶ W | ουρανων L | μι (μη) 579 | ε (εν) K 14 υψωσε G Y M U 118 13 69 124 157 565 700 788 1346

B 12 επουνϊα E G K Λ Ω 118 f¹³ 69 124 2 28 157 700 788 1071 1346 1424 13 οὐνον A 𝔐 K M S U Δ Π Ψ Ω f¹ 118 f¹³ 69 124 2 28 565 700 788 1071 1346 1424 | ουνῶν L 579 | ουρον W | οὐνου A 𝔐 K L M S U Δ Λ Π Ψ Ω f¹ 118 f¹³ 69 124 2 28 157 565 579 700 788 1071 1346 1424 | ουρου W | υς 𝔭⁶⁶ 𝔭⁷⁵ א 𝔐 K L M N S U W Δ Λ Π Ψ Ω f¹ 2 33 28 565 1071 1424 | ανου 𝔭⁷⁵ A 𝔐 K L M N S U W Δ Θ Λ Π Ψ Ω f¹ 118 f¹³ 69 124 2 33 28 157 565 579 700 788 1071 1346 1424 | οὐνω A 𝔐 K M U Δ Λ Π Ψ Ω f¹ 118 f¹³ 69 124 2 28 157 565 579 700 788 1071 1346 1424

C 12 τελ 28 157 13 αρχη: κυριακη προ της υψωσεως: ειπεν ο κς· E 2 | αρχη: κυ, προ της υψωσεως G | αρχη: κ.υ πρ της υψω ειπ ουδεις αναβεβη H | αρχ: κ.υ προ της υψω, ειπεν ο κς τοις εαυτ μαθ ουδεις αναβ, Y | κ.υ προ τς υψω ειπεν ο κς ουδεις αναβεβη Μ | αρχ: ειπεν ο κς Θ | αρχ κ.υ προ τς υψωσεως ειπεν τοις εαυτ μαθθ Λ | αρχ θ κ.υ προ τς υψω ειπεν ο κς ουδεις αναβέ f¹ | αρχ θ κ.υ προ τς υψωσεως ειπεν ο κς ουδεις αναβέ 118 | αρχ κ.υ α τς υψωσε f¹³ | αρχ τς κ.υ κ̄, προ τ υψωσε ειπεν ο κς τς εαυτ μαθηταις ουδεις αναβηκ 28 | αρχη: κυριακη προ της υψωσεως 788 | αρχη: κυριακη της υψωσεως 1346 | κ.υ πρ της υψω 124 | (ante και ουδεις) αρχ 788 14 αρχ τη γ τς β εβδομαδ και Σα προ τς υψω 157

D 13 κε Θ Λ | κδ 118 1071

ὄφιν ἐν τῇ ἐρήμῳ, οὕτως　　ὑψωθῆναι δεῖ τὸν υἱὸν τοῦ ἀνθρώπου, **15** ἵνα πᾶς ὁ　　B 𝔭63.66.75 **uwτ** rell
ὄφιν　　　　　　　　　　　　......................... .... **15** ἵνα πᾶς ὁ　　𝔭36
ὄφιν ἐν τῇ ἐρήμῳ, οὕτως <u>ὁ</u>　ὑψωθῆναι δεῖ τὸν υἱὸν τοῦ ἀνθρώπου, **15** ἵνα πᾶς ὁ　　א*
ὄφιν ἐν τῇ ἐρήμῳ, οὕτως　<u>δεῖ ὑψωθῆναι</u> τὸν υἱὸν τοῦ ἀνθρώπου, **15** ἵνα πᾶς ὁ　　A
.... ἐν τῇ ἐρήμῳ, οὕτως　ὑψωθῆναι δεῖ τὸν υἱὸν τοῦ ἀνθρώπου, **15** ἵνα πᾶς ὁ　　F
ὄφιν ἐν τῇ ἐρήμῳ, οὕτως　　..................................... **15** ....　　N
ὄφιν ἐν τῇ ἐρήμῳ, <u>οὕτω</u>　<u>δεῖ ὑψωθῆναι</u> τὸν υἱὸν τοῦ ἀνθρώπου, **15** ἵνα πᾶς ὁ　　Wsup
ὄφιν ἐν τῇ ἐρήμῳ, οὕτως　<u>δεῖ τὸν υἱὸν τοῦ ἀνθρώπου ὑψωθῆναι</u>, **15** ἵνα πᾶς ὁ　　33

πιστεύων ἐν　αὐτῷ　　　　ἔχῃ ζωὴν αἰώνιον.　　B 𝔭75 Wsup **uw**
....　...........　　　　ἔχῃ ζωὴν ....　　𝔭36
π......... ω·· <u>εἰς</u> <u>αὐτὸν μὴ ἀπόλ</u>...... ......　ἔχῃ ζωὴν αἰώνιον.　　𝔭63
πιστεύων <u>ἐπ'</u> αὐτῷ　　　　ἔχῃ ζωὴν αἰώνιον.　　𝔭66 L
πιστεύων <u>εἰς</u> <u>αὐτὸν</u>　　　ἔχῃ ζωὴν αἰώνιον.　　א 1 1582* 118 33 565
πιστεύων <u>ἐπ'</u> <u>αὐτὸν μὴ ἀπόληται ἀλλ'</u>　ἔχῃ ζωὴν αἰώνιον.　　A
πιστεύων <u>εἰς</u> <u>αὐτὸν μὴ ἀπόληται ἀλλ'</u>　ἔχει ζωὴν αἰώνιον.　　𝔐 M Λ Ψ f13 2 28 157 700 1071 1424
πιστεύων <u>εἰς</u> <u>αὐτὸν μὴ ἀπόληται ἀλλ'</u>　ἔχῃ ζωὴν αἰώνιον.　　G K U Δ Θ Π 1582c τ
πιστεύων <u>εἰς</u> <u>αὐτὸν</u>　　　<u>ἔχει</u> ζωὴν αἰώνιον.　　124
πιστεύων　αὐτῷ <u>μὴ ἀπόληται ἀλλ'</u>　<u>ἔχει</u> ζωὴν αἰώνιον.　　579
πιστεύων <u>εἰς</u> <u>αὐτὸν μὴ ἀπόλληται ἀλλ'</u>　<u>ἔχει</u> ζωὴν αἰώνιον.　　1346

The Love Of God For His World

16 Οὕτως γὰρ ἠγάπησεν ὁ θεὸς τὸν κόσμον, ὥστε τὸν υἱὸν　　τὸν μονογενῆ　　B 𝔭66.75 א* Wsup **uw**
16 .... ἠγάπησ··· .... ὥστ· τὸν υἱὸν　　...... ....　𝔭36
16 <u>Οὕτω</u>　γὰρ ἠγάπησεν ὁ θεὸς τὸν κόσμον, ὥστε τὸν υἱὸν <u>αὐτοῦ</u>　τὸν μονογενῆ　Υ τ
16 Οὕτως γὰρ ἠγάπησεν ὁ θεὸς τὸν κόσμον, ὥστε τὸν υἱὸν <u>αὐτοῦ</u>　τὸν <u>μονογενῆν</u>　1346
16 Οὕτως γὰρ ἠγάπησεν ὁ θεὸς τὸν κόσμον, ὥστε τὸν υἱὸν <u>αὐτοῦ</u>　　　𝔭63 אc A 𝔐 K L M U Δ
　　　　　　　　　　　　　　　　　　　　　　Θ Λ Π Ψ f1 f13 2 33 28 157 565 579 700 1071 1424

ἔδωκεν,　　　ἵνα πᾶς ὁ πιστεύων εἰς αὐτὸν μὴ ἀπόληται　ἀλλὰ　ἔχῃ ζωὴν　B Wsup **w**
ἔδωκεν,　　　......... ....　......　..........　𝔭36
ἔδωκεν <u>εἰς</u> <u>τὸν</u> [<u>κόσμ</u>]<u>ον</u>,　ἵνα　ὁ πιστεύων εἰς <u>αὑτὸν</u> μὴ ἀπόληται　<u>ἀλλ'</u>　ἔχῃ ζωὴν　𝔭63
ἔδωκεν,　　　ἵνα πᾶς ὁ πιστεύων <u>ἐπ'</u> αὐτὸν μὴ ἀπόληται　<u>ἀλλ'</u>　ἔχῃ ζωὴν　𝔭75
　　　　　　ἵνα πᾶς ὁ πιστεύων εἰς αὐτὸν μὴ ἀπόληται　<u>ἀλλ'</u>　ἔχῃ ζωὴν·　א*
ἔδωκεν,　　　ἵνα πᾶς ὁ πιστεύων εἰς αὐτὸν μὴ <u>ἀπολλύηται</u>　<u>ἀλλ'</u>　ἔχη ζωὴν　A
ἔδωκεν,　　　ἵνα πᾶς ὁ πιστεύων εἰς αὐτὸν μὴ <u>ἀπόληται</u>　<u>ἀλλ'</u>　<u>ἔχει</u> ζωὴν　𝔐 Λ f13 2*
ἔδωκεν,　　　ἵνα πᾶς ὁ πιστεύων εἰς αὐτὸν μὴ <u>ἀπόλειται</u>　<u>ἀλλ'</u>　ἔχῃ ζωὴν　E* [↑579 700
ἔδωκεν,　　　ἵνα πᾶς ὁ πιστεύων <u>ἐπ'</u> <u>αὐτῷ</u> μὴ <u>ἀπόληται</u>　<u>ἀλλ'</u>　ἔχῃ ζωὴν·　L
ἔδωκεν,　　　ἵνα πᾶς ὁ πιστεύων <u>ἐπ'</u> αὐτὸν μὴ <u>ἀπόληται</u>　<u>ἀλλ'</u>　<u>ἔχει</u> ζωὴν·　Ψ
ἔδωκεν <u>εἰς</u> <u>τὸν</u> <u>κόσμον</u>,　ἵνα πᾶς ὁ πιστεύων εἰς <u>αὑτὸν</u> μὴ ἀπόληται　<u>ἀλλ'</u>　ἔχῃ ζωὴν　33
ἔδωκεν <u>εἰς</u> <u>τὸν</u> <u>κόσμον</u>,　ἵνα πᾶς ὁ πιστεύων εἰς <u>αὑτὸν</u> μὴ ἀπόληται　<u>ἀλλ'</u>　ἔχῃ ζωὴν·　1071
ἔδωκεν,　　　ἵνα πᾶς ὁ πιστεύων εἰς αὐτὸν μὴ <u>ἀπώλειται</u>　<u>ἀλλ'</u>　<u>ἔχει</u> ζωὴν·　1424
ἔδωκεν,　　　ἵνα πᾶς ὁ πιστεύων εἰς αὐτὸν μὴ ἀπόληται　<u>ἀλλ'</u>　ἔχῃ ζωὴν　𝔭66 אc G K U
　　　　　　　　　　　　　　　　　　　　　　Δ Θ Π f1 2c 565 **uτ**

---

lac. 3.14-16 𝔭45 C D N P Γ

A **14** οφην U | ε (εν) K* | ουτος Θ | δι א W | δη 579 | υψωθηνε W | απωληται M **15** αυτων 2 | απολητε A | απωλειτε 28 | απο-
λειτε 1071 | απωλειται 1424 | ζωη W* **16** ουτος 1071 | των (τον1) Θ | μονογενην 13 | εδοκεν 2 | πιστευον 118 | απολληται 69

B **14** ῡῡ 𝔭66 א 𝔐 K L M S U W Δ Λ Π Ψ Ω f1 2 33 28 565 1071 1424 | ᾱνου 𝔭75 א A 𝔐 K L M S U W Δ Θ Λ Π Ψ Ω f1 118
f13 69 124 2 33 28 157 565 579 700 788 1071 1346 1424　**16** θ̅ς B 𝔭66 𝔭75 א A 𝔐 K L M S U W Δ Θ Λ Π Ψ Ω f1 118 f13 69
124 2 33 28 157 565 579 700 788 1071 1346 1424 | ῡῡ 𝔭66 א 𝔐 K L M S U W Δ Λ Π Ψ Ω f1 2 33 28 565 1071 1424

C **15** ερμηνια δοξα μεγαλη γινεται 𝔭63 | τελος (post αιωνιον) E S Υ Θ Λ Ψ Ω 2 579 | τελος της ε̅ G H M f1 118 28 | τελ τη γ̅
τς β̅ ευδοκ,1071 **16** αρχη: τη γ̅ της β̅ εβδομηδος ειπεν ο κ̅ς τοις εαυτου μαθηταις ουτως ηγαπησεν ο θ̅ς τον κοσμον: (ante ωστε
τον) E | αρχη: τη γ̅ της β̅ εβδ ειπ, τοις εαυτ μαθ ουτως G | αρχη: τη γ̅ της β̅ εβδ ειπ τοις εαυτ ουτως ηγαπησεν H | αρχ: τη γ̅ της
β̅ εβδ ειπεν ο κ̅ς τοις εαυτ μαθ, ουτως ηγαγησεν Υ | τη γ̅ τς β̅ εβδ ειπεν ο κ̅ς τοις ε, ουτως ηγαπησε, M | τη γ̅ τς β̅ εβδ ειπ ο κ̅ς
τ εαυτ μαθ S | αρχ Θ | προ της υψωσεται Ω2 | αρχ ι̅ τη γ̅ τς β̅ εβδ ειπ ο̅ κ̅ς τις εαυτ μαθηταις ουτως ηγαπη f1 | ειπ ο κ̅ς τη γ̅ τς
β̅ εβδ Ω | αρχ: τη γ̅ τς απολουσιμ: ειπ ο κ̅ς τοις εαυτ μαθ 2 | αρχ τς γ̅ ειπεν ο κ̅ς τς εαυτ μαθητ ουτως ηγαπησεν 28 | τελ τς ε̅
f13 124 788 1346

D **16** κ̅δ̅ 579

αἰώνιον. **17** οὐ γὰρ ἀπέστειλεν ὁ θεὸς τὸν υἱὸν   εἰς τὸν κόσμον   ἵνα   B 𝔓66c.75 ℵ L Wsup f1 565
.... **17** .... ὁ θεὸς τὸν .... μον   ἵνα   𝔓36   [↑uw
αἰώνιον. **17** .... γ ὁ θεὸς τὸν υἱὸν <u>αὐτοῦ</u> εἰς το ·όσμο··   𝔓63
αἰώνιον. **17** οὐ γὰρ ἀπέστειλεν ὁ θεὸς τὸν υἱὸν εἰς τὸν κόσμον   𝔓66*
αἰώνιον. **17** οὐ γὰρ ἀπέστειλεν ὁ θεὸς τὸν υἱὸν <u>αὐτὸν</u> εἰς τὸν κόσμον   ἵνα   Θ
αἰώνιον. **17** οὐ γὰρ ἀπέστειλεν ὁ θεὸς τὸν υἱὸν <u>αὐτοῦ</u> εἰς τὸν κόσμον <u>οὐχ</u> ἵνα   69
αἰώνιον. **17** οὐ γὰρ ἀπέστειλεν ὁ θεὸς τὸν υἱὸν <u>αὐτοῦ</u> εἰς τὸν κόσμον   1071
αἰώνιον. **17** οὐ γὰρ ἀπέστειλεν ὁ θεὸς τὸν υἱὸν <u>αὐτοῦ</u> εἰς τὸν κόσμον   ἵνα   A 𝔐 K M U Δ Λ Π Ψ f13 2
                                                 33 28 157 579 700 1424 τ

κρείνη τὸν κόσμον, ἀλλ᾽ ἵνα σωθῇ ὁ κόσμος δι᾽ αὐτοῦ. **18** ὁ πιστεύων εἰς   B
.... λ᾽ ἵνα ....ὐ. **18** ὁ πιστεύ......   𝔓36
.... ἀλλ᾽ ἵνα σωθῇ ὁ κόσμος δι᾽ αὐτοῦ. **18** ὁ πιστεύων εἰς   𝔓63 𝔓66* 1071
<u>κρίνει</u> τὸν κόσμον, ἀλλ᾽ ἵνα σωθῇ ὁ κόσμος δι᾽ αὐτοῦ. **18** ὁ πιστεύων εἰς   28 579 1424
<u>κρίνη</u> τὸν κόσμον, ἀλλ᾽ ἵνα σωθῇ ὁ κόσμος δι᾽ αὐτοῦ. **18** ὁ πιστεύων εἰς   𝔓66c.75 uwτ rell

αὐτὸν   οὐ κρείνεται· ὁ   μὴ πιστεύων   ἤδη κέκριται, ὅτι μὴ   B
....νηται· ὁ <u>δὲ</u> 𝔓36
αὐτὸν   οὐ <u>κρίνεται</u>· ὁ   μὴ πιστεύων   ἤδη κέκριται, ὅτι μὴ   ℵ Wsup w
<u>τὸν υἱὸν</u>   οὐ <u>κρίνεται</u>· ὁ <u>δὲ</u> μὴ πιστεύων   ἤδη κέκριται, ὅτι μὴ   Λ f13
αὐτὸν   οὐ <u>κρίνεται</u>· ὁ <u>δὲ</u> μὴ πιστεύων <u>εἰς αὐτὸν</u> ἤδη κέκριται, ὅτι μὴ   124 1071 1424
αὐτὸν   οὐ <u>κρίνεται</u>· ὁ <u>δὲ</u> μὴ πιστεύων   ἤδη κέκριται, ὅτι   69
αὐτὸν   οὐ <u>κρίνεται</u>· ὁ <u>δὲ</u> μὴ πιστεύων   ἤδη κέκριται, ὅτι μὴ   𝔓63.66.75 uτ rell

[Cl S II 69.1 <u>ο μη</u> <u>πιστευων</u> <u>ηδη</u> <u>κεκριται</u>] [Cl S IV 169.4 ο απιστησας ... <u>ηδη</u> <u>κεκριται</u>]

πεπίστευκεν εἰς τὸ ὄνομα τοῦ μονογενοῦς υἱοῦ τοῦ θεοῦ. **19** αὕτη δέ ἐστιν ἡ κρίσις   B 𝔓66.75 uwτ rell
...... <u>ὄνομα</u> ......<u>ίστευκεν</u> ....νογενοῦ··   **19**   𝔓36
πεπίστευκεν εἰς τὸ ὄνομα τοῦ μονογενοῦς υἱοῦ τοῦ θεοῦ. **19**   𝔓63

ὅτι τὸ φῶς ἐλήλυθεν εἰς τὸν κόσμον καὶ ἠγάπησαν οἱ ἄνθρωποι μᾶλλον τὸ σκότος   B 𝔓66.75 uwτ rell
ὅτι   φῶς ἐλήλυθεν εἰς τὸν κόσμον καὶ ἠγάπησαν <u>μᾶλλον</u> <u>οἱ ἄνθρωποι</u> τὸ σκότος   𝔓66*
ὅτι τὸ φῶς ἐλήλυθεν εἰς τὸν κόσμον καὶ ἠγάπησαν <u>μᾶλλον</u> <u>οἱ ἄνθρωποι</u> τὸ σκότος   𝔓66c f1 565
ὅτι τὸ φῶς ἐλήλυθεν εἰς τὸν κόσμον καὶ <u>οἱ ἄνθρωποι</u> <u>ἠγάπησαν</u> <u>τὸ σκότος</u> <u>μᾶλλον</u>   ℵ

ἢ τὸ φῶς· ἦν γὰρ αὐτῶν πονηρὰ τὰ ἔργα. **20** πᾶς γὰρ ὁ   φαῦλα πράσσων μεισεῖ   B ℵ
ἢ τὸ φῶς· ἦν γὰρ αὐτῶν πονηρὰ τὰ ἔργα. **20** πᾶς γὰρ ὁ   φαῦλα πράσσων <u>μεισῖ</u>   𝔓66
ἢ τὸ φῶς· ἦν γὰρ <u>πονηρὰ</u> <u>αὐτῶν</u> τὰ ἔργα. **20** πᾶς γὰρ ὁ   φαῦλα πράσσων <u>μισεῖ</u>   𝔐 M Δ 118 2 28 700
ἢ τὸ φῶς· ἦν γὰρ <u>πονηρὰ</u> <u>αὐτῶν</u> τὰ ἔργα. **20** πᾶς   ὁ   φαῦλα πράσσων <u>μισεῖ</u>   E   [↑1424 τ
ἢ τὸ φῶς· ἦν γὰρ αὐτῶν πονηρὰ τὰ ἔργα. **20** πᾶς γὰρ ὁ <u>τὰ</u>   φαῦλα πράσσων <u>μισεῖ</u>   Θ
ἢ τὸ φῶς· ἦν γὰρ αὐτῶν πονηρὰ τὰ ἔργα. **20** πᾶς γὰρ ὁ   φαῦλα πράσσων <u>μισεῖ</u>   𝔓75 A G K L U Wsup L
                                          Λ Π Ψ f1 f13 33 157 579 1071 1424 uw

[Cl Pr 101.2 <u>οτι</u> <u>φως</u> <u>εληλυθεν</u> <u>εις</u> <u>τον</u> <u>κοσμον</u> <u>και</u> <u>ηγαπησαν</u> <u>οι</u> <u>ανθρωποι</u> <u>μαλλον</u> <u>το</u> <u>σκοτος</u> η <u>το</u> <u>φως</u>]

                                 [↓157 700 788 uwτ
τὸ φῶς καὶ οὐκ ἔρχεται πρὸς τὸ φῶς, ἵνα μὴ ἐλεγχθῇ τὰ ἔργα αὐτοῦ·   B ℵc 𝔐 L M U Δ 118 69 124 28
τὸ φῶς καὶ οὐκ ἔρχεται πρὸς τὸ φῶς, ἵνα μὴ ἐλεγχθῇ τὰ ἔργα αὐτοῦ <u>ὅτι</u>   𝔓66 Θ Λ Ψ f13 33 1071
τὸ φῶς,   ἵνα μὴ ἐλεγχθῇ τὰ ἔργα αὐτοῦ·   ℵ*
τὸ φῶς,   ἵνα μὴ <u>ἐλλεγχθῇ</u> τὰ ἔργα αὐτοῦ·   579
τὸ φῶς καὶ οὐκ ἔρχεται πρὸς τὸ φῶς, ἵνα μὴ ἐλεγχθῇ <u>αὐτοῦ</u> <u>τὰ</u> <u>ἔργα</u>·   𝔓75 A K Wsup Π f1 2 565 1424

---

lac. 3.16-20 𝔓45 C D N P Γ

A   **17** απεστιλεν 𝔓66 ℵ W ¦ απεστηλεν 579 | κρινι 579 | ατου2 Δ* **18** κρινετε A 2* 1071 | ιδη L ¦ ηδι 579 | ηδει 124 1071 | καικριται 579 1071 **19** κρισεις Θ 20 μησει K 1071 | μισι W ¦ μησι Θ ¦ μιση 1424 | ερχετε W Θ 28 | τω (το2) Θ | ελεχθη F H Y 124 ¦ ελεγχη K* | ελλεχθη Ω

B   **17** θ̅ς̅ B 𝔓36 𝔓66 𝔓75 ℵ A 𝔐 K L M S U W Δ Θ Λ Π Ψ Ω f1 118 f13 69 124 2 33 28 157 565 579 700 788 1071 1346 1424 | υ̅ν̅ 𝔓66 𝔐 K L M S U W Δ Λ Π Ψ Ω f1 2 28 565 1071 1424 **18** υ̅ν̅ Λ | υ̅υ̅ 𝔓66c 𝔓75 𝔐 K L M W Δ Λ Ψ Ω 33 28 565 1424 | θ̅υ̅ B 𝔓63 𝔓66 𝔓75 ℵ A 𝔐 K L M S U W Δ Θ Λ Π Ψ Ω f1 118 f13 69 124 2 33 28 157 565 579 700 788 1071 1346 1424 **19** ανοι 𝔓75 A 𝔐 K L M S U W Δ Θ Λ Π Ψ Ω f1 118 f13 69 124 2 33 28 157 565 579 700 788 1346 1424

C   **17** αρχ τη γ̅ τς β̅ εβδ f13 124 788 ¦ αρχ 1346 | τελος (post δι αυτου) E Λ2 1071 ¦ τελος της κ,υ πρ της υψω H ¦ τελ τς κ,υ M f13 124 788 **18** κυ, G | ερ··νια περι ελεγξεως παυσει μη ποιηση 𝔓63 | (post κρινεται) τελ κ,υ f1

	21	ὁ δὲ ποιῶν τὴν ἀλήθειαν ἔρχεται πρὸς τὸ φῶς, ἵνα	B 𝔓⁷⁵ 124 788 **uwτ** rell
πονηρά ἐστιν·	**21**	ὁ ποιῶν τὴν ἀλήθειαν ἔρχεται πρὸς τὸ φῶς, ἵνα	𝔓⁶⁶*
πονηρά ἐστιν·	**21**	ὁ δὲ ποιῶν τὴν ἀλήθειαν ἔρχεται πρὸς τὸ φῶς, ἵνα	𝔓⁶⁶ᶜ Θ Λ f¹³ 1071
	21	om.	ℵ*
πονηρά ἐστιν·	**21** ὅτι	ὁ δὲ ποιῶν τὴν ἀλήθειαν ἔρχεται πρὸς τὸ φῶς, ἵνα	L
πονηρά εἰσιν·	**21**	ὁ δὲ ποιῶν τὴν ἀλήθειαν ἔρχεται πρὸς τὸ φῶς, ἵνα	Ψ 33

φανερωθῇ αὐτοῦ τὰ ἔργα ὅτι ἐν	θεῷ ἐστιν εἰργασμένα.	B 𝔓⁷⁵ A 𝔐 K M Δ Λ Π f¹ 124 2 157 565 700 **uwτ**
φανερωθῇ αὐτοῦ τὰ ἔργα ὅτι ἐν	θεῷ ἐστιν ἠργασμένα.	𝔓⁶⁶ 1424
ὅτι ἐν	θεῷ ἐστιν εἰργασμένον.	ℵ*
φανερωθῇ τὰ ἔργα αὐτοῦ ὅτι ἐν	θεῷ ἐστιν εἰργασμένα.	ℵᶜ L U 33 1071
....	....	N
φανερωθῇ αὐτοῦ τὰ ἔργα ὅτι ἐν	θεῷ εἰσιν εἰργασμένα.	Wˢᵘᵖ Ψ 28
φανερωθῇ τὰ ἔργα αὐτοῦ ὅτι ἐν	θεῷ ἐστιν ἠργασμένα.	Θ
φανερωθῇ αὐτοῦ τὰ ἔργα ὅτι ἐν τῷ	θεῷ ἐστιν εἰργασμένα.	f¹³
φανερωθῇ τὰ ἔργα αὐτοῦ ὅτι ἐν τῷ	θεῷ ἐστιν εἰργασμένα.	69 788
φανερωθῇ τὰ ἔργα αὐτοῦ ὅτι ἐν τῷ	θεῷ ἐστιν ἐργασμένα.	579

Jesus Baptizes In Judea And John At Aenon

ῑα̅ **22** Μετὰ	ταῦτα ἦλθεν ὁ Ἰησοῦς καὶ οἱ μαθηταὶ αὐτοῦ εἰς τὴν Ἰουδαίαν γῆν	B 𝔓⁶⁶·⁷⁵ **uwτ** rell
22 Μετὰ	ταῦτα ἦλθεν ὁ Ἰησοῦς εἰς τὴν Ἰουδαίαν γῆν καὶ οἱ μαθηταὶ αὐτοῦ	ℵ
22 Μετὰ	ταῦτα ἦλθεν Ἰησοῦς καὶ οἱ μαθηταὶ αὐτοῦ εἰς τὴν Ἰουδαίαν γῆν	A Π
22 Μετὰ	ταῦτα ἦλθεν ὁ Ἰησοῦς καὶ οἱ μαθηταὶ αὐτοῦ εἰς τὴν Ἰουδέαν γῆν	Wˢᵘᵖ Θ
22 Μετὰ ταῦτα ἀπῆλθεν ὁ Ἰησοῦς καὶ οἱ μαθηταὶ αὐτοῦ εἰς τὴν Ἰουδαίαν γῆν	33
22 Μετὰ δὲ ταῦτα ἦλθεν ὁ Ἰησοῦς καὶ οἱ μαθηταὶ αὐτοῦ εἰς τὴν Ἰουδαίαν γῆν	157
22 Μετὰ	ταῦτα ἦλθεν ὁ Ἰησοῦς καὶ οἱ μαθηταὶ αὐτοῦ εἰς τὴν Ουδαίαν γῆν	1071

καὶ ἐκεῖ διέτρειβεν μετ' αὐτῶν	καὶ ἐβάπτιζεν 23 ἦν δὲ καὶ ὁ Ἰωάνης	B
καὶ ἐκεῖ διέτριβεν μετ' αὐτῶν	καὶ ἐβάπτιζεν. 23 ἦν δὲ καὶ ὁ Ἰωάννης	𝔓⁶⁶ N Θ u
καὶ ἐκεῖ διέτρειβεν μετ' αὐτῶν	καὶ ἐβάπτιζεν. 23 ἦν δὲ καὶ Ἰωάννης	𝔓⁷⁵
κἀκεῖ διέτριβεν μετ' αὐτῶν	καὶ ἐβάπτιζεν. 23 ἦν δὲ καὶ Ἰωάννης	ℵ
καὶ ἐκεῖ διέτριβεν μετ' αὐτῶν	καὶ ἐβάπτιζεν. 23 ἦν δὲ καὶ Ἰωάννης	Δ 124 2 33 579 700
κἀκεῖ διέτριβεν μετ' αὐτῶν	καὶ ἐβάπτιζεν. 23 ἦν δὲ καὶ ὁ Ἰωάννης	Wˢᵘᵖ [↑1346
καὶ ἐκεῖ διέτριβεν μετ' αὐτῶν	καὶ ἐβάπτιζεν. 23 ἦν δὲ καὶ Ἰωάννης ὁ	1 1582* 118
καὶ ἐκεῖ διέτριβεν μετὰ τῶν μαθητῶν αὐτοῦ	καὶ ἐβάπτιζεν. 23 ἦν δὲ καὶ Ἰωάννης	28
καὶ ἐκεῖ διέτριβεν μετ' αὐτῶν	καὶ ἐβάπτιζεν. 23 ἦν δὲ	1424
καὶ ἐκεῖ διέτριβεν μετ' αὐτῶν	καὶ ἐβάπτιζεν. 23 ἦν δὲ καὶ ὁ Ἰωάνης	[w]
καὶ ἐκεῖ διέτριβεν μετ' αὐτῶν	καὶ ἐβάπτιζεν. 23 ἦν δὲ καὶ ὁ Ἰωάνης	[w]
καὶ ἐκεῖ διέτριβεν μετ' αὐτῶν	καὶ ἐβάπτιζεν. 23 ἦν δὲ καὶ ὁ Ἰωάννης	A 𝔐 K L M U Λ Π Ψ 1582ᶜ f¹³ 157 565 1071 τ

lac. 3.20-23 𝔓⁴⁵ C D P Γ ¦ vss. 20-21 N

A 21 αληθιαν 𝔓⁶⁶ ℵᶜ W 579 | ερχετε W 1071 | εργασαμενα L ¦ ιργασμενα W 22 ες (εις) W* | κακι W | δειετριβεν 𝔓⁶⁶ ¦ διετριβε S Y M U f¹ 118 13 69 157 579 788 1346 | εβαπτιζεν 𝔓⁶⁶

B 21 θω̅ B 𝔓⁶⁶ 𝔓⁷⁵ ℵ A 𝔐 K L M S U W Δ Θ Λ Π Ψ Ω f¹ 118 f¹³ 69 124 2 33 28 157 565 579 700 788 1071 1424 22 ι̅ς̅ B 𝔓⁶⁶ 𝔓⁷⁵ ℵ A 𝔐 K L M N S U W Δ Θ Λ Π Ψ Ω f¹ 118 f¹³ 124 2 33 28 157 565 579 700 788 1071 1346 1424 23 ιω̅ς 118

C 21 τελος (post ειργασ.) E H S Y Θ Λ Ω 118 f¹³ 124 2 157 579 788 1071 1346 ¦ τελος της γ̅ (+ β̅ M) G M f¹ 28 22 αρχη: Σαββατω του πασχα. τω καιρω εκεινω [om. 2) (ante ηλθεν) E ¦ αρχη: Σα αγιου τω κ̅ρω̅ ηλθ του πασχα (ante ηλθεν) G ¦ αρχη: Σα του πασχ: τω̲ κ̲, ηλθεν ο ι̅ς̅ κ, οι μαθθ H ¦ αρχ (ante ηλθεν): Σα της διακιν, τω̲ κ̲,ρω̲ εκ,ε ηλθεν ο ι̅ς̅ κ, οι μαθ Y ¦ Σα τς διακ, τω και, ηλθεν ο ι̅ς̅ και οι μαθ, M ¦ τω Σα τς διακ τω κ S ¦ αρχ: τω κ̅,ρω ηλθεν ο ι̅ς̅ Θ ¦ αρχ Λ 1346 ¦ αρχ τω Σα τς διακινησιμου Ψ 124 ¦ Σα του πασχ αρχ: τω καιρω ηλθεν ο ι̅ς̅ Ω ¦ αρχ ι̅α̅ τω Σα τς διακί τω καιρω εκει ηλθεν ο ι̅ς̅ κ̅ οι μα f¹ ¦ αρχ ι̅α̅ τω Σα τς διακί τω ηλθεν ο ι̅ς̅ κ̅ οι μαθ αυτου 118 ¦ τω Σα τ διακ······ f¹³ ¦ αρχ του Σαβ δ̅ τω καιρω εκεινω ηλθεν ο ι̅ς̅ και 28 ¦ αρχ Σα της διακινησιμου 157 ¦ αρχ τω Σα 788 ¦ αρχ Σα της διακιν, 1071 ¦ αρχη τω καιρω 1424

D 22 κε̅_2 579 1071 23 κε̅/ι ℵ A G L S U Y M Λ Π Ψ Ω 118 28 1424 ¦ κε̅/δ E ¦ κε̅ F K 157 565 1346 ¦ κε̅/ι 124 788 1071 | Ευ Ιω κε̅ : Λο ς̅ : Μρ . : Μθ ζ̅ E | Ιω κε̅ : Μθ . 124

βαπτίζων ἐν Αἰνὼν ἐγγὺς τοῦ Σαλείμ, ὅτι ὕδατα πολλὰ ἦν ἐκεῖ, καὶ παρεγείνοντο B 𝔭⁶⁶ ℵ L
βαπτίζων ἐν Αἰνὼν ἐγγὺς τοῦ Σαλλείμ, ὅτι ὕδατα πολλὰ ἦν ἐκεῖ, καὶ παρεγείνοντο A
βαπτίζων ἐν Αἰνὼν ἐγγὺς τοῦ Σαλήμ, ὅτι ὕδατα πολλὰ ἦν ἐκεῖ, καὶ παρεγίνοντο U Λ f¹ 700 1346
βαπτίζων ἐν Ενων ἐγγὺς τοῦ Σαλίμ, ὅτι ὕδατα πολλὰ ἦν ἐκεῖ, καὶ παρεγίνοντο W^sup
βαπτίζων ἐν Αἰνὼν ἐγγὺς τοῦ Σαλείμ, ὅτι ὕδατα πολλὰ ἦν ἐκεῖ, καὶ παρεγείνοντο πρὸς αὐτὸν Θ
βαπτίζων ἐν Αἰνὼν ἐγγὺς τοῦ Σαλίμ, ὅτι ὕδατα πολλὰ ἦν ἐκεῖ, καὶ παρεγίνοντο Ψ
βαπτίζων ἐν Αἰνὼν ἐγγὺς τοῦ Σαλήμ, ὅτι ὕδατα πολλὰ ἦν ἐκεῖ, καὶ παρεγίνοντο 118 69 157 1424
βαπτίζων ἐν Αἰνὼν ἐγγὺς τοῦ Σαλείμ, ὅτι ὕδατα πολλὰ ἦν ἐκεῖ, καὶ παρεγένοντο 124
βαπτίζων ἐν Αἰνὼν ἐγγὺς τοῦ Σαλήμ, ὅτι ὕδατα πολλὰ ἦν ἐκεῖ, καὶ παρεγείνοντο 579
βαπτίζων ἐν Αἰνὼν ἐγγὺς τοῦ Σαλείμ, ὅτι ὕδατα πολλὰ ἦν ἐκεῖ, καὶ παρεγίνοντο 𝔭⁷⁵ 𝔐 K M N Δ Π
f¹³ 2 33 28 565 1071 uwτ

καὶ ἐβαπτίζοντο· 24 οὔπω γὰρ ἦν βεβλημένος εἰς τὴν φυλακὴν Ἰωάνης. B w
καὶ ἐβαπτίζοντο· 24 οὔπω γὰρ ἦν βεβλημένος εἰς τὴν φυλακὴν Ἰωάννης. ℵ*
καὶ ἐβαπτίζοντο· 24 οὔπω γὰρ ἦν βεβλημένος εἰς φυλακὴν ὁ Ἰωάννης. M Θᶜ f¹ 565
καὶ ἐβαπτίζοντο· 24 οὔπω γὰρ ἦν βεβλημένος εἰς φυλακὴν ὁ Ἰωάνης. Θ*
καὶ ἐβαπτίζοντο· 24 οὔπω γὰρ ἦν βεβλημένος εἰς τὴν φυλακὴν ὁ ιω. Λ
καὶ ἐβαπτίζοντο· 24 οὔπω γὰρ ἦν βεβλημένος εἰς τὴν φυλακὴν ὁ Ἰωάννης. 𝔭⁶⁶·⁷⁵ ℵᶜ A 𝔐 K L N U W Π Ψ
f¹³ 33 2 28 157 579 700 1071 1424 uτ

δ ζητήσις περὶ καθαρισμοῦ

John Witnesses To Jesus A Second Time

25 Ἐγένετο οὖν ζήτησις ἐκ τῶν μαθητῶν τῶν Ἰωάνου μετὰ Ἰουδαίου περὶ B
25 Ἐγένετο οὖν ζήτησις ἐκ τῶν μαθητῶν Ἰωάννου μετὰ Ἰουδαίων περὶ 𝔭⁶⁶ G Y Λᶜ f¹ f¹³
25 Ἐγένετο δὲ συνζήτησις ἐκ τῶν μαθητῶν Ἰωάννου μετὰ Ἰουδαίων περὶ ℵ* [↑565 τ
25 Ἐγένετο οὖν ζήτησις ἐκ τῶν μαθητῶν Ἰωάννου μετὰ Ἰουδέου περὶ W^sup
25 Ἐγένετο οὖν ζήτησις ἐκ τῶν μαθητῶν Ἰωάννου μετὰ Ἰουδέων περὶ Θ
25 Ἐγένετο οὖν ζήτησις ἐκ τῶν μαθητῶν Ἰωάνη μετὰ Ἰουδαίου περὶ Λ*
25 Ἐγένετο οὖν ζήτησις ἐκ τῶν μαθητῶν Ἰωάνη μετὰ Ἰουδαίων περὶ Λᶜ
25 Ἐγένετο οὖν ζήτησις ἐκ τῶν μαθητῶν Ἰωάνου μετὰ Ἰουδαίου περὶ [w]
25 Ἐγένετο οὖν ζήτησις ἐκ τῶν μαθητῶν Ἰωάνου μετὰ Ἰουδαίων περὶ [w]
25 Ἐγένετο οὖν ζήτησις ἐκ τῶν μαθητῶν Ἰωάννου μετὰ Ἰουδαίων περὶ 𝔭⁷⁵ ℵᶜ A 𝔐 K L M
N U Δ Π Ψ 2 33 28 157 579 700 1071 1424 u

καθαρισμοῦ. 26 καὶ ἦλθαν πρὸς τὸν Ἰωάνην καὶ εἶπαν αὐτῷ, Ῥαββεί, ὃς ἦν μετὰ B* w
καθαρισμοῦ. 26 καὶ ἦλθον πρὸς τὸν Ἰωάνην καὶ εἶπον αὐτῷ, Ῥαββεί, ὃς ἦν μετὰ Bᶜ
καθαρισμοῦ. 26 καὶ ἦλθον πρὸς τὸν Ἰωάννην καὶ εἶπον αὐτῷ, Ῥαββεί, ὃς ἦν μετὰ ℵ A 𝔐 Θ 2 565
καθαρισμοῦ. 26 καὶ ἦλ πρὸς τὸν Ἰωάννην καὶ εἶπαν αὐτῷ, Ῥαββεί, ὃς ἦν μετὰ 𝔭⁶⁶* [↑1424
καθαρισμοῦ. 26 καὶ ἦλθον πρὸς τὸν Ἰωάννην καὶ εἶπον αὐτῷ, Ῥαββεί, ὃς ἦν μετὰ 𝔭⁶⁶ᶜ
καθαρισμοῦ. 26 καὶ ἦλθαν πρὸς τὸν Ἰωάννην καὶ εἶπαν αὐτῷ, Ῥαββεί, ὃς ἦν μετὰ 𝔭⁷⁵ W^sup
                26 .... Ῥαββεί, ὃς ἦν μετὰ D
καθαρισμοῦ. 26 καὶ ἦλθον πρὸς τὸν Ἰωάνν καὶ εἶπον αὐτῷ, Ῥαββί, ὃς ἦν μετὰ M
καθαρισμοῦ. 26 καὶ ἦλθον πρὸς τὸν Ἰωάννην καὶ εἶπαν αὐτῷ, Ῥαββί, ὃς ἦν μετὰ N u
καθαρισμοῦ. 26 καὶ ἦλθον πρὸς τὸν ιω καὶ εἶπον αὐτῷ, Ῥαββεί, ὃς ἦν μετὰ Λ
καθαρισμοῦ. 26 καὶ ἦλθον πρὸς Ἰωάννην καὶ εἶπον αὐτῷ, Ῥαββί, ὃς ἦν μετὰ 1 118 124
καθαρισμοῦ. 26 καὶ ἦλθον πρὸς τὸν Ἰωάννην καὶ εἶπον αὐτῷ, Ῥαββί, ὃς ἦν μετὰ 579
καθαρισμοῦ. 26 καὶ ἦλθον πρὸς τὸν Ἰωάννην καὶ εἶπον αὐτῷ, ... 1346
καθαρισμοῦ. 26 καὶ ἦλθον πρὸς τὸν Ἰωάννην καὶ εἶπον αὐτῷ, Ῥαββί, ὃς ἦν μετὰ F G K L S U Δ Π
Ψ Ω 1582 f¹³ 33 28 157 700 1071 τ

lac. 3.23-26 𝔭⁴⁵ C D N P Γ ¦ vs. 26 1346

A 23 ενγυς ℵ W 69 | πολα Θ | ε· βαπτιζοντο E* | εβαπτιζωντο Θ 579 25 εγενετω 579 | ζητησεις A ¦ ζητισις H ¦ ζητησης Θ | τω (των¹) K | κακαθαρισμου H ¦ καρισμου K

B 26 ιωην 118

C 24 δ̅ ζητισης περι καθαρισμου 2 28 579 25 δ̅ A ¦ δ̅ ζητησις (ζητησης G ¦ om. N) περι καθαρισμου: 𝔐 K M N S U Δ Π f¹ 157 1071 ¦ αρχ 157

D 23 κε̅ (ante οτι) H 24 κϛ̅/δ̅ ℵ Y L M S U Λ Π Ψ Ω 124 28 788 1071 1424 ¦ κϛ̅/α A G N ¦ κϛ̅/γ E ¦ κϛ̅ F H K Θ 2 157 565 579 ¦ Ευ Ιω κϛ̅ : Λο : Μρ η̅ : Μθ ιη̅ E | Ιω κϛ̅ : Μθ ζ̅ 124 25 κζ̅/ι̅ ℵ E G M N S U Y Θ Λ Π Ψ Ω 124 28 788 1346 1424 ¦ κζ̅/α A 1071 ¦ κζ̅ F H 157 565 579 ¦ κζ̅/δ̅ L ¦ κϛ̅/δ̅ 118 ¦ Ευ Ιω κζ̅ : Λο. : Μρ . : Μθ . E | Ιω κζ̅ : Μθ . 124 26 κζ̅/ι̅ 118 ¦ κζ̅ 2

33

σοῦ πέραν τοῦ Ἰορδάνου, ᾧ σὺ μεμαρτύρηκας, ἴδε οὗτος βαπτίζει καὶ πάντες   B 𝔭⁶⁶·⁷⁵ **uwτ** rell
σοῦ πέραν τοῦ Ἰορδάνου, ᾧ σὺ μεμαρτύρηκας, <u>ἰδοὺ</u> οὗτος βαπτίζει καὶ πάντες   D f¹ 565
σοῦ πέραν τοῦ Ἰορδάνου, <u>ὡς</u> σὺ μεμαρτύρηκας, ἴδε οὗτος βαπτίζει καὶ πάντες   Θ
σοῦ πέραν   Ἰορδάνου, ᾧ σὺ μεμαρτύρηκας, ἴδε οὗτος βαπτίζει καὶ πάντες   28
σοῦ πέραν τοῦ Ἰορδάνου, ᾧ   μεμαρτύρηκας, ἴδε οὗτος βαπτίζει καὶ πάντες   157

ἔρχονται πρὸς αὐτόν. **27** ἀπεκρίθη   Ἰωάνης καὶ εἶπεν, Οὐ δύναται ἄνθρωπος   B 𝔭⁷⁵ **w**
ἔρχονται πρὸς αὐτόν. **27** ἀπεκρίθη <u>ὁ</u> Ἰω<u>ά</u>ννης καὶ εἶπεν, Οὐ δύναται ἄνθρωπος   M N Θ 33 157 1071
ἔρχονται πρὸς αὐτόν. **27** ἀπεκρίθη   <u>ιω</u>   καὶ εἶπεν, Οὐ δύναται ἄνθρωπος   Λ
ἔρχονται πρὸς αὐτόν. **27** ἀπεκρίθη   <u>Ἰωάννης</u> καὶ εἶπεν, Οὐ δύναται ἄνθρωπος   **u**τ + all txts

<u>λαμβαίνειν</u>   οὐδὲ ἓν ἂν μὴ ᾖ δεδομένον αὐτῷ   ἐκ τοῦ οὐρανοῦ.   B
<u>λαμβάνειν</u>   οὐδὲ ἓν <u>ἐὰν</u> μὴ <u>ᾖν</u> δεδομένον αὐτῷ   ἐκ τοῦ οὐρανοῦ.   𝔭⁶⁶
<u>λαμβάνει</u>   οὐδὲ ἓν <u>ἐὰν</u> μὴ ᾖ δεδομένον αὐτῷ   ἐκ τοῦ οὐρανοῦ.   𝔭⁷⁵
<u>λαβεῖν</u>   <u>οὐδὲν</u>   <u>ἐὰν</u> μὴ ᾖ δεδομένον αὐτῷ   ἐκ τοῦ οὐρανοῦ.   ℵ
<u>λαμβάνειν</u>   <u>οὐδὲν</u>   <u>ἐὰν</u> μὴ ᾖ δεδομένον   ἐκ τοῦ οὐρανοῦ.   F 565
<u>λαμβάνειν ἀφ’ ἑαυτοῦ</u> <u>οὐδὲν</u>   <u>ἐὰν</u> μὴ ᾖ δεδομένον αὐτῷ   ἐκ τοῦ οὐρανοῦ.   L Λ 33 157 1071
<u>λαμβάνειν ἀφ’ ἑαυτοῦ</u> <u>οὐδὲν</u>   <u>ἐὰν</u> μὴ ᾖ δεδομένον αὐτῷ ἐκ τοῦ οὐρανοῦ <u>ἄνωθεν</u>.   Θ
<u>λαμβάνειν ἀφ’ ἑαυτοῦ</u> <u>οὐδὲν</u>   <u>ἐὰν</u> μὴ ᾖ δεδομένον αὐτῷ <u>ἄνωθεν</u> ἐκ τοῦ οὐρανοῦ.   f¹³
<u>ἀφ’ ἑαυτοῦ λαμβάνειν</u> <u>οὐδὲν</u>   <u>ἐὰν</u> μὴ ᾖ δεδομένον αὐτῷ <u>ἄνωθεν</u> ἐκ τοῦ οὐρανοῦ.   124
<u>λαμβάνειν</u>   οὐδὲ ἓν <u>ἐὰν</u> μὴ ᾖ δεδομένον αὐτῷ   ἐκ τοῦ οὐρανοῦ.   **u**
<u>λαμβάνειν</u>   <u>οὐδὲν</u>   <u>ἐὰν</u> μὴ ᾖ δεδομένον αὐτῷ   ἐκ τοῦ οὐρανοῦ.   A D 𝔐 K M N U
                                                                      Wˢᵘᵖ Δ Π Ψ f¹ 2 28 579 700 1424 **wτ**

28 αὐτοὶ   ὑμεῖς μοι μαρτυρεῖτε ὅτι εἶπον ἐγὼ Οὐκ εἰμὶ ἐγὼ ὁ Χριστός, ἀλλ’ ὅτι   B **[w]**
28 αὐτοὶ   ὑμεῖς μοι μαρτυρεῖτε ὅτι εἶπον <u>ὅτι</u> Οὐκ εἰμὶ ἐγὼ ὁ Χριστός, ἀλλ’ ὅτι   𝔭⁶⁶ 700 **[u]**
28 αὐτοὶ   ὑμεῖς   μαρτυρεῖτε ὅτι εἶπον <u>ὅτι</u> Οὐκ εἰμὶ ἐγὼ ὁ Χριστός, ἀλλ’ ὅτι   𝔭⁷⁵
28 αὐτοὶ   ὑμεῖς μοι μαρτυρεῖτε ὅτι εἶπον   Οὐκ εἰμὶ   ὁ Χριστός, ἀλλ’ ὅτι   D Wˢᵘᵖ
28 αὐτοὶ   ὑμεῖς μοι μαρτυρεῖτε ὅτι εἶπον <u>ὑμῖν</u> Οὐκ εἰμὶ ἐγὼ ὁ Χριστός, ἀλλ’ ὅτι   f¹³
28 αὐτοὶ <u>οὖν</u> ὑμεῖς   μαρτυρεῖτε ὅτι εἶπον   Οὐκ εἰμὶ ἐγὼ ὁ Χριστός, ἀλλ’ ὅτι   1424
28 αὐτοὶ   ὑμεῖς <u>ἐμοὶ</u> μαρτυρεῖτε ὅτι εἶπον   Οὐκ εἰμὶ ἐγὼ ὁ Χριστός, ἀλλ’ ὅτι   f¹ 124 565
28 αὐτοὶ   ὑμεῖς   μαρτυρεῖτε ὅτι εἶπον   Οὐκ εἰμὶ ἐγὼ ὁ Χριστός, ἀλλ’ ὅτι   ℵ 𝔐 M 2 28
28 αὐτοὶ   ὑμεῖς μοι μαρτυρεῖτε ὅτι εἶπον   Οὐκ εἰμὶ ἐγὼ ὁ Χριστός, ἀλλ’ ὅτι   A G Y K L N S U
                                                                      Δ Θ Λ Π Ψ 69 33 157 579 788 1071 **[uw]τ**

Ἀπεσταλμένος εἰμὶ ἔμπροσθεν ἐκείνου. **29** ὁ ἔχων τὴν νύμφην νυμφίος ἐστίν·   B 𝔭⁶⁶·⁷⁵ **uwτ** rell
Ἀπεσταλμένος εἰμὶ ἔμπροσθεν <u>αὐτοῦ</u>. **29** ὁ ἔχων τὴν νύμφην νυμφίος ἐστίν·   S

ὁ δὲ φίλος τοῦ νυμφίου ὁ ἑστηκὼς καὶ ἀκούων αὐτοῦ χαρᾷ χαίρει διὰ τὴν φωνὴν   B 𝔭⁶⁶·⁷⁵ **uwτ** rell
ὁ δὲ φίλος τοῦ νυμφίου ὁ ἑστηκὼς <u>αὐτοῦ</u> <u>καὶ</u> <u>ἀκούων</u> χαρᾷ χαίρει διὰ τὴν φωνὴν   ℵ
ὁ δὲ φίλος τοῦ νυμφίου <u>ἑστὼς</u>   καὶ ἀκούων αὐτοῦ χαρᾷ χαίρει διὰ τὴν φωνὴν   D

τοῦ νυμφίου. αὕτη οὖν ἡ χαρὰ ἡ ἐμὴ πεπλήρωται. **30** ἐκεῖνον   δεῖ αὐξάνειν,   B 𝔭⁶⁶·⁷⁵ **uwτ** rell
τοῦ νυμφίου. αὕτη οὖν ἡ χαρὰ ἡ ἐμὴ πεπλήρωται. **30** ἐκεῖνον <u>δὲ</u> δεῖ αὐξάνειν,   H
τοῦ νυμφίου. αὕτη οὖν ἡ χαρὰ ἡ ἐμὴ πεπλήρωται. **30** <u>ἐκεῖ</u>······ ······   N
τοῦ νυμφίου. αὕτη οὖν ἡ χαρὰ ἡ ἐμὴ πεπλήρωται. **30** ἐκεῖνον <u>δὲ</u>   αὐξάνειν,   124
τοῦ νυμφίου. αὕτη οὖν ἡ <u>ἐμὴ</u> <u>χαρὰ</u> πεπλήρωται. **30** ἐκεῖνον   δεῖ αὐξάνειν,   28

[Cl Exc 65.1 <u>του νυμφιου δε φιλος, εστως εμπροσθεν του νυμφωνος, ακουων της φωνης του νυμφιου, χαρα χαιρει</u>]

---

lac. 3.26-30 𝔭⁴⁵ C P Γ 1346 ¦ vs. 30 N

A 26 μεμαρτυρικας E H K Θ 13 565 700 1071 ¦ ειδε W ¦ ουτως L 13 ¦ βαπτιζι ℵ W ¦ βαπτειζει F ¦ ερχοντε K W 2* 1071 ¦ ερχονται 579 27 απεκριθει 2* ¦ δυνατε F W 579 ¦ δυται K ¦ λαμβανην G ¦ λαμβανιν W ¦ λαμβαννειν 579 ¦ εα (εαν) K ¦ αυτο E 28 υμις ℵ W ¦ μαρτυριται ℵ W Ω ¦ μαρτυρειται D L Θ 13 ¦ μαρτυριτε 579 ¦ ιμι W ¦ αλ Θ* ¦ απταλμενος 𝔭⁶⁶* ¦ ενπροσθεν D 28 ¦ εκινου W 29 τη (την¹) 𝔭⁶⁶* ¦ νυμιος D* ¦ ετιν D ¦ νυμφου¹·² Δ* ¦ εστικως F G K Θ 13 1071 ¦ εστικος 579 ¦ χαιρι W ¦ πεπληρωτε 1071 30 εκειν L ¦ εκινον W ¦ δι W ¦ αυξανιν ℵ L

B 27 α͞νος A 𝔐 K L M N S U W Δ Θ Λ Π Ψ Ω f¹ 118 f¹³ 124 2 33 28 157 565 700 788 1424 ¦ ο͞υνου A 𝔐 K L M S U Δ Λ Π Ψ Ω f¹ 118 f¹³ 69 124 2 28 157 565 579 700 788 1071 1424 ¦ ο͞υρου W 28 χ͞ς B 𝔭⁷⁵ ℵ A 𝔐 K L M N S U W Δ Θ Λ Π Ψ Ω f¹ 118 f¹³ 69 124 2 33 28 157 565 579 700 788 1071 1424 ¦ χ͞ρς D

D 27 κ͞η 157 28 κ͞η/α͞ ℵ A E G M N S U Y Θ Λ Π Ψ Ω 124 28 788 1071 1424 ¦ κ͞η D F H (L) f¹ 118 f¹³ 579 ¦ κ͞ζ K ¦ κ͞θ 2 157 ¦ Eυ Ιω κ͞η : Λο . : Μρ δ͞ : Μθ ι͞α E ¦ Ιω κ͞η: Λο . : Μρ δ͞ : Μτ ζ͞, ι͞α 124 29 κ͞θ/ι ℵ A E M S U Y Λ Π Ψ Ω 28 788 1071 1424 (ante ο δε φιλος Θ) ¦ κ͞θ D G H (L) f¹ f¹³ 579 ¦ κ͞η K ¦ κ͞θ/β͞ N ¦ λ͞ 157 ¦ Eυ Ιω κ͞θ : Λο . : Μρ . : Μθ . E

ἐμὲ δὲ ἐλαττοῦσθαι.   B 𝔭⁶⁶·⁷⁵ **uwτ** rell
ἐμὲ ἐλαττοῦσθαι.   G
ἐμὲ δὲ ἐλατγοῦσθαι.   124 2*
ἐμὲ δὲ ἐλαττγοῦσθαι.   33

[Cl S VI 94.6 καμε δει ελαττουσθαι, αυξειν]

31 Ὁ ἄνωθεν ἐρχόμενος ἐπάνω πάντων ἐστίν· ὁ   ὢν ἐκ   τῆς γῆς ἐκ τῆς γῆς   B 𝔭⁶⁶ᶜ·⁷⁵ **uwτ** rell
31 .... πάν···· ······· ..   ······ ····   𝔭³⁶
31 Ὁ ἄνωθεν ἐρχόμενος ἐπάνω πάντων ἐστίν· ὁ   ὢν   𝔭⁶⁶*
31 Ὁ ἄνωθεν ἐρχόμενος ἐπάνω πάντων ἐστίν· ὁ δὲ ὢν ἐπὶ τῆς γῆς ἐκ τῆς γῆς   ℵ*
31 Ὁ ἄνωθεν ἐρχόμενος ἐπάνω πάντων ἐστίν· ὁ δὲ ὢν ἀπὸ τῆς γῆς ἐκ τῆς γῆς   D
31 Ὁ ἄνωθεν ἐρχόμενος ἐπάνω πάντων ἐστίν· ὁ   ὢν ἀπὸ τῆς γῆς ἐκ τῆς γῆς   Θ f¹³
31 Ὁ ἄνωθεν ἐρχόμενος ἐπάνω πάντων ἐστίν· ὁ   ὢν ἐκ   τῆς γῆς   Λ

ἐστιν καὶ ἐκ τῆς γῆς λαλεῖ. ὁ ἐκ τοῦ οὐρανοῦ ἐρχόμενος   B 𝔭⁷⁵ **uwτ** rell
·········· ·· ἐκ τη ···· ·········· ·· ἐρχόμ····   𝔭³⁶
    ἐκ τοῦ οὐρανοῦ   𝔭⁶⁶*
ἐστιν.   ὁ ἐκ τοῦ οὐρανοῦ ἐρχόμενος   𝔭⁶⁶ᶜ
    λαλεῖ. ὁ ἐκ τοῦ οὐρανοῦ ἐρχόμενος   Wˢᵘᵖ
ἐκ τῆς γῆς λαλεῖ. ὁ ἐκ τοῦ οὐρανοῦ ἐρχόμενος   124*
ἐστιν ἐκ τῆς γῆς λαλεῖ. ὁ ἐκ τοῦ οὐρανοῦ ἐρχόμενος   124ᶜ
om.   579

ἐπάνω πάντων ἐστίν· **32**   ὃ   ἑώρακεν καὶ ἤκουσεν τοῦτο   μαρτυρεῖ,   B 𝔭⁶⁶ L Wˢᵘᵖ Ψ 33 1071 [**uw**]
·········· ·· ἐστίν· **32**   ·· ··   τοῦτο   ··············   𝔭³⁶
32   ὃ   ἑώρακεν καὶ ἤκουσεν τοῦτο   μαρτυρεῖ,   𝔭⁷⁵ 579 [**u**]
32   ὃν ἑώρακεν καὶ ἤκουσεν   μαρτυρεῖ,   ℵ*
ἐπάνω πάντων ἐστίν· **32**   ὃ   ἑώρακεν καὶ ἤκουσεν   μαρτυρεῖ,   ℵᶜ
32   ὃ   ἑώρακεν καὶ ἤκουσεν   μαρτυρεῖ,   D 1 1582* 118 565 [**w**]
ἐπάνω πάντων ἐστίν· **32** καὶ ὃ   ἑώρακεν καὶ ἤκουσεν   μαρτυρεῖ,   1582ᶜ 28 1424
ἐπάνω πάντων ἐστίν· **32** καὶ ὃ   ἑώρακεν καὶ ἤκουσεν ἐκεῖνο μαρτυρεῖ,   69   [↓700 τ
ἐπάνω πάντων ἐστίν· **32** καὶ ὃ   ἑώρακεν καὶ ἤκουσεν τοῦτο   μαρτυρεῖ,   A 𝔐 K M U Δ Θ Λ Π f¹³ 2 157

καὶ τὴν μαρτυρίαν αὐτοῦ οὐδεὶς λαμβάνει. **33** ὁ

λαβὼν   αὐτοῦ τὴν μαρτυρίαν   ἐσφράγισεν ὅτι ὁ θεὸς ἀληθής ἐστιν.   B 𝔭⁶⁶*·⁷⁵ **uwτ** rell
    𝔭³⁶
λαβὼν   αὐτοῦ τὴν μαρτυρίαν τοῦτο ἐσφράγισεν ὅτι ὁ θεὸς ἀληθής ἐστιν.   𝔭⁶⁶ᶜ
··········   τὴν μαρτυρίαν   ἐσφράγισεν ὅτι ὁ θεὸς ἀληθής ἐστιν.   C
λαμβάνων αὐτοῦ τὴν μαρτυρίαν   ἐσφράγισεν ὅτι ὁ θεὸς ἀληθής ἐστιν.   Λ 124 157

34 ὃν γὰρ ἀπέστειλεν ὁ θεὸς τὰ ῥήματα τοῦ θεοῦ λαλεῖ, οὐ γὰρ ἐκ μέτρου   B 𝔭⁶⁶*·⁷⁵ **uwτ** rell
34 ·········· ·········· ·········· θεοῦ ·········· ··········   𝔭³⁶
34 ὃν γὰρ ἀπέστειλεν ὁ θεὸς τὰ ῥήματα τοῦ θεοῦ λαλεῖ, οὐ γὰρ ἐκ μέρους   U
34 ὃν γὰρ ὁ θεὸς ἀπέστηλεν τὰ ῥήματα τοῦ θεοῦ λαλεῖ, οὐ γὰρ ἐκ μέτρου   579
34 ὃν γὰρ ἀπέστειλεν ὁ θεὸς τὰ ῥήματα αὐτοῦ λαλεῖ, οὐ γὰρ ἐκ μέτρου   1424

---

lac. 3.30-34 𝔭⁴⁵ N P Γ 1346 ¦ vss. 31-33 C

A 30 εμαι 579 ¦ ελατουσθαι L ¦ ελαττουσθε 1071 **31** ανοθ 𝔭⁶⁶* ¦ ανοθεν 𝔭⁶⁶ᶜ K M W ¦ ερχωμενος 579 ¦ ω (ων) G* ¦ εστι².³ Y 157 700 ¦ εστι² f¹ 118 565 ¦ εστι³ 28 ¦ λαλη L **32** εωρακε ℵ* Y M 118 69 157 700 ¦ εορακεν E F G H K L Δ Π 33 28 565 ¦ ηκουσε ℵ* Y M 118 13 124 157 700 788 ¦ τουτω 579 ¦ μαρτυρι W ¦ ουδις ℵ W ¦ λαμβανι W ¦ λαμβαννει 579 **33** τιν (την) Θ ¦ εσφραγησεν Κ Θ 28 579 ¦ αληθεις Ε Θ Λ 13 579 1071 ¦ εστι Υ **34** απεστιλεν 𝔭⁶⁶ ℵ D L W Θ ¦ απεστηλεν 2 ¦ ρημα Κ* ¦ μερου 𝔭⁶⁶*

B 31 ουνου ℵ A 𝔐 K L M S U Δ Λ Π Ψ Ω f¹ 118 f¹³ 124 2 28 157 565 700 788 1071 1424 ¦ ουρου W **33** θ͞ς B 𝔭⁶⁶ 𝔭⁷⁵ ℵ A C D 𝔐 K L M S U W Δ Θ Λ Π Ψ Ω f¹ 118 f¹³ 69 124 2 33 28 157 565 579 700 788 1071 1424 **34** θ͞ς¹ B 𝔭⁶⁶ 𝔭⁷⁵ ℵ A C D 𝔐 K L M S U W Δ Θ Λ Π Ψ Ω f¹ 118 f¹³ 69 124 2 33 28 157 565 579 700 788 1071 1424 ¦ θ͞υ B 𝔭³⁶ 𝔭⁶⁶ 𝔭⁷⁵ ℵ A C D 𝔐 K L M S U W Δ Θ Λ Π Ψ Ω f¹ 118 f¹³ 69 124 2 33 28 157 565 579 700 788 1071 ¦ θ͞ς² A Cᶜ D 𝔐 K M S U Δ Θ Λ Π Ψ Ω 118 f¹³ 69 124 2 28 157 700 788 1071 1424

C 33 τελος (post αληθ. εστιν) E H S Y Λ 124 788 1071 1424 (post λαλει Ψ) ¦ τελος Σα G ¦ τελ του Σα M f¹ 118 28

D 31 κ͞θ F K **35** λ̅γ̅ ℵ A Y L M S U Ω Λ Π Ω 28 1071 1424 ¦ λ̅ C D H K f¹ 118 f¹³ 2 579 ¦ λ̅δ̅ E ¦ λ̅ι̅ G Θ 124 788 ¦ λ̅α̅ 157 565 ¦ Ευ Ιω λ̅ : Λο ρ̅ι̅θ̅ : Μρ . : Μθ ρ̅ι̅θ̅ E ¦ Ιω λ̅ : Λο ρ̅ι̅θ̅ : Μρ . : Μθ ρ̅ι̅α̅ 124 ¦ (ante και παντα) λ̅ F

δίδωσιν.   **35** ὁ πατὴρ ἀγαπᾷ τὸν υἱόν   καὶ πάντα δέδωκεν Β*
δίδωσιν   <u>τὸ πνεῦμα</u>. **35** ὁ πατὴρ ἀγαπᾷ τὸν υἱόν   καὶ πάντα δέδωκεν Β^c 𝔓^{66.75} ℵ C* L W^{sup}
.... **35** .... 𝔓³⁶ [↓*f*¹ 33 565 **uw**
δίδωσιν <u>ὁ θεὸς τὸ πνεῦμα</u>. **35** ὁ πατὴρ ἀγαπᾷ τὸν υἱόν   καὶ πάντα ἔδωκεν D K
δίδωσιν   <u>τὸ πνεῦμα</u>. **35** ὁ πατὴρ ἀγαπᾷ τὸν υἱόν <u>αὐτοῦ</u> καὶ πάντα δέδωκεν 579
δίδωσιν <u>ὁ θεὸς τὸ πνεῦμα</u>. **35** ὁ πατὴρ ἀγαπᾷ τὸν υἱόν   καὶ πάντα δέδωκεν A C^c 𝔐 M U Δ Θ Λ Π Ψ
                                                                       1582^c 118 *f*¹³ 2 28 157 700 1071 1424 **τ**

ἐν τῇ χειρὶ αὐτοῦ. **36** ὁ πιστεύων εἰς τὸν υἱὸν ἔχει   ζωὴν   αἰώνιον· ὁ δὲ   Β 𝔓^{66.75} **uwτ** rell
.... **36** .... 𝔓³⁶
ἐν τῇ χειρὶ αὐτοῦ. **36** ὁ πιστεύων εἰς τὸν υἱὸν ἔχει   ζωὴν   αἰώνιον· ὁ   ℵ*
ἐν τῇ χειρὶ αὐτοῦ, **36** <u>ἵνα</u> ὁ πιστεύων εἰς τὸν υἱὸν <u>ἔχῃ</u> ζωὴν   αἰώνιον· ὁ δὲ   D
ἐν τῇ χειρὶ αὐτοῦ. **36** ὁ πιστεύων εἰς τὸν υἱὸν ἔχει <u>τὴν</u> ζωὴν <u>τὴν</u> αἰώνιον· ὁ δὲ   28

[Cl S V 85.1 <u>ο πιστευων εχει ζωην αιωνιον</u>] [Cl Pd I 29.1 <u>ο πιστευων εις τον υιον εχει ζωην αιωνιον</u>]

ἀπειθῶν τῷ υἱῷ οὐκ ὄψεται   ζωήν, ἀλλ᾽ ἡ ὀργὴ τοῦ θεοῦ μένει ἐπ᾽ αὐτόν. Β 𝔓^{66.75} A C G Y K S U Δ Π Ψ
....θ....................................... 𝔓³⁶ [↑Ω *f*¹ 2 157 565 **uwτ**
ἀπειθῶν τῷ υἱῷ οὐκ <u>ἔχει</u>   ζωήν, ἀλλ᾽ ἡ ὀργὴ τοῦ θεοῦ ἐπ᾽ αὐτὸν μένει. ℵ*
ἀπειθῶν τῷ υἱῷ οὐκ ὄψεται   ζωήν, ἀλλ᾽ ἡ ὀργὴ τοῦ θεοῦ ἐπ᾽ αὐτὸν μένει. ℵ^c
ἀπειθῶν τῷ υἱῷ <u>οὐχ</u> ὄψεται   ζωήν, ἀλλ᾽ ἡ ὀργὴ τοῦ θεοῦ μένει ἐπ᾽ αὐτόν. D W^{sup} Λ 1071
ἀπειθῶν τῷ υἱῷ οὐκ ὄψεται <u>τὴν</u> ζωήν, ἀλλ᾽ ἡ ὀργὴ τοῦ θεοῦ μένει ἐπ᾽ αὐτόν. E F H L M 124 700 1424
ἀπειθῶν τῷ υἱῷ <u>οὐχ</u> ὄψεται <u>τὴν</u> ζωήν, ἀλλ᾽ ἡ ὀργὴ τοῦ θεοῦ μένει ἐπ᾽ αὐτόν. Θ 28
<u>ἀπίστων</u> τῷ υἱῷ οὐκ ὄψεται <u>τὴν</u> ζωήν, ἀλλ᾽ ἡ ὀργὴ τοῦ θεοῦ μένει ἐπ᾽ αὐτόν. *f*¹³

Jesus Travels From Judea To Galilee By Way Of Samaria

ιβ̄ 4.1 Ὡς οὖν ἔγνω ὁ κύριος ὅτι ἤκουσαν οἱ φαρεισαῖοι ὅτι   Ἰησοῦς πλείονας   Β
      4.1 Ὡς οὖν ἔγνω ὁ <u>Ἰησοῦς</u> ὅτι ἤκουσαν οἱ <u>φαρισαῖοι</u> ὅτι   Ἰησοῦς πλείονας   ℵ D Θ *f*¹ 565 **u**
      4.1 Ὡς οὖν ἔγνω ὁ κύριος ὅτι ἤκουσαν οἱ <u>φαρισέοι</u> ὅτι   Ἰησοῦς πλείονας   W^{sup}
      4.1 Ὡς οὖν ἔγνω ὁ <u>Ἰησοῦς</u> ὅτι ἤκουσαν οἱ <u>φαρισαῖοι</u> ὅτι   πλείονας   Λ
      4.1 Ὡς οὖν ἔγνω ὁ κύριος ὅτι ἤκουσαν οἱ <u>φαρισαῖοι</u> ὅτι <u>ὁ</u> Ἰησοῦς πλείονας   13^c 69 788
      4.1 Ὡς οὖν ἔγνω   κύριος ὅτι ἤκουσαν οἱ <u>φαρισαῖοι</u> ὅτι   Ἰησοῦς πλείονας   1071
      4.1 Ὡς οὖν ἔγνω ὁ κύριος ὅτι ἤκουσαν οἱ <u>φαρισαῖοι</u> ὅτι   Ἰησοῦς πλείονας   𝔓^{66.75} A 𝔐 K L M
                                                        U Δ Π Ψ 13* 124 2 33 28 157 579 700 1424 **wτ**

μαθητὰς ποιεῖ καὶ βαπτίζει   Ἰωάνης **2** —καίτοιγε   Ἰησοῦς αὐτὸς οὐκ   Β* [w]
μαθητὰς ποιεῖ καὶ βαπτίζει ἦ Ἰωάνης **2** —καίτοιγε   Ἰησοῦς αὐτὸς οὐκ   Β^c
μαθητὰς ποιεῖ καὶ βαπτίζει   Ἰωάννης **2** —καίτοιγε <u>αὐτὸς</u> Ἰησοῦς οὐκ   A 579
μαθητὰς ποιεῖ καὶ βαπτίζει ἦ Ἰωάννης **2** —<u>καίτοι</u>   Ἰησοῦς αὐτὸς οὐκ   C
μαθητὰς ποιεῖ καὶ βαπτίζει ἦ Ἰωάννης **2** —καίτοιγε <u>αὐτὸς</u> Ἰησοῦς οὐκ   D Π 33
μαθητὰς ποιεῖ καὶ βαπτίζει ἦ Ἰωάννης **2** —καίτοιγε <u>αὐτὸς ὁ</u> Ἰησοῦς οὐκ   K
μαθητὰς ποιεῖ καὶ βαπτίζει   Ἰωάννης **2** —καίτοιγε   Ἰησοῦς αὐτὸς οὐκ   L W^{sup} Ψ 1424*
μαθητὰς ποιεῖ καὶ βαπτίζει ἦ Ἰωάννης **2** —καίτοιγε <u>ὁ</u> Ἰησοῦς αὐτὸς οὐκ   *f*¹³
μαθητὰς ποιεῖ καὶ βαπτίζει   Ἰωάννης **2** —καίτοιγε <u>αὐτὸς ὁ</u> Ἰησοῦς οὐκ   1071
μαθητὰς ποιεῖ καὶ βαπτίζει ἦ Ἰωάννης **2** —καίτοιγε   Ἰησοῦς αὐτὸς οὐκ   𝔓^{66.75} ℵ 𝔐 M U W^{sup} Δ Θ
                                                          Λ *f*¹ 124 2 28 157 565 700 1424^c **u[w]τ**

---

lac. 3.34-4.2 𝔓⁴⁵ N P Γ 1346

A **34** τω (το) Θ | διδωσι 𝔓⁶⁶ ℵ *f*¹ 565 | διδοσιν 33 1424 **35** χιρι W | χειρη Θ 1071 **36** εχη Ω | εχι W | απιθων ℵ Y L W Θ 1071 | οψετε W 118 | ει (η) 579 | μενι W | μενη 579 **4.1** πλεινας M | πλιονας W Θ | πληωνας 579 | βαπτειζει D | βαπτιζι W

B **34** π̄ν̄ᾱ Β^c 𝔓⁶⁶ 𝔓⁷⁵ ℵ A C D 𝔐 K L M S U W Δ Θ Λ Π Ψ Ω *f*¹ 118 *f*¹³ 69 124 2 33 28 157 565 579 700 788 1071 1424 **35** π̄η̄ρ̄ 𝔓⁶⁶ A C 𝔐 K L M S U W Δ Θ Λ Π Ψ Ω *f*¹ 118 *f*¹³ 69 124 2 33 28 157 565 579 700 788 1071 1424 | ῡ̄ν̄ 𝔓⁶⁶ ℵ C 𝔐 K L M S U W Δ Θ Λ Π Ψ Ω *f*¹ 2 33 28 565 1071 1424 **36** ῡ̄ν̄ 𝔓⁶⁶ 𝔓⁷⁵ ℵ A C 𝔐 K L M S U W Δ Λ Π Ψ Ω *f*¹ 2 33 28 565 1071 1424 | ῡ̄ω̄ 𝔓⁶⁶ A C 𝔐 K L M U W Δ Λ Π Ψ Ω 33 28 1424 | θ̄ῡ̄ Β 𝔓⁶⁶ 𝔓⁷⁵ A C D 𝔐 K L M S U W Δ Θ Λ Π Ψ Ω *f*¹ 118 *f*¹³ 124 69 2 33 28 157 565 579 788 1071 1424 **4.1** κ̄ς̄ Β 𝔓⁶⁶ 𝔓⁷⁵ A C 𝔐 K L M S U W Δ Π Ψ Ω *f*¹³ 69 124 2 33 28 157 579 700 788 1071 1424 | ῑς̄¹ ℵ A Θ Λ *f*¹ 118 565 | ῑη̄ς̄ D | ῑς̄² Β 𝔓⁶⁶ 𝔓⁷⁵ ℵ A C 𝔐 K L M S U W Δ Θ Π Ψ Ω *f*¹ 118 *f*¹³ 124 2 33 28 157 565 579 700 788 1071 1424 | ῑη̄ς̄ D **2** ῑς̄ Β 𝔓⁶⁶ 𝔓⁷⁵ ℵ A C 𝔐 K L M S U W Δ Θ Λ Π Ψ Ω *f*¹ 118 *f*¹³ 124 2 33 28 157 565 579 700 788 1071 1424 | ῑη̄ς̄ D

C **35** σιτὸ λ̄ 118

D **36** λ̄ᾱ/ῑ A E G L M S U Y Λ Π Ω 124 28 788 1071 1424 | λ̄ᾱ F H K *f*¹ 118 *f*¹³ 2 | λ̄ᾱ/β̄ Θ | λ̄/ᾱ Ψ | Eυ Ιω λ̄ᾱ : Λο . : Μρ . Μθ . E | Ιω λ̄ᾱ : Λο . : Μρ . : Μτ . 124 | (ante ο δε απ.) λ̄ᾱ C D **4.1** ε̄ C | λ̄ᾱ 579 **2** λ̄β̄/ζ̄ A

ἐβάπτιζεν ἀλλ' οἱ μαθηταὶ αὐτοῦ—3   ἀφῆκεν   τὴν Ἰουδαίαν   καὶ ἀπῆλθεν   B 𝔓66.75 uwτ rell
ἐβάπτιζεν ἀλλ' οἱ μαθηταὶ αὐτοῦ—3   ἀφῆκεν   τὴν Ἰουδαίαν γῆν   καὶ ἀπῆλθεν   D Θ 1582 118 𝑓13 565
ἐβάπτιζεν ἀλλ' οἱ μαθηταὶ αὐτοῦ—3   ἀφῆκεν   τὴν Ἰουδέαν   καὶ ἀπῆλθεν   Wsup
ἐβάπτιζεν ἀλλ' οἱ μαθηταὶ αὐτοῦ—3   ἀφῆκεν δὲ   τὴν Ἰουδαίαν γῆν   καὶ ἀπῆλθεν   1

ε̄ περὶ τῆς σαμαρίτιδος

	εἰς τὴν Γαλειλαίαν.	4 ἔδει δὲ αὐτὸν διέρχεσθαι διὰ τῆς Σαμαρείας.	B*
πάλιν	εἰς τὴν Γαλειλαίαν.	4 ἔδει δὲ αὐτὸν διέρχεσθαι διὰ τῆς Σαμαρείας.	Bc
πάλιν	εἰς τὴν Γαλιλαίαν.	4 ἔδει δὲ αὐτὸν διέρχεσθαι διὰ τῆς Σαμαρείας.	𝔓75 M 𝑓1 𝑓13 33 1071 uτ
πάλιν	εἰς τὴν Γαλιλαίαν.	4 ἔδει δὲ αὐτὸν διέρχεσθαι διὰ τῆς Σαμαρίας.	𝔓66 ℵ C D E* L 565 w
πάλιν	εἰς τὴν Γαλιλαίαν.	4 ἔδει δὲ αὐτὸν διέρχεσθαι διὰ τῆς Σσαμαρείας	H
πάλιν	εἰς τὴν Γαλιλέαν.	4 ἔδει δὲ αὐτὸν διέρχεσθαι διὰ τῆς Σαμαρίας.	Wsup
	εἰς τὴν Γαλιλαίαν.	4 ἔδει δὲ αὐτὸν διέρχεσθαι διὰ τῆς Σαμαρίας.	Δ 2
πάλιν	εἰς τὴν Γαλειλαίαν.	4 ἔδει δὲ αὐτὸν διέρχεσθαι διὰ τῆς Σαμαρίας.	Θ
	εἰς τὴν Γαλιλαίαν.	4 ἔδει δὲ αὐτὸν ἔρχεσθαι διὰ τῆς Σαμαρείας.	Λ
πάλιν	εἰς τὴν Γαλιλαίαν.	4 ἔδει δὲ αὐτὸν ἔρχεσθαι διὰ τῆς Σαμαρείας.	124 [↓1424
	εἰς τὴν Γαλιλαίαν.	4 ἔδει δὲ αὐτὸν διέρχεσθαι διὰ τῆς Σαμαρείας.	A 𝔐 K U Π Ψ 28 157 579 700

[↓157 565 700 1071 uτ

5	ἔρχεται οὖν		εἰς πόλιν τῆς Σαμαρείας	λεγομένην	B 𝔓75mg A 𝔐 K M Δ Λ Π Ψ 𝑓1 𝑓13 33 28
5	ἔρχεται οὖν		εἰς πόλιν τῆς Σαμαρίας	λεγομένην	𝔓66 ℵc C* D E L W Θ w
5	ἔρχεται			λεγομένην	𝔓75*
5				λεγομένην	ℵ*
5	ἔρχεται	ὁ Ἰησοῦς	εἰς πόλιν τῆς Σαμαρίας	λεγομένην	Cc
5	ἔρχεται	ὁ Ἰησοῦς	εἰς πόλιν τῆς Σαμαρείας	λεγομένην	F
5	ἔρχεται οὖν	ὁ Ἰησοῦς	εἰς πόλιν τῆς Σαμαρείας	λεγομένην	H U
5				μένην	N
5	ἔρχεται οὖν		εἰς πόλιν τῆς Σαμαρείας	λεγομένην	69
5	ἔρχεται ὁ Ἰησοῦς οὖν		εἰς πόλιν τῆς Σαμαρείας	λεγομένην	2
5	ἔρχεται οὖν		εἰς πόλιν τῆς Σαμαρείας τὴν	λεγομένην	579
5	ἔρχεται οὖν		εἰς πόλιν τῆς Σαμαρείας	λεγομένη	788
5	ἔρχεται οὖν	ὁ Ἰησοῦς	εἰς πόλιν τῆς Σαμαρείας	καλουμένην	1424

Συχὰρ πλησίον τοῦ χωρίου ὃ	ἔδωκεν Ἰακὼβ τῷ	Ἰωσὴφ τῷ υἱῷ αὐτοῦ·	6 ἦν δὲ	B 𝔓75 ℵ [uw]
Συχὰρ πλησίον τοῦ χωρίου οὗ	ἔδωκεν Ἰακὼβ τῷ	Ἰωσὴφ τῷ υἱῷ αὐτοῦ·	6 ἦν δὲ	𝔓66
Συχὰρ πλησίον τοῦ χωρίου ὃ	ἔδωκεν Ἰακὼβ	Ἰωσὴφ τῷ υἱῷ αὐτοῦ·	6 ἦν δὲ	A Cc 𝔐 K U Δ Λ Π Ψ 𝑓13
Σιχὰρ πλησίον τοῦ χωρίου ᾧ	ἔδωκεν Ἰακὼβ	Ἰωσὴφ τῷ υἱῷ αὐτοῦ·	6 ἦν δὲ	69 [↑2 579 1424 [uw]τ
Συχὰρ πλησίον τοῦ χωρίου οὗ	ἔδωκεν Ἰακὼβ	Ἰωσὴφ τῷ υἱῷ αὐτοῦ·	6 ἦν δὲ	C* D L M N S W Θ Ω 𝑓1 33 28 157 565 700 1071

ἐκεῖ πηγὴ τοῦ Ἰακώβ. ὁ οὖν	Ἰησοῦς κεκοπιακὼς ἐκ	τῆς ὁδοιπορείας	ἐκαθέζετο	B A N 𝑓13 579
ἐκεῖ πηγὴ τοῦ Ἰακώβ. οὖν	Ἰησοῦς κεκοπιακὼς ἐκ	τῆς ὁδοιπορίας	ἐκαθίζετο	𝔓66*
ἐκεῖ πηγὴ τοῦ Ἰακώβ. ὁ οὖν	κύριος κεκοπιακὼς ἐκ	τῆς ὁδοιπορίας	ἐκαθέζετο	Λ
ἐκεῖ πηγὴ τοῦ Ἰακώβ. ὁ	Ἰησοῦς κεκοπιακὼς ἀπὸ	τῆς ὁδοιπορίας	ἐκαθέζετο	69
ἐκεῖ πηγὴ τοῦ Ἰακώβ. ὁ οὖν	Ἰησοῦς κεκοπιακὼς ἀπὸ	τῆς ὁδοιπορίας	ἐκαθέζετο	28
ἐκεῖ πηγὴ τοῦ Ἰακώβ. ὁ οὖν ὁ	Ἰησοῦς κεκοπιακὼς ἐκ	τῆς ὁδοιπορείας	ἐκαθέζετο	788 [↓rell
ἐκεῖ πηγὴ τοῦ Ἰακώβ. ὁ οὖν	Ἰησοῦς κεκοπιακὼς ἐκ	τῆς ὁδοιπορίας	ἐκαθέζετο	𝔓66c.75 124 uwτ

lac. 4.2-6 𝔓45 P Γ 1346 ¦ vss. 1-5 N

A 3 αφηικεν E* ¦ αφηκε Y U 118 69 157 565 700 ¦ απηλθε 118 69 ¦ παλην Θ 4 εδι W ¦ διερχεθαι Y ¦ τις (της) Θ 5 ερχεταιι 𝔓75* ¦ εερχεται 𝔓75c ¦ ερχετε W ¦ λεγομενη 13 5 πολην Θ ¦ λεγωμενην 𝑓1 πλη 579 6 εκι W ¦ καικοπιακος Θ* ¦ καικοπιακως Θc ¦ κεκοπικως 69 ¦ οδηπορια W ¦ οδυπορίας E F Θ Ω 28 1071 ¦ οδυπορειας 579

B 5 ῑς F H U 2 1424 ¦ ῡω̄ C 𝔐 K M W Λ Ψ Ω 28 565 1071 6 ῑς B 𝔓66 𝔓75 ℵ A C 𝔐 K L M N S U W Δ Θ Π Ψ Ω 𝑓1 118 𝑓13 124 2 33 28 157 565 700 1071 1424 ¦ κ̄ς Λ ¦ της D

C 4.2 τελ 157 3 τελος D ¦ τελ L 579 4 αvναγνοσμα D ¦ ε̄ (ε̄ Lmg ¦ δ̄ Ltop ¦ λ̄β̄ 579) περι της σαμαριτιδος (σαμαρειτιδος E S Λ Π 157 788): E F G H S L Δ Π 2 157 579 788 5 ε̄ A ¦ αρχη: κυριακη ε̄ τω καιρω εκεινω (om. 32) ερχεται (ερχετε 2) ο ῑς̄: (ante εις πολιν) E 2 ¦ αρχη: κυ, δ̄ τω κ,ρ, ερχεται ο ῑς̄ εις πολιν G ¦ κ,υ ε τω κ, ερχεται ο ῑς̄ εις πο H ¦ αρχ: τη κ,υ της μεσο ν̄ τω κ,ρ,ω ερχεται ο ῑς̄ εις π̄ο̄ Y ¦ κ,υ ε τω και, ερχετ ο ῑς̄ εις πολιν της σαμ, M ¦ κυ τω κ S ¦ αρχ: τω κ,ρω ερχεται Θ ¦ αρχ κ,υ ε Ψ ¦ κ,υ ε τω καιρω ερχεται ο ῑς̄ Ω ¦ αρχ ῑβ̄ κ,υ ε τς σαμαριτιδι τω καιρω εκει ερχεται ο ῑς̄ εις 𝑓1 ¦ αρχ ῑβ̄ τω ερχεται ο ῑς̄ εις εις πολιν της σαμαρειας 118 ¦ αρχ κ,υ ε τς σαμαρειας 𝑓13 788 ¦ αρχ κ,υ ε̄ απο του πασχ 124 ¦ αρχ τς κ,υ τω καιρω εκεινω ερχεται ο ῑς̄ εις πολιν τς σαμαριας 28 ¦ αρχ κυριακη δ̄ 157 ¦ αρχη τω καιρω 1424 ¦ ε̄ πε της σαμαρειτιδος (σαμαρτιδος M Θ 28) Y K M U Θ Ω 𝑓1 124 14242 (ante ο ουν vs. 6 28)

D 3 λ̄β̄/ζ ℵ E G L M S U Y Θ Λ Π Ψ Ω 124 28 788 1424 ¦ λ̄β̄ (ante και απηλθεν C) D F H K 𝑓13 2 1071 ¦ Ευ Ιω λ̄β̄ : Λο . : Μρ . : Μθ ῑθ̄ E ¦ Ιω λ̄β̄ : Μθ ῑθ̄ 124 4 λ̄γ̄/ῑ ℵ E L S U Y M Θ Λ Ψ Ω 788 1424 ¦ λ̄γ̄ D F G H 124 2 157 ¦ λ̄β̄ 𝑓1 579 ¦ λ̄β̄/ῑ 118 ¦ Ευ Ιω λ̄γ̄ : Λο . : Μρ . : Μθ . E ¦ Ιω λ̄γ̄ : Μθ . 124 5 λ̄γ̄/ῑ A Π 28 ¦ λ̄γ̄ C 𝑓1 1071

37

οὕτω	ἐπὶ τῇ	πηγῇ·	ὥρα	ἦν ὡς	ἕκτη.	B
οὕτως	ἐπὶ τῇ	γῇ·	ὥρα	ἦν ὡς	ἕκτη.	𝔭66*
οὕτως	ἐπὶ τῇ	πηγῇ·	ὥρα	ἦν ὡς	ἕκτη.	𝔭66c.75 ℵ A C D N Θ Ψ 33 uw
οὕτως	ἐπὶ τῇ	πηγῇ·	ὥρα	ἦν ὡσει	ἕκτη.	𝔐 K M U Δ Λ Π f13 2 28 157 579 700 1071 1424 τ
οὕτως	ἐπὶ τὴν	πηγήν·	ὥρα	ἦν ὡς	ἕκτη.	L
οὕτως	ἐπὶ τῇ	πηγῇ·	ὥρα δὲ	ἦν ὡς	ἕκτη.	Wsup
	ἐπὶ τῇ	πηγῇ·	ὥρα	ἦν ὡσεὶ	ἕκτη.	f1 69 124 565 788

Dialog With A Samaritan Woman: Living Water

[↓33 28 157 565 700 1071 1424 u**τ**

7	Ἔρχεται	γυνὴ ἐκ	τῆς Σαμαρείας	ἀντλῆσαι ὕδωρ.	B 𝔭75 A C 𝔐 K Lc M N U Δ Λ Π Ψ f1 f13
7	Ἔρχεται	γυνὴ ἐκ	τῆς Σαμαρίας	ἀντλῆσαι ὕδωρ.	𝔭66 D F L* Θ 2 579 w
7	Ἔρχεταί τις	γυνὴ ἐκ	τῆς Σαμαρίας	ἀντλῆσαι ὕδωρ.	ℵ
7	Ἔρχεται	γυνὴ ἐκ	τῆς Σαμαρεί	ἀντλῆσαι ὕδωρ.	G*
7	Καὶ ἔρχεται	γυνὴ ἐκ	τῆς Σαμαρίας	ἀντλῆσαι ὕδωρ.	Wsup
7	Ἔρχεται	γυνὴ απο	τῆς Σαμαρείας	ἀντλῆσαι ὕδωρ.	124

λέγει αὐτῇ	ὁ Ἰησοῦς,	Δός μοι πεῖν·	8 οἱ γὰρ μαθηταὶ αὐτοῦ ἀπεληλύθεισαν	B* 𝔭66.75 C* D
λέγει αὐτῇ	ὁ Ἰησοῦς,	Δός μοι πῖν·	8 οἱ γὰρ μαθηταὶ αὐτοῦ ἀπεληλύθεισαν	ℵ* [↑Η uw
λέγει αὐτῇ	ὁ Ἰησοῦς,	Δός μοι πεῖν·	8 οἱ γὰρ μαθηταὶ αὐτοῦ ἀπῆλθον	L
λέγει αὐτῆς	ὁ Ἰησοῦς,	Δός μοι ποιεῖν·	8 οἱ γὰρ μαθηταὶ αὐτοῦ ἀπελύθησαν	Λ
λέγει αὐτῇ	ὁ Ἰησοῦς,	Δός μοι πιεῖν·	8 οἱ γὰρ μαθηταὶ αὐτοῦ ἀπελύθησαν	118*
λέγει αὐτῇ	ὁ Ἰησοῦς,	Δός μοι πιεῖν·	8 οἱ γὰρ μαθηταὶ αὐτοῦ ἀπελήλύθησαν	118c
λέγει αὐτῇ	ὁ Ἰησοῦς,	Δός μοι ποιεῖν·	8 οἱ γὰρ μαθηταὶ αὐτοῦ ἀπεληλύθεισαν	f13
λέγει αὐτῇ	ὁ Ἰησοῦς,	Δός μοι πιεῖν·	8 οἱ γὰρ μαθηταὶ ἀπεληλύθεισαν	28
λέγει αὐτοῖς	ὁ Ἰησοῦς,	Δός μοι πιεῖν·	8 οἱ γὰρ μαθηταὶ αὐτοῦ ἀπεληλύθασιν	579
λέγει αὐτῇ	ὁ Ἰησοῦς, Γύναι,	δός μοι πιεῖν·	8 οἱ γὰρ μαθηταὶ αὐτοῦ ἀπεληλύθεισαν	1424
λέγει αὐτῇ	ὁ Ἰησοῦς,	Δός μοι πιεῖν·	8 οἱ γὰρ μαθηταὶ αὐτοῦ ἀπεληλύθεισαν	Bc ℵc A Cc 𝔐 K

M N U Wsup Δ Θ Π Ψ f1 69 124 2 33 157 565 700 788 1071 τ

[↓28 157 700 788 1424 w**τ**

εἰς τὴν πόλιν ἵνα τροφὰς ἀγοράσωσιν. 9	λέγει οὖν	αὐτῷ ἡ γυνὴ ἡ Σαμαρεῖτις,	B 𝔭66c.75 A 𝔐 K U Π Ψ 2*
.... 9	λέγει οὖν	αὐτῷ ἡ γυνὴ ἡ Σαμαρῖτις,	𝔭63
εἰς τὴν πόλιν ἵνα τροφὰς ἀγοράσωσιν. 9	λέγει οὖν	αὐτῷ ἡ γυνὴ ἡ Σαμαρῖτις,	𝔭66* ℵc C D L N Wsup Θ 2c u
εἰς τὴν πόλιν ἵνα τροφὰς ἀγοράσωσιν. 9	λέγει	αὐτῷ ἡ γυνὴ ἡ Σαμαρῖτις,	ℵ*
εἰς τὴν πόλιν ἵνα τροφὰς ἀγοράσωσιν. 9	λέγει οὖν	αὐτῷ ἡ γυνὴ ἡ Σαμαρειτης,	Η Μ Λ f13 33 1071
εἰς τὴν πόλιν ἵνα τροφὰς ἀγοράσωσιν. 9	λέγει	αὐτῷ ἡ γυνὴ ἡ Σαμαρεῖτις,	S* f1 565
εἰς πόλιν ἵνα τροφὰς ἀγοράσωσιν. 9	λέγει οὖν	αὐτῷ ἡ γυνὴ ἡ Σαμαρείταις,	Δ*
εἰς πόλιν ἵνα τροφὰς ἀγοράσωσιν. 9	λέγει οὖν	αὐτῷ ἡ γυνὴ ἡ Σαμαρεῖτις,	Δc
εἰς τὴν πόλιν ἵνα τροφὰς ἀγοράσωσιν. 9	λέγει οὖν	αὐτῷ ἡ γυνὴ ἡ Σαμαρεῖτις,	118
εἰς τὴν πόλιν ἵνα τροφὰς ἀγοράσωσιν. 9	λέγει	αὐτῷ ἡ γυνὴ Σαμαρῖτις,	579

lac. 4.6-9 𝔭45 Ρ Γ 1346

A 6 ουτος 13 28 | επη 579 | ωραι 700 | ωση Η* Ω 69 7 ερχαιται W ¦ ερχετε 1071 | τη (της) Θ | αντλησε W | λεγι W | δως Ω 8 μαθητε W | απεληλυθισαν ℵ D W ¦ απεληλυθησαν E F H Y K Θ Ω 118c 13 2 28 700 1424 | απεληλυθεσαν Λ* ¦ απελυθεισαν 1 ¦ απεληλυθεισιν 69 | πολην 28 | αγορασωσι K S U 118 157 700 ¦ αγωρασωσιν 13 579 9 λεγι W

B 7 ι̅ς̅ B 𝔭66 𝔭75 ℵ A C 𝔐 K L M N S U W Δ Θ Λ Π Ψ Ω f1 118 f13 124 2 33 28 157 565 579 700 788 1071 1424 ¦ τη̅ς̅ D

C 7 ε̅ περι της Σαμαρειτιδος Δ

D 7 λ̅δ̅ 157

Πῶς σὺ Ἰουδαῖος ὢν παρ' ἐμοῦ πεῖν αἰτεῖς γυναικὸς Σαμαρείτιδος οὔσης;			B* C* **w**
Πῶς σὺ Ἰουδαῖος ὢν παρ' ἐμοῦ <u>πιειν</u> αἰτεῖς γυναικὸς Σαμαρείτιδος οὔσης;			Bᶜ Ψ
Πῶς σὺ Ἰουδαῖος ὢν παρ' ἐμοῦ πεῖν αἰτεῖς γυναικὸς <u>Σαμαρίτιδος</u> οὔσης;			𝔓⁶³ **u**
Πῶς σὺ Ἰουδαῖος ὢν <u>παρά</u> μου <u>ἐτεῖς πεῖν</u> <u>Σαμαρίτιδος</u> οὔσης;			𝔓⁶⁶*
Πῶς σὺ Ἰουδαῖος ὢν παρ' ἐμοῦ πεῖν αἰτεῖς <u>Σαμαρίτιδος</u> οὔσης;			𝔓⁶⁶ᶜ
Πῶς σὺ Ἰουδαῖος ὢν παρ' ἐμοῦ πεῖν αἰτεῖς γυναικὸς <u>οὔσης</u> Σαμαρείτιδος;			𝔓⁷⁵
....τιδος			𝔓⁷⁶
Πῶς σὺ Ἰουδαῖος ὢν παρ' ἐμοῦ <u>πῖν</u> <u>αἰτῖς</u> <u>Σαμαρίτιδος</u> οὔσης;			ℵ*
Πῶς σὺ Ἰουδαῖος ὢν παρ' ἐμοῦ <u>πιειν</u> <u>αἰτῖς</u> <u>Σαμαρίτιδος</u> οὔσης;			ℵᶜ
Πῶς σὺ Ἰουδαῖος ὢν παρ' ἐμοῦ <u>πῖν</u> αἰτεῖς γυναικὸς Σαμαρείτιδος οὔσης;			A
<u>Σὺ Ἰουδαῖος ὢν πῶς</u> παρ' ἐμοῦ πεῖν αἰτεῖς γυναικὸς <u>Σαμαρίτιδος</u>;			D
Πῶς σὺ Ἰουδαῖος ὢν παρ' ἐμοῦ <u>πῖν</u> αἰτεῖς γυναικὸς <u>Σαμαρειδος</u> οὔσης;			L
Πῶς σὺ Ἰουδαῖος ὢν παρ' ἐμοῦ <u>πιειν</u> αἰτεῖς γυναικὸς <u>Σαμαρίτιδος</u> οὔσης;			N
Πῶς σὺ <u>Ειουδέος</u> ὢν παρ' ἐμοῦ <u>πῖν</u> <u>ἐτῖς</u> γυναικὸς <u>Σαμαρίτιδος</u> οὔσης;			Wˢᵘᵖ
Πῶς σὺ <u>Ἰουδαίως</u> ὢν παρ' ἐμοῦ <u>πιειν</u> αἰτεῖς <u>οὔσης</u> γυναικὸς <u>Σαμαρίτιδος</u>;			Θ
Πῶς σὺ Ἰουδαῖος ὢν παρ' ἐμοῦ <u>πιειν</u> αἰτεῖς <u>οὔσης</u> γυναικὸς <u>Σαμαρίτιδος</u>;			Δ 2ᶜ 579
Πῶς σὺ Ἰουδαῖος ὢν παρ' ἐμοῦ <u>πιειν</u> αἰτεῖς <u>οὔσης</u> γυναικὸς Σαμαρείτιδος;			2* 700 1071 τ
Πῶς σὺ Ἰουδαῖος ὢν παρ' ἐμοῦ <u>πιειν</u> αἰτεῖς <u>οὔσης</u> γυναικὸς <u>Σαμαρείτιδος</u>;			Cᶜ 𝔐 K M U Λ Π f¹ f¹³ 33 28 157 565 1424

οὐ	γὰρ συνχρῶνται	Ἰουδαίοις	Σαμαρείταις.	**10** ἀπεκρίθη Ἰησοῦς	B*
οὐ	γὰρ <u>συγχρῶνται</u>	<u>Ἰουδαῖοι</u>	Σαμαρείταις.	**10** ἀπεκρίθη Ἰησοῦς	Bᶜ 𝔐 M U Π Ψ 1582 28 565
οὐ	γὰρ συνχρῶνται	Ἰουδαῖοι	Σαμαρείταις.	**10** ἀπεκρίθη <u>ὁ</u> Ἰησοῦς	𝔓⁶³ N Θᶜ f¹³ [↑700 τ
οὐ	γὰρ συνχρῶνται	Ἰουδαῖοι	<u>Σαμαρίταις.</u>	**10** ἀπεκρίθη Ἰησοῦς	𝔓⁶⁶ L Δ 33
οὐ	γὰρ συνχρῶνται	Ἰουδαῖοι	Σαμαρείταις.	**10** ἀπεκρίθη Ἰησοῦς	𝔓⁷⁵ ℵᶜ A C 157 [**w**]
.....	...... συνχρ.........	......<u>δαιοι</u>	Σ..................ᵀ	**10**	𝔓⁷⁶
				10 ἀπεκρίθη Ἰησοῦς	ℵ* [**w**]
				10 ἀπεκρίθη <u>ὁ</u> Ἰησοῦς	D
<u>οὐ οὐ</u>	γὰρ <u>συγχρῶνται</u>	Ἰουδαῖοι	Σαμαρείταις.	**10** ἀπεκρίθη Ἰησοῦς	E
οὐ	γὰρ <u>συχρῶνται</u>	Ἰουδαῖοι	Σαμαρείταις.	**10** ἀπεκρίθη Ἰησοῦς	K Λ 118
οὐ	γὰρ συνχρῶνται	<u>Ἰουδέοι</u>	<u>Σαμαρίταις.</u>	**10** ἀπεκρίθη Ἰησοῦς	Wˢᵘᵖ
οὐ	γὰρ συνχρῶνται	<u>Ἰουδέοι</u>	Σαμαρείταις.	**10** ἀπεκρίθη <u>ὁ</u> Ἰησοῦς	Θ*
<u>ὁ</u>	γὰρ <u>συγχρῶνται</u>	Ἰουδαῖοι	Σαμαρείταις.	**10** ἀπεκρίθη <u>ὁ</u> Ἰησοῦς	1
οὐ	γὰρ <u>συγχρῶνται</u>	Ἰουδαῖοι	Σαμαρείταις.	**10** ἀπεκρίθη <u>ὁ</u> Ἰησοῦς	69 124 1071
οὐ	γὰρ <u>συγχρῶνται</u>	Ἰουδαῖοι	<u>Σαμαρίταις.</u>	**10** ἀπεκρίθη Ἰησοῦς	2 **u**
οὐ	γὰρ <u>συχρῶνται</u>	Ἰουδαίοις	<u>Σαμαρίταις.</u>	**10** ἀπεκρίθη Ἰησοῦς	579
οὐ	γὰρ <u>συγχρῶνται</u> <u>οἱ</u>	Ἰουδαῖοι	Σαμαρείταις.	**10** ἀπεκρίθη <u>ὁ</u> Ἰησοῦς	1424

[ᵀ 𝔓⁷⁶ ·ρμηνεια ·····πιστευσ·····ρ γινεται·····]

καὶ εἶπεν αὐτῇ, Εἰ ᾔδεις τὴν δωρεὰν τοῦ θεοῦ καὶ τίς ἐστιν ὁ λέγων σοι, Δός μοι πεῖν,	B* 𝔓⁶³·⁶⁶·⁷⁵ C* D L
καὶ εἶπεν αὐτῇ, Εἰ ᾔδεις τὴν δωρεὰν τοῦ θεοῦ καὶ τίς ἐστιν ὁ λέγων σοι, Δός μοι <u>πῖν</u>,	ℵ* Wˢᵘᵖ [↑**uw**
καὶ εἶπεν αὐτῇ, Εἰ ᾔδεις τὴν δωρεὰν τοῦ θεοῦ καὶ τίς ἐστιν ὁ λέγων σοι, Δός μοι <u>ποιεῖν</u>,	Λ
καὶ εἶπεν αὐτῇ, Εἰ ᾔδεις τὴν δωρεὰν τοῦ θεοῦ καὶ τίς ἐστιν ὁ λέγων σοι, Δός μοι <u>ὕδωρ πιεῖν</u>,	700
καὶ εἶπεν αὐτῇ, Εἰ ᾔδεις τὴν δωρεὰν τοῦ θεοῦ καὶ τίς ἐστιν ὁ λέγων σοι, Δός μοι πεῖν,	Bᶜ ℵᶜ Cᶜ A 𝔐 K M N U Δ Θ Π Ψ f¹ f¹³ 2 33 28 157 565 579 1071 1424 τ

σὺ ἂν ᾔτησας	αὐτὸν καὶ ἔδωκεν ἄν σοι ὕδωρ ζῶν.	**11** λέγει αὐτῷ, Κύριε,	B 𝔓⁷⁵ [**uw**]
σὺ ἂν ᾔτησας	αὐτὸν καὶ ἔδωκεν ἄν σοι ὕδωρ ζῶν.	**11**	𝔓⁶³
σὺ ἂν ᾔτησας	αὐτὸν καὶ ἔδωκεν ἄν σοι ὕδωρ ζῶν.	**11** λέγει <u>αὐτῇ ἡ γυνή</u>, Κύριε,	𝔓⁶⁶*
σὺ ἂν ᾔτησας	αὐτὸν καὶ ἔδωκεν ἄν σοι ὕδωρ ζῶν.	**11** λέγει <u>αὐτῷ ἐκείνη</u>, Κύριε,	ℵ*
<u>συνήτησας</u>	αὐτὸν καὶ ἔδωκεν ἄν σοι ὕδωρ ζῶν.	**11** λέγει <u>αὐτῷ ἡ γυνή</u>, Κύριε,	D*
<u>σοι</u> ἂν ᾔτησας	αὐτὸν καὶ ἔδωκεν ἄν σοι ὕδωρ ζῶν.	**11** λέγει <u>αὐτῷ ἡ γυνή</u>, Κύριε,	F 1424
σὺ ἂν ᾔτησας	αὐτὸν καὶ ἔδωκεν σοι ὕδωρ ζῶν.	**11** λέγει <u>αὐτῷ ἡ γυνή</u>, Κύριε,	L N Ω 69 788
σὺ ἂν ᾔτησας	αὐτὸν καὶ ἔδωκεν ἄν σοι ὕδωρ ζῶν.	**11** λέγει <u>αὐτῷ ἡ γυνή</u>, Κύριε,	𝔓⁶⁶ᶜ ℵᶜ A C Dᶜ 𝔐 K M U Wˢᵘᵖ Δ Θ Λ Π Ψ f¹ f¹³ 2 33 28 157 565 579 700 1071 [**uw**]τ

---

lac. 4.9-11 𝔓⁴⁵ P Γ 1346

A 9 σοι (συ) 1071 **10** η (ει) 𝔓⁶⁶* A Π* 1071 ¦ ειδεις 𝔓⁶⁶* A Π* 69 1071 ¦ ηδις ℵ W ¦ ηδης H 28 1424 ¦ ιδεις 579 ¦ της (τις) E* ¦ λεγον 1071 ¦ δως 579 ¦ ητισας K 2 ¦ αυταον W **11** λεγι W ¦ λε 579

B 10 ι̅ς̅ B 𝔓⁶⁶ 𝔓⁷⁵ ℵ A C 𝔐 K L M N S U W Δ Θ Λ Π Ψ Ω f¹ 118 f¹³ 124 2 33 28 157 565 579 700 788 1071 1424 ¦ ι̅η̅ς̅ D| θ̅υ̅ B 𝔓⁶⁶ 𝔓⁷⁵ ℵ A C D 𝔐 K L M N S U W Δ Θ Λ Π Ψ Ω f¹ 118 f¹³ 69 124 2 33 28 157 565 579 700 788 1071 1424 **11** κ̅ε̅ B 𝔓⁶⁶ 𝔓⁷⁵ ℵ A C D 𝔐 K L M N S U W Δ Θ Λ Π Ψ Ω f¹ 118 f¹³ 69 124 2 33 28 157 565 579 700 788 1071 1424

C 9 ερμην··· ·ο εχεις καμνε·· 𝔓⁶³ ¦ ερμηνια εα· ···στευσης χαρα·····ινεται 𝔓⁶³

D 11 λ̅γ̅ 579

39

οὔτε ἄντλημα ἔχεις καὶ τὸ φρέαρ ἐστὶν βαθύ· πόθεν οὖν ἔχεις τὸ ὕδωρ τὸ ζῶν; B 𝔭⁶⁶·⁷⁵ **uwτ** rell
οὔτε ἄντλημα ἔχεις καὶ τὸ φρέαρ ἐστὶν βαθύ· πόθεν   ἔχεις τὸ ὕδωρ τὸ ζῶν; ℵ
οὐδὲ ἄντλημα ἔχεις καὶ τὸ φρέαρ ἐστὶν βαθύ· πόθεν   ἔχεις   ὕδωρ   ζῶν; D
τὸ φρέαρ ἐστὶ βαθὺ καὶ οὔτε ἄντλημα ἔχεις· καὶ πόθεν ἐστιν τὸ ὕδωρ τὸ ζῶν; W^sup
οὔτε ἄντλημα ἔχεις καὶ τὸ φρέαρ ἐπὶ   βαθύ· πόθεν οὖν ἔχεις τὸ ὕδωρ τὸ ζῶν; Π*
οὔτε ἄντλημα ἔχεις καὶ τὸ φρέαρ ἐστὶν ········· πόθεν οὖν ἔχεις τὸ ὕδωρ τὸ ζῶν; 33

[↓33 2 28 157 565 579 700 1071 1424 **uwτ**
12 μὴ σὺ μείζων εἶ τοῦ πατρὸς ἡμῶν   Ἰακώβ, ὃς   ἔδωκεν   B A D 𝔐 K L N U Δ Λᶜ Π Ψ 1582 118 *f*¹³
12 μὴ σὺ μείζων εἶ τοῦ πατρὸς ἡμῶν   Ἰακώβ, ὃς   δέδωκεν 𝔭⁶⁶·⁷⁵ C 69 788
12   μίζω ········   ἡμῶν   ὃς   ἔδω ····· 𝔭⁷⁶
12 μὴ σὺ μείζων εἶ τοῦ πατρὸς ἡμῶν   Ἰακώβ, ὅστις ἔδωκεν ℵ*
12 μὴ σὺ μείζων εἶ τοῦ πατρὸς ἡμῶν   Ἰακώβ, ὅστις ἔδωκεν ℵᶜ Θ
12 μὴ σὺ μείζων εἶ τοῦ πατρὸς ἡμῶν   Ἀβραάμ, ὃς   ἔδωκεν   M
12 μὴ σὺ μείζον εἶ τοῦ πατρὸς ἡμῶν   Ἰακώβ, ὃς   ἔδωκεν   W^sup
12 μὴ σὺ μείζων εἶ τοῦ πατρὸς   Ἰακώβ, ὃς   ἔδωκεν   Λ*
12 μὴ σὺ μείζων εἶ τοῦ πατρὸς ἡμῶν τοῦ Ἰακώβ, ὃς   ἔδωκεν   1

ἡμῖν τὸ φρέαρ   καὶ αὐτὸς ἐξ αὐτοῦ ἔπιεν καὶ οἱ υἱοὶ αὐτοῦ καὶ τὰ θρέμματα B 𝔭⁶⁶ᶜ·⁷⁵ **uwτ** rell
ἡμῖν τὸ φρέαρ   καὶ αὐτὸς ἐξ αὐτοῦ ἔπιεν καὶ   υἱοὶ αὐτοῦ καὶ τὰ θρέμματα 𝔭⁶⁶* H 118 579
········ ·ὸ φρέαρ ········ ··ξ αὐτοῦ ἔπιε ·········· ········· ·ὰ θρέμματα 𝔭⁷⁶
ἡμῖν τὸ φρέαρ   αὐτὸς καὶ ἐξ αὐτοῦ ἔπιεν καὶ οἱ υἱοὶ αὐτοῦ καὶ τὰ θρέμματα ℵ*
ἡμῖν τὸ φρέαρ τὸ ζῶν καὶ αὐτὸς ἐξ αὐτοῦ ἔπιεν καὶ οἱ υἱοὶ αὐτοῦ καὶ τὰ θρέμματα W^sup
ἡμῖν τὸ φρέαρ τοῦτο καὶ αὐτὸς ἐξ αὐτοῦ ἔπιεν καὶ   υἱοὶ αὐτοῦ καὶ τὰ θρέμματα *f*¹³
ἡμῖν τὸ φρέαρ τοῦτο καὶ αὐτὸς ἐξ αὐτοῦ ἔπιεν καὶ οἱ υἱοὶ αὐτοῦ καὶ τὰ θρέμματα 69 124 1071

αὐτοῦ; **13** ἀπεκρίθη   Ἰησοῦς καὶ εἶπεν αὐτῇ, Πᾶς ὁ πείνων ἐκ τοῦ ὕδατος B 𝔭⁶⁶·⁷⁵ᶜ
αὐτοῦ; **13** ἀπεκρίθη   Ἰησοῦς καὶ εἶπεν αὐτῇ, Πῶς ὁ πείνων ἐκ τοῦ ὕδατος 𝔭⁷⁵*
········ **13** ·········· ·········· ········· ·········· ············ ·· ··· ····· 𝔭⁷⁶
       13 ἀπεκρίθη   Ἰησοῦς καὶ εἶπεν αὐτῇ, Πᾶς ὁ πείνων ἐκ τοῦ ὕδατος D
αὐτοῦ; **13** ἀπεκρίθη ὁ Ἰησοῦς καὶ εἶπεν αὐτῇ, Πᾶς ὁ πίνων ἐκ τοῦ ὕδατος N Λ *f*¹³ 1071 τ
αὐτοῦ; **13** ἀπεκρίθη   ·········· καὶ εἶπεν αὐτῇ, Πᾶς ὁ πίνων ἐκ τοῦ ὕδατος 33
αὐτοῦ; **13** ἀπεκρίθη   Ἰησοῦς καὶ εἶπεν αὐτῇ, Πᾶς ὁ πίνων ἐκ τοῦ ὕδατος **uw** rell

τούτου διψήσει πάλιν· **14** ὃς δ' ἂν   πίῃ   ἐκ τοῦ ὕδατος οὗ ἐγὼ δώσω αὐτῷ, B 𝔭⁶⁶·⁷⁵ 124 788 **uwτ**
τούτου διψήσει πάλιν· **14** ὁ δὲ   πίνων ἐκ τοῦ ὕδατος οὗ ἐγὼ δώσω αὐτῷ, ℵ* [↑rell
τούτου διψήσει πάλιν· **14** ὁ δὲ   πείνων ἐκ τοῦ ὕδατος οὗ ἐγὼ δώσω αὐτῷ, D
τούτου διψήσει πάλιν· **14** ὃς δ' ἂν δὲ πίῃ   ἐκ τοῦ ὕδατος οὗ ἐγὼ δώσω αὐτῷ, W^sup
τούτου διψήσει πάλιν· **14** ὃς δ' ἂν   ποιεῖ ἐκ τοῦ ὕδατος οὗ ἐγὼ δώσω αὐτῷ, *f*¹³
τούτου διψήσει πάλιν· **14** ὃς δ' ἂν   πίει ἐκ τοῦ ὕδατος οὗ ἐγὼ δώσω αὐτῷ, E* H 69 2 1071 1424
τούτου διψήσει πάλιν· **14** ὃς δ' ἂν   πίῃ   ἐκ ···· δατος οὗ ἐγὼ δώσω αὐτῷ, 33

οὐ μὴ   διψήσει εἰς τὸν αἰῶνα, ἀλλὰ τὸ ὕδωρ ὃ   δώσω αὐτῷ γενήσεται B A L Θ Ψ Ω 1 1582* 2 28 157
οὐ μὴ   διψήσει εἰς τὸν αἰῶνα, ἀλλὸ τὸ ὕδωρ ὃ   δώσω αὐτῷ γενήσεται 𝔭⁷⁵ [↑uw
οὐ μὴ   διψήσει εἰς τὸν αἰῶνα, ἀλλὰ τὸ ὕδωρ ὃ ἐγὼ δώσω   γενήσεται ℵ
                               γενήσεται C*
οὐ   δειψήσει εἰς τὸν αἰῶνα, ἀλλὰ τὸ ὕδωρ ὃ ἐγὼ δώσω αὐτῷ γενήσεται D
οὐ μὴ   διψήσει εἰς τὸν αἰῶνα, ἀλλὰ τὸ ὕδωρ ὃ ἐγὼ δώσω αὐτῷ γενήσεται M N 69 124 788 1071
οὐ μὴ   διψήση εἰς τὸν αἰῶνα, ἀλλὰ τὸ ὕδωρ ὃ ἐγὼ δώσω αὐτῷ γενήσεται W^sup
οὐ μὴ   δίψει   εἰς τὸν αἰῶνα, ἀλλὰ τὸ ὕδωρ ὃ   δώσω αὐτῷ γεννήσεται Δ
τούτου διψήσει.   πάλιν ὃς δ' ἂν πίη ἐκ τοῦ ὕδατος γενήσεται *f*¹³
οὐ μὴ   διψήσει εἰς τὸν αἰῶνα, ἀλλὰ τὸ ὕδωρ ὃ ἐγὼ δώσω αὐτῷ ·······σεται 33 [↓565 579 700 1424 τ
οὐ μὴ   διψήση εἰς τὸν αἰῶνα, ἀλλὰ τὸ ὕδωρ ὃ   δώσω αὐτῷ γενήσεται 𝔭⁶⁶ Cᶜ 𝔐 K U Λ Π 1582ᶜ 118

lac. **4.11-14** 𝔭⁴⁵ P Γ 1346

A **11** εχις¹ W ¦ εχης 579 ¦ εστι D Y K M S U Ω *f*¹ 118 13 69 124 28 157 565 700 ¦ βαθυν 𝔭⁶⁶* ¦ τω (το²) K **12** μιζω· 𝔭⁷⁶ ¦ μιζον W ¦ μιζων Θ ¦ μηζων 579¦ η (ει) 28 579 ¦ ημειν D ¦ ααυτος Θ ¦ επιε Y 118 157 700 ¦ θρεματα 1 **13** πινον 579 ¦ διψησι W ¦ δειψιση 579 ¦ διψηση 1424 **14** του (ου¹) E* ¦ των (τον) Θ ¦ αλα Θ* ¦ αλλλα Λ ¦ τω (το) E Λ ¦ δοσω¹ 28 ¦ δοσω² K 28 ¦ γενσαιται L ¦ γενησετε Θ

B **12** πρς 𝔭⁶⁶ A C D 𝔐 K L M N S U W Δ Θ Λ Π Ψ Ω *f*¹ 118 *f*¹³ 69 124 2 33 28 157 565 579 700 788 1071 1424 ¦ υι W **13** ι̅ς̅ B 𝔭⁶⁶ 𝔭⁷⁵ ℵ A C 𝔐 K L M N S U W Δ Θ Λ Π Ψ Ω *f*¹ 118 *f*¹³ 124 2 28 157 565 579 700 788 1071 1424 ¦ ι̅η̅ς̅ D

C **12** ερμηνε· ····· πολλας τ····ας ποιη·α·····νηθης····· 𝔭⁷⁶

[↓788 **uwτ** rell

ἐν αὐτῷ πηγὴ ὕδατος	ἁλλομένου εἰς ζωὴν αἰώνιον. **15** λέγει	πρὸς αὐτὸν ἡ γυνή,	B 𝔓⁷⁵ 124
πηγη ἐν αὐτῷ ὕδατος	ἁλλομένου εἰς ζωὴν αἰώνιον. **15** λέγει	πρὸς αὐτὸν ἡ γυνή,	𝔓⁶⁶
ἐν αὐτῷ πηγὴ ὕδατος	ἁλλομένου εἰς ζωὴν αἰώνιον. **15** λέγει δὲ	πρὸς αὐτὸν ἡ γυνή,	E*
ἐν αὐτῷ πηγὴ ὕδατος ζῶντος	ἁλλομένου εἰς ζωὴν αἰώνιον. **15** λέγει	πρὸς αὐτὸν ἡ γυνή,	f¹³
αὐτῷ πηγὴ ὕδατος	ἁλλομένου εἰς ζωὴν αἰώνιον. **15** λέγει	πρὸς αὐτὸν η γυνή,	28

Κύριε, δός μοι τοῦτο τὸ ὕδωρ, ἵνα μὴ διψῶ	μηδὲ διέρχομαι	ἐνθάδε ἀντλεῖν.	B 𝔓⁷⁵
Κύριε, δός μοι τοῦτο τὸ ὕδωρ, ἵνα μὴ διψώσω	μηδὲ διέρχωμαι	ἐνθάδε ἀντλεῖν.	𝔓⁶⁶*
Κύριε, δός μοι τοῦτο τὸ ὕδωρ, ἵνα μὴ διψῶ	μηδὲ διέρχωμαι	ἐνθάδε ἀντλεῖν.	𝔓⁶⁶ᶜ **uw**
Κύριε, δός μοι τοῦτο τὸ ὕδωρ, ἵνα μὴ διψῶ	μηδὲ διέρχωμαι	ὧδε ἀντλεῖν.	א*
Κύριε, δός μοι τοῦτο τὸ ὕδωρ, ἵνα μὴ διψῶ	μηδὲ ἔρχωμαι	ἐνθάδε ἀντλεῖν.	A C Y S U Wˢᵖ Δ Π f¹ 124
Κύριε, δός μοι τοῦτο τὸ ὕδωρ, ἵνα μὴ δειψήσω	μηδὲ ἔρχωμαι	ἐνθάδε ἀντλεῖν.	D* [↑2 157 565 579 τ
Κύριε, δός μοι τοῦτο τὸ ὕδωρ, ἵνα μὴ δειψῶ	μηδὲ ἔρχωμαι	ἐνθάδε ἀντλεῖν.	Dᶜ
⋯⋯ ⋯⋯ τοῦτο τὸ ὕδωρ, ἵνα μὴ διψῶ	μηδὲ ἔρχομαι	ἐνθάδε ἀντλεῖν.	33
Κύριε, δός μοι τοῦτο τὸ ὕδωρ, ἵνα μὴ διψῶ	μηδὲ ἔρχομαι	ἐνθάδε ἀντειεῖν.	1071 [↓28 700 1424
Κύριε, δός μοι τοῦτο τὸ ὕδωρ, ἵνα μὴ διψῶ	μηδὲ ἔρχομαι	ἐνθάδε ἀντλεῖν.	אᶜ 𝔐 K L M N Θ Λ Ψ f¹³

16 Λέγει αὐτῇ,	Ὕπαγε φώνησόν σου τὸν ἄνδρα καὶ ἐλθὲ ἐνθάδε.	B w
16 Λέγει αὐτῇ,	Ὕπαγε φώνησόν τὸν ἄνδρα σου καὶ ἐλθὲ ἐνθάδε.	𝔓⁶⁶·⁷⁵ C* **u**
16 Λέγει αὐτῇ Ἰησοῦς καλ,	Ὕπαγε φώνησόν τὸν ἄνδρα σου καὶ ἐλθὲ ἐνθάδε.	א*
16 Λέγει αὐτῇ Ἰησοῦς,	Ὕπαγε φώνησόν τὸν ἄνδρα σου καὶ ἐλθὲ ἐνθάδε.	A Θ f¹
16 Λέγει αὐτῇ ὁ Ἰησοῦς,	Ὕπαγε φώνησόν σου τὸν ἄνδρα καὶ ἐλθὲ ἐνθάδε.	69
16 Λέγει ⋯⋯ ⋯	⋯⋯ ⋯⋯ τὸν ἄνδρα σου καὶ ἐλθὲ ἐνθάδε.	33
16 Λέγει αὐτῇ ὁ Ἰησοῦς,	Ὕπαγε φώνησόν τὸν ἄνδρα σου καὶ ἐλθὲ ἐνθάδε.	אᶜ Cᶜ D 𝔐 K L M N U

Wˢᵘᵖ Δ Λ Π Ψ 118 f¹³ 2 28 157 565 579 700 1071 1424 τ

17 ἀπεκρίθη ἡ γυνὴ καὶ εἶπεν αὐτῷ,	Οὐκ ἔχω ἄνδρα. λέγει	αὐτῇ ὁ Ἰησοῦς,	B 𝔓⁶⁶ Cᶜ 𝔐 N 2 1071
17 ἀπεκρίθη ἡ γυνὴ καὶ λέγει αὐτῷ,	Οὐκ ἔχω ἄνδρα. λέγει	αὐτῇ ὁ Ἰησοῦς,	𝔓⁷⁵ [↑u[w]
17 ἀπεκρίθη ἡ γυνή,	Ἄνδρα οὐκ ἔχω. λέγει	αὐτῇ ὁ Ἰησοῦς,	א*
17 ἀπεκρίθη ἡ γυνὴ καὶ εἶπεν,	Ἄνδρα οὐκ ἔχω. λέγει	αὐτῇ ὁ Ἰησοῦς,	אᶜ D L
17 ἀπεκρίθη ἡ γυνὴ καὶ εἶπεν αὐτῷ,	Ἄνδρα οὐκ ἔχω . λέγει	αὐτῇ ὁ Ἰησοῦς,	C*
17 ἀπεκρίθη ἡ γυνὴ καὶ εἶπεν,	Οὐκ ἔχω ἄνδρα. λέγει	αὐτῇ Ἰησοῦς,	Wˢᵘᵖ Θ
17 ἀπεκρίθη ἡ γυνὴ καὶ εἶπεν αὐτῷ,		αὐτῇ ὁ Ἰησοῦς,	33
17 ἀπεκρίθη ἡ γυνὴ καὶ εἶπεν,	Οὐκ ἔχω ἄνδρα. ἀπεκρίθη	αὐτῇ ὁ Ἰησοῦς,	579
17 ἀπεκρίθη ἡ γυνὴ καὶ εἶπεν,	Οὐκ ἔχω ἄνδρα. λέγει	αὐτῇ ὁ Ἰησοῦς,	A Y K M S U Δ Λ Π Ψ Ω

f¹ f¹³ 28 157 565 700 1424 [w]τ

Καλῶς εἶπες ὅτι Ἄνδρα οὐκ ἔχω·	**18** πέντε γὰρ ἄνδρας ἔσχες καὶ νῦν ὃν ἔχεις	B* w
Καλῶς εἶπες ὅτι Ἄνδρα οὐκ ἔχεις·	**18** πέντε γὰρ ἄνδρας ἔσχες καὶ νῦν ὃν ἔχεις	א
Καλῶς εἶπας ὅτι Ἄνδρα οὐκ ἔχεις·	**18** πέντε γὰρ ἄνδρας ἔσχες καὶ νῦν ὃν ἔχεις	D
Καλῶς εἶπας ὅτι Ἄνδρα οὐκ ἔχω·	**18** πέντε γὰρ ἄνδρας ἔσχες καὶ ὃν ἔχεις	E*
Καλῶς εἶπας ὅτι Ἄνδρα οὐκ ἔχω·	**18** πέντε γὰρ ἄνδρας ⋯⋯	33
Καλῶς εἶπας ὅτι Ἄνδρα οὐκ ἔχω·	**18** πέντε γὰρ ἄνδρας ἔσχες καὶ νῦν ὃν ἔχεις	uτ rell

οὐκ ἔστιν σου ἀνήρ· τοῦτο ἀληθὲς εἴρηκας.	**19** λέγει αὐτῷ ἡ γυνή, Κύριε,	B 𝔓⁶⁶ **uwτ** rell
οὐκ ἔστιν σου ἀνήρ· τοῦτο ἀληθὲς εἶπας.	**19** λέγει αὐτῷ ἡ γυνή, Κύριε,	𝔓⁷⁵
οὐκ ἔστιν σου ἀνήρ· τοῦτο ἀληθῶς εἴρηκας.	**19** λέγει αὐτῷ ἡ γυνή,	א*
οὐκ ἔστιν σου ὁ ἀνήρ· τοῦτο ἀληθῶς εἴρηκας.	**19** λέγει αὐτῷ ἡ γυνή, Κύριε,	אᶜ E
οὐκ ἔστιν σου ὁ ἀνήρ· τοῦτο ἀληθὲς εἴρηκας.	**19** λέγει αὐτῷ ἡ γυνή, Κύριε,	f¹
οὐκ ἔστιν σός· τοῦτο ἀληθὲς εἴρηκας.	**19** λέγει αὐτῷ ἡ γυνή, Κύριε,	28
οὐκ ἔστιν σου ἀνήρ· τοῦτο ἀληθὲς εἴρηκας.	**19** λέγει αὐτῷ ἡ γυνή, ⋯⋯	33

θεωρῶ ὅτι προφήτης εἶ σύ.	**20** οἱ πατέρες ἡμῶν ἐν τῷ ὄρει τούτῳ προσεκύνησαν	B 𝔓⁶⁶·⁷⁵ **uw** rell
θεωρῶ ὅτι προφήτης εἶ.	**20** οἱ πατέρες ἡμῶν ἐν τῷ ὄρει τούτῳ προσεκύνησαν	D
⋯⋯ ⋯ εἶ σύ.	**20** οἱ πατέρες ἡμῶν ἐν τῷ ὄρει τούτῳ προσεκ⋯⋯	33
θεωρῶ ὅτι προφήτης εἶ σύ.	**20** οἱ πατέρες ἡμῶν ἐν τούτῳ τῷ ὄρει προσεκύνησαν	τ

---

lac. 4.14-20 𝔓⁴⁵ P Γ 1346

A **14** πιγη Θ | αλομενου 69 | ει (εις) L | αιωνιων 579 **15** λεγι W | αυτων 579 | δως Ω | δειψω א | δηψω 579 | ερχωμε W 2* | αντλιν W **16** λεγι W | φωνισον Δ | ελθαι 579 **17** απεκρειθη D | λεγι W **17** καλος 579 | εχις א **18** γααρ 1582* | εχις א W | εχες Λ* | εστι Y f¹ 118 69 157 565 700 788 | ηρηκας U 1071 ¦ ειρικας 579 **19** λεγι W | θεωρω Λ 579 700 **20** ορι א W | τουτο E* K L Λ 1 13 124 700 1424 | προσκυνησαν Θ

B 15 κε̄ B 𝔓⁶⁶ 𝔓⁷⁵ א A C D 𝔐 K L M N S U W Δ Θ Λ Π Ψ Ω f¹ 118 f¹³ 69 124 2 28 157 565 579 700 788 1071 1424 **16** ις̄ א A Cᶜ 𝔐 K L M N S U W Δ Θ Λ Π Ψ Ω f¹ 118 f¹³ 124 2 28 157 565 579 700 788 1071 1424 ¦ ιη̄ς D 17 ις̄ B 𝔓⁷⁵ א A C 𝔐 K L M N S U W Δ Θ Λ Π Ψ Ω f¹ 118 f¹³ 124 2 33 28 157 565 579 700 788 1071 1424 ¦ ιη̄ς D **18** ε̄ 𝔓⁷⁵ W **19** κε̄ B 𝔓⁶⁶ 𝔓⁷⁵ אᶜ A C D 𝔐 K L M N S U W Δ Θ Λ Π Ψ Ω f¹ 118 f¹³ 69 124 2 28 157 565 579 700 788 1071 1424 **20** πρε̄ς 𝔓⁶⁶ A C F H L S U W Λ Π Ω f¹ 118 f¹³ 69 124 2 33 28 157 565 579 700 788 1071 1424 ¦ περ̄ς K ¦ πρ̄ς M

καὶ ὑμεῖς λέγετε ὅτι ἐν Ἱεροσολύμοις ἐστὶν ὁ τόπος ὅπου προσκυνεῖν δεῖ.   B 𝔓⁶⁶·⁷⁵ A C* D L N Wˢᵘᵖ Ψ
καὶ ὑμεῖς λέγετε ὅτι ἐν Ἱεροσολύμοις ἐστὶν   ὅπου προσκυνεῖν δεῖ.   ℵ   [↑uw
καὶ ὑμεῖς λέγετε ὅτι ἐν Ἱεροσολοίμοις ἐστὶν ὁ τόπος ὅπου δεῖ προσκυνεῖν.   F
···μοις ἐστὶν ὁ τόπος ὅπου προσκυνεῖν δεῖ.   33
καὶ ὑμεῖς λέγετε ὅτι ἐν Ἱεροσολύμοις ἐστὶν ὁ τόπος ὅπου δεῖ προσκυνεῖν.   Cᶜ 𝔐 K M U Δ Θ Λ Π f¹ f¹³ 2
                                                                         28 157 565 579 700 1071 1424 τ

21 λέγει αὐτῇ ὁ Ἰησοῦς, Πίστευέ μοι, γύναι,   ὅτι ἔρχεται ὥρα ὅτε οὔτε   B 𝔓⁶⁶·⁷⁵ ℵ C* L Wˢᵘᵖ
21 λέγει αὐτῇ ὁ Ἰησοῦς, Γύναι, πίστευόν μοι,   ὅτι ἔρχεται ὥρα ὅτι οὔτε   A Λ   [↑1071ᶜ uw
21 λέγει αὐτῇ ὁ Ἰησοῦς, Γύναι, πίστευέ μοι,   ὅτι ἔρχεται ὥρα ὅτε οὔτε   D f¹ 565
21 λέγει αὐτῇ ὁ Ἰησοῦς, Πίστευόν μοι,   ὅτι ἔρχεται ὥρα ὅτε οὔτε   F
21 λέγει αὐτῇ ὁ Ἰησοῦς, Γύναι, πίστευσον,   ὅτι ἔρχεται ὥρα ὅτε οὔτε   Δ
21 λέγει αὐτῇ   Ἰησοῦς, Γύναι, πίστευσόν μοι,   ὅτι ἔρχεται ὥρα ὅτι οὔτε   Θ
21 λέγει αὐτῇ ὁ Ἰησοῦς, Πίστευόν μοι, γύναι,   ὅτι ἔρχεται ὥρα ὅτε οὔτε   Ψ
21 λέγει αὐτῇ ὁ Ἰησοῦς, Γύναι, πίστευέ μοι, λέγετε   ὅτι ἔρχεται ὥρα ὅτε οὔτε   f¹³
21 λέγει αὐτῇ ὁ Ἰησοῦς, Γύναι, πίστευέ μοι, λέγοντι   ὅτι ἔρχεται ὥρα ὅτι οὔτε   69
21 λέγει αὐτῇ ὁ Ἰησοῦς,   πίστευσόν μοι,   ὅτι ἔρχεται ὥρα ὅτε οὔτε   124*
21 ···   ········· ὥρα ὅτε οὔτε   33
21 λέγει αὐτῇ ὁ Ἰησοῦς, Γύναι, πίστευσόν μοι,   ὅτι ἔρχεται ὥρα ὅτε οὔτε   2 700
21 λέγει αὐτῇ ὁ Ἰησοῦς, Γύναι, πίστευσόν μοι,   ὅτι ἔρχεται ὥρα ὅτι   579
21 λέγει αὐτῇ ὁ Ἰησοῦς, Γύναι, πίστευέ μοι, λέγοντι   ὅτι ἔρχεται ὥρα ὅτε οὔτε   788
21 λέγει αὐτῷ ὁ Ἰησοῦς, Πίστευέ μοι, γύναι,   ὅτι ἔρχεται ὥρα ὅτε οὔτε   1071*
21 λέγει αὐτῇ ὁ Ἰησοῦς, Γύναι, πίστευσόν μοι,   ὅτι ἔρχεται ὥρα ὅτε οὔτε   Cᶜ 𝔐 K M N U Π 118
                                                                                124ᶜ 28 157 1424 τ

ἐν τῷ ὄρει τούτῳ οὔτε ἐν Ἱεροσολύμοις προσκυνήσετε   τῷ πατρί. 22 ὑμεῖς   B 𝔓⁶⁶·⁷⁵ uwτ rell
ἐν τούτῳ τῷρει   οὔτε ν Ἱεροσολύμοις προσκυνήσεται   τῷ πατρί. 22 ὑμεῖς   D*
ἐν τούτῳ τῷ ὄρει οὔτε ἐν Ἱεροσολύμοις προσκυνήσεται   τῷ πατρί. 22 ὑμεῖς   Dᶜ
ἐν τῷ ὄρει τούτῳ οὔτε ἐν Ἱεροσολύμοις προσκυνήσητε   τῷ πατρί. 22 ὑμεῖς   f¹ 565 1071 1424
ἐν τῷ ὄρει τούτῳ οὔτε ἐν Ἱεροσολύμοις προσκυνήσωσιν τῷ πατρί. 22 ὑμεῖς   f¹³
ἐν τῷ ὄρει τούτῳ οὔτε ἐν Ἱεροσολύμοις προσκυνήσουσι τῷ πατρί. 22 ὑμεῖς   69
ἐν τῷ ὄρει τούτῳ οὔτε ἐν Ἱεροσωλύμοις προσκυνήσετε   τῷ πατρί. 22 ὑμεῖς   2
ἐν τῷ ὄρει τούτῳ οὔτε ἐν ·········   ········ 22 ·········   33
ἐν Ἱεροσολύμοις οὔτε ἐν τῷ ὄρει τούτῳ προσκυνήσητε   τῷ πατρί. 22 ὑμεῖς   28
ἐν τῷ ὄρει τούτῳ οὔτε ἐν Ἱεροσολύμοις προσκυνήσατε   τῷ πατρί. 22 ὑμεῖς   579

προσκυνεῖτε ὃ οὐκ οἴδατε· ἡμεῖς προσκυνοῦμεν ὃ οἴδαμεν, ὅτι ἡ   σωτηρία ἐκ   B 𝔓⁶⁶·⁷⁵ uwτ rell
προσκυνεῖτε ὃ οὐκ οἴδατε· ἡμεῖς προσκυνοῦμεν ὃ οἴδαμεν, ὅτι ἡ ἡ σωτηρία ἐκ   Ψ
·········κυνεῖτε ὃ οὐκ οἴδατε· ἡμεῖς προσκυνοῦμεν ὃ οἴδαμεν, ὅτι ἡ   σωτηρία ἐκ   33

τῶν Ἰουδαίων   ἐστίν. 23 ἀλλὰ ἔρχεται ὥρα καὶ νῦν ἐστιν, ὅτε οἱ ἀληθινοὶ   B 𝔓⁶⁶·⁷⁵ ℵ A D
τῶν Ἰουδέων   ἐστίν. 23 ἀλλὰ ἔρχεται ὥρα καὶ νῦν ἐστιν, ὅτε οἱ ἀληθινοὶ   Wˢᵘᵖ   [↑uw
τῶν Ἰουδέων   ἐστίν. 23 ἀλλ᾽ ἔρχεται ὥρα καὶ νῦν ἐστιν, ὅτε οἱ ἀληθινοὶ   Θ
τῶν Ἰουδαίων ἐγένετο καὶ ἐστίν. 23 ἀλλ᾽ ἔρχεται ὥρα καὶ νῦν ἐστιν, ὅτε οἱ ἀληθινοὶ   69
τῶν Ἰουδαίων   ἐστίν. 23 ἀλλ᾽ ἔρχεται ὥρα καὶ νῦν ἐστιν, ὅτι οἱ ἀληθινοὶ   579
τῶν Ἰουδαίων   ἐστίν. 23 ἀλλ᾽ ἔρχετε ὥρα καὶ νῦν ἐστιν, ὅτε ἡ ἀληθεινοὶ   1071
τῶν Ἰουδαίων   ἐστίν. 23 ἀλλ᾽ ἔρχεται ὥρα καὶ νῦν ἐστιν, ὅτε οἱ ἀληθινοὶ   C 𝔐 K L M N
                                                                                U Δ Λ Π Ψ f¹ f¹³ 2 33 28 157 565 700 τ

προσκυνηταὶ προσκυνήσουσιν τῷ πατρὶ   ἐν   πνεύματι καὶ ἀληθείᾳ· καὶ γὰρ   B 𝔓⁶⁶·⁷⁵ uwτ rell
προσκυνηταὶ προσκυνήσουσιν τῷ πατρὶ   ἐν τῷ πνεύματι καὶ ἀληθείᾳ·   1
προσκυνηταὶ προσκυνήσουσιν τῷ πατρὶ   ἐν   πνεύματι καὶ ἀληθείᾳ·   1582*
προσκυνηταὶ προσκυνήσουσιν τῷ πατρί μου ἐν   πνεύματι καὶ ἀληθείᾳ· καὶ γὰρ   69
προσκυνηταὶ προσκυνήσωσιν τῷ πατρὶ   ἐν   πνεύματι καὶ ἀληθείᾳ· καὶ γὰρ   124 33
προσκυνηταὶ προσκηνήσουσιν τῷ πατρὶ   ἐν   πνεύματι καὶ ἀληθείᾳ· καὶ γὰρ   579

---

lac. 4.20-23 𝔓⁴⁵ P Γ 1346

A 20 υμις W ¦ λεγεται 𝔓⁶⁶ ℵ L 2* 579 ¦ λετε K ¦ δη (δει) 579 ¦ δι 1071 ¦ προσκυνιν ℵ W ¦ προσκυνην G* 2 21 λεγι W ¦ γυ······ναι G* ¦ οτει 1071 ¦ ερχε G ¦ ερχετε W 28 ¦ ορι 𝔓⁶⁶ W ¦ ρει D* ¦ οπη 579 ¦ τουτο Λ 1071 1424 ¦ ν (εν²) D* ¦ προσκυνησεται 𝔓⁶⁶ ℵ A D N W Δ Θ Ω 2* ¦ προσκυνησετετε L ¦ προσκυνησειτε 1071 22 υμις ℵ W ¦ προσκυνιται 𝔓⁶⁶ W ¦ προσκυνητε L 579 ¦ προσκυνειται Ω 28 ¦ προσκυνησωσι 788 ¦ οοκ W* ¦ οιδαται 𝔓⁶⁶ W 28 ¦ ημις ℵ W ¦ ειμεις 2 23 ερχετε W Λ ¦ αληθεινοι A Δ Λ 788 ¦ αληθινοι Θ 579 ¦ αληθεινοι 13 ¦ προσκυνειται 2* ¦ προσκυνησουσι 𝔓⁷⁵ Y M S U Ω f¹ 118 13 69 28 157 565 700 788 ¦ προσκυνησωσι 124 ¦ το (τω) 579 ¦ αληθια 𝔓⁶⁶ W

B 21 ι̅ς̅ B 𝔓⁶⁶ 𝔓⁷⁵ ℵ A C 𝔐 K L M N S U W Δ Θ Λ Π Ψ Ω f¹ 118 f¹³ 124 2 28 157 565 579 700 788 1071 1424 ¦ ι̅η̅ς̅ D ¦ π̅ρ̅ι̅ 𝔓⁶⁶ 𝔓⁷⁵ A C D 𝔐 K L M N S U W Δ Λ Π Ψ Ω f¹ 118 f¹³ 69 124 2 28 157 565 579 700 788 1071 1424 ¦ π̅ρ̅η̅ Ω 22 σ̅ρ̅ι̅α̅ E F G Y M S U Λ Π Ω f¹ 118 f¹³ 124 2 28 565 579 700 788 1071 1424 23 π̅ρ̅ι̅ 𝔓⁶⁶ 𝔓⁷⁵ A C 𝔐 K L M N S U W Δ Θ Λ Π Ψ Ω f¹ 118 f¹³ 69 124 2 33 28 157 565 579 700 788 1071 1424 ¦ π̅ν̅ι̅ 𝔓⁶⁶ 𝔓⁷⁵ ℵ A C D 𝔐 K L M N S U W Δ Θ Λ Π Ψ Ω f¹ 118 f¹³ 69 124 2 33 28 157 565 579 700 788 1071 1424

42

ὁ πατὴρ τοιούτους ζητεῖ τοὺς προσκυνοῦντας αὐτόν.   **24** πνεῦμα ὁ θεός,   B 𝔓66c.75 118 **uwτ**
ὁ πατὴρ τοιούτους ζητεῖ τοὺς προσκυνοῦντας <u>αὐτῷ</u>.   **24** πνεῦμα ὁ θεός,   𝔓66* ℵ*   [↑rell
ὁ πατὴρ τοιούτους ζητεῖ τοὺς προσκυνοῦντας αὐτόν.   **24**   G 69
ὁ πατὴρ τοιούτους ζητεῖ τοὺς προσκυνοῦντας αὐτὸν <u>ἐν</u> <u>πνεύματι</u>.   **24** πνεῦμα θεός,   Wsup
                                                                    24 πνεῦμα ὁ θεός,   1 1582*
ὁ πατὴρ τοιούτους ζητεῖ τοὺς προσκυνοῦντας αὐτὸν <u>ἐν</u> <u>πνεύματι</u>.   **24** πνεῦμα ὁ θεός,   124*

καὶ τοὺς προσκυνοῦντας αὐτὸν ἐν πνεύματι καὶ ἀληθείᾳ   δεῖ προσκυνεῖν.   B 𝔓66.75 **uwτ** rell
καὶ τοὺς προσκυνοῦντας   ἐν πνεύματι   <u>ἀληθείας</u> <u>προσκυνεῖν</u> <u>δεῖ</u>.   ℵ*
καὶ τοὺς προσκυνοῦντας   ἐν πνεύματι   ἀληθείᾳ   δεῖ προσκυνεῖν.   ℵc
καὶ τοὺς προσκυνοῦντας   ἐν πνεύματι καὶ ἀληθείᾳ   <u>προσκυνεῖν</u> <u>δει</u>.   D*
καὶ τοὺς προσκυνοῦντας αὐτὸν ἐν πνεύματι καὶ ἀληθείᾳ   <u>προσκυνεῖν</u> <u>δει</u>.   Dc
καὶ τοὺς προσκυνοῦντας αὐτὸν ἐν πνεύματι καὶ ·············   ····················   F
                              ἐν πνεύματι καὶ ἀληθείᾳ   δεῖ προσκυνεῖν.   G 69

[Cl Exc 17.3 <u>ο</u> γαρ <u>θεος</u> <u>πνευμα</u>, οπου θελει πνει] [Cl F 39 <u>θεος εστιν</u> . . . <u>πνευμα</u>)

25 λέγει αὐτῷ ἡ γυνή, Οἶδα   ὅτι Μεσσίας   ἔρχεται ὁ λεγόμενος   B 𝔓66* ℵ* A C H Y K M Wsup Δ Θ Πc
25 λέγει αὐτῷ ἡ γυνή, <u>Οἴδαμεν</u>   ὅτι Μεσσίας   ἔρχεται ὁ λεγόμενος   𝔓66c ℵc L N   [↑1 **uwτ**
25 λέγει αὐτῷ ἡ γυνή, Οἶδα   ὅτι <u>Μεσσείας</u>   ἔρχεται ὁ λεγόμενος   𝔓75 D
25 λέγει αὐτῷ ἡ γυνή, <u>Οἴδαμεν</u>   ὅτι <u>Μεσίας</u>   ἔρχεται ὁ λεγόμενος   G Λ f13 33 1071
25 λέγει αὐτῷ ἡ γυνή, Οἶδα   ὅτι <u>Μεσίας</u>   ἔρχεται ὁ λεγόμενος   E S U Π* Ψ Ω 1582 118 124 2 28 157
                                                                           565 579 700 788 1424

Χριστός· ὅταν ἔλθῃ ἐκεῖνος, ἀναγγελεῖ   ἡμῖν   ἅπαντα. **26** λέγει αὐτῇ   B 𝔓66.75 ℵ C* f1 565 **uw**
Χριστός· ὅταν ἔλθῃ ἐκεῖνος, <u>ἀναγγέλλει</u> ἡμῖν   <u>πάντα</u>. **26** λέγει αὐτῇ   D
Χριστός· ὅταν ἔλθῃ ἐκεῖνος, ἀναγγελεῖ   <u>ὑμῖν</u>   <u>πάντα</u>. **26** λέγει αὐτῇ   U
Χριστός· ὅταν ἔλθῃ ἐκεῖνος, <u>ἀναγγέλλει</u> ἡμῖν   ἅπαντα. **26** λέγει αὐτῇ   Wsup
Χριστός· ὅταν <u>ἐκεῖνος</u> <u>ἔλθῃ</u>, ἀναγγελεῖ   ἡμῖν   <u>πάντα</u>. **26** λέγει αὐτῇ   Ψ
Χριστός· ὅταν ἔλθῃ ἐκεῖνος, ἀναγγελεῖ   ἡμῖν <u>τὰ</u> <u>πάντα</u>. **26** λέγει αὐτῇ   69
Χριστός· ὅταν ἔλθῃ ἐκεῖνος, ἀναγγελεῖ   ἡμῖν   <u>πάντα</u>. **26** λέγει αὐτῇ   A Cc 𝔐 K L M N Δ Θ Λ Π f13 2
                                                                           33 28 157 579 700 788 1071 1424 τ

ὁ Ἰησοῦς, Ἐγώ εἰμι, ὁ λαλῶν σοι.   B 𝔓66.75 **uwτ** rell
Ἰησοῦς, Ἐγώ εἰμι, ὁ λαλῶν σοι.   A

27 Καὶ ἐπὶ   τούτῳ   ἦλθαν   οἱ μαθηταὶ αὐτοῦ καὶ ἐθαύμαζον ὅτι   B* **uw**
27 Καὶ <u>ἐν</u>   τούτῳ   <u>ἐπῆλθαν</u> οἱ μαθηταὶ αὐτοῦ καὶ ἐθαύμαζον ὅτι   ℵ*
27 Καὶ <u>ἐν</u>   τούτῳ   <u>ἦλθον</u>   οἱ μαθηταὶ αὐτοῦ καὶ ἐθαύμαζον ὅτι   D
27 Καὶ ἐπὶ   <u>τοῦτο</u>   <u>ἦλθον</u>   οἱ μαθηταὶ αὐτοῦ καὶ <u>ἐθαύμασαν</u> ὅτι   E U f13 2 1071 1424
27 Καὶ ἐπὶ   <u>τοῦτο</u>   <u>ἦλθον</u>   οἱ μαθηταὶ αὐτοῦ καὶ <u>ἐθαύμασαν</u> ὅτι   H S Δ Λ Ω 118c 28 700 τ
27 Καὶ ἐπὶ   <u>τοῦτο</u>   <u>ἦλθον</u>   οἱ μαθηταὶ αὐτοῦ καὶ ἐθαύμαζον ὅτι   K
27 Καὶ ἐπὶ   τούτῳ <u>τῷ λόγῳ</u>   <u>ἦλθον</u>   οἱ μαθηταὶ αὐτοῦ καὶ ἐθαύμαζον ὅτι   Nc
27 Καὶ ἐπὶ   τούτῳ   <u>ἦλθον</u>   οἱ μαθηταὶ αὐτοῦ καὶ ἐθαύμαζον ὅτι   Bc 𝔓66 𝔓75 ℵc A C G Y L M
                                                                           N* Wsup Θ Π Ψ Ω f1 118* 33 157 565 579

μετὰ γυναικὸς ἐλάλει·   οὐδεὶς μέντοι   εἶπε,   Τί ζητεῖς ἢ τί λαλεῖς μετ᾽ αὐτῆς;   B Y U 157 1424 τ
μετὰ γυναικὸς ἐλάλει·   οὐδεὶς μέντοι   <u>εἰπεῖν</u>,   Τί ζητεῖς ἢ τί λαλεῖς μετ᾽ αὐτῆς;   𝔓75*
μετὰ γυναικὸς ἐλάλει·   οὐδεὶς μέντοι   <u>εἶπεν αὐτῷ</u>, Τί ζητεῖς ἢ τί λαλεῖς μετ᾽ αὐτῆς;   ℵ D
μετὰ γυναικὸς <u>λάλει</u>·   οὐδεὶς <u>μέντοιγε</u>   εἶπεν,   Τί ζητεῖς ἢ τί λαλεῖς μετ᾽ αὐτῆς;   Wsup
μετὰ γυναικὸς <u>λάλει</u>·   οὐδεὶς μέντοι   εἶπεν,   Τί ζητεῖς ἢ τί λαλεῖς μετ᾽ αὐτῆς;   Θ 579
μετὰ γυναικὸς ἐλάλει·   οὐδεὶς μέντοι   εἶπεν,   Τί ζητεῖς ἢ τί λαλεῖς μετ᾽ αὐτῆς;   𝔓66.75c A C 𝔐 K
                                                                           L M N Δ Λ Π Ψ f1 f13 2 33 28 565 700 1071 **uw**

---

lac. 4.23-27 𝔓45 P Γ 1346 | vss. 24-27 F

A 23 τοιουτος H | ζητι ℵ W 579 | ζητη Θ | προσκυνηται 1424 | προσκυνουτας 𝔓66 W | πρσκυνουντας E* | αυτων 1071 **24** αληθια
𝔓66 W | αληθειθεια L | δι W | προσκυνιν ℵ W | προσκυνην 2* | δη (δει) 579 **25** λεγι W | ερχετε 1071 | ελθει 1071 | εκινος W |
αναγγελλι W ' αναναγγελλει 579 | ημειν 𝔓66 D **26** αυτι E* | λεγι W | λεγη Θ 579 | ημι 579 **27** ηλθων E* | εθαυμαζων Θ | ελαλη
Hc* 28 | ουδις W | ειπε 118 700 | ζητις ℵ W | ζητης 1071 | λαλις W

B 23 π̅π̅ρ̅ 𝔓66 A C 𝔐 K L M N S U W Δ Θ Λ Π Ψ Ω 118 f13 69 2 33 28 157 565 579 700 788 1071 1424 | π̅ρ̅ 𝔓75 | π̅ν̅ι W 124
24 π̅ν̅α̅ 𝔓66 𝔓75 ℵ A C D E F H Y K L M N S U W Δ Θ Λ Π Ψ Ω f1 118 f13 124 2 33 28 157 565 579 700 788 1071 1424 | θ̅ς̅ B
𝔓66 𝔓75 ℵ A C D E F H Y K L M N S U W Δ Θ Λ Π Ψ Ω f1 118 f13 124 2 33 28 157 565 579 700 788 1071 1424 | π̅ν̅ι 𝔓66 𝔓75
ℵ A C D 𝔐 K L M N S U W Δ Θ Λ Π Ψ Ω f1 118 f13 69 124 2 33 28 157 565 579 700 788 1071 1424 **25** χ̅ς̅ B 𝔓66 𝔓75 ℵ A C 𝔐
K L M N S U W Δ Θ Λ Π Ψ Ω f1 118 f13 69 124 2 33 28 157 565 579 700 788 1071 1424 | χ̅ρ̅ς̅ D **26** ι̅ς̅ B 𝔓66 𝔓75 ℵ A C 𝔐 K L
M N S U W Δ Θ Λ Π Ψ Ω f1 118 f13 124 2 33 28 157 565 579 700 788 1071 1424 | ι̅η̅ς̅ D

C 25 τελος (post απαντα) D [κατα ιωαννην κυριακη ε̅´: 4.5-25]

43

28 ἀφῆκεν οὖν τὴν ὑδρίαν αὐτῆς ἡ γυνὴ καὶ ἀπῆλθεν   εἰς τὴν πόλιν B 𝔓66.75 **uwτ** rell
28 ἀφῆκεν οὖν <u>ἡ γυνὴ τὴν ὑδρίαν ἑαυτῆς</u> καὶ ἀπῆλθεν εἰς τὴν πόλιν D
28 ἀφῆκεν οὖν   ὑδρίαν αὐτῆς ἡ γυνὴ καὶ ἀπῆλθεν   εἰς τὴν πόλιν Δ
28 ἀφῆκεν οὖν τὴν ὑδρίαν αὐτῆς ἡ γυνὴ καὶ ἀπῆλθεν <u>τρέχουσα</u> εἰς τὴν πόλιν Θ

καὶ λέγει τοῖς ἀνθρώποις, 29 Δεῦτε ἴδετε ἄνθρωπον ὃς εἶπέ μοι πάντα   B ℵ* Y 157 **wτ**
καὶ λέγει τοῖς ἀνθρώποις, 29 Δεῦτε ἴδετε ἄνθρωπον ὃς <u>εἶπέν</u> μοι πάντα <u>ὃς εἶπέν μοι πάτα</u> G*
καὶ λέγει τοῖς ἀνθρώποις, 29 Δεῦτε ἴδετε ἄνθρωπον ὃς <u>εἶπέν</u> μοι πάντα <u>ὃς εἶπέν μοι παντα</u> Gᶜ
καὶ λέγει τοῖς ἀνθρώποις, 29 Δεῦτε ἴδετε ἄνθρωπον ὃς <u>εἶπεν</u>   πάντα   Wˢᵘᵖ
καὶ λέγει τοῖς ἀνθρώποις, 29 Δεῦτε ἴδετε ἄνθρωπον ὃς <u>εἶπέν</u> μοι πάντα   **u** + all txts

ἃ   ἐποίησα, μήτι οὗτός   ἐστιν ὁ Χριστός; 30 ἐξῆλθον   ἐκ τῆς πόλεως B w
<u>ὅσα</u> ἐποίησα, μήτι οὗτός   ἐστιν ὁ Χριστός; 30 ἐξῆλθον   ἐκ τῆς πόλεως 𝔓75 A 𝔐 K M U Δ Θ
Π
ἃ   ἐποίησα, μήτι οὗτός   ἐστιν ὁ Χριστός; 30 ἐξῆλθον <u>οὖν</u>   ἐκ τῆς πόλεως ℵ [↑Ψ 2 33 28 157 **u**
ἃ   ἐποίησα, μήτι οὗτός   ἐστιν ὁ Χριστός; 30 <u>καὶ</u> ἐξῆλθον   ἐκ τῆς πόλεως C*
<u>ὅσα</u> ἐποίησα, μήτι οὗτός   ἐστιν ὁ Χριστός; 30 <u>καὶ</u> ἐξῆλθον   ἐκ τῆς πόλεως Cᶜ
<u>ὅσα</u> ἐποίησα, μήτι <u>ἐκεῖνός</u> ἐστιν ὁ Χριστός; 30 <u>καὶ</u> ἐξῆλθον   ἐκ τῆς πόλεως D
<u>ὅσα</u> ἐποίησα, μήτι οὗτός   ἐστιν ὁ Χριστός; 30 <u>ἐξήρχοντο</u>   ἐκ τῆς πόλεως L
<u>ὅσα ἃ</u> ἐποίησα, <u>μήτοι</u> οὗτός   ἐστιν ὁ Χριστός; 30 ἐξῆλθον   ἐκ τῆς πόλεως 579
<u>ὅσα</u> ἐποίησα, μήτι οὗτός   ἐστιν ὁ Χριστός; 30 <u>ἐξήρχοντο οὖν</u>   ἐκ τῆς πόλεως 1071
<u>ὅσα</u> ἐποίησα, μήτι οὗτός   ἐστιν ὁ Χριστός; 30 ἐξῆλθον <u>οὖν</u>   ἐκ τῆς πόλεως 𝔓66 Cᶜ N U Wˢᵘᵖ Λ
                                                                                  *f*¹ *f*¹³ 565 700 1424 τ

καὶ ἤρχοντο πρὸς αὐτόν. B 𝔓66.75 **uwτ** rell
καὶ <u>ἔρχονται</u> πρὸς αὐτόν. 579

The Fields White For Harvest
(Matthew 9.37-38; Luke 10.2)

ῑγ 31 Ἐν   τῷ μεταξὺ ἠρώτων   αὐτὸν οἱ μαθηταὶ   λέγοντες, Ῥαββεί, B ℵ D w
  31 Ἐν   τῷ <u>μετοξὺ</u> ἠρώτων   αὐτὸν οἱ μαθηταὶ   λέγοντες, Ῥαββεί, 𝔓66
  31 Ἐν <u>δὲ</u> τῷ μεταξὺ ἠρώτων   αὐτὸν οἱ μαθηταὶ   λέγοντες, Ῥαββεί, 𝔓75 𝔐 2 565 1424
  31 Ἐν   τῷ μεταξὺ <u>ἠρώτουν</u>   αὐτὸν οἱ μαθηταὶ   λέγοντες, Ῥαββεί, C*
  31 Ἐν <u>δὲ</u> τῷ μεταξὺ <u>ἠρώτουν</u> αὐτὸν οἱ μαθηταὶ   λέγοντες, Ῥαββεί, Cᶜ
  31 Ἐν <u>δὲ</u> τῷ μεταξὺ ἠρώτων   οἱ μαθηταὶ   λέγοντες, <u>Ῥαββί</u>, G Δ
  31 Ἐν   τῷ μεταξὺ ἠρώτων   αὐτὸν οἱ μαθηταὶ   λέγοντες, <u>Ῥαββί</u>, L **u**
  31 Ἐν <u>δὲ</u> τῷ μεταξὺ <u>ἠρώτουν</u> αὐτὸν οἱ μαθηταὶ <u>αὐτοῦ</u> λέγοντες, <u>Ῥαββί</u>, N
  31 Ἐν <u>δὲ</u> τῷ μεταξὺ ἠρώτων   αὐτὸν οἱ μαθηταὶ <u>αὐτοῦ</u> λέγοντες, <u>Ῥαββί</u>, S Ω 124 33 28 1071
  31 <u>Καὶ ἐν</u> τῷ μεταξὺ ἠρώτων   αὐτὸν οἱ μαθηταὶ <u>αὐτοῦ</u> λέγοντες, Ῥαββεί, Wˢᵘᵖ
  31 Ἐν <u>δὲ</u> τῷ μεταξὺ ἠρώτων   αὐτὸν οἱ μαθηταὶ <u>αὐτοῦ</u> λέγοντες, Ῥαββεί, Θ
  31 Ἐν <u>δὲ</u> τῷ μεταξὺ <u>παρεκάλουν</u> αὐτὸν οἱ μαθηταὶ   λέγοντες, Ῥαββεί, Λ
  31 Ἐν   τῷ μεταξὺ ἠρώτων   αὐτὸν οἱ μαθηταὶ <u>αὐτοῦ</u> λέγοντες, <u>Ῥαββί</u>, Ψ   [↓579 700 τ
  31 Ἐν <u>δὲ</u> τῷ μεταξὺ ἠρώτων   αὐτὸν οἱ μαθηταὶ   λέγοντες, <u>Ῥαββί</u>, A K M U Π *f*¹ *f*¹³ 157

φάγε. 32 ὁ δὲ εἶπεν αὐτοῖς, Ἐγὼ βρῶσιν ἔχω φαγεῖν ἣν ὑμεῖς οὐκ οἴδατε.

  [Cl Pd I 45.4 <u>εγω</u>, φησιν ο κυριος, <u>βρωσιν εχω φαγειν</u>, <u>ην υμεις ουκ οιδατε</u>]

33 ἔλεγον οὖν οἱ μαθηταὶ   πρὸς ἀλλήλους, Μή τις ἤνεγκεν αὐτῷ φαγεῖν; B 𝔓66.75 **uwτ** rell
33 <u>λέγουσιν</u> οἱ μαθηταὶ   πρὸς ἀλλήλους, Μή τις ἤνεγκεν αὐτῷ φαγεῖν; ℵ*
33 ἔλεγον   οἱ μαθηταὶ   πρὸς ἀλλήλους, Μή τις ἤνεγκεν αὐτῷ φαγεῖν; ℵᶜ
33 ἔλεγον <u>δὲ</u> <u>ἐν ἑαυτοῖς</u>   <u>οἱ μαθηταὶ</u>, Μή τις ἤνεγκεν αὐτῷ φαγεῖν; D
33 ἔλεγον οὖν <u>πρὸς ἀλλήλους</u> <u>οἱ μαθηταὶ</u>, Μή τις ἤνεγκεν αὐτῷ φαγεῖν; *f*¹³
33 ἔλεγον οὖν οἱ μαθηταί,   Μή τις ἤνεγκεν αὐτῷ φαγεῖν; 579
33 ἔλεγον οὖν οἱ μαθηταὶ <u>αὐτοῦ</u> πρὸς ἀλλήλους, Μή τις ἤνεγκεν αὐτῷ φαγεῖν; 1071

lac. 4.28-33 𝔓⁴⁵ F P Γ 1346

A **28** υδρειαν S 33 565 | λεγι W **29** ειδετε D N W 69 ¦ ιδεται Ω 579 | ειπε 118 700 | ως (ος) Ω | ποιησα Θ | μητοι 157 **30** πολαιος 579 | ειρχοντο 1424 **31** το (τω) E H Y L 13 28 | ηρωτον E L* Ω 700 | αυτων 1 2 **32** βρωσιν L | φαγιν ℵ W ¦ φαγην Θ | υμις ℵ W | οιδαται W | φαγιν W **33** αλλιλους 1071 | ηνεγκε D* | φαγιν W

B **28** ανοις 𝔓66 𝔓75 A C 𝔐 K M N S U W Δ Θ Λ Π Ψ Ω *f*¹ 118 *f*¹³ 69 124 2 33 28 157 565 579 788 1071 1424 **29** ανον 𝔓66 𝔓75 A C 𝔐 K L M N S U W Θ Λ Π Ψ Ω *f*¹ 118 *f*¹³ 69 124 2 33 28 157 565 579 700 788 1071 1424 | χ͞ς B 𝔓66 𝔓75 ℵ A C 𝔐 K L M N S U W Δ Θ Λ Π Ψ Ω *f*¹ 118 *f*¹³ 69 124 2 33 28 157 565 579 700 788 1071 1424 ¦ χ͞ρ͞ς D

44

34 λέγει αὐτοῖς ὁ Ἰησοῦς, Ἐμὸν βρῶμά ἐστιν ἵνα ποιήσω   τὸ θέλημα B 𝔓⁶⁶·⁷⁵ C D K L N Wˢᵘᵖ Θ Π Ψ *f*¹
34 λέγει <u>αὐτῇ</u> ὁ Ἰησοῦς, Ἐμὸν βρῶμά ἐστιν ἵνα <u>ποιῶ</u>   τὸ θέλημα Λ   [↑124 33 565 579 **uw**
34 λέγει αὐτοῖς ὁ Ἰησοῦς, Ἐμὸν βρῶμά ἐστιν ἵνα <u>ποιῶ</u>   τὸ θέλημα ℵ A 𝔐 M U Δ 118 *f*¹³ 2 28 157 700
                                                                              1071 1424 τ

τοῦ πέμψαντός   με καὶ τελειώσω αὐτοῦ τὸ ἔργον. **35** οὐχ ὑμεῖς   λέγετε B 𝔓⁶⁶·⁷⁵ **uwτ** rell
τοῦ πέμψαντός   με καὶ τελειώσω αὐτοῦ τὸ ἔργον. **35** οὐχ ὑμεῖς <u>μοι</u> λέγετε Θ
τοῦ πέμψαντος <u>πατρός</u> με καὶ τελειώσω αὐτοῦ τὸ ἔργον. **35** οὐχ ὑμεῖς   λέγετε 1424

[Cl Pd I 45.4 <u>εμον</u> <u>βρωμα</u> <u>εστιν, ινα</u> <u>ποιησω</u> <u>το</u> <u>θελημα</u> <u>του</u> <u>πεμψαντος</u> <u>με</u>]

                                                              [↓33 157 565 579 700 1071 1424 **uw**
                    ὅτι Ἔτι τετράμηνός ἐστιν B 𝔓⁶⁶ ℵ A C 𝔐 Kᶜ M N U Δ Θ Λ Ψ *f*¹ 124 2
                    ὅτι   τετράμηνός ἐστιν 𝔓⁷⁵ D L S Π Ω 118 *f*¹³
                    ὅτι <u>τὸ</u> τετράμηνός ἐστιν K*
                    ὅτι Ἔτι <u>τετράμηνόν</u> ἐστιν H Wˢᵘᵖ τ
<u>ὅτι</u> <u>δώδεκα</u> <u>ὧραί</u> <u>εἰσιν</u> <u>τῆς</u> <u>ἡμέρας</u> <u>καὶ</u> ὅτι   <u>τετράμηνόν</u> ἐστιν 28

καὶ ὁ θερισμὸς ἔρχεται; ἰδοὺ λέγω ὑμῖν, ἐπάρατε τοὺς ὀφθαλμοὺς ὑμῶν καὶ θεάσασθε B 𝔓⁶⁶ **uwτ** rell
καὶ ὁ θερισμὸς ἔρχεται; ἰδοὺ λέγω ὑμῖν, <u>ἀπάρατε</u> τοὺς ὀφθαλμοὺς ὑμῶν καὶ θεάσασθε 𝔓⁷⁵
καὶ ὁ θερισμὸς ἔρχεται;   ἐπάρατε τοὺς ὀφθαλμοὺς ὑμῶν καὶ θεάσασθε *f*¹ 124 565

τὰς χώρας ὅτι λευκαί εἰσιν πρὸς θερισμόν. ἤδη **36**   ὁ θερίζων μισθὸν B 𝔓⁶⁶ 𝔓⁷⁵ ℵ C* D L Wˢᵘᵖ Ψ 33
τὰς χώρας ὅτι λευκαί εἰσιν πρὸς θερισμόν. ἤδη. **36** <u>καὶ</u> ὁ θερίζων μισθὸν 579 700   [↑**uw**
τὰς χώρας ὅτι λευκαί εἰσιν πρὸς θερισμόν. ἤδη <u>καὶ</u> ὁ θερίζων μισθὸν A Cᶜ 𝔐 K M N U Δ Θ Λ Π *f*¹
                                                    *f*¹³ 2 28 157 565 1071 1424 τ

                                                              [↓1071 **uw**
λαμβάνει καὶ συνάγει καρπὸν εἰς ζωὴν αἰώνιον, ἵνα   ὁ σπείρων B 𝔓⁶⁶·⁷⁵ C L N U Wˢᵘᵖ Ψ *f*¹ 33 565
λαμβάνει καὶ συνάγει καρπὸν εἰς ζωὴν αἰώνιον, ἵνα <u>καὶ</u> ὁ σπείρων ℵ A D 𝔐 K M Δ Θ Λ Π *f*¹³ 2 28 157 579
                                                    700 1424 τ

ὁμοῦ χαίρῃ   καὶ ὁ θερίζων. **37** ἐν γὰρ τούτῳ ὁ λόγος ἐστὶν   ἀληθινὸς B C* L N Wˢᵘᵖ Δ Π* Ψ 2ᶜ 33 700
ὁμοῦ χαίρῃ   καὶ θερίζων. **37** ἐν γὰρ τούτῳ ὁ λόγος ἐστὶν <u>ὁ</u> ἀληθινὸς 𝔓⁶⁶   [↑**uw**
ὁμοῦ <u>χαίρων</u> καὶ ὁ θερίζων. **37**   𝔓⁷⁵*
ὁμοῦ χαίρῃ   καὶ ὁ θερίζων. **37**   𝔓⁷⁵ᶜ
<u>καὶ</u> ὁ <u>θερίζων</u>   <u>ὁμοῦ</u> <u>χάρῃ</u>. **37** ἐν γὰρ τούτῳ <u>ἐστιν</u> ὁ <u>λόγος</u> <u>ὁ</u> ἀληθινὸς D
ὁμοῦ <u>χαίρει</u> καὶ ὁ θερίζων. **37** ἐν γὰρ τούτῳ ὁ λόγος ἐστὶν <u>ὁ</u> ἀληθινὸς E Θ Λ *f*¹³ 28 1424
ὁμοῦ χαίρῃ   καὶ ὁ θερίζων. **37** ἐν γὰρ τούτῳ ὁ λόγος ἐστὶν   ἀληθινὸς K 124 2* 157
ὁμοῦ χαίρῃ   καὶ ὁ θερίζων. **37** ἐν γὰρ τούτῳ ὁ λόγος ἐστὶν   <u>ἀληθὴς</u> *f*¹ 565
ὁμοῦ <u>χαίρει</u> καὶ ὁ θερίζων. **37** ἐν γὰρ τούτῳ ὁ λόγος <u>ἀληθεῖς</u>   <u>ἐστιν</u> 579
ὁμοῦ <u>χαίρει</u> καὶ ὁ θερίζων. **37** ἐν γὰρ τούτῳ ὁ λόγος ἐστὶν   <u>ἀληθεις</u> 1071
ὁμοῦ χαίρῃ   καὶ ὁ θερίζων. **37** ἐν γὰρ τούτῳ ὁ λόγος ἐστὶν <u>ὁ</u> ἀληθινὸς ℵ A Cᶜ 𝔐 M U Πᶜ τ

ὅτι Ἄλλος ἐστὶν ὁ σπείρων καὶ ἄλλος ὁ θερίζων. **38** ἐγὼ ἀπέστειλα ὑμᾶς B 𝔓⁶⁶·⁷⁵ **uwτ** rell
....   **38** ......λα ὑμᾶς F
                    38 ἐγὼ ἀπέστειλα ὑμᾶς 𝔓⁷⁵
ὅτι Ἄλλος ἐστὶν ὁ σπείρων καὶ ἄλλος ὁ θερίζων. **38** ἐγὼ <u>ἀπέσταλκα</u> ὑμᾶς ℵ D
ὅτι Ἄλλος ἐστὶν ὁ <u>θερίζων</u> καὶ ἄλλος ὁ θερίζων. **38** ἐγὼ ἀπέστειλα ὑμᾶς K
ὅτι Ἄλλος   ὁ σπείρων καὶ ἄλλος ὁ θερίζων. **38** ἐγὼ ἀπέστειλα ὑμᾶς Ψ

---

lac. **4.34-38** 𝔓⁴⁵ F P Γ 1346 ¦ vs. 38 788

A 34 λεγι W | αυτοι Θ | εμων Θ 1071 | θεμα K | τελιωσω 𝔓⁶⁶ ℵ A W 1071 ¦ τελειοσω L ¦ τελην̄ωσω Θ **35** υμις ℵ W | λεγεται 𝔓⁶⁶ ℵ L W 33 | τι (ετι) K* | τετραμημενος G ¦ τεραμηνος 1071 | εστι Υ M 118 28 69 124 157 700 | υμειν D | επαραται 𝔓⁶⁶ A | οφθαλμυ K | θεασασθαι A D W Ω 13 | εισι C Y M S U Π Ψ Ω *f*¹ 118 13 69 28 157 565 579 700 788 | ιδη 579 ¦ ηδει 1071 **36** μεισθον 𝔓⁶⁶ | λαμβανι W | λαμβανει 28 | συναγι ℵ W | ζων W | σπιρων 𝔓⁶⁶ ℵ W ¦ σπειρον G* | χερη W **37** τουτο Θ Λ 13 124 157 579 788 1071 1424 | αληθεινος A DΔ | αλος 𝔓⁶⁶* Θ* | ω (ο²) Θ | σπιρων ℵ N W ¦ σπειρον 2 | αλος Θ* **38** απεστιλα 𝔓⁶⁶ W ¦ αποστειλα C

B 34 ι̅ς̅ B 𝔓⁶⁶ 𝔓⁷⁵ ℵ A C 𝔐 K L M N S U W Δ Θ Λ Π Ψ Ω *f*¹ 118 *f*¹³ 2 33 28 157 565 579 700 788 1071 1424 ¦ τη̅ς̅ D | π̅ρ̅ς̅ 1424

θερίζειν ὃ οὐχ ὑμεῖς κεκοπιάκατε· ἄλλοι κεκοπιάκασιν και ὑμεῖς εἰς   B 𝔓⁶⁶.⁷⁵ **uwτ** rell
θερίζειν ὃ οὐχ ὑμεῖς κεκοπιάκατε· ἄλλοι κεκοπιάκασιν και ὑμεῖς   C*
θερίζειν οὐχ ὑμεῖς ἐκοπιάσατε· ἄλλοι ἐκοπίασαν και ὑμεῖς εἰς   D*
θερίζειν ὃ οὐχ ὑμεῖς ἐκοπιάσατε· ἄλλοι ἐκοπίασαν και ὑμεῖς εἰς   Dᶜ
          ὃ οὐχ ὑμεῖς κεκοπιάκατε· ἄλλοι κεκοπιάκασιν και ὑμεῖς εἰς   H
θερίζειν οὐχ ὑμεῖς κεκοπιάκατε· ἄλλοι κεκοπιάκασιν και ὑμεῖς εἰς   L Wˢᵘᵖ
θερίζειν ὃ οὐχ ὑμεῖς κεκοπιάκατε· ἄλλοι κεκοπιάκασιν και ὑμεῖς εἰς   124
θερίζειν ··   788

τὸν κόπον αὐτῶν εἰσεληλύθατε.

Many Samaritans Believe Jesus To Be Savior Of The World

39 Ἐκ δὲ τῆς πόλεως ἐκείνης πολλοὶ ἐπίστευσαν

[↓28 157 700 1071 **wτ**
εἰς αὐτὸν   τῶν Σαμαρειτῶν διὰ τὸν λόγον τῆς γυναικὸς   B 𝔓⁷⁵ A C 𝔐 K M N U Λ Π Ψ f¹³ 2* 33
εἰς αὐτὸν   τῶν Σαμαριτῶν   διὰ τὸν λόγον τῆς γυναικὸς   𝔓⁶⁶ אᶜ D L Wˢᵘᵖ Δ 579 Θ **u**
               τῶν Σαμαριτῶν   διὰ τὸν λόγον τῆς γυναικὸς   א*
τῶν Σαμαρειτῶν εἰς αὐτὸν   διὰ τὸν λόγον τῆς γυναικὸς   f¹ 565
εἰς αὐτὸν ἐξ αὐτῶν τῶν Σαμαρειτῶν διὰ τὸν λόγον τῆς γυναικὸς   69
τῶν Σαμαρειτῶν ἐπ' αὐτὸν   διὰ τὸν λόγον τῆς γυναικὸς   1424

μαρτυρούσης ὅτι Εἶπέν μοι πάντα ἃ   ἐποιήσαμεν **40**   ἦλθον οὖν   B*
μαρτυρούσης ὅτι Εἶπέν μοι πάντα ἃ   ἐποίησα   **40** ὡς οὖν συνῆλθον Bᶜ
μαρτυρούσης ὅτι Εἶπέ μοι πάντα ὅσα   **40** ὡς οὖν ἦλθον   𝔓⁶⁶*
μαρτυρούσης ὅτι Εἶπέ μοι πάντα ἃ   ἐποίησα   **40** ὡς οὖν ἦλθον   𝔓⁷⁵ א* C* L
μαρτυρούσης ὅτι Εἶπέν μοι πάντα ὅσα ἐποίησα   **40** ὡς οὖν ἦλθον   Y M S U Δ Ω f¹ f¹³ 2 33 565 579
μαρτυρούσης ὅτι Εἶπέν μοι πάντα ἃ ἐποίησα   **40** ὡς οὖν ἦλθον   אᶜ **uw**   [↑1071 1424
μαρτυρούσης ὅτι Εἶπέ μοι πάντα ὅσα ἐποίησα   **40** ὡς οὖν ἦλθον   𝔓⁶⁶ᶜ A Cᶜ D 𝔐 K N Wˢᵘᵖ Θ Λ Π
                                                                      Ψ 69 28 157 700 τ

πρὸς αὐτοὺς οἱ Σαμαρεῖται, ἠρώτων   αὐτὸν μεῖναι παρ' αὐτοῖς· και ἔμεινεν   B*
πρὸς αὐτὸν οἱ Σαμαρίται, ἠρώτων   αὐτὸν μεῖναι παρ' αὐτοῖς· και ἔμεινεν   𝔓⁶⁶ א A D L **u**
πρὸς αὐτὸν οἱ Σαμαρεῖται, ἠρώτων   αὐτὸν μεῖναι πρὸς αὐτούς· και ἔμεινεν   C
πρὸς αὐτὸν οἱ Σαμαρεῖται, ἠρώτων   αὐτὸν μεῖναι παρ' αὐτοῖς· και ἔμειναν   H
πρὸς αὐτὸν οἱ Σαμαρεῖται, ἠρώτουν αὐτὸν μεῖναι παρ' αὐτοῖς· και ἔμεινεν   N
πρὸς αὐτὸν οἱ Σαμαρῖται, ἠρώτουν   αὐτὸν μεῖναι παρ' αὐτοῖς· και ἔμεινεν   Wˢᵘᵖ
πρὸς αὐτὸν οἱ Σαμαρεῖται, ἠρώτων   αὐτὸν μεῖναι παρὰ αὐτοῖς· και ἔμεινεν   Θ
πρὸς αὐτὸν οἱ Σαμαρεῖτε, ἠρώτουν   αὐτὸν μεῖναι παρ' αὐτοῖς· και ἔμεινεν   1071
πρὸς αὐτὸν οἱ Σαμαρεῖται, ἠρώτησαν αὐτὸν μεῖναι παρ' αὐτοῖς· και ἔμεινεν   1424
πρὸς αὐτὸν οἱ Σαμαρεῖται, ἠρώτων   αὐτὸν μεῖναι παρ' αὐτοῖς· και ἔμεινεν   Bᶜ 𝔓⁷⁵ 𝔐 K M U Δ Λ Π
                                                                           Ψ f¹ f¹³ 2 33 28 157 565 579 700 **wτ**

ἐκεῖ   δύο ἡμέρας. **41** και πολλῷ πλείους ἐπίστευσαν   διὰ τὸν   B 𝔓⁶⁶ **uwτ** rell
ἐκεῖ   δύο ἡμέρας. **41** και πολλῷ πλεῖον ἐπίστευσαν   διὰ τὸν   𝔓⁷⁵
παρ' αὐτοῖς ἡμέρας δύο. **41** και πολλῷ πλείους ἐπίστευσαν   διὰ τὸν   א
ἐκεῖ   δύο ἡμέρας. **41** και πολλῷ πλείους ἐπίστευσαν εἰς αὐτὸν διὰ τὸν   N Λ f¹³ 1071 1424
ἐκεῖ   δύο ἡμέρας. **41** και πολλῷ πληθὺς ἐπίστευσαν εἰς αὐτὸν   διὰ τὸν   Θ
ἐκεῖ   δύο ἡμέρας. **41** και πολλοὶ πλείους ἐπίστευσαν   διὰ τὸν   579

---

lac. 4.38-41 𝔓⁴⁵ P Γ 788 1346

A **38** θεριζιν W ¦ υμις¹·² W ¦ καικοπιακατε E K ¦ κεκοπιακαται W ¦ καικοπιακασιν E ¦ κεκοπιακασι C Y M S U f¹ 118 13 157 565 700 ¦ ει (εις) L ¦ αυτον 69 ¦ εισεληλυθατα 𝔓⁶⁶ W **39** πολαιως 579 ¦ εκινης א W ¦ εκεινεις Θ 39 των (τον) 28 69 ¦ λογων 69 ¦ ματυρουσης 𝔓⁶⁶ ¦ μαρτυρουσις Θ ¦ ειπε 118 **40** ει (οι) Θ ¦ ηρωτον K L Θ ¦ αυτων 2 ¦ μιναι 𝔓⁶⁶ 579¦ μινε W ¦ μεινε Δ ¦ πρ (παρ) E* ¦ εμινεν א N W ¦ εκι W **41** πλιους A W

B **40** β̄ 𝔓⁷⁵ W

46

λόγον αὐτοῦ, **42** τῇ τε γυναικὶ   ἔλεγον   Οὐκέτι διὰ τὴν λαλιάν σου   B [w]
λόγον αὐτοῦ, **42** τῇ <u>δὲ</u> γυναικὶ   ἔλεγον   <u>ὅτι</u> Οὐκέτι διὰ τὴν <u>σὴν λαλειὰν</u>   𝔓66
λόγον αὐτοῦ, **42** τῇ τε γυναικὶ <u>εἶπαν</u> ἔλεγον   <u>ὅτι</u> Οὐκέτι διὰ τὴν λαλιάν σου   𝔓75*
λόγον αὐτοῦ, **42** τῇ τε γυναικὶ   ἔλεγον   <u>ὅτι</u> Οὐκέτι διὰ τὴν λαλιάν σου   𝔓75c
λόγον αὐτοῦ, **42** <u>καὶ</u> ἔλεγον   <u>τῇ</u> γυναικὶ <u>ὅτι</u> Οὐκέτι διὰ τὴν <u>σὴν μαρτυρίαν</u>   ℵ*
λόγον αὐτοῦ, **42** τῇ <u>δὲ</u> γυναικὶ   ἔλεγον   <u>ὅτι</u> Οὐκέτι διὰ τὴν <u>σὴν μαρτυρίαν</u>   D
λόγον αὐτοῦ, **42** τῇ <u>δὲ</u> γυναικὶ   ἔλεγον   <u>ὅτι</u> Οὐκέτι διὰ τὴν <u>σὴν λαλιὰν</u>   E N Λ 124
λόγον αὐτοῦ, **42** τῇ τε γυναικὶ   ἔλεγον   <u>ὅτι Οὐ</u>   διὰ τὴν <u>σὴν λαλιὰν</u>   S
λόγον αὐτοῦ, **42** τῇ τε γυναικὶ   ἔλεγον   Οὐκέτι διὰ τὴν <u>σὴν λαλιὰν</u>   Wsup
λόγον αὐτοῦ, **42** τῇ τε γυναικὶ   ἔλεγον   <u>ὅτι</u> Οὐκέτι διὰ τὴν <u>σὴν λαλιὰν</u>   ℵc A C 𝔐 K L M U Δ Θ
Π Ψ f¹ f¹³ 2 33 28 157 565 579 700 1071 1424 **u[w]**τ

πιστεύομεν· αὐτοὶ γὰρ ἀκηκόαμεν   καὶ οἴδαμεν   ὅτι   B 𝔓66.75 **uwτ** rell
πιστεύομεν· αὐτοὶ γὰρ ἀκηκόαμεν <u>παρ' αὐτοῦ</u> καὶ οἴδαμεν   ὅτι   ℵ f¹ f¹³ 565
πιστεύομεν· <u>αὐτοῦ</u> γὰρ ἀκηκόαμεν   καὶ οἴδαμεν   ὅτι   D
πιστεύομεν· αὐτοὶ γὰρ ἀκηκόαμεν   καὶ <u>ἐγνώκαμεν</u> ὅτι   Y K Π

οὗτός ἐστιν ἀληθῶς   ὁ σωτὴρ τοῦ κόσμου.   B 𝔓66.75 C* **uw**
<u>ἀληθῶς</u> <u>οὗτός</u> <u>ἐστιν</u>   ὁ σωτὴρ τοῦ κόσμου.   ℵ
οὗτός ἐστιν   ὁ σωτὴρ τοῦ κόσμου <u>ὁ Χριστός</u>.   K* Π
οὗτός ἐστιν   ὁ σωτὴρ τοῦ κόσμου.   Wsup
οὗτός ἐστιν ἀληθῶς   σωτὴρ τοῦ κόσμου <u>ὁ Χριστός</u>.   Δ   [↓579 700 1071 1424 τ
οὗτός ἐστιν ἀληθῶς   ὁ σωτὴρ τοῦ κόσμου <u>ὁ Χριστός</u>.   A Cc D 𝔐 Kc L M N U Θ Λ Ψ f¹ f¹³ 2 33 28 157 565

A Prophet Has No Honor In His Own Country
(Matthew 13.57; Mark 6.5; Luke 4.24)

[ιδ] **43** Μετὰ δὲ τὰς δύο ἡμέρας ἐξῆλθεν ἐκεῖθεν   εἰς τὴν <u>Γαλειλαίαν</u>·   B
43 Μετὰ δὲ τὰς δύο ἡμέρας ἐξῆλθεν ἐκεῖθεν   εἰς τὴν <u>Γαλιλαίαν</u>·   𝔓66.75 ℵ C D f¹³
43 Μετὰ δὲ τὰς δύο ἡμέρας ἐξῆλθεν ἐκεῖθεν <u>καὶ ἦλθεν</u> εἰς τὴν <u>Γαλιλαίαν</u>·   L   [↑**uw**
43 Μετὰ δὲ τὰς δύο ἡμέρας ἐξῆλθεν   <u>καὶ ἀπῆλθεν</u> εἰς τὴν <u>Γαλιλαίαν</u>·   S Θ
43 Μετὰ δὲ τὰς δύο ἡμέρας ἐξῆλθεν ἐκεῖθεν   <u>καὶ ἀπῆλθεν</u> εἰς τὴν <u>Γαλιλέαν</u>·   Wsup
43 Μετὰ δὲ   δύο ἡμέρας ἐξῆλθεν ἐκεῖθεν <u>καὶ ἀπῆλθεν</u> εἰς τὴν <u>Γαλιλαίαν</u>·   1424
43 Μετὰ δὲ τὰς δύο ἡμέρας ἐξῆλθεν ἐκεῖθεν <u>καὶ ἀπῆλθεν</u> εἰς τὴν <u>Γαλιλαίαν</u>·   A 𝔐 K M N U Δ Λ
Π Ψ f¹ 124 2 33 28 157 565 579 700 1071 τ

44 αὐτὸς γὰρ   Ἰησοῦς ἐμαρτύρησεν ὅτι προφήτης ἐν τῇ ἰδίᾳ πατρίδι   B 𝔓66.75 **uw** rell
44 αὐτὸς γὰρ <u>ἐμαρτύρησεν ὁ Ἰησοῦς</u> ὅτι προφήτης ἐν τῇ ἰδίᾳ πατρίδι   124   [↓700 1071 1424 τ
44 αὐτὸς γὰρ <u>ὁ</u> Ἰησοῦς ἐμαρτύρησεν ὅτι προφήτης ἐν τῇ ἰδίᾳ πατρίδι   Y L M N Λ Ω f¹³ 1582c 28 157 565

τειμὴν οὐκ ἔχει. **45** ὅτε οὖν   ἦλθεν εἰς τὴν Γαλειλαίαν, ἐδέξαντο   αὐτὸν   B Θ
<u>τιμὴν</u> οὐκ ἔχει. **45** <u>ὡς</u> οὖν   ἦλθεν εἰς τὴν <u>Γαλιλαίαν</u>,   αὐτὸν   ℵ*
τειμὴν οὐκ ἔχει. **45** <u>ὡς</u> οὖν   ἦλθεν εἰς τὴν <u>Γαλιλαίαν</u>, <u>ἐξεδέξαντο</u> αὐτὸν   D
<u>τιμὴν</u> οὐκ ἔχει. **45** ὅτε οὖν   ἦλθεν εἰς τὴν <u>Γαλιλέαν</u>, ἐδέξαντο   αὐτὸν   Wsup
<u>τιμὴν</u> οὐκ ἔχει. **45** ὅτε οὖν <u>θέλων</u> ἦλθεν εἰς τὴν <u>Γαλιλαίαν</u>, ἐδέξαντο   αὐτὸν   28
<u>τιμὴν</u> οὐκ ἔχει. **45** ὅτε οὖν   ἦλθεν εἰς τὴν <u>Γαλιλαίαν</u>, ἐδέξαντο   αὐτὸν   𝔓66.75 **uwτ** rell

---

lac. 4.41-45 𝔓45 P Γ 788 1346

A **42** τι (τη) 28 | γυναικει D | ουκετη E | τιν (την) Θ | σιν E L Θ | πιστεωμεν 579 | ακικοαμεν U | εγνωμεν K | ουτως H 579 | αλιθως E **43** εκιθεν W **44** αυτο E* | εμαρτυρισεν E* H K 13 2 1071 | προφητις 28 1071 | πατρηδη Θ | τιμην 𝔓66 | τειμιν Θ | τημιν 1071 | εχι W **45** τιν (την¹) F | ην 118

B **42** σ̅η̅ρ̅ A C 𝔐 K L M N S U W Δ Λ Π Ψ Ω f¹ 118 f¹³ 69 124 2 33 28 157 565 579 700 1071 1424 ¦ σ̅ω̅ρ̅ ℵ | χ̅ς̅ A Cc 𝔐 K L M N S U Δ Θ Λ Π Ψ Ω f¹ 118 f¹³ 69 124 2 33 28 157 579 700 1071 1424 ¦ χ̅ρ̅ς̅ D **43** β̅ 𝔓75 W **44** ι̅ς̅ B 𝔓66 𝔓75 ℵ A C 𝔐 K L M N S U W Θ Λ Π Ψ Ω f¹ 118 f¹³ 124 2 28 157 565 700 1071 1424 ¦ ι̅η̅ς̅ D | πριδι 118

C **42** τελος (post ο χ̅ς̅) E H S Y L Θ Λ Ψ 124 2 157 1071 1424 ¦ τελος της κυ, G M f¹ 118 **43** αρχ 579

D **43** λ̅δ̅/ζ̅ ℵ A E G L M N S U Y Θ Π Ψ Ω 118 124 28 1071 1424 ¦ .δ̅ C | λ̅δ̅ D F H K f¹ f¹³ 2 157 579 | λ̅δ̅/δ̅ Λ | Ευ Ιω λ̅δ̅ : Λο τ̅θ̅ : Μρ . : Μθ . E | Ιω λ̅δ̅ : Λο κ̅α̅ : Μρ κ̅α̅ : Μθ ρ̅ν̅β̅ 124 **44** λ̅ε̅/α̅ ℵ A E G L M N S U Θ Λ Π Ψ Ω 118 124 28 1071 1424 ¦ .ε̅ C | λ̅ε̅ D F H K f¹ f¹³ 2 157 579 | λ̅ε̅/δ̅ Y | Ευ Ιω λ̅ε̅ : Λο ρ̅μ̅θ̅ : Μρ ν̅α̅ : Μθ κ̅α̅ E | Ιω λ̅ε̅ : Λο ξ̅ε̅ : Μρ . : Μθ ξ̅δ̅ 124 **45** λ̅ς̅/ι̅ ℵ A E G L M N S U Y Θ Λ Π Ψ Ω 118 124 28 1071 1424 ¦ .ς̅ C | λ̅ς̅ D F H f¹ f¹³ 2 579 | Ευ Ιω λ̅ς̅ : Λο . : Μρ . : Μθ . E | Ιω λ̅ς̅ : Λο . : Μρ . : Μθ . 124

47

οἱ Γαλειλαῖοι	πάντα ἑωρακότες ὅσα ἐποίησεν	ἐν	Ἱεροσολύμοις	B
οἱ Γαλιλαῖοι	πάντα ἑωρακότες ὅσα ἐποίησεν	ἐν	Ἱεροσολύμοις	$\mathfrak{P}^{66.75}$ א^c A C Ψ f^1
	οἱ ἑωρακότες πάντα ἃ ἐποίησεν	ἐν	Ἱεροσολύμοις	א* [↑1071 **uw**
οἱ Γαλιλαῖοι	πάντα ἑωρακότες ἃ ἐποίησεν	ἐν	Ἱερουσαλὴμ	D
οἱ Γαλιλαῖοι	πάντα ἑορακότες ἃ ἐποίησεν	ἐν	Ἱεροσολύμοις	𝔐 Κ Π 28
οἱ Γαλιλαῖοι	πάντες ἑορακότες ἃ ἐποίησεν	ἐν	Ἱεροσολύμοις	G
οἱ Γαλιλαῖοι	πάντα ἑωρακότες ἃ ἐποίησεν	ἐν	Ἱεροσολύμοις	Υ 700
οἱ Γαλιλαῖοι	πάντα ἑορακότες ὅσα ἐποίησεν	ἐν	Ἱεροσολύμοις	L N 565
οἱ Γαλιλαῖοι	πάντα ἑωρακότες ἃ ἐποίησεν	ἐν	Ἱεροσολύμοις	M S U Δ Λ Ω 2 157
οἱ Γαλιλέοι	πάντα ἑορακότες ὅσα ἐποίησεν	ἐν τοῖς	Ἱεροσολύμοις	W^{sup} [↑1424 τ
οἱ Γαλειλαῖοι	πάντα ἑορακότες ὅσα ἐποίησεν	ἐν	Ἱεροσολύμοις	Θ
οἱ Γαλιλαῖοι	πάντα ἑωρακότες ὅσα ἐποίησεν σημεῖα	ἐν	Ἱεροσολύμοις	f^{13}
οἱ Γαλιλαῖοι	πάντα ἑορακότες ὅσα ἐποίησεν	ἐν	Ἑροσολύμοις	33
οἱ Γαλιλαῖοι	πάντα ἑοράκατε ὅσα ἐποίησεν	ἐν	Ἱεροσολύμοις	579

ἐν τῇ ἑορτῇ, καὶ αὐτοὶ γὰρ ἦλθον	εἰς τὴν ἑορτήν.	B $\mathfrak{P}^{66.75}$ **uw**τ rell
ἐν τῇ ἑορτῇ, καὶ αὐτοὶ γὰρ ἐληλύθισαν	εἰς τὴν ἑορτήν.	א
τῇ ἑορτῇ, καὶ αὐτοὶ γὰρ ἦλθον	εἰς τὴν ἑορτήν.	D
ἐν τῇ ἑορτῇ.		G
ἐν τῇ ἑορτῇ, καὶ γὰρ ἦλθον	εἰς τὴν ἑορτήν.	W^{sup}
σημεῖα ἐν τῇ ἑορτῇ, καὶ αὐτοὶ γὰρ ἦλθον	εἰς τὴν ἑορτήν.	28
ἐν τῇ ἑορτῇ, καὶ αὐτοὶ γὰρ ἦλθον	εἰς τὴν ἑορτήν εἰς τὴν ἑορτήν.	579

ϛ περὶ τοῦ βασιλικοῦ

Second Sign: An Official's Son Healed At Capernaum
(Matthew 8.5-12; Luke 7.1-10)

46	Ἦλθεν οὖν	πάλιν	ἐν	Κανὰ	τῆς Γαλειλαίας, ὅπου ἐποίησεν	B
46	Ἦλθεν οὖν	πάλιν	εἰς τὴν	Κανὰ	τῆς Γαλιλαίας, ὅπου ἐποίησεν	$\mathfrak{P}^{66.75}$ C D L 33 **uw**
46	Ἦλθαν οὖν	πάλιν	εἰς τὴν	Κανὰν	τῆς Γαλιλαίας, ὅπου ἐποίησαν	א*
46	Ἦλθαν οὖν	πάλιν	εἰς τὴν	Κανὰ	τῆς Γαλιλαίας, ὅπου ἐποίησεν	א^c
46	Ἦλθεν οὖν	πάλιν ὁ Ἰησοῦς	ἐν	Κανὰ	τῆς Γαλιλαίας, ὅπου ἐποίησεν	N
46	Ἦλθεν οὖν	πάλιν		Κανὰ	τῆς Γαλιλέας, ὅπου ἐποίησεν	W^{sup}
46	Ἦλθεν οὖν	πάλιν ὁ Ἰησοῦς	εἰς τὴν	Κανὰ	τῆς Γαλιλαίας, ὅπου ἐποίησεν	Δ 579 1071
46	Ἦλθεν οὖν	πάλιν ὁ Ἰησοῦς	εἰς τὴν	Κανὰ	τῆς Γαλειλαίας, ὅπου ἐποίησεν	Θ
46	Ἦλθεν οὖν	ὁ Ἰησοῦς	εἰς τὴν	Κανὰ	τῆς Γαλιλαίας, ὅπου ἐποίησεν	124
46	Ἦλθεν οὖν	ὁ Ἰησοῦς πάλιν	εἰς τὴν	Κανὰ	τῆς Γαλιλαίας, ὅπου ἐποίησεν	2 τ
46	Ἦλθεν	πάλιν ὁ Ἰησοῦς	εἰς τὴν	Κανὰ	τῆς Γαλιλαίας, ὅπου ἐποίησεν	1424
46	Ἦλθεν οὖν	πάλιν ὁ Ἰησοῦς	εἰς τὴν	Κανὰ	τῆς Γαλιλαίας, ὅπου ἐποίησεν	A 𝔐 K M U Λ Π Ψ f^1 f^{13} 28 157 565 579

τὸ ὕδωρ οἶνον. καὶ ἦν	τις βασιλικὸς	οὗ ὁ υἱὸς ἠσθένει ἐν Καφαρναούμ.	B $\mathfrak{P}^{66.75}$ C W^{sup} Ψ **u[w]**
τὸ ὕδωρ οἶνον. ἦν δὲ	τις βασιλικὸς	οὗ ὁ υἱὸς ἠσθένει ἐν Καφαρναούμ.	א 33 [**w**]
τὸ ὕδωρ οἶνον. ἦν δὲ	τις βασιλισκὸς	οὗ ὁ υἱὸς ἠσθένει ἐν Καφαρναούμ.	D
τὸ ὕδωρ οἶνον. ἦν δὲ	τις βασιλικὸς	οὗ ὁ υἱὸς ἠσθένει ἐν Καπερναούμ.	L N 1071
τὸ ὕδωρ οἶνον. καὶ ἦν	τις βασιλικὸς	οὗ ὁ υἱὸς ἠσθένει ἐν Καπερναούμ.	A 𝔐 K M U Δ Θ Λ Π f^1 f^{13} 28 157 565 579 700 1424 τ

---

lac. 4.45-46 $\mathfrak{P}^{45}$ P Γ 788 1346

A 45 εωρακωτες 1071 | εποιησε 69 | ορτην D* **46** τιν (την) 579 | εποιησε Υ M S f^1 118 13 69 124 28 157 565 700 | τω (το) M | βασιλεικος E G M Δ Ω 13 579 1071 | ησθεναι א N W 579 | ησθενη Λ | εισθενει 2

B 46 ιϛ A 𝔐 K M N S U Δ Θ Λ Π Ψ Ω f^1 118 f^{13} 124 2 33 28 157 565 579 579 700 1071 1424 | υ̅ϛ̅ $\mathfrak{P}^{66c}$ C F G H K M N S U W Θ Π Ψ Ω f^1 2 28 565 1071 1424

C 46 ϛ̅ περι του βασιλεικου (βασιλικου 2) Δ 2 | τελ L (post οινον) | ϛ̅ A | ϛ̅ (ϛ̅ L^{mg} | ε̅ L^{top}) περι του (om. N) βασιλικου (βασιλεικου E 28 | βασιληκου Θ): (ante και ην τις) 𝔐 K L M N S U Θ Λ Π Ω f^1 33 28 157 579 1071 | ϛ̅ περι του υιου του βασιλικου 1424 | αρχ F Λ | αρχη: τη β̅ της γ̅ εβδομαδος τω καιρω εκεινω (ante ην τις) E | τη β̅ της γ̅ εβδ F 124 | αρχη: τη β̅ της γ̅ εβδ τω κ.ρ.ω ην τις βασιλ, (ante ην τις) G | αρχη: τη β̅ της γ̅ εβδ. τω κ, ην τις βασιλικος κ, εισασθ H | αρχ: τη β̅ της γ̅ εβδ τω κ.ρ.ω ην τις βασιλ Υ | τη β̅ της γ̅ εβδ τω και, ην τις βασιλεικος ου ο υ̅ϛ̅ ησ M | τη β̅ τς γ̅ εβδ τω κ S | αρχ: τω κ.ρω ην τις βασιλικος Θ | τη β̅ τς γ̅ εβδ κ, εις ασθ τω καιρω ην τις βασιλεικος Ω | αρχ ιγ̅ τη β̅ τς γ̅ τω καιρω εκει ην τις βασιλικος f^1 | αρχ ιγ̅ τη β̅ τς γ̅ εβδομ̅α τω ην τις βασιλικος 118 | (ante και ην) αρχ τς β̅ τω καιρω εκεινω ην τις βασιλικος ου ο υ̅ϛ̅ ησθενει 28 | τη β̅ τς γ̅ εβδομδ της ν 157 | αρχη: τη β̅ της γ̅ εβδομαδος 2 | αρχη τω καιρω 1424

D 46 λ̅ζ̅/γ̅ A Υ M S U Π Ψ Ω 28 1424 | .ζ̅ C | λ̅ζ̅/δ̅ D F H f^1 118 2 157 579 1071 | λ̅ζ̅/δ̅ E | λ̅ς̅ K | Ευ Ιω λ̅ζ̅ : Λο ξ̅ε̅ : Μρ . : Μθ ξ̅δ̅ E | Μτ ζ̅ : Λο ι̅η̅ L | (ante ην δε) λ̅ζ̅/γ̅ א L N Θ Λ 124 | λ̅ζ̅/ι̅ G | λ̅ζ̅ f^{13} 565 | Ιω λ̅ζ̅ : Λο . : Μρ . : Μθ . 124

47 οὗτος ἀκούσας ὅτι Ἰησοῦς ἥκει ἐκ τῆς Ἰουδαίας εἰς τὴν Γαλειλαίαν ἀπῆλθεν Β
47 ἀκούσας ὅτι ὁ Ἰησοῦς ἥκει ἐκ τῆς Ἰουδαίας εἰς τὴν Γαλιλαίαν ἦλθεν οὖν ‭‬א*
47 οὗτος ἀκούσας ὅτι Ἰησοῦς ἥκει ἐκ τῆς Ἰουδαίας εἰς τὴν Γαλιλαίαν ἦλθεν C f[1] 565
47 οὗτος ἀκούσας ὁ Ἰησοῦς ἥκει ἐκ τῆς Ἰουδαίας εἰς τὴν Γαλιλαίαν ἀπῆλθεν F*
47 οὗτος ἀκούσας ὅτι ὁ Ἰησοῦς ἥκει ἐκ τῆς Ἰουδέας εἰς τὴν Γαλιλέαν ἀπῆλθεν W^sup
47 οὗτος ἀκούσας ὅτι ὁ Ἰησοῦς ἥκει ἐκ τῆς Ἰουδαίας εἰς τὴν Γαλειλαίαν ἀπῆλθεν Θ
47 οὗτος ἀκούσας ὅτι Ἰησοῦς ἥκει ἀπὸ τῆς Ἰουδαίας εἰς τὴν Γαλιλαίαν ἦλθεν f[13] 33
47 οὗτος ἀκούσας ὅτι Ἰησοῦς ἥκει ἐκ τῆς Ἰουδαίας εἰς τὴν Γαλιλαίαν ἀπῆλθεν 𝔓^66.75 ‭‬א^c A D
𝔐 K L M N U Δ Λ Π Ψ 2 28 157 579 700 1071 1424 **uwτ**

πρὸς αὐτὸν καὶ ἠρώτα ἵνα καταβῇ καὶ ἰάσηται αὐτοῦ τὸν υἱόν, Β 𝔓^66 ‭‬א C^c D L W^sup 69 33
καὶ ἠρώτα ἵνα καταβῇ καὶ ἰάσῃ αὐτοῦ τὸν υἱόν, 𝔓^75* [↑1071 **uw**
καὶ ἠρώτα ἵνα καταβῇ καὶ ἰάσηται αὐτοῦ τὸν υἱόν, 𝔓^75c
πρὸς αὐτὸν καὶ ἠρώτα ἵνα καταβὰς ἰάσηται αὐτοῦ τὸν υἱόν, C*
πρὸς αὐτὸν ἵνα καταβῇ καὶ ἰάσηται αὐτοῦ τὸν υἱόν, G
πρὸς αὐτὸν καὶ ἠρώτα αὐτὸν ἵνα καταβῇ καὶ ἰάσηται αὐτὸν τὸν υἱόν, 28
πρὸς αὐτὸν καὶ ἠρώτα αὐτὸν ἵνα καταβῇ καὶ ἰάσηται τὸν υἱὸν αὐτοῦ, 1424 [↓2 157 565 579 700 τ
πρὸς αὐτὸν καὶ ἠρώτα αὐτὸν ἵνα καταβῇ καὶ ἰάσηται αὐτοῦ τὸν υἱόν, A 𝔐 K M N U Δ Θ Λ Π Ψ f[1] f[13]

ἤμελλεν γὰρ ἀποθνήσκειν. **48** εἶπεν οὖν ὁ Ἰησοῦς πρὸς αὐτόν, Ἐὰν μὴ σημεῖα Β 𝔓^66c.75 **uwτ** rell
ἤμελλεν γὰρ ἀποθνήσκειν. **48** εἶπεν ὁ Ἰησοῦς πρὸς αὐτόν, Ἐὰν μὴ σημεῖα 𝔓^66*
ἔμελλεν γὰρ ἀποθνήσκειν. **48** εἶπεν οὖν ὁ Ἰησοῦς πρὸς αὐτόν, Ἐὰν μὴ σημεῖα Υ Κ Π 118
ἤμελλεν γὰρ ἀποθνήσκειν. **48** εἶπεν οὖν Ἰησοῦς πρὸς αὐτόν, Ἐὰν μὴ σημεῖα W^sup
ἤμελλεν γὰρ ἀποθνήσκειν. **48** εἶπεν οὖν πρὸς αὐτὸν ὁ Ἰησοῦς, Ἐὰν μὴ σημεῖα 1424

καὶ τέρατα ἴδητε, οὐ μὴ πιστεύσητε. **49** λέγει πρὸς αὐτὸν ὁ βασιλικός, Κύριε, Β 𝔓^66.75 **u[w]τ** rell
καὶ τέρατα ἴδητε, οὐ μὴ πιστεύσητε. **49** λέγει πρὸς αὐτὸν ὁ βασιλισσός, Κύριε, D*
καὶ τέρατα ἴδητε, οὐ μὴ πιστεύσητε. **49** λέγει πρὸς αὐτὸν ὁ βασιλισκός, Κύριε, D^c
καὶ τέρατα ἴδητε, οὐ μὴ πιστεύσητε. **49** λέγει αὐτὸν ὁ βασιλικός, Κύριε, F
καὶ τέρατα ἴδητε, οὐ μὴ πιστεύετε. **49** λέγει πρὸς αὐτὸν ὁ βασιλικός, Κύριε, Η*
καὶ τέρατα ἤδητε, οὐ μὴ πιστεύσετε. **49** λέγει πρὸς αὐτὸν ὁ βασιλικός, Κύριε, 2
καὶ τέρατα ἴδητε, οὐ μὴ πιστεύσητε; **49** λέγει πρὸς αὐτὸν ὁ βασιλικός, Κύριε, [w]

κατάβηθι πρὶν ἀποθανεῖν τὸ παιδίον μου. **50** λέγει αὐτῷ ὁ Ἰησοῦς, Πορεύου, Β 𝔓^66.75 **uwτ**
κατάβηθι πρὶν ἀποθανεῖν τὸν παῖδα μου. **50** λέγει αὐτῷ ὁ Ἰησοῦς, Πορεύου, ‭‬א [↑rell
κατάβηθι πρὶν ἀποθανεῖν τὸ παιδίον μου. **50** λέγει αὐτῷ, Πορεύου, Ε 157
κατάβηθι πρὶν ἀποθανεῖν τὸν υἱὸν μου. **50** λέγει αὐτῷ ὁ Ἰησοῦς, Πορεύου, A f[13]
κατάβηθι πρὶν ἀποθανεῖν τὸ παιδίον. **50** λέγει αὐτῷ ὁ Ἰησοῦς, Πορεύου, D 1 1582* 565
κατάβηθι πρὶν ἢ ἀποθανεῖν τὸ παιδίον μου. **50** λέγει αὐτῷ ὁ Ἰησοῦς, Πορεύου, Ν Θ Π^c
κατάβηθι πρὶν ἢ ἀποθανεῖν τὸ παιδίον μου. **50** καὶ λέγει αὐτῷ ὁ Ἰησοῦς, Πορεύου, 579

lac. **4.47-50** 𝔓^45 Ρ Γ 788 1346

A **47** ηκι ‭‬א ¦ εικει Ε* ¦ ηκεν W ¦ εικη 13 ¦ τιν (την) 579 ¦ απηλθε Μ S U 700 ¦ ηλθε 118 69 ¦ ιασητε Υ W 2* ¦ ειασητε Θ ¦ ιασεται Η 28 ¦ ημμελλεν 579 ¦ ημελλε ‭‬א* Μ 13 157 700 ¦ εμελλε Υ 118 ¦ ημελεν Θ ¦ ειμελλε 69 ¦ αποθνησκιν Ν ¦ αποθνησκιν W ¦ αποθνησκην 2* **48** προος 𝔓^66* ¦ σημια 𝔓^66 ‭‬א L W ¦ σιμεια Θ ¦ τερα Ν* ¦ ειδητε D^c W 1071 ¦ ηδητε 1424 ¦ πιστευσηται 𝔓^66 ‭‬א Ν W ¦ πιστευσετε Ε Η^c Λ **49** λεγι W ¦ βασιλεικος A G L Μ Δ Θ 13 579 1071 ¦ καταβηθει L Ν ¦ καταβηθη Θ 700 ¦ πρην Θ ¦ αποθανιν ‭‬א D Ν W 579 ¦ αποθανην Θ ¦ πεδιον Θ **50** λεγι W

B **47** ιης 𝔓^75 D ¦ ι̅ς Β 𝔓^66 ‭‬א A C 𝔐 K L M N S U W Δ Θ Λ Π Ψ Ω f[1] 118 f[13] 124 2 33 28 157 565 579 700 1071 1424 ¦ υν 𝔓^66c ‭‬א A F G H Y K M N S U W Π Ψ Ω f[1] 2 28 565 1071 1424 **48** ι̅ς Β 𝔓^66 𝔓^75 ‭‬א A C 𝔐 K L M N S U W Δ Θ Λ Π Ψ Ω f[1] 118 f[13] 124 2 33 28 157 565 579 700 1071 1424 ¦ ιης D **49** κε̅ Β 𝔓^66 𝔓^75 ‭‬א A C D 𝔐 K L M N S U W Δ Θ Λ Π Ψ Ω f[1] 118 f[13] 69 124 2 33 28 157 565 579 700 1071 1424 **50** ι̅ς̅[1] Β 𝔓^66 𝔓^75 ‭‬א A C F G H Y K L M N S U W Δ Θ Λ Π Ψ Ω f[1] 118 f[13] 124 2 33 28 565 579 700 1071 1424 ¦ ιης D

C **47** (ante ην τις) αρχ τη β̅ τς γ̅ εβδμαδ τω κ,ρ,ω εκ,ν ην τις βασιλικ,ο 2 **48** αρχ 157

D **47** λ̅η 579

ὁ υἱός σου ζῇ. ἐπίστευσεν   ὁ ἄνθρωπος τῷ λόγῳ ὃν   εἶπεν αὐτῷ   ὁ Ἰησοῦς καὶ   B **uw**
ὁ υἱός σου ζῇ. ἐπίστευσεν   ὁ ἄνθρωπος τῷ λόγῳ <u>ᾧ</u>   εἶπεν αὐτῷ   ὁ Ἰησοῦς καὶ   𝔓⁶⁶ D Wˢᵘᵖ
ὁ υἱός σου ζῇ. ἐπίστευσεν   ὁ ἄνθρωπος τῷ λόγῳ ὃν   εἶπεν   ὁ Ἰησοῦς καὶ   𝔓⁷⁵
ὁ υἱός σου ζῇ. ἐπίστευσεν   ὁ ἄνθρωπος τῷ λόγῳ <u>τοῦ Ἰησοῦ</u>   καὶ   ℵ*
ὁ υἱός σου ζῇ. ἐπίστευσεν   ὁ ἄνθρωπος τῷ λόγῳ <u>τοῦ Ἰησοῦ</u>   ὃν εἶπεν αὐτῷ   καὶ   ℵᶜ
ὁ υἱός σου ζῇ. <u>καὶ ἐπίστευσεν</u>   ἄνθρωπος τῷ λόγῳ ὃν   εἶπεν αὐτῷ   ὁ Ἰησοῦς καὶ   A*
ὁ υἱός σου ζῇ. <u>καὶ ἐπίστευσεν</u>   ὁ ἄνθρωπος τῷ λόγῳ   εἶπεν αὐτῷ   ὁ Ἰησοῦς καὶ   Aᶜ C Θ Ψ
ὁ υἱός   ζῇ. <u>καὶ ἐπίστευσεν</u>   ὁ ἄνθρωπος τῷ λόγῳ <u>ὧν</u>   εἶπεν αὐτῷ   ὁ Ἰησοῦς καὶ   F
ὁ υἱός σου ζῇ. <u>καὶ ἐπίστευσεν</u>   ὁ ἄνθρωπος τῷ λόγῳ <u>ᾧ</u>   εἶπεν   ὁ Ἰησοῦς καὶ   Κ Π
ὁ υἱός σου ζῇ. ἐπίστευσεν <u>δὲ</u>   ὁ ἄνθρωπος τῷ λόγῳ ὃν   εἶπεν αὐτῷ   ὁ Ἰησοῦς καὶ   L
ὁ υἱός σου ζῇ. <u>καὶ ἐπίστευσεν</u>   ὁ ἄνθρωπος τῷ λόγῳ <u>ὧν</u>   εἶπεν αὐτῷ   ὁ Ἰησοῦς καὶ   S
ὁ υἱός σου ζῇ. <u>καὶ ἐπίστευσεν</u>   ὁ ἄνθρωπος τῷ λόγῳ <u>ὃ</u>   εἶπεν αὐτῷ   ὁ Ἰησοῦς καὶ   Ω f¹³ 565
ὁ υἱός σου ζῇ. <u>καὶ ἐπίστευσεν</u>   ὁ ἄνθρωπος τῷ λόγῳ ὃν   εἶπεν αὐτῷ   ὁ Ἰησοῦς καὶ   579
ὁ υἱός σου ζῇ. <u>καὶ ἐπίστευσεν</u>   ὁ ἄνθρωπος τῷ λόγῳ <u>ᾧ</u>   εἶπεν αὐτῷ   ὁ Ἰησοῦς καὶ   𝔐 M N U Δ Λ f¹ 69
                                                                                    124 2 33 28 157 700 1071 1424 τ

ἐπορεύετο. **51** ἤδη δὲ αὐτοῦ καταβαίνοντος   B **uw**τ rell
ἐπορεύετο. **51** ἤδη δὲ αὐτοῦ καταβαίνοντος <u>ἰδοὺ</u>   N 1071
<u>ἐπορεύθη</u>. **51** ἤδη δὲ αὐτοῦ καταβαίνοντος   f¹³
<u>ἐπορέβετω</u>. **51** ἤδη δὲ αὐτοῦ καταβαίνοντος <u>ἰδοὺ</u>   579

οἱ δοῦλοι αὐτοῦ ὑπήντησαν αὐτῷ   λέγονταις ὅτι ὁ παῖς αὐτοῦ   B*
οἱ δοῦλοι αὐτοῦ ὑπήντησαν αὐτῷ   <u>λέγοντες</u> ὅτι ὁ παῖς αὐτοῦ   Bᶜ 𝔓⁷⁵ **uw**
οἱ δοῦλοι αὐτοῦ ὑπήντησαν αὐτῷ   <u>καὶ ἀπήγγιλαν</u>   λέγοντες ὅτι ὁ παῖς αὐτοῦ   𝔓⁶⁶*
οἱ δοῦλοι αὐτοῦ ὑπήντησαν αὐτῷ   <u>καὶ ἀπήγγιλαν</u>   λέγοντες ὅτι ὁ <u>υἱός σου</u>   𝔓⁶⁶ᶜ
οἱ δοῦλοι   ὑπήντησαν αὐτῷ   <u>καὶ ἤγγειλαν</u>   ὅτι ὁ παῖς αὐτοῦ   ℵ
οἱ δοῦλοι αὐτοῦ <u>ἀπήντησαν αὐτὸν</u>   <u>καὶ ἀπήγγειλαν</u>   λέγοντες ὅτι ὁ παῖς αὐτοῦ   A
οἱ δοῦλοι αὐτοῦ ὑπήντησαν αὐτῷ   <u>καὶ ἀπήγγειλαν</u>   λέγοντες ὅτι   παῖς αὐτοῦ   C*
οἱ δοῦλοι αὐτοῦ ὑπήντησαν αὐτῷ   <u>καὶ ἀπήγγειλαν</u>   λέγοντες ὅτι ὁ παῖς αὐτοῦ   Cᶜ
<u>ὑπήντησαν</u>   οἱ δοῦλοι αὐτοῦ   <u>καὶ ἤγγειλαν   αὐτῷ</u>   ὅτι ὁ <u>υἱός σου</u>   D
οἱ δοῦλοι αὐτοῦ <u>ἀπήντησαν</u> αὐτῷ   <u>καὶ ἀπήγγειλαν</u>   λέγοντες ὅτι ὁ παῖς <u>σου</u>   𝔐 M Δ Λ 2 28
οἱ δοῦλοι αὐτοῦ <u>ἀπήντησεν</u> αὐτῷ   <u>καὶ ἀπήγγειλαν</u>   λέγοντες ὅτι ὁ παῖς <u>σου</u>   G*   [↑700 τ
οἱ δοῦλοι αὐτοῦ ὑπήντησαν αὐτῷ   <u>καὶ ἀνήγγειλαν</u>   λέγοντες ὅτι ὁ <u>υἱός σου</u>   K
οἱ δοῦλοι   ὑπήντησαν αὐτῷ   λέγοντες ὅτι ὁ <u>υἱός σου</u>   L
οἱ δοῦλοι αὐτοῦ ὑπήντησαν αὐτῷ   <u>λέγοντες</u> ὅτι ὁ <u>υἱός σου</u>   N 579
οἱ δοῦλοι αὐτοῦ <u>ἀπήντησαν</u> αὐτῷ   <u>καὶ ἀπήγγειλαν</u>   λέγοντες ὅτι ὁ <u>υἱός σου</u>   U
<u>ὑπήντησαν   αὐτῷ   οἱ δοῦλοι   αὐτοῦ</u>   <u>καὶ ἀπήγγιλαν</u>   λέγοντες ὅτι ὁ παῖς αὐτοῦ   Wˢᵘᵖ
οἱ δοῦλοι αὐτοῦ ὑπήντησαν αὐτῷ   <u>καὶ ἀπήγγειλαν</u>   λέγοντες ὅτι ὁ παῖς <u>σου</u>   Θ
οἱ δοῦλοι αὐτοῦ <u>ἀπήντησαν</u> αὐτῷ   <u>καὶ ἀνήγγειλαν</u>   λέγοντες ὅτι ὁ <u>υἱός σου</u>   Π
οἱ δοῦλοι   ὑπήντησαν αὐτῷ   <u>λέγοντες</u> ὅτι ὁ παῖς <u>σου</u>   Ψ 1582
οἱ δοῦλοι   ὑπήντησαν αὐτῷ   <u>καὶ ἀνήγγειλαν</u>   <u>λέγοντες</u> ὅτι ὁ παῖς <u>σου</u>   f¹ 565
οἱ δοῦλοι αὐτοῦ ὑπήντησαν αὐτῷ   <u>καὶ ἀπήγγειλαν</u>   λέγοντες ὅτι ὁ παῖς <u>σου ὁ υἱὸς</u> αὐτοῦ   f¹³
οἱ δοῦλοι αὐτοῦ ὑπήντησαν αὐτῷ   <u>καὶ ἀπήγγειλαν</u>   λέγοντες ὅτι ὁ <u>υἱός σου</u>   69 124
οἱ δοῦλοι αὐτοῦ ὑπήντησαν αὐτῷ   <u>καὶ ἀνήγγειλαν</u>   λέγοντες ὅτι ὁ <u>υἱός σου</u>   33
οἱ δοῦλοι αὐτοῦ <u>ἀπήντησαν</u> αὐτῷ   <u>καὶ ἀνήγγειλαν</u>   λέγοντες ὅτι ὁ παῖς αὐτοῦ   157
οἱ δοῦλοι αὐτοῦ ὑπήντησαν αὐτῷ   <u>καὶ ἀπήγγειλαν αὐτῷ</u> λέγοντες ὅτι ὁ <u>υἱός σου</u>   1071
οἱ δοῦλοι αὐτοῦ ὑπήντησαν αὐτῷ   <u>καὶ ἀπήγγειλαν αὐτῷ</u> λέγοντες ὅτι ὁ παῖς <u>σου</u>   1424

lac. 4.50-51 𝔓⁴⁵ P Γ 788 1346

A **50** ιος (υιος) E | επιστεσεν Δ* | το (τω) Θ **51** καταβενοντος W | υτω G | λεγωντες 579 | πες Θ | απηντισαν U

B **50** υ̅ς̅ 𝔓⁶⁶ ℵ F G H Y K M N S U W Π Ψ Ω 2 28 565 1071 1424 | α̅ν̅ος̅ 𝔓⁷⁵ A C 𝔐 K L M N S U W Δ Θ Λ Π Ψ Ω f¹ 118 f¹³ 69 124 2 33 28 157 565 579 700 1071 1424 | ι̅ς̅² B 𝔓⁷⁵ A C 𝔐 K L M N S U W Δ Θ Λ Π Ψ Ω f¹ 118 f¹³ 124 2 33 28 157 565 579 700 1071 1424 | ι̅η̅ς̅ D | ι̅υ̅ ℵ | υ̅ς̅ K N U Π **51** υ̅ς̅ 1071

ζῆ. **52** ἐπύθετο   οὖν τὴν ὥραν ἐκείνην   ἐν ᾗ κομψότερον ἔσχεν· εἶπον οὖν   B 𝔓⁷⁵
ζῆ. **52** ἐπύθετο   οὖν τὴν ὥραν <u>παρ</u>᾽ <u>αὐτῶν</u> ἐν ᾗ κομψότερον ἔσχεν· εἶπον   𝔓⁶⁶*
ζῆ. **52** ἐπύθετο   οὖν τὴν ὥραν <u>παρ</u>᾽ <u>αὐτῶν</u> ἐν ᾗ κομψότερον ἔσχεν· <u>καὶ εἶπον</u>   ℵ A K U Θ Π 118 157
ζῆ. **52** ἐπύθετο   οὖν τὴν ὥραν <u>παρ</u>᾽ <u>αὐτῶν</u> ἐν ᾗ κομψότερον ἔσχεν· <u>καὶ εἶπαν</u>   D
ζῆ. **52** ἐπύθετο   οὖν <u>παρ</u>᾽ <u>αὐτῶν</u> τὴν ὥραν ἐν ᾗ κομψότερον ἔσχεν· <u>καὶ εἶπον</u>   𝔐 M Δᶜ Λ 2 28 700
ζῆ. **52** ἐπύθετο   οὖν <u>παρ</u>᾽ <u>αὐτῶν</u> τὴν ὥραν ἐν ᾗ κομψότερον ἔσχεν· εἶπον οὖν   L Ψ 1071 [↑1424 τ
ζῆ. **52** ἐπύθετο   οὖν <u>παρ</u>᾽ <u>αὐτῶν</u> τὴν ὥραν ἐν ᾗ κομψότερον <u>ἔσχειν</u>· καὶ εἶπον   Δ*
ζῆ. **52** <u>ἐπυνθάνετο</u> οὖν τὴν ὥραν <u>παρ</u>᾽ <u>αὐτῶν</u> ἐν ᾗ κομψότερον ἔσχεν· <u>καὶ εἶπον</u>   f¹³
ζῆ. **52** <u>ἐπυνθάνετο</u> <u>δὲ</u> τὴν ὥραν <u>παρ</u>᾽ <u>αὐτῶν</u> ἐν ᾗ κομψότερον ἔσχεν· <u>καὶ εἶπον</u>   69
ζῆ. **52** <u>ἐπυνθανέτω ὃ</u> οὖν τὴν ὥραν <u>παρ</u>᾽ <u>αὐτῶν</u> ἐν ᾗ κομψότερον ἔσχεν· εἶπον <u>οὖν</u>   579
ζῆ. **52** ἐπύθετο   οὖν τὴν ὥραν <u>παρ</u>᾽ <u>αὐτῶν</u> ἐν ᾗ κομψότερον ἔσχεν· <u>εἶπαν</u> οὖν   **uw**   [↓565
ζῆ. **52** ἐπύθετο   οὖν τὴν ὥραν <u>παρ</u>᾽ <u>αὐτῶν</u> ἐν ᾗ κομψότερον ἔσχεν· εἶπον οὖν   𝔓⁶⁶ᶜ C N Wˢᵘᵖ f¹ 33

αὐτῷ ὅτι Ἐχθὲς ὥραν ἑβδόμην   ἀφῆκεν αὐτήν ὁ πυρετός.   B
αὐτῷ ὅτι Ἐχθὲς ὥραν ἑβδόμην   ἀφῆκεν <u>αὐτὸν</u> ὁ πυρετός.   𝔓⁶⁶·⁷⁵ ℵ A C D K L N Θ Π Ψ **uw**
αὐτῷ ὅτι <u>χθὲς</u> ὥραν ἑβδόμην   ἀφῆκεν αὐτήν ὁ πυρετός.   Λ
     ὅτι Ἐχθὲς ὥραν ἑβδόμην   ἀφῆκεν <u>αὐτὸν</u> ὁ πυρετός.   Wˢᵘᵖ
αὐτῷ ὅτι   ὥραν ἑβδόμην   ἀφῆκεν <u>αὐτὸν</u> ὁ πυρετός.   69
αὐτῷ ὅτι Ἐχθὲς ὥραν <u>ἐβαδόμην</u> ἀφῆκεν <u>αὐτὸν</u> ὁ πυρετός.   579
αὐτῷ ὅτι <u>χθὲς</u> ὥραν ἑβδόμην   ἀφῆκεν <u>αὐτὸν</u> ὁ πυρετός.   𝔐 M U Δ f¹ f¹³ 2 33 28 157 565 700 1071 1424 τ

53 ἔγνω οὖν ὁ πατὴρ   ὅτι   ἐκείνῃ τῇ ὥρᾳ ἐν ᾗ εἶπεν αὐτῷ ὁ Ἰησοῦς,   B 𝔓⁷⁵ f¹ [**u**]**w**
53 ἔγνω οὖν ὁ πατὴρ <u>αὐτοῦ</u> ὅτι <u>ἐν</u> ἐκείνῃ τῇ ὥρᾳ ἐν ᾗ εἶπεν αὐτῷ ὁ Ἰησοῦς,   𝔓⁶⁶
53 ἔγνω οὖν ὁ πατὴρ   ὅτι   ἐκείνῃ τῇ ὥρᾳ ἐν ᾗ εἶπεν αὐτῷ,   ℵ*
53 ἔγνω οὖν ὁ πατὴρ   ὅτι <u>ἐν</u> ἐκείνῃ τῇ ὥρᾳ ἐν ᾗ εἶπεν αὐτῷ ὁ Ἰησοῦς,   ℵᶜ A L Ψ 33 [**u**]
53 ἔγνω οὖν ὁ πατὴρ <u>αὐτοῦ</u> ὅτι   ἐκείνῃ τῇ ὥρᾳ ἐν ᾗ εἶπεν αὐτῷ ὁ Ἰησοῦς,   C
53 ἔγνω οὖν ὁ πατὴρ <u>αὐτοῦ</u> ὅτι <u>ἐν</u> ἐκείνῃ τῇ ὥρᾳ ἐν ᾗ εἶπεν αὐτῷ,   <u>ὅτι</u>   N*
53 ἔγνω οὖν ὁ πατὴρ <u>αὐτοῦ</u> ὅτι <u>ἐν</u> ἐκείνῃ τῇ ὥρᾳ ἐν ᾗ εἶπεν αὐτῷ ὁ Ἰησοῦς, <u>ὅτι</u>   Nᶜ f¹³ 1071
53 ἔγνω οὖν ὁ πατὴρ <u>αὐτοῦ</u> ὅτι <u>ἐν</u> ἐκείνῃ τῇ ὥρᾳ   εἶπεν αὐτῷ ὁ Ἰησοῦς, <u>ὅτι</u>   69
53 ἔγνω οὖν ὁ πατὴρ   ὅτι <u>ἐν</u> ἐκείνῃ τῇ ὥρᾳ ἐν ᾗ εἶπεν αὐτῷ ὁ Ἰησοῦς, <u>ὅτι</u>   D 𝔐 K M U Wˢᵘᵖ Δ Θ
                                             Λ Π 118 2 28 157 565 579 700 1424 τ

Ὁ υἱός σου ζῆ, καὶ ἐπίστευσεν αὐτὸς καὶ ἡ οἰκία αὐτοῦ ὅλη. **54** Τοῦτο δὲ   B 𝔓⁶⁶ 𝔓⁷⁵ C* G Wˢᵘᵖ f¹³ [**uw**]
Ὁ υἱός σου ζῆ, καὶ ἐπίστευσεν αὐτὸς καὶ ἡ οἰκία αὐτοῦ ὅλη. **54** Τοῦτο <u>οὖν</u> 579
Ὁ υἱός σου ζῆ, καὶ ἐπίστευσεν αὐτὸς καὶ ἡ οἰκία αὐτοῦ ὅλη. **54** Τοῦτο   ℵ A Cᶜ D 𝔐 K L M N U Δ Θ Λ Π
                                             Ψ f¹ 2 33 28 157 565 700 1071 1424 [**uw**]τ

                             [↓f¹³ 2 33 157 565 579 700 1071 1424 **uw**τ
πάλιν δεύτερον σημεῖον ἐποίησεν ὁ Ἰησοῦς ἐλθὼν ἐκ τῆς Ἰουδαίας   B 𝔓⁶⁶ A C D 𝔐 K L M N U Δ Θ Λ Π Ψ f¹
πάλιν <u>ἐποίησεν</u> <u>δεύτερον</u> <u>σημεῖον</u> ὁ Ἰησοῦς ἐλθὼν ἐκ τῆς Ἰουδαίας   𝔓⁷⁵
πάλιν δεύτερον <u>ἐποίησεν</u> <u>σημεῖον</u> ὁ Ἰησοῦς ἐλθὼν ἐκ τῆς Ἰουδαίας   ℵ
πάλιν <u>σημεῖον</u> <u>δεύτερον</u> ἐποίησεν ὁ Ἰησοῦς ἐλθὼν ἐκ τῆς Ἰουδαίας   S Ω 28
πάλιν δεύτερον <u>ἐποίησεν</u> <u>σημεῖον</u> ὁ Ἰησοῦς ἐλθὼν ἐκ τῆς <u>Ἰουδέας</u>   Wˢᵘᵖ

εἰς τὴν Γαλειλαίαν.   B
εἰς τὴν <u>Γαλιλέαν</u>.   Wˢᵘᵖ
εἰς τὴν <u>Γαλιλαίαν</u>.   **uw**τ rell

---

lac. 4.51-54 𝔓⁴⁵ P Γ 788 1346

A 52 εποιθετο M U 1424 | κοψοτερον 𝔓⁷⁵* ¦ κομψοτερον 2 | εσχε Y Π 118 13 69 157 | οτει 1071 **53** εκινη N W | ζει (ζη) Θ | αυτως 579 | οικεια G **54** του (τουτο) D* | σημιον ℵ N W | σιμειον G

B 52 ζ W **53** π̅η̅ρ A C 𝔐 K L M N S U W Δ Θ Λ Π Ψ Ω f¹ 118 f¹³ 69 124 2 33 28 157 565 579 700 1071 1424 | ι̅ς̅ B 𝔓⁶⁶ 𝔓⁷⁵ ℵᶜ A C 𝔐 K L M Nᶜ S U W Δ Θ Λ Π Ψ Ω f¹ f¹³ 124 2 33 28 157 565 579 700 1071 1424 ¦ ι̅η̅ς̅ D | υ̅ς̅ 𝔓⁶⁶ F G H Y K M N S U W Θ Π Ψ Ω f¹ 118 2 28 565 1071 1424 **54** β̅ W | ι̅ς̅ B 𝔓⁶⁶ 𝔓⁷⁵ ℵ A C 𝔐 K L M N S U W Δ Θ Λ Π Ψ Ω f¹ 118 f¹³ 124 2 33 28 157 565 579 700 1424 ¦ ι̅η̅ς̅ D

C 53 τελ Θ **54** τελος (post Γαλιλ.) E H S Y 124 1424 ¦ τελος της β̅ (+ γ̅ M) G M f¹ 28

51

The Feast Of The Jews At Jerusalem

ιε	5.1	Μετὰ	ταῦτα ἦν	ἑορτὴ τῶν Ἰουδαίων,	καὶ ἀνέβη	Ἰησοῦς εἰς	B 𝔓⁶⁶·⁷⁵ A D K 2 **uw**
	5.1	Μετὰ	ταῦτα ἦν ἡ	ἑορτὴ τῶν Ἰουδαίων,	καὶ ἀνέβη <u>ὁ</u>	Ἰησοῦς εἰς	א C E F H M f¹ 1071 1424
	5.1	Μετὰ	ταῦτα ἦν	ἑορτὴ τῶν Ἰουδαίων,	καὶ ἀνέβη <u>ὁ</u>	Ἰησοῦς εἰς	G N U Θ f¹³ 28 565 579 700 τ
	5.1	Μετὰ <u>δὲ</u>	ταῦτα ἦν	ἑορτὴ τῶν Ἰουδαίων,	ἀνέβη <u>ὁ</u>	Ἰησοῦς εἰς	Y*
	5.1	Μετὰ <u>δὲ</u>	ταῦτα ἦν	ἑορτὴ τῶν Ἰουδαίων,	καὶ ἀνέβη <u>ὁ</u>	Ἰησοῦς εἰς	Yᶜ S Ω
	5.1	Μετὰ	ταῦτα ἦν ἡ	ἑορτὴ τῶν Ἰουδαίων,	καὶ ἀνέβη	Ἰησοῦς εἰς	L Π Ψ 157
	5.1	Μετὰ	ταῦτα ἦν	ἑορτὴ τῶν <u>Ἰουδέων</u>,	καὶ ἀνέβη <u>ὁ</u>	Ἰησοῦς εἰς	Wˢᵘᵖ
	5.1	Μετὰ	ταῦτα ἦν	ἑορτὴ τῶν <u>ἀζύμων</u>,	καὶ ἀνέβη <u>ὁ</u>	Ἰησοῦς εἰς	Λ
	5.1	Μετὰ	ταῦτα ἦν ἡ	ἑορτὴ ······ ·ουδαίων,	καὶ ἀνέβη <u>ὁ</u>	Ἰησοῦς εἰς	33

Ἱεροσόλυμα.

ζ περὶ τοῦ τριάκοντα καὶ ὀκτὼ ἔτη ἔχοντος ἐν τῇ ἀσθενείᾳ

Third Sign: Jesus Heals A Man At The Pool Bethsaida
(Matthew 9.1-8; Mark 2.1-12; Luke 5.17-26)

2	Ἔστιν δὲ ἐν τοῖς Ἱεροσολύμοις	ἐπὶ	τῇ προβατικῇ κολυμβήθρα ἡ	ἐπιλεγομένη	B 𝔓⁶⁶·⁷⁵ 118 **uwτ**
2	Ἔστιν δὲ ἐν τοῖς Ἱεροσολύμοις	ἐπὶ	τῇ προβατικῇ κολυμβήθρα ἡ	<u>ἐστιν λεγομένη</u>	𝔓⁶⁶* [↑rell
2	Ἔστιν δὲ ἐν τοῖς Ἱεροσολύμοις		προβατικῇ κολυμβήθρα <u>τὸ</u>	<u>λεγόμενον</u>	א*
2	Ἔστιν δὲ ἐν τοῖς Ἱεροσολύμοις	<u>ἐν</u>	τῇ προβατικῇ κολυμβήθρα ἡ	ἐπιλεγομένη	אᶜ A G L Θ
2	Ἔστιν δὲ ἐν τοῖς Ἱεροσολύμοις	<u>ἐν</u>	τῇ προβατικῇ κολυμβήθρα ἡ	<u>λεγομένη</u>	D
2	Ἔστιν δὲ ἐν τοῖς Ἱεροσολύμοις	ἐπὶ	τῇ προβατικῇ κολυμβήθρα <u>τῇ</u>	ἐπιλεγομένη	Wˢᵘᵖ
2	Ἔστιν δὲ ἐν τοῖς Ἱεροσολύμοις	ἐπὶ	τῇ προβατικῇ κολυμβήθρα ἡ	<u>λεγομένη</u>	f¹ 565
2		ἐπὶ	τῇ προβατικῇ κολυμβήθρα ἡ	ἐπιλεγομένη	69
2	Ἔστιν δὲ ἐν τοῖς Ἱεροσολύμοις	ἐπὶ	τῇ προβα······ κολυμβήθρα ἡ	ἐπιλεγομένη	33
2		ἐπὶ	τῇ προβατικῇ κολυμβήθρα ἡ	<u>λεγομένη</u>	579
2	Ἔστιν δὲ ἐν τοῖς Ἱεροσολύμοις	ἐπὶ	τῇ <u>προβατικῖ</u> κολυμβήθρα	ἐπιλεγομένη	1071

Ἑβραϊστὶ	<u>Βηθσαιδὰ</u>	πέντε στοὰς ἔχουσα. 3 ἐν ταύταις κατέκειτο		πλῆθος	B 𝔓⁷⁵ Wˢᵘᵖ [**w**]
Ἑβραϊστὶ	<u>Βηδσαιδὰν</u>	πέντε στοὰς ἔχουσα. 3 ἐν ταύταις κατέκειτο		πλῆθος	𝔓⁶⁶*
Ἑβραϊστὶ	<u>Βηδσαιδὰ</u>	πέντε στοὰς ἔχουσα. 3 ἐν ταύταις κατέκειτο		πλῆθος	𝔓⁶⁶ᶜ
Ἑβραϊστὶ	<u>Βηθζαθὰ</u>	πέντε στοὰς ἔχουσα. 3 ἐν ταύταις κατέκειτο		πλῆθος	א u[**w**]
Ἑβραϊστὶ	<u>Βηθεσδὰ</u>	πέντε στοὰς ἔχουσα. 3 ἐν ταύταις κατέκειτο		πλῆθος	C
Ἑβραϊστὶ	<u>Βελζεθὰ</u>	πέντε στοὰς ἔχουσα. 3 ἐν ταύταις <u>οὖν κατέκειντο</u>		πλῆθος	D
Ἑβραϊστὶ	<u>Βηθεσεδὰ</u>	πέντε στοὰς ἔχουσα. 3 ἐν ταύταις κατέκειτο		πλῆθος <u>πολὺ</u>	E*
Ἑβραϊστὶ	<u>Βηζαθὰ</u>	πέντε <u>στόμα</u> ἔχουσα. 3 ἐν ταύταις κατέκειτο <u>τὸ</u>		πλῆθος	L
<u>Ἑβραϊστεὶ</u>	<u>Βησθεσδὰ</u>	πέντε στοὰς ἔχουσα. 3 ····		············	N
Ἑβραϊστὶ	<u>Βιθεσθὰ</u>	πέντε στοὰς ἔχουσα. 3 ἐν ταύταις <u>κατέκειντο</u>		πλῆθος <u>πολὺ</u>	Λ*
Ἑβραϊστὶ	<u>Βιθεσθὰ</u>	πέντε στοὰς ἔχουσα. 3 ἐν ταύταις <u>κατέκειντο</u>		πλῆθος <u>πολὺ</u>	Λᶜ
Ἑβραϊστὶ	<u>Βησσαιδὰν</u>	πέντε στοὰς ἔχουσα. 3 ἐν ταύταις κατέκειτο		πλῆθος <u>πολὺ</u>	Ψ
<u>Ἑβραϊστὴ</u>	<u>Βηθεσδὰ</u>	πέντε στοὰς ἔχουσα. 3 ἐν ταύταις <u>κατέκειντο</u>		πλῆθος <u>πολὺ</u>	f¹³
Ἑβραϊστὶ	<u>Βιθεσδὰ</u>	πέντε στοὰς ἔχουσα. 3 ἐν ταύταις κατέκειτο		πλῆθος <u>πολὺ</u>	69
<u>Ἑβραϊστὴ</u>	<u>Βηζαθὰ</u>	πέντε στοὰς ἔχουσα. 3 ἐν ταύταις <u>κατέ</u>········		··λῆθος	33
<u>Ἑβραϊστὴ</u>	<u>Βηθεσδὰ</u>	πέντε στοὰς ἔχουσα. 3 ἐν ταύταις κατέκειτο		πλῆθος <u>πολὺ</u>	124 2 28 1071
<u>Ἑβραϊστὴ</u>	<u>Βηθεσθὰ</u>	πέντε στοὰς ἔχουσα. 3 ἐν ταύταις <u>κατεκείτω</u>		πλῆθος	579
<u>Ἑβραϊστὴ</u>	<u>Βηθεσθὰ</u>	πέντε στοὰς <u>ἔχουσα</u>. 3 ἐν ταύταις κατέκειτο		πλῆθος <u>πολὺ</u>	1424
Ἑβραϊστὶ	<u>Βηθεσδὰ</u>	πέντε στοὰς ἔχουσα. 3 ἐν ταύταις κατέκειτο		πλῆθος <u>πολὺ</u>	A 𝔐 K M U Δ Θ
					Π f¹ 157 565 700 τ

---

lac. 5.1-3 𝔓⁴⁵ P Γ 788 1346 ¦ vs. 3 N

A 5.2 εντιν א* ¦ εστι Y f¹ 118 13 157 700 ¦ εστινν Θ ¦ κολυμβιθρα Ω ¦ στωας 2ᶜ 3 ταυτες Θ ¦ κατεκιτο W ¦ χολων 69 700 ¦ εκδεχομενον Θ* ¦ κεινησιν Θ ¦ κηνησιν 2 579

B 1 ιϲ B 𝔓⁶⁶ 𝔓⁷⁵ א A C 𝔐 K L M N S U W Δ Θ Λ Π Ψ Ω f¹ 118 f¹³ 124 2 33 28 157 565 579 700 1071 1424 ¦ ιηϲ D 2 ε̄ 𝔓⁷⁵ W

C 5.1 ζ (om. F) περι του τριακοντα (λ̄ f¹ 124 28) και οκτω (η̄ G ¦ λ̄η Λ 2 157 ¦ ο̄η f¹ 124) ετη (ετι 2) εχοντος εν τη ασθενεια: (ασθενια f¹ ¦ ασθενη 28 ¦ + αυτ 124) E F Λ f¹ 124 2 28 157 565 (ante v.2 G ¦ v.5 K L Δ) ¦ ζ πε του λ̄ και η̄ ετη εχοντος εν τη ασθενεια Y M Ω 1424 ¦ ζ περι του λ̄η ετη εχοντος ασθενια αυτου (om. Θ) N Θ ¦ ζ πε του τα λ̄η ετη εχοντος εν τη ασθενεια (ante v. 2 H) ¦ Λο ζ ¦ Μθ ῑγ : Μρ ε̄ : Λο ῑγ M ¦ αρχη: κυριακη δ̄ τω καιρω εκεινω (ante ανεβη) E 2 ¦ αρχ τω καιρω εκεινω F² ¦ αρχη: κυ, δ̄ τω κ,ρ,ω ανεβη ο ιϲ G ¦ αρχη: κ,υ δ̄ απο το πασχ. τω κ, ανεβη ιϲ εις ιερο (ante ανεβη) H ¦ αρχ: τη κ,υ της δ̄ εβδ τω κ,ρ,ω ανεβη ο ιϲ εις ιεροσολυμα Y ¦ κ,υ δ̄ τω και, ανεβη ο ιϲ εις ιεροσολ, M ¦ κυ δ̄ τω κ S ¦ αρχ: τω κ,ρω ανεβη ο ιϲ Θ ¦ αρχ Λ ¦ αρχ κ,υ δ̄ Ψ f¹³ 124 1071 ¦ κ,υ δ̄ του καιρω ανεβη ο ιϲ Ω ¦ αρχ ῑδ̄ κ, υ δ̄ του παραλιτικου τω ανεβη ο ιϲ εις ιερο 118 ¦ αρχ τϲ κ,υ τω καιρω εκεινω ανεβη ο ιϲ εις ιεροσολυμα ε̄ 28 ¦ αρχ τη γ τϲ ϲ εβδομαδο της ν̄ 157 ¦ αρχη τω καιρω 1424 5 ζ A ¦ ζ πε του λ̄η ετη εχοντος εν τη ασθενεια U Π ¦ ζ περι του τριακοντα και οκτω ετη εχοντος εν τη ασθενεια: 1071

D 5.1 λ̄η/ᾱ א A E G M N S U Θ Ψ Ω 124 28 1424 ¦ λ̄η C D F H K Λ Π f¹ 118 f¹³ 157 565 579 1071 ¦ λ̄η/ῑ Y ¦ ιϲ 2 ¦ Ευ Ιω λ̄η : Λο λ̄ζ : Μρ κ̄ : Μθ θ̄ E ¦ Ιω λ̄η : Λο λ̄ζ : Μρ κ̄ : Μτ ō 124 2 λ̄θ/

τῶν ἀσθενούντων,τυφλῶν, χωλῶν, ξηρῶν.   B 𝔓⁶⁶ 𝔓⁷⁵ ℵ A* C* L 157 **uw**

τῶν ἀσθενούντων,τυφλῶν, χωλῶν, ξηρῶν, <u>παραλυτικῶν</u> <u>ἐκδεχομένων</u> <u>τὴν</u> <u>τοῦ</u> <u>ὕδατος</u> <u>κίνησιν</u>. D

τῶν ἀσθενούντων,τυφλῶν, χωλῶν, ξηρῶν,   <u>ἐκδεχόμενος</u> <u>τὴν</u> <u>τοῦ</u> <u>ὕδατος</u> <u>κίνησιν</u>. W^sup

τῶν ἀσθενούντων,τυφλῶν, χωλῶν, ξηρῶν,   <u>ἐκδεχομένων</u> <u>τὴν</u> <u>τοῦ</u> <u>ὕδατος</u> 33

τῶν ἀσθενούντων,τυφλῶν, χωλῶν, ξηρῶν,   <u>ἐκδεχομένων</u> <u>τὴν</u> <u>τοῦ</u> <u>ὕδατος</u> <u>κίνησιν</u>. A^c C^c 𝔐 K
                                  M U Δ Θ Λ Π Ψ f¹ f¹³ 2 28 565 579 700 1071 1424 τ

4 om.   B 𝔓⁶⁶·⁷⁵ ℵ C* D W^sup 33 157 **uw**

4 ἄγγελος γὰρ <u>κυρίου</u> κατὰ καιρὸν <u>ἐλούετο</u>   ἐν τῇ κολυμβήθρα καὶ ἐτάρασσεν   A K

4 ἄγγελος γὰρ   κατὰ καιρὸν κατέβαινεν ἐν τῇ κολυμβήθρα καὶ <u>ἐταράσσετο</u>   C^c H M U Λ 2

4 ἄγγελος γὰρ <u>κυρίου</u> κατὰ καιρὸν κατέβαινεν ἐν τῇ κολυμβήθρα καὶ <u>ἐταράσσετο</u>   Y Δ

4 ἄγγελος <u>δὲ</u> <u>κυρίου</u> κατὰ <u>καιρῷ</u> κατέβαινεν ἐν τῇ κολυμβήθρα καὶ ἐτάρασσεν   L

4 ἄγγελος γὰρ <u>κυρίου</u> κατὰ καιρὸν <u>ἐλούετο</u>   ἐν τῇ κολυμβήθρα καὶ <u>ἐταράσσετο</u>   Π

4 ἄγγελος γὰρ   κατὰ καιρὸν <u>ἐλούετο</u>   ἐν τῇ κολυμβήθρα καὶ ἐτάρασσεν   Ψ 579

4 ἄγγελος γὰρ <u>κυρίου</u> κατὰ καιρὸν κατέβαινεν ἐν τῇ κολυμβήθρα καὶ ἐτάρασσεν   Δ f¹³ [↓1071 1424 τ

4 ἄγγελος γὰρ   κατὰ καιρὸν κατέβαινεν ἐν τῇ κολυμβήθρα καὶ ἐτάρασσεν   𝔐 Θ f¹ 28 565 700

om.   B 𝔓⁶⁶·⁷⁵ ℵ C* D W^sup 33 157 **uw**

τὸ ὕδωρ· ὁ οὖν πρῶτος ἐμβὰς μετὰ τὴν ταραχὴν τοῦ ὕδατος ὑγιὴς ἐγίνετο   <u>οἴ̈ω</u> δήποτ᾽ <u>οὖν</u> A

τὸ ὕδωρ· ὁ οὖν πρῶτος ἐμβὰς μετὰ τὴν ταραχὴν τοῦ ὕδατος ὑγιὴς ἐγίνετο   <u>ῷ</u> δ᾽ <u>ἂν</u> K Π

τὸ ὕδωρ· ὁ οὖν πρῶτος ἐμβὰς μετὰ τὴν ταραχὴν τοῦ ὕδατος ὑγιὴς ἐγίνετο   <u>ὗο</u> δήποτε L

τὸ ὕδωρ· ὁ οὖν πρῶτος ἐμβὰς μετὰ τὴν ταραχὴν τοῦ ὕδατος ὑγιὴς <u>ἐγένετο</u>   ῷ δήποτε S 118 69 124

τὸ ὕδωρ· ὁ οὖν πρῶτος ἐμβὰς μετὰ τὴν ταραχὴν τοῦ ὕδατος ὑγιὴς <u>ἐγείνετο</u>   ῷ δήποτε U

τὸ ὕδωρ· ὁ οὖν πρῶτος ἐμβὰς μετὰ τὴν ταραχὴν τοῦ ὕδατος ὑγιὴς ἐγίνετο   <u>ὁ</u> δήποτε Θ

τὸ ὕδωρ· ὁ οὖν πρῶτος ἐμβὰς μετὰ τὴν ταραχὴν τοῦ ὕδατος ὑγιὴς ἐγίνετο   ῷ δήποτε <u>ἂν</u> 579

τὸ ὕδωρ· ὁ οὖν πρῶτος ἐμβὰς μετὰ τὴν ταραχὴν τοῦ ὕδατος ὑγιὴς ἐγίνετο   ῷ δήποτε C^c 𝔐 M Δ Λ
                                  Ψ f¹ f¹³ 2 28 565 700 1071 1424 τ

5 ἦν δέ τις ἄνθρωπος ἐκεῖ τριάκοντα   ὀκτὼ ἔτη ἔχων   B [**uw**]

5 ἦν δέ τις <u>ἐκεῖ</u> ἄνθρωπος <u>ἔτη</u>   λη ἔχων   𝔓⁶⁶

5 ἦν δέ τις ἄνθρωπος ἐκεῖ <u>λῆ</u>   ἔτη ἔχων   𝔓⁷⁵*

5 ἦν δέ τις ἄνθρωπος ἐκεῖ λη   ἔτη ἔχων   𝔓⁷⁵ᶜ

5 ἦν δέ τις ἄνθρωπος   τριάκοντα <u>καὶ</u> ὀκτὼ ἔτη ἔχων   ℵ

5 ἦν δέ τις ἄνθρωπος ἐκεῖ τριάκοντα <u>καὶ</u> ὀκτὼ ἔτη ἔχων   C* 157

5 ἦν δέ   ἄνθρωπος ἐκεῖ τριάκοντα <u>καὶ</u> ὀκτὼ ἔτη ἔχων   D

κατείχετο νοσήματι. **5** ἦν δέ τις <u>ἐκεῖ</u> <u>ἄνθρωπος</u> ἐκεῖ τριάκοντα <u>καὶ</u> ὀκτὼ ἔτη ἔχων   F Ψ 1071

κατείχετο νοσήματι. **5** ἦν δέ τις ἄνθρωπος ἐκεῖ τριάκοντα   ὀκτὼ ἔτη ἔχων   Y K S Θ Λ Π Ω 1424 τ

5 ἦν δέ τις ἄνθρωπος ἐκεῖ μ   <u>καὶ</u> <u>ἡ</u> ἔτη ἔχων   W^sup

<u>κατήχετο</u> νοσήματι. **5** ἦν δέ τις ἄνθρωπος ἐκεῖ τριάκοντα <u>καὶ</u> ὀκτὼ ἔτη ἔχων   2*

5 ἦν δέ τις ἄνθρωπος ἐκεῖ τριάκοντα <u>καὶ</u> ὀκτὼ ἔτη ἔχων   33

<u>κατήχετο</u> νοσήματι. **5** ἦν δέ τις ἄνθρωπος ἐκεῖ τριάκοντα <u>καὶ</u> ὀκτὼ ἔτη <u>ἔχον</u>   579   [↓565 700 [**uw**]

κατείχετο νοσήματι. **5** ἦν δέ τις ἄνθρωπος ἐκεῖ τριάκοντα <u>καὶ</u> ὀκτὼ ἔτη ἔχων   A C^c L M U Δ f¹ f¹³ 28

ἐν τῇ ἀσθενείᾳ αὐτοῦ· **6** τοῦτον ἰδὼν ὁ Ἰησοῦς κατακείμενον καὶ γνοὺς   B 𝔓⁶⁶·⁷⁵ ℵ^c C* D L W^sup Θ Ψ f¹

ἐν τῇ ἀσθενείᾳ αὐτοῦ· **6** τοῦτον ἰδὼν ὁ Ἰησοῦς <u>ἀνακείμενον</u> καὶ γνοὺς   ℵ*   [↑124 565 579 1071 **uw**

ἐν τῇ ἀσθενείᾳ· **6** τοῦτον <u>ἰδὼς</u> ὁ Ἰησοῦς κατακείμενον καὶ γνοὺς   A

ἐν   ἀσθενείᾳ· **6** τοῦτον ἰδὼν ὁ Ἰησοῦς κατακείμενον καὶ γνοὺς   U

ἐν τῇ ἀσθενείᾳ αὐτοῦ· **6** τοῦτον ....ακείμενον καὶ γνοὺς   33   [↓1424 τ

ἐν τῇ ἀσθενείᾳ· **6** τοῦτον ἰδὼν ὁ Ἰησοῦς κατακείμενον καὶ γνοὺς   C^c 𝔐 K M Δ Λ Π f¹³ 2 28 157 700

---

lac. 5.1-5 𝔓⁴⁵ Γ 788 1346 ¦ vss. 3-5 N

A 4 αγγελο L ¦ κατεβενεν C^c L Θ ¦ ελουετον K ¦ κατεβαιν Δ ¦ ελουετω 579 ¦ τι (τη) C^c ¦ κολυμβιθρα Ω ¦ εταρασετο C^c ¦ εταρρασε F K Δ f¹ 118 13 69 124 565 700 ¦ τω (το) C^c K Θ ¦ υδορ C^c ¦ ου (ουν M*) ¦ προτος C^c Θ* ¦ τιν ταραχιν C^c ¦ υγιεις Θ ¦ εγεινετο A ¦ εγινετω C^c ¦ εγενετο F f¹³ ¦ εγενετω L ¦ δηποτ A ¦ διποτε C^c ¦ δειποτε Λ ¦ κατεχετω C^c ¦ κατηχετο L Θ 28 f¹³ 565 579 ¦ οσηματι A* ¦ νοσματι E H ¦ νωσιματι L ¦ νοσηματη Θ **5** της (τις) Θ ¦ εκι W ¦ ετι 2 1071 ¦ ασθενια ℵ A D E* W Θ 13 2 ¦ ασθενα K* **6** ειδων 𝔓⁶⁶ D^c W 579 ¦ ιδον M Θ* ¦ κατακιμενον W

B 4 κ̄ῡ Y K L Δ Π f¹³ 69 124 **5** ᾱν̄ο̄ς̄ 𝔓⁷⁵ A C 𝔐 K L M S U W Δ Θ Λ Π Ψ Ω f¹ 118 f¹³ 69 2 33 28 157 565 579 700 1071 1424 **6** ῑς̄¹ B 𝔓⁷⁵ ℵ A C 𝔐 K L M S U W Δ Θ Λ Π Ψ Ω f¹ 118 f¹³ 2 28 157 565 579 700 1071 1424 ¦ ῑη̄ς̄ D

D 5 λ̄θ̄ D ¦ λ̄θ̄/ι E ¦ M τ ιγ : M ρ ε̄ : Λο ιγ L **6** λ̄θ̄ C ¦ λ̄θ̄/ι S Ω 28

ὅτι πολὺν ἤδη χρόνον ἔχει, λέγει αὐτῷ,   Θέλεις ὑγιὴς ᵀγενέσθαι;   B A C D 𝕸 K L M W Θ Λ Π Ψ
ὅτι πολὺν <u>ἔχει χρόνον</u>, λέγει αὐτῷ,   Θέλεις ὑγιὴς γενέσθαι;   𝔭⁶⁶* [↑f¹³ 28 157 1424 uwτ
ὅτι πολὺν ἤδη <u>ἔχει χρόνον</u>, λέγει αὐτῷ,   Θέλεις ὑγιὴς γενέσθαι;   𝔭⁶⁶ᶜ
ὅτι πολὺν <u>χρόνον</u> <u>ἤδη</u> ἔχει, λέγει αὐτῷ,   Θέλεις ὑγιὴς γενέσθαι;   𝔭⁷⁵ f¹ 565
ὅτι πολὺν χρόνον ἔχει, λέγει αὐτῷ,   Θέλεις ὑγιὴς γενέσθαι;   ℵ
ὅτι πολὺν ἤδη χρόνον ἔχει, λέγει αὐτῷ <u>ὁ Ἰησοῦς</u>, Θέλεις ὑγιὴς γενέσθαι;   G
ὅτι πολὺν ἤδη χρόνον ἔχει, λέγει αὐτῷ,   Θέλεις ὑγιὴς γε............   33
ὅτι <u>ἤδη</u> <u>πολὺν</u> χρόνον ἔχει, λέγει αὐτῷ,   Θέλεις ὑγιὴς γενέσθαι;   579

ᵀerased and rewritten A; cj. scribe copied 30-32 letters after υγιης from vs. 4, erased and corrected)

7 ἀπεκρίθη αὐτῷ ὁ ἀσθενῶν,   Κύριε, ἄνθρωπον   οὐκ ἔχω ἵνα ὅταν ταραχθῇ   B 𝔭⁶⁶.⁷⁵ uwτ
7 <u>λέγει</u> αὐτῷ ὁ ἀσθενῶν,   Κύριε, ἄνθρωπον   οὐκ ἔχω ἵνα ὅταν ταραχθῇ   Aᶜ D [↑rell
7 ἀπεκρίθη αὐτῷ ὁ ἀσθενῶν,   Κύριε, ἄνθρωπον <u>δὲ</u> οὐκ ἔχω ἵνα ὅταν ταραχθῇ   C*
7 ἀπεκρίθη αὐτῷ ὁ ἀσθενῶν, <u>Ναί</u>, Κύριε, ἄνθρωπον <u>δε</u> οὐκ ἔχω ἵνα ὅταν ταραχθῇ   Cᶜ Θ 579 1071
7 ἀπεκρίθη αὐτῷ ὁ ἀσθενῶν, <u>Ναί</u>, Κύριε, ἄνθρωπον <u>δε</u> οὐκ ἔχω ἵνα ὅταν ταραχθῇ   E F G H* 124 2
7 ἀπεκρίθη αὐτῷ ὁ ἀσθενῶν,   Κύριε, ἄνθρωπον   οὐκ ἔχω ὅταν ταραχθῇ   K*
7 .... τῷ ὶ ἀσθενῶν,   Κύριε, ἄνθρωπον <u>δὲ</u> οὐκ ἔχω ἵνα ὅταν ταραχθῇ   33
7 ἀπεκρίθη ὁ ἀσθενῶν,   Κύριε, ἄνθρωπον   οὐκ ἔχω ἵνα ὅταν ταραχθῇ   1424

τὸ ὕδωρ βάλῃ με εἰς τὴν κολυμβήθραν· ἐν ᾧ δὲ ἔρχομαι ἐγώ, ἄλλος πρὸς ἐμοῦ   B* L
τὸ ὕδωρ <u>ἐμβάλῃ</u> με εἰς τὴν κολυμβήθραν· ἐν ᾧ δὲ ἔρχομαι ἐγώ, ἄλλος <u>πρὸ</u> ἐμοῦ   C*
τὸ ὕδωρ βάλῃ με εἰς τὴν κολυμβήθραν· ἐν <u>ὅσω</u> δὲ ἔρχομαι ἐγώ, ἄλλος <u>πρὸ</u> ἐμοῦ   Wˢᵘᵖ
τὸ ὕδωρ βάλῃ με εἰς τὴν κολυμβήθραν· ἐν ᾧ δὲ ἔρχομαι, ἄλλος <u>πρὸ</u> ἐμοῦ   f¹³
τὸ ὕδωρ βά.... ....θραν· ἐν ᾧ δὲ ἔρχομαι ἐγώ, ἄλλος <u>πρὸ</u> ἐμοῦ   33
τὸ ὕδωρ <u>βάλλει</u> με εἰς τὴν κολυμβήθραν· ἐν ᾧ δὲ <u>ἔρχωμαι</u> ἐγώ, ἄλλος <u>πρὸ</u> ἐμοῦ   579
τὸ ὕδωρ <u>βάλλῃ</u> με εἰς τὴν κολυμβήθραν· ἐν ᾧ δὲ ἔρχομαι ἐγώ, ἄλλος <u>πρὸ</u> ἐμοῦ   2 τ
τὸ ὕδωρ βάλῃ με εἰς τὴν κολυμβήθραν· ἐν ᾧ δὲ ἔρχομαι ἐγώ, ἄλλος <u>πρὸ</u> ἐμοῦ   𝔭⁶⁶.⁷⁵ uw rell

καταβαίνει.   **8** λέγει αὐτῷ ὁ Ἰησοῦς,   B 𝔭⁶⁶.⁷⁵ uwτ rell
<u>καταβαίνε</u>.   **8** λέγει αὐτῷ ὁ Ἰησοῦς,   Δ
καταβαίνει. <u>ἐγὼ</u> <u>δὲ</u> <u>ἀσθενῶν</u> <u>πορεύομαι</u>. **8** λέγει αὐτῷ ὁ Ἰησοῦς,   69

                                            [↓1 f¹³ 1424 uw
Ἔγειρε ἆρον τὸν κράβαττόν σου καὶ περιπάτει.   **9** καὶ εὐθέως B* C 𝕸 L M Θ Λ Ψᶜ
Ἔγειρε ἆρον τὸν <u>κράββατόν</u> σου καὶ περιπάτει.   **9** καὶ εὐθέως B³ 𝔭⁷⁵ 2ᶜ 579
<u>Ἔγειραι</u> ἆρον τὸν κράβαττόν σου καὶ περιπάτει.   **9** καὶ εὐθέως 𝔭⁶⁶ U Δ Ψ* 1582*
Ἔγειρε ἆρον τὸν <u>κράβακτόν</u> σου καὶ περιπάτει.   **9** ℵ* [↑700
Ἔγειρε ἆρον τὸν <u>κράβακτόν</u> σου καὶ περιπάτει.   **9** καὶ εὐθέως ℵᶜ
Ἔγειρε <u>καὶ</u> ἆρον τὸν κράβαττόν σου καὶ περιπάτει.   **9** καὶ εὐθέως A K Π
Ἔγειρε <u>καὶ</u> ἆρον τὸν κράβαττόν σου καὶ περιπάτει.   **9** καὶ D
Ἔγειρε ἆρον τὸν <u>κράβατόν</u> σου καὶ περιπάτει.   **9** καὶ εὐθέως E
Ἔγειρε ἆρον τὸν κράβαττόν σου καὶ περιπάτει.   **9** καὶ Wˢᵘᵖ
<u>Ἔγειραι</u> ἆρον τὸν <u>κράββατόν</u> σου καὶ περιπάτει.   **9** καὶ εὐθέως 1582ᶜ 118 τ
Ἔγειρε ἆρον τὸν <u>κράββατόν</u> σου καὶ περιπάτει.   **9** καὶ εὐθέως 69
[Ἔγειρε ἆρον τὸν κράβα]τγόν σου καὶ <u>ὕπαγε</u> <u>εἰς</u> <u>τὸν</u> <u>οἶκόν</u> <u>σου</u>. **9** καὶ εὐθέως 33 cj (cf. Mt. 9.6)
Ἔγειρε ἆρον τὸν <u>κράβατόν</u> σου καὶ περιπάτει.   **9** 2* 28
Ἔγειρε ἆρον τὸν <u>κράβατόν</u> σου καὶ περιπάτει.   **9** καὶ εὐθέως 2ᶜ
<u>Ἔγειραι</u> ἆρον τὸν <u>κράββαττόν</u> σου καὶ περιπάτει.   **9** καὶ εὐθέως 157
Ἔγειρε ἆρον τὸν <u>κράββατγόν</u> σου καὶ περιπάτει.   **9** 565
Ἔγειρε ἆρον τὸν <u>κράβατγόν</u> σου καὶ <u>ὕπαγε</u> <u>εἰς</u> <u>τὸν</u> <u>οἶκόν</u> <u>σου</u>. **9** καὶ εὐθέως 1071

---

lac. 5.6-9 𝔭⁴⁵ N Γ 788 1346

A 6 πολλυν 𝔭⁷⁵* 2* | ηδει 13 | εχι W | λεγι W | θελις ℵ W | θελης Ε Λ 2* 579 700 | υγιες 13 2* 28 579 | γενεσθε Η Λ 7 ασθενω Θ | ιν (ινα) 1582 | βαλει G 69 1424 | μαι 𝔭⁶⁶ 118 579 | κολυμβηθρα L 13 | κοκολυμβηθραν Θ | ερχομε Ε* L W Ω 2* 157 | καταβαινι ℵ | καταβενι W | καταβαινηει Θ 8 λεγι W | εγιραι 𝔭⁶⁶ | εγιρε W | περιπατι W

B 6 ις² G 7 κε B 𝔭⁶⁶ 𝔭⁷⁵ ℵ A C D 𝕸 K L M S U W Δ Θ Λ Π Ψ Ω f¹ 118 f¹³ 69 124 2 33 28 157 565 579 700 1071 1424 | ανον 𝔭⁶⁶ 𝔭⁷⁵ A C 𝕸 K L M S U W Λ Π Ψ Ω f¹ 118 f¹³ 124 2 33 157 565 579 700 1071 1424 8 ις B 𝔭⁶⁶ 𝔭⁷⁵ ℵ A C 𝕸 K L M S U W Δ Θ Λ Π Ψ Ω f¹ 118 f¹³ 124 2 33 28 157 565 579 700 1071 1424 | ιης D

D 7 λθ/ι G 1071

ἐγένετο ὑγιὴς ὁ ἄνθρωπος	καὶ	ἦρε	τὸν κράβαττον	B* Y M 700 **w**
ἐγένετο ὑγιὴς ὁ ἄνθρωπος	καὶ	ἦρε	τὸν <u>κράββατον</u>	B³ 157 **τ**
ἐγένετο ὑγιὴς ὁ ἄνθρωπος	καὶ	<u>ἦρεν</u>	τὸν <u>κράββατον</u>	𝔓⁷⁵ 579
ἐγένετο ὑγιὴς ὁ ἄνθρωπος <u>καὶ ἠγέρθη</u>	καὶ	ἦρε	τὸν <u>κράβακτον</u>	ℵ*
ἐγένετο ὑγιὴς ὁ ἄνθρωπος <u>καὶ ἠγέρθη</u>	καὶ	ἦρε	τὸν κράβαττον	ℵᶜ
ἐγένετο ὑγιὴς ὁ ἄνθρωπος	καὶ	<u>ἦρεν</u>	τὸν κράβαττον	A
ἐγένετο ὑγιὴς ὁ ἄνθρωπος	καὶ	<u>ἦρεν</u>	τὸν κράβαττον	C
<u>ὑγιὴς ἐγένετο</u> ὁ ἄνθρωπος	καὶ <u>ἐγερθεὶς</u>	<u>ἦρεν</u>	τὸν κράβαττον	D f¹
ἐγένετο ὑγιὴς ὁ ἄνθρωπος	καὶ	<u>ἦρεν</u>	τὸν <u>κράβττον</u>	L
ἐγένετο ὑγιὴς ὁ ἄνθρωπος	καὶ	<u>ἦρεν</u>	τὸν <u>κράββαττον</u>	Θ
<u>ὑγιὴς ἐγένετο</u> ὁ ἄνθρωπος	καὶ <u>ἐγερθεὶς</u>	<u>ἦρεν</u>	τὸν <u>κράββατον</u>	1582ᶜ 118
ἐγένετο ὑγιὴς ὁ ἄνθρωπος	καὶ <u>ἐγερθεὶς</u>	ἦρε	τὸν κράβαττον	f¹³
ἐγένετο ὑγιὴς ὁ ἄνθρωπος	καὶ <u>ἐγερθεὶς</u>	ἦρε	τὸν <u>κράββαττον</u>	69
ἐγένετο ὑγιὴς ὁ ἄν······	······	······	······ ······βατγον	33
om.				2* 28 565
ἐγένετο ὑγιὴς ὁ ἄνθρωπος	καὶ	<u>ἦρεν</u>	τὸν <u>κράβατγον</u>	1071 [↓1424 **u**
ἐγένετο ὑγιὴς ὁ ἄνθρωπος	καὶ	<u>ἦρεν</u>	τὸν κράβαττον	𝔓⁶⁶ 𝔐 K U Wˢᵘᵖ Δ Λ Π Ψ 2ᶜ

αὐτοῦ	καὶ περιεπάτει.	B 𝔓⁶⁶·⁷⁵ **uwτ** rell
αὐτοῦ	καὶ <u>περιπάτει.</u>	A L
<u>ἑαυτοῦ</u>	καὶ περιεπάτει.	C
om.		2* 28 565

A Dispute Over Healing On The Sabbath

˹Ἦν δὲ σάββατον ἐν ἐκείνῃ τῇ ἡμέρᾳ.	**10** ἔλεγον οὖν οἱ Ἰουδαῖοι τῷ τεθεραπευμένῳ,	B 𝔓⁶⁶·⁷⁵ **uwτ**
˹Ἦν δὲ σάββατον.	**10** ἔλεγον οὖν οἱ <u>Ἰουδέοι</u> τῷ τεθεραπευμένῳ,	D [↑rell
˹Ἦν δὲ σάββατον ἐν ἐκείνῃ τῇ ἡμέρᾳ.	**10** ἔλεγον οὖν οἱ Ἰουδαῖοι τῷ τεθεραπευμένῳ,	Wˢᵘᵖ
˹Ἦν δὲ σάββατον ἐν ἐκείνῃ τῇ ἡμέρᾳ.	**10** ἔλεγον οὖν οἱ Ἰουδαῖοι <u>τὸ</u> τεθεραπευμένον,	69
˹Ἦν δὲ σάββατον ἐν ἐκείνῃ τῇ ἡ······	**10** ······ τῷ τεθεραπευμένῳ,	33

Σάββατόν ἐστιν, καὶ οὐκ ἔξεστίν σοι ἆραι τὸν κράβαττον.	**11** ὃς δὲ ἀπεκρίθη	B* A **w**
Σάββατόν ἐστιν, καὶ οὐκ ἔξεστίν σοι ἆραι τὸν <u>κράββατον.</u>	**11** ὃς δὲ ἀπεκρίθη	B³
Σάββατόν ἐστιν, καὶ οὐκ ἔξεστίν σοι ἆραι τὸν κράββατον <u>σου.</u>	**11** <u>ὃ̲</u> δὲ ἀπεκρίθη	𝔓⁶⁶ ℵᶜ C* L f¹³
Σάββατόν ἐστιν, καὶ οὐκ ἔξεστίν σοι ἆραι τὸν κράββαττόν <u>σου.</u>	**11** ὃς δὲ ἀπεκρίθη	𝔓⁷⁵ [↑579 **u**
Σάββατόν ἐστιν, καὶ οὐκ ἔξεστίν σοι ἆραι τὸν <u>κράβακτόν</u> <u>σου.</u>	**11** <u>ὃ̲</u> δὲ <u>ἀπεκρίνατο</u>	ℵ*
Σάββατόν ἐστιν, καὶ οὐκ ἔξεστίν σοι ἆραι τὸν κράβαττόν <u>σου.</u>	**11** ἀπεκρίθη	D Ψ
Σάββατόν ἐστιν, καὶ οὐκ ἔξεστίν σοι ἆραι τὸν κράβαττον.	**11** <u>ὃ̲</u> δὲ ἀπεκρίθη	G
Σάββατόν ἐστιν, οὐκ ἔξεστίν σοι ἆραι τὸν κράβαττον.	**11** <u>ὃ̲</u> δὲ ἀπεκρίθη	Y K Δ
······ ἐστιν, καὶ οὐκ ἔξεστίν σοι ἆραι τὸν κράβαττόν <u>σου.</u>	**11** <u>ὃ̲</u> δὲ ἀπεκρίθη	N
Σάββατόν ἐστιν, καὶ οὐκ ἔξεστίν σοι ἆραι τὸν κράβαττόν <u>σου.</u>	**11** <u>ὃ̲</u> δὲ <u>ἀπεκρίνατο</u>	Wˢᵘᵖ
Σάββατόν ἐστιν, οὐκ ἔξεστίν σοι ἆραι τὸν κράβαττόν <u>σου.</u>	**11** ἀπεκρίθη	Θ Λ Π 124
Σάββατόν ἐστιν, καὶ οὐκ ἔξεστίν σοι ἆραι τὸν κράβαττον.	**11** ἀπεκρίθη	f¹
Σάββατόν ἐστιν, καὶ οὐκ ἔξεστίν σοι ἆραι τὸν <u>κράββατον.</u>	**11** ἀπεκρίθη	1582ᶜ 118
Σάββατόν ἐστιν, καὶ οὐκ ἔξεστίν σοι ἆραι τὸν <u>κράββαττόν</u> <u>σου.</u>	**11** ἀπεκρίθη	69
Σάββατόν ἐστιν, οὐκ ἔξεστίν σοι ἆραι τὸν <u>κράβατόν.</u>	**11** ἀπεκρίθη	2
Σάββατόν ἐστιν, καὶ οὐκ ἔξεστίν σοι ἆραι ······	**11** ······ ······ίθη	33
Σάββατόν ἐστιν, οὐκ ἔξεστίν σοι ἆραι τὸν <u>κράββατον.</u>	**11** ἀπεκρίθη	28 157 565 **τ**
Σάββατόν ἐστιν, καὶ οὐκ ἔξεστίν σοι ἆραι τὸν <u>κράβατγόν</u> <u>σου.</u>	**11** <u>ὃ̲</u> δὲ ἀπεκρίθη	1071 [↓1424
Σάββατόν ἐστιν, οὐκ ἔξεστίν σοι ἆραι τὸν <u>κράβατόν.</u>	**11** ἀπεκρίθη	Cᶜ 𝔐 M U 700

lac. 5.9-11 𝔓⁴⁵ Γ 788 1346 ¦ vss. 9-10 N

A **9** εγαινετω οιγιης ω ανθρωπος 2² ¦ υγιεις 1071 | ηρε 118 124 | περιεπατι W 2ᶜ ¦ περιεπατη 13 1071 | εκινη ℵ W **10** ου (ουν) E* | τω απ E* | το (τω) 700 | τεθαραπευμενω D | **10** σαββατγον 565 | εστι S f¹ 118 13 | εξεστι C Y M S f¹ 118 13 69 28 157 700 ¦ εξεστην 579 | αρε K **11** απεκρηθη Θ 13

B **9** α̅ν̅ο̅ς̅ 𝔓⁶⁶ A C 𝔐 K L M S U W Δ Λ Π Ψ Ω f¹ 118 f¹³ 69 124 157 579 700 1071 1424

D **11** λ̅θ̅/ι̅ ℵ L N U Θ Λ Π 124 ¦ λ̅θ̅ 579

αὐτοῖς, Ὁ ποιήσας με ὑγιῆ ἐκεῖνός μοι εἶπεν, Ἆρον τὸν κράβαττόν σου   Β 𝔭66c.75 uw rell
αὐτοῖς, Ὁ ποιήσας με ὑγιῆ ἐκεῖνός μοι εἶπεν, Ἆρον τὸν κράββατόν σου   Β³ 1582 118 28 157 565 τ
αὐτοῖς, Ὁ ποιήσας με ὑγιῆ ἐκεῖνός σοι εἶπεν, Ἆραν τὸν κράβαττόν σου   𝔭66*
αὐτοῖς, Ὁ ποιήσας με ὑγιὴν ἐκεῖνός μοι εἶπεν, Ἆραι τὸν κράβακτόν   ℵ*
αὐτοῖς, Ὁ ποιήσας με ὑγιῆ ἐκεῖνός μοι εἰπεῖν, Ἆρον τὸν κράβαττόν σου   G
αὐτοῖς, Ὁ ποιήσας με ὑγιὴν ἐκεῖνός μοι εἶπεν, Ἆρον τὸν κράβαττόν σου   Wsup 579 1071
αὐτοῖς, Ὁ ποιήσας με ὑγιῆ ἐκεῖνός μοι εἶπεν, Ἆρον τὸν κράββαττόν σου   69
αὐτοῖς, Ὁ ποιήσας με ὑγιῆ ἐκεῖνός μοι εἶπεν, Ἆρον τὸν κράβατόν σου   2
.... ποιήσας με ὑγιῆ ἐκεῖνός μοι εἶπεν, Ἆρον 33

καὶ περιπάτει. 12 ἠρώτησαν   αὐτόν, Τίς ἐστιν ὁ ἄνθρωπος ὁ εἰπών σοι, Ἆρον Β ℵc Ac D uw
καὶ περιπάτει. 12 ἠρώτησαν   αὐτόν, Τίς ὁ ἐστιν ὁ ἄνθρωπος ὁ εἰπών σοι, Ἆρον 𝔭66
καὶ περιπάτει. 12   A* W Λ*
καὶ περιπατεῖν. 12 ἠρώτησαν   αὐτόν, Τίς ἐστιν ὁ ἄνθρωπος ὁ εἰπών σοι, Ἆραι ℵ*
.... 12 .... οὖν αὐτόν, Τίς ἐστιν ὁ ἄνθρωπος ὁ εἰπών σοι, Ἆρον 33
καὶ περιπάτει. 12 ἠρώτησαν οὖν αὐτόν, Τίς ὁ ἄνθρωπος ἐκεῖνος ὁ εἰπόν σοι, Ἆρον 1071
καὶ περιπάτει. 12 ἠρώτησαν οὖν αὐτόν, Τίς ἐστιν ὁ ἄνθρωπος ὁ εἰπών σοι, Ἆρον τ rell

καὶ περιπάτει; 13 ὁ δὲ ἰαθεὶς   οὐκ ᾔδει τίς ἐστιν, ὁ γὰρ   Β 𝔭66 C* L uw
καὶ περιπάτει; 13 ὁ δὲ ἰαθεὶς   οὐκ ᾔδει τίς ἐστιν, ὁ δὲ   𝔭75
καὶ περιπατῖν; 13 ὁ δὲ ἰαθεὶς   οὐκ ᾔδει τίς ἐστιν, ὁ γὰρ   ℵ*
καὶ περιπατῖν; 13 ὁ δὲ ἰαθεὶς   οὐκ ᾔδει τίς ἐστιν, ὁ γὰρ   ℵc
       13 ὁ δὲ ἰαθεὶς   οὐκ ᾔδει τίς ἐστιν, ὁ γὰρ   A* W Λ*
τὸν κράββατόν σου καὶ περιπάτει; 13 ὁ δὲ ἰαθεὶς   οὐκ ᾔδει τίς ἐστιν, ὁ γὰρ Cc Π 1582 118 28 565 τ
τὸν κράββατόν σου καὶ περιπάτει; 13 ὁ ἀσθενων οὐκ ᾔδει τίς ἦν, ὁ γὰρ   D*
τὸν κράβαττόν σου καὶ περιπάτει; 13 ὁ δὲ ἀσθενων οὐκ ᾔδει τίς ἦν, ὁ γὰρ   Dc
τὸν κράβαττόν σου καὶ περιπάτει; 13 ὁ δὲ ἰαθεὶς   οὐκ ᾔδει τίς ἐστιν, ὁ γὰρ ὁ S
τὸ κράβαττόν σου καὶ περιπάτει; 13 ὁ δὲ ἰαθεὶς   οὐκ ᾔδει τίς ἐστιν, ὁ γὰρ Λc
τὸν κράββαττόν σου καὶ περιπάτει; 13 ὁ δὲ ἰαθεὶς   οὐκ ᾔδει τίς ἐστιν, ὁ γὰρ 69 157
τὸν κράβατόν σου καὶ περιπάτει; 13 ὁ δὲ ἰαθεὶς   οὐκ ᾔδει τίς ἐστιν, ὁ γὰρ 2
τὸν κράβατγόν σου καὶ περιπάτει; 13 ὁ δὲ ἰαθεὶς   οὐκ ᾔδει τίς ἐστιν, ὁ γὰρ 33 1071
σου τὸν κράββατόν καὶ περιπάτει; 13 ὁ δὲ ἰαθεὶς   οὐκ ᾔδει τίς ἐστιν, ὁ γὰρ 579 [↓f13 700 1424
τὸν κράβαττόν σου καὶ περιπάτει; 13 ὁ δὲ ἰαθεὶς   οὐκ ᾔδει τίς ἐστιν, ὁ γὰρ Ac 𝔐 K M N Δ Θ Ψ 1

Ἰησοῦς ἐξένευσεν ὄχλου ὄντος   ἐν τῷ τόπῳ. 14 μετὰ ταῦτα εὑρίσκει Β 𝔭66.75 uwt rell
Ἰησοῦς ἔνευσεν ὄχλου ὄντος   ἐν τῷ μέσῳ. 14 μετὰ ταῦτα εὑρίσκει ℵ*
Ἰησοῦς ἔνευσεν ὄχλου ὄντος   ἐν τῷ τόπῳ. 14 μετὰ ταῦτα εὑρίσκει D*
Ἰησοῦς ἐξένευσεν ὄχλου ὄντος   ἐν τῷ τόπῳ. 14 μετὰ δὲ ταῦτα εὑρίσκει F Λ 124
Ἰησοῦς ἐξένευσεν ὄχλου ὄντος ἐντὸς ἐν τῷ τόπῳ. 14 μετὰ ταῦτα εὑρίσκει Μ
Ἰησοῦς ἐξένευσεν ὄχλου ὄντος   ἐν τῷ τόπῳ. 14 μετ' αὐτὰ εὑρίσκει Θ

αὐτὸν   Ἰησοῦς ἐν τῷ ἱερῷ καὶ εἶπεν αὐτῷ, Ἴδε ὑγιὴς γέγονας, μηκέτι Β [w]
ὁ Ἰησοῦς τὸν τεθεραπευμένον ἐν τῷ ἱερῷ καὶ λέγει αὐτῷ, Ἴδε ὑγιὴς γέγονας, μηκέτι ℵ*
αὐτὸν   ὁ Ἰησοῦς ἐν τῷ ἱερῷ καὶ λέγει αὐτῷ, Ἴδε ὑγιὴς γέγονας, μηκέτι ℵc 1071
αὐτὸν   ὁ Ἰησοῦς ἐν τῷ ἱερῷ καὶ λέγει αὐτῷ, Ἰδοὺ ὑγιὴς γέγονας, μηκέτι Ν
αὐτὸν   ὁ Ἰησοῦς ἐν τῷ ἱερῷ καὶ εἶπεν αὐτῷ, Ἰδοὺ ὑγιὴς γέγονας, μηκέτι Λ* Ψ
αὐτὸν   ὁ Ἰησοῦς ἐν τῷ ἱερῷ καὶ εἶπεν αὐτῷ, Ἴδε ὑγιὴς γέγονας, μηκέτι u[w]τ rell

ἁμάρτανε, ἵνα μὴ χεῖρόν σοί τι γένηται. 15 ἀπῆλθεν ὁ ἄνθρωπος καὶ Β 𝔭66.75 C 𝔐 L M U Δ 2 579
ἁμάρτανε, ἵνα μὴ χεῖρόν τί σοι γένηται. 15 ἀπῆλθεν οὖν ὁ ἄνθρωπος καὶ ℵc D Θ f13   [↑uw
ἁμάρτανε, ἵνα μὴ χεῖρόν σοί τι γένηται. 15 καὶ ἀπῆλθεν ὁ ἄνθρωπος καὶ Α
ἁμάρτανε, ἵνα μὴ χεῖρόν σοί τι γένηται. 15 ἀπῆλθεν οὖν ὁ ἄνθρωπος καὶ Ν Λ Ψ
ἁμάρτανε, ἵνα μὴ χεῖρόν τί σοι γένηται. 15 ἀπῆλθεν δὲ ὁ ἄνθρωπος καὶ W
ἁμάρτανε, ἵνα μὴ χεῖρόν σοί τι γένοιται. 15 ἀπῆλθεν ὁ ἄνθρωπος καὶ 700   [↓565 1071 1424 τ
ἁμάρτανε, ἵνα μὴ χεῖρόν τί σοι γένηται. 15 ἀπῆλθεν ὁ ἄνθρωπος καὶ ℵ* E Y K Π f1 69 33 28 157

lac. 5.11-15 𝔭45 P Γ 788 1346

A 11 ποησας Y* ¦ πεισας 1071 | μαι 579 | υγιει Θ | εκινος W | περιπατι Θ 579 12 ειπον E F G H K L* ¦ Λc | αρων 579 | περιπατι Θ 13 ειαθεις W ¦ ηδι K* ¦ ηδη Ω 28 1424 ¦ ειδει 69 | της (τις) Θ | κραββαττον Y* | οντως 2 579 1071 14 ευρισκη F 579 | αυτων 579 | ειδε W | υγιεις Θ 2* | ειδε 1071 | μηκετη 579 | χιρον N | γενητε Θ 2 1071

B 12 ᾱνος 𝔭75 A C 𝔐 K L M N S U Δ Θ Λc Π Ψ Ω f1 118 f13 69 124 2 33 28 157 579 700 1071 1424 13 ῑς Β 𝔭66 𝔭75 ℵ A C 𝔐 K L M N S U W Δ Θ Λ Π Ψ Ω f1 118 f13 124 2 33 28 157 565 579 700 1071 1424 ¦ της D 14 ῑς Β 𝔭66 𝔭75 A C 𝔐 K L M N S U W Δ Θ Λ Π Ψ Ω f1 118 f13 124 2 33 28 157 565 579 700 1071 1424 ¦ της D 15 ᾱνος A C 𝔐 K L M N S U W Δ Λ Π Ψ Ω f1 118 f13 69 124 2 33 28 157 565 579 700 1071 1424

C 14 τη δ̄ της β̄ εβδ (ante ιδε) H 2

ἀνήγγειλεν	τοῖς Ἰουδαίοις	ὅτι Ἰησοῦς ἐστιν ὁ ποιήσας	B 𝔭66 A 𝔐 M N Λ Π Ψ *f*1 2 28
ἀνήγγειλεν	τοῖς Ἰουδαίους	ὅτι Ἰησοῦς ἐστιν ὁ ποιήσας	𝔭75 [↑565 700 1071 u[w]τ
εἶπεν	τοῖς Ἰουδαίοις	ὅτι Ἰησοῦς ἐστιν ὁ ποιήσας	א C L [w]
ἀπήγγειλεν	τοῖς Ἰουδαίοις	ὅτι Ἰησοῦς ἐστιν ὁ ποιήσας	D K U Δ *f*13 33 1424
ἀνήγγειλεν	τοῖς Ἰουδαίοις καὶ εἶπεν αὐτοῖς	ὅτι Ἰησοῦς ἐστιν ὁ ποιήσας	W
ἀνήγγειλεν	τοῖς Ἰουδέοις	ὅτι Ἰησοῦς ἐστιν ὁ ποιήσας	Θ
ἀνήγγειλαι	τοῖς Ἰουδαίοις	ὅτι Ἰησοῦς ἐστιν ὁ ποιήσας	157
λέγει	τοῖς Ἰουδαίοις	ὅτι Ἰησοῦς ἐστιν ὁ ποιήσας	579

αὐτὸν ὑγιῆ.	**16** καὶ διὰ τοῦτο ἐδίωκον οἱ Ἰουδαῖοι τὸν Ἰησοῦν,	B 𝔭66 𝔭75 א C L W
με ὑγιῆ.	**16** καὶ διὰ τοῦτο ἐδίωκον οἱ Ἰουδαῖοι τὸν Ἰησοῦν,	D [↑69 33 uw
αὐτὸν ὑγιῆ.	**16** διὰ τοῦτο ἐδίωκον τὸν Ἰησοῦν οἱ Ἰουδαῖοι καὶ ἐζήτουν	Y
αὐτὸν ὑγιῆ.	**16** καὶ διὰ τοῦτο ἐδίωκον τὸν Ἰησοῦν οἱ Ἰουδαῖοι καὶ ἐζήτουν	U *f*13
με ὑγιῆ.	**16** καὶ διὰ τοῦτο ἐδίωκον τὸν Ἰησοῦν οἱ Ἰουδαῖοι καὶ ἐζήτουν	Λc 118
με ὑγιῆ.	**16** καὶ διὰ τοῦτο ἐδίωκον τὸν Ἰησοῦν οἱ Ἰουδαῖοι,	1 1582* 565
αὐτὸν ὑγιῆ.	**16** καὶ διὰ τοῦτο ἐδίωκον τὸν Ἰησοῦν οἱ Ἰουδαῖοι ὅτι ἐζήτουν	124
με ὑγιῆν.	**16** καὶ διὰ τοῦτο ἐδίωκον οἱ Ἰουδαῖοι τὸν Ἰησοῦν	579
αὐτὸν ὑγιῆ υ···σας(?).	**16** καὶ διὰ τοῦτο ἐδίωκον τὸν Ἰησοῦν οἱ Ἰουδαῖοι καὶ ἐζήτουν	1071 (illeg.)
αὐτὸν ὑγιῆ.	**16** καὶ διὰ τοῦτο ἐδίωκον αὐτὸν οἱ Ἰουδαῖοι καὶ ἐζήτουν	1424
αὐτὸν ὑγιῆ.	**16** καὶ διὰ τοῦτο ἐδίωκον τὸν Ἰησοῦν οἱ Ἰουδαῖοι καὶ ἐζήτουν	A 𝔐 K M N Δ Θ Λ* Π Ψ 1582c 2 28 157 700 τ

	ὅτι ταῦτα ἐποίει	ἐν	σαββάτῳ.	**17** ὁ δὲ B א L 1 1582* 69 33 565 uw
	τι ταῦτα ἐποίει	ἐν	σαββάτῳ.	**17** ὁ δὲ 𝔭66
	ὅτι ταῦτα ἐποίησεν	ἐν	σαββάτῳ.	**17** ὁ δὲ 𝔭75 579
	ὅτι ταῦτα ἐποίει	ἐν	σαββάτῳ.	**17** ·· ···· C
	ὅτι ταῦτα ἐποίει		σαββάτῳ.	**17** ὁ δὲ D
αὐτόν ἀποκτεῖναι,	ὅτι ταῦτα ἐποίει	ἐν	σαββάτῳ τὰ ἰάματα.	**17** ὁ δὲ E F H 2*
	ὅτι ταῦτα ἐποίει	ἐν τῷ	σαββάτῳ.	**17** ὁ δὲ W
ἀποκτεῖναι αὐτόν,	ὅτι ταῦτα ἐποίει	ἐν	σαββάτῳ.	**17** ὁ δὲ 157
αὐτόν ἀποκτεῖναι,	ὅτι ταῦτα ἐποίει	ἐν	σαββάτῳ.	**17** ὁ δὲ A 𝔐 K M N U Δ Θ Λ Π Ψ 1582c 118 *f*13 2c 28 700 1071 1424 τ

	ἀπεκρείνατο	αὐτοῖς,	Ὁ πατήρ μου ἕως ἄρτι ἐργάζεται, κἀγὼ ἐργάζομαι. B
	ἀπεκρίνατο	αὐτοῖς,	Ὁ πατήρ μου ἕως ἄρτι ἐργάζεται, κἀγὼ ἐργάζομαι. 𝔭75 [u]w
	ἀπεκρίνετο	αὐτοῖς,	Ὁ πατήρ μου ἕως ἄρτι ἐργάζεται, κἀγὼ ἐργάζομαι. א
Ἰησοῦς	ἀπεκρείθη	αὐτοῖς,	Ὁ πατήρ μου ἕως ἄρτι ἐργάζεται, κἀγὼ ἐργάζομαι. D
	ἀπεκρίθη	αὐτοῖς,	Ὁ πατήρ μου ἕως ἄρτι ἐργάζεται, κἀγὼ ἐργάζομαι. W
Ἰησοῦς	ἀπεκρίνατο	αὐτοῖς λέγων,	Ὁ πατήρ μου ἕως ἄρτι ἐργάζεται, κἀγὼ ἐργάζωμαι. 579
	ἀπεκρίνατο	αὐτοῖς λέγων,	Ὁ πατήρ μου ἕως ἄρτι ἐργάζετε, κἀγὼ ἐργάζωμαι. 1071
Ἰησοῦς	ἀπεκρίνατο	αὐτοῖς,	Ὁ πατήρ μου ἕως ἄρτι ἐργάζεται, κἀγὼ ἐργάζομαι. 𝔭66 A 𝔐 K L M N U Δ Θ Λ Π Ψ *f*1 *f*13 2 33 28 157 565 700 1424 [u]τ

[Cl S I 12.3 ετι τε και ο σωτηρ σωζει αιει και αιει ἐργαζεται (vs. 19) ως βλεπει τον πατερα]

---

lac. 5.15-17 𝔭45 P Γ 788 1346 ¦ vs. 17 C

A 15 ανηγγιλεν 𝔭66 N ¦ απηγγιλεν D ¦ ανηγγειλε S Y M 118 69 700 ¦ απηγγειλε U ¦ υγειη W ¦ υγιει 2* **16** τουτω εδιωκων 579 ¦ αποκτιναι N ¦ εποιη 2 700 1071 ¦ σαββατο K* **17** εργαζετε א ¦ εργαζομε Ω

B 15 ι̅ς̅ B 𝔭66 𝔭75 א A C 𝔐 K L M N S U W Δ Θ Λ Π Ψ Ω *f*1 118 *f*13 124 2 33 28 157 565 579 700 1071 1424 ¦ ι̅η̅ς̅ D 16 ι̅ν̅ B 𝔭66 𝔭75 א C 𝔐 K L M N S U W Δ Θ Λ Π Ψ Ω *f*1 118 *f*13 124 2 33 28 157 565 579 700 ¦ ι̅η̅ν̅ D 17 ι̅ς̅ 𝔭66 A E H Y K L M N S U Δ Θ Λ Π Ψ Ω *f*1 118 *f*13 124 2 33 28 157 565 579 700 1424 ¦ ι̅η̅ς̅ D ¦ π̅η̅ρ̅ 𝔭66 A 𝔐 K L M N S U W Δ Θ Λ Π Ψ Ω *f*1 118 *f*13 69 124 2 33 28 157 565 579 1071 1424

C 14 τη δ̅ της β̅ εβδ (ante ιδε) H 2 **15** τελος (post υγιη) E F2 H S Y Θ Λ *f*13 124 2 1071 ¦ τελ τς κ,υ M 118 28 ¦ τελ κ,υ του παραλιτ *f*1 ¦ ····· πιστος εχει τω προ αυτου ····· H **17** αρχη: τη δ̅ της β̅ εβδ κ, εισκοιμηθ ειπ, πρ τους εληλυθ ο π̅η̅ρ̅ μου (ante ο π̅η̅ρ̅) G ¦ αρχη: τη δ̅ της β̅ εβδ ειπ, πρ τους εληλυθ ο π̅η̅ρ̅ μου κ, εισκοιμ H ¦ αρχ (ante ο π̅η̅ρ̅): ······ του π̅ρ̅ς̅ μου αρτι H2 ¦ αρχ: τη δ̅ τ β̅ εβδ ειπεν ο κ̅ς̅ προς τους εληλυθ προς αυτ ιουδ ο π̅η̅ρ̅ μου εως Y ¦ (ante ο π̅η̅ρ̅) τη δ̅ τς β̅ εβδ ειπεν ο κ̅ς̅ π̅ρ̅ τς ελ̅η̅λ̅ πρ αυτ ιουδ ο π̅η̅ρ̅ μου εως αρ̲ M ¦ τη δ̅ τς β̅ εβδ ειπ ο κ̅ς̅ προς τ ελη S ¦ αρχ: (ante ο π̅η̅ρ̅) Θ ¦ τη δ̅ τς β̅ εβδ αρχ ειπ ο κς πρ,ο Ω ¦ (ante ο π̅η̅ρ̅) αρχ ι̅ε̅ τη δ̅ τς β̅ εβδ τω καιρω εκει προς τους εληλυθοτ πρὸ αυτ ιουδαιους ο π̅η̅ρ̅ μου εως αρτι *f*1 ¦ αρχ ι̅ε̅ τη δ̅ τς β̅ εβδομα,: ειπεν ο ι̅ς̅ προς τους εληλυθοτ πρὸ αυτ ιουδαιους ο π̅η̅ρ̅ μου εως αρτι εργ 118 ¦ αρχ τη δ̅ τς β̅ εβδ λειτ εις κοιμ̲ *f*13 ¦ αρχη: τη δ̅ της β̅ εβδ εισκοιμηθθ 124 ¦ αρχ ειπεν ο κ̅ς̅ προς τους εληλυθοτ πρ αυτ ιουδ 2¦ (ante ο π̅η̅ρ̅) αρχ τς δ̅ ειπεν ο κ̅ς̅ προς τους εληλυθ πρὸ αυτ ιουδ ο π̅η̅ρ̅ μου ε 28 ¦ αρχ τη γ̅ της β̅ εβδομαδος 157 ¦ αρχ: τη δ̅ της β̅ εβδ 1071

D 16 λ̅θ̅/ι̅ M **17** λ̅θ̅ F H K 2 1071 1424 ¦ λ̅θ̅/ι̅ Y U Ψ

18 διὰ τοῦτο οὖν μᾶλλον   ἐζήτουν αὐτὸν   οἱ Ἰουδαῖοι ἀποκτεῖναι, Β 𝔓⁷⁵ uwτ
18 διὰ τοῦτο οὖν μᾶλλον   οἱ Ἰουδαῖοι   ἐζήτουν αὐτὸν ἀποκτεῖναι, 𝔓⁶⁶ [↑rell
18 διὰ τοῦτο   μᾶλλον   ἐζήτουν αὐτὸν   οἱ Ἰουδαῖοι ἀποκτεῖναι, ℵ S
18 διὰ τοῦτο   μᾶλλον   οἱ Ἰουδαῖοι   ἐζήτουν αὐτὸν ἀποκτεῖναι, D
18 διὰ τοῦτο οὖν μᾶλλον   ἐζή·······   ········ ············ F
18 διὰ τοῦτο οὖν   ἐζήτουν αὐτὸν   οἱ Ἰουδαῖοι ἀποκτεῖναι, U
18 διὰ τοῦτο οὖν μᾶλλον   ἐζήτουν αὐτὸν   ἀποκτεῖναι οἱ Ἰουδαῖοι, W
18 διὰ τοῦτο οὖν μᾶλλον   ἐζήτουν   οἱ Ἰουδαῖοι ἀποκτεῖναι, 33
18 διὰ τοῦτο οὖν μᾶλλον ἐδίωκον οἱ Ἰουδαῖοι τὸν Ἰησοῦν καὶ ἐζήτουν αὐτὸν ἀποκτεῖναι, 579

ὅτι οὐ μόνον ἔλυε   τὸ σάββατον, ἀλλὰ   καὶ πατέρα ἴδιον ἔλεγεν τὸν Β 𝔓⁶⁶·⁷⁵ ℵ Α D* L W f¹ 69 33 157
ὅτι οὐ μόνον ἔλυεν   τὸ σάββατον, ἀλλ᾽ ὅτι   καὶ πατέρα ἴδιον ἔλεγεν τὸν Θ Λᶜ 124 1071   [↑700 wτ
ὅτι οὐ μόνον ἔλυσεν   τὸ σάββατον, ἀλλ᾽ ὅτι   καὶ πατέρα ἴδιον ἔλεγεν τὸν Λ*
ὅτι οὐ μόνον ἔλυε   τὸ σάββατον, ἀλλ᾽ ὅτι   καὶ πατέρα ἴδιον ἔλεγεν τὸν f¹³   [↓1424 u
ὅτι οὐ μόνον ἔλυεν   τὸ σάββατον, ἀλλὰ   καὶ πατέρα ἴδιον ἔλεγεν τὸν Dᶜ 𝔐 Κ Μ Ν U Δ Π Ψ 2 28 565 579

θεὸν   ἴσον ἑαυτὸν ποιῶν τῷ θεῷ.   Β 𝔓⁶⁶·⁷⁵ uwτ rell
Ἰησοὺν   ἴσον ἑαυτὸν ποιῶν τῷ θεῷ.   Α*
θεὸν εἶναι ἴσον ἑαυτὸν ποιῶν τῷ θεῷ.   28

Discourse Three: The Son And The Father

19 Ἀπεκρίνατο οὖν   καὶ ἔλεγεν αὐτοῖς, Ἀμὴν ἀμὴν λέγω ὑμῖν, οὐ δύναται Β 𝔓⁷⁵ [w]
19 Ἀπεκρίνατο οὖν ὁ Ἰησους καὶ ἔλεγεν αὐτοῖς, Ἀμὴν ἀμὴν λέγω ὑμῖν, οὐ δύναται 𝔓⁶⁶ ℵᶜ L 565
19 Ἔλεγεν   οὖν αὐτοῖς   ὁ Ἰησοῦς, Ἀμὴν   λέγω ὑμῖν, οὐ δύναται ℵ* [↑579 u[w]
19 Ἀπεκρίθη   οὖν ὁ Ἰησοῦς καὶ εἶπεν αὐτοῖς, Ἀμὴν ἀμὴν λέγω ὑμῖν, οὐ δύναται D W 1071
19 Ἀπεκρίνατο οὖν ὁ Ἰησους καὶ λέγει αὐτοῖς, Ἀμὴν ἀμὴν λέγω ὑμῖν, οὐ δύναται f¹
19 Ἀπεκρίθη   οὖν ὁ Ἰησοῦς καὶ εἶπεν ········   ·······   ·······   ············ N
19 Ἀπεκρίθη   ὁ Ἰησοῦς καὶ εἶπεν αὐτοῖς, Ἀμὴν ἀμὴν λέγω ὑμῖν, οὐ δύναται 33
19 Ἀπεκρίνατο οὖν ὁ Ἰησους καὶ εἶπεν αὐτοῖς, Ἀμὴν ἀμὴν λέγω ὑμῖν, οὐ δύναται Α 𝔐 Κ Μ Δ Θ Λ
       Π Ψ f¹³ 2 28 157 700 1424 τ

ὁ υἱὸς   ποιεῖν ἀφ᾽ ἑαυτοῦ οὐδὲν ἂν μή τι βλέπῃ τὸν πατέρα Β ℵ w
ὁ υἱὸς   ποιεῖν ἀφ᾽ ἑαυτοῦ οὐδὲ ἓν ἐὰν μή τι βλέπῃ τὸν πατέρα 𝔓⁶⁶ f¹ 565
ὁ υἱὸς τοῦ ἀνθρώπου ποιεῖν τι ἀφ᾽ ἑαυτοῦ   ἐὰν μή τι βλέπῃ ποιοῦντα τὸν D
ὁ υἱὸς   ἀφ᾽ ἑαυτοῦ ποιεῖν οὐδὲν ἐὰν μή βλέπῃ τὸν πατέρα W
ὁ υἱὸς τοῦ ἀνθρώπου ἀφ᾽ ἑαυτοῦ ποιεῖν οὐδὲν ἐὰν μή τι βλέπῃ τὸν πατέρα f¹³
ὁ υἱὸς τοῦ ἀνθρώπου ἀφ᾽ ἑαυτοῦ ποιεῖν οὐδὲ ἓν ἐὰν μή τι βλέπει τὸν πατέρα 124
ὁ υἱὸς   ποιεῖν ἀπ᾽ ἐμαυτοῦ οὐδὲν ἐὰν μή τι βλέπῃ τὸν πατέρα 157
ὁ υἱὸς   ἀφ᾽ ἑαυτοῦ τοῦ ποιεῖν οὐδὲν ἐὰν μή τι βλέπῃ τὸν πατέρα 579
ὁ υἱὸς   ποιεῖν ἀφ᾽ ἑαυτοῦ οὐδὲν ἐὰν μή τι βλέπῃ τὸν πατέρα 𝔓⁷⁵ Α 𝔐 Κ L Μ U
       Δ Θ Λ Π Ψ 2 33 28 700 1424 uτ

---

lac. 5.18-19 𝔓⁴⁵ C F P Γ 788 1346 ¦ vs. 19 N

A 18 τουουτο Θ | αποκτιναι 𝔓⁶⁶ ℵ 579 | μωνον Θ | τω (το) U 579 | σαββαττον 1424 | ιδον (ιδιον) 1071* | ελεγε ℵ Α D* S Y 118 13 69 157 579 700 w | ησον 579 | ποιον 579 19 απεκριθει 1071 | αμη¹ W* | υμειν D | δυνατε Ω | ποιην Θ 579 | εα (εαν¹) 𝔓⁶⁶*| βλεπει ℵᶜ Ε Η Λ Ω 13 28 565 579 1071 1424 ¦ βλεπι Θ

B 18 ιν 579 | π̅ρ̅α̅ Α 𝔐 Κ L Μ N S U W Δ Θ Λ Π Ψ Ω f¹ 118 f¹³ 69 124 2 33 28 157 565 579 700 1071 1424 | θ̅ν̅ Β 𝔓⁶⁶ 𝔓⁷⁵ ℵ Αᶜ D 𝔐 Κ L Μ N S U W Δ Θ Λ Π Ψ Ω f¹ 118 f¹³ 69 124 2 33 28 157 565 579 700 1071 1424 | ι̅ν̅ Α* | θ̅ω̅ Β 𝔓⁶⁶ 𝔓⁷⁵ ℵ Α D 𝔐 Κ L Μ N S U W Δ Θ Λ Π Ψ Ω f¹ 118 f¹³ 69 124 2 33 28 157 565 579 700 1071 1424 19 ι̅ς̅ 𝔓⁶⁶ ℵ Α 𝔐 Κ L Μ N S U W Δ Θ Λ Π Ψ Ω f¹ 118 f¹³ 124 2 33 28 157 565 579 700 1071 1424 ¦ ι̅η̅ς̅ D | υ̅ς̅¹ 𝔓⁶⁶ ℵ Α 𝔐 Κ L Μ S U Δ Θ Λ Π Ψ Ω f¹ 2 33 28 565 1071 1424 | ανου f¹³ 69 124 | π̅ρ̅α̅ 𝔓⁶⁶ Α 𝔐 Κ L Μ S U W Δ Θ Λ Π Ψ Ω f¹ 118 f¹³ 69 124 2 33 28 157 565 579 700 1071 1424

C 18 τελ 157 19 ·ερι αναπαυ·αμενος D [ημερα δ΄ της β΄ εβδομαδος: 5.19-24] ¦ εις κοιμηθ S ¦ αρχ Λ ¦ αρχ: τη β̅ τς β̅ εβδμαδ: εις νεκρους:ειπεν ο κ̅ς̅ προς τους πεπιστευκοτας πρ αυτ ιουδ 2 | ειπεν ο κ̅ς̅ τους ελη πρὸ αυτ ιου ο π̅η̅ρ̅ μου 28² ¦ αρχ τη δ̅ της β̅ εβδομαδος και εις κοιμηθ 157 ¦ κ̅ εις κοιμηῖ 1

D 19 ι ηε, ι 28

ποιοῦντα· ἃ γὰρ ἂν ἐκεῖνος ποιῇ,   ταῦτα καὶ ὁ υἱὸς ὁμοίως ποιεῖ.   B 𝔓⁷⁵ 𝔐 K L M U Δ Θ Ψ f¹ 69
ποιοῦντα· ἃ γὰρ ἐὰν ἐκεῖνος ποιῇ,   ταῦτα καὶ ὁ υἱὸς ὁμοίως ποιεῖ.   𝔓⁶⁶   [↑33 565 700 **uwτ**
ποιοῦντα· ἃ γὰρ ἂν ἐκεῖνος ποιῇ,   ταῦτα καὶ ὁ υἱὸς ποιεῖ ὁμοίως.   ℵ
ποιοῦντα· ἃ γὰρ ἐκεῖνος ποιεῖ,   ταῦτα καὶ ὁ υἱὸς ὁμοίως ποιεῖ.   A Πᶜ
πατέρα· ἃ γὰρ ἂν ἐκεῖνος ποιήσῃ,   ταῦτα καὶ ὁ υἱὸς ποιεῖ ὁμοίως.   D
ποιοῦντα· ἃ γὰρ ἂν ἐκεῖνος ποιεῖ,   ταῦτα καὶ ὁ υἱὸς ὁμοίως ποιεῖ.   E* Λ 118 f¹³ 2 28 157 1424
ποιοῦντα· ὃ γὰρ ἂν ἐκεῖνος ποιῇ,   ταῦτα καὶ ὁ υἱὸς ὁμοίως ποιεῖ.   W
ποιοῦντα· ἃ γὰρ ἐκεῖνος ποιῇ,   ταῦτα καὶ ὁ υἱὸς ὁμοίως ποιεῖ.   Π*
ποιοῦντα· ἃ γὰρ ἂν ἐκεῖνος ποιεῖ,   ταῦτα καὶ ὁ υἱὸς ὁμοίως ποιῇ.   124
ποιοῦντα· ἂν γὰρ ἐκεῖνος ποιει ταῦτα,   ταῦτα καὶ ὁ υἱὸς ὁμοίως ποιεῖ.   579
ποιοῦντα· ἃ γὰρ ἐὰν ἐκεῖνος ποιεῖ,   ταῦτα καὶ ὁ υἱὸς ὁμοίως ποιεῖ.   1071

20 ὁ γὰρ πατὴρ φιλεῖ τὸν υἱὸν καὶ πάντα δείκνυσιν αὐτῷ ἃ   αὐτὸς ποιεῖ, καὶ   B 𝔓⁶⁶·⁷⁵ **uwτ** rell
20 ὁ γὰρ πατὴρ φιλεῖ τὸν υἱὸν καὶ πάντα δίγνυσιν αὐτῷ ἃ   αὐτὸς ποιεῖ, καὶ   A
20 ὁ γὰρ πατὴρ ἀγαπᾷ τὸν υἱὸν καὶ πάντα δεικνύει αὐτῷ ἃ ἂν αὐτὸς ποιῇ, καὶ   D
20 ὁ γὰρ πατὴρ φιλεῖ τὸν υἱὸν καὶ πάντα δείκνυσιν αὐτῷ   αὐτὸς ποιεῖ, καὶ   L
20 ὁ γὰρ πατὴρ φιλεῖ τὸν υἱὸν καὶ πάντα δείκνυσιν αὐτὸν ἃ   αὐτὸς ποιεῖ, καὶ   2

[↓f¹³ 2 33 157 565 700 1071 **uwτ**

μείζονα τούτων δείξει αὐτῷ ἔργα, ἵνα ὑμεῖς θαυμάζητε. **21** ὥσπερ γὰρ   B 𝔐 K M U Δ Λ Π Ψ f¹
μείζονα τούτων δείξει αὐτῷ ἔργα, ἵνα ὑμεῖς θαυμάζηται. **21** ὥσπερ γὰρ   𝔓⁶⁶ A Ω 1424
μείζονα τούτων δείξει αὐτῷ ἔργα, ἵνα ὑμεῖς θαυμάσητε. **21** ὥσπερ γὰρ   𝔓⁷⁵
μείζονα τούτων ἔργα δείξει αὐτῷ, ἵνα ὑμεῖς θαυμάζετε. **21** ὡς γὰρ   ℵ
μείζονα τούτων δεικνυσιν αὐτῷ ἔργα, ἵνα ὑμεῖς θαυμάζητε. **21** ὥσπερ γὰρ   D 28
μείζονα τούτων δείξει αὐτῷ ἔργα, ἵνα ὑμεῖς θαυμάζετε. **21** ὥσπερ γὰρ   L 69 124 579
μείζονα τούτων δείξῃ αὐτῷ ἔργα, ἵνα ὑμεῖς θαυμάζηται. **21** ὥσπερ γὰρ   W
μεῖζον τούτων ἔργα δείξει αὐτῷ, ἵνα ὑμεῖς θαυμάζηται. **21** ὥσπερ γὰρ   Θ*
μεῖζον τούτων ἔργα δείξει αὐτῷ, ἵνα ὑμεῖς θαυμάζητε. **21** ὥσπερ γὰρ   Θᶜ

ὁ πατὴρ ἐγείρει τοὺς νεκροὺς καὶ ζῳοποιεῖ, οὕτως   καὶ ὁ υἱὸς οὓς   B 𝔓⁶⁶·⁷⁵ **uw** rell
ὁ πατὴρ ἐγείρει τοὺς νεκροὺς καὶ ζῳοποιεῖ, οὕτως   καὶ ὁ υἱὸς οὓς   ℵ
ὁ πατὴρ ἐγείρει τοὺς νεκροὺς καὶ ζῳοποιεῖ, οὕτω   καὶ ὁ υἱὸς οὓς   Υ τ
τοὺς νεκροὺς ἐγείρει ὁ πατὴρ καὶ ζῳοποιεῖ, οὕτως   καὶ ὁ υἱὸς οὓς   W
ὁ πατὴρ ἐγέρει τοὺς νεκροὺς καὶ ζῳοποιεῖ, οὕτως   καὶ ὁ υἱὸς οὓς   Δ
ὁ πατὴρ ἐγείρει τοὺς νεκροὺς καὶ ζῳοποιεῖ, οὕτως ἔδωκε καὶ τῷ υἱῷ ἐξούσιαν ἔχειν οὓς   579

θέλει ζῳοποιεῖ. **22** οὐδὲ γὰρ ὁ πατὴρ κρίνει οὐδένα, ἀλλὰ τὴν κρίσιν πᾶσαν δέδωκεν   B 𝔓⁶⁶ᶜ·⁷⁵ **uwτ**
θέλει ζῳοποιεῖ. **22** οὐ γὰρ ὁ πατὴρ κρίνει οὐδένα, ἀλλὰ τὴν κρίσιν πᾶσαν δέδωκεν   𝔓⁶⁶* ↑rell
θέλει ζῳοποιεῖ. **22** οὐδὲ γὰρ ὁ πατὴρ κρίνει οὐδένα, ἀλλὰ τὴν κρίσιν πᾶσαν ἔδωκεν   G f¹³
θέλη ζοωποιεῖν. **22** οὐδὲ γὰρ ὁ πατὴρ κρίνει οὐδένα, ἀλλὰ τὴν κρίσιν πᾶσαν δέδωκε   579

τῷ υἱῷ, **23** ἵνα πάντες τειμῶσι τὸν υἱὸν καθὼς τειμῶσι τὸν πατέρα. ὁ μὴ τειμῶν   B D
τῷ υἱῷ, **23** ἵνα πάντες τιμῶσι τὸν υἱὸν καθὼς τιμῶσι τὸν πατέρα. ὁ τιμῶν   𝔓⁶⁶*
τῷ υἱῷ, **23** ἵνα πάντες τιμῶσι τὸν υἱὸν καθὼς τιμῶ⋯⋯ ⋯⋯τέρα. ὁ μὴ τιμῶν   𝔓⁷⁵
τῷ υἱῷ, **23** ἵνα πάντες τιμῶσιν τὸν υἱὸν καθὼς τιμῶσι τὸν πατέρα. ὁ μὴ τιμῶν   A E H Θ Λ 1071 1424
τῷ υἱῷ, **23** ἵνα πάντες τιμῶσι τὸν υἱὸν καθὼς τιμῶσι τὸν πατέρα. ὁ μὴ τιμῶν   L S Π f¹ 69 28 157 565
τῷ υἱῷ, **23** ἵνα πάντες τιμῶσι τὸν υἱὸν καθὼς τειμῶσι τὸν πατέρα. ὁ μὴ τιμῶν   K   [↑579 700
τῷ υἱῷ, **23** ἵνα πάντες τιμῶσιν τὸν υἱὸν καθὼς τιμῶσι τὸν πατέρα. ὁ μὴ τιμῶν   Ψ   [↓33 **uwτ**
τῷ υἱῷ, **23** ἵνα πάντες τιμῶσι τὸν υἱὸν καθὼς τιμῶσιν τὸν πατέρα. ὁ μὴ τιμῶν   𝔓⁶⁶ᶜ 𝔐 M U W Δ f¹³ 2

---

lac. **5.19-23** 𝔓⁴⁵ C F N P Γ 788 1346

A 19 ομοιος 700 **20** φιλι 𝔓⁶⁶* ℵ ¦ φιλη 579 ¦ πατα G* ¦ δικνυσιν 𝔓⁷⁵ ℵ E* L W Δ 2 ¦ μιζονα ℵ ¦ μειζωνα G* L M 13 579 1071 ¦ τουτον 13 ¦ διξει A ¦ δειξι Θ ¦ θαυμαζεται L 579 ¦ θαυμαζηται 33 **21** εγειρι A ¦ εγειρει H 13 1071 ¦ εγειρι 579 ¦ θελα L Θ ¦ ζοωποιει ουτος 579 ¦ ζωοποιει 1071 **22** κρεινει 𝔓⁷⁵* ¦ κρινη L M Θ 13 579 ¦ δεδωκε Υ 118 69 157 700 ¦ εδωκε 13 **23** τημωσιν¹ M Δ ¦ τιμωσιν 13 28 ¦ τιμωσι² Υ U 13 33 28 ¦ τιμωσει² W ¦ τημωσιν² Θ 124

B 19 υς² 𝔓⁶⁶ 𝔓⁷⁵ ℵ A 𝔐 K L M S U Δ Λ Π Ψ Ω f¹ 2 33 28 565 1071 1424 **20** πηρ 𝔓⁶⁶ A 𝔐 K L M S U W Δ Θ Λ Π Ψ Ω f¹ 118 f¹³ 69 124 2 33 28 157 565 579 700 1071 1424 ¦ υν 𝔓⁶⁶ ℵ 𝔐 K L M S U Δ Θ Λ Π Ψ Ω f¹ 2 33 28 565 1071 1424 **21** πηρ 𝔓⁶⁶ A 𝔐 K L M S U W Δ Θ Λ Π Ψ Ω f¹ 118 f¹³ 69 124 2 33 28 157 565 579 700 1071 1424 ¦ υς 𝔓⁶⁶ ℵ A 𝔐 K L M S U Δ Λ Π Ψ Ω f¹ 2 33 28 565 1071 1424 **22** πηρ 𝔓⁶⁶ A 𝔐 K L M S U W Δ Θ Λ Π Ψ Ω f¹ 118 f¹³ 69 124 2 33 28 157 565 579 700 1071 1424 ¦ υω 𝔓⁶⁶ ℵ 𝔐 K L M U Δ Λ Π Ψ Ω 33 28 565 1071 1424 **23** υν¹·² 𝔓⁶⁶ ℵ A 𝔐 K L M S U Θ Λ Π Ψ Ω f¹ 2 33 28 565 1071 1424 ¦ υν² Δ ¦ πρα¹·² 𝔓⁶⁶ A 𝔐 K L M S U W Δ Θ Λ Π Ψ Ω f¹ 118 f¹³ 69 124 2 33 28 157 565 579 700 1071 1424

C 20 τη ε της β εβδ H² **21** εις κοσμ⋯ H² **22** ⋯δαι και ⋯τας εχει λοι⋯ του πεσαν⋯ H² **23** αρχ: αμην Θ ¦ τε Υ²

D 21 μ/ᾱ Ψ **22** ηε 28 **23** (ante ο μη τιμων) μ/ᾱ ℵ A E G L M S U Υ Θ Λ Π Ω 118 124 28 ¦ μ D H K f¹³ 2 157 565 579 ¦ μα/ι Ψ ¦ μ/ζ 1071 ¦ Eυ Ιω μ : Λο ριε : Μρ ϟϛ : Μθ ϟη E ¦ Ιω μ : Λο ριε : Μρ ϟϛ : Μθ ϟη 124

τὸν υἱὸν οὐ τειμᾷ τὸν πατέρα τὸν πέμψαντα αὐτόν. 24 Ἀμὴν ἀμὴν λέγω ὑμῖν ὅτι ὁ B ℵ W
τ⋯⋯⋯⋯⋯⋯ πατέρα τὸν πέμ⋯⋯⋯ ⋯⋯⋯⋯ 24 ⋯μὴν ἀμὴν λέγω ὑμῖν ὅτι ὁ 𝔓75
τὸν υἱὸν οὐ τειμᾷ τὸν πατέρα τὸν πέμψαντα αὐτόν. 24 Ἀμὴν ἀμὴν λέγω ὑμῖν ὁ D
τὸν υἱὸν οὐδὲ   τὸν πατέρα τὸν πέμψαντα αὐτόν. 24 Ἀμὴν ἀμὴν λέγω ὑμῖν ὅτι ὁ 28
τὸν υἱὸν οὐ τιμᾷ τὸν πατέρα τὸν πέμψαντα αὐτόν. 24 Ἀμὴν ἀμὴν λέγω ὑμῖν ὅτι ὁ 𝔓66.75 uwτ rell

τὸν λόγον μου ἀκούων καὶ πιστεύων τῷ πέμψαντί με ἔχει ζωὴν αἰώνιον καὶ

εἰς κρίσιν οὐκ ἔρχεται, ἀλλὰ μεταβέβηκεν ἐκ τοῦ θανάτου εἰς τὴν ζωήν. B 𝔓66.75 uwτ rell
οὐκ ἔρχεται εἰς κρίσιν, ἀλλὰ μεταβέβηκεν ἐκ τοῦ θανάτου εἰς τὴν ζωήν. W
εἰς κρίσιν οὐκ ἔρχεται, ἀλλὰ μεταβέβηκεν ἐκ τοῦ θανάτου εἰς   ζωήν. D*

[Cl Pd I 27.1 αμην αμην λεγω υμιν, φησιν, ο τον λογον μου ακουων και πιστευων τω πεμψαντι με εχει ζωην
αιωνιον και εις κρισιν ουκ ερχεται, αλλα μεταβεβηκεν εκ του θανατου εις την ζωην]

The Hour Comes When The Dead Will Live

25 ἀμὴν ἀμὴν λέγω ὑμῖν ὅτι ἔρχεται ὥρα καὶ νῦν ἐστιν ὅτε οἱ νεκροὶ ἀκούσουσιν B 1582 uw
25 ἀμὴν ἀμὴν λέγω ὑμῖν ὅτι ἔρχεται ὥρα καὶ νῦν ἐστιν ὅτε οἱ νεκροὶ ἀκούσωσιν 𝔓66 ℵc L W Ψ 1 33
25 ἀμὴν ἀμὴν λέγω ὑμῖν ὅτι ἔρχεται   καὶ νῦν ἐστιν ὅτε οἱ νεκροὶ ἀκούσωσιν 𝔓75 [↑157 565 579
25 ἀμὴν ἀμὴν λέγω ὑμῖν ὅτι ἔρχεται ὥρα   ὅτε οἱ νεκροὶ ἀκούσωσιν ℵ*
25 ἀμὴν ἀμὴν λέγω   ὅτι ἔρχεται ὥρα καὶ νῦν ἐστιν ὅτε οἱ νεκροὶ ἀκούσονται Δ
25 ἀμὴν ἀμὴν λέγω ὑμῖν ὅτι ἔρχεται ὥρα καὶ νῦν ἔσται ὅτε οἱ νεκροὶ ἀκούσονται 69
25 ἀμὴν ἀμὴν λέγω ὑμῖν ὅτι ἔρχεται ὥρα καὶ νῦν ἐστιν ὅτε οἱ νεκροὶ ἀκούσονται A D 𝔐 K M U Θ Λ Π
                                                                    118 f13 2 28 700 1071 1424 τ

τῆς φωνῆς τοῦ υἱοῦ τοῦ θεοῦ   καὶ οἱ ἀκούσαντες ζήσουσιν. 26 ὥσπερ γὰρ B 𝔓75 ℵc L f1 33 565
τῆς φωνῆς τοῦ υἱοῦ τοῦ θεοῦ   καὶ ἀκούσαντες ζήσουσιν. 26 ὥσπερ γὰρ 𝔓66 [↑579 uw
τῆς φωνῆς τοῦ υἱοῦ τοῦ θεοῦ   καὶ ἀκούσαντες ζήσουσιν. 26 ὡς γὰρ ℵ*
τῆς φωνῆς τοῦ υἱοῦ τοῦ θεοῦ   καὶ οἱ ἀκούσαντες ζήσουσιν. 26 ὡς γὰρ D W
τῆς φωνῆς τοῦ υἱοῦ τοῦ ἀνθρώπου καὶ οἱ ἀκούσαντες ζήσονται. 26 ὥσπερ γὰρ K S Π Ω 28
τῆς φωνῆς τοῦ υἱοῦ τοῦ θεοῦ   καὶ οἱ ἀκούσαντες ζήσωσιν. 26 ὥσπερ γὰρ 1071
τῆς φωνῆς τοῦ υἱοῦ τοῦ θεοῦ   καὶ οἱ ἀκούσαντες ζήσονται. 26 ὥσπερ γὰρ A 𝔐 M U Δ Θ Λ Ψ 118
                                                                    f13 2 157 700 1424 τ

ὁ πατὴρ   ἔχει ζωὴν ἐν ἑαυτῷ, οὕτως καὶ τῷ υἱῷ ἔδωκεν ζωὴν ἔχειν ἐν ἑαυτῷ. B 𝔓66.75 L uw
ὁ πατὴρ   ζωὴν ἔχει ἐν ἑαυτῷ, ℵ*
ὁ πατὴρ   ζωὴν ἔχει ἐν ἑαυτῷ, οὕτως καὶ τῷ υἱῷ ἔδωκεν ζωὴν ἔχειν ἐν ἑαυτῷ. ℵc.2
ὁ πατὴρ ὁ ζῶν ἔχει ζωὴν ἐν ἑαυτῷ, οὕτως ἔδωκεν καὶ τῷ υἱῷ ζωὴν ἔχειν ἐν ἑαυτῷ. D
⋯⋯⋯⋯⋯⋯⋯⋯⋯⋯⋯⋯⋯⋯⋯⋯κεν ἔχειν ἐν ἑαυτῷ. N
ὁ πατὴρ   ἔχει ζωὴν ἐν ἑαυτῷ, οὕτως καὶ τῷ υἱῷ ζωὴν ἔδωκεν ἔχειν ἐν ἑαυτῷ. W
ὁ πατὴρ   ἔχει ζωὴν ἐν ἑαυτῷ, 1*
ὁ πατὴρ   ζωὴν ἔχει ἐν ἑαυτῷ, οὕτως καὶ τῷ υἱῷ δέδωκεν ζωὴν ἔχειν ἐν ἑαυτῷ. 579
ὁ πατὴρ   ἔχει ζωὴν ἐν ἑαυτῷ, οὕτως ἔδωκεν καὶ τῷ υἱῷ ζωὴν ἔχειν ἐν ἑαυτῷ. A 𝔐 K M U Δ Θ Λ Π
                                                                    Ψ 1c 1582 118 f13 2 33 28 157 565 700 1071 1424 τ

lac. 5.23-26 𝔓45 C F N P Γ 788 1346

A 24 υμειν D ¦ των λογων 579 ¦ ακουον 579 ¦ το (τω) Ω 33 ¦ εχι 𝔓66 ¦ πεμψαντι K* ¦ ερχετε 2* 1071 25 υμειν 𝔓66 D ¦ ακουσωσι
ℵ Ψ f1 69 157 565 579 ¦ ακουσοντε M ¦ 1071 26 εχι 𝔓66 ¦ εδωκε Y 118 13 157 700 ¦ εχιν ℵc ¦ εναυτω (εαυτω) E ¦ ουτος 69

B 25 υυ 𝔓66c 𝔐 K L M S Δ Λ Ψ Ω 2 33 28 565 1424 ¦ θυ B 𝔓66 𝔓75 ℵ A D 𝔐 L M U W Δ Θ Λ Ψ f1 118 f13 69 124 2 33 157
565 579 700 1071 1424 ¦ ανου K S Π 26 πηρ 𝔓66 A 𝔐 K L M S U W Δ Θ Λ Π Ψ Ω f1 118 f13 69 124 2 33 28 157 565 579 700
1071 1424 ¦ υω 𝔓66c A 𝔐 K L M U Δ Λ Π Ψ Ω 33 28 565 1071 1424

C 24 αρχη: αννασμοσμα D ¦ αρχη: τη ε̄ της β̄ εβδομαδος και εις νεκρους: ειπεν ο κς προς τους εληλυθοτας προς αυτον
ιουδαιους: (ante αμην1) E ¦ αρχη: τη ε̄ της β̄ εβδ ειπ, πρ τους ελ, αμην αμην λεγω ̄ οτι ο τον λογ G ¦ αρχη: τη ε̄ της β̄ εβδ ειπ,
πρ εληλυθ προς αυτ ιουδ. αμην αμην κ, εις κοιμ H ¦ αρχ: τη ε̄ της β̄ εβδ ειπεν ο κς προς τους εληλυθ αμην αμην λεγω υμιν οτι
ο τον λογον μου Y ¦ τη ε̄ τς β̄ εβδ ειπεν ο κς πρ τς εληλ πρ αυτ αμην αμην M ¦ τη ε̄ τς β̄ εβδ ειπ ο κς προς τ S ¦ αρχ. (ante οτι):
Y2 ¦ τη ε̄ τς β̄ εβδ ειπ ο κς προ. αμην αμην Ω ¦ αρχ ις τη ε̄ τς β̄ εβδ ειπ ο κς πρὸ τους ελ.η αμην αμην λεγω f1 ¦ αρχ ις τη ε̄ τς β̄
εβδομα,: και νεκρων : ειπεν ο κς προ της εληλυθοτ προς αυτον ιουδαιους 118 ¦ αρχ f13 ¦ αρχ: τη ε της β̄ εβδ εισκοιμηθ 124 ¦
αρχ τη παρ,α τς β̄ εβδ: εις ο κς πρ τους εληλυθ πρ αυτ ιουδ 2¦ αρχ τς ε̄ τς β̄ εβδ, ειπεν ο κς πρὸ τους εληλυθ·πρὸ αυτον ιουδαιους
οτι ο τον λογον 28 ¦ αρχ: τη ε̄ της β̄ εβδ 1071 ¦ τελος (post ζωην2) E H S Y Θ Λ f13 124 2 157 579 ¦ τελος της δ̄ (+ β̄ M Ω) G M
Ω f1 118 28 25 αρχ Λ 157

D 24 μα/ι ℵ A E L M S U Y Λ Π Ω 118 124 28 1071 1424 ¦ μᾱ D G H K f13 2 157 565 579 ¦ μβ/α Ψ ¦ Ευ Ιω μᾱ : Λο . : Μρ . : Μθ
. Ε ¦ Ιω μα : Λο . : Μρ . : Μθ . 124 25 μα/ι Θ

27 καὶ ἐξουσίαν ἔδωκεν αὐτῷ   κρίσιν ποιεῖν, ὅτι υἱὸς ἀνθρώπου ἐστίν. Β 𝔓⁶⁶·⁷⁵ ℵ° A L N W Ψ 33 **uw**
27 καὶ <u>κρίσιν</u>   ἔδωκεν αὐτῷ <u>ἐξουσίαν</u>   ποιεῖν, ὅτι υἱὸς ἀνθρώπου ἐστίν. ℵ*
27 καὶ ἐξουσίαν ἔδωκεν αὐτῷ <u>καὶ</u> κρίσιν ποιεῖν, ὅτι υἱὸς ἀνθρώπου.   69
27 καὶ ἐξουσίαν ἔδωκεν αὐτῷ   κρίσιν ποιεῖν, ὅτι υἱὸς <u>οὐ</u>   ἐστίν. 579
27 καὶ   κρίσιν ποιεῖν, ὅτι υἱὸς ἀνθρώπου ἐστίν. 1424 [↓28 157 565 700 1071 τ
27 καὶ ἐξουσίαν ἔδωκεν αὐτῷ <u>καὶ</u> κρίσιν ποιεῖν, ὅτι υἱὸς ἀνθρώπου ἐστίν. D 𝔐 K M U Δ Θ Λ Π f¹ f¹³ 2

[↓2° 33 157 565 579 700 1424 **uwτ**
28 μὴ θαυμάζετε   τοῦτο, ὅτι ἔρχεται ὥρα ἐν ᾗ πάντες οἱ ἐν τοῖς μνημείοις B A D 𝔐 L M N U Λ Π Ψ f¹ f¹³
28 μὴ θαυμάζ······   ······το, ὅτι ἔρχεται ὥρα ἐν ᾗ πάντες ···· ···· τοῖς μνημείοις 𝔓⁷⁵
28 μὴ <u>θαυμάζεται</u> τοῦτο, ὅτι ἔρχεται ὥρα ἐν ᾗ πάντες οἱ ἐν τοῖς μνημείοις 𝔓⁶⁶ ℵ Y K W Θ 2* 28
28 μὴ <u>θαυμάζεται</u> τοῦτο, ὅτι ἔρχεται   ἐν ᾗ πάντες οἱ ἐν τοῖς μνημείοις Δ
28 μὴ <u>θαυμάσητε</u> τοῦτο, ὅτι <u>ἔρχετε</u> ὥρα ἐν ᾗ πάντες οἱ ἐν τοῖς μνημείοις 1071

ἀκούσουσιν τῆς φωνῆς αὐτοῦ   29 καὶ ἐκπορεύσονται, οἱ τὰ ἀγαθὰ B 𝔓⁷⁵ 157 **uw**
<u>ἀκούσωσιν</u> τῆς φωνῆς αὐτοῦ   29 καὶ <u>ἐκπορεύσωνται</u>, οἱ τὰ ἀγαθὰ 𝔓⁶⁶*
<u>ἀκούσωσιν</u> τῆς φωνῆς αὐτοῦ   29 καὶ <u>ἐξελεύσονται</u>, οἱ τὰ ἀγαθὰ 𝔓⁶⁶° ℵ L Δ 1071
<u>ἀκούσονται</u> τῆς φωνῆς αὐτοῦ   29 καὶ <u>ἐξελεύσονται</u>, οἱ τὰ ἀγαθὰ D
<u>ἀκούσονται</u> τῆς φωνῆς αὐτοῦ   29 καὶ ἐκπορεύσονται, οἱ τὰ ἀγαθὰ H
<u>ἀκούσωσιν</u> τῆς φωνῆς <u>τοῦ υἱοῦ τοῦ θεοῦ</u> 29 καὶ ἐκπορεύσονται, οἱ τὰ ἀγαθὰ N 33
<u>ἀκούσωσιν</u> τῆς φωνῆς αὐτοῦ   29 καὶ <u>ἐξελεύσονται</u>, οἱ τὰ ἀγαθὰ W
<u>ἀκούσωσιν</u> τῆς φωνῆς αὐτοῦᵀ   29 καὶ ἐκπορεύσονται, οἱ τὰ ἀγαθὰ 579
<u>ἀκούσονται</u> τῆς φωνῆς αὐτοῦ   29 καὶ ἐκπορεύσονται, οἱ τὰ ἀγαθὰ A 𝔐 K M U Θ Λ Π Ψ f¹
    f¹³ 2 28 565 700 1424 τ

ᵀκαὶ οἱ ἀκούσαντες ζήσουσιν   579

ποιήσαντες εἰς ἀνάστασιν   ζωῆς, οἱ   τὰ φαῦλα πράξαντες εἰς ἀνάστασιν κρίσεως. B 𝔓⁶⁶° [**w**]
ποιήσαντες εἰς ἀνάστασιν   ζωῆς, <u>καὶ</u> οἱ τὰ φαῦλα πράξαντες εἰς ἀνάστασιν κρίσεως. 𝔓⁶⁶* W
ποιήσαντες εἰς ἀνάστασιν <u>κ</u> ζωῆς, οἱ <u>δὲ</u> τὰ φαῦλα πράξαντες εἰς ἀνάστασιν κρίσεως. E*
ποιήσαντες εἰς ἀνάστασιν   ζωῆς, οἱ <u>δὲ</u> φαῦλα <u>πράσσοντες</u> εἰς ἀνάστασιν κρίσεως. D
ποιήσαντες εἰς ἀνάστασιν <u>κρίσεως σ</u> ζωῆς, οἱ <u>δὲ</u> τὰ φαῦλα πράξαντες εἰς ἀνάστασιν κρίσεως. Δ*
ποιήσαντες εἰς ἀνάστασιν   ζωῆς, οἱ <u>δὲ</u> τὰ φαῦλα πράξαντες εἰς ἀνάστασιν κρίσεως. 𝔓⁷⁵ ℵ A 𝔐 K
L M N U Δ° Θ Λ Π Ψ f¹ f¹³ 2 33 28 157 565 579 700 1071 1424 **u[w]τ**

The Witness To The Authority Of Jesus

30 Οὐ δύναμαι ἐγὼ ποιεῖν ἀπ' ἐμαυτοῦ   οὐδέν· καθὼς ἀκούω κρείνω, καὶ ἡ B
30 Οὐ <u>δύνομαι</u> ἐγὼ ποιεῖν ἀπ' ἐμαυτοῦ   <u>οὐδὲ ἕν</u>· καθὼς ἀκούω <u>κρίνω</u>, καὶ ἡ 𝔓⁶⁶
30 Οὐ δύναμαι <u>ποιεῖν ἐγὼ</u> ἀπ' ἐμαυτοῦ   οὐδέν· καθὼς ἀκούω <u>κρίνω</u>,   ἡ ℵ*
30 Οὐ δύναμαι <u>ποιεῖν ἐγὼ</u> ἀπ' ἐμαυτοῦ   οὐδέν· καθὼς ἀκούω <u>κρίνω</u>, καὶ ἡ ℵ° 33
30 Οὐ δύναμαι ἐγὼ <u>ἀπ' ἐμαυτοῦ ποιεῖν</u>   οὐδέν· καθὼς ἀκούω <u>κρίνω</u>, καὶ ἡ D N f¹³
30 Οὐ δύναμαι ἐγὼ ποιεῖν ἀπ' ἐμαυτοῦ   <u>οὐδὲ ἕν</u>· καθὼς ἀκούω <u>κρίνω</u>, καὶ ἡ G
30 Οὐ δύναμαι ἐγὼ ποιεῖν ἀπ' ἐμαυτοῦ <u>ποίην</u> οὐδέν· καθὼς ἀκούω <u>κρίνω</u>, καὶ ἡ 579
30 Οὐ δύναμαι ἐγὼ ποιεῖν ἀπ' ἐμαυτοῦ   οὐδέν· <u>ἀλλὰ</u> καθὼς ἀκούω <u>κρίνω</u>, καὶ ἡ 1071
30 Οὐ δύναμαι ἐγὼ ποιεῖν <u>ἀφ' ἑαυτοῦ</u>   οὐδέν· καθὼς ἀκούω <u>κρίνω</u>, καὶ ἡ 1424
30 Οὐ δύναμαι ἐγὼ ποιεῖν ἀπ' ἐμαυτοῦ   οὐδέν· καθὼς ἀκούω <u>κρίνω</u>, καὶ ἡ 𝔓⁷⁵ A 𝔐 K L
M U W Δ Θ Λ Π Ψ f¹ 69 124 2 28 157 565 700 **uwτ**

lac. 5.27-30 𝔓⁴⁵ C F P Γ 788 1346

A 27 ποιην L ¦ εστι S Y U f¹ 118 124 157 70028 θαυμαζε Ν* ¦ θαυμαζεται 579 ¦ τουτα 579 ¦ μνημειοις ℵ W 579 1071 ¦ μνιμειοις U ¦ ακουσοντε Κ* ¦ ακουσουσονται Θ ¦ ακουουσι 157 30 δυναμε L 579 ¦ ποιην¹ 579 ¦ αθως M ¦ ακουο K

B 27 υ̅ς̅ 𝔓⁶⁶ ℵ A G H Y K L M N S U Δ Λ Π Ψ Ω f¹ 2 33 28 565 579 1071 1424 ¦ α̅ν̅ο̅υ̅ 𝔓⁷⁵ A 𝔐 K L M N S U W Δ Θ Λ Π Ψ Ω f¹ 118 f¹³ 69 124 2 28 157 565 700 1071 1424 28 υ̅υ̅, θ̅υ̅ N 33

C 29 αρχ τη παρα̅ της β̅ εβδομαδ 157 ¦ τε̂ Ω 30 αρχ S² ¦ αρχη: τη παρατησαι της β̅ εβδομαδος ειπεν ο κ̅ς̅ προς τους εληλυθοτας προς αυτον ιουδαιους· (ante καθως) E ¦ αρχη: τη παρασκ, της β̅ εβδ ειπ, προς της πεπιστ πρ αυτ ιουδ καθως ακ, G ¦ αρχη: τη παρασκ,ς της β̅ εβδ ειπ, πρ τους εληλυθ ου δυναμαι εγω H ¦ αρχ (ante καθως): τη παρ,α της β̅ εβδ ειπεν ο κ̅ς̅ προς τους εληλυθ καθως ακουω κρι Y ¦ αρχ: ειπεν ο κ̅ς̅ Θ ¦ τη ς̅ ειπ ο κ̅ς̅ ου δυναμαι Ω ¦ (ante καθως) αρχ ι̅ζ̅ ···λ̅η̅δ̅ ς̅ τς̅ ζ̅ εβδ ειπ ο κ̅ς̅ προ τους εληλυθ προ αυτ̂ f¹ ¦ αρχ τη παρα̅ της β̅ εβδομ,α̅ ειπεν ο κ̅ς̅ καθως 118 ¦ αρχ τη ς̅ εβδ f¹³ ¦ αρχ ειπεν ο κ̅ς̅ προ τους εληλυθ προς αυτ ιουδ καθως ακουω κρινω: ε υπ εις κ,ε νς 28

D 30 μ̅β̅/α̅ A G ¦ μ̅β̅/α̅ (ante και η) U ¦ μ̅β̅ 2 1071

κρίσις ἡ ἐμὴ δικαία ἐστίν, ὅτι οὐ ζητῶ τὸ θέλημα τὸ ἐμὸν ἀλλὰ τὸ θέλημα τοῦ πέμψαντός

με. **31** ἐὰν   ἐγὼ μαρτυρῶ περὶ ἐμαυτοῦ, ἡ μαρτυρία μου οὐκ ἔστιν   B 𝔓66.75 **uwτ** rell
με πατρός. **31** ἐὰν γὰρ ἐγὼ μαρτυρῶ περὶ ἐμαυτοῦ, ἡ μαρτυρία μου οὐκ ἔστιν   1582ᶜ 28   [↓1071 1424 τ
με πατρός. **31** ἐὰν   ἐγὼ μαρτυρῶ περὶ ἐμαυτοῦ, ἡ μαρτυρία μου οὐκ ἔστιν   𝔐 M U Θ 118ᶜ f¹³ 1ᶜ 2 700

ἀληθής· **32** ἄλλος ἐστὶν ὁ μαρτυρῶν περὶ ἐμοῦ, καὶ οἶδα   ὅτι ἀληθής ἐστιν ἡ   B 𝔓66.75 **uwτ** rell
ἀληθής· **32** ἄλλος ἐστὶν ὁ μαρτυρῶν περὶ ἐμοῦ, καὶ οἴδαται ὅτι ἀληθής ἐστιν ἡ   ℵ*
ἀληθής· **32** ἄλλος ἐστὶν ὁ μαρτυρῶν περὶ ἐμοῦ, καὶ οἴδατε ὅτι ἀληθής ἐστιν ἡ   D 124
ἀληθής· **32** ἄλλος ἐστὶν ὁ μαρτυρῶν περὶ ἐμοῦ, καὶ οἶδα   ὅτι ἀληθινή ἐστιν ἡ   L 33
ἀληθής· **32** ἄλλος ἐστὶν ὁ μαρτυρῶν περὶ ἐμοῦ,   157
ἀληθής· **32** ἄλλος ἐστὶν ὁ μαρτυρῶν περὶ ἐμοῦ, καὶ οἴδαμεν ὅτι ἀληθής ἐστιν ἡ   1424

μαρτυρία   ἣν μαρτυρεῖ   περὶ ἐμοῦ. **33** ὑμεῖς ἀπεστάλκατε πρὸς Ἰωάνην,   B **w**
μαρτυρία   ἣν μαρτυρε··   ······· **33** ὑμεῖ· ἀπ······················   𝔓75
μαρτυρία μου ἣν μαρτυρεῖ   περὶ ἐμοῦ. **33** ὑμεῖς ἀπεστάλκατε πρὸς Ἰωάννην,   D*
μαρτυρία αὐτοῦ ἣν μαρτυρεῖ   περὶ ἐμοῦ. **33** ὑμεῖς ἀπεστάλκατε πρὸς Ἰωάννην,   Dᶜ Θ 1071 1424
μαρτυρία   ἣν μαρτυρεῖ   περὶ ἐμοῦ. **33** ὑμεῖς ἀπεστάλκατε πρὸς Ἰωάννν,   L
μαρτυρία   ἣν μαρτυρεῖ   περὶ ἐμοῦ. **33** ὑμεῖς ἀπεστάλκατε πρὸς ιω,   Λ
μαρτυρία   ἣν μεμαρτύρηκε περὶ ἐμοῦ. **33** ὑμεῖς ἀπεστάλκατε πρὸς Ἰωάννην,   f¹³
μαρτυρία   ἣν μαρτυρεῖ   περὶ ἐμοῦ. **33**   ἀπεστάλκατε πρὸς Ἰωάννην,   2
                                    33 ὑμεῖς ἀπεστάλκατε πρὸς Ἰωάννην,   157
μαρτυρία   ἣν μαρτυρεῖ   περὶ ἐμοῦ. **33** ὑμεῖς ἀπεστάλκατε πρὸς Ἰωάννην,   𝔓66 124 **uτ** rell

καὶ μεμαρτύρηκε   τῇ ἀληθείᾳ· **34** ἐγὼ δὲ οὐ παρὰ ἀνθρώπου τὴν μαρτυρίαν λαμβάνω,   B ℵ 118 f¹³ 28 157
καὶ μ······················ **34** ······ δὲ οὐ πα·····················   τη···· ρ·······   𝔓75 [579 700 **wτ**
καὶ μεμαρτύρηκεν τῇ ἀληθείᾳ· **34** ἐγὼ δὲ οὐ παρὰ ἀνθρώπων τὴν μαρτυρίαν λαμβάνω,   D Λ
καὶ μεμαρτύρηκε   τῇ ἀληθείᾳ· **34** ἐγὼ δὲ οὐ παρ' ἀνθρώπου τὴν μαρτυρίαν λαμβάνω,   Y
καὶ μεμαρτύρηκεν τῇ ἀληθείᾳ· **34** ἐγὼ   οὐ παρὰ ἀνθρώπου τὴν μαρτυρίαν λαμβάνω,   S
καὶ μεμαρτύρηκεν τῇ ἀληθείᾳ· **34** ἐγὼ δὲ οὐ παρὰ ἀνθρώπου τὴν μαρτυρίαν λαμβάνω,   𝔓66 A 𝔐 K L M N
                                                           U W Δ Θ Π Ψ f¹ 2 33 565 1071 1424 **u**

ἀλλὰ ταῦτα λέγω ἵνα ὑμεῖς σωθῆτε. **35** ἐκεῖνος ἦν ὁ λύχνος ὁ καιόμενος καὶ   B 𝔓66 **uwτ** rell
α······················ ῳ ἵνα ὑμεῖς σωθῆτε. **35** ·····················ύχνος ὁ καιόμεγος κα·   𝔓75
ἀλλὰ ταῦτα λέγω ἵνα ὑμεῖς σωθῆτε. **35** ἐκεῖνος ἦν ὁ λύχλον ὁ καιόμενος καὶ   D*
ἀλλὰ ταῦτα λέγω ἵνα ὑμεῖς σωθῆτε. **35** ἐκεῖνος ἦν ὁ λύχλος ὁ καιόμενος καὶ   Dᶜ
ἀλλὰ ταῦτα λαλῶ ἵνα ὑμεῖς σωθῆτε. **35** ἐκεῖνος ἦν ὁ λύχνος ὁ καιόμενος καὶ   L
ἀλλὰ ταῦτα λέγω ὑμῖν ἵνα σωθῆται. **35** ἐκεῖνος ἦν ὁ λύχνος ὁ καιόμενος καὶ   579

φαίνων, ὑμεῖς δὲ ἠθελήσατε ἀγαλλιαθῆναι   πρὸς ὥραν ἐν τῷ φωτὶ αὐτοῦ.   B* 𝔓66 **uw** rell
φαίνων, ὑμεῖς δὲ ἠθελήσατε ἀγαλλιασθῆναι   πρὸς ὥραν ἐν τῷ φωτὶ αὐτοῦ.   Bᶜ E L 1 69 τ
·····························λήσα··· ἀγαλλι················   τ······ τὶ α·······   𝔓75
φαίνων, ὑμεῖς   ἠθελήσατε ἀγαλλιαθῆναι   πρὸς ὥραν ἐν τῷ φωτὶ αὐτοῦ.   ℵ*
φαίνων, ὑμεῖς δὲ ἠθελήσατε πρὸς ὥραν ἀγαλλιαθῆναι   ἐν τῷ φωτὶ αὐτοῦ.   A W 1424
φαίνων, ὑμεῖς δὲ ἠθελήσατε ἀγαλλιαθῆναι   πρὸς ὥραν   τῷ φωτὶ αὐτοῦ.   Θ

lac. 5.30-35 𝔓45 C F P Γ 788 1346

A 30 κρισης E L ¦ κρισεις Θ ¦ εστι 69 ¦ εμοι (εμη) 13 ¦ μαι (με) 579 31 εεαν Δ* ¦ αληθεις E* 32 ουι (οτι) 579 ¦ αληθεινη 33 ¦ αληθεις 1071 ¦ μαρτυρι 𝔓66 ℵ L W 579 ¦ μεμαρτυρικε 13 33 υμις 𝔓66* ¦ απεσταλκαται 𝔓66 N ¦ μεμαρτυρικεν K Θ 2 579 1071 ¦ αληθια 𝔓66 ℵ ¦ αληθεα K ¦ αλιθεα 579 34 μαρτυρειαν D ¦ μαρτυρηαν Θ ¦ εινα 2* ¦ σωθηται K L W 28 ¦ σωθειτε 1424 35 φαινον K* M 579 ¦ φενων 2* ¦ υμις ℵ ¦ ηθελησαται 𝔓66 ℵ L N ¦ αγαλλησαθηναι L ¦ αγαλλαθηναι K ¦ αγαληαθηναι Θ

B 30 πρς 𝔐 M S U Θ Ω 118ᶜ f¹³ 69 124 2 28 579 700 1071 1424 34 ανου 𝔓66 A 𝔐 K L M N S U W Δ Θ Π Ψ Ω f¹ 118 f¹³ 69 124 33 28 157 565 579 700 1071 1424 ¦ ανων Λ

C 30 ανναγνοσμα (ante οτι ου) D ¦ (ante οτι) τη ϛ τς β εβδ ειπ ο κς προς τ ελ S ¦ αρχ τη ϛ τς β εβδ 1071 ¦ τελος (post πεμψ. με) D [ημερα ε΄ της β΄ εβδομαδος: 5.24-30] 157 579 ¦ (post πρς) E H Y Θ f¹³ 124 2 ¦ τελος της ε (+ β M) G M 31 αρχ ιζ Σα κ,ε ιθ κ,υ Μρ κ,ε ξθ 118 ¦ αρχ τη ϛ της β εβδ 124 ¦ αρχ 157 ¦ αρχη ειπεν ο κς πρ 1424

D 30 (ante οτι ου) μβ/α ℵ E Y L M N S Θ Λ Π Ω 118 124 28 1424 ¦ μβ D H K 157 565 579 (ante καθως 2) ¦ Ευ Ιω μβ : Λο . : Μρ . : Μθ . E ¦ Ιω μβ : Λο σπβ : Μρ ρος : Μθ σϙε 124 31 μγ/ι ℵ A E G S U Y Θ Λ Π Ψ Ω 118 124 1071 1424 ¦ μγ D H K 157 565 579 ¦ μγ/ε M ¦ μδ 2 ¦ Ευ Ιω μγ : Λο ριθ : Μρ . : Μθ ρια E ¦ Ιω μγ : Λο . : Μρ . : Μθ . 124 35 μδ/δ E ¦ Ευ Ιω μδ : Λο . : Μρ . : Μθ . E

36 ἐγὼ δὲ ἔχω τὴν μαρτυρίαν μείζων τοῦ Ἰωάνου· τὰ γὰρ ἔργα ἃ δέδωκέν μοι ὁ B
36 ἐγὼ δὲ ἔχω τὴν μαρτυρίαν μείζων τοῦ Ἰωάννου· τὰ γὰρ ἔργα δέδωκέν μοι ὁ 𝔓66*
36 ἐγὼ δὲ ἔχω τὴν μαρτυρίαν μείζων τοῦ Ἰωάννου· τὰ γὰρ ἔργα ἃ δέδωκέν μοι ὁ 𝔓66c Ν W Ψ f13 33
36 ········· με ····· ωάν··· ···· ρ·········· 𝔓75 [↑157 1071
36 ἐγὼ δὲ ἔχω μαρτυρίαν μείζω τοῦ Ἰωάννου· τὰ γὰρ ἔργα ἃ δέδωκέν μοι ὁ א
36 ἐγὼ δὲ ἔχω τὴν μαρτυρίαν μείζων τοῦ Ἰωάνου· τὰ γὰρ ἔργα ἃ ἔδωκέν μοι ὁ A E G M Λ 579
36 ἐγὼ δὲ ἔχω τὴν μαρτυρίαν μείζονα τοῦ Ἰωάνου· τὰ γὰρ ἔργα ἃ ἔδωκέν μοι ὁ D
36 ἐγὼ δὲ ἔχω τὴν μαρτυρίαν μεῖζον τοῦ Ἰωάννου· τὰ γὰρ ἔργα ἃ δέδωκέν μοι ὁ Y L Ω f1 124 565 u
36 ἐγὼ δὲ ἔχω τὴν μαρτυρίαν μεῖζον τοῦ Ἰωάννου· τὰ γὰρ ἔργα ἃ δέδωκέν μοι ὁ 69
36 ἐγὼ δὲ τὴν μαρτυρίαν ἔχω μείζονα τοῦ Ἰωάνου· τὰ γὰρ ἔργα ἃ δέδωκέν μοι ὁ 1424
36 ἐγὼ δὲ ἔχω τὴν μαρτυρίαν μείζω τοῦ Ἰωάνου· τὰ γὰρ ἔργα ἃ δέδωκέν μοι ὁ w [↓700 τ
36 ἐγὼ δὲ ἔχω τὴν μαρτυρίαν μείζω τοῦ Ἰωάννου· τὰ γὰρ ἔργα ἃ ἔδωκέν μοι ὁ H K S U Δ Θ Π 2 28

πατὴρ ἵνα τελειώσω αὐτά, αὐτὰ τὰ ἔργα ἃ ποιῶ μαρτυρεῖ περὶ ἐμοῦ B 𝔓66c א A D L N f1 565
πατὴρ ἵνα τελειώσω αὐτά, ταῦτα τὰ ἔργα ἃ ποιῶ μαρτυρεῖ περὶ ἐμοῦ 𝔓66* [↑579 1071 uw
········· ε····· τὰ ἔργ· ·· ··οιῶ μ········ 𝔓75
πατὴρ ἵνα τελειώσω αὐτά, αὐτὰ τὰ ἔργα ἃ ποιῶ μαρτυροῦσιν περὶ ἐμοῦ W
πατὴρ ἵνα τελειώσω αὐτά, τὰ ἔργα ἃ ἐγὼ ποιῶ μαρτυρεῖ περὶ ἐμοῦ G
πατὴρ ἵνα τελειώσω αὐτά, αὐτὰ τὰ ἔργα ἃ ἐγὼ ποιῶ μαρτυρεῖ περὶ ἐμοῦ E*
πατὴρ ἵνα τελειώσω αὐτά, αὐτὰ τὰ ἔργα ἃ ἐγὼ μαρτυρεῖ περὶ ἐμοῦ Δ
πατὴρ ἵνα τελειώσω αὐτά, αὐτὰ τὰ ἔργα ἃ ἐγὼ ποιῶ μαρτυρεῖ περὶ ἐμοῦ καὶ 69
πατὴρ ἵνα τελέσω αὐτά, αὐτὰ τὰ ἔργα ἃ ἐγὼ ποιῶ μαρτυρεῖ περὶ ἐμοῦ 124
πατὴρ ἵνα τελειώσω αὐτά, τὰ ἔργα ἃ ποιῶ μαρτυρεῖ περὶ ἐμοῦ 33
πατὴρ ἵνα τελειώσω αὐτά, αὐτὰ τὰ ἔργα ἃ ἐγὼ ποιῶ μαρτυρεῖ περὶ ἐμοῦ 𝔐 K M U Θ Λ Π
Ψ 1582c 118 f13 2 28 157 700 1424 τ

ὅτι ὁ πατήρ με ἀπέσταλκεν· 37 καὶ ὁ πέμψας με πατὴρ ἐκεῖνος μεμαρτύρηκεν B אc L W uw
ὅτι πατήρ με ἀπέσταλκεν· 37 καὶ ὁ πέμψας με πατὴρ αὐτὸς μεμαρτύρηκεν 𝔓66
··τι ὁ πατήρ με ἀπ··αλ· 37 ···· ·· ·μψας με πατὴρ ἐκεῖ··ος μ········κεν 𝔓75
ὅτι ὁ πατήρ ἐμὲ ἀπέσταλκεν· 37 καὶ ὁ πέμψας με πατὴρ ἐκεῖνος μεμαρτύρηκεν א*
ὅτι ὁ πατήρ με ἀπέστειλεν· 37 καὶ ὁ πέμψας με πατὴρ ἐκεῖνος αὐτὸς μαρτυρῖ D
ὅτι ὁ πατήρ με ἀπέσταλκεν· 37 καὶ ὁ πέμψας με ὁ πατὴρ αὐτὸς μεμαρτύρηκεν Δ
ὅτι ὁ πατήρ με ἀπέσταλκεν· 37 καὶ ὁ πέμψας με αὐτὸς μεμαρτύρηκεν f13
ὅτι ὁ πατήρ με ἀπέστειλεν· 37 καὶ ὁ πέμψας με πατὴρ αὐτὸς μεμαρτύρηκεν 28 565
ὅτι ὁ πατήρ με ἀπέσταλκεν· 37 καὶ ὁ πέμψας με πατὴρ αὐτὸς μεμαρτύρηκεν A 𝔐 K M N U
Θ Λ Π Ψ f1 69 124 2 33 157 579 1071 1424 τ

περὶ ἐμοῦ. οὔτε φωνὴν αὐτοῦ πώποτε ἀκηκόατε οὔτε εἶδος αὐτοῦ ἑωράκατε, B א A D Y f13 579 uw
περὶ ἐμοῦ. οὔτε φωνὴν αὐτοῦ ποτὲ ἀκηκόατε οὔτε εἶδος αὐτοῦ ἑωράκαται, 𝔓66*
περὶ ἐμοῦ. οὔτε φωνὴν αὐτοῦ πώποτε ἀκηκόατε οὔτε εἶδος αὐτοῦ ἑωράκαται, 𝔓66c 1071
περὶ ··μοῦ. οὔτε ······· ὴν αὐτοῦ πώπο··· ········· οὔ· ε εἶδ··ς αὐ··οῦ ἑοράκατε, 𝔓75
περὶ ἐμοῦ. οὔτε φωνὴν αὐτοῦ ἀκηκόατε πώποτε οὔτε εἶδος αὐτοῦ ἑοράκατε, 𝔐 M Δ Θ 28 565
περὶ ἐμοῦ. οὔτε φωνὴν αὐτοῦ πώποτε ἀκηκόατε οὔτε εἶδος αὐτοῦ ἑοράκατε, K L N Π 33
περὶ ἐμοῦ. οὔτε φωνὴν αὐτοῦ ἀκηκόατε πώποτε οὔτε εἶδος αὐτοῦ ἑωράκατε, S U Λ Ψ Ω f1 2 157 700 τ
περὶ ἐμοῦ. οὔτε φωνὴν αὐτοῦ πώποτε ἀκηκόατε οὔτε εἶδος ἑωράκατε, W
περὶ ἐμοῦ. οὔτε φωνὴν αὐτοῦ ἠκούσατε ποτὲ οὔτε εἶδος αὐτοῦ ἑωράκατε, 1424

[↓33 565 579 1071 uw
38 καὶ τὸν λόγον αὐτοῦ οὐκ ἔχετε ἐν ὑμῖν μένοντα, ὅτι ὃν ἀπέστειλεν ἐκεῖνος, B 𝔓66 א L N W Ψ f1 124
38 ······ γ λό··· γ αὐτοῦ οὐκ ἔχετε ἐν ······· μέγ·ντα, ὅτι ὃν ἀπέστειλεν ·······ος, 𝔓75
38 καὶ τὸν λόγον αὐτοῦ οὐκ ἔχετε μένοντα ἐν ὑμῖν, ὅτι ὃν ἀπέσταλκεν ἐκεῖνος, D Θ
38 ······ ·····τοῦ οὐκ ἔχετε μένοντα ἐν ὑμῖν, ὅτι ὃν ἀπέστειλεν ἐκεῖνος, F
38 καὶ τὸν λόγον αὐτοῦ οὐκ ἔχετε ἐν ὑμῖν ὄντα, ὅτι ὃν ἀπέστειλεν ἐκεῖνος, f13 [↓28 157 700 1424 τ
38 καὶ τὸν λόγον αὐτοῦ οὐκ ἔχετε μένοντα ἐν ὑμῖν, ὅτι ὃν ἀπέστειλεν ἐκεῖνος, A 𝔐 K M U Δ Λ Π 69 2

lac. 5.36-38 𝔓45 C F P Γ 788 1346

A 36 μιζων N 579 ¦ μηζω Θ ¦ εργαι H* ¦ δεδωκε Y 118 13 69 157 ¦ εδωκε 28 700 ¦ τελιωσω 𝔓66 א D M N W Θ 1071 ¦ τελεσω 13 ¦ τελεσω 69 ¦ τελησω 1424 ¦ εγα² H* ¦ μαρτυρι 𝔓66 א D K 579 ¦ απεστιλεν D ¦ απεσταλκε Y 118 69 157 700 37 μεμαρτυρικεν E K Θ Ω 579 1071 ¦ μεμαρτυρηκε Y 118 28 69 157 700c ¦ μεμαρτυρικε 13 700* ¦ μεμαρτυρικεν 2 ¦ ποποτε K* U Θ* ¦ ακηκοαται A 579 ¦ ιδος A 118 38 εχεται 𝔓66 A W 13 2* 33 579 ¦ υμειν D ¦ απεστιλεν 𝔓66 א N W ¦ απεστελεν K ¦ απεστηλεν 579 ¦ εκινος א

B 36 π̄η̄ρ1.2 𝔓66 A 𝔐 K L M N S U W Δ Θ Λ Π Ψ Ω f1 118 f13 69 124 2 33 28 157 565 579 700 1071 1424 37 π̄η̄ρ 𝔓66 A 𝔐 K L M N S U W Δ Θ Λ Π Ψ Ω f1 118 69 124 2 33 28 157 565 579 700 1071 1424

D 37 (ante ουτε φωνην) μ̄δ̄/γ̄ א A L M N S Θ Λ Π Ω 118 124 28 1424 ¦ μ̄δ̄ D H K f1 f13 2 157 565 579 ¦ μ̄ε̄/ῑ E ¦ μ̄δ̄/ῑ G Y U Ψ ¦ Ευ Ιω μ̄ε̄ : Λο . : Μρ . : Μθ . E ¦ Ιω μ̄δ̄ : Λο ρ̄ῑθ̄ : Μρ . : Μθ ρ̄ῑβ̄ 124 ¦ (ante ουτε ειδος) μ̄ε̄/ῑ A L N ¦ μ̄δ̄/γ̄ 38 μ̄ε̄/ῑ א G S U Y Λ Π Ψ Ω 28 1424 ¦ μ̄ε̄ D H K f1 157 38 μ̄ε̄/ῑ 118 124 ¦ μ̄ε̄ 2 579 1071 ¦ Ιω μ̄ε̄ : Λο . : Μρ . : Μθ . 124 ¦ (ante ουκ εχετε) μ̄ε̄/ῑ M ¦ μ̄ε̄/ῑ (ante οτι ον) Θ

τούτῳ ὑμεῖς οὐ πιστεύετε. **39** ἐραυνᾶτε τὰς γραφάς, ὅτι ὑμεῖς δοκεῖτε B* 𝔓⁶⁶ ℵ N **uw**
τ···τῳ ὑμεῖς οὐ πιστεύετε. **39** ········· ᾶτε τὰς γραφάς, ὅτι ὑμεῖ· δοκεῖ··· 𝔓⁷⁵
τοῦτον ὑμεῖς οὐ πιστεύετε. **39** ἐρευνᾶτε τὰς γραφάς, ὅτι ὑμεῖς δοκεῖτε 69
τούτῳ ὑμεῖς οὐ πιστεύετε. **39** ἐρευνᾶτε τὰς γραφάς, ὅτι ὑμεῖς δοκεῖτε Bᶜ A D 𝔐 K L M U W Δ Θ Λ Π Ψ
f¹ f¹³ 2 33 28 157 565 579 700 1071 1424 τ

ἐν αὐταῖς ζωὴν αἰώνιον ἔχειν· καὶ ἐκεῖναί εἰσιν αἱ μαρτυροῦσαι περὶ ἐμοῦ· B 𝔓⁶⁶·⁷⁵ **uwτ** rell
ἔχειν ἐν αὐταῖς ζωὴν αἰώνιον· καὶ ἐκεῖναί εἰσιν ἁμαρτανοῦσαι περὶ ἐμοῦ· D*
ἔχειν ἐν αὐταῖς ζωὴν αἰώνιον· καὶ ἐκεῖναί εἰσιν αἱ μαρτυροῦσαι περὶ ἐμοῦ· Dᶜ
ἐν αὐταῖς ζωὴν αἰώνιον ἔχειν· καὶ αὐταί εἰσιν αἱ μαρτυροῦσαι περὶ ἐμοῦ· W
ἐν αὐτοῖς ζωὴν αἰώνιον ἔχειν· καὶ ἐκεῖναί εἰσιν αἱ μαρτυροῦσαι περὶ ἐμοῦ· 1071

40 καὶ οὐ θέλετε ἐλθεῖν πρός με ἵνα ζωὴν ἔχητε. **41** Δόξαν παρὰ B 𝔓⁶⁶·⁷⁵ **uwτ** rell
40 καὶ οὐ θέλετε ἐλθεῖν πρός με ἵνα ζωὴν αἰώνιον ἔχητε. **41** Δόξαν παρὰ D Θ 69
40 καὶ οὐ θέλετε ἐλθεῖν πρός με ἵνα καὶ ζωὴν ἔχητε. **41** Δόξαν παρὰ U

ἀνθρώπων οὐ λαμβάνω, **42** ἀλλὰ ἔγνωκα ὑμᾶς ὅτι τὴν ἀγάπην τοῦ θεοῦ οὐκ ἔχετε B 𝔓⁷⁵ L W 1071 **uw**
ἀνθρώπων οὐ λαμβάνω, **42** ἀλλ᾽ ἔγνωκα ὑμᾶς ὅτι οὐκ ἔχετε τὴν ἀγάπην τοῦ θεοῦ οὐκ ἔχετε ℵ*
ἀνθρώπου οὐ λαμβάνω, **42** ἀλλ᾽ ἔγνωκα ὑμᾶς ὅτι τὴν ἀγάπην τοῦ θεοῦ οὔχεται A
ἀνθρώπων οὐ λαμβάνω, **42** ἀλλὰ ἔγνωκα ὑμᾶς ὅτι οὐκ ἔχετε τὴν ἀγάπην τοῦ θεοῦ D
ἀνθρώπου οὐ λαμβάνω, **42** ἀλλ᾽ ἔγνωκα ὑμᾶς ὅτι τὴν ἀγάπην τοῦ θεοῦ οὐκ ἔχετε K Π 565 1424
················· ········· **42** ················· τοῦ θεοῦ οὐκ ἔχετε 788
ἀνθρώπων οὐ λαμβάνω, **42** ἀλλ᾽ ἔγνωκα ὑμᾶς ὅτι τὴν ἀγάπην τοῦ θεοῦ οὐκ ἔχετε 𝔓⁶⁶ ℵᶜ 𝔐 M N U
Δ Θ Λ Ψ f¹ f¹³ 2 28 157 700 τ

ἐν ἑαυτοῖς. **43** ἐγὼ ἐλήλυθα ἐν τῷ ὀνόματι τοῦ πατρός μου, καὶ B 𝔓⁶⁶ᶜ·⁷⁵ **uwτ** rell
ἐν ἑαυτοῖς. **43** ἐγὼ δὲ ἐλήλυθα ἐν τῷ ὀνόματι τοῦ πατρός μου, καὶ 𝔓⁶⁶*
ὃν ἑαυτοῖς. **43** ἐγὼ ἐλήλυθα ἐν τῷ ὀνόματι τοῦ πατρός μου, καὶ ℵ*
ἐν αὐτοῖς. **43** ἐγὼ ἐλήλυθα ἐν τῷ ὀνόματι τοῦ πατρός μου, καὶ L Δ
ἐν ἑαυτοῖς μένουσαν. **43** ἐγὼ ἐλήλυθα ἐν τῷ ὀνόματι τοῦ πατρός μου, καὶ 157

οὐ λαμβάνετέ με· ἐὰν ἄλλος ἔλθη ἐν τῷ ὀνόματι τῷ ἰδίῳ, ἐκεῖνον λήμψεσθε. B 𝔓⁶⁶ 𝔓⁷⁵ N **uw**
οὐ λαμβάνετέ με· ἐὰν ἄλλος ἔλθη τῷ ὀνόματι τῷ ἰδίῳ, ἐκεῖνον λήμψεσθαι. ℵ
οὐ λαμβάνετέ με· ἐὰν ἄλλος ἔλθη ἐν τῷ ὀνόματι τῷ ἰδίῳ, ἐκεῖνον λήμψεσθαι. A D L W 33
οὐ λαμβάνετέ με· ἐὰν ἄλλος ἔλθη ἐν τῷ ὀνόματι τῷ ἰδίῳ, ἐκεῖνον λήμψεσθαι. Δ Θ 2* 28 579 1071
οὐ λαμβάνετέ με· ἐὰν ἄλλος ἔλθη ἐν τῷ ὀνόματι τῷ ᵀἰδίῳ, ἐκεῖνον λήψεσθε. 𝔐 K M U Λ Π Ψ f¹ f¹³ 2ᶜ
157 565 700 1424 τ [ᵀerasure 5 to 6 letters 13]

44 πῶς δύνασθε ὑμεῖς πιστεῦσαι δόξαν παρ᾽ ἀλλήλων λαμβάνοντες, καὶ τὴν B D Y K S Θ 69 **w**
44 πῶς δύνασθε ὑμεῖς πιστεύειν δόξαν παρὰ ἀλλήλων λαμβάνοντες, καὶ τὴν A 33
44 πῶς δύνασθε πιστεύειν δόξαν παρὰ ἀλλήλων λαμβάνοντες, καὶ τὴν L
44 πῶς δύνασθε ὑμεῖς πιστεύειν δόξαν παρ᾽ ἀλλήλων λαμβάνοντες, καὶ τὴν N f¹ 565
44 πῶς δύνασθε ὑμεῖς πιστεῦσαι δόξαν περὶ ἀλλήλων λαμβάνοντες, καὶ τὴν 157
44 πῶς δύνασθε ὑμεῖς πιστέβειν δόξαν παρ᾽ ἀλλήλων λαμβάνοντες, καὶ τὴν 579
44 πῶς δύνασθε ὑμεῖς πιστεῦσαι δόξαν παρὰ ἀνθρώπων λαμβάνοντες, καὶ τὴν Δ 1424
44 πῶς δύνασθε ὑμεῖς πιστεύειν δόξαν παρὰ ἀνθρώπων λαμβάνοντες, καὶ τὴν 1071
44 πῶς δύνασθε ὑμεῖς πιστεῦσαι δόξαν παρὰ ἀλλήλων λαμβάνοντες, καὶ τὴν 𝔓⁶⁶ 𝔓⁷⁵ ℵ 𝔐 M U W L
P Y W f¹³ 2 28 700 **uτ**

lac. 5.38-44 𝔓⁴⁵ C P Γ 1346

A 38 τουτο Θ* 13 1071 ¦ υμις ℵ ¦ πιστευεται 𝔓⁶⁶ A W 579 39 εραυναται 𝔓⁶⁶ N ¦ ερενατε K* ¦ ερευναται W ¦ δοκειται ℵ W
33 ¦ δοκητε 69 ¦ δοκιται 579 ¦ αιωνιων L ¦ εχιν ℵ 40 θελεται 𝔓⁶⁶ D W 33 579 ¦ εχηται 𝔓⁶⁶ W ¦ εχειτε Θ Ω 28 700 1071 ¦
εχειται 579 42 εχεται M N U W 33 579 43 ελγω (εγω) Δ* ¦ λαμβανεται A W 2* 33 1071 ¦ λαμβαναιτε Θ ¦ μαι (με) 579 ¦
εκεινον F 44 δυνασθαι 𝔓⁶⁶ ℵ A D U W Θ 2* 28 579 1071 ¦ υμις ℵ ¦ αλληλον Θ ¦ λαμβανοντες 579 ¦ τιν (την¹) Θ

B 41 ανᾱν 𝔓⁶⁶ 𝔓⁷⁵ 𝔐 L M N S U W Δ Θ Λ Ψ Ω f¹ 118 f¹³ 69 124 2 33 28 157 579 700 1071 ¦ ανοῦ A K Π 565 1424 42 θ̄υ B
𝔓⁶⁶ 𝔓⁷⁵ ℵ A D 𝔐 K L N S U W Δ Θ Λ Π Ψ Ω f¹ 118 f¹³ 69 124 2 33 28 157 565 579 700 788 1071 1424 43 π̄ρ̄ος 𝔓⁷⁵ ¦ π̄ρ̄ς A
D 𝔐 K L M N S U W Δ Θ Λ Π Ψ Ω f¹ 118 f¹³ 69 124 2 33 28 157 565 579 700 788 1071 1424 44 ανᾱν Δ 1071 1424

C 44 εγοδιματης εβαψαμα εγραψα H^{mg.2} ¦

64

δόξαν τὴν παρὰ τοῦ μόνου   οὐ ζητεῖτε;   **45** μὴ δοκεῖτε ὅτι ἐγὼ   B 𝔓66.75 W [w]
δόξαν τὴν παρὰ τοῦ μόνου   θεοῦ οὐ ζητοῦντες;   **45** μὴ δοκεῖτε ὅτι ἐγὼ   ℵ* 1424
δόξαν τὴν παρὰ τοῦ μόνου   θεοῦ οὐ ζητεῖτε;   **45** μὴ δοκεῖτε ὅτι   G* K* Λ Ω*
δόξαν τὴν παρὰ τοῦ μονογενοῦς θεοῦ οὐ ζητεῖτε; **45** μὴ δοκεῖτε ὅτι ἐγὼ   N 1071
δόξαν τὴν παρὰ τοῦ μόνου   θεοῦ οὐ ζητεῖ;   **45** μὴ δοκεῖτε ὅτι ἐγὼ   Δ
δόξαν   παρὰ τοῦ μόνου   θεοῦ οὐ ζητεῖτε;   **45** μὴ δοκεῖτε ὅτι ἐγὼ   69
δόξαν τὴν παρὰ τοῦ μόνου   θεοῦ οὐ ζητεῖτε;   **45** μὴ δοκεῖτε ὅτι ἐγὼ   ℵc A D 𝔐 Kc L M U Θ Π Ψ
                                                                              f¹ f¹³ 2 33 28 157 565 579 700 u[w]τ

κατηγορήσω ὑμῶν πρὸς τὸν πατέρα· ἔστιν ὁ κατηγορῶν ὑμῶν πρὸς τὸν πατέρα   B
κατηγορήσω ὑμῖν πρὸς τὸν πατέρα· ἔστιν ὁ κατηγορῶν ὑμῶν   𝔓75* L
κατηγορήσω ὑμᾶς πρὸς τὸν πατέρα· ἔστιν ὁ κατηγορῶν ὑμῶν   D* 1424
κατηγορήσω ὑμῶν πρὸς τὸν πατέρα· ἔστιν ὁ κατήγορος ὑμῶν   M
κατηγορήσω ὑμῶν πρὸς τὸν πατέρα· ἔστιν ὁ κατηγορῶν ὑμῶν   𝔓66.75c uwτ rell

Μωϋσῆς, εἰς ὃν ὑμεῖς ἠλπίκατε. **46** εἰ γὰρ ἐπιστεύετε Μωϋσεῖ, ἐπιστεύετε   B 𝔓66.75 D L N S W Θ Π
Μωϋσῆς, εἰς ὃν ὑμεῖς ἠλπίκατε. **46** εἰ γὰρ ἐπιστεύετε Μωσεῖ, ἐπιστεύετε   ℵ   [↑Ψ 565 uw
Μωσῆς,   εἰς ὃν ὑμεῖς ἠλπίκατε. **46** εἰ γὰρ ἐπιστεύετε Μωσεῖ, ἐπιστεύετε   A 𝔐 Δ f¹ 69 124 157 700
Μωσῆς,   εἰς ὃν ὑμεῖς ἠλπίκατε. **46** εἰ γὰρ ἐπιστεύετε Μωσῇ,   ἐπιστεύετε   H 2 788
Μωϋσῆς, εἰς ὃν ὑμεῖς ἠλπίκατε. **46** εἰ γὰρ ἐπιστεύετε Μωϋσῇ, ἐπιστεύετε   K 28 1071
Μωσῆς,   εἰς ὃν ὑμεῖς ἠλπίκατε. **46** εἰ γὰρ ἐπιστεύετε Μωσῇ,   ἐπιστεύετε   M U τ
Μωσῆς,   εἰς ὃν ὑμεῖς ἠλπίκατε. **46** εἰ γὰρ ἐπιστεύσατε Μωσῇ,   ἐπιστεύσατε Λ 1424
Μωσῆς,   εἰς ὃν ὑμεῖς ἠλπίκατε. **46** εἰ γὰρ ἐπιστεύετε Μωϋσεῖ, ἐπιστεύετε   Ω
Μωσεῖς, εἰς ὃν ὑμεῖς ἠλπίκατε. **46** εἰ γὰρ ἐπιστεύετε Μωσῇ,   ἐπιστεύετε   f¹³
Μωϋσῆς, εἰς ὃν ὑμεῖς ἠλπίκατε. **46** εἰ γὰρ ἐπιστεύετε Μω⋯⋯ ἐπιστεύετε   33
Μωϋσῆς, εἰς ὃν ὑμεῖς ἠλπίκατε. **46** εἰ γὰρ ἐπιστέβεται Μωϋσῇ, ἐπιστεύεται 579

ἂν ἐμοί· περὶ γὰρ ἐμοῦ   ἐκεῖνος ἔγραψεν. **47** εἰ δὲ τοῖς ἐκείνου γράμμασιν B 𝔓66 uwτ rell
⋯ν ἐμοί· περὶ γὰρ ἐμ⋯   ⋯⋯ρα⋯ν. **47** εἰ δὲ τοῖς ἐκείν⋯ ⋯μ⋯   𝔓75
ἂν ἐμοί· περὶ γὰρ ἐμοῦ   ἐκεῖνος γέγραφεν. **47** εἰ δὲ τοῖς ἐκείνου γράμμασιν ℵ*
ἂν ἐμοί· περὶ ἐμοῦ γὰρ   ἐκεῖνος ἔγραψεν. **47** εἰ δὲ τοῖς ἐκείνου γράμμασιν D
ἂν ἐμοί· περὶ γὰρ ἐμοῦ μὴ ἐκεῖνος ἔγραψεν. **47** εἰ δὲ τοῖς ἐκείνου γράμμασιν Λ*
ἂν ἐμοί· περὶ γὰρ ἐμοῦ   ἐκεῖνος ἔγραψεν. **47** οἱ δὲ τοῖς ἐκείνου γράμμασιν 579

οὐ πιστεύετε, πῶς τοῖς ἐμοῖς ῥήμασιν πιστεύετε;   B 𝔓66 𝔓75* Π [w]
οὐ πιστεύετε, πῶς τοῖς ἐμοῖς ῥήμασιν πιστεύσετε; 𝔓75c ℵ* A 𝔐 K L M N U Λ Ψ 1582c 2 700 1071 1424
οὐ πιστεύετε, πῶς τοῖς ἐμοῖς ῥήμασιν πιστεύσεται; ℵc   [↑u[w]τ
οὐ πιστεύετε, πῶς τοῖς ἐμοῖς ῥήμασιν πιστεύσητε; D G Δ 1 1528* 118 f¹³ 28 157 565 579
ἐπιστεύετε, πῶς τοῖς ἐμοῖς ῥήμασιν πιστεύσητε;   S
οὐ πιστεύετε, πῶς τοῖς ἐμοῖς ῥήμασιν πιστεύσιτε; W
οὐ πιστεύετε, πῶς τοῖς ἐμοῖς ῥήμασιν πιστεύσιτε; Θ
⋯ πιστεύετε, πῶς τοῖς ἐμοῖς ῥήμασιν πιστεύσεται; 33

Third Sign: Five Thousand Fed With Five Loaves and Two Fish
(Matthew 14.13-23; Mark 6.30-46; Luke 9.10-17)

ῑϛ **6.1** Μετὰ   ταῦτα ἀπῆλθεν ὁ Ἰησοῦς   πέραν τῆς θαλάσσης   B 𝔓66 uwτ rell
   6.1 Μετὰ   τα⋯α ⋯⋯ Ἰησοῦς   πέραν τῆς θαλάσσης   𝔓75
   6.1 Μετὰ   ταῦτα ἀπῆλθεν ὁ Ἰησοῦς   πέραν   G
   6.1 Μετὰ δὲ ταῦτα ἀπῆλθεν ὁ Ἰησοῦς   πέραν τῆς θαλάσσης   f¹³
   6.1 Μετὰ   ταῦτα ἀπῆλθεν ὁ Ἰησοῦς   ⋯⋯⋯ τῆς θαλάσσης   33
   6.1 Μετὰ   ταῦτα ἀπῆλθεν ὁ Ἰησοῦς εἰς ἔρημον τόπον πέραν τῆς θαλάσσης 28

lac. 5.38-44 𝔓45 C P Γ 1346

A ¦ ζητιται 𝔓66* ¦ ζητειται 𝔓66c W 579 ¦ ζητιτε ℵc D Θ ¦ ζητητε U **45** δοκιτε 𝔓66* N ¦ δοκειται ℵ W ¦ δωκηται 579 ¦ ηλικαται 𝔓66 ¦ ηληκατε K L 28 ¦ ηληπεικατε W ¦ ελπικατε Θ **46** επιστευεται¹ 𝔓66 A L W 2* ¦ επιστευεται² A W 2* **46** εκεινο G ¦ εκινος N ¦ εγραφε 13 788 **47** εκινου 𝔓66 N ¦ γραμασιν F ¦ πιστευεται¹ 𝔓66 ℵ W 2* 579 ¦ ρημασι S Y K U Π Ψ Ω 118 69 124 157 565 700 788 1424 **6.1** θαλασης K

B **44** θ̄ν̄ ℵ A D 𝔐 K L M N S U Δ Θ Λ Π Ψ Ω f¹ 118 f¹³ 69 124 2 33 28 157 565 579 700 788 1071 1424 **45** πρᾱ¹ 𝔓66 𝔓75 ℵ A D 𝔐 K L M N U W Δ Θ Λ Π Ψ Ω f¹ 118 f¹³ 69 124 2 33 28 157 565 579 700 788 1071 1424 **6.1** ῑϛ B 𝔓66 (lac. 𝔓75) ℵ A 𝔐 K L M N S U W Δ Θ Λ Π Ψ Ω f¹ 118 f¹³ 124 2 33 28 157 565 579 700 788 1071 1424 ¦ ῑη̄ς D

C **47** τελος 579 **6.1** ζ περι των ε αρτων και των β̄ ιχθυων· L 28 565 ¦ αρχ 157

D **6.1** μ̄ϛ/ᾱ ℵ A E M N S U Y Θ Λ Π Ψ Ω 118 124 28 788 1071 1424 ¦ μ̄ϛ D F H K f¹ f¹³ 2 157 565 579 ¦ μ̄ϛ/ῑ G ¦ Ευ Ιω μ̄ϛ : Λο ῑζ : Μρ κζ : Μθ κγ E ¦ Ιω μ̄ϛ : Λο με, ο̄γ, ο̄β : Μρ ρ̄ζ, ξ̄δ : Μθ κγ, ρμ̄ς, ρμ̄ζ 124 ¦ Ιω μ̄ϛ : Λο με : Μρ ρ̄ζ : Μθ κγ 788

τῆς Γαλειλαίας	τῆς Τιβεριάδος. **2**	ἠκολούθει δὲ	αὐτῷ ὄχλος πολύς,	B	
τῆς <u>Γαλιλαίας</u>.	**2**	ἠκολούθει δὲ	αὐτῷ ὄχλος πολύς,	𝔓66*	
τῆς <u>Γαλιλαίας</u>	τῆς Τιβεριάδος. **2**	ἠκολούθει δὲ	αὐτῷ ὄχλος πολύς,	𝔓66c L W f¹ f¹³	
τῆς	····ς Τιβεριάδος. **2**	ἠκολούθ··· ····		𝔓75 [↑565 **uw**	
τῆς <u>Γαλιλαίας</u>	τῆς Τιβεριάδος. **2**	ἠκολούθει δὲ	αὐτῷ <u>πολύς ὄχλος</u>,	ℵ	
τῆς <u>Γαλιλαίας</u> <u>εἰς τὰ μέρη</u>	τῆς Τιβεριάδος. **2**	ἠκολούθει δὲ	αὐτῷ ὄχλος πολύς,	D	
τῆς <u>Γαλιλαίας</u>	τῆς Τιβεριάδος. **2**	<u>καὶ ἠκολούθησεν</u>	αὐτῷ ὄχλος πολύς,	F	
	τῆς Τιβεριάδος. **2**	<u>καὶ ἠκολούθει</u>	αὐτῷ ὄχλος πολύς,	G 157	
	τῆς Τιβεριάδος. **2**	ἠκολούθει δὲ	αὐτῷ ὄχλος πολύς,	N	
τῆς <u>Γαληλαίας</u> <u>εἰς τὰ μέρη</u>	τῆς Τιβεριάδος. **2**	<u>καὶ ἠκολούθει</u>	αὐτῷ ὄχλος πολύς,	Θ	
τῆς <u>Γαλιλαίας</u>	τῆς Τιβεριάδος. **2**	<u>καὶ ἠκολούθει</u>	αὐτῷ ὄχλος πο······	33	
τῆς <u>Γαλιλαίας</u>	Τιβεριάδος. **2**	<u>ἠκολούθη</u> δὲ	αὐτῷ ὄχλος πολύς,	579	
τῆς <u>Γαλιλαίας</u>	τῆς <u>Τηβεριάδος</u>. **2**	<u>ἠκολούθη</u> <u>δὲ</u>	αὐτῷ ὄχλος πολύς,	1071	
τῆς <u>Γαλιλαίας</u>	τῆς Τιβεριάδος. **2**	<u>καὶ ἠκολούθησαν</u>	αὐτῷ <u>ὄχλοι πολλοί</u>,	1424	[↓2 28 700 τ
τῆς <u>Γαλιλαίας</u>	τῆς Τιβεριάδος. **2**	<u>καὶ ἠκολούθει</u>	αὐτῷ ὄχλος πολύς,	A 𝔐 K M U Δ Λ Π Ψ	

ὅτι ἐθεώρουν	τὰ σημεῖα ἃ ἐποίει ἐπὶ	τῶν ἀσθενούντων. **3**	ἀνῆλθεν δὲ	B 𝔓66c L N Ψ 579 **uw**	
ὅτι <u>ἑώρων</u>	τὰ σημεῖα ἃ ἐποίει ἐπὶ	τῶν ἀσθενούντων. **3**	ἀνῆλθεν δὲ	𝔓66* K S Λ Π Ω 28	
····· <u>ἐθεώρω</u>··	.... ······	······· γούντων. **3**	ἀγη········· ····	𝔓75	
ὅτι <u>ἑώρων</u>	τὰ σημεῖα ἃ ἐποίει <u>περὶ</u>	τῶν ἀσθενούντων. **3**	<u>καὶ</u> <u>ἀπῆλθεν</u>	ℵ*	
ὅτι <u>ἑώρων</u>	τὰ σημεῖα ἃ ἐποίει <u>περὶ</u>	τῶν ἀσθενούντων. **3**	ἀνῆλθεν δὲ	ℵc	
ὅτι <u>ἐθεώρων</u>	τὰ σημεῖα ἃ ἐποίει ἐπὶ	τῶν ἀσθενούντων. **3**	ἀνῆλθεν δὲ	A Θ	
ὅτι ἐθεώρουν	τὰ σημεῖα ἃ ἐποίει ἐπὶ	τῶν ἀσθενούντων. **3**	<u>ἀπῆλθεν</u> <u>οὖν</u>	D	
ὅτι <u>ἑώρων</u> <u>αὐτοῦ</u>	τὰ σημεῖα ἃ ἐποίει ἐπὶ	τῶν ἀσθενούντων. **3**	ἀνῆλθεν δὲ	𝔐 M U Δ 2 700 τ	
<u>θεώρουντες</u>	τὰ σημεῖα ἃ ἐποίει ἐπὶ	τῶν ἀσθενούντων. **3**	ἀνῆλθεν <u>οὖν</u>	W	
ὅτι <u>ἑώρων</u>	τὰ σημεῖα ἃ ἐποίει ἐπὶ	τῶν ἀσθενούντων. **3**	ἀνῆλθεν <u>οὖν</u>	f¹ 565	
ὅτι <u>ἐθεώρων</u>	τὰ σημεῖα ἃ ἐποίει ἐπὶ	τῶν ἀσθενούντων. **3**	ἀνῆλθεν <u>οὖν</u>	f¹³	
ὅτι ἐθεώρουν	τὰ σημεῖα ἃ ἐποίει ἐπὶ	τῶν ἀσθενούντων. **3**	ἀνῆλθεν <u>οὖν</u>	69	
ὅτι <u>ἑώρων</u> <u>αὐτοῦ</u>	τὰ σημεῖα ἃ ἐποίει ἐπὶ	τῶν ἀσθενούντων. **3**	<u>ἀπῆλθεν</u> δὲ	124	
···τι ἐθεώρουν	τὰ σημεῖα ἃ ἐποίει ἐπὶ	τῶν ἀσθενούντων. **3**	ἀνῆλθεν δὲ	33	
ὅτι ἐθεώρουν <u>αὐτοῦ</u>	τὰ σημεῖα ἃ ἐποίει ἐπὶ	τῶν ἀσθενούντων. **3**	ἀνῆλθεν δὲ	157	
ὅτι <u>ἐθεώρων</u>	τὰ σημεῖα ἃ ἐποίει ἐπὶ	τῶν ἀσθενούντων. **3**	<u>ἀπῆλθεν</u> <u>οὖν</u>	788	
ὅτι <u>ἐθεώρει</u>	τὰ σημεῖα ἃ ἐποίει ἐπὶ	τῶν ἀσθενούντων. **3**	ἀνῆλθεν <u>δὲ</u>	1071	
ὅτι <u>ἑώρων</u> <u>αὐτοῦ</u>	τὰ σημεῖα ἃ ἐποίει ἐπὶ	τῶν ἀσθενούντων. **3**	<u>ἀπῆλθν</u> δὲ	1424	

εἰς τὸ ὄρος	Ἰησοῦς καὶ ἐκεῖ ἐκάθητο	μετὰ τῶν μαθητῶν αὐτοῦ.	B W **uw**	
εἰς τὸ ὄρος	Ἰησοῦς καὶ ἐκεῖ <u>ἐκαθέζετο</u>	μετὰ τῶν μαθητῶν αὐτοῦ.	𝔓66	
····· ·········	············· ····· ἐκεῖ ἐκάθητ·	········· ·······θητῶν αὐτοῦ.	𝔓75	
εἰς τὸ ὄρος	Ἰησοῦς καὶ <u>ἐκαθέζετο</u>	μετὰ τῶν μαθητῶν αὐτοῦ.	ℵ*	
εἰς τὸ ὄρος <u>ὁ</u>	Ἰησοῦς καὶ ἐκεῖ <u>ἐκαθέζετο</u>	μετὰ τῶν μαθητῶν αὐτοῦ.	ℵc f¹³	
εἰς τὸ ὄρος <u>ὁ</u>	Ἰησοῦς καὶ <u>ἐκαθήζετο ἐκεῖ</u>	μετὰ τῶν μαθητῶν αὐτοῦ.	D	
εἰς τὸ ὄρος <u>ὁ</u>	Ἰησοῦς καὶ ἐκάθητο	μετὰ τῶν μαθητῶν αὐτοῦ.	Y	
<u>ὁ Ἰησοῦς εἰς τὸ ὄρος</u> καὶ <u>ἐκάθητο ἐκεῖ</u>		μετὰ τῶν μαθητῶν αὐτοῦ.	U	
εἰς τὸ ὄρος	καὶ ἐκεῖ ἐκάθητο	μετὰ τῶν μαθητῶν αὐτοῦ.	Δ	
εἰς τὸ ὄρος <u>ὁ</u>	Ἰησοῦς καὶ <u>ἐκάθητο ἐκεῖ</u>	μετὰ τῶν μαθητῶν αὐτοῦ.	f¹ 565	
εἰς τὸ ὄρος ·· ··········	καὶ ἐκεῖ ἐκάθητο	μετὰ τῶν μαθητῶν αὐτοῦ.	33	
εἰς ὄρος <u>ὁ</u>	Ἰησοῦς καὶ ἐκεῖ ἐκάθητο	μετὰ τῶν μαθητῶν αὐτοῦ.	1071	[↓700 1424 τ
εἰς τὸ ὄρος <u>ὁ</u>	Ἰησοῦς καὶ ἐκεῖ ἐκάθητο	μετὰ τῶν μαθητῶν αὐτοῦ.	A 𝔐 K L M N Θ Λ Π Ψ 2 28 157 579	

---

lac. 6.1-3 𝔓45 C P Γ 1346

A 2 ηκολουθι 𝔓66 D ¦ ηκολουθη E Θ Λ 13 69 ¦ εθεωρουν L ¦ εορων Ω 28 ¦ σημια 𝔓66 W ¦ επιει 13¦ τω (των) Θ* **3** ανηλθε Y 157 700 ¦ εκι ℵc ¦ εκαθητω E M 579 1071 ¦ εκαθιτο 1424

B 3 ι̅ς̅ B 𝔓66 ℵ A E F G H K L M N S W Θ Λ Π Ψ Ω f¹ 118 f¹³ 124 2 28 157 565 579 700 788 1071 1424 ¦ τη̅ς̅ D

C 2 τελος (post ασθενουντ.) D [ημερα ς̅ της β̅ εβδομ.: 5.30-6.2] E F S Y Θ 124 579 788 1071 1424 ¦ τελ τς ξ f¹ ¦ τελ της πρη 118 ¦ τελ τς · 28 ¦ αρχ: τω κ̅ρω ανηλθεν δε εις το ορος ο ι̅ς̅ Θ **3** αρχ 1071

D 3 μ̅ζ̅/γ̅ ℵ A Y L M N S U Θ Λ Π Ψ Ω 118 28 1424 ¦ μ̅ζ̅ D F H K f¹ f¹³ 2 565 ¦ μ̅ζ̅/δ̅ E ¦ μ̅ζ̅/α̅ G 124 788 ¦ Ευ Ιω μ̅ζ̅ : Λο θ̅β̅ : Μρ . : Μθ ρμ̅ς̅ E ¦ Ιω μ̅ζ̅ : Λο σ̅ξ̅ : Μρ ρν̅ς̅ : Μθ ρο̅δ̅ 124 ¦ Ιω μ̅ζ̅ : Λο θ̅β̅ : Μρ ξ̅δ̅ : Μθ ρμ̅ς̅ 788

η̅ περὶ τῶν πέντε ἄρτων καὶ τῶν δύο ἰχθύων

4 ἦν δὲ ἐγγὺς τὸ πάσχα, ἡ ἑορτὴ τῶν Ἰουδαίων. 5 ἐπάρας οὖν B 𝔭⁶⁶ u[w]τ rell
4 ἦν ....σχα, ἡ ἑορτὴ τῶ .... 5 .... 𝔭⁷⁵
4 ἐγγὺς δὲ ἦν τὸ πάσχα, ἡ ἑορτὴ τῶν Ἰουδαίων. 5 ἐπάρας οὖν D
4 ἦν δὲ ἐγγὺς τὸ πά....... ··ἑορτ· ...... ·····ουδαίων. 5 ἐπάρας οὖν 33
4 ἦν δὲ ἐγγὺς τὸ πάσχα τῶν Ἰουδαίων. 5 ἐπάρας οὖν 28 1424*
4 ἦν δὲ ἐγγὺς τὸ πάσχα, ἑορτὴ τῶν Ἰουδαίων. 5 ἐπάρας οὖν 579
4 ἦν δὲ ἐγγὺς ἡ ἑορτὴ τῶν Ἰουδαίων. 5 ἐπάρας οὖν [w]

[↓157 565 788 1071 uw
τοὺς ὀφθαλμοὺς ὁ Ἰησοῦς καὶ θεασάμενος ὅτι πολὺς ὄχλος ἔρχεται B 𝔭⁶⁶ᶜ A K L M N W Π Ψ f¹ 69
τοὺς ὀφθαλμοὺς ὁ Ἰησοῦς καὶ θεασάμενος ὅτι ὄχλος πολὺς ἔρχεται 𝔭⁶⁶* ℵᶜ D Θ*
τοὺς ὀφθαλμο̣ ··· ···· ········ ·τι πο···· ······· 𝔭⁷⁵
τοὺς ὀφθαλμοὺς Ἰησοῦς καὶ θεασάμενος ὅτι ὄχλος πολὺς ἔρχεται ℵ*
ὁ Ἰησοῦς τοὺς ὀφθαλμοὺς αὐτοῦ καὶ θεασάμενος ὅτι πολὺς ὄχλος ἔρχεται U 28
ὁ Ἰησοῦς τοὺς ὀφθαλμοὺς αὐτοῦ καὶ θεασάμενος ὅτι ὄχλος πολὺς ἔρχεται Θᶜ
τοὺς ὀφθαλμοὺς καὶ θεασάμενος ὅτι πολὺς ὄχλος ἔρχεται f¹³
τοὺς ὀφθαλμοὺς ὁ Ἰησοῦς καὶ θεασάμενος ὅ··· ········ ······ ·χεται 33
ὁ Ἰησοῦς τοὺς ὀφθαλμοὺς καὶ θεασάμενος ὅτι πολὺς ὄχλος ἔρχεται 𝔐 Δ Λ 124 2 700 1424 τ

πρὸς αὐτὸν λέγει πρὸς Φίλιππον, Πόθεν ἀγοράσωμεν ἄρτους B 𝔭⁶⁶ ℵ L N W Δ Ψ 579
········· ······ λέγει π····· Φ····· Π······· ·····ωσιν ·····τ····· 𝔭⁷⁵ [↑uw
πρὸς αὐτὸν καὶ λέγει πρὸς Φίλιππον, Πόθεν ἀγοράσωμεν ἄρτους D
πρὸς αὐτὸν λέγει πρὸς τὸν Φίλιππον, Πόθεν ἀγοράσομεν ἄρτους K U 1582ᶜ 118 157 700 τ
πρὸς αὐτὸν λέγει πρὸς τὸν Φίλιπον, Πόθεν ἀγοράσωμεν ἄρτους Θ*
πρὸς αὐτὸν λέγει πρὸς Φίλιππον Φίλιππον, Πόθεν ἀγοράσωμεν ἄρτους Λ*
πρὸς αὐτὸν λέγει πρὸς Φίλιππον, Πόθεν ἀγοράσωμε· ······· 33
πρὸς αὐτὸν λέγει πρὸς Πόθεν ἀγοράσωμεν ἄρτους 1071*
πρὸς αὐτὸν λέγει πρὸς τὸν Φίλιππον, Πόθεν ἀγοράσωμεν ἄρτους τοσούτους 1424
πρὸς αὐτὸν λέγει πρὸς τὸν Φίλιππον, Πόθεν ἀγοράσωμεν ἄρτους A 𝔐 M Θᶜ Λᶜ Π f¹ f¹³
 2 28 565 1071ᶜ

ἵνα φάγωσιν οὗτοι; 6 τοῦτο δὲ ἔλεγεν πειράζων αὐτόν· αὐτὸς γὰρ ᾔδει τί B 𝔭⁶⁶ uwτ rell
······ α φάγ···· 6 ······· ······ ···γε·· ··ειράζ···· ········· ········ ··δει τί 𝔭⁷⁵
ἵνα οὗτοι φάγωσιν; 6 τοῦτο γὰρ ἔλεγεν πειράζων αὐτόν· αὐτὸς δὲ ᾔδει τί ℵ*
ἵνα οὗτοι φάγωσιν; 6 τοῦτο δὲ ἔλεγεν πειράζων αὐτόν· αὐτὸς γὰρ ᾔδει τί ℵᶜ G
ἵνα φάγωσιν οὗτοι; 6 τοῦτο δὲ ἔλεγεν πειράζων αὐτόν· αὐτὸ γὰρ ᾔδει τί Δ
······ ······ οὗτοι; 6 τοῦτο δὲ ἔλεγεν πειράζων αὐτόν· αὐτὸς γὰρ ᾔδει τί 33

lac. 6.4-6 𝔭⁴⁵ C P Γ 1346

A 4 εωρτη 579 5 οφαλμους 𝔭⁶⁶* | πολλυς L 579 | ερχετε N 28 ¦ ερχετα Λ* | αγωρασωμεν 579 6 τουτω 579 | ελεγε Y U 118 69 157 700 788 | πιραζων 𝔭⁶⁶ ℵ L | οιδει 69 ¦ ηδη 2 1424

B 5 ι̅ς̅ B 𝔭⁶⁶ A 𝔐 K L M N S U W Δ Θ Λ Π Ψ Ω f¹ 118 124 2 33 28 157 565 579 700 788 1071 1424 ¦ της D

C 4 αρχ τη δ̅ τς ε̅ εβδομαδ 157 5 η̅ A ¦ η̅ περι των πεντε (ε̅ F G H S Y M U Λ Ω f¹ 124 2 157 700 1071) αρτων και των (om. 124) δυο (β̅ F G H S Y M U Λ Ω f¹ 124 2 157 1071) ιχθυων 𝔐 K M S U Λ Ω f¹ 124 2 157 700 1071 ¦ η̅ κ̅ς̅ περι των πεντε ρτων κ, δυο υχθυων Θ ¦ η̅ περι των πεντε (ε̅ 788) αρτων Δ Π 788 ¦ Ιω η̅ : Μθ κ̅ε̅ : Μρ ι̅ς̅ : Λο κη̅ Μ ¦ τη δ̅ τς ε̅ εβδ τω κ S ¦ αρχη· τη δ̅ της ε̅ εβδ τω κ,ρ,ω επαρας ο ι̅ς̅ τους οφθαλ A ¦ αρχη· τη δ̅· της ε̅ εβδομαδος τω καιρω εκεινω επαρας (ante ο ι̅ς̅) E ¦ αρχη (om. M): τη δ̅ της ε̅ εβδ τω κ,ρ,ω επαρας ο ι̅ς̅ τους οφθαλ G Y M ¦ αρχη· τη δ̅ της ε̅ εβδ· τω κ, επαρας ο ι̅ς̅ τους οφθαλμους H ¦ αρχ: επαρας ουν ο ι̅ς̅ τους οφθαλμους αυτου Θ ¦ τη δ̅ τς ε̅ εβδ Ω 1071 ¦ αρχ ιη τη δ̅ τς ε̅ εβδ τω καιρω εκει επαρας τους οφθαλμους ο ι̅ς̅ f¹ ¦ αρχ ιη̅ τη δ̅ τς β̅ εβδ ομ,α επαρας ο ι̅ς̅ τους οφθαλμους αυτου και θε 118 ¦ αρχ τη δ̅ τς ε̅ εβδ f¹³ 124 788 ¦ αρχη: τη δ̅ της β̅ εβδ τω κ,ρ,ω επαρας ο ι̅ς̅ 2 ¦ αρχ τς δ̅ τω καιρω εκεινω επαρ ο ι̅ς̅ τους 28

D 4 μη̅/α̅ ℵ E L M N S U Y Θ Λ Ψ Ω 118 124 28 788 1071 1424 ¦ μη̅/δ̅ A ¦ μη̅ D F G H K Π f¹³ 157 565 1071 | Ευ Ιω μη̅ : Λο σ̅ξ̅ : Μρ ρν̅ς̅ : Μθ σο̅δ̅ E | Ιω μη̅ : Λο . : Μρ . : Μθ . 124 | Ιω μη̅ : Λο ο̅γ̅ : Μρ ρν̅ς̅ : Μτ σο̅δ̅ 788 5 μθ̅/α̅ ℵ A E G L M S Y Θ Λ Π Ψ Ω 118 124 28 788 1071 1424 ¦ μθ̅ D F H K f¹³ 157 565 | μθ̅/ι̅ U ¦ μη̅ f¹ 2 | μζ̅ 579 | Ευ Ιω μθ̅ : Λο ο̅γ̅ : Μρ ξ̅δ̅ : Μθ ρμ̅δ̅ E ¦ Μτ κ̅ς̅ : Μρ ι̅ς̅ : Λο κη̅ L | Ιω μθ̅ : Λο . : Μρ . : Μθ . 124 ¦ Ιω μθ̅ : Λο σ̅ξ̅ : Μρ . : Μτ . 788 ¦ (ante ποθεν) μθ̅ 2

67

ἔμελλεν ποιεῖν. **7** ἀπεκρίθη   αὐτῷ   Φίλιππος, Διακοσίων δηναρίων   B A Y K S Δ Π Ω f^{13} 28 157
<u>ἤμελλεν</u> ποιεῖν. **7** ἀπεκρίθη   <u>οὖν</u> αὐτῷ <u>ὁ</u> Φίλιππος, Διακοσίων δηναρίων $\mathfrak{P}^{66}$ [↑[**u**]**w**τ
ἔμελλ········· **7** ············· αὐτῷ   Φίλιπ··········ων···· αρίων $\mathfrak{P}^{75}$
ἔμελλεν ποιεῖν. **7** <u>ἀποκρίνεται</u>   <u>οὖν</u> <u>ὁ</u> Φίλιππος, Διακοσίων δηναρίων   א*
ἔμελλεν ποιεῖν. **7** ἀπεκρίθη   αὐτῷ <u>οὖν</u> <u>ὁ</u> Φίλιππος, Διακοσίων δηναρίων   א^c
<u>ἤμελλεν</u> ποιεῖν. **7** <u>ἀποκρείνεται</u> αὐτῷ   Φίλιππος, Διακοσίων δηναρίων   D
<u>ἤμελλεν</u> ποιεῖν. **7** ἀπεκρίθη   αὐτῷ   Φίλιππος, Διακοσίων δηναρίων $\mathfrak{M}$ M U Θ Ψ f^1 2 565 579
ἔμελλεν ποιεῖν. **7** ἀπεκρίθη   αὐτῷ   <u>ὁ</u> Φίλιππος, Διακοσίων δηναρίων   L N W [**u**]   [↑700
<u>ἤμελλεν</u> ποιεῖν. **7** <u>ἀποκρίθη</u>   αὐτῷ   Φίλιππος, Διακοσίων δηναρίων   Λ
············· ········· **7** ··πεκρίθη   αὐτῷ   Φίλιππος, Διακοσίων δηναρίων   33
<u>ἤμελλεν</u> ποιεῖν. **7** ἀπεκρίθη   αὐτῷ   <u>ὁ</u> Φίλιππος, Διακοσίων δηναρίων   1071
<u>ἤμελλεν</u> ποιεῖν. **7** <u>ἀπεκρίνατο</u> αὐτῷ   Φίλιππος, Διακοσίων δηναρίων   1424

ἄρτοι οὐκ ἀρκοῦσιν αὐτοῖς ἵνα ἕκαστος   βραχὺ   λάβῃ. **8** λέγει αὐτῷ   B [**u**]w
ἄρτοι οὐκ ἀρκοῦσιν αὐτοῖς ἵνα ἕκαστος   βραχύ τι   λάβῃ. **8** λέγει αὐτῷ $\mathfrak{P}^{66}$ A N W Θ Π Ψ f^{13}
ἄρτοι οὐ··········· ···υτο···· ·να···αστος   βραχὺ   λάβῃ. **8** λέγει αὐτῷ $\mathfrak{P}^{75}$ ↑157 [**u**]
ἄρτοι οὐκ ἀρκοῦσιν   ἵνα ἕκαστος   βραχύ τι   λάβῃ. **8** λέγει αὐτῷ   א
<u>οὐκ</u> <u>ἀρκοῦσιν</u> <u>αὐτοῖς</u> <u>ἄρτοι</u> ἵνα ἕκαστος <u>αὐτῶν</u> βραχὺ   λάβῃ. **8** λέγει αὐτῷ   D
ἄρτοι οὐκ <u>ἀρκέσει</u> αὐτοῖς ἵνα ἕκαστος   βραχύ τι   λάβῃ. **8** λέγει αὐτῷ   L
ἄρτοι οὐ··········· ········· ······ ἕκαστος   βραχύ τι   λάβῃ. **8** λέγει αὐτῷ   33
ἄρτοι οὐκ ἀρκοῦσιν αὐτοῖς ἵνα <u>ἑκάστῳ</u>   βραχύ τι   λάβῃ. **8** λέγει αὐτῷ   579
ἄρτοι οὐκ <u>ἀρκεσῶσιν</u> αὐτοῖς ἵνα ἕκαστος <u>αὐτῶν</u> βραχύ τι   λάβῃ. **8** λέγει αὐτῷ   1071 [↓565 700 1424 τ
ἄρτοι οὐκ ἀρκοῦσιν αὐτοῖς ἵνα ἕκαστος <u>αὐτῶν</u> βραχύ τι   λάβῃ. **8** λέγει αὐτῷ $\mathfrak{M}$ K M U Δ Λ f^1 124 2 28

εἷς ἐκ τῶν μαθητῶν αὐτοῦ, Ἀνδρέας   ὁ ἀδελφὸς   Σίμωνος Πέτρου, **9** Ἔστιν   B $\mathfrak{P}^{66.75}$ **uw**τ rell
············· ············· ·········νος Πέτρου, **9** $\mathfrak{P}^{28}$
εἷς ἐκ τῶν μαθητῶν αὐτοῦ, <u>Ἀνδραίας</u>   ὁ ἀδελφὸς   Σίμωνος Πέτρου, **9** Ἔστιν   D
εἷς ἐκ τῶν μαθητῶν αὐτοῦ, Ἀνδρέας   ὁ ἀδελφὸς   <u>Πέτρου Σίμωνος</u>, **9** Ἔστιν   Θ 157
εἷς ἐκ τῶν μαθητῶν αὐτοῦ, Ἀνδρέας   ἀδελφὸς   Σίμωνος Πέτρου, **9** Ἔστιν   69 124
εἷς ἐκ   ·········· ·········φὸς   Σίμωνος Πέτρου, **9** Ἔστιν   33
εἷς ἐκ τῶν μαθητῶν αὐτοῦ, Ἀνδρέας   ὁ ἀδελφὸς   <u>Σίμωνος</u> Πέτρου, **9** Ἔστι   579

παιδάριον   ὧδε ὃς ἔχει πέντε ἄρτους κριθίνους καὶ δύο ὀψάρια· ἀλλὰ   B $\mathfrak{P}^{66}$ D* N W Ψ 1071 **uw**
·············· ······· ·· χει πέντε ἄρτους ·················· ··········· ····à $\mathfrak{P}^{28}$
παιδάριον   ὧδε ···· χει ε̄   ἄρτους κριθίνους καὶ β̄   ὀψάρια· ἀλ···· $\mathfrak{P}^{75}$
παιδάριον   ὧδε <u>ὃ</u> ἔχει πέντε ἄρτους κριθίνους καὶ δύο ὀψάρια· ἀλλὰ   א D^c L Π f^1 f^{13} 157 565
παιδάριον <u>ἓν</u> ὧδε ὃς ἔχει πέντε ἄρτους κριθίνους καὶ δύο ὀψάρια· ἀλλὰ   A G U Λ 700
παιδάριον <u>ἓν</u> <u>ὧδε ᾧ</u> ἔχει πέντε ἄρτους κριθίνους καὶ δύο ὀψάρια· ἀλλὰ   H
παιδάριον <u>ἓν</u> ὧδε <u>ὃ</u> ἔχει πέντε ἄρτους κριθίνους καὶ δύο ὀψάρια· ἀλλὰ   124
παιδάριο··· ·············· ··········· ······· ὀψάρια· ἀλλὰ   33
παιδάριον <u>ἓν</u> ὧδε <u>ὃς</u> ἔχει πέντε ἄρτους κριθίνους καὶ δύο ὀψάρια· ἀλλὰ   579
παιδάριον <u>ἓν</u> ὧδε <u>ὃ</u> ἔχει πέντε ἄρτους κριθίνους καὶ δύο ὀψάρια· ἀλλὰ $\mathfrak{M}$ K M Δ Θ 2 28 1424 τ

ταῦτα τί ἐστιν εἰς τοσούτους; **10** εἶπεν   ὁ Ἰησοῦς, Ποιήσατε τοὺς ἀνθρώπους   B $\mathfrak{P}^{75}$ א L **uw**
ταῦτα τί ἐστιν ε······· **10** ············ατε τοὺς ἀνθρώπου·· $\mathfrak{P}^{28}$
<u>τί ἐστιν ταῦτα</u> εἰς τοσούτους; **10** εἶπεν <u>οὖν</u> ὁ Ἰησοῦς, Ποιήσατε τοὺς ἀνθρώπους $\mathfrak{P}^{66*}$
ταῦτα τί ἐστιν εἰς τοσούτους; **10** εἶπεν <u>οὖν</u> ὁ Ἰησοῦς, Ποιήσατε τοὺς ἀνθρώπους $\mathfrak{P}^{66c}$ D^c G
ταῦτα   ἐστιν εἰς τοσούτους; **10** εἶπεν <u>οὖν</u> ὁ Ἰησοῦς, Ποιήσατε τοὺς ἀνθρώπους   D*
ταῦτα τί ἐστιν εἰς τοσούτους; **10** εἶπεν <u>δὲ</u>   Ἰησοῦς, Ποιήσατε τοὺς ἀνθρώπους f^{13}
ταῦτα τί ἐστιν εἰς <u>τοσούτοις</u>; **10** εἶπεν <u>δὲ</u> ὁ Ἰησοῦς, Ποιήσατε τοὺς ἀνθρώπους   579
ταῦτα τί ἐστιν εἰς τοσούτους; **10** εἶπεν <u>δὲ</u> ὁ Ἰησοῦς, Ποιήσατε τοὺς <u>ὄχλους</u>   1071
ταῦτα τί ἐστιν εἰς τοσούτους; **10** εἶπεν <u>δὲ</u> ὁ Ἰησοῦς, Ποιήσατε τοὺς ἀνθρώπους   A $\mathfrak{M}$ K M N U W Δ Θ Λ
                      Π Ψ f^1 69 124 2 28 157 565 700 788 1424 τ

---

lac. **6.6-10** $\mathfrak{P}^{45}$ C P Γ 1346

A 6 εμελλε א* Y 13 69 157 788 | ημελλε f^1 118 700 | ποιην 579 **7** διακοσιον Θ | δηριων $\mathfrak{P}^{66*}$ ¦ διναριων Θ Ω 2 | αρτι (αρτοι) 579 | αρκουιν Y* | λαβει F 2* **9** εστι¹ S Y Ω f^1 118 124 28 69 157 565 579 700 | πεδαριον L 579 | οος $\mathfrak{P}^{66}$ | κριθηνους E* L M 579 1071 ¦ κρηθινους H ¦ κρειθηνους Θ | στιν² K ¦ εστι 28 | ες (εις) F* | τοσουτος K **10** ειπε Y 118 69 700 | ποιησαται $\mathfrak{P}^{66}$ N W

B 9 ε̄ $\mathfrak{P}^{75}$ | β̄ $\mathfrak{P}^{75}$ **10** ι̅ς̅ B $\mathfrak{P}^{66}$ $\mathfrak{P}^{75}$ א A $\mathfrak{M}$ K L M N S U W Δ Θ Λ Π Ψ Ω f^1 118 f^{13} 124 2 33 28 157 565 579 700 788 1071 <u>1424</u> | ι̅η̅ς̅ D | ανοι K | ανους $\mathfrak{P}^{66}$ $\mathfrak{P}^{75}$ A $\mathfrak{M}$ K L M N S U W Θ Λ Π Ψ Ω f^1 118 f^{13} 69 124 2 33 28 157 565 579 700 788 1424 | ανοι A Y

C 7 και του αγιου φιλιππου 118

D 10 μ̅θ̅ f^1

ἀναπεσεῖν. ἦν δὲ χόρτος πολὺς ἐν τῷ τόπῳ. ἀνέπεσαν οὖν οἱ   B 𝔭66c ℵc f13 **u[w]**
·· ος πολὺς ἐν τῷ τόπ······   𝔭28
ἀναπεσεῖν. ἦν δὲ χόρτος πολὺς ἐν τῷ τόπῳ. ἀνέπεσαν οὖν   𝔭66* D L N W Ψ f1 157 579 1071 **[w]**
ἀναπε········ ··································· τόπῳ. ἀνέπε······ ····   𝔭75
ἀναπεσεῖν. ἦν δὲ <u>τόπος</u> πολὺς ἐν τῷ τόπῳ. ἀνέπεσαν οὖν οἱ   ℵ*
ἀναπεσεῖν. ἦν δὲ <u>πολὺς χόρτος</u> ἐν τῷ τόπῳ. ἀνέπεσαν οὖν οἱ ἄνθρωποι   A
ἀναπεσεῖν. ἦν δὲ χόρτος πολὺς ἐν τῷ τόπῳ. ἀνέπεσαν   οἱ   𝔐 M
ἀναπεσεῖν. ἦν δὲ χόρτος πολὺς ἐν τῷ τόπῳ. <u>ἀνέπεσον</u> οὖν οἱ ἄνθρωποι   Y K
ἀναπεσεῖν. ἦν δὲ χόρτος πολὺς ἐν τῷ τόπῳ. <u>ἀνέπεσον</u>   οἱ   S Ω 2 28
ἀναπεσεῖν. ἦν δὲ χόρτος πολὺς ἐν τῷ τόπῳ. <u>ἀνέπεσον</u> οὖν οἱ   U Θ Λ Π 124 700 τ
ἀναπεσεῖν. ἦν δὲ χόρτος πολὺς ἐν   τόπῳ. ἀνέπεσαν   οἱ   Δ
ἀναπεσεῖν. ἦν δὲ χόρτος πολὺς ἐν τῷ τόπῳ. <u>ἀνέπεσον</u> οὖν   33 565
ἀναπεσεῖν. ἦν δὲ χόρτος πολὺς ἐν τῷ τόπῳ. ἀνέπεσαν <u>δὲ</u> οἱ   1424

ἄνδρες τὸν ἀριθμὸν ὡς   πεντακισχείλιοι. **11** ἔλαβεν οὖν τοὺς ἄρτους   B W
ἄνδρες τὸν ἀριθ······· ····   χίλ··οι. **11** <u>ἔλεβεν</u> οὖ······   𝔭28
ἄνδρες τὸν ἀριθμὸν <u>ὡσεὶ</u> πεντακισχίλιοι. **11** ἔλαβεν οὖν τοὺς ἄρτους   𝔭66
············· ὸν ὡς   πεντ····· **11** ············ τους   𝔭75
ἄνδρες τὸν ἀριθμὸν ὡς <u>τρισχίλιοι.</u> **11** ἔλαβεν <u>δὲ</u> τοὺς ἄρτους   ℵ*
ἄνδρες τὸν ἀριθμὸν ὡς <u>πεντακισχίλιοι.</u> **11** ἔλαβεν οὖν τοὺς ἄρτους   ℵc L Ψ **uw**
ἄνδρες τὸν ἀριθμὸν <u>ὡσεὶ</u> πεντακισχείλιοι. **11** ἔλαβεν οὖν τοὺς ἄρτους   A
ἄνδρες τὸν ἀριθμὸν ὡς πεντακισχίλιοι. **11** ἔλαβεν οὖν τοὺς <u>πέντε</u> ἄρτους D
ἄνδρες τὸν ἀριθμὸν <u>ὡσεὶ</u> πεντακισχίλιοι. **11** <u>καὶ λαβὼν</u> τοὺς ἄρτους   G f1 f13 565
<u>τὸν ἀριθμὸν ἄνδρες</u> ὡς <u>πεντακισχίλιοι.</u> **11** ἔλαβεν <u>δὲ</u> τοὺς ἄρτους   N
ἄνδρες τὸν ἀριθμὸν <u>ὡσεὶ</u> πεντακισχείλιοι. **11** <u>καὶ λαβὼν</u> τοὺς ἄρτους   Θ
ἄνδρες τὸν ἀριθμὸν <u>ὡσεὶ</u> <u>πεντακισχίλιοι.</u> **11** ἔλαβεν <u>δὲ</u> τοὺς ἄρτους <u>ἄρτους</u> 2*
ἄνδρες τὸν ἀριθμὸν <u>ὡσεὶ</u> πεντακισχείλιοι. **11** ἔλαβεν <u>δὲ</u> τοὺς ἄρτους   28
ἄνδρες τὸν ἀριθμὸν ὡς <u>πεντακισχίλιοι.</u> **11** <u>καὶ ἔλαβεν</u> τοὺς ἄρτους   579 [↓700 1071 1424 τ
ἄνδρες τὸν ἀριθμὸν <u>ὡσεὶ</u> <u>πεντακισχίλιοι.</u> **11** ἔλαβεν <u>δὲ</u> τοὺς ἄρτους   𝔐 K M U Δ Λ Π 2c 33 157

ὁ Ἰησοῦς καὶ εὐχαριστήσας   διέδωκεν   B A L W Π f1 33 565 **uw**
··········· ὶ εὐχαριστήσας   ἔδω······   𝔭28
ὁ Ἰησοῦς καὶ εὐχαριστήσας   <u>ἔδωκεν</u>   𝔭66 N 579
··· ··η··ρυ··············   ··ἔδωκεν ·   𝔭75
ὁ Ἰησοῦς καὶ <u>εὐχαρίστησεν καὶ</u> <u>ἔδωκεν</u>   ℵ*
ὁ Ἰησοῦς καὶ <u>εὐχαρίστησεν καὶ</u> <u>ἔδωκεν</u> <u>τοῖς μαθηταῖς,</u>   <u>οἱ δὲ μαθηταὶ</u> ℵc
ὁ Ἰησοῦς καὶ <u>ηὐχαρίστησεν καὶ</u> <u>ἔδωκεν</u> <u>τοῖς μαθηταῖς,</u>   <u>οἱ δὲ μαθηταὶ</u> D
ὁ Ἰησοῦς καὶ εὐχαριστήσας   διέδωκεν <u>τοῖς μαθηταῖς,</u>   <u>οἱ δὲ μαθηταὶ</u> 𝔐 K M U Δ Θ Λ Ψ 118c
ὁ Ἰησοῦς καὶ εὐχαριστήσας   <u>ἔδωκεν</u> <u>τοῖς μαθηταῖς,</u>   <u>οἱ δὲ μαθηταὶ</u> 69 1071 [↑f13 2 700 τ
ὁ Ἰησοῦς <u>δι᾽</u> εὐχαριστήσας   διέδωκεν <u>τοῖς μαθηταῖς,</u>   <u>οἱ δὲ μαθηταὶ</u> 124
ὁ Ἰησοῦς καὶ εὐχαριστήσας   <u>δέδωκε</u> <u>τοῖς μαθηταῖς,</u>   <u>οἱ δὲ μαθηταὶ</u> 28
ὁ Ἰησοῦς καὶ εὐχαριστήσας   διέδωκεν <u>τοῖς μαθηταῖς αὐτοῦ,</u> <u>οἱ δὲ μαθηταὶ</u> 157 1424

τοῖς ἀνακειμένοις ὁμοίως   καὶ ἐκ τῶν ὀψαρίων ὅσον ἤθελον. **12** ὡς δὲ B **uwτ** rell
··········· ένοις ὁμοίως   καὶ ε· ··········· ν ἤθελον. **12** ὡς δὲ 𝔭28
τοῖς ἀνακειμένοις ὁμοίως   **12**   𝔭66
············ ις ὁμοίως   καὶ ··κ τῷ ··········· ὅσον ἤθελον. **12** ὡς δὲ 𝔭75
τοῖς ἀνακειμένοις ὁμοίως <u>δὲ</u> καὶ ἐκ τῶν ὀψαρίων ὅσον ἤθελον. **12** ὡς δὲ D
τοῖς ἀνακειμένοις ὁμοίως <u>δὲ</u> καὶ <u>ἀπὸ</u> τῶν ὀψαρίων ὅσον ἤθελον. **12** ὡς δὲ M
<u>τοὺς ἀνακειμένους</u> ὁμοίως καὶ ἐκ τῶν ὀψαρίων ὅσον ἤθελον. **12** ὡς δὲ Π
τοῖς <u>ὀχλοις</u>   ὁμοίως καὶ ἐκ τῶν ὀψαρίων ὅσον ἤθελον. **12** ὡς δὲ Ψ 157
τοῖς ἀνακειμένοις ὁμοίως <u>δὲ</u> καὶ ἐκ τῶν <u>ἰχθύων</u> ὅσον ἤθελον. **12** ὡς δὲ 124

ἐνεπλήσθησαν, λέγει τοῖς μαθηταῖς αὐτοῦ, Συναγάγετε τὰ περισσεύοντα   κλάσματα,   B
················· λέγει τοῖς μαθηταῖς α···   𝔭28
······················ ει τοῖς μαθη······ ····οῦ, Συναγάγε ···· ···ερισσεύ··· α   κλάσματα,   𝔭75
<u>ἐπλήσθησαν,</u> λέγει τοῖς μαθηταῖς αὐτοῦ, Συναγάγετε τὰ <u>περισσεύσαντα</u>   κλάσματα,   E Θ f1 565
ἐνεπλήσθησαν, λέγει τοῖς μαθηταῖς αὐτοῦ, Συναγάγετε τὰ <u>περισσεύματα τῶν</u> <u>κλασμάτων,</u>   N 1424
ἐνεπλήσθησαν, λέγει τοῖς μαθηταῖς αὐτοῦ, Συναγάγετε τὰ <u>περισσεύσαντα</u>   <u>κλάσμα,</u>   124
ἐνεπλήσθησαν, λέγει τοῖς μαθηταῖς αὐτοῦ, Συναγάγετε τὰ <u>περισσεύσαντα</u>   κλάσματα,   **uwτ** rell

---

lac. 6.10-12 𝔭45 C P Γ 1346

A 10 αναπεσιν 𝔭66 ℵ K* L W Θ 579 | χορτος 2* | πολλυς L | το (τω) L* | των (τον) L M 69 157 579 1071 | αριθμων E M 69 157 579 | ωσι 𝔭66 **11** ελεβεν 𝔭28 ¦ ελαβε Y U 157 700 **11** ευχαριστιας 157 | διεδωκε S Y U Π Ω f1 118 13 124 28 157 700 788 ¦ εδωκε 69 | ανακιμενοις ℵ | ηθελων E **12** λεγι ℵ | συναγαγεται ℵ W 579 | περισευσαντα W

B 11 ιϲ B 𝔭66 ℵ A 𝔐 K L M N S U W Γ Δ Θ Λ Π Ψ Ω f1 118 f13 124 2 33 28 157 565 579 700 788 1071 1424 ¦ ιηϲ D

ἵνα μή τι ἀπόληται.   **13** συνήγαγον οὖν καὶ ἐγέμισαν δώδεκα κοφίνους   Β 𝔓⁷⁵ 69 124 788 **uwτ**
ἵνα μή τι ἀπόληται ἐξ αὐτῶν.   **13** συνήγαγον δὲ καὶ ἐγέμισαν δώδεκα κοφίνους   D   [↑rell
ἵνα μή τι ἐξ αὐτῶν ἀπόληται.   **13** συνήγαγον οὖν καὶ ἐγέμισαν δώδεκα κοφίνους   Θ
ἵνα μή τι ἀπόληται.   **13** συνήγαγον δὲ καὶ ἐγέμισαν δώδεκα κοφίνους   Λ
ἵνα μή τι ἀπόληται.   **13** συνήγαγον οὖν καὶ ἐγέμισαν   κοφίνους   ƒ¹³

κλασμάτων ἐκ τῶν πέντε ἄρτων τῶν κρειθίνων ἃ ἐπερίσσευσαν τοῖς βεβρωκόσιν.   Β D
....   Γ
κλασμάτων ἐκ τῶν πέντε ἄρτων τῶν κριθίνων ἃ ἐπερίσσευσαν τοῖς βεβρωκόσιν.   𝔓⁷⁵ W uw
κλασμάτων ἐκ τῶν πέντε ἄρτων τῶν κριθίνων ἃ περιέσσευσεν τοῖς βεβρωκόσιν.   U Θ
κλασμάτων ἐκ τῶν πέντε ἄρτων τῶν κριθίνων περιέσσευεν τοῖς βεβρωκόσιν.   Δ
κλασμάτων ἐκ τῶν πέντε ἄρτων τῶν κριθίνων ἃ ἐπερίσσευσεν τοῖς βεβρωκόσιν.   ℵ Α 𝔐 Κ L M N Λ Π Ψ
                                                                 ƒ¹ ƒ¹³ 2 33 28 157 565 579 700 1071 1424 τ

14 Οἱ οὖν   ἄνθρωποι   ἰδόντες   ἃ ἐποίησεν σημεῖα   ἔλεγον ὅτι   Β 𝔓⁷⁵ [w]
14 Οἱ οὖν   ἄνθρωποι   ἰδόντες   ὃ ἐποίησεν σημεῖον   ἔλεγον   ℵ
14 Οἱ οὖν   ἄνθρωποι   ἰδόντες   ὃ ἐποίησεν σημεῖον   ἔλεγον ὅτι   D u[w]
14 Οἱ οὖν   ἄνθρωποι   εἰδότες   ὃ ἐποίησεν σημεῖον   ὁ Ἰησοῦς   ἔλεγον ὅτι   L
14 Οἱ οὖν   ἄνθρωποι οἱ εἰδόντες   ὃ ἐποίησεν σημεῖον   ἔλεγον   W
14 Οἱ οὖν   ἄνδρες   ἰδόντες   ὃ ἐποίησεν σημεῖον   ὁ Ἰησοῦς   ἔλεγον ὅτι   ƒ¹³
14 Οἱ οὖν οἱ   ἄνθρωποι   ἰδόντες   ὃ ἐποίησεν σημεῖον   ὁ Ἰησοῦς   ἔλεγον ὅτι   69
14 Οἱ οὖν   ἄνθρωποι οἱ ἰδόντες   τὸ σημεῖον ὃ ἐποίησεν ὁ Ἰησοῦς   ἔλεγον ὅτι   157
14 Οἱ οὖν   ἄνθρωποι   ἰδόντες   ἐποίησεν σημεῖον   ὁ Ἰησοῦς   ἔλεγον ὅτι   579
14 Οἱ οὖν   ἄνθρωποι   ἰδόντες   ὃ ἐποίησεν ὁ Ἰησοῦς   σημεῖον   ἔλεγον ὅτι   1424
14 Οἱ οὖν   ἄνθρωποι   ἰδόντες   ὃ ἐποίησεν σημεῖον   ὁ Ἰησοῦς   ἔλεγον ὅτι   Α 𝔐 Κ Μ Ν U Γ Δ Θ
                                                                 Λ Π Ψ ƒ¹ 124 2 33 28 565 700 788 1071 τ

Οὗτός ἐστιν ἀληθῶς ὁ προφήτης ὁ ἐρχόμενος εἰς τὸν κόσμον.   Β 𝔓⁷⁵ uwτ rell
Οὗτός ἐστιν ἀληθῶς ὁ προφήτης ὁ εἰς τὸν κόσμον ἐρχόμενος.   ℵ Μ Θ 124
Οὗτός ἐστιν   ὁ προφήτης ὁ εἰς τὸν κόσμον ἐρχόμενος.   D
Οὗτός ἐστιν   ὁ προφήτης ὁ ἐρχόμενος εἰς τὸν κόσμον.   579

Jesus Withdraws From The People To A Mountain

τζ **15** Ἰησοῦς οὖν   γνοὺς ὅτι μέλλουσιν ἔρχεσθε   καὶ ἁρπάζειν αὐτὸν ἵνα   Β M
15 Ἰησοῦς οὖν   γνοὺς ὅτι μέλλουσιν ἔρχεσθαι   καὶ ἁρπάζειν αὐτὸν καὶ   ℵ*
15 Ὁ οὖν Ἰησοῦς   γνοὺς ὅτι μέλλουσιν ἔρχεσθαι   καὶ ἁρπάζειν αὐτὸν ἵνα   G 69
15 Ὁ οὖν Ἰησοῦς   γνοὺς ὅτι μέλλουσιν ἔρχεσθαι οἱ ὄχλοι   καὶ ἁρπάζειν αὐτὸν ἵνα   ƒ¹³
15 Ὁ οὖν ὁ Ἰησοῦς γνοὺς ὅτι μέλλουσιν ἔρχεσθαι   καὶ ἁρπάζειν αὐτὸν ἵνα   788
15 Ἰησοῦς οὖν   γνοὺς ὅτι μέλλουσιν ἔρχεσθαι   καὶ ἁρπάζειν αὐτὸν ἵνα   124 uwτ rell

lac. 6.12-15 𝔓⁴⁵ 𝔓⁶⁶ C P 1346 ¦ vsş 12-13 Γ

A 12 απολητε A ¦ απωληται 28 ¦ απωλειται 1424 **13** εγεμησαν F L M Θ 13 2 28 565 700 1071 ¦ δωδε 28* ¦ κονιφους N ¦ κωφινους M 28 ¦ κριθηνων F U 579 ¦ κριθινον Θ ¦ επερισσευσε G S Y Ω ƒ¹ 118 13 69 124 28 157 565 700 788 ¦ περισσευσε U ¦ βεβρωκωσιν H Θ* 2* 1424 ¦ βεβροκοσι 124 ¦ βεβρωκοσι 28 ¦ βεβροκωσιν 579 **14** ιδωντες K 2* ¦ εποιησε G Y 118 13 69 700 788 ¦ σιμειον E ¦ σημιον N W ¦ λεγον S* ¦ αλιθως E ¦ προφητις 2* ¦ ερχωμενος 579 **15** αρπαζιν N ¦ ιν (ινα) Θ

B 13 ῑβ̄ 𝔓⁷⁵ ¦ ε̄ 𝔓⁷⁵ **14** ανοι 𝔓⁷⁵ A 𝔐 Κ L M N S U W Γ Δ Θ Λ Π Ψ Ω ƒ¹ 118 124 2 33 28 157 565 579 700 788 1071 1424 ¦ ῑς̄ A 𝔐 Κ L M N S U Γ Δ Θ Λ Π Ψ Ω ƒ¹ 118 ƒ¹³ 124 2 33 28 157 565 579 700 788 1071 1424 **15** ῑς̄ Β 𝔓⁷⁵ ℵ A 𝔐 Κ L M N S U W Δ Θ Λ Π Ψ Ω ƒ¹ 118 ƒ¹³ 124 2 33 28 157 565 579 700 788 1071 1424 ¦ ῑη̄ς̄ D

C 13 τε̄ Ω **14** ανναγνοσμα D ¦ θ̄ πε του εν θαλασση περιπατου 28 ¦ αρχη: (+ τω 2) Σαββατω της β̄ εβδομαδος τω καιρω εκεινω (om. 2) ιδοντες οι ανοι (ante ο εποιησεν) E 2 ¦ αρχη: Σα β̄ της β̄ εβδ τω κ.ρ,ω ιδοντες οι ανοι ο εποι G ¦ αρχη: Σα της β̄ εβδ. τω κ, ιδοντες οι ανοι ο εποιησεν H ¦ αρχ: τω Σα της β̄ εβδ τω κ.ρ,ω ιδοντες οι ανοι ο εποιησεν Y ¦ Σα β̄ τω και, ιδοντες οι ανοι ο εποιησ, M ¦ τω Σα τς β̄ εβδ τω κ S ¦ αρχ ῑᾱ τω καιρω ιδοντες οι ανοι ζητ δε τς κυρ γ̄ εις τ αναστ του μαρ κε σκζ̄ τω καιρω ηλθεν ιωσηφ ο απο αριμαθ Γ ¦ αρχ Λ ¦ αρχ τω Σα τς γ̄ εβδ̣ο̲ Ψ ¦ Σα τς β̄ εβδ Ω ¦ αρχ ιθ̄ Σα β τω καιρω εκεινω ιδοντ οι ανοι α εποιησεν ƒ¹ ¦ αρχ ιθ̄ τω Σα της β εβδομ,α τω ιδοντες οι ανοι α εποιησεν 118 ¦ αρχ τω Σα τη β̄ εβδ ƒ¹³ ¦ αρχ: τω Σα της β̄ εβδ 788 ¦ αρχ τω Σα της εβδ της β̄ 124 ¦ αρχ του Σαβ: τω καιρω εκεινω ιδοντ οι ανοι το σημειον ο εποι 28 ¦ αρχ τω καιρω 1424 ¦ τελος (post κοσμον) E H S Y Γ Θ ƒ¹³ 124 2 579 788 1424 ¦ τελος της δ̄ (+ ε̄ M) G M ƒ¹ 118 **15** θ̄ πε του εν θαλασση περιπατου Γ 157 ¦ αρχ Σα β̄ 157

D 14 ῡ/ῑ̄ ℵ A E M N S U Y Θ Λ Π Ψ Ω 118 28 1424 ¦ ῡ̄ D F G H K Γ ƒ¹³ 2 157 565 1071 ¦ ῡ̄/β̄ 124 ¦ μ̄θ̄/β̄ 788 ¦ Ευ Ιω ῡ̄ : Λο . : Μρ . : Μθ . E ¦ Ιω ῡ̄ : Λο . : Μρ ξ̄ς̄ : Μθ ρ̄η̄ 124 **15** ῡᾱ/γ̄ A

ποιήσωσι	βασιλέα, ἀνεχώρησε	πάλιν εἰς τὸ ὄρος αὐτὸς μόνος.	B f[1]
ποιήσωσιν	βασιλέα, ἀνεχώρησεν	πάλιν εἰς τὸ ὄρος αὐτὸς μόνος.	𝔓[75] A L 33 579 uw
ἀναδίκνυναι	βασιλέα, φεύγι	πάλιν εἰς τὸ ὄρος μόνος αὐτὸς.	ℵ*
ποιήσωσιν	βασιλέα, ἀνεχώρησεν	πάλιν εἰς τὸ ὄρος μόνος αὐτὸς.	ℵc
ποιήσωσιν αὐτὸν	βασιλέα, ἀνεχώρησεν	πάλιν εἰς τὸ ὄρος αὐτὸς μόνος, κἀκεῖ προσηύχετο.	D
ποιήσωσιν αὐτὸν	βασιλέα, ἀνεχώρησε	πάλιν εἰς τὸ ὄρος αὐτὸς μόνος.	Y 118 157
ποιήσωσιν αὐτὸν	βασιλέα, ἀνεχώρησεν	πάλιν εἰς τὸ ὄρος αὐτὸς μόνος.	K Θ Λ 124 700 1071 τ
ποιήσουσιν	βασιλέα, ἀνεχώρησεν	πάλιν εἰς τὸ ὄρος αὐτὸς μόνος.	N*
ποιήσουσιν αὐτὸν	βασιλέα, ἀνεχώρησεν	πάλιν εἰς τὸ ὄρος αὐτὸς μόνος.	Nc
ποιήσωσιν	βασιλέα, ἀνεχώρησεν	εἰς τὸ ὄρος αὐτὸς μόνος.	W
ποιη........	....	....	Π
ποιήσωσιν	βασιλέα, ἀνεχώρησεν	εἰς τὸ ὄρος αὐτὸς μόνος.	28
ποιήσωσι	βασιλέα, ἀνεχώρησε	πάλιν εἰς τὸ ὄρος.	565
ποιήσωσιν αὐτὸν	βασιλέα, ἀνεχώρησεν	εἰς τὸ ὄρος αὐτὸς μόνος.	𝔐 M U Γ Δ Ψ f[13] 2 1424

θ̄ περὶ τοῦ ἐν θαλάσσῃ περιπάτου

Fifth Sign: Jesus Walks On The Waters Of Galilee
(Matthew 14.23-33; Mark 6.46-52)

16 Ὡς δὲ ὀψία ἐγένετο	κατέβησαν οἱ μαθηταὶ αὐτοῦ ἐπὶ τὴν θάλασσαν **17** καὶ		B 𝔓[75] uwτ rell
16 Ὡς δὲ ὀψία ἐγένετο	κατέβησαν	ἐπὶ τὴν θάλασσαν **17** καὶ	W
16 Ὡς δὲ ὀψία ἐγένετο	κατέβησαν οἱ μαθηταὶ αὐτοῦ εἰς τὴν θάλασσαν **17** καὶ		Δ f[13] 33
16 Ὡς δὲ ὀψία γέγονεν καὶ	κατέβησαν οἱ μαθηταὶ αὐτοῦ ἐπὶ τὴν θάλασσαν **17** καὶ		1424

ἐμβάντες	εἰς	πλοῖον ἤρχοντο	πέραν τῆς θαλάσσης εἰς Καφαρναούμ.	B 𝔓[75] uw
ἐμβάντες	εἰς	πλοῖον ἔρχονται	πέραν τῆς θαλάσσης εἰς Καφαρναούμ.	ℵ
ἀναβάντες	εἰς τὸ	πλοῖον ἤρχοντο	πέραν τῆς θαλάσσης εἰς Καπερναούμ.	A K
ἐνβάντες	εἰς τὸ	πλοῖον ἤρχοντο εἰς τὸ	πέραν τῆς θαλάσσης εἰς Καφαρναούμ.	D
ἀναβάντες	εἰς τὸ	πλοῖον ἤρχοντο	πέραν τῆς θαλάσσης εἰς Καπερναούμ.	L Δ 33 700 1071
ἐνβάντες	εἰς τὸ	πλοῖον ἤρχοντο	πέραν τῆς θαλάσσης εἰς Καφαρναούμ.	N
ἐνβάντες	εἰς τὸ	πλοῖον ἤρχοντο	πέραν τῆς θαλάσσης εἰς Καφαρναούμ.	W
ἐμβάντες	εἰς τὸ	πλοῖον ἤρχοντο	πέραν τῆς θαλάσσης εἰς Καφαρναούμ.	Ψ 28
ἐμβάντες	εἰς τὸ	πλοῖον ἤρχοντο εἰς τὸ	πέραν τῆς θαλάσσης εἰς Καπερναούμ.	f[13]
ἐμβάντες	εἰς	πλοῖον ἤρχοντο	πέραν τῆς θαλάσσης εἰς Καπαρναούμ.	579
ἐμβάντων	εἰς τὸ	πλοῖον ἤρχοντο	πέραν τῆς θαλάσσης εἰς Καπερναούμ.	1424 [↓157 565 τ
ἐμβάντες	εἰς τὸ	πλοῖον ἤρχοντο	πέραν τῆς θαλάσσης εἰς Καπερναούμ.	𝔐 M U Γ Θ Λ f[1] 124 2

καὶ σκοτία ἤδη ἐγεγόνει καὶ		οὔπω πρὸς αὐτοὺς ἐληλύθει ὁ Ἰησοῦς,	B N Ψ 579
.....ὶ σκοτία ἤδη		...........ληλύθει ὁ Ἰησοῦς,	𝔓[28]
καὶ σκοτία ἤδη ἐγεγόνει καὶ ἤδη		οὔπω πρὸς αὐτοὺς ἐγεγόνει ὁ Ἰησοῦς,	𝔓[75*]
καὶ σκοτία ἤδη ἐγεγόνει καὶ		οὔπω πρὸς αὐτοὺς ἐγεγόνει ὁ Ἰησοῦς,	𝔓[75c]
κατέλαβεν δὲ αὐτοὺς	ἡ σκοτία καὶ	οὔπω ἐληλύθει Ἰησοῦς πρὸς αὐτούς,	ℵ
κατέλαβεν δὲ αὐτοὺς	ἡ σκοτία καὶ	οὔπω ἐληλύθει ὁ Ἰησοῦς πρὸς αὐτούς,	D
καὶ σκοτία ἤδη ἐγεγόνει καὶ		οὐκ ἐληλύθει πρὸς αὐτοὺς ὁ Ἰησοῦς εἰς τὸ	K
κατέλαβεν δὲ αὐτοὺς καὶ	ἡ σκοτία ἤδη	ἐγεγόνει καὶ οὔπω ἐληλύθει πρὸς αὐτοὺς Ἰησοῦς,	L*
καὶ σκοτία ἤδη ἐγεγόνει καὶ		οὔπω ἐληλύθει πρὸς αὐτοὺς Ἰησοῦς,	Lc
καὶ σκοτία ἤδη ἐγεγόνει καὶ		οὔπω ἐληλύθει πρὸς αὐτοὺς ὁ Ἰησοῦς,	W Γ 124 33 788 u[w]
καὶ σκοτία ἤδη ἐγεγόνει καὶ		οὔπω ἐληλύθει πρὸς αὐτοὺς ὁ Ἰησοῦς εἰς τὸ	f[13]
καὶ σκοτία ἤδει γεγόνει καὶ		οὔπω ἐλιλύθει πρὸς αὐτοὺς ὁ Ἰησοῦς,	1071
καὶ σκοτία ἤδη ἐγεγόνει καὶ		οὔπω ἐληλύθει Ἰησοῦς πρὸς αὐτούς,	[w]
καὶ σκοτία ἤδη ἐγεγόνει καὶ		οὐκ ἐληλύθει πρὸς αὐτοὺς ὁ Ἰησοῦς,	A 𝔐 M U Δ
			Θ Λ f[1] 2 28 157 565 700 1424 τ

lac. 6.15-17 𝔓[45] 𝔓[66] C R Π 1346

A **15** ανεχορησεν Δ* | ανεχωρισεν E K **16** οψιας M ¦ οψεια W ¦ οψι Θ | κατεβισαν ο (οι) K | τιν (την) Δ | θαλασαν Γ*
17 θαλασης K | ις (εις[2]) D* | σκοτεια 33 579 700 1424 ¦ ηδει H ¦ ιδη 2 | γεγονει 565 | εληλυθη K L M Λ 579 ¦ ηληλυθη Θ

B **17** ῑς B 𝔓[28] 𝔓[75] ℵ A 𝔐 K M N S U W Γ Δ Θ Λ Ψ Ω f[1] 118 f[13] 124 2 33 28 157 565 579 700 788 1071 1424 ¦ ιῑης D

C **16** θ̄ (+ κ̄ζ̄ Θ ¦ - 579) περι του εν θαλασση περιπατου (περιπατουν E): 𝔐 K L M S U Θ Λ Ω f[1] 2 33 579 700 788 1424 (ante vs. 19 Δ) (ante vs. 17 1071 ¦ θ̄ πε της επιτιμησεως των υδατων 124 | Ιω θ̄ : Μθ κ̄ζ̄ : Μρ ῑζ̄ Μ | αρχ: Θ ¦ σχὸ ην δε κ, το Ιουδα κατακριματο γινομενον ου το τυχον βασταζων τον κοφινον Λ

D **15** ν̄ᾱ/δ̄ (ante φευγι) ℵ **16** ν̄ᾱ/δ̄ Y M N S U Θ Λ 118 1424 ¦ ν̄ᾱ D E F H K Γ f[13] 2 157 565 1071 ¦ ν̄ᾱ/ᾱ G Ψ Ω 124 28 ¦ ν̄/ᾱ 788 |
Ευ Μτ κ̄ζ̄ : Μρ ῑζ̄ | Ιω νᾱ : Λο . : Μρ . : Μτ . 124 | Ιω νᾱ : Μρ ξ̄ζ̄ : Μτ ρ̄ δ̄ 788

	18 ἥ τε θάλασσα ἀνέμου μεγάλου	πνέοντος διεγείρετο.	**19** ἐληλακότες οὖν	B G L U Λ **uw**
	18 ἥ τε θ··········	······υ πνέοντος διεγε······	**19**	𝔓28
	18 ἥ δ· ····λασσα ἀνέμου μεγάλου	πνέοντος δ··········ατο.	**19** ἐληλακότες ού·	𝔓75
	18 ἥ δὲ θάλασσα ἀνέμου μεγάλου	πνέοντος διηγείρετο.	**19** ἐληλακότες οὖν	D N 579
πλοῖον,	**18** ἥ τε θάλασσα ἀνέμου μεγάλου	πνέοντος διηγείρετο.	**19** ἐληλακότες οὖν	K
πλοῖον,	**18** ἥ τε θάλασσα ἀνέμου μεγάλου	πνέοντος διεγείρετο.	**19** ἐληλακότες οὖν	f13
	18 ἥ τε θάλασσα ἀνέμου	πνέοντος διεγείρετο.	**19** ἐληλακότες οὖν	69
	18 ἥ τε θάλασσα ἀνέμου μεγάλου	πνέοντος διηγείρετο.	**19** ἐληλακότες οὖν	א A 𝔐 M W Γ Δ

Θ Ψ f1 124 2 33 28 157 565 579 700 788 1071 1424 τ

ᾧ	σταδίους εἴκοσι πέντε ἢ τριάκοντα θεωροῦσι τὸν Ἰησοῦν	B* K* Θ f13 1424
ὡς	σταδίους εἴκοσι π·········· ····ν Ἰησοῦν	𝔓28
ὡς	στάδια εἴκοσι πέντε ἢ τριάκοντα θεωροῦσι τὸν Ἰησοῦν	א*
στάδια ὡσεὶ	εἴκοσι πέντε ἢ τριάκοντα θεωροῦσι τὸν Ἰησοῦν	D
ὡσεὶ	σταδίους εἴκοσι πέντε ἢ τριάκοντα θεωροῦσι τὸν Ἰησοῦν	A Y f1 157 565
	σταδίους εἴκοσι πέντε ἢ τριάκοντα θεωροῦσι τὸν Ἰησοῦν	28 [↓124c 2 33 579 700 788 1071 **uwτ**
ὡς	σταδίους εἴκοσι πέντε ἢ τριάκοντα θεωροῦσι τὸν Ἰησοῦν	Bc 𝔓75 אc 𝔐 Kc L M N U W Γ Δ Λ Ψ 69

περιπατοῦντα ἐπὶ τῆς θαλάσσης καὶ ἐγγὺς τοῦ πλοίου	B **uwτ** rell
περιπατου······ ······ ·········· ···αὶ ἐγγὺς τοῦ πλο······	𝔓28
περιπατοῦντα ἐπὶ τὴν θάλασσ··· ······ ἐγγὺς τοῦ··········	𝔓75

γεινόμενον, καὶ ἐφοβήθησαν.	**20** ὁ δὲ λέγει αὐτοῖς, Ἐγώ εἰμι, μὴ φοβεῖσθε.	B A D W Θ
·········· ····ὶ ἐφοβήθησαν.	**20** ὁ δὲ ·········· μὴ φοβεῖσθε.	𝔓28
····· νόμενον, κα̣ι̣ ····βήθησα·	**20** ·········γει αὐτοῖς, Ἐγώ ε···· ···ἢ φοβ	𝔓75
γινόμενον, καὶ ἐφοβήθησαν.	**20** καὶ λέγει αὐτοῖς, Ἐγώ εἰμι, μὴ φοβεῖσθε.	א
γινόμενοι, καὶ ἐφοβήθησαν.	**20** ὁ δὲ λέγει αὐτοῖς, Ἐγώ εἰμι, μὴ φοβεῖσθε.	E*
γενόμενον, καὶ ἐφοβήθησαν.	**20** ὁ δὲ λέγει αὐτοῖς, Ἐγώ εἰμι, μὴ φοβεῖσθε.	G 700 1424
γινόμενον, καὶ ἐφοβήθησαν.	**20** ὁ δὲ λέγει αὐτοῖς, Ἐγώ εἰμι, μὴ φοβεῖσθε.	K
γενομένου, ἐφοβήθησαν.	**20** ὁ δὲ λέγει αὐτοῖς, Ἐγώ εἰμι, μὴ φοβεῖσθε.	69
γινόμενον, ἐφοβήθησαν.	**20** ὁ δὲ λέγει αὐτοῖς, Ἐγώ εἰμι, μὴ φοβεῖσθε.	157
γινόμενον, καὶ ἐφοβήθησαν.	**20** ὁ δὲ λέγει αὐτοῖς, Ἐγώ εἰμι, μὴ φοβεῖσθε.	𝔐 L M N U Γ Δ Λ Ψ f1 f13

2 33 28 565 579 1071 **uwτ**

21 ἤθελον οὖν λαβεῖν αὐτὸν	εἰς τὸ πλοῖον, καὶ εὐθέως ἐγένετο τὸ πλοῖον	B A G L N f1 f13 33 565 579
21 ἤθ··········	εἰς τὸ πλοῖον, καὶ ε···········	𝔓28 [↑1071 **uw**
21 ····λον οὖν λαβεῖν α··τὸν	εἰς τὸ πλ······, καὶ εὐθε···· ····ετο τὸ πλοίον	𝔓75
21 ἦλθον οὖν λαβεῖν αὐτὸν	εἰς τὸ πλοῖον, καὶ εὐθέως τὸ πλοῖον ἐγένετο	א
21 ἤθελον οὖν αὐτὸν λαβεῖν	εἰς τὸ πλοῖον, καὶ εὐθέως τὸ πλοῖον ἐγενήθη	D
21 ἤθελον οὖν αὐτὸν βαλῖν	εἰς τὸ πλοῖον, καὶ εὐθέως ἐγένετο τὸ πλοῖον	W
21 ἤθελον οὖν αὐτὸν λαβεῖν	εἰς τὸ πλοῖον, καὶ εὐθέως ἐγένετο τὸ πλοῖον	Ψ 69 124
21 ἤθελον οὖν λαβεῖν	εἰς τὸ πλοῖον, καὶ εὐθέως ἐγένετο τὸ πλοῖον	788 [↓700 1424 τ
21 ἤθελον οὖν λαβεῖν αὐτὸν	εἰς τὸ πλοῖον, καὶ εὐθέως τὸ πλοῖον ἐγένετο	𝔐 K M U Γ Δ Θ Λ 2 28 157

ἐπὶ τῆς γῆς εἰς ἣν ὑπῆγον.	B **uwτ** rell
ἐπὶ τῆς γῆς εἰς η··········	𝔓28
····· ··ῆ· ······ ὑ··ῆγον.	𝔓75
ἐπὶ τὴν γῆν εἰς ἣν ὑπήντησεν	א*
ἐπὶ τὴν γῆν εἰς ἣν ὑπῆγον.	f13 28 157 1424
ἐπὶ τὴν γῆν εἰς ἣν ὑπήγοντο.	579

lac. 6.18-21 𝔓45 C P Π 1346

A 18 πεοντος E* ┊ πνεωντος 579 ┊ διηγηρετο Θ 28 ┊ διηγηρετω 579 **19** ελιλακοτες E ┊ εληλακοτε Θ* ┊ ου (ουν) E* ┊ εικωσι 13 ┊ πετε H ┊ θεωρουσιν א A D E F G H L M N W Γ Δ Θ Λ 13 2 33 579 1071 1424 ┊ περιπατουτα K* ┊ ενγυς 𝔓28 D ┊ πλοι M **20** ειμει W ┊ ειμη Θ ┊ φοβισθαι א ┊ φοβισθε D ┊ φοβειθε E ┊ φοβησθε F K ┊ φοβεισθαι L W Θ Ω 13 1071 ┊ φοβησθαι 579 **21** λαβιν א ┊ ευθεος M ┊ εγενε Λ* ┊ ιν (ην) L Θ

B 19 ιν͞ B 𝔓28 א A 𝔐 K L M N S U W Γ Θ Λ Ψ Ω f1 118 f13 124 2 33 28 157 565 579 700 788 1071 1424 ┊ ιην͞ D ┊ ε͞, λ͞ 𝔓75 ┊ κε, λ͞ W

C 19 θ͞ A

The People Seek Jesus At Capernaum

ιη̄ 22 Τῇ ἐπαύριον ὁ ὄχλος ὁ ἑστηκὼς πέρα τῆς θαλάσσης εἶδον ὅτι πλοιάριον ἄλλο   B*
22 Τῇ ἐπαύριον ὁ ὄχλος ὁ ἑστηκὼς πέραν τῆς θαλάσσης εἶδον ὅτι πλοιάριον ἄλλο   B^c A Δ 33 u[w]
22 ⸳⸳⸳⸳⸳⸳ριον ὁ ὄχλος ὁ ἐστ⸳⸳⸳⸳⸳⸳ ⸳⸳⸳⸳⸳⸳ ⸳⸳⸳⸳⸳⸳ ιδεν ὅτι πλοιάριον ⸳⸳⸳⸳⸳⸳   𝔓²⁸
22 Τ⸳⸳⸳⸳⸳⸳ ⸳⸳⸳χλος ὁ ε⸳⸳⸳ κ⸳⸳⸳⸳⸳⸳ ⸳⸳⸳⸳⸳⸳ ⸳⸳⸳⸳⸳⸳ς εἶδον ⸳⸳⸳ πλοιά⸳⸳⸳   𝔓⁷⁵
22 Τῇ ἐπαύριον ὁ ὄχλος ὁ ἑστὼς πέραν τῆς θαλάσσης εἶδεν ὅτι πλοιάριον ἄλλο   א
22 Τῇ ἐπαύριον ὁ ὄχλος ὁ ἑστηκὼς πέραν τῆς θαλάσσης εἶδεν ὅτι πλοιάριον ἄλλο   D
22 Τῇ ἐπαύριον ὁ ὄχλος ὁ ἑστηκὼς πέραν τῆς θαλάσσης ἰδὼν ὅτι πλοιάριον ἄλλον   H
22 Τῇ ἐπαύριον ὁ ὄχλος ὁ ἑστηκὼς πέραν τῆς θαλάσσης ἰδὸν ὅτι πλοιάριον ἄλλο   L N W 579
22 Τῇ ἐπαύριον ὁ ὄχλος ἑστηκὼς πέραν τῆς θαλάσσης εἶδον ὅτι πλοιάριον ἄλλο   Θ
22 Τῇ ἐπαύριον ὁ ὄχλος ἑστηκὼς πέραν τῆς θαλάσσης ἰδὼν ὅτι πλοιάριον ἄλλο   Ω*
22 Τῇ ἐπαύριον ὁ ὄχλος ὁ ἑστηκὼς πέραν τῆς θαλάσσης ἰδὼν ὅτι ἄλλο πλοιάριον   f¹³
22 Τῇ ἐπαύριον ὁ ὄχλος ὁ ἑστηκὼς πέραν τῆς θαλάσσης ἰδὼν ὅτι ἄλλον πλοιάριον   124
22 Τῇ ἐπαύριον ὄχλος ὁ ἑστηκὼς πέραν τῆς θαλάσσης ἰδὼν ὅτι πλοιάριον ἄλλο   565
22 Τῇ ἐπαύριον ὁ ὄχλος ὁ ἐστεικὼς πέραν τῆς θαλάσσης εἰδὼς ὅτι πλοιάρον ἄλλο   1071
22 Τῇ ἐπαύριον ὁ ὄχλος ὁ ἑστηκὼς πέραν τῆς θαλάσσης ἰδὼν ὅτι πλοιάριον ἄλλο   𝔐 K M U Γ Λ Ψ
f¹ 2 28 157 700 1424 [w]τ

οὐκ ἦν ἐκεῖ εἰ μὴ ἕν   καὶ ὅτι   B א^{c2} A L N W Ψ f¹ 157
⸳⸳ὐκ ἦν ἐκεῖ ε⸳ ⸳⸳⸳⸳⸳⸳ν   καὶ ⸳⸳⸳⸳⸳⸳   𝔓⁷⁵   [↑565 579 uw
οὐκ ἦν ἐκεῖ εἰ μὴ ἕν κεῖνο εἰς ὃ ἐνέβησαν οἱ μαθηταὶ του Ἰησοῦ καὶ ὅτι   א*
οὐκ ἦν ἐκεῖ εἰ μὴ ἕν εἰς ὃ ἐνέβησαν οἱ μαθηταὶ αὐτοῦ Ἰησοῦ καὶ ὅτι   D*
οὐκ ἦν ἐκεῖ εἰ μὴ ἕν εἰς ὃ ἐνέβησαν οἱ μαθηταὶ τοῦ Ἰησοῦ καὶ ὅτι   D^c
οὐκ ἦν ἐκεῖ εἰ μὴ ἕν ἐκεῖνο εἰς ᾧ ἐνέβησαν οἱ μαθηταὶ αὐτοῦ καὶ ὅτι   E* Γ
οὐκ ἦν ἐκεῖ εἰ μὴ ἕν ἐκεῖνο ὃ ἐνέβησαν οἱ μαθηταὶ αὐτοῦ καὶ ὅτι   Y
οὐκ ἦν ἐκεῖ εἰ μὴ ἕν ἐκεῖνο εἰς ὃν ἀνέβησαν οἱ μαθηταὶ αὐτοῦ καὶ ὅτι   Δ
οὐκ ἦν ἐκεῖ εἰ μὴ ἕν ἐκεῖνο ὃ ἀνέβησαν οἱ μαθηταὶ αὐτοῦ καὶ ὅτι   118
οὐκ ἦν ἐκεῖ εἰ μὴ ἕν ἐκείνω εἰς ὃ ἐνέβησαν οἱ μαθηταὶ τοῦ Ἰησοῦ καὶ ὅτι   f¹³
οὐκ ἦν ἐκεῖ εἰ μὴ ἕν ἐκεῖνο εἰς ὃ ἐνέβησαν οἱ μαθηταὶ τοῦ Ἰησοῦ καὶ ὅτι   124 788
οὐκ ἦν ἐκεῖ εἰ μὴ ἕν εἰς ὃ ἐνέβησαν οἱ μαθηταὶ αὐτοῦ καὶ ὅτι   33 1071
οὐκ ἦν ἐκεῖ εἰ μὴ ἕν ἐκεῖνο εἰς ὃ ἐνέβησαν οἱ μαθηταὶ αὐτοῦ καὶ ὅτι   א^{c1} 𝔐 K M U Θ Λ 1582^c
2 28 700 1424 τ

οὐ συνεισῆλθεν τοῖς μαθηταῖς αὐτοῦ ὁ Ἰησοῦς εἰς τὸ πλοῖον   B א^c D K L N W Ψ f¹ f¹³ 33 28
⸳⸳⸳⸳⸳⸳εισῆλθεν ⸳⸳⸳⸳⸳⸳ ταῖς αὐ⸳⸳⸳⸳⸳⸳ ⸳⸳ εἰς τὸ πλοῖο⸳⸳   𝔓⁷⁵   [↑157 1071 1424 uw
οὐ συνεληλύθι αὐτοῖς ὁ Ἰησοῦς εἰς τὸ πλοῖαν   א*
οὐ συνεισῆλθεν ὁ Ἰησοῦς τοῖς μαθηταῖς αὐτοῦ ὁ Ἰησοῦς εἰς τὸ πλοῖον   A
οὐ συνεισῆλθεν τοῖς μαθηταῖς αὐτοῦ εἰς τὸ πλοιάριον   Y
συνεισῆλθεν τοῖς μαθηταῖς αὐτοῦ ὁ Ἰησοῦς εἰς τὸ πλοιάριον   Λ
οὐ συνῆλθε τοῖς μαθηταῖς αὐτοῦ ὁ Ἰησοῦς εἰς τὸ πλοῖον   565
οὐ συνεισῆλθεν τοῖς μαθηταῖς αὐτοῦ ὁ Ἰησοῦς εἰς τὸ πλοιάριον   𝔐 M U Γ Δ Θ 2 579 700 τ

---

lac. 6.22 𝔓⁴⁵ 𝔓⁶⁶ C P Π 1346

A 22 τι (τη) L | εστηκος K 28 ⦙ εστικως 579 | ιδεν 𝔓²⁸ ⦙ ειδων Δ ⦙ ιδον 33 | πλοιαριον 1071^c | μι (μη) 579 | εκεινω Γ Λ Ω 28 ⦙ εκεινο 69 | συνησηλθεν E* L Θ 13 579 ⦙ συνησηλθε Ω 28 ⦙ συνεισηλθε S U f¹ 118 69 157 700 788 | ις¹ A | ις (εις²) D*

B 22 ιυ̅ א f¹³ 124 788 ⦙ ιηυ̅ D | lac. 𝔓⁷⁵ ⦙ ις̅ B א A E F G H K L M N S U W Γ Δ Θ Λ Ψ Ω f¹ 118 f¹³ 124 2 33 28 157 565 579 700 788 1071 1424 ⦙ ιης D

C 22 ανναγνοσμα D

D 22 νβ̅/ι̅ א A G L M S U Y Θ Λ Ψ Ω 118 124 28 788 1424 ⦙ νβ̅ D E F H K Γ f¹³ 2 565 1071 ⦙ να̅/ι̅ 788 | Ιω νβ̅ 124 788

ἀλλὰ μόνοι οἱ μαθηταὶ αὐτοῦ ἀπῆλθον·	23	ἄλλα	ἦλθεν πλοῖα	ἐκ τῆς	B
.... μόνοι οἱ .... ἀπῆλθον·	23	ἄλλα	ἦλθεν πλοῖα	ἐκ	𝔓⁷⁵
ἀλλὰ μόνοι οἱ μαθηταὶ αὐτοῦ·	23	ἐπελθόντων οὖν τῶν πλοίων		ἐκ	א*
ἀλλὰ μόνοι οἱ μαθηταὶ αὐτοῦ ἀπῆλθον·	23	ἐπελθόντων οὖν τῶν πλοίων		ἐκ	אᶜ
ἀλλὰ μόνον οἱ μαθηταὶ αὐτοῦ ἀπῆλθον·	23	ἄλλων πλοιαρείων ἐλθόντων		ἐκ	D
ἀλλὰ μόνοι οἱ μαθηταὶ αὐτοῦ ἀπῆλθον·	23	ἄλλα δὲ πλοιάρια ἦλθον	ἐκ	K
ἀλλὰ μόνοι οἱ μαθηταὶ αὐτοῦ ἀπῆλθον·	23	ἄλλα	πλοιάρια ἐκ Τιβεριάδος		L
ἀλλὰ μόνοι οἱ μαθηταὶ αὐτοῦ ἀπῆλθον·	23	ἄλλα δὲ ἦλθον πλοιάρια	ἐκ	M f¹ 124 565
ἀλλὰ μόνοι οἱ μαθηταὶ αὐτοῦ ἀπῆλθον·	23 καὶ ἄλλα δὲ ἦλθον πλοιάρια		ἐκ τῆς	N
ἀλλὰ μόνοι οἱ μαθηταὶ αὐτοῦ ἀπῆλθον·	23	ἄλλα δὲ ἦλθεν πλοῖα	ἐκ τῆς	W
ἀλλὰ μόνοι οἱ μαθηταὶ αὐτοῦ εἰσῆλθον·	23	ἄλλα δὲ ἦλθεν πλοιάρια	ἐκ	Θ
ἀλλὰ μόνοι οἱ μαθηταὶ αὐτοῦ ἀπῆλθον·	23	ἄλλα δὲ πλοῖα	ἐκ	Ψ
ἀλλὰ μόνοι οἱ μαθηταὶ αὐτοῦ ἀπῆλθον·	23	ἄλλα	ἦλθον πλοιάρια	ἐκ	33
ἀλλὰ μόνοι οἱ μαθηταὶ αὐτοῦ ἀπῆλθον·	23	ἄλλα δὲ ἦλθεν πλοῖα	ἐκ	157
ἀλλὰ μόνοι οἱ μαθηταὶ αὐτοῦ ἀπῆλθον·	23 καὶ ἄλλα	ἦλθεν πλοιάρια	ἐκ	579
ἀλλὰ μόνοι οἱ μαθηταὶ αὐτοῦ ἀπῆλθον·	23	ἄλλα δὲ πλοιάρια ἦλθον	ἐκ τῆς	1071
ἀλλὰ μόνοι οἱ μαθηταὶ αὐτοῦ ἀπῆλθον·	23	ἄλλα	ἦλθεν πλοιάρια	ἐκ	[u]
ἀλλὰ μόνοι οἱ μαθηταὶ αὐτοῦ ἀπῆλθον·	23	ἄλλα	ἦλθεν πλοῖα	ἐκ	[u]w [↓700 1424 τ
ἀλλὰ μόνοι οἱ μαθηταὶ αὐτοῦ ἀπῆλθον·	23	ἄλλα δὲ ἦλθεν πλοιάρια	ἐκ	A 𝔐 U Γ Δ Λ f¹³ 2 28

Τιβεριάδος ἐγγὺς τοῦ τόπου ὅπου ἔφαγον τὸν ἄρτον εὐχαριστήσαντος τοῦ κυρίου.	B 𝔓⁷⁵ u[w]τ rell
Τιβεριάδος ἐγγὺς οὔσης ὅπου καὶ ἔφαγον ἄρτον εὐχαριστήσαντος τοῦ κυρίου.	א*
Τιβεριάδος ἐγγὺς τοῦ τόπου ὅπου ἔφαγον ἄρτον εὐχαριστήσαντος τοῦ κυρίου.	אᶜ
Τιβεριάδος ἐγγὺς τοῦ τόπου ὅπου ἔφαγον τὸν ἄρτον.	D 69* 788
Τηβεριάδος ἐγγὺς τοῦ τόπου ὅπου ἔφαγον τὸν ἄρτον εὐχαριστήσαντος τοῦ κυρίου.	K U 2 579
ἦλθον ἐγγὺς τοῦ τόπου ὅπου ἔφαγον τὸν ἄρτον εὐχαριστήσαντος τοῦ κυρίου.	L
Τιβεριάδος ὅπου ἔφαγον τὸν ἄρτον εὐχαριστήσαντος τοῦ κυρίου.	W
Τιβεριάδος ἐγγὺς τοῦ τόπου ὅπου ἔφαγον τὸν ἄρτον τοῦ κυρίου εὐχαριστήσαντος.	1 118
Τιβεριάδος ἐγγὺς τοῦ τόπου οὗ ἔφαγον τὸν ἄρτον εὐχαριστήσαντος τοῦ κυρίου.	1071
Τιβεριάδος ἐγγὺς τοῦ τόπου ὅπου ἔφαγον τὸν ἄρτον εὐχαριστήσαντος τοῦ κυρίου—	[w]

24 ὅτε οὖν εἶδεν ὁ ὄχλος ὅτι	Ἰησοῦς οὐκ ἔστιν ἐκεῖ οὐδὲ οἱ μαθηταὶ αὐτοῦ,	B 𝔓⁷⁵ 124 788 uwτ
24 καὶ ἰδόντες ὅτι	οὐκ ἦν ἐκεῖ ὁ Ἰησοῦς· οὐδὲ οἱ μαθηταὶ,	א* [↑rell
24 ὅτε οὖν εἶπεν ὁ ὄχλος ὅτι	οὐκ ἔστιν ἐκεῖ οὐδὲ οἱ μαθηταὶ αὐτοῦ,	H
24 ὅτε οὖν ἔγνω ὁ ὄχλος ὅτι	Ἰησοῦς οὐκ ἔστιν ἐκεῖ οὐδὲ οἱ μαθηταὶ αὐτοῦ,	U
24 ὅτε οὖν εἶδεν ὁ ὄχλος ὅτι ὁ	Ἰησοῦς οὐκ ἔστιν ἐκεῖ οὐδὲ οἱ μαθηταὶ αὐτοῦ,	Θ f¹³

ἐνέβησαν	αὐτοὶ εἰς τὰ πλοιάρια	καὶ ἦλθον εἰς Καφαρναοὺμ ζητοῦνταις τὸν	B*
ἐνέβησαν	αὐτοὶ εἰς τὰ πλοιάρια	καὶ ἦλθον εἰς Καφαρναοὺμ ζητοῦντες τὸν	Bᶜ אᶜ N W uw
ἀνέβησαν	αὐτοὶ εἰς τὰ πλοιάρια	κα·· ἦλθον εἰς Καφ·····γα·······	𝔓⁷⁵
ἀνέβησαν	εἰς τὸ πλοῖον	καὶ ἦλθον εἰς Καφαρναοὺμ ζητοῦντες τὸν	א*
ἔλαβον	ἑαυτοῖς πλοιάρια	καὶ ἦλθον εἰς Καφαρναοὺμ ζητοῦντες τὸν	D
ἐνέβησαν	αὐτοὶ εἰς τὰ πλοῖα	καὶ ἦλθον εἰς Καπερναοὺμ ζητοῦντες	K
ἀνέβησαν	αὐτοὶ εἰς τὰ πλοῖα	καὶ ἦλθον εἰς Καπερναοὺμ ζητοῦντες τὸν	L
ἐνέβησαν	εἰς τὰ πλοῖα	καὶ ἦλθον εἰς Καπερναοὺμ ζητοῦντες τὸν	S
ἐνέβησαν καὶ αὐτοὶ εἰς τὰ πλοῖα		καὶ ἦλθον εἰς Καπερναοὺμ ζητοῦντες τὸν	U Γ 2 τ
ἐνέβησαν	αὐτοὶ εἰς τὰ πλοῖα	καὶ ἦλθον εἰς Καπερναοὺμ ζητοῦντες τὸν	Δ
ἐνέβησαν	αὐτοὶ εἰς τὰ πλοιάρια	καὶ ἦλθον εἰς Καπερναοὺμ ζητοῦντες τὸν	Ψ
ἐνέβησαν	αὐτοὶ εἰς τὰ πλοιάρια	καὶ ἦλθον εἰς Καπερναοὺμ ζητοῦντες τὸν	Ω
ἀνέβησαν καὶ αὐτοὶ εἰς τὰ πλοῖα		καὶ ἦλθον εἰς Καπερναοὺμ ζητοῦντες τὸν	f¹ 565
ἔλαβον	αὐτοὶ τὰ πλοιάρια	καὶ ἦλθον εἰς Καπερναοὺμ ζητοῦντες τὸν	f¹³
ἐνέβησαν καὶ αὐτοὶ εἰς τὰ πλοιάρια		καὶ ἦλθον εἰς Καπερναοὺμ ζητοῦντες τὸν	33 1071
ἀνέβησαν	αὐτοὶ εἰς τὰ πλοιάρια	καὶ ἦλθον εἰς Καφαρναοὺμ ζητοῦντες τὸν	579 [↓700 1424
ἐνέβησαν	αὐτοὶ εἰς τὰ πλοῖα	καὶ ἦλθον εἰς Καπερναοὺμ ζητοῦντες τὸν	A 𝔐 M Θ Λ 28 157

lac. 6.22-24 𝔓⁴⁵ 𝔓⁶⁶ C P Π 1346

A 23 ηλθε Y U 13 69 28 157 700 788 | πλοιαροια 124 | ευχαρηστησαντος Θ 24 ιδεν אᶜ A K L N Λ Ψ 33 579 1424

B 23 κῡ B 𝔓⁷⁵ א A 𝔐 K L M N S U W Γ Δ Θ Λ Ψ Ω f¹ 118 f¹³ 124 2 33 28 157 565 579 700 1071 1424 24 ιϛ B 𝔓⁷⁵ אᶜ A 𝔐 K L M N S U W Γ Δ Θ Λ Ψ Ω f¹ 118 f¹³ 124 2 33 28 157 565 579 700 788 1071 1424 ¦ ιης D

Ἰησοῦν. **25** καὶ μὴ εὑρόντες αὐτὸν πέραν τῆς θαλάσσης εἶπον αὐτῷ, Ῥαββεί, B*
Ἰησοῦν. **25** καὶ εὑρόντες αὐτὸν πέραν τῆς θαλάσσης εἶπον αὐτῷ, Ῥαββεί, Bᶜ ℵ 𝔐 Γ Λ 2 565 1424 w
Ἰησοῦν. **25** καὶ εὑρο······ ········ ········ ···αλάσσης εἰπ····· ········ 𝔓⁷⁵
<u>αὐτόν</u>. **25** καὶ εὑρόντες αὐτὸν πέραν τῆς θαλάσσης εἶπον αὐτῷ, <u>Ῥαββί</u>, K
Ἰησοῦν. **25** καὶ εὑρόντες αὐτὸν πέραν τῆς θαλάσσης <u>εἶπαν</u> αὐτῷ, Ῥαββεί, W
Ἰησοῦν. **25** καὶ εὑρόντες αὐτὸν πέραν τῆς θαλάσσης εἶπον αὐτῷ, <u>Ῥαβεί</u>, Θ
Ἰησοῦν. **25** καὶ εὑρόντες αὐτὸν πέραν τῆς θαλάσσης εἶπον αὐτῷ, <u>Ῥαββί</u>, A D F G L M N S U Δ Ψ Ω
f¹ f¹³ 33 28 157 579 700 1071 **uτ**

πότε ὧδε γέγονας; B **uwτ** rell
········ ··δε γέγονας; 𝔓⁷⁵
πότε ὧδε <u>ἦλθες</u>; ℵ
πότε ὧδε <u>ἐλήλυθας</u>; D
πότε <u>ὧδε</u> γέγονας; 124 788
πότε <u>ἦλθες ὧδε</u>; 28

The Work Of God

26 ἀπεκρίθη αὐτοῖς ὁ Ἰησοῦς καὶ εἶπεν, Ἀμὴν ἀμὴν λέγω ὑμῖν, ζητεῖτέ με B **uwτ** rell
26 α······ ········ ········ Ἀμὴν ἀμὴν λέγω υ ···· ········ ··· 𝔓⁷⁵
26 ἀπεκρίθη αὐτοῖς Ἰησοῦς καὶ εἶπεν, Ἀμὴν ἀμὴν λέγω ὑμῖν, ℵ*
26 ἀπεκρίθη αὐτοῖς Ἰησοῦς καὶ εἶπεν, Ἀμὴν ἀμὴν λέγω ὑμῖν, ζητεῖτέ με ℵᶜ
26 ἀπεκρίθη αὐτοῖς ὁ Ἰησοῦς, Ἀμὴν ἀμὴν λέγω ὑμῖν, ζητεῖτέ με N
26 ἀπεκρίθη αὐτοῖς ὁ Ἰησοῦς καὶ εἶπεν, Ἀμὴν λέγω ὑμῖν, ζητεῖτέ με 157
26 ἀπεκρίθη <u>οὖν</u> αὐτοῖς ὁ Ἰησοῦς καὶ εἶπεν, Ἀμὴν ἀμὴν λέγω ὑμῖν, ζητεῖτέ με 1424

οὐκ ὅτι εἴδετε σημεῖα, ἀλλ᾽ ὅτι ἐφάγετε ἐκ τῶν ἄρτων καὶ B*
<u>οὐχ</u> ὅτι εἴδετε σημεῖα, ἀλλ᾽ ὅτι ἐφάγετε ἐκ τῶν ἄρτων καὶ Bᶜ ℵ E F L M W Γ Δ Θ Λ f¹ 69 157
<u>οὐχ</u> ὅτι εἴδετε σημεῖα, ἀ····· ·····τε ἐκ ····· ···των καὶ 𝔓⁷⁵ [↑700 1424 **uwτ**
<u>οὐχ</u> ὅτι <u>εἴδατε</u> σημεῖα <u>καὶ τέρατα</u>, ἀλλ᾽ ὅτι ἐφάγετε ἐκ τῶν ἄρτων καὶ D
<u>οὐχ</u> ὅτι <u>ἴδετε</u> σημεῖα, ἀλλ᾽ ὅτι ἐφάγετε ἐκ τῶν καὶ Y* [↓1071
<u>οὐχ</u> ὅτι <u>ἴδετε</u> σημεῖα, ἀλλ᾽ ὅτι ἐφάγετε ἐκ τῶν ἄρτων καὶ A 𝔐 K N U Ψ f¹³ 2 33 28 565 579

ἐχορτάσθητε. **27** ἐργάζεσθε μὴ τὴν βρῶσιν τὴν ἀπολλυμένην ἀλλὰ B **uwτ** rell
ἐχο······ **27** ········σθε μὴ ··ὴν βρῶσιν ······ ἀπολλυμένη· ἀλλὰ 𝔓⁷⁵
ἐχορτάσθητε. **27** ἐργάζεσθε <u>βρῶσιν μὴ</u> τὴν ἀπολλυμένην ἀλλὰ ℵ
ἐχορτάσθητε. **27** <u>εἶπεν ὁ κύριος</u>, ἐργάζεσθε μὴ τὴν βρῶσιν τὴν ἀπολλυμένην ἀλλὰ Θᵐᵍ
ἐχορτάσθητε. **27** ἐργάζεσθε μὴ τὴν βρῶσιν τὴν <u>ἀπολλημένην</u> ἀλλὰ 579

[Cl S VI 1.2 εργαζεσθαι γαρ <u>την</u> <u>βρωσιν</u> την εις αιωνα παραμενουσαν] [Cl S I 7.2, III 87.1 <u>εργαζεσθε</u> <u>μη</u> <u>την</u> <u>απολλυμενην</u> <u>βρωσιν,</u> αλλα <u>την</u> <u>μενουσαν</u> <u>εις</u> <u>ζωην</u> <u>αιωνιον</u>]

τὴν βρῶσιν τὴν μένουσαν εἰς ζωὴν αἰώνιον, ἣν ὁ υἱὸς τοῦ ἀνθρώπου ὑμῖν δώσει· B 𝔓⁷⁵ **uwτ** rell
τὴν μένουσαν εἰς ζωὴν αἰώνιον, ἣν ὁ υἱὸς τοῦ ἀνθρώπου <u>δίδωσιν ὑμῖν</u>· ℵ
τὴν βρῶσιν τὴν μένουσαν εἰς ζωὴν αἰώνιον, ἣν ὁ υἱὸς τοῦ ἀνθρώπου <u>δίδωσιν ὑμῖν</u>· D
τὴν μένουσαν εἰς ζωὴν αἰώνιον, ἣν ὁ υἱὸς τοῦ ἀνθρώπου ὑμῖν δώσει· E F G H 2 28 1071
τὴν βρῶσιν τὴν μένουσαν εἰς ζωὴν αἰώνιον, ἣν ὁ υἱὸς τοῦ ἀνθρώπου <u>δώσει ὑμῖν</u>· f¹³ 1424
τὴν μένουσαν εἰς ζωὴν αἰώνιον, ἣν ὁ υἱὸς τοῦ ἀνθρώπου <u>δώσει ὑμῖν</u>· 69
τὴν βρῶσιν τὴν <u>μέλλουσαν</u> εἰς ζωὴν αἰώνιον, ἣν ὁ υἱὸς τοῦ ἀνθρώπου ὑμῖν δώσει· 579

lac. 6.24-27 𝔓⁴⁵ 𝔓⁶⁶ C P Π 1346

A 25 οδε E* **26** απεκρειθη D ¦ απεκριθει 28 ¦ υμειν D ¦ ζητιται ℵᶜ 579 ¦ ζητειται 33 ¦ μαι (με) 579 ¦ ιδετε N ¦ ειδεται W ¦ ηδετε 2 ¦ ιδεται 579 ¦ σημια ℵ W ¦ σημει Γ ¦ εφαγεται W 579 ¦ αρτον 2* ¦ εχορτασθηται W 579 1071 **27** εργαζεσθαι ℵ D W Δ 2* 579 ¦ απολυμενην Θ 2 1424 ¦ απολλημενην 69 ¦ υμειν D ¦ δωση 69 1424

B 24 ι̅ν̅ B 𝔓⁷⁵ ℵ A E F G Y L M N S U W Γ Δ Θ Λ Ψ Ω f¹ ¦ 118 f¹³ 124 2 33 28 157 565 579 700 788 1071 1424 ¦ ι̅η̅ν̅ D **26** ι̅ς̅ (lac. 𝔓⁷⁵) B ℵ A 𝔐 K L M N S U W Γ Δ Θ Λ Ψ Ω f¹ 118 f¹³ 124 2 33 28 157 565 579 700 788 1071 1424 ¦ ι̅η̅ς̅ D **27** υ̅ς̅ 𝔓⁷⁵ 𝔐 K L M N S U Δ Λ Ψ Ω f¹ 2 33 28 565 1071 1424 ¦ α̅ν̅ο̅υ̅ 𝔓⁷⁵ A 𝔐 K L M N S U W Γ Δ Θ Λ Ψ Ω f¹ 118 f¹³ 69 124 2 33 28 157 565 579 700 788 1071 1424

C 26 τελ 157 579 **27** αρχη: τη γ̅ της γ̅ εβδομαδος ειπεν ο κ̅ς̅. προς τους πεπιστευκοτας προς αυτον ιουδαιους· E 2 ¦ αρχη· τη γ̅ της γ̅ εβδ F 1071 ¦ αρχη: <u>τη γ της γ εβδ ειπ</u>.πρ τους πεπιστ. G ¦ αρχη: τη γ̅ της γ̅ εβδ ειπ, πρ πεπιστευκοτας αυτο ιουδ εργαζεσθε μη H ¦ αρχ: <u>τη γ της γ εβδ</u> ειπεν ο κ̅ς̅ προς τους ελλ εργαζεσθε μη τ Y ¦ τη γ της γ εβδ ειπεν ο κ̅ς̅ πρ τς ελλη πρ αυτ ιουδ εργαζεσθε M ¦ τη γ τς γ̅ εβδ ειπ ο κ̅ς̅ προς τ ελ ηλυθ S ¦ αρχ ημερα ι̅ζ̅ ηγουν τη γ ειπεν ο κ̅ς̅ πρ τους εληλυθοτ πρ αυτ ιουδ εργαζεσθε Γ ¦ αρχ: ειπεν ο κ̅ς̅ εργαζεσθε μη την βρωσιν την απολυμενην Θ ¦ τη γ τς γ̅ εβδ αρχ εργαζεσθε Ω ¦ αρχ κ τη γ̅ τς γ̅ εβδ ειπ ο κ̅ς̅ πρὸ τους εληλυθοτ πρ αυτ ιουδ εργαζεσθε f¹ ¦ αρχ κ τη γ̅ τς γ̅ εβδομ,α̅ ειπεν ο κ̅ς̅ πρὸ τους εληλυ προ αυτον ιουδ εργαζεσθε μη την· ο κ̅ς̅ εργα 118 ¦ <u>αρχ</u> f¹³ ¦ αρχ τη δ̅ της γ̅ εβδ 124 788 ¦ αρχ τς γ̅ ειπεν ο κ̅ς̅ προς τους εληλυθ προς αυτ ιουδ εργαζεσθε μη την 28 ¦ αρχη ειπεν ο κ̅ς̅ πρ 1424

τοῦτον γὰρ ὁ πατὴρ ἐσφράγισεν ὁ θεός. **28** εἶπον οὖν πρὸς αὐτόν, Τί ποιῶμεν B 𝔓⁷⁵ **uw** rell
τοῦτον γὰρ ὁ πατὴρ ὁ θεός. **28** εἶπον οὖν πρὸς αὐτόν, Τί ποιῶμεν ℵ*
τοῦτον γὰρ ὁ πατὴρ ἐσφράγισεν ὁ θεός. **28** εἶπον πρὸς αὐτόν, Τί ποιῶμεν A
τοῦτον γὰρ ὁ πατὴρ ἐσφράγισεν ὁ θεός. **28** εἶπον οὖν πρὸς αὐτόν, Τί ἐρσώμεθα D*
τοῦτον γὰρ ὁ πατὴρ ἐσφράγισεν ὁ θεός. **28** εἶπον οὖν πρὸς αὐτόν, Τί ἐργασώμεθα Dᶜ
τοῦτον γὰρ ὁ πατὴρ ἐσφράγισεν ὁ θεός. **28** εἶπον οὖν πρὸς αὐτόν, Τί οὖν ποιήσωμεν G
τοῦτον γὰρ ἐσφράγισεν ὁ πατὴρ ὁ θεός. **28** εἶπον οὖν πρὸς αὐτόν, Τί ποιῶμεν L
τοῦτον γὰρ ἐσφράγισεν ὁ θεός. **28** εἶπον οὖν πρὸς αὐτόν, Τί ποιῶμεν N*
τὸν γὰρ ὁ πατὴρ ἐσφράγισεν ὁ θεός. **28** εἶπον οὖν πρὸς αὐτόν, Τί ποιῶμεν U
τοῦτον γὰρ ὁ πατὴρ ἐσφράγισεν ὁ θεός. **28** εἶπον οὖν αὐτῷ, Τί ποιήσωμεν W
τοῦτον γὰρ ὁ πατὴρ ἐσφράγισεν ὁ θεός. **28** εἶπον οὖν πρὸς αὐτόν, Τί ποιήσωμεν Θ f¹³
τοῦτον γὰρ ὁ πατὴρ ἐσφράγισεν ὁ θεός. **28** εἶπον οὖν πρὸς αὐτόν, Τί ποιοῦμεν 118 2ᶜ 1424 τ
τοῦτον γὰρ ὁ πατὴρ ἐσφράγισεν ὁ θεός. **28** εἶπον οὖν πρὸς αὐτόν, Τί ποιήσομεν 69
τοῦτον γὰρ ὁ πατὴρ ἐσφράγισεν ὁ θεός. **28** εἶπεν οὖν πρὸς αὐτόν, Τί ποιοῦμεν 579
τοῦτο γὰρ ὁ πατὴρ ἐσφράγισεν ὁ θεός. **28** εἶπον οὖν πρὸς αὐτόν, Τί ποιήσωμεν 788

ἵνα ἐργαζώμεθα τὰ ἔργα τοῦ θεοῦ; **29** ἀπεκρίθη ὁ Ἰησοῦς καὶ εἶπεν αὐτοῖς, B A L N Θ Λ f¹ f¹³ 33 [u]wτ
ἵνα ποιήσωμεν τὰ ἔργα τοῦ θεοῦ; **29** ἀπεκρίθη ὁ Ἰησοῦς καὶ εἶπεν αὐτοῖς, D*
ποιήσωμεν τὰ ἔργα τοῦ θεοῦ; **29** ἀπεκρίθη ὁ Ἰησοῦς καὶ εἶπεν αὐτοῖς, Dᶜ
ἵνα ἐργαζόμεθα τὰ ἔργα τοῦ θεοῦ; **29** ἀπεκρίθη Ἰησοῦς καὶ εἶπεν αὐτοῖς, H M Γ 2* 28 157 1071
ἵνα ἐργαζόμεθα τὰ ἔργα τοῦ θεοῦ; **29** ἀπεκρίθη ὁ Ἰησοῦς καὶ εἶπεν αὐτοῖς, K 124 579
ἵνα ἐργαζώμεθα τὰ ἔργα τοῦ θεοῦ; **29** 788
ἐργαζόμεθα τὰ ἔργα τοῦ θεοῦ; **29** ἀπεκρίθη Ἰησοῦς καὶ εἶπεν αὐτοῖς, 1424 [↓[u]
ἵνα ἐργαζώμεθα τὰ ἔργα τοῦ θεοῦ; **29** ἀπεκρίθη Ἰησοῦς καὶ εἶπεν αὐτοῖς, 𝔓⁷⁵ ℵ 𝔐 U W Δ Ψ 2ᶜ 565 700

[↓1 118 2 33 565 uw
Τοῦτό ἐστιν τὸ ἔργον τοῦ θεοῦ, ἵνα πιστεύητε εἰς ὃν ἀπέστειλεν ἐκεῖνος. B 𝔓⁷⁵ A L Nᶜ Θ Ψ
Τοῦτό ἐστιν τὸ ἔργον τοῦ θεοῦ, ἵνα πιστεύηται εἰς ὃν ἀπέστειλεν ἐκεῖνος. ℵ 579
Τοῦτό ἐστιν τὸ ἔργον τοῦ θεοῦ, ἵνα πιστεύσηται εἰς ὃν ἀπέστειλεν ἐκεῖνος. D W
Τοῦτό ἐστιν τὸ ἔργον, ἵνα πιστεύητε εἰς ὃν ἀπέστειλεν ἐκεῖνος. N*
Τοῦτό ἐστιν τὸ ἔργον τοῦ θεοῦ, ἵνα πιστεύσητε εἰς ὃν ἀπέσταλκεν ἐκεῖνος. Γ
Τοῦτό ἐστιν τὸ ἔργον τοῦ θεοῦ, ἵνα ἅπαντας πιστεύσητε εἰς ὃν ἀπέστειλεν ἐκεῖνος. 69
ἵνα πιστεύσητε εἰς ὃν ἀπέστειλεν ἐκεῖνος. 788
Τοῦτό ἐστιν τὸ ἔργον τοῦ θεοῦ, ἵνα πιστεύσητε εἰς ὃν ἀπέστειλεν ἐκεῖνος. 𝔐 K M U Δ Λ 1582
f¹³ 28 157 700 1071 1424 τ

30 εἶπον οὖν αὐτῷ, Τί οὖν ποιεῖς σὺ σημεῖον, ἵνα εἴδωμεν καὶ πιστεύσωμέν B Δ 1
30 εἶπον οὖν αὐτῷ, Τί ποιεῖς σημεῖον σύ, ἵνα εἴδωμεν καὶ πιστεύσωμέν ℵ
30 εἶπεν οὖν αὐτῷ, Τί οὖν σοι ποιεῖς σημεῖον, ἵνα ἴδωμεν καὶ πιστεύσωμέν D
30 εἶπον οὖν αὐτῷ, Τί οὖν ποιεῖς σὺ σημεῖον, ἵνα ἴδωμεν καὶ πιστεύσωμέν L 33
30 εἶπον οὖν αὐτῷ, Τί οὖν σὺ ποιεῖς σημεῖον, ἵνα ἴδωμεν καὶ πιστεύσωμέν N
30 εἶπον οὖν αὐτῷ, Τί οὖν ποιεῖς σημεῖον, ἵνα ἴδωμεν καὶ πιστεύσωμέν W f¹³
30 εἶπον οὖν αὐτῷ, Τί οὖν ποιεῖς σὺ σημεῖον, ἵνα εἴδομεν καὶ πιστεύσωμέν Γ
30 εἶπον οὖν αὐτῷ, Τί οὖν ποιεῖς σημεῖον, ἵνα ἴδωμεν καὶ πιστεύσωμέν 69
30 εἶπον οὖν αὐτῷ, Τί οὖν ποιήσις σημεῖον, ἵνα ἴδωμεν καὶ πιστεύσωμέν; 579
30 εἶπον οὖν αὐτῷ, Τί ποιεῖς σὺ σημεῖον, ἵνα ἴδωμεν καὶ πιστεύσωμέν 1071
30 εἶπον οὖν αὐτῷ, Τί σημεῖον ποιεῖς σύ, ἵνα ἴδωμεν καὶ πιστεύσωμέν 1424
30 εἶπον οὖν αὐτῷ, Τί οὖν ποιεῖς σὺ σημεῖον, ἵνα ἴδωμεν καὶ πιστεύσωμέν 𝔓⁷⁵ A 𝔐 K M U Θ Λ Ψ
1582 124 2 28 157 565 700 788 uwτ

lac. 6.27-30 𝔓⁴⁵ 𝔓⁶⁶ C P Π 1346

A **27** τουτο 13 ¦ τουτων 579 | εσφραγεισεν W ¦ εσφραγησεν Λ 28 700 **28** ιν ℵ* **29** απεκριθει 1071 | εστι S U f¹ 118 124 28 69 157 565 700 | πιστευειτε L | απεστιλεν ℵ L Θ | απεστηλεν 579 | εκινος N **30** σημιον ℵ W Θ | πιστευσομεν 69

B **27** π̅η̅ρ̅ A 𝔐 K L M Nᶜ S U W Γ Δ Θ Λ Ψ Ω f¹ 118 f¹³ 69 124 2 33 28 157 565 579 700 788 1071 1424 ¦ θ̅ς̅ B 𝔓⁷⁵ ℵ A D 𝔐 K L M N S U W Γ Δ Θ Λ Ψ Ω f¹ 118 f¹³ 69 124 2 33 28 157 565 579 700 788 1071 1424 **28** θ̅υ̅ B 𝔓⁷⁵ ℵ A D 𝔐 K L M N S U W Γ Δ Θ Λ Ψ Ω f¹ 118 f¹³ 69 124 2 33 28 157 565 579 700 788 1071 1424 **29** ι̅ς̅ B 𝔓⁷⁵ ℵ A 𝔐 K L M N S U W Γ Δ Θ Λ Ψ Ω f¹ 118 f¹³ 124 2 33 28 157 565 579 700 1071 1424 ¦ ι̅η̅ς̅ D ¦ θ̅υ̅ B 𝔓⁷⁵ ℵ A D 𝔐 K L M Nᶜ S U W Γ Δ Θ Λ Ψ Ω f¹ 118 f¹³ 69 124 33 28 157 565 579 700 1071 1424

C **27** τελος (post ο θ̅ς̅) D [σαββατω της β΄ εβδομ: 6.14-27] E H S Y Θ Λ f¹³ 124 157 579 788 1071 ¦ τελ τη γ̅ της γ̅ ενθ F² ¦ τελος του Σα (+ β̅ M) G M f¹ 118 ¦ τελ του β̅ Γ **28** αρχ τη γ̅ τς γ̅ εβδομαδος της ν̅ 157 **29** τελ τς γ̅ γ̅ (om. 28) M 28

D **28** νγ/γ̅ E ¦ νβ̅ 1071 | Ευ Ιω νγ : Λο . : Μρ οζ̅ : Μθ ρξα̅ E **29** τελ τς γ̅ γ̅ (om. 28) M 28

σοι; τί ἐργάζῃ; **31** οἱ πατέρες ἡμῶν τὸ μάννα ἔφαγον ἐν τῇ ἐρήμῳ,   B 𝔓[75] **uwτ** rell
σοι; τί ἐργάζῃ; **31** οἱ πατέρες ἡμῶν <u>ἔφαγον</u> <u>τὸ μάννα</u> ἐν τῇ ἐρήμῳ,   L N Θ *f*[13] 33
σοι; τί ἐργάζῃ; **31** οἱ πατέρες <u>ὑμῶν</u> <u>ἔφαγον</u> <u>τὸ μάννα</u> ἐν τῇ ἐρήμῳ,   69
σοι;   **31** οἱ πατέρες ἡμῶν τὸ μάννα ἔφαγον ἐν τῇ ἐρήμῳ <u>καὶ ἀπέθανον</u>,   157
      <u>ὅτι ἐργάζει</u>; **31** οἱ πατέρες ἡμῶν τὸ μάννα ἔφαγον ἐν τῇ ἐρήμῳ,   579
σοι; τί ἐργάζῃ; **31** οἱ πατέρες <u>ὑμῶν</u> τὸ μάννα ἔφαγον ἐν τῇ ἐρήμῳ,   1071

καθώς ἐστιν γεγραμμένον,   Ἄρτον ἐκ τοῦ οὐρανοῦ ἔδωκεν   αὐτοῖς φαγεῖν.   B 𝔓[75] **uwτ** rell
καθώς ἐστιν γεγραμμένον,   ἐκ τοῦ οὐρανοῦ <u>δέδωκεν</u>   αὐτοῖς φαγεῖν.   ℵ*
καθώς ἐστιν γεγραμμένον,   Ἄρτον ἐκ τοῦ οὐρανοῦ <u>δέδωκεν</u>   αὐτοῖς φαγεῖν.   ℵ[c] W Θ 69 124 788
καθώς ἐστιν γεγραμμένόν <u>ἐστιν</u>, Ἄρτον ἐκ τοῦ οὐρανοῦ ἔδωκεν   αὐτοῖς φαγεῖν.   D*
καθώς <u>γεγραμμένόν ἐστιν</u>,   Ἄρτον ἐκ τοῦ οὐρανοῦ ἔδωκεν   αὐτοῖς φαγεῖν.   D[c]
καθώς ἐστιν γεγραμμένον,   Ἄρτον ἐκ τοῦ οὐρανοῦ ἔδωκεν   αὐτοῖς.   K*
καθώς ἐστιν γεγραμμέ……   ……………… …………… ……… …… ……   N
καθώς   <u>γέγραπται</u>,   Ἄρτον ἐκ τοῦ οὐρανοῦ ἔδωκεν   αὐτοῖς φαγεῖν.   *f*[1] 565

32 εἶπεν οὖν αὐτοῖς ὁ Ἰησοῦς, Ἀμὴν ἀμὴν λέγω ὑμῖν, οὐ Μωϋσῆς ἔδωκεν   B D W [w]
32 εἶπεν οὖν αὐτοῖς ὁ Ἰησοῦς, Ἀμὴν ἀμὴν λέγω ὑμῖν, οὐ Μωϋσῆς <u>δέδωκεν</u>   𝔓[75] ℵ K S Θ 33 565 1071 **u**[w]
32 <u>εἶπον</u> οὖν αὐτοῖς ὁ Ἰησοῦς, Ἀμὴν ἀμὴν λέγω ὑμῖν, οὐ <u>Μωσῆς</u> <u>δέδωκεν</u>   F
32 εἶπεν   αὐτοῖς ὁ Ἰησοῦς, Ἀμὴν ἀμὴν λέγω ὑμῖν, οὐ <u>Μωσῆς</u> <u>δέδωκεν</u>   G
32 εἶπεν   αὐτοῖς ὁ Ἰησοῦς, Ἀμὴν ἀμὴν λέγω ὑμῖν, οὐ Μωϋσῆς ἔδωκεν   L
32 εἶπεν οὖν αὐτοῖς ὁ Ἰησοῦς, Ἀμὴν   λέγω ὑμῖν, οὐ <u>Μωσῆς</u> <u>δέδωκεν</u>   69
32 εἶπεν οὖν <u>ὁ Ἰησοῦς αὐτοῖς</u>, Ἀμὴν ἀμὴν λέγω ὑμῖν, οὐ Μωϋσῆς <u>δέδωκεν</u>   579   [↓157 700 1424 τ
32 εἶπεν οὖν αὐτοῖς ὁ Ἰησοῦς, Ἀμὴν ἀμὴν λέγω ὑμῖν, οὐ <u>Μωσῆς</u> <u>δέδωκεν</u>   A 𝔐 M U Γ Δ Λ Ψ *f*[1] *f*[13] 2 28

ὑμῖν τὸν ἄρτον ἐκ τοῦ οὐρανοῦ, ἀλλ᾿ ὁ πατήρ μου δίδωσιν ὑμῖν τὸν ἄρτον   ἐκ   B 124 **uwτ** rell
ὑμ…… …ν ἄρτου ἐκ τοῦ οὐρανοῦ, ἀλλ᾿ ὁ πα…… μου δίδωσιν ὑμῖν τὸν ἄρτον <u>τὸν</u>   𝔓[75]
ὑμῖν τὸν ἄρτον ἐκ τοῦ οὐρανοῦ, <u>ἀλλὰ</u> ὁ πατήρ μου δίδωσιν ὑμῖν τὸν ἄρτον   ἐκ   D
ὑμῖν τὸν ἄρτον ἐκ τοῦ οὐρανοῦ,   *f*[13]
ὑμῖν τὸν ἄρτον,   69
      τὸν ἄρτον ἐκ τοῦ οὐρανοῦ, ἀλλ᾿ ὁ πατήρ μου δίδωσιν ὑμῖν τὸν ἄρτον   ἐκ   579

τοῦ οὐρανοῦ τὸν ἀληθινόν· **33** ὁ γὰρ ἄρτος τοῦ θεοῦ ἐστιν ὁ καταβαίνων ἐκ τοῦ B 124 **uwτ** rell
τοῦ οὐραν··ῦ τὸν ἀληθινόν· **33** ὁ …… …ς   τοῦ θεοῦ ἐ…·· ··αταβαίνων ·…··   𝔓[75]
τοῦ οὐρανοῦ τὸν ἀληθινόν· **33** ὁ γὰρ ἄρτος <u>ὁ</u> τοῦ θεοῦ ἐστιν ὁ καταβαίνων ἐκ τοῦ ℵ D
<u>τοὐρανοῦ</u>   τὸν ἀληθινόν· **33** ὁ γὰρ ἄρτος <u>ὁ</u> τοῦ θεοῦ ἐστιν ὁ καταβαίνων ἐκ τοῦ Θ
             τὸν ἀληθινόν· **33** ὁ γὰρ ἄρτος τοῦ θεοῦ ἐστιν ὁ καταβαίνων ἐκ τοῦ *f*[13]
τοῦ οὐρανοῦ τὸν ἀληθινόν· **33** ὁ γὰρ ἄρτος τοῦ <u>οὐρανοῦ</u> ἐστιν ὁ καταβαίνων ἐκ τοῦ 579
τοῦ οὐρανοῦ τὸν ἀληθινόν· **33** ὁ γὰρ ἄρτος τοῦ θεοῦ ἐστιν κ αταβαίνων ἐκ τοῦ 788

[Cl Pd I 46.2 <u>οὐ γὰρ Μωσης</u>, φησιν, <u>εδωκεν υμιν τον αρτον εκ του ουρανου, αλλ ο πατηρ μου διδωσιν υμιν</u>
(ημιν 1 ms) <u>τον αρτον εκ του ουρανου τον αληθινον. ο γαρ αρτος του θεου εστιν ο εκ του ουρανου καταβαινων
και ζωην διδους τω κοσμω</u>]

οὐρανοῦ καὶ ζωὴν διδοὺς τῷ κόσμῳ. **34** Εἶπον οὖν πρὸς αὐτόν, Κύριε, πάντοτε   B **uwτ** rell
……ρανου καὶ ……·· διδοὺς τῷ κο…… **34** ……πον οὖ ······ύτόν, Κύριε, πάν……   𝔓[75]
οὐρανοῦ καὶ ζωὴν διδοὺς τῷ κόσμῳ. **34** Εἶπον οὖν πρὸς αὐτόν, <u>Πάντοτε</u>, Κύριε,   ℵ
οὐρανοῦ καὶ <u>διδοὺς ζωὴν</u> τῷ κόσμῳ. **34** Εἶπον οὖν πρὸς αὐτόν, Κύριε, πάντοτε   A Y K 118 33 579
οὐρανοῦ καὶ <u>ζωὴν διδῶς</u> τῷ κόσμῳ. **34** Εἶπον οὖν πρὸς αὐτόν, Κύριε, πάντοτε   D
οὐρανοῦ καὶ ζωὴν διδοὺς τῷ κόσμῳ. **34** <u>Εἶπαν</u> οὖν πρὸς αὐτόν, Κύριε, πάντοτε   Θ
οὐρανοῦ καὶ   διδοὺς τῷ κόσμῳ. **34** Εἶπον οὖν πρὸς αὐτόν, Κύριε, πάντοτε   1
οὐρανοῦ καὶ ζωὴν διδοὺς τῷ κόσμῳ. **34** <u>Εἶπεν</u> οὖν πρὸς αὐτόν, Κύριε, πάντοτε   1071

---

lac. 6.30-34 𝔓[45] 𝔓[66] C R Π 1346 ¦ vss. 31-34 N

A 30 εργαζει 1424 **31** μανα K Θ* 565 ¦ εστι S Y U Ω 13 69 124 157 700 788 ¦ γεγραμμενεν M **32** υμειν[1.2.3] D ¦ αληθινον M
W Δ 33 1071 ¦ αλληθεινον Θ **33** καταβαινον E* K 13 1424 ¦ το (τω) 579

B 31 π̅ρ̅ε̅ς̅ A G H K L M S U Γ Λ Ψ 118 *f*[13] 69 124 2 33 28 157 565 579 700 788 1071 1424 ¦ ουνου A E G H Y K L M S U Γ Δ
Λ Ψ Ω *f*[1] 118 124 2 28 157 565 579 700 788 1424 **32** ιϛ B 𝔓[75] ℵ A 𝔐 K L M S U W Γ Δ Θ Λ Ψ Ω *f*[1] 118 *f*[13] 124 2 33 28 157
565 579 700 788 1071 1424 ¦ ι̅η̅ς̅ D ¦ ουνου[1.2] A 𝔐 K L M S U Γ Δ Λ Ψ Ω *f*[1] 118 1 28 157 565 579 700 788 1071 1424 ¦ ουνου[1] Λ
f[13] ¦ ουνου[2] 124¦ π̅η̅ρ̅ A 𝔐 K L M S U W Γ Δ Θ Λ Ψ Ω *f*[1] 118 124 2 33 28 157 565 579 700 788 1071 1424 **33** θ̅υ̅ B 𝔓[75] ℵ A D
𝔐 K L M S U W Γ Δ Θ Λ Ψ Ω *f*[1] 118 *f*[13] 69 124 2 33 28 157 565 700 788 1071 1424 ¦ ουνου 579 ¦ ουνου A 𝔐 K L M S U Γ Δ
Λ Ψ Ω *f*[1] 118 *f*[13] 124 2 28 157 565 579 700 788 1424 **34** κ̅ε̅ B 𝔓[75] ℵ A D 𝔐 K L M S U W Γ Δ Θ Λ Ψ Ω *f*[1] 118 *f*[13] 69 124 2
33 28 157 565 579 700 788 1071 1424

C 33 αρχη G ¦ τελος (post κοσμω) D [ημερα γ΄ της γ΄ εβδομ.: 6.22-33] E F[2] Y Θ *f*[13] 2 788 ¦ τελος της γ̅ G ¦ τελος ειπεν δε ········
επιλυθ των παντων ει ουδ·· H ¦ τε̅ S Ω ¦ τελ ι̅ζ̅ Γ ¦ τελ τς γ̅ *f*[1] 118 **34** αρχ τη γ̅ της γ̅ εβδ εις κοιμηθ 788

D 31 ν̅δ̅/ι̅ ℵ A E G M S U Γ Λ Ψ Ω 118 124 28 1424 ¦ ν̅δ̅ D H K 2 157 579 1071 ¦ γγ/ι̅ 788 ¦ Ευ Ιω ν̅δ̅ : Λο . : Μρ . : Μθ . E ¦ Ιω
ν̅δ̅ : Λο . : Μρ . : Μθ . 124 **32** ν̅ε̅/α̅ A U ¦ ν̅δ̅ 565 ¦ ν̅ε̅ 579 ¦ ν̅ϛ̅ (ante αλλ ο) 579 **34** ν̅ε̅/α̅ G L 788 ¦ ν̅ε̅ Θ

δὸς ἡμῖν τὸν ἄρτον τοῦτον.   B 𝔭⁷⁵ uwτ rell
δὸς ἡμῖν <u>τοῦτον</u> <u>τὸν</u> <u>ἄρτον</u>.   1424

Discourse Four: The Bread Of Life

35 εἶπεν	αὐτοῖς ὁ Ἰησοῦς, Ἐγώ εἰμι ὁ ἄρτος τῆς ζωῆς· ὁ ἐρχόμενος πρὸς ἐμὲ		B uw
35 εἶ······	······τοῖς ὁ ῑ·, Ἐγώ ··ῑμι ὁ ἄρτος τῆς ······· ὁ ἐρχόμενος ······ς ἐμὲ		𝔭⁷⁵
35 εἶπεν <u>οὖν</u>	αὐτοῖς ὁ Ἰησοῦς, Ἐγώ εἰμι ὁ ἄρτος τῆς ζωῆς· ὁ ἐρχόμενος πρὸς ἐμὲ		ℵ
35 εἶπεν <u>οὖν</u>	αὐτοῖς ὁ Ἰησοῦς, Ἐγώ εἰμι ὁ ἄρτος τῆς ζωῆς· ὁ ἐρχόμενος πρός <u>με</u>		D Θ Ψ 33 788
35 εἶπεν	αὐτοῖς ὁ Ἰησοῦς, Ἐγώ εἰμι ὁ ἄρτος τῆς ζωῆς· ὁ ἐρχόμενος πρός <u>με</u>		L W 579 1071
35 εἶπεν <u>δὲ</u>	αὐτοῖς, Ἐγώ εἰμι ὁ ἄρτος τῆς ζωῆς· ὁ ἐρχόμενος πρός <u>με</u>		Δ
35 εἶπεν <u>δὲ</u>	αὐτοῖς ὁ Ἰησοῦς, Ἐγώ εἰμι ὁ ἄρτος τῆς ζωῆς· ὁ ἐρχόμενος πρός <u>με</u>		A 𝔐 Κ Μ U Γ Λ f¹

f¹³ 2 28 157 565 700 1424 τ

[↓f¹³ 2 28 1071 1424 uw]

οὐ μὴ πεινάσῃ,	καὶ ὁ πιστεύων εἰς ἐμὲ οὐ μὴ διψήσει πώποτε.	36 ἀλλ᾿	B* ℵ A L Δ Θ f¹
······	······ ······ εἰς ἐμὲ οὐ μὴ διψήσει πώποτε.	36 ἀλλ᾿	𝔭⁶⁶
οὐ μὴ ······η,	καὶ ·· ······με οὐ ······ πώ······	36	𝔭⁷⁵
οὐ μὴ πεινάσῃ <u>πώποτε</u>,	καὶ ὁ πιστεύων εἰς ἐμὲ οὐ μὴ <u>διψάσει</u> πώποτε.	36 ἀλλ᾿	D
οὐ μὴ πεινάσῃ,	καὶ ὁ πιστεύων εἰς ἐμὲ οὐ μὴ <u>διψήσῃ</u> <u>πότε</u>.	36 ἀλλ᾿	E
οὐ μὴ πεινάσῃ,	καὶ ὁ πιστεύων εἰς ἐμὲ οὐ μὴ διψήσει πώποτε.	36 <u>ἀλλὰ</u>	W
······ ······	······ ······ ······ ······ ποτε.	36 ἀλλ᾿	Π
οὐ μὴ <u>πεινάσει</u>,	καὶ ὁ πιστεύων εἰς ἐμὲ οὐ μὴ διψήσει πώποτε.	36 ἀλλ᾿	124 788
οὐ μὴ πεινάσῃ,	καὶ ὁ πιστεύων εἰς ἐμὲ οὐ μὴ διψήσει <u>εἰς</u> <u>τὸν</u> <u>αἰῶνα</u>.	36 ἀλλ᾿	33
οὐ μὴ πεινάσῃ,	καὶ ὁ <u>πιστέβων</u> εἰς ἐμὲ οὐ μὴ διψήσει πώποτε.	36 ἀλλ᾿	579
οὐ μὴ πεινάσῃ,	καὶ ὁ πιστεύων εἰς ἐμὲ οὐ μὴ <u>διψήσῃ</u> πώποτε.	36 ἀλλ᾿	Bᶜ 𝔐 Κ Μ U Γ Λ Ψ

1582ᶜ 118 69 157 565 700 τ

εἶπον ὑμῖν ὅτι καὶ ἑωράκατέ με καὶ οὐ πιστεύετε.	37 Πᾶν	ὃ δίδωσίν μοι	B [uw]τ rell
······ μῖν ······ράκα······ καὶ οὐ π······	37	··········δωσίγ······	𝔭⁷⁵
εἶπον ὑμῖν ὅτι καὶ ἑωράκατέ καὶ οὐ πιστεύετε.	37 Πᾶν	ὃ δίδωσίν μοι	ℵ [uw]
εἶπον ὑμῖν ὅτι καὶ ἑωράκατέ καὶ οὐ πιστεύετέ <u>μοι</u>.	37 Πᾶν	ὃ δίδωσίν μοι	A
εἶπον ὑμῖν ὅτι ἑωράκατέ με καὶ οὐ πιστεύετε.	37 Πᾶν	ὃ δίδωσίν μοι	Κ Λ
εἶπον ὑμῖν ὅτι καὶ ἑωράκατέ με καὶ οὐ πιστεύετέ <u>μοι</u>.	37 Πᾶν	ὃ δίδωσίν μοι	W
εἶπον ὑμῖν ὅτι καὶ ἑωράκατέ με καὶ οὐ <u>πιστέβεται</u>.	37 Πᾶν	ὃ δίδωσίν μοι	579
εἶπον ὑμῖν ὅτι καὶ ἑωράκατέ με καὶ οὐ πιστεύετε.	37 <u>Ἐπὰν</u>	ὃ δίδωσίν μοι	1071ᶜ

lac. 6.34-37 𝔭⁴⁵ N P 1346 ¦ vss. 34-35 Π

A 34 δως Γ 579 ¦ ημειν D 35 ειπε 118 700 ¦ ειμει W ¦ ειμε (εμε) Λ* ¦ μαι (με¹) 579 ¦ πιναση ℵ L W Δ 700 1071 ¦ πειναςει D H 1 1582* ¦ πιναςει Θ 13 28 ¦ πηναςει 579 ¦ εμαι (εμε) 579 ¦ ποποται 𝔭⁶⁶ ¦ ··πωποτε G ¦ ποποτε Ω 2 700 36 υμειν 𝔭⁶⁶ D ¦ εορακατε E F G Hᶜ K L Δ Π 2 33 28 565 579 ¦ εωρακαται W ¦ μαι (με) 579 ¦ πιστευεται 𝔭⁶⁶ ℵ A W 157 ¦ πιστιστευετε L 37 διδωσι S Y U Ω f¹ 118 13 69 28 157 700 788 ¦ δειδωσιν 1071

B 35 ῑϲ B 𝔭⁷⁵ ℵ A 𝔐 K L M S U W Γ Θ Λ Ψ Ω f¹ 118 f¹³ 124 2 33 28 157 565 579 700 1071 1424 ¦ ῑηϲ D

C 35 ανναγνοσμα D ¦ αρχη: τῃ δ̄ τῆς γ̄ εβδομαδος το αυτο και εις κοιμθθ ειπεν ο κ̄ϲ προς τους πεπιστευκοτας προς αυτον ιουδαιους: (ante εγω ειμι) E ¦ τῃ δ̄ τῆς γ̄ εβδ ειπεν ο κ̄ϲ πρ πεπιστευκοτας προς αυτ ιουδ, εγω ειμι ο αρτος της ζω, (ante εγω ειμι) G ¦ αρχη: τῃ δ̄ τῆς γ̄ εβδ ειπ πρ πεπιστευκοτ αυτ ιουδ. εγω ειμι ο αρτ της ζωης κ, εις κοσμ H ¦ αρχη: τῃ δ̄ τῆς γ̄ εβδομαδος το αυτο και εις κοιμθθ ειπεν ο κ̄ϲ προς τους πεπιστευκοτας προς αυτον ιουδαιους: (ante εγω ειμι) E ¦ αρχ: τῃ δ̄ τῆς γ̄ εβδ ειπεν ο κ̄ϲ προς τους ελλ εγω ειμι ο αρτος τς ζω, Y ¦ (ante εγω) τῃ δ̄ τς γ̄ εβδ ειπεν ο κ̄ϲ πρ τς πεπ, αυτ ιουδ εγω ειμι ο αρτος τς ζω, M ¦ (ante εγω) τῃ δ̄ τς γ̄ εβδ ειπ ο κ̄ϲ προ τ S ¦ ημερα ιη ειπεν ο κ̄ϲ προς τους πεπιστευκωτ αυτ ιουδ εγω ειμι ο αρτ τς ζ τω αυτ κ εις κοιμηθ Γ ¦ αρχ: ειπεν ο κ̄ϲ εγω ειμι Θ ¦ αρχ Λ ¦ τῃ δ̄ τς γ̄ εβδ κ̄, εις κοιμ αρχ ειπ ο κ̄ϲ εγω ειμι Ω ¦ αρχ κα τῃ δ̄ τς γ̄ εβδ ειπ ο κ̄ϲ πρὸ τους εληλυθοτ εγω ειμι ο αρτος εις κ οι μθτ f¹ ¦ αρχ κᾱ τῃ δ̄ της γ̄ εβδομ,α ειπεν ο κ̄ϲ προς τους προς ιουδ εγω ειμι ο αρτος 118 ¦ αρχ τῃ δ̄ τς γ̄ εβδ εις κοιμθε f¹³ ¦ αρχ τῃ γ̄ της γ̄ εβδ εισκοιμηθθ 124 ¦ αρχη τῃ δ̄ τς γ̄ εβδ: ειπ ο κ̄ϲ προς τους πεπιστευκοτ πρ αυτ 2 ¦ αρχ τς δ̄ αυτος τα δ̄ εβδ εις κοιμθ ¦ (ante εγω) αρχ τη δ̄ τς γ̄ εβδ ημι̅ ο αρτος της ζωης 28 ¦ αρχ τῃ δ̄ τς γ̄ εβδομαδος της ν̄ και εις κοιμενθεντ 157 ¦ (ante εγω) αρχ τῃ δ̄ τς γ̄ εβδ 1071 ¦ αρχη ειπεν ο κ̄ϲ 1424

D 35 ν̄ε̄/ᾱ ℵ Y M Γ Ψ 124 28 1424 ¦ ν̄ε̄ D H K Ω 118 2 157 565 ¦ ν̄ε̄/ε̄ E ¦ ν̄ε̄/ῑ Λ ¦ Ευ Ιω ν̄ε̄ : Λο σ̄ξ̄ : Μρ ρ̄ξ̄ε̄ : Μθ σ̄π̄δ̄ E ¦ Ιω ν̄ε̄ : Λο σ̄ξ̄β̄ : Μρ ρ̄ξ̄ε̄ : Μθ σ̄π̄δ̄ 124 ¦ (ante εγω ειμι) ν̄ϲ̄/ῑ G ¦ ν̄ε̄/ᾱ S 1071 ¦ (ante ο ερχομ.) ν̄ϲ̄/ῑ ℵ E M U Y Ψ 118 124 788 ¦ ν̄ϲ̄ D H Θ Λ 2 157 ¦ ν̄ϲ̄/ῑ (ante και ο πιϲ.)1071 ¦ ν̄ϲ̄/ᾱ L ¦ Ευ Ιω ν̄ϲ̄ : Λο.. : Μρ . : Μθ . E ¦ Ιω ν̄ϲ̄ : Λο σ̄ξ̄ϲ̄ . Μ̄ρ ρ̄ο̄ϲ̄ : Μτ σ̄9̄ε̄ 124 ¦ (ante και ο πιστ.) ν̄ϲ̄/ῑ A S 1424 37 ν̄ζ̄/ᾱ A ¦ ν̄ϲ̄ K ¦ ν̄ζ̄ 579

ὁ πατὴρ πρὸς ἐμὲ ἥξει, καὶ τὸν ἐρχόμενον πρός με   οὐ μὴ ἐκβάλω ἔξω,   B A 𝕸 M U W Γ Ψ *f*[13] 2 33
··πατὴ ········· ········ καὶ τὸ ·········ν πρὸς ἐμ·   ········ ····βάλω ἔξ·   𝔓[75] [↑157 1071 1424 **wτ**
ὁ πατὴρ πρὸς ἐμὲ ἥξει, καὶ τὸν ἐρχόμενον πρὸς ἐμὲ   οὐ μὴ ἐκβάλω ἔξω,   𝔓[66] אᶜ E K Δ Θ **u**
ὁ πατὴρ πρὸς ἐμὲ ἥξει, καὶ τὸν ἐρχόμενον πρὸς ἐμὲ   οὐ μὴ ἐκβάλω ,   א*
ὁ πατὴρ πρὸς ἐμὲ ἥξει, καὶ τὸν ἐρχόμενον πρός με   οὐ μὴ ἐκβάλω ,   D
ὁ πατὴρ πρὸς ἐμὲ ἥξει, καὶ τὸν ἐρχόμενον πρὸς ἐμὲ   οὐ μὴ ἐκβάλλω ἔξω,   G
ὁ πατὴρ πρός με ἥξει, καὶ τὸν ἐρχόμενον πρός με με   οὐ μὴ ἐκβάλω ἔξω,   L
ὁ πατὴρ πρός με ἥξει, καὶ τὸν ἐρχόμενον πρός με   οὐ μὴ ἐκβάλω ἔξω,   Λ Π *f*[1] 124 28 565 700
ὁ πατὴρ πρὸς ἐμὲ ἥξει, καὶ τὸν ἐρχόμενον πρός με   οὐ μὴ ἐκβάλλω ἔξω,   118 69
ὁ πατὴρ πρός με ἥξει, καὶ τὸν ἐρχόμενον πρός με,   579

38 ὅτι   καταβέβηκα ἀπὸ τοῦ οὐρανοῦ οὐχ ἵνα ποιῶ   τὸ θέλημα τὸ ἐμὸν   B 𝔓[66] A Lᶜ Θ *f*[13] 33 157
38 ····   ··ταβέβηκα ···· ···· ·ὑρανοῦ ···· ····οιῶ   τὸ θέλημα τὸ ἐμὸν   𝔓[75]   [↑1071 **uw**
38 ὅτι <u>οὐ</u> καταβέβηκα <u>ἐκ</u> τοῦ οὐρανοῦ   ἵνα <u>ποιήσω</u> τὸ θέλημα τὸ ἐμὸν   א*
38 ὅτι   καταβέβηκα <u>ἐκ</u> τοῦ οὐρανοῦ οὐχ ἵνα <u>ποιήσω</u> τὸ θέλημα τὸ ἐμὸν   אᶜ D
38 ····   ···· ···· ···· ····ω τὸ θέλημα τὸ ἐμὸν   C
38 ὅτι   καταβέβηκα ἀπὸ τοῦ οὐρανοῦ οὐχ ἵνα <u>ποιήσω</u> τὸ θέλημα τὸ ἐμὸν   L* W
38 ὅτι   <u>καταβῆ</u>   <u>ἐκ</u> τοῦ οὐρανοῦ οὐχ ἵνα ποιῶ   τὸ θέλημα τὸ ἐμὸν   Δ
38 ὅτι   <u>καταβεύηκα</u> <u>ἐκ</u> τοῦ οὐρανοῦ οὐχ ἵνα ποιῶ   τὸ θέλημα τὸ ἐμὸν   579   [↓565 700 1424 τ
38 ὅτι   καταβέβηκα <u>ἐκ</u> τοῦ οὐρανοῦ οὐχ ἵνα ποιῶ   τὸ θέλημα τὸ ἐμὸν   𝕸 K M U Γ Λ Π Ψ *f*[1] 2 28

ἀλλὰ τὸ θέλημα τοῦ πέμψαντός με.   **39** τοῦτο δέ ἐστιν τὸ θέλημα τοῦ   B 𝔓[66] **uwτ** rell
ἀλλὰ τὸ θέλημα τοῦ π········τός με.   **39** τοῦτό ἐστιν τὸ θέλημα τοῦ   𝔓[75]
ἀλλὰ τὸ θέλημα τοῦ πέμψαντός με.   **39**   א* אᶜ2 C 565
ἀλλὰ τὸ θέλημα τοῦ πέμψαντός με <u>πατρός</u>. **39** τοῦτο δέ ἐστιν τὸ θέλημα τοῦ   D 118ᶜ 700 1424
ἀλλὰ τὸ θέλημα τοῦ πέμψαντός με.   **39** τοῦτο δέ ἐστιν τὸ θε········ ······   F

πέμψαντός με,   ἵνα   B 𝔓[66.75] A D L W Ψ *f*[1]
                    ἵνα   א* אᶜ2 C 565 [↑700 **uw**
πέμψαντός με <u>πατρός</u>,   M
πέμψαντός με,   157
πέμψαντός με <u>πατρός</u>. <u>τοῦτο</u> <u>δέ</u> <u>ἐστιν</u> <u>τὸ</u> <u>θέλημα</u> <u>τοῦ</u> <u>πέμψαντός</u> <u>με</u> <u>πατρός</u>, ἵνα   1424
πέμψαντός με <u>πατρός</u>,   ἵνα   אᶜ1 𝕸 K M U Γ Δ Θ Λ Π
                    1582ᶜ 118 *f*[13] 2 33 28 579 1071 τ

πᾶν ὃ δέδωκέν μοι μὴ ἀπολέσω ἐξ αὐτοῦ, ἀλλὰ   ἀναστήσω αὐτὸ   τῇ ἐσχάτῃ   B 𝔓[66] C L Θ Ψ 2ᶜ
πᾶν ὃ <u>ἔδωκέν</u> μοι μὴ ἀπολέσω ἐξ αὐτοῦ, ἀλλὰ   ἀναστήσω αὐτὸ   τῇ ἐσχάτῃ   𝔓[75]   [↑[u]**w**
πᾶν ὃ δέδωκέν μοι μὴ ἀπολέσω <u>μηδέν</u>,   <u>ἀλλ'</u> <u>ἵνα</u> ἀναστήσω αὐτὸ <u>ἐν</u> τῇ ἐσχάτῃ   D
πᾶν ὃ δέδωκέν μοι μὴ ἀπολέσω ἐξ αὐτοῦ, ἀλλὰ   ἀναστήσω <u>αὐτὸν</u>   τῇ ἐσχάτῃ   𝕸 U W Λ 2* 579
πᾶν ὃ δέδωκέν μοι μὴ ἀπολέσω ἐξ αὐτοῦ, <u>ἀλλ'</u>   ἀναστήσω <u>αὐτὸν</u>   τῇ ἐσχάτῃ   Υ Γ Δ
om.   M 157
            ἀλλὰ   ἀναστήσω <u>αὐτὸν</u> <u>ἐν</u> τῇ ἐσχάτῃ   N
πᾶν ὃ δέδωκέν μοι μὴ ἀπολέσω ἐξ αὐτοῦ, ἀλλὰ   ἀναστήσω αὐτὸ   τῇ ἐσχάτῃ   S
πᾶν ὃ δέδωκέν μοι μὴ ἀπολέσω ἐξ αὐτοῦ, <u>ἀλλ'</u>   ἀναστήσω αὐτὸ   τῇ ἐσχάτῃ   *f*[1] 565
πᾶν ὃ δέδωκέν μοι μὴ ἀπολέσω ἐξ αὐτοῦ, <u>ἀλλ'</u>   ἀναστήσω <u>αὐτὸν</u> <u>ἐν</u> τῇ ἐσχάτῃ   *f*[13] 28
πᾶν ὃ δέδωκέν μοι μὴ ἀπολέσω ἐξ αὐτοῦ, ἀλλὰ   ἀναστήσω <u>αὐτῷ</u>   τῇ ἐσχάτῃ   700
πᾶν ὃ δέδωκέν μοι μὴ ἀπολέσω ἐξ αὐτοῦ, <u>ἀλλ'</u>   ἀναστήσω αὐτὸ <u>ἐν</u> τῇ ἐσχάτῃ   788
πᾶν ὃ δέδωκέν μοι μὴ <u>ἀπωλέσω</u> ἐξ <u>αὐτῶν</u>, <u>ἀλλ'</u>   ἀναστήσω <u>αὐτὸν</u> <u>ἐν</u> τῇ ἐσχάτῃ   1071 [↓1424 [u]τ
πᾶν ὃ δέδωκέν μοι μὴ ἀπολέσω ἐξ αὐτοῦ, ἀλλὰ   ἀναστήσω αὐτὸ <u>ἐν</u> τῇ ἐσχάτῃ   א A K Π 124 33

---

lac. 6.37-39 𝔓[45] N P 1346 ¦ vss. 38-39 C ¦ vs. 39 F

A 37 ηξι K* ¦ ηξη 2* ¦ ερχωμενον 579 ¦ μαι (με²) 579 ¦ εκαλω Γ ¦ εκβαλο Θ* **38** καταβεβικα 1071 ¦ πεμψατος S* **39** εστι S Y U Π Ω *f*[1] 118 69 124 157 700 788 ¦ δεδωκε Υ *f*[1] 118 13 69 700 788

B 37 π̅η̅ρ̅ 𝔓[66] A 𝕸 K L M S U W Γ Δ Θ Λ Π Ψ Ω *f*[1] 118 *f*[13] 69 124 2 33 28 157 565 579 700 788 1071 1424 **38** ουνου A 𝕸 K L M S U Γ Δ Λ Π Ψ Ω *f*[1] 118 *f*[13] 69 124 2 28 157 700 1071 1424 ¦ π̅ρ̅ς̅ 70̅0̅ 1424 **39** π̅ρ̅ς̅¹ 𝕸 K M S U Γ Δ Θ Λ Π Ω 118 *f*[13] 69 124 2 33 28 579 788 1071 ¦ π̅ρ̅ς̅² 1424

C 39 ανναγνοσμα D [ημερα ε΄ της γ΄ εβδομ.: 6:39-44] ¦ αρχη: τη ε̅ της γ̅ εβδ ειπεν ο κ̅ς̅ πρ τους πεπιστευκοτ πρ αυτον ιουδ, τουτο δε εστιν το θ̅, G ¦ αρχ Η ¦ τη ε̅ τς̅ γ̅ εβδ ειπεν ο κ̅ς̅ πρ τς̅ ελπλ πρ αυτ ιουδ, τουτο εστ το θελημα, M ¦ αρχ τη ε̅ της γ̅ εβδ 124 788 ¦ αρχ τη ε̅ της γ̅ εβδομαδος της ν 157 ¦ αρχιη: τη ε̅ της γ̅ εβδ 1071

D 38 ν̅ς̅/α̅ א (sic) ¦ ν̅ζ̅/α̅ E G S Y L M U Γ Π Ψ Ω 118 124 28 788 1071 1424 ¦ ν̅ζ̅ D H K Θ *f*[13] 2 157 ¦ ν̅ζ̅/ι Λ ¦ Eυ Ιω ν̅ζ̅ : Λο σ̅π̅β̅ : Μρ ρ̅ο̅ς̅ : Μθ σ̅ρ̅ε̅ E ¦ Ιω ν̅ζ̅ : Λο . : Μρ . : Μθ . 124 ¦ Ιω ν̅ζ̅ : Λο σ̅ζ̅ : Μρ ρ̅ο̅ς̅ : Μθ σ̅ρ̅ε̅ 788 **39** ν̅η̅/ι A E G L M S U Y Γ Λ Π Ω 124 28 788 1071 ¦ ν̅η̅ D K *f*[13] 124 157 579 ¦ Eυ Ιω ν̅η̅ : Λο . : Μρ . Μθ . E 788 ¦ Ιω ν̅η̅ : Λο . : Μρ . : Μθ . 124 ¦ ν̅η̅ (ante ινα παν) Θ

ἡμέρα. **40** τοῦτο γάρ ἐστιν τὸ θέλημα τοῦ πατρός μου, ἵνα πᾶς ὁ B 𝔓⁶⁶ᶜ ℵ C D N U W Θ *f*¹
ἡμέρα. **40** τοῦ πατρός μου, ἵνα πᾶς ὁ 𝔓⁶⁶* [↑33 565 579 1071 uw
ἡμέρα. **40** τοῦτο ἐστιν τὸ θέλημα τοῦ πατρός μου, ἵνα πᾶς ὁ 𝔓⁷⁵
ἡμέρα. **40** τοῦτο γάρ ἐστιν τὸ θέλημα τοῦ πέμψαντός με, ἵνα πᾶς ὁ A K Π
ἡμέρα. **40** τοῦτο δὲ ἐστιν τὸ θέλημα τοῦ πέμψαντός με, ἵνα πᾶς ὁ 𝔐 Γ Λᶜ 2 28 700 1424 τ
ἡμέρα. **40** τοῦτο γάρ ἐστιν τὸ θέλημα τοῦ πατρός με, ἵνα πᾶς ὁ L
40 ἵνα πᾶς ὁ M 157
ἡμέρα. **40** Λ*
ἡμέρα. **40** τοῦτο δὲ ἐστιν τὸ θέλημα τοῦ πέμψαντός με πατρός, ἵνα πᾶς ὁ Δ Ψ 124
ἡμέρα. **40** τοῦτο γάρ ἐστιν τὸ θέλημα τοῦ πέμψαντός με πατρός, ἵνα πᾶς ὁ *f*¹³

θεωρῶν τὸν υἱὸν καὶ πιστεύων εἰς αὐτὸν ἔχη ζωὴν αἰώνιον, καὶ B 𝔓⁶⁶*.⁷⁵ ℵ A C D G Y L N S W Δ Θ Π Ψ *f*¹
om. Λ* [↑2ᶜ 33 565 uwτ
θεωρῶν τὸν υἱὸν καὶ πιστεύων εἰς αὐτὸν ἔχει ζωὴν αἰώνιον, καὶ 𝔓⁶⁶ᶜ E H K M U Γ Λᶜ Ω *f*¹³ 2* 28 157 579
700 788 1071 1424

ἀναστήσω αὐτὸν ἐγὼ τῇ ἐσχάτῃ ἡμέρα. B 𝔓⁷⁵ C 𝔐 M W Γ Δ Θ Λᶜ 1582ᶜ 124 2 28 565 700 1424 [u]wτ
ἀναστήσω αὐτὸν ἐν τῇ ἐσχάτῃ ἡμέρα. 𝔓⁶⁶ A D 118 1071
ἀναστήσω αὐτὸν ἐγὼ ἐν τῇ ἐσχάτῃ ἡμέρα. ℵ Y K L N S U Π *f*¹³ 33 [u]
om. Λ*
ἀναστήσω ἐγω αὐτὸν ἐν τῇ ἐσχάτῃ ἡμέρα. Ψ 157
ἀναστήσω αὐτὸν τῇ ἐσχάτῃ ἡμέρα. *f*¹
ἀναστήσω αὐτὸν κἀγὼ τῇ ἐσχάτῃ ἡμέρα. 579

[Cl Pd I 28.5 τουτο γαρ εστι το θελημα του πατρος μου, ινα πας ο θεωρων τον υιον και πιστευων επ αυτον
εχη ζωην αιωνιον, και αναστησω αυτον εν τη εσχατη ημερα]

The Jews Murmur Against Jesus

ιθ 41 Ἐγόγγυζον οὖν οἱ Ἰουδαῖοι περὶ αὐτοῦ ὅτι εἶπεν, Ἐγώ εἰμι ὁ ἄρτος ὁ B 𝔓⁶⁶ uwτ rell
41 Ἐγόγγυζον δὲ οἱ Ἰουδαῖοι περὶ αὐτοῦ ὅτι εἶπεν, Ἐγώ εἰμι ὁ ἄρτος ὁ D
41 Ἐγόγγυζον οὖν οἱ Ἰουδέοι περὶ αὐτοῦ ὅτι εἶπεν, Ἐγώ εἰμι ὁ ἄρτος ὁ Θ
41 Ἐγόγγυζον οὖν οἱ Ἰουδαῖοι ὅτι εἶπεν, Ἐγώ εἰμι ὁ ἄρτος ὁ 69
41 Ἐγόγγυζον οὖν οἱ Ἰουδαῖοι περὶ αὐτοῦ ὅτι εἶπεν ὅτι Ἐγώ εἰμι ὁ ἄρτος ὁ 2
41 Ἐγόγγυζον οἱ Ἰουδαῖοι οὖν περὶ αὐτοῦ ὅτι εἶπεν, Ἐγώ εἰμι ὁ ἄρτος ὁ 1424

καταβὰς ἐκ τοῦ οὐρανοῦ, **42** καὶ ἔλεγον, Οὐχὶ οὗτός ἐστιν Ἰησοῦς ὁ υἱὸς Ἰωσήφ, B 𝔓⁷⁵ [w]
καταβὰς ἐκ τοῦ οὐρανοῦ, **42** καὶ ἔλεγον, Ὅτι οὗτός ἐστιν Ἰησοῦς ὁ υἱὸς Ἰωσήφ, 𝔓⁶⁶*
καταβὰς ἐκ τοῦ οὐρανοῦ, **42** καὶ ἔλεγον, Οὐχ οὗτός ἐστιν Ἰησοῦς ὁ υἱὸς τοῦ Ἰωσήφ, D
ἐκ τοῦ οὐρανοῦ καταβὰς, **42** καὶ ἔλεγον, Οὐχ οὗτός ἐστιν ὁ υἱὸς Ἰωσήφ, M 1424
καταβὰς ἐκ τοῦ οὐρανοῦ, **42** καὶ ἔλεγον, Οὐχ οὗτός ἐστιν ὁ υἱὸς Ἰωσήφ, N 700 1071
ἐκ τοῦ οὐρανοῦ καταβὰς, **42** καὶ ἔλεγον, Οὐχ οὗτός ἐστιν Ἰησοῦς ὁ υἱὸς Ἰωσήφ, Γ Ψ *f*¹³ 157
καταβὰς ἐκ τοῦ οὐρανοῦ, **42** καὶ ἔλεγον, Οὐχ οὗτός ἐστιν ὁ Ἰησοῦς ὁ υἱὸς Ἰωσήφ, 1 118
ἐκ τοῦ οὐρανοῦ καταβὰς, **42** καὶ ἔλεγον, Οὐχ οὗτός ἐστιν Ἰωσήφ υἱὸς ὁ λεγόμενος Ἰησοῦς, 28
καταβαίνων ἐκ τοῦ οὐρανοῦ, **42** καὶ ἔλεγον, Οὐχ οὗτός ἐστιν Ἰησοῦς ὁ υἱὸς τοῦ Ἰωσήφ, 579
καταβὰς ἐκ τοῦ οὐρανοῦ, **42** καὶ ἔλεγον, Οὐχ οὗτός ἐστιν Ἰησοῦς ὁ υἱὸς Ἰωσήφ, 𝔓⁶⁶ᶜ ℵ A C
𝔐 K L U W Δ Θ Λ Π 1582 2 33 565 u[w]τ

lac. 6.39-42 𝔓⁴⁵ F P 1346

A **40** εστι S Y K U Π Ω *f*¹ 118 69 124 565 700 788 | θεωρον Θ | πιστεων 𝔓⁶⁶* | πιστευον K* | αυτων¹ 579 | εσχατι 1071
41 εγογγυζων E Γ Θ Ω 28 565 1071 | εγγογιζον 69 | ειμει W **42** ουτως¹·² 579

B **40** πρς 𝔓⁶⁶ C L N U W Δ Θ Ψ *f*¹ 118 *f*¹³ 69 124 33 565 579 788 1071 | υν 𝔓⁶⁶ ℵ C 𝔐 K L M N S U Λᶜ Π Ψ Ω *f*¹ 2 33 28
565 579 1071 1424 **41** ουνου A 𝔐 K L M S U Γ Δ Λ Π Ψ Ω *f*¹ 118 *f*¹³ 69 124 2 157 579 700 788 1071 1424 **42** ις B 𝔓⁶⁶ 𝔓⁷⁵ ℵ
A C 𝔐 K L S U W Γ Δ Θ Λ Π Ψ Ω *f*¹ 118 *f*¹³ 124 2 33 28 157 565 579 788 | ιης D | υς ℵ C 𝔐 K L M N S U Π Ψ *f*¹ 2 33 28
565 579 1071 1424

C **39** τελος (post ημερα) E H Y Θ Λ Ω *f*¹³ 124 2 788 1071 | τελος της δ G *f*¹ 118 | τελ ········ H² ·········· αυτων ει ουδεν H² | τελ
του ιη Γ **40** αρχη: τη ε της γ εβδομαδος ειπεν ο κς προς τους πεπιστευκοτας προς αυτον ιουδαιους. E 2 | αρχη: τη δ της γ εβδ
ειπ πρ πεπιστευκοτ αυτ ιουδ. εγω ειμι ο αρτ της ζωης κ, εις κοιμ H | αρχ: τη ε της γ εβδ ειπεν ο κς προς τ πεπιστ. τουτο εστι
το θελ, Y | τη ε τς γ εβδ ειπ ο κς πρ τ S | αρχ: ημερα ιθ Γ | αρχ: ειπεν ο κς τουτο γαρ εστιν Θ | τη ε τς γ εβδ αρχ ειπ ο κς τουτο δε
εστι Ω | αρχ κβ κ αρχ τη ε τς ε εβδ ειπ ο κς πρὸ τους εληλυ τουτο εστι το *f*¹ | αρχ κβ τη ε τς γ εβδομ,α ειπεν ο κς προς τους
προς αυτον τουτο εστιν 118 | αρχ τη ε τς γ εβδ *f*¹³ | (ante ινα πας) αρχ τς ε ειπεν ο κς προς τους εληλυθοτ προς αυτον ιουδ.
τουτο γαρ εστιν το θελημα του πρς μου ινα πας ο θεωρων 28 | αρχη ειπεν ο κς πρ 1424 | τελος D [ημερα ς΄ της γ εβδομ.: 6.35-
40] 157 | τελ τς δ γ M | τελ τς ε 28

D **40** νη/ι ℵ Ψ | νη C H Γ 118 2 **41** νθ/α ℵ A G L M S U Y Λ Ψ Ω 118 124 28 788 1071 1424 | νθ C D E H K Θ Π *f*¹³ 2 157 565
579 | Ιω νθ : Λο σξβ : Μρ ρξε : Μθ σπδ 124 | Ιω νθ : Λο ιθ : Μρ ··· : Μθ.··· 788

οὗ ἡμεῖς οἴδαμεν τὸν πατέρα   καὶ τὴν μητέρα;   πῶς νῦν   λέγει ὅτι   Ἐκ   B 𝔓75 C **uw**
οὗ ἡμεῖς οἴδαμεν τὸν πατέραν καὶ μητέραν;   πῶς οὖν   λέγει ὅτι   Ἐκ   𝔓66*
οὗ ἡμεῖς οἴδαμεν τὸν πατέρα   καὶ τὴν μητέρα;   πῶς οὖν   λέγει ὅτι   Ἐκ   𝔓66c L f1 33 565
οὗ ἡμεῖς οἴδαμεν καὶ τὸν πατέρα;   πῶς οὖν οὗτος λέγει, Ἐγὼ ἐκ   ℵ*
οὗ ἡμεῖς οἴδαμεν τὸν πατέρα   καὶ τὴν μητέρα;   πῶς οὖν οὗτος λέγει, Ἐγὼ ἐκ   ℵc
οὗ ἡμεῖς οἴδαμεν τὸν πατέρα   καὶ τὴν μητέρα;   πῶς οὖν   λέγει ἑαυτόν, Ἀπὸ D
οὐὰ ἡμεῖς οἴδαμεν τὸν πατέρα   καὶ τὴν μητέρα;   πῶς οὖν οὗτος λέγει ὅτι   Ἐκ   N
οὗ ἡμεῖς οἴδαμεν τὸν πατέρα   καὶ τὴν μητέρα;   πῶς οὖν οὗτος λέγει ὅτι   Ἐκ   Ψ 1071
οὗ ἡμεῖς οἴδαμεν τὸν πατέρα;   πῶς νῦν   λέγει οὗτος,   W
οὗ ἡμεῖς οἴδαμεν τὸν πατέρα   καὶ τὴν μητέρα;   πῶς νῦν   λέγει, Ἐγὼ ἐκ   Θ
οὗ ὑμεῖς οἴδαμεν τὸν πατέρα   καὶ τὴν μητέρα;   πῶς οὖν   λέγει ὅτι   Ἐκ   118
οὗ ὑμεῖς οἴδαμεν τὸν πατέρα   καὶ τὴν μητέρα;   πῶς οὖν   λέγει οὗτος, Ἐκ   f13
οὗ ἡμεῖς οἴδαμεν τὸν πατέρα   καὶ τὴν μητέρα;   πῶς οὖν   λέγει,   Ἐκ   69 124 788
οὗ ἡμεῖς οἴδαμεν τὸν πατέρα   καὶ τὴν μητέρα;   πῶς   οὗτος λέγει ὅτι   Ἐκ   579
οὗ ἡμεῖς οἴδαμεν τὸν πατέρα   καὶ τὴν μητέρα;   πῶς οὖν λέγει οὗτος ὅτι   Ἐκ   A 𝔐 K M U Γ Δ Λ
                                                                                 Π 2 28 157 700 1424 τ

τοῦ οὐρανοῦ καταβέβηκα;   B 𝔓66.75 **uwτ** rell
τοῦ οὐρανοῦ καταβεβήκεναι; D
τοῦ οὐρανοῦ καταβεύηκα;   579

No One Comes Except The Father Draws That One

43 ἀπεκρίθη   Ἰησοῦς καὶ εἶπεν αὐτοῖς, Μὴ   γογγύζετε μετὰ ἀλλήλων. B
43 ἀπεκρίθη   ὁ   Ἰησοῦς καὶ εἶπεν αὐτοῖς, Μὴ   γογγύζετε μετ᾽ ἀλλήλων. 𝔓66 C K 124c
43 ἀπεκ····θη   Ἰησοῦς ····· εἶπεν αὐτο̣ ·····   ····γγύζ·····   ····λων.   𝔓75 [↑1071
43 ἀπεκρίθη οὖν   Ἰησοῦς αὐτοῖς καὶ εἶπεν, Μὴ   γογγύζετε μετ᾽ ἀλλήλων. ℵ
43 ἀπεκρίθη οὖν οὖν   ὁ   Ἰησοῦς καὶ εἶπεν αὐτοῖς, Μὴ   γογγύζετε μετ᾽ ἀλλήλων. G
43 ἀπεκρίθη οὖν   ὁ   Ἰησοῦς καὶ εἶπεν αὐτοῖς,   Y*
43 ἀπεκρίθη   Ἰησοῦς καὶ εἶπεν αὐτοῖς, Μὴ   γογγύζετε μετὰ ἀλλήλων. L Π 28 **uw**
43 ἀπεκρίθη οὖν   ὁ   Ἰησοῦς καὶ εἶπεν αὐτοῖς, Μὴ   γογγύζετε μετὰ ἀλλήλων. Θ Ψ
43 ἀπεκρίθη οὖν   ὁ   Ἰησοῦς καὶ εἶπεν,   Μὴ   γογγύζετε μετ᾽ ἀλλήλων. Λ*
43 ἀπεκρίθη οὖν   Ἰησοῦς καὶ εἶπεν αὐτοῖς, Μὴ   γογγύζετε μετ᾽ ἀλλήλων. f1
43 ἀπεκρίθη   ὁ   Ἰησοῦς καὶ εἶπεν αὐτοῖς, Ἵνα τι γογγύζετε μετ᾽ ἀλλήλων. f13
43 ἀπεκρίθη   ·ὁ   Ἰησοῦς καὶ εἶπεν αὐτοῖς, Μὴ   γογγύζεται μετ᾽ ἀλλήλων. 124*
43 ἀπεκρίθη   Ἰησοῦς καὶ εἶπεν αὐ······ Μὴ   γογγύζετε μετ᾽ ἀλλήλων. 33
43 ἀπεκρίθη οὖν   ὁ   Ἰησοῦς καὶ εἶπεν αὐτοῖς, Μὴ   γογγύζετε μετ᾽ ἀλλήλων. A D 𝔐 M N U
                                                           W Γ Δ Λc 1582c 2 157 565 579 700 1424 τ

44 οὐδεὶς δύναται ἐλθεῖν πρὸς ἐμὲ ἐὰν μὴ ὁ πατὴρ   ὁ πέμψας με ἑλκύσῃ   B E H M U Δ Θ 2 [**w**]
44 οὐδεὶς δύναται ἐλθεῖν πρὸς με ἐὰν μὴ ὁ πατήρ μου ὁ πέμψας με ἑλκύσῃ   𝔓66 G 157
44 οὐδεὶς ··υ·····αι ἐλθεῖν   ἐὰν μὴ ὁ πατὴρ   ὁ πέμψας με ··λκύσῃ   𝔓75
44 οὐδεὶς δύναται ἐλθεῖν πρὸς με ἐὰν μὴ   ὁ πέμψας με ἑλκύσῃ   A
44 οὐδεὶς δύναται ἐλθεῖν πρὸς με ἐὰν μὴ ὁ πατὴρ   ὁ πέμψας με   33
44 οὐδεὶς δύναται ἐλθεῖν πρός με ἐὰν μὴ ὁ πατὴρ   ὁ πέμψας με ἑλκύσῃ   ℵ C D Y K L N S W Γ Λ Π Ψ
                                                                          Ω f1 f13 28 565 700 1071 1424 **u[w]τ**

αὐτόν,   κἀγὼ ἀναστήσω αὐτὸν ἐν τῇ ἐσχάτῃ ἡμέρᾳ. 45 ἔστιν B 𝔓66 C D L N Ψ f1 118c 565 579
αὐτόν,   κἀγὼ ἀναστήσω αὐτὸν   τῇ ἐσχάτῃ ἡμέρᾳ. 45 ἔστιν 𝔓75 ℵ Θ   [↑1071 **uw**
αὐτὸν πρός με, κἀγὼ ἀναστήσω αὐτὸν ἐν τῇ ἐσχάτῃ ἡμέρᾳ. 45 ἔστιν W
αὐτόν,   καὶ ἐγὼ ἀναστήσω αὐτὸν   τῇ ἐσχάτῃ ἡμέρᾳ. 45 ἔστιν Y Δ Π τ
αὐτόν,   κ······ ··ναστήσω αὐτὸν ἐν τῇ ἐσχάτῃ ἡμέρᾳ. 45 ἔστιν 33   [↓157 700 1424
αὐτόν,   καὶ ἐγὼ ἀναστήσω αὐτὸν ἐν τῇ ἐσχάτῃ ἡμέρᾳ. 45 ἔστιν A 𝔐 K M U Γ Λ 118* f13 2 28

---

lac. 6.42-45 𝔓45 F P 1346

A 42 ημις ℵ | ημης Θ _43_ ις B 𝔓66 𝔓75 ℵ A C 𝔐 K L M N S U W Δ Θ Λ Π Ψ Ω f1 118 f13 124 2 33 28 157 565 579 700 788
1071 1424 | της D 44 πηρ 𝔓66 C 𝔐 K L M N S U W Γ Δ Θ Λ Π Ψ Ω f1 118 f13 69 124 2 33 28 157 565 579 700 788 1071 1424

B 42 πρα 𝔓66 A C 𝔐 K L M N S U W Γ Δ Θ Λ Π Ψ Ω f1 118 f13 69 124 2 28 157 565 579 700 788 1071 1424 | μρα ℵc A C 𝔐
K L M N S U Γ Δ Θ Λ Π Ψ Ω f1 118 f13 69 124 2 28 157 565 579 700 788 1071 1424 | ουνου A 𝔐 K L M S U Γ Δ Λ Π Ψ Ω f1
118 f13 69 124 2 28 157 565 700 788 1071 1424 43 ις B 𝔓66 𝔓75 ℵ A C 𝔐 K L M N S U W Δ Θ Λ Π Ψ Ω f1 118 f13 124 2 33
28 157 565 579 700 788 1071 1424 | της D 44 πηρ 𝔓66 C 𝔐 K L M N S U W Γ Δ Θ Λ Π Ψ Ω f1 118 f13 69 124 2 33 28 157 565
579 700 788 1071 1424

C 44 τελος (post ημερα) E H S Y Γ Θ Ω f13 124 157 579 788 | τελος της ε̄ (+ γ̄ M) G M f1 | τελ Σα ″″″ 118 | τελ τς δ̄ κ, της ε̄ 28

D 43 ξ̄/ι̅ ℵ A Y L M S U Γ Θ Λ Ψ Ω 124 28 788 1071 1424 | ξ̄ C D E G H K 118 f13 2 157 | Ιω ξ̄ : Λο . : Μρ . : Μτ . 124 788
45 ξ̄α̅ L 579 | (ante πας ο) ξ̄α/γ̅ A | ξ̄β̅ L

81

[↓Nᶜ S W 69 124 579 788 1071 **uw**

γεγραμμένον ἐν τοῖς προφήταις, **Καὶ ἔσονται πάντες διδακτοὶ**   θεοῦ· πᾶς   B 𝔓⁶⁶·⁷⁵ ℵ C D L
γεγραμμένον ἐν τοῖς προφήταις, **Καὶ ἔσονται πάντες διδακτοί**·   πᾶς   N*
γεγραμμένον   τοῖς προφήταις, **Καὶ ἔσονται πάντες διδακτοὶ**   θεοῦ· πᾶς <u>οὖν</u>   Ω
γεγραμμένον ἐν τοῖς προ········   ···········   ···<u>άντες διδακτοὶ</u>   θεοῦ· πᾶς   33
γεγραμμένον ἐν τοῖς προφήταις, **Καὶ ἔσονται πάντες διδακτοὶ** <u>τοῦ</u> θεοῦ· πᾶς <u>οὖν</u>   τ
γεγραμμένον ἐν τοῖς προφήταις, **Καὶ ἔσονται πάντες διδακτοὶ**   θεοῦ· πᾶς <u>οὖν</u>   A 𝔐 K M U Γ Δ Θ
                                                                  Λ Π Ψ f¹ f¹³ 2 28 157 565 700 1424

ὁ ἀκούσας παρὰ τοῦ πατρὸς καὶ μαθὼν   ἔρχεται πρὸς ἐμέ. **46** οὐχ ὅτι   B 𝔓⁷⁵ ℵ Θ **uw**
ὁ ἀκούσας παρὰ τοῦ πατρὸς καὶ μαθὼν <u>τὴν ἀλήθειαν</u>   ἔρχεται πρός <u>με</u>. **46** οὐχ ὅτι   A
ὁ <u>ἀκούων</u> παρὰ τοῦ πατρὸς καὶ μαθὼν   ἔρχεται πρός <u>με</u>. **46** οὐχ ὅτι   D 𝔐 M U Γ Λ 28
ὁ <u>ἀκούων</u> παρὰ τοῦ πατρὸς καὶ μαθὼν   <u>ἔρ</u>········· ········ **46**   33   [↑1424
ὁ <u>ἀκούων</u> παρὰ τοῦ πατρὸς καὶ μαθὼν   ἔρχεται πρὸς ἐμέ. **46** οὐχ ὅτι   157
ὁ ἀκούσας παρὰ τοῦ πατρὸς καὶ μαθὼν   ἔρχεται πρός <u>μαι</u>. **46** οὐχ ὅτι   579
ὁ ἀκούσας παρὰ τοῦ <u>θεοῦ</u>   καὶ μαθὼν   ἔρχεται πρός <u>μέ</u>. **46** οὐχ ὅτι   1071
ὁ ἀκούσας παρὰ τοῦ πατρὸς καὶ μαθὼν   ἔρχεται πρός <u>με</u>. **46** οὐχ ὅτι   𝔓⁶⁶ C Y K L N W
                                                                  Δ Π Ψ f¹ f¹³ 2 565 700 τ

τὸν πατέρα ἑόρακέ   τις   εἰ μὴ ὁ ὢν παρὰ   θεοῦ,   οὗτος ἑόρακεν   B*
τὸν πατέρα <u>ἑώρακέ</u>   τις   εἰ μὴ ὁ ὢν παρὰ   θεοῦ,   οὗτος <u>ἑώρακεν</u>   Bᶜ **[w]**
τὸν πατέρα <u>ἑώρακέν</u> τις   εἰ μὴ ὁ ὢν παρὰ <u>τοῦ</u> θεοῦ, οὗτος <u>ἑώρακεν</u>   𝔓⁶⁶ C D N Ψ 579
τ··ν πατέρα ε········   ········   εἰ μὴ ὁ ὢν   π····· ··<u>οῦ</u> θεοῦ, ·········· ···<u>κεν</u>   𝔓⁷⁵ [1071 **u**[w]]
τὸν πατέρα <u>ἑώρακέν</u> τις   εἰ μὴ ὁ ὢν παρὰ <u>τοῦ πατρός</u>, οὗτος <u>ἑώρακεν</u>   ℵ
τὸν πατέρα <u>τις</u>   <u>ἑόρακεν</u> εἰ μὴ ὁ ὢν παρὰ <u>τοῦ</u> θεοῦ, οὗτος ἑώρακεν   𝔐 M Δ
τὸν πατέρα <u>τις</u>   <u>ἑώρακεν</u> εἰ μὴ ὁ ὢν παρὰ <u>τοῦ</u> θεοῦ, οὗτος <u>ἑώρακεν</u>   K f¹³
τὸν πατέρα <u>ἑόρακέν</u> τις   εἰ μὴ ὁ ὢν παρὰ <u>τοῦ</u> θεοῦ, οὗτος ἑώρακεν   L
τὸν πατέρα   <u>ἑώρακεν</u> εἰ μὴ ὁ ὢν παρὰ <u>τοῦ</u> θεοῦ, οὗτος <u>ἑώρακεν</u>   U
τὸν πατέρα <u>ἑόρακέν</u> τις   εἰ μὴ ὁ ὢν παρὰ <u>τοῦ</u> θεοῦ, <u>αὐτὸς</u> ἑώρακεν   W
τὸν πατέρα <u>ἑόρακέν</u> τις   εἰ μὴ ὁ ὢν παρὰ <u>τοῦ</u> θεοῦ, οὗτος <u>ἑώρακεν</u>   Θ
τὸν πατέρα <u>τις</u>   <u>ἑώρακεν</u> εἰ μὴ ὁ ὢν <u>ἐκ</u>   <u>τοῦ</u> θεοῦ, οὗτος <u>ἑώρακεν</u>   f¹
········ ···<u>ρακέν</u>   τις   εἰ μὴ ὁ ὢν παρὰ <u>τοῦ</u> θεοῦ, οὗτος ἑώρακεν   33
τὸν πατέρα <u>τις ἐπιγινώσκει ἢ</u> <u>ἑόρακεν</u> εἰ μὴ ὁ ὢν παρὰ <u>τοῦ</u> θεοῦ, οὗτος ἑώρακεν   28
τὸν πατέρα <u>τις</u>   <u>ἑόρακεν</u> εἰ μὴ ὁ ὢν <u>ἐκ</u>   <u>τοῦ</u> θεοῦ, οὗτος <u>ἑώρακεν</u>   565
τὸν πατέρα <u>τις</u>   <u>ἑόρακεν</u> εἰ μὴ ὁ ὢν παρὰ <u>τοῦ</u> θεοῦ, οὗτος <u>ἑώρακεν</u>   788
τὸν πατέρα <u>τις</u>   <u>ἑώρακεν</u> εἰ μὴ ὁ ὢν παρὰ <u>τοῦ</u> θεοῦ, οὗτος ἑώρακεν   A Y S Γ Λ Π Ω
                                                                  124 2 157 700 1424 τ

[Cl Exc 9.3 <u>τον πατερα</u> μου ουδεις <u>εωρακεν</u> ει μη ο υιος)

τὸν πατέρα. **47** ἀμὴν ἀμὴν λέγω ὑμῖν,   ὁ πιστεύων   ἔχει ζωὴν αἰώνιον. B 𝔓⁶⁶ L W 1071 **uw**
τὸ·· ········   **47** ········ ··μὴν   ὁ πιστε········   ········ ···ἠν   𝔓⁷⁵
τὸν <u>θεόν</u>.   **47** ἀμὴν ἀμὴν λέγω ὑμῖν, <u>ὅτι</u> ὁ πιστεύων   ἔχει ζωὴν αἰώνιον. ℵ*
τὸν πατέρα. **47** ἀμὴν ἀμὴν λέγω ὑμῖν, <u>ὅτι</u> ὁ πιστεύων   ἔχει ζωὴν αἰώνιον. ℵᶜ Θ
τὸν <u>θεόν</u>.   **47** ἀμὴν ἀμὴν λέγω ὑμῖν,   ὁ πιστεύων <u>εἰς ἐμὲ</u> ἔχει ζωὴν αἰώνιον. D
τὸν πατέρα. **47** ἀμὴν ἀμὴν λέγω ὑμῖν, <u>ὅτι</u> ὁ πιστεύων <u>εἰς ἐμὲ</u> ἔχει ζωὴν αἰώνιον. 124
τὸν ········   **47** ········   ········   ····τεύων <u>εἰς ἐμὲ</u> ἔχει ζωὴν αἰώνιον. 33
τὸν πατέρα. **47** ἀμὴν ἀμὴν λέγω ὑμῖν,   ὁ <u>πιστέβων εἰς ἐμὲ</u> ἔχει ζωὴν αἰώνιον. 579
τὸν πατέρα. **47** ἀμὴν ἀμὴν λέγω ὑμῖν,   ὁ πιστεύων <u>εἰς ἐμὲ</u> ἔχει ζωὴν αἰώνιον. A C 𝔐 K M N U Γ Δ
                                                                  Λ Π Ψ f¹ f¹³ 2 28 157 565 700 1424 τ

lac. 6.45-47 𝔓⁴⁵ F P 1346

A 45 εσωντε 2 ¦ εσωνται 579 | διδακταοι L* ¦ διδακτι 13 | ερχετε Θ 1071 **46** των (τον¹) 579 εωρακεν¹ 𝔓⁶⁶ ℵ D ¦ εορακε W ¦ εωρακε Ω | μι (μη) G 579 700 1071 | εωρακε² S Y U f¹ 118 69 124 157 700 ¦ εορακεν² W ¦ εορακε² 28 **47** υμειν D | εμαι 579

B 45 θ̄ῡ B (lac. 𝔓⁷⁵) 𝔓⁶⁶ A C D 𝔐 K L M Nᶜ S U W Γ Δ Θ Λ Π Ψ Ω f¹ 118 f¹³ 69 124 2 33 28 157 565 579 700 788 1071 1424 | π̄ρ̄ς̄ 𝔓⁷⁵ A C 𝔐 K L M N S U W Γ Δ Θ Λ Π Ψ Ω f¹ f¹³ 69 124 2 33 28 157 565 579 700 788 1424 ¦ θ̄ῡ² 1071 **46** π̄ρ̄α¹·² 𝔓⁶⁶ 𝔓⁷⁵ (lac.²) A C 𝔐 K L M N S U W Γ Δ Θ Λ Π Ψ Ω f¹ 118 f¹³ 69 124 2 28 157 565 579 700 788 1071 1424 | θ̄ῡ B 𝔓⁶⁶ A C D 𝔐 K L M N S U W Γ Δ Θ Λ Π Ψ Ω f¹ 118 f¹³ 69 124 2 33 28 157 565 579 700 788 1071 1424 | θ̄ν̄ ℵ D

D 46 ξ̄α/γ̄ ℵ Y M S U Λ Ψ Ω 124 28 1424 ¦ ξ̄ᾱ C D E H K Θ Π f¹ 118 f¹³ 2 157 565 ¦ ξ̄α/ᾱ G ¦ ξ̄α/ῑ 788 | Ιω ξ̄α : Λο . : Μρ . : Μτ . 124 ¦ Ιω ξ̄α : Λο ρ̄ῑθ̄ : Μρ ρ̄λ̄ε̄ : Μθ ρ̄ῑᾱ 788 **47** ξ̄β/ῑ ℵ A G L M S U Γ Λ Π 124 28 788 1071 1424 ¦ ξ̄β̄ C D E H K Θ f¹ 118 f¹³ 2 157 565 579 ¦ ξ̄β/ε̄ Y ¦ ξ̄β/δ̄ Ψ | Ιω ξ̄β̄ : Λο σ̄ξ̄ς̄ : Μρ ρ̄ο̄ς̄ : Μτ σ̄ϙ̄ε̄ 124 | Ιω ξ̄β̄ : Λο σ̄ξ̄ς̄ : Μρ ρ̄ξ̄ε̄ : Μτ σ̄π̄δ̄ 788

The Living Bread From Heaven

48		ἐγώ εἰμι ὁ ἄρτος τῆς ζωῆς.	49 οἱ πατέρες ὑμῶν ἔφαγον	B 𝔓⁶⁶ uwτ rell
48		⸱⸱⸱⸱ εἰμι ὁ ἄρτ⸱⸱⸱ ⸱⸱⸱⸱	49 οἱ π⸱⸱⸱⸱ ⸱⸱⸱⸱ν ἔφαγον	𝔓⁷⁵
48		ἐγώ εἰμι ὁ ἄρτος τῆς ζωῆς.	49 οἱ πατέρες ὑμῶν ἔφαγον τὸν ἄρτον	D
48		ἐγώ εἰμι ὁ ἄρτος τῆς ζωῆς.	49 οἱ πατέρες ὑμῶν ἔφα⸱⸱⸱⸱	N
48	εἶπεν ὁ κύριος,	ἐγώ εἰμι ὁ ἄρτος τῆς ζωῆς.	49 οἱ πατέρες ὑμῶν ἔφαγον	Θᵐᵍ
48		ἐγώ εἰμι ὁ ἄρτος τῆς ζωῆς.	49 οἱ πατέρες ἡμῶν ἔφαγον	69 579 1424
48		ἐγώ εἰμι ὁ ἄρτος τῆς ⸱⸱⸱⸱	49	33

ἐν τῇ ἐρήμῳ τὸ μάννα	καὶ ἀπέθανον· 50	οὗτός ἐστιν ὁ ἄρτος ὁ ἐκ τοῦ οὐρανοῦ	B C Dᶜ W Θ uw
ἐν τῇ ἐρήμῳ τὸ μάννα	καὶ ἀπέθανον· 50	οὗτός ἐστιν ὁ ἄρτος ὁ ἐκ τοῦ οὐρανοῦ καὶ	D*
⸱⸱⸱⸱ ⸱⸱⸱⸱	ἀπέθανο⸱⸱ 50	⸱⸱ ⸱⸱⸱⸱ ⸱⸱⸱⸱ ·υρανοῦ	𝔓⁷⁵
τὸν μάννα ἐν τῇ ἐρήμῳ	καὶ ἀπέθανον· 50	οὗτός ἐστιν ὁ ἄρτος ὁ ἐκ τοῦ οὐρανοῦ	K
τὸ μάννα ἐν τῇ ἐρήμῳ	καὶ ἀπέθανον· 50	οὗτός ἐστιν ὁ ἐκ τοῦ οὐρανοῦ	Ω
τὸ μάννα ἐν τῇ ἐρήμῳ	καὶ ἀπέθανον· 50	οὗτός ἐστιν ὁ ἄρτος ἐκ τοῦ οὐρανοῦ	H
τὸ μάννα ἐν τῇ ἐρήμῳ	καὶ ἀπέθαναν· 50	οὗτός ἐστιν ὁ ἄρτος ὁ ἐκ τοῦ οὐρανοῦ	2
⸱⸱⸱⸱ ⸱⸱⸱⸱ τῇ ἐρήμῳ	καὶ ἀπέθανον· 50	οὗτός ἐστιν ὁ ἄρτος ··	33
τὸ μάννα ἐν τῇ ἐρήμῳ	καὶ ἀπέθανον· 50	οὗτός ἐστιν ὁ ἄρτος ὁ ἐκ τοῦ οὐρανοῦ	𝔓⁶⁶ ℵ A 𝔐 L M U

Γ Δ Λ Π Ψ f¹ f¹³ 28 157 565 579 700 1071 1424 τ

καταβαίνων, ἵνα	τις ἐξ αὐτοῦ φάγῃ	καὶ	μὴ ἀποθνήσκῃ.	51 ἐγώ εἰμι ὁ	B [w]
	⸱⸱⸱⸱ῃ	καὶ οὐ	⸱⸱⸱⸱	51 ⸱⸱⸱⸱ ··	𝔓⁷⁵ (φαγη εξ αυτου cj)
καταβαίνων, ἵνα	τις ἐξ αὐτοῦ			51	A
καταβαίνων, ἵνα ἐὰν	τις ἐξ αὐτοῦ φάγῃ	καὶ	μὴ ἀποθάνῃ.	51 ἐγώ εἰμι ὁ	Dᶜ
καταβαίνων, ἵνα	τις ἐξ αὐτοῦ φάγει	καὶ	μὴ ἀποθάνῃ.	51 ἐγώ εἰμι ὁ	E 2
καταβαίνων, ἵνα	τις ἐξ αὐτοῦ φάγῃ	καὶ	μὴ ἀπόληται.	51 ἐγώ εἰμι ὁ	Ψ
καταβαίνων, ἵνα	τις ἐξ αὐτοῦ φάγει	καὶ	μὴ ἀποθάνει.	51 ἐγώ εἰμι ὁ	28
⸱⸱⸱⸱	⸱⸱⸱⸱οῦ φάγῃ	καὶ	μὴ ἀποθάνῃ.	51 ἐγώ εἰμι ὁ	33
καταβαίνων, ἵνα	τις ἐξ αὐτοῦ φάγῃ	καὶ	μὴ ἀποθάνῃ.	51 ἐγώ εἰμι ὁ	𝔓⁶⁶ ℵ C D* 𝔐 K L M U

W Γ Δ Θ Λ Π f¹ f¹³ 157 565 579 700 1071 1424 u[w]τ

ἄρτος ὁ	ζῶν	ὁ ἐκ τοῦ οὐρανοῦ καταβάς· ἐάν	τις φάγῃ ἐκ τούτου τοῦ ἄρτου	B 𝔓⁶⁶ uwτ rell
⸱⸱⸱τος ὁ	ζῶν	ὁ ἐ⸱⸱ ⸱⸱⸱⸱ν	τις φά⸱⸱ῃ ἐκ ⸱⸱⸱⸱	𝔓⁷⁵
ἄρτος ὁ	ζῶν	ὁ ἐκ τοῦ οὐρανοῦ καταβάς· ἐάν	τις φάγῃ ἐκ τοῦ ἐμοῦ ἄρτου	ℵ
ἄρτος ὁ	ζῶν	ὁ ἐκ τοῦ οὐρανοῦ καταβάς· ἐάν οὖν	τις φάγῃ ἐκ τοῦ ἄρτου τούτου	D
ἄρτος ··			⸱⸱⸱⸱ τούτου τοῦ ἄρτου	33
ἄρτος τῆς	ζωῆς	ὁ ἐκ τοῦ οὐρανοῦ καταβάς· ἐάν	τις φάγῃ ἐκ τοῦ ἄρτου τούτου	565
ἄρτος ὁ	ζῶν	ὁ ἐκ τοῦ οὐρανοῦ καταβάς· ἐάν	τις φάγῃ ἐκ τοῦ ἄρτου τούτου	579 1424
ἄρτος		ὁ ἐκ τοῦ οὐρανοῦ καταβάς· ἐάν	τις φάγῃ ἐκ τούτου τοῦ ἄρτου	1071

lac. 6.48-51 𝔓⁴⁵ F P 1346 ¦ vss. 50-51 A ¦ vss. 49-51 N

A 48 ειμη K 1424 ¦ ειμει N W 49 μανα 69 2* 565* 50 καταβαινον 2 1071 ¦ της (τις] Θ ¦ κα (και) Y ¦ αποθανει 1071 51 ειμη H ¦ ειμει W ¦ ημι 579 ¦ τεις 𝔓⁶⁶ ¦ της L ¦ φαγει 2 28

B 49 πρες A C G H K L M N S U Γ Λ Π Ψ Ω f¹ 118 f¹³ 124 2 28 157 565 579 700 788 1071 1424 50 ουνου A E H Y K L M S U Γ Δ Λ Π Ψ Ω f¹ 118 f¹³ 69 124 2 28 157 565 579 788 1071 1424 51 ουνου 𝔐 K L M S U Γ Δ Λ Π Ψ Ω f¹ 118 f¹³ 69 124 2 28 157 565 579 700 788 1071 1424

C 48 αναγνοσμα D ¦ αρχη: τη παρασ, της γ εβδομαδος ειπεν ο κς παρα του εληλυθοτας προς αυτον ιουδαιους E ¦ αρχη: τη παρ, ειπ, πρ της πεπιστ, εγω ειμι ο αρτ G ¦ αρχη: τη παρασκ,ε της γ εβδ. ειπ πρ εληλυθ πρ αυτ ιουδ. εγω ειμι ο αρτ κ, εις κοιμ H ¦ αρχη: ειπεν ο κς ο αρτος του ουνου εληλυθοτας ⸱⸱⸱⸱ τον ⸱⸱⸱⸱ H² ¦ αρχ: τη παρ,α της γ εβδ ειπεν ο κς προς τους ελ̣η̣λ εγω ειμι ο αρτ Y ¦ τη παρασκ, τς γ εβδ ειπεν ο κς πρ τς ελ̣η̣λ εγω ειμι ο αρτος της ζω̣, M ¦ τη παρασκ τς γ εβδ ειπ ο κς προς τ εληλ S ¦ ημερα ϛ αναγνω ι̅ϛ̅ ειπεν ο κ̅ς̅ προς τους ιουδ εληλυθωτ̅ πρ αυτ ⸱⸱⸱⸱ Γ ¦ αρχ: ειπεν ο κ̅ς̅ εγω ειμι ο αρτος Θ ¦ αρχ Λ ¦ αρχ κ̅γ̅ τη ϛ τς γ εβδ ειπ ο κς πρὸ τους εληλυθ εγω ειμι ο αρτος f¹ ¦ αρχ κ̅γ̅ τη παρ,α τς γ εβδομ,α ειπεν ο κς προς τους προς εγω ειμι 118 ¦ αρχ f¹³ ¦ αρχ τη ϛ τς γ εβδ εισκοιμηθθ 124 788 ¦ αρχ τη ϛ τς γ εβδ ειπ ο κς πρὸ τους ¦ πεπιστευκοτ πρ αυτ ιουδ 2 ¦ αρχ τς ϛ ειπεν ο κς προς τους εληλυθοτ προς αυτον ιουδ. εγω ειμι ο αρτ 28 ¦ αρχ τη ϛ τς γ εβδ 1071 51 Σα νβ̅ κ,υ ι̅δ̅ 118

D 48 ξ̅γ̅/α̅ ℵ A Y L M S U Γ Λ Π Ψ 124 118 28 788 1071 1424 ¦ ξ̅γ̅ C D E H K Θ f¹ f¹³ 2 157 565 ¦ ξ̅γ̅/δ̅ G ¦ Ιω ξ̅γ̅ : Λο . : Μρ . : Μτ . 124 788 49 ξ̅δ̅/ι̅ ℵ A S Y L U Γ Ψ 118 28 1071 1424 ¦ ξ̅δ̅ D E H K Θ f¹ 565 50 ξ̅δ̅/ι̅ M 124 788 1071 ¦ ξ̅δ̅ f¹³ ¦ Ιω ξ̅δ̅ : Λο . : Μρ . : Μτ . 124 788 51 ξ̅ε̅/α̅ ℵ Y L M S U Γ Π Ψ Ω 124 118 28 788 1071 1424 ¦ ξ̅δ̅ C 157 ¦ ξ̅ε̅ D E H K f¹ f¹³ ¦ ξ̅ε̅/ι̅ G ¦ ξ̅δ̅/ε̅ Λ ¦ Ιω ξ̅ε̅ : Λο . : Μρ . : Μτ . 124 788 ¦ (ante εαν τις) ξ̅ε̅ 565

[↓Π *f*¹ *f*¹³ 2 157 565 700 τ

ζήσεται	εἰς τὸν αἰῶνα, καὶ	ὁ ἄρτος δὲ	ὃν ἐγὼ δώσω	ἡ σάρξ μού	ἐστιν B 𝔭⁶⁶ C 𝔐 K M U Δ⁶ Λ
....	εἰς τὸν ...ῶνα,	ὁ	...ώσω	ἡ σάρ...	ν 𝔭⁷⁵
ζήσει	εἰς τὸν αἰῶνα,	ὁ ἄρτος	ὃν ἐγὼ δώσω ὑπὲρ τῆς τοῦ κόσμου ζωῆς		ℵ*
ζήσει	εἰς τὸν αἰῶνα,	ὁ ἄρτος	ὃν ἐγὼ δώσω ὑπὲρ τῆς τοῦ κόσμου ζωῆς		ℵᶜ
ζήσει	εἰς τὸν αἰῶνα, καὶ	ὁ ἄρτος	ὃν ἐγὼ δώσω	ἡ σάρξ μού	ἐστιν D W
ζήσεται	εἰς τὸν αἰῶνα, καὶ	ὁ ἄρτος	ὃν ἐγὼ δώσω	ἡ σάρξ μού	ἐστιν Γ 28
ζήσεται	εἰς τὸν αἰῶνα, καὶ	πῶς ὁ ἄρτος δὲ	ὃν ἐγὼ δώσω	ἡ σάρξ μού	ἐστιν Δ*
ζήσει	εἰς τὸν αἰῶνα, καὶ	ὁ ἄρτος δὲ	ὃν ἐγὼ δώσω	ἡ σάρξ μού	ἐστιν L Θ Ψ 33 1071 uw
ζήσεται	εἰς τὸν αἰῶνα, καὶ	ὁ ἄρτος δὲ	ὃν ἐγὼ δώσω	ἡ σάρξ ἡ ἐμὴ	ἐστιν 69
ζήσει	εἰς τὸν αἰῶνα, καὶ	ὁ ἄρτος δὲ	ὃν ἐγὼ δώσω ὑμῖν	σάρξ μού	ἐστιν 579
ζήσεται	εἰς τὸν αἰῶνα, καὶ	ὁ ἄρτος δὲ	ὃν ἐγὼ δώσω αὐτῷ	ἡ σάρξ μού	ἐστιν 1424

       ὑπὲρ τῆς τοῦ κόσμου ζωῆς.   B 𝔭⁶⁶ C D L W Ψ33 157 579 1071 uw
       ὑπ.... ....'σμου ζωῆ..   𝔭⁷⁵
       ἡ σάρξ μού ἐστιν.   ℵ
ἣν ἐγὼ δώσω ὑπὲρ τῆς τοῦ κόσμου ζωῆς.   𝔐 K M Γ Δ Θ Λ *f*¹ *f*¹³ 2 28 700 1424 τ
ἣν ἐγὼ δώσω περὶ τῆς τοῦ κόσμου ζωῆς.   U
ἣν ἐγὼ δόσω ὑπὲρ τῆς τοῦ κόσμου ζωῆς.   565

[Cl Pd I 47.1, Exc 13.4 και ο αρτος ον εγω δωσω, η σαρξ μου εστιν] [Cl Pd I 46.2 και ο αρτος ον εγω δωσω, η σαρξ μου εστιν υπερ της του κοσμου ζωης]

The Flesh And Blood Of The Son Of Man Is Food And Drink

κ̄ 52	Ἐμάχοντο οὖν πρὸς ἀλλήλους οἱ Ἰουδαῖοι λέγοντες,	B 𝔭⁶⁶ ℵ 𝔐 K L M U W Γ Δ Λ Π Ψ 124 2 28 700
52	...............ντο ....'ῖοι πρὸς ἀλλ......'ντες,	𝔭⁷⁵ [↑1424 uwτ
52	Ἐμάχοντο οὖν οἱ Ἰουδαῖοι πρὸς ἀλλήλους λέγοντες,	C D Θ *f*¹ *f*¹³ 33 157 579 1071
52	Ἐμάχοντο δὲ οἱ Ἰουδαῖοι πρὸς ἀλλήλους λέγοντες,	565

Πῶς	δύναται οὗτος ἡμῖν δοῦναι	τὴν σάρκα	αὐτοῦ φαγεῖν;	53 εἶπεν οὖν	B 1424 [uw]
Πῶς	δύναται οὗτος δοῦναι	τὴν σάρκαν	αὐτοῦ φαγεῖν;	53 εἶπεν οὖν	𝔭⁶⁶*
Πῶς	δύναται οὗτος δοῦναι ἡμῖν	τὴν σάρκαν	αὐτοῦ φαγεῖν;	53 εἶπεν οὖν	𝔭⁶⁶ᶜ
Π.....	....ου̣.......		...αγεῖν;	53	𝔭⁷⁵ (om. αυτου cj)
Πῶς οὖν	δύναται ἡμῖν οὗτος δοῦναι	τὴν σάρκα	φαγεῖν;	53 εἶπεν οὖν	ℵ
Πῶς	δύναται ἡμῖν οὗτος δοῦναι	τὴν σάρκα	φαγεῖν;	53 εἶπεν οὖν	C *f*¹ 565
Πῶς	δύναται οὗτος ἡμῖν τὴν σάρκα δοῦναι		φαγεῖν;	53 εἶπεν οὖν	D K Θ *f*¹³ 1071
Πῶς	δύναται οὗτος δοῦναι ἡμῖν	τὴν σάρκα	φαγεῖν;	53 εἶπεν οὖν	U
Πῶς	δύναται οὗτος τὴν σάρκα δοῦναι ἡμῖν		φαγεῖν;	53 εἶπεν οὖν	69
Πῶς	δύναται οὗτος δοῦναι ὑμῖν	τὴν σάρκα	φαγεῖν;	53 εἶπεν οὖν	579
Πῶς	δύναται οὗτος ἡμῖν δοῦναι	τὴν σάρκα	φαγεῖν;	53 εἶπεν οὖν	𝔐 L M W Γ Δ Λ Π Ψ 2 33 28 157 700 [uw]τ

αὐτοῖς	Ἰησοῦς,	Ἀμὴν ἀμὴν λέγω ὑμῖν, ἐὰν μὴ φάγηται	τὴν σάρκα	τοῦ	B*
αὐτοῖς	Ἰησοῦς,	Ἀμὴν ἀμὴν λέγω ὑμῖν, ἐὰν μὴ φάγητε	τὴν σάρκα	τοῦ	Bᶜ [w]
αὐτοῖς	Ἰησοῦς,	Ἀμὴν ἀμὴν λέγω ὑμῖν, ἐὰν μὴ φάγηται	τὴν σάρκαν	τοῦ	𝔭⁶⁶
....	ὁ Ἰησοῦς,	.. μὴν λέ..	φα..........	τῇ σάρκ...ῦ	𝔭⁷⁵*
....	ὁ Ἰησοῦς,	... μὴν λέ..	φα....	τὴν σάρκ...ῦ	𝔭⁷⁵ᶜ
αὐτοῖς ὁ	Ἰησοῦς,	Ἀμὴν ἀμὴν λέγω ὑμῖν, ἂν μὴ φάγηται	τὴν σάρκα	τοῦ	ℵ
αὐτοῖς ὁ	Ἰησοῦς,	Ἀμὴν λέγω ὑμῖν, ἐὰν μὴ φάγητε	τὴν σάρκα	τοῦ	C Δ
αὐτοῖς ὁ	Ἰησοῦς,	Ἀμὴν ἀμὴν λέγω ὑμῖν, ἐὰν μὴ λάβητε	τὴν σάρκα	τοῦ	D
αὐτοῖς ὁ	Ἰησοῦς,	Ἀμὴν ἀμὴν λέγω ὑμῖν, ἐὰν μὴ φάγητε	τὴν σάρκα	τοῦ	E* H L Wᶜ
αὐτοῖς ὁ	Ἰησοῦς,	Ἀμὴν ἀμὴν λέγω ὑμῖν, ἐὰν μὴ φάγητε	τὴν σάρκα	τούτου	K
αὐτοῖς ὁ	Ἰησοῦς,	Ἀμὴν ἀμὴν λέγω ὑμῖν, ἐὰν φάγηται	τὴν σάρκα	τοῦ	W*
αὐτοῖς ὁ	Ἰησοῦς πάλιν,	Ἀμὴν ἀμὴν λέγω ὑμῖν, ἐὰν μὴ φάγητε	τὴν σάρκα	τοῦ	28
αὐτοῖς ὁ	Ἰησοῦς,	Ἀμὴν ἀμὴν λέγω ὑμῖν, ἐὰν μὴ φάγητε	τὴν σάρκα	τοῦ	𝔐 M U Γ Θ Λ Π Ψ *f*¹ *f*¹³ 2 33 157 565 579 700 1071 1424 u[w]τ

lac. 6.51-53 𝔭⁴⁵ A F N P 1346

A 51 δοσω K 565 52 εμαχοντω 579 | αλλιλους Λ | λεγωντες 579 | δυνατα G* ¦ δυνατε 579 | ουτως 579 | ημειν D | φαγιν ℵ ¦ φαγην 579 | φαγειτε 2 ¦ φαγηται 579 | υμειν D | μι Θ

B 53 ι̅ς̅ B 𝔭⁶⁶ 𝔭⁷⁵ ℵ C 𝔐 K L M S U W Γ Δ Θ Λ Π Ψ Ω *f*¹ 118 *f*¹³ 124 2 33 28 157 565 579 700 788 1071 1424 ¦ ι̅η̅ς̅ D

D 52 ξϛ̄/ι̅ ℵ Y L M S U Γ Θ Π Ψ Ω 118 124 28 788 1071 1424 ¦ ξϛ̄ C D E H K Θ *f*¹ *f*¹³ 565 ¦ ξϛ̄/· G ¦ ξε̄/α̅ Λ ¦ ξε̄ 157 ¦ Ιω ξϛ̄ : Λο .: Μρ .: Μτ . 124 53 ξζ̄ E ¦ ξϛ̄ 157

υἱοῦ τοῦ ἀνθρώπου καὶ πίητε   αὐτοῦ τὸ αἷμα,   οὐκ ἔχετε ζωὴν   ἐν ἑαυτοῖς. B **uwτ** rell
υἱοῦ τοῦ ἀνθρώπου καὶ <u>τὸ αἷμα αὐτοῦ</u> <u>πίητε</u>,   οὐκ ἔχετε ζωὴν   ἐν ἑαυτοῖς. 𝔭⁶⁶
υἱ⸱⸱⸱⸱⸱ ⸱⸱⸱⸱⸱⸱ ἀνθρώπου κ⸱⸱⸱ ⸱⸱ητε   αὐτοῦ τὸ αἷμα,   οὐκ ἔχετε ζ⸱⸱⸱⸱⸱⸱   ἐν ἑαυτοῖς. 𝔭⁷⁵
υἱοῦ τοῦ ἀνθρώπου καὶ πίητε <u>τὸ αἷμα αὐτοῦ</u>,   οὐκ ἔχετε ζωὴν <u>αἰώνιον</u> ἐν ἑαυτοῖς. ℵ
υἱοῦ τοῦ ἀνθρώπου καὶ <u>τὸ αἷμα αὐτοῦ</u> <u>πίητε</u>,   οὐκ ἔχετε <u>ἐν ἑαυτοῖς</u>   <u>τὴν ζωήν</u>. D
υἱοῦ τοῦ ἀνθρώπου καὶ πίητε   αὐτοῦ τὸ αἷμα,   οὐκ ἔχετε ζωὴν   ἐν <u>αὐτοῖς</u>. Δ
υἱοῦ τοῦ ἀνθρώπου καὶ <u>πίεται</u> αὐτοῦ τὸ αἷμα,   οὐκ ἔχετε ζωὴν   ἐν ἑαυτοῖς. Ω
υἱοῦ τοῦ ἀνθρώπου καὶ <u>πίετε</u>   αὐτοῦ τὸ αἷμα,   οὐκ ἔχετε ζωὴν   ἐν ἑαυτοῖς. 69 124 788 1071
υἱοῦ τοῦ ἀνθρώπου καὶ πίητε   αὐτοῦ τὸ αἷμα,   οὐκ ἔχετε ζωὴν <u>αἰώνιον</u> ἐν ἑαυτοῖς. 157
υἱοῦ τοῦ <u>θεοῦ</u>   καὶ <u>πίηται</u> αὐτοῦ τὸ αἷμα,   οὐκ ἔχετε ζωὴν   ἐν ἑαυτοῖς. 579

[Cl Pd I 38.2 φαγεσθε μου τας σαρκας (<u>την σαρκα</u> Cl Pd I 42.3), ειπων, και πιεσθε μου <u>το αιμα</u>)

54 ὁ τρώγων μου   τὴν σάρκα   καὶ πείνων μου   τὸ αἷμα ἔχει ζωὴν   B
54 ὁ τρώγων   μου   τὸ αἷμα ἔχει ζωὴν   𝔭⁶⁶*
54 ὁ τρώγων μου   <u>τῇ</u> σάρκα   καὶ <u>πίνων</u> μου   τὸ αἷμα ἔχει ζωὴν   𝔭⁷⁵*
54 ὁ τρώγων <u>αὐτοῦ</u> τὴν <u>σάρκαν</u> καὶ πείνων <u>αὐτοῦ</u> τὸ αἷμα ἔχει ζωὴν   D
54 ὁ τρώγων <u>τὴν</u>   <u>σάρκα μου</u>   καὶ <u>πίνων</u> μου   τὸ αἷμα ἔχει ζωὴν   Δ
54 ὁ τρώγων μου   τὴν σάρκα   καὶ <u>πίνων</u> μου   τὸ αἷμα   33
54 ὁ τρώγων μου   τὴν σάρκα   καὶ <u>πίνων</u> μου   τὸ αἷμα ἔχει ζωὴν   𝔭⁶⁶ᶜ·⁷⁵ᶜ **uwτ** rell

αἰώνιον, κἀγὼ   ἀναστήσω αὐτὸν   τῇ ἐσχάτῃ ἡμέρᾳ. **55** ἡ γὰρ   σάρξ μου   B 𝔭⁶⁶·⁷⁵ ℵ A D GL W Θ f¹
αἰώνιον, κἀγὼ   ἀναστήσω αὐτὸν <u>ἐν</u> τῇ ἐσχάτῃ ἡμέρᾳ. **55** ἡ γὰρ   σάρξ μου   C Π 1071   [↑579 **uw**
αἰώνιον, <u>καὶ</u> <u>ἐγὼ</u> ἀναστήσω αὐτὸν   τῇ ἐσχάτῃ ἡμέρᾳ. **55** ἡ γὰρ   σάρξ μου   E H Γ 118 157 2 τ
αἰώνιον, <u>καὶ</u> <u>ἐγὼ</u> ἀναστήσω αὐτὸν <u>ἐν</u> τῇ ἐσχάτῃ ἡμέρᾳ. **55** ἡ γὰρ   σάρξ μου   Y M S Δ Λ Ω 69 124 28 788
αἰώνιον, κἀγὼ   ἀναστήσω αὐτὸν <u>ἐν</u> τῇ ἐσχάτῃ ἡμέρᾳ. **55** ἡ   σάρξ μου   K
αἰώνιον, <u>καὶ</u> <u>ἀναστήσω</u> <u>ἐγω</u> αὐτὸν   τῇ ἐσχάτῃ ἡμέρᾳ. **55** ἡ γὰρ   σάρξ μου   Ψ
αἰώνιον, <u>καὶ</u> <u>ἐγὼ</u> ἀναστήσω αὐτὸν <u>ἐν</u> τῇ ἐσχάτῃ ἡμέρᾳ. **55** ἡ <u>σάρξ</u> <u>μου</u> <u>γὰρ</u>   f¹³
om.   **55**   33
αἰώνιον, κἀγὼ   ἀναστήσω αὐτὸν   τῇ ἐσχάτῃ ἡμέρᾳ. **55** ἡ   σάρξ μου   565
αἰώνιον, <u>καὶ</u> <u>ἐγὼ</u> ἀναστήσω αὐτὸν <u>ἐν</u> τῇ ἐσχάτῃ ἡμέρᾳ. **55** ἡ   σάρξ μου   700
αἰώνιον, <u>καὶ</u> <u>ἐγὼ</u> ἀναστήσω αὐτὸν   τῇ ἐσχάτῃ ἡμέρᾳ. **55** ἡ   σάρξ μου   1424

                                                                    [↓1071 1424 **uw**
ἀληθής ἐστιν βρῶσις, καὶ τὸ αἷμά μου ἀληθής ἐστιν πόσις. **56** ὁ   B 𝔭⁶⁶ᶜ·⁷⁵ ℵᶜ C K L W Π Ψ f¹ 157 565 579
<u>ἀληθῶς</u> ἐστιν βρῶσις, καὶ τὸ αἷμά μου <u>ἀληθῶς</u> ἐστιν πόσις. **56** ὁ   𝔭⁶⁶* 𝔐 M U Γ Θ Λ 2 28 700 τ
<u>ἀληθῶς</u> ἐστι   <u>πότον</u>.   **56** ὁ   ℵ*
<u>ἀληθῶς</u> ἐστιν βρῶσις.   **56** ὁ   D
<u>ἀληθῶς</u> ἐστιν βρῶσις, καὶ τὸ αἷμα   <u>ἀληθῶς</u> ἐστιν πόσις. **56** ὁ   Δ
ἀληθής ἐστιν βρῶσις, καὶ τὸ αἷμά μου <u>ἀληθῶς</u> ἐστιν πόσις. **56** ὁ   f¹³
om.   **56**   33

[Cl Pd I 36.5 <u>το αιμα μου</u> γαρ, φησιν ο κυριος, <u>αληθης</u> <u>εστι</u> <u>ποσις</u>]

---

lac. 6.53-56 𝔭⁴⁵ A F N P 1346

A 53 πιηται W ¦ πιετε 13 ¦ εχεται 𝔭⁶⁶ D W 33 579 **54** τρογον Θ ¦ τρωγον Λ 1071 ¦ τρογων 2 579 ¦ εχι Θ **55** εστι¹·² C S Y U Γ Ω f¹ 118 69 124 28157 565 700 ¦ εστι² Ψ ¦ βρωσεις L Θ ¦ βωσις 565 ¦ ποσεις W ¦ πωσις 124 28 579

B 53 υ̅υ̅ ℵ C 𝔐 K L M U Δ Λ Ψ Ω 33 28 565 579 1424 ¦ α̅ν̅ο̅υ̅ 𝔭⁷⁵ C 𝔐 K L M S U W Γ Δ Θ Λ Π Ψ Ω f¹ 118 f¹³ 69 124 2 33 28 157 565 788 1071 1424 ¦ θ̅υ̅ 579

C 54 τη β̅ τς δ̅ εβδ αρχ ο τρωγων Ω ¦ τελος (post ημερα) D [ημερα δ̅ της γ̅ εβδομ.: 6.48-54] E H S Y Λ Ω f¹³ 124 788 1071¦ τελος της παρ, (+ γ̅ M) G M ¦ τελ του κ̅ Γ ¦ τελ τς ς̅ f¹ 28 **55** αρχ τη β̅ της μεσον 157 **56** ανναγνοσμα D ¦ αρχη: τη β̅ της δ̅ εβδομαδος ειπεν ο κ̅ς προς τους πεπιστευκοτας προς αυτω ιουδαιους: E ¦ αρχη: τη β̅ της δ̅ εβδ ειπ̅ πρ τους πεπισ̅τ, ο τρωγων μου την σαρ̅, G ¦ αρχη: τη β̅ της δ̅ εβδ ειπ̅ πρ ελοηλυθ̅ πρ ιουδ. ο τρωγων̅ μου τ, H ¦ αρχ: τη β̅ της δ̅ εβδ ειπεν ο κ̅ς προς τους πεπισ̅τ προς αυτ ιουδ ο τρωγων̅ μου̅ την σαρκα Υ ¦ τη β̅ τς δ̅ εβδ ειπεν ο κ̅ς πρ τς πεπισ̅τ ο τρωγων μου τη, M ¦ τη ε τς δ̅ εβδ ειπ̅ ο κ̅ς προς τ S̅ ¦ αναγνω κγ ειπεν ο κ̅ς πρ τους πεπιστευκεν πρ αυτο ο τρωγων μου Γ ¦ αρχ: ο τρωγων μου Θ ¦ αρχ Λ ¦ αρχ κδ̅ τη β̅ τς δ̅ εβδ ειπ ο κ̅ς προς τ̅ο̅ τρογων f¹ ¦ αρχ κδ̅ τη β̅ τς δ̅ εβδομ,α̅ ειπεν ο κ̅ς προς τους ελη, 118 ¦ αρχ τη β̅ τς δ̅ εβδ f¹³ 124 788 1071 ¦ αρχ τς β̅ ειπεν ο κ̅ς προς τους πεπιστευκετ προς αυτον ιουδαιους ο τρογων μ 28 ¦ αρχη ειπεν ο κ̅ς πρ 1424

D 54 ξ̅ς̅/α̅ Λ **55** ξ̅δ̅/α̅ ℵ* ¦ ξ̅ζ̅/α̅ ℵᶜ G M S U Y Γ Λ Π Ψ Ω 124 118 28 788 1071 1424 ¦ ξ̅ζ̅ D H K Θ f¹ 157 565 ¦ ξ̅ζ̅/ζ̅ L **56** ξ̅η̅/ι̅ ℵ G M S U Λ Ψ Ω 118 124 28 788 1424 ¦ ξ̅η̅ C D E H K Θ Π f¹ 565 1071 ¦ ξ̅η̅/α̅ L ¦ (ante και το αιμα) ξ̅η̅ 157

τρώγων μου τὴν σάρκα καὶ πείνων μου τὸ αἶμα ἐν ἐμοὶ μένει κἀγὼ ἐν αὐτῷ. Β 𝔓⁷⁵
τρώγων μου τὴν σάρκα καὶ πείνων μου τὸ αἶμα ἐν ἐμοὶ μένει κἀγὼ ἐν αὐτῷᵀ. D
τρώγων μου τὴν σάρκα καὶ πείνων μου τὸ αἶμαᵀ ἐν ἐμοὶ μένει κἀγὼ ἐν αὐτῷ. W
τρώγων μου τὴν σάρκα καὶ <u>πίνων</u> μου αἶμα ἐν ἐμοὶ μένει κἀγὼ ἐν αὐτῷ. Δ
ἐν ἐμοὶ μένει κἀγὼ ἐν αὐτῷ. 33
τρώγων μου τὴν σάρκα καὶ <u>πίνων</u> μου τὸ αἶμα ἐν ἐμοὶ μένει κἀγὼ ἐν αὐτῷ. 𝔓⁶⁶ uwτ rell

ᵀἔχει ζωὴν αἰώνιον κἀγὼ ἀναστήσω αὐτὸν τῇ ἐσχάτῃ ἡμέρᾳ. ἡ γὰρ σάρξ μου ἀληθής ἐστιν βρῶσις καὶ τὸ αἶμά μου ἀληθής ἐστιν πόσις. ὁ τρώγων μου τὴν σάρκα καὶ πίνων μου τὸ αἶμα W

ᵀκαθὼς ἐν ἐμοὶ ὁ πατὴρ κἀγὼ ἐν τῷ πατρί. ἀμὴν ἀμὴν λέγω ὑμεῖν, ἐὰν μὴ λάβητε τὸ σῶμα τοῦ υἱοῦ τοῦ ἀνθρώπου ὡς τὸν ἄρτον τῆς ζωῆς οὐκ ἔχετε ζωὴν ἐν αὐτῷ. D

57 καθὼς ἀπέστειλέν με ὁ ζῶν πατὴρ κἀγὼ ζῶ διὰ τὸν πατέρα, καὶ ὁ τρώγων Β uwτ rell
57 καθὼς <u>ἀπέσταλκέν</u> με ὁ ζῶν πατὴρ κἀγὼ ζῶ διὰ τὸν πατέρα, καὶ ὁ τρώγων 𝔓⁶⁶ Π 69 124 579
57 καθὼς ἀπέστειλέν με ὁ ζῶν πατὴρ κἀγὼ ζῶ διὰ τὸν πατέρα <u>μου</u>, καὶ ὁ τρώγων 𝔓⁷⁵ [↑788 1424
57 καθὼς <u>ἀπέσταλκέν</u> με ὁ ζῶν πατὴρ κἀγὼ ζῶ διὰ τὸν πατέρα, καὶ ὁ <u>λαμβάνων</u> D
57 καθὼς <u>ἀπέσταλκέν</u> με ὁ ζῶν πατὴρ κἀγὼ ζῶ διὰ τὸν πατέρα, καὶ ὁ <u>τρώγω</u> f¹³
57 καθὼς <u>ἀπέσταλκέν</u> με ὁ <u>πατὴρ ὁ ζῶν</u> κἀγὼ ζῶ διὰ τὸν πατέρα, καὶ ὁ τρώγων 1071

με κἀκεῖνος ζήσει δι᾽ ἐμέ. 58 οὗτός ἐστιν ὁ ἄρτος ὁ ἐξ οὐρανοῦ καταβάς, Β 𝔓⁷⁵ Cᶜ uw
με κἀκεῖνος <u>ζήσεται</u> δι᾽ ἐμέ. 58 οὗτός ἐστιν ὁ ἄρτος ὁ <u>ἐκ τοῦ</u> οὐρανοῦ <u>καταβαίνων</u>, 𝔓⁶⁶*
με κἀκεῖνος ζήσει δι᾽ ἐμέ. 58 ἐστιν ὁ ἄρτος ὁ <u>ἐκ τοῦ</u> οὐρανοῦ <u>καταβαίνων</u>, ℵ*
με κἀκεῖνος ζήσει δι᾽ ἐμέ. 58 οὗτός ἐστιν ὁ ἄρτος ὁ <u>ἐκ τοῦ</u> οὐρανοῦ καταβάς, ℵᶜ Υ Κ L Θ Π Ψ 118
·με κἀκεῖνος <u>ζῆ</u> δι᾽ ἐμέ. 58 οὗτός ἐστιν ὁ ἄρτος ὁ ἐξ οὐρανοῦ καταβάς, C* [↑f¹³ 33 579 1071
με κἀκεῖνος <u>ζῆ</u> δι᾽ ἐμέ. 58 οὗτός ἐστιν ὁ ἄρτος ὁ <u>ἐκ τοῦ</u> οὐρανοῦ καταβάς, D
....σει δι᾽ ἐμέ. 58 οὗτός ἐστιν ὁ ἄρτος ὁ <u>ἐκ τοῦ</u> οὐρανοῦ καταβάς, Ν
με κἀκεῖνος <u>ζήσεται</u> δι᾽ ἐμέ. 58 οὗτός ἐστιν ὁ ἄρτος ὁ <u>ἐκ τοῦ</u> οὐρανοῦ καταβάς, 𝔓⁶⁶ᶜ 𝔐 Μ U W Γ Δ
Λ f¹ 2 28 157 565 700 1424 τ

οὐ καθὼς ἔφαγον οἱ πατέρες καὶ ἀπέθανον· ὁ τρώγων Β 𝔓⁶⁶·⁷⁵ C L W uw
οὐ καθὼς <u>οἱ πατέρες ἔφαγον</u> καὶ ἀπέθανον· ὁ τρώγων ℵ
οὐ καθὼς ἔφαγον οἱ πατέρες <u>ὑμῶν</u> καὶ ἀπέθανον· ὁ τρώγων D 33
οὐ καθὼς ἔφαγον οἱ πατέρες <u>ὑμῶν τὸ μάννα</u> καὶ ἀπέθανον· ὁ <u>τρῶγον</u> G Λ
οὐ καθὼς ἔφαγον <u>τὸ μάννα οἱ πατέρες ὑμῶν</u> καὶ ἀπέθανον· ὁ τρώγων Μ
οὐ καθὼς ἔφαγον οἱ πατέρες <u>ἡμῶν τὸ μάννα</u> καὶ ἀπέθανον· ὁ τρώγων <u>μου</u> Γ
οὐ καθὼς <u>φαγὼν</u> οἱ πατέρες <u>ὑμῶν τὸ μάννα</u> καὶ ἀπέθανον· ὁ <u>τρῶγον</u> Θ
οὐ καθὼς ἔφαγον οἱ πατέρες <u>ἡμῶν τὸ μάννα</u> καὶ ἀπέθανον· ὁ τρώγων 579 1424 [↓565 700 1071 τ
οὐ καθὼς ἔφαγον οἱ πατέρες <u>ὑμῶν τὸ μάννα</u> καὶ ἀπέθανον· ὁ τρώγων 𝔐 Κ Ν U Δ Π Ψ f¹ f¹³ 2 28 157

[↓Λ Ψ 118 2 33 157 1071 uw
τοῦτον τὸν ἄρτον ζήσει εἰς τὸν αἰῶνα. 59 Ταῦτα εἶπεν ἐν συναγωγῇ Β 𝔓⁷⁵ᶜ ℵ C E G L N S Δ Θ
τοῦτον τὸν ἄρτον ζήσει εἰς τὸν αἰῶνα. 59 Ταῦτα εἶπεν ἐν <u>συναγω</u> 𝔓⁷⁵*
τοῦτον τὸν ἄρτον <u>ζήσεται</u> εἰς τὸν αἰῶνα. 59 Ταῦτα εἶπεν ἐν <u>τῇ</u> συναγωγῇ D
<u>τὸν ἄρτον τοῦτον ζήσῃ</u> εἰς τὸν αἰῶνα. 59 Ταῦτα εἶπεν ἐν συναγωγῇ W
τοῦτον τὸν ἄρτον ζήσει εἰς τὸν αἰῶνα. 59 Ταῦτα <u>ἐλάλησεν</u> ἐν συναγωγῇ f¹ 565
τοῦτον ἄρτον <u>ζήσεται</u> εἰς τὸν αἰῶνα. 59 Ταῦτα εἶπεν ἐν συναγωγῇ 124
τοῦτον τὸν ἄρτον ζήσει εἰς τὸν αἰῶνα. 59 Ταῦτα ἐν συναγωγῇ 579
τοῦτον τὸν ἄρτον <u>ζήσεται</u> εἰς τὸν αἰῶνα. 59 Ταῦτα εἶπεν ἐν συναγωγῇ 𝔓⁶⁶ Η Υ Κ Μ U Γ Π Ω
f¹³ 28 700 1424 τ

διδάσκων ἐν Καφαρναούμ. Β 𝔓⁶⁶·⁷⁵ ℵ C W Θ 33 uw
διδάσκων ἐν Καφαρναούμ <u>σαββάτῳ</u>. D
διδάσκων ἐν <u>Καπερναούμ</u>. 𝔐 Κ L Μ Ν U Γ Δ Λ Π Ψ f¹ f¹³ 2 28 157 565 579 700 1071 1424 τ

lac. 6.56-59 𝔓⁴⁵ A F P 1346 ¦ vss. 56-57 N

A 56 τρωγον Ε* 579 ¦ τρωγον 700 ¦ πινον 13 ¦ μενη Η* Μ ¦ μενι καγο Θ 57 απεστιλαν ℵ L W Θ ¦ απεστειλε Υ 118 157 700 ¦ απεσταλκε 13 69 788 ¦ ω (ο²) Θ ¦ τρογων 2 ¦ ζηση C ¦ ζισι Θ ¦ ξηση 69 ¦ ζειση 579 ¦ εμαι 579 58 εφαγων 28 ¦ μανα Θ ¦ τρωγων Ε ¦ τρογον Θ 579 ¦ τρωγον Λ ¦ τρογων 2 ¦ τουτων 1071 59 ε (εν²) L ¦ συναγωγει Θ

B 57 π̅η̅ρ̅ ℵ C 𝔐 K L M S U Γ Δ Θ Λ Π Ψ Ω f¹ 118 f¹³ 69 124 2 33 28 157 565 579 700 788 1071 1424 ¦ π̅ρ̅α̅ 𝔓⁶⁶ ℵ C 𝔐 K L M S U W Γ Δ Θ Λ Π Ψ Ω f¹ 118 f¹³ 69 124 2 33 28 157 565 579 700 788 1071 1424 58 ο̅υ̅ν̅ο̅υ̅ 𝔐 K L M S U Γ Δ Π Ψ Ω f¹ 118 f¹³ 69 124 2 28 157 579 700 788 1071 1424 ¦ π̅ρ̅ε̅ς C G H K L M N S U Γ Λ Π Ψ Ω 118 f¹³ 69 124 2 33 28 157 565 579 700 788 1071 1424

C 58 αρχ τη β̅ τς μεσον· ειπ ο κ̅ς̅ προς τους πεπιστευκοτ προς αυτ ιουδ 2

D 57 ξ̅η̅/ι Υ

The Disciples Take Offense At Jesus' Saying

60 Πολλοὶ οὖν ἀκούσαντες ἐκ τῶν μαθητῶν αὐτοῦ εἶπον, Σκληρός ἐστιν   B 𝔭⁶⁶ᶜ τ rell
60 Πολλοὶ οὖν ἀκούσαντες ἐκ τῶν μαθητῶν εἶπον, Σκληρός ἐστιν   𝔭⁶⁶*
60 Πολλοὶ ····γ ἀκούσαντες ἐκ τῶν μαθητῶν αὐ······ ········ ····κληρός ἐστιν   𝔭⁷⁵
60 Πολλοὶ οὖν ἐκ τῶν μαθητῶν αὐτοῦ ἀκούσαντες εἶπαν, Σκληρός ἐστιν   D
60 Πολλοὶ οὖν ἀκούσαντες ἐκ τῶν μαθητῶν αὐτοῦ εἶπον, Σκληρός   W
60 Πολλοὶ οὖν ἀκούσαντες ἐκ τῶν μαθητῶν αὐτοῦ εἶπον, Ἔστιν σκληρός   Γ*
60 Πολλοὶ οὖν ἀκούσαντες ἐκ τῶν μαθητῶν αὐτοῦ εἶπαν, Σκληρός ἐστιν   uw

ὁ λόγος οὗτος· τίς δύναται αὐτοῦ ἀκούειν; 61 εἰδὼς δὲ   ὁ Ἰησοῦς   B 𝔭⁶⁶ ℵᶜ Cᶜ Y K L N W Π Ψ f¹ 33
ὁ λόγος οὗτος· τίς δύναται αὐτοῦ ἀκούειν; 61 ἔγνω οὖν   Ἰησοῦς   ℵ*   [↑565 1071 1424 uw
ὁ λόγος οὗτος· τίς δύναται αὐτοῦ ἀκούειν; 61 ἰδὼν δὲ   ὁ Ἰησοῦς   C*
ὁ λόγος οὗτος· τίς δύναται αὐτοῦ ἀκούειν; 61 ὡς οὖν ἔγνω   ὁ Ἰησοῦς   D
οὗτος ὁ λόγος· τίς δύναται αὐτοῦ ἀκούειν; 61 ἔγνω οὖν   ὁ Ἰησοῦς   Θ
οὗτος ὁ λόγος· τίς δύναται ἀκούειν αὐτοῦ; 61 ἔγνω οὖν   ὁ Ἰησοῦς   f¹³   [↓700 τ
οὗτος ὁ λόγος· τίς δύναται αὐτοῦ ἀκούειν; 61 εἰδὼς δὲ   ὁ Ἰησοῦς   𝔭⁷⁵ 𝔐 M U Γ Δ Λ 124 2 28 157 579

ἐν ἑαυτῷ ὅτι   γογγύζουσιν περὶ τούτου οἱ μαθηταὶ αὐτοῦ   εἶπεν αὐτοῖς,   B 𝔭⁷⁵ uwτ rell
ἐν ἑαυτῷ ὅτι   γογγύζουσιν περὶ τούτου οἱ μαθηταὶ αὐτοῦ   εἶπεν αὐτοῖς Ἰησοῦς,   𝔭⁶⁶
ἐν ἑαυτῷ ὅτι   γογγύζουσιν περὶ τούτου οἱ μαθηταὶ αὐτοῦ καὶ   εἶπεν αὐτοῖς,   ℵ* f¹³
ὅτι ἐν ἑαυτοῖς   γογγύζουσιν περὶ τούτου οἱ μαθηταὶ αὐτοῦ   εἶπεν αὐτοῖς,   D
ἐν ἑαυτῷ ὅτι   γογγύζουσιν οἱ μαθηταὶ αὐτοῦ περὶ τούτου   εἶπεν αὐτοῖς,   157

[↓f¹³ 2 33 157 565 579 700 1071 1424 uwτ
Τοῦτο ὑμᾶς σκανδαλίζει; 62 ἐὰν οὖν θεωρῆτε   τὸν υἱὸν τοῦ   B 𝔭⁷⁵ C D 𝔐 K L M N U Γ Δ Λ Π Ψ f¹
Τοῦτο ὑμᾶς σκανδαλίζει; 62 ἐὰν οὖν θεωρήσηται   τὸν υἱὸν τοῦ   𝔭⁶⁶
Τοῦτο ὑμᾶς σκανδαλίζει; 62 ἐὰν θεωρῆτε   ἀναβαίνοντα   ℵ*
Τοῦτο ὑμᾶς σκανδαλίζει; 62 ἐὰν οὖν θεωρῆτε   ἀναβαίνοντα   ℵᶜ
Τοῦτο ὑμᾶς σκανδαλίζει; 62 ἐὰν οὖν θεωρῆτε   τὸν υἱὸν τοῦ   124
Τοῦτο ὑμᾶς σκανδαλίζει; 62 ἐὰν οὖν θεωρῆτε   τὸν υἱὸν   S
Τοῦτο ὑμᾶς σκανδαλίζει; 62 ἐὰν οὖν εἴδηται   τὸν υἱὸν τοῦ   W
Τοῦτο ὑμῖν σκανδαλίζει; 62 ἐὰν οὖν θεωρῆτε   τὸν υἱὸν τοῦ   Θ
Τοῦτο ὑμᾶς σκανδαλίζει; 62 ἐὰν οὖν ἴδητε   τὸν υἱὸν τοῦ   28

ἀνθρώπου ἀναβαίνοντα ὅπου   ἦν τὸ πρότερον; 63 τὸ πνεῦμά ἐστιν τὸ ζωοποιοῦν,   B 𝔭⁷⁵ uwτ rell
ἀνθρώπου ἀναβαίνοντα οὗ   ἦν τὸ πρότερον; 63 τὸ πνεῦμά ἐστιν τὸ ζωοποιοῦν,   𝔭⁶⁶ D Θ
τὸν υἱὸν τοῦ ἀνθρώπου ὅπου   ἦν τὸ πρότερον; 63 πνεῦμά ἐστιν τὸ ζωοποιοῦν,   ℵ*
τὸν υἱὸν τοῦ ἀνθρώπου ὅπου   ἦν τὸ πρότερον; 63 τὸ πνεῦμά ἐστιν τὸ ζωοποιοῦν,   ℵᶜ
················ ········ ·······   ········· 63 ··········· ἐστιν τὸ ζωοποιοῦν,   F
ἀνθρώπου ἀναβαίνοντα ποῦ   ἦν τὸ πρότερον; 63 τὸ πνεῦμά ἐστιν τὸ ζωοποιοῦν,   Δ

ἡ σὰρξ   οὐκ ὠφελεῖ οὐδέν· τὰ ῥήματα ἃ ἐγὼ λελάληκα ὑμῖν πνεῦμά ἐστιν καὶ   B 𝔭⁶⁶ᶜ uw rell
ἡ σὰρξ δὲ   οὐκ ὠφελεῖ οὐδέν· τὰ ῥήματα ········· ὑμῖν ········· ·αἰ   𝔭⁶⁶*
ἡ σὰρξ   ο····· ε· οὐ γ· τὰ ῥήματα ········· ὑμῖν ·············   𝔭⁷⁵
ἡ σὰρξ   οὐκ ὠφελεῖ οὐδέν· τὰ ῥήματα ἃ ἐγὼ λελάληκα ὑμῖν πνεῦμά ἐστιν καὶ   ℵ
ἡ σὰρξ   οὐκ ὠφελεῖ οὐδέν· τὰ ῥήματα ἃ ἐγὼ λελάληκα ὑμῖν πνεῦμά ἐστιν   D*   [↓1424 τ
ἡ σὰρξ   οὐκ ὠφελεῖ οὐδέν· τὰ ῥήματα ἃ ἐγὼ λαλῶ ὑμῖν πνεῦμά ἐστιν καὶ   𝔐 M Γ Δ Λ 2 28 579

---

lac. 6.58-63 𝔭⁴⁵ A P 1346 ¦ vss. 58-63 F

A 60 ακυσαντες K* ¦ σκλιρος K ¦ της δυνατε Θ 61 ιδως ℵᶜ W ¦ ευτω Λ* ¦ γονγυζουσιν D ¦ γογγυζουσι S Y Ψ Ω f¹ 118 13 69 124 28 565 579 700 788 ¦ σκαδαλιζει 𝔭⁶⁶* ¦ σκανδαλιζι 1071 62 τον (του) K ¦ θεωρηται ℵ N ¦ θεωρειτε H Γ Λ 13 2 579 1424 ¦ αναβενοντα ℵ D N Θ ¦ πρωτερον H 2* 28 63 εστι¹·² S Y U Π f¹ 118 13 69 124 28 157 565 579 700 788 ¦ οφελει K L 2 28 69 ¦ ωφιλι Θ ¦ ωφιλη 1071 ¦ ρημα 𝔭⁶⁶* ¦ υμειν D

B 61 ιϲ¹ B 𝔭⁶⁶ 𝔭⁷⁵ ℵ C 𝔐 K L M N S U W Γ Δ Θ Λ Π Ψ Ω f¹ 118 f¹³ 124 2 33 28 157 565 579 700 788 1071 1424 ¦ ιης D ¦ ιϲ² 𝔭⁶⁶ 62 υν 𝔭⁶⁶ ℵ C 𝔐 K L M N S U Δ Λ Π Ψ Ω f¹ 2 33 28 565 579 1071 1424 ¦ ανου 𝔭⁶⁶ 𝔭⁷⁵ C 𝔐 K L M N S U W Γ Δ Π Ψ Ω f¹ 118 f¹³ 69 124 2 33 28 157 565 579 700 788 1071 1424 63 πνα¹·² 𝔭⁶⁶ 𝔭⁷⁵ (lac.²) ℵ C D 𝔐 L M N S U W Γ Δ Θ Λ Π Ψ Ω f¹ 118 f¹³ 69 124 2 33 28 157 565 700 788 1071 1424 ¦ πνα¹ F 579

C 60 διο γαρ α δε ωτος Λ 63 τελος (post ουδεν) D [ημερα β΄ της δ΄ εβδομ.: 6.56-63] ¦

D 61 ξθ/ᾱ Y Γ ¦ (ante τουτο υμας) ξθ/ᾱ ℵ L 62 ξθ C D H K Θ Π f¹³ 157 565 ¦ ξθ/ᾱ E G M N S U Λ Ψ Ω 118 124 28 788 1071 1424 ¦ ο/ᾱ Γ ¦ Ευ Ιω ξθ : Λο σϛ̄ : Μρ ρ̄ϙᾱ : Μθ τ̄ Ε ¦ Ιω ξᾱ (sic!) : Λο σϛ̄ : Μρ ρ̄ξᾱ : Μθ σϛ̄ 124 ¦ Ιω ξθ̄ : Λο σϛ̄ : Μρ ρ̄ϙᾱ : Μθ τ̄λ 788 63 ο̄/ϛ̄ ℵ L M S U Ω 118 124 28 788 1071 1424 ¦ ο C D H K Θ Π f¹³ 2 565 ¦ ο/ῑ Ε Y Λ Ψ ¦ ο̄/ᾱ G ¦ ο̄ᾱ/ῑ Γ ¦ Ευ Ιω ο̄ : Λο . : Μρ . : Μθ . Ε ¦ Ιω ο̄ : Μθ σϛ̄ : Μρ ρ̄οη : Λο ϙ̄δ Μ ¦ Ιω ο : Λο μ̄δ : Μρ ρ̄ξᾱ : Μθ σ̄οθ 124 ¦ Ιω ο : Λο . : Μρ ρ̄οη : Μθ σϛ̄ 788 ¦ (ante τα ρηματα) ο̄ᾱ/ῑ ℵ E G L M S U Λ Ω 124 28 788 1071 1424 ¦ ο̄ᾱ C D F H K Θ 118 f¹³ 565 ¦ ο̄ᾱ/ᾱ Ψ ¦ ο̄ 157 ¦ Ευ Ιω ο̄ᾱ : Λο . : Μρ . : Μθ . Ε ¦ Ιω ο̄ᾱ : Μθ ο̄θ : Μρ ρ̄ξᾱ Μ ¦ Ιω ο̄ᾱ : Λο . : Μρ π̄β : Μθ τ̄ 124 ¦ Ιω ο̄ᾱ : Λο . : Μρ ··· : Μθ σ̄οθ 788

87

ΚΑΤΑ ΙΩΑΝΗΝ
6.63-66

ζωή ἐστιν. 64 ἀλλ' ἔσιν ἐξ ὑμῶν τινες οἳ οὐ πιστεύουσιν. ᾔδει γὰρ ἐξ ἀρχῆς ὁ Β*
ζωή ἐστιν. 64 ἀλλ' εἰσίν τινες ἐξ ὑμῶν οἳ οὐ πιστεύσουσι. ᾔδει γὰρ ἀπ᾽ ἀρχῆς ὁ 𝔓66*
ζωή ἐστιν. 64 ἀλλ' εἰσίν τινες ἐξ ὑμῶν οἳ οὐ πιστεύουσι. ᾔδει γὰρ ἀπ᾽ ἀρχῆς ὁ 𝔓66c
ζ.... 64 ἀλλ' ..ἰν ἐ.. ...ς οἳ οὐ πισ.... ᾔδ.... ...ὁ 𝔓75
ζωή. 64 ἀλλ' ἐξ ὑμῶν εἰσίν οἳ οὐ πιστεύουσιν. ᾔδει γὰρ ἀπ᾽ ἀρχῆς ὁ ℵ
ζωή ἐστιν. 64 ἀλλὰ ἐξ ὑμῶν εἰσίν τινες οἳ οὐ πιστεύουσιν. ᾔδει γὰρ ἐξ ἀρχῆς ὁ D
ζωή ἐστιν. 64 ἀλλα εἰσὶν ἐξ ὑμῶν τινες οἳ οὐ πιστεύουσιν. ᾔδει γὰρ ἐξ ἀρχῆς L
ζωή ἐστιν. 64 ἀλλα εἰσὶν ἐξ ὑμῶν τινες οἳ οὐ πιστεύουσιν. ᾔδει γὰρ ἐξ ἀρχῆς ὁ W w
ζωή ἐστιν. 64 ἀλλ' εἰσίν τινες ἐξ ὑμῶν οἳ οὐ πιστεύουσιν. ᾔδει γὰρ ἐξ ἀρχῆς ὁ S Ω 28 1424
ζωή ἐστιν. 64 ἀλλ' εἰσὶν ἐξ ὑμῶν οἳ οὐ πιστεύουσιν. ᾔδει γὰρ ἐξ ἀρχῆς ὁ 157
ζωή ἐστιν. 64 ἀλλ' εἰσίν ἐξ ὑμῶν τινες οἳ οὐ πιστεύουσιν. ᾔδει γὰρ ὁ Ἰησοῦς ἐξ 124 1071
ζωή ἐστιν. 64 ἀλλ' εἰσίν ἐξ ὑμῶν τινες οἳ οὐ πιστεύουσιν. ᾔδει γὰρ ἐξ ἀρχῆς ὁ Βᶜ C 𝔐 K M N U Γ Δ Θ Λ Π Ψ f¹ f¹³ 2 33 565 579 700 uτ

[↓Θ Λ Π Ψ f¹ f¹³ 28 157 565 1424 uwτ
Ἰησοῦς τίνες εἰσὶν οἱ μὴ πιστεύοντες καὶ τίς ἐστιν ὁ παραδώσων αὐτόν. Β C 𝔐 K M N W
Ἰησοῦς τίνες.... καὶ τίς ἐστ.. .. 𝔓75
Ἰησοῦς τίς ἦν ὁ μέλλων αὐτὸν παραδιδόναι. 𝔓66*
Ἰησοῦς τίνες εἰσὶν οἱ μὴ πιστεύοντες καὶ τίς ἦν ὁ μέλλων αὐτὸν παραδιδόναι. 𝔓66c
σώτηρ τίνες εἰσὶν οἱ πιστεύοντες καὶ ἦν ὁ μέλλων αὐτὸν παραδιδόναι. ℵ*
σώτηρ τίνες εἰσὶν οἱ πιστεύοντες καὶ τίς ἦν ὁ μέλλων αὐτὸν παραδιδόναι. ℵᶜ
Ἰησοῦς τίνες εἰσὶν οἱ μὴ πιστεύοντες καὶ τίς ἐστιν ὁ παραδιδοὺς αὐτόν. D
Ἰησοῦς τίνες εἰσὶν οἱ πιστεύοντες καὶ τίς ἐστιν ὁ παραδώσων αὐτόν. G
Ἰησοῦς τίνες εἰσὶν οἱ μὴ πιστεύοντες καὶ τίς ἐστιν παραδώσων αὐτόν. Δ
ἀρχῆς τίνες εἰσὶν οἱ μὴ πιστεύσαντες καὶ τίς ἐστιν ὁ παραδώσων αὐτόν. 124
ἀρχῆς τίνες εἰσὶν οἱ πιστεύοντες καὶ τίς ἐστιν ὁ παραδώσων αὐτόν. 1071

65 καὶ ἔλεγεν, Διὰ τοῦτο εἴρηκα ὑμῖν ὅτι οὐδεὶς δύναται ἐλθεῖν πρός με Β 𝔓66 69 124 788 uwτ
65 ἔλεγεν, Δι.... εἰς δύνατα.... 𝔓75 [↑rell
65 καὶ ἔλεγεν, Διὰ τοῦτο εἴρηκα ὑμῖν ὅτι οὐδεὶς δύναται ἐλθεῖν πρὸς ἐμὲ ℵ C
65 καὶ ἔλεγεν, Διὰ τοῦτο εἴρηκα ὑμῖν οὐδεὶς δύναται ἐλθεῖν πρός με Κ W Π
65 καὶ ἔλεγεν αὐτοῖς, Διὰ τοῦτο εἴρηκα ὑμῖν ὅτι οὐδεὶς δύναται ἐλθεῖν πρός με f¹³ 157

ἐὰν μὴ ᾖ δεδομένον αὐτῷ ἐκ τοῦ πατρός. Β ℵᶜ C* D L W Θ 124 uw
ἐὰν μὴ ἦν δεδομένον αὐτῷ ἐκ τοῦ πατρός. 𝔓66
....δομέν.... 𝔓75
ἐὰν μὴ ᾖ δεδομένον ἐκ τοῦ πατρός. ℵ*
ἐὰν μὴ ᾖ δεδομένον αὐτῷ παρὰ τοῦ πατρός μου. 28
ἐὰν μὴ εἶ δεδομένον αὐτῷ ἐκ τοῦ πατρός μου. 157 1071
ἐὰν μὴ ᾖ δεδομένον αὐτῷ ἐκ τοῦ πατρός μου. Cᶜ 𝔐 K M N U Γ Δ Λ Π Ψ f¹ f¹³ 2 33 565 579 700 1424 τ

Peter Confesses That Jesus Is The Holy One Of God

66 Ἐκ τούτου πολλοὶ ἐκ τῶν μαθητῶν αὐτοῦ ἀπῆλθον εἰς τὰ ὀπίσω Β f¹ 33 565 [u]w
66 Ἐκ τούτου οὖν πολλοὶ ἐκ τῶν μαθητῶν αὐτοῦ ἀπῆλθον εἰς τὰ ὀπίσω 𝔓66
66 Ἐκ ....ρο..του πολλο.... ....γ αὐτ..ῦ ἀπῆλθ.... 𝔓75
66 Ἐκ τούτου οὖν πολλοὶ τῶν μαθητῶν ἀπῆλθον εἰς τὰ ὀπίσω ℵ
66 Ἐκ τούτου οὖν πολλοὶ τῶν μαθητῶν αὐτοῦ ἀπῆλθον εἰς τὰ ὀπίσω C K L N W Π Ψ 1071 [u]
66 Ἐκ τούτου οὖν πολλοὶ τῶν μαθητῶν αὐτοῦ ἀπῆλθον εἰς τὰ ὀπίσω D Θ f¹³
66 Ἐκ τούτου πολλοὶ ἀπῆλθον τῶν μαθητῶν αὐτοῦ εἰς τὰ ὀπίσω 𝔐 M U Γ Δ Λ 2 28 579
66 Ἐκ τούτου πολλοὶ ἀπῆλθον ἐκ τῶν μαθητῶν αὐτοῦ εἰς τὰ ὀπίσω G [↑700 τ
66 Ἐκ τούτου οὖν πολλοὶ τῶν μαθητῶν ἑαυτοῦ ἀπῆλθον εἰς τὰ ὀπίσω 69
66 Ἐκ τούτων πολλοὶ ἀπῆλθον ἐκ τῶν μαθητῶν αὐτοῦ εἰς τὰ ὀπίσω 157
66 Ἐκ τούτου πολλοὶ ἀπῆλθον εἰς τὰ ὀπίσω τῶν μαθητῶν αὐτοῦ 1424

lac. 6.63-66 𝔓45 A P 1346

A 63 εστι³ S 64 εισι¹ S Ω 28 ¦ εισειν Δ ¦ ηδει G ¦ ηδη Γ ¦ αρχεις 2* ¦ παρδωσων Θ ¦ παραδωσον 565 579 65 ελεγε Υ Γ 118 69 700 ¦ ελεγεν Κ ¦ τουτω 579 ¦ υμειν D ¦ υυμιν Η* ¦ ουδις ℵ ¦ δυνατε Μ Ν Γ ¦ ελθην Θ ¦ δεδομενον Γ 66 ε (εκ¹) L* ¦ απηλθων Κ

B 64 ῑϛ Β 𝔓66 𝔓75 C 𝔐 K L M N S U W Γ Δ Θ Λ Π Ψ Ω f¹ 118 f¹³ 124 2 33 28 157 565 579 700 788 1071 1424 ¦ ῑης D 65 πρϛ 𝔓66 C 𝔐 K L M N S U W Γ Δ Θ Λ Π Ψ Ω f¹ 118 f¹³ 69 2 33 28 157 565 579 700 788 1071 1424 ¦ προς D

D 64 (ante ηδει) οβ/δ ℵ G L M S U Υ Γ Λ Π Ω 118 28 1071 1424 ¦ οβ C D F H K Θ f¹³ 2 157 565 ¦ οβ/β E ¦ οβ/α Ψ 124 ¦ οα/α 788 ¦ Ευ Ιω οβ : Λο . : Μρ ρ̄ξ̄ϛ̄ : Μθ σ̄ο̄θ̄ E ¦ Ιω οβ : Μθ ρ̄ξ̄ϛ̄ : Μρ π̄β̄ Μ ¦ Ιω οβ : Λο . : Μρ . : Μθ ρ̄ξ̄ϛ̄ 124 65 ο̄γ̄ C D F H K Θ f¹³ 2 157 565 ¦ ο̄γ/ι EGSYL (ante δια Μ) N U Γ Λ Π Ψ Ω 118 124 28 1071 1424 ¦ οβ/ι 788 ¦ Ευ Ιω ο̄γ̄ : Λο . : Μρ . : Μθ . E ¦ Ιω ο̄γ̄ Μ ¦ Ιω ο̄γ̄ : Λο . : Μρ . : Μθ . 124 ¦ Ιω οβ : Λο . : Μρ . : Μθ . 788

88

καὶ οὐκέτι μετ' αὐτοῦ περιεπάτουν. **67** εἶπεν   οὖν ὁ Ἰησοῦς τοῖς δώδεκα,   B 𝔓⁶⁶ 124 **uwt** rell
⋯⋯ κέ⋯ μετ' αὐτο⋯⋯⋯⋯ουν. **67** ⋯⋯⋯⋯ ⋯⋯ν ὁ Ἰησοῦς τοῖς ⋯⋯⋯⋯⋯   𝔓⁷⁵
καὶ οὐκέτι μετ' αὐτοῦ περιεπάτουν. **67** εἶπεν <u>δὲ</u>   ὁ Ἰησοῦς τοῖς δώδεκα,   D
καὶ οὐκέτι μετ' αὐτοῦ περιεπάτουν. **67** εἶπεν   ὁ Ἰησοῦς τοῖς δώδεκα,   G
καὶ οὐκέτι μετ' αὐτοῦ περιεπάτουν. **67** εἶπεν   οὖν ὁ Ἰησοῦς <u>τοὺς</u> δώδεκα,   H Y
καὶ οὐκέτι μετ' αὐτοῦ περιεπάτουν. **67** εἶπεν   οὖν ὁ Ἰησοῦς τοῖς δώδεκα <u>μαθηταῖς</u>,   U Θ f¹³
καὶ οὐκέτι μετ' αὐτοῦ περιεπάτουν. **67** εἶπεν <u>δὲ</u> οὖν ὁ Ἰησοῦς τοῖς δώδεκα,   1*

Μὴ καὶ ὑμεῖς θέλετε ὑπάγειν; **68** ἀπεκρίθη   αὐτῷ   Σίμων Πέτρος,   B 𝔓⁶⁶ᶜ ℵ C G K L N U W Θ Λ Π Ψ
Μὴ καὶ ὑμεῖς θέλετε ὑπάγειν; **68** ἀπεκρίθη   αὐτῷ   Σίμων <u>Πεντρος</u>,   𝔓⁶⁶* [↑f¹ f¹³ 33 565 1071 **uw**
⋯⋯ ⋯⋯ ὑμεῖ⋯ ⋯⋯πάγειν; **68** ἀπ⋯⋯⋯ αὐτῷ ⋯⋯⋯⋯⋯ ⋯⋯τρος,   𝔓⁷⁵
Μὴ καὶ ὑμεῖς θέλετε ὑπάγειν; **68** <u>εἶπεν δὲ</u> αὐτῷ   Σίμων Πέτρος,   D
Μὴ καὶ ὑμεῖς θέλετε ὑπάγειν; **68** ἀπεκρίθη <u>οὖν</u> αὐτῷ <u>ὁ</u>   Πέτρος,   1424
Μὴ καὶ ὑμεῖς θέλετε ὑπάγειν; **68** ἀπεκρίθη <u>οὖν</u> αὐτῷ   Σίμων Πέτρος,   𝔐 M Γ Δ 2 28 157 579 700 τ

Κύριε, πρὸς τίνα ἀπελευσόμεθα; ῥήματα ζωῆς αἰωνίου ἔχεις, **69** καὶ ἡμεῖς   B 𝔓⁶⁶ **uwt** rell
Κύριε, π⋯⋯⋯⋯ ⋯⋯⋯⋯ατα ⋯⋯⋯ων⋯ ⋯⋯⋯ **69** ⋯⋯⋯⋯⋯ς 𝔓⁷⁵

πεπιστεύκαμεν καὶ ἐγνώκαμεν   ὅτι σὺ εἶ   ὁ ἅγιος   τοῦ θεοῦ.   B 𝔓⁷⁵ ℵ C* L W **uw**
πεπιστεύκαμεν καὶ ἐγνώκαμεν   ὅτι σὺ εἶ <u>ὁ Χριστὸς</u> ὁ ἅγιος   τοῦ θεοῦ.   𝔓⁶⁶
πεπισ⋯⋯⋯εν κ⋯   ⋯⋯ τι σὺ εἶ   ⋯⋯ τοῦ θεοῦ.   𝔓⁷⁵
πεπιστεύκαμεν καὶ ἐγνώκαμεν   ὅτι σὺ εἶ <u>ὁ Χριστὸς</u> <u>ὁ υἱὸς</u>   τοῦ θεοῦ.   Cᶜ f¹ 33 565
πεπιστεύκαμεν καὶ ἐγνώκαμέν <u>σε</u> ὅτι σὺ εἶ   ὁ ἅγιος   τοῦ θεοῦ.   D
πεπιστεύκαμεν   ὅτι σὺ εἶ <u>ὁ Χριστὸς</u> <u>ὁ υἱὸς</u>   τοῦ θεοῦ <u>ὁ</u>   <u>ζῶντος</u>.   Γ
πεπιστεύκαμεν καὶ <u>ἔγνωμεν</u>   ὅτι σὺ εἶ <u>ὁ Χριστὸς</u> <u>ὁ υἱὸς</u>   τοῦ θεοῦ   <u>ζῶντος</u>.   Δ
πεπιστεύκαμεν καὶ ἐγνώκαμεν   ὅτι σὺ εἶ <u>ὁ Χριστὸς</u> <u>ὁ υἱὸς</u>   τοῦ θεοῦ <u>τοῦ</u> <u>ζῶντος</u>.   2 579
<u>ἐγνώκαμεν</u> <u>καὶ ἐπιστεύσαμεν</u>   ὅτι   εἶ <u>ὁ Χριστὸς</u> <u>ὁ υἱὸς</u>   τοῦ θεοῦ <u>τοῦ</u> <u>ζῶντος</u>.   700
πεπιστεύκαμεν καὶ <u>ἔγνωμεν</u>   ὅτι σὺ εἶ <u>ὁ Χριστὸς</u> <u>ὁ υἱὸς</u>   τοῦ θεοῦ <u>τοῦ</u> <u>ζῶντος</u>.   1071
πεπιστεύκαμεν καὶ ἐγνώκαμεν   ὅτι σὺ εἶ <u>ὁ Χριστὸς</u> <u>ὁ υἱὸς</u>   τοῦ θεοῦ <u>τοῦ</u> <u>ζῶντος</u>.   𝔐 K M N U Θ Λ
    Π Ψ f¹³ 28 157 1424 τ

70 ἀπεκρίθη αὐτοῖς ὁ Ἰησοῦς,   Οὐκ ἐγὼ ὑμᾶς τοὺς δώδεκα   B C Y K L U W Θ Π Ψ f¹ f¹³ 33
70 ἀπεκρίθη αὐτοῖς   Ἰησοῦς,   Οὐκ ἐγὼ ὑμᾶς τοὺς δώδεκα   𝔓⁶⁶   [↑157 565 700 **uwt**
70 ἀπ⋯⋯ρίθη ⋯⋯τοῖς ὁ Ἰησοῦς,   ⋯⋯⋯⋯ ἐγὼ ὑμᾶς τοὺς ιβ̄   𝔓⁷⁵
70 ἀπεκρίθη <u>Ἰησοῦς</u> <u>καὶ εἶπεν αὐτοῖς</u>,   <u>Οὐχὶ</u> ἐγὼ ὑμᾶς <u>ἐξελεξάμην</u>   ℵ*
70 ἀπεκρίθη <u>Ἰησοῦς</u> <u>καὶ εἶπεν αὐτοῖς</u>,   <u>Οὐχὶ</u> ἐγὼ ὑμᾶς <u>ἐξελεξάμην</u>   ℵᶜ
70 ἀπεκρίθη   ὁ Ἰησοῦς <u>λέγων</u>,   Οὐκ ἐγὼ ὑμᾶς τοὺς δώδεκα   𝔐 M Γ
70 ἀπεκρίθη αὐτοῖς,   Οὐκ ἐγὼ ὑμᾶς   𝔐 M Γ
70 ἀπεκρίθη αὐτοῖς,   Οὐκ ἐγὼ <u>ἐξελεξάμην ὑμᾶς</u>   G
70 ἀπεκρίθη αὐτοῖς ὁ Ἰησοῦς <u>καὶ εἶπεν</u>,   Οὐκ ἐγὼ ὑμᾶς τοὺς δώδεκα   N
70 ἀπεκρίθη αὐτοῖς,   Οὐκ ἐγὼ ὑμᾶς τοὺς δώδεκα   Δ 2 579 1424
70 ἀπεκρίθη αὐτοῖς,   Οὐκ ἐγὼ   τοὺς δώδεκα   Λ
70 ἀπεκρίθη <u>αὐτῷ</u> ὁ Ἰησοῦς,   Οὐκ ἐγὼ ὑμᾶς τοὺς δώδεκα   69
70 ἀπεκρίθη αὐτοῖς,   Οὐκ ἐγὼ ὑμᾶς   28
70 ἀπεκρίθη αὐτοῖς ὁ Ἰησοῦς,   Οὐκ ἐγὼ ὑμᾶς <u>ἐξελεξάμην</u>   1071

---

lac. **6.66-70** 𝔓⁴⁵ A P 1346

A 67 υμις ℵ N | θελεται ℵ N W 2* 579 **68** απεκριθει 28 | τιν Δ | τηνα 2 | απελευσομαιθα L | απελευσωμεθα Γ Ω 13 157 579 **69** ημις ℵ | ειμης K **70** απεκριθει 28 | του (τους) 𝔓⁶⁶*

B 67 ι̅ς̅ B 𝔓⁶⁶ 𝔓⁷⁵ ℵ C 𝔐 K L M N S U W Γ Δ Θ Λ Π Ψ Ω f¹ 118 f¹³ 124 2 33 28 157 565 579 700 788 1071 1424 ¦ ι̅η̅ς̅ D **68** κ̅ε̅ B 𝔓⁶⁶ 𝔓⁷⁵ ℵ C D 𝔐 K L M N S U W Γ Δ Θ Λ Π Ψ Ω f¹ 118 f¹³ 69 124 2 33 28 157 565 579 700 788 1071 1424 **69** χ̅ς̅ 𝔓⁶⁶ 𝔐 K M N S U Γ Δ Θ Λ Π Ψ Ω f¹ 118 f¹³ 69 124 2 33 28 157 565 579 700 788 1071 1424 ¦ υ̅ς̅ 𝔐 K M N S U Δ Λ Π Ψ Ω f¹ 2 33 28 565 579 1071 1424 ¦ θ̅υ̅ B 𝔓⁶⁶ 𝔓⁷⁵ ℵ C D 𝔐 K L M N S U W Γ Δ Θ Λ Π Ψ Ω f¹ 118 f¹³ 69 124 2 33 28 157 565 579 700 788 1071 1424 **70** ι̅ς̅ B 𝔓⁶⁶ 𝔓⁷⁵ ℵ C Y K L N U W Θ Π Ψ f¹ 118 f¹³ 124 33 157 565 700 788 1071 ¦ ι̅η̅ς̅ D

C 69 τελ του ζω̅ 118 ¦ τελ 124 788 | τελος (post ζωντος) E H S Y Γ Θ Ω | τελος της β̅ G M f¹ 28 **70** τη γ̅ τς με ν̅ 157

D 67 ο̅δ̅/α̅ Γ ¦ ο̅δ̅ f¹ 68 ο̅δ̅/α̅ ℵ E G L M S Y Λ Π Ψ Ω 118 124 28 1071 1424 ¦ ο̅δ̅ C D F H K Θ f¹³ 2 157 565 ¦ ο̅δ̅/β̅ 788 | Ευ Ιω ο̅δ̅ . : Λο ο̅δ̅ . : Μρ π̅β̅ . : Μθ ρ̅ξ̅ε̅ E 788 | Ιω ο̅δ̅ M | Ιω ο̅δ̅ **70** ο̅ε̅/ι̅ ℵ E L M N U Y Γ Λ Ψ 118 124 788 1071 1424 ¦ ο̅ε̅ D F G H K Θ f¹ f¹³ 2 157 ¦ ο̅ε̅/α̅ S Ω 28 | Ευ Ιω ο̅ε̅ . : Λο . : Μρ . : Μθ . E 788 | Ιω ο̅ε̅ M 124

[↓f¹ f¹³ 2 33 28 157 579 700 1424 uwτ

ἐξελεξάμην; καὶ ἐξ ὑμῶν εἷς διάβολός ἐστιν. **71** ἔλεγεν δὲ   B 𝔓⁶⁶·⁷⁵ C 𝔐 K L M N U W Γ Θ Λ Π Ψ
<u>δώδεκα</u>; καὶ ἐξ ὑμῶν   διάβολός ἐστιν. **71** ἔλεγεν δὲ   ℵ*
<u>τοὺς δώδεκα</u>; καὶ <u>εἷς ἐξ ὑμῶν</u>   διάβολός ἐστιν. **71** ἔλεγεν δὲ   ℵᶜ
ἐξελεξάμην; καὶ <u>εἷς ἐξ ὑμῶν</u> διάβολός ἐστιν. **71** ἔλεγεν δὲ   D
<u>τοὺς δώδεκα</u>; καὶ ἐξ ὑμῶν εἷς διάβολός ἐστιν. **71** ἔλεγεν δὲ   G 1071
<u>ἐξέλεξα</u>;   καὶ ἐξ ὑμῶν εἷς διάβολός ἐστιν. **71** ἔλεγεν δὲ   Δ
ἐξελεξάμην;   εἷς διάβολός ἐστιν. **71** ἔλεγεν δὲ   565

τὸν Ἰούδαν Σίμωνος Ἰσκαριώτου· οὗτος γὰρ ἔμελλεν παραδιδόναι αὐτόν,   B C L W **uw**
τὸν Ἰούδαν Σίμωνος Ἰσκαριώτου· οὗτος γὰρ <u>ἤμελλεν αὐτὸν παραδιδόναι</u>,   𝔓⁶⁶ G 33
τ·· γ Ἰούδαν Σίμωνος Ἰσκαριώτου· ··ῦτ···· ἀρ ἔμ·········ν παραδιδόναι αὐτόν,   𝔓⁷⁵
   Ἰούδαν Σίμωνος <u>ἀπὸ Καρυώτου</u> οὗτος γὰρ <u>καὶ</u> <u>ἔμελλεν αὐτὸν παραδιδόναι</u>,   ℵ*
τὸν Ἰούδαν Σίμωνος Ἰσκαριώτου· οὗτος γὰρ <u>καὶ</u> <u>ἔμελλεν αὐτὸν παραδιδόναι</u>,   ℵᶜ
   Ἰούδαν Σίμωνος <u>Σκαριώθ</u>· οὗτος γὰρ <u>ἤμελλεν παραδιδόναι αὐτόν</u>,   D
τὸν Ἰούδαν Σίμωνος <u>Ἰσκαριώτην</u>· οὗτος γὰρ <u>ἤμελλεν αὐτὸν παραδιδόναι</u>,   𝔐 M Γ Δ Λ 2 157 700
τὸν Ἰούδαν <u>Σίμων</u> <u>Ἰσκαριώτην</u>· οὗτος γὰρ <u>ἤμελλεν αὐτὸν παραδιδόναι</u>,   E*   [↑1424 τ
τὸν Ἰούδαν Σίμωνος <u>Ἰσκαριώτην</u>· οὗτος γὰρ <u>ἔμελλεν αὐτὸν παραδιδόναι</u>   Y S U Π Ω 1582ᶜ 28
   Ἰούδαν Σίμωνος <u>Ἰσκαριώτην</u>· οὗτος γὰρ <u>ἔμελλεν αὐτὸν παραδιδόναι</u>,   K f¹ 565
τὸν Ἰούδαν Σίμωνος <u>Ἰσκαριώτην</u>· οὗτος γὰρ ἔμελλεν παραδιδόναι αὐτόν,   N
τὸν Ἰούδαν Σίμωνος <u>ἀπὸ Καρυώτου</u> οὗτος γὰρ ἔμελλεν παραδιδόναι αὐτόν,   Θ 124 788
τὸν Ἰούδαν Σίμωνος Ἰσκαριώτου· οὗτος γὰρ <u>ἤμελλεν παραδιδόναι αὐτόν</u>,   Ψ 1071
τὸν Ἰούδαν Σίμωνος <u>ἀπὸ Σκαρυώτου</u>· οὗτος γὰρ ἔμελλεν παραδιδόναι αὐτόν,   f¹³
τὸν Ἰούδαν Σίμωνος <u>ἀπὸ Καριώτου</u>· οὗτος γὰρ ἔμελλεν παραδιδόναι αὐτόν,   69
τὸν Ἰούδαν <u>Σίμονος</u> <u>Ἰσκαριώτην</u>· οὗτος γὰρ <u>ἤμελλεν αὐτὸν παραδιδώναι</u>,   579

εἷς ἐκ τῶν δώδεκα.   B C* D L **uw**
εἷς <u>ὧν</u> ἐκ τῶν δώδεκα.   𝔓⁶⁶ ℵ Cᶜ 𝔐 K M N U W Γ Δ Θ Λ Π Ψ f¹ f¹³ 2 33 565 1071 1424 τ
εἷς ····· τῶν ···············   𝔓⁷⁵
εἷς <u>ὧν</u>   τῶν δώδεκα.   28 157
εἷς <u>ὅν</u> ἐκ τῶν δώδεκα.   700

The Feast Of Tabernacles

κ͞α **7.1** Καὶ μετὰ ταῦτα περιεπάτει   Ἰησοῦς ἐν τῇ Γαλειλαίᾳ   οὐ γὰρ ἤθελεν   B
7.1   μετὰ ταῦτα περιεπάτει <u>ὁ</u> Ἰησοῦς ἐν τῇ <u>Γαλιλαίᾳ</u>·   οὐ γὰρ ἤθελεν   𝔓⁶⁶ ℵ*·ᶜ·² Cᶜ D Y
7.1 Καὶ μετὰ ταῦτα ···επα··ει <u>ὁ</u> Ἰησοῦς ἐν ····· ·············αίᾳ   οὐ γὰρ ἤθελεν   𝔓⁷⁵
7.1 Καὶ <u>περιεπάτει ὁ Ἰησοῦς μετὰ ταῦτα</u> ἐν τῇ <u>Γαλιλαίᾳ</u>·   οὐ γὰρ ἤθελεν   𝔐 M U Δ 2 157 579
7.1 Καὶ <u>περιεπάτει μετ αὐτῶν</u> Ἰησοῦς ἐν τῇ <u>Γαλιλαίᾳ</u>·   οὐ γὰρ ἤθελεν   N   [↑700 1424 τ
7.1 Καὶ μετὰ ταῦτα περιεπάτει <u>ὁ</u> Ἰησοῦς ἐν τῇ <u>Γαλιλαίᾳ</u>·   οὐ γὰρ <u>εἶχεν ἐξουσίαν</u> W
7.1 Καὶ <u>περιπάτη</u>   <u>ὁ</u> Ἰησοῦς ἐν τῇ <u>Γαλιλαίᾳ</u>·   οὐ γὰρ ἤθελεν   Γ
7.1 Καὶ <u>περιεπάτει ὁ Ἰησοῦς μετὰ ταῦτα</u> ἐν τῇ <u>Γαλιλαίᾳ</u>·   οὐ γὰρ <u>ἤθελον</u>   Λ
7.1 Καὶ περιεπάτει   <u>ὁ</u> Ἰησοῦς ἐν τῇ <u>Γαλιλαίᾳ</u>·   οὐ γὰρ ἤθελεν   Ψ
7.1 Καὶ <u>περιεπάτει ὁ Ἰησοῦς μετ αὐτῶν</u> ἐν τῇ <u>Γαλιλαίᾳ</u>·   οὐ γὰρ ἤθελεν   28
7.1 Καὶ μετὰ ταῦτα περιεπάτει   Ἰησοῦς ἐν τῇ <u>Γαλιλαίᾳ</u>·   οὐ γὰρ ἤθελεν   [w]
7.1 Καὶ μετὰ ταῦτα περιεπάτει <u>ὁ</u> Ἰησοῦς ἐν τῇ <u>Γαλιλαίᾳ</u>·   οὐ γὰρ ἤθελεν   ℵᶜ·¹ C* G K L Θ Π f¹
  f¹³ 33 565 1071 **u[w]**

ἐν τῇ Ἰουδαίᾳ περιπατεῖν, ὅτι ἐζήτουν αὐτὸν οἱ Ἰουδαῖοι ἀποκτεῖναι. **2** ἦν δὲ ἐγγὺς   B 𝔓⁶⁶·⁷⁵ **uwτ** rell
ἐν τῇ Ἰουδαίᾳ περιπατεῖν, ὅτι ἐζήτουν <u>οἱ Ἰουδαῖοι αὐτὸν</u> ἀποκτεῖναι. **2** ἦν δὲ ἐγγὺς   157

lac. 6.70-7.2 𝔓⁴⁵ A P 1346

A 70 διαβος 𝔓⁶⁶* **71** ελεγε Y U 118 69 157 700 | εμελεν Θ Π* ¦ εμελλε 69| παραδιδοναι M Θ Ω 1071 **7.1** περιπατει Δ ¦ περιπατη Λ* ¦ περιεπατη 157 579 1071 ¦ με (μετα) Δ ¦ περιπατιν N ¦ αποκτιναι ℵ N W ¦ αποκτηναι Λ 2 η (ην) 28*

B 70 ι͞β 𝔓⁶⁶ 𝔓⁷⁵ D **71** ι͞β (𝔓⁷⁵ ¦ ι͞ς B 𝔓⁶⁶ 𝔓⁷⁵ ℵ C 𝔐 K L M N S U W Γ Δ Θ Λ Π Ψ Ω f¹ 118 f¹³ 124 2 33 28 157 565 579 700 788 1071 1424 ¦ ι͞ης D

C 7.1 αρχη F 1071 ¦ αρχη: τη γ͞ της δ͞ εβδ τω κ,ρ,ω περιπατει ο ι͞ς εν τ, G ¦ αννα<u>γνοσμα</u> (ante μετα) D [ημερα γ͞ της δ͞ εβδομ.: 7.1-13] ¦ αρχη: τη γ͞ της <u>μεσο</u> ν τω καιρω εκεινω (ante <u>περιπατ.</u>) E 2 ¦ αρχη: τη γ͞ της γ͞ μεσον τω κ, περιεπατει ο ι͞ς H ¦ αρχ (ante περιεπατει): τη γ͞ της δ͞ εβδ τω κ,ρ,ω περιεπατει ο ι͞ς εν τη γαλ Υ ¦ τη γ͞ τς δ͞ εβδ τω καιρ,ω περιεπατει ο ι͞ς εν τη γαλιλαια M ¦ τη γ τς δ͞ εβδ τω κ S ¦ αρχ κ͞δ τς εββδαδ τς δ͞ ημε γ͞ τω καιρω περιεπατει ο ι͞ς εν τ γαλ Γ ¦ αρχ: τω καιρω περιεπατει ο ι͞ς Θ ¦ τη γ τς δ͞ εβδ τω καιρω περιεπατει ο ι͞ς Ω ¦ αρχ κ͞ε τη γ τς δ͞ εβδ τω καιρω εκει περιεπατει ο ι͞ς εν τη γαλιλαια f¹ ¦ αρχ κ͞ε τη γ͞ τς δ͞ εβδομ.α τω περιεπατει ο ι͞ς 118 ¦ αρχ τη γ͞ τς δ͞ εββδ f¹³ 124 788 ¦ αρχ τς γ͞ τω καιρω εκεινω περιεπατ ο ι͞ς εν τη γαλιλαια 28 ¦ αρχη τω καιρω 1424

D 7.1 ο͞ς 1071

ἡ ἑορτὴ τῶν Ἰουδαίων ἡ σκηνοπηγία. 3 εἶπον οὖν πρὸς αὐτὸν οἱ ἀδελφοὶ αὐτοῦ, B uwτ rell
ἡ ἑορτὴ τῶν Ἰουδαίων ἡ σκηνοπηγία. 3 εἶπαν οὖν οἱ ἀδελφοὶ αὐτοῦ πρὸς αὐτόν, 𝔭66
ἡ ἑορτὴ τῶν Ἰουδαίων ἡ σκηνοπηγία. 3 εἶπον οὖν π······ ···ον οἱ ἀδελφοὶ α···οῦ, 𝔭75
ἡ ἑορτὴ τῶν Ἰουδαίων ἡ σκηνοπηγία. 3 εἶπον οὖν οἱ ἀδελφοὶ αὐτοῦ πρὸς αὐτόν, ℵ 28
ἡ ἑορτὴ τῶν Ἰδαίων ἡ σκηνοπηγία. 3 εἶπον οὖν πρὸς αὐτὸν οἱ ἀδελφοὶ αὐτοῦ, K
ἡ ἑορτὴ τῶν Ἰουδαίων ἡ σκηνοπηγία. 3 καὶ εἶπον πρὸς αὐτὸν οἱ ἀδελφοὶ αὐτοῦ, W
ἡ ἑορτὴ τῶν Ἰουδαίων ἡ σκηνοπαγία. 3 εἶπον οὖν πρὸς αὐτὸν οἱ ἀδελφοὶ αὐτοῦ, Δ
ἡ ἑορτὴ τῶν Ἰουδαίων ἡ σκηνοπηγία. 3 εἶπον οὖν πρὸς αὐτὸν οἱ ἀδελφοὶ αὐτοῦ, 788

Μετάβηθι ἐντεῦθεν καὶ ὕπαγε εἰς τὴν Ἰουδαίαν, ἵνα καὶ οἱ μαθηταί σου B 𝔭66 uwτ rell
······άβηθ······θεν καὶ ὕ······· εἰς τὴν ·Ἰουδαίαν, ······· ·ὶ μαθηταί ····υ 𝔭75
Μετάβηθι ἐντεῦθεν καὶ ὕπαγε εἰς τὴν Ἰουδαίαν, ἵνα καὶ C
Μετάβηθι ἐντεῦθεν καὶ ὕπαγε εἰς τὴν Γαλιλαίαν, ἵνα καὶ οἱ μαθηταί σου D
Μετάβηθι ἐντεῦθεν ὕπαγε εἰς τὴν Ἰουδαίαν, ἵνα καὶ οἱ μαθηταί σου 565

θεωρήσουσιν σοῦ τὰ ἔργα ἃ ποιεῖς· 4 οὐδεὶς γάρ τι ἐν κρυπτῷ ποιεῖ καὶ B* u[w]
θεωρήσωσιν σοῦ τὰ ἔργα ἃ ποιεῖς· 4 οὐδεὶς γάρ τι ἐν κρυπτῷ ποιεῖ καὶ Bᶜ
θεορήσωσι σοῦ τὰ ἔργα ἃ ποιεῖς· 4 οὐδεὶς γὰρ ἐν κρυπτῷ τι ποιεῖ καὶ 𝔭66
θεωρήσουσιν σοῦ τ········· ··· ποιεῖς· 4 οὐ·εὶς γάρ τι ······ρυπτ······· ···ὶ 𝔭75*
θεωρήσουσιν σοῖ τ········· ··· ποιεῖς· 4 οὐ·εὶς γάρ τι ····ρυπτ········· ···ὶ 𝔭75ᶜ
θεώρουσιν τὰ ἔργα ἃ ποιεῖς· 4 οὐδεὶς γάρ τι ἐν κρυπτῷ ποιῶν ℵ*
θεωρήσουσιν τὰ ἔργα σου ἃ ποιεῖς· 4 οὐδεὶς γάρ τι ἐν κρυπτῷ ποιῶν ℵᶜ
θεωρήσουσιν τὰ ἔργα ἃ ποιεῖς· 4 οὐδεὶς γὰρ ἐν κρυπτῷ τι ποιεῖ καὶ D
θεωρήσωσιν τὰ ἔργα σου ἃ ποιεῖς· 4 οὐδεὶς γὰρ ἐν κρυπτῷ τι ποιεῖ καὶ 𝔐 Γ Λ f¹³ 2 28 579 700 τ
θεωρήσωσιν τὰ ἔργα ἃ σὺ ποιεῖς· 4 οὐδεὶς γὰρ ἐν κρυπτῷ τι ποιεῖ καὶ G Θ f¹ 565
θεωρήσωσιν τὰ ἔργα σου ἃ ποιεῖς· 4 οὐδεὶς γάρ τι ἐν κρυπτῷ ποιεῖ καὶ K Π
θεωρήσωσιν τὰ ἔργα σου ἃ ποιεῖς· 4 οὐδεὶς γὰρ ἐν κρυπτῷ τι ποιεῖ καὶ L N [w]
θεωρήσουσιν τὰ ἔργα σου ἃ ποιεῖς· 4 οὐδεὶς γὰρ ἐν κρυπτῷ τι ποιεῖ καὶ M W Δ 33 157 1424
θεωρήσωσιν τὰ ἔργα ἃ ποιεῖς· 4 οὐδεὶς γάρ τι ἐν κρυπτῷ ποιεῖ καὶ U
θεωρήσωσιν τὰ ἔργα σου ἃ ποιεῖς· 4 οὐδεὶς γάρ τι ἐν κρυπτῷ ποιεῖ τι καὶ Ψ
θεωρήσωσιν τὰ ἔργα ἃ σὺ ποιεῖς· 4 οὐδεὶς γάρ τι ἐν κρυπτῷ ποιεῖ καὶ 1071
θεωρήσουσιν τὰ ἔργα ἃ ποιεῖς· 4 οὐδεὶς γάρ τι ἐν κρυπτῷ ποιεῖ καὶ [w]

ζητεῖ αὐτὸ ἐν παρησία εἶναι. εἰ ταῦτα ποιεῖς, φανέρωσον σεαυτὸν τῷ κόσμῳ. B*
ζητεῖ αὐτὸ ἐν παρρησία εἶναι. εἰ ταῦτα ποιεῖς, φανέρωσον σεαυτὸν τῷ κόσμῳ. Bᶜ 𝔭66* W [w]
ζητεῖ ······τὸς ἐν π ······· ····ῦτα π·ιεῖς, ····················· ····σμῳ. 𝔭75
ζητεῖ ἐν παρησία αὐτὸ εἶναι. εἰ ταῦτα ποιεῖς, φανέρωσον σεαυτὸν τῷ κόσμῳ. D*
ζητεῖ ἐν παρησία αὐτὸς εἶναι. εἰ ταῦτα ποιεῖς, φανέρωσον σεαυτὸν τῷ κόσμῳ. Dᶜ
ζητεῖ αὐτὸν ἐν παρρησία εἶναι. εἰ ταῦτα ποιεῖς, φανέρωσον σεαυτὸν τῷ κόσμῳ. E*
ζητεῖ ἐν παρρησία αὐτὸς εἶναι. εἰ ταῦτα ποιεῖς, φανέρωσον σεαυτὸν τῷ κόσμῳ. Θ 69
ζητεῖ ἐξ παρρησία αὐτὸς εἶναι. εἰ ταῦτα ποιεῖς, φανέρωσον σεαυτὸν τῷ κόσμῳ. f¹³
ζητεῖ αὐτὸς ἐν παρρησία εἶ. εἰ ταῦτα ποιεῖς, φανέρωσον σεαυτὸν τῷ κόσμῳ. 124
ζητεῖ αὐτὸς ἐν παρησία εἶναι. εἰ ταῦτα ποιεῖς, φανέρωσον σεαυτὸν τῷ κόσμῳ. 28
ζητεῖ αὐτὸς ἐν παρρησία εἶναι. εἰ ταῦτα ποιεῖς, φανέρωσον σεαυτῷ τῷ κόσμῳ. 565
ζητεῖ ἐν παρρησία αὐτὸς εἶ. εἰ ταῦτα ποιεῖς, φανέρωσον σεαυτὸν τῷ κόσμῳ. 788
ζητεῖ αὐτὸς ἐν παρρησία εἶναι. εἰ ταῦτα ποιεῖς, φανέρωσον σεαυτὸν τῷ κόσμῳ. 𝔭66ᶜ ℵ 𝔐 K L M N U Γ
Δ Λ Π Ψ f¹ 2 33 157 579 700 1071 1424 u[w]τ

5 οὐδὲ γὰρ οἱ ἀδελφοὶ αὐτοῦ ἐπίστευον εἰς αὐτόν. 6 λέγει οὖν αὐτοῖς ὁ Ἰησοῦς, B 𝔭66 uwτ rell
5 οὐδὲ ······ ········· ·········τευον ε····· ·········· 6 ·········· ··ῦν αὐ···· ·· ··········· 𝔭75
5 οὐδὲ γὰρ οἱ ἀδελφοὶ αὐτοῦ ἐπίστευον εἰς αὐτόν. 6 λέγει αὐτοῖς Ἰησοῦς, ℵ*
5 οἱ δὲ γὰρ οἱ ἀδελφοὶ αὐτοῦ ἐπίστευσαν εἰς αὐτόν. 6 τότε λέγει αὐτοῖς ὁ Ἰησοῦς, D*
5 οὐδὲ γὰρ οἱ ἀδελφοὶ αὐτοῦ ἐπίστευον εἰς αὐτόν. 6 τότε λέγει αὐτοῖς ὁ Ἰησοῦς, Dᶜ
5 οὐδὲ γὰρ οἱ ἀδελφοὶ αὐτοῦ ἐπίστευσαν εἰς αὐτόν. 6 λέγει αὐτοῖς ὁ Ἰησοῦς, L
5 οὐδὲ γὰρ οἱ ἀδελφοὶ αὐτοῦ ἐπίστευσαν εἰς αὐτόν. 6 λέγει αὐτοῖς ὁ Ἰησοῦς, W
5 οὐδὲ γὰρ οἱ ἀδελφοὶ αὐτοῦ ἐπίστευον εἰς αὐτόν. 6 λέγει οὖν ὁ Ἰησοῦς, Ψ
5 οὐ γὰρ οἱ ἀδελφοὶ αὐτοῦ ἐπίστευον εἰς αὐτόν. 6 λέγει οὖν αὐτοῖς ὁ Ἰησοῦς, 69
5 οὐδὲ γὰρ οἱ ἀδελφοὶ αὐτοῦ ἐπίστευον εἰς αὐτόν. 6 λέγει αὐτοῖς ὁ Ἰησοῦς, 579

lac. 7.2-6 𝔭45 A P 1346 ¦ vss. 3-6 C

A 2 εορτι E ¦ σκενοπηγεια D ¦ σκηνοπηγεια F* 1071 ¦ σκηνωπηγια Θ 3 μεταβηθει N W 1071 ¦ μεταβηθη Γ ¦ μεταβιθη Θ ¦ τιν (την) L ¦ μαθητε Θ ¦ θεωρησωσι S Y K U Π Ψ Ω f¹ 118 13 69 124 28 565 579 700 788 ¦ θεωρησουσι 157 ¦ ποιης 579 4 ουδις ℵ D ¦ ζητι ℵ ¦ ζητη Γ 1071 ¦ εινα 𝔭66* ¦ ει 13 ¦ πιεις 13 ¦ ποιης 579¦ το (τω) K ¦ κωσμω Θ 5 επιστευσαν G* 2 28 579

B 6 lac. 𝔭75 ¦ ι̅ς̅ B 𝔭66 ℵ 𝔐 K L M N S U W Γ Δ Θ Λ Π Ψ Ω f¹ 118 f¹³ 124 2 33 28 157 565 579 700 788 1071 1424 ¦ ι̅η̅ς̅ D

Ὁ καιρὸς ὁ ἐμὸς οὔπω   πάρεστιν, ὁ δὲ καιρὸς ὁ ὑμέτερος πάντοτε πάρεστιν ἕτοιμος.   B 124
···· αιρὸς ··μός ··········   ··άρεστιν, ····· ··········ς ὁ ὑ····τερο ········οτε   ἐστιν ····μος.   𝔭75
Ὁ καιρὸς ὁ ἐμὸς οὐ   πάρεστιν, ὁ δὲ καιρὸς ὁ ὑμέτερος πάντοτε   ἐστιν ἕτοιμος.   א*
Ὁ καιρὸς ὁ ἐμὸς οὐδέπω   πάρεστιν, ὁ δὲ καιρὸς ὁ ὑμέτερος πάντοτε   ἐστιν ἕτοιμος.   W
Ὁ καιρὸς ὁ ἐμὸς οὔπω   πάρεστιν, ὁ δὲ καιρὸς ὁ ὑμέτερος πάντοτε   ἕτοιμος   ἐστιν.   Ψ
Ὁ καιρὸς ὁ ἐμὸς οὔπω   πάρεστιν, ὁ δὲ καιρὸς ὁ ὑμέτερος πάντοτε   ἐστιν ἕτοιμος.   𝔭66 uwτ rell

7 οὐ δύναται ὁ κόσμος μεισῖν ὑμᾶς, ἐμὲ δὲ μεισεῖ, ὅτι ἐγὼ μαρτυρῶ περὶ αὐτοῦ   B*
7 οὐ δύναται ὁ κόσμος μεισεῖν ὑμᾶς, ἐμὲ δὲ μεισεῖ, ὅτι ἐγὼ μαρτυρῶ περὶ αὐτοῦ   Bᶜ 𝔭75
7 οὐ δύναται ὁ κόσμος μισεῖν ὑμᾶς, ἐμὲ δὲ μεισεῖ, ὅτι ἐγὼ μαρτυρῶ περὶ αὐτοῦ   𝔭66
7 ὁ κόσμος οὐ δύναται μισεῖν ὑμᾶς, ἐμὲ δὲ μισεῖ, ὅτι   μαρτυρῶ   א*
7 οὐ δύναται ὁ κόσμος μισεῖν ὑμᾶς, ἐμὲ δὲ μισεῖ, ὅτι   μαρτυρῶ   אᶜ
7 οὐ δύναται ὁ κόσμος μισῖν ὑμᾶς, ἐμὲ δὲ μεισεῖ, ὅτι ἐγὼ μαρτυρῶ περὶ αὐτοῦ   N
7 οὐ δύναται ὁ κόσμος μισῖν ὑμᾶς, ἐμὲ δὲ μεισεῖ, ὅτι ἐγὼ μαρτυρῶ περὶ αὐτοῦ   W
7 οὐ δύναται ὁ κόσμος μησεῖν ὑμᾶς, ἐμὲ δὲ μησεῖ, ὅτι ἐγὼ μαρτυρῶ περὶ αὐτοῦ   Θ
7 οὐ δύναται ὁ κόσμος μισεῖν ὑμᾶς, ἐμὲ δὲ μισεῖ, ὅτι ἐγὼ περὶ αὐτοῦ μαρτυρῶ   33
7 οὐ δύναται ὁ κόσμος μισεῖν ὑμᾶς, ἐμὲ δὲ μισεῖ, ὅτι ἐγὼ μαρτυρῶ περὶ αὐτοῦ   28
7 οὐ δύναται ὁ κόσμος μισεῖν ὑμᾶς, ἐμὲ δὲ μισεῖ, ὅτι ἐγὼ μαρτυρῶ περὶ ἐμαυτοῦ   1071
7 οὐ δύναται ὁ κόσμος μισεῖν ὑμᾶς, ἐμὲ δὲ μισεῖ, ὅτι ἐγὼ μαρτυρῶ περὶ αὐτοῦ   D 𝔐 K L M U Γ Δ
    Λ Π Ψ f¹ f¹³ 124 2 157 565 579 700 1424 uwτ

ὅτι τὰ ἔργα αὐτοῦ πονηρά ἐστιν. 8   ὑμεῖς ἀνάβητε εἰς τὴν ἑορτήν·   B 𝔭66.75 אᶜ D K N W Θ Π Ψ
ὅτι τὰ ἔργα αὐτοῦ πονηρά ἐστιν. 8 καὶ ὑμεῖς ἀνάβητε εἰς τὴν ἑορτήν·   L   [↑f¹ 1071 1424 uw
ὅτι τὰ ἔργα   πονηρά ἐστιν. 8   ὑμεῖς ἀνάβητε εἰς τὴν ἑορτὴν ταύτην·   S*   [↓157 565 579 700 τ
ὅτι τὰ ἔργα αὐτοῦ πονηρά ἐστιν. 8   ὑμεῖς ἀνάβητε εἰς τὴν ἑορτὴν ταύτην·   א* 𝔐 M U Γ Δ Λ f¹³ 2 33 28

ἐγὼ οὔπω ἀναβαίνω εἰς τὴν ἑορτὴν ταύτην, ὅτι ὁ ἐμὸς καιρὸς οὔπω   B 𝔭75 L N U W Θᶜ Ψ f¹ 124
ἐγὼ οὔπω ἀναβαίνω εἰς τὴν ἑορτὴν ταύτην, ὅτι ὁ ἐμὸς καιρὸς οὐδέπω   𝔭66   [↑788 [w]
ἐγὼ οὐκ ἀναβαίνω εἰς τὴν ἑορτὴν ταύτην, ὅτι   ἐμὸς καιρὸς οὔπω   א*
ἐγὼ οὐκ ἀναβαίνω εἰς τὴν ἑορτὴν ταύτην, ὅτι ὁ ἐμὸς καιρὸς οὔπω   אᶜ D 1071 u[w]
ἐγὼ οὔπω ἀναβαίνω εἰς τὴν ἑορτὴν ταύτην, ὅτι ὁ καιρὸς ὁ ἐμὸς οὔπω   𝔐 Γ Δ Λ 2 28 700 1424 τ
ἐγὼ οὐκ ἀναβαίνω εἰς τὴν ἑορτὴν ταύτην, ὅτι ὁ καιρὸς ὁ ἐμὸς οὔπω   K M Π
ἐγὼ οὔπω ἀναβαίνω εἰς τὴν ἑορτὴν ταύτην, ὅτι   ἐμὸς καιρὸς οὔπω   Θ*
ἐγὼ οὔπω ἀναβαίνω εἰς τὴν ἑορτὴν ταύτην,   ὁ ἐμὸς καιρὸς οὔπω   f¹³
ἐγὼ οὔπω ἀναβαίνω,   ὅτι ὁ ἐμὸς καιρὸς οὔπω   69
    ὅτι ὁ ἐμὸς καιρὸς οὔπω   33
ἐγὼ οὔπω ἀναβαίνω εἰς τὴν ἑορτὴν ταύτην, ὅτι ὁ ἐμὸς ὁ καιρὸς οὔπω   157
    ὅτι ὁ ἐμὸς καιρὸς οὔπω   565
    ὅτι ὁ καιρὸς ὁ ἐμὸς οὔπω   579

πεπλήρωται. 9 ταῦτα δὲ εἰπὼν αὐτοῖς ἔμεινεν ἐν τῇ Γαλειλαίᾳ.   B
πεπλήρωται. 9 ταῦτα δὲ εἰπὼν αὐτὸς ἔμεινεν   τῇ Γαλιλαίᾳ.   𝔭66*
πεπλήρωται. 9 ταῦτα δὲ εἰπὼν αὐτὸς ἔμεινεν ἐν τῇ Γαλιλαίᾳ.   𝔭66ᶜ L N W 1071
πεπλήρωται. 9 ταῦτα   εἰπὼν αὐτὸς ἔμεινεν ἐν τῇ Γαλιλαίᾳ.   א Π* 1 118 565 u[w]
πεπλήρωται. 9 ταῦτα δὲ εἰπὼν αὐτοῖς ἔμεινεν   τῇ Γαλιλαίᾳ.   F
πεπλήρωται. 9 ταῦτα   εἰπὼν αὐτὸς ἔμεινεν εἰς τὴν Γαλιλαίαν.   D*
πεπλήρωται. 9 ταῦτα   εἰπὼν αὐτὸς ἔμεινεν εἰς τὴν Γαλιλαίαν.   Dᶜ
πεπλήρωται. 9 ταῦτα   εἰπὼν αὐτοῖς ἔμεινεν ἐν τῇ Γαλιλαίᾳ.   K Θ Πᶜ 1582 33
πάρεστιν. 9 ταῦτα   εἰπὼν αὐτοῖς ἔμεινεν ἐν τῇ Γαλιλαίᾳ.   1424   [↓700 [w]τ
πεπλήρωται. 9 ταῦτα δὲ εἰπὼν αὐτοῖς ἔμεινεν ἐν τῇ Γαλιλαίᾳ.   𝔭75 𝔐 M U Γ Δ Λ Ψ f¹³ 2 28 157 579

Jesus Goes Up To The Feast Secretly

    [↓1071 uw
κβ̄ 10 Ὡς δὲ ἀνέβησαν οἱ ἀδελφοὶ αὐτοῦ εἰς τὴν ἑορτήν, τότε καὶ αὐτὸς ἀνέβη   B 𝔭66.75 א K L N W Π Ψ 33
10 Ὡς δὲ ἀνέβησαν οἱ ἀδελφοὶ αὐτοῦ, τότε καὶ αὐτὸς ἀνέβη εἰς τὴν ἑορτὴν   D 𝔐 M U Γ Δ Θ Λ f¹ f¹³ 2
    28 157 565 579 700 1424 τ

lac. 7.6-10 𝔭45 A C P 1346

A 6 παντωτε 579 7 δυνατε M N | μισει νυ Γ* | μισιν Δ | μησειν 579 | πωνηρα Θ | εστι 788 8 αναβηται 𝔭66 א H L N W Θ 579
1071 | τιν (την¹) U Θ | αναβενω N Ω | αναβινω Π* 9 ταυ 𝔭66* | ειπον F* 2* | εμινεν א N Θ | εμηνεν 565 10 ος (ως) 579 |
ααδελφοι Δ* | τειν (την) E*

C 8 (ante καιρος) ο του σ͞τρ͞ου του θανατου Λ

οὐ φανερῶς	ἀλλὰ ὡς ἐν	κρυπτῷ. **11** οἱ οὖν Ἰουδαῖοι	ἐζήτουν αὐτὸν ἐν τῇ ἑορτῇ	B 𝔓66.75 **[u]w**
οὐ φανερῶς	ἀλλ' ἐν	κρυπτῷ. **11** οἱ οὖν Ἰουδαῖοι	ἐζήτουν αὐτὸν ἐν τῇ ἑορτῇ	ℵ D 1424
οὐ φανερῶς	ἀλλ' ὡς ἐν	κρυπτῷ. **11** οἱ οὖν Ουδαῖοι	ἐζήτουν αὐτὸν ἐν τῇ ἑορτῇ	U
οὐ φανερῶς	ἀλλ' ὡς ἐν	κρυπτῷ. **11** οἱ οὖν Ἰουδαῖοι ἐξεζήτουν	αὐτὸν ἐν τῇ ἑορτῇ	Δ
οὐ φανερῶς	ἀλλ' ὡς ἐν	κρυπτῷ. **11** οἱ οὖν Ἰουδέοι	ἐζήτουν αὐτὸν ἐν τῇ ἑορτῇ	Θ
οὐ φανερῶς	ἀλλ' ὡς ἐν τῷ	κρυπτῷ. **11** οἱ οὖν Ἰουδαῖοι	ἐζήτουν αὐτὸν	Λ
οὐ φανερῶς	ἀλλ' ὡς ἐν	κρυπτῷ. **11** οἱ οὖν Ἰουδαῖοι	ἐζήτουν αὐτὸν	69
οὐ φανερώσας ἀλλ' ὡς ἐν		κρυπτῷ. **11** οἱ οὖν Ἰουδαῖοι	ἐζήτουν αὐτὸν ἐν τῇ ἑορτῇ	33
οὐ φανερῶς	ἀλλ' ὡς ἐν	κρυπτῷ. **11** οἱ οὖν Οιουδαῖοι	ἐζήτουν αὐτὸν ἐν τῇ ἑορτῇ	579
οὐ φανερῶς	ἀλλὰ ἐν	κρυπτῷ. **11** οἱ οὖν Ἰουδαῖοι	ἐζήτουν αὐτὸν ἐν τῇ ἑορτῇ	**[u]**
οὐ φανερῶς	ἀλλ' ὡς ἐν	κρυπτῷ. **11** οἱ οὖν Ἰουδαῖοι	ἐζήτουν αὐτὸν ἐν τῇ ἑορτῇ	𝔐 K L M N W Γ

Π Ψ f^1 f^{13} 2 28 157 565 700 1071 τ

καὶ ἔλεγον, Ποῦ ἐστιν ἐκεῖνος; **12** καὶ γογγυσμὸς περὶ αὐτοῦ ἦν πολὺς	ἐν	B 𝔓75 L W **uw**
καὶ ἔλεγον, Ποῦ ἐστιν ἐκεῖνος; **12** καὶ γογγυσμὸς ἦν περὶ αὐτοῦ	ἐν	𝔓66* D
καὶ ἔλεγον, Ποῦ ἐστιν ἐκεῖνος; **12** καὶ γογγυσμὸς ἦν περὶ αὐτοῦ πολὺς	ἐν	𝔓66c 33
καὶ ἔλεγον, Ποῦ ἐστιν ἐκεῖνος; **12** καὶ γογγυσμὸς πολὺς ἦν περὶ αὐτοῦ	ἐν	ℵ N Ψ
καὶ ἔλεγον, Ποῦ ἐστιν ἐκεῖνος; **12** καὶ γογγυσμὸς πολλοὺς περὶ αὐτοῦ ἦν	ἐν	E*
καὶ ἔλεγον, Ποῦ ἐστιν ἐκεῖνος; **12** καὶ γογγυσμὸς περὶ αὐτοῦ ἦν	ἐν	Y Θ
καὶ ἔλεγεν, Ποῦ ἐστιν ἐκεῖνος; **12** καὶ γογγυσμὸς πολὺς ἦν περὶ αὐτοῦ	ἐν	1071
καὶ ἔλεγον, Ποῦ ἐστιν ἐκεῖνος; **12** καὶ γογγυσμὸς πολὺς ἦν	ἐν	1424 [↓28 157 565 579 700 τ
καὶ ἔλεγον, Ποῦ ἐστιν ἐκεῖνος; **12** καὶ γογγυσμὸς πολὺς περὶ αὐτοῦ ἦν	ἐν	𝔐 K M U Γ Δ Λ Π f^1 f^{13} 2

τοῖς ὄχλοις οἱ μὲν	ἔλεγον ὅτι Ἀγαθός ἐστιν,	ἄλλοι δὲ ἔλεγον,	Οὔ,	ἀλλὰ	B N W f^{13} 157 **[uw]**τ
τῷ ὄχλῳ· οἱ μὲν	ἔλεγον ὅτι Ἀγαθός ἐστιν,	ἄλλοι	ἔλεγον,	Οὔ,	ἀλλὰ	𝔓66 ℵ D
τοῖς ὄχλοις οἱ μὲν	ἔλεγον ὅτι Ἀγαθός ἐστιν,	ἄλλοι δὲ ἔλεγον,	Οὐκ	ἀλλὰ	𝔓75
τοῖς ὄχλοις οἱ μὲν	ἔλεγον ὅτι Ἀγαθός ἐστιν,	ἄλλοι	ἔλεγον,	Οὐχὶ	ἀλλὰ	K Π
τοῖς ὄχλοις οἱ μὲν γὰρ	ἔλεγον ὅτι Ἀγαθός ἐστιν,	ἄλλοι δὲ ἔλεγον,	Οὔ,	ἀλλὰ	Θ
τοῖς ὄχλοις οἱ μὲν	ἔλεγον ὅτι Ἀγαθός ἐστιν,	ἄλλοι δὲ ἔλεγον,	Ὅτι	f^1 565
τοῖς ὄχλοις οἱ μὲν	ἔλεγον ὅτι Ἀγαθός ἐστιν,	ἄλλοι δέ,	Οὔ,	ἀλλὰ	69
τοῖς ὄχλοις οἱ μὲν γὰρ	ἔλεγον περὶ αὐτοῦ ὅτι Ἀγαθός ἐστιν,	ἄλλοι δὲ ἔλεγον, Οὔ,	ἀλλὰ	124
τῷ ὄχλῳ· οἱ μὲν	ἔλεγον ὅτι Ἀγαθός ἐστιν,	ἄλλοι δὲ ἔλεγον,	Οὔ,	ἀλλὰ	33
τοῖς ὄχλοις οἱ μὲν	ἔλεγον ὅτι Ἀγαθός ἐστιν,	ἄλλος	ἔλεγεν,	Οὔ,	ἀλλὰ	1071
τοῖς ὄχλοις,		ἄλλοι	ἔλεγον,		ἀλλὰ	1424*
τοῖς ὄχλοις,		ἄλλοι	ἔλεγον, Οὔ,	ἀλλὰ	1424c
τοῖς ὄχλοις οἱ μὲν	ἔλεγον ὅτι Ἀγαθός ἐστιν,	ἄλλοι	ἔλεγον, Οὔ,	ἀλλὰ	𝔐 L M U Γ Δ Λ Ψ 118

2 28 579 700 **[uw]**]

[↓f^1 f^{13} 28 565 1424 **uw**τ

πλανᾷ τὸν ὄχλον. **13** οὐδεὶς	μέντοι παρρησίᾳ	ἐλάλει περὶ αὐτοῦ	B D 𝔐 K M N W Λ Π Ψ
πλανᾷ τὸν ὄχλον. **13** οὐδεὶς	μέντοι παρρησίᾳ	περὶ αὐτοῦ ἐλει	𝔓66*
πλανᾷ τὸν ὄχλον. **13** οὐδεὶς	μέντοι παρρησίᾳ	περὶ αὐτοῦ ἐλάλει	𝔓66c ℵ
π····γᾷ τὸν ὄχλ···· **13** οὐδεὶς	μέντοι παρησ····	··λάλει ὑπ' ····τοῦ	𝔓75
πλανᾷ τὸν ὄχλον. **13** οὐδεὶς	μέντοι παρησείᾳ	ἐλάλει περὶ αὐτοῦ	D
πλανᾷ τὸν ὄχλον. **13** οὐδεὶς	μέντοι παρρησίᾳ	ἐλάλει	L*
πλανᾷ τὸν ὄχλον. **13** οὐδεὶς	μέντοι παρρησίᾳ	ἐλάλει	Lc
πλανᾷ τὸν ὄχλον. **13** οὐδεὶς	μέντοι παρρησίαν	ἐλάλει περὶ αὐτοῦ	Θ
πλανᾷ τοὺς ὄχλους. **13** οὐδεὶς	μέντοι παρρησίᾳ	ἐλάλει περὶ αὐτοῦ	69
πλανᾷ τὸν ὄχλον. **13** οὐδὲ ὁ Ἰησοῦς	μέντοι παρρησίᾳ	ἐλάλει περὶ αὐτοῦ	157

διὰ τὸν φόβον τῶν Ἰουδαίων.	B 𝔓66.75 **uw**τ rell
διὰ τὸν φόβον τῶν Ἰδαίων.	K 565

lac. 7.10-13 𝔓45 A C P 1346

A **10** φανερῶς G* ¦ φαναιρως N ¦ φανερος 1071 **11** εκινος ℵ N **12** πολλυς L M 28 ¦ εσστιν E **13** ουδις ℵ ¦ παρρησεια 1071 ¦ ελαλη F M Θ 2* 1071 ¦ ελαλε Δ ¦ αυαυτου Γ

B **13** ις 157

C **13** αρχ εις την μεσον $\bar{v}$ 2 ¦ αρχ τῆ θ ωρ τς μγ, $\bar{\delta}$ 2^2 ¦ τελος E F^2 H S Y Θ Ω f^{13} 124 788 1071 ¦ τελος $\bar{\gamma}$ G ¦ τελ τς $\bar{\gamma}$ M f^1 28 ¦ τελ του κδ Γ

Controversy Over Jesus' Teaching In The Temple

κγ 14 Ἤδη δὲ τῆς ἑορτῆς μεσούσης   ἀνέβη   Ἰησοῦς εἰς τὸ ἱερὸν καὶ ἐδίδασκεν.   B 𝔓⁶⁶ᶜ ℵ L U **uw**
    14 Ἤδη δὲ τῆς ἑορτῆς μεσαζούσης   ἀνέβη   Ἰησοῦς εἰς τὸ ἱερὸν καὶ ἐδίδασκεν.   𝔓⁶⁶*
    14 ......η δὲ τῆς ἑορτῆς με............ης   ἀνέβη   Ἰησοῦς εἰς τὸ ἱερὸν καὶ ἐδίδα........   𝔓⁷⁵
    14 Ἤδη δὲ τῆς ἑορτῆς μεσαζούσης   ἀνέβη ὁ Ἰησοῦς εἰς τὸ ἱερὸν καὶ ἐδίδασκεν.   D Θ f¹ 69 124 565
    14 Ἤδη δὲ τῆς ἑορτῆς μέσης οὔσης   ἀνέβη ὁ Ἰησοῦς εἰς τὸ ἱερὸν καὶ ἐδίδασκεν.   W   [↑788
    14   τῆς ἑορτῆς μεσαζούσης ἀνέβη ὁ Ἰησοῦς εἰς τὸ ἱερὸν καὶ ἐδίδασκεν.   f¹³
    14 Ἤδη δὲ τῆς ἑορτῆς μεσούσης   ἀνέβη ὁ Ἰησοῦς εἰς τὸ ἱερὸν καὶ ἐδίδασκεν.   𝔐 K M N Γ Δ Λ Π
                                        Ψ 2 33 28 157 579 700 1071 1424 τ

15 ἐθαύμαζον οὖν οἱ Ἰουδαῖοι λέγοντες, Πῶς οὗτος γράμματα οἶδεν μὴ μεμαθηκώς;   B 𝔓⁶⁶·⁷⁵ ℵ D L W Θ
15 καὶ ἐθαύμαζαν οἱ Ἰουδαῖοι λέγοντες, Πῶς οὗτος γράμματα οἶδεν μὴ μεμαθηκώς;   M [↑f¹ 33 1071 **uw**
15 ἐθαύμαζον δὲ οἱ Ἰουδαῖοι λέγοντες, Πῶς οὗτος οἶδε γράμματα μὴ μεθαθηκώς;   118
15 ἐθαύμαζον οὖν οἱ Ἰουδαῖοι λέγοντες, Πῶς οὗτος οἶδεν γράμματα μὴ μεμαθηκώς;   565
15 καὶ ἐθαύμαζον οἱ Ἰουδαῖοι λέγοντες, Πῶς οὗτος οἶδεν γράμματα μὴ μεμαθηκώς;   1424
15 καὶ ἐθαύμαζον οἱ Ἰουδαῖοι λέγοντες, Πῶς οὗτος γράμματα οἶδεν μὴ μεμαθηκώς;   𝔐 K N U Γ Δ Λ Π Ψ
                                        f¹³ 2 28 157 579 700 τ

16 ἀπεκρίθη οὖν αὐτοῖς   Ἰησοῦς καὶ εἶπεν, Ἡ ἐμὴ διδαχὴ οὐκ ἔστιν ἐμή   B ℵ [u]w
16 ....η ....ν αυ.....   .... καὶ εἰ...... ἐμὴ διδαχὴ οὐκ ἔσ......ὴ   𝔓⁷⁵
16 ἀπεκρίθη   αὐτοῖς ὁ Ἰησοῦς καὶ εἶπεν, Ἡ ἐμὴ διδαχὴ οὐκ ἔστιν ἐμή   D L Ψ f¹ 565 579 788* τ
16 ἀπεκρίθη οὖν αὐτοῖς ὁ Ἰησοῦς   εἶπεν, Ἡ ἐμὴ διδαχὴ οὐκ ἔστιν ἐμή   F
16 ἀπεκρίθη οὖν   ὁ Ἰησοῦς καὶ εἶπεν, Ἡ ἐμὴ διδαχὴ οὐκ ἔστιν ἐμή   K Γ Π
16 ἀπεκρίθη οὖν ὁ Ἰησοῦς καὶ εἶπεν αὐτοῖς, Ἡ ἐμὴ διδαχὴ οὐκ ἔστιν ἐμή   N
16 ἀπεκρίθη δὲ αὐτοῖς ὁ Ἰησοῦς καὶ εἶπεν, Ἡ ἐμὴ διδαχὴ οὐκ ἔστιν ἐμή   Θ
16 ἀπεκρίθη οὖν   ὁ Ἰησοῦς καὶ εἶπεν, Ἡ ἐμὴ διδαχὴ οὐκ ἔστιν ἐμοὶ   f¹³
16 ἀπεκρίθη   Ἰησοῦς καὶ εἶπεν αὐτοῖς, Ἡ ἐμὴ διδαχὴ οὐκ ἔστιν ἐμή   33
16 ἀπεκρίθη οὖν αὐτοῖς ὁ Ἰησοῦς καὶ εἶπεν, Ἡ ἐμὴ διδαχὴ οὐκ ἔστιν ἐμή   28
16 ἀπεκρίθη οὖν αὐτοῖς ὁ Ἰησοῦς καὶ εἶπεν, Ἡ ἐμὴ διδαχὴ οὐκ ἔστιν ἐμή   𝔓⁶⁶ 𝔐 M U W Δ Λ 69 2 157
                                        700 788ᶜ 1071 1424 [u]

ἀλλὰ τοῦ πέμψαντός με·   17 ἐάν τις θέλῃ τὸ θέλημα αὐτοῦ ποιεῖν, γνώσεται περὶ   B 𝔓⁶⁶ **uw**τ rell
ἀλ..... ...... πέμψαντός με·   17 ἐάν...... θέλῃ ·····έλημα αὐτοῦ,   γνώσεται πε·····   𝔓⁷⁵
ἀλλὰ τοῦ πέμψαντός με·   17 ἐάν τις   τὸ θέλημα αὐτοῦ ποιῇ, γνώσεται περὶ   W
ἀλλὰ τοῦ πέμψαντός με πατρός· 17 ἐάν τις θέλῃ τὸ θέλημα αὐτοῦ ποιεῖν, γνώσεται περὶ   33
ἀλλὰ τοῦ πέμψαντός με·   17 ἐάν τις θέλῃ τὸ θέλημα αὐτοῦ ποιεῖν, γνώσεται ἐκ   579
ἀλλὰ τοῦ πέμψαντός με·   17 ἐάν τις τὸ θέλημα αὐτοῦ θέλῃ ποιεῖν, γνώσεται περὶ   788

[Cl S I 87.6 η διδαχη η εμη ουκ εστιν εμη, ο κυριος λεγει, αλλα του πεμψαντος με πατρος]

τῆς   διδαχῆς πότερον   ἐκ τοῦ θεοῦ ἐστιν ἢ   ἐγὼ ἀπ' ἐμαυτοῦ λαλῶ. 18 ὁ ἀφ'   B 𝔓⁷⁵ **uw**τ rell
τῆς   διδαχῆς πότερον   ἐκ   θεοῦ ἐστιν ἢ   ἐγὼ ἀπ' ἐμαυτοῦ λαλῶ. 18 ὁ ἀφ'   𝔓⁶⁶ ℵ D
τῆς   διδαχῆς πρτερον   ἐκ τοῦ θεοῦ ἐστιν ἢ   ἐγὼ ἀπ' ἐμαυτοῦ λαλῶ. 18 ὁ ἀφ'   H* 28*
τῆς   διδαχῆς πρότερον ἐκ τοῦ θεοῦ ἐστιν ἢ   ἐγὼ ἀπ' ἐμαυτοῦ λαλῶ. 18 ὁ ἀφ'   Λᶜ 28ᶜ
τῆς   διδαχῆς πότερον   ἐκ τοῦ θεοῦ ἐστιν ἢ   ἐγὼ ἀφ' ἐμαυτοῦ λαλῶ. 18 ὁ ἀφ'   Ω*
τῆς   διδαχῆς πότερον   ἐκ τοῦ θεοῦ ἐστιν εἰς ἐγὼ ἀπ' ἐμαυτοῦ λαλῶ. 18 ὁ ἀφ'   69
τῆς διδαχῆς αὐτοῦ πότερον   ἐκ τοῦ θεοῦ ἐστιν ἢ   ἐγὼ ἀπ' ἐμαυτοῦ λαλῶ. 18 ὁ ἀφ'   124
τῆς   διδαχῆς πότερον εἰ ἐκ τοῦ θεοῦ ἐστιν ἢ   ἐγὼ ἀπ' ἐμαυτοῦ λαλῶ. 18 ὁ ἀφ'   33
τῆς ἐμῆς διδαχῆς πότερον   ἐκ τοῦ θεοῦ ἐστιν ἢ   ἐγὼ ἀπ' ἐμαυτοῦ λαλῶ. 18 ὁ ἀφ'   157
τῆς   διδαχῆς πρότερον εἰ ἐκ τοῦ θεοῦ ἐστιν ἢ   ἐγὼ ἀπ' ἐμαυτοῦ λαλῶ. 18 ὁ ἀφ'   1071

lac. 7.14-18 𝔓⁴⁵ A C P 1346

A 14 ερτης ℵ* | αναβη 𝔓⁶⁶* | αναιβη 𝔓⁶⁶ᶜ | εδιδασκε Υ 157 700 15 εθαυμαζων 2* 579 | λεγοντες 579 | ουτας Γ 13 | οιδε Υ 13 69 157 700 788 | οιδεμ U| μεμαθηκος Θ* 16 απεκρηθη 13 | απεκριθει 28 | διδαχη Θ 17 της (τις) Θ | θελει Γ 2 1071 1424 | γνωσετε N

B 14 τς B 𝔓⁶⁶ 𝔓⁷⁵ ℵ 𝔐 K L M N S U W Γ Δ Θ Λ Π Ψ Ω f¹ 118 f¹³ 124 2 33 28 157 565 579 700 788 1071 1424 | της D 16 τς B 𝔓⁶⁶ 𝔓⁷⁵ (cj. sp.) ℵ 𝔐 K L M N S U W Γ Δ Θ Λ Π Ψ Ω f¹ 118 f¹³ 124 2 33 28 157 565 579 700 788 1071 1424 | της D | πρς 33 17 θυ B 𝔓⁶⁶ 𝔓⁷⁵ ℵ D 𝔐 K L M N S U W Γ Δ Θ Λ Π Ψ Ω f¹ 118 f¹³ 69 124 33 28 157 565 579 700 788 1071 1424

C 14 εις την μεσοπεντηκοστην D [ημερα δ̄ της δ̄ εβδομ.: 7.14-30] | αρχη: της μεσο ν̄ F | αρχη: εις την μεσο ν̄ της εορτης μεσουσης (ante ανεβη) E | αρχ: τη δ̄ της μεσον της εορτης μεσουσης ανε. G | αρχη: εις μεσον της εορτης μεσουσης H | αρχ: τη δ̄ της μεσο ν̄ της εορτης μεσουσης Υ | τη δ̄ τς μεσο της εορτης μεσουσης M | τς μεσον S | τη δ̄ τς μεσω της εορτης μεσου Ϛ | αρχ: τη μεσο της εορτης μεσαζουσης ανεβη ο ις Θ | αρχ τη τετραδι τς μεσο πεντηκοστ Ψ | τη δ̄ μεσοπεντηκοστις Θ | αρχ Λ | τη μεσοπεντηκο Ω | αρχ κϛ τη δ̄ τς εβδ τ εορτης μεσουσης f¹ | αρχ κϛ τη δ̄ τς με,ν̄: της εορτης μεσουσης αναβη ο ις 118 | αρχ τη δ̄ τς μεσω f¹³ | αρχ τς μεσου της εορτης μεσουσης ανεβη ο ις 28 | αρχ τη δ̄ της με (μεσο 788) ν̄ 124 157 788 | αρχη 1424

D 14 οϛ 1071

94

ἑαυτοῦ λαλῶν τὴν δόξαν τὴν ἰδίαν ζητεῖ· ὁ δὲ ζητῶν τὴν δόξαν τοῦ πέμψαντος B 𝔓66 uwτ rell
ἑαυτοῦ λαλῶν τὴν ἰδίαν ζητεῖ· ὁ δὲ ζητῶν τὴν δόξαν τοῦ πέμψαντος 𝔓75
ἑαυτοῦ λαλῶν τὴν δόξαν τὴν ἰδίαν ζητεῖ· καὶ ὁ ζητῶν τὴν δόξαν τοῦ πέμψαντος ℵ
ἑαυτοῦ λαλῶν τὴν δόξαν τὴν ἰδίαν ζητεῖ· ὁ δὲ τὴν δόξαν τοῦ πέμψαντος S*

[Cl S I 87.6 ο δε αφ εαυτου, φησι, λαλων την δοξαν την ιδιαν ζητει] [Cl S I 100.3 ο μεν αφ εαυτου λαλων την δοξαν την ιδιαν ζητει, φησιν ο κυριος, ο δε ζητων την δοξαν του πεμψαντος αυτον αληθης εστι και αδικια ουκ εστιν εν αυτω]

αὐτόν οὗτος ἀληθής ἐστιν καὶ ἀδικία ἐν αὐτῷ οὐκ ἔστιν. 19 οὐ Μωϋσῆς B 𝔓66c ℵ D K N S W Δ Θ Π Ψ
με οὗτος ἀληθής ἐστιν καὶ ἀδικία ἐν αὐτῷ οὐκ ἔστιν. 19 οὐ Μωϋσῆς 𝔓66* [↑33 28 157 565 1071 uw
αὐτόν ····τ··· ἀλ···· ἐστιν καὶ ἀδικία ἐν αὐτῷ οὐκ ἔσ··ν. 19 οὐ Μ····ῆς 𝔓75
αὐτόν οὗτος ἀληθής ἐστιν καὶ ἀδικία ἐν αὐτῷ οὐκ ἔστιν. 19 οὐ Μωσῆς 𝔐 M U Γ Λ f1 f13 2 700 τ
αὐτόν οὗτος ἀληθής ἐστιν καὶ ἀδικία οὐκ ἔστιν ἐν αὐτῷ. 19 οὐ Μωϋσῆς L
αὐτόν οὗτος ἀληθής ἐστιν καὶ ἀδικία ἐν ἑαυτῷ οὐκ ἔστιν. 19 οὐ Μωσῆς 579
αὐτόν οὗτος ἀληθής ἐστιν καὶ σκοτεία ἐν αὐτῷ οὐκ ἔστιν. 19 οὐ Μωσῆς 1424

ἔδωκεν ὑμῖν τὸν νόμον; καὶ οὐδεὶς ἐξ ὑμῶν ποιεῖ τὸν νόμον. τί με ζητεῖτε ἀποκτεῖναι; B D [w]
δέδωκεν ὑμῖν τὸν νόμον; καὶ οὐδεὶς ποιεῖ τὸν νόμον. τί με ζητεῖτε ἀποκτεῖναι; G
δέδωκεν ἡμῖν τὸν νόμον; καὶ οὐδεὶς ἐξ ὑμῶν ποιεῖ τὸν νόμον. τί με ζητεῖτε ἀποκτεῖναι; H 69
δέδωκεν ὑμῖν τὸν νόμον; τί με ζητεῖτε ἀποκτεῖναι; f13 [↓rell
δέδωκεν ὑμῖν τὸν νόμον; καὶ οὐδεὶς ἐξ ὑμῶν ποιεῖ τὸν νόμον. τί με ζητεῖτε ἀποκτεῖναι; 124 788 u[w]τ

20 ἀπεκρίθη ὁ ὄχλος, Δαιμόνιον ἔχεις· τίς σε ζητεῖ B 𝔓66.75 ℵ L W uw
20 ἀπεκρίθησαν οἱ Ἰουδαῖοι καὶ εἶπον αὐτῷ, Δαιμόνιον ἔχεις· τίς σε ζητεῖ K Π
20 ἀπεκρίθη αὐτῷ ὁ ὄχλος καὶ εἶπεν, Δαιμόνιον ἔχεις· τίς σε ζητεῖ f1 565
20 ἀπεκρίθη ὁ ὄχλος εἶπεν, Δαιμόνιον ἔχεις· τίς σε ζητεῖ 124
20 ἀπεκρίθη ὁ ὄχλος, Δαιμόνιον ἔχεις· τίς σε ········ 33
20 ἀπεκρίθη ὁ ὄχλος καὶ εἶπεν αὐτῷ, Δαιμόνιον ἔχεις· τίς σε ζητεῖ 1424
20 ἀπεκρίθη ὁ ὄχλος καὶ εἶπεν, Δαιμόνιον ἔχεις· τίς σε ζητεῖ D 𝔐 M N U Γ Δ Θ Λ Ψ f13 2 28 157 579 700 1071 τ

ἀποκτεῖναι; 21 ἀπεκρίθη Ἰησοῦς καὶ εἶπεν αὐτοῖς, Ἓν ἔργον B 𝔓66.75 ℵ 𝔐 M Γ Δ Ψ f1 69 2 33 28 565
ἀποκτεῖναι; 21 ἀπεκρίθη ὁ Ἰησοῦς καὶ εἶπεν, D [↑579 700 1071 1424 uw
ἀποκτεῖναι; 21 ἀπεκρίθη ὁ Ἰησοῦς καὶ εἶπεν αὐτοῖς, Ἓν ἔργον K L N U W Π f13 157 τ
ἀποκτεῖναι; 21 ἀπεκρίθη αὐτοῖς ὁ Ἰησοῦς καὶ εἶπεν, Ἓν ἔργον Θ
ἀποκτεῖναι; 21 ἀποκριθεὶς ὁ Ἰησοῦς εἶπεν αὐτοῖς, Ἓν ἔργον Λ

ἐποίησα καὶ πάντες θαυμάζετε. 22 διὰ τοῦτο Μωϋσῆς δέδωκεν ὑμῖν τὴν B 𝔓66 ℵc K N S W Δ Θ Π Ψ f13
ἐποίησα καὶ πάντ···· ····ζε 22 ····ιὰ τοῦτο Μωϋσῆς 𝔓75 [↑28 157 565 1071 uw
ἐποίησα καὶ πάντες θαυμάζετε. 22 ὁ Μωϋσῆς δέδωκεν ὑμῖν τὴν ℵ*
ἐποίησα καὶ ὑμεῖς θαυμάζετε. 22 διὰ τοῦτο ἔδωκεν ὑμῖν Μωϋσῆς τὴν D
ἐποίησα καὶ πάντες θαυμάζετε. 22 διὰ τοῦτο Μωσῆς δέδωκεν ὑμῖν τὴν 𝔐 M U Γ Λ f1 124 2 579 700
ἐποίησα καὶ πάντες θαυ···· 22 F [↑1424 τ
ἐποίησα καὶ πάντες θαυμάζετε. 22 διὰ τοῦτο Μωϋσῆς ἔδωκεν ὑμῖν τὴν L
ἐποίησα καὶ πάντες θα····ζετε. 22 διὰ τοῦτο Μωϋσῆς δέδωκεν ὑμῖν τὴν 33

περιτομήν—οὐκ ὅτι ἐκ τοῦ Μωϋσέως ἐστὶν ἀλλ᾽ ἐκ τῶν πατέρων—καὶ B*
περιτομήν—οὐχ ὅτι ἐκ τοῦ Μωϋσέως ἐστὶν ἀλλ᾽ ἐκ τῶν πατέρων—καὶ Bc 1071 [w]
περιτομήν—οὐχ ὅτι ἐκ τοῦ Μωϋσέως ἐστὶν ἀλλ᾽ ἐκ τῶν πατέρων—καὶ ἐν 𝔓66 L S W Θ Π Ψ Ω 69 28
··ερι··μήν—οὐ···· ····λ᾽ ἐκ···· ····ων—καὶ 𝔓75 [↑565 u[w]
περιτομήν—οὐχ ὅτι ἐκ τοῦ Μωσέως ἐστὶν ἀλλ᾽ ὅτι ἐκ τῶν πατέρων—καὶ ἐν ℵ
περιτομήν—οὐχ ὅτι ἐκ Μωϋσέως ἐστὶν ἀλλὰ ἐκ τῶν πατέρων—καὶ ἐν D
············ ············ F
περιτομήν—οὐχ ὅτι ἐκ τοῦ Μωϋσ···· ········ ἀλλ᾽ ἐκ τῶν πατέρων—καὶ ἐν 33 [↓157 579 700 1424 τ
περιτομήν—οὐχ ὅτι ἐκ τοῦ Μωσέως ἐστὶν ἀλλ᾽ ἐκ τῶν πατέρων—καὶ ἐν 𝔐 K M N U Γ Δ Λ f1 f13 2

---

lac. 7.18-22 𝔓45 ¦ A C P 1346 ¦ vs. 22 F

A 18 ζητι ℵ N ¦ ζητη 2* ¦ ζητον E* Θ* ¦ μψαντος 𝔓66* ¦ αληθης H ¦ ετιν1 E ¦ εστι Y U ¦ 118 157 565 700 788 ¦ αδικεια N W ¦ εσ (εστιν) Γ 19 υμειν D ¦ νομμον G* ¦ νομων Θ* 28 ¦ ουδις ℵ D ¦ ποιη 2 ¦ ζητειται ℵ W 33 ¦ ζητιτε Θ ¦ αποκτιναι 𝔓66* ℵ L N W Θ 1071 ¦ αποκτεινε D 20 απεκριθει 28 ¦ ειπε Y 118 157 700 ¦ δαιμονιον Ω ¦ οχος 𝔓66* ¦ εχης της L ¦ ζητι ℵ W Θ ¦ αποκτιναι ℵ W Θ 21 απεκρειθη D ¦ απεκριθει M ¦ θαυμαζεται D L U W Δ 2* 579 700* 22 τουτω 28 ¦ υμειν 𝔓66 D ¦ περιτομιν Θ ¦ εστειν D

B 21 ι̅ς̅ B 𝔓66 𝔓75 ℵ 𝔐 K L M N S U W Γ Δ Θ Λ Π Ψ Ω f1 118 f13 124 2 33 28 157 565 579 700 788 1071 1424 ¦ ι̅η̅ς̅ D 22 π̅ρ̅ω̅ν G H K L M S U Γ Δ Λ Π Ψ Ω f1 118 f13 69 124 2 33 28 157 565 579 700 788 1071 1424

σαββάτῳ περιτέμνετε ἄνθρωπον. **23** εἰ		περιτομὴν λαμβάνει ὁ ἄνθρωπος ἐν	B N Θ [w]
....ριτ........... ἄνθρωπον. **23** εἰ		.... λαμβάνε·.............. ς ἐν	𝔭75
σαββάτῳ περιτέμνετε ἄνθρωπον. **23** εἰ <u>οὖν</u>	περιτομὴν λαμβάνει	ἄνθρωπος ἐν	D
σαββάτῳ περιτέμνετε <u>ἄνθρωπος</u>. **23** εἰ		περιτομὴν λαμβάνει	ἄνθρωπος ἐν	G 118 28 1424
σαββάτῳ περιτέμνετε ἄνθρωπον. **23** εἰ		περιτομὴν <u>λαμβάει</u>	ἄνθρωπος ἐν	L*
σαββάτῳ περιτέμνετε ἄνθρωπον. **23** εἰ		περιτομὴν <u>λαβεῖ</u>	ἄνθρωπος ἐν	Lᶜ
σαββάτῳ περιτέμνετε ἄνθρωπον. **23** εἰ		περιτομὴν			ἐν	33
σαββάτῳ περιτέμνετε ἄνθρωπον. **23** εἰ		περιτομὴν λαμβάνει	ἄνθρωπος ἐν	𝔭66 u[w]τ rell

σαββάτῳ ἵνα μὴ λυθῇ ὁ νόμος	Μωϋσέως,		ἐμοὶ χολᾶται	ὅτι ὅλον ἄνθρωπον	B* L
σαββάτῳ ἵνα μὴ λυθῇ ὁ νόμος	Μωϋσέως,		ἐμοὶ <u>χολᾶτε</u>	ὅτι ὅλον ἄνθρωπον	Bᶜ K N S W Δ Π Ψ Ω 69
σαββάτῳ ἵνα μὴ λυθῇ ὁ νόμος <u>ὁ</u>	Μωϋσέως,		ἐμοὶ <u>χολᾶτε</u>	ὅτι ὅλον ἄνθρωπον	𝔭66 א [↑565 788 uw
σαββάτῳ ἵνα μὴ λυθῇ ὁ νόμος	Μωϋσέως,		ἐμοὶ <u>χολᾶτε</u>	ὅτι <u>ἄνθρωπον ὅλον</u>	𝔭75 f¹³
σαββάτῳ ἵνα μὴ λυθῇ ὁ νόμος	Μωϋσέως, <u>πῶς</u>	ἐμοὶ <u>χολᾶτε</u>	ὅτι ὅλον ἄνθρωπον	D
σαββάτῳ ἵνα μὴ λυθῇ ὁ νόμος <u>ὁ</u>	Μωϋσέως,		ἐμοὶ <u>χολᾶτε</u>	ὅτι ὅλον ἄνθρωπον	Θ
σαββάτῳ ἵνα μὴ λυθῇ ὁ νόμος	Μωϋσέως,		ε......... αι	ὅτι	33
σαββάτῳ ἵνα μὴ λυθῇ ὁ νόμος	Μωϋσέως,		ἐμοὶ <u>χωλᾶτε</u>	ὅτι ὅλον ἄνθρωπον	28 1071
σαββάτῳ ἵνα μὴ λυθῇ ὁ νόμος	<u>Μωσέως</u>,		ἐμοὶ <u>χολᾶτε</u>	ὅτι ὅλον ἄνθρωπον	𝔐 M U Γ Λ f¹ 124 2
												157 579 700 1424 τ

ὑγιῆ ἐποίησα	ἐν σαββάτῳ; **24** μὴ κρείνετε κατ᾽ ὄψιν, ἀλλὰ τὴν δικαίαν	B
ὑγιῆ ἐποίησα	ἐν σαββάτῳ; **24** μὴ <u>κρίνε</u>	κατ᾽ ὄψιν, ἀλλὰ τὴν δικαίαν	𝔭66
ὑγιῆ ἐποίησα	ἐν σαββάτῳ; **24**	κατ᾽ ὄψιν, ἀλλὰ τὴν δικαίαν	F
<u>ὑγιῆν</u> ἐποίησα	ἐν σαββάτῳ; **24** μὴ <u>κρίνετε</u>	κατ᾽ ὄψιν, ἀλλὰ τὴν δικαίαν	L
ὑγιῆ ἐποίησα	ἐν σαββάτῳ; **24** μὴ <u>κρίνεται</u>	κατ᾽ ὄψιν, ἀλλὰ τὴν δικαίαν	W Γ
<u>ἐν σαββάτῳ</u> <u>ὑγιῆ ἐποίησα</u>; **24** μὴ <u>κρίνητε</u>	κατ᾽ ὄψιν, ἀλλὰ τὴν δικαίαν	Θ
<u>ὑγιῆ</u>	ἐν σαββάτῳ; **24** μὴ <u>κρίνετε</u>	κατ᾽ ὄψιν, ἀλλὰ τὴν δικαίαν	f¹³
<u>ἐποίησα ὑγιῆ</u>	ἐν σαββάτῳ; **24** μὴ <u>κρίνατε</u>	κατ᾽ ὄψιν, ἀλλὰ τὴν δικαίαν	69
....	ἐν σαββάτῳ; **24** μὴ <u>κρίνετε</u>	κατ᾽ ὄψιν, ἀλλὰ τὴν δικ........	33
<u>ἐποίησα</u>	ἐν σαββάτῳ; **24** μὴ <u>κρίνετε</u>	κατ᾽ ὄψιν, ἀλλὰ τὴν δικαίαν	579
ὑγιῆ ἐποίησα	ἐν σαββάτῳ; **24** μὴ <u>κρίνετε</u>	κατ᾽ ὄψιν, ἀλλὰ τὴν δικαίαν	𝔭75 א D 𝔐 K M N U Δ Λ Π Ψ f¹
												124 2 28 157 565 700 788 1071 1424 uwτ

κρίσιν κρίνετε.		B 𝔭66.75 L N Ψ 700 1071 uw
κρίσιν <u>κρείνετε</u>.		D
κρίσιν <u>κρίνεται</u>.		W
....		33
κρίσιν <u>κρίνατε</u>.		א 𝔐 K M U Γ Δ Θ Λ Π f¹ f¹³ 2 28 157 565 579 1424 τ

Dispute About Whether Or Not Jesus Is The Christ

25 Ἔλεγον οὖν τινες ἐκ	τῶν Ἱεροσολυμειτῶν,	Οὐχ οὗτός ἐστιν ὃν ζητοῦσιν	B 𝔭66 D w
25 Ἔλεγον ....υ τινες ἐκ	τῶν Ἱ.ροσολυμειτῶν,	....χ οὗτό. ἐστιν .... ζητοῦσιν	𝔭75
25 Ἔλεγον οὖν τινες	τῶν Ἱεροσολυμειτῶν,	<u>Οὐκ</u> οὗτός ἐστιν ὃν ζητοῦσιν	א
25 Ἔλεγον οὖν τινες ἐκ	τῶν <u>Ἱεροσολυμητῶν</u>,	Οὐχ οὗτός ἐστιν ὃν ζητοῦσιν	E H Ω 69 579 1071 1424
25	....	ὃν ζητοῦσιν	F
25 Ἔλεγον οὖν τινες	τῶν <u>Ἱεροσολυμιτῶν</u>,	Οὐχ οὗτός ἐστιν ὃν ζητοῦσιν	K
25 Ἔλεγον οὖν τινες	τῶν <u>Ἱεροσολυμητῶν</u>,	Οὐχ οὗτός ἐστιν ὃν ζητοῦσιν	Γᶜ
25 Ἔλεγον τινες	τῶν <u>Ἱεροσολυμιτῶν</u>,	Οὐχ οὗτός ἐστιν ὃν ζητοῦσιν	Γ*
25 .... ἐκ	τῶν <u>Ἱεροσολυμιτῶν</u>,	Οὐχ οὗτός ἐστιν ὃν ζητοῦσ···	33
25 Ἔλεγον οὖν τινες ἐκ	τῶν <u>Ἱεροσολυμιτῶν</u>,	Οὐχ οὗτός ἐστιν ὃν ζητοῦσιν	G Y L M N S U W Δ Θ Λ
												Π Ψ f¹ f¹³ 2 28 157 565 700 uτ

ἀποκτεῖναι; **26** καὶ ἴδε παρρησίᾳ λαλεῖ καὶ οὐδὲν αὐτῷ λέγουσιν.	B 𝔭75 124 uwτ rell
ἀποκτεῖνα· **26** ..... ἴδε π....... ιᾳ λαλεῖ καὶ οὐδὲν αὐ....	𝔭75
ἀποκτεῖναι; **26**	ἴδε παρρησίᾳ λαλεῖ καὶ οὐδὲν αὐτῷ λέγουσιν.	L f¹³
.... **26** .... λαλεῖ καὶ οὐδὲν αὐτῷ λέγουσιν.	33

---

lac. 7.22-26 𝔭45 A C F P 1346 ¦ vss. 22-25 F

A **22** σαββατω M* Θ* ¦ περιτεμνεται G W 2* 579 1424 **23** λαμβανι א Θ ¦ ανθροπος Γ ¦ σαββα Γ ¦ ηνα L ¦ χολατα E* ¦ υγιει 2 28 1424 ¦ σαβατω Ω **25** αποκτιναι 𝔭66* א N W Θ 1071 ¦ αποκτηναι Λ 700 **26** ηδε N ¦ ειδε W ¦ λαλι א ¦ λαλη M ¦ λεγουσι Y 118 157 579

B **22** ανον 𝔭66 𝔭75 E F H Y K L M N S U Γ Δ Θ Λ Π Ψ Ω f¹³ 69 124 2 33 157 565 579 700 788 1071 ¦ ανος G 118 28 1424 **23** ανος 𝔭66 𝔭75 א K L M N S U W Δ Λ Π Ψ Ω f¹ 118 f¹³ 69 124 2 28 157 565 579 700 788 788 1071 1424 ¦ ανον 𝔭75 𝔐 K L M N S U Γ Δ Θ Λ Π Ψ Ω f¹ 118 f¹³ 69 124 28 157 565 579 700 788 1071

μήποτε ἀληθῶς ἔγνωσαν οἱ ἄρχοντες   ὅτι οὗτός ἐστιν   ὁ Χριστός;   B 𝔓⁶⁶ K L W Θ Π Ψ f¹ f¹³
⋯⋯ τε ἀληθῶς ἔγνωσαν ⋯ ⋯⋯   ⋯τι οὗτός ἐστιν   ⋯ Χριστός;   𝔓⁷⁵   [↑565 1424 uw
μήτι ἀληθῶς ἔγνωσαν οἱ ἀρχιερεῖς   ὅτι οὗτός ἐστιν   ὁ Χριστός;   ℵ
μήτι ἀληθῶς οἱ ἄρχοντες ἔγνωσαν   ὅτι οὗτός ἐστιν   ὁ Χριστός;   D
μήποτε ἀληθῶς ἔγνωσαν οἱ ἄρχοντες   ὅτι οὗτός ἐστιν ἀληθῶς   ὁ Χριστός;   𝔐 M U Δ Λ 2 157 579 700 τ
μήποτε ἀληθῶς ἔγνωσαν οἱ ἄρχοντες ἡμῶν   ὅτι οὗτός ἐστιν   ὁ Χριστός;   N
μήποτε ἀληθῶς ἔγνωσαν οἱ ἄρχοντες   ὅτι οὗτός   ἀληθῶς ὁ Χριστός;   Γ
μήποτε ἔγνωσ⋯   ⋯   ὁ Χριστός;   33
μήποτε ἔγνωσαν ἀληθῶς οἱ ἄρχοντες   ὅτι οὗτός ἐστιν   ὁ Χριστός;   28
μήποτε ἀληθῶς ἔγνωσαν οἱ ἄρχηντες   ὅτι οὗτός ἐστιν   ὁ Χριστός;   1071

27 ἀλλὰ τοῦτον οἴδαμεν πόθεν ἐστίν· ὁ δὲ   Χριστὸς   ὅταν ἔρχηται   B 𝔓⁷⁵ uwτ rell
27 ἀλλὰ τοῦτον οἴδαμεν πόθεν ἐστίν· ὁ Χριστὸς δὲ   ὅταν ἔλθῃ   𝔓⁶⁶
27 ἀλλὰ τοῦτον οἴδαμεν πόθεν ἐστίν· ὁ   Χριστὸς   ὅταν ἔλθῃ μὴ πλίονα σημῖα ποιήσει   ℵ*
27 ἀλλὰ τοῦτον οἴδαμεν πόθεν ἐστίν· ὁ   Χριστὸς   ὅταν ἔρχεται μὴ πλίονα σημῖα ποιήσει   ℵᶜ
27 ἀλλὰ τοῦτον οἴδαμεν πόθεν ἐστίν· ὁ δὲ   Χριστὸς   ὅταν ἔλθῃ   G
27 ἀλλὰ τοῦτον οἴδαμεν πόθεν ἐστίν· ὁ δὲ   Χριστὸς   ὅταν ἔρχετε   N
27 ἀλλὰ τοῦτον οἴδαμεν πόθεν ἐστίν· ὁ δὲ ὁ   Χριστὸς   ὅταν ἔρχηται   S Λ
27 ἀλλὰ τοῦτον οἴδαμεν πόθεν ἐστίν· ὁ δὲ   Χριστὸς   ὅταν ἔρχεται   Δ* 69 788 1071
27 ἀλλὰ τοῦτον οἴδαμεν πόθεν ἐστίν· ὁ δὲ   Χρηστὸς   ὅταν ἔρχετε   Θ
27 ἀλλὰ τοῦτον οἴδαμεν πόθεν ἐστίν· ὁ δὲ   Χριστὸς ⋯⋯   33
27 ἀλλὰ τοῦτον οἴδαμεν πόθεν ἐστίν·   565

οὐδεὶς γεινώσκει   πόθεν ἐστίν. 28 ἔκραξεν οὖν   B 𝔓⁷⁵
οὐδεὶς γινώσκει   πόθεν ἐστίν. 28 ἔκραξεν δὲ   𝔓⁶⁶
ἢ ὅταν ἔρχεται οὐδεὶς γινώσκει αὐτὸν πόθεν ἐστίν. 28 ἔκραξεν οὖν   ℵ
οὐδεὶς γεινώσκει   πόθεν ἐστίν. 28 ἔκραζεν οὖν   D
οὐδεὶς γινώσκει   πόθεν ἐστίν. 28 ἔκραξεν οὖν ἔκραξεν οὖν   E*
οὐδεὶς γιγνώσκει   πόθεν ἐστίν. 28 ἔκραξεν οὖν   W
οὐδεὶς γινώσκει   πόθεν ἐστίν. 28 ἔκραζεν οὖν   Ψ
⋯⋯   ⋯ ἐστίν. 28 ἔκραξεν οὖν   33
   28 ἔκραξεν οὖν   565
οὐδεὶς γινώσκει   πόθεν ἐστίν. 28 ἔκραξεν οὖν   𝔐 K L M N U Γ Δ Θ
Λ Π f¹ f¹³ 2 28 157 579 700 1071 1424 uwτ

[↓2 579 700 1071 1424 u[w]τ
ἐν τῷ ἱερῷ διδάσκων ὁ Ἰησοῦς καὶ λέγων, Κἀμὲ οἴδατε καὶ οἴδατε   B* 𝔓⁶⁶ᶜ 𝔐 L M U Γ Θ Λ Π 124
ἐν τῷ ἱερῷ διδάσκων Ἰησοῦς καὶ λέγων, Κἀμὲ οἴδατε καὶ οἴδατε   Bᶜ 𝔓⁷⁵ [w]
ἐν τῷ ἱερῷ διδάσκων ὁ Ἰησοῦς καὶ λέγων, Ἐμὲ οἴδατε καὶ οἴδατε   𝔓⁶⁶*
ὁ Ἰησοῦς ἐν τῷ ἱερῷ διδάσκων καὶ λέγων, Καὶ ἐμὲ οἴδατε καὶ οἴδατε   ℵ
ὁ Ἰησοῦς διδάσκων ἐν τῷ ἱερῷ καὶ λέγων, Κἀμὲ οἴδατε καὶ οἴδατε   D
ἐν τῷ ἱερῷ διδάσκων ὁ Ἰησοῦς καὶ λέγων, Κἀμὲ ⋯⋯   F
ἐν τῷ ἱερῷ διδάσκων ὁ Ἰησοῦς καὶ ἔλεγεν, Κἀμὲ οἴδατε καὶ οἴδατε   K
ὁ Ἰησοῦς ἐν τῷ ἱερῷ διδάσκων καὶ λέγων, Κἀμὲ οἴδατε καὶ οἴδατε   N Ψ f¹ 69 565
ἐν τῷ ἱερῷ διδάσκων Ἰησοῦς λέγων, Κἀμὲ οἴδατε καὶ οἴδατε   W
ἐν τῷ ἱερῷ διδάσκων καὶ λέγων, Κἀμὲ οἴδατε καὶ οἴδατε   Δ f¹³
ἐν τῷ ἱερῷ διδάσκων ὁ Ἰησοῦς ⋯⋯   33
ἐν τῷ ἱερῷ διδάσκων ὁ Ἰησοῦς λέγων, Κἀμὲ οἴδατε   28
ἐν τῷ ἱερῷ διδάσκων ὁ Ἰησοῦς καὶ λέγων, Κἀμὲ οἴδατε   157

πόθεν εἰμί· καὶ ἀπ' ἐμαυτοῦ οὐκ ἐλήλυθα, ἀλλ' ἔστιν ἀληθινὸς ὁ πέμψας με, ὃν   B 𝔓⁷⁵ uwτ rell
πόθεν εἰμί· καὶ ἀπ' ἐμαυτοῦ οὐκ ἐλήλυθα, ἀλλ' ἔστιν ἀληθὴς ὁ πέμψας με, ὃν   𝔓⁶⁶
πόθεν εἰμί· καὶ ἀπ' ἐμαυτοῦ οὐκ ἐλήλυθα, ἀλλὰ ἔστιν ἀληθὴς ὁ πέμψας με, ὃν   ℵ
⋯⋯ εἰμί· καὶ ἀπ' ἐμαυτοῦ οὐκ ἐλήλυθα, ἀλλ' ἔστιν ἀ⋯ ⋯⋯   33
πόθεν εἰμί· καὶ ἀπ' ἐμαυτοῦ οὐκ ἐλίλαθα, ἀλλ' ἔστιν ἀληθινὸς ὁ πέμψας με, ὃν   1071

---

lac. 7.26-28 𝔓⁴⁵ A C P 1346 ¦ vs. 28 F

A 26 μηπο 𝔓⁶⁶* ¦ αληθως Θ 27 ερχεται Η 13 ¦ ερχητε 124 2* ¦ ερχετε 28 ¦ ουδις ℵ ¦ γινωσκι L 28 οιδαται¹·²·³ 𝔓⁶⁶ ¦ ειμει Ν
W ¦ ημι 28* ¦ εσιν Δ* ¦ αληθεινος Μ W Δ 1071 ¦ αληθηνος 579

B 26 χ̅ς̅ B 𝔓⁶⁶ 𝔓⁷⁵ ℵ 𝔐 K L M N S U W Γ Δ Θ Λ Π Ψ Ω f¹ 118 f¹³ 69 124 2 33 28 157 565 579 700 788 1071 1424 ¦ χ̅ρ̅ς̅ D
27 χ̅ς̅ B 𝔓⁶⁶ 𝔓⁷⁵ ℵ 𝔐 K L M N S U W Γ Δ Λ Π Ψ Ω f¹ 118 f¹³ 69 124 2 33 28 157 579 700 788 1071 1424 ¦ χ̅ρ̅ς̅ D 28 ι̅ς̅ B 𝔓⁶⁶
𝔓⁷⁵ 𝔐 K L M N S U W Γ Θ Λ Π Ψ Ω 118 124 2 2 33 28 157 579 700 1071 1424 ¦ ι̅η̅ς̅ D

D 28 ο̅ς̅/ι ℵ N̲ 1071¦ ο̅ς̅ D E H K Θ f¹ 124 2 157 565 788 1071 ¦ ς̅/· G ¦ ο̅ς̅/γ S Y L M Γ U Ψ Ω 118 28 1424 ¦ Ιω ο̅ς̅ : Λο ρ̅ι̅θ̅ :
Μρ ρ̅κ̅β̅ : Μθ ρ̅ι̅β̅ 124 ¦ Ιω ο̅ς̅ : Λο ρ̅ι̅θ̅ : Μθ ρ̅ι̅β̅ 788 ¦ (ante καμε) ο̅ς̅ Λ f¹³

[↓f¹³ 2 28 157 579 700 1424 **uw**

ὑμεῖς οὐκ οἴδατε·	29 ἐγὼ	οἶδα αὐτόν, ὅτι παρ'	αὐτοῦ εἰμι κἀκεῖνός	B 𝔓⁷⁵ 𝔐 K L M U W Γ Δ Λ Ψ
ὑμεῖς οὐκ οἴδατε·	29 ἐγὼ δὲ	οἶδα αὐτόν, ὅτι παρ'	αὐτῷ εἰμι κἀκεῖνός	ℵ*
ὑμεῖς οὔδατε·	29 ἐγὼ δὲ	οἶδα αὐτόν, ὅτι παρ'	αὐτῷ εἰμι κἀκεῖνός	D*
ὑμεῖς οὐκ οἴδατε·	29 ἐγὼ	οἶδα αὐτόν, ὅτι παρ'	αὐτοῦ εἰμι καὶ ἐκεῖνός	S
ὑμεῖς οὐκ οἴδατε·	29 ἐγὼ	οἶδα αὐτόν, ὅτι παρὰ	αὐτῷ εἰμι καὶ ἐκεῖνός	Θ
....	29 ἐγὼ δὲ	οἶδα αὐτόν, ὅτι παρ'	αὐτοῦ εἰμι κἀκεῖνός	33
ὑμεῖς οὐκ οἴδατε·	29 ἐγὼ δὲ	οἶδα αὐτόν, ὅτι παρ'	αὐτοῦ εἰμι κἀκεῖνός	𝔓⁶⁶ ℵᶜ Dᶜ Y N Π f¹ 565 1071 τ

με ἀπέστειλεν.ᵀ	30 Ἐζήτουν οὖν	αὐτὸν πιάσαι,	B 𝔓⁷⁵ 124 **uwτ** rell
με ἀπέσταλκεν.	30 Οἳ δὲ ἐζήτουν	αὐτὸν πιάσαι,	𝔓⁶⁶* ℵ
με ἀπέσταλκεν.	30 Ἐζήτουν οὖν	αὐτὸν πιάσαι,	𝔓⁶⁶ᶜ D
με ἀπέστειλεν.	30 Ἐζήτουν οὖν	αὐτὸν πιάσαι, καὶ ἐξῆλθεν ἐκ τῆς χειρὸς αὐτῶν,	Θ f¹³
με ἀπέστειλεν.	30 Ἐζήτουν οὖν	αὐτὸν πιάσαι, καὶ ἐξῆλθεν ἐκ τῆς χώρας αὐτῶν,	Λ
με ἀπέστειλεν.ᵀ	30 Ἐζήτουν οὖν	πιάσαι αὐτόν,	118

ᵀκαὶ ἐὰν εἴπω ὅτι οὐκ οἶδα αὐτόν, ἔσομαι ὅμοιος ὑμῶν ψεύστης   124 1071ᵐᵍ· (Jn 8.55)

καὶ οὐδεὶς ἐπέβαλεν	ἐπ' αὐτὸν τὴν χεῖρα,	ὅτι οὔπω	ἐληλύθει ἡ ὥρα αὐτοῦ.	B **uwτ** rell
καὶ οὐδεὶς ἐπέβαλλεν	ἐπ' αὐτὸν τὴν χεῖρα,	ὅτι οὐδέπω	ἐληλύθει ἡ ὥρα αὐτοῦ.	𝔓⁶⁶
κ̣α̣ὶ̣ ο̣υ̣........ ....έβαλεν	ἐπ' αὐτὸν τη̣· ...εῖρα,	ο..... ...πω	ἐληλύθε̣ι̣ ἡ ω̣...... ...οῦ.	𝔓⁷⁵
καὶ οὐδεὶς ἐπέβαλεν	ἐπ' αὐτὸν τὰς χεῖρας,	ὅτι οὔπω	ἐληλύθει ἡ ὥρα αὐτοῦ.	G N W f¹ 565 1071
καὶ οὐδεὶς ἐπέβαλεν	ἐπ' αὐτὸν τὴν χεῖρα,	ὅτι οὔπω	ἐλήλυθεν ἡ ὥρα αὐτοῦ.	L
καὶ οὐδεὶς ἐπέβαλεν	ἐπ' αὐτὸν χεῖρα,	ὅτι οὔπω	ἐληλύθει ἡ ὥρα αὐτοῦ.	Ω*
καὶ οὐδεὶς ἐπέβαλεν	ἐπ' αὐτὸν τὴν χεῖραν,	οὔπω γὰρ	ἐληλύθει ἡ ὥρα αὐτοῦ.	69
καὶ οὐδεὶς ἐπέβαλλεν	ἐπ' αὐτὸν τὴν χεῖρα,	ὅτι οὔπω	ἐληλύθει ἡ ὥρα αὐτοῦ.	1424

κδ̄	31 Ἐκ τοῦ ὄχλου δὲ πολλοὶ ἐπίστευσαν	εἰς αὐτόν καὶ ἔλεγον,	Ὁ Χριστὸς	B L N **uw**
	31 Πολλοὶ δὲ ἐπίστευσαν ἐκ τοῦ ὄχλου	εἰς αὐτόν καὶ ἔλεγον,	Ὁ Χριστὸς	𝔓⁶⁶ ℵ
	31 Ἐκ ....λοὶ ἐπίσ........	εἰς αὐ.......	Ὁ Χριστὸς	𝔓⁷⁵
	31 Πολλοὶ δὲ ἐπίστευσαν ἐκ τοῦ ὄχλου	εἰς αὐτόν καὶ ἔλεγαν,	Ὁ Χριστὸς	D
	31 Ἐκ τοῦ ὄχλου οὖν πολλοὶ ἐπίστευσαν	εἰς αὐτόν καὶ ἔλεγον ὅτι	Ὁ Χριστὸς	K Π 1071
	31 Πολλοὶ δὲ ἐκ τοῦ ὄχλου ἐπίστευσαν	εἰς αὐτόν καὶ ἔλεγον,	Ὁ Χριστὸς	U
	31 Ἐκ τοῦ οὖν ὄχλου πολλοὶ ἐπίστευσαν	εἰς αὐτόν καὶ ἔλεγον,	Ὁ Χριστὸς	W
	31 Πολλοὶ δὲ ἐκ τοῦ ὄχλου ἐπίστευσαν	εἰς αὐτόν καὶ ἔλεγον	Χριστὸς	Δ
	31 Ἐκ τοῦ ὄχλου πολλοὶ ἐπίστευσαν	εἰς αὐτόν καὶ ἔλεγον,	Ὁ Χριστὸς	Θ f¹³
	31 Ἐκ τοῦ ὄχλου οὖν πολλοὶ ἐπίστευσαν	εἰς αὐτόν καὶ ἔλεγον,	Ὁ Χριστὸς	f¹ 565
	31 Ἐκ δὲ τοῦ ὄχλου πολλοὶ ἐπίστευσαν	εἰς αὐτόν καὶ ἔλεγον,	Ὁ Χριστὸς	33
	31 Πολλοὶ οὖν ἐκ τοῦ ὄχλου ἐπίστευσαν	εἰς αὐτόν καὶ ἔλεγον ὅτι	Ὁ Χριστὸς	28
	31 Πολλοὶ δὲ ἐκ τοῦ ὄχλου ἐπίστευσαν	εἰς αὐτόν καὶ ἔλεγον ὅτι	Ὁ Χριστὸς	𝔐 M Γ Λ Ψ 2 157 579 700 1424 τ

---

lac. 7.28-31 𝔓⁴⁵ A C P 1346 ¦ vss. 28-31 F

A 28 υμις N | οκ (ουκ) Δ* | οιδαται³ ℵ υδα E | ειμει N W | απεστιλεν N W Θ ¦ απεστηλεν 579 **30** χηρα K | ουπο L | εληλυθη E G H Γ Θ Λ Ω 13 2 579 700 1071 ¦ εληλυθι N | αυτων (αυτου) 1071 **31** ελεγων E*

B 31 χ̅ς̅ B 𝔓⁶⁶ ℵ 𝔐 K L M N S U W Γ Δ Θ Λ Π Ψ Ω f¹ 118 f¹³ 69 124 2 33 28 157 565 579 700 788 1071 1424 ¦ χ̅ρ̅ς̅ D

C 30 τελος (post ωρα αυτου) E H S Y Θ Λ Ψ f¹³ 124 788 ¦ τελος της δ̅ G f¹ 118 ¦ τελ τς εορτ M ¦ τελ τς μεσω ν̅ Γ ¦ τελ τς μεσου 28 **31** τη αγια ν̅ 157

D 30 ο̅ζ̅/α̅ ℵ G L M N S U Y Γ Λ Ψ Ω 118 124 28 788 1071 ¦ ο̅ζ̅ D E K Θ Π f¹ f¹³ 2 157 565 ¦ ο̅ζ̅/δ̅ 1424 ¦ Ιω ο̅ζ̅ : Λο σ̅ξ̅α̅ : Μρ . : Μθ σ̅κ̅ 124 ¦ Ιω ο̅ζ̅: Λο σ̅ξ̅α̅ : Μρ ρ̅κ̅β̅ : Μτ . 788 **31** ο̅η̅/ι̅ ℵ G L M N S U Y Ψ Ω 124 28 1424 ¦ ο̅η̅ D E K Θ Π f¹ 565 ¦ ο̅ζ̅ H ¦ ο̅η̅/α̅ Λ ¦ ο̅η̅/ε̅ 788 ¦ ο̅η̅/ζ̅ 1071 ¦ Ιω ο̅η̅ : Λο σ̅π̅ε̅ : Μρ ρ̅π̅α̅ : Μτ σ̅ι̅ζ̅ 124| (ante οτι ο) ο̅η̅ 2

ὅταν ἔλθῃ μὴ	πλείονα σημεῖα	ποιήσει ὧν οὗτος ἐποίησεν;	B 𝔓⁶⁶ א° K L W Π f¹ 33 565 1071 uw
ὅταν ……… μὴ	π………… σημεῖ··	ποιήσει ω ·····τος ἐ····· ησεν;	𝔓⁷⁵
ὅταν ἔλθῃ μὴ	πλείονα σημεῖα	ποιήσει ὧν οὗτος ποιεῖ;	א*
ὅταν ἔλθῃ μὴ	πλέονα σημεῖα	ποιήσει ὧν οὗτος ποιεῖ;	D
ὅταν ἔλθῃ μὴ	πλείονα σημεῖα τούτων	ποιήσει ὧν οὗτος ἐποίησεν;	E 1424
ὅταν ἔλθῃ μήτι	πλείονα σημεῖα τούτων	ποιεῖ ὧν οὗτος ἐποίησεν;	G
ὅταν ἔλθῃ μήτι	πλείονα σημεῖα τούτων	ποιήσει ὧν οὗτος ἐποίησεν;	H S Y U Γ 124 2 28 700 τ
ὅταν ἔλθῃ μήτι	πλείονα τούτων σημεῖα	ποιήσει ὧν οὗτος ἐποίησεν;	M 118
ὅταν ἔλθῃ μήτι	πλείονα σημεῖα	ποιήσει ὧν οὗτος ἐποίησεν;	N Ω 157
ὅταν ἔλθῃ μήτι	πλέονα σημεῖα τούτων	ποιήσει ὧν οὗτος ἐποίησεν;	Δ
ὅταν ἔλθῃ μήτι	πλείονα σημεῖα	ποιήσει ὧν οὗτος ποιεῖ;	Θ f¹³
ὅταν ἔλθῃ μήτι	πλείονα σημεῖα ποιήσει τούτων	ὧν οὗτος ἐποίησεν;	Λ
ὅταν ἔλθῃ μὴ	πλείονα σημεῖα ποιήσει τούτων	ὧν οὗτος ἐποίησεν;	Ψ
ὅταν ἔλθῃ μήτι	πλείονα σημεῖ τούτων	ποιήσει ὧν οὗτος ἐποίησεν;	579

Pharisees And Chief Priests Send Officers To Arrest Jesus

32				
32	Ἤκουσαν	οἱ Φαρεισαῖοι	τοῦ ὄχλου γογγύζοντος περὶ αὐτοῦ ταῦτα,	B
32	Ἤκουσαν δὲ	οἱ Φαρισαῖοι	τοῦ ὄχλου γογγύζοντος ταῦτα περὶ αὐτοῦ,	𝔓⁶⁶ א
32	Ἤκ··σαν	οἱ Φα………ι	τοῦ ····λου γογγύζοντος περ·· …………	𝔓⁷⁵
32	Ἤκουσαν δὲ	οἱ Φαρισαῖοι	τοῦ ὄχλου γογγύζοντος περὶ αὐτοῦ,	D
32	Ἤκουσαν	οἱ Φαρισαῖοι	τοῦ ὄχλου γογγύζοντος περὶ αὐτοῦ ταῦτα,	𝔐 L W Γ Δ Λ Ψ 2 33 579
32	Καὶ ἤκουσαν	οἱ Φαρισαῖοι	τοῦ ὄχλου γογγύζοντος ταῦτα περὶ αὐτοῦ,	Θ [↑700 uwτ
32	Ἤκουσαν οὖν	οἱ Φαρισαῖοι	τοῦ ὄχλου γογγύζοντος περὶ αὐτοῦ,	f¹ 565
32	Καὶ ἤκουσαν	οἱ Φαρισαῖοι	τοῦ ὄχλου γογγύζοντος περὶ αὐτοῦ ταῦτα,	f¹³
32	Ἤκουσαν	οἱ Φαρισαῖοι	τοῦ ὄχλου περὶ αὐτοῦ γογγύζοντος ταῦτα	157
32	Ἤκουσαν	οἱ Φαρισαῖοι	τοῦ ὄχλου γογγύζοντος περὶ αὐτοῦ τοιαῦτα,	1424 [↓1071
32	Ἤκουσαν οὖν	οἱ Φαρισαῖοι	τοῦ ὄχλου γογγύζοντος περὶ αὐτοῦ ταῦτα,	Y K M N U Π Ω 1582° 28

καὶ ἀπέστειλαν	οἱ ἀρχιερεῖς καὶ οἱ Φαρεισαῖοι ὑπηρέτας	ἵνα πιάσωσιν	B uw
καὶ ἀπέστειλαν	ὑπηρέτας οἱ ἀρχιερεῖς καὶ οἱ Φαρισαῖοι	ἵνα πιάσωσιν	𝔓⁶⁶ D
καὶ ἀπέστειλαν τοὺς	ὑπηρέτας οἱ ἀρχιερεῖς καὶ οἱ Φαρισαῖοι	ἵνα πιάσωσιν	א
καὶ ἀπέστειλαν	ὑπηρέτας οἱ Φαρισαῖοι καὶ οἱ ἀρχιερεῖς	ἵνα πιάσωσιν	𝔐 M Γ Δ Λ 2 28 157 700
καὶ ἀπέστειλαν	ὑπηρέτας	ἵνα ποιάσωσιν	118 [↑1424
καὶ ἀπέστειλαν	οἱ Φαρισαῖοι καὶ οἱ ἀρχιερεῖς	ἵνα πιάσωσιν	579
καὶ ἀπέστειλαν	οἱ ἀρχιερεῖς καὶ οἱ Φαρισαῖοι ὑπηρέτας	ἵνα πιάσωσιν	τ [↓f¹ f¹³ 33 565 1071
καὶ ἀπέστειλαν	οἱ ἀρχιερεῖς καὶ οἱ Φαρισαῖοι ὑπηρέτας	ἵνα πιάσωσιν	𝔓⁷⁵ G K L N U W Θ Π Ψ

αὐτόν. 33 εἶπεν οὖν	ὁ Ἰησοῦς, Ἔτι χρόνον μεικρὸν	μεθ᾽ ὑμῶν εἰμι καὶ	B
αὐτόν. 33 εἶπεν οὖν	ὁ Ἰησοῦς, Ἔτι χρόνον μικρὸν	μεθ᾽ ὑμῶν εἰμι καὶ	𝔓⁶⁶ א L W Θ f¹³ uw
αὐτόν. 33 εἶπεν οὖν	Ἰησοῦς, Ἔτι χρόνον μικρὸν	μεθ᾽ ὑμῶν εἰμι καὶ	𝔓⁷⁵
αὐτόν. 33 εἶπεν οὖν	ὁ Ἰησοῦς, Ἔτι μεικρὸν χρόνον	μεθ᾽ ὑμῶν εἰμι καὶ	D
αὐτόν. 33 εἶπεν οὖν	ὁ Ἰησοῦς, Ἔτι μικρὸν χρόνον μένω	μεθ᾽ ὑμῶν εἰμι καὶ	U
αὐτόν. 33 εἶπεν οὖν αὐτοῖς	ὁ Ἰησοῦς, Ἔτι μικρὸν χρόνον	μεθ᾽ ὑμῶν εἰμι καὶ	f¹ 565 τ
αὐτόν. 33 εἶ οὖν αὐτοῖς	ὁ Ἰησοῦς, Ἔτι μικρὸν χρόνον	μεθ᾽ ὑμῶν εἰμι καὶ	118
αὐτόν. 33 εἶπεν οὖν	ὁ Ἰησοῦς, Ἔτι μικρὸν χρόνον	μεθ᾽ ὑμῶν εἰμι καὶ	𝔐 K M N Γ Δ Λ Π Ψ
			2 33 28 157 579 700 1071 1424

lac. 7.31-33 𝔓⁴⁵ A C F P 1346

A 31 πλιονα א Θ ¦ πλειωνα 579 | σημια Θ | ουτως 13 28 | εποιησε 157 32 γογγιχοντες 69 | απεστιλαν 𝔓⁶⁶ א L N W Θ | αρχειερεις D | πειασωσιν D 33 ειμει D N W ¦ ημι 579

B 33 ι̅ς̅ B 𝔓⁶⁶ 𝔓⁷⁵ א 𝔐 K L M N S U W Γ Δ Θ Λ Π Ψ Ω f¹ 118 f¹³ 124 2 33 28 157 565 579 700 788 1071 1424 ¦ ι̅η̅ς̅ D

C 32 (post ταυτα) σχὸ παντες γαρ οι Ιουδαιοι την παλαις τινην ωκουν οι δε Ελληνες ησαν διεσπαρμενοι Λ

D 32 ο̅θ̅ K 565 ¦ ο̅θ̅/α̅ (ante και απεστ.) א G L M U Γ Δ Π Ψ Ω 118 124 28 788 1071 1424 ¦ ο̅θ̅ D E Θ f¹ f¹³ 2 157 ¦ ο̅η̅ H ¦ Ιω ο̅θ̅ : Λο . : Μρ ρ̅ν̅θ̅ : Μτ τ̅ 124 33 π̅/α̅ א L ¦ π̅ D E K Θ f¹ 118 f¹³ 2 565 ¦ π̅/δ̅ G S Y M U Γ Δ Π Ω 124 28 788 1071 1424 ¦ ο̅θ̅ H ¦ π̅/ι̅ Ψ ¦ Ιω π̅ :Λο . : Μρ . : Μτ . 124

ὑπάγω πρὸς τὸν πέμψαντά με.	**34**	ζητήσετέ	με καὶ οὐχ εὑρήσετέ με, καὶ	B N 1 [**u**]**w**
ὑπάγω πρὸς τὸν <u>πέμψοντά</u> με.	**34**	<u>ζητήσατέ</u>	με καὶ οὐχ εὑρήσετέ με, καὶ	𝔓⁷⁵
ὑπάγω πρὸς τὸν πέμψαντά με.	**34**	ζητήσετέ	με καὶ οὐχ εὑρήσετε,	U
ὑπάγω πρὸς τὸν πέμψαντά με.	**34**	<u>ζητήσεταί</u>	με καὶ οὐχ εὑρήσετε, καὶ	W Γ Θ 33 1071
ὑπάγω πρὸς τὸν πέμψαντά με.	**34**	<u>ζητεῖτέ</u>	με καὶ οὐχ εὑρήσετε, καὶ	Π* 69
ὑπάγω πρὸς τὸν πέμψαντά με.	**34**	<u>ζητῆτέ</u>	με καὶ οὐχ εὑρήσετε, καὶ	Πᶜ
ὑπάγω πρὸς τὸν πέμψαντά με.	**34**	<u>ζητήσατέ</u>	με καὶ οὐχ εὑρήσετε, καὶ	f¹³
ὑπάγω πρὸς τὸν πέμψαντά με <u>πατέρα</u>.	**34**	ζητήσετέ	με καὶ οὐχ εὑρήσετέ με, καὶ	565
ὑπάγω πρὸς τὸν πέμψαντά με.	**34**	ζητήσετέ	με καὶ οὐχ εὑρήσετε, καὶ	𝔓⁶⁶ ℵ D 𝔐 K L M Δ Λ Ψ 1582 118 124 2 28 157 579 700 788 1424 [**u**]**τ**

ὅπου εἰμὶ ἐγὼ ὑμεῖς οὐ δύνασθε ἐλθεῖν ἐκεῖ.	**35**	εἶπον οὖν οἱ Ἰουδαῖοι πρὸς ἑαυτούς,	B
ὅπου εἰμὶ ἐγὼ ὑμεῖς οὐ δύνασθε ἐλθεῖν.	**35**	<u>εἶπαν</u> οὖν οἱ Ἰουδαῖοι πρὸς ἑαυτούς,	𝔓⁶⁶
ὅπου εἰμὶ ἐγὼ ὑμεῖς οὐ δύνασθε ἐλθεῖν.	**35**	εἶπον οὖν οἱ <u>Ἰδαῖοι</u> πρὸς ἑαυτούς,	𝔓⁷⁵
ὅπου εἰμὶ ἐγὼ ὑμεῖς οὐ δύνασθε ἐλθεῖν.	**35**	εἶπον οὖν οἱ Ἰουδαῖοι,	ℵ*
ὅπου εἰμὶ ἐγὼ ὑμεῖς οὐ δύνασθε ἐλθεῖν.	**35**	εἶπον οὖν οἱ Ἰουδαῖοι πρὸς <u>ἀλλήλους</u>,	G
ὅπου εἰμὶ ἐγὼ ὑμεῖς οὐ δύνασθε ἐλθεῖν.	**35**	εἶπον οὖν οἱ Ἰουδαῖοι πρὸς <u>αὐτούς</u>,	H*
	35	εἶπον οὖν οἱ Ἰουδαῖοι πρὸς ἑαυτούς,	U
ὅπου <u>ἐγὼ εἰμὶ</u> ὑμεῖς οὐ δύνασθε ἐλθεῖν.	**35**	εἶπον οὖν οἱ Ἰουδαῖοι πρὸς <u>αὐτούς</u>,	69
ὅπου εἰμὶ ἐγὼ ὑμεῖς οὐ δύνασθε ἐλθεῖν.	**35**	εἶπον οὖν Ἰουδαῖοι πρὸς <u>ἑαυτοῖς</u>,	1424
ὅπου εἰμὶ ἐγὼ ὑμεῖς οὐ δύνασθε ἐλθεῖν.	**35**	εἶπον οὖν οἱ Ἰουδαῖοι πρὸς ἑαυτούς,	ℵᶜ D 𝔐 K L M N W Γ Δ Θ Λ Π Ψ f¹ f¹³ 2 33 28 157 565 579 700 1071 **uwτ**

Ποῦ	οὗτος μέλλει πορεύεσθαι ὅτι ἡμεῖς	οὐχ εὑρήσομεν	αὐτόν; μὴ	εἰς τὴν	B 𝔓⁷⁵ 788 **uwτ** rell
Ποῦ	<u>μέλλει οὗτος</u> πορεύεσθαι ὅτι ἡμεῖς	οὐχ εὑρήσομεν	αὐτόν; μὴ	εἰς τὴν	𝔓⁶⁶ L
Ποῦ	οὗτος μέλλει πορεύεσθαι ὅτι	οὐχ εὑρήσομεν	αὐτόν; μὴ	εἰς τὴν	ℵ
Ποῦ	<u>μέλλει οὗτος</u> πορεύεσθαι ὅτι	οὐχ εὑρήσομεν	αὐτόν; <u>μήτι</u>	εἰς τὴν	D
Ποῦ	οὗτος μέλλει πορεύεσθαι ὅτι ἡμεῖς	οὐχ εὑρήσομεν	αὐτόν; <u>μήτι</u>	εἰς τὴν	Θ 124
Ποῦ <u>οὖν</u>	οὗτος μέλλει πορεύεσθαι ὅτι ἡμεῖς	οὐχ εὑρήσομεν	αὐτόν; μὴ	εἰς τὴν	Ψ
Ποῦ	οὗτος μέλλει πορεύεσθαι ὅτι <u>ὑμεῖς</u>	οὐχ εὑρήσομεν	αὐτόν; μὴ	εἰς τὴν	13 1424
Ποῦ	οὗτος μέλλει <u>πορέβεσθαι</u> ὅτι ἡμεῖς	οὐχ <u>εὑρήσωμεν</u>	αὐτόν; μὴ	εἰς τὴν	579
Ποῦ	οὗτος μέλλει πορεύεσθαι ὅτι ἡμεῖς	οὐχ εὑρήσομεν	αὐτόν; μὴ <u>μὴ</u>	εἰς τὴν	700
Ποῦ	οὗτος μέλλει πορεύεσθαι ὅτι ἡμεῖς	οὐχ <u>εὑρίσκομεν</u>	αὐτόν; μὴ	εἰς τὴν	1071

διασπορὰν τῶν Ἑλλήνων	μέλλει πορεύεσθαι καὶ διδάσκειν τοὺς Ἕλληνας;		B 𝔓⁶⁶ **uwτ** rell
διασπορὰν τῶν <u>Ἑλαλήνων</u>	μέλλει πορεύεσθαι καὶ διδάσκειν τοὺς Ἕλληνας;		L*
διασπορὰν τῶν Ἑλλήνων	μέλλει πορεύεσθαι καὶ <u>διδάσκει</u> τοὺς Ἕλληνας;		𝔓⁷⁵
διασπορὰν τῶν Ἑλλήνων	μέλλει πορεύεσθαι <u>διδάσκειν</u> τοὺς Ἕλληνας;		H
διασπορὰν τῶν Ἑλλήνων	μέλλει πορεύεσθαι καὶ διδάσκειν τοὺς <u>Ἑλλήληνας</u>;		Θ
διασπορὰν τῶν Ἑλλήνων	μέλλει <u>πορέβεσθαι</u> <u>διδάσκει</u> τοὺς Ἕλληνας;		579
διασπορὰν τῶν <u>Ἑλλίνων</u>	μέλλει πορεύεσθαι καὶ διδάσκειν τοὺς Ἕλληνας;		1071

36	τίς ἐστιν	ὁ λόγος οὗτος ὃν εἶπε,	Ζητήσετέ με καὶ οὐχ εὑρήσετέ με,	B **w**
36	τίς ἐστιν	ὁ λόγος οὗτος ὃν <u>εἶπεν ὅτι</u>	Ζητήσετέ με καὶ οὐχ εὑρήσετε,	𝔓⁶⁶
36	τ·····	·····ῦτος ὃν <u>εἶπεν</u>,	Ζητήσετέ με κ······ ···· με,	𝔓⁷⁵
36	<u>τί</u> ἐστιν	<u>οὗτος ὁ λόγος</u> ὃν εἶπε,	Ζητήσετέ με καὶ οὐχ εὑρήσετε,	ℵ*
36	<u>τί</u> ἐστιν	<u>οὗτος ὁ λόγος</u> ὃν <u>εἶπεν</u>,	Ζητήσετέ με καὶ οὐχ εὑρήσετε,	ℵᶜ
36	τίς ἐστιν	ὁ λόγος οὗτος ὃν <u>εἶπεν</u>,	Ζητήσετέ με καὶ οὐχ εὑρήσετε,	D K L N W Θ Π Ψ 1582ᶜ
36	τίς ἐστιν ······	<u>οὗτος ὁ λόγος</u> ὃν <u>εἶπεν</u>,	Ζητήσετέ με καὶ οὐχ εὑρήσετε,	E* [↑118 33 788 [**u**]
36	τίς ἐστιν	<u>οὗτος ὁ λόγος</u> ὃν <u>εἶπεν</u>,	Ζητήσετέ με καὶ οὐχ εὑρήσετέ με,	G
36	τίς ἐστιν	<u>οὗτος ὁ λόγος</u> ὃν εἶπε,	Ζητήσετέ με καὶ οὐχ εὑρήσετε,	Y
36	τίς ἐστιν	ὁ λόγος οὗτος ὃν <u>εἶπεν</u>,	Ζητήσετέ με καὶ οὐχ εὑρήσετέ με,	1 1582* 565 [**u**]
36	τίς ἐστιν	ὁ λόγος οὗτος ὃν <u>εἶπεν</u>,	<u>Ζητεῖτέ</u> με καὶ οὐχ εὑρήσετε,	f¹³
36	τίς ἐστιν	<u>οὗτος</u> λόγος ὃν <u>εἶπεν</u>,	Ζητήσετέ με καὶ οὐχ εὑρήσετε,	28 [↓579 1424 **τ**
36	τίς ἐστιν	<u>οὗτος ὁ λόγος</u> ὃν <u>εἶπεν</u>,	Ζητήσετέ με καὶ οὐχ εὑρήσετε,	𝔐 M U Γ Δ Λ 124 2 157

lac. 7.33-36 𝔓⁴⁵ A C F P 1346

A **33** πμεψαντα 𝔓⁶⁶* **34** ζητεισετε 579 | ευρησεται 𝔓⁶⁶ W Γ Δ Θ 2* 33 28 579 | ευρισετε E* | ευρησητε 1424 | ειμει N W | υμις ℵ N | δυνασθαι ℵ D W 33 28 579 1071 | ελθιν ℵ **35** ειπον Ω | πορευεσθε¹·² ℵ | πορευεσθε¹ 788 1424 | πορευεσθε² N | ευρησωμεν H M Γ Λ 2 1424 | ευρισαμεν 13 | τιν (την) L Θ | μελλη 579 | πορευεσθε 33 | διδασκι ℵ N W **36** της (τις) Θ | ειπε 118 | ζητησεται 𝔓⁶⁶ W Γ Δ* Θ 2* 33 1424 | ευρησεται 𝔓⁶⁶ W Θ 124 2* 33 | ευρησητε 1424

B **33** πρα 565

D **34** π̅α̅/ι̅ ℵ G L M N S Y Γ Λ Π Ψ Ω 118 124 788 1424 | π̅α̅ D E K Θ f¹ f¹³ 157 | π̅ H | π̅α̅/α̅ 28 | π̅α̅/δ̅ 1071 | Ιω π̅α̅ : Λο . : Μρ . : Μτ . 124 **35** π̅α̅/ι̅ U

καὶ ὅπου εἰμὶ ἐγὼ ὑμεῖς οὐ δύνασθε ἐλθεῖν;   Β 𝔓⁷⁵ **uwτ** rell
καὶ ὅπου εἰμὶ ἐγὼ   οὐ δύνασθε ἐλθεῖν;   𝔓⁶⁶ Θ ƒ¹³
καὶ <u>οὐ</u>   εἰμὶ ἐγὼ ὑμεῖς οὐ δύνασθε ἐλθεῖν;   G*
καὶ ὅπου εἰμὶ ἐγὼ ὑμεῖς οὐ δύνασθε;   1582*
καὶ ὅπου <u>ἐγὼ</u> <u>εἰμι</u>   οὐ δύνασθε ἐλθεῖν;   69

Rivers Of Living Water

κ̅ε̅ 37 Ἐν δὲ τῇ ἐσχάτῃ ἡμέρᾳ τῇ μεγάλῃ τῆς ἑορτῆς εἱστήκει ὁ Ἰησοῦς καὶ   Β 𝔓⁷⁵ **uτ** rell
    37 Ἐν δὲ τῇ ἐσχάτῃ ἡμέρᾳ <u>τῆς μεγάλης</u>   ἑορτῆς <u>ἱστήκει</u> ὁ Ἰησοῦς καὶ   𝔓⁶⁶*
    37 Ἐν δὲ τῇ ἐσχάτῃ ἡμέρᾳ τῇ μεγάλῃ τῆς ἑορτῆς <u>ἱστήκει</u> ὁ Ἰησοῦς καὶ   𝔓⁶⁶ᶜ ℵ G H Δ Θ Ψ ƒ¹³ 33
    37 Ἐν δὲ τῇ <u>ἡμέρα</u> <u>τῇ μεγάλη</u> <u>τῇ ἐσχάτη</u> τῆς ἑορτῆς <u>ἱστήκει</u> ὁ Ἰησοῦς καὶ   D   [↑w
    37 Ἐν δὲ τῇ <u>ἐσχάτῃ ἡμέρᾳ</u>   τῆς ἑορτῆς <u>ἱστήκει</u> ὁ Ἰησοῦς καὶ   W
    37 Ἐν   τῇ ἐσχάτῃ ἡμέρᾳ τῇ μεγάλῃ τῆς ἑορτῆς εἱστήκει ὁ Ἰησοῦς καὶ   565

ἔκραξε λέγων, Ἐάν τις διψᾷ ἐρχέσθω πρὸς ἐμὲ καὶ πεινάτω. **38** ὁ πιστεύων   Β 𝔓⁷⁵
<u>ἔκραξεν</u> λέγων, Ἐάν τις διψᾷ ἐρχέσθω   καὶ <u>πινέτω</u>. **38** ὁ πιστεύων   𝔓⁶⁶*
<u>ἔκραξεν</u> λέγων, Ἐάν τις διψᾷ ἐρχέσθω πρός <u>με</u> καὶ <u>πινέτω</u>. **38** ὁ πιστεύων   𝔓⁶⁶ᶜ 𝕸 L M N Γ Δ Λ Π Ψ
<u>ἔκραξεν</u> λέγων, Ἐάν τις διψᾷ ἐρχέσθω   καὶ <u>πινέτω</u>. **38** ὁ πιστεύων   ℵ*   [↑124 2 33 **uw**
<u>ἔκραζεν</u> λέγων, Ἐάν τις διψᾷ ἐρχέσθω πρός <u>με</u> καὶ <u>πινέτω</u>. **38** ὁ πιστεύων   ℵᶜ Θ Ω 1 69 565 1424
<u>ἔκραζεν</u> λέγων, Ἐάν τις διψᾷ ἐρχέσθω   καὶ πεινάτω. **38** ὁ πιστεύων   D
<u>ἔκραξε</u> λέγων, Ἐάν τις διψᾷ ἐρχέσθω πρός <u>με</u> καὶ <u>πινέτω</u>. **38** ὁ πιστεύων   Y K S U 1582 118 ƒ¹³ 28
<u>ἔκραξεν</u> λέγων, <u>Εἰ</u> τις διψᾷ ἐρχέσθω πρός <u>με</u> καὶ πεινάτω. **38** ὁ πιστεύων   W   [↑157 579 **τ**

εἰ ἐμέ, καθὼς εἶπεν ἡ γραφή, ποταμοὶ ἐκ τῆς κοιλίας αὐτοῦ ῥεύσουσιν ὕδατος   Β*
<u>εἰς</u> ἐμέ, καθὼς εἶπεν ἡ γραφή, ποταμοὶ ἐκ τῆς κοιλίας αὐτοῦ ῥεύσουσιν ὕδατος   𝔓⁶⁶·⁷⁵ **uwτ** rell
<u>εἰς</u> ἐμε, καθὼς εἶπεν ἡ γραφή, ποταμοὶ ἐκ τῆς κοιλίας αὐτοῦ <u>ῥεύσωσιν</u> ὕδατος   Δ

ζῶντος. **39** τοῦτο δὲ εἶπεν περὶ τοῦ πνεύματος ὃ   ἔμελλον λαμβάνειν οἱ   Β 𝔓⁷⁵ S Y Ω **u[w]**
ζῶντος. **39** τοῦτο δὲ <u>ἔλεγεν</u> περὶ τοῦ πνεύματος <u>οὗ</u> ἔμελλον λαμβάνειν οἱ   𝔓⁶⁶
ζῶντος. **39** τοῦτο δὲ <u>ἔλεγεν</u> περὶ τοῦ πνεύματος <u>οὗ</u> <u>ἤμελλον</u> λαμβάνειν οἱ   ℵ 157
ζῶντος. **39** τοῦτο δὲ εἶπεν περὶ τοῦ πνεύματος <u>οὗ</u> ἔμελλον λαμβάνειν οἱ   D N Π ƒ¹ **[w]τ**
ζῶντος. **39** τοῦτο δὲ εἶπεν περὶ τοῦ πνεύματος ὃ   <u>ἤμελλον</u> λαμβάνειν οἱ   E K M U Λ
ζῶντος. **39** τοῦτο δὲ εἶπεν περὶ τοῦ πνεύματος <u>οὗ</u> <u>ἐλάμβανον</u>   οἱ   W   [↓565 579 1424
ζῶντος. **39** τοῦτο δὲ εἶπεν περὶ τοῦ πνεύματος <u>οὗ</u> <u>ἤμελλον</u> λαμβάνειν οἱ   G H L Γ Δ Θ Ψ ƒ¹³ 2 33 28

πιστεύσαντες εἰς αὐτόν· οὔπω γὰρ ἦν πνεῦμα ἅγιον δεδεμένον,   ὅτι   Β
πιστεύσαντες εἰς αὐτόν· οὔπω γὰρ ἦν πνεῦμα ἅγιον,   ὅτι   𝔓⁶⁶* L W
πιστεύσαντες εἰς αὐτόν· οὔπω γὰρ ἦν πνεῦμα,   ὅτι   𝔓⁶⁶ᶜ **uw**
πιστεύ······τες εἰς αὐτόν· οὔπω γὰρ ἦν πνεῦμα,   ὅτι   𝔓⁷⁵
<u>πιστεύοντες</u> εἰς αὐτόν· οὔπω γὰρ ἦν πνεῦμα,   ὅτι   ℵ K N* Π Ψ
<u>πιστεύοντες</u> εἰς αὐτόν· οὔπω γὰρ ἦν <u>τὸ</u> πνεῦμα   ἅγιον <u>ἐπ'</u> <u>αὐτοῖς</u>, ὅτι   D*
<u>πιστεύοντες</u> εἰς αὐτόν· οὔπω γὰρ ἦν <u>τὸ</u> πνεῦμα <u>τὸ</u> ἅγιον <u>ἐπ'</u> <u>αὐτούς</u>, ὅτι   Dᶜ
<u>πιστεύοντες</u> εἰς αὐτόν· οὔπω <u>δὲ</u> ἦν πνεῦμα,   ὅτι   Θ
<u>πιστεύοντες</u> εἰς αὐτόν· οὔπω γὰρ πνεῦμα ἅγιον,   ὅτι   2*   [↓157 565 579 1424 **τ**
<u>πιστεύοντες</u> εἰς αὐτόν· οὔπω γὰρ ἦν πνεῦμα ἅγιον,   ὅτι   𝕸 M Nᶜ U Γ Δ Λ ƒ¹ ƒ¹³ 2ᶜ 33 28

Ἰησοῦς οὔπω   ἐδοξάσθη. Β ℵᶜ D Θ w
Ἰησοῦς οὔπω   <u>δεδόξαστο.</u> ℵ*
Ἰησοῦς <u>οὐδέποτε</u> ἐδοξάσθη. L
<u>ὁ</u> Ἰησοῦς <u>οὐδέπω</u> ἐδοξάσθη. τ
Ἰησοῦς <u>οὐδέπω</u> ἐδοξάσθη. 𝔓⁶⁶·⁷⁵ 𝕸 K M N U W Γ Δ Λ Π Ψ ƒ¹ ƒ¹³ 2 33 28 157 565 579 1424 **u**

lac. 7.35-39 𝔓⁴⁵ A C F P 1346

A 36 ειμει N W | υμις ℵ N | δυνασθαι ℵ D L W Γ Θ Ω 13 2* 28 | ελθιν 𝔓⁶⁶ ℵ **37** εσχατι Θ | ιστηκι Θ | εισηκη Ω | ηστηκει 124 | εκραζε Ω 69 | δειψα 565 **38** ποταμο Λ* | κοιλιαας G | ρευσωσιν H N Λ | υδαστος G* **39** ειπε Y U 118 579 | ελεγε 157 | λαμβανιν ℵ | πιστευωντες Θ* 579 | ουπο 579

B 37 ι̅ς̅ Β 𝔓⁶⁶ 𝔓⁷⁵ ℵ 𝕸 K L M N S U W Γ Δ Θ Λ Π Ψ Ω ƒ¹ 118 ƒ¹³ 124 2 33 28 157 565 579 788 1424 | ι̅η̅ς̅ D **39** π̅ν̅ς̅ 𝔓⁶⁶ ℵ D 𝕸 K L M N S U W Δ Θ Λ Π Ψ Ω ƒ¹ 118 ƒ¹³ 69 124 2 33 28 157 565 579 788 1424 | π̅ν̅ο̅ς̅ 𝔓⁷⁵ | π̅ν̅α̅ 𝔓⁶⁶ 𝔓⁷⁵ ℵ D 𝕸 L M N S U W Γ Δ Θ Λ Π Ψ Ω ƒ¹ 118 ƒ¹³ 69 124 2 33 28 157 565 579 788 1424 | ι̅ς̅ Β 𝔓⁶⁶ 𝔓⁷⁵ ℵ 𝕸 K L M N S U W Γ Δ Θ Λ Π Ψ Ω ƒ¹ 118 ƒ¹³ 124 2 33 28 157 565 788 1424 | ι̅η̅ς̅ D

C 36 τελ της ϛ̅ ωρ τη εσχατη τη ημερα Y² **37** αρχη: κυριακη η̅ αναγνωσμα της ν̅ (ante τη εσχατη) E 2 | κυ, αναγνωσμα της ν̅ G | αρχη: κ,υ της η τη εσχατη ημερα (ante τη εσχ.) H | αρχ: τη αγια ν̅ τη εσχατη ημε, τη μεγαλη Y | αρχ: της ε̅ ωρ Y² | κ,υ τς η̅ τη εσχατη ημερα τ, M | κυ τς ν S | τς η̅ τη εσχατ ημερα τη μ̅η̅ της εορτ Γ | αρχ: τη εσχατι ημερα Θ | αρχ Λ ƒ¹³ 1424 | αρχ τη αγια πεντηκοστ Ψ | τη αγια ν̅ αρχ εν δε τη εσχατη Ω | αρχ κ̅ζ̅ τη κ,υ τς ν̅ τη εσχατη ημερα τη μεγαλη ƒ¹ | αρχ κ̅ζ̅ κ,υ τς αγ̅ ν̅: τη εσχατη ημερα τη μεγαλη 118 | αρχ κ,υ της ν̅ 124 788 | αρχ τς κ,υ ν̅ τη εσχατη ημερα τη μεγαλη 28 | αρχ τη αγ̅ ν̅ 157 **38** (post κοιλιας) σχ̅ο̅ την καρδιαν φησιν ως και δαδ και τον νομον σου εν μεσω της κοιλιας μου Λ

40	Ἐκ τοῦ ὄχλου οὖν	ἀκούσαντες	τῶν λόγων τούτων ἔλεγον ὅτι	B [w]
40	Πόλλοι ἐκ τοῦ ὄχλου οἱ	ἀκούσαντες αὐτοῦ	τῶν λόγων τούτων ἔλεγον	𝔓66*
40	Ἐκ τοῦ ὄχλου οὖν	ἀκούσαντες	τῶν λόγων τούτων ἔλεγον	𝔓66c.75 ℵc L f1 565
40	Ἐκ τοῦ ὄχλου οὖν	ἀκούσαντες αὐτοῦ	τῶν λόγων τούτων ἔλεγον	ℵ* [↑u[w]
40	Ἐκ τοῦ ὄχλου οὖν	ἀκούσαντες αὐτοῦ	τῶν λόγων τούτων ἔλεγον ὅτι	D*
40	Ἐκ τοῦ ὄχλου οὖν	ἀκούσαντες αὐτοῦ	τῶν λόγων τούτων ἔλεγαν ὅτι	Dc
40	Πόλλοι οὖν ἐκ τοῦ ὄχλου	ἀκούσαντες	τῶν λόγων ἔλεγον	E H Y* M Γ Δ* 700
40	Πόλλοι οὖν ἐκ τοῦ ὄχλου	ἀκούσαντες	τούτων τῶν λόγων ἔλεγον	G
40	Πόλλοι οὖν ἐκ τοῦ ὄχλου	ἀκούσαντες	τῶν λόγων αὐτοῦ ἔλεγον	Yc K
40	Πόλλοι οὖν ἐκ τοῦ ὄχλου	ἀκούσαντες	τῶν λόγων τούτων ἔλεγον	N U Π Ψ 1582c 33
40	Ἐκ τοῦ ὄχλου οὖν	ἀκούσαντες	τῶν λόγων αὐτοῦ ἔλεγον	W
40	Οἱ οὖν ἐκ τοῦ ὄχλου	ἀκούσαντες	αὐτοῦ τῶν λόγων ἔλεγον	Θ
40	Ἐκ τοῦ ὄχλου οὖν πόλλοι	ἀκούσαντες	τῶν λόγων τούτων ἔλεγον	118
40	Πόλλοι οὖν ἐκ τοῦ ὄχλου	ἀκούσαντες	τὸν λόγον αὐτοῦ ἔλεγον	f13
40	Οἱ οὖν ἐκ τοῦ ὄχλου πόλλοι	ἀκούσαντες	αὐτοῦ τὸν λόγον ἔλεγον	124
40	Πόλλοι οὖν ἀκούσαντες	ἐκ τοῦ ὄχλου	τῶν λόγων ἔλεγον	157
40	Πόλλοι οὖν ἐκ τῶν ὄχλων	ἀκούσαντες	τῶν λόγων τούτων ἔλεγον	1071 [↓788 1424 τ
40	Πόλλοι οὖν ἐκ τοῦ ὄχλου	ἀκούσαντες	τὸν λόγον ἔλεγον	S Δc Λ Ω 69 2 28 579

Οὗτός ἐστιν ἀληθῶς	ὁ προφήτης· 41 ἄλλοι	ἔλεγον,	Οὗτός ἐστιν	B 𝔓66.75 𝔐 K N Γ Δ Λc Π Ψ
Ἀληθῶς οὗτός ἐστιν	ὁ προφήτης· 41 ἄλλοι	ἔλεγον,	Οὗτός ἐστιν	ℵ [↑2c 33 28 700 uwτ
Οὗτός ἐστιν ἀληθῶς	ὁ προφήτης· 41 ἄλλοι	ἔλεγον ὅτι	Οὗτός ἐστιν	D L W 157 1071
Οὗτός ἐστιν ἀληθῶς	ὁ προφήτης· 41 ἄλλοι	ἔλεγον,		M Λ*
Οὗτός ἐστιν ἀληθῶς	ὁ προφήτης· 41 ἄλλοι	ἔλεγον,	Οὗτός ἐστιν ἀληθῶς	U 1424
Οὗτός ἐστιν ἀληθῶς	ὁ προφήτης· 41 ἄλλοι δὲ	ἔλεγον,	Οὗτός ἐστιν	Θ f1 f13 565
Οὗτός ἐστιν ἀληθῶς	ὁ προφήτης· 41 ἄλλοι δὲ	ἔλεγον ὅτι	Οὗτός ἐστιν	69
Οὗτός ἐστιν ἀληθῶς	ὁ προφήτης· 41 ἄλλοι	ἔλεγον,		2*
om.	41			579

ὁ Χριστός, οἱ δὲ	ἔλεγον, Μὴ γὰρ ἐκ τῆς Γαλειλαίας	ὁ Χριστὸς ἔρχεται;	B
ὁ Χριστός, οἱ δὲ	ἔλεγον, Μὴ γὰρ ἐκ τῆς Γαλιλαίας	ὁ Χριστὸς ἔρχεται;	𝔓66c.2 𝔓75 Lc N W Θ f1 33
ὁ Χριστός, ἄλλοι	ἔλεγαν, Μὴ γὰρ ἐκ τῆς Γαλιλαίας	ὁ Χριστὸς ἔρχεται;	D* [↑565 1071 uw
ὁ Χριστός, οἱ δὲ	ἔλεγον, Μὴ γὰρ ἐκ τῆς Γαλιλαίας	ὁ Χριστὸς ἔρχεται;	L*
	Μὴ γὰρ ἐκ τῆς Γαλιλαίας	ὁ Χριστὸς ἔρχεται;	M Λ* 579
	Μὴ γὰρ ἐκ τῆς Γαλιλαίας	ὁ Χριστὸς ἔρχεται;	2*
ὁ Χριστός, ἄλλοι δὲ	ἔλεγον, Μὴ γὰρ ἐκ τῆς Γαλιλαίας	ὁ Χριστὸς ἔρχεται;	τ
ὁ Χριστός, ἄλλοι	ἔλεγον, Μὴ γὰρ ἐκ τῆς Γαλιλαίας	ὁ Χριστὸς ἔρχεται;	𝔓66* ℵ Dc 𝔐 K U Γ Δ Λc Π Ψ f13 2c 28 157 700 1424

42	οὐκ	ἡ γραφὴ εἶπεν ὅτι ἐκ τοῦ	σπέρματος Δαυείδ	καὶ ἀπὸ Βηθλέεμ	B*
42	οὐχὶ	ἡ γραφὴ εἶπεν ὅτι ἐκ τοῦ	σπέρματος Δαυείδ	καὶ ἀπὸ Βηθλέεμ	Bc
42	οὐχ	ἡ γραφὴ εἶπεν ὅτι ἐκ	σπέρματος Δαυείδ	καὶ ἀπὸ Βηθλέεμ	𝔓66
42	οὐχ	ἡ γραφὴ εἶπεν ὅτι ἐκ τοῦ	σπέρματος Δαυείδ	καὶ ἀπὸ Βηθλέεμ	𝔓75 Θ w
42	οὐχὶ	ἡ γραφὴ εἶπεν ὅτι ἐκ τοῦ	σπέρματος δαδ	καὶ ἀπὸ Βηθλέεμ	ℵ 𝔐 K M Δ Λ Π 2 33 28 700
42	οὐχεῖ	ἡ γραφὴ λέγει ὅτι ἐκ	σπέρματος Δαυείδ	καὶ ἀπὸ Βηθλέεμ	D [↑1424
42	οὐχὶ	ἡ γραφὴ εἶπεν ὅτι ἐκ τοῦ	σπέρματος δαδ	καὶ ἀπὸ Βιθλέεμ	E Ω
42	οὐχ	ἡ γραφὴ εἶπεν ὅτι ἐκ τοῦ	σπέρματος δαδ	καὶ ἀπὸ Βηθλέεμ	L Ψ
42	οὐκ	ἡ γραφὴ εἶπεν ὅτι ἐκ τοῦ	σπέρματος δαδ	καὶ ἀπὸ Βηθλέεμ	N
42	οὐχὶ	ἡ γραφὴ εἶπεν ὅτι ἐκ	σπέρματος δαδ	καὶ ἀπὸ Βηθλέεμ	U f1 f13 157
42	οὐχεῖ	ἡ γραφὴ εἶπεν ὅτι ἐκ τοῦ	σπέρματος δαδ	καὶ ἀπὸ Βηθλέεμ	W
42	οὐχὴ	ἡ γραφὴ εἶπεν ὅτι ἐκ τοῦ	σπέρματος δαδ	καὶ ἀπὸ Βηθλέμ	Γ*
42	οὐχὴ	ἡ γραφὴ εἶπεν ὅτι ἐκ τοῦ	σπέρματος δαδ	καὶ ἀπὸ Βηθλέεμ	Γc 579
42	οὐχὶ	ἡ γραφὴ εἶπεν ὅτι ἐκ	σπέρματος δαδ	τῆ ἀπὸ Βηθλέεμ	118
42	οὐχὶ	ἡ γραφὴ εἶπεν ὅτι ἐκ	σπέρματος δαδ	καὶ ἐκ Βιθλέεμ	565
42	ἢ οὐχὶ	ἡ γραφὴ εἶπεν ὅτι ἐκ τοῦ	σπέρματος δαδ	καὶ ἀπὸ Βιθλέεμ	1071
42	οὐχ	ἡ γραφὴ εἶπεν ὅτι ἐκ τοῦ	σπέρματος Δαυίδ	καὶ ἀπὸ Βηθλέεμ	u
42	οὐχὶ	ἡ γραφὴ εἶπεν ὅτι ἐκ τοῦ	σπέρματος Δαβίδ	καὶ ἀπὸ Βηθλέεμ	τ

lac. 7.40-42 𝔓45 A C F P 1346

A 40 τουτον U | αληθος K | προφητις 28 41 ελεγων1 L | γον (ελεγον2) 𝔓66* | ερχετε N

B 41 χς̄1.2 B 𝔓66 𝔓75 ℵ 𝔐 K L N S U W Γ Δ Θ Π Ψ Ω f1 118 f13 69 124 33 28 157 565 700 788 1071 1424 ¦ χρς̄ D ¦ χς̄1 Λc ¦ χς̄2 M Λ 2

D 40 πβ̄/ζ ℵ Y L M S U Γ Λ Ψ Ω 118 124 28 1071 1424 ¦ πβ̄ D E K Θ Π f1 f13 2 157 565 788 ¦ ·β̄/· G ¦ πᾱ H ¦ Ιω πβ̄ : Λο σ̄λ̄θ̄ : Μρ ρ̄κ̄β̄ : Μτ ρ̄κ̄ε̄ 124 41 πγ̄/ζ ℵ Λ 124 1071 1424 ¦ πγ̄ E f13 788 ¦ Ιω πγ̄ : Λο . : Μρ . : Μτ . 124 ¦ (ante οι δε ελεγ.) πγ̄ D Θ Π 565 (ante μη γαρ 2) ¦ πγ̄/· G ¦ πβ̄ H ¦ πγ̄/ζ S Y L U Γ Ψ Ω 118 (ante μη γαρ M) 42 πγ̄ K 157 ¦ πγ̄/ζ 28

τῆς κώμης ὅπου ἦν Δαυείδ   ἔρχεται ὁ Χριστός;   43 σχίμα οὖν ἐγένετο ἐν τῷ ὄχλῳ   B* 𝔓⁷⁵*
τῆς κώμης ὅπου ἦν Δαυείδ   ἔρχεται ὁ Χριστός;   43 σχίσμα οὖν ἐγένετο ἐν τῷ ὄχλῳ   Bᶜ 𝔓⁷⁵ᶜ w
τῆς κώμης ὅπου   Δαυείδ   ὁ Χριστὸς ἔρχεται;   43 σχίσμα οὖν ἐγένετο ἐν τῷ ὄχλῳ   𝔓⁶⁶*
τῆς κώμης ὅπου ἦν Δαυείδ   ὁ Χριστὸς ἔρχεται;   43 σχίσμα οὖν ἐγένετο ἐν τῷ ὄχλῳ   𝔓⁶⁶ᶜ Θ
τῆς κώμης ὅπου ἦν ὁ δᾱδ   ὁ Χριστὸς ἔρχεται;   43 σχίσμα οὖν ἐγένετο ἐν τῷ ὄχλῳ   ℵ
τῆς κώμης ὁ Χριστὸς ἔρχεται ὅπου ἦν Δαυείδ;   43 σχίσμα οὖν ἐγένετο εἰς τὸν ὄχλον   D
τῆς κώμης ὅπου ἦν δᾱδ   ὁ Χριστὸς ἔρχεται;   43 σχίμα οὖν ἐν τῷ ὄχλῳ ἐγένετο   H
τῆς κώμης ὅπου ἦν δᾱ̄δ   ἔρχεται ὁ Χριστὸς;   43 σχίσμα οὖν ἐγένετο ἐν τῷ ὄχλῳ   L W Ψ 33 1071
τῆς κώμης ὅπου ἦν δᾱ̄δ   ὁ Χριστὸς ἔρχεται;   43 σχίσμα οὖν ἐγένετο ἐν τῷ ὄχλῳ   N 124 157
τῆς κώμης   ὁ Χριστὸς ἔρχεται;   43 σχίσμα οὖν ἐν τῷ ὄχλῳ ἐγένετο   Ω* 28
τῆς κώμης ὅπου ἦν Δαυίδ   ἔρχεται ὁ Χριστός;   43 σχίσμα οὖν ἐγένετο ἐν τῷ ὄχλῳ   u
τῆς κώμης ὅπου ἦν Δαβίδ   ὁ Χριστὸς ἔρχεται;   43 σχίμα οὖν ἐν τῷ ὄχλῳ ἐγένετο   τ
τῆς κώμης ὅπου ἦν δᾱ̄δ   ὁ Χριστὸς ἔρχεται;   43 σχίσμα οὖν ἐν τῷ ὄχλῳ ἐγένετο   𝔐 K M U Γ Δ
                                                                                   Λ Π f¹ f¹³ 2 565 579 700 1424

δι' αὐτόν. 44 τινὲς δὲ ἤθελον ἐξ αὐτῶν πιάσαι αὐτόν, ἀλλ' οὐδεὶς   B 𝔓⁶⁶·⁷⁵ uwτ rell
δι' αὐτόν. 44 τινὲς δὲ ἔλεγον ἐξ αὐτῶν πιάσαι αὐτόν, ἀλλ' οὐδεὶς   ℵ*
δι' αὐτόν. 44 τινὲς δὲ ἐξ αὐτῶν ἤθελον πιάσαι αὐτόν, ἀλλ' οὐδεὶς   1071 1424

ἔβαλεν   ἐπ' αὐτὸν τὰς χεῖρας.   B 𝔓⁷⁵ L w
ἐπέβαλλεν ἐπ' αὐτὸν τὰς χεῖρας.   𝔓⁶⁶* 1424
ἐπέβαλεν   αὐτῷ   τὰς χεῖρας.   ℵ*
ἐπέβαλεν   ἐπ' αὐτῷ τὰς χεῖρας.   U
ἐπέβαλεν   αὐτὸν   τὰς χεῖρας.   Δ*
ἐπέβαλεν   ἐπ' αὐτὸν τὰς χεῖρας.   𝔓⁶⁶ᶜ ℵᶜ D 𝔐 K M N W Γ Δᶜ Θ Λ Π Ψ f¹ f¹³ 2 33 28 157 565 579 700 1071 uτ

Nicodemus Defends Jesus Before The Chief Priests

κ̄ε̄ 45 Ἦλθον οὖν οἱ ὑπηρέται πρὸς τοὺς ἀρχιερεῖς καὶ Φαρεισαίους, καὶ εἶπον   αὐτοῖς   B
   45 Ἦλθαν οὖν οἱ ὑπηρέται πρὸς τοὺς ἀρχιερεῖς καὶ Φαρισαίους, καὶ λέγουσιν αὐτοῖς   𝔓⁶⁶
   45 Ἦλθον οὖν οἱ ὑπηρέται ······· τοὺς ἀρχ········ κ̣α̣ὶ Φαρισαίους, κ······ ον αὐτ······   𝔓⁷⁵
   45 Ἦλθον οὖν οἱ ὑπηρέται πρὸς τοὺς ἀρχιερεῖς καὶ Φαρισαίους, καὶ λέγουσιν αὐτοῖς   ℵ
   45 Ἦλθον οὖν οἱ ὑπηρέται πρὸς τοὺς ἀρχιερεῖς καὶ Φαρισαίους, καὶ εἶπαν αὐτὸ   Θ
   45 Ἦλθον οὖν οἱ ὑπηρέται πρὸς τοὺς ἀρχιερεῖς καὶ Φαρισαίους, καὶ εἶπον αὐτοὺς   Ω 28
   45 Ἦλθον οὖν οἱ ὑπηρέται πρὸς τοὺς ἀρχιερεῖς καὶ Φαρισαίους, καὶ εἶπον αὐτοῖς   D 𝔐 K L
                                                                M N U W Γ Δ Λ Π Ψ f¹ f¹³ 2 33 157 565 579 700 1071 1424 uwτ

ἐκεῖνοι, Διὰ τί οὐκ ἠγάγετε αὐτόν; 46 ἀπεκρίθησαν   οἱ ὑπηρέται,   B 𝔓⁶⁶ uwτ rell
·······νοι, Διὰ τί οὐ· ····άγετε α 46 ἀπεκρίθησαν   ο· ὑπηρέτ····   𝔓⁷⁵
ἐκεῖνοι, Διὰ τί οὐκ ἠγάγετε αὐτόν; 46 οἱ δὲ ὑπηρέται ἀπεκρίθησαν,   ℵ
ἐκεῖνοι, Διὰ τί οὐκ ἠγάγατε αὐτόν; 46 ἀπεκρίθησαν δὲ οἱ ὑπηρέται,   D
         Διὰ τί οὐκ ἠγάγετε αὐτόν; 46 ἀπεκρίθησαν   οἱ ὑπηρέται,   K U Π
ἐκεῖνοι, Διὰ τί οὐκ ἠγάγετε αὐτόν; 46 ἀπεκρίθησαν αὐτοῖς οἱ ὑπηρέται,   W
ἐκεῖνοι, Διὰ τί οὐκ ἠγάγετε αὐτόν; 46 ἀπεκρίθησαν   οἱ ὑπηρέται πρὸς τοὺς ἀρχιερεῖς   69

---

lac. 7.42-46 𝔓⁴⁵ A C F P 1346

A 42 ερχετε N 1071 43 οχλο Ω* ¦ εγενετω 579 44 αυτον Θ ¦ πιασε N ¦ ουδις ℵ ¦ αυτων (αυτον¹) 579 ¦ χιρας ℵ 45 αναυτοις W ¦
εκινοι 𝔓⁶⁶ N ¦ ηγαγεται 𝔓⁶⁶ W 2 28 ¦ ειγαγετε Θ 46 υπηρετε K Θ

B 42 χ̄ς̄ B 𝔓⁶⁶ 𝔓⁷⁵ ℵ 𝔐 K L M N S U W Γ Δ Θ Λ Π Ψ Ω f¹ 118 f¹³ 69 124 2 33 28 157 565 579 700 788 1071 1424 ¦ χ̄ρ̄ς̄ D

C 45 κ̄η̄ f¹

D 43 π̄δ̄/ῑ ℵ Y L M N S U Γ Λ Ψ Ω 118 124 28 788 1071 1424 ¦ π̄δ̄ D E K Θ Π f¹ f¹³ 157 565 ¦ π̄δ̄/· G ¦ π̄γ̄ H ¦ Ιω π̄δ̄ : Λο σ̄λ̄θ̄ :
Μρ ρ̄κ̄β̄ : Μτ σ̄κ̄ 124 44 π̄ε̄/ᾱ ℵ G M N S U Γ Ψ Ω 118 124 28 788 1071 1424 ¦ π̄ε̄ D E K Θ f¹ f¹³ 157 565 ¦ π̄δ̄ H 2 ¦ π̄ε̄/ῑ L ¦
Ιω π̄ε̄ : Λο . : Μρ . : Μτ . 124 ¦ π̄ε̄/δ̄ Λ 45 π̄ς̄/ῑ ℵ G L M N S U Y Γ Λ Ψ Ω 118 124 28 788 1071 1424 ¦ π̄ς̄ D E K Θ f¹ f¹³ 2 157
565 ¦ π̄ε̄ H ¦ Ιω π̄ς̄: Λο . : Μρ . : Μτ . 124

103

Οὐδέποτε ἐλάλησεν οὕτως ἄνθρωπος.   B 𝔓^{66c} ℵ^c L W **uw**

Οὐδέποτε <u>οὕτως</u>   ἄνθρωπος ἐλάλησεν   <u>ὡς οὗτος</u> λάλει <u>ὁ ἄνθρωπος</u>.   𝔓^{66*} ℵ*

............πωτε ἐλάλησεν οὕτως ἄν.............   𝔓⁷⁵

Οὐδέποτε <u>οὕτως</u>   ἄνθρωπος ἐλάλησεν   <u>ὡς οὗτος</u> λάλει.   D

Οὐδέποτε ἐλάλησεν οὕτως ἄνθρωπος   <u>ὡς οὗτος</u>   <u>ὁ</u> ἄνθρωπος.   N Ψ 33 1071

Οὐδέποτε <u>οὕτως ὁ</u> <u>ἄνθρωπος</u>.   13*

Οὐδέποτε <u>οὕτως ὁ</u> <u>ἄνθρωπος</u> ἐλάλησεν   ἄνθρωπος ὡς.   13^c

<u>καὶ Φαρισαίους,</u> Οὐδέποτε <u>οὕτως</u> <u>ἐλάλησεν</u> ἄνθρωπος   <u>ὡς οὗτος</u>   ἄνθρωπος. 69

Οὐδέποτε ἐλάλησεν   ἄνθρωπος   <u>ὡς οὗτος</u>   <u>ὁ</u> ἄνθρωπος. 28 700

Οὐδέποτε <u>οὕτως</u> <u>ἐλάλησεν</u> ἄνθρωπος   <u>ὡς οὗτος</u>   <u>ὁ</u> ἄνθρωπος. 𝕸 K M U Γ Δ Θ
Λ Π 𝑓¹ 124 2 157 565 579 1424 τ

47 ἀπεκρίθησαν οὖν   οἱ Φαρεισαῖοι, Μὴ καὶ ὑμεῖς   B

47 ......κρίθησαν οὖν αὐ...ις   οἱ Φαρ...... Μὴ καὶ ὑμεῖς   𝔓⁷⁵

47 ἀπεκρίθησαν   <u>αὐτοῖς</u>   οἱ <u>Φαρισαῖοι,</u> Μὴ καὶ ὑμεῖς   ℵ D 𝑓¹ 33 579 1071 1424

47 ἀπεκρίθησαν οὖν <u>αὐτοῖς</u> <u>οἱ ἀρχιερεῖς καὶ</u> οἱ <u>Φαρισαῖοι,</u> Μὴ καὶ ὑμεῖς   28

47 ἀπεκρίθησαν οὖν   οἱ <u>Φαρισαῖοι,</u> Μὴ καὶ ὑμεῖς   K Θ 𝑓¹³ [**w**]

47 ἀπεκρίθησαν οὖν <u>αὐτοῖς</u>   οἱ <u>Φαρισαῖοι,</u> Μὴ καὶ ὑμεῖς   𝔓⁶⁶ 124 **u**[**w**]τ rell

πεπλάνησθε; 48 μή τις ἐκ τῶν ἀρχόντων ἐπίστευσεν εἰς αὐτὸν ἢ ἐκ τῶν Φαρεισαίων;   B

π......νησθε; 48 .... τῶν ἀρχόντων .... τὸν ἢ ἐκ τῶν Φα........ν;   𝔓⁷⁵

πεπλάνησθε; 48 μή τις   τῶν ἀρχόντων ἐπίστευσεν εἰς αὐτὸν ἢ ἐκ τῶν <u>Φαρισαίων;</u>   K W 69 124 788

πεπλάνησθε; 48 μή τις   τῶν ἀρχόντων ἐπίστευσεν εἰς αὐτὸν;   𝑓¹³

<u>πεπλάνασθαι;</u> 48 μή τις ἐκ τῶν ἀρχόντων ἐπίστευσεν εἰς αὐτὸν ἢ ἐκ τῶν <u>Φαρισαίων;</u>   L

πεπλάνησθε; 48 μή τις ἐκ τῶν ἀρχόντων <u>πιστεύει</u>   εἰς αὐτὸν ἢ ἐκ τῶν <u>Φαρισαίων;</u>   ℵ* D Θ

πεπλάνησθε; 48 μή τις ἐκ τῶν ἀρχόντων <u>ἢ ἐκ τῶν</u> <u>Φαρισαίων</u> <u>ἐπίστευσεν</u> <u>εἰς αὐτόν;</u>   N

πεπλάνησθε; 48 μή τις ἐκ τῶν ἀρχόντων ἐπίστευσεν εἰς αὐτὸν ἢ ἐκ τῶν <u>Φαρισαίων;</u>   𝔓⁶⁶ ℵ^c 𝕸 M U Γ
Δ Λ Π Ψ 𝑓¹ 2 33 28 157 565 579 700 1071 1424 **uw**τ

49 ἀλλὰ ὁ ὄχλος οὗτος ὁ μὴ <u>γεινώσκων</u>   τὸν νόμον ἐπάρατοί   εἰσιν. 50 λέγει   B

49 ἀλλὰ ὁ ὄχλος οὗτος ὁ μὴ <u>γινώσκων</u>   τὸν νόμον ἐπάρατοί   εἰσιν. 50 <u>εἶπεν δὲ</u>   𝔓⁶⁶

49 α...... ·· ...... οὗτος ὁ μὴ <u>γεινώ...ων</u>   τὸν ν...... <u>ἀπάρατοί</u>   εἰσιν. 50 λέγει   𝔓⁷⁵

49 <u>ἀλλ'</u> ὁ ὄχλος οὗτος ὁ μὴ <u>γινώσκων</u>   τὸν νόμον ἐπάρατοί   εἰσιν. 50 <u>εἶπεν δὲ</u>   ℵ

49 ἀλλὰ ὁ ὄχλος οὗτος ὁ μὴ <u>γεινώσκων</u>   τὸν νόμον <u>ἐπικατάρατοί</u> εἰσιν. 50 λέγει   D

49 ἀλλὰ ὁ ὄχλος οὗτος ὁ μὴ <u>γινώσκων</u>   τὸν νόμον <u>ἐπικατάρατοί</u> εἰσιν. 50 λέγει   L

49 <u>ἀλλ'</u> ὁ ὄχλος οὗτος ὁ μὴ <u>γεινώσκων</u>   τὸν νόμον <u>ἐπικατάρατοί</u> εἰσιν. 50 λέγει   N

49 <u>ἀλλ'</u> ὁ ὄχλος οὗτος ὁ μὴ <u>γινώσκων</u>   τὸν νόμον ἐπάρατοί   εἰσιν. 50 λέγει   W Θ Ψ 𝑓¹ 565

49 <u>ἀλλ'</u> ὁ ὄχλος   ὁ μὴ <u>γινώσκων</u>   τὸν νόμον <u>ἐπικατάρατοί</u> εἰσιν. 50 λέγει   69

49 ἀλλὰ ὁ ὄχλος οὗτος ὁ μὴ <u>γινώσκων</u>   τὸν νόμον ἐπάρατοί   εἰσιν. 50 λέγει   33 **uw**

49 <u>ἀλλ'</u> ὁ ὄχλος οὗτος ὁ μὴ <u>γινώσκων</u>   τὸν νόμον <u>ἐπικατάρατοί</u> εἰσιν. 50 λέγει   𝕸 K M U Γ Δ Λ Π
118 𝑓¹³ 2 28 157 579 700 1071 1424 τ

<u>Νεικόδημος</u> πρὸς αὐτούς, ὁ ἐλθὼν   πρὸς αὐτὸν   πρότερον, εἰς ὢν ἐξ αὐτῶν,   B 𝔓⁷⁵

<u>Νικόδημος</u> πρὸς αὐτούς, ὁ ἐλθὼν   πρὸς αὐτὸν <u>τὸ</u> πρότερον, εἰς ὢν ἐξ αὐτῶν,   𝔓⁶⁶ [**u**]

<u>Νικόδημος</u> πρὸς αὐτούς,   εἰς ὢν ἐξ αὐτῶν,   ℵ*

<u>Νικόδημος</u> πρὸς αὐτούς, ὁ ἐλθὼν   πρὸς αὐτὸν   πρότερον, εἰς ὢν ἐξ αὐτῶν,   ℵ^c [**u**]**w**

<u>Νεικόδημος</u> πρὸς αὐτούς, <u>εἰς ὢν ἐξ αὐτῶν,</u>   <u>ὁ ἐλθὼν</u> πρὸς <u>αὐτὸν</u> <u>νυκτὸς τὸ πρῶτον,</u>   D

<u>Νικόδημος</u> πρὸς αὐτούς, ὁ ἐλθὼν πρὸς αὐτὸν <u>νυκτός,</u>   εἰς ὢν ἐξ αὐτῶν,   Y K U Δ Ψ 157

<u>Νικόδημος</u> πρὸς αὐτούς, ὁ ἐλθὼν   πρὸς αὐτὸν <u>τὸ</u> πρότερον, εἰς   ἐξ αὐτῶν,   L

<u>Νικόδημος</u> πρὸς αὐτὸν   <u>νυκτός,</u>   εἰς ὢν ἐξ αὐτῶν,   N*

<u>Νικόδημος</u> πρὸς αὐτούς, ὁ ἐλθὼν πρὸς αὐτὸν <u>νυκτός,</u>   εἰς ὢν ἐξ αὐτῶν,   N^c 1071

<u>Νικόδημος</u> πρὸς αὐτούς, ὁ ἐλθὼν πρὸς αὐτὸν   <u>ὁ</u> πρότερον, εἰς ὢν ἐξ αὐτῶν,   W

<u>Νικόδημος</u> πρὸς αὐτούς, ὁ ἐλθὼν <u>νυκτὸς</u> πρὸς αὐτὸν <u>τὸ</u> πρότερον, εἰς ὢν ἐξ αὐτῶν,   Θ 𝑓¹³

<u>Νικόδημος</u> πρὸς αὐτούς, ὁ ἐλθὼν <u>νυκτὸς</u> πρὸς αὐτὸν   πρότερον, εἰς ὢν ἐξ αὐτῶν,   1582*

<u>Νικόδημος</u> πρὸς αὐτούς, ὁ ἐλθὼν <u>νυκτὸς</u> πρὸς αὐτὸν <u>τὸ</u> πρότερον, εἰς ὢν ἐξ αὐτῶν,   1 1582^c 118 565

<u>Νικόδιμος</u> πρὸς αὐτούς, ὁ ἐλθὼν <u>νυκτὸς</u>   πρὸς αὐτὸν,   εἰς ὢν ἐξ αὐτῶν,   2*

<u>Νικόδημος</u> πρὸς αὐτούς, ὁ ἐλθὼν πρὸς αὐτὸν <u>νυκτὸς</u>   <u>τὸ</u> πρότερον, εἰς ὢν ἐξ αὐτῶν,   33

<u>Νικόδημος,</u>   ὁ ἐλθὼν <u>νυκτὸς</u>   πρὸς αὐτὸν,   εἰς ὢν ἐξ αὐτῶν,   579

<u>Νικόδημος</u> πρὸς αὐτούς, ὁ ἐλθὼν <u>νυκτὸς</u>   πρὸς αὐτὸν,   εἰς ὢν ἐξ αὐτῶν,   𝕸 M Γ Λ Π 2^c
28 700 1424 τ

<hr>

lac. 7.46-50 𝔓⁴⁵ A C F P 1346

<hr>

A 46 ουδεπωτε 𝔓⁷⁵ | ουτος Θ* | ουτως Γ 1071 **47** κε (και) D | υμις ℵ | υμης Θ | πεπλανησθαι 𝔓⁶⁶ ℵ D W Ω 2 565 1071 ¦
πεπλανισθε G **48** αρχοντων 1 ¦ αρχοντον 13 ¦ αρχοντων 579 | ει (η) Γ **49** γινωσκον L M Γ | επηκαταρατοι K L ¦ επηκαταρατι 13
¦ επικαταρρατοι 69 | εισι Y 118 157 579 **50** ελθον Θ | ον (ων) E Γ

<hr>

B 46 α̅ν̅ο̅ς̅¹ 𝔓⁶⁶ 𝔓⁷⁵ 𝕸 L M N S U W Γ Δ Θ Λ Π Ψ Ω 𝑓¹ 118 𝑓¹³ 69 124 2 33 28 565 579 700 788 1071 1424 ¦ α̅ν̅ο̅ς̅² 𝕸 K M N
S U Γ Δ Θ Λ Π Ψ Ω 𝑓¹ 118 13^c 69 124 33 28 157 565 579 700 788 1071 1424

51 Μὴ ὁ νόμος ἡμῶν κρίνει τὸν ἄνθρωπον ἐὰν μὴ ἀκούσῃ πρῶτον παρ' αὐτοῦ   B 𝔓⁶⁶·⁷⁵ ℵᶜ D L N W Θ 124 33
51 Μὴ ὁ νόμος ἡμῶν κρίνει τὸν ἄνθρωπον ἐὰν μὴ ἀκούσῃ πρῶτον   ℵ*   [↑uw
51 Μὴ ὁ νόμος ἡμῶν κρίνει τὸν ἄνθρωπον ἐὰν μὴ ἀκούσῃ παρ' αὐτοῦ πρῶτον   K Π Ψ f¹ 69 157 788 1071
51 Μὴ ὁ νόμος ὑμῶν κρίνει τὸν ἄνθρωπον ἐὰν μὴ ἀκούσῃ παρ' αὐτοῦ πρότερον   579 1424   [↓700 τ
51 Μὴ ὁ νόμος ἡμῶν κρίνει τὸν ἄνθρωπον ἐὰν μὴ ἀκούσῃ παρ' αὐτοῦ πρότερον   𝔐 M U Γ Δ Λ f¹³ 2 28 565

καὶ γνῷ   τί ποιεῖ;   52 ἀπεκρίθησαν καὶ εἶπαν αὐτῷ, Μὴ καὶ σὺ ἐκ τῆς   B 𝔓⁶⁶ 𝔓⁷⁵ K N W uw
καὶ ἐπιγνώσθη   τί ἐποίησεν;   52 ἀπεκρίθησαν καὶ εἶπαν αὐτῷ, Μὴ καί σοι ἐκ τῆς   D
καὶ γνῷ   τί ποιεῖ;   52 ἀπεκρίθησαν αὐτῷ καὶ εἶπαν, Μὴ καὶ σὺ ἐκ τῆς   Θ
καὶ γνῷ   τί ποιεῖ;   52 ἀπεκρίθησαν καὶ εἶπον αὐτῷ, Μὴ καὶ σὺ ἐκ   G
καὶ γνῷ   τί ποιεῖ;   52 ἀπεκρίθησαν καὶ εἶπαν αὐτῷ, Μὴ καὶ σὺ ἐκ τῆς   33
καὶ γνῷ   τί ποιεῖ;   52 ἀπεκρίθησαν καὶ εἶπον αὐτῷ, Μὴ καὶ σὺ ἐκ τῆς   ℵ 𝔐 L M U Γ Δ Λ Π Ψ
                                                                        f¹ f¹³ 2 28 157 565 579 700 1071 1424 τ

Γαλειλαίας εἶ;   ἐραύνησον   καὶ ἴδε ὅτι ἐκ τῆς Γαλειλαίας προφήτης   B*
Γαλειλαίας εἶ;   ἐρεύνησον   καὶ ἴδε ὅτι ἐκ τῆς Γαλειλαίας προφήτης   Bᶜ
Γαλιλαίας εἶ;   ἐρεύνησον   καὶ ἴδε ὅτι ἐκ τῆς Γαλιλαίας ὁ προφήτης 𝔓⁶⁶*
Γαλιλαίας εἶ;   ἐραύνησον   καὶ ἴδε ὅτι ἐκ τῆς Γαλιλα········ ······φ·τη·· 𝔓⁷⁵
Γαλιλαίας εἶ;   ἐραύνησον   καὶ ἴδε ὅτι προφήτης ἐκ τῆς Γαλιλαίας   ℵ
Γαλιλαίας εἶ;   ἐρεύνησον καὶ ἴδε τὰς γράφας ὅτι προφήτης ἐκ τῆς Γαλιλαίας   D
Γαλιλαίας εἶ;   ἐρεύνησον   καὶ ἴδε ὅτι προφήτης ἐκ Γαλιλαίας   G
Γαλιλαίας εἶ;   ἐραύνησον   καὶ ἴδε ὅτι ἐκ τῆς Γαλιλαίας προφήτης   L N Ψ 1424
Γαλιλαίας εἶ;   ἐραύνησον τὰς γράφας καὶ ἴδε ὅτι προφήτης ἐκ τῆς Γαλιλαίας   W
Γαλιλαίας εἶ σύ; ἐρεύνησον   καὶ ἴδε ὅτι προφήτης ἐκ τῆς Γαλιλαίας   f¹³
················   ἐρεύνησον   καὶ ἴδε ὅτι προφήτης ἐκ τῆς Γαλιλαίας   1346
Γαλιλαίας εἶ;   ἐραύνησον   καὶ ἴδε ὅτι ἐκ τῆς Γαλιλαίας προφήτης   uw
Γαλιλαίας εἶ;   ἐρεύνησον   καὶ ἴδε ὅτι προφήτης ἐκ τῆς Γαλιλαίας   𝔓⁶⁶ᶜ 𝔐 K M U Γ Δ
                                                                        Θ Λ f¹ 69 124 2 33 28 157 565 579 700 788 1071 τ

οὐκ ἐγείρεται.   B 𝔓⁶⁶·⁷⁵ ℵ D Y K N W Γ Δ Θ Ψ 1582 118 2 33 uw
οὐκ ἐγήγερται.   L S Λ f¹³ 157 579 700 τ
οὐκ ἐγείγερται. 𝔐 M 1 28 565 1071 1424
οὐκ ἔρχεται.   U

A Woman Taken In The Act Of Adultery Brought To Jesus

⟦7.53-8.11 om. B 𝔓⁶⁶ 𝔓⁷⁵ ℵ Y L N W Θ Ψ 33 157 565 1424 [uw] ¦ lac. A C F P ¦
post John 21.25 f¹ ¦ post Luke 21.38 f¹³ ¦ in this location 118⟧

[Δ reads πάλιν οὖν αὐτοῖς ὁ ι̅ς̅ ἐλάλησεν λέγων· then has 16 blank lines on this folio. At the top of the next
folio after two blank lines Δ again reads: πάλιν οὖν αὐτοῖς ὁ ι̅ς̅ ἐλάλησεν λέγων·The original text probably
contained the adultery pericope which was erased by a later scribe.]

⟦53 Καὶ ἐπορεύθησαν ἕκαστος εἰς τὸν οἶκον αὐτοῦ, 8.1 Ἰησοῦς δὲ   ἐπορεύθη   D M 1071 [uw]
⟦53 Καὶ ἐπορεύθησαν ἕκαστος εἰς τὸν οἶκον αὐτοῦ, 8.1 Ἰησοῦς δὲ   ἐπορεύετο S Ω 28
⟦53 Καὶ ἐπορεύθη   ἕκαστος εἰς τὸν οἶκον αὐτοῦ, 8.1 Ἰησοῦς δὲ   ἐπορεύθη   𝔐 K Π 2 579 τ
⟦53 Καὶ ἀπῆλθεν   ἕκαστος εἰς τὸν οἶκον αὐτοῦ, 8.1 καὶ ὁ Ἰησοῦς ἐπορεύθη   U 118
⟦53 Καὶ ἐπορεύθησαν ἕκαστος εἰς τὸν οἶκον αὐτοῦ, 8.1 καὶ ὁ Ἰησοῦς ἐπορεύθη   Γ
⟦53 Καὶ ἀπῆλθον   ἕκαστος εἰς τὸν οἶκον αὐτοῦ, 8.1 καὶ Ἰησοῦς ἐπορεύθη   Λ 700
⟦53 Καὶ ἀπῆλθεν   ἕκαστος εἰς τὸν τόπον αὐτοῦ, 8.1 Ἰησοῦς δὲ   ἐπορεύθη   f¹
⟦53 Καὶ ἀπῆλθεν   ἕκαστος εἰς τὸν οἶκον αὐτοῦ, 8.1 καὶ ὁ Ἰησοῦς ἐπορεύθη   f¹³
⟦53 Καὶ ἀπῆλθεν   ἕκαστος εἰς τὰ ἴδια αὐτοῦ, 8.1 καὶ ὁ Ἰησοῦς ἐπορεύθη   69
⟦53 Καὶ ἀπῆλθον   ἕκαστος εἰς τὸν οἶκον αὐτοῦ. (in this location Jn. 7.53)   124   [↓Lk. 21.38]
⟦53 Καὶ ἀπῆλθον   ἕκαστος εἰς τὸν οἶκον αὐτοῦ, 8.1 καὶ ὁ Ἰησοῦς ἐπορεύθη   124 788 1346 (post

lac. 7.51-8.1 𝔓⁴⁵ A C F P 1346 ¦ vs. 52 Π (illeg.)

A 51 νομας 13 ¦ κρινι ℵ ¦ κρεινι D ¦ κρινη H Y 579 788 1071 ¦ πρωτερον 2* 28 52 απεκρειθησαν W ¦ τεις (της²) 1071 ¦ ειδε W
¦ ερευνισον 579 ¦ προφητις 28 ¦ ········ ουκ 2 ¦ εγειραται 𝔓⁶⁶ ¦ εγιρετε N ¦ εγειρετε 2* ¦ εγιγερτε 1071

B 51 α̅ν̅ο̅ν̅ 𝔓⁶⁶ 𝔓⁷⁵ 𝔐 K L M N S U W Γ Δ Θ Λ Π Ψ Ω f¹ f¹³ 69 124 33 28 157 565 579 700 788 1071 1424 8.1 ι̅ς̅ 𝔐 K M S U
Γ Λ Π Ω f¹ 118 f¹³ 124 2 28 700 788 1071 1346 ¦ ι̅η̅ς̅ D

C 52 υπ (post εγειρετ.) E G M ¦ υπ εις τ παλιν ουν αυτ̅ H ¦ υπερ βα S Γ ¦ υπ λιθ ✳ Y ¦ υπ τς v̅ 118 28 ¦
υπ 2 53 ζητ εις μ,τ νοουν αγουσιν οι γραμματεις κ̅ οι εις τ τελ τς β̅ εβδ ορθρ επ κεφαλ κ̅ f¹ ¦ αρχ ····· νοσουν αγουσιν οι γραμματεις 118 ¦ αρχ τω
καιρω εκεινω επορευθη ο ι̅ς̅ εις το ορος τ̅ 28 ¦ το περι της μοιχαλιδος κεφαιον· εν τω κατα Ιωαννην ευαγγελιον
(εαγγελιω 1) ως εν τοις πλειοσιν αντιγραφοις μη κειμενον μηδε παρα των θειων πατερων (πρων 1) των ερμηνευσαντων.
μνημονευθεν φημι δη δια (ιωαννου 1) του Χριστου (χ̅ρ̅ 1) και Κυριλλου αλεξαν. (αλεξανδρε 1) ου δε μην υπο Θεοδωρου
μωψου (μοψου 1582ᶜ) εστι ας και των λοιπων παρελειψα κατα τον τοπον. κειται δε ουτας με το λιγα της αρχης του π̅ς̅
κεφαιου· εξης του ερευνησον και ιδε οτι προφητης εκ της Γαλιλαιας ουκ εγειρεται. 1 1582 ¦ αρχ κη

εἰς τὸ Ὄρος τῶν Ἐλαιῶν.   2 Ὄρθρου δὲ πάλιν   παρεγένετο   𝔐 Κ Μ Π f^1 2 28 579 [**uw**]τ
εἰς τὸ Ὄρος τῶν Ἐλαιῶν.   2 Ὄρθρου δὲ πάλιν   παραγείνεται   D
εἰς τὸ Ὄρος τῶν Ἐλαιῶν.   2 Ὄρθρου δὲ πάλιν βαθέως ἦλθεν ὁ Ἰησοῦς   U 118 700
εἰς τὸ Ὄρος τῶν Ἐλαιῶν μόνος. 2 Καὶ ὅτε   πάλιν   παρεγένετο   Γ
εἰς τὸ Ὄρος τῶν Ἐλαιῶν.   2 Ὄρθρου δὲ πάλιν   ἦλθεν   Λ f^{13} [**w**]
εἰς τὸ Ὄρος τῶν Ἐλαιῶν.   2 Ὄρθρου καὶ πάλιν   παρεγένετο   1071

εἰς τὸ ἱερόν καὶ πᾶς ὁ λαὸς ἤρχετο πρὸς αὐτόν,   καὶ καθίσας ἐδίδασκεν αὐτούς.   Μ f^1 118 [**uw**]τ
εἰς τὸ ἱερόν καὶ πᾶς ὁ λαὸς ἤρχετο πρὸς αὐτόν.   D 1071
εἰς τὸ ἱερόν καὶ πᾶς ὁ λαὸς ἤρχετο,   καὶ καθίσας ἐδίδασκεν αὐτούς.   Ε Η Κ Π 2 579
εἰς τὸ ἱερόν καὶ πᾶς ὁ ὄχλος ἤρχετο πρὸς αὐτόν, καὶ καθίσας ἐδίδασκεν αὐτούς.   G S Λ Ω 28 700
εἰς τὸ ἱερόν καὶ πᾶς ὁ λαὸς ἤρχετο ἄγουσιν,   καὶ καθίσας ἐδίδασκεν αὐτούς.   U
εἰς τὸ ἱερόν καὶ πᾶς   ἤρχετο ἄγουσιν,   καὶ καθίσας ἐδίδασκεν αὐτούς.   Γ
εἰς τὸ ἱερόν. f^{13} [**w**]

3 ἄγουσιν δὲ   οἱ γραμματεῖς καὶ οἱ Φαρισαῖοι   D Μ S U Γ Λ Ω 28 1071 [**uw**]
3 ἄγουσιν δὲ   οἱ γραμματεῖς καὶ οἱ Φαρισαῖοι πρὸς αὐτὸν   𝔐 Κ Π 118 579 τ
3 ἄγουσιν δὲ   οἱ ἀρχιερεῖς καὶ οἱ Φαρισαῖοι f^1
3 καὶ προσήνεγκαν αὐτῷ οἱ γραμματεῖς καὶ οἱ Φαρισαῖοι f^{13}
3 φέουσιν δὲ   οἱ γραμματεῖς καὶ οἱ Φαρισαῖοι πρὸς αὐτὸν   2
3 ἄγουσιν   οἱ γραμματεῖς καὶ οἱ Φαρισαῖοι   700

γυναῖκα ἐπὶ μοιχεία κατειλημμένην,   καὶ στήσαντες αὐτὴν ἐν   μέσῳ   Μ S U f^1 f^{13} 28 [**uw**]
ἐπὶ ἁμαρτεία γυναῖκα εἰλημμένην,   καὶ στήσαντες αὐτὴν ἐν   μέσῳ   D
γυναῖκα ἐν μοιχεία καταληφθεῖσαν,   καὶ στήσαντες αὐτὴν ἐν   μέσῳ   Ε Κ Π 2
γυναῖκα ἐν μοιχεία καταληφθήσαν,   καὶ στήσαντες αὐτὴν ἐν   μέσῳ   G 579
γυναῖκα ἐν μοιχεία καταλοιφθεῖσαν,   καὶ στήσαντες αὐτὴν ἐν   μέσῳ   Η
γυναῖκα ἐπὶ μοιχεία κατειλημμένην,   καὶ στήσαντες αὐτὴν ⋯   ⋯⋯⋯   Γ
γυναῖκα ἐπὶ μοιχεία κατηλημμένην,   καὶ στήσαντες αὐτὴν ἐν τῷ   μέσῳ   Λ
γυναῖκα ἐπὶ μοιχεία κατειλημμένην,   καὶ στήσαντες αὐτὴν ἐμμέσω   Ω
γυναῖκα ἐπὶ μοιχείαν κατειλημμένην, καὶ στήσαντες αὐτὴν ἐν τῷ   μέσῳ   69
γυναῖκα ἐπὶ μοιχεία κατειλημμένην,   καὶ στήσαντες αὐτὴν ἐν τῷ   μέσῳ   118 124 700 788 1346
γυναῖκα ἐπὶ ἁμαρτία εἰλιμμένην,   καὶ στήσαντες αὐτὴν ἐμμέσω   1071
ἐπὶ ἁμαρτία γυναῖκα κατειλημμένην,   καὶ στήσαντες αὐτὴν ἐν   μέσῳ   [**w**]
γυναῖκα ἐν μοιχεία κατειλημμένην,   καὶ στήσαντες αὐτὴν ἐν   μέσῳ   τ

4 λέγουσιν αὐτῷ,   Μ S Ω f^1 2^c 28 [**uw**]τ
4 λέγουσιν αὐτῷ πειράζοντες,   𝔐 Κ Π 2* 579
4 λέγουσιν αὐτῷ ἐκπειράζοντες αὐτὸν οἱ ἱερεῖς ἵνα ἔχωσιν κατηγορείαν αὐτοῦ, D
4 εἶπον   αὐτῷ,   U Λ 118 f^{13} 700 [**w**]
4 λέγουσιν αὐτῷ ἐκπειράζοντες αὐτὸν οἱ ἀρχιερεῖς ἵνα ἔχωσιν κατηγορεῖν αὐτοῦ, 1071
4 εἶπον   αὐτῷ πειράζοντες,   1346

Διδάσκαλε, αὕτη ἡ γυνὴ κατείληπται ἐπ᾿ αὐτοφώρῳ   μοιχευομένη   D f^1 1071 [**uw**]
Διδάσκαλε, αὕτη ἡ γυνὴ κατελήφθη   ἐπ᾿ αὐτοφώρῳ   μοιχευομένη   𝔐 Κ Π 2 579 τ
Διδάσκαλε, ἡ γυνὴ αὕτη ἤλειπται   ἐπ᾿ αὐτοφώρῳ   μοιχευομένη   Μ
Διδάσκαλε, αὕτη ἡ γυνὴ εἴληπται   ἐπ᾿ αὐτοφώρῳ   μοιχευομένη   S Λ Ω [**w**]
Διδάσκαλε, ταύτην   εὕρομεν   ἐπ᾿ αὐτοφώρῳ   μοιχευομένην   U 188 700
Διδάσκαλε, αὕτη ἡ γυνὴ εἴληπται   ἐπ᾿ αὐτῷ τῷ φόνῳ μοιχευομένη f^{13}
Διδάσκαλε, αὕτη ἡ γυνὴ εἴληπται   ἐπ᾿ αὐτωφόρῳ   μοιχευομένη   69 124 1346
Διδάσκαλε, ταύτη ἡ γυνὴ εἴληπται   ἐπ᾿ αὐτοφώρῳ   μοιχευομένη   28

lac. 8.1-4 𝔓^{45} A C F P ¦ vss. 3-4 Γ

A 1 ελεων 2* 2 βαθεος 700 ¦ ειερον D ¦ καθησας Ε G Κ Ω 2 3 αγουσι Κ S Ω 118 28 579 ¦ μοχεια 2* ¦ καταλειφθεισαν 2* ¦ καταλειφθησαν 2^c ¦ στεισαντες 13 4 κατελειφθη Η ¦ κατειλιπται 1071 ¦ αυτοφορω G Η Μ S Λ* Π* Ω 118 69 28 1071 ¦ αυτο φορωει Λ^c ¦ αυτωφορω 69 124 579 ¦ μχευομενη 579

B 2 ἱς U 700

C 8.3 ῑ πε της μοιχαλιδος G Ω 28 (ante v.1 Η Κ) ¦ πε της μυχαλιδος γυναικος 579 ¦ υπ β̄ Λ ¦ και προς ην ευκαμ αυτω Λ 4 (post αυτοφορω) επ αυτοφορω ειχ Λ

5 ἐν δὲ τῷ νόμῳ ἡμῖν Μωϋσῆς ἐνετείλατο τὰς τοιαύτας λιθάζειν. [uw]
5 Μωϋσῆς δὲ ἐν τῷ νόμῳ ἐκέλευσεν τὰς τοιαύτας λιθάζειν. D
5 ἐν δὲ τῷ νόμῳ Μωσῆς ἡμῖν ἐνετείλατο τὰς τοιαύτας λιθοβολεῖσθαι. E G 2 τ
5 ἐν δὲ τῷ νόμῳ Μωσῆς ἐνετείλατο τὰς τοιαύτας λιθοβολεῖσθαι. H
5 ἐν δὲ τῷ νόμῳ Μωϋσῆς ἡμῖν ἐνετείλατο τὰς τοιαύτας λιθοβολεῖσθαι. K Π
5 ἐν δὲ τῷ νόμῳ Μωϋσῆς ἡμῖν ἐνετείλατο τὰς τοιαύτας λιθάζειν. M
5 ἐν δὲ τῷ νόμῳ ἡμῶν Μωσῆς ἐνετείλατο τὰς τοιαύτας λιθάζειν. S 28
5 ἐν δὲ τῷ νόμῳ Μωσῆς ἐνετείλατο ἡμῖν τὰς τοιαύτας λιθάζειν. U 700
5 ἐν δὲ τῷ νόμῳ ἡμῖν Μωσῆς ἐνετείλατο τὰς τοιαύτας λιθάζειν. Λ f¹ f¹³
5 ἐν δὲ τῷ νόμῳ ἡμῶν Μωϋσῆς ἐνετείλατο τὰς τοιαύτας λιθάζειν. Ω 118
5 ἐν δὲ τῷ νόμῳ Μωσῆς ἐπεγγείλατο τὰς τοιαύτας λιθοβολεῖσθαι. 579
5 Μωϋσῆς δὲ ὑμῖν ἐν τῷ νόμῳ διακελεύσει τὰς τοιαύτας λιθάζειν. 1071
5 ἐν δὲ τῷ νόμῳ ὑμῖν Μωσῆς ἐνετείλατο τὰς τοιαύτας λιθάζειν. 1346
5 ἐν δὲ τῷ νόμῳ Μωϋσῆς ἐνετείλατο τὰς τοιαύτας λιθάζειν. [w]

σὺ οὖν τί λέγεις; 6 τοῦτο δὲ ἔλεγον πειράζοντες αὐτόν, ἵνα ἔχωσιν 𝔐 K Π 118 2
σὺ δὲ νῦν τί λέγεις; 6 D [↑579[uw]τ
σὺ οὖν τί λέγεις περὶ αὐτῆς; 6 M
σὺ οὖν τί λέγεις περὶ αὐτῆς; 6 τοῦτο δὲ εἶπον ἐκπειράζοντες αὐτόν, ἵνα ἔχωσιν S
σὺ οὖν τί λέγεις περὶ αὐτῆς; 6 τοῦτο δὲ ἔλεγον πειράζοντες αὐτόν, ἵνα ἔχωσιν U Λ f¹³ 700
σὺ οὖν τί λέγεις περὶ αὐτῆς; 6 τοῦτο δὲ εἶπον ἐκπειράζοντες αὐτόν, ἵνα σχῶσι Ω
σὺ οὖν τί λέγεις; 6 τοῦτο δὲ ἔλεγον πειράζοντες αὐτόν, ἵνα εὕρωσι f¹
σὺ οὖν τί λέγεις περὶ αὐτῆς; 6 τοῦτο δὲ εἶπον πειράζοντες αὐτόν, ἵνα ἔχωσιν 28
σὺ τί λέγεις; 6 1071
σὺ οὖν τί λέγεις; 6 [w]
σὺ δὲ τί λέγεις περὶ αὐτῆς; 6 τοῦτο δὲ ἔλεγον πειράζοντες αὐτόν, ἵνα ἔχωσιν [w]

κατηγορεῖν αὐτοῦ. ὁ δὲ Ἰησοῦς κάτω κύψας τῷ δακτύλῳ κατέγραφεν 𝔐 [u]
ὁ δὲ Ἰησοῦς κάτω κύψας τῷ δακτύλῳ κατέγραφεν D M [w]
κατηγορεῖν αὐτοῦ. ὁ δὲ Ἰησοῦς κάτω κύψας τῷ δακτύλῳ ἔγραφεν K f¹ [w]τ
κατηγορίαν κατ’ αὐτοῦ. ὁ δὲ Ἰησοῦς κάτω κύψας τῷ δακτύλῳ κατέγραφεν S Ω
κατηγορίαν κατ’ αὐτοῦ οὐκ ἐγήρεται. ὁ δὲ Ἰησοῦς κάτω κύψας τῷ δακτύλῳ κατέγραφεν Smg
κατηγορίαν κατ’ αὐτοῦ. ὁ δὲ Ἰησοῦς κάτω κύψας ἔγραφεν Λ
κατηγορεῖν αὐτοῦ. ὁ δὲ Ἰησοῦς κάτω ·········· ···· ················· Π
κατηγορίαν αὐτοῦ. ὁ δὲ Ἰησοῦς κάτω κύψας τῷ δακτύλῳ κατέγραφεν 579
ὁ δὲ Ἰησοῦς κάτω κεκύφας τῷ δακτύλῳ κατέγραφεν 1071 [↓700
κατηγορίαν κατ’ αὐτοῦ. ὁ δὲ Ἰησοῦς κάτω κύψας τῷ δακτύλῳ ἔγραφεν U 118 f¹³ 28

εἰς τὴν γῆν. 7 ὡς δὲ ἐπέμενον ἐρωτῶντες αὐτόν, ἀνέκυψεν καὶ [uw]
εἰς τὴν γῆν. 7 ὡς δὲ ἐπέμενον ἐρωτῶντες, ἀνέκυψεν καὶ D [w]
εἰς τὴν γῆν. 7 ὡς δὲ ἐπέμενον ἐπερωτῶντες αὐτόν, ἀνέκυψεν καὶ M S Ω f¹ 28
εἰς τὴν γῆν μὴ προσποιούμενος. 7 ὡς δὲ ἐπέμενον ἐρωτῶντες αὐτόν, ἀνακύψας 𝔐 K 579
εἰς τὴν γῆν. 7 ὡς δὲ ἐπέμενον ἐρωτῶντες αὐτόν, ἀναβλέψας U Λ f¹³
εἰς τὴν γῆν μὴ προσποιούμενος. 7 ὡς δὲ ἐπέμενον ἐρωτῶντες αὐτόν, καὶ ἀνακύψας 2*
εἰς τὴν γῆν. 7 ὡς δὲ ἐπέμενον ἐρωτῶντες αὐτόν, καὶ ἀνακύψας 2c
εἰς τὴν γῆν. 7 ὡς δὲ ἐπέμενον ἐπερωτῶντες αὐτόν, ἀναβλέψας 118 700
εἰς τὴν γῆν. 7 ὡς δὲ ἐπέμενον ἀνερωτόντες, ἀνέκυψεν καὶ 1071
εἰς τὴν γῆν μὴ προσποιούμενος. 7 ὡς δὲ ἐπέμενον ἐρωτῶντες αὐτόν, ἀναβλέψας 1346
εἰς τὴν γῆν 7 ὡς δὲ ἐπέμενον ἐρωτῶντες αὐτόν, ἀνακύψας τ

lac. 8.5-7 𝔓⁴⁵ A C F Γ

A 5 το (τω) K 579 | ενετειλατω Ω | λιθοβολισθαι G | πειραζωντες 579 | εχωσι G K S U 118 28 69 700 6 κατηγωρειν 2 7 ος (ως) U

B 6 ι̅ς̅ 𝔐 K M S U Λ Π Ω f¹ 118 f¹³ 124 2 28 579 700 788 1071 1346 ¦ ι̅η̅ς̅ D

C 6 σχ̅ο̅ τα ο βελισμενα εν τις ιν αντιγραφοις ου κειται. ουδε απολινειρι β εν δε τοις αρχαιοις ολα κειται μνημονευουσιν της περικοπης (περισκοπης Λc) τουτης και οι αποστολοι παντες εν αις εξεθεντο διαταξεσιν εις ον σοδομην της εκκλησιας Λ

εἶπεν   αὐτοῖς,   Ὁ ἀναμάρτητος ὑμῶν πρῶτος ἐπ' αὐτὴν   βαλέτω λίθον.   **8** καὶ πάλιν   D1071 **[uw]**
εἶπεν πρὸς αὐτούς,   Ὁ ἀναμάρτητος ὑμῶν <u>πρῶτον</u> ἐπ' αὐτὴν <u>τὸν</u> <u>λίθον</u> <u>βαλλέτω</u>.   **8** καὶ πάλιν   𝔐
εἶπεν πρὸς αὐτούς,   Ὁ ἀναμάρτητος ὑμῶν πρῶτος ἐπ' αὐτὴν <u>τὸν</u> <u>λίθον</u> <u>βαλλέτω</u>.   **8** καὶ πάλιν   Κ
εἶπεν,   Ὁ ἀναμάρτητος ὑμῶν πρῶτος <u>βαλέτω</u>   <u>ἐπ' αὐτήν</u> <u>τὸν λίθον</u>.   **8** καὶ πάλιν   Μ
εἶπεν   αὐτοῖς,   Ὁ ἀναμάρτητος ὑμῶν πρῶτος ἐπ' <u>αὐτῇ</u>   <u>τὸν</u> <u>λίθον</u> <u>βαλέτω</u>.   **8** καὶ πάλιν   S Ω
εἶπεν   αὐτοῖς,   Ὁ ἀναμάρτητος ὑμῶν πρῶτος <u>λίθον</u>   <u>βαλέτω ἐπ' αὐτήν</u>.   **8** καὶ πάλιν   U Λ f^{13}
εἶπεν   αὐτοῖς,   Ὁ ἀναμάρτητος ὑμῶν πρῶτος <u>βαλλέτω</u>   <u>λίθον ἐπ' αὐτήν</u>.   **8** καὶ πάλιν   1   [700
εἶπεν   αὐτοῖς,   Ὁ ἀναμάρτητος ὑμῶν πρῶτος <u>τὸν λίθον</u>   <u>ἐπ' αὐτῇ βαλέτω</u>.   **8** καὶ πάλιν   1582
εἶπεν   αὐτοῖς,   Ὁ ἀναμάρτητος ὑμῶν πρῶτος <u>βαλέτω</u>   <u>λίθον ἐπ' αὐτήν</u>.   **8** καὶ πάλιν   118
εἶπεν   αὐτοῖς,   Ὁ ἀναμάρτητος ὑμῶν πρῶτος ἐπ' αὐτὴν   <u>λίθον βαλλέτω</u>.   **8** καὶ πάλιν   28
εἶπεν πρὸς αὐτούς,   Ὁ ἀναμάρτητος <u>ἡμῶν</u> <u>πρῶτον</u> ἐπ' αὐτὴν <u>τῶν λίθον</u> <u>βαλλέτω</u>.   **8** καὶ πάλιν   579
εἶπεν πρὸς αὐτούς,   Ὁ ἀναμάρτητος <u>ὑμῶν</u> πρῶτος <u>τὸν λίθον</u>   <u>ἐπ' αὐτῇ βαλέτω</u>.   **8** καὶ πάλιν   2 τ
εἶπεν   αὐτοῖς,   Ὁ ἀναμάρτητος ὑμῶν <u>πρῶτον</u> <u>λίθον</u>   <u>βαλέτω ἐπ' αὐτήν</u>.   **8** καὶ πάλιν   1346
εἶπεν,   Ὁ ἀναμάρτητος ὑμῶν πρῶτος ἐπ' αὐτὴν   βαλέτω λίθον.   **8** καὶ πάλιν   **[w]**
εἶπεν,   Ὁ ἀναμάρτητος ὑμῶν πρῶτος ἐπ' αὐτὴν   <u>τὸν λίθον βαλέτω</u>.   **8** καὶ πάλιν   **[w]**

κατακύψας   ἔγραφεν   εἰς τὴν γῆν.   1 **[uw]**
κατακύψας τῷ δακτύλῳ <u>κατέγραφεν</u>   εἰς τὴν γῆν.   D 1071
<u>κάτω κύψας</u>   ἔγραφεν   εἰς τὴν γῆν.   𝔐 Κ Λ 1582 118 f^{13} 2 579 **[w]**τ
<u>κύψας</u>   ἔγραφεν   εἰς τὴν γῆν.   Η
<u>κάτω κύψας</u>   ἔγραφεν   <u>ἐπὶ</u> τὴν γῆν.   Μ
<u>κάτω κύψας</u>   ἔγραφεν   εἰς τὴν γῆν <u>ἑνὸς</u> <u>ἑκάστου</u> <u>αὐτῶν</u> <u>τὰς ἁμαρτίας</u>.   U 700
<u>κάτω κύψας</u>   <u>κατέγραφεν</u>   εἰς τὴν γῆν.   28
κατακύψας <u>τῷ</u> <u>δακτύλῳ</u> ἔγραφεν εἰς τὴν γῆν.   **[w]**

9 οἱ δὲ ἀκούσαντες   ἐξήρχοντο εἰς καθ' εἷς   S U Π Ω 28 700 **[uw]**
9 ἕκαστος δὲ τῶν' Ἰουδαίων   <u>ἐξήρχετο</u>   D 1071
9 οἱ δὲ ἀκούσαντες καὶ ὑπὸ τῆς συνειδήσεως ἐλεγχόμενοι ἐξήρχοντο εἰς καθ' εἷς   𝔐 Κ 118 2 579 1346 τ
9 οἱ δὲ ἀκούσαντες   <u>εἰς καθ' εἷς ἀνεχώρησαν</u>   Μ
9 καὶ   <u>ἐξῆλθεν</u>   εἰς καθ εἰς   Λ
9 ἀκούσαντες   δὲ   ἐξέρχοντο εἰς <u>ἕκαστος αὐτῶν</u> f^1
9 καὶ   <u>ἐξῆλθον</u>   εἰς καθ' εἷς f^{13}

ἀρξάμενοι ἀπὸ τῶν πρεσβυτέρων   καὶ κατελείφθη   μόνος   𝔐 Κ Μ f^1 2 579
<u>ἀρξάμενος</u> ἀπὸ τῶν πρεσβυτέρων   καὶ κατελείφθη   μόνος   Ε* **[↑[uw]**
ἀρξάμενοι ἀπὸ τῶν πρεσβυτέρων <u>ὥστε</u> <u>πάντας</u> <u>ἐξελθεῖν</u> καὶ κατελείφθη μόνος   D 1071
ἀρξάμενοι ἀπὸ τῶν   <u>ἕως τῶν ἐσχάτων</u>   καὶ κατελείφθη   13*
ἀρξάμενοι ἀπὸ τῶν πρεσβυτέρων <u>ἕως τῶν ἐσχάτων</u>   καὶ <u>κατελείφθη</u>' Ἰησοῦς μόνος   U 700
ἀρξάμενοι ἀπὸ τῶν πρεσβυτέρων <u>ἕως τῶν ἐσχάτων</u>   καὶ κατελείφθη   13ᶜ 69 **[↓1346 τ**
ἀρξάμενοι ἀπὸ τῶν πρεσβυτέρων <u>ἕως τῶν ἐσχάτων</u>   καὶ κατελείφθη   μόνος   S Λ Ω 118 28

                καὶ ἡ γυνὴ ἐν μέσῳ οὖσα.   **10** ἀνακύψας δὲ   ὁ Ἰησοῦς   D **[uw]**
<u>ὁ Ἰησοῦς</u>   καὶ ἡ γυνὴ ἐν μέσῳ οὖσα.   **10** ἀνακύψας δὲ   ὁ Ἰησοῦς <u>καὶ μηδένα</u>   𝔐 Κ 2 579
<u>ὁ Ἰησοῦς</u>   καὶ ἡ γυνὴ ἐν μέσῳ οὖσα.   **10** ἀνακύψας δὲ   ὁ Ἰησοῦς   Μ S Ω **[w]**
<u>ὁ Ἰησοῦς</u>   καὶ ἡ γυνὴ ἐν μέσῳ οὖσα.   **10** <u>ἀναβλέψας</u> δὲ   ὁ Ἰησοῦς <u>εἶδεν αὐτὴν</u>   Λ f^{13}
                καὶ ἡ γυνὴ ἐν μέσῳ οὖσα.   **10** ἀνακύψας δὲ   ὁ Ἰησοῦς <u>εἶδεν αὐτὴν</u>   U
                καὶ ἡ γυνὴ ἐν μέσῳ <u>ἑστῶσα</u>.   **10** ἀνακύψας δὲ   ὁ Ἰησοῦς f^1
<u>ὁ Ἰησοῦς</u>   καὶ ἡ γυνὴ ἐν μέσῳ οὖσα.   **10** ἀνακύψας δὲ   ὁ Ἰησοῦς <u>εἶδεν αὐτὴν</u>   118
<u>ὁ Ἰησοῦς</u>   καὶ ἡ γυνὴ ἐν μέσῳ οὖσα.   **10** ἀνακύψας <u>οὖν</u> ὁ Ἰησοῦς   28
                καὶ ἡ γυνὴ ἐν μέσῳ οὖσα.   **10** <u>ἀναβλέψας</u> δὲ   ὁ Ἰησοῦς <u>εἶδεν αὐτὴν</u>   700
                καὶ ἡ γυνὴ <u>ἐμμέσῳ</u> οὖσα.   **10** ἀνακύψας δὲ   ὁ Ἰησοῦς   1071
<u>ὁ Ἰησοῦς</u>   καὶ ἡ γυνὴ <u>ἐμμέσῳ</u> οὖσα.   **10** <u>ἀναβλέψας</u> δὲ   ὁ Ἰησοῦς <u>καὶ μηδένα</u>   1346
<u>ὁ Ἰησοῦς</u>   καὶ ἡ γυνὴ ἐν μέσῳ <u>ἑστῶσα</u>.   **10** ἀνακύψας δὲ   ὁ Ἰησοῦς <u>καὶ μηδένα</u>   τ

---

lac. **8.7-10** 𝔓⁴⁵ Α C F Ρ Γ Π

A 7 αναμαρτιτος Κ 1071 **9** ις (εις²) 13 | συνειδισεως Ε ¦ συνηδησεως G 2 579 | ελλεγχομενοι 579 | αισχατων Ω ¦ κατεφθη G ¦
κατεληφθη Κ Λ 2 28 579 1071 | εμμεσω 28 **10** ιδεν 13 124 788

B 9 ι̅ς̅ 𝔐 Κ Μ S U Λ Ω 118 f^{13} 124 2 28 579 700 788 1346 **10** ι̅ς̅ 𝔐 Κ Μ S U Λ Ω f^1 118 f^{13} 124 28 579 700 788 1071 1346 ¦
ιης D

	εἶπεν τῇ γυναικεί,	ποῦ εἰσιν;		D 1071 [w]
θεασάμενος πλὴν τῆς γυναικὸς	εἶπεν αὐτῇ,	ποῦ εἰσιν ἐκεῖνοι	οἱ κατήγοροί σου;	E G K 2 579
·········· πλὴν τῆς γυναικὸς	εἶπεν αὐτῇ,	ποῦ εἰσιν ἐκεῖνοι	οἱ κατήγοροί σου;	F
θεασάμενος πλὴν τῆς γυναικὸς	εἶπεν αὐτῇ,	ποῦ εἰσιν	οἱ κατήγοροί σου;	H
	εἶπεν αὐτῇ, Γύναι,	ποῦ εἰσιν;		M f¹ [uw]
	εἶπεν αὐτῇ, Γύναι,	ποῦ εἰσιν	οἱ κατήγοροί σου;	S
καὶ	εἶπεν, Γύναι,	ποῦ εἰσιν	οἱ κατήγοροί σου;	U f¹³ 700
καὶ	εἶπεν, Γύναι,	ποῦ εἰσιν;		Λ 124
	εἶπεν αὐτῇ, Γύναι,	ποῦ εἰσιν	οἱ κατήγοροί σου;	Ω 28
καὶ	εἶπεν, Γύναι,			118
θεασάμενος πλὴν τῆς γυναικὸς	εἶπεν αὐτῇ, Γύναι,	ποῦ εἰσιν ἐκεῖνοι	οἱ κατήγοροί σου;	1346
θεασάμενος πλὴν τῆς γυναικὸς	εἶπεν αὐτῇ, Ἡ γυνή,	ποῦ εἰσιν ἐκεῖνοι	οἱ κατήγοροί σου;	τ

οὐδείς σε κατέκρινεν; 11 ἡ δὲ	εἶπεν,	Οὐδείς, κύριε. εἶπεν δὲ ὁ Ἰησοῦς,	𝔐 K M f¹ 2 28
οὐδείς σε κατέκρινεν; 11 κἀκείνη	εἶπεν αὐτῷ,	Οὐδείς, κύριε. ὁ δὲ εἶπεν,	D [↑579 [uw]
οὐδείς σε κατέκρινεν; 11 ἡ δὲ	εἶπεν,	Οὐδείς, κύριε. ὁ δὲ Ἰησοῦς εἶπεν αὐτῇ,	Λ 124
οὐδείς σε κατέκρινεν; 11 ἡ δὲ	εἶπεν,	Οὐδείς, κύριε. εἶπεν αὐτῇ ὁ Ἰησοῦς,	U 700
οὐδείς σε κατέκρινεν; 11 ἡ δὲ	εἶπεν,	Οὐδείς, κύριε. καὶ ὁ Ἰησοῦς εἶπεν αὐτῇ,	f¹³
οὐδείς σε κατέκρινον; 11 ἡ δὲ	εἶπεν,	Οὐδείς, κύριε. ὁ Ἰησοῦς εἶπεν αὐτῇ,	788*
οὐδείς σε κατέκρινεν; 11 ἡ δὲ	εἶπεν,	Οὐδείς, κύριε. ὁ Ἰησοῦς εἶπεν αὐτῇ,	788ᶜ
οὐδείς σε κατέκρινεν; 11 κἀκείνη	εἶπεν,	Οὐδείς, κύριε. καὶ ὁ Ἰησοῦς εἶπεν,	1071
οὐδείς σε κατέκρινεν; 11 ἡ δὲ	εἶπεν,	Οὐδείς, κύριε. εἶπεν δὲ αὐτῇ ὁ Ἰησοῦς,	118 τ

Οὐδὲ ἐγώ σε κατακρίνω· πορεύου,	καὶ ἀπὸ τοῦ νῦν μηκέτι ἁμάρτανε.ᵀ	M S U Ω 700 1071 [u]]]	
Οὐδὲ ἐγώ σε κατακρίνω· πορεύου,	ἀπὸ τοῦ νῦν μηκέτι ἁμάρτανε.	[uw]	]]
Οὐδὲ ἐγώ σε κατακρείνω· ὕπαγε,	ἀπὸ τοῦ νῦν μηκέτι ἁμάρτανε.	D	]]
Οὐδὲ ἐγώ σε κρίνω· πορεύου,	καὶ μηκέτι ἁμάρτανε.	𝔐 K	]]
Οὐδὲ ἐγώ σε κατακρίνω· πορεύου,	καὶ μηκέτι ἁμάρτανε.	Λ 2 28 τ	]]
Οὐδὲ ἐγώ σε κατακρίνω· πορεύου,	ἀπὸ τοῦ νῦν καὶ μηκέτι ἁμάρτανε.	118	]]
Οὐδὲ ἐγώ σε κατακρίνω· πορευομένου,	μηκέτι ἁμάρτανε.	f¹³	]]
Οὐδὲ ἐγώ σε κατακρίνω· πορεύου,	μηκέτι ἁμάρτανε.	69 124 788 1346	]]
Οὐδὲ ἐγώ σῷ κατακρίνω· πορεύου,	καὶ ἀπὸ τοῦ νῦν μηκέτι ἁμάρτανε.	f¹	]]
Οὐδὲ ἐγώ σε κρίνω· πορέβου,	καὶ μηκέτι ἁμάρτανε.	579	]]

ᵀτοῦτο δὲ εἶπαν. πειράζοντες αὐτόν· ἵνα ἔχωσι κατηγορίαν κατ᾽ αὐτοῦ. M

Discourse Five: The Light Of The World

κϛ	12	Πάλιν οὖν αὐτοῖς ἐλάλησεν Ἰησοῦς	λέγων, Ἐγώ εἰμι τὸ φῶς τοῦ	B [w]
	12	Πα········ ········· ·······άλησεν Ἰησοῦς	λέγων, Ἐ······ ········ ······· ·οῦ	𝔓⁷⁵
	12	Πάλιν οὖν αὐτοῖς ἐλάλησεν ὁ Ἰησοῦς	λέγων, Ἐγώ φῶς εἰμι τοῦ	ℵ*
	12	Πάλιν οὖν ἐλάλησεν αὐτοῖς ὁ Ἰησοῦς	λέγων, Ἐγώ εἰμι τὸ φῶς τοῦ	D Ψ f¹ 33 565 700 1071
	12	Πάλιν οὖν αὐτοῖς ὁ Ἰησοῦς ἐλάλησεν	λέγων, Ἐγώ εἰμι τὸ φῶς τοῦ	𝔐 K M Δ Λ 124 157 597
	12	Πάλιν οὖν ὁ Ἰησοῦς ἐλάλησεν αὐτοῖς	λέγων, Ἐγώ εἰμι τὸ φῶς τοῦ	N 118 [↑1424
	12	Πάλιν οὖν αὐτοῖς ἐλάλησεν ὁ Ἰησοῦς καὶ εἶπεν,	Ἐγώ εἰμι τὸ φῶς τοῦ	W*
	12	Πάλιν οὖν ὁ Ἰησοῦς αὐτοῖς ἐλάλησεν	λέγων, Ἐγώ εἰμι τὸ φῶς τοῦ	2 τ [↓28 u[w]
	12	Πάλιν οὖν αὐτοῖς ἐλάλησεν ὁ Ἰησοῦς	λέγων, Ἐγώ εἰμι τὸ φῶς τοῦ	𝔓⁶⁶ ℵᶜ L S U Wᶜ Θ Ω f¹³

lac. 8.10-12 𝔓⁴⁵ A C P Γ Π

A 10 ειπε 118 | γυναικι 1071 | κατεκρεινεν D | ουδις 1346 11 ει (η) 2 | ειπε 118 12 ελαλησε Y 579 | ειμει N W

B 11 κε̄ D 𝔐 K M S U Λ Ω f¹ 118 f¹³ 69 124 2 28 579 700 788 1071 1346 | ῑς 𝔐 K S U Λ Ω 118 f¹³ 124 2 28 579 700 788 1071 1346 12 ῑς B 𝔓⁶⁶ 𝔓⁷⁵ ℵ 𝔐 K L M N S U W Δ Θ Λ Ψ Ω f¹ 118 f¹³ 124 2 33 28 157 565 579 700 788 1071 1346 1424 | της D

C 11 τελ τς εορτ M 12 αρξ E H S M 2 ¦ αρξ της ν̄ G H ¦ αρξαι Y ¦ αρχ Θ ¦ αρξ τς ν αρχ τη ε̄ τς μεσο ν Ω ¦ αρξ της ν̄ Σα 118 ¦ αρξου τς · 28 | (ante εγω) αρχ Λ | αρχη: τη ε̄ της δ̄ (μεσον ν̄ 2) εβδομαδος (om. 2) ειπεν ο κ̄ς προς τους πεπιστευκοτας αυτω ιουδαιους. (ante εγω ειμι) E 2 ¦ αρχη: ειπ, πρ τους πεπισ πρ αυτ ιουδ εγω ειμι το φως G ¦ αρχη: τη ε̄ της μεσον ειπ πρ πεπιστευκοτ πρ αυτ ιουδ εγω ειμι το φως H ¦ αρχ (ante εγω ειμι): τη ε̄ της διακ, ειπεν ο κ̄ς προς τους ελ ηλ προς αυτ ιουδ εγω ειμι το φως του κο, Υ ¦ (ante εγω) τη ε̄ τς δ̄ εβδ ειπεν ο κ̄ς πρ τους εληλυθ πρ αυτ ιουδαι, εγω ειμι το φως του, M ¦ τη ε̄ τς δ̄ εβδ ειπ ο κ̄ς προς τ ελη̄λ S ¦ αρχ κ̄θ τη ε̄ τς δ̄ εβδ ειπ ο κ̄ς εγω ειμι το φως του f¹ ¦ αρχ κ̄θ τη ε̄ τς εβδομ,ᾱ 118 ¦ αρχ f¹³ ¦ αρχ τς ε̄ ειπεν ο κ̄ς προς τους εληλυθοτ προς αυτον ιουδ εγω ειμ το φως 28 ¦ αρχ τη ε̄ τς δ̄ εβδ̄ 124 788 1071 1346 ¦ αρχη ειπεν ο κ̄ς τοις εαυτου 1424

κόσμου∙ὁ ἀκολουθῶν μοι   οὐ μὴ περιπατήσῃ   ἐν τῇ σκοτίᾳ, ἀλλ'   ἕξει τὸ φῶς   B w
⋯⋯σμ⋯γ⋯ ⋯⋯⋯⋯ν ⋯⋯οι οὐ μὴ πε⋯⋯⋯⋯:η ἐν τῇ σκοτίᾳ, ἀλλ'   ἕξει τὸ φῶς   𝔓75
κόσμου∙ὁ ἀκολουθῶν ἐμοὶ οὐ μὴ περιπατήσῃ   ἐν τῇ σκοτίᾳ, ἀλλ'   ἔχει τὸ φῶς   א*
κόσμου∙ὁ ἀκολουθῶν ἐμοὶ οὐ μὴ περιπατήσει ἐν τῇ σκοτίᾳ, ἀλλ'   ἕξει τὸ φῶς   E H M Δ Θ Ω f¹ f¹³ 2 28
κόσμου∙ὁ ἀκολουθῶν ἐμοὶ οὐ μὴ περιπατήσει ἐν τῇ σκοτίᾳ, ἀλλὰ   ἕξει τὸ φῶς   D [↑565* 579 1071 τ
κόσμου∙ὁ ἀκολουθῶν ἐμοὶ οὐ μὴ περιπατήσῃ   ἐν τῇ σκοτίᾳ, ἀλλ'   ἕξει τὸ φῶς   𝔓66 א^c 𝔐 K L N U W Λ
                                                                   Ψ 1582^c 118 33 157 565^c 700 1424 u

τῆς ζωῆς. **13** εἶπον οὖν αὐτῷ οἱ Φαρεισαῖοι, Σὺ περὶ σεαυτοῦ μαρτυρεῖς∙   B
τῆς ζωῆς. **13** εἶπαν οὖν αὐτῷ οἱ Φαρισέοι,   Σὺ περὶ σεαυτοῦ μαρτυρεῖς∙   Θ
τῆς ζωῆς. **13** εἶπον οὖν   οἱ Φαρισαῖοι,   Σὺ περὶ σεαυτοῦ μαρτυρεῖς∙   Λ*
τῆς ζωῆς. **13** οἱ οὖν Φαρισαῖοι εἶπον αὐτῷ, Σὺ περὶ σεαυτοῦ μαρτυρεῖς∙   f¹ 565
τῆς ζωῆς. **13** εἶπον οὖν αὐτῷ οἱ Φαρισαῖοι, Σὺ περὶ σεαυτοῦ μαρτυρεῖς∙   𝔓66.75 uwτ rell

ἡ μαρτυρία σου οὐκ ἔστιν ἀληθής. **14** ἀπεκρίθη Ἰησοῦς καὶ εἶπεν αὐτοῖς,   B 𝔓66.75 uwτ rell
⋯⋯⋯⋯⋯⋯⋯⋯⋯⋯⋯⋯⋯⋯⋯⋯⋯⋯ **14** ⋯⋯⋯⋯⋯⋯⋯⋯⋯⋯⋯⋯⋯⋯⋯ ὑτοῖς, 𝔓39
ἡ μαρτυρία σου οὐκ ἔστιν ἀληθής. **14** εἶπεν   αὐτοῖς   ὁ Ἰησοῦς,   א
ἡ μαρτυρία σου οὐκ ἔστιν ἀληθής. **14** ἀπεκρίθη ὁ Ἰησοῦς καὶ εἶπεν αὐτοῖς, D N Θ 69 124 788 1071 1346
ἡ μαρτυρία σου   ἀληθής. **14** ἀπεκρίθη Ἰησοῦς καὶ εἶπεν αὐτοῖς,   118
ἡ μαρτυρία σου οὐκ ἔστιν ἀληθής. **14** καὶ ἀπεκρίθη ὁ Ἰησοῦς εἶπεν αὐτοῖς, f¹³

Κἂν ἐγὼ   μαρτυρῶ περὶ ἐμαυτοῦ, ἡ μαρτυρία μου ἀληθής ἐστιν,   ὅτι οἶδα   B 𝔓75 W 157 1424 [w]
⋯⋯⋯⋯⋯ρτυρῶ⋯⋯⋯⋯⋯οῦ, ἡ μαρ⋯⋯⋯⋯ ἀληθής⋯⋯⋯⋯ ⋯ἶδα 𝔓39
Κἂν ἐγὼ   μαρτυρῶ περὶ ἐμαυτοῦ, ἀληθείνη μοῦ ἐστιν ἡ μαρτυρία, ὅτι οἶδα   D
Κἀγὼ   μαρτυρῶ περὶ ἐμαυτοῦ, ἀληθής ἐστιν ἡ μαρτυρία μου,   ὅτι οἶδα   Θ
Κἂν ἐγὼ   μαρτυρῶ περὶ ἐμαυτῷ,   ἀληθής ἐστιν ἡ μαρτυρία μου,   ὅτι οἶδα   Λ
Καὶ ἐγὼ   μαρτυρῶ περὶ ἐμαυτοῦ, ἀληθής ἐστιν ἡ μαρτυρία μου,   ὅτι οἶδα   f¹³
Κἂν ἐγὼ   μαρτυρῶ περὶ ἐμαυτοῦ, ἀληθής ἐστιν ἡ μαρτυρία μου,   ὅτι οἶδα   𝔓66 א 𝔐 K L M N U Δ Ψ
                                                    f¹ 69 124 2 33 28 565 579 700 788 1071 u[w]τ

πόθεν ἦλθον καὶ ποῦ ὑπάγω∙ ὑμεῖς δὲ οὐκ οἴδατε πόθεν ἔρχομαι ἢ   ποῦ ὑπάγω. B 𝔓66.75c D N U Λ Ψ
πο⋯⋯⋯⋯ν καὶ ποῦ ⋯⋯⋯μεῖς δὲ ⋯⋯⋯⋯⋯ [↑ τε πόθεν ⋯⋯⋯ ἢ   ποῦ ὑπά⋯⋯ 𝔓39   [↑f¹ 157 uw
πόθεν ἦλθον καὶ ποῦ ὑπάγω∙ ὑμεῖς   οὐκ οἴδατε πόθεν ἔρχομαι καὶ ποῦ ὑπάγω. א F H
πόθεν ἦλθον καὶ ποῦ ὑπάγω∙ ὑμεῖς δὲ οὐκ οἴδατε πόθεν ἔχομαι καὶ   ποῦ ὑπάγω. G
πόθεν ἦλθον καὶ ποῦ ὑπάγω∙   Y* M S Ω 69 28 1424
πόθεν ἦλθον καὶ ποῦ ὑπάγω∙ ὑμεῖς   οὐκ οἴδατε πόθεν ἔρχομαι ἢ   ποῦ ὑπάγω. Y^c K
πόθεν ἦλθον καὶ ποῦ ὑπάγω∙ ὑμεῖς   Δ 33 579
πόθεν ἔρχομαι καὶ ποῦ ὑπάγω∙ ὑμεῖς δὲ οὐκ οἴδατε πόθεν ἔρχομαι ἢ   ποῦ ὑπάγω. 1071 [↓565 700 τ
πόθεν ἦλθον καὶ ποῦ ὑπάγω∙ ὑμεῖς δὲ οὐκ οἴδατε πόθεν ἔρχομαι καὶ ποῦ ὑπάγω. 𝔓75* E L W Θ f¹³ 2

15 ὑμεῖς κατὰ τὰ τὴν σάρκα κρείνετε, ἐγὼ   οὐ κρείνω οὐδένα. **16** καὶ ἐάν B
15   κατὰ τὰ τ⋯⋯⋯⋯νετε, ἐγὼ   ⋯⋯⋯ω   οὐδένα. **16** ⋯⋯⋯ 𝔓39
15 ὑμεῖς κατὰ   τὴν σάρκα κρίνεται, ἐγὼ   οὐ κρίνω οὐδένα. **16** καὶ ἐάν 𝔓66 2* 1071
15 ὑμεῖς κατὰ   τὴν σάρκα κρίνετε,   ἐγὼ δὲ οὐ κρίνω οὐδένα. **16** καὶ ἐάν 𝔓75
15 ὑμεῖς κατὰ   τὴν σάρκα κρίνετε,   ἐγὼ   οὐ κρίνω οὐδένα. **16** κἂν   א
15 ὑμεῖς κατὰ   τὴν σάρκα κρείνετε, ἐγὼ   οὐ κρείνω οὐδένα. **16** καὶ ἐάν D
15 ὑμεῖς κατὰ   τὴν σάρκα κρίνετε,   ἐγὼ   οὐ κρίνω οὐδένα. **16** ἐάν δὲ N
15 ὑμεῖς κατὰ   τὴν σάρκα κρείνεται, ἐγὼ   οὐ κρείνω οὐδένα. **16**   ἐάν W
15   κατὰ   σάρκα   κρίνετε,   ἐγὼ   οὐ κρίνω οὐδένα. **16** καὶ ἐάν Δ
15 ὑμεῖς κατὰ   τὴν σάρκα κρίνετε,   ἐγὼ   οὐ κρίνω οὐδένα. **16** καὶ ἐάν Λ
15   κατὰ   τὴν σάρκα κρίνεται, ἐγὼ   οὐ κρίνω οὐδένα. **16** καὶ ἐάν 33 579
15 ὑμεῖς κατὰ   τὴν σάρκα κρίνετε,   ἐγὼ   οὐ κρίνω οὐδένα. **16** καὶ ἐάν 𝔐 K L M U Θ Ψ f¹ f¹³
                                                              2^c 28 157 565 700 1424 uwτ

---

lac. **8.12-16** 𝔓45 A C Ρ Γ Π

A **12** ακολουθον K | κοτια 𝔓66* | σκοτεια D Ω 33 579 700 1346 1424 | εξη E **13** σαιαυτου L | μαρτυρις 𝔓66 א N | μαρτυρης Λ | οι (η) 579 | μαρτυρηα L | εστην K | αληθεις Ω 28 **14** απεκρειθη D ¦ απεκριθει 1071 | γω (εγω) 𝔓66* | μαρτυρεια D | ποθε G | υμις 𝔓66 א N | οιδαται 𝔓66 א L | ερχομε N **15** υμις N

B **14** ι̅ς̅ B 𝔓66 𝔓75 א 𝔐 K L M N S U W Δ Θ Λ Ψ Ω f¹ 118 f¹³ 124 2 33 28 157 565 579 700 788 1071 1424 ¦ ι̅η̅ς̅ D

C **12** τελος (post ζωης) E S Y Θ Ψ f¹³ 124 2 788 1346 | τελος της ν̅ G H Ω f¹ 118 ¦ τελ τς · 28

D **14** π̅ζ̅/γ̅ L ¦ π̅ζ̅ f¹ ¦ π̅ς̅ 1071

κρείνω	δὲ ἐγώ, ἡ κρίσις ἡ ἐμὴ ἀληθινή	ἐστιν, ὅτι μόνος		οὐκ εἰμί, ἀλλ᾽	ἐγὼ καὶ	B
‑ρίνω	δὲ ·········· ·····ίσις ἡ ἐμὴ ··········	·····στιν, ο·····		οὐκ ει·····	·····ὼ καὶ	𝔓39
κρίνω	δὲ ἐγώ, ἡ κρίσις ἡ ἐμὴ ἀληθινή	ἐστιν, ὅτι μόνος		οὐκ εἰμί, ἀλλ᾽	ἐγὼ καὶ	𝔓75 L W 33 uw
κρίνω	δὲ ἐγώ, ἡ κρίσις ἡ ἐμὴ ἀληθινή	ἐστιν, ὅτι μόνος ἐγώ	οὐκ εἰμί, ἀλλὰ	ἐγὼ καὶ	D
κρίνω	δὲ ἐγώ, ἡ κρίσις ἡ ἐμὴ ἀληθής	ἐστιν,				F*
κρίνω	ἐγώ, ἡ κρίσις ἡ ἐμὴ ἀληθής	ἐστιν, ὅτι μόνος		οὐκ εἰμί, ἀλλ᾽	ἐγὼ καὶ	G N 1071 1424
δὲ κρίνω	δὲ ἐγώ, ἡ κρίσις ἡ ἐμὴ ἀληθής	ἐστιν, ὅτι μόνος		οὐκ εἰμί, ἀλλ᾽	ἐγὼ καὶ	f13
δὲ ἐγὼ	κρίνω, ἡ κρίσις ἡ ἐμὴ ἀληθής	ἐστιν,				69
κρίνω	δὲ ἐγώ, ἡ κρίσις ἡ ἐμὴ ἀληθής	ἐστιν, ὅτι μόνος		οὐκ εἰμί, ἀλλ᾽	ἐγὼ καὶ	𝔓66 ℵ 𝔐 K M U Δ Θ Λ Ψ f1 2 28 157 565 579 700 τ

ὁ πέμψας με	πατήρ.	**17** καὶ ἐν	τῷ νόμῳ δὲ τῷ ὑμετέρῳ γέγραπται	ὅτι δύο	B 𝔓66.75 u[w]τ
ὁ ·····ε	πατήρ.	**17** ·····	νόμῳ ·····ετέρῳ ·····αι	ὅτι δύ‑	𝔓39 [↑ rell
ὁ πέμψας με.		**17** καὶ	τῷ νόμῳ δὲ τῷ ὑμετέρῳ γεγραμμένον ἐστιν	ὅτι δύο	ℵ*
ὁ πέμψας με.	πατήρ.	**17** καὶ ἐν	τῷ νόμῳ δὲ τῷ ὑμετέρῳ γεγραμμένον ἐστιν	ὅτι δύο	ℵc
ὁ πέμψας με.		**17** καὶ ἐν	τῷ νόμῳ δὲ τῷ ὑμετέρῳ γέγραπται	ὅτι δύο	D [w]
om.		**17**			F* 69
ὁ πέμψας με ὁ	πατήρ.	**17** καὶ ἐν	τῷ νόμῳ δὲ τῷ ὑμετέρῳ γέγραπται	ὅτι δύο	S
ὁ πέμψας με	πατήρ.	**17** καὶ ἐν	τῷ νόμῳ τῷ ὑμετέρῳ γέγραπται	ὅτι δύο	1071

ἀνθρώπων ἡ μαρτυρία ἀληθής ἐστιν.	**18** ἐγώ εἰμι ὁ μαρτυρῶν περὶ ἐμαυτοῦ καὶ	B 𝔓66 uwτ rell
····· μαρτυρία ····· ἐστιν.	**18** ἐ····· ·····μαρτυ····· ἐμαυτοῦ καὶ	𝔓39
ἀνθρώπων ἡ μαρτυρία ἐστιν ἀληθής.	**18** ἐγώ εἰμι ὁ μαρτυρῶν περὶ ἐμαυτοῦ καὶ περὶ ἐμοῦ	𝔓75*
ἀνθρώπων ἡ μαρτυρία ἐστιν ἀληθής.	**18** ἐγώ εἰμι ὁ μαρτυρῶν περὶ ἐμαυτοῦ καὶ	𝔓75c
	18 ἐγώ εἰμι ὁ μαρτυρῶν περὶ ἐμαυτοῦ καὶ	F* 69
ἀνθρώπων ἡ μαρτυρία ἀληθής ἐστιν.	**18** ἐγώ εἰμι μαρτυρῶν περὶ ἐμαυτοῦ καὶ	Υ*
ἀνθρώπων ἡ μαρτυρία ἀληθής ἐστιν.	**18** ἐγώ εἰμι ὁ μαρτυρῶν περὶ ἐμοῦ καὶ	U

μαρτυρεῖ περὶ ἐμοῦ ὁ πέμψας με πατήρ.	**19** ἔλεγον οὖν αὐτῷ, Ποῦ ἐστιν ὁ πατήρ σου;	B 𝔓66.75 uwτ rell
····· ἐμοῦ ····· πατήρ.	**19** ἔ····· αὐτῷ, ····· ····· πατήρ σο‑	𝔓39
μαρτυρεῖ περὶ ἐμοῦ ὁ πέμψας με πατήρ.	**19** ἔλεγον οὖν οὕτω, Ποῦ ἐστιν ὁ πατήρ σου;	Θ

ἀπεκρίθη	Ἰησοῦς,	Οὔτε ἐμὲ οἴδατε οὔτε τὸν πατέρα	B 𝔓66.75* 𝔐 K L M U Δ Λ Ψ f1 2
	Ἰησοῦ‑	····· τε οὔτ·····	𝔓39 [↑157 565 579 1424 uw
ἀπεκρίθη	Ἰησοῦς,	Οὐδὲ ἐμὲ οἴδατε οὔτε τὸν πατέρα	𝔓75c
ἀπεκρίθη ὁ	Ἰησοῦς καὶ εἶπεν,	Οὔτε ἐμὲ οἴδατε οὔτε τὸν πατέρα	ℵ
ἀπεκρίθη	Ἰησοῦς καὶ εἶπεν αὐτοῖς,	Οὔτε ἐμὲ οἴδατε οὔτε τὸν πατέρα	D
ἀπεκρίθη ὁ	Ἰησοῦς,	Οὔτε ἐμὲ οἴδατε οὔτε τὸν πατέρα	N S W Θ Ω f13 33 1071 τ
ἀπεκρίθη ὁ	Ἰησοῦς,	Οὔτε ἐμὲ οἴδατε οὔτε τὸν πατέρα	69
ἀπεκρίθη	Ἰησοῦς καὶ εἶπεν,	Οὔτε ἐμὲ οἴδατε οὔτε τὸν πατέρα	28 700

σου· εἰ ἐμὲ ᾔδειτε, καὶ τὸν πατέρα μου ἂν ᾔδειτε.	**20** Ταῦτα	τὰ ῥήματα ἐλάλησεν	B 𝔓66.75 L N W
·····υ· εἰ ἐμὲ ····· τὸν πατέρ····· ·····δειτε.	**20** Τ·····	·····ματα ἐλ·····	𝔓39 [↑Ψ f1 uw
σου· εἰ ἐμὲ ᾔδειτε, καὶ τὸν πατέρα	ᾔδειτε ἄν.	**20** Ταῦτα	τὰ ῥήματα ἐλάλησεν	ℵ 1424
σου· εἰ ἐμὲ ᾔδειτε, καὶ τὸν πατέρα μου ᾔδειτε.	**20** Ταῦτα	ῥήματα ἐλάλησεν	D
μου· εἰ ἐμὲ ᾔδειτε, καὶ τὸν πατέρα μου	ᾔδειτε ἄν.	**20** Ταῦτα	τὰ ῥήματα ἐλάλησεν	Δ
μου· εἰ ἐμὲ ᾔδειτε, καὶ τὸν πατέρα μου	ᾔδειτε ἄν.	**20** Ταῦτα	τὰ ῥήματα ἐλάλησεν	118 2 700 788
μου· εἰ ἐμὲ ᾔδειτε, καὶ τὸν πατέρα μου ἂν ᾔδειτε.	**20** Ταῦτα	τὰ ῥήματα ἐλάλησεν	33 1071
μου· εἰ ἐμὲ ᾔδειτε, καὶ τὸν πατέρα μου	ᾔδειτε ἄν.	**20** Ταῦτα οὖν	τὰ ῥήματα ἐλάλησεν	579
σου· εἰ ἐμὲ ᾔδειτε, καὶ τὸν πατέρα μου	ᾔδειτε ἄν.	**20** Ταῦτα	τὰ ῥήματα ἐλάλησεν	𝔐 K M U Θ Λ f13 28 157 565 τ

---

lac. **8.16-20** 𝔓45 A C P Γ Π

A 16 κρικρινω U ¦ κρισης E 1071 ¦ κρισεις W ¦ αληθεινη L W 33 ¦ αληθεις Θ ¦ ουεκ (ουκ) G* ¦ ιμι 𝔓66 ¦ ειμει L N W **17** ανθρωπων D* ¦ αληθης 𝔓66* **18** ειμει N W ¦ μαρτυρι 𝔓66 D E* L W Δ Θ ¦ μαρτυρη K **19** ελεγων 579 ¦ οιδαται 𝔓66 ℵ N ¦ ηδιται1.2 𝔓66 ¦ ηδειται2 ℵ W ¦ ηδιτε1.2 N ¦ ηδητε1.2 157 1424 ¦ ηδειται2 L ¦ ειδειτε2 Θ 579 1346 ¦ οιδειτε1.2 69 ¦ ιδητε1 2 ¦ ειδητε1.2 1071 **20** ρητα 𝔓66

B 16 π̅η̅ρ̅ 𝔓39 𝔓66 ℵc Fc G H Y K L M N S U W Δ Θ Λ Ψ Ω f1 118 f13 124 2 33 28 157 565 579 700 788 1071 1346 1424 **17** α̅ν̅ω̅ν̅ 𝔓75 E Fc H Y K L M N S U W Δ Λ Ω f1 118 f13 124 2 33 28 157 565 579 700 788 1071 1346 1424 **18** π̅η̅ρ̅ 𝔓39 𝔓66 𝔐 K L M N S U W Δ Θ Λ Ψ Ω f1 118 f13 124 2 33 28 157 565 579 700 788 1071 1346 1424 **19** π̅η̅ρ̅ 𝔓39 𝔓66 𝔐 K L M N S U W Δ Θ Λ Ψ Ω f1 118 f13 69 124 2 33 28 157 565 579 700 788 1071 1346 1424 ¦ ι̅ς̅ B 𝔓66 𝔓75 ℵ 𝔐 K L M N S U W Δ Θ Λ Ψ Ω f1 118 f13 124 2 33 28 157 565 579 700 788 1071 1346 1424 ¦ ι̅η̅ς̅ D ¦ π̅ρ̅α̅1.2 𝔓66 𝔐 K L M N S U W Δ Θ Λ Ψ Ω f1 118 f13 69 124 2 33 28 157 565 579 700 788 1071 1346 1424 ¦ π̅ρ̅α̅2 𝔓39 ¦ lac.1 𝔓39 𝔓75

C 20 ανναγνοσμα D

D 19 (ante απεκριθη) π̅ζ̅/γ̅ ℵ G M S Y Λ Ψ Ω 118 28 1071 1424 ¦ π̅ζ̅ D F H K Θ 2 157 565 1346 ¦ π̅ζ̅/β̅ E ¦ π̅ζ̅/ζ̅ U ¦ π̅ζ̅/ι̅ 124 788 ¦ Ευ Ιω π̅ζ̅ : Λο ριθ : Μρ .: Μθ ρ̅ι̅α̅ E ¦ Ιω π̅ζ̅ : Λο ρι̅θ̅ : Μρ ρ̅κ̅θ̅ :Μτ ριβ 124 **20** π̅η̅/δ̅ ℵ N Λ 124 788 ¦ π̅η̅ D F H K L Θ f1 118 2 157 565 ¦ π̅η̅/α̅ E G M U Y Ψ 1346 1424 ¦ π̅η̅/ι̅ S Ω 28 ¦ Ευ Ιω π̅η̅ : Λο σ̅λ̅θ̅ : Μρ ρ̅κ̅ς̅ : Μθ σ̅κ̅ E ¦ Ιω π̅η̅ : Λο σ̅μ̅β̅ : Μρ . : Μτ σ̅κ̅ 124 ¦ Ιω π̅η̅ : Λο . : Μρ . : Μτ . 788

ἐν τῷ γαζοφυλακίῳ διδάσκων ἐν τῷ ἱερῷ   καὶ οὐδεὶς ἐπίασεν αὐτόν,   B 𝔓^{66.75} D K L W Θ Ψ
⋯ τῷ γαζο⋯⋯⋯⋯ διδάσκω⋯ ⋯⋯ ἱερῷ·   κα⋯ ⋯⋯⋯⋯ ἐπίασ⋯   𝔓³⁹   [↑157 uw
ἐν τῷ γαζοφυλακίῳ·   καὶ οὐδεὶς ἐπίασεν αὐτόν,   ℵ
Ἰησοῦς ἐν τῷ γαζοφυλακίῳ διδάσκων ἐν τῷ ἱερῷ   καὶ οὐδεὶς ἐπίασεν αὐτόν,   118
ὁ Ἰησοῦς ἐν τῷ γαζοφυλακίῳ διδάσκων ἐν τῷ ἱερῷ   καὶ οὐδεὶς ἐπέβαλεν ἐπ'   28
ὁ Ἰησοῦς ἐν τῷ γαζοφυλακίῳ διδάσκων ἐν τῷ ἱερῷ   καὶ οὐδεὶς ἐπίασεν αὐτόν,   𝔐 M N U Δ Λ f¹ f¹³ 2 33
565 579 700 1071 1424 τ

ὅτι οὔπω ἐληλύθει ἡ ὥρα αὐτοῦ.   B 𝔓^{66.75} uwτ rell
⋯τι οὔπ⋯ ⋯⋯⋯⋯ ἡ ὥρα α⋯⋯   𝔓³⁹
ὅτι οὔπω ἦλθεν ἡ ὥρα αὐτοῦ.   L
αὐτῷ τὰς χεῖρας, ὅτι οὔπω ἐληλύθει ἡ ὥρα αὐτοῦ.   28

The Jews Do Not Understand Who Jesus Is

κη̄ 21 Εἶπεν οὖν πάλιν αὐτοῖς,   Ἐγὼ ὑπάγω καὶ ζητήσετέ με,   B 𝔓^{66*.75} D L W uw
21 ⋯⋯⋯⋯ οὖν πα⋯⋯ ⋯⋯⋯⋯   Ἐγὼ ὑπ⋯⋯ ⋯⋯τήσετέ ⋯⋯   𝔓³⁹
21 Ἔλεγεν οὖν αὐτοῖς,   Ἐγὼ ὑπάγω καὶ ζητήσετέ με,   ℵ
21 Εἶπον οὖν πάλιν αὐτοῖς ὁ Ἰησοῦς,   Ἐγὼ ὑπάγω καὶ ζητήσετέ με,   F
21 Εἶπεν οὖν πάλιν αὐτοῖς ὁ Ἰησοῦς, Ἐγὼ ὑπάγω καὶ ζητήσετέ με καὶ οὐκ   N
21 Εἶπεν οὖν πάλιν αὐτοῖς ὁ Ἰησοῦς, Ἐγὼ ὑπάγω καὶ ζητήσετέ με καὶ οὐχ   f¹ 565 700
21 Εἶπεν οὖν πάλιν αὐτοῖς ὁ Ἰησοῦς, Ἐγὼ ὑπάγω καὶ ζητεῖτέ   69
21 Εἶπεν οὖν πάλιν ὁ Ἰησοῦς, Ἐγὼ ὑπάγω καὶ ζητήσετέ με,   28 1071
21 Εἶπεν οὖν αὐτοῖς πάλιν ὁ Ἰησοῦς, Ἐγὼ ὑπάγω καὶ ζητήσετέ με,   1424
21 Εἶπεν οὖν πάλιν αὐτοῖς ὁ Ἰησοῦς, Ἐγὼ ὑπάγω καὶ ζητήσετέ με,   𝔓^{66c} 𝔐 K M U Δ Θ
Λ Ψ f¹³ 2 33 157 579 τ

καὶ ἐν τῇ ἁμαρτίᾳ ὑμῶν ἀποθανεῖσθε·   ὅπου ἐγὼ ὑπάγω ὑμεῖς   B 𝔓⁶⁶ 69 788 uwτ
⋯ τῇ ἁμαρτ⋯ ⋯⋯⋯⋯ ἀποθαν⋯   ⋯που ἐγὼ ⋯⋯ ὑμεῖς   𝔓³⁹   [↑rell
καὶ ἐν τῇ ἁμαρτίαν ὑμῶν ἀποθανεῖσθε·   ὅπου ἐγὼ ὑπάγω ὑμεῖς   𝔓⁷⁵
εὑρήσετέ με, καὶ ἐν τῇ ἁμαρτίᾳ ὑμῶν ἀποθανεῖσθε·   ὅπου ἐγὼ ὑπάγω ὑμεῖς   N
καὶ ἐν τῇ ἁμαρτίᾳ ὑμῶν ἀποθανεῖσθε· καὶ ὅπου ἐγὼ ὑπάγω ὑμεῖς   U f¹³
εὑρήσετέ με, καὶ ἐν τῇ ἁμαρτίᾳ ὑμῶν ἀποθανεῖσθε· καὶ ὅπου ἐγὼ ὑπάγω ὑμεῖς   f¹ 565
εὑρήσετε, καὶ ἐν τῇ ἁμαρτίᾳ ὑμῶν ἀποθανεῖσθε· καὶ ὅπου ἐγὼ ὑπάγω ὑμεῖς   118
εὑρήσετε, καὶ ἐν τῇ ἁμαρτίᾳ ὑμῶν ἀποθανεῖσθε·   ὅπου ἐγὼ ὑπάγω ὑμεῖς   700
καὶ ἐν ταῖς ἁμαρτίαις ὑμῶν ἀποθανεῖσθε·   ὅπου ἐγὼ ὑπάγω ὑμεῖς   1071

οὐ δύνασθε ἐλθεῖν. 22 ἔλεγον οὖν οἱ Ἰουδαῖοι,   Μήτι ἀποκτενεῖ   B 𝔓^{66.75} uwτ
ο⋯⋯⋯⋯ ἐλθεῖν. 22 ἔ⋯   𝔓³⁹   [rell
οὐ δύνασθε ἐλθεῖν. 22 ἔλεγαν οὖν οἱ Ἰουδαῖοι,   Μήτι ἀποκτενεῖ   D*
οὐ δύνασθε ἐλθεῖν. 22 ἔλεγον οὖν οἱ Ἰουδαῖοι,   Μήτι ἀποκτεννεῖ   L
οὐ δύνασθε ἐλθεῖν. 22 ἔλεγον οὖν οἱ Ἰουδαῖοι πρὸς ἑαυτούς, Μήτι ἀποκτενεῖ   N
οὐ δύνασθε ἐλθεῖν. 22 καὶ ἔλεγον οὖν οἱ Ἰδαῖοι,   Μήτι ἀποκτενεῖ   69
οὐ δύνασθε ἐλθεῖν. 22   28

---

lac. 8.20-22 𝔓⁴⁵ A C P Γ Π

A 20 γαζοφυλακειω E^c G Y N Λ Ψ 1424 ¦ γαζωφυλακιω 2 1346 ¦ ουδις ℵ ¦ εληλυθη H U Θ Λ 13 2* 565 579 700 1071 1346 21 ζητησεται ℵ^c W 2* 33 1071 1424 ¦ ζησετε D* ¦ αποθανισθαι 𝔓⁶⁶ ℵ ¦ αποθανεισθαι M W 2 157 579 ¦ αποθανισθε Θ ¦ υμις ℵ ¦ δυνασθαι 𝔓⁶⁶ ℵ W 13 2* 28 579 1071 ¦ ελθιν ℵ

B 20 ι̅ς̅ 𝔐 M N S U Δ Λ Ω f¹ f¹³ 124 2 33 28 565 579 700 788 1071 1346 1424 21 ι̅ς̅ 𝔐 K M N S U Δ Θ Λ Ψ Ω f¹ f¹³ 124 2 33 28 157 565 579 700 788 1071 1346 1424

C 20 τελος (post ωρα αυτου) E H S Y Θ Λ 124 1346 ¦ τελος της ε̅ G M f¹ 28 21 αρχη F ¦ αρχη: τη παρασαι της δ̅ εβδομαδος ειπεν ο κ̅ς̅ προς τους εληλυθοτας προς αυτον ιουδαιους (ante εγω υπαγω) E ¦ αρχη: τη παρα, ειπ, πρ της εληλυθ πρ εγω υπαγω και ζ,τ G ¦ αρχη: παρασκ, της μεσον ειπ πρ της εληλυθ πρ αυτ ιουδ εγω υπαγω H ¦ αρχ (ante εγω υπαγω): τη παρ,α της δ̅ εβδ ειπεν ο κ̅ς̅ προς τους ελη, εγω υπαγω κ, ζητησετε με Y ¦ τη παρασ,τς δ̅ εβδ ειπεν ο κ̅ς̅ πρ τς εληλυθ πρ αυτ ιουδ εγω υπαγω, M ¦ τη ς̅ τς δ̅ εβδ S ¦ αρχ: εγω υπαγω Θ ¦ τη ς̅ μτ τ̅ μεσο ν̅ αρχ ειπ ο κ̅ς̅ πρ,ο Ω ¦ αρχ λ̅ τη ς̅ τς δ̅ εβδ ειπ ο κ̅ς̅ προς τ εγω υπαγω κ̅ Σα μ,τ τ̅ υψω f¹ ¦ αρχ λ̅ τη παρ,α τς δ̅ εβδομ,α ειπεν ο κ̅ς̅ προς τ εγω υπαγω: Σα κ,ε λ̅α κ,υ κ,ε ι̅β̅ και Σα μετα τον ⋯⋯ 118 ¦ αρχ τη β̅ τς δ̅ εβδ f¹³ 124 788 ¦ αρχ ειπεν ο κ̅ς̅ προς τους εληλυθοτ προς αυτον ιουδ 2 ¦ αρχ τς ε̅ ειπεν ο κ̅ς̅ προς τους εληλυθοτ προς αυτον ιουδ εγω υπαγ 28 ¦ αρχ τη ς̅ τς δ̅ εβδ 1071 1346 ¦

D 21 π̅θ̅/ι̅ ℵ E G M S U Y Λ Ψ 118 124 28 788 1071 1424 ¦ π̅θ̅ D F H K L Θ Ω f¹ f¹³ 2 157 565 1346 ¦ Ευ Ιω π̅θ̅ : Λο . : Μρ . : Μθ . E ¦ Ιω π̅θ̅ : Λο . : Μρ . : Μτ . 124 ¦ Ιω π̅θ̅ : Λο σμ̅θ̅ : Μρ ρκβ̅ : Μτ σκ̅ 788

ἑαυτόν, ὅτι λέγει, Ὅπου ἐγὼ ὑπάγω, ὑμεῖς οὐ δύνασθε ἐλθεῖν; 23 καὶ ἔλεγεν B ℵᶜ Dᶜ W Θ *f*¹³
ἑαυτόν, ὅτι λέγει, Ὅπου ἐγὼ ὑπάγω ὑμεῖς οὐ δύνασθε ἐλθεῖν; 23 ἔλεγεν οὖν 𝔓⁶⁶ [↑uw
ἑαυτόν, ὅτι λέγει, Ὅπου ὑπάγω ὑμεῖς οὐ δύνασθε ἐλθεῖν; 23 καὶ ἔλεγεν 𝔓⁷⁵
ἑαυτόν, ὅτι λέγει, Ὅπου ἂν ἐγὼ ὑπάγω ὑμεῖς οὐ δύνασθε ἐλθεῖν; 23 ἔλεγεν οὖν ℵ*
αὐτόν, ὅτι λέγει, Ὅπου ἐγὼ ὑπάγω ὑμεῖς οὐ δύνασθε ἐλθεῖν; 23 καὶ ἔλεγεν D* 69
ἑαυτόν, ὅτι λέγει, Ὅπου ἐγὼ ὑπάγω ὑμεῖς οὐ δύνασθε ἐλθεῖν; 23 καὶ ἔλεγεν L 1071
ἑαυτόν, ὅτι λέγει, Ὅπου ἐγὼ ὑπάγω ὑμεῖς οὐ δύνασθε ἐλθεῖν; 23 καὶ ἔλεγεν N
ἑαυτόν, ὅτι λέγει ὅτι ὅπου ἐγὼ ὑπάγω ὑμεῖς οὐ δύνασθε ἐλθεῖν; 23 καὶ εἶπεν U 2 157
αὐτόν, ὅτι λέγει, Ὅπου ἐγὼ ὑπάγω ὑμεῖς οὐ δύνασθε ἐλθεῖν; 23 καὶ εἶπεν Λ Ψ* 118
23 καὶ εἶπεν 28
ἑαυτόν, ὅτι λέγει, Ὅπου ἐγὼ ὑπάγω ὑμεῖς οὐ δύνασθε ἐλθεῖν; 23 καὶ εἶπεν 𝔐 K M Δ Ψᶜ *f*¹
124 33 565 579 700 1424 τ

αὐτοῖς, Ὑμεῖς ἐκ τῶν κάτω ἐστέ, ἐγὼ ἐκ τῶν ἄνω εἰμί· ὑμεῖς ἐκ B 𝔓⁶⁶·⁷⁵ uwτ rell
αὐτοῖς, Ὑμεῖς ἐκ τῶν κάτω ἐστέ, ἐγὼ δὲ ἐκ τῶν ἄνω εἰμί· ὑμεῖς ἐκ D
αὐτοῖς ὁ Ἰησοῦς, Ὑμεῖς ἐκ τῶν κάτω ἐστέ, ἐγὼ ἐκ τῶν ἄνω εἰμί· ὑμεῖς ἐκ N 28
αὐτοῖς, Ὑμεῖς ἐκ τῶν κάτω ἐστέ, καὶ ἐγὼ ἐκ τῶν ἄνω εἰμί· ὑμεῖς ἐκ 157
αὐτοῖς, Ὑμεῖς ἐκ τῶν κάτω ἐστέ, 565

[Cl Pr 59.3 οι κατα τον Ιωαννην ουκ οντες ἐκ τῶν κάτω]

τούτου τοῦ κόσμου ἐστέ, ἐγὼ οὐκ εἰμὶ ἐκ τοῦ κόσμου τούτου. 24 εἶπον οὖν ὑμεῖν ὅτι B
τούτου τοῦ κόσμου ἐστέ, ἐγὼ οὐκ εἰμὶ ἐκ τοῦ κόσμου τούτου. 24 εἶπον ὑμεῖν ὅτι 𝔓⁶⁶
τούτου τοῦ κόσμου ἐστέ, ἐγὼ οὐκ εἰμὶ ἐκ τοῦ κόσμου τούτου. 24 εἶπον οὖν ὑμῖν ὅτι 𝔓⁷⁵ uw
τοῦ κόσμου τούτου ἐστέ, ἐγὼ οὐκ εἰμὶ ἐκ τοῦ κόσμου τούτου. 24 εἶπον ὑμῖν ὅτι ℵ
τοῦ κόσμου τούτου ἐστέ, ἐγὼ οὐκ εἰμὶ ἐκ τούτου τοῦ κόσμου. 24 εἶπον οὖν ὑμεῖν ὅτι D
τούτου τοῦ κόσμου ἐστέ, ἐγὼ οὐκ εἰμὶ ἐκ τούτου τοῦ κόσμου. 24 εἶπον οὖν ὑμῖν W
τοῦ κόσμου τούτου ἐστέ, ἐγὼ οὐκ εἰμὶ ἐκ τοῦ κόσμου τούτου. 24 εἶπον οὖν ὑμῖν ὅτι Θ *f*¹³ 33
τοῦ κόσμου τούτου ἐστέ, ἐγὼ οὐκ εἰμὶ ἐκ τοῦ κόσμου τούτου. 24 εἶπον οὖν ἡμῖν ὅτι 2
ἐγὼ οὐκ εἰμὶ ἐκ τοῦ κόσμου τούτου. 24 εἶπον οὖν ὑμῖν ὅτι 565
τοῦ κόσμου τούτου ἐστέ, ἐγὼ οὐκ εἰμὶ ἐκ τούτου τοῦ κόσμου. 24 εἶπον οὖν εἰμῖν ὅτι 1346
τοῦ κόσμου τούτου ἐστέ, ἐγὼ οὐκ εἰμὶ ἐκ τοῦ κόσμου τούτου. 24 εἶπον οὖν ὑμῖν ὅτι 𝔐 K L M N U
Δ Λ Ψ *f*¹ 28 157 579 700 1071 1424 τ

ἀποθανεῖσθε ἐν ταῖς ἁμαρτίαις ὑμῶν· ἐὰν γὰρ μὴ πιστεύσητε ὅτι B 𝔐 K M N Λ Ψ *f*¹ 2 28 157 565
ἀποθανεῖσθε ἐν ταῖς ἁμαρτίαις ὑμῶν· ἐὰν γὰρ μὴ πιστεύσηται ὅτι 𝔓⁶⁶ L U W Δ [↑700 uwτ
ἀποθανεῖσθε ἐν ταῖς ἁμαρτίαις ὑμῶν· ἐὰν γὰρ μὴ πιστεύητε ὅτι 𝔓⁷⁵
ἀποθανεῖσθε ἐν ταῖς ἁμαρτίαις ὑμῶν· ἐὰν γὰρ μὴ πιστεύσηταί μοι ὅτι ℵ
ἀποθανεῖσθε ἐν ταῖς ἁμαρτίαις ὑμῶν· ἐὰν γὰρ μὴ πιστεύσητέ μοι ὅτι D Θ *f*¹³
ἀποθανεῖσθε ἐν ταῖς ἁμαρτίαις ὑμῶν· 33 1071 1424
ἀποθανεῖσθε ἐν ταῖς ἁμαρτίαις ἡμῶν· ἐὰν γὰρ μὴ πιστεύσητε ὅτι 579
ἀποθανεῖσθε ἐν ταῖς ἁμαρτίαις ὑμῶν· ἐὰν γὰρ μὴ πιστεύσητέ μοι ὅτι 788

ἐγώ εἰμι, ἀποθανεῖσθε ἐν ταῖς ἁμαρτίαις ὑμῶν. 25 ἔλεγον οὖν αὐτῷ, Σὺ τίς εἶ; B 𝔓⁷⁵ u[w]τ rell
ἐγώ εἰμι, ἀποθανεῖσθε ἐν ταῖς ἁμαρτίαις ὑμῶν. 25 καὶ ἔλεγον αὐτῷ, Σὺ τίς εἶ; 𝔓⁶⁶
ἐγώ εἰμι, ἀποθανεῖσθε ἐν ταῖς ἁμαρτίαις ὑμῶν. 25 ἔλεγον αὐτῷ, Σὺ τίς εἶ; ℵ
ἐγώ εἰμι, ἀποθανεῖσθε ἐν ταῖς ἁμαρτίαις ὑμῶν. 25 εἶπον οὖν αὐτῷ, Σὺ τίς εἶ; W
25 ἔλεγον οὖν αὐ⸱⸱⸱⸱ ⸱⸱⸱⸱ τίς εἶ; 33
ἐγώ εἰμι, ἀποθανεῖσθε ἐν ταῖς ἁμαρτίαις ἡμῶν. 25 ἔλεγον οὖν αὐτῷ, Σὺ τίς εἶ; 579
25 ἔλεγον οὖν αὐτῷ, Σὺ τίς εἶ; 1071 1424
ἐγώ εἰμί, ἀποθανεῖσθε ἐν ταῖς ἁμαρτίαις ὑμῶν. 25 ἔλεγον οὖν αὐτῷ, Σὺ τίς εἶ; [w]

[Cl S V 85.1 ἐὰν γὰρ μὴ πιστεύσητε, φησιν ο κυριος, ἀποθανεῖσθε ἐν ταῖς ἁμαρτίαις ὑμῶν]

---

lac. 8.22-25 𝔓⁴⁵ A C P Γ Π

A 22 μητει D ¦ μιτι L ¦ αποκτενι Θ ¦ υμις ℵ N ¦ δυνασθαι 𝔓⁶⁶ ℵ W Λ 13 2 579 1071 ¦ ελθιν ℵ 23 υμις¹·² N ¦ εσται¹·² W 2 28 1071 ¦ εσται¹ 13 1346 1424 ¦ εσται² L ¦ τω (των²) 69 ¦ ειμει¹ D ¦ ειμει¹·² N W ¦ υμει² 13 ¦ ημι 2 24 αποθανισθαι¹·² 𝔓⁶⁶ ℵ ¦ αποθανεισθαι¹·² L W 2 2* 28 579 ¦ αποθανεισθαι¹ D U 1071 ¦ αποθανισθε¹, αποθανισθαι² Θ ¦ αποθανισθε² N ¦ αποθανεισθαι² 13¦ πιστευσειτε 2* ¦ ται (ταις¹) Δ ¦ τες αμαρτιαις¹ Θ ¦ ειμει N W ¦ αμαρταις² Δ* 25 της (τις) Θ ¦

B 23 ̄ις N 28

113

εἶπεν αὐτοῖς Ἰησοῦς, Τὴν ἀρχὴν ὅ τι καὶ λαλῶ ὑμῖν; **26** πολλὰ B 𝔓⁶⁶*·⁷⁵ [w]
εἶπεν· αὐτοῖς ὁ Ἰησοῦς, Εἶπον ὑμῖν τὴν ἀρχὴν ὅ τι καὶ λαλῶ ὑμῖν; **26** πολλὰ 𝔓⁶⁶ᶜ
εἶπεν οὖν αὐτοῖς ὁ Ἰησοῦς, Τὴν ἀρχὴν ὅ τι καὶ ἒν λαλῶ ὑμῖν; **26** πολλὰ ℵ*
εἶπεν οὖν αὐτοῖς ὁ Ἰησοῦς, Τὴν ἀρχὴν ὅ τι καὶ λαλῶ ὑμῖν; **26** πολλὰ ℵᶜ D 1071
καὶ εἶπεν αὐτοῖς ὁ Ἰησοῦς, Τὴν ἀρχὴν ὅ τι καὶ λαλῶ ὑμῖν; **26** πολλὰ 𝔐 K N Δ Λ Ψ f¹³ 2 28
καὶ εἶπεν ὁ Ἰησοῦς, Τὴν ἀρχὴν ὅ τι καὶ λαλῶ ὑμῖν; **26** πολλὰ U [↑157 579 700 τ
εἶπεν αὐτοῖς Ἰησοῦς, Τὴν ἀρχὴν ὅ τι καὶ λαλῶ ὑμῖν. **26** πολλὰ [w]
εἶπεν αὐτοῖς ὁ Ἰησοῦς, Τὴν ἀρχὴν ὅ τι καὶ λαλῶ ὑμῖν; **26** πολλὰ L M W Θ f¹ 69 124
33 565 788 1424 u[w]

ἔχω περὶ ὑμῶν λαλεῖν καὶ κρείνειν, ἀλλ' ὁ πέμψας με ἀληθής ἐστιν, κἀγὼ ἃ B D
ἔχων περὶ ὑμῶν λαλεῖν καὶ κρίνειν, ἀλλ' ὁ πέμψας με ἀληθής ἐστιν, κἀγὼ ἃ 𝔓⁶⁶
ἔ‧ω περὶ ὑμῶν λαλεῖν καὶ κρίνειν, ‧λλ‧ ‧‧πέμψας με ἀληθής ἐστιν, κἀγὼ ἃ 𝔓⁷⁵
ἔχω περὶ ὑμῶν λαλεῖν καὶ κρίνιν, ἀλλ' ὁ πέμψας με πατὴρ ἀληθής ἐστιν, κἀγὼ ἃ ℵ
ἔχω περὶ ὑμῶν καὶ λαλεῖν καὶ κρίνειν, ἀλλ' ὁ πέμψας με ἀληθής ἐστιν, κἀγὼ ἃ G 579
ἔχω περὶ ὑμῶν εἰπεῖν καὶ κρίνειν, ἀλλὰ ὁ πέμψας με ἀληθής ἐστιν, κἀγὼ Ω*
ἔχω περὶ ὑμῶν ‧‧‧‧‧‧νειν, ἀλλ' ὁ πέμψας με ἀληθής ἐστιν, κἀγὼ ἃ 33
ἔχω περὶ ὑμᾶς λαλεῖν καὶ κρίνειν, ἀλλ' ὁ πέμψας με ἀληθής ἐστιν, καὶ ἐγὼ ἃ 565
ἔχω περὶ ὑμῶν λαλεῖν καὶ κρίνειν, ἀλλ' ὁ πέμψας με ἀληθής ἐστιν, καὶ ἐγὼ ἃ 1346
ἔχω περὶ ὑμῶν λαλεῖν καὶ κρίνειν, ἀλλ' ὁ πέμψας με ἀληθής ἐστιν, κἀγὼ ἃ uwτ rell

ἤκουσα παρ' αὐτοῦ ταῦτα λαλῶ εἰς τὸν κόσμον. **27** οὐκ ἔγνωσαν ὅτι B 𝔓⁶⁶·⁷⁵ uw
ἤκουσα παρ' αὐτῷ ταῦτα λαλῶ εἰς τὸν κόσμον. **27** οὐκ ἔγνωσαν ὅτι ℵ* [↑rell
ἤκουσα παρ' αὐτοῦ ταῦτα λαλῶ εἰς τοῦτον τὸν κόσμον. **27** οὐκ ἔγνωσαν ὅτι Dᶜ
ἤκουσα παρ' αὐτοῦ ταῦτα λαλῶ εἰς τὸν κόσμον. **27** καὶ οὐκ ἔγνωσαν ὅτι U 118
ἤκουσα παρ' αὐτοῦ ταῦτα λέγω εἰς τὸν κόσμον. **27** οὐκ ἔγνωσαν οὖν ὅτι Λ
ἤκουσα παρ' αὐτοῦ ταῦτα λαλῶ εἰς τὸν κόσμον. **27** οὐκ ἔγνωσαν οὖν ὅτι 69
ἤκουσα παρ' αὐτοῦ ταῦτα λαλῶ ‧‧‧ ‧‧‧ **27** ‧‧‧σαν ὅ‧‧ 33
ἤκουσα παρ' αὐτοῦ ταῦτα λαλῶ εἰς τὸν κόσμον. **27** οὐκ ἔγνωσαν δὲ ὅτι 1071
ἀκήκοα παρ' αὐτοῦ ταῦτα λαλῶ εἰς τὸν κόσμον. **27** οὐκ ἔγνωσαν ὅτι 1424
ἤκουσα παρ' αὐτοῦ ταῦτα λέγω εἰς τὸν κόσμον. **27** οὐκ ἔγνωσαν ὅτι 𝔐 M 2 28 579 τ

τὸν πατέρα αὐτοῖς ἔλεγεν. **28** εἶπεν οὖν ὁ Ἰησοῦς ὅτι Ὅταν B 𝔓⁶⁶*
τὸν πατέρα αὐτοῖς ἔλεγεν. **28** εἶπεν οὖν αὐτοῖς ὁ Ἰησοῦς ὅτι Ὅταν 𝔓⁶⁶ᶜ·⁷⁵
τὸν πατέρα αὐτοῖς ἔλεγεν τὸν θεόν. **28** εἶπεν οὖν αὐτοῖς ὁ Ἰησοῦς πάλιν Ὅταν ℵ*
τὸν πατέρα αὐτοῖς ἔλεγεν. **28** εἶπεν οὖν αὐτοῖς ὁ Ἰησοῦς πάλιν Ὅταν ℵᶜ
τὸν πάτερ αὐτοῦ λέγει τὸν θεόν. **28** εἶπεν οὖν αὐτοῖς πάλιν ὁ Ἰησοῦς Ὅταν D
τὸν πατέρα αὐτοῖς λέγει. **28** εἶπεν οὖν αὐτοῖς ὁ Ἰησοῦς Ὅταν F
τὸν πατέρα αὐτοῖς ἔλεγεν. **28** εἶπεν οὖν ὁ Ἰησοῦς Ὅταν L W f¹ 565
τὸν πατέρα ἔλεγεν αὐτοῖς. **28** εἶπεν οὖν αὐτοῖς ὁ Ἰησοῦς Ὅταν N [↑[u]w
‧‧‧‧‧ αὐτοῖς ἔλεγεν. **28** εἶπεν οὖν αὐτοῖς ὁ Ἰησοῦς Ὅταν 33
τὸν πατέρα αὐτοῦ ἔλεγεν. **28** εἶπεν οὖν αὐτοῖς πάλιν ὁ Ἰησοῦς Ὅταν 𝔐 K M U Δ Θ Λ
τὸν πατέρα αὐτοῖς ἔλεγεν. **28** εἶπεν οὖν αὐτοῖς ὁ Ἰησοῦς Ὅταν Ψ 118 f¹³ 2 157 579 700 1071 1424 [u]τ

ὑψώσητε τὸν υἱὸν τοῦ ἀνθρώπου, τότε γνώσεσθε ὅτι ἐγώ εἰμι, καὶ ἀπ' ἐμαυτοῦ B 𝔓⁶⁶·⁷⁵ u[w]τ rell
‧‧‧‧‧ ‧‧‧ ‧‧‧ ‧‧‧‧‧ ‧‧‧‧‧ θε ὅτι ἐγώ εἰμι, καὶ ἀπ' ἐμαυτοῦ 33
ὑψώσητε τὸν υἱὸν τοῦ ἀνθρώπου, τότε γνώσεσθε ὅτι ἐγώ εἰμι, καὶ ἀπ' ἐμαυτοῦ οὐ 157
ὑψώσητε τὸν υἱὸν τοῦ ἀνθρώπου, τότε γνώσεσθε ὅτι ἐγώ εἰμί, καὶ ἀπ' ἐμαυτοῦ [w]

lac. 8.25-28 𝔓⁴⁵ A C P Γ Π

A **25** υμειν D **26** πολα Θ* ¦ λαλιν ℵ N ¦ λειν Y* ¦ κρινιν ℵ N ¦ κρινην 2* ¦ αληθεις Λ ¦ εστι f¹ 118 157 **27** αυτοι (αυτοις) Δ ¦ γωγνωσαν K **28** υψωσηται 𝔓⁶⁶ W Ψ ¦ υψωσειται 579 ¦ υψωσειτε 1071 ¦ γνωσεσθαι ℵ D L W Δ 2* 579 1071 ¦ γνωσθε H ¦ ειμει N W ¦ εματου H ¦ εμααυτου Θ

B **25** ῑϲ B 𝔓⁶⁶ 𝔓⁷⁵ ℵ 𝔐 K L M N S U W Δ Θ Λ Ψ Ω f¹ 118 f¹³ 124 2 33 28 157 565 579 700 788 1071 1346 1424 ¦ ιης D **27** π̄ρ̄ᾱ 𝔓⁶⁶ 𝔐 K L M N S U W Δ Θ Λ Ψ Ω f¹ 118 f¹³ 69 124 2 28 157 565 579 700 788 1071 1346 1424 ¦ θ̄ν̄ ℵ D **28** ῑϲ B 𝔓⁷⁵ ℵ 𝔐 K L M S U W Δ Θ Λ Ψ Ω f¹ 118 f¹³ 124 2 33 28 157 565 579 700 788 1071 1346 1424 ¦ ιης D ¦ ῡν̄ ℵ 𝔐 K L M N S U Δ Λ Ψ Ω f¹ 2 28 565 579 1071 1424 ¦ ᾱν̄ο̄ῡ 𝔐 K L M N S U W Δ Θ Λ Ψ Ω f¹ 118 f¹³ 69 124 2 28 157 565 579 700 788 1071 1346 1424

ποιῶ οὐδέν, ἀλλὰ καθὼς ἐδίδαξέν με ὁ πατήρ μου ταῦτα λαλῶ. **29** καὶ B 𝔐 K M U Δ Λ *f*¹ 124 2 28 157
ποιῶ <u>οὐδὲ ἕν</u>, ἀλλὰ καθὼς ἐδίδαξέν <u>μοι</u> ὁ πατὴρ ταῦτα λαλῶ. **29** καὶ 𝔭⁶⁶* [↑565 700 1346 1071 τ
ποιῶ <u>οὐδὲ ἕν</u>, ἀλλὰ καθὼς ἐδίδαξέν με ὁ πατὴρ ταῦτα λαλῶ. **29** καὶ 𝔭⁶⁶ᶜ
ποιῶ οὐδέν, ἀλλὰ καθὼς ἐδίδαξέν με ὁ πατὴρ ταῦτα λαλῶ. **29** καὶ 𝔭⁷⁵ D L N Θ Ψ *f*¹³ 69ᶜ 579
ποιῶ οὐδέν, ἀλλὰ καθὼς ἐδίδαξέν με ὁ πατὴρ <u>οὕτως</u> λαλῶ. **29** καὶ ℵ ↑uw
ποιῶ οὐδέν, ἀλλὰ καθὼς ἐδίδαξέν με ταῦτα λαλῶ. **29** καὶ W
ποιῶ οὐδέν, ἀλλὰ καθὼς ἐδίδαξέν με ὁ πατὴρ ταῦτα <u>ποιῶ</u>. **29** καὶ 69*
ποιῶ οὐδέν, ... λαλῶ. **29** καὶ 33
ποιῶ οὐδέν, ἀλλὰ καθὼς ἐδίδαξέν <u>μοι</u> ὁ πατήρ μου ταῦτα λαλῶ. **29** καὶ 1424

ὁ πέμψας με μετ᾽ ἐμοῦ ἐστιν· οὐκ ἀφῆκέν με μόνον, ὅτι ἐγὼ B 𝔭⁶⁶·⁷⁵ ℵᶜ D W Θ Ψ *f*¹
ὁ πέμψας με <u>οὐκ ἀφῆκέν με μόνον· μετ᾽ ἐμοῦ ἐστιν</u>, ὅτι ἐγὼ ℵ* [↑565 788 uw
ὁ πέμψας με <u>πατὴρ</u> μετ᾽ ἐμοῦ ἐστιν· <u>καὶ</u> οὐκ ἀφῆκέν με μόνον, ὅτι ἐγὼ L
ὁ πέμψας με μετ᾽ ἐμοῦ ἐστιν· οὐκ ἀφῆκέν με μόνον <u>ὁ πατήρ</u>, ἐγὼ N*
ὁ πέμψας με μετ᾽ ἐμοῦ ἐστιν· <u>καὶ</u> οὐκ ἀφῆκέν με μόνον, ὅτι ἐγὼ *f*¹³ 1071
ὁ πέμψας με μετ᾽ ἐμοῦ ἐστιν· οὐκ ἀφῆκέν μόνον, ὅτι ἐγὼ 69
ὁ πέμψας με μετ᾽ ἐμοῦ ἐστιν· <u>καὶ</u> οὐκ ἀφῆκέν ····· .. .. ὅτι ἐγὼ 33
ὁ πέμψας μετ᾽ ἐμοῦ ἐστιν· οὐκ ἀφῆκέν με μόνον, ὅτι ἐγὼ 579 [↓157 700 1424 τ
ὁ πέμψας με μετ᾽ ἐμοῦ ἐστιν· οὐκ ἀφῆκέν με μόνον <u>ὁ πατήρ</u>, ὅτι ἐγὼ 𝔐 K M Nᶜ U Λ 124 2 28

τὰ ἀρεστὰ αὐτῷ ποιῶ πάντοτε. **30** Ταῦτα αὐτοῦ λαλοῦντος πολλοὶ ἐπίστευσαν εἰς αὐτόν. B 𝔭⁶⁶·⁷⁵ uwτ
···· .... ιῶ πάντοτε. **30** Ταῦτα αὐτοῦ λαλοῦντος πολλοὶ .... 33 [↑rell
τὰ ἀρεστὰ <u>αὐτῶν</u> πιῶ πάντοτε. **30** Ταῦτα αὐτοῦ λαλοῦντος πολλοὶ ἐπίστευσαν εἰς αὐτόν. 579
τὰ ἀρεστὰ αὐτῷ ποιῶ πάντοτε. **30** Ταῦτα αὐτοῦ πολλοὶ ἐπίστευσαν εἰς αὐτόν. 1071

To Know The Truth Is To Be Free

κ̅δ̅ **31** Ἔλεγεν οὖν ὁ Ἰησοῦς πρὸς τοὺς πεπιστευκότας αὐτῷ Ἰουδαίους, Ἐὰν B 𝔭⁶⁶·⁷⁵ uwτ rell
31 Ἔλεγεν οὖν Ἰησοῦς πρὸς τοὺς πεπιστευκότας αὐτῷ Ἰουδαίους, Ἐὰν ℵ*
31 Ἔλεγεν οὖν πρὸς τοὺς πεπιστευκότας αὐτῷ Ἰουδαίους, Ἐὰν Λ
31 .... τοὺς πεπιστευκότας αὐτῷ Ἰουδαίους, Ἐὰν 33
31 Ἔλεγεν ὁ Ἰησοῦς πρὸς τοὺς πεπιστευκότας αὐτῷ Ἰουδαίους, Ἐὰν 579

ὑμεῖς μείνητε ἐν τῷ λόγῳ τῷ ἐμῷ, ἀληθῶς μαθηταί μού ἐστε **32** καὶ B ℵᶜ 𝔐 K L M N U Θ Λ Ψ *f*¹ *f*¹³ 2 28
ὑμεῖς <u>μείνηται</u> ἐν τῷ λόγῳ τῷ ἐμῷ, ἀληθῶς μαθηταί μού ἐστε **32** καὶ 𝔭⁶⁶ [↑157 565 700 1071 uwτ
ὑμεῖς <u>μένητε</u> ἐν τῷ λόγῳ τῷ ἐμῷ, ἀληθῶς μαθηταί μού ἐστε **32** καὶ 𝔭⁷⁵ W
ὑμεῖς μείνητε ἐν τῷ λόγῳ τῷ ἐμῷ, ἀληθῶς μαθηταί ἐστε **32** καὶ ℵ*
ὑμεῖς <u>μείνηται</u> ἐν τῷ <u>ἐμῷ</u> λόγῳ, ἀληθῶς μαθηταί μού ἐστε **32** καὶ D
ὑμεῖς <u>μένητε</u> ἐν τῷ λόγῳ τῷ <u>ἐνῷ</u>, ἀληθῶς μαθηταί μού ἐστε **32** καὶ Δ
.... ὡς μαθηταί μού ἐστε **32** καὶ 33
ὑμεῖς <u>μίνηντε</u> ἐν τῷ λόγῳ τῷ ἐμῷ, ἀληθῶς μαθηταί μού ἐστε **32** καὶ 579

γνώσεσθε τὴν ἀλήθειαν, καὶ ἡ ἀλήθεια ἐλευθερώσει ὑμᾶς. **33** ἀπεκρίθησαν B 𝔭⁶⁶·⁷⁵ uwτ rell
γνώσεσθε τὴν ἀλήθει····· .... **33** ἀπεκρίθησαν 33
γνώσεσθε τὴν ἀλήθειαν, καὶ ἡ ἀλήθεια ἐλευθερώσει ὑμᾶς. **33** <u>καὶ</u> ἀπεκρίθησαν 579

[Cl S II 22.6 <u>καὶ η αληθεια ελευθερωσει υμας</u>]

lac. 8.28-33 𝔭⁴⁵ A C P Γ Π

A 28 εδιδαξεν 𝔭⁶⁶ W ¦ εδιδαξε Y 118 13 69 157 788 1346 **29** αφηκε ℵ* Y 69 157 700 ¦ μονων 579 ¦ παντωτε 579 **30** λαλουντως 579 **31** πιστευκοτας 579 ¦ υμις ℵ N ¦ μινητε ℵ N ¦ μενηται W ¦ μηνητε Θ ¦ λαγω Θ ¦ αληθος 1071 ¦ μαθητε K L Θ ¦ εσται L W Θ 28 579 **32** γνωσεσθαι ℵ D L W 13 2* 28 579 1071 1346 ¦ γνοσεσθε N ¦ αληθιαν N ¦ αληθαν 579 ¦ αληθια 𝔭⁶⁶ ℵ ¦ αλιθια Θ ¦ ελευθερωση 69

B 28 π̅η̅ρ̅ 𝔭⁶⁶ 𝔐 K L M N S U Δ Θ Λ Ψ Ω *f*¹ 118 *f*¹³ 69 124 2 28 157 565 579 700 788 1071 1346 1424 **29** π̅η̅ρ̅¹ L ¦ π̅η̅ρ̅² 𝔐 K M N S U Δ Λ Ω 118 124 2 28 157 700 1424 **31** ι̅ς̅ B 𝔭⁶⁶ 𝔭⁷⁵ ℵ 𝔐 K L M N S U W Δ Θ Ψ Ω *f*¹ 118 *f*¹³ 124 2 28 157 565 579 700 788 1071 1346 1424 ¦ ι̅η̅ς̅ D

C 30 τελος (post εις αυτον) D [ημερα ϛ̅ της δ̅ εβδομ.: 8.20-30] E F H S Y Θ Ω 118 *f*¹³ 124 2 788 1346 ¦ τελος της παρ. G M ¦ τελ τς ϛ̅ *f*¹ 28 **31** αρχη F ¦ αρχη: Σαββατω της μεσο πεντηκοστης (ν̅ 2): ειπεν ο κ̅ς̅ (ante προς τους) E 2 ¦ αρχη: Σα της μεσον + ειπεν ο κ̅ς̅ προς τους G ¦ αρχη: Σα της μεσον ειπ π̅ρ̅ τους πεπιστευ H ¦ αρχ (ante εαν υμεις): Σα δ̅ ειπεν ο κ̅ς̅ προς τους πεπιστευκοτας αυτ ιουδ εαν υμει μεινητε Y ¦ Σα δ̅ ειπεν ο κ̅ς̅ πρ τους πεπισ.τ αυτ ιουδ εαν υμεις μειν, M ¦ Σα δ̅ ειπ ο κ̅ς̅ προς τ ελ̣ηλυθ S ¦ αρχ: ελεγεν ουν ο ι̅ς̅ Θ ¦ αρχ τω Σα τς δ̅ εβδομαδ Ψ 124ᶜ 1071 1346 ¦ Σα μτ τ με ν ειπ ο κ̅ς̅ προς τους πεπιστευκοτας Ω ¦ (ante υμεις) αρχ λ̅α̅ Σα δ̅ ειπ ο κ̅ς̅ προς τ πεπιστευκοτ αυτω ιουδ εαν υμεις *f*¹ ¦ αρχ λ̅α̅ τω Σα,τ της δ̅ εβδομ,α̅ ειπεν ο κ̅ς̅ εαν υμεις μεινη 118 ¦ αρχ *f*¹³ ¦ αρχ τω Σα τς δ̅ εβδ Σα δ̅ 124* ¦ αρχ του Σαβ ειπεν ο̣ κ̅ς̅ προς τους πεπιστευκοτας προς αυτον ιουδαιους εαν υμεις 28 ¦ αρχ τω Σα της μεσον δ̅ 157 ¦ αρχ Σα δ̅ 788 ¦ αρχη ειπεν ο κ̅ς̅ 1424 ¦ ωτ Σα τς μ,ε̅ ν̅ ειπ ο κ̅ς̅ τοις εαυτ μαθ Λ ¦ (ante εαν υμεις) αρχ Λ

D 31 π̅θ̅ 118 1071

πρὸς αὐτόν,   Σπέρμα Ἀβραάμ ἐσμεν καὶ οὐδενὶ δεδουλεύκαμεν   B 𝔓⁶⁶ᶜ·⁷⁵ ℵ L W Θ **uw**
πρὸς αὐτόν,   Σπέρμα Ἀβραάμ ἐσμεν καὶ οὐδενὶ δεδουλεύκαμεν οὐδενὶ   𝔓⁶⁶*
πρὸς αὐτὸν καὶ εἶπαν,   Σπέρμα Ἀβραάμ ἐσμεν καὶ οὐ   δεδουλεύκαμεν οὐδενὶ   D
    αὐτῷ οἱ Ἰουδαῖοι,   Σπέρμα Ἀβραάμ ἐσμεν καὶ οὐδενὶ δεδουλεύκαμεν   N Λ f¹³ 1071
    αὐτῷ καὶ εἶπον,   Σπέρμα Ἀβραάμ ἐσμεν καὶ οὐδενὶ δεδουλεύκαμεν   f¹ 565
πρὸς αὐτὸν οἱ Ἰουδαῖοι,   Σπέρμα Ἀβραάμ ἐσμεν καὶ οὐδενὶ δεδουλεύκαμεν   33
    αὐτῷ Ἰουδαῖοι,   Σπέρμα Ἀβραάμ ἐσμεν καὶ οὐδενὶ δεδουλεύκαμεν   579
    αὐτῷ,   Σπέρμα Ἀβραάμ ἐσμεν καὶ οὐδενὶ δεδουλεύκαμεν   𝔐 K M U Δ Ψ 118 2
    28 157 700 1424 τ

πώποτε·   πῶς σὺ λέγεις ὅτι Ἐλεύθεροι γενήσεσθε; 34 ἀπεκρίθη αὐτοῖς   Ἰησοῦς,   B [w]
πώποτε· καὶ πῶς σὺ λέγεις ὅτι Ἐλεύθεροι γενήσεσθε; 34 ἀπεκρίθη αὐτοῖς   Ἰησοῦς,   𝔓⁶⁶
πώποτε·   πῶς σοι λέγεις ὅτι Ἐλεύθεροι γενήσεσθε; 34 ἀπεκρίθη   Ἰησοῦς,   𝔓⁷⁵
πώποτε·   πῶς σοι λέγεις ὅτι Ἐλεύθεροι γενήσεσθε; 34 ἀπεκρίθη αὐτοῖς ὁ   Ἰησοῦς,   E* 1071
πώποτε· καὶ πῶς σὺ λέγεις ὅτι Ἐλεύθεροι γενήσεσθε; 34 ἀπεκρίθη αὐτοῖς ὁ   Ἰησοῦς,   N
πώποτε·   πῶς σὺ λέγεις   Ἐλεύθεροι γενήσεσθε; 34 ἀπεκρίθη αὐτοῖς ὁ   Ἰησοῦς,   W f¹ 565
πώποτε· καὶ πῶς σὺ λέγεις   Ἐλεύθεροι γενήσεσθε; 34 ἀπεκρίθη αὐτοῖς ὁ   Ἰησοῦς,   69
πώποτε·   πῶς σὺ λέγεις ὅτι Ἐλευθερωθήσεσθε;   34 ἀπεκρίθη αὐτοῖς ὁ   Ἰησοῦς,   1424
πώποτε·   πῶς σὺν λέγεις ὅτι Ἐλεύθεροι γενήσεσθε; 34 ἀπεκρίθη αὐτοῖς ὁ   Ἰησοῦς,   579*
πώποτε·   πῶς σὺ λέγεις ὅτι Ἐλεύθεροι γενήσεσθε; 34 ἀπεκρίθη αὐτοῖς ὁ   Ἰησοῦς,   ℵ D 𝔐 K L M
    U Δ Θ Λ Ψ 118 f¹³ 2 33 28 157 579ᶜ 700 **u[w]τ**

Ἀμὴν ἀμὴν λέγω ὑμῖν ὅτι πᾶς ὁ ποιῶν τὴν ἁμαρτίαν δοῦλός ἐστιν τῆς ἁμαρτίας.   B 𝔓⁶⁶·⁷⁵ **u[w]τ** rell
·········· ·········· ····· πᾶς ὁ ποιῶν τὴν ἁμαρτίαν δοῦλός ἐστιν τῆς ἁμαρτίας.   C
Ἀμὴν ἀμὴν λέγω ὑμῖν ὅτι πᾶς ὁ ποιῶν τὴν ἁμαρτίαν δοῦλός ἐστιν.   D [w]
Ἀμὴν   λέγω ὑμῖν ὅτι πᾶς ὁ ποιῶν τὴν ἁμαρτίαν δοῦλός ἐστιν τῆς ἁμαρτίας.   28

[Cl S II 22.5 πας μεν ουν ο ποιων την αμαρτιαν δουλος εστιν] [Cl S III 30.3 πας γαρ, φησιν, ο αμαρτανων δουλος εστιν ο αποστολος λεγει]

35 ὁ δὲ δοῦλος οὐ μένει ἐν τῇ οἰκίᾳ εἰς τὸν αἰῶνα, ὁ   υἱὸς   μένει   B 𝔓⁷⁵ **uwτ** rell
35 ὁ δὲ δοῦλος οὐ μένει ἐν τῇ οἰκίᾳ εἰς τὸν αἰῶνα, ὁ δὲ υἱὸς μένει   𝔓⁶⁶ 118
35 ὁ δὲ δοῦλος οὐ μένει ἐν τῇ οἰκίᾳ εἰς τὸν αἰῶνα.   ℵ W 124 33 1071
35 ὁ δὲ δοῦλος οὐ μένει εἰς τὴν οἰκείαν εἰς τὸν αἰῶνα, ὁ δὲ υἱὸς μένει   D   [↑1346
35 ὁ δὲ δοῦλος οὐ μένει ἐν τῇ οἰκίᾳ εἰς τὸν αἰῶνα, ὁ   υἱὸς μένει ἐν τῇ οἰκίᾳ   Λ
35 ὁ δὲ δοῦλος οὐ μένει εἰς τὴν οἰκίαν εἰς τὸν αἰῶνα, ὁ   υἱὸς μένει   2
35 ὁ δὲ δοῦλος οὐ μένη ἐν τῇ οἰκίᾳ εἰς τὸν αἰῶνα, ὁ   Ἰησοῦς μένη   579

[Cl S II 22.5 ο δε δουλος ου μενει εν τη οικια εις τον αιωνα]

    [↓157 565 700 788 **uwτ**
εἰς τὸν αἰῶνα.   **36** ἐὰν οὖν ὁ υἱὸς ὑμᾶς ἐλευθερώσῃ,   ὄντως ἐλεύθεροι ἔσεσθε.   B C 𝔐 K U Λ Ψ f¹ 2ᶜ
εἰς τὸν αἰῶνα.   **36** ἐὰν οὖν ὁ υἱὸς ὑμᾶς ἐλευθερώσῃ,   ὄντως ἐλεύθεροί ἐστε.   𝔓⁶⁶
εἰς τὸν αἰῶνα.   **36** ἐὰν   ὁ υἱὸς ὑμᾶς ἐλευθερώσῃ,   ὄντως ἐλεύθεροι ἔσεσθε.   𝔓⁷⁵ 69
    36 ἐὰν οὖν ὁ υἱὸς ὑμᾶς ἐλευθερώθῃ,   ὄντως ἐλεύθεροι ἔσεσθαι.   ℵ*
    36 ἐὰν οὖν ὁ υἱὸς ὑμᾶς ἐλευθερώσῃ,   ὄντως ἐλεύθεροι ἔσεσθαι.   ℵᶜ
εἰς τὸν αἰῶνα.   **36** ἐὰν οὖν ὁ υἱὸς ὑμᾶς ἐλευθερώσει, ὄντως ἐλεύθεροι ἔσεσθαι.   D Θ 2*
εἰς τὸν αἰῶνα.   **36** ἐὰν οὖν ὁ υἱὸς ὑμᾶς ἐλευθερώσῃ,   ὄντως ἐλεύθεροι ἔσεσθε.   H M Δ 118 1424
εἰς τὸν αἰῶνα.   **36** ἐὰν οὖν ὁ υἱὸς ὑμᾶς ἐλευθερώσῃ,   ὄντως ἐλεύθεροι ἔσεσθαι.   L N
    36 ἐὰν οὖν   ὑμᾶς ἐλευθερώσῃ,   ὄντως ἐλεύθεροι ἔσεσθαι.   W
εἰς τὸν αἰῶνα.   **36** ἐὰν   ὁ υἱὸς ὑμᾶς ἐλευθερώσει, ὄντως ἐλεύθεροι ἔσεσθαι.   f¹³
    36 ἐὰν οὖν ὁ υἱὸς ὑμᾶς ἐλευθερώσῃ,   ὄντως ἐλεύθεροι ἔσεσθε.   124 33
εἰς τὸν αἰῶνα.   **36** ἐὰν οὖν ὁ υἱὸς ἐλευθερώσει ὑμᾶς, ὄντως ἐλεύθεροι ἔσεσθαι.   28
εἰς τὸν αἰῶναν.   **36** ἐὰν οὖν ὁ υἱὸς ἡμᾶς ἐλευθερώσει, ὄντως ἐλεύθεροι ἔσεσθε.   579
    36 ἐὰν οὖν ὁ υἱὸς ὑμᾶς ἐλευθερώσει, ὄντως ἐλεύθεροί ἐστε.   1071
    36 ἐὰν οὖν ὁ υἱὸς ὑμᾶς ἐλευθερώσει, ὄντως ἐλεύθεροι ἔσεσθε.   1346

[Cl S II 22.6 εαν δε ο υιος υμας (ημας 1 ms.) ελευθερωση, ελευθεροι εσεσθε]

lac. 8.33-36 𝔓⁴⁵ A P Γ Π ¦ vss. 33-34 C

A 33 ουδενει N | ποποτε Ω ¦ πωποται 579 | γενησεσθαι L N W Θ Ω 579 1071 34 απεκριθει 1071 | υμειν D | αμαρτιαν Θ | εστι C Y K L S U f¹ 118 13 69 124 157 565 700 788 1346 35 δουλως Θ | μενη¹ E* M Θ Λ 579 | οικεια N W Θ 1346 ¦ οικηα 579 | των (τον¹·²) Θ 36 οτως 𝔓⁶⁶* K* 1 ¦ οντος E* 69 565 ¦ ωντως 579 | ελευθερωσει 2* ¦ εσεσθαι 2* 579

B 34 ιϲ B 𝔓⁶⁶ 𝔓⁷⁵ ℵ 𝔐 K L M N S U W Δ Θ Λ Ψ Ω f¹ 118 f¹³ 124 2 33 28 157 565 579 788 1071 1346 1424 ¦ ιη̅ϲ D 35 υϲ 𝔓⁶⁶ C E F G Y K M N S U Δ Λ Ψ f¹ 2 28 565 1424 ¦ ιϲ 579 36 υϲ 𝔓⁶⁶ 𝔓⁷⁵ ℵ C 𝔐 K L M N S U Δ Λ Ψ Ω f¹ 2 33 28 565 1071 1424

37 οἶδα ὅτι σπέρμα Ἀβραάμ ἐστε· ἀλλὰ ζητεῖτέ με ἀποκτεῖναι, ὅτι ὁ λόγος ὁ ἐμὸς B 𝔓⁷⁵ **uwτ** rell
37 οἶδα ὅτι σπέρμα Ἀβραάμ <u>ἐσται</u>· ἀλλὰ ζητεῖτέ με ἀποκτεῖναι, ὅτι ὁ λόγος ὁ ἐμὸς 𝔓⁶⁶ L W 2 579

οὐ χωρεῖ ἐν ὑμῖν. **38**	ἃ ἐγὼ	ἑώρακα	παρὰ τῷ	πατρὶ		λαλῶ·	B 𝔓⁶⁶ C **uw**
οὐ χωρεῖ ἐν ὑμῖν. **38**	ἃ ἐγὼ	<u>ἑόρακα</u>	παρὰ τῷ	πατρὶ		λαλῶ·	𝔓⁷⁵
οὐ χωρεῖ ἐν ὑμῖν. **38**	ἃ ἐγὼ	ἑώρακα	παρὰ τῷ	πατρί <u>μου</u>		λαλῶ·	א
οὐ χωρεῖ <u>ἐμεῖν</u>. **38**	<u>ἐγω ἃ</u>	<u>ὥρακα</u>	παρὰ τῷ	πατρί <u>μου</u> <u>ταῦτα</u>		λαλῶ·	D*
οὐ χωρεῖ ἐν ὑμῖν. **38**	<u>ἐγω ἃ</u>	ἑώρακα	παρὰ τῷ	πατρί <u>μου</u> <u>ταῦτα</u>		λαλῶ·	Dᶜ 33
οὐ χωρεῖ ἐν ὑμῖν. **38**	<u>ἐγὼ ὃ</u>	<u>ἑόρακα</u>	παρὰ τῷ	πατρί <u>μου</u>		λαλῶ·	𝔐 K M 28
οὐ χωρεῖ ἐν ὑμῖν. **38**	<u>ἐγὼ ἃ</u>	<u>ἑόρακα</u>	παρὰ τῷ	πατρὶ		λαλῶ·	L
οὐ χωρεῖ ἐν ὑμῖν. **38**	<u>ἐγὼ ἃ</u>	ἑώρακα	παρὰ τῷ	πατρί <u>μου</u>		λαλῶ·	N 1071
οὐ χωρεῖ ἐν ὑμῖν. **38**	ἃ ἐγὼ	ἑώρακα	<u>ἀπὸ</u> <u>τοῦ</u> <u>πατρὸς</u>		<u>ταῦτα</u>	λαλῶ·	W
οὐ χωρεῖ ἐν ὑμῖν. **38**	<u>ἐγω ἃ</u>	<u>ἑόρακα</u>	παρὰ τῷ	πατρί <u>μου</u>		λαλῶ·	Θ
οὐ χωρεῖ ἐν ὑμῖν. **38**	<u>ὃ</u> ἐγὼ	ἑώρακα	παρὰ τῷ	πατρί <u>μου</u>		λαλῶ·	f¹
οὐ χωρεῖ ἐν ὑμῖν. **38**	<u>ἐγω δὲ ὣ</u>	ἑώρακα	παρὰ τῷ	πατρί <u>μου</u>		λαλῶ·	f¹³
οὐ χωρεῖ ἐν ὑμῖν. **38**	<u>ἐγω δὲ ἃ</u>	ἑώρακα	παρὰ τῷ	πατρί <u>μου</u>		λαλῶ·	69 1346
οὐ χωρεῖ ἐν ὑμῖν. **38**	<u>ἐγω δὲ ὃ</u>	ἑώρακα	παρὰ τῷ	πατρί <u>μου</u>		λαλῶ·	124
οὐ χωρεῖ ἐν ὑμῖν. **38**	ἐγὼ		παρὰ τῷ	πατρί <u>μου</u> <u>ὃ</u> <u>ἑώρακα</u>		λαλῶ·	157
οὐ χωρεῖ ἐν ὑμῖν. **38**	ἃ ἐγὼ	<u>ἑόρακα</u>	παρὰ τῷ	πατρί <u>μου</u>		λαλῶ·	565
οὐ χωρεῖ ἐν ὑμῖν. **38**	<u>ἐγω ἃ</u>	ἑώρακα	παρὰ τῷ	πατρί <u>ἡμῖν</u>		λαλῶ·	579 [↓1424 τ
οὐ χωρεῖ ἐν ὑμῖν. **38**	<u>ἐγὼ ὃ</u>	ἑώρακα	παρὰ τῷ	πατρί <u>μου</u>		λαλῶ·	S U Y Δ Λ Ψ Ω 118 2 700

καὶ ὑμεῖς οὖν	ἃ ἠκούσατε	παρὰ τοῦ	πατρὸς	ποιεῖτε.	B **uw**
καὶ ὑμεῖς οὖν	ἃ <u>ἑωράκατε</u>	παρὰ τοῦ	πατρὸς	ποιεῖτε.	𝔓⁶⁶
καὶ ὑμεῖς οὖν	ἃ ἠκούσατε	παρὰ τοῦ	πατρὸς	<u>λαλ</u>………	𝔓⁷⁵
καὶ ὑμεῖς οὖν	ἃ <u>ἑωράκατε</u>	παρὰ τοῦ	πατρὸς <u>ὑμῶν</u>	ποιεῖτε.	א*
καὶ ὑμεῖς οὖν	<u>ὃ ἠκούσαται</u>	παρὰ τοῦ	πατρὸς <u>ὑμῶν</u>	ποιεῖτε.	אᶜ
καὶ ὑμεῖς οὖν	ἃ ἠκούσατε	παρὰ τοῦ	πατρὸς <u>ὑμῶν</u>	ποιεῖτε.	C Y K Θ f¹ f¹³ 33 565
καὶ ὑμεῖς οὖν	ἃ <u>ἑωράκατε</u>	παρὰ <u>τῷ</u>	<u>πατρὶ</u> <u>ὑμῶν</u> <u>ταῦτα</u>	ποιεῖτε.	D
καὶ ὑμεῖς οὖν	<u>ὃ ἑοράκατε</u>	παρὰ <u>τῷ</u>	<u>πατρὶ</u> <u>ὑμῶν</u>	ποιεῖτε.	𝔐 M Δ 28
καὶ ὑμεῖς οὖν	<u>ὃ ἠκούσαται</u>	παρὰ τοῦ	πατρὸς	ποιεῖτε.	L
καὶ ὑμεῖς οὖν	ἃ <u>ἑωράκατε</u>	παρὰ <u>τῷ</u>	<u>πατρὶ</u> <u>ὑμῶν</u>	ποιεῖτε.	N 124 1071
καὶ ὑμεῖς οὖν	<u>ὃ ἑωράκατε</u>	παρὰ <u>τῷ</u>	<u>πατρὶ</u> <u>ὑμῶν</u>	ποιεῖτε.	S U Λ Ψ Ω 118 2 157 700 1424 τ
καὶ ὑμεῖς	ἃ ἠκούσατε	παρὰ τοῦ	πατρὸς	ποιεῖτε.	W
καὶ ὑμεῖς οὖν	ἃ <u>ἑωράκατε</u>	παρὰ <u>τῷ</u>	<u>πατρὶ</u> <u>ὑμῶν</u>	ποιεῖτε.	69
καὶ ὑμεῖς οὖν	ἃ <u>ἑοράκατε</u>	παρὰ <u>τῷ</u>	<u>πατρὶ</u> <u>ὑμῶν</u>	ποιεῖτε.	579
καὶ ὑμεῖς οὖν	ἃ ἠκούσατε	παρὰ τοῦ	πατρὸς <u>ἡμῶν</u>	ποιεῖτε.	1346

Those Who Do Not Love Truth Are Children Of The Devil

39 Ἀπεκρίθησαν καὶ εἶπαν αὐτῷ, Ὁ πατὴρ ἡμῶν Ἀβραάμ ἐστιν. λέγει			B 𝔓⁷⁵ C N 33 **uw**
39 Ἀπεκρίθησαν καὶ εἶπαν αὐτῷ, Ὁ πατὴρ ἡμῶν Ἀβραάμ ἐστιν. λέγει <u>οὖν</u>			𝔓⁶⁶
39 Ἀπεκρίθησαν καὶ εἶπαν αὐτῷ, Ὁ πατὴρ ἡμῶν Ἀβραάμ ἐστιν. <u>ἀπεκρίθη</u>			א
39 Ἀπεκρίθησαν καὶ εἶπαν αὐτῷ, Ὁ πατὴρ ἡμῶν Ἀβραάμ ἐστιν. <u>εἶπεν οὖν</u>			D
39 Ἀπεκρίθησαν <u>αὐτῷ</u> <u>καὶ</u> <u>εἶπαν</u>, Ὁ πατὴρ ἡμῶν Ἀβραάμ ἐστιν. λέγει			Θ
39 Ἀπεκρίθησαν <u>αὐτῷ</u> <u>καὶ</u> <u>εἶπον</u>, Ὁ πατὴρ ἡμῶν Ἀβραάμ ἐστιν. λέγει			f¹³
39 Ἀπεκρίθησαν καὶ <u>εἶπεν</u> αὐτῷ, Ὁ πατὴρ ἡμῶν Ἀβραάμ ἐστιν. λέγει			579
39 Ἀπεκρίθησαν καὶ <u>εἶπον</u> αὐτῷ, Ὁ πατὴρ <u>ὑμῶν</u> Ἀβραάμ ἐστιν. λέγει			1424 [↓157 565 700 1071 τ
39 Ἀπεκρίθησαν καὶ <u>εἶπον</u> αὐτῷ, Ὁ πατὴρ ἡμῶν Ἀβραάμ ἐστιν. λέγει			𝔐 K L M U W Δ Λ Ψ f¹ 2 28

lac. 8.37-39 𝔓⁴⁵ A P Γ Π

A 37 αλα 579 ¦ τιτε 𝔓⁶⁶* ¦ ζητιτε 𝔓⁶⁶ᶜ D N ¦ ζητητειτε E ¦ ζητε F* ¦ ζητητε Fᶜ Θ 579 ¦ ζητιτε N ¦ ζητειται W 2 33 1071 ¦ μαι 579 ¦ αποκτιναι א L N W Θ ¦ αποκτηναι 579 ¦ χωρι 𝔓⁶⁶ Θ 1071 **38** υμις א N ¦ ηκουσαται C ¦ ποιειται א W 579 ¦ ποιητε Λ **39** απηκρηθησαν 579 ¦ εστι Y f¹ 118 13 157 565 700 788 ¦ εστην 579

B 38 π̅ρ̅ι̅¹ 𝔓⁶⁶ C 𝔐 L M N S U Δ Λ Θ Ψ Ω f¹ 118 f¹³ 69 124 2 33 28 565 579 700 788 1071 1346 1424 ¦ π̅ρ̅ι̅ K ¦ π̅ρ̅ι̅ W ¦ π̅ρ̅ς̅ 𝔓⁶⁶ C Y K L W Θ f¹ f¹³ 33 565 788 1346 ¦ π̅ρ̅ι̅² E F G H M N S U Λ Ψ Ω 118 124 2 28 579 700 1071 1424 **39** π̅π̅ρ̅ 𝔓⁶⁶ C 𝔐 K L M N S U W Δ Θ Λ Ψ Ω f¹ 118 f¹³ 69 124 2 33 28 157 565 579 700 788 1071 1346 1424

C 39 αρχ τη β̅ της με ν̅ 157

117

αὐτοῖς　　　Ἰησοῦς, Εἰ τέκνα τοῦ Ἀβραάμ ἐστε,　τὰ ἔργα τοῦ Ἀβραὰμ ποιεῖτε·　　B* [w]
αὐτοῖς　　　Ἰησοῦς, Εἰ τέκνα τοῦ Ἀβραάμ ἐστε,　τὰ ἔργα τοῦ Ἀβραὰμ ἐποιεῖτε·　　B^c
αὐτοῖς ὁ　Ἰησοῦς, Εἰ τέκνα τοῦ Ἀβραάμ ἐστε,　τὰ ἔργα τοῦ Ἀβραὰμ ἐποιεῖτε·　　𝔓⁶⁶
αὐτοῖς ὁ　Ἰησοῦς, Εἰ τέκνα τοῦ Ἀβραάμ ἐστε,　τὰ ἔργα τοῦ Ἀβραὰμ ἐποιεῖτε·　　𝔓⁷⁵ ℵ* 1424 u[w]
αὐτοῖς ὁ　Ἰησοῦς, Εἰ τέκνα τοῦ Ἀβραάμ ἐστε,　τὰ ἔργα τοῦ Ἀβραὰμ ἐποιεῖτε ἄν·　ℵ^c
αὐτοῖς ὁ　Ἰησοῦς, Εἰ τέκνα τοῦ Ἀβραάμ ἦτε,　τὰ ἔργα τοῦ Ἀβραὰμ ἐποιεῖτε ἄν·　C K M N Δ Ψ f¹ 33 565
　　　　ὁ　Ἰησοῦς, Εἰ τέκνα τοῦ Ἀβραάμ ἐστε,　τὰ ἔργα τοῦ Ἀβραὰμ ἐποιεῖτε·　　D　　　[↑1071 τ
αὐτοῖς ὁ　Ἰησοῦς, Εἰ τέκνα　　Ἀβραάμ ἦτε,　τὰ ἔργα τοῦ Ἀβραὰμ ἐποιεῖτε·　　G
αὐτοῖς ὁ　Ἰησοῦς, Εἰ τέκνα τοῦ Ἀβραὰμ ἔσται, τὰ ἔργα τοῦ Ἀβραὰμ ἐποιεῖτε ἄν·　L
αὐτοῖς ὁ　Ἰησοῦς, Εἰ τέκνα τοῦ Ἀβραάμ ἦτε,　τὰ ἔργα τοῦ Ἀβραὰμ ποιεῖτε·　　S*
············　　··· ········　τοῦ Ἀβραάμ ἦτε·　τὰ ἔργα τοῦ Ἀβραὰμ ἐποιεῖτε ἄν·　Π
αὐτοῖς ὁ　Ἰησοῦς, Εἰ τέκνα τοῦ Ἀβραάμ ἦτε·　　　　　　　　　　　　　　69*
αὐτοῖς ὁ　Ἰησοῦς, Εἰ τέκνα τοῦ Ἀβραάμ μήτε,　τὰ ἔργα τοῦ Ἀβραὰμ ἐποιεῖται ἄν· 579
αὐτοῖς ὁ　Ἰησοῦς, Εἰ τέκνα τοῦ Ἀβραάμ ἦτε,　τὰ ἔργα τοῦ Ἀβραὰμ ποιεῖτε　　ἄν· 700
αὐτοῖς ὁ　Ἰησοῦς, Εἰ τέκνα τοῦ Ἀβραάμ ἦτε,　τὰ ἔργα τοῦ Ἀβραὰμ ἐποιεῖτε·　　788
αὐτῇ　ὁ　Ἰησοῦς, Εἰ τέκνα τοῦ Ἀβραάμ ἦτε,　τὰ ἔργα τοῦ Ἀβραὰμ ἐποιεῖτε ἄν· 1346　　　[↓157
αὐτοῖς ὁ　Ἰησοῦς, Εἰ τέκνα τοῦ Ἀβραάμ ἦτε,　τὰ ἔργα τοῦ Ἀβραὰμ ἐποιεῖτε·　　𝕸 U W Θ Λ f¹³ 69^c 2 28

40 νῦν δὲ ζητεῖτέ με ἀποκτεῖναι　ἄνθρωπον ὃς τὴν ἀλήθειαν ὑμῖν λελάληκα　ἣν　B 𝔓^{66c.75} uwτ rell
40 νῦν δὲ ζητεῖτε με ἀποκτεῖναι　ἄνθρωπον ὃς τὴν ἀλήθειαν ὑμῖν λελάληκεν　ἣν　𝔓⁶⁶*
40 νῦν δὲ ζητεῖτέ με ἀποκτεῖναι　ἄνθρωπον ὃς τὴν ἀλήθειαν λελάληκα ὑμῖν　ἣν　D Θ f¹³
40 νῦν δὲ ζητεῖτέ με ἀποκτεῖναι　ἄνθρωπον ὃς τὴν ἀλήθειαν ὑμῖν λελάληκα　ἣν　οὐκ Δ*
40 νῦν δὲ ζητεῖτέ με ἀποκτεῖναι　ἄνθρωπος ὃς τὴν ἀλήθειαν λελάληκα ὑμῖν　ἣν　69
40 νῦν δὲ ζητεῖτέ με ἀποκτεῖναι καὶ ἄνθρωπον ὃς τὴν ἀλήθειαν ὑμῖν λελάληκαν ἣν　579
40 νῦν δὲ ζητεῖτέ με ἀποκτεῖναι　ἄνθρωπος ὃς τὴν ἀλήθειαν ὑμῖν λελάληκα　ἣν　1071

ἤκουσα　παρὰ τοῦ θεοῦ·　　τοῦτο Ἀβραὰμ οὐκ ἐποίησεν. **41** ὑμεῖς　　ποιεῖτε　B 𝔓^{66.75} uwτ rell
ἤκουσα　παρὰ τοῦ θεοῦ·　　τοῦτο Ἀβραὰμ οὐκ ἐποίησεν. **41** ὑμεῖς δὲ ποιεῖτε　ℵ^c D^c f¹ 565
ἤκουσεν παρὰ τοῦ θεοῦ·　　τοῦτο Ἀβραὰμ οὐκ ἐποίησεν. **41** ὑμεῖς δὲ ποιεῖτε　D*
ἤκουσα　παρὰ τοῦ πατρός μου· τοῦτο Ἀβραὰμ οὐκ ἐποίησεν. **41** ὑμεῖς　　ποιεῖτε　Θ f¹³
ἤκουσα　παρὰ τοῦ πατρός·　　τοῦτο Ἀβραὰμ οὐκ ἐποίησεν. **41** ὑμεῖς　　ποιεῖτε　1071

τὰ ἔργα τοῦ πατρὸς ὑμῶν. εἶπον　　αὐτῷ, Ἡμεῖς ἐκ πορνείας οὐκ ἐγεννήθημεν·　B
τὰ ἔργα τοῦ πατρὸς ὑμῶν. εἶπαν οὖν αὐτῷ, Ἡμεῖς ἐκ πορνείας οὐ　γεγενήμεθα·　𝔓⁶⁶
τὰ ἔργα τοῦ πατρὸς ὑμῶν. εἶπαν　　αὐτῷ, Ἡμεῖς ἐκ πορνείας οὐκ ἐγεννήμεθα·　ℵ*
τὰ ἔργα τοῦ πατρὸς ὑμῶν. εἶπαν οὖν αὐτῷ, Ἡμεῖς ἐκ πορνείας οὐ　γεγεννήμεθα　ℵ^c [uw]
τὰ ἔργα τοῦ πατρὸς ὑμῶν. εἶπαν　　αὐτῷ, Ἡμεῖς ἐκ πορνείας οὐκ ἐγεννήμεθα·　D*
τὰ ἔργα τοῦ πατρὸς ὑμῶν. εἶπαν οὖν αὐτῷ, Ἡμεῖς ἐκ πορνείας οὐ　γεγεννήμεθα·　D^c Θ [u]
τὰ ἔργα τοῦ πατρὸς ὑμῶν. εἶπον　　αὐτῷ, Ἡμεῖς ἐκ πορνείας οὐκ ἐγεννήμεθα·　L
τὰ ἔργα τοῦ πατρὸς ὑμῶν. εἶπαν　　αὐτῷ, Ἡμεῖς ἐκ πορνείας οὐ　ἐγεννήμεθα·　W
τὰ ἔργα τοῦ πατρὸς ὑμῶν. εἶπον οὖν αὐτῷ, Ἡμεῖς ἐκ πορνείας οὐκ ἐγεννήμεθα·　Ψ
τὰ ἔργα τοῦ πατρὸς ὑμῶν. εἶπον　　αὐτῷ, Ἡμεῖς ἐκ πορνείας οὐ　γεγεννήμεθα·　f¹
τὰ ἔργα τοῦ πατρὸς ὑμῶν. εἶπον οὖν αὐτῷ, Ἡμεῖς ἐκ πορνείας οὐ　γεγεννήμεθα·　f¹³ 28 157 565
τὰ ἔργα τοῦ πατρὸς ἡμῶν. εἶπον οὖν αὐτῷ, Ἡμεῖς^τ ἐκ πορνείας σου　γεγεννήμεθα　579
τὰ ἔργα τοῦ πατρὸς ὑμῶν. εἶπον　　αὐτῷ, Ἡμεῖς ἐκ πορνείας οὐ　γενήμεθα·　1346
τὰ ἔργα τοῦ πατρὸς ὑμῶν. εἶπαν　　αὐτῷ, Ἡμεῖς ἐκ πορνείας οὐκ ἐγεννήθημεν·　[w]
τὰ ἔργα τοῦ πατρὸς ὑμῶν. εἶπον οὖν αὐτῷ, Ἡμεῖς ἐκ πορνείας οὐ　γεγεννήμεθα　𝔓⁷⁵ C 𝕸 K M N U Δ
　　　　　　　　　　　　　　　　　　　　　　　　　　　　　　Λ Π 118 124^c 2 33 700 1071 1424 τ

　　^τπειῆται τὰ ἔργα τοῦ πατρὸς ἡμῶν　579

---

lac. 8.39-41 𝔓⁴⁵ A P Γ

A **39** ποιειται 𝔓⁶⁶ ¦ εποιειται ℵ ¦ επ᾿οιειτε E* ¦ εποιητε Θ **40** ζητιτε ℵ N ¦ ζητειται W 2* 33 ¦ ζητητε 579 ¦ αποκτιναι 𝔓⁶⁶ ℵ L N W Θ ¦ αποσκτηναι 579 ¦ ως (ος) E ¦ τιν (την) 579 ¦ αληθιαν 𝔓⁶⁶ ℵ ¦ υμειν D ¦ εποιησε 69 **41** υμις N ¦ ποιειται ℵ L W 579 ¦ ημις ℵ N ¦ ειμεις 579 ¦ πορνιας 𝔓⁶⁶ ℵ L N W Θ 2* 28 1071 ¦ πορνηας 579

B **39** ι̅ς̅ B 𝔓⁶⁶ 𝔓⁷⁵ ℵ C 𝕸 K L M N S U W Δ Θ Λ Ψ Ω f¹ 118 f¹³ 124 2 33 28 157 565 579 700 788 1071 1346 1424 ¦ ι̅η̅ς D
40 ανον 𝔓⁶⁶ C 𝕸 K L M N S U W Δ Θ Π Ψ Ω f¹ 118 f¹³ 124 2 33 28 157 565 579 700 788 1346 1424 ¦ αν̅ο̅ς̅ 1071 ¦ θ̅υ̅ B 𝔓⁶⁶ 𝔓⁷⁵ ℵ C D 𝕸 K L M N S U W Δ Λ Π Ψ Ω f¹ 118 2 33 28 157 565 579 700 1424 ¦ π̅ρ̅ς̅ Θ f¹³ 69 124 788 1071 1346 **41** π̅ρ̅ς̅ 𝔓⁶⁶ C E F G H K L M N S U W Δ Θ Λ Π Ψ Ω f¹ 118 f¹³ 69 124 2 33 28 157 565 579 700 788 1071 1346 1424

C **41** εβδ ε̅ 157

118

ἕνα πατέρα ἔχομεν τὸν θεόν. **42** εἶπεν   αὐτοῖς   Ἰησοῦς, Εἰ ὁ θεὸς ὁ πατὴρ   B
ἕνα πατέρα ἔχομεν τὸν θεόν. **42** εἶπεν   αὐτοῖς   Ἰησοῦς, Εἰ ὁ θεὸς   πατὴρ   𝔓⁶⁶ [w]
ἕνα πατέρα ἔχομεν τὸν θεόν. **42** εἶπεν <u>οὖν</u> αὐτοῖς ὁ Ἰησοῦς, Εἰ ὁ θεὸς   πατὴρ   ℵ D M S U Ω 118 f¹³
ἕνα πατέρα <u>ἔχον</u> τὸν θεόν. **42** εἶπεν   αὐτοῖς ὁ Ἰησοῦς, Εἰ ὁ θεὸς   πατὴρ   H   [↑28 700 1424 τ
ἕνα πατέρα ἔχομεν.   **42** εἶπεν   αὐτοῖς ὁ Ἰησοῦς, Εἰ ὁ θεὸς   πατὴρ   N*
ἕνα <u>ἔχομεν</u> <u>πατέρα</u> τὸν θεόν. **42** εἶπεν   αὐτοῖς ὁ Ἰησοῦς, Εἰ ὁ θεὸς   πατὴρ   Θ
ἕνα πατέρα ἔχομεν τὸν θεόν. **42** εἶπεν   αὐτοῖς ὁ Ἰησοῦς, ….. ..   ………..   Π
ἕνα πατέρα <u>ἔχωμεν</u> τὸν θεόν. **42** εἶπεν   αὐτοῖς ὁ Ἰησοῦς, Εἰ ὁ θεὸς   πατὴρ   565
ἕνα πατέρα <u>ἔχωμεν</u> τὸν θεόν. **42** εἶπεν <u>οὖν</u> <u>αὐτῷ</u> ὁ Ἰησοῦς, Εἰ ὁ θεὸς   πατὴρ   579
ἕνα πατέρα <u>ἔχωμεν</u> τὸν θεόν. **42** εἶπεν <u>οὖν</u> αὐτοῖς ὁ Ἰησοῦς, Εἰ ὁ θεὸς   πατὴρ   1346
ἕνα πατέρα ἔχομεν τὸν θεόν. **42** εἶπεν   αὐτοῖς ὁ Ἰησοῦς, Εἰ ὁ θεὸς   πατὴρ   𝔓⁷⁵ C 𝔐 K L Nᶜ W Δ
                                                                              Λ Ψ f¹ 2 33 157 1071 u[w]

ὑμῶν ἦν ἠγαπᾶτε ἂν ἐμέ, ἐγὼ γὰρ ἐκ   τοῦ θεοῦ ἐξῆλθον   καὶ ἥκω·   οὐδὲ γὰρ   B 𝔓⁷⁵ **uwτ** rell
ὑμῶν ἦν ἠγαπᾶτε ἂν ἐμέ, <u>ἐκ</u> γὰρ   τοῦ θεοῦ <u>ἐξελήλυθα</u> καὶ ἥκω·   <u>οὐ</u> γὰρ   𝔓⁶⁶
<u>ἡμῶν</u> ἦν ἠγαπᾶτε ἂν ἐμέ, ἐγὼ γὰρ ἐκ   τοῦ θεοῦ ἐξῆλθον   καὶ ἥκω·   οὐδὲ γὰρ   ℵ
<u>ὑμῶν</u> ἦν ἠγαπᾶτε ἂν ἐμέ, ἐγὼ γὰρ ἐκ   τοῦ θεοῦ ἐξῆλθον   καὶ ἥκω·   <u>οὐ</u> γὰρ   D Θ 69 124
<u>ἡμῶν</u> ἦν ἠγαπᾶτε ἂν ἐμέ, ἐγὼ γὰρ   ἐξῆλθον   καὶ ἥκω·   <u>οὐ</u> γὰρ   G
ὑμῶν ἦν ἠγαπᾶτε ἂν ἐμέ,   <u>ἂν</u> ἐκ   τοῦ θεοῦ ἐξῆλθον   καὶ ἥκω·   οὐδὲ γὰρ   N
<u>ἡμῶν</u>   ἠγαπᾶτε ἂν ἐμέ, ἐγὼ γὰρ <u>παρὰ</u> τοῦ θεοῦ ἐξῆλθον   καὶ ἥκω <u>οὗ</u>· οὐδὲ γὰρ   579

ἀπ᾽ ἐμαυτοῦ   ἐλήλυθα,   ἀλλ᾽ ἐκεῖνός με ἀπέστειλεν.   **43** διὰ τί τὴν λαλιὰν   B 𝔓⁷⁵ 69 788 **uwτ**
ἀπ᾽ ἐμαυτοῦ   <u>εξελήλυθα</u>, ἀλλ᾽ ἐκεῖνός με <u>ἀπέσταλκεν</u> . **43** διὰ τί τὴν λαλιὰν   𝔓⁶⁶*   [↑rell
ἀπ᾽ ἐμαυτοῦ   ἐλήλυθα,   ἀλλ᾽ ἐκεῖνός με <u>ἀπέσταλκεν</u> . **43** διὰ τί τὴν λαλιὰν   𝔓⁶⁶ᶜ
ἀπ᾽ ἐμαυτοῦ   <u>ἐλήλυθον</u>, <u>ἀλλὰ</u> ἐκεῖνός με ἀπέστειλεν.   **43** διὰ τί τὴν <u>ἀλήθειαν</u> D*
ἀπ᾽ ἐμαυτοῦ   ἐλήλυθα,   <u>ἀλλὰ</u> ἐκεῖνός με ἀπέστειλεν.   **43** διὰ τί τὴν λαλιὰν   Dᶜ 700
ἀπ᾽ ἐμαυτοῦ <u>οὐκ</u> ἐλήλυθα,   <u>ἀλλὰ</u> ἐκεῖνός με ἀπέστειλεν.   **43** διὰ τί τὴν λαλιὰν   W
ἀπ᾽ ἐμαυτοῦ   <u>ἐλάλησα</u> , ἀλλ᾽ ἐκεῖνός με ἀπέστειλεν.   **43** διὰ   τὴν λαλιὰν   13*
ἀπ᾽ ἐμαυτοῦ   ἐλήλυθα,   <u>ἀλ᾽</u> ἐκεῖνός με ἀπέστειλεν.   **43** διὰ   τὴν λαλιὰν   S*
ἀπ᾽ ἐμαυτοῦ   ἐλήλυθα,   ἀλλ᾽ ἐκεῖνός με ἀπέστειλεν.   **43** διὰ   τὴν λαλιὰν   L 13ᶜ
ἀπ᾽ ἐμαυτοῦ   ἐλήλυθα,   ἀλλ᾽ ἐκεῖνός με <u>ἀπόστειλεν</u>.   **43** διὰ τί τὴν λαλιὰν   579

τὴν ἐμὴν οὐ <u>γεινώσκετε</u>; ὅτι οὐ δύνασθε ἀκούειν τὸν   λόγον   τὸν ἐμόν. **44** ὑμεῖς   B 𝔓⁷⁵ D
τὴν ἐμὴν οὐ <u>γινώσκεται</u>; ὅτι οὐ δύνασθε ἀκούειν τὸν   λόγον   τὸν ἐμόν. **44** ὑμεῖς   𝔓⁶⁶ ℵ W 579
τὴν ἐμὴν οὐ <u>γινώσκετε</u>; ὅτι οὐ δύνασθε ἀκούειν τὸν <u>ἐμῶν</u>   λόγον.   **44** ὑμεῖς   Θ
τὴν ἐμὴν οὐ <u>γινώσκετε</u>; ὅτι οὐ δύνασθε ἀκούειν τὸν <u>ἐμόν</u>   λόγον.   **44** ὑμεῖς   f¹³
τὴν ἐμὴν οὐ <u>γινώσκετε</u>; ὅτι οὐ δύνασθε ἀκούειν <u>τῶν</u>   <u>λόγων</u> <u>τῶν</u> <u>ἐμῶν</u>. **44** ὑμεῖς   U 157 700*
τὴν ἐμὴν οὐ <u>γινώσκητε</u>; ὅτι οὐ δύνασθε ἀκούειν τὸν   λόγον   τὸν ἐμόν. **44** ὑμεῖς   2
τὴν ἐμὴν οὐ <u>γινώσκετε</u>; ὅτι οὐ δύνασθε ἀκούειν τὸν   λόγον   τὸν ἐμόν. **44** ὑμεῖς   C 𝔐 K L M N Δ Λ
                                                                              Ψ f¹ 124 33 28 565 700ᶜ 1071 1424 **uwτ**

---

lac. 8.41-44 𝔓⁴⁵ A P Γ ¦ vss. 42-44 Π (illeg.)

A 41 εχωμεν 579 **42** εκινος N ¦ απεστιλεν ℵ L N W Θ ¦ απεστειλε Y 118 157 **43** τη (τι) 579 ¦ λαλειαν Dᶜ Δ ¦ λαληαν 579 ¦ εμιν
E ¦ δυνασθαι 𝔓⁶⁶ D L W 2* 579 1071 ¦ ακουην Θ **44** υμις N

B 41 π̅ρ̅ς̅ 𝔓⁶⁶ C E F G H K L M N S U W Δ Θ Λ Π Ψ Ω f¹ 118 f¹³ 69 124 2 33 28 157 565 579 700 788 1071 1346 1424 ¦ π̅ρ̅α̅
𝔓⁶⁶ C 𝔐 K L M N S U W Δ Θ Λ Π Ψ Ω f¹ 118 f¹³ 69 124 2 33 28 157 565 579 700 788 1071 1346 1424 ¦ θ̅ν̅ B 𝔓⁶⁶ 𝔓⁷⁵ ℵ C D
𝔐 K L M Nᶜ S U W Δ Θ Λ Π Ψ Ω f¹ 118 f¹³ 69 124 2 33 28 157 565 579 700 788 1071 1346 1424 **42** ι̅ς̅ B 𝔓⁶⁶ 𝔓⁷⁵ ℵ C 𝔐 K L
M N S U W Δ Θ Λ Π Ψ Ω f¹ 118 f¹³ 124 2 33 28 157 565 579 700 788 1071 1346 1424 ¦ ι̅η̅ς̅ D ¦ θ̅ς̅ B 𝔓⁶⁶ 𝔓⁷⁵ ℵ C D 𝔐 K L M
N S U W Δ Θ Λ Ψ Ω f¹ 118 f¹³ 69 124 2 33 28 157 565 579 700 788 1071 1346 1424 ¦ π̅η̅ρ̅ 𝔓⁶⁶ C 𝔐 K L M N S U W Δ Θ Λ Ψ
Ω f¹ 118 f¹³ 69 124 2 33 28 157 565 579 700 788 1071 1346 1424 ¦ θ̅υ̅ B 𝔓⁶⁶ 𝔓⁷⁵ ℵ C D E F H Y K L M N S U W Δ Θ Λ Ψ Ω
f¹ 118 f¹³ 69 124 2 33 28 157 565 579 700 788 1071 1346 1424

C 42 αρχη: τη β̅ της ε̅ εβδομαδος ειπεν ο κ̅ς̅ <u>προς</u> <u>τους</u> εληλυθοτας προς αυτον ιου<u>δαι</u>ους: (ante ει ο θ̅ς̅) E 2 ¦ αρχη F ¦ αρχη: τη
β̅ της ε̅ εβδ ειπ, πρ τους συνελθ πρ αυτ ει ο θ̅ς̅ πηρ υ̅ G ¦ αρχη: τη β̅ της ε̅ εβδ ειπ, ο κ̅ς̅ πρ εληλυθ πρ αυτ ιουδ ει ο θ̅ς̅ π̅η̅ρ̅ υμ H
¦ αρ (ante ει ο): τη β̅ της ε̅ εβδ ειπ, ει ο θ̅ς̅ πηρ υμων ην Y ¦ (ante ει ο) τη β̅ τς̅ ε̅ εβδ ειπεν ο κ̅ς̅ πρ τς
εληλυθ πρ αυτ ιουδ ει ο θ̅ς̅ π̅η̅ρ̅ υμων ην, M ¦ (ante ει ο) τη β̅ τς̅ ε̅ εβδ ειπ ο κ̅ς̅ προς τ S ¦ τη β̅ τς̅ ε̅ εβδ αρχ ειπ ο κ̅ς̅ ει ο θ̅ς̅ Ω ¦
<u>αρχ</u> <u>λ̅β̅</u> τη β̅ τς̅ ε̅ εβδ ειπ ο κ̅ς̅ <u>πρὸ</u> τους εληλυ ει ο θ̅ς̅ π̅η̅ρ̅ ημων ην f¹ ¦ αρχ λ̅β̅ <u>τη</u> <u>β̅</u> <u>τς̅</u> ε̅ εβδομ,α ειπεν ο κ̅ς̅ προς τους προ ει ο
θ̅ς̅ πηρ 118 ¦ <u>αρχ</u> τη β̅ ειπεν ο κ̅ς̅ προς τους εληλυθοτ προς αυτον ιουδ ει ο θ̅ς̅ πηρ 28 ¦ αρχη: τη β̅ της ε̅ εβδ 124 788 1071 ¦
αρχη ειπεν ο κ̅ς̅ πρ 1424 ¦ (post ηκω) τελος E S Θ Λ Ψ 124 2 788 1071 1346 ¦ τελος της μεσον G ¦ τελος του Σα (+ δ̅ M) H M Ω
f¹ 118 f¹³ 28 ¦

D 42 π̅θ̅ 1071

ἐκ τοῦ πατρὸς   τοῦ διαβόλου ἐστὲ καὶ τὰς ἐπιθυμίας τοῦ πατρὸς ὑμῶν θέλετε   Β 𝔓⁶⁶·⁷⁵ **uwτ** rell
ἐκ   τοῦ διαβόλου ἐστὲ καὶ τὰς ἐπιθυμίας τοῦ πατρὸς ὑμῶν θέλετε   Κ *f*¹³
ἐκ τοῦ πατρὸς <u>ὑμῶν</u>   τοῦ διαβόλου ἐστὲ καὶ τὰς ἐπιθυμίας τοῦ πατρὸς ὑμῶν θέλετε   Λᶜ 124 28 157
.... καὶ τὰς ἐπιθυμίας τοῦ πατρὸς ὑμῶν θέλετε   Π
ἐκ τοῦ πατρὸς   τοῦ διαβόλου ἐστὲ καὶ τὰς ἐπιθυμίας τοῦ πατρὸς   θέλετε   2*
ἐκ τοῦ πατρὸς   τοῦ διαβόλου ἐστὲ καὶ τὰς ἐπιθυμίας <u>τὰς ἐκείνου</u>   θέλετε   1424
ἐκ   πατρὸς   τοῦ διαβόλου ἐστὲ καὶ τὰς ἐπιθυμίας τοῦ πατρὸς ὑμῶν θέλετε   τ

[Ψ *f*¹ *f*¹³ 33 1071 **uw**
ποιεῖν. ἐκεῖνος ἀνθρωποκτόνος ἦν   ἀπ᾽ ἀρχῆς καὶ ἐν τῇ ἀληθείᾳ οὐκ ἔστηκεν,   Β* 𝔓⁶⁶ א Dᶜ Υ Ν W Δ Θ
ποιεῖν. ἐκεῖνος ἀνθρωποκτόνος ἦν   ἀπ᾽ ἀρχῆς καὶ ἐν τῇ ἀληθείᾳ οὐκ <u>ἐστίν</u>,   D*
ποιεῖν. ἐκεῖνος ἀνθρωποκτόνος ἦν   <u>ἐξ</u> ἀρχῆς καὶ ἐν τῇ ἀληθείᾳ οὐκ ἔστηκεν,   L
ποιεῖν. ἐκεῖνος ἀνθρωποκτόνος ἦν   ἀπ᾽ ἀρχῆς καὶ ἐν τῇ ἀληθείᾳ,   579
ποιεῖν. ἐκεῖνος ἀνθρωποκτόνος <u>ἐστιν</u>   ἀπ᾽ ἀρχῆς καὶ ἐν τῇ ἀληθείᾳ οὐκ ἔστηκεν,   1424
ποιεῖν. ἐκεῖνος ἀνθρωποκτόνος ἦν   ἀπ᾽ ἀρχῆς καὶ ἐν τῇ ἀληθείᾳ <u>οὐχ</u> ἔστηκεν,   Βᶜ 𝔓⁷⁵ C 𝔐 Κ Μ Υ Λ Π
                              1582* 118 2 28 157 565 700 τ

[↓**uwτ** rell
ὅτι οὐκ ἔστιν ἀλήθεια ἐν αὐτῷ. ὅταν λαλῇ   τὸ ψεῦδος, ἐκ τῶν ἰδίων λαλεῖ, ὅτι ψεύστης   Β 𝔓⁷⁵ 788 1346
ὅτι <u>ἀλήθεια οὐκ ἔστιν</u> ἐν αὐτῷ. ὅταν λαλῇ   τὸ ψεῦδος, ἐκ τῶν ἰδίων λαλεῖ, ὅτι ψεύστης   𝔓⁶⁶ D
ὅτι οὐκ ἔστιν ἀλήθεια ἐν αὐτῷ. ὅταν λαλῇ   τὸ ψεῦδος, ἐκ τῶν ἰδίων λαλεῖ, ὅτι ψεύστης   *f*¹³
ὅτι οὐκ ἔστιν ἀλήθεια ἐν αὐτῷ. ὅταν <u>λαλει</u>   τὸ ψεῦδος, ἐκ τῶν ἰδίων λαλεῖ, ὅτι ψεύστης   124
           ἐν αὐτῷ. ὅταν λαλῇ   τὸ ψεῦδος,   ὅτι ψεύστης   579

ἐστὶν   καὶ ὁ πατὴρ αὐτοῦ. 45 ἐγὼ δὲ ὅτι τὴν ἀλήθειαν λέγω,   οὐ πιστεύετέ   Β 𝔓⁷⁵ **uwτ** rell
ἐστὶν   καὶ ὁ πατὴρ αὐτοῦ. 45 ἐγὼ δὲ ὅτι τὴν ἀλήθειαν λέγω <u>ὑμῖν</u>,   οὐ πιστεύετέ   C* *f*¹³
ἐστὶν   καὶ ὁ πατὴρ αὐτοῦ. 45 ἐγὼ   ὅτι τὴν ἀλήθειαν <u>λάλω</u>,   οὐ πιστεύετέ   Ψ
ἐστὶν <u>καθὼς</u> καὶ ὁ πατὴρ αὐτοῦ. 45 ἐγὼ δὲ ὅτι τὴν ἀλήθειαν λέγω,   οὐ πιστεύετέ   Ψ
ἐστὶν   <u>ὡς</u> ὁ πατὴρ αὐτοῦ. 45 ἐγὼ δὲ ὅτι τὴν ἀλήθειαν λέγω,   οὐ πιστεύετέ   157
ἐστὶν   καὶ ὁ πατὴρ αὐτοῦ. 45 ἐγὼ δὲ ὅτι τὴν ἀλήθειαν λέγω,   οὐ <u>πιστέβετέ</u>   579

[Cl S I 85.2 λεγει γαρ ο κυριος, <u>υμεις εκ του πατρος υμων του διαβολου εστε και τας επιθυμιας του πατρος
υμων θελετε ποιειν. εκεινος ανθρωποκτονος ην απ αρχης, και εν τη αληθεια ουχ εστηκεν, οτι ουκ εστιν
αληθεια εν αυτω. οταν λαλη το ψευδος, εκ των ιδιων λαλει, οτι ψευστης εστι και ο πατηρ αυτου</u>]

[↓33 157 565 579 **uw**
μοι.   **46** τίς ἐξ ὑμῶν ἐλέγχει με περὶ ἁμαρτίας; εἰ   ἀλήθειαν λέγω,   Β 𝔓⁶⁶ א C L W Θ Π *f*¹ *f*¹³
μοι.   **46** τίς ἐξ ὑμῶν <u>ἐλέγξει</u> με περὶ ἁμαρτίας; εἰ   ἀλήθειαν λέγω,   𝔓⁷⁵ Ψ
μοι <u>ὑμεῖς</u>. **46**   D
μοι.   **46** τίς ἐξ ὑμῶν ἐλέγχει με περὶ ἁμαρτίας; εἰ <u>δὲ</u>   ἀλήθειαν λέγω,   𝔐 Κ Μ U Δ Λ 124 2 28 700
<u>με</u>.   **46** τίς ἐξ ὑμῶν ἐλέγχει με περὶ ἁμαρτίας; εἰ   ἀλήθειαν λέγω,   Ν   [↑1424 τ
μοι.   **46** τίς ἐξ ὑμῶν ἐλέγχει με περὶ ἁμαρτίας; εἰ <u>δὲ τὴν</u> ἀλήθειαν λέγω,   1582ᶜ
μοι.   **46** τίς ἐξ ὑμῶν ἐλέγχει με περὶ ἁμαρτίας; εἰ   <u>τὴν</u> ἀλήθειαν λέγω,   69
μοι.   **46** τίς ἐξ ὑμῶν ἐλέγχει   περὶ ἁμαρτίας; εἰ   ἀλήθειαν λέγω,   1071

διὰ τί ὑμεῖς οὐ   πιστεύετέ μοι; **47** ὁ ὢν ἐκ τοῦ θεοῦ τὰ ῥήματα τοῦ θεοῦ ἀκούει· Β 𝔓⁶⁶ᶜ·⁷⁵ **uwτ** rell
διὰ τί ὑμεῖς οὐ   πιστεύετε; **47** ὁ ὢν ἐκ τοῦ θεοῦ τὰ ῥήματα τοῦ θεοῦ ἀκούει· 𝔓⁶⁶*
                       47 ὁ ὢν ἐκ τοῦ θεοῦ τὰ ῥήματα τοῦ θεοῦ ἀκούει· D
διὰ τί ὑμεῖς οὐ   πιστεύετέ <u>με</u>; **47** ὁ ὢν ἐκ τοῦ θεοῦ τὰ ῥήματα τοῦ θεοῦ ἀκούει· H
διὰ τί   οὐ   πιστεύετέ μοι; **47** ὁ ὢν ἐκ τοῦ θεοῦ τὰ ῥήματα τοῦ θεοῦ ἀκούει· W 157
        οὐ   πιστεύετέ μοι; **47** ὁ ὢν ἐκ τοῦ θεοῦ τὰ ῥήματα τοῦ θεοῦ ἀκούει· 28
διὰ τί ὑμεῖς οὐ   <u>πιστέβετέ</u> μοι; **47** ὁ ὢν ἐκ τοῦ θεοῦ τὰ ῥήματα τοῦ θεοῦ ἀκούει· 579
διὰ τί ὑμεῖς οὐ <u>μὴ</u> πιστεύετέ μοι; **47** ὁ ὢν ἐκ τοῦ θεοῦ τὰ ῥήματα τοῦ θεοῦ ἀκούει· 788

---

lac. **8.44-47** 𝔓⁴⁵ A Ρ Γ

A 44 εσται א W Θ 13 | επιθυμειας 𝔓⁶⁶ D L N W | θελεται 𝔓⁶⁶ Ε W 2* 579 | εκεινως 579 | ποιην Ε* 2* | εκινος א Ν | ανθρω-
ποκτονως Ε* ¦ ανθροποκτονος 2 ¦ ανθρωποκτονος 579 | τι (τη) Θ | αληθια¹ 𝔓⁶⁶ א Θ | εστικεν Ε 13 | αληθια² 𝔓⁶⁶ א Θ | λη Υ* ¦
λαλει (λαλη) H N U 13 2 28 1071 1424 | ιδειων Ν | λαλη (λαλει) Λ Ψ | ψευστις U | εστι S Υ Ω *f*¹ 118 124 565 700 **45** ο (οτι) L
¦ οτη 579 | αληθιαν 𝔓⁶⁶ א Θ | αληθιαν 579 | πιστευεται W 2* **46** ελεγχη Ε* Μ Λ 2* 1346 ¦ ελλεγχει Ω | αμαρτειας 𝔓⁷⁵* | η
(ει) 579 | αληθιαν א | τη (τι) 1071 | υμις Ν | πιστευεται א W

B 44 πρς¹ C 𝔐 L Μ Ν S U W Δ Θ Λ Ψ Ω *f*¹ 118 *f*¹³ 69 124 2 33 28 157 565 579 700 788 1071 1346 1424 | πρς² 𝔓⁶⁶ א C 𝔐 Κ
L Μ Ν S U W Δ Θ Λ Π Ψ Ω *f*¹ 118 69 124 2 33 28 157 565 579 700 788 1071 1346 | πηρ 𝔓⁶⁶ C F G H Υ Κ L Μ S U W Δ Θ Λ
Π Ψ Ω *f*¹ 118 *f*¹³ 69 124 2 33 28 157 565 579 700 788 1071 1346 1424 **47** θυ¹·²·³ Β 𝔓⁶⁶ 𝔓⁷⁵ א C E F H Υ Κ L Μ Ν S U W Δ
Θ Λ Π Ψ Ω *f*¹ 118   *f*¹³ 69 124 2 33 28 157 565 700 788 1071 1346 1424 ¦ θυ¹·² D G 579

διὰ τοῦτο   ὑμεῖς οὐκ ἀκούετε, ὅτι ἐκ τοῦ θεοῦ οὐκ ἐστέ.   B 𝔓66.75 **uwτ** rell
διὰ τοῦτο   ὑμεῖς οὐκ ἀκούετε.   D G 579
διὰ τοῦτο <u>οὖν</u> ὑμεῖς οὐκ ἀκούετε, ὅτι ἐκ τοῦ θεοῦ οὐκ ἐστέ.   1424

The Jews Accuse Of Jesus Of Having A Demon

48 Ἀπεκρίθησαν   οἱ Ἰουδαῖοι καὶ εἶπαν αὐτῷ, Οὐ καλῶς λέγομεν ἡμεῖς ὅτι   B 𝔓75 ℵ C W Θ 33 579
48 Ἀπεκρίθησαν   οἱ Ἰουδαῖοι καὶ <u>εἶπον</u> αὐτῷ, Οὐ καλῶς <u>ἡμεῖς ἐλέγομεν</u> ὅτι   𝔓66*   [↑uw
48 Ἀπεκρίθησαν   οἱ Ἰουδαῖοι καὶ <u>εἶπον</u> αὐτῷ, Οὐ καλῶς <u>ἡμεῖς λέγομεν</u> ὅτι   𝔓66c L
48 Ἀπεκρίθησαν   οἱ Ἰουδαῖοι καὶ εἶπαν αὐτῷ, Οὐ καλῶς <u>ἡμεῖς λέγομεν</u> ὅτι   D
48 Ἀπεκρίθησαν   οἱ Ἰουδαῖοι καὶ <u>εἶπον</u> αὐτῷ, Οὐ καλῶς λέγομεν ἡμεῖς ὅτι   N f1 f13 565 1071
48 Ἀπεκρίθησαν   οἱ Ἰουδαῖοι καὶ <u>εἶπον</u> αὐτῷ, Οὐ καλῶς λέγομεν <u>ὑμεῖς</u> ὅτι   69
48 Ἀπεκρίθησαν   οἱ Ἰουδαῖοι καὶ <u>εἶπον</u> αὐτῷ, Οὐ καλῶς <u>λέγωμεν</u> <u>ὑμεῖς</u> ὅτι   1346
48 Ἀπεκρίθησαν <u>οὖν</u> οἱ Ἰουδαῖοι καὶ <u>εἶπον</u> αὐτῷ, Οὐ καλῶς λέγομεν ἡμεῖς ὅτι   𝔐 K M U Δ Λ Π Ψ 124
                                                 2 28 157 700 1424 τ

                                                       [↓Λ Π Ψ 33 700 1071 **wτ**
Σαμαρείτης εἶ σὺ καὶ   δαιμόνιον ἔχεις; **49** ἀπεκρίθη   Ἰησοῦς,   B 𝔓75 C 𝔐 K M U
<u>Σαμαρίτης</u> εἶ   καὶ   δαιμόνιον ἔχεις; **49** ἀπεκρίθη   Ἰησοῦς,   𝔓66 L W Δ 2 **u**
<u>Σαμαρίτης</u> εἶ   καὶ   δαιμόνιον ἔχεις; **49** ἀπεκρίθη   Ἰησοῦς <u>καὶ εἶπεν</u>,   ℵ*
<u>Σαμαρίτης</u> εἶ σὺ καὶ   δαιμόνιον ἔχεις; **49** ἀπεκρίθη   Ἰησοῦς <u>καὶ εἶπεν</u>,   ℵc G
Σαμαρείτης εἶ σὺ καὶ   δαιμόνιον ἔχεις; **49** ἀπεκρίθη <u>ὁ</u> Ἰησοῦς,   D
<u>Σαμαρίτης</u> εἶ σὺ καὶ   δαιμόνιον ἔχεις; **49** ἀπεκρίθη <u>ὁ</u> Ἰησοῦς,   N
<u>Σαμαρίτης</u> εἶ σὺ καὶ   δαιμόνιον ἔχεις; **49** ἀπεκρίθη <u>ὁ</u> Ἰησοῦς <u>καὶ εἶπεν</u>,   Θ
Σαμαρείτης εἶ   καὶ   δαιμόνιον ἔχεις; **49** ἀπεκρίθη   Ἰησοῦς <u>καὶ εἶπεν</u>,   f1
Σαμαρείτης εἶ σὺ καὶ   δαιμόνιον ἔχεις; **49** ἀπεκρίθη <u>ὁ</u> Ἰησοῦς <u>καὶ εἶπεν</u>,   1582c
Σαμαρείτης εἶ   καὶ <u>ὅτι</u> δαιμόνιον ἔχεις; **49** ἀπεκρίθη <u>ὁ</u> Ἰησοῦς <u>καὶ εἶπεν</u>,   118 f13
Σαμαρείτης εἶ σὺ καὶ   δαιμόνιον ἔχεις; **49** ἀπεκρίθη   Ἰησοῦς <u>καὶ εἶπεν</u>,   69
Σαμαρείτης εἶ σὺ καὶ   δαιμόνιον ἔχεις; **49** ἀπεκρίθη   Ἰησοῦς <u>καὶ εἶπεν</u>,   124 788
<u>Σαμαρείτις</u> εἶ σὺ καὶ   δαιμόνιον ἔχεις; **49** ἀπεκρίθη   Ἰησοῦς,   28
<u>Σαμαρείτις</u> εἶ σὺ καὶ   δαιμόνιον ἔχεις; **49** ἀπεκρίθη   Ἰησοῦς <u>καὶ εἶπεν αὐτοῖς</u>,   157
Σαμαρείτης εἶ σὺ καὶ   δαιμόνιον ἔχεις; **49** ἀπεκρίθη   Ἰησοῦς <u>καὶ εἶπεν</u>,   565
<u>Σαμαρίτις</u> εἶ σὺ καὶ   δαιμόνιον ἔχεις; **49** ἀπεκρίθη <u>ὁ</u> Ἰησοῦς,   579
<u>Σαμαρείτις</u> εἶ σὺ καὶ   δαιμόνιον ἔχεις; **49** ἀπεκρίθη   Ἰησοῦς,   1424

Ἐγὼ δαιμόνιον οὐκ ἔχω, ἀλλὰ τειμῶ   τὸν πατέρα μου, καὶ ὑμεῖς ἀτειμάζετέ με.   B 𝔓75
Ἐγὼ δαιμόνιον οὐκ ἔχω, ἀλλὰ τειμῶ <u>μου τὸν πατέρα</u>, καὶ ὑμεῖς ἀτειμάζετέ με.   D*
Ἐγὼ δαιμόνιον οὐκ ἔχω, ἀλλὰ τειμῶ <u>μου τὸν πατέρα</u>, καὶ ὑμεῖς <u>ἀτειμάζεταί</u> με.   Dc
Ἐγὼ δαιμόνιον οὐκ ἔχω, ἀλλὰ <u>τιμῶ</u>   τὸν πατέρα μου, καὶ ὑμεῖς <u>ἀτιμάζετέ</u> με.   L W Δ 33
Ἐγὼ <u>δαιμονίου</u> οὐκ ἔχω, ἀλλὰ <u>τιμῶ</u>   τὸν πατέρα μου, καὶ ὑμεῖς <u>ἀτιμάζετέ</u> με.   M
     δαιμόνιον οὐκ ἔχω, ἀλλὰ <u>τιμῶ</u>   τὸν πατέρα μου, καὶ ὑμεῖς <u>ἀτιμάζετέ</u> με.   28
Ἐγὼ δαιμόνιον οὐκ ἔχω, ἀλλὰ <u>τιμῶ</u>   τὸν <u>πατέραν</u> μου, καὶ ὑμεῖς <u>ἀτιμάζεταί</u> με.   579
Ἐγὼ δαιμόνιον οὐκ ἔχω, ἀλλὰ <u>τιμῶ</u>   τὸν πατέρα μου, καὶ ὑμεῖς <u>ἀτιμάζετέ</u> με.   𝔓66 **uwτ** rell

50 ἐγὼ δὲ οὐ ζητῶ τὴν δόξαν μου   ἔστιν ὁ ζητῶν καὶ κρείνων. **51** ἀμὴν ἀμὴν   B 𝔓75c D
50 ἐγὼ δὲ οὐ ζητῶ τὴν δόξαν <u>τὴν ἐμήν</u>· ἔστιν ὁ ζητῶν καὶ <u>κρίνων</u>. **51** ἀμὴν ἀμὴν   f1 565
50 ἐγὼ   οὐ ζητῶ τὴν δόξαν μου   ἔστιν ὁ ζητῶν καὶ <u>κρίνων</u>. **51** ἀμὴν ἀμὴν   69 124 788
50 ἐγὼ δὲ οὐ ζητῶ τὴν δόξαν μου·   ἔστιν ὁ ζητῶν καὶ <u>κρίνων</u>. **51** ἀμὴν ἀμὴν   𝔓66.75* **uwτ** rell

---

lac. 8.47-51 𝔓45 A P Γ

A **47** υμις N | ακουεται 𝔓66 W | εσται L W 1071 **48** απεκρηθησαν 579 | ι (οι) 579 ειπων E* | καλος Θ* | λεγομεν K ¦ λεγομεν L M Θ Λ 13 2 565 579 | ημις N | ειμεις 579 | εχης 579 **49** απεκρηθη 579 | δαιμονι 𝔓66* ¦ δαιμωνιον Θ Ω | αιχω Θ* 579 | υμις ℵ N ¦ ····· υμεις F* **50** εστην 579 | κρηνων 579

B **49** τ̅ς̅ B 𝔓66 𝔓75 ℵ C 𝔐 K L M N S U W Δ Θ Λ Π Ψ Ω f1 118 f13 2 33 28 157 565 579 700 788 1071 1346 1424 ¦ τῆς D | π̅ρ̅α̅ 𝔓66 C 𝔐 K L M N S U W Δ Θ Λ Π Ψ Ω f1 118 f13 69 124 2 33 28 157 565 700 788 1071 1346 1424 ¦ π̅ρ̅αν 579

C **51** αρχη: τη γ̅ της ε̅ εβδομαδος <u>ειπεν</u> ο κ̅ς̅ E | αρχη F | αρχη: τη γ̅ τς ε̅ εβδ ειπ, π̅ρ̅ της συνελθ (εληλυθ H) αμην (+ αμην H) G H ¦ αρχ: τη γ̅ της ε̅ εβδ ειπεν ο κ̅ς̅ προς τους εληλ, προς αυτ ιουδ α<u>μην</u> αμην λεγω υμιν εαν τις Y ¦ τη γ̅ τς ε̅ εβδ ειπεν ο κ̅ς̅ π̅ρ̅ τς εληλ π̅ρ̅ αυτ ιουδ αμ αμ λε, εαν τις τ λογων M ¦ τη γ̅ τς ε̅ εβδ ειπεν ο κ̅ς̅ S | αρχ: αρχη αμην αμην λεγω υμιν Θ | τη γ̅ τς ε̅ εβδ αρχ αμην λεγω υμιν Ω ¦ αρχ λ̅γ̅ τη γ̅ τς ε̅ εβδ ειπ ο κ̅ς̅ π̅ρ̅ος τ εληλυθ αμην αμην λέ f1 ¦ αρχ λ̅γ̅ τη γ̅ τς ε̅ εβδομ.α̅ ειπεν ο κ̅ς̅ π̅ρ̅ος τους π̅ρ̅ος εληλυθ αμην λεγ : τη δ̅ της ε̅ εβδ ζητ κ.ε ιη του αυτου 118 ¦ αρχ τη γ̅ τς ε̅ εβδ f13 ¦ αρχ: τη γ̅ της ε̅ εβδ ειπεν ο κ̅ς̅ προς τους συνελη, προς αυτ ιουδ 2 | αρχ ειπεν ο κ̅ς̅ αμην αμην λεγ υμιν ε 28 | αρχ τη γ̅ τς με ν̅ 157 | ¦ αρχ: τη γ̅ της ε̅ εβδ 124 788 1071 1346 ¦ αρχη ειπεν ο κ̅ς̅ π̅ρ̅ 1424 | τελος (post αιωνα) E H S Ω f13 124 2 788 579 1346 ¦ τελος της β̅ (+ α̅ M) G Y M f1 118 28

D **51** π̅θ̅ 1071

[↓Ψ 118ᶜ 33 uw

λέγω ὑμῖν, ἐάν τις τὸν ἐμὸν λόγον   τηρήσῃ,   θάνατον οὐ μὴ θεωρήσῃ   εἰς τὸν αἰῶνα. B 𝔭⁷⁵ C L W
λέγω ὑμῖν, ἐάν τις τὸν λόγον τὸν ἐμὸν τηρήσῃ,   θάνατον οὐ μὴ ἴδῃ   εἰς τὸν αἰῶνα. 𝔭⁶⁶
λέγω ὑμῖν, ἐάν τις τὸν ἐμὸν λόγον   τηρήσει,   θάνατον οὐ μὴ θεωρήσει   εἰς τὸν αἰῶνα. ℵ 1071
λέγω ὑμῖν, ὃς ἂν τὸν ἐμὸν λόγον   τηρήσῃ,   θάνατον οὐ μὴ θεωρήσῃ   εἰς τὸν αἰῶνα. D
λέγω ὑμῖν, ἐάν τις τὸν λόγον τὸν ἐμὸν τηρήσει,   θάνατον οὐ μὴ θεωρήσει   εἰς τὸν αἰῶνα. M 2*
λέγω ὑμῖν, ἐάν τις τὸν λόγον τὸν ἐμὸν τηρήσει,   θάνατον οὐ μὴ θεωρήσῃ   εἰς τὸν αἰῶνα. N
λέγω ὑμῖν, ἐάν τις τὸν λόγον τὸν ἐμὸν τηρήσῃ,   θάνατον οὐ μὴ θεωρῇ   εἰς τὸν αἰῶνα. Δ
λέγω ὑμῖν, ἐάν τις τὸν ἐμὸν λόγον   ποιήσῃ,   θάνατον οὐ μὴ θεωρήσῃ   εἰς τὸν αἰῶνα. 118
λέγω ὑμῖν, ἐάν τις τὸν λόγον τὸν ἐμὸν τηρήσῃ,   θάνατον οὐ μὴ θεωρήσει   εἰς τὸν αἰῶνα. Ω 1 1582* 2ᶜ 28
λέγω ἡμῖν, ἐάν τις τὸν ἐμὸν λόγον   τηρήσῃ,   θανάτῳ οὐ μὴ θεωρήσῃ   εἰς τὸν αἰῶναν. 579 [↑1346ᶜ
λέγω ὑμῖν, ἐάν τις τὸν ἐμὸν   τηρήσῃ,   θάνατον οὐ μὴ θεωρήσει   εἰς τὸν αἰῶνα. 1346*
λέγω ὑμῖν, ἐάν τις τὸν λόγον τὸν ἐμὸν τηρήσῃ,   θάνατον οὐ μὴ θεωρήσῃ   εἰς τὸν αἰῶνα. 𝔐 K U Θ Λ Π
                                                                                        1582ᶜ f¹³ 157 565 700 1424 τ

52 εἶπον αὐτῷ οἱ Ἰουδαῖοι, Νῦν ἐγνώκαμεν ὅτι δαιμόνιον ἔχεις. Ἀβραὰμ ἀπέθανεν B 𝔭⁶⁶ C W 579
52 εἶπαν αὐτῷ οἱ Ἰουδαῖοι, Νῦν ἐγνώκαμεν ὅτι δαιμόνιον ἔχεις. Ἀβραὰμ ἀπέθανεν ℵ Θ w [↑[u]
52 εἶπαν οὖν αὐτῷ οἱ Ἰουδαῖοι, Νῦν ἐγνώκαμεν ὅτι δαιμόνιον ἔχεις. Ἀβραὰμ ἀπέθανεν D
52 εἶπον οὖν αὐτῷ Ἰουδαῖοι, Νῦν ἐγνώκαμεν ὅτι δαιμόνιον ἔχεις. Ἀβραὰμ ἀπέθανεν K
52 εἶπον οὖν αὐτῷ οἱ Ἰουδαῖοι, Νῦν ἐγνώκαμεν ὅτι δαιμόνιον ἔχεις. Ἀβραὰμ ἀπέθανον Δ
52 εἶπον οὖν αὐτῷ οἱ Ἰουδαῖοι, Νῦν ἐγνώκαμεν ὅτι δαιμόνιον ἔχεις. Ἀβραὰμ ἀπέθανεν 𝔭⁷⁵ 𝔐 L M N
                                            U Λ Π Ψ f¹ f¹³ 2 33 28 157 565 700 1071 1424 [u]τ

καὶ οἱ προφῆται, καὶ σὺ λέγεις,   Ἐάν τις τὸν λόγον μου   τηρήσῃ, θάνατον οὐ μὴ θεωρήσῃ   B 579
καὶ οἱ προφῆται, καὶ σὺ λέγεις,   Ἐάν τίς μου τὸν λόγον   τηρήσῃ, οὐ μὴ γεύσηται θάνατου   𝔭⁶⁶ L 118
καὶ οἱ προφῆται, καὶ σὺ λέγεις ὅτι   Ἐάν τις τὸν λόγον μου   τηρήσῃ, οὐ μὴ γεύσηται θάνατου   𝔭⁷⁵
καὶ οἱ προφῆται, καὶ σὺ λέγεις,   Ἐάν τις τὸν λόγον μου   τηρήσῃ, οὐ μὴ γεύσηται   ℵ*
....γεις,   Ἐάν τις τὸν λόγον μου   τηρήσῃ, οὐ μὴ γεύσηται θάνατου   A
καὶ οἱ προφῆται, καὶ σὺ λέγεις,   Ἐάν μού τις τὸν λόγον   τηρήσει, οὐ μὴ γεύσεται θάνατου   D
καὶ οἱ προφῆται, καὶ σὺ λέγεις,   Ἐάν τις τὸν λόγον μου   τηρήσει, οὐ μὴ γεύσηται θάνατου   𝔐 157 τ
καὶ οἱ προφῆται, καὶ σὺ λέγεις,   Ἐάν τις τὸν λόγον μου   τηρήσει, οὐ μὴ γεύσηται θάνατου   M 2* 28
καὶ οἱ προφῆται, καὶ σὺ λέγεις,   Ἐάν τις τὸν ἐμὸν λόγον   τηρήσῃ, οὐ μὴ γεύσηται θάνατου   33 [1071
καὶ οἱ προφῆται, καὶ σὺ λέγεις,   Ἐάν τις τὸν λόγον μου   τηρήσῃ, θάνατον οὐ μὴ γεύσηται   1424
καὶ οἱ προφῆται, καὶ σὺ λέγεις,   Ἐάν τις τὸν λόγον μου   τηρήσῃ, οὐ μὴ γεύσηται θάνατου   ℵᶜ C G Y
                                       K N S U W Δ Θ Λ Π Ψ Ω f¹ f¹³ 2ᶜ 565 700 uw

εἰς τὸν αἰῶνα. **53** μὴ σὺ μείζων εἶ τοῦ πατρὸς ἡμῶν   Ἀβραάμ, ὅστις ἀπέθανεν; B 𝔭⁶⁶ᶜ·⁷⁵ uwτ rell
εἰς τὸν αἰῶνα. **53** μὴ σὺ μείζων εἶ τοῦ πατρὸς ἡμῶν   Ἀβραάμ, ὅτι   ἀπέθανεν; 𝔭⁶⁶*
                53 μὴ σὺ μείζων εἶ τοῦ   Ἀβραάμ, ὅτι   ἀπέθανεν; D
εἰς τὸν αἰῶνα. **53** μὴ σὺ μείζων εἶ τοῦ   Ἀβραάμ, ὅστις ἀπέθανεν; W
εἰς τὸν αἰῶνα. **53** μὴ σὺ μείζων εἶ τοῦ πατρὸς ἡμῶν   Ἀβραάμ, ὅστις ἀπέθανον; Λ*
εἰς τὸν αἰῶνα. **53** μὴ σὺ μείζων εἶ τοῦ πατρὸς ἡμῶν τοῦ Ἀβραάμ, ὅστις ἀπέθανεν; 69
εἰς τὸν αἰῶναν. **53** μὴ σὺ μείζων εἶ τοῦ πατρὸς ἡμῶν   Ἀβραάμ, ὅστις ἀπέθανεν; 579

[↓33 565 1071 uw

καὶ οἱ προφῆται   ἀπέθανον· τίνα σεαυτὸν   ποιεῖς; **54** ἀπεκρίθη   B 𝔭⁶⁶·⁷⁵ A C G K L N W Π Ψ f¹
καὶ οἱ προφῆται   ἀπέθανον· τίνα σεαυτὸν   ποιεῖς; **54** ἀπεκρίθη ὁ   ℵ Dᶜ Δ Θ 124 1346
καὶ οἱ προφῆται   ἀπέθαναν· τίνα σεαυτὸν   ποιεῖς; **54** ἀπεκρίθη ὁ   D*
καὶ οἱ προφῆται καὶ ἀπέθανον· τίνα σεαυτὸν   ποιεῖς; **54** ἀπεκρίθη ὁ   f¹³
καὶ οἱ προφῆται   ἀπέθανον· τίνα σεαυτὸν σύ ποιεῖς; **54** ἀπεκρίθη ὁ   69 788
καὶ οἱ προφῆται   ἀπέθανον· τίνα σαυτὸν   ποιεῖς; **54** ἀπεκρίθη   579
καὶ οἱ προφῆται   ἀπέθανον· τίνα σεαυτὸν ποιεῖς σύ; **54** ἀπεκρίθη   1424
καὶ οἱ προφῆται   ἀπέθανον· τίνα σεαυτὸν σύ ποιεῖς; **54** ἀπεκρίθη   𝔐 M U Λ 2 28 157 700 τ

---

lac. 8.51-54 𝔭⁴⁵ P Γ ¦ vss. 51-52 A

A **51** λε (λεγω) 𝔭⁶⁶* | υμειν D | λογων 1 579 | τηριση Θ | μι (μη) 579 | θεωρηρη 579 | των (τον³) 579 | αιων G **52** επαν (ειπαν) Θ* ¦ ειπων 579 | δαιμονηον M | εχης 579 | απεθανε Υ 118 69 157 700 | η προφητε 579 | σοι λεγης 579 | της (τις) Θ | γευσητε 13 69 28 788 1346 | θεωρηση 579 | των (τον²) Θ **53** σει (συ) 579 | μιζων 𝔭⁶⁶ ℵ Ν Θ 579 | μειζον Λ | η (ει) 69 579 | πτρος 𝔭⁶⁶* | οστης Θ | απεθανε Υ 118 69 157 700 | προφητε 2* 28 579 | απεθαναν 579 | τηνα Θ | ποιης 579 **54** απεκρηθη 579

B **53** π̅ρ̅ς̅ A C 𝔐 K L M N S U Δ Θ Λ Π Ψ Ω f¹ 118 f¹³ 69 124 2 33 28 157 565 579 700 788 1071 1346 1424

C **52** (ante λογον) σκ̅ο̅ ενταυθα ου την πιστιν μονον φησι. αλλα και τον βιον τον καθαρο Λ

'Ιησοῦς,   Ἐὰν ἐγὼ δοξάσω ἐμαυτόν, ἡ δόξα μου οὐδέν ἐστιν· ἔστιν B 𝔓66c.75 ℵ* C* D U W Θ Π
'Ιησοῦς καὶ εἶπεν, Ἐὰν ἐγὼ δοξάζω ἐμαυτόν, ἡ δόξα μου οὐδέν ἐστιν· ἔστιν 28   [↑f¹ f¹³ 579 uw
'Ιησοῦς,   Ἐὰν ἐγὼ δοξάζω ἐμαυτόν, ἡ δόξα μου οὐδέν ἐστιν· ἔστιν 𝔓66* ℵc A Cc 𝔐 K L M N Δ
                                                                        Λ Ψ 2 33 157 565 700 1071 1424 τ

ὁ πατήρ μου ὁ δοξάζων με, ὃν ὑμεῖς λέγετε ὅτι   θεὸς ὑμῶν ἐστιν, 55 καὶ B* ℵ D F 2 700 1071 1346
ὁ πατήρ μου ὁ δοξάζων με, ὃν ὑμεῖς λέγετε ὅτι ὁ θεὸς ἡμῶν ἐστιν, 55 καὶ 𝔓66 L   [↑1424 [w]τ
ὁ πατὴρ   ὁ δοξάζων με, ὃν ὑμεῖς λέγετε ὅτι   θεὸς ἡμῶν ἐστιν, 55 καὶ W
ὁ πατήρ μου ὁ δοξάζων με, ὃν ὑμεῖς λέγετε ὅτι   θεὸς ὑμῶν ἐστιν, 55   Ψ
ὁ πατήρ μου ὁ δοξάζω με, ὃν ὑμεῖς λέγετε ὅτι ὁ θεὸς ἡμῶν ἐστιν, 55 καὶ 579
ὁ πατήρ μου ὁ δοξάζων με, ὃν ὑμεῖς λέγετε ὅτι   θεὸς ἡμῶν ἐστιν, 55 καὶ Bc 𝔓75 A C 𝔐 K M N U Δ Θ
                                                                        Λ Π f¹ f¹³ 33 28 157 565 u[w]

οὐκ ἐγνώκατε αὐτόν, ἐγὼ δὲ οἶδα αὐτόν. κἂν   εἴπω   ὅτι οὐκ οἶδα αὐτόν, B ℵ D W uw
οὐκ ἐγνώκατε αὐτόν, ἐγὼ δὲ οἶδα αὐτόν. κἂν   εἴπω ὑμῖν ὅτι οὐκ οἶδα αὐτόν, 𝔓75
οὐκ ἐγνώκατε αὐτόν, ἐγὼ δὲ οἶδα αὐτόν.   G
οὐκ ἐγνώκατε αὐτόν, ἐγὼ   οἶδα αὐτόν. καὶ   ἐὰν εἴπω   ὅτι οὐκ οἶδα αὐτόν, S
οὐκ ἐγνώκατε αὐτόν, ἐγὼ δὲ οἶδα αὐτόν. καὶ   ἐὰν εἴπω   ὅτι οὐκ οἶδα,   Δ
οὐκ ἐγνώκατε αὐτόν.   καὶ   ἐὰν εἴπω   ὅτι οὐκ οἶδα αὐτόν, f¹³
οὐκ ἐγνώκατε αὐτόν, ἐγὼ δὲ οἶδα αὐτόν. καὶ   ἂν εἴπω   ὅτι οὐκ οἶδα αὐτόν, 157
οὐ γνώκατε αὐτόν.   καὶ   ἐὰν εἴπω   ὅτι οὐκ οἶδα αὐτόν, 1346
οὐκ ἐγνώκατε αὐτόν, ἐγὼ δὲ οἶδα αὐτόν. καὶ ἐγὼ ἐὰν εἴπω   ὅτι οὐκ οἶδα αὐτόν, 1424
οὐκ ἐγνώκατε αὐτόν, ἐγὼ δὲ οἶδα αὐτόν. καὶ   ἐὰν εἴπω   ὅτι οὐκ οἶδα αὐτόν, 𝔓66 A C 𝔐 K L M
                                                                        N U Θ Π Ψ f¹ 69 124 2 33 28 565 579 700 788 1071 τ

ἔσομαι ὅμοιος ὑμῖν ψεύστης· ἀλλὰ οἶδα αὐτὸν καὶ τὸν λόγον αὐτοῦ τηρῶ B W uw
ἔσομαι ὑμῶν ὅμοιος ψεύστης· ἀλλὰ οἶδα αὐτὸν καὶ τὸν λόγον αὐτοῦ τηρῶ. 𝔓66
ἔσομαι ὅμοιος ὑμῖν ψεύστης· ἀλλ' οἶδα αὐτὸν καὶ τὸν λόγον αὐτοῦ τηρῶ. 𝔓75 A Θ f¹ 157 565
ὅμοιος ἔσομαι ὑμῖν ψεύστης· ἀλλὰ οἶδα αὐτὸν καὶ τὸν λόγον αὐτοῦ τηρῶ. D
                              καὶ τὸν λόγον αὐτοῦ τηρῶ. G
ἔσομαι ὅμοιος ὑμῶν ψεύστης· ἀλλὰ οἶδα αὐτὸν καὶ τὸν λόγον αὐτοῦ τηρῶ. N
ἔσομαι ὑμῶν ὅμοιος ψεύστης· ἀλλ' οἶδα αὐτὸν καὶ τὸν λόγον αὐτοῦ τηρω. f¹³
ἔσομαι ὅμοιος ὑμῶν ψεύστης· ἀλλ' οἶδα αὐτὸν καὶ τὸν λόγον αὐτοῦ τειρῶν. 579
ἔσωμαι ὑμῶν ὅμοιος ψεύστης· ἀλλ' οἶδα αὐτὸν καὶ τὸν λόγον αὐτοῦ τηρω. 1346
ἔσομαι ὅμοιος ὑμῶν ψεύστης· ἀλλ' οἶδα αὐτὸν καὶ τὸν λόγον αὐτοῦ τηρῶ. ℵ C 𝔐 K L M U Δ Λ Π Ψ 69
                                                                        124 2 33 28 700 788 1071 1424 τ

56 Ἀβραὰμ ὁ πατὴρ ὑμῶν ἠγαλλιάσατο ἵνα εἴδη τὴν ἡμέραν τὴν ἐμήν, καὶ B* ℵ A Dc W 69
56 Ἀβραμ ὁ πατὴρ ὑμῶν ἠγαλλιάσατο ἵνα ἴδη τὴν ἡμέραν τὴν ἐμήν, καὶ 𝔓66*
56 Ἀβραὰμ ὁ πατὴρ ὑμῶν ἠγαλλιάσατο ἵνα ᾔδη τὴν ἡμέραν τὴν ἐμήν, καὶ Θ
56 Ἀβραὰμ ὁ πατὴρ ὑμῶν ἠγαλλιάσατο ἵνα ἴδη τὴν ἡμέραν μου,   καὶ 28
56 Ἀβραὰμ ὁ πατὴρ ἡμῶν ἠγαλλιάσατο ἵνα ἴδη τὴν ἡμέραν τὴν ἐμήν, καὶ 579
56 Ἀβραὰμ ὁ πατὴρ ὑμῶν ἠγαλλιάσατο ἵνα ἴδη τὴν ἡμέραν τὴν ἐμήν, καὶ Bc 𝔓66c 𝔓75 C D* 𝔐 K L M N
                                                                        U Δ Λ Π Ψ f¹ f¹³ 2 33 157 565 700 1071 1424 uwτ

[Cl Exc 18.1 ηγαλλιασατο γαρ φησιν ινα ιδη την ημεραν την εμην]

εἶδεν καὶ ἐχάρη. 57 εἶπον οὖν οἱ Ἰουδαῖοι πρὸς αὐτόν, Πεντήκοντα ἔτη οὔπω B 𝔓66.75 uτ rell
εἶδεν καὶ ἐχάρη. 57 εἶπαν οὖν οἱ Ἰουδαῖοι πρὸς αὐτόν, Πεντήκοντα ἔτη οὔπω ℵ w
εἶδεν καὶ ἐχάρη. 57 εἶπαν οὖν οἱ Ἰουδαῖοι πρὸς αὐτόν, Πεντήκοντα ἔτη οὐδέπω D
εἶδεν καὶ ἐχάρη. 57 εἶπον οὖν οἱ Ἰουδαίου πρὸς αὐτόν, Πεντήκοντα ἔτη οὔπω M
εἶδεν καὶ ἐχάρει. 57 εἶπον οὖν οἱ Ἰουδαῖοι πρὸς αὐτόν, Πεντήκοντα ἔτη οὔπω U
εἶδεν καὶ ἐχάρη. 57 εἶπαν οὖν οἱ Ἰουδέοι πρὸς αὐτόν, Πεντήκοντα ἔτη οὔπω Θ
εἶδεν καὶ ἐχάρη. 57 εἶπον οὖν οἱ Ἰουδαῖοι πρὸς αὐτόν, Σαράκοντα ἔτη οὔπω Λ*
εἶδεν καὶ ἐχάρην. 57 εἶπον οὖν οἱ Ἰουδαῖοι πρὸς αὐτόν, Πεντήκοντα ἔτη οὔπω 1 69
εἶδον καὶ ἐχάρι. 57 εἶπον οὖν Ἰουδαῖοι πρὸς αὐτόν, Πεντήκοντα ἔτη οὔπω 579

lac. 8.54-57 𝔓45 P Γ ¦ vs. 52 A

A 54 δαζων G* ¦ εστην¹·² 579 ¦ υμις N ¦ λεγεται 𝔓66 ℵ E* L W Θ 33 ¦ εστι³ S Y Ω f¹ 118 157 565 55 εγνωκαται ℵ ¦ αιγνωκατε
579 ¦ αυτων (αυτον³) 1071 ¦ εσομε N ¦ εσωμε 579 ¦ ομοις Θ ¦ ομοιως 579 ¦ υμιεν D ¦ ψευστις K ¦ ψευτης 579 56 ηγαλλιασατο K
¦ υηγαλλιασατο L ¦ ηγγαλλιασατο S ¦ ηγαλιασατο Θ ¦ ηγαλλιασατω ηνα ηδι 579 ¦ ημεραν M ¦ ιδεν 𝔓75 A C K L M N Θ Π Ψ 13
124 2 33 28 565 788 1071 1346 1424 ¦ ηδεν E* ¦ ειδε Y 118 69 157 57 πεντηκοτα S ¦ πεντηκοντα Δ Θ Ω 1 28

B 54 ις̅ B 𝔓66 𝔓75 ℵ A C 𝔐 K L M N S U W Δ Θ Λ Π Ψ Ω f¹ 118 f¹³ 124 2 33 28 157 565 579 700 788 1071 1346 1424 ¦ της̅ D
¦ πηρ̅ 𝔓66 A C 𝔐 K L M N S U W Δ Θ Λ Π Ψ Ω f¹ 118 f¹³ 69 124 2 33 28 157 565 579 700 788 1071 1346 1424 ¦ θς̅ B 𝔓75 ℵ A
C D 𝔐 K M N S U W Δ Θ Λ Π Ψ Ω f¹ 118 f¹³ 69 124 2 33 28 157 565 579 700 788 1071 1424 56 πηρ̅ 𝔓66 ℵ A C E F G Y K L
N S U W Δ Θ Λ Π Ψ Ω f¹ 118 f¹³ 69 124 2 33 28 157 565 579 700 788 1071 1346 1424 ¦ ημαν 579

C 56 (ante ημεραν) σκ̅ο̅ την του στρ̅ο̅υ· ην εν τω ισαακ προ διετυπ Λ

ἔχεις καὶ Ἀβραὰμ ἑόρακες; 58 εἶπεν αὐτοῖς Ἰησοῦς, Ἀμὴν ἀμὴν λέγω ὑμῖν Β*
ἔχεις καὶ Ἀβραὰμ ἑώρακας; 58 εἶπεν αὐτοῖς Ἰησοῦς, Ἀμὴν ἀμὴν λέγω ὑμῖν Β^c C u[w]
ἔχεις καὶ Ἀβραὰμ ἑόρακας; 58 εἶπεν αὐτοῖς ὁ Ἰησοῦς, Ἀμὴν ἀμὴν λέγω ὑμῖν 𝔓⁶⁶ 𝔐 Μ Δ Π 33
ἔχεις καὶ Ἀβραὰμ ἑόρακέν σε; 58 εἶπεν αὐτοῖς Ἰησοῦς, Ἀμὴν ἀμὴν λέγω ὑμῖν 𝔓⁷⁵
ἔχεις καὶ Ἀβραὰμ ἑόρακέν σε; 58 εἶπεν αὐτοῖς ὁ Ἰησοῦς, Ἀμὴν ἀμὴν λέγω ὑμῖν ℵ*
ἔχεις καὶ Ἀβραὰμ ἑώρακας; 58 εἶπεν οὖν αὐτοῖς ὁ Ἰησοῦς, Ἀμὴν ἀμὴν λέγω ὑμῖν D N f¹ f¹³ 700
ἔχεις καὶ Ἀβραὰμ ἑόρακας; 58 καὶ εἶπεν αὐτοῖς ὁ Ἰησοῦς, Ἀμὴν ἀμὴν λέγω ὑμῖν L [1071 1424
ἔχεις καὶ Ἀβραὰμ ἑόρακας; 58 εἶπεν οὖν αὐτοῖς ὁ Ἰησοῦς, Ἀμὴν ἀμὴν λέγω ὑμῖν G K 28 565 788
ἔχεις καὶ Ἀβραὰμ ἑόρακες; 58 εἶπεν αὐτοῖς ὁ Ἰησοῦς, Ἀμὴν ἀμὴν λέγω ὑμῖν W
ἔχεις καὶ Ἀβραὰμ ἑόρακες; 58 εἶπεν αὐτοῖς ὁ Ἰησοῦς, Ἀμὴν ἀμὴν λέγω ὑμῖν Θ
ἔχεις καὶ Ἀβραὰμ ἑώρακας; 58 εἶπεν αὐτῷ Ἰησοῦς, Ἀμὴν ἀμὴν λέγω ὑμῖν 579
ἔχεις καὶ Ἀβραὰμ ἑώρακέν σε; 58 εἶπεν αὐτοῖς Ἰησοῦς, Ἀμὴν ἀμὴν λέγω ὑμῖν [w] [↓Ω 2 157 τ
ἔχεις καὶ Ἀβραὰμ ἑώρακας; 58 εἶπεν αὐτοῖς ὁ Ἰησοῦς, Ἀμὴν ἀμὴν λέγω ὑμῖν ℵ^c A Y S U Λ Ψ

πρὶν Ἀβραὰμ γενέσθαι ἐγὼ εἰμί. 59 ἦραν οὖν λίθους ἵνα βάλωσιν ἐπ' Β 𝔓^{66.75} uwτ rell
πρὶν Ἀβραὰμ ἐγὼ εἰμί. 59 τότε ἦραν λίθους ἵνα βάλωσιν ἐπ' D
πρὶν Ἀβραὰμ γενέσθαι γενέσθαι ἐγὼ εἰμί. 59 ἦραν οὖν λίθους ἵνα βάλωσιν ἐπ' Δ
πρὶν Ἀβραὰμ γενέσθαι ἐγὼ εἰμί. 59 ἦραν οὖν λίθους ἵνα βάλλωσιν ἐπ' 69
πρὶν Ἀβραὰμ γενέσθαι ἐγὼ ἤμην. 59 ἦραν οὖν λίθους ἵνα βάλωσιν ἐπ' 157
πρὶν Ἀβραὰμ γενέσθαι ἐγὼ εἰμί. 59 ὗραν οὖν λίθους ἵνα βάλωσιν ἐπ' 579
πρὶν Ἀβραὰμ γενέσθαι ἐγὼ εἰμί. 59 ἦραν οὖν λίθους ἵνα βάλλουσιν ἐπ' 1424

αὐτόν· Ἰησοῦς ἐκρύβη καὶ ἐξῆλθεν ἐκ τοῦ ἱεροῦ. B W
αὐτόν· ὁ Ἰησοῦς δὲ ἐκρύβη καὶ ἐξῆλθεν ἐκ τοῦ ἱεροῦ. Θ
αὐτόν· Ἰησοῦς δὲ ἐκρύβη καὶ ἐξῆλθεν ἀπ' αὐτῶν διὰ μέσου ἐκ τοῦ ἱεροῦ. 69
αὐτόν· Ἰησοῦς δὲ ἐκρύβη καὶ ἐξῆλθεν καὶ ἐκ τοῦ ἱεροῦ. 579
αὐτόν· Ἰησοῦς δὲ ἐκρύβη καὶ ἐξῆλθεν ἐκ τοῦ ἱεροῦ. 𝔓^{66.75} ℵ A C D 𝔐 K L M N
U Δ Λ Π Ψ f¹ f¹³ 2 33 28 157 565 700 1071 1424 uwτ

om. Β 𝔓^{66.75} ℵ* D W Θ* uw
καὶ διελθὼν διὰ μέσου αὐτῶν ἐπορεύετο καὶ παρῆγεν οὕτως. ℵ^{c1} C L N Ψ 33 1071
καὶ διελθὼν διὰ μέσου αὐτῶν ℵ^{c2}
διελθὼν διὰ μέσου αὐτῶν καὶ παρῆγεν οὕτως. A 𝔐 K M U Δ Θ^{mg} Λ Π f¹ 124 2 28 157 565
διελθὼν διὰ μέσου αὐτῶν. 13 [↑700 788 1346 1424 τ
διελθὼν ἐκ μέσου αὐτῶν καὶ παρῆγεν οὕτως. 118
καὶ παρηγεν ουτως. 69
καὶ διελθὼν διὰ μέσου αὐτῶν ἐπορέβετο καὶ παρήγων οὕτως. 579

---

lac. 8.57-59 𝔓⁴⁵ P Γ

A 57 εχης 579 58 υμειν D ¦ υμην G ¦ πρι L* ¦ γενεσθε G N 69 ¦ ειμει N W ¦ εμι Λ ¦ ειμη 579 59 ληθοις 579 ¦ βαλουσιν N ¦ εκριβει 69

B 58 ι̅ς̅ B 𝔓⁶⁶ 𝔓⁷⁵ A C 𝔐 K L M N S U W Δ Θ Λ Π Ψ Ω f¹ 118 f¹³ 124 2 33 28 157 565 579 700 788 1071 1346 1424 ¦ τ̅η̅ς̅ D
59 ι̅ς̅ B 𝔓⁶⁶ 𝔓⁷⁵ ℵ A C 𝔐 K L M N S U W Δ Θ Λ Π Ψ Ω f¹ 118 f¹³ 124 2 33 28 157 565 579 700 788 1071 1346 1424 ¦ τ̅η̅ς̅ D

C 59 τελος (post ουτως) E S Θ Ω f¹³ 124 2 579 788 1346 ¦ τελος της γ̅ (+ ε̅ M) G Y M f¹ 28 ¦ (post επ αυτον) τελ της ϛ̅ 118 ῑ περὶ τοῦ ἐκ γεννητῆς τυφλοῦ

Sixth Sign: Jesus Gives Sight To A Man Blind From Birth
(Mark 8.22-26)

λ̄ 9.1 Καὶ παράγων   εἶδεν ἄνθρωπον τυφλὸν ἐκ γενετῆς.   B 𝔓⁶⁶·⁷⁵ ℵ A C* L S U W Δ Ψ 69 33 157
    9.1 Καὶ παράγων ὁ Ἰησοῦς εἶδεν ἄνθρωπον τυφλὸν ἐκ γενετῆς.   Cᶜ Θ   [↑579 700 **uwτ**
    9.1 Καὶ παράγων ὁ Ἰησοῦς εἶδεν ἄνθρωπον τυφλὸν ἐκ γεννητῆς.   F G H
    9.1 Καὶ παράγων   εἶδεν ἄνθρωπον τυφλὸν ἐκ γενετῆς καθήμενον.   D
    9.1 Καὶ παράγων   εἶδεν ἄνθρωπον τυφλὸν ἐκ γεννητῆς.   E Y K M Π f¹ 124 28 788
    9.1 Καὶ παράγων   εἶδεν ἄνθρωπον τυφλὸν ἐκ γεννητῆς.   N 565
    9.1 Καὶ παράγων   εἶδεν ἄνθρωπον τυφλὸν ἐκ γεννητοῖς.   Λ 118
    9.1 Καὶ παράγων ὁ Ἰησοῦς εἶδεν ἄνθρωπον τυφλὸν ἐκ γεννητῆς.   f¹³ 1424
    9.1 Καὶ παράγων ὁ Ἰησοῦς εἶδεν ἄνθρωπον τυφλὸν ἐκ γενητῆς.   2
    9.1 Καὶ παράγων ὁ Ἰησοῦς εἶδεν ἄνθρωπον τυφλὸν ἐκ γεννητοῖς.   1071

2 καὶ ἠρώτησαν αὐτὸν οἱ μαθηταὶ αὐτοῦ λέγοντες, Ῥαββεί, τίς ἥμαρτεν, οὗτος   B 𝔓⁶⁶·⁷⁵ ℵ A C 𝔐 W Λ 2
2 καὶ ἠρώτησαν αὐτὸν οἱ μαθηταί,   Ῥαββεί, τίς ἥμαρτεν, οὗτος   D   [↑565 1424 **w**
2 καὶ ἠρώτησαν αὐτὸν οἱ μαθηταὶ αὐτοῦ λέγοντες, Ῥαββί, τί ἥμαρτεν, οὗτος   69
2 καὶ ἠρώτησεν αὐτὸν οἱ μαθηταὶ αὐτοῦ λέγοντες, Ῥαββί, τίς ἥμαρτεν, οὗτος   579
2 καὶ ἠρώτησαν αὐτὸν οἱ μαθηταὶ αὐτοῦ λέγοντες, Ῥαββί, τίς ἥμαρτεν, οὗτος   F G K L M N S U Δ Θ Π Ψ
                                                      Ω f¹ f¹³ 33 28 157 700 1071 **uτ**

ἢ οἱ οἱ γονεῖς αὐτοῦ, ἵνα τυφλὸς γεννηθῇ;   3 ἀπεκρίθη Ἰησοῦς,   B
ἢ οἱ   γονεῖς αὐτοῦ, ἵνα τυφλὸς γενηθῇ;   3 ἀπεκρίθη Ἰησοῦς,   A W Ω
ἢ οἱ   γονεῖς αὐτοῦ, ἵνα τυφλὸς γεννηθῇ;   3 ἀπεκρίθη ὁ Ἰησοῦς,   D N f¹³ τ
ἢ οἱ   γονεῖς αὐτοῦ, ἵνα τυφλὸς γενηθῇ;   3 ἀπεκρίθη ὁ Ἰησοῦς,   Θ
ἢ οἱ   γονεῖς αὐτοῦ, ἵνα τυφλὸς γεννηθῇ;   3 ἀπεκρίθη Ἰησοῦς καὶ εἶπεν αὐτοῖς,   f¹ 565
ἢ οἱ οἱ γονεῖς αὐτοῦ, ἵνα τυφλὸς γεννηθῇ;   3 ἀπεκρίθη ὁ Ἰησοῦς,   157
ἢ   γονεῖς αὐτοῦ, ἵνα τυφλὸς γενηθῇ;   3 ἀπεκρίθη ὁ Ἰησοῦς,   579
οἱ ἢ   γονεῖς αὐτοῦ, ἵνα τυφλὸς γεννηθῇ;   3 ἀπεκρίθη ὁ Ἰησοῦς,   1071
ἢ οἱ   γονεῖς αὐτοῦ, ἵνα τυφλὸς γεννηθῇ;   3 ἀπεκρίθη Ἰησοῦς,   𝔓⁶⁶ ℵ C 𝔐 K L M U Δ Λ
                                           Π Ψ 69 2 33 28 700 788 1424 **uw**

Οὔτε οὗτος ἥμαρτεν οὔτε οἱ γονεῖς αὐτοῦ, ἀλλ᾽ ἵνα φανερωθῇ τὰ ἔργα τοῦ θεοῦ ἐν αὐτῷ.   B 𝔓⁶⁶·⁷⁵ **uwτ**
Οὔτε οὗ   οὔτε ἡ γονεῖς αὐτοῦ, ἀλλ᾽ ἵνα φανερωθῇ τὰ ἔργα τοῦ θεοῦ ἐν αὐτῷ.   579   [↑rell

4 ἡμᾶς δεῖ ἐργάζεσθε τὰ ἔργα τοῦ πέμψαντός με ἕως ἡμέρα ἐστίν· ἔρχεται   B*
4 ἡμᾶς δεῖ ἐργάζεσθαι τὰ ἔργα τοῦ πέμψαντός με ἕως ἡμέρα ἐστίν· ἔρχεται   Bᶜ **u[w]**
4 ἡμᾶς δεῖ ἐργάζεσθαι τὰ ἔργα τοῦ πέμψαντός ἡμᾶς ἕως ἡμέρα ἐστίν· ἔρχεται   𝔓⁶⁶·⁷⁵ ℵ*
4 ἐμὲ δεῖ ἐργάζεσθαι τὰ ἔργα τοῦ πέμψαντός με ὡς ἡμέρα ἐστίν· ἔρχεται   C* 33
4 δῐ ἡμᾶς ἐργάζεσθαι τὰ ἔργα τοῦ πέμψαντός με ἕως ἡμέρα ἐστίν· ἔρχεται   D
4 ἡμᾶς δεῖ ἐργάζεσθαι τὰ ἔργα τοῦ πέμψαντός ἡμᾶς ὡς ἡμέρα ἐστίν· ἔρχεται   L
4 ἡμᾶς δῐ ἐργάζεσθαι τὰ ἔργα τοῦ πέμψαντός ἡμᾶς ὡς ἡμέρα ἐστίν· ἔρχεται   W
4 ἡμᾶς δεῖ ἐργάζεσθαι τὰ ἔργα τοῦ πέμψαντός με ὡς ἡμέρα ἐστίν· ἔρχεται   [w]
4 ἐμὲ δεῖ ἐργάζεσθε τὰ ἔργα τοῦ πέμψαντός με ἕως ἡμέρα ἐστίν· ἔρχεται   1346
4 ἐμὲ δεῖ ἐργάζεσθαι τὰ ἔργα τοῦ πέμψαντός με ἕως ἡμέρα ἐστίν· ἔρχεται   ℵᶜ A Cᶜ 𝔐 K M N U
                                          Δ Θ Λ Π Ψ f¹ f¹³ 2 28 157 565 579 700 1071 1424 τ

lac. 9.1-4 𝔓⁴⁵ P Γ

A 9.1 παραγον K* ¦ ιδεν A C D K L M N Δ Θ Λ Π 13 124 33 157 579 788 1346 1424 ¦ νετης S 2 της (τις) 579 ¦ ουτως 579 ¦ γονις ℵ ¦ γονης 2* 579 **3** γονις ℵ N ¦ γωνεις Θ ¦ γονης 579 ¦ απεκρηθη 579 **4** πεψαντος 579 ¦ ερχετε Θ 1071

B 9.1 ιϲ Cᶜ F G H Θ f¹³ 2 579 1071 1346 1424 ¦ ανον A C 𝔐 K L M N S U W Δ Θ Λ Π Ψ Ω f¹ 118 f¹³ 69 124 2 33 28 157 565 579 700 1071 1346 1424 **3** lac. 𝔓⁶⁶ ¦ ιϲ B 𝔓⁷⁵ ℵ A C 𝔐 K L M N S U W Δ Θ Λ Π Ψ Ω f¹ 118 f¹³ 124 2 33 28 157 565 579 700 788 1071 1346 1424 ¦ ιηϲ D ¦ θυ B 𝔓⁶⁶ 𝔓⁷⁵ ℵ A C D 𝔐 K L M N S U W Δ Θ Λ Π Ψ Ω f¹ 118 f¹³ 69 124 2 33 28 157 565 579 700 788 1071 1346 1424

C 9.1 αρχη: D [κυριακη ϛ̄: 9.1-38] f¹³ ¦ ῑ A ¦ ῑ (ῑᾱ F H K) περι του εκ (εν Θ) γεννητης (γενετης Η Ω 2 28 565 ¦ γενετης Θ ¦ γεννητοις Λ | + της f¹) τυφλου: 𝔐 K M Θ Λ Ω f¹ 2 28 565 700 ¦ ῑ περι του τυφλου L U Δ f¹³ 124 157 788 1071 ¦ ῑ περι του τυφλου του εκ γεννητης Π ¦ αρχη: κυριακη περι των αγιων πρων. τω καιρω εκεινω παραγων ο ιϲ (ante ειδεν) E ¦ αρχη: κυ, προ των αγιων πρων_τω κ.ρ παρ. G ¦ αρχη:_κ.υ τω κ̄, παραγων ο ιϲ Η ¦ αρχ (ante ειδεν): κ.υ ϛ̄ τω κ.ρ.ω παραγων_ο ιϲ ειδεν ανον τυφλον Υ ¦ κ.υ ε̄ τω καιρ. παραγων ο ιϲ ειδεν ανο. Μ ¦ κυ ϛ̄ τω κ S ¦ αρχ: τω κ.ρω παραγων ο ιϲ Θ ¦ αρχ Λ ¦ κ.υ ϛ̄ τω καιρω παραγων ο ιϲ Ω ¦ αρχ λ̄δ_κ.υ ϛ̄ του τυφλου τω καιρω εκει παραγων_ο ιϲ ειδ f¹ ¦ αρχ λ̄δ κ.υ ϛ̄ του τυφλου το καιρω εκεινω παραγων ο ιϲ ειδεν 118 ¦ αρχ κ.υ ϛ̄ του τυφλου Ψ 124 ¦ αρχ: κυ, ϛ̄ προ_των αγιων πρων τω καιρω 2 ¦ αρχ τϛ κ.υ τω καιρω εκεινω παραγων ο ιϲ ειδεν 28 ¦ αρχ κυριακη μετ την ν̄· 157 ¦ αρχη: κ.υ ϛ̄ 788 1071 1346 ¦ αρχη τω καιρω 1424

D 9.1 π̄θ Λ 118 1071

νὺξ ὅτε οὐδεὶς δύναται   ἐργάζεσθαι.   5 ὅταν ἐν τῷ κόσμῳ ὦ, φῶς εἰμι τοῦ κόσμου.   B 𝔓⁶⁶·⁷⁵ uwτ rell
νὺξ ὅτε οὐδεὶς δυνήσεται   ἐργάζεσθε.   5 ὅταν ἐν τῷ κόσμῳ ὦ, φῶς εἰμι τοῦ κόσμου.   𝔓⁶⁶
νὺξ ὅτε οὐδεὶς δύναται   ἐργάζεσθαι.   5 ὅταν ὦ ἐν τῷ κόσμῳ, φῶς εἰμι τοῦ κόσμου.   D L N Θ f¹ 33 565
νὺξ ὅτε οὐδεὶς δύναται   ἐργάζεσθαι.   5 ὅταν ἐν τῷ κόσμῳ,   φῶς εἰμι τοῦ κόσμου.   H*
νὺξ ὅτε οὐδεὶς δύναται   ἐργάζεσθαι.ᵀ 5 ὅταν ἐν τῷ κόσμῳ ὦ, φῶς εἰμι τοῦ κόσμου.   579
νὺξ ὅτε οὐδεὶς δύναται   ἐργάσασθαι.   5 ὅταν ἐν τῷ κόσμῳ ὦ, φῶς εἰμι τοῦ κόσμου.   1424

   ᵀτὸ ἔργα τοῦ πέμψαντός με ἕως ἡμέρα ἐστήν· ἔρχεται νὺξ· ὅτε οὐδὶς δύνατε ἐργάζεσθαι.   579

6   ταῦτα εἰπὼν ἔπτυσεν χαμαὶ καὶ ἐποίησεν πηλὸν ἐκ τοῦ πτύσματος καὶ   B 𝔓⁶⁶·⁷⁵ uwτ rell
6   ἔπτυσεν χαμαὶ καὶ ἐποίησεν πηλὸν ἐκ τοῦ πτύσματος καὶ   2*
6   ταῦτα εἰπὼν ἔπτυσεν χαμαὶ καὶ ἐποίησεν πηλὸν ἐκ τοῦ πτίσματος καὶ   1071

ἐπέθηκεν	αὐτοῦ	τὸν πηλὸν	ἐπὶ	τοὺς ὀφθαλμοὺς		7 καὶ εἶπεν αὐτῷ,	B [w]
ἐπέχρισεν	αὐτοῦ	τὸν πηλὸν	ἐπὶ	τοὺς ὀφθαλμοὺς		7 καὶ εἶπεν αὐτῷ,	𝔓⁶⁶ ℵ L Θ 33 u[w]
ἐπέχρεισεν	αὐτὸν	τὸν πηλὸν	ἐπὶ	τοὺς ὀφθαλμοὺς		7 καὶ εἶπεν αὐτῷ,	𝔓⁷⁵*
ἐπέχρεισεν	αὐτοῦ	τὸν πηλὸν	ἐπὶ	τοὺς ὀφθαλμοὺς		7 καὶ εἶπεν αὐτῷ,	𝔓⁷⁵ᶜ
ἐπέχρεισεν	αὐτοῦ	τὸν πηλὸν	ἐπὶ	τοὺς ὀφθαλμοὺς τοῦ τυφλοῦ	7 καὶ εἶπεν αὐτῷ,	A 1071
ἐπέθηκεν		τὸν πηλὸν	ἐπὶ	τοὺς ὀφθαλμοὺς τοῦ τυφλοῦ	7 καὶ εἶπεν αὐτῷ,	C* Ω
ἐπέχρεισεν	αὐτῷ	τὸν πηλὸν	ἐπὶ	τοὺς ὀφθαλμοὺς τοῦ τυφλοῦ	7 καὶ εἶπεν αὐτῷ,	Cᶜ 157 579
ἐπέχρισεν	αὐτῷ	τὸν πηλὸν	ἐπὶ	τοὺς ὀφθαλμοὺς αὐτοῦ	7 καὶ εἶπεν,	D
ἐπέχρισεν	αὐτοῦ	τὸν πηλὸν	ἐπὶ	τοὺς ὀφθαλμοὺς αὐτοῦ	7 καὶ εἶπεν αὐτῷ,	N
ἐπέχρισεν		τὸν πηλὸν	ἐπὶ	τοὺς ὀφθαλμοὺς		7 καὶ εἶπεν αὐτῷ,	Π
ἐπέχρισεν	αὐτοῦ			τοὺς ὀφθαλμοὺς		7 καὶ εἶπεν αὐτῷ,	f¹
ἐπέχρισεν			ἐπὶ	τοὺς ὀφθαλμοὺς τοῦ τυφλοῦ	7 καὶ εἶπεν αὐτῷ,	69
ἐπέχρισεν	αὐτοῦ			τοὺς ὀφθαλμοὺς		7 καὶ εἶπεν αὐτῷ,	565
ἐπέχρισεν		τὸν πηλὸν	ἐπὶ	τοὺς ὀφθαλμοὺς τοῦ τυφλοῦ	7 καὶ εἶπεν αὐτῷ,	𝔐 K M U W Δ Λ Ψ f¹³ 2 28 700 1424 τ

Ὕπαγε	νίψαι εἰς τὴν κολυμβήθραν τοῦ Σιλωὰμ	ὃ ἑρμηνεύετε	B* Δ f¹³ 1071
Ὕπαγε	νίψαι εἰς τὴν κολυμβήθραν τοῦ Σιωὰμ	ὃ ἑρμηνεύεται	𝔓⁶⁶*
Ὕπαγε	νίψαι εἰς τὴν κολυμβήθραν τοῦ Σειλωὰμ	ὃ ἑρμηνεύεται	𝔓⁷⁵
Ὕπαγε	εἰς τὴν κολυμβήθραν τοῦ Σιλωὰμ	ὃ ἑρμηνεύεται	A*
Ὕπαγε	εἰς τὴν κολυμβήθραν τοῦ Σιλωὰμ καὶ νίψαι	ὃ ἑρμηνεύεται	Aᶜ 1424
Ὕπαγε	νίψαι εἰς τὴν κολυμβήθραν τοῦ Σιλωὰ	ὃ μεθερμηνεύεται	D
Ὕπαγε	νίψαι εἰς τὴν κολυμβήθραν τοῦ Σιλωὰ	ὃ ἑρμηνεύετε	Θ
Ὕπαγε	νίψαι εἰς τοῦ Σιλωὰμ τὴν κολυμβήθραν	ὃ ἑρμηνεύεται	69
Ἀπελθὼν	νίψαι εἰς τὴν κολυμβήθραν τοῦ Σιλωὰμ	ὃ ἑρμηνεύεται	28
Ὕπαγε	νίψαι εἰς τὴν κολημβήθραν τοῦ Σιλωὰμ	ὃ ἑρμηνέβεται	579
Ὕπαγε	νίψαι εἰς τὴν κολυμβήθραν τοῦ Σιλωὰμ	ὃ ἑρμηνεύεται	Bᶜ 𝔓⁶⁶ᶜ ℵ C 𝔐 K L M N

U W Λ Π Ψ f¹ 124 2 33 157 565 700 788 1346 uwτ

Ἀπεσταλμένος. ἀπῆλθεν	βλέπων. 8 Οἱ οὖν γείτονες	B
Ἀπεσταλμένος. ἀπῆλθεν οὖν καὶ ἐνίψατο καὶ ἦλθεν βλέπων. 8 Οἱ οὖν γείτονες αὐτοῦ	𝔓⁶⁶*
Ἀπεσταλμένες. ἀπῆλθεν οὖν καὶ ἐνίψατο καὶ ἦλθεν βλέπων. 8 Οἱ οὖν γείτονες	579
Ἀπεσταλμένος. ἀπῆλθεν οὖν καὶ ἐνίψατο καὶ ἦλθεν βλέπων. 8 Οἱ οὖν γείτονες	𝔓⁶⁶ᶜ·⁷⁵ uwτ rell

καὶ οἱ	θεωροῦντες αὐτὸν	τὸ πρότερον ὅτι	προσαίτης ἦν	B 𝔓⁶⁶·⁷⁵ ℵ A Cˣ D K L W Ψ f¹ 124 33
καὶ οἱ οἱ	θεωροῦντες αὐτὸν	τὸ πρότερον ὅτι	προσαίτης ἦν	N [↑157 565 579 788 1071 uw
καὶ οἱ	θεωροῦντες	τὸ πρότερον ὅτι	τυφλὸς ἦν	Λ*
καὶ οἱ	θεωροῦντες αὐτὸν	τὸ πρότερον ὅτι	προσέτης ἰν	Θ
καὶ οἱ	θεωροῦντες αὐτὸν	τὸ πρότερον ὅτι τυφλὸς	προσαίτης ἦν	Π
καὶ οἱ	θεωροῦντες αὐτὸν	τὸ πρότερον ὅτι	τυφλὸς ἦν καὶ προσαίτης	69
καὶ οἱ	θεωροῦντες αὐτὸν	πρότερον ὅτι	τυφλὸς ἦν	700* [↓1424 τ
καὶ οἱ	θεωροῦντες αὐτὸν	τὸ πρότερον ὅτι	τυφλὸς ἦν	Cᶜ 𝔐 M U Δ Λᶜ f¹³ 1582ᶜ 2 28 700ᶜ

lac. 9.4-8 𝔓⁴⁵ P Γ

A 4 ουδις ℵ | δυνατε M Ω 2* 28 579   5 ωι 700 | ειμει D N W 6 επτυσε G Y U 118 69 157 700 | χαμε N W 2* | εποιησε G Y U f¹ 118 13 69 157 700 788 1346 ¦ εποησεν Λ* | πτυματος D | επεχρησεν E F* Λ Ω 579 1071 1424 ¦ επεχρισε S Y U 28 700 | των (τον) 1071 | πιλον² E K Θ 7 νειψε W ¦ νιψε Θ ¦ νηψαι 579 | τη (την) G | κολυμβιθραν E* Ω 1071 ¦ κολυβηθραν Θ ¦ κολυμβηθρα H 565 1424 ¦ ερμινευεται 2 ¦ ηλθε E* Y U 118 69 157 700 8 γιτονες A E* F L N 1071 ¦ γητονες Κ* ¦ γειτωνες Θ 13 1424 | θεορουντες 565 ¦ πρωτερον 2 1346 ¦ προσετης 𝔓⁶⁶ D N W 579 ¦ πρσαιτης 565* | ιν (ην) 579

καὶ οἱ	θεωροῦντες αὐτὸν	τὸ πρότερον ὅτι		προσαίτης	ἦν	B 𝔓⁶⁶·⁷⁵ ℵ A C* D K L W Ψ f¹ 124 33
καὶ οἱ	οἱ θεωροῦντες αὐτὸν	τὸ πρότερον ὅτι		προσαίτης	ἦν	N [↑157 565 579 788 1071 uw
καὶ οἱ	θεωροῦντες	τὸ πρότερον ὅτι		τυφλὸς	ἦν	Λ*
καὶ οἱ	θεωροῦντες αὐτὸν	τὸ πρότερον ὅτι		προσέτης	ἴν	Θ
καὶ οἱ	θεωροῦντες αὐτὸν	τὸ πρότερον ὅτι	τυφλὸς	προσαίτης	ἦν	Π
καὶ οἱ	θεωροῦντες αὐτὸν	τὸ πρότερον ὅτι		τυφλὸς	ἦν καὶ προσαίτης	69
καὶ οἱ	θεωροῦντες αὐτὸν	πρότερον ὅτι		τυφλὸς	ἦν	700* [↓1424 τ
καὶ οἱ	θεωροῦντες αὐτὸν	τὸ πρότερον ὅτι		τυφλὸς	ἦν	Cᶜ 𝔐 M U Δ Λᶜ f¹³ 1582ᶜ 2 28 700ᶜ

ἔλεγον,	Οὐχ οὗτός ἐστιν	ὁ καθήμενος	καὶ προσαιτῶν; 9 ἄλλοι ἔλεγον		B 𝔓⁶⁶ uwτ rell
ἔλεγον,	Οὐχ οὗτός	ὁ καθήμενος	καὶ προσαιτῶν; 9 ἄλλοι ἔλεγον		𝔓⁷⁵
ἔλεγον ὅτι	Οὐχ οὗτός ἐστιν	ὁ καθήμενος	καὶ προσαιτῶν; 9 ἄλλοι ἔλεγον		L
ἔλεγον,	Οὐχ οὗτός ἐστιν	ὁ καθεζόμενος	καὶ προσαιτῶν; 9 ἄλλοι ἔλεγον		Θ
ἔλεγον,	Οὐχ οὗτός ἦν	ὁ καθήμενος	καὶ προσαιτῶν; 9 ἄλλοι ἔλεγον		157
ἔλεγον οὖν,	Οὐχ οὗτός ἐστιν	ὁ καθήμενος	καὶ προσαιτῶν; 9 ἄλλοι ἔλεγον		579
ἔλεγεν,	Οὐχ οὗτός ἐστιν	ὁ καθήμενος	καὶ προσαιτῶν; 9 ἄλλοι ἔλεγον		1071

ὅτι	Οὗτός ἐστιν, ἄλλοι		ἔλεγον, Οὐχί, ἀλλ᾿	ὅμοιος αὐτῷ ἐστιν.	B 𝔓⁷⁵
	Οὗτός ἐστιν, ἄλλοι		ἔλεγον, Οὐχί, ἀλλὰ	ὅμοιος αὐτῷ ἐστιν.	𝔓⁶⁶ W
	Οὗτός ἐστιν, ἄλλοι	δὲ	ἔλεγον, Οὐχί, ἀλλα	ὅμοιος αὐτῷ ἐστιν.	ℵ
ὅτι	Οὗτός ἐστιν, ἄλλοι		ἔλεγον, Οὐχί, ἀλλὰ	ὅμοιος αὐτῷ ἐστιν.	C uw
ὅτι	Οὗτός ἐστιν, ἔτεροι δέ, ῞Οτι			ὅμοιος αὐτῷ ἐστιν.	D
ὅτι	Οὗτός ἐστιν,				E*
ὅτι Οὐχ οὗτός ἐστιν, ἄλλοι	δέ, ῞Οτι			ὅμοιος αὐτῷ ἐστιν.	G
			Οὐχί, ἀλλ᾿	ὅμοιος αὐτῷ ἐστιν.	L 33 1071
ὅτι	Οὗτός ἐστιν, ἄλλοι,	῞Οτι		ὅμοιος αὐτοῦ ἐστιν.	N
	Οὗτός ἐστιν, ἄλλοι	δὲ	ἔλεγον, Οὐχί, ἀλλ᾿ ὅτι	ὅμοιος αὐτῷ ἐστιν.	Θ
ὅτι	Οὗτός ἐστιν, ἄλλοι	δέ,	Οὐχί, ἀλλ᾿	ὅμοιος αὐτῷ ἐστιν.	f¹ 565
ὅτι	Οὗτός ἐστιν, ἄλλοι	δὲ	ἔλεγον, Οὐχί, ἀλλ᾿ ὅτι	ὅμοιος αὐτου ἐστιν.	124
ὅτι	Οὗτός ἐστιν, ἄλλοι,	῞Οτι		ὅμοιος αὐτῷ ἐστιν.	157
ὅτι	Οὗτός ἐστιν, ἄλλοι	δέ, ῞Οτι		ὅμοιος αὐτῶν ἐστιν.	579
ὅτι	Οὗτός ἐστιν, ἄλλοι	δέ, ῞Οτι		ὅμοιος αὐτοῦ ἐστιν.	1424 [↓f¹³ 2 28 700 τ
ὅτι	Οὗτός ἐστιν, ἄλλοι	δέ, ῞Οτι		ὅμοιος αὐτῷ ἐστιν.	A 𝔐 K M U Δ Λ Π Ψ

[↓f¹ 2 28 565 700 1424 uwτ

ἐκεῖνος	ἔλεγεν ὅτι Ἐγώ εἰμι. 10 ἔλεγον	οὖν	αὐτῷ, Πῶς	B 𝔓⁷⁵ C* 𝔐 M W Δ Θ Λ Ψ
ἐκεῖνος δὲ	ἔλεγεν Ἐγώ εἰμι. 10 εἶπαν	οὖν	αὐτῷ, Πῶς	𝔓⁶⁶
ἐκεῖνος δὲ	ἔλεγεν ὅτι Ἐγώ εἰμι. 10 ἔλεγαν	οὖν οἱ Ἰουδαῖοι	αὐτῷ, Πῶς	ℵ*
ἐκεῖνος	ἔλεγεν Ἐγώ εἰμι. 10 ἔλεγον	οὖν	αὐτῷ, Πῶς	ℵᶜ L
ἐκεῖνος δὲ	ἔλεγεν ὅτι Ἐγώ εἰμι. 10 ἔλεγον	οὖν	αὐτῷ, Πῶς	A Cᶜ K N U Π f¹³ 33 157 579
ἐκεῖνος	ἔλεγεν ὅτι Ἐγώ εἰμι. 10 εἶπον	οὖν	αὐτῷ, Πῶς	D [↑1071

	ἠνεῴχθησάν σου οἱ ὀφθαλμοί; 11 ἀπεκρίθη ἐκεῖνος,		Ὁ ἄνθρωπος ὁ	B [uw]
οὖν	ἠνεῴχθησάν οἱ ὀφθαλμοί; 11 ἀπεκρίθη ἐκεῖνος,		Ὁ ἄνθρωπος ὁ	𝔓⁶⁶*
οὖν	ἠνεῴχθησάν σου οἱ ὀφθαλμοί; 11 ἀπεκρίθη ἐκεῖνος,		Ὁ ἄνθρωπος ὁ	𝔓⁶⁶ᶜ ℵ L [uw]
	ἠνεῴχθησάν σου οἱ ὀφθαλμοί; 11 ἀπεκρίθη ἐκεῖνος,		῎Ανθρωπος ὁ	𝔓⁷⁵
οὖν	ἠνεῴχθησάν σου οἱ ὀφθαλμοί; 11 ἀπεκρίθη ἐκεῖνος,		῎Ανθρωπος ὁ	C
οὖν	ἠνεῴχθησάν σου οἱ ὀφθαλμοί; 11 ἀπεκρίθη ἐκεῖνος,		῎Ανθρωπος ὁ	D
	ἠνεῴχθησάν σου οἱ ὀφθαλμοί; 11 ἀπεκρίθη ἐκεῖνος καὶ εἶπεν,		῎Ανθρωπος	𝔐 M Δ Λ 700
οὖν	ἠνεῴχθησάν σου οἱ ὀφθαλμοί; 11 ἀπεκρίθη ἐκεῖνος καὶ εἶπεν,		῎Ανθρωπος	N Ψ 157 [↑1424
	ἠνεῴχθησάν σου οἱ ὀφθαλμοί; 11 ἀπεκρίθη ἐκεῖνος,		῎Ανθρωπος	W
οὖν	ἀνεῴχθησάν σου οἱ ὀφθαλμοί; 11 ἀπεκρίθη ἐκεῖνος,		῎Ανθρωπος ὁ	Θ
	ἀνεῴχθησάν σου οἱ ὀφθαλμοί; 11 ἀπεκρίθη ἐκεῖνος,		Ὁ ἄνθρωπος ὁ	f¹ 33
	ἀνεῴχθησάν σου οἱ ὀφθαλμοί; 11 ἀπεκρίθη ἐκεῖνος καὶ εἶπεν,		῎Ανθρωπος ὁ	1582ᶜ
	ἀνεῴχθησάν σου οἱ ὀφθαλμοί; 11 ἀπεκρίθη ἐκεῖνος,		῎Ανθρωπος	565
	ἀνεῴχθησάν σου οἱ ὀφθαλμοί; 11 ἀπεκρίθη ἐκεῖνος καὶ εἶπεν,		῎Ανθρωπος	579
δὲ	ἀνεῴχθησάν σου οἱ ὀφθαλμοί; 11 ἀπεκρίθη ἐκεῖνος καὶ εἶπεν,		Ὁ ἄνθρωπος ὁ	1071
	ἀνεῴχθησάν σου οἱ ὀφθαλμοί; 11 ἀπεκρίθη ἐκεῖνος καὶ εἶπεν,		῎Ανθρωπος	A K S U Π f¹³ 28 τ

lac. 9.8-11 𝔓⁴⁵ P Γ

A 8 εστην 579 | προσετων W Θ 28 9 ομοιως L M 2* 579 | ειμει W 10 οφαλμοι 𝔓⁶⁶* 11 απεκρηθη 579 | εκινος 𝔓⁶⁶ N

B 11 α̅ν̅ο̅ς̅ 𝔓⁶⁶ A C 𝔐 K L M N S U W Δ Θ Λ Π Ψ Ω f¹ 118 f¹³ 69 124 2 33 28 157 565 579 700 788 1071 1346 1424

λεγόμενος Ἰησοῦς πηλὸν ἐποίησεν καὶ ἐπέχρεισέν μου τοὺς ὀφθαλμοὺς καὶ εἶπέν μοι ὅτι B
λεγόμενος Ἰησοῦς πηλὸν ἐποίησεν καὶ <u>ἐπέχρισέν</u> μου τοὺς ὀφθαλμοὺς καὶ εἶπέν μοι ὅτι 𝔓⁶⁶ℵ uw
λεγόμενος Ἰησοῦς πηλὸν ἐποίησεν καὶ <u>ἐπέχρεισέ</u> μου τοὺς ὀφθαλμοὺς καὶ εἶπέν μοι 𝔓⁷⁵
λεγόμενος Ἰησοῦς πηλὸν ἐποίησεν καὶ ἐπέχρεισέν μου τοὺς ὀφθαλμοὺς καὶ εἶπέν μοι A
λεγόμενος Ἰησοῦς πηλὸν ἐποίησεν καὶ <u>ἐπέχρισέν</u> μου τοὺς ὀφθαλμοὺς καὶ εἶπέν ······ ······ C
λεγόμενος Ἰησοῦς πηλὸν ἐποίησεν καὶ <u>ἐπέχρησέν</u> μου τοὺς ὀφθαλμοὺς καὶ εἶπέν μοι ὅτι L
λεγόμενος Ἰησοῦς πηλὸν ἐποίησεν καὶ <u>ἔχρισέ</u> μου τοὺς ὀφθαλμοὺς καὶ εἶπέν μοι S
λεγόμενος Ἰησοῦς πηλὸν ἐποίησεν καὶ <u>ἐπέχρησέν</u> μου τοὺς ὀφθαλμοὺς καὶ εἶπέν μοι 2 1071 1424
λεγόμενος Ἰησοῦς πηλὸν ἐποίησεν καὶ ἐπε······σέν μου τοὺς ὀφθαλμοὺς καὶ εἶπέν μοι 33 [↑1346
λεγόμενος Ἰησοῦς <u>πυλῶν</u> ἐποίησεν καὶ <u>ἐπέχρισέν</u> μου τοὺς ὀφθαλμοὺς καὶ εἶπέν μοι 579
λεγόμενος Ἰησοῦς πηλὸν ἐποίησεν καὶ <u>ἐπέχρισέν</u> μου τοὺς ὀφθαλμοὺς καὶ εἶπέν μοι D𝔐 K M N
U W Δ Θ Λ Π Ψ f¹ f¹³ 2ᶜ 28 157 565 700 τ

Ὕπαγε εἰς τὸν Σειλωὰμ καὶ νίψαι· ἀπελθὼν οὖν καὶ B 𝔓⁷⁵
Ὕπαγε εἰς τὸν <u>Σιλωὰμ</u> καὶ νίψαι· ἀπελθὼν οὖν καὶ 𝔓⁶⁶ℵ L W f¹ 565 uw
Ὕπαγε εἰς <u>τὴν κολυμβήθραν τοῦ</u> Σιλωὰμ καὶ νίψαι· ἀπελθὼν <u>δὲ</u> καὶ A 𝔐 U Λ 2 700 τ
Ὕπαγε εἰς τὸν Σειλωὰμ καὶ νίψαι· <u>ἀπῆλθον</u> οὖν καὶ D
<u>Ὕπαγε νίψαι</u> εἰς <u>τὴν κολυμβήθραν τοῦ</u> Σιλωὰμ· ἀπελθὼν <u>δὲ</u> καὶ K Π f¹³ 28 1424
Ὕπαγε εἰς τὸν <u>κολυμβήθραν τοῦ</u> Σιλωὰμ καὶ νίψαι· ἀπελθὼν <u>δὲ</u> καὶ M
Ὕπαγε εἰς <u>τὴν κολυμβήθραν τοῦ</u> Σιλωὰμ καὶ νίψαι· ἀπελθὼν οὖν καὶ N Ψ 124 579
Ὕπαγε εἰς <u>τὴν κολυμβήθρα τοῦ</u> Σιλωὰμ καὶ νίψαι· ἀπελθὼν <u>δὲ</u> καὶ Δ
Ὕπαγε εἰς τὸν <u>Σιλωὰν</u> καὶ νίψαι· ἀπελθὼν οὖν καὶ Θ
<u>Ὕπαγε νίψαι</u> εἰς <u>τὴν κολυμβήθραν τοῦ</u> Σιλωὰ· ······θὼν οὖν καὶ 33
Ὕπαγε εἰς <u>τὴν κολυμβήθραν τοῦ</u> Σιλωὰμ καὶ νίψαι· ἀπελθὼν οὖν καὶ 157
<u>Ὕπαγε νίψαι</u> εἰς <u>τὴν κολυμβήθραν τοῦ</u> Σιλωὰμ· ἀπελθὼν οὖν καὶ 1071

νιψάμενος ἀνέβλεψα. **12** καὶ εἶπαν αὐτῷ, Ποῦ ἐστιν ἐκεῖνος; λέγει, Bℵ W uw
νιψάμενος ἀνέβλεψα. **12** εἶπαν <u>οὖν</u> αὐτῷ, Ποῦ ἐστιν ἐκεῖνος; λέγει, 𝔓⁶⁶
νιψάμενος ἀνέβλεψα. **12** καὶ <u>εἶπον</u> αὐτῷ, Ποῦ ἐστιν ἐκεῖνος; λέγει, 𝔓⁷⁵ L f¹ 33 157 565
νιψάμενος ἀνέβλεψα. **12** <u>εἶπον</u> αὐτῷ, Ποῦ ἐστιν ἐκεῖνος; λέγει, A [↑1071
<u>ἐνιψάμην καὶ ἦλθον βλέπων.</u> **12** <u>εἶπον οὖν</u> αὐτῷ, Ποῦ ἐστιν ἐκεῖνος; λέγει <u>αὐτοῖς,</u> D
νιψάμενος ἀνέβλεψα. **12** <u>εἶπον οὖν</u> αὐτῷ, Ποῦ ἐστιν ἐκεῖνος; λέγει <u>αὐτοῖς,</u> N Θ f¹³
νιψάμενος ἀνέβλεψα. **12** <u>εἶπον οὖν</u> αὐτῷ, Ποῦ ἐστιν ἐκεῖνος; λέγει, 𝔐 K M U Δ Λ Π
Ψ 2 28 579 700 1424 τ

Οὐκ οἶδα.

Pharisees Consider The Healing A Violation Of The Sabbath

13 Ἄγουσιν αὐτὸν πρὸς τοὺς Φαρεισαίους τόν ποτε τυφλόν. **14** ἦν δὲ σάββατον B
13 <u>Καὶ ἄγουσιν</u> αὐτὸν πρὸς τοὺς <u>Φαρισαίους</u> τόν ποτε τυφλόν. **14** ἦν δὲ σάββατον D
13 Ἄγουσιν <u>οὖν</u> αὐτὸν πρὸς τοὺς <u>Φαρισέους</u> τόν ποτε τυφλόν. **14** ἦν δὲ σάββατον N
13 ········σιν αὐτὸν πρὸς τοὺς <u>Φαρισαίους</u> τόν ποτε τυφλόν. **14** ἦν δὲ σάββατον 33 [↓rell
13 Ἄγουσιν αὐτὸν πρὸς τοὺς <u>Φαρισαίους</u> τόν ποτε τυφλόν. **14** ἦν δὲ σάββατον 𝔓⁶⁶·⁷⁵ uwτ

ἐν ᾗ ἡμέρᾳ τὸν πηλὸν ἐποίησεν ὁ Ἰησοῦς καὶ ἀνέῳξεν αὐτοῦ τοὺς ὀφθαλμούς. B 𝔓⁶⁶ 𝔓⁷⁵ ℵ uw
<u>ὅτε</u> τὸν πηλὸν ἐποίησεν ὁ Ἰησοῦς καὶ <u>ἤνυξεν</u> αὐτοῦ τοὺς ὀφθαλμούς. D
ἐν ᾗ ἡμέρᾳ τὸν πηλὸν ἐποίησεν καὶ <u>ἠνέῳξεν</u> αὐτοῦ τοὺς ὀφθαλμούς. L
ἐν ᾗ ἡμέρᾳ τὸν πηλὸν ἐποίησεν ὁ Ἰησοῦς καὶ <u>ἠνέῳξεν</u> αὐτοῦ τοὺς ὀφθαλμούς. W
ἐν ᾗ ἡμέρᾳ τὸν π········ ·ποίησεν ὁ Ἰησοῦς καὶ ἀνέῳξεν αὐτοῦ τοὺς ὀφθαλμούς. 33
<u>ὅτε</u> τὸν πηλὸν ἐποίησεν ὁ Ἰησοῦς καὶ ἀνέῳξεν αὐτοῦ τοὺς ὀφθαλμούς. 579
<u>ὅτε</u> τὸν πηλὸν ἐποίησεν ὁ Ἰησοῦς καὶ ἀνέῳξεν αὐτοῦ τοὺς ὀφθαλμούς. A 𝔐 K M N U Δ Θ Λ Π Ψ
f¹ f¹³ 2 28 157 565 700 1071 1424 τ

---

lac. 9.11-14 𝔓⁴⁵ C P Γ

A **11** λεγομενος 579 | εποιησε S Y U Ω f¹ 118 69 157 700 | πιλον 2* | επεχρισε Y U f¹ 118 69 28 157 700 | επεχρησε Ω | ειπε Y 118 69 700 | κολυμβιθραν Ω | κολυμβηθρα 1424 | απιλθων G **12** εκινος N **14** σαβατον Λ | πιλον U 579 1071 | αυ (αυτου) Y*

B **11** ιης̅ 𝔓⁶⁶ D ¦ ι̅ς̅ 𝔓⁷⁵ ℵ A C 𝔐 K L M N S U W Δ Θ Λ Π Ψ Ω f¹ 118 f¹³ 124 2 33 28 157 565 579 700 788 1071 1346 1424
14 ι̅ς̅ B 𝔓⁷⁵ ℵ A 𝔐 K M N S U W Δ Θ Λ Π Ψ Ω f¹ 118 f¹³ 124 2 33 28 157 565 579 700 788 1071 1346 1424 ¦ ιης̅ D

15 πάλιν οὖν ἠρώτων   αὐτὸν καὶ οἱ Φαρεισαῖοι πῶς ἀνέβλεψεν. ὁ δὲ εἶπεν   B
15 πάλιν οὖν <u>ἠρώτουν</u> αὐτὸν   οἱ <u>Φαρισαῖοι</u> πῶς ἀνέβλεψεν. ὁ δὲ εἶπεν   𝔓66*
15 πάλιν οὖν <u>ἠρώτουν</u> αὐτὸν καὶ οἱ <u>Φαρισαῖοι</u> πῶς ἀνέβλεψεν. ὁ δὲ εἶπεν   𝔓66c
15 πάλιν οὖν ἠρώτων   αὐτὸν καὶ οἱ <u>Φαρισαῖοι</u> πῶς ἀνέβλε<u>ψεν</u>. ὁ δὲ εἶπεν <u>καὶ</u>   A f13
15 πάλιν οὖν <u>ἐπηρώτων</u> αὐτὸν καὶ οἱ <u>Φαρισαῖοι</u> πῶς ἀνέβλεψεν. ὁ δὲ εἶπεν   D
15 πάλιν <u>δὲ</u>   <u>ἠρώτησαν</u> αὐτὸν καὶ οἱ <u>Φαρισαῖοι</u> πῶς ἀνέβλεψεν. ὁ δὲ εἶπεν   N
15 πάλιν οὖν ἠρώτων   αὐτὸν   οἱ <u>Φαρισαῖοι</u> πῶς ἀνέβλεψεν. ὁ δὲ εἶπεν   U 69 157 1071
15 πάλιν οὖν ἠρώτων   αὐτὸν καὶ οἱ <u>Φαρισαῖοι</u> πῶς <u>ἀνέβλεψας</u>. ὁ δὲ εἶπεν   Θ
15 πάλιν οὖν <u>αὐτὸν</u>   <u>ἠρώτων</u>   οἱ <u>Φαρισαῖοι</u> πῶς ἀνέβλεψεν. ὁ δὲ εἶπεν <u>καὶ</u>   124
15 om.   33
15 πάλιν οὖν ἠρώτων   αὐτὸν καὶ οἱ Φαρισαῖοι πῶς <u>ἀνέβλεψαν</u>. ὁ δὲ εἶπεν   579
15 πάλιν οὖν ἠρώτων   αὐτὸν καὶ οἱ <u>Φαρισαῖοι</u> πῶς ἀνέβλεψεν. ὁ δὲ εἶπεν <u>καὶ</u>   788 1346
15 πάλιν οὖν <u>ἠρώτησαν</u> αὐτὸν καὶ οἱ <u>Φαρισαῖοι</u> πῶς ἀνέβλεψεν. ὁ δὲ εἶπεν   1424
15 πάλιν οὖν ἠρώτων   αὐτὸν καὶ οἱ <u>Φαρισαῖοι</u> πῶς ἀνέβλεψεν. ὁ δὲ εἶπεν   𝔓75 uwτ rell

αὐτοῖς, Πηλόν   ἐπέθηκέν μου ἐπὶ τοὺς ὀφθαλμούς, καὶ ἐνιψάμην, καὶ   B 𝔓66.75 uw rell
αὐτοῖς, Πηλόν   <u>μου ἐπέθηκεν</u> ἐπὶ τοὺς ὀφθαλμούς, καὶ ἐνιψάμην, καὶ   A
αὐτοῖς, Πηλόν   ἐπέθηκεν <u>ἐπὶ</u> <u>τοὺς ὀφθαλμούς μου</u>, καὶ ἐνιψάμην, καὶ   D Ψ τ
αὐτοῖς, Πηλὸν <u>ἐποίησεν</u> <u>καὶ</u> ἐπέθηκέν μου ἐπὶ τοὺς ὀφθαλμούς, καὶ ἐνιψάμην, καὶ   G N f1 565 1424
αὐτοῖς, Πηλόν   ἐπέθηκέν <u>μοι</u> ἐπὶ τοὺς ὀφθαλμούς, καὶ ἐνιψάμην, καὶ   H
      ⋯⋯⋯ ⋯ιψάμην, ⋯⋯⋯   33
αὐτοῖς, Πηλὸν   <u>ἐπέθεκέν μοι</u> ἐπὶ τοὺς ὀφθαλμούς, καὶ ἐνιψάμην, καὶ   579

βλέπω. 16 ἔλεγον οὖν ἐκ τῶν Φαρεισαίων τινές, Οὐκ ἔστιν οὗτος παρὰ θεοῦ   B
βλέπω. 16 ἔλεγον οὖν ἐκ τῶν <u>Φαρισαίων</u> τινές, Οὐκ ἔστιν οὗτος παρὰ θεοῦ   𝔓66.75 אc D L N W Θ Ψ
βλέπω. 16 <u>ἔλεγαν</u> οὖν ἐκ τῶν <u>Φαρισαίων</u> τινές, Οὐκ ἔστιν οὗτος παρὰ θεοῦ   א* [↑157 579 1071 uw
βλέπω. 16 ἔλεγον οὖν ἐκ τῶν <u>Φαρισαίων</u>, Οὗτος <u>ὁ ἄνθρωπος</u> οὐκ ἔστιν   M
      ⋯⋯⋯ 16 ⋯⋯⋯ ἐκ τῶν <u>Φαρισαίων</u> τινές, Οὐκ ἔστιν οὗτος παρὰ θεοῦ   33 [↓28 565 700 1424 τ
βλέπω. 16 ἔλεγον οὖν ἐκ τῶν <u>Φαρισαίων</u> τινές, <u>Οὗτος ὁ ἄνθρωπος</u> οὐκ ἔστιν   A 𝔐 K U Δ Λ Π f1 f13 2

ὁ ἄνθρωπος, ὅτι τὸ σάββατον οὐ τηρεῖ.   ἄλλοι δὲ ἔλεγον, Πῶς δύναται   B א W [uw]
ὁ ἄνθρωπος, ὅτι τὸ σάββατον οὐ τηρεῖ.   ἄλλοι ἔλεγον, Πῶς δύναται   𝔓66.75 L N Ψ 157 1071
παρὰ θεοῦ, ὅτι τὸ σάββατον οὐ τηρεῖ.   ἄλλοι ἔλεγον, Πῶς δύναται   A G K Π [↑[uw]
ὁ ἄνθρωπος, ὅτι τὸ σάββατον οὐ τηρεῖ.   ἄλλοι δὲ <u>ἔλεγαν</u>, Πῶς δύναται   D
παρὰ <u>τοῦ</u> θεοῦ, ὅτι τὸ σάββατον οὐ τηρεῖ.   ἄλλοι ἔλεγον, Πῶς δύναται   𝔐 M U Δ Λ 2 700 1424 τ
ὁ ἄνθρωπος, ὅτι τὸ σάββατον οὐ <u>φυλάσει</u>. ἄλλοι ἔλεγον, Πῶς δύναται   Θ
παρὰ θεοῦ, ὅτι τὸ σάββατον οὐ τηρεῖ.   ἄλλοι δὲ ἔλεγον, Πῶς δύναται   f1 69 124 788 1346
παρὰ θεοῦ, ὅτι <u>τοῦτο</u> σάββατον οὐ τηρεῖ.   ἄλλοι δὲ ἔλεγον, Πῶς δύναται   f13
      ⋯⋯⋯ ⋯ ⋯⋯ ⋯⋯⋯ ⋯λεγον, Πῶς δύναται   33
παρὰ τῷ θεῷ, ὅτι τὸ σάββατον οὐ τηρεῖ.   ἄλλοι ἔλεγον, Πῶς δύναται   28
παρὰ <u>τοῦ</u> θεοῦ, ὅτι τὸ σάββατον οὐ τηρεῖ.   ἄλλοι δὲ ἔλεγον, Πῶς δύναται   565
ὁ ἄνθρωπος, ὅτι τὸ σάββατον οὐ τηρεῖ.   ἄλλοι ἔλεγον, Πῶς <u>δύνανται</u> 579

ἄνθρωπος ἁμαρτωλὸς τοιαῦτα σημεῖα ποιεῖν; καὶ σχίσμα ἦν ἐν αὐτοῖς.   B 𝔓66.75 uwτ rell
ἄνθρωπος ἁμαρτωλὸς <u>σημεῖα τοιαῦτα</u> ποιεῖν; καὶ σχίσμα ἦν ἐν αὐτοῖς.   W
ἄνθρωπος ἁμαρτωλὸς τοιαῦτα σ⋯⋯⋯ ⋯⋯⋯ ⋯⋯⋯   33
ἄνθρωπος ἁμαρτωλὸς <u>τηαῦτα</u> σημεῖα <u>ποιεῖ</u>; καὶ σχίσμα ἦν ἐν αὐτοῖς.   579

---

lac. 9.15-16 𝔓45 C P Γ

A 15 αυτων 1346 | εποιησε f1 118 | επεθηκε Υ 118 13 69 157 700 788 1346 | εποι (επι) 579 | ενιψαμιν 579 16 εστι Υ U f1 118 13 69 565 700 788 1346 ⋮ εστην 579 | τω (το) F | τηρι א A ⋮ τειρη 579 | δυνατε M | σημια א W Θ ⋮ σιμεια 2 | ποιην Θ | σχιμα 𝔓66

B 16 θ̅υ̅ B 𝔓66 𝔓75 א A D 𝔐 K L M N S U W Δ Θ Λ Π Ψ Ω f1 118 f13 69 124 2 33 157 565 579 700 788 1071 1346 1424 ⋮ θ̅ω̅ 28 | α̅ν̅ο̅ς̅1.2 𝔓66 A 𝔐 K L M N S U W Δ Θ Λ Π Ψ Ω f1 118 f13 69 124 2 28 157 565 579 700 788 1071 1346 1424 ⋮ α̅ν̅ο̅ς̅2 33

17 λέγουσιν οὖν τῷ	τυφλῷ πάλιν,	Τί σὺ λέγεις περὶ αὐτοῦ,	ὅτι	ἠνέῳξέν	B uw
17 λέγουσιν οὖν τῷ	τυφλῷ πάλιν,	··· ··· λέγεις περὶ σεαυτοῦ,	ὅτι	ἠνοιξέν	𝔓⁶⁶*
17 λέγουσιν οὖν τῷ	τυφλῷ πάλιν,	··· ··· λέγεις περὶ αὐτοῦ,	ὅτι	ἠνοιξέν	𝔓⁶⁶ᶜ
17 λέγουσιν οὖν τῷ	τυφλῷ πάλιν,	Σὺ τί λέγεις περὶ σεαυτοῦ,	ὅτι	ἠνέῳξέν	𝔓⁷⁵
17 λέγουσιν οὖν τῷ πότε	τυφλῷ πάλιν οὖν,	Τί σὺ λέγεις περὶ σεαυτοῦ,	ὅτι	ἠνοιξέν	ℵ*
17 λέγουσιν οὖν τῷ πότε	τυφλῷ πάλιν,	Τί σὺ λέγεις περὶ σεαυτοῦ,	ὅτι	ἠνοιξέν	ℵᶜ
17 λέγουσιν οὖν τῷ	τυφλῷ πάλιν,	Σὺ τί λέγεις περὶ αὐτοῦ,	ὅτι	ἠνοιξέν	A 69
17 ἔλεγον οὖν τῷ	τυφλῷ,	Σὺ τί λέγεις περὶ ἑαυτοῦ,	ὅτι	ἤνυξέν	D
17 λέγουσιν	τυφλῷ πάλιν,	Σὺ τί λέγεις περὶ αὐτοῦ,	ὅτι	ἠνοιξέν	G
17 λέγουσιν τῷ	τυφλῷ πάλιν,	Σὺ τί λέγεις περὶ αὐτοῦ,	ὅτι	ἀνέῳξέν	Υ Κ Π 157
17 λέγουσιν οὖν τῷ	τυφλῷ πάλιν,	Τί σὺ λέγεις περὶ αὐτοῦ,	ὅτι	ἀνέῳξέν	L Ψ
17 λέγουσιν οὖν τῷ	τυφλῷ πάλιν,	Σὺ τί λέγεις περὶ αὐτοῦ,	ὅτι	ἀνέῳξέν	N Θ f¹ 565
17 λέγουσιν οὖν τῷ	τυφλῷ πάλιν,	Σὺ τί λέγεις περὶ αὐτοῦ,	ὅτι	ἠνέῳξέν	W f¹³ 1071
17 λέγουσιν τῷ	τυφλῷ πάλιν,	Σὺ τί λέγεις περὶ αὐτοῦ,	ὅτι	ἠνέῳξέν	Δ 124
17 λέγουσιν τῷ	τυφλῷ πάλιν,	Σὺ τί λέγεις περὶ αὐτοῦ,	····· ···		33
17 λέγουσιν οὖν τῷ	τυφλῷ πάλιν,	Οὐ τί λέγεις περὶ αὐτοῦ,	ὅτι	ἀνέῳξέν	579
17 λέγουσιν	αὐτῷ πάλιν,	Σὺ τί λέγεις περὶ αὐτοῦ,	ὅτι	ἠνοιξέν	700
17 λέγουσιν τῷ	τυφλῷ πάλιν,	Σὺ τί λέγεις περὶ αὐτοῦ,	ὅτι	ἠνοιξέν	𝔐 M U Λ 2 28 1424 τ

σου τοὺς ὀφθαλμούς; ὁ δὲ εἶπεν ὅτι Προφήτης ἐστίν.   B 𝔓⁶⁶·⁷⁵ uwτ rell

········ ········ ···················· ·· ···· εἶπεν ὅτι Προφήτης ἐστίν.   33

The Parents Of The Man Deny Knowledge Of The Healing

18 Οὐκ ἐπίστευσαν οὖν οἱ Ἰουδαῖοι περὶ αὐτοῦ ὅτι ἦν τυφλὸς καὶ ἀνέβλεψεν	B 𝔓⁶⁶·⁷⁵ ℵ L N W Ψ 157	
18 Οὐκ ἐπίστευσαν οἱ Ἰουδαῖοι περὶ αὐτοῦ	D [↑1071 uw	
18 Οὐκ ἐπίστευον δὲ οἱ Ἰουδαῖοι περὶ αὐτοῦ ὅτι ἦν τυφλὸς καὶ ἀνέβλεψεν	Θ	
18 Οὐκ ἐπίστευσαν οἱ Ἰουδαῖοι περὶ αὐτοῦ ὅτι τυφλὸς ἦν καὶ ἀνέβλεψεν	69 788	
18 Οὐκ ἐπίστευσαν οὖν οἱ Ἰ············· ········· ········ ····· ἀνέβλεψεν	33	
18 Οὐκ ἐπίστευσαν οὖν οἱ Ἰουδαῖοι περὶ αὐτοῦ ὅτι τυφλὸς ἐγεννήθη	28	
18 Οὐκ ἐπίστευσαν οὖν οἱ Ἰουδαῖοι περὶ αὐτοῦ ὅτι ἦν τυφλὸς καὶ ἀνέβλεψαν	579 [↓2 565 700 1424 τ	
18 Οὐκ ἐπίστευσαν οὖν οἱ Ἰουδαῖοι περὶ αὐτοῦ ὅτι τυφλὸς ἦν καὶ ἀνέβλεψεν	A 𝔐 K M U Δ Λ Π f¹ f¹³	

ἕως ὅτου ἐφώνησαν τοὺς γονεῖς αὐτοῦ τοῦ ἀναβλέψαντος 19 καὶ ἠρώτησαν	B 𝔓⁷⁵ uwτ rell
ἕως οὖ ἐφώνησαν τοὺς γονεῖς αὐτοῦ 19 καὶ ἐπηρώτησαν	𝔓⁶⁶*
ἕως ὅτου ἐφώνησαν τοὺς γονεῖς αὐτοῦ τοῦ ἀναβλέψαντος 19 καὶ ἐπηρώτησαν	𝔓⁶⁶ᶜ
ἕως οὖ ἐφώνησαν τοὺς γονεῖς τοῦ ἀναβλέψαντος 19 καὶ ἐπηρώτησαν	D
ἕως τοῦ ἐφώνησαν τοὺς γονεῖς αὐτοῦ τοῦ ἀναβλέψαντος 19 καὶ ἠρώτησαν	Δ
ἕως ὅτου ἐφώνησαν τοὺς γονεῖς αὐτοῦ 19 καὶ ἠρώτησαν	f¹ 565
ἕως ὅτου ἐφώνησαν τοὺς γονεῖς αὐτ···· ········ ········ 19	33
ἕως ὅτου ἐφώνησεν τοὺς γονεῖς αὐτοῦ ἀναβλέψαντος 19 καὶ ἠρώτισεν	579
ἕως οὖ ἐφώνησαν τοὺς γονεῖς αὐτοῦ τοῦ ἀναβλέψαντος 19 καὶ ἠρώτησαν	1071

αὐτοὺς λέγοντες, Οὗτός ἐστιν ὁ υἱὸς ὑμῶν, ὃν ὑμεῖς λέγετε ὅτι τυφλὸς	B 𝔓⁶⁶·⁷⁵ 124 788 1346 uwτ
αὐτοὺς, Εἰ οὗτός ἐστιν ὁ υἱὸς ὑμῶν, ὃν ὑμεῖς λέγετε ὅτι τυφλὸς	ℵ* [↑rell
αὐτοὺς λέγοντες, Οὗτός ἐστιν ὁ υἱὸς ἡμῶν, ὃν ὑμεῖς λέγετε ὅτι τυφλὸς	A* f¹³ 579
αὐτοὺς λέγοντες, Εἰ ἔστιν οὗτος ὁ υἱὸς ὑμῶν, ὃν ὑμεῖς λέγετε ὅτι τυφλὸς	D
αὐτοὺς λέγοντες, Οὗτός ἐστιν ὁ υἱὸς ὑμῶν, ὃν ὑμεῖς ἐλέγετε ὅτι τυφλὸς	E F G M Θ 2
αὐτοὺς, Οὗτός ἐστιν ὁ υἱὸς ὑμῶν, ὃν ὑμεῖς λέγετε ὅτι τυφλὸς	W
············· λέγοντες, Οὗτός ἐστιν ὁ υἱὸς ὑμῶν, ὃν ὑμεῖς λέγετε ὅτι τυφλὸς	33
αὐτοὺς λέγοντες, Οὗτός ἐστιν ὁ υἱὸς ὑμῶν, ὃν ἐλέγετε ὅτι τυφλὸς	1424

lac. 9.17-19 𝔓⁴⁵ C P Γ

A 17 λεγουσι S Υ K U 124 28 157 ¦ σι (συ) 1071 ¦ ηνυξεν E ¦ ανεωξε Υ 118 157 ¦ ηνεωξε 13 788 1346 ¦ ηνοιξε 69 700 ¦ προφητις 2* 28 579 1071 18 αιπιστευσαν 579 ¦ εφονησαν 28 ¦ εφωνισεν 579 ¦ γονις ℵ 19 ηρωτησ Υ* ¦ αυτουτους E* ¦ τους G* ¦ εστι E* ¦ υμις N ¦ ων (ον) 579 ¦ λεγεται ℵ W 579

B 16 θ̅υ̅ B 𝔓⁶⁶ 𝔓⁷⁵ ℵ A D 𝔐 K L M N S U W Δ Θ Λ Π Ψ Ω f¹ 118 f¹³ 69 124 2 33 157 565 579 700 788 1071 1346 1424 ¦ θ̅ω̅ 28 ¦ α̅ν̅ο̅ς̅¹·² 𝔓⁶⁶ A 𝔐 K L M N S U W Δ Θ Λ Π Ψ Ω f¹ 118 f¹³ 69 124 2 28 157 565 579 700 788 1071 1346 1424 ¦ α̅ν̅ο̅ς̅² 33 19 υ̅ς̅ ℵ 𝔐 K L M N S U Π Ψ Ω 2 28 565 1071 1424

ἐγεννήθη;	πῶς οὖν βλέπει ἄρτι; **20** ἀπεκρίθησαν οὖν	οἱ γονεῖς αὐτοῦ	B 𝔓[75] ℵ uw
ἐγεννήθη;	πῶς οὖν ἄρτι βλέπει; **20** ἀπεκρίθησαν οὖν	οἱ γονεῖς αὐτοῦ	𝔓[66]
ἐγενήθη;	πῶς οὖν ἄρτι βλέπει; **20** ἀπεκρίθησαν δὲ αὐτοῖς	οἱ γονεῖς αὐτοῦ	A* 28
ἐγεννηθήθη;	πῶς οὖν βλέπει ἄρτι; **20** ἀπεκρίθησαν αὐτοῖς	οἱ γονεῖς αὐτοῦ	D*
ἐγεννήθη;	πῶς οὖν βλέπει ἄρτι; **20** ἀπεκρίθησαν αὐτοῖς	οἱ γονεῖς αὐτοῦ	D^c Θ
ἐγεννήθη;	πῶς οὖν ἄρτι βλέπει; **20** ἀπεκρίθησαν αὐτοῖς	οἱ γονεῖς αὐτοῦ τοῦ	G
ἐγεννήθη;	πῶς οὖν ἄρτι βλέπει; **20** ἀπεκρίθησαν αὐτοῖς	οἱ γονεῖς αὐτοῦ	Y f[1] 565 τ
ἐγεννήθη;	πῶς οὖν βλέπει ἄρτι; **20** ἀπεκρίθησαν	οἱ γονεῖς αὐτοῦ	L U W 33
ἐγεννήθη;	πῶς οὖν ἄρτι βλέπει; **20** ἀπεκρίθησαν	οἱ γονεῖς αὐτοῦ	f[13]
ἐγεννήθη;	πῶς οὖν ἄρτι βλέπει; **20** ἀπεκρίθησαν δὲ αὐτοῖς	οἱ γονεῖς αὐτοῦ	A^c 𝔐 K M N Δ Λ Π
			Ψ 124 2 157 579 700 1071 1424

	καὶ εἶπαν, Οἴδαμεν	ὅτι οὗτός ἐστιν ὁ υἱὸς ἡμῶν καὶ ὅτι τυφλὸς	B 𝔓[66.75] ℵ L W
ἀναβλέψαντος	καὶ εἶπον, Οἴδαμεν	ὅτι οὗτός ἐστιν ὁ υἱὸς ἡμῶν καὶ ὅτι τυφλὸς	G [↑33 uw
	καὶ εἶπον, Οἴδαμεν	ὅτι οὗτός ἐστιν ὁ υἱὸς ὑμῶν καὶ ὅτι τυφλὸς	Θ 2 1424
	καὶ εἶπον, Οἴδαμεν οἴδαμεν	ὅτι οὗτός ἐστιν ὁ υἱὸς ἡμῶν καὶ ὅτι τυφλὸς	Ψ*
	καὶ εἶπον, Οἴδαμεν	ὅτι αὐτός ἐστιν ὁ υἱὸς ἡμῶν καὶ ὅτι τυφλὸς	28
	καὶ εἶπον, Οἴδαμεν	ὅτι οὗτός ἐστιν ὁ υἱὸς ἡμῶν καὶ ὅτι τυφλὸς	A D 𝔐 K M N U
			Δ Λ Π Ψ^c f[1] f[13] 157 565 579 700 1071 τ

[↓Π Ψ f[13] 28 565 1424 uwτ]

ἐγεννήθη· **21** πῶς δὲ νῦν βλέπει	οὐκ οἴδαμεν, ἢ τίς ἤνοιξεν αὐτοῦ τοὺς ὀφθαλμοὺς	B 𝔓[66.75] ℵ 𝔐 K M Λ
ἐγενήθη· **21** πῶς δὲ νῦν βλέπει	οὐκ οἴδαμεν, ἢ τίς ἠνέωξεν αὐτοῦ τοὺς ὀφθαλμοὺς	A*
ἐγεννήθη· **21** πῶς δὲ νῦν βλέπει	οὐκ οἴδαμεν, ἢ τίς ἠνέωξεν αὐτοῦ τοὺς ὀφθαλμοὺς	A^c N W f[1] 157
ἐγεννήθη· **21** πῶς δὲ νῦν βλέπει	οὐκ οἴδαμεν, ἢ τίς αὐτοῦ ἤνοιξεν τοὺς ὀφθαλμοὺς	
ἐγεννήθη· **21** πῶς δὲ νῦν βλέπει	οὐκ οἴδαμεν, ἢ τίς ἤνοιξεν τοὺς ὀφθαλμοὺς αὐτοῦ	L
ἐγεννήθη· **21** πῶς δὲ νῦν βλέπει	οὐκ οἴδαμεν, ἢ τίς αὐτοῦ ἀνέωξεν τοὺς ὀφθαλμοὺς	Θ
ἐγεννήθη· **21** πῶς οὖν βλέπει ἄρτι	οὐκ οἴδαμεν, ἢ τίς ἠνέωξεν αὐτοῦ τοὺς ὀφθαλμοὺς	33
ἐγενήθη· **21** πῶς δὲ νῦν βλέπει	οὐκ εἴδαμεν, ἢ τίς ἀνέωξεν αὐτοῦ τοὺς ὀφθαλμοὺς	579
ἐγεννήθη· **21** πῶς δὲ νῦν βλέπει	οὐκ οἴδαμεν, ἢ τίς ἠνέωξεν τοὺς ὀφθαλμοὺς αὐτοῦ	1346

ἡμεῖς οὐκ οἴδαμεν· αὐτὸν ἐρωτήσατε,	ἡλικίαν ἔχει,	αὐτὸς	περὶ ἑαυτοῦ	B 𝔓[66] ℵ^c Θ Ψ f[1] 33 uw
ἡμεῖς οὐκ οἴδαμεν· αὐτὸς	ἡλικίαν ἔχει,	αὐτὸς	περὶ ἑαυτοῦ	𝔓[75]
ἡμεῖς οὐκ οἴδαμεν· αὐτὸς	ἡλικίαν ἔχει		περὶ ἑαυτοῦ	ℵ*
ἡμεῖς οὐκ οἴδαμεν· αὐτὸς ἡλικίαν ἔχει, αὐτὸν ἐρωτήσατε,		αὐτὸς	περὶ ἑαυτοῦ	A E Y K M S N Λ 118
ἡμεῖς οὐκ οἴδαμεν· αὐτὸν ἐπερωτήσατε,	ἡλικίαν ἔχει,	αὐτὸς	περὶ αὐτοῦ	D [↑f[13] 28 700
ἡμεῖς οὐκ οἴδαμεν· αὐτὸς ἡλικίαν ἔχει, αὐτὸν ἐρωτήσατε,		αὐτὸς	περὶ αὐτοῦ	𝔐 U Δ 69 2 1424 τ
ἡμεῖς οὐκ οἴδαμεν· αὐτὸν ἐρωτήσατε,	ἡλικίαν ἔχει,	αὐτὸς	περὶ αὐτοῦ	L
ἡμεῖς οὐκ οἴδαμεν·	ἡλικίαν ἔχει,	αὐτὸς	περὶ ἑαυτοῦ	W
ἡμεῖς οὐκ οἴδαμεν·				Π
ἡμεῖς οὐκ οἴδαμεν· αὐτὸν ἐρωτήσατε,	ἡλικίαν ἔχει,	αὐτὸς τὰ περὶ αὐτοῦ		157
ἡμεῖς οὐκ οἴδαμεν· αὐτὸς ἡλικίαν ἔχει, αὐτὸν ἐρωτήσατε,		αὐτὸς τὰ περὶ ἑαυτοῦ		565
ἡμεῖς οὐκ εἴδαμεν· αὐτὸν ἐρωτήσατε,	ἡλικίαν ἔχει,	αὐτὸς	περὶ αὐτοῦ	579
ἡμεῖς οὐκ οἴδαμεν· αὐτὸς ἡλικίαν ἔχει, αὐτὸν ἐρωτήσατε,		αὐτὸς τὰ περὶ αὐτοῦ		1071
ὑμεῖς οὐκ οἴδαμεν· αὐτὸς ἡλικίαν ἔχει, αὐτὸν ἐρωτήσατε,		αὐτὸς	περὶ ἑαυτοῦ	1346

λαλήσει. **22** ταῦτα εἶπον οἱ γονεῖς αὐτοῦ ὅτι ἐφοβοῦντο τοὺς Ἰουδαίους· ἤδη γὰρ	B 𝔓[75] τ rell
λαλήσει. **22** ταῦτα ········· οἱ γονεῖς αὐτοῦ ὅτι ἐφοβοῦντο τοὺς Ἰουδαίους· ἤδη γὰρ	𝔓[66]
λαλήσει. **22** ταῦτα εἶπαν οἱ γονεῖς αὐτοῦ ὅτι ἐφοβοῦντο τοὺς Ἰουδαίους· ἤδη γὰρ	ℵ
λαλῆσαι. **22** ταῦτα εἶπον οἱ γονεῖς αὐτοῦ ὅτι ἐφοβοῦντο τοὺς Ἰουδαίους· ἤδη γὰρ	L Ψ
λαλήσει. **22** ταῦτα εἶπον οἱ γονεῖς αὐτοῦ ὅτι ἐφοβοῦτο τοὺς Ἰουδαίους· ἤδη γὰρ	Δ
λαλήσει. **22** ταῦτα εἶπαν οἱ γονεῖς αὐτοῦ ὅτι ἐφοβοῦντο τοὺς Ἰουδαίους· ἤδη γὰρ	uw

---

lac. 9.19-22 𝔓[45] C P Γ ¦ vss. 21-22 Π

A 19 βλεπι ℵ N | αρτη 28 **20** απεκρηθεισαν 579 | γονις ℵ ¦ γονης E* ¦ γωνεις 579 **21** οιδαμον F | υδαμεν Θ | ηνυξεν ℵ | ημις N | οιδαμον F* | ερωτησαται ℵ^c N ¦ ερωτισατε 579 | ηλικειαν N W Θ 579 **22** γονις 𝔓[66] ℵ ¦ γωνεις 579 | γα (γαρ) 𝔓[66*] ¦ εφοβουντον 579 | ηδει 1071

B 19 υϛ ℵ 𝔐 K L M N S U Π Ψ Ω 2 28 565 1071 1424 **20** υϛ ℵ F G H M N S U Π Ψ Ω f[1] 2 28 565 1071 1424

[↓157 565 700 **uwτ**

συνετέθειντο	οἱ Ἰουδαῖοι	ἵνα ἐάν τις αὐτὸν ὁμολογήσῃ	Χριστόν,	B ℵ Aᶜ 𝔐 U Δ Ψ *f*¹ 2ᶜ 33
συνετέθειντο	οἱ Ἰουδαῖοι	ἵνα ἐάν τις <u>ὁμολογήσῃ αὐτὸν</u>	Χριστόν,	𝔓⁶⁶ K 124
συνετέθειντο	οἱ Ἰουδαῖοι	ἵνα <u>ἂν</u> τις <u>ὁμολογήσῃ αὐτὸν</u>	Χριστόν,	𝔓⁷⁵
συνετέθειντο	οἱ Ἰουδαῖοι	ἵνα ἐάν τις ὁμολογήσῃ	Χριστόν,	A*
συνετέθειντο	οἱ Ἰουδαῖοι	ἵνα ἐάν τις <u>ὁμολογήσῃ αὐτὸν</u>	Χριστὸν <u>εἶναι</u>,	D
<u>συνετίθεντο</u>	οἱ Ἰουδαῖοι	ἵνα ἐάν τις αὐτὸν ὁμολογήσῃ	Χριστόν,	G 1071
συνετέθειντο	οἱ Ἰουδαῖοι	ἵνα ἐάν τις αὐτὸν <u>ὁμολογήσει</u>	Χριστόν,	H Λ 2* 28
συνετέθειντο	οἱ Ἰουδαῖοι	ἵνα <u>ἂν</u> τις αὐτὸν ὁμολογήσῃ	Χριστόν,	L
συνετέθειντο	οἱ Ἰουδαῖοι <u>ὅτι</u>	ἵνα ἐάν τις αὐτὸν ὁμολογήσῃ	Χριστόν,	M
συνετέθειντο	οἱ Ἰουδαῖοι	ἵνα ἐάν τις αὐτὸν <u>Χριστὸν</u> <u>ὁμολογήσῃ</u>,		N
<u>συνέθεντο</u>	οἱ Ἰουδαῖοι	ἵνα <u>ἂν</u> τις αὐτὸν ὁμολογήσῃ	Χριστόν,	W
συνετέθειντο	οἱ <u>Ἰουδέοι</u>	ἵνα ἐάν τις αὐτὸν <u>ὁμολογήσει</u>	Χριστόν,	Θ
<u>συνέθεντο</u>	οἱ Ἰουδαῖοι	ἵνα ἐάν τις αὐτὸν ὁμολογήσῃ	Χριστόν,	118
<u>συνετίθειντο</u>	οἱ Ἰουδαῖοι	ἵνα ἐάν τις <u>ὁμολογήσῃ αὐτὸν</u>	Χριστόν,	*f*¹³
<u>συνετίθοντο</u>	οἱ Ἰουδαῖοι	ἵνα ἐάν τις <u>ὁμολογήσῃ αὐτὸν</u>	Χριστόν,	69
<u>συνετίθεντο</u>	<u>ὁ</u> Ἰουδαῖοι	ἵνα ἐάν τις αὐτὸν ὁμολογήσῃ	Χριστόν,	579
<u>συνετίθειντο</u>	οἱ Ἰουδαῖοι	ἵνα ἐάν τις <u>ὁμολογήσει αὐτὸν</u>	Χριστόν,	788
<u>συνεβουλεύσαντο</u>	οἱ Ἰουδαῖοι	ἵνα ἐάν τις αὐτὸν <u>ὁμολογήσει</u>	Χριστόν,	1424

ἀποσυνάγωγος γένηται. **23** διὰ τοῦτο		οἱ γονεῖς αὐτοῦ	B 𝔓⁶⁶·⁷⁵ **uwτ** rell
ἀποσυνάγωγος γένηται. **23** διὰ τοῦτο <u>εἶπον</u>		οἱ γονεῖς αὐτοῦ	*f*¹³ 1424
<u>ἀποσυναγώγους</u> γένηται. **23** διὰ τοῦτο		οἱ γονεῖς αὐτοῦ	579

εἶπαν ὅτι Ἡλικίαν	ἔχει,	αὐτὸν ἐπερωτήσατε.	B 𝔓⁷⁵ ℵᶜ Wᶜ **u[w]**
<u>εἶπον</u> ὅτι Ἡλικίαν	ἔχει, <u>καὶ</u>	αὐτὸν ἐπερωτήσατε.	𝔓⁶⁶
εἶπαν ὅτι Ἡλικίαν,		αὐτὸν ἐπερωτήσατε.	ℵ*
<u>εἶπον</u> ὅτι Ἡλικίαν	ἔχει, <u>καὶ</u>	αὐτὸν <u>ἐρωτήσατε</u>.	A
εἶπαν Ἡλικίαν	ἔχει,	αὐτὸν <u>ἐρωτᾶτε</u>.	D
<u>εἶπον</u> ὅτι Ἡλικίαν	ἔχει,	αὐτὸν <u>ἐρωτήσατε</u>.	𝔐 K M N U Δ Θ Λ Ψ *f*¹ 2 28 157 565 700 1071 τ
<u>εἶπον</u> Ἡλικίαν	ἔχει,	αὐτὸν <u>ἐρωτήσατε</u>.	L
<u>εἶπον</u> ὅτι Ἡλικίαν	ἔχει,	αὐτὸν ἐπερωτήσατε.	W*
ὅτι Ἡλικίαν	ἔχει,	αὐτὸν <u>ἐρωτήσατε</u>.	*f*¹³ 1424
εἶπ···· ὅτι Ἡλικίαν	ἔχει,	αὐτὸν <u>ἐρωτήσατε</u>.	33
<u>εἶπον</u> ὅτι <u>Ηδεικείαν</u>	ἔχει,	αὐτὸν <u>ἐρωτήσαται</u>.	579
εἶπαν ὅτι Ἡλικίαν	ἔχει,	αὐτὸν <u>ἐρωτήσατε</u>.	**[w]**

Pharisees Interrogate The Man A Second Time

λᾱ **24** Ἐφώνησαν οὖν τὸν ἄνθρωπον	ἐκ δευτέρου ὃς ἦν τυφλὸς καὶ εἶπαν αὐτῷ,		B 𝔓⁶⁶·⁷⁵ ℵ W Θ **uw**
24 Ἐφώνησαν οὖν <u>αὐτὸν</u>	ἐκ δευτέρου ὃς ἦν τυφλὸς καὶ εἶπαν αὐτῷ,		D
24 Ἐφώνησαν οὖν τὸν ἄνθρωπον	ἐκ δευτέρου ὃς ἦν τυφλὸς καὶ <u>εἶπον</u> αὐτῷ,		L 33 1071
24 Ἐφώνησαν οὖν <u>ἐκ δευτέρου</u> <u>τὸν ἄνθρωπον</u>	ὃς ἦν τυφλὸς καὶ εἶπαν αὐτῷ,		N
24 Ἐφώνησαν	<u>ἐκ δευτέρου</u> <u>τὸν ἄνθρωπον</u> ὃς ἦν τυφλὸς καὶ <u>εἶπον</u> αὐτῷ,		579
24 Ἐφώνησαν οὖν <u>ἐκ δευτέρου</u> <u>τὸν ἄνθρωπον</u>	ὃς ἦν τυφλὸς καὶ <u>εἶπον</u> αὐτῷ,		A 𝔐 K M U Δ Λ Ψ *f*¹ *f*¹³ 2 28 157 565 700 1424 τ

Δὸς δόξαν τῷ θεῷ· ἡμεῖς οἴδαμεν ὅτι οὗτος ὁ ἄνθρωπος	ἁμαρτωλός ἐστιν.	B 𝔓⁶⁶·⁷⁵ ℵᶜ L W Θ 157 **uw**
Δὸς δόξαν τῷ θεῷ· ἡμεῖς οἴδαμεν ὅτι οὗτος ὁ ἄνθρωπος <u>ὁ</u>	ἁμαρτωλός ἐστιν.	ℵ*
Δὸς δόξαν τῷ θεῷ· ἡμεῖς οἴδαμεν ὅτι <u>ἄνθρωπος</u> <u>οὗτος</u>	ἁμαρτωλός ἐστιν.	28
Δὸς δόξαν τῷ θεῷ· ἡμεῖς οἴδαμεν ὅτι <u>ὁ ἄνθρωπος</u> <u>οὗτος</u>	ἁμαρτωλός ἐστιν.	A D 𝔐 K M N U Δ Λ Ψ *f*¹ *f*¹³ 2 33 565 579 700 1071 1424 τ

---

lac. **9.22-24** 𝔓⁴⁵ C Ρ Γ Π

A 22 συνετεθιντο ℵ D N ¦ συνετεθεντο A M ¦ συνετεθηντο Λ 28 ¦ ινι (ινα) D ¦ ομολογεισει Θ ¦ ομολογησει 13 ¦ αποσυναγογος 13 1346 **23** γονις ℵ ¦ γωνεις 579 ¦ ηλικειαν 𝔓⁷⁵ N W 13 ¦ εχι ℵᶜ ¦ επερωτησαται 𝔓⁶⁶ ℵ ¦ ερωτησαται N ¦ ερωτισαται Θ **24** εφωνισαν 579 ¦ τερου 𝔓⁶⁶* ¦ ιν (ην) Θ ¦ ημις ℵ N ¦ ουτως 579 ¦ αματωλος G* ¦ αμαρτολος Θ 1346 ¦ αμαρτωλως 579

B 22 χ̅υ̅ B 𝔓⁶⁶ 𝔓⁷⁵ ℵ A 𝔐 K L M N S U W Δ Θ Λ Ψ Ω *f*¹ 118 *f*¹³ 69 124 2 33 28 157 565 579 700 788 1071 1346 1424 ¦ χρν D **24** ανον 𝔓⁶⁶ 𝔓⁷⁵ A 𝔐 K L M N S U Δ Θ Λ Ψ Ω *f*¹ 118 *f*¹³ 69 124 2 33 28 157 565 579 700 788 1071 1346 1424 ¦ θ̅ω̅ B 𝔓⁶⁶ 𝔓⁷⁵ ℵ A D 𝔐 K L M N S U W Δ Θ Λ Ψ Ω *f*¹ 118 *f*¹³ 69 124 2 33 28 157 565 579 700 788 1071 1346 1424 ¦ ανος 𝔓⁷⁵ A 𝔐 K L M N S U W Δ Θ Λ Ψ Ω *f*¹ 118 *f*¹³ 124 2 33 28 157 565 579 700 788 1071 1346 1424

25 ἀπεκρίθη οὖν ἐκεῖνος,   Εἰ ἁμαρτωλός ἐστιν οὐκ οἶδα· ἓν   οἶδα ὅτι   B 𝔓⁶⁶·⁷⁵ ℵ^c A D L
25 ἀπεκρίθη οὖν ἐκεῖνος,   Εἰ ἁμαρτωλός ἐστιν οὐκ οἶδα· ἓν δὲ   οἶδα ὅτι   ℵ* [↑W uw
25 ἀπεκρίθη   ἐκεῖνος καὶ εἶπεν, Εἰ ἁμαρτωλός ἐστιν οὐκ οἶδα· ἓν   οἶδα ὅτι   K S Ω 28 1424
25 εἶπεν   οὖν ἐκεῖνος,   Εἰ ἁμαρτωλός ἐστιν οὐκ οἶδα· ἓν   οἶδα ὅτι   Θ
25 ἀπεκρίθη   αὐτοῖς ἐκεῖνος, Εἰ ἁμαρτωλός ἐστιν οὐκ οἶδα· ἓν   οἶδα ὅτι   f¹ 565
25 ἀπεκρίθη οὖν καὶ εἶπεν ἐκῦνος Εἰ ἁμαρτωλός ἐστιν οὐκ οἶδα· ἓν   οἶδα ὅτι   33
25 ἀπεκρίθη οὖν καὶ εἶπεν ἐκῦνως Εἰ ἁμαρτωλός ἐστιν οὐκ οἶδα· ἓν   οἶδα ὅτι   579
25 ἀπεκρίθη οὖν ἐκεῖνος καὶ εἶπεν, Εἰ ἁμαρτωλός ἐστιν οὐκ οἶδα· ἓν   οἶδα ὅτι   𝔐 M N U Δ Λ Ψ
                                                                           f¹³ 2 157 700 1071 τ

τυφλὸς ὢν   ἄρτι βλέπω. 26 εἶπον οὖν αὐτῷ,   Τί ἐποίησέν σοι;   B 𝔓⁷⁵ W u
τυφλὸς ⋯⋯   ἄρτι βλέπω. 26 εἶπον οὖν αὐτῷ πάλιν, Τί ἐποίησέν σοι;   𝔓⁶⁶
τυφλὸς ὢν   ἄρτι βλέπω. 26 εἶπον δὲ αὐτῷ πάλιν, Τί ἐποίησέν σοι;   A 𝔐 M U Δ Λ 2 28 700
τυφλὸς ὢν   ἄρτι βλέπω. 26 εἶπαν   αὐτῷ,   Τί ἐποίησάν σοι;   ℵ* [↑1424 τ
τυφλὸς ὢν   ἄρτι βλέπω. 26 εἶπον οὖν αὐτῷ πάλιν, Τί ἐποίησέν σοι;   ℵ^c K N Θ Ψ f¹³ 157
τυφλὸς ἤμην καὶ ἄρτι βλέπω. 26 εἶπον οὖν αὐτῷ,   Τί ἐποίησέν σοι; καὶ   D
τυφλὸς ἤμην καὶ ἄρτι βλέπω. 26 εἶπον οὖν αὐτῷ πάλιν, Τί ἐποίησέν σοι;   L f¹ 33 565 1071
τυφλὸς ὢν   ἄρτι βλέπω. 26 εἶπον δὲ αὐτῷ,   Τί ἐποίησέν πάλιν;   579
τυφλὸς ὢν   ἄρτι βλέπω. 26 εἶπαν οὖν αὐτῷ,   Τί ἐποίησέν σοι;   w

                                                                           [↓2 157 700 uwτ
πῶς ἤνοιξέν σου τοὺς ὀφθαλμούς; 27 ἀπεκρίθη αὐτοῖς, Εἶπον ὑμῖν ἤδη καὶ οὐκ   B A 𝔐 L U Δ Λ Ψ 69
πῶς ἠνέῳξέν σου τοὺς ὀφθαλμούς; 27 ἀπεκρίθη αὐτοῖς, Εἶπον ὑμῖν ἤδη καὶ   𝔓⁶⁶ (cj.)
πῶς ἠνέῳξέν σου τοὺς ὀφθαλμούς; 27 ἀπεκρίθη αὐτοῖς, Εἶπον ὑμῖν ἤδη καὶ οὐκ   𝔓⁷⁵ N W f¹³ 33 579
πῶς ἤνυξέν   σου τοὺς ὀφθαλμούς; 27 ἀπεκρίθη αὐτοῖς, Εἶπον ὑμῖν ἤδη καὶ οὐκ   ℵ M
πῶς ἤνυξέν   σου τοὺς ὀφθαλμούς; 27 ὁ δὲ εἶπεν,   Εἶπον ὑμῖν ἤδη καὶ οὐκ   D
πῶς ἀνέῳξέν σου τοὺς ὀφθαλμούς; 27 ἀπεκρίθη αὐτοῖς, Εἶπον ὑμῖν ἤδη καὶ οὐκ   K Θ f¹ 124 565 1424
πῶς ἤνοιξέν σου τοὺς ὀφθαλμούς; 27 ἀπεκρίθη αὐτοῖς, Εἶπον ὑμῖν ἤδη καὶ οὐ   28
πῶς ἠνέῳξέν σου τοὺς ὀφθαλμούς; 27 ἀπεκρίθη αὐτοῖς, Εἶπον ὑμῖν ἤδη μὶ οὐκ   1071

ἠκούσατε·   τί οὖν πάλιν θέλετε ἀκούειν; μὴ καὶ ὑμεῖς θέλετε αὐτοῦ μαθηταὶ   B 𝔓⁷⁵ [w]
⋯κούσαται· τί   θέλετε πάλιν ἀκούειν; μὴ καὶ ὑμεῖς θέλετε μαθηταὶ αὐτοῦ   𝔓⁶⁶
ἠκούσατε·   τί   πάλιν θέλετε ἀκούειν; μὴ καὶ ὑμεῖς θέλετε μαθηταὶ αὐτοῦ   ℵ L Ψ 33 157 1071 1424
ἠκούσατε·   τί   θέλετε πάλιν ἀκοῦσαι; μὴ καὶ ὑμεῖς θέλετε μαθηταὶ αὐτοῦ   D
ἠκούσατε·   τί   πάλιν θέλετε;   μὴ καὶ ὑμεῖς θέλετε μαθηταὶ αὐτοῦ   Δ
ἠκούσατε·   τί   θέλετε πάλιν ἀκούειν; μὴ καὶ ὑμεῖς θέλετε αὐτοῦ μαθηταὶ   Θ
ἐπιστεύσατε· τί   πάλιν θέλετε ἀκούειν; μὴ καὶ ὑμεῖς θέλετε αὐτοῦ μαθηταὶ   f¹³
ἐπιστεύσατε· τί   πάλιν θέλετε ἀκούειν; μὴ καὶ ὑμεῖς θέλετε   μαθηταὶ   69
ἐπιστεύσατε· τί   πάλιν θέλετε ἀκούειν; μὴ καὶ ὑμεῖς θέλετε μαθηταὶ αὐτοῦ   124
πιστεύετε· τί   πάλιν θέλετε ἀκούειν; μὴ καὶ ὑμεῖς θέλετε μαθηταὶ αὐτοῦ   28
ἠκούσατε·   τί   πάλιν θέλετε ἀκούειν; μεῖ καὶ ὑμεῖς μὴ καὶ ὑμεῖς θέλετε αὐτοῦ 579*
ἠκούσατε·   τί   πάλιν θέλετε ἀκούειν; μὴ καὶ ὑμεῖς θέλετε αὐτοῦ   579^c [↓565 700 u[w]τ
ἠκούσατε·   τί   πάλιν θέλετε ἀκούειν; μὴ καὶ ὑμεῖς θέλετε αὐτοῦ μαθηταὶ A 𝔐 K M N U W Λ f¹ 2

γενέσθαι; 28 καὶ   ἐλοιδόρησαν αὐτὸν καὶ εἶπον, Σὺ μαθητὴς εἶ ἐκείνου, ἡμεῖς   B 𝔓⁷⁵ u
γενέσθαι; 28   ἐλοιδόρησαν αὐτὸν καὶ εἶπαν, Σὺ μαθητὴς ἐκείνου εἶ, ἡμεῖς   𝔓⁶⁶
γενέσθαι; 28 καὶ   ἐλοιδόρησαν αὐτὸν καὶ εἶπαν, Σὺ μαθητὴς εἶ ἐκείνου, ἡμεῖς   ℵ* W w
γενέσθαι; 28 οἱ δὲ ἐλοιδόρησαν αὐτὸν καὶ εἶπαν, Σὺ μαθητὴς εἶ ἐκείνου, ἡμεῖς   ℵ^c
γενέσθαι; 28   ἐλοιδόρησαν αὐτὸν καὶ εἶπον, Σὺ μαθητὴς εἶ ἐκείνου, ἡμεῖς   A
γενέσθαι; 28 οἱ δὲ ἐλοιδόρησαν αὐτὸν καὶ εἶπαν, Σὺ μαθητὴς ἐκείνου εἶ, ἡμεῖς   D
γενέσθαι; 28 οἱ δὲ ἐλοιδόρησαν αὐτὸν καὶ εἶπον, Σὺ μαθητὴς   ἐκείνου, ἡμεῖς   L
γενέσθαι; 28 οἱ δὲ ἐλοιδόρησαν αὐτὸν καὶ εἶπον, Σὺ μαθητὴς εἶ ἐκείνου, ἡμεῖς   N f¹
γενέσθαι; 28 οἱ δὲ ἐλοιδόρησαν αὐτὸν καὶ εἶπον αὐτῷ, Σὺ μαθητὴς ἐκείνου εἰ, ἡμεῖς   Θ
γενέσθαι; 28 οἱ δὲ ἐλοιδόρησαν αὐτὸν καὶ εἶπον αὐτῷ, Σὺ μαθητὴς ἐκείνου εἶ, ἡμεῖς   Ψ
γενέσθαι; 28 ἐλοιδόρησαν οὖν αὐτὸν καὶ εἶπον, Σὺ εἶ μαθητὴς ἐκείνου, ἡμεῖς   f¹³ τ
γενέσθαι; 28   ἐλοιδόρησαν αὐτὸν καὶ εἶπον, Σὺ μαθητὴς ἦ ἐκείνου, ἡμεῖς   33
γενέσθαι; 28 οἱ δὲ ἐλοιδόρησαν αὐτὸν καὶ εἶπον, Σὺ μαθητὴς ἐκείνου ἦ, ἡμεῖς   157
γενέσθαι; 28 οἱ δὲ ἐλοιδόρησαν αὐτὸν καὶ εἶπον, Σὺ εἶ μαθητὴς ἐκείνου, ἡμεῖς   565 1071
γενέσθαι; 28 οἱ δὲ ἐλοιδόρησαν αὐτοῦ καὶ εἶπαν, Σὺ εἶ μαθητὴς ἐκείνου, ὑμεῖς   579
γενέσθαι; 28   ἐλοιδόρησαν αὐτὸν καὶ εἶπον, Σὺ εἶ μαθητὴς ἐκείνου, ἡμεῖς   𝔐 K M U Δ Λ 2
                                                                           28 700 1424

lac. 9.25-28 𝔓⁴⁵ C P Γ Π

A 25 ἀπεκρειθη D ¦ ἀπεκρίθει 28 ¦ εκινος N ¦ η (ει) G ¦ αμαρτολος εστην Θ ¦ αμαρτωλως 579 ¦ ουδα (ουκ οιδα) 𝔓⁶⁶* 26 ειπον
579 ¦ εποιησε, ηνοιξε Υ 69 157 ¦ ηνεωξε 1346 ¦ εποιησε 118 ¦ ηνοισξεν Δ* ¦ ανεωξε 118 ¦ ηνεωξε 13 788 ¦ εινεωξεν 579 ¦
οφθαλμου 𝔓⁶⁶ 27 ἀπεκρίθει 1071 ¦ απεκρηθει 579 ¦ υμειν D ¦ ιδη 2* ¦ ηδει 1071 ¦ θελεται¹ ℵ E W 2* 579 ¦ υμις ℵ ¦
θελεται² 𝔓⁶⁶ ℵ N W 2* ¦ μαθητε N Ω 27 γενεσθε E 33 28 ελυδορησαν K ¦ ελοιδωρησαν 124 2 579 1071 ¦ εκινου ℵ N ¦ ημις N

δὲ τοῦ Μωσέως ἐσμὲν μαθηταί· 29 ἡμεῖς οἴδαμεν ὅτι Μωϋσεῖ λελάκεν B*
δὲ τοῦ Μωσέως ἐσμὲν μαθηταί· 29 ἡμεῖς οἴδαμεν ὅτι Μωϋσεῖ λελάληκεν Bᶜ K
γὰρ Μωέως ἐσμὲν μαθηταί· 29 ἡμεῖς δὲ οἴδαμεν ὅτι Μωϋσεῖ λελάληκεν 𝔭⁶⁶*
γὰρ Μωϋσέως ἐσμὲν μαθηταί· 29 ἡμεῖς δὲ οἴδαμεν ὅτι Μωϋσεῖ λελάληκεν 𝔭⁶⁶ᶜ
δὲ τοῦ Μωϋσέως ἐσμὲν μαθηταί· 29 ἡμεῖς οἴδαμεν ὅτι Μωϋσεῖ λελάληκεν 𝔭⁷⁵ ℵ W 579 uw
δὲ τοῦ Μωσέως ἐσμὲν μαθηταί· 29 ἡμεῖς οἴδαμεν ὅτι Μωϋσεῖ ἐλάλησεν A
τοῦ Μωϋσέως ἐσμὲν μαθηταί· 29 ἡμεῖς οἴδαμεν ὅτι Μωϋσεῖ λελάληκεν D
δὲ τοῦ Μώσως ἐσμὲν μαθηταί· 29 ἡμεῖς οἴδαμεν ὅτι Μωϋσεῖ λελάληκεν E*
δὲ τοῦ Μωσέως ἐσμὲν μαθηταί· 29 ἡμεῖς οἴδαμεν ὅτι Μωσῆ λελάληκεν F H M U Λ 1582 2 28
δὲ τοῦ Μωϋσέως ἐσμὲν μαθηταί· 29 ἡμεῖς οἴδαμεν ὅτι Μωϋσεῖ ἐλάλησεν S [↑1071 τ
δὲ τοῦ Μωϋσέως ἐσμὲν μαθηταί· 29 ἡμεῖς οἴδαμεν ὅτι Μωσεῖ λελάληκεν Δ
δὲ τοῦ Μωϋσέως ἐσμὲν μαθηταί· 29 ἡμεῖς οἴδαμεν ὅτι Μωϋσῖ ἐλάλησεν Θ
δὲ τοῦ Μωσέως ἐσμὲν μαθηταί· 29 ἡμεῖς οἴδαμεν ὅτι Μωσῆ λελάληκεν Ψ 157 1424
δὲ τοῦ Μωϋσέως ἐσμὲν μαθηταί· 29 ἡμεῖς οἴδαμεν ὅτι Μωσῆ λελάληκεν Ω
δὲ τοῦ Μωϋσέως ἐσμὲν μαθηταί· 29 ἡμεῖς οἴδαμεν ὅτι Μωσῆ λελάληκεν 33
δὲ τοῦ Μωσέως ἐσμὲν μαθηταί· 29 ὑμεῖς οἴδαμεν ὅτι Μωσεῖ λελάληκεν 700 [↓565
δὲ τοῦ Μωσέως ἐσμὲν μαθηταί· 29 ἡμεῖς οἴδαμεν ὅτι Μωσεῖ λελάληκεν Eᶜ G Y L N 1 118 f¹³

ὁ θεός, τοῦτον δὲ οὐκ οἴδαμεν πόθεν ἐστίν. B 𝔭⁶⁶·⁷⁵ uwτ rell
ὁ θεός, καὶ ὅτι θεὸς ἁμαρτωλῶν οὐκ ἀκούει, τοῦτον δὲ οὐκ οἴδαμεν πόθεν ἐστίν. D*
ὁ θεός, καὶ ὅτι ὁ θεὸς ἁμαρτωλῶν οὐκ ἀκούει, τοῦτον δὲ οὐκ οἴδαμεν πόθεν ἐστίν. Dᶜ

30 ἀπεκρίθη ὁ ἄνθρωπος καὶ εἶπεν αὐτοῖς, Ἐν τούτῳ γὰρ τὸ θαυμαστόν B 𝔭⁷⁵ᶜ ℵ L N Ψ uw
30 ἀπεκρίθη δ ὁ ἄνθρωπος καὶ εἶπεν αὐτοῖς, Ἐν τούτῳ γὰρ τὸ θαυμαστόν 𝔭⁷⁵*
30 ἀπεκρίθη καὶ εἶπεν ὁ ἄνθρωπος, Τοῦτο γὰρ τὸ θαυμαστόν 𝔭⁶⁶*
30 ἀπεκρίθη ὁ ἄνθρωπος καὶ εἶπεν αὐτοῖς, Τοῦτο γὰρ τὸ θαυμαστόν 𝔭⁶⁶ᶜ
30 ἀπεκρίθη ὁ ἄνθρωπος καὶ εἶπεν αὐτοῖς, Ἐν γὰρ τούτῳ θαυμαστόν A 𝔐 K M Δ 118 f¹³ 2 157
30 ἀπεκρίθη ὁ ἄνθρωπος καὶ εἶπεν, Ἐν τούτῳ οὖν θαυμαστόν D [↑700 τ
30 ἀπεκρίθη ὁ ἄνθρωπος καὶ εἶπεν αὐτοῖς, Ἐν γὰρ τούτῳ τὸ θαυμαστόν G U f¹ 33
30 ἀπεκρίθη ὁ ἄνθρωπος καὶ εἶπεν αὐτοῖς, Ἐν γὰρ ·········· ··················· H
30 ἀπεκρίθη ὁ ἄνθρωπος καὶ εἶπεν αὐτοῖς, Ἐν τούτῳ γὰρ θαυμαστόν W Θ
30 ἀπεκρίθη ὁ ἄνθρωπος καὶ εἶπεν αὐτοῖς, Ἐν γὰρ τοῦτο θαυμαστόν Λ Ω 124 28 565 1346 1424
30 ἀπεκρίθη ὁ ἄνθρωπος καὶ εἶπεν αὐτοῖς, Ἐν τοῦτο γὰρ τὸ ἐθαυμάζων 579
30 ἀπεκρίθη ὁ ἄνθρωπος καὶ εἶπεν αὐτοῖς, Ἐν τοῦτο γὰρ τὸ θαυμαστόν 1071

ἐστιν, ὅτι ὑμεῖς οὐκ οἴδατε πόθεν ἐστίν, καὶ ἤνοιξέν μου τοὺς ὀφθαλμούς B 𝔭⁶⁶·⁷⁵ ℵ D L uw
ἐστιν, ὅτι ὑμεῖς οὐκ οἴδατε πόθεν ἐστίν, καὶ ἠνέωξεν μου τοὺς ὀφθαλμούς N W 1071
ἐστιν, ὅτι ἡμεῖς οὐκ ἤδαμεν πόθεν ἐστίν, καὶ ἀνέωξεν μου τοὺς ὀφθαλμούς 579
ἐστιν, ὅτι ὑμεῖς οὐκ οἴδατε πόθεν ἐστίν, καὶ ἀνέωξεν μου τοὺς ὀφθαλμούς A 𝔐 K M U Δ Θ Λ Ψ f¹ f¹³
2 33 28 157 565 700 1424 τ

31 οἴδαμεν ὅτι ὁ θεὸς ἁμαρτωλῶν οὐκ ἀκούει, ἀλλὰ ἐάν τις θεοσεβὴς ᾖ B
31 οἴδαμεν ὅτι ἁμαρτωλῶν ὁ θεὸς οὐκ ἀκούει, ἀλλ᾽ ἐάν τις θεοσεβὴς ἤν 𝔭⁶⁶
31 οἴδαμεν ὅτι ἁμαρτωλῶν ὁ θεὸς οὐκ ἀκούει, ἀλλ᾽ ἐάν τις θεοσεβὴς ᾖ 𝔭⁷⁵ ℵ G L f¹ 33 1346 u
31 οἴδαμεν ὅτι ὁ θεὸς ἁμαρτωλῶν οὐκ ἀκούει, ἀλλ᾽ ἐάν τις θεοσεβὴς ᾖ D Θ w
31 οἴδαμεν δὲ ὅτι ἁμαρτωλῶν ὁ θεὸς οὐκ ἀκούει, ἀλλ᾽ ἐάν τις θεοσεβὴς εἶ Y 1424
31 οἴδαμεν δὲ ὅτι ἁμαρτωλῶν οὐκ ἀκούει ὁ θεὸς, ἀλλὰ ἐάν τις θεοσεβὴς ᾖ N
31 οἴδαμεν δὲ ὅτι ὁ θεὸς ἁμαρτωλῶν οὐκ ἀκούει, ἀλλὰ ἐάν τις θεοσεβὴς ᾖ W
31 οἴδαμεν δὲ ὅτι ὁ θεὸς ἁμαρτωλῶν οὐκ ἀκούει, ἀλλὰ ἐάν τις θεοσεβὴς ᾖ Λ
31 οἴδαμεν δὲ ὅτι ὁ θεὸς ἁμαρτωλῶν οὐκ ἀκούει, ἀλλὰ ἐάν τις θεοσεβὴς ᾖ Ψ
31 οἴδαμεν γὰρ ὅτι ἁμαρτωλῶν ὁ θεὸς οὐκ ἀκούει, ἀλλ᾽ ἐάν τις θεοσεβὴς ᾖ 69
31 οἴδαμεν δὲ ὅτι ἁμαρτωλῶν ὁ θεὸς οὐκ ἀκούει, ἀλλ᾽ ἐάν τις θεοσεβὴς ᾖ καὶ 157
31 οἴδαμεν δὲ ὅτι ἁμαρτωλοῦ ὁ θεὸς οὐκ ἀκούει, ἀλλ᾽ ἐάν τις θεοσεβὴς ᾖ 579 [↓28 565 700 1071 τ
31 οἴδαμεν δὲ ὅτι ἁμαρτωλῶν ὁ θεὸς οὐκ ἀκούει, ἀλλ᾽ ἐάν τις θεοσεβὴς ᾖ A 𝔐 K M U Δ 118 f¹³ 2

---

lac. 9.28-31 𝔭⁴⁵ C P Γ Π ¦ vss. 30-31 H

A 29 ημις ℵ N ¦ υδαμεν Ω ¦ λελαλεικεν K 30 απεκριθει 28 1071 ¦ απεκρηθη 579 ¦ τω (το) G U ¦ εστι¹ 69 ¦ τιν (εστιν²) D* ¦ εστι² Y K ¦ 118 69 565 700 ¦ υμις N ¦ οιμεις 2 ¦ οιδαται 𝔭⁶⁶ ℵ ¦ ηνυξε D ¦ ανοιξε Y ¦ ανεωξε f¹ 118 13 69 157 700 788 1346 31 αμαρτωλον E* U 28 565 ¦ ακου G ¦ θεοσεβεις 13 1346

B 29 θϛ¹ B 𝔭⁶⁶ 𝔭⁷⁵ ℵ A D 𝔐 K L M N S U W Δ Θ Λ Ψ Ω f¹ 118 f¹³ 69 124 2 33 28 157 565 579 700 788 1071 1346 1424 ¦ θϛ² D 30 ανος 𝔭⁶⁶ A 𝔐 K L M N S U W Δ Λ Ψ Ω f¹ 118 f¹³ 69 124 2 33 28 157 565 579 700 788 1071 1346 1424 31 θϛ B 𝔭⁶⁶ 𝔭⁷⁵ ℵ A D E F G K L M N S U W Δ Θ Λ Ψ Ω f¹ 118 f¹³ 69 124 2 33 28 157 565 579 700 788 1071 1346 1424

	καὶ τὸ θέλημα αὐτοῦ	ποιῇ τούτου ἀκούει.	32 ἐκ τοῦ αἰῶνος	B 𝔭⁶⁶·⁷⁵ **uwτ**
	καὶ τὸ θέλημα <u>τοῦ θεοῦ</u>	ποιῇ τούτου ἀκούει.	32 ἐκ τοῦ αἰῶνος	69 [↑rell
<u>φοβούμενος τὸν θεὸν</u>	καὶ τὸ θέλημα αὐτοῦ	ποιῇ τούτου ἀκούει.	32 ἐκ τοῦ αἰῶνος	157
	καὶ τὸ θέλημα αὐτοῦ	ποιῇ τούτου <u>ἀκούειν.</u>	32 ἐκ τοῦ αἰῶνος	579
	καὶ τὸ θέλημα αὐτοῦ	<u>ποιεῖ</u> τούτου <u>ἀκούῃ.</u>	32 ἐκ τοῦ αἰῶνος	1071

οὐκ ἠκούσθη ὅτι ἠνέῳξέν	τις	ὀφθαλμοὺς τυφλοῦ γεγεννημένου·	33 εἰ	B W Δᶜ **uw**
οὐκ ἠκούσθη ὅτι <u>ἀνέῳξέν</u>	τις	ὀφθαλμοὺς τυφλοῦ γεγεννημένου·	33 εἰ	𝔭⁷⁵ Θ f¹ 124 565
οὐκ ἠκούσθη ὅτι <u>ἤνοιξέν</u>	τις	ὀφθαλμοὺς τυφλοῦ <u>γεγενημένου</u>·	33 εἰ	A
οὐκ ἠκούσθη ὅτι <u>ἤνυξέ</u>	τις	ὀφθαλμοὺς τυφλοῦ γεγεννημένου·	33 εἰ	D
οὐκ ἠκούσθη ὅτι <u>ἤνοιξέν</u>	τις	ὀφθαλμοὺς τυφλοῦ <u>γεννημένου</u>·	33 εἰ	Y
<u>οὐ</u> ἠκούσθη ὅτι <u>ἤνοιξέν</u>	τις	ὀφθαλμοὺς τυφλοῦ γεγεννημένου·	33 εἰ	L
οὐκ ἠκούσθη ὅτι ἠνέῳξέν	τις	ὀφθαλμοὺς τυφλοῦ <u>γεγενημένου</u>·	33 εἰ	N
οὐκ ἠκούσθη ὅτι <u>ἐνέῳξέν</u>	τις	ὀφθαλμοὺς τυφλοῦ γεγεννημένου·	33 εἰ	Δ*
οὐκ ἠκούσθη ὅτι <u>ἤνοιξέν</u>	τις <u>τοὺς</u>	ὀφθαλμοὺς τυφλοῦ γεγεννημένου·	33 εἰ	69
οὐκ ἠκούσθη ὅτι ἠνέῳξέν	τις	<u>τυφλοῦ γεγεννημένου ὀφθαλμούς</u>·	33 ἡ	579
οὐκ ἠκούσθη ὅτι ἤνοιξέν	<u>τοὺς</u>	ὀφθαλμοὺς τυφλοῦ γεγεννημένου·	33 εἰ	1071 [↓28 157 700 1424 τ
οὐκ ἠκούσθη ὅτι <u>ἤνοιξέν</u>	τις	ὀφθαλμοὺς τυφλοῦ γεγεννημένου·	33 εἰ	𝔭⁶⁶ ℵ 𝔐 K M U Λ Ψ f¹³ 2 33

[↓M W Λ Ψ f¹ f¹³ 157 565 1424 **uwτ**

μὴ ἦν οὗτος παρὰ	θεοῦ,	οὐκ ἠδύνατο ποιεῖν οὐδέν.	34 ἀπεκρίθησαν	B 𝔭⁷⁵ ℵ A 𝔐 K
μὴ ἦν οὗτος παρὰ	θεοῦ <u>ὁ ἄνθρωπος</u>,	οὐκ ἠδύνατο ποιεῖν οὐδέν.	34 ἀπεκρίθησαν	𝔭⁶⁶
μὴ <u>οὗτος παρὰ θεοῦ ἦν</u>,		οὐκ ἠδύνατο ποιεῖν οὐδέν.	34 ἀπεκρίθησαν	D
<u>μὴν</u> οὗτος παρὰ	θεοῦ,	οὐκ ἠδύνατο ποιεῖν οὐδέν.	34 ἀπεκρίθησαν	L
μὴ ἦν οὗτος παρὰ	θεοῦ <u>ὁ ἄνθρωπος</u>,	οὐκ ἠδύνατο ·········	34 ··········	N
μὴ ἦν παρὰ	θεοῦ <u>ὁ ἄνθρωπος</u>,	οὐκ ἠδύνατο ποιεῖν οὐδέν.	34 ἀπεκρίθησαν	Θ
μὴ ἦν οὗτος παρὰ <u>τοῦ</u>	θεοῦ,	οὐκ ἠδύνατο ποιεῖν οὐδέν.	34 ἀπεκρίθησαν	28 700
μὴ ἦν οὗτος παρὰ	θεοῦ,	οὐκ <u>ἐδύνατο</u> ποιεῖν οὐδέν.	34 ἀπεκρίθησαν	579

καὶ εἶπαν αὐτῷ, Ἐν ἁμαρτίαις σὺ ἐγεννήθης ὅλος	καὶ σὺ διδάσκεις ἡμᾶς;	B ℵ W Θ 579 **uw**
καὶ εἶπαν αὐτῷ, Ἐν ἁμαρτίαις σὺ <u>ἐγενήθης</u> ὅλος	καὶ σὺ διδάσκεις ἡμᾶς;	𝔭⁷⁵
καὶ εἶπαν αὐτῷ, Ἐν <u>ἁμαρτία</u> σὺ ἐγεννήθης <u>ὁ λόγος</u>	καὶ σὺ διδάσκεις ἡμᾶς;	𝔭⁶⁶*
καὶ εἶπαν αὐτῷ, Ἐν <u>ἁμαρτία</u> σὺ ἐγεννήθης ὅλος	καὶ σὺ διδάσκεις ἡμᾶς;	𝔭⁶⁶ c
καὶ <u>εἶπον</u> αὐτῷ, Ἐν ἁμαρτίαις σὺ ἐγεννήθης <u>ὅλως</u>	καὶ σὺ διδάσκεις ἡμᾶς;	E* f¹
<u>αὐτῷ καὶ εἶπαν</u>, Ἐν ἁμαρτίαις σὺ ἐγεννήθης ὅλος	καὶ σὺ διδάσκεις ἡμᾶς;	D
καὶ <u>εἶπον</u> αὐτῷ, Ἐν ἁμαρτίαις σὺ <u>ἐγενήθης</u> ὅλος	καὶ σὺ διδάσκεις ἡμᾶς;	L Ω
καὶ <u>εἶπον</u> αὐτῷ, Ἐν ἁμαρτίαις σὺ ἐγεννήθης ὅλος	καὶ σὺ διδάσκεις ἡμᾶς;	A 𝔐 K M U Δ Λ Ψ f¹³ 2 33
		28 157 565 700 1071 1424 τ

καὶ ἐξέβαλον αὐτὸν ἔξω.	B 𝔭⁶⁶·⁷⁵ **uwτ** rell
καὶ <u>ἐξέβαλαν</u> αὐτὸν ἔξω.	𝔭⁶⁶ W

The Blind See And Those Who See Are Blind
(Matthew 13.13; 15.14; Mark 4.11-12; Luke 8.10; 6.39)

35 Ἤκουσεν		Ἰησοῦς ὅτι ἐξέβαλον	αὐτὸν ἔξω καὶ εὑρὼν αὐτὸν	B 𝔭⁷⁵ **uw**
35 Ἤκουσεν	ὁ	Ἰησοῦς ὅτι <u>ἐξέβαλαν</u>	αὐτὸν ἔξω καὶ εὑρὼν αὐτὸν	𝔭⁶⁶
35 <u>Καὶ</u> ἤκουσεν		Ἰησοῦς ὅτι ἐξέβαλον	αὐτὸν ἔξω καὶ εὑρὼν αὐτὸν	ℵ*
35 <u>Καὶ</u> ἤκουσεν	ὁ	Ἰησοῦς ὅτι ἐξέβαλον	αὐτὸν καὶ <u>εὗρεν</u> αὐτὸν <u>καὶ</u>	D
35 Ἤκουσεν <u>δὲ</u>	ὁ	Ἰησοῦς ὅτι ἐξέβαλον	αὐτὸν καὶ εὑρὼν αὐτὸν	W
35 Ἤκουσεν <u>δὲ</u>	ὁ	Ἰησοῦς ὅτι ἐξέβαλον	αὐτὸν ἔξω καὶ εὑρὼν αὐτὸν	Θ* f¹³
35 Ἤκουσεν <u>δὲ</u>	ὁ	Ἰησοῦς ὅτι <u>ἐξέβαλλον</u>	αὐτὸν ἔξω καὶ εὑρὼν αὐτὸν	Θᶜ
35 Ἤκουσεν	ὁ	Ἰησοῦς ὅτι ἐξέβαλον	αὐτὸν ἔξω καὶ εὑρὼν αὐτὸν <u>ἔξω</u>	Λᶜ
35 Ἤκουσεν <u>οὖν</u>	ὁ	Ἰησοῦς ὅτι ἐξέβαλον	αὐτὸν ἔξω καὶ εὑρὼν αὐτὸν	69
35			καὶ εὑρὼν αὐτὸν	157
35 Ἤκουσεν	ὁ	Ἰησοῦς ὅτι ἐξέβαλον	αὐτὸν ἔξω καὶ εὑρὼν αὐτὸν	ℵᶜ A 𝔐 K L M U Δ Λ* Ψ
				f¹ 2 33 28 565 579 700 1071 1424 τ

---

lac. 9.31-35 𝔭⁴⁵ C H P Γ Π ¦ vss. 33-35 N

A **31** ποιει E F M Λ Ψ 2 28 1346 1424 ¦ ποη S* **32** ηνοιξε Y 28 157 700 ¦ ανεωξε 118 ¦ οφθαλμου A S **33** η (ει) Θ 579 ¦ μι ειν 28 ¦ ειν 13 579 ¦ μι (μη) 565 ¦ ηδοινατο D* ¦ εδυνατο K U 565 ¦ οιδυνατο Θ* ¦ ειδυνατο 13 ¦ ποιην Θ **34** απεκριθεισαν 1071 ¦ εvν (εν) 2 ¦ αμαρτηαις Θ ¦ ολας E* ¦ αυτων 579 **35** ηκουσε 788 1346 ¦ εξελον 2* ¦ ευρον 2* 1346 ¦ αυτων² 579 1071

B **31** θ̅ν̅ 157 **33** θ̅υ̅ B 𝔭⁶⁶ 𝔭⁷⁵ ℵ A D 𝔐 K L M N S U W Δ Θ Λ Ψ Ω f¹ 118 f¹³ 69 124 2 33 28 157 565 579 700 788 1071 1346 1424 ¦ <u>α̅ν̅ος̅</u> 𝔭⁶⁶ N **35** ι̅ς̅ B 𝔭⁶⁶ 𝔭⁷⁵ ℵ A 𝔐 K L M S U W Δ Θ Λ Ψ Ω f¹ 118 f¹³ 124 2 33 28 565 579 700 788 1071 1346 1424 ¦ ι̅η̅ς̅ D

εἶπεν, Σὺ πιστεύεις εἰς τὸν υἱὸν τοῦ ἀνθρώπου; 36 B 𝔓⁷⁵ W [w]
εἶπεν αὐτῷ, Σὺ πιστεύεις εἰς τὸν υἱὸν τοῦ ἀνθρώπου; 36 ἀπεκρίθη ἐκεῖνος, 𝔓⁶⁶
εἶπεν, Σὺ πιστεύεις εἰς τὸν υἱὸν τοῦ ἀνθρώπου; 36 ἀπεκρίθη ἐκῖνος καὶ εἶπεν, ℵ*
εἶπεν αὐτῷ, Σὺ πιστεύεις εἰς τὸν υἱὸν τοῦ ἀνθρώπου; 36 ἀπεκρίθη ἐκῖνος καὶ εἶπεν, ℵᶜ
εἶπεν αὐτῷ, Σὺ πιστεύεις εἰς τὸν υἱὸν τοῦ θεοῦ; 36 ἀπεκρίθη ἐκεῖνος, A
εἶπεν, Σὺ πιστεύεις εἰς τὸν υἱὸν τοῦ ἀνθρώπου; 36 ἀπεκρίθη ἐκεῖνος καὶ εἶπεν, D u[w]
εἶπεν αὐτῷ, Οὐ πιστεύεις εἰς τὸν υἱὸν τοῦ θεοῦ; 36 ἀπεκρίθη ἐκεῖνος καὶ εἶπεν, F
εἶπεν αὐτῷ, Σὺ πιστεύεις τὸν υἱὸν τοῦ θεοῦ; 36 ἀπεκρίθη ἐκεῖνος καὶ εἶπεν, 157
εἶπεν, Σὺ πιστεύεις εἰς τὸν υἱὸν τοῦ ἀνθρώπου; 36 ἀπεκρίθη ἐκεῖνος, [w]
εἶπεν αὐτῷ, Σὺ πιστεύεις εἰς τὸν υἱὸν τοῦ θεοῦ; 36 ἀπεκρίθη ἐκεῖνος καὶ εἶπεν, 𝔐 K L M U Δ
Θ Λ Ψ f¹ f¹³ 2 33 28 565 579 700 1071 1424 τ

καὶ τίς ἐστιν, εφη, κύριε, ἵνα πιστεύσω εἰς αὐτόν; 37 εἶπεν αὐτῷ ὁ Ἰησοῦς, B 𝔓⁷⁵ W [w]
καὶ τίς ἐστιν, εφη, κύριε, ἵνα πιστεύσω εἰς αὐτόν; 37 εἶπεν αὐτῷ Ἰησοῦς, 𝔓⁶⁶*
καὶ τίς ἐστιν, κύριε, ἵνα πιστεύσω εἰς αὐτόν; 37 εἶπεν αὐτῷ Ἰησοῦς, 𝔓⁶⁶ᶜ
κύριε, τίς ἐστιν, ἵνα πιστεύσω εἰς αὐτόν; 37 ἔφη αὐτῷ ὁ Ἰησοῦς, ℵ*
κύριε, καὶ τίς ἐστιν, ἵνα πιστεύσω εἰς αὐτόν; 37 ἔφη αὐτῷ ὁ Ἰησοῦς, ℵᶜ
τίς ἐστιν, κύριε, ἵνα πιστεύσω εἰς αὐτόν; 37 εἶπεν δὲ αὐτῷ Ἰησοῦς, A
καὶ τίς ἐστιν, κύριε, ἵνα πιστεύσω εἰς αὐτόν; 37 ἀπεκρίθη αὐτῷ ὁ Ἰησοῦς, D
τίς ἐστιν, κύριε, ἵνα πιστεύσω εἰς αὐτόν; 37 εἶπεν δὲ αὐτῷ ὁ Ἰησοῦς, L τ
τίς ἐστιν, κύριε, ἵνα πιστεύσω εἰς αὐτόν; 37 εἶπεν αὐτῷ ὁ Ἰησοῦς, Θ
καὶ τίς ἐστιν, κύριε, ἵνα πιστεύσω εἰς αὐτόν; 37 εἶπεν αὐτῷ ὁ Ἰησοῦς, Ψ 33 u[w]
καὶ τίς ἐστιν, κύριε, ἵνα πιστεύσω εἰς αὐτόν; 37 εἶπεν δὲ ὁ Ἰησοῦς, 579
καὶ τίς ἐστιν, κύριε, ἵνα πιστεύσω εἰς αὐτόν; 37 εἶπεν δὲ αὐτοῖς ὁ Ἰησοῦς, 1071
καὶ τίς ἐστιν, κύριε, ἵνα πιστεύσω εἰς αὐτόν; 37 εἶπεν δὲ αὐτῷ ὁ Ἰησοῦς, 𝔐 K M U Δ Λ f¹ f¹³ 2
28 157 565 700 1424

Καὶ ἑόρακας αὐτὸν καὶ ὁ λαλῶν μετὰ σοῦ ἐκεῖνός ἐστιν. 38 ὁ δὲ ἔφη, Πιστεύω, B* 𝔐 K L 33 28 565
Καὶ ἑόρακας αὐτὸν καὶ ὁ λαλῶν μετὰ σοῦ αὐτός ἐστιν. 38 ὁ δὲ ἔφη, Πιστεύω, 𝔓⁶⁶
Καὶ ἑόρακας αὐτὸν καὶ ὁ λαλῶν μετὰ σοῦ ἐκεῖνός ἐστιν. 38 𝔓⁷⁵ W
Καὶ ἑώρακας αὐτὸν καὶ ὁ λαλῶν μετὰ σοῦ ἐκεῖνός ἐστιν. 38 ℵ*
Καὶ ἑώρακας αὐτὸν καὶ ὁ μετὰ σοῦ λαλῶν ἐκεῖνός ἐστιν. 38 ὁ δὲ ἔφη, Πιστεύω, D
Καὶ ὅρακας αὐτὸν καὶ ὁ λαλῶν μετὰ σοῦ ἐκεῖνός ἐστιν. 38 ὁ δὲ ἔφη, Πιστεύω, Δ
Καὶ ἑώρακες αὐτὸν καὶ ὁ λαλῶν μετὰ σοῦ ἐκεῖνός ἐστιν. 38 ὁ δὲ εἶπεν, Πιστεύω, Θ
Καὶ ἑώρακας αὐτὸν καὶ ὁ λαλῶν μετὰ σοῦ ἐκεῖνός ἐστιν. 38 ὁ δὲ ἔφη, Πιστεύω, Bᶜ ℵᶜ A Y M S U Λ
Ψ Ω f¹ f¹³ 2 157 579 700 1071 1424 uwτ

κύριε· καὶ προσεκύνησεν αὐτῷ. 39 καὶ εἶπεν ὁ Ἰησοῦς, Εἰς κρίμα ἐγὼ B 𝔓⁶⁶ 69 124 788 uwτ
39 Εἰς κρίμα ἐγὼ 𝔓⁷⁵ ℵ* W [îrell
κύριε· καὶ προσεκύνησεν αὐτῷ. 39 καὶ εἶπεν Ἰησοῦς, Εἰς κρίμα ἐγὼ ℵᶜ
κύριε· καὶ προσεκύνησεν αὐτόν. 39 καὶ εἶπεν ὁ Ἰησοῦς, Ἐγὼ εἰς κρίμα D
κύριε· καὶ προσεκύνησεν αὐτῷ. 39 καὶ εἶπεν ὁ Ἰησοῦς, Εἰς κρίσιν ἐγὼ Δ
κύριε· καὶ προσεκύνησεν αὐτῷ. 39 καὶ εἶπεν ὁ κύριος, Εἰς κρίμα ἐγὼ f¹³ 1424
κύριε· καὶ προσεκύνησεν αὐτόν. 39 καὶ εἶπεν ὁ Ἰησοῦς, Εἰς κρίμα ἐγὼ 157
κύριε· καὶ πεσὼν προσεκύνησεν αὐτῷ. 39 καὶ εἶπεν ὁ Ἰησοῦς, Εἰς κρίμα ἐγὼ 1071

---

lac. 9.35-39 𝔓⁴⁵ C H N P Γ Π

A 35 πιστευις 579 | υιων 579 36 απεκριθη 13 | ειπε Y 118 157 700 | εστι Y 118 13 69 157 565 700 788 | απεκριθει 28 | πιστευσο 579 | αυτων 1071 37 ειπε Y U 118 13 69 28 157 700 1346 | λαλον Θ | μετε 579 38 πιστευσο 579 | κοσμων 579 | προσεκοινησεν E

B 35 ῡν ℵ 𝔐 K L M S U Λ Ψ Ω 2 33 28 565 1071 1424 | ᾱνου 𝔓⁶⁶ 𝔓⁷⁵ W | θ̄υ A 𝔐 K L M S U Δ Θ Λ Ψ Ω f¹ 118 f¹³ 69 124 2 33 28 157 565 579 700 788 1071 1346 1424 36 κ̄ε B 𝔓⁶⁶ 𝔓⁷⁵ ℵ A D 𝔐 K L M S U W Δ Θ Λ Ψ Ω f¹ 118 f¹³ 69 124 2 33 28 157 565 579 700 788 1071 1346 1424 37 ῑς B 𝔓⁶⁶ 𝔓⁷⁵ ℵ A 𝔐 K L M S U W Δ Θ Λ Ψ Ω f¹ 118 f¹³ 124 2 33 28 157 565 579 700 788 1071 1346 1424 | ῑης D 38 κ̄ε B 𝔓⁶⁶ ℵᶜ A D 𝔐 K L M S U Δ Θ Λ Ψ Ω f¹ 118 f¹³ 69 124 2 33 28 157 565 579 700 788 1071 1346 1424 39 ῑς B 𝔓⁶⁶ ℵᶜ A 𝔐 K L M S U Δ Θ Λ Ψ Ω f¹ 118 124 2 33 28 157 565 579 700 788 1071 | ῑης D | κ̄ς f¹³ 1346 1424

C 38 τελος (post προσεκ. αυτω) E F S Y Θ Λ Ψ Ω f¹³ 124 2 788 1346 1424 | τελος της κυ, G 28 | τελ τς κ,υ τς ε̄ εβδ M | τελ τη φλγ f¹ 39 αρχη F 1071 | αρχη: τη ε̄ της ε̄ εβδ ειπ, πρ τους συνελθ εις κριμα, G | αρχη: τη ε̄ (δ 2) της ε̄ εβδομαδος ειπεν ο κ̄ς προς τους εληθοτας (συνεληλυθας 2) προς αυτον ιουδαιους. (ante εις κριμα) E 2 | αρχ (ante εις κριμα): τη ε̄ της ε̄ εβδ ειπεν ο κ̄ς προς τους εληλυθ εις κριμα εγω Y | τη ε̄ της ε̄ εβδ ειπεν ο κ̄ς πρ τς ελη̄λυθ προς, εις κριμα εγω, εις τον κ,ο M | τη ε̄ τς ε̄ εβδ ειπ ο κ̄ς προς τ S | αρχ: ειπεν ο ῑς Θ | τη ε̄ τς ε̄ εβδ ειπ ο κ̄ς πρ,ο εις κριμα Ω | αρχ λε̄ ναμαιου τ̄ αγι κωνστκ ελ,η ειπ ο κ̄ς προς τους εληλυθ εις κριμα εγω του τω λεγ κ̄ τη ε̄ τς ε̄ εβδ f¹ | αρχ λε̄ τη ε̄ τς ε̄ εβδομ,ᾱ ειπεν ο κ̄ς προς τους προς αυτον ιουδ εις κριμα εγω εις τον 118 | αρχ τη ε̄ τς ε̄ εβδ f¹³ 124 788 1346 | αρχ τς ε̄ ειπεν ο κ̄ς προς τους εληλυθοτ προς αυτον ιουδ. εις κριμα εγω εις τον κοσμον 28 | αρχ τη ε̄ 157

D 39 π̄θ 1071

136

εἰς τὸν κόσμον τοῦτον ἦλθον, ἵνα οἱ μὴ βλέποντες βλέπωσιν καὶ οἱ βλέποντες B 69 124 788 1346
ἦλθον εἰς τὸν κόσμον, ἵνα οἱ μὴ βλέποντες βλέπωσιν καὶ οἱ μὴ βλέποντες 𝔓⁶⁶* [↑uwτ rell
ἦλθον εἰς τὸν κόσμον τοῦτον, ἵνα οἱ μὴ βλέποντες βλέπωσιν καὶ οἱ βλέποντες 𝔓⁶⁶ᶜ D
εἰς τὸν κόσμον τοῦτον ἐλήλυθα, ἵνα οἱ μὴ βλέποντες βλέπωσιν καὶ οἱ βλέποντες 𝔓⁷⁵
εἰς τὸν κόσμον τοῦτον ἦλθον, ἵνα οἱ μὴ βλέποντες f¹³
εἰς τὸν κόσμον τοῦτον ἐλύληθα, ἵνα οἱ μὴ βλέποντες 579
εἰς τὸν κόσμον ἐλήλυθα, ἵνα οἱ μὴ βλέποντες βλέπωσιν καὶ οἱ 1071
εἰς τὸν κόσμον τοῦτον ἦλθον, ἵνα μὴ βλέποντες βλέπωσιν καὶ οἱ βλέποντες 1346

τυφλοὶ γένωνται. 40 Ἤκουσαν ἐκ τῶν Φαρεισαίων ταῦτα οἱ μετ' αὐτοῦ ὄντες B
τυφλοὶ γένωνται. 40 Ἤκουσαν ἐκ τῶν Φαρισαίων ταῦτα οἱ μετ' αὐτοῦ ὄντες 𝔓⁶⁶·⁷⁵ ℵᶜ L W Θ Ψ
τυφλοὶ γένωνται. 40 Ἤκουσαν ἐκ τῶν Φαρισαίων οἱ μετ' αὐτοῦ ὄντες ℵ* [↑33 157 579 uw
τυφλοὶ γένωνται. 40 Ἤκουσαν δὲ ἐκ τῶν Φαρισαίων οἱ μετ' αὐτοῦ ὄντες D
τυφλοὶ γένωνται. 40 Καὶ ἤκουσαν ἐκ τῶν Φαρισσαίων ταῦτα οἱ ὄντες μετ' αὐτοῦ G
τυφλοὶ γένωνται. 40 Ἤκουσαν οὖν ἐκ τῶν Φαρισαίων ταῦτα οἱ μετ' αὐτοῦ ὄντες f¹ 565
τυφλοὶ γενήσονται. 40 Καὶ ἤκουσαν ἐκ τῶν Φαρισαίων ταῦτα οἱ ὄντες μετ' αὐτοῦ f¹³
τυφλοὶ γένωνται. 40 Καὶ ἤκουσαν ἐκ τῶν Φαρισαίων ταῦτα οἱ ὄντες μετ' αὐτοῦ 1071
τυφλοὶ γένωνται. 40 Καὶ ἤκουον ἐκ τῶν Φαρισαίων ταῦτα οἱ ὄντες μετ' αὐτοῦ 1424 [↓28 700 τ
τυφλοὶ γένωνται. 40 Καὶ ἤκουσαν ἐκ τῶν Φαρισαίων ταῦτα οἱ ὄντες μετ' αὐτοῦ A 𝔐 K M U Δ Λ 2

καὶ εἶπον αὐτῷ, Μὴ καὶ ἡμεῖς τυφλοί ἐσμεν; 41 εἶπεν αὐτοῖς Ἰησοῦς, Εἰ B 𝔓⁷⁵
καὶ εἶπον αὐτῷ, Μὴ καὶ ὑμεῖς τυφλοί ἐσμεν; 41 εἶπεν αὐτοῖς Ἰησοῦς, Εἰ 𝔓⁶⁶
καὶ εἶπαν αὐτῷ, Μὴ καὶ ἡμεῖς τυφλοί ἐσμεν; 41 εἶπεν αὐτοῖς ὁ Ἰησοῦς, Εἰ ℵ W [w]
καὶ εἶπον αὐτῷ, Μὴ καὶ ἡμεῖς τυφλοί ἐσμεν; 41 εἶπεν οὖν ὁ Ἰησοῦς, Εἰ D
καὶ εἶπον αὐτῷ, Μὴ καὶ ὑμεῖς τυφλοί ἐσμεν; 41 εἶπεν αὐτοῖς Ἰησοῦς, Εἰ E U 579 1071
καὶ εἶπον αὐτῷ, Μὴ καὶ ἡμεῖς τυφλοί ἐσμεν; 41 εἶπεν δὲ αὐτοῖς ὁ Ἰησοῦς, Εἰ S
καὶ εἶπον αὐτῷ, Μὴ καὶ ἡμεῖς τυφλοί ἐσμεν; 41 καὶ εἶπεν αὐτοῖς ὁ Ἰησοῦς, Εἰ Δ f¹³
καὶ εἶπον αὐτῷ, Μὴ καὶ ἡμεῖς τυφλοί ἐσμεν; 41 καὶ εἶπεν αὐτοῖς ὁ Ἰησοῦς, Οἱ 1346
καὶ εἶπον αὐτῷ, Μὴ καὶ ἡμεῖς τυφλοί ἐσμεν; 41 εἶπεν οὖν αὐτοῖς ὁ Ἰησοῦς, Εἰ 1424
καὶ εἶπαν αὐτῷ, Μὴ καὶ ἡμεῖς τυφλοί ἐσμεν; 41 εἶπεν αὐτοῖς Ἰησοῦς, Εἰ [w]
καὶ εἶπον αὐτῷ, Μὴ καὶ ἡμεῖς τυφλοί ἐσμεν; 41 εἶπεν αὐτοῖς ὁ Ἰησοῦς, Εἰ A 𝔐 K L M Θ Λ Ψ f¹
2 33 28 157 565 700 uτ

τυφλοὶ ἦτε, οὐκ ἂν εἴχετε ἁμαρτίαν· νῦν δὲ λέγετε ὅτι Βλέπομεν, B 𝔓⁶⁶·⁷⁵ uwτ rell
τυφλοὶ ἦτε, οὐκ εἴχετε ἁμαρτίαν· νῦν δὲ λέγετε ὅτι Βλέπομεν, D Y K Θ f¹³
τυφλοὶ ἦτε, οὐκ ἂν ἔχετε ἁμαρτίαν· νῦν δὲ λέγετε ὅτι Βλέπομεν, L
τυφλοὶ οὔτε, οὐκ ἂν ἤχεται ἁμαρτίαν· νῦν δὲ λέγεται ὅτι Βλέπωμεν, 579
τυφλοὶ ἦτε, οὐκ ἔχετε ἁμαρτίαν· νῦν δὲ λέγετε ὅτι Βλέπομεν, 1346

ἡ ἁμαρτία ὑμῶν μένει. B 𝔓⁶⁶ᶜ ℵ* K Θ Ψ 1 1582* 69 157 565 788 uw
ἡ αἱ ἁμαρτία ὑμῶν μένει. 𝔓⁶⁶*
καὶ ἡ ἁμαρτία ὑμῶν μένει. 𝔓⁷⁵
αἱ ἁμαρτίαι ὑμῶν μένουσιν. ℵᶜ D L W 33 1071
ἡ οὖν ἁμαρτία ὑμῶν μένει. A 𝔐 M U Δ Λ 1582ᶜ 118 124 2 28 700 1424 τ
ἡ οὖν ἡ ἁμαρτία ὑμῶν μένει. f¹³
ἡ ἁμαρτία ἡμῶν μένη. 579

Discourse Six: The Good Shepherd

10.1 Ἀμὴν ἀμὴν ὑμῖν λέγω, ὁ μὴ εἰσερχόμενος διὰ τῆς θύρας εἰς τὴν αὐλὴν τῶν προβάτων B 579
10.1 ……ν ἀμὴν λέγω … … ……χόμενος διὰ …… …… ……ν αὐλὴν τῶν …………… 𝔓⁶
10.1 Ἀμὴν ἀμὴν λέγω ὑμῖν, ὁ μὴ εἰσερχόμενος διὰ τῆς θύρας εἰς τὴν αὐλὴν 1424
10.1 Ἀμὴν ἀμὴν λέγω ὑμῖν, ὁ μὴ εἰσερχόμενος διὰ τῆς θύρας εἰς τὴν αὐλὴν τῶν προβάτων uwτ rell

lac. 9.39-10.1 𝔓⁴⁵ C H N P Γ Π

A 39 ια [ινα] L | βλεποντες¹ Θ | πωσιν (βλεπωσιν) 𝔓⁶⁶ ¦ βλεπωσι Y U Ω f¹ 118 28 157 565 700 788 1346 | γενωντε Θ ¦ γεγοντε 2* 40 μεττ 28 | ατου K* | αυτο (αυτω) Θ 41 αυτοι L* | ειτε M | ειχεται 𝔓⁶⁶ W 2* | λεγεται 𝔓⁶⁶ L W 2* | βλεπωμεν F 2* 28 1424 | ει (η¹) 700 | ααμαρτια 𝔓⁶⁶* | μεννει E ¦ μενη M 10.1 υμειν 𝔓⁶⁶ D

B 41 ι̅ς̅ B 𝔓⁶⁶ 𝔓⁷⁵ ℵ A 𝔐 K L M S U W Θ Ψ Ω f¹ 118 f¹³ 124 2 33 28 157 565 579 700 788 1071 1346 1424 ¦ ι̅η̅ς̅ D

C 40 αρχ του αγ μρ ο α λελαιου 157 41 τελ Y² 10.1 αρχη F 124 1346 | αρχη: εις τ μνημην κονσταντινου και ελενος· ειπεν ο κ̅ς̅ τοις εαυτου μαθητας. (ante ο μη εισερχ.) E ¦ αρχ: μ η μαιω κ̅α̅ τ̅ αγ̅ι̅ βασι ειπεν ο κ̅ς̅ ο μη εισερχ Y ¦ (ante ο μη) αρχ: τη ε̅ τ̅ς̅ ε εβδ: λεγετ δε κ, εις τ μνημην κωνσ κ, ελυ,ε ειπ ο κ̅ς̅ τοις εαυτ μαθθι: 2 ¦ (ante ο μη) αρχ του αγ κωνσταντ ειπεν ο κ̅ς̅ τοις εαυτου μαθητ ο μη εισερχομενος δια της 28 ¦ αρχ: τη ε̅ τ̅ς̅ ε εβδ: κ, των αγ βασιλ κωνσταντ και ελεν, 1071

άλλα άναβαίνων άλλαχόθεν έκεῖνος κλέπτης έστιν και ληστής· **2** ό δε εἰσερχόμενος B 𝔓⁶⁶ uwτ rell
⋯⋯α άναβ⋯⋯⋯⋯⋯⋯⋯⋯⋯⋯⋯⋯⋯ος κλε⋯⋯ ⋯⋯⋯ **2** ⋯ε ε⋯⋯⋯⋯⋯ 𝔓⁶
άλλα άναβαίνων άλλαχόθεν έκεῖνος κλέπτης έστιν και ληστής· **2** ό δε <u>έρχόμενος</u> 𝔓⁷⁵
άλλα <u>άλλαχόθεν</u> <u>άναβαίνων</u> έκεῖνος κλέπτης έστιν και ληστής· **2** ό δε εἰσερχόμενος D
<u>άλλ'</u> άναβαίνων άλλαχόθεν έκεῖνος κλέπτης έστιν και ληστής· **2** ό δε εἰσερχόμενος Y
άλλα άναβαίνων άλλαχόθεν κλέπτης έστιν και ληστής· **2** ό δε εἰσερχόμενος 1071
άλλα άναβαίνων άλλαχόθεν έκεῖνος <u>κλέπτοις</u> έστιν και ληστής· **2** ό δε εἰσερχόμενος 1346

[Cl S V 86.4 <u>αμην</u> <u>αμην</u> <u>λεγω</u> <u>υμιν</u>, <u>ο μη εισερχομενος</u> <u>δια</u> <u>της θυρας</u> <u>εις</u> <u>την</u> <u>αυλην</u> <u>των</u> <u>προβατων</u> <u>αλλα</u>
<u>αναβαινων</u> <u>αλλαχοθεν</u> <u>εκεινος</u> <u>κλεπτης</u> εστι <u>και</u> <u>ληστης</u>]

δια τῆς θύρας ποιμήν έστιν τῶν προβάτων. **3** τούτῳ ό θυρωρός άνοίγει, B 𝔓⁶⁶·⁷⁵ uwτ rell
⋯⋯⋯⋯⋯⋯⋯⋯⋯⋯⋯⋯⋯⋯⋯⋯⋯⋯⋯⋯ **3** 𝔓⁶
δια τῆς θύρας ποιμήν έστιν τῶν προβάτων. **3** τούτῳ ό <u>θυρουρός</u> άνοίγει, 𝔓⁶⁶
δια τῆς θύρας <u>αύτός</u> <u>έστιν ό ποιμήν</u> τῶν προβάτων. **3** τούτῳ ό <u>θυρουρός</u> άνοίγει, D
δια τῆς θύρας <u>έκεῖνός</u> <u>έστιν ό ποιμήν</u> τῶν προβάτων. **3** τούτῳ ό θυρωρός άνοίγει, W
δια τῆς θύρας ποιμήν έστιν τῶν προβάτων. **3** τούτῳ ό θυρωρός <u>άνείγι,</u> 579

[Cl S V 86.4 <u>ο δε εισερχομενος</u> <u>δια</u> <u>της θυρας</u> <u>ποιμην</u> εστι <u>των</u> <u>προβατων</u>. <u>τουτο</u> <u>ο θυρωρος</u> <u>ανοιγει</u>]

και τα πρόβατα τῆς φωνῆς αύτοῦ άκούει και τα ίδια πρόβατα φωνεῖ κατ' B 𝔓⁷⁵ ℵ A L W Ψ f¹ 33 157
⋯⋯⋯⋯⋯⋯⋯⋯⋯⋯⋯⋯⋯⋯⋯⋯⋯⋯⋯⋯ ⋯⋯⋯⋯ 𝔓⁶ [↑565 579 1071 uw
και τα πρόβατα τῆς φωνῆς αύτοῦ άκούει και τα ίδια <u>προβάτια</u> φωνεῖ κατ' 𝔓⁶⁶
και τα πρόβατα τῆς φωνῆς αύτοῦ άκούει και τα <u>πρόβατα τα ίδια</u> φωνεῖ κατ' D
και τα πρόβατα τῆς φωνῆς αύτοῦ άκούει και τα ίδια πρόβατα <u>καλεῖ κατά</u> E F Δ
⋯⋯⋯⋯⋯⋯⋯⋯⋯ αύτοῦ άκούει και τα ίδια πρόβατα <u>καλεῖ κατ'</u> Π [↓1424 τ
και τα πρόβατα τῆς φωνῆς αύτοῦ άκούει και τα ίδια πρόβατα <u>καλεῖ κατ'</u> 𝔐 K M U Θ Λ f¹³ 2 28 700

όνομα και έξάγει αύτά. **4** όταν τα ίδια πάντα έκβάλη, έμπροσθεν αύτῶν B 𝔓⁶⁶ᶜ·⁷⁵ ℵᶜ L W Θ Ψ
⋯⋯⋯⋯⋯⋯⋯⋯⋯ **4** ⋯⋯⋯ ⋯⋯⋯ ⋯⋯⋯ 𝔓⁶ [↑f¹ 33 565 uw
όνομα και έξάγει αύτά. **4** όταν τα ίδια <u>έκβάλη</u> <u>πάντα</u> , έμπροσθεν αύτῶν 𝔓⁶⁶*
όνομα και έξάγει αύτά. **4** όταν τα ίδια έκβάλη, έμπροσθεν αύτῶν ℵ*
όνομα και έξάγει αύτά. **4** <u>και</u> όταν τα ίδια πάντα έκβάλη, έμπροσθεν αύτῶν D
όνομα και έξάγει αύτά. **4** <u>και</u> όταν τα ίδια <u>πρόβατα</u> <u>έκβάλει,</u> έμπροσθεν αύτῶν F Ω f¹³ 28 579 1424
όνομα και έξάγει αύτά. **4** όταν <u>δε</u> τα ίδια <u>πρόβατα</u> έκβάλη, έμπροσθεν αύτῶν K Π
όνομα και έξάγει αύτά. **4** όταν τα ίδια <u>πρόβατα</u> έκβάλη, έμπροσθεν αύτῶν 157
όνομα και έξάγει αύτά. **4** <u>και</u> όταν τα ίδια <u>πρόβατα</u> <u>έκβάλει,</u> έμπροσθεν αύτῶν 69 2ᶜ
όνομα και έξάγει αύτά. **4** <u>και</u> όταν τα ίδια <u>πρόβατα</u> <u>έκβάλη,</u> έμπροσθεν αύτῶν 700
όνομα και έξάγει αύτά. **4** <u>και</u> όταν τα ίδια πάντα <u>έκβάλει,</u> έμπροσθεν αύτῶν 1071
όνομα και έξάγει αύτά. **4** <u>και</u> όταν τα ίδια <u>πρόβατα</u> έκβάλη, έμπροσθεν αύτῶν A 𝔐 M U Δ Λ 1582ᶜ
118 124 2* 788 1346 τ

[↓f¹³ 28 157 565 700 1071 τ
πορεύεται, και τα πρόβατα αύτῷ άκολουθεῖ, ότι οίδασι την φωνην αύτοῦ· B 𝔓⁷⁵ Y K L S U Δ Π Ψ Ω f¹
⋯⋯⋯⋯⋯⋯⋯⋯⋯ άκ⋯⋯ ⋯⋯ ⋯⋯ νη· αύ·οῦ· 𝔓⁶
πορεύεται, και τα πρόβατα αύτῷ άκολουθεῖ, ότι οίδασι <u>αύτοῦ την φωνην·</u> 𝔓⁶⁶ 124
πορεύεται, και τα πρόβατα αύτῷ άκολουθεῖ, ότι <u>οίδασιν</u> την φωνην αύτοῦ· ℵ A 𝔐 M W 2 33 1424 uw
πορεύεται, και τα πρόβατα αύτῷ άκολουθεῖ, ότι <u>οίδασιν</u> <u>αύτοῦ την φωνην·</u> D
πορεύεται, και τα πρόβατα <u>άκολουθεῖ αύτῷ,</u> ότι <u>οίδασιν</u> <u>αύτοῦ την φωνην·</u> Θ
πορεύεται, και τα πρόβατα <u>αύτοῦ</u> άκολουθεῖ, ότι <u>οίδασιν</u> την φωνην αύτοῦ· Λ
πορεύεται, και τα πρόβατα <u>αύτῶν</u> άκολουθεῖ, ότι <u>οίδασιν</u> την φωνην αύτοῦ· 579

5 άλλοτρίῳ δε ού μη άκολουθήσουσιν, άλλα φεύξονται άπ' αύτοῦ, ότι ούκ B A D 𝔐 Δ 2 579 700 uw
5 α⋯ρ⋯ δ⋯ μη ⋯λ⋯ <u>σωσιν,</u> άλλ· φεύ⋯ ⋯⋯ ⋯⋯⋯ ότι ούκ 𝔓⁶
5 άλλοτρίῳ δε ού μη άκολουθήσουσιν, ότι ούκ E*
5 άλλοτρίῳ δε ού μη <u>άκολουθήσωσιν,</u> άλλα φεύξονται άπ' αύτοῦ, ότι ούκ 𝔓⁶⁶·⁷⁵ ℵ K L M S U W Θ Λ Π
Ψ Ω f¹ f¹³ 33 28 157 565 579 1071 1424 τ

---

lac. 10.1-5 𝔓⁴⁵ C H N P Γ ¦ vss. 2-3 Π

A 10.1 αναβενων D Θ ¦ αναβαινον E* ¦ αλλαχοθεν M ¦ εστι S Y L Ω f¹ 118 13 69 157 700 788 1346 **2** ποιμεν εστην Θ ¦ εστι S Y K L U Ω f¹ 118 124 33 28 157 565 700 788 1346 ¦ εστην 579 **3** θυρορος E ¦ αννγει ℵ ¦ ανοιγη E* ¦ ανοιγει Δ* ¦ φωνι 𝔓⁶⁶ ¦ κατο L **4** ενπροσθεν D ¦ πορευετε A E* Δ 1071 ¦ ακολουθι ℵ ¦ ακολουθη Θ 1071 ¦ οιδασιν Δ 124ᶜ 1071 **5** κακολουθησουσιν Δ* ¦ ακολουθησωσην Θ ¦ ακωλουθησωσιν 579 ¦ φευξωνται 1424

C 2 αρχη: εις τ μνημ κωνσταντιν και ελενης· ειπ, τοις εαυτου μαθ ο εισερχομ, G ¦ του αγιου κων ειπεν ο κς τοις εαυτου μαθ ο εισερχομεν, G² ¦ αρχ Θ ¦ εις την μνημην του κωνσταντινου και ελ, Ω ¦ αρχ εις τ ορθρ του χρυσοστομ 118 ¦ αρχ f¹³ ¦ αρχ εις τον αγιον αμβρό και εις τον αγιον κω 157 **5** ειπ ο κς πρ,ο τους συνελθι πρ,ο αυτ ιουδ: 2

[↓Ω *f*[1] *f*[13] 28 157 565 700 τ

οἴδασι	τῶν ἀλλοτρίων τὴν φωνήν. 6 Ταύτην τὴν παροιμίαν	εἶπεν αὐτοῖς ὁ	B 𝔭[66.75] ℵ Y K L M S U Π Ψ
οἴ··σι	τὴ········ ········ τρίων. 6 Τα···ην ······· ···········	········· αὐτοῖς ὁ	𝔭[6]
οἴδασιν	ἀλλοτρίων τὴν φωνήν. 6 Ταύτην τὴν παροιμίαν	εἶπεν αὐτοῖς ὁ	G
οἴδασιν	τῶν ἀλλοτρίων τὴν φωνήν. 6 Ταύτην τὴν παραμηθείαν	εἶπεν αὐτοῖς ὁ	579
οἴδασι	τῶν ἀλλοτρίων τὴν φωνήν. 6 Ταύτην παροιμίαν	εἶπεν αὐτοῖς ὁ	1346* ↓1424 uw
οἴδασιν	τῶν ἀλλοτρίων τὴν φωνήν. 6 Ταύτην τὴν παροιμίαν	εἶπεν αὐτοῖς ὁ	A D 𝔐 W Δ Θ Λ 2 33 1071

[↓*f*[1] *f*[13] 33 28 157 565 579 700 1071 1424 uwτ

Ἰησοῦς, ἐκεῖνοι δὲ οὐκ ἔγνωσαν	τίνα ἦν ἃ	ἐλάλει αὐτοῖς.	B 𝔭[66c.75] ℵ[c] A D Y K M S U W Δ Λ Π Ψ Ω
Ἰησοῦς, ··κε······ ······ ······	τί ἦν ἃ	······· ···········	𝔭[6]
Ἰησοῦς, ἐκεῖνοι δὲ οὐκ ἔγνω	τί	ἐλάλει αὐτοῖς.	𝔭[66]*
Ἰησοῦς, καὶ οὐκ ἔγνωσαν	τίνα ἦν ἃ	ἐλάλει αὐτοῖς.	ℵ*
Ἰησοῦς, ἐκεῖνοι δὲ οὐκ ἔγνωσαν	τίνα ᾗ ἃ	ἐλάλει αὐτοῖς.	E F G 2
Ἰησοῦς, ἐκεῖνοι δὲ οὐκ ἔγνωσαν	τίνα ἦν	ἐλάλει αὐτοῖς.	L
Ἰησοῦς, ἐκεῖνοι δὲ οὐκ ἐγίνωσκον	τίνα ἦν ἃ	ἐλάλει αὐτοῖς.	Θ 124 788
Ἰησοῦς, ἐκεῖνοι δὲ οὐκ ἐγίνωσκον	τίνα ᾗ ἃ	ἐλάλει αὐτοῖς ὁ Ἰησοῦς.	69
Ἰησοῦς, ἐκεῖνοι δὲ οὐκ ἐγίνωσκον	τίνα ἦν ἀλλὸ	ἐλάλει αὐτοῖς.	1346

The Good Shepherd Lays Down His Life For The Sheep

λ̅β̅ 7						
7	Εἶπεν οὖν	πάλιν	Ἰησοῦς,	Ἀμὴν ἀμὴν ὑμῖν λέγω	ἐγώ εἰμι ἡ θύρα	B
7	············· ······	····λιν ὁ	Ἰησοῦς,	··········· ···········	·············	𝔭[6]
7	·······ε···· αὐτοῖς	ὁ ιη,	Ἀ········· ·······ω ὑμῖν	········· ·· ·········	𝔭[45]
7	Εἶπεν αὐτοῖς	ὁ Ἰησοῦς,	Ἀμὴν ἀμὴν λέγω ὑμῖν ὅτι	ἐγώ εἰμι ἡ θύρα	𝔭[66]*
7	Εἶπεν οὖν	πάλιν ὁ	Ἰησοῦς,	Ἀμὴν ἀμὴν λέγω ὑμῖν	ἐγώ εἰμι ὁ ποιμὴν	𝔭[75]
7	Εἶπεν αὐτοῖς πάλιν	ὁ	Ἰησοῦς,	Ἀμὴν ἀμὴν λέγω ὑμῖν ὅτι	ἐγώ εἰμι ἡ θύρα	ℵ*
7	Εἶπεν οὖν πάλιν αὐτοῖς	ὁ	Ἰησοῦς,	Ἀμὴν ἀμὴν λέγω ὑμῖν	ἐγώ εἰμι ἡ θύρα	D 𝔐 M Δ 2 28
7	Εἶπεν οὖν αὐτοῖς πάλιν	ὁ	Ἰησοῦς,	Ἀμὴν ἀμὴν λέγω ὑμῖν ὅτι	ἐγώ εἰμι ἡ θύρα	A Λ [↑τ
7	Εἶπεν οὖν πάλιν αὐτοῖς	ὁ	Ἰησοῦς,	Ἀμὴν ἀμὴν λέγω ὑμῖν	ἐγώ εἰμι ἡ θύρα	G L U Ψ 579
7	Εἶπεν οὖν πάλιν αὐτοῖς	ὁ	Ἰησοῦς,	Ἀμὴν λέγω ὑμῖν ὅτι	ἐγώ εἰμι ἡ θύρα	Y* [↑700
7	Εἶπεν οὖν αὐτοῖς πάλιν	ὁ	Ἰησοῦς,	Ἀμὴν ἀμὴν λέγω ὑμῖν	ἐγώ εἰμι ἡ θύρα	K Π 157
7	Εἶπεν οὖν πάλιν αὐτοῖς	ὁ	Ἰησοῦς,	Ἀμὴν ἀμὴν λέγω ὑμῖν ὅτι	ἐγώ εἰμι ἡ θύρα	Θ
7	Εἶπεν οὖν πάλιν αὐτοῖς		Ἰησοῦς,	Ἀμὴν ἀμὴν λέγω ὑμῖν ὅτι	ἐγώ εἰμι ἡ θύρα	118
7	Εἶπεν αὐτοῖς	ὁ Ἰησοῦς πάλιν,		Ἀμὴν ἀμὴν λέγω ὑμῖν	ἐγώ εἰμι ἡ θύρα	*f*[13]
7	Εἶπεν οὖν αὐτοῖς	ὁ Ἰησοῦς πάλιν,		Ἀμὴν ἀμὴν λέγω ὑμῖν	ἐγώ εἰμι ἡ θύρα	33
7	Εἶπεν οὖν αὐτοῖς	ὁ Ἰησοῦς		Ἀμὴν ἀμὴν λέγω ὑμῖν	ἐγώ εἰμι ἡ θύρα	1071
7	Εἶπεν οὖν αὐτοῖς	ὁ Ἰησοῦς πάλιν,		Ἀμὴν ἀμὴν λέγω ὑμῖν ὅτι	ἐγώ εἰμι ἡ θύρα	1346
7	Εἶπεν οὖν αὐτοῖς	ὁ Ἰησοῦς πάλιν,		ὅτι	ἐγώ εἰμι ἡ θύρα	1424
7	Εἶπεν οὖν	πάλιν ὁ	Ἰησοῦς,	Ἀμὴν ἀμὴν λέγω ὑμῖν ὅτι	ἐγώ εἰμι ἡ θύρα	u
7	Εἶπεν οὖν	πάλιν	Ἰησοῦς,	Ἀμὴν ἀμὴν λέγω ὑμῖν	ἐγώ εἰμι ἡ θύρα	[w]
7	Εἶπεν οὖν	πάλιν ὁ	Ἰησοῦς,	Ἀμὴν ἀμὴν λέγω ὑμῖν	ἐγώ εἰμι ἡ θύρα	[w]
7	Εἶπεν οὖν αὐτοῖς	ὁ	Ἰησοῦς,	Ἀμὴν ἀμὴν λέγω ὑμῖν ὅτι	ἐγώ εἰμι ἡ θύρα	𝔭[66c] ℵ[c] W *f*[1] 69 124 565 788

[Cl S V 86.4 ο κυριος λεγει, εγω ειμι η θυρα των προβατων] [Cl Exc 26.2 εγω ειμι η θυρα]

τῶν προβάτων. 8 πάντες	ὅσοι ἦλθον πρὸ ἐμοῦ	κλέπται εἰσὶν καὶ λησταί,	B 𝔭[66] ℵ[c] A K L W Λ Π Ψ *f*[13] 33
······· προβάτων. 8 πάντες	ὅσοι ···········ι	εἰσὶν καὶ λησταί,	𝔭[45] (cj.) [↑157 579 700 [u]w
τῶν προβάτων. 8	ὅσοι ἦλθον πρὸ ἐμοῦ	κλέπται εἰσὶν καὶ λησταί,	D
τῶν προβάτων. 8 πάντες	ὅσοι πρὸ ἐμοῦ ἦλθον	κλέπται εἰσὶν καὶ λησταί,	Θ *f*[1] 124 565 τ
τῶν προβάτων. 8 πάντες	ὅσοι ἦλθον	κλέπται εἰσὶν καὶ λησταί,	2
τῶν προβάτων. 8 πάντες	ὅσοι ἦλθεν πρὸ ἐμοῦ	κλέπται εἰσὶν καὶ λησταί,	1071
τῶν προβάτων. 8 πάντες	ὅσοι ἦλθον	κλέπται εἰσὶν καὶ λησταί,	𝔭[75] ℵ* 𝔐 M U Δ 28 1424 [u]

[Cl S I 84.7 παντες ουν οι προ κυριου κλεπται και λησται] [Cl S I 81.1 παντες οι προ της παρουσιας του κυριου κλεπται εισι και λησται] [C S I 135.2 αλλ οι μεν κλεπται και λησται ως φησιν η γραφη] [Cl S I 87.2 κλεπται και λησται)

lac. 10.5-8 C H N P Γ ¦ vss. 5-6 𝔭[45]

A 5 αλλωτριων 579 6 ελαλη Λ 157* 579 7 υμειν D ¦ ειμει W ¦ υμει 579 ¦ πρωβατων 2 8 κλεπτε 𝔭[66] Θ ¦ εισι S Y K L Π Ψ Ω *f*[1] 118 13 69 124 28 157 565 700 788 1346 ¦ ληστη Θ ¦ λισται 2

B 6 ιϲ B 𝔭[6] 𝔭[66] 𝔭[75] ℵ A 𝔐 K L M S U W Δ Θ Λ Π Ψ Ω *f*[1] 118 *f*[13] 124 2 33 28 157 565 579 700 788 1071 1346 1424 ¦ της D
7 ιϲ B 𝔭[66] 𝔭[75] ℵ A E F G K L M S U W Δ Θ Λ Π Ψ Ω *f*[1] 118 *f*[13] 2 33 28 157 565 579 700 788 1071 1346 1424 ¦ ιη 𝔭[45] ¦ της D

C 5 υπ (post φωνην) E F 2 788 ¦ ·······προπη και 118 ¦ υπερ β̅ 124 1346 ¦ υπ του αγ 28 7 αρχη: D ¦ αρχ του αγ κυριακη και κ̅ν̅ του χρυ και εις λιπν΄ ιεραρχ΄ 157 ¦ π̅θ̅ εις ησεραξ̅ 1071[2]

ἀλλ’ οὐκ ἤκουσαν αὐτῶν τὰ πρόβατα. 9 ... ἐγώ εἰμι ἡ θύρα· δι’ B 𝔓⁶⁶·⁷⁵ **uwτ** rell
ἀ···· ··κουσεν αὐτῶν τὰ πρόβατα. 9 ... ... θύ··α· δι’ 𝔓⁴⁵
ἀλλ’ οὐκ ἤκουσαν αὐτῶν τὰ πρόβατα. 9 ἐγώ ῇ εἰμι ἡ θύρα· δι’ ℵ
ἀλλὰ οὐκ ἤκουσαν αὐτῶν τὰ πρόβατα. 9 ἐγώ εἰμι ἡ θύρα· δι’ D
ἀλλ’ οὐκ ἤκουσεν αὐτῶν τὰ πρόβατα. 9 ἐγώ εἰμι ἡ θύρα· δι’ L 1071
ἀλλ’ οὐκ ἤκουσαν αὐτῶν τὰ πρόβατα. 9 εἶπεν ὁ κύριος, ἐγώ εἰμι ἡ θύρα· δι’ Θᶜ
ἀλλ’ οὐκ ἤκουσαν αὐτῶν τὰ πρόβατα. 9 ἐγώ εἰμι ἡ θύρα τῶν προβατῶν· δι’ 118

[Cl Pr 10.2 εγω γαρ ειμι η θυρα]

ἐμοῦ ἐάν τις εἰσέλθη σωθήσεται καὶ εἰσελεύσεται καὶ ἐξελεύσεται καὶ νομὴν B 𝔓⁶⁶ **uwτ** rell
.... η .... ἐξε.... 𝔓⁶
ἐμοῦ ἐάν τις εἰσ···· ··σεται καὶ εἰσελεύσεται καὶ ἐξ··λ··ύσεται καὶ νομὴν 𝔓⁴⁵
ἐμοῦ ἂν τις εἰσέλθη σωθήσεται καὶ εἰσελεύσεται καὶ ἐξελεύσεται καὶ νομὴν 𝔓⁷⁵
ἐμοῦ ἂν τις εἰσέλθη σωθήσεται καὶ ἐξελεύσεται καὶ νομὴν W
ἐμοῦ ἐάν τις εἰσέλθη σωθήσεται καὶ ἐξελεύσεται καὶ νομὴν Δ 579

εὑρήσει. **10** ὁ κλέπτης οὐκ ἔρχεται ἡ μὴ ἵνα κλέψη καὶ θύση καὶ ἀπολέση· ἐγώ B*
.... **10** ὁ κλ.... ....εψη .... 𝔓⁶
εὑρήσει. **10** ···· ··· οὐκ ἔρχεται εἰ μὴ ἵνα κλέψη καὶ θύση καὶ ἀπολέση· ἐγώ 𝔓⁴⁵
εὑρήσει. **10** ὁ κλέπτης οὐκ ἔρχεται ι̣ μὴ ἵνα κλέψη καὶ θύση καὶ ἀπολέση· ἐγώ A* 13
εὑρήσει. **10** ὁ κλέπτης οὐκ ἔρχεται εἰ μὴ ἵνα κλέψη καὶ θύση καὶ ἀπολέση· ἐγώ δὲ D
εὑρήσει. **10** ὁ κλέπτης οὐκ ἔρχεται εἰ μὴ ἵνα κλέψη καὶ θύση καὶ καὶ ἀπολέση· ἐγώ Δ
εὑρήσει. **10** ὁ κλέπτης οὐκ ἔρχεται εἰ μὴ ἵνα κλέψη καὶ θήση καὶ ἀπολέση· ἐγώ 788 1346
εὑρήσειτε. **10** ὁ κλέπτης οὐκ ἔρχεται εἰ μὴ ἵνα κλέψη καὶ θύση καὶ ἀπολέση· ἐγώ 1071 [↓rell
εὑρήσει. **10** ὁ κλέπτης οὐκ ἔρχεται εἰ μὴ ἵνα κλέψη καὶ θύση καὶ ἀπολέση· ἐγώ 𝔓⁶⁶·⁷⁵ **uwτ**

ἦλθον ἵνα ζωὴν ἔχωσιν καὶ περισσὸν ἔχωσιν. **11** Ἐγώ εἰμι ὁ B 𝔓⁶⁶ᶜ **uwτ** rell
··ον ἵνα ζω·· .... [[εχε πεπι···· ουν ··κε····]] 𝔓⁶
η···· ἵνα ζωὴν ἔχωσι καὶ περισσὸν ἔχωσιν. **11** Ἐγώ εἰμι ὁ 𝔓⁴⁵
ἦλθον ἵνα ζωὴν ἔχωσιν. **11** Ἐγώ εἰμι ὁ 𝔓⁶⁶* D
ἦλθον ἵνα ζωὴν ἔχωσιν καὶ περισσότερον ἔχωσιν. **11** Ἐγώ εἰμι ὁ 𝔓⁷⁵ Ψ 69 157 579 1071
ἦλθον ἵνα ζωὴν αἰώνιον ἔχωσιν καὶ περισσὸν ἔχωσιν. **11** Ἐγώ εἰμι ὁ ℵ

ποιμὴν ὁ καλός· ὁ ποιμὴν ὁ καλὸς τὴν ψυχὴν αὐτοῦ τίθησιν ὑπὲρ τῶν προβάτων· B 𝔓⁶⁶·⁷⁵ **uwτ** rell
καλὸς ποι........· ὁ καλὸς ποιμὴν τὴν ψυχὴν αὐτοῦ δίδωσιν ὑπὲρ τῶν προβ···· 𝔓⁴⁵
ποιμὴν ὁ καλός· ὁ ποιμὴν ὁ καλὸς τὴν ψυχὴν αὐτοῦ δίδωσιν ὑπὲρ τῶν προβάτων· ℵ* D
ποιμὴν ὁ καλός· ὁ ποιμὴν ὁ καλὸς τὴν ψυχὴν τίθησιν αὐτοῦ ὑπὲρ τῶν προβάτων· Θ

[Cl Pd I 53.2 εγω ειμι ο ποιμην ο καλος] [Cl Pd I 97.3 ο γαρ αγαθος ποιμην την ψυχην εαυτου τιθησιν υπερ των προβατων] [Cl S I 169.1 ο αγαθος ποιμην την ψυχην τιθησιν υπερ των προβατων]

12 ὁ μισθωτὸς καὶ οὐκ ὢν ποιμήν, οὗ οὐκ ἔστιν τὰ πρόβατα ἴδια, θεωρεῖ τὸν B W f¹ **uw**
12 ··μισθωτὸς καὶ οὐκ ὢν ποιμήν, οὗ οὐκ ἔστιν ἴδια τὰ πρόβατα, ···· τὸν 𝔓⁴⁵
12 ὁ δὲ μισθωτὸς καὶ οὐκ ὢν ποιμήν, οὗ οὐκ ἔστιν τὰ πρόβατα ἴδια, θεωρεῖ τὸν 𝔓⁶⁶ ℵ Ψ 69 33 579
12 ὁ δὲ μισθωτὸς καὶ οὐκ ὢν ποιμήν, οὗ οὐκ ἔστιν τὰ πρόβατα τὰ ἴδια, θεωρεῖ τὸν 𝔓⁷⁵ L [↑1071 1346
12 ὁ μισθωτὸς δὲ καὶ οὐκ ὢν ποιμήν, οὗ οὐκ ἔστιν τὰ πρόβατα ἴδια, θεωρεῖ τὸν A Π 565
12 ὁ δὲ μισθωτὸς καὶ οὐκ ὢν ποιμήν, οὗ οὐκ εἴσιν τὰ πρόβατα ἴδια, θεωρεῖ τὸν D Δ 124 157 788
12 ὁ μισθωτὸς καὶ οὐκ ὢν ποιμήν, οὗ οὐκ εἴσιν τὰ πρόβατα ἴδια, θεωρεῖ τὸν G
12 ὁ δὲ μισθωτὸς καὶ οὐκ ὢν ποιμήν, οὗ οὐκ ἔστιν ἴδια τὰ πρόβατα, θεωρεῖ τὸν Θ
12 ὁ δὲ μισθωτὸς καὶ οὐκ ὢν ποιμήν, οὐκ ἔστιν τὰ πρόβατα ἴδια, θεωρεῖ τὸν f¹³ [↓700 1424 τ
12 ὁ μισθωτὸς δὲ καὶ οὐκ ὢν ποιμήν, οὗ οὐκ εἴσιν τὰ πρόβατα ἴδια, θεωρεῖ τὸν 𝔐 K M U Λ 118 28 2

lac. **10.8-12** C H N P Γ

A 9 ειμει W ¦ ειμη Θ ¦ εεαν 788 ¦ της (τις) Θ ¦ εισελθοι 69 ¦ εισελευσετε 10971 ¦ εξελευσετε 𝔓⁶⁶ 1071 ¦ ευρηση Θ 1424 **10** κλεπης 𝔓⁶⁶* ¦ κλεπτις E ¦ ερχετε 13 1071 ¦ μει (μη) 13 ¦ μι 1346 ¦ εινα 𝔓⁶⁶ ¦ κεψη 𝔓⁶⁶* ¦ κλεψει 2 ¦ θηση 13 ¦ θυσει 28 ¦ θυσι 579 ¦ απολεσει 28 1071 ¦ απολεσι 579 ¦ ηλθων E* ¦ εχωσι¹ S Y K L U Θ Π Ω f¹ 118 13 69 124 157 565 700 788¦ περισον G W ¦ εχωσι² L Θ 124 **11** ειμει W ¦ ειμη 579 ¦ τιθησην 2 ¦ τον (των) Θ **12** μισθοτος 2 ¦ εισι Y U 118 124 157 700 788 ¦ εστι f¹ 13 69 565 1346 ¦ ιδεια 579 ¦ θεωρι ℵ Θ 579

C 9 αρχη: του χρυσοστομου: ειπεν ο κς: E ¦ αρχη του χρυσοτ F ¦ αρχη: εις τ αγιον ιω τον χρυσοστομον· ειπ, εγω ειμι η θ G ¦ αρχ: μη νο εμ.β ιγ του αγιου ιω του χρ ειπεν ο κς εγω ειμι η θυρα Y ¦ ··μβριω ιγ ····γ, Ιωαν,ου κρυσος,τ ειπεν ο κς εγω ειμι η θυρα, M ¦ του χρυσος τ ειπ ο κς S ¦ αρχ: ειπεν ο κς εγε ειμι ο θυρα Θ ¦ αρχ Λ ¦ αρχ μη νοεμβριω ιγ εις τ μνημ, του χρυσοστομου Ψ ¦ εις τ αγι ιω τον κρυσοστ αρχ εγω ειμι Ω ¦ αρχ λς ιεραρχ εισ ο κς προς τους ελη εγω ειμι η θυρα f¹ ¦ αρχ λ,ε εις οσιους f¹³ ¦ αρχ του· ειπεν ο κς εγω ειμι η θυρα των προβατων 28 ¦ αρχη ειπεν ο κς 1424 ¦ τελος (post ευρησει) E Y Θ Ω f¹³ 124 2 788 1346 ¦ τελος της ε̄ G ¦ τελ τς ε̄ τς ε̄ εβδ M ¦ τελ τς αγ, M ¦ τελ ε̄ κ του ορθθ f¹ ¦ αρχ λς της λ,τγ της χρυσοστμ ειπεν ο κς εγω ειμι η θυρα: προς εχ του χρου του θρου 118 ¦ αρχ αρξ 124 ¦ αρχ: εις τ χρυσοστομον· ειπ ο κς 2 ¦ αρχ 788 ¦ αρχ του αγ ιω του χρ 1071 ¦ αρχ λεγετε εις οσιουσι 1346 **10** ωδε Gᵐᵍ

D 9 π̄θ̄ 1071 **10** ҁ̄ 157 **11** ҁ̄ᾱ 157

λύκον ἐρχόμενον καὶ ἀφίησι   τὰ πρόβατα καὶ φεύγει—καὶ ὁ λύκος ἁρπάζει   B Y S U Π Ψ Ω f^1 f^{13} 28
λύκον ἐρχόμενον καὶ <u>ἀφείησιν</u>   τὰ πρόβατα καὶ φεύγει—κ⋯ ⋯⋯⋯⋯ ἁρπάζει $\mathfrak{P}^{45}$ [↑157 565 700 τ
λύκον   καὶ <u>ἀφίσιν</u>   τὰ πρόβατα καὶ φεύγει—καὶ ὁ λύκος ἁρπάζει   A*
λύκον ἐρχόμενον καὶ <u>ἀφήσιν</u>   τὰ πρόβατα καὶ φεύγει—καὶ ὁ λύκος ἁρπάζει   G
λύκον ἐρχόμενον καὶ <u>ἀφήσιν</u>   τὰ πρόβατα καὶ φεύγει—καὶ ὁ λύκος ἁρπάζει   L
λύκον ἐρχόμενον καὶ <u>ἀφήεισιν</u>   τὰ πρόβατα καὶ φεύγει—καὶ ὁ λύκος ἁρπάζει   579
λύκον ἐρχόμενον καὶ <u>ἀφίεισιν</u>   τὰ πρόβατα καὶ φεύγει—καὶ ὁ λύκος ἁρπάζει   2 1424
λύκον ἐρχόμενον καὶ <u>ἀφίησιν</u>   τὰ πρόβατα καὶ φεύγει—καὶ ὁ λύκος ἁρπάζει $\mathfrak{P}^{66.75}$ ℵ A^c D E F K M W Δ
                                                                                 Θ Λ 33 1071 1346 uw

αὐτὰ   καὶ σκορπίζει   **13**   B $\mathfrak{P}^{45.66.75}$ ℵ L W Θ f^1 33 uw
αὐτὰ   καὶ σκορπίζει <u>τὰ πρόβατα</u>—   **13** <u>ὁ δὲ μισθωτὸς ἔστιν</u>,   A* (cj.) 579^c
               καὶ σκορπίζει—   **13**   D
αὐτὰ   καὶ σκορπίζει—   **13** <u>ὁ δὲ μισθωτὸς φεύγει</u>,   Π 565 1071
αὐτὰ <u>καὶ σκορπίζει αὐτὰ</u> καὶ σκορπίζει <u>τὰ πρόβατα</u>—   **13** <u>ὁ δὲ μισθωτὸς φεύγει</u>,   69*
αὐτὰ   καὶ σκορπίζει <u>ταῦτα πρόβατα</u>—**13** <u>ὁ δὲ μισθωτὸς ἔστιν</u>,   579*
αὐτὰ   καὶ σκορπίζει <u>τὰ πρόβατα</u>—   **13** <u>ὁ δὲ μισθωτὸς φεύγει</u>,   A^c $\mathfrak{M}$ K M U Δ Λ Ψ
                                                                                 1582^c 118 f^{13} 69^c 2 28 157 700 1424 τ

ὅτι μισθωτός ἐστιν καὶ οὐ μέλει   αὐτῷ περὶ τῶν προβάτων. $\overline{λγ}$ **14** Ἐγώ εἰμι   B $\mathfrak{P}^{66.75}$ uwτ rell
ὅτι μισθωτός ἐστιν καὶ οὐ μέλ⋯   ⋯⋯⋯ περὶ τῶν προβάτων.   **14** Ἐγώ εἰμι $\mathfrak{P}^{45}$
   μισθωτός   καὶ οὐ μέλει   αὐτῷ περὶ τῶν προβάτων.   **14** Ἐγώ εἰμι   A* (cj.)
ὅτι <u>μισθὸς</u>   ἔστιν καὶ οὐ μέλει   αὐτῷ περὶ τῶν προβάτων.   **14** Ἐγώ εἰμι   A^c
               καὶ οὐ μέλει   αὐτῷ περὶ τῶν προβάτων.   **14** Ἐγώ εἰμι   W 579
ὅτι μισθωτός ἐστιν καὶ οὐ <u>μέλλει</u>   αὐτῷ περὶ τῶν προβάτων.   **14** Ἐγώ εἰμι $\mathfrak{M}$ 118 69 565 1424

ὁ ποιμὴν ὁ καλὸς καὶ γεινώσκω   τὰ ἐμὰ καὶ γεινώσκουσί   με τὰ ἐμά,   B $\mathfrak{P}^{75}$ ℵ
ὁ ποιμὴν ὁ καλὸς καὶ γειν⋯   ⋯ ἐμὰ καὶ γεινώσκουσί   με τὰ ἐμά, $\mathfrak{P}^{45*}$
ὁ ποιμὴν ὁ καλὸς καὶ γειν⋯   ⋯ ἐμὰ καὶ <u>γεινώσκει</u>   με τὰ ἐμά, $\mathfrak{P}^{45c}$
ὁ ποιμὴν ὁ καλὸς καὶ <u>γινώσκω</u>   τὰ ἐμὰ καὶ <u>γινώσκουσί</u>   με τὰ ἐμά, $\mathfrak{P}^{66}$ L W uw
ὁ <u>καλὸς   ποιμὴν</u> καὶ γεινώσκω   τὰ ἐμὰ καὶ <u>γείνωσι</u>   <u>ἐμέ</u> τὰ ἐμά,   D*
ὁ <u>καλὸς   ποιμὴν</u> καὶ γεινώσκω   τὰ ἐμὰ καὶ <u>γεινώσκουσιν</u>   <u>ἐμέ</u> τὰ ἐμά,   D^c
ὁ ποιμὴν ὁ καλὸς καὶ <u>γινώσκω</u>   τὰ ἐμὰ καὶ <u>γινώσκομαί</u>   <u>ὑπὸ τῶν ἐμῶν</u>,   Θ
ὁ ποιμὴν ὁ καλὸς καὶ <u>γινώσκω</u>   τὰ ἐμὰ καὶ <u>γινώσκομαί</u>   <u>ὑπὸ τῶν</u> ⋯⋯⋯   33
ὁ ποιμὴν ὁ καλὸς καὶ <u>γινώσκω</u>   τὰ ἐμὰ καὶ <u>γινώσκομαί</u>   <u>ὑπὸ τῶν ἐμῶν</u>,   A $\mathfrak{M}$ K M U Δ Λ Π Ψ f^1 f^{13} 2 28
                                                                                 157 565 579 700 1071 1424 τ

15   καθὼς γεινώσκει   με ὁ πατὴρ κἀγὼ γεινώσκω   τὸν πατέρα,   καὶ τὴν ψυχήν μου   B
15 <u>καὶ</u> καθὼς γεινώσκει   ⋯⋯ ⋯⋯⋯ κἀγὼ γεινώσκω   τὸν πατέρα,   καὶ τὴν ψυχήν μου $\mathfrak{P}^{45}$
15   καθὼς γεινώσκει   με ὁ πατὴρ κἀγὼ <u>γινώσκω</u>   τὸν πατέρα,   καὶ τὴν ψυχήν μου $\mathfrak{P}^{66}$ A
15 ⋯⋯ θὼς γεινώσκει   με ὁ ⋯⋯⋯ γειν⋯ ⋯ὸν πατέρα,   κ⋯ ⋯⋯⋯ $\mathfrak{P}^{75}$
15   καθὼς γεινώσκει   με ὁ πατὴρ κἀγὼ <u>γινώσκω</u>   τὸν πατέρα,   καὶ τὴν ψυχὴν   D
15   καθὼς γεινώσκει   με ὁ πατὴρ κἀγὼ <u>γινώσκω</u>   τὸν πατέρα,   καὶ τὴν ψυχήν μου   W
15   καθὼς γεινώσκει   με ὁ πατὴρ κἀγὼ <u>γινώσκω</u>   τὸν πατέρα,   καὶ τὴν ψυχήν μου   Θ
15   καθὼς <u>γινώσκει</u>   με ὁ πατὴρ κἀγὼ <u>γινώσκω</u>   τὸν πατέρα <u>μου</u>, καὶ τὴν ψυχήν μου   579
15   καθὼς <u>γινώσκει</u>   με ὁ πατὴρ κἀγὼ <u>γινώσκω</u>   τὸν πατέρα,   καὶ τὴν ψυχήν μου   ℵ $\mathfrak{M}$ K L M
                                                                                 U Δ Λ Π Ψ f^1 f^{13} 2 33 28 157 565 700 1071 1424 uwτ

---

lac. 10.12-15 C H N P Γ

A 12 λυκον, λυκως 579 | αρπαζε 157* | σκωρπιζει 579 **13** μισθοτος[1] 2 | εστι S Y U Ω f^1 118 69 124 157 565 700 788 1346 | μελι $\mathfrak{P}^{66}$ ¦ μελη Θ | τον (των) Θ **14** ειμει W | γινωκω G ¦ γινωσκο 579 | γινωσκωμε K ¦ γινωσκουσιν W ¦ γινωσκομαι Θ ¦ γινωσκωμαι 13 28 ¦ γινωσκομε 579 **15** γινωσκι ℵ 579 | μαι (με) 1346 | γεινοσκω Θ

B 15 lac. $\mathfrak{P}^{45}$ ¦ $\overline{πηρ}$ $\mathfrak{P}^{66}$ A $\mathfrak{M}$ K L M S U W Δ Θ Λ Π Ψ Ω f^1 118 f^{13} 69 124 2 33 28 157 565 579 700 788 1071 1346 1424 ¦ $\overline{πρα}$ $\mathfrak{P}^{45}$ $\mathfrak{P}^{66}$ A D $\mathfrak{M}$ K L M S U W Δ Θ Λ Π Ψ Ω f^1 118 f^{13} 69 124 2 33 28 157 565 579 700 788 1071 1346 1424

D 14 $\overline{ο}$ K ¦ $\overline{ο/ι}$ Π **15** $\overline{ο/γ}$ ℵ A G L M S U Y Λ Ω 118 28 1071 1424 ¦ $\overline{ο}$ D E F Θ f^1 f^{13} 2 565 ¦ $\overline{οα}$ K ¦ $\overline{οα/δ}$ Π ¦ $\overline{ο/ι}$ 124 788 | Ιω $\overline{ο}$: Λο ριθ : Μρ ριε : Μτ ριδ 124 ¦ (ante και την ψυχ.) $\overline{οα/δ}$ ℵ A G L M S U Y Λ Ω 124 28 788 1071 1424 ¦ $\overline{οα}$ E F Θ f^1 118 f^{13} 2 565 | Ιω $\overline{οα}$: Λο . : Μρ . : Μτ $\overline{οδ}$ 124

141

[↓Θ Λ Π Ψ *f*¹ *f*¹³ 28 157 565 **uwτ**

τίθημι	ὑπὲρ τῶν προβάτων.	16 καὶ ἄλλα	πρόβατα ἔχω ἃ	οὐκ ἔστιν ἐκ τῆς αὐλῆς	B ℵᶜ A 𝔐 K L M
δίδωμι	ὑπ········ ········ προβάτων.	16 καὶ ἄλλα	πρόβατα ἔχω ἅπερ	οὐκ ἔστιν ἐκ τῆς ········	𝔓45
δίδωμι	ὑπὲρ τῶν προβάτων.	16 καὶ ἄλλα δὲ	πρόβατα ἔχω ἃ	οὐκ ἔστιν ἐκ τῆς αὐλῆς	𝔓66 D
········ι	ὑπὲρ τῶν π········	16 ········	πρόβατα ἔχω ἃ	ο········	𝔓75
δίδωμι	ὑπὲρ τῶν προβάτων.	16 καὶ ἄλλα	πρόβατα ἔχω ἃ	οὐκ ἔστιν ἐκ τῆς αὐλῆς	ℵ* Wᶜ
δίδωμι	ὑπὲρ τῶν προβάτων.	16 καὶ ἄλλα	πρόβατα ἔχω ἃ	οὐκ ἔστιν τῆς αὐλῆς	W*
τίθησιν	ὑπὲρ τῶν προβάτων.	16 καὶ ἄλλα	πρόβατα ἔχω ἃ	οὐκ ἔστιν ἐκ τῆς αὐλῆς	69
τίθη····	········ τῶν προβάτων.	16 καὶ ἄλλα	πρόβατα ἔχω ἃ	οὐκ ἔστιν ἐκ τῆς αὐλῆς	33
τιθήμου	ὑπὲρ τῶν προβάτων.	16 καὶ ἄλλα	πρόβατα ἔχω ἃ	οὐκ ἔστιν ἐκ τῆς αὐλῆς	579*
τιθήμοι	ὑπὲρ τῶν προβάτων.	16 καὶ ἄλλα	πρόβατα ἔχω ἃ	οὐκ ἔστιν ἐκ τῆς αὐλῆς	579ᶜ
τίθημι	ὑπὲρ τῶν προβάτων.	16 καὶ ἄλλα δὲ	πρόβατα ἔχω ἃ	οὐκ ἔστιν ἐκ τῆς αὐλῆς	1346

ταύτης· κἀκεῖνα δεῖ με ἀγαγεῖν	καὶ τῆς	φωνῆς μου ἀκούσουσιν,	καὶ γενήσονται	B D L Ψ 1582
ταύτης· κἀκεῖνα δεῖ με ἀγαγεῖν	καὶ τῆς	φωνῆς μου α········σιν,	καὶ γενήσονται	𝔓45 [↑uw
ταύτης· κἀκεῖνα δεῖ με συναγαγεῖν	καὶ τῆς	φωνῆς μου ἀκούσουσιν,	καὶ γενήσεται	𝔓66
ταύτης· κἀκεῖγα δεῖ μ········		φωνῆς μου ἀκούσου········	········ται	𝔓75
ταύτης· κἀκεῖνα δεῖ με ἀγαγεῖν	καὶ τῆς	φωνῆς μου ἀκούσωσιν,	καὶ γενήσεται	ℵ* Δ *f*¹³
ταύτης· κἀκεῖνα δεῖ με ἀγαγεῖν	καὶ τῆς	φωνῆς μου ἀκούσωσιν,	καὶ γενήσονται	ℵᶜ W Θ 1071
ταύτης· κἀκεῖνα δεῖ με δεῖ ἀγαγεῖν	καὶ τῆς	φωνῆς μου ἀκούσωσιν,	καὶ γενήσεται	A G Y Λ 2 28
ταύτης· κἀκεῖνα δεῖ με ἀγαγεῖν	καὶ τῆς	φωνῆς μου ἀκούσουσιν,	καὶ γενήσεται	Π
ταύτης· κἀκεῖνα δεῖ με ἀγαγεῖν	καὶ τῆς τῆς	φωνῆς μου ἀκούσουσιν,	καὶ γενήσονται	1
ταύτης· ········ ········ με ἀγαγεῖν	καὶ τῆς	φωνῆς μου ἀκούσωσιν,	καὶ γενήσονται	33
ταύτης· κἀκεῖνα με δεῖ ἀγαγεῖν	καὶ τῆς	φωνῆς μου ἀκούσωσιν,	καὶ γενήσονται	565
ταύτης· κἀκεῖνα με δῖ ἀγαγεῖν	καὶ τῆς	φωνῆς μου ἀκούσωσιν,	καὶ γενίσεται	579
ταύτης· κἀκεῖνα με δεῖ ἀγαγεῖν	καὶ τῆς	φωνῆς μου ἀκούσωσιν,	καὶ γενήσωνται	1424
ταύτης· κἀκεῖνα με δεῖ ἀγαγεῖν	καὶ τῆς	φωνῆς μου ἀκούσουσιν,	καὶ γενήσεται	𝔐 K M U 118 157 700 τ

[Cl S VI 108.2 εστιν δε και αλλα, φησιν ο κυριος, προβατα α ουκ εστιν εκ της αυλης ταυτης] [Cl Pd I 53.3 και γενησονται, φησιν, οι παντες μια ποιμνη και εις ποιμην]

[↓M* Θ Ψ 118 **uw**

μία ποίμνη,	εἷς ποιμήν.	17 διὰ τοῦτό με ὁ πατὴρ	ἀγαπᾷ ὅτι ἐγὼ τίθημι	τὴν ψυχήν	B 𝔓66 ℵ D
μία ποίμνη,	εἷς ποιμήν.	17 διὰ ········	ἀγαπᾷ ὅτι ἐγὼ τίθημι	τὴ·· ψυχήν	𝔓45
μία ποίμνη,	εἷς ποι········	17 ········ με ὁ πατὴρ	········πᾷ ὅτι ········	········χήν,	𝔓75
μία ποίμνη,	εἷς ποιμνήν.	17 διὰ τοῦτό με ὁ πατὴρ	ἀγαπᾷ ὅτι ἐγὼ τίθημι	τὴν ψυχήν	L
μία ποίμνη,	εἷς ποιμήν.	17 διὰ τοῦτό με ὁ πατήρ με	ἀγαπᾷ ὅτι ἐγὼ τίθημι	τὴν ψυχήν	Mᶜ
μία ποίμνη καὶ	εἷς ποιμήν.	17 διὰ τοῦτό ὁ πατήρ με	ἀγαπᾷ ὅτι ἐγὼ τίθημι	τὴν ψυχήν	Δ
μία ποίμνη,	········	17 ········ ὁ πατη····	········τι ἐγὼ τίθημι	τὴν ψυχήν	33
μία ποίμνη,	εἷς ποιμήν.	17 διὰ τοῦτό με ὁ πατὴρ	ἀγαπᾷ ὅτι ἐγὼ τίθημοι	τὴν ψυχήν	579
μία ποίμνη,	εἷς ποιμήν.	17 διὰ τοῦτό με ὁ πατὴρ	ἀγαπᾷ ὅτι τίθημι	τὴν ψυχήν	1071
μία ποίμνη,	εἷς ποιμήν.	17 διὰ τοῦτό ὁ πατήρ με	ἀγαπᾷ ὅτι ἐγὼ τίθημι	τὴν ψυχήν	A 𝔐 K U W Λ Π *f*¹ *f*¹³ 2 28 157 565 700 1424 τ

---

lac. **10.15-17** C H N P Γ

A 15 τιθημη U ¦ τειθημι Θ ¦ τον (των) Θ **16** αγαγιν ℵ ¦ ακουσωσι Υ 13 69 565 788 1346 ¦ ακουσουσι S U Π Ω *f*¹ 118 157 700¦ γεννησεται Υ ¦ γενησετε M ¦ γενισεται 13 **17** τουτω 579 ¦ τιθημη E ¦ τιθημει W ¦ τηθημι 1346

B 17 π̅η̅ρ̅ A 𝔐 K L S U W Δ Θ Λ Π Ψ Ω *f*¹ 118 *f*¹³ 69 124 2 33 28 157 565 579 700 788 1071 1346 1424

C 16 τελος (post ποιμην) D [10.7-16: Nov. 13] E F S Y Θ Λ Ψ Ω *f*¹³ 124 788 1346 1424 ¦ τελος του χρυσος F ¦ τελ του αγ,ου M ¦ τελ ε̅ *f*¹ ¦ τελ της λειτγου του χρου 118 ¦ τελ του χρ 28 **17** ανναγνοσμα D [ημερα ς̅ της ε̅ εβδομ.: 10.17-28] ¦ αρχη: τη παρασαι της ε εβδομαδος ειπεν ο κς προς τους εληλυθοτας προς αυτων ιουδαιου· E ¦ αρχη F² ¦ αρχη: τη παρα, της ε εβδ ειπ, πρ τους συνελθ δια τουτο ο G ¦ αρχ: τη παρα της ε εβδ ειπεν ο κς προς τους ελη πρ, δια τουτο ο π̅η̅ρ̅ με αγαπα Y ¦ τη παρασκ,ε τς ε εβδ ειπεν ο κς πρ τς εληλυθ πρ αυτ δια τουτο ο π̅η̅ρ̅ με αγαπα M ¦ τη παρκ τς ε εβδ ειπ ο κς προ τ S ¦ τη παρ,α τς ε εβδ ειπ ο κς δια τουτο Ω ¦ αρχ λ̅ζ̅ τη ς̅ τς εβδ ειπ ο κς πρας τους ελ,η δια τουτο ο *f*¹ ¦ αρχ λ̅ζ̅ τη παρ,α τη ς̅ τς εβδο,α ειπεν ο κς πρας τους ελ,η δια τουτο 118 ¦ αρχ τη ς̅ τς ε εβδ *f*¹³ 124 788 ¦ αρχ:τη παρ,ασ προ τω αγιω πρω̅· ειπ ο κς πρ,ο τους συνελθο̅ντ πρ,ο αυτ ιουδ: 2 ¦ αρχ τς ς ειπεν ο κς τς εαυτου μαθητες δια τουτο ο π̅η̅ρ̅ με 28 ¦ αρχ τη πα μετα την με ν 157 ¦ η̅β̅ αρχ τη ς̅ τς ε εβδ 1071 ¦ αρχ τη παρα, της ε̅ εβδ 1346 ¦ αρχη ειπεν ο κς πρ 1424

D 16 ϙ̅α̅ 1346 ¦ ϙ̅β̅/ι̅ ℵ A G M U Y Λ Π 118 124 1071 1424 ¦ ϙ̅β̅ D E F K Θ *f*¹ *f*¹³ 2 565 (ante κακεινα 1346) ¦ ϙ̅β̅/α L ¦ ϙ̅/α Ψ ¦ ϙ̅β̅/δ̅ 788 ¦ Ιω ϙ̅β̅ :Λο . : Μρ . : Μτ . 124 ¦ (ante κακεινα) ϙ̅α̅/ι Ψ

μου, ἵνα πάλιν λάβω αὐτήν. **18** οὐδεὶς   ἦρεν   αὐτὴν ἀπ᾿ ἐμοῦ, ἀλλ᾿   ἐγὼ τίθημι   B ℵ* [w]
μου, ἵνα πάλι⋯ ⋯⋯⋯ ⋯⋯⋯⋯ **18** οὐδεὶς   ἦρεν   αὐτὴν ἀπ᾿ ἐμ⋯ , <u>ἀλλὰ</u> ἐγὼ τίθημι   𝔭45
         ἵνα ⋯⋯λιν λά⋯⋯ **18** ⋯⋯⋯⋯   ⋯⋯⋯⋯   αὐτὴν ἀπ᾿ ἐμοῦ, ἀ⋯⋯⋯   ⋯⋯⋯⋯   𝔭75
μου, ἵνα πάλιν λάβω αὐτήν. **18** οὐδεὶς   <u>αἴρει</u> αὐτὴν ἀπ᾿ ἐμοῦ.   D
μου, ἵνα πάλιν λάβω αὐτήν. **18** οὐδεὶς   <u>αἴρει</u> αὐτὴν ἀπ᾿ ἐμοῦ, <u>ἀλλὰ</u> ἐγὼ τίθημι   E
μου, ἵνα πάλιν λάβω αὐτήν. **18** οὐδεὶς <u>γὰρ</u> <u>αἴρει</u> αὐτὴν ἀπ᾿ ἐμοῦ, ἀλλ᾿   ἐγὼ τίθημι   Y Ψ
μου, ἵνα πάλιν λα⋯⋯⋯ **18** ⋯⋯⋯⋯   ⋯⋯⋯⋯   ⋯⋯⋯⋯   ἀλλ᾿   ἐγὼ τίθημι   33
μου <u>ὑπὲρ</u> <u>τῶν</u> <u>προβάτων</u>. **18** <u>καὶ</u> οὐδεὶς   <u>αἴρει</u> αὐτὴν ἀπ᾿ ἐμοῦ, ἀλλ᾿   ἐγὼ τίθημι   157
μου, ἵνα   λάβω αὐτήν. **18** οὐδεὶς   <u>αἴρει</u> αὐτὴν <u>ὑπ᾿</u> ἐμοῦ, ἀλλ᾿   ἐγὼ τίθημι ᵀ   579
μου, ἵνα πάλιν λάβω αὐτήν. **18** οὐδεὶς   <u>αἴρει</u> αὐτὴν ἀπ᾿ ἐμοῦ, ἀλλ᾿   ἐγὼ τίθημι   𝔭66 **u[w]τ** rell

ᵀτὴν ψυχήν μου· ἵνα λάβω αὐτήν. οὐδεὶς αἴρει αὐτὴν ἀπ᾿ ἐμοῦ· ἀλλ᾿ ἐγὼ τίθημοι 579

αὐτὴν ἀπ᾿ ἐμαυτοῦ.   ἐξουσίαν ἔχω θεῖναι αὐτήν,   καὶ   B 𝔭66 **uwτ** rell
αὐ⋯⋯⋯ ⋯⋯⋯⋯⋯   ἐξουσίαν ἔχω θεῖναι αὐ⋯⋯ν,   καὶ   𝔭45
⋯⋯τὴν ἀπ᾿ ἐμαυτοῦ.   ἐξουσίαν ἔχω ⋯⋯⋯⋯ αὐτήν,   καὶ   𝔭75
                  ἐξουσίαν ἔχω θεῖναι αὐτήν,   καὶ   D
αὐτὴν ἀπ᾿ ἐμαυτοῦ. <u>καὶ</u> ἐξουσίαν ἔχω θεῖναι αὐτήν,   καὶ   W
αὐτὴν ἀπ᾿ ἐμαυτοῦ.   ἐξουσίαν ἔχω <u>αὐτὴν</u> <u>θεῖναι</u>,   καὶ   Θ
αὐτὴν ἀπ᾿ ἐμαυτοῦ.   ἐξουσίαν ἔχω θεῖναι <u>τὴν</u> <u>ψυχήν</u> <u>μου</u>,   καὶ   Ψ 28
αὐτὴν ἀπ᾿ ἐμαυτοῦ.   ἐξουσίαν⋯⋯⋯   ⋯⋯⋯⋯   33
αὐτὴν ἀπ᾿ ἐμαυτοῦ.   ἐξουσίαν ἔχω θεῖναι αὐτὴν <u>ἀπ᾿</u> ἐμαυτοῦ, καὶ   157
αὐτὴν ἀπ᾿ <u>ἐμοῦ</u>.   ἐξουσίαν ἔχω θεῖναι αὐτήν,   καὶ   579
αὐτὴν ἀπ᾿ <u>ἐμαυτήν</u>.   ἐξουσίαν ἔχω θεῖναι αὐτήν,   καὶ   1071

ἐξουσίαν ἔχω πάλιν λαβεῖν αὐτήν· ταύτην   ἐντολὴν ἔλαβον παρὰ τοῦ πατρός μου. B Θ
<u>πάλιν</u> <u>ἐξου</u>⋯⋯⋯   ⋯⋯τὴν· ταύτην   <u>ἔλαβον</u> <u>ντολὴν</u> αρὰ τοῦ ⋯⋯⋯⋯   𝔭45
ἐξουσίαν ἔχω πάλιν λαβει⋯ ⋯⋯τὴν· ταύτην τ⋯ν ἐντολὴν ἔλαβον παρ⋯ τοῦ π⋯⋯⋯   𝔭75
ἐξουσίαν ἔχω πάλιν <u>ἆραι</u> αὐτήν· ταύτην <u>τὴν</u> ἐντολὴν ἔλαβον παρὰ τοῦ πατρός.   D
ἐξουσίαν ἔχω πάλιν λαβεῖν αὐτήν· ταύτην <u>τὴν</u> ἐντολὴν ἔλαβον <u>παρ᾿</u> τοῦ πατρός μου. W*
ἐξουσίαν ἔχω πάλιν λαβεῖν αὐτήν· ταύτην <u>τὴν</u> ἐντολὴν ἔλαβον <u>παρ᾿</u> <u>αὐτοῦ</u> πατρός μου. Δ
⋯⋯⋯⋯   πάλιν λαβεῖν αὐτήν· ταύτην <u>τὴν</u> ἐντολὴν ε⋯⋯⋯⋯   33
ἐξουσίαν ἔχω πάλιν λαβεῖν αὐτήν· ταύτην <u>τὴν</u> ἐντολὴν ἔλαβον <u>ἀπὸ</u> τοῦ πατρός μου. 157
ἐξουσίαν ἔχω πάλιν λαβεῖν <u>αὐτόν</u>· ταύτην <u>τὴν</u> ἐντολὴν ἔλαβον παρὰ τοῦ πατρός μου. 579 1346
ἐξουσίαν ἔχω πάλιν λαβεῖν αὐτήν· ταύτην <u>τὴν</u> ἐντολὴν ἔλαβον παρὰ τοῦ πατρός μου. 𝔭66 ℵ A 𝔐 K L
                                 M U Wᶜ Λ Π Ψ ƒ¹ ƒ¹³ 2 28 565 579 700 1071 1424 **uwτ**

The Jews Assert That Jesus Has A Demon
(Matthew 9.34; 12.24; Mark 3.22; Luke 11.15)

19 Σχίσμα   πάλιν ἐγένετο ἐν τοῖς Ἰουδαίοις διὰ τοὺς λόγους τούτους. B ℵ L W 157 579 1071 **uw**
19 ⋯⋯⋯⋯   ⋯⋯⋯ένετο ἐν τοῖς Ἰουδαίοις ⋯ιὰ τοὺς λόγους τού⋯⋯⋯ 𝔭45
19 Σχίσμα   πάλιν ἐγέν⋯το ἐν. ⋯⋯⋯ ⋯ουδαί⋯ς διὰ τοὺς λόγους τ⋯⋯του⋯ 𝔭75
19 Σχίσμα <u>οὖν</u>   ἐγένετο ἐν τοῖς Ἰουδαίοις διὰ τοὺς λόγους τούτους. D
19 Σχίσμα <u>οὖν</u> πάλιν ἐγένετο ἐν τοῖς <u>Ἰουδαίοις</u> διὰ τοὺς λόγους τούτους. Θ
19 Σχίσμα <u>οὖν</u> <u>ἐγένετο</u> <u>πάλιν</u> ἐν τοῖς Ἰουδαίοις διὰ τοὺς λόγους τούτους. ƒ¹ 565 1346
19   πάλιν <u>ἐν</u> <u>τοῖς</u> Ἰουδαίοις <u>ἐγένετο</u> διὰ τοὺς λο⋯ 33
19 Σχίσμα <u>οὖν</u> πάλιν <u>ἐν</u> <u>τοῖς</u> Ἰουδαίοις <u>ἐγένετο</u> διὰ τοὺς λόγους τούτους. 1424   [↓2 28 700 τ
19 Σχίσμα <u>οὖν</u> πάλιν ἐγένετο ἐν τοῖς Ἰουδαίοις διὰ τοὺς λόγους τούτους. 𝔭66 A 𝔐 K M U Δ Λ Π Ψ ƒ¹³

20 ἔλεγον δὲ πολλοὶ ἐξ αὐτῶν,   Δαιμόνιον ἔχει καὶ μαίνεται· τί αὐτοῦ ἀκούετε; B 69 **uwτ** rell
20 ⋯⋯⋯⋯ ⋯⋯   ⋯⋯⋯⋯ὶ ἐξ αὐτῶν <u>ὅτι</u> Δαιμόν⋯ν ἔχει καὶ μαίνε⋯⋯ ⋯⋯⋯⋯ ⋯⋯⋯ 𝔭45
20 ἔλεγον δὲ πολλοὶ ἐξ αὐτῶν,   Δαιμόνιον ἔχει καὶ <u>μένεται·</u> τί αὐτοῦ ἀκούετε; 𝔭66 A Θ ƒ¹³ 2*
20 ⋯⋯γον δὲ π⋯λλοὶ ἐξ αὐτῶν,   ⋯⋯μόνιο⋯ ⋯χει καὶ μ⋯⋯ ται· τί αὐτ⋯ 𝔭75
20 <u>ἔλεγαν</u> <u>οὖν</u> πολλοὶ ἐξ αὐτῶν,   Δαιμόνιον ἔχει καὶ μαίνεται· τί αὐτοῦ ἀκούετε; ℵ*
20 ἔλεγον <u>οὖν</u> πολλοὶ ἐξ αὐτῶν <u>ὅτι</u> Δαιμόνιον ἔχει καὶ μαίνεται· τί αὐτοῦ ἀκούετε; D
20 ἔλεγον δὲ πολλοὶ ἐξ αὐτῶν,   Δαιμόνιον ἔχει καὶ <u>μένεται·</u>   αὐτοῦ ἀκούετε; L
20 ἔλεγον <u>οὖν</u> πολλοὶ ἐξ αὐτῶν,   Δαιμόνιον ἔχει καὶ μαίνεται· τί αὐτοῦ ἀκούετε; ƒ¹ 565 700
20   ⋯⋯⋯⋯⋯ών,   Δαιμόνιον ἔχει καὶ μαίνεται· τί αὐτοῦ ἀκούετε; 33
20 ἔλεγον δὲ πολλοὶ ἐξ αὐτῶν,   Δαιμόνιον ἔχει καὶ <u>μίνεται·</u> τί αὐτοῦ ἀκούετε; 579
20 ἔλεγον δὲ πολλοὶ ἐξ αὐτῶν,   Δαιμόνιον ἔχει καὶ <u>μαίνετε·</u> τί αὐτοῦ <u>ἀκουέτω;</u> 1071

lac. 10.17-20 C H N P Γ

A **18** ουδις ℵ | ερι 𝔭66 ¦ ερει ℵᶜ L W Θ 1346 | τιθημει W ¦ τιθημη 579 | θιναι 𝔭66 Θ ¦ θηναι E Λ 2 28 565 1071 1424 | λαβιν 𝔭66 ℵ | εντολιν Θ 579 | ελαβων 579 1071 **19** εγενετο 579 **20** αυτον Θ* | δαιμονιον Θ | τη (τι) Θ | ατου 𝔭66* | ακουεται 𝔭66 ℵ A D L U W Ω 13 2* 28 1346

B **18** π̅ρ̅ς̅ 𝔭66 A 𝔐 K L M U W Δ Θ Λ Π Ψ Ω ƒ¹ 118 ƒ¹³ 69 124 28 157 565 579 700 788 1071 1346 1424

21 ἄλλοι	ἔλεγον,	Ταῦτα τὰ ῥήματα οὐκ ἔστιν	δαιμονιζομένου·	B **uwτ** rell
21 ····λοι	ἔλεγον,	Ταῦτα τὰ ῥήματα οὐκ ἔστιν	δα·············	𝔓⁴⁵
21 ··λλοι	ἔλεγ····	·······················	δαιμον.····μέν··υ·	𝔓⁷⁵
21 ἄλλοι δὲ	ἔλεγον,	Ταῦτα τὰ ῥήματα οὐκ ἔστιν	δαιμονιζομένου·	𝔓⁶⁶ ℵ Θ f¹³
21 ἄλλοι	ἔλεγον,	Οὐκ ἔστις τὰ ῥήματα ταῦτα	δαιμονιζομένου·	D
21 ἔλεγον δὲ ἄλλοι,		Ταῦτα τὰ ῥήματα οὐκ ἔστιν	δαιμονιζομένου·	W
21 ἄλλοι δὲ ἔλεγον ὅτι		Ταῦτα τὰ ῥήματα οὐκ ἔστιν	δαιμονιζομένου·	69
21			δαιμονιζομένου·	33

μὴ δαιμόνιον δύναται τυφλῶν ὀφθαλμοὺς ἀνοῖξαι;	B 𝔓⁶⁶ ℵ L W Θ Ψ f¹ f¹³ 33 157 565 **uw**
······μόνιον δύναται τυ··· ὧν ὀφθαλμοὺς	𝔓⁴⁵
···············ται τυφλ··ν ὀφθα	𝔓⁷⁵
μὴ δαιμόνιον δύναται τυφλῶν ὀφθαλμοὺς ἀνοίγειν;	A 𝔐 K M U Δ Λ Π 2 28 700 τ
μὴ δαιμόνιον δύναται ὀφθαλμοὺς τυφλῶν ἀνοίγειν;	D 1424
μὴ δαιμόνιον δύναται τυφλοὺς ὀφθαλμῶν ἀνοῖξαι;	579

My Sheep Hear My Voice And Follow Me

λδ 22	Ἐγένετο τότε	τὰ ἐνκαίνια ἐν τοῖς	Ἰεροσολύμοις,		χειμὼν ἦν,	B* 𝔓⁶⁶ᶜ L W **w**
22	Ἐγένετο τότε	τὰ ἐγκαίνια ἐν τοῖς	Ἰεροσολύμοις,		χειμὼν ἦν,	Bᶜ Ψ 33 **u**
22		···· ἐνκαίνια ἐν	Ἰεροσ········ις, χειμὼν δὲ ····			𝔓⁴⁵
22	Ἐγένετο δὲ	τὰ ἐνκαίνια ἐν τοῖς	Ἰεροσολύμοις,		χειμὼν ἦν,	𝔓⁶⁶* Θ
22	····το τότε	τὰ ··γκα····	······μοις,		χειμὼν ἦν,	𝔓⁷⁵
22	Ἐγένετο δὲ	τὰ ἐνκαίνια ἐν	Ἰεροσολύμοις,		χειμὼν ἦν,	ℵ
22	Ἐγένετο δὲ	τὰ ἐγκαίνια ἐν τοῖς	Ἰεροσολύμοις, καὶ		χειμὼν ἦν,	A τ
22	Ἐγένοντο δὲ	τὰ ἐνκαίνια ἐν	Ἰεροσολύμοις,		χειμὼν ἦν,	D
22	Ἐγένετο δὲ	τὰ ἐγκαίνια ἐν	Ἰεροσολύμοις,		χειμὼν ἦν,	G Π 1424
22	Ἐγένετο δὲ	τὰ ἐγκαίνια ἐν	Ἰεροσολύμοις, καὶ		χειμὼν ἦν,	𝔐 K M U Δ Λ f¹³ 2 28 157 700
22	Ἐγένετο	τὰ ἐγκαίνια ἐν	Ἰεροσολύμοις,		χειμὼν ἦν,	f¹ 565
22	Ἐγένοντο	τὰ ἐνκαίνια ἐν	Ἰεροσολύμοις, καὶ		χειμὼν ἦν,	118
22	Ἐγένετο τότε	τὰ ἐκαίνια ἐν τοῖς	Ἰεροσω λύμοις,		χημὼν ἦν,	579
22	Ἐγένετο τότε	τὰ ἐγκαίνια ἐν τοῖς	Ἰεροσολύμοις, καὶ		χιμὼν ἦν,	1071

23	καὶ περιεπάτει	Ἰησοῦς ἐν τῷ ἱερῷ ἐν τῇ στοᾷ τοῦ	Σολομῶνος.	B [w]
23	·················	·······ν τῷ ἱερῷ ἐν τῇ στ······ ·····ολομῶνος.		𝔓⁴⁵
23	κα· περιεπάτει	·······ῷ ἱερῷ ἐν τῇ στοᾷ τοῦ Σολομῶ····		𝔓⁷⁵
23	καὶ περιεπάτει ὁ	Ἰησοῦς ἐν τῷ ἱερῷ ἐν τῇ στοᾷ τοῦ	Σολομῶνος.	𝔓⁶⁶ Θ **u[w]**
23	καὶ περιεπάτει ὁ	Ἰησοῦς ἐν τῷ ἱερῷ ἐν τῇ στοᾷ	Σολομῶνος.	ℵ* D 𝔐 Λ f¹ f¹³ 2 33 28 1424
23	καὶ περιεπάτει ὁ	Ἰησοῦς ἐν τῷ ἱερῷ ἐν τῇ στοᾷ	Σολομῶντος.	ℵᶜ K M S U Π 157 565 700 1071
23	καὶ περιπάτει	ὁ Ἰησοῦς ἐν τῷ ἱερῷ ἐν τῇ στοᾷ	Σολομῶντος.	A
23	καὶ περιπάτει	ὁ Ἰησοῦς ἐν τῷ ἱερῷ ἐν τῇ στοᾷ τοῦ	Σολομῶντος.	L
23	καὶ περιεπάτει ὁ	Ἰησοῦς ἐν τῷ ἱερῷ ἐν τῇ στοᾷ τοῦ	Σαλομῶντος.	W
23	καὶ περιεπάτει ὁ	Ἰησοῦς ἐν τῷ ἱερῷ ἐν στοᾷ	Σολομῶνος.	Δ
23	καὶ περιεπάτει ὁ	Ἰησοῦς ἐν τῷ ἱερῷ ἐν τῇ στοᾷ τοῦ	Σολομῶντος.	Ψ 118 τ
23	καὶ περιεπάτει ὁ	Ἰησοῦς ἐν τῷ ἱερῷ ἐν τοῖς τοᾶς	Σολομῶντος.	579

24	ἐκύκλευσαν οὖν αὐτὸν	οἱ Ἰουδαῖοι καὶ ἔλεγον	αὐτῷ, Ἕως πότε τὴν ψυχὴν		B [w]
24	ἐκ···· ······· ·····	·····Ἰουδαῖοι καὶ ····γο···	········ Ἕως πότε τὴ· ·······		𝔓⁴⁵
24	ἐκύκλωσαν οὖν αὐτὸν	οἱ Ἰουδαι···· ···ι ἔ···γον	αυ··· Ἕως π··τε τὴν ψυχ····		𝔓⁷⁵
24	ἐκύκλωσαν οὖν	οἱ Ἰουδαῖοι καὶ ἔλεγον	αὐτῷ, Ἕως πότε τὴν ψυχὴν		ℵ*
24	ἐκύκλωσαν οὖν αὐτὸν	οἱ Ἰουδαῖοι καὶ ἔλεγαν	αὐτῷ, Ἕως πότε τὴν ψυχὴν		D
24	ἐκύκλωσαν οὖν αὐτῷ ὅπου	Ἰουδαῖοι καὶ ἔλεγον	αὐτῷ, Ἕως πότε τὴ ψυχὴν		579
24	ἐκύκλωσαν οὖν αὐτὸν	οἱ Ἰουδαῖοι καὶ λεγοντες	αὐτῷ, Ἕως πότε τὴν ψυχὴν		1071
24	ἐκύκλωσαν οὖν αὐτὸν	οἱ Ἰουδαῖοι καὶ ἔλεγον	αὐτῷ, Ἕως πότε τὴν ψυχὴν		𝔓⁶⁶ **u[w]τ** rell

lac. 10.21-24 C H N P Г

A 21 εστι S Y K Π Ω f¹ 118 13 69 28 157 700 788 1346 ¦ δυνατα Λ ¦ δυναι 788 ¦ τυφλον Θ* ¦ ανυξαι ℵ ¦ ανοιγην E* U **22** ενκενια W ¦ χιμων Θ 13 ¦ χημων 1346 **23** περιεπατι D ¦ περιεπατη E* F 2 1346 ¦ στα (στοα) Δ* **24** εκυκλοσαν Θ ¦ αυτων 28

B 23 ιϲ B 𝔓⁶⁶ ℵ A 𝔐 K L M S U W Δ Θ Λ Π Ψ Ω f¹ 118 f¹³ 124 2 33 28 157 565 579 700 788 1071 1346 1424 ¦ ιηϲ D

C 22 εις την ενκηνουν D [10.22-28] ¦ αρχη: εις την παραμονην των εγκαινιων. E 2 ¦ αρχη F Θ Λ ¦ ιωανν, εις παραμονην εγκαινιω G ¦ αρχ: εις εγκαινια, τω κ,ρ,ω εγενετο τα εγκ, Υ ¦ εγκαινια τω καιρ, εγενετο τα εγκαινια, M ¦ αρχ αναγν,ω εις εγκαινια εκκλησιων Ψ ¦ εις τ εγκαινια τω καιρω εγενετο Ω ¦ αρχ εις εκ,αι ναου τω καιρω εκει εγενετο f¹ ¦ αρχ εις εγκαινια ναου Σα κ,ε λη κ,υ κ,ε λδ 118 ¦ αρχ ····· f¹³ 1346 ¦ εις εγκαινια 124 ¦ αρχ τη παραμονη των αγιων πρ͞ων τω καιρω εκεινω εγενετο τα εγγενια εν ιεροσολυμ 28 ¦ αρχ του αγιου Ιακωβου του αδε φοσεου 157 ¦ αρχ: εις εγκαινια, 788 ¦ ν͞β αρχ εισενεγκαινια ναου 1071 ¦ αρχη τω καιρω 1424

D 24 ο͞β/ι S Ω 28

ἡμῶν αἴρεις; εἰ σὺ εἶ ὁ Χριστός, εἰπὲ	ἡμῖν παρρησίᾳ.	**25** ἀπεκρίθη αὐτοῖς	Ἰησοῦς,	B*
....ὐ εἶ	....	**25** ἀπε........		𝔓45
ἡμῶν αἴρεις; εἰ σὺ εἶ ὁ Χριστός, εἰπὲ	ἡμῖν παρρησίᾳ.	**25** ἀπεκρίθη	ο̲ Ἰησοῦς,	𝔓66 D
··μ···· αἴρεις;	παρη·······	**25** ἀπεκρ····· αὐ·οις ο̲ Ἰησοῦς,		𝔓75
ἡμῶν αἴρεις; εἰ σὺ εἶ ὁ Χριστός, <u>εἰπὸν</u>	ἡμῖν παρρησίᾳ.	**25** ἀπεκρίθη	ο̲ Ἰησοῦς,	ℵ*
ἡμῶν αἴρεις; εἰ σὺ εἶ ὁ Χριστός, εἰπὲ	ἡμῖν παρρησίᾳ.	**25** ἀπεκρίθη ὁ <u>Ἰησοῦς</u> <u>αὐτοῖς</u>,		Θ
ἡμῶν αἴρεις; εἰ σὺ εἶ ὁ Χριστός, <u>εἰπὸν</u>	ἡμῖν παρρησίᾳ.	**25** ἀπεκρίθη αὐτοῖς	ο̲ Ἰησοῦς,	f¹ 565 [w]
ἡμῶν αἴρεις; εἰ σὺ ὁ Χριστός, εἰπὲ	ἡμῖν παρρησίᾳ.	**25** ἀπεκρίθη αὐτοῖς	ο̲ Ἰησοῦς,	579
ἡμῶν αἴρεις; εἰ σὺ εἶ ὁ Χριστός, <u>εἰπὸν</u>	ἡμῖν παρρησίᾳ.	**25** ἀπεκρίθη αὐτοῖς	Ἰησοῦς,	[w]
ἡμῶν αἴρεις; εἰ σὺ εἶ ὁ Χριστός, εἰπὲ	ἡμῖν παρρησίᾳ.	**25** ἀπεκρίθη αὐτοῖς	ο̲ Ἰησοῦς,	Bᶜ ℵᶜ A 𝔐 K L M

U W Δ Λ Π Ψ 118 f¹³ 2 33 28 157 700 1071 1424 **ut**

Εἶπον ὑμῖν καὶ οὐκ ἐπιστεύσατε·	τὰ ἔργα ἃ ἐγὼ ποιῶ ἐν τῷ ὀνόματι τοῦ πατρός	B 157 1424
Εἶπον ὑμῖν καὶ <u>οὐ</u> <u>πιστεύεται·</u>	τὰ ἔργα ἃ ἐγὼ ποιῶ ἐν τῷ ὀνόματι τοῦ πατρός	𝔓66 L 2* 579
Εἶπον ὑμῖν καὶ <u>οὐ</u> <u>πιστεύεται·</u>	τὰ ἔργα ἃ ἐγὼ ποιῶ ἐν ὀνόματι τοῦ πατρός	ℵ W
<u>Λαλῶ</u> ὑμῖν καὶ <u>οὐ</u> <u>πιστεύετέ</u> <u>μοι·</u>	τὰ ἔργα ἃ ἐγὼ ποιῶ ἐν τῷ ὀνόματι τοῦ πατρός	D
<u>Λαλῶ</u> ὑμῖν καὶ <u>οὐ</u> <u>πιστεύεταί</u> <u>μοι·</u>	τὰ ἔργα ἃ ἐγὼ ποιῶ ἐν τῷ ὀνόματι τοῦ πατρός	Θ
....	τὰ ἔργα ἃ ἐγὼ ποιῶ ἐν τῷ ὀνόματι τοῦ πατρός	H
Εἶπον <u>ἡμῖν</u> καὶ <u>οὐ</u> <u>πιστεύετε·</u>	τὰ ἔργα ἃ ἐγὼ ποιῶ ἐν τῷ ὀνόματι τοῦ πατρός	1
Εἶπον ὑμῖν καὶ <u>οὐ</u> <u>πιστεύετέ</u> <u>μοι·</u>	τὰ ἔργα ἃ ἐγὼ ποιῶ ἐν τῷ ὀνόματι τοῦ πατρός	f¹³
Εἶπον ὑμῖν καὶ <u>οὐ</u> <u>πιστεύετε·</u>	τὰ ἔργα ἃ ἐγὼ ποιῶ ἐν τῷ ὀνόματι τοῦ πατρός	𝔓75 A 𝔐 K M U Δ

Λ Π Ψ 1582 118 2ᶜ 33 28 565 700 1071 **uwτ**

μου ταῦτα	μαρτυρεῖ	περὶ ἐμοῦ· **26** ἀλλὰ	ὑμεῖς οὐ πιστεύετε,	B 𝔓66.75 ℵ A Δ Ψ 33 157
μου <u>αὐτὰ</u>	μαρτυρεῖ	περὶ ἐμοῦ· **26** <u>ἀλλ'</u>	ὑμεῖς οὐ πιστεύετε,	D [↑1071 **uw**
μου ταῦτα	μαρτυρεῖ	ἐμοῦ· **26** <u>ἀλλ'</u>	ὑμεῖς οὐ πιστεύετε,	H
μου <u>αὐτὰ</u>	μαρτυρεῖ	περὶ ἐμοῦ· **26** ἀλλὰ	ὑμεῖς οὐ πιστεύετε,	L
μου <u>αὐτὰ</u> <u>ταῦτα</u> <u>τὰ</u> <u>ἔργα</u>	<u>μαρτυρήσει</u>	περὶ ἐμοῦ· **26** ἀλλὰ	ὑμεῖς οὐ πιστεύετε,	W
μου ταῦτα	μαρτυρεῖ	περὶ ἐμοῦ· **26** <u>ἀλλ'</u>	ὑμεῖς οὐ πιστεύετε,	𝔐 K M U Θ Λ Π f¹ f¹³ 2

28 565 579 700 1424 **τ**

ὅτι οὐκ ἐστὲ ἐκ τῶν προβάτων τῶν ἐμῶν.	**27**	τὰ πρόβατα	B 𝔓66c.75 ℵ L W 33 **uw**
ὅτι οὐκ ἐστὲ ἐκ τῶν προβάτων τῶν ἐμῶν, <u>καθὼς εἶπον ὑμεῖν.</u>	**27** <u>ὅτι</u> τὰ πρόβατα		𝔓66*
ὅτι οὐκ ἐστὲ ἐκ τῶν προβάτων τῶν ἐμῶν, <u>καθὼς εἶπον ὑμεῖν.</u>	**27**	τὰ πρόβατα	D
<u>οὐ</u> <u>γὰρ</u> ἐστὲ ἐκ τῶν προβάτων τῶν ἐμῶν, <u>καθὼς εἶπεν ὑμῖν.</u>	**27**	τὰ πρόβατα	H [↓1071
ὅτι οὐκ ἐστὲ ἐκ τῶν προβάτων τῶν ἐμῶν, <u>καθὼς εἶπον ὑμῖν.</u>	**27**	τὰ πρόβατα	Θ Ψ f¹ f¹³ 28 565 579
<u>οὐ</u> <u>γὰρ</u> ἐστὲ ἐκ τῶν προβάτων τῶν ἐμῶν.	**27**	τὰ πρόβατα	K M* Π [↓700 1424 **τ**
<u>οὐ</u> <u>γὰρ</u> ἐστὲ ἐκ τῶν προβάτων τῶν ἐμῶν, <u>καθὼς εἶπον ὑμῖν.</u>	**27**	τὰ πρόβατα	A 𝔐 Mᶜ U Δ Λ 2 157

τὰ ἐμὰ τῆς φωνῆς μου ἀκούουσιν, κἀγὼ γεινώσκω αὐτά καὶ ἀκολουθοῦσίν μοι,	B
τὰ ἐμὰ τῆς φωνῆς μου ἀκούουσιν, κἀγὼ <u>γινώσκω</u> αὐτά καὶ ἀκολουθοῦσίν μοι,	𝔓66 L W Θ f¹³ 33 157
τὰ ἐμὰ τῆς φωνῆς μου <u>ἀκούει,</u> κἀγὼ γεινώσκω αὐτά καὶ ἀκολουθοῦσίν μοι,	𝔓75 A D [↑1071 **uw**
τὰ ἐμὰ τῆς φωνῆς μου ἀκούει, <u>καὶ</u> <u>γινώσκω</u> αὐτά καὶ ἀκολουθοῦσίν μοι,	ℵ
τὰ ἐμὰ τῆς φωνῆς μου <u>ἀκούωσιν,</u> κἀγὼ <u>γινὼς</u> αὐτά καὶ ἀκολουθοῦσίν μοι,	579 [↓28 565 700 1424 **τ**
τὰ ἐμὰ τῆς φωνῆς μου <u>ἀκούει,</u> κἀγὼ <u>γινώσκω</u> αὐτά καὶ ἀκολουθοῦσίν μοι,	𝔐 K M U Δ Λ Π Ψ f¹ 2

[Cl S VI 108.3 <u>τα δε εμα</u> <u>προβατα</u> της εμης <u>ακουει</u> φωνης]

---

lac. **10.24-27** C N P Γ ¦ vss. 25-27 𝔓45 ¦ vss. 24-25 H

A 24 ερεις ℵ W 579 ¦ ημειν 𝔓66 D ¦ ημην 579 ¦ παρησια D 25 απεκρηθη 579 ¦ υμειν 𝔓66 D ¦ ονοματι 579 ¦ μαρτυρι ℵ D Θ 579 26 υμις ℵ ¦ πιστευεται 𝔓66 D M W 579 ¦ εσται ℵ A E* W 579 27 φωης L ¦ ακουουσι 157 ¦ ακουλουθουσιν F ¦ ακολουθουσι S Y Ω f¹ 118 13 69 157 565 700 788 1346

B 24 lac. 𝔓75 ¦ χ̅ς B 𝔓66 ℵ A 𝔐 K L M S U W Δ Θ Λ Π Ψ Ω f¹ 118 f¹³ 69 124 2 33 28 157 565 579 700 788 1071 1346 1424 ¦ χ̅ρ̅ς̅ D 25 ι̅ς̅ B 𝔓66 𝔓75 ℵ A 𝔐 K L M S U W Δ Θ Λ Π Ψ Ω f¹ 118 f¹³ 124 2 33 28 157 565 579 700 788 1071 1346 1424 ¦ τ̅η̅ς̅ D ¦ π̅ρ̅ς̅ 𝔓66 A 𝔐 K L M S U W Δ Θ Λ Π Ψ Ω f¹ 118 f¹³ 69 124 2 33 28 157 565 579 700 788 1071 1346 1424

C 27 αρχη: Σαββατω ς̅ προ των αγιων πρων· ειπεν ο κ̅ς̅ προς τους συνεληλυθοτας προς αυτον ιουδαιους E 2 ¦ αρχη: του αγιου βασι F ¦ αρχη: Σα της α̅ εβδ ειπ, προς τους συνεληλυθ (ante τα προβατα) G ¦ αρξ: Σα ε̅ ειπ πρ εληλυθ πρ αυτ ιουδ τα προβατα τα εμα H ¦ αρξ του αγιου βασιλεως H ¦ αρχ (ante το προβ): Σα ε̅ ειπεν ο κ̅ς̅ προς τους εληλυθ προς αυτ ιουδ τα προβατα τα εμα, Y ¦ Σα ε̅ ειπεν ο κ̅ς̅ πρ τς εληλυθ πρ αυτ ιουδ τα προβατα τα εμα M ¦ Σα ε̅ ειπ ο κ̅ς̅ πρ εισεγκαιν τω κ S ¦ αρχ: Σα ς̅ τα προβατα Θ ¦ Σα ε̅ μετ τα μεν η κ̅ε̅ θ̅β̅ ειπ ο κ̅ς̅ προς τους εληλυθ προς αυτ ιουδ: Λ ¦ (ante τα πορωβατα) αρχ Σα ς̅ Ψ ¦ Σα τς ε εβδ αρχ τω καιρω τα προβατα Ω ¦ αρχ λ̅η̅ Σα ε̅ ειπ ο κ̅ς̅ προς τους ελ̣η̣ τα προβατα τα εμα f¹ ¦ αρχ λ̅η̅ τω Σα της ε̅ εβδομ,α̅ ειπεν ο κ̅ς̅ προς τους εληλυθοτας προς αυτ ιουδ τα 118 ¦ αρχ Σα ε̅ κ,υ ι̅ω̅ f¹³ ¦ αρχ Σα ε̅ 124 ¦ (ante καθως) αρχ Σα ε̅ 788 ¦ ante τα προβ.) αρχ του Σαβ ειπεν <u>ο κ̅ς̅</u> προς τους εληλυθοτ προς αυτ ιουδαιους 28 ¦ αρχ Σα μετ την με ν̅ 157 ¦ ν̅β̅ αρχ Σα τς ε εβδ 1071 ¦ αρχ 1346 ¦ αρχη ειπεν ο κ̅ς̅ πρ 1424

28 κἀγὼ δίδωμι αὐτοῖς ζωὴν αἰώνιον καὶ οὐ μὴ ἀπόλωνται εἰς τὸν αἰῶνα B 𝔓⁶⁶ᶜ אᶜ L M* W 157 uw
28 κἀγὼ δίδωμι αὐτοῖς ζωὴν αἰώνιον καὶ οὐ μὴ ἀπόληται εἰς τὸν αἰῶνα א*
28 κα⸺ ⸺ωμι αὐ⸺ ⸺ωὴν α⸺νιον ⸺ ⸺ἠ ἀπό⸺ται εἰς τὸν αἰῶνα 𝔓⁷⁵
28 καὶ ἐγὼ ζωὴν αἰώνιον δίδωμι αὐτοῖς καὶ οὐ μὴ ἀπόλουνται εἰς τὸν αἰῶνα Θ
28 καὶ ἐγὼ δίδωμι αὐτοῖς ζωὴν αἰώνιον καὶ οὐ μὴ ἀπόλωνται εἰς τὸν αἰῶνα 33
28 κἀγὼ ζωὴν αἰώνιον δίδωμι αὐτοῖς καὶ οὐ μὴ ἀπόλωνται εἰς τὸν αἰῶναν 579
28 κἀγὼ ζωὴν αἰώνιον δίδωμι αὐτοῖς καὶ οὐ μὴ ἀπόλωνται εἰς τὸν αἰῶνα 𝔓⁶⁶* A D 𝔐 K M² U Δ Λ Π Ψ f¹ f¹³ 2 28 565 700 1071 1424 τ

καὶ οὐχ ἁρπάσει τις αὐτὰ ἐκ τῆς χειρός μου. B uwτ rell
καὶ οὐχ ἁρπάσῃ τις αὐτὰ ἐκ τῆς χειρός μου. 𝔓⁶⁶ E M 1424
⸺ὐχ ἁρπα⸺ τις αὐτὰ ἐκ τῆς χειρ⸺ ⸺υ. 𝔓⁷⁵
καὶ οὐ μὴ ἁρπάσῃ τις αὐτὰ ἐκ τῆς χειρός μου. א D L 157 1071
καὶ οὐχ ἁρπάσει τις αὐτὰ ἐκ τῆς χειρὸς τοῦ πατρός μου. 69ᶜ

29 ὁ πατήρ μου ὃ δέδωκέν μοι πάντων μεῖζόν ἐστιν, καὶ οὐδεὶς δύναται B* u[w]
29 ὁ πατήρ μου ὃς δέδωκέν μοι πάντων μεῖζόν ἐστιν, καὶ οὐδεὶς δύναται Bᶜ
29 ὁ πατήρ μου ὃς ἔδωκεν μίζων πάντων ἐστίν, καὶ οὐδεὶς δύναται 𝔓⁶⁶*
29 ὁ πατήρ μου ὃς ἔδωκέν μοι μίζων πάντων ἐστίν, καὶ οὐδεὶς δύναται 𝔓⁶⁶ᶜ
29 ὁ πατήρ ⸺ι ὃς ἔδωκέ ⸺ ⸺των μεῖ⸺ν ἐστιν, καὶ ⸺ ⸺αται 𝔓⁷⁵
29 ὁ πατὴρ ὃ δέδωκέν μοι πάντων μείζων ἐστιν, καὶ οὐδεὶς δύναται א*
29 ὁ πατήρ μου ὃ δέδωκέν μοι πάντων μείζων ἐστιν, καὶ οὐδεὶς δύναται אᶜ L W Ψ
29 ὁ πατήρ μου ὃς δέδωκέν μοι μεῖζον πάντων ἐστίν, καὶ οὐδεὶς δύναται A Θ
29 ὁ πατήρ μου ὃ δεδωκώς μοι πάντων μείζων ἐστίν, καὶ οὐδεὶς δύναται D
29 ὁ πατήρ μου ὃς ἔδωκέν μοι μείζων πάντων ἐστίν, καὶ οὐδεὶς δύναται M U
29 ὁ πατήρ μου οὓς δέδωκέν μοι μείζων πάντων ἐστίν, καὶ οὐδεὶς δύναται Λ
29 ὁ πατὴρ ὃς δέδωκέν μοι αὐτὰ μείζων πάντων ἐστίν, καὶ οὐδεὶς δύναται f¹³
29 ὁ πατήρ μου ὃς δέδωκέν μοι αὐτὰ μείζων πάντων ἐστίν, καὶ οὐδεὶς δύναται 69 788 1346
29 ὁ πατήρ μου ὃς δέδωκέν μοι μείζω πάντων ἐστίν, καὶ οὐδεὶς δύναται 124
29 ὁ πατὴρ ὃς δέδωκέν μοι μείζων πάντων ἐστίν, καὶ οὐδεὶς δύναται 1424
29 ὁ πατήρ μου ὃς δέδωκέν μοι πάντων μείζων ἐστίν, καὶ οὐδεὶς δύναται [w]
29 ὁ πατήρ μου ὃς δέδωκέν μοι μίζων πάντων ἐστίν, καὶ οὐδεὶς δύνανται 579
29 ὁ πατήρ μου ὃς δέδωκέν μοι μείζων πάντων ἐστίν, καὶ οὐδεὶς δύναται 𝔐 K Δ Π f¹ 2 33 28 157 565 700 1071 τ

ἁρπάζειν ἐκ τῆς χειρὸς τοῦ πατρός. 30 ἐγὼ καὶ ὁ πατὴρ ἕν ἐσμεν. B 𝔓⁶⁶·⁷⁵ א L uw
⸺ 30 ⸺ ⸺εν. 𝔓⁴⁵
ἁρπάζειν ἐκ τῆς χειρὸς τοῦ πατρός μου. 30 ἐγὼ καὶ ὁ πατήρ μου ἕν ἐσμεν. W
ἁρπάζειν ἐκ τῆς χειρὸς τοῦ πατρός μου. 30 ἐγὼ καὶ ὁ πατήρ μου ἕν ἐσμεν. Δ 700
ἁρπάσε ἐκ τῆς χειρὸς τοῦ πατρός μου. 30 ἐγὼ καὶ ὁ πατὴρ ἕν ἐσμεν. Θ
ἁρπάσαι ἐκ τῆς χειρὸς τοῦ πατρός μου. 30 ἐγὼ καὶ ὁ πατὴρ ἕν ἐσμεν. f¹³
ἁρπάζειν ἐκ τῆς χειρὸς τοῦ πατρός μου. 30 ἐγὼ καὶ ὁ πατὴρ ἕν ἐσμεν. 2 33 1071
ἁρπάζει ἐκ τῆς χειρὸς τοῦ πατρός μου. 30 ἐγὼ καὶ ὁ πατὴρ ἕν ἐσμεν. 579
ἁρπάζειν αὐτὰ ἐκ τῆς χειρὸς πατρός μου. 30 ἐγὼ καὶ ὁ πατὴρ ἕν ἐσμεν. 1424
ἁρπάζειν ἐκ τῆς χειρὸς τοῦ πατρός μου. 30 ἐγὼ καὶ ὁ πατὴρ ἕν ἐσμεν. A D 𝔐 K M U Λ Π Ψ f¹ 124 28 157 565 τ

[Cl Exc 61.1 εγω και ο πατηρ εν εσμεν]

lac. 10.28-30 C N P Γ ¦ vss. 28-29 𝔓⁴⁵

A 28 διδωμη E ¦ διδωμει W ¦ διδομι H Θ 13 565 1424 ¦ διδομοι 700 | απολονται H ¦ απολλωνται Π* ¦ απωλονται 1424 ¦ των (τον) Θ ¦ απρασι 579 ¦ της (τις) E 1346 | χειρας Δ* 29 ως E* ¦ δεδωκε Υ 118 69 157 700 788 1346 ¦ εστι Υ f¹ 118 69 157 700 ¦ μιζον Θ ¦ ουδις א ¦ χειρως Δ* 30 εμεν 69

B 28 π̅ρ̅ς̅ 69ᶜ 29 π̅η̅ρ̅ 𝔓⁶⁶ A 𝔐 K L S U W Δ Θ Λ Π Ψ Ω f¹ 118 f¹³ 69 124 2 33 28 157 565 579 700 788 1071 1346 1424 ¦ π̅ρ̅ς̅ 𝔓⁶⁶ A 𝔐 K L M S U W Δ Θ Λ Π Ψ Ω f¹ 118 f¹³ 69 124 2 33 28 157 565 579 700 788 1071 1346 1424 30 π̅η̅ρ̅ 𝔓⁶⁶ A 𝔐 K L M S U W Δ Θ Λ Π Ψ Ω f¹ 118 f¹³ 69 124 2 33 28 157 565 579 700 788 1071 1346 1424

C 28 τελος (post διδω. αυτοις) E Υ f¹³ 124 788 1346 ¦ τελος της παρ, κ̅, των εγκαινιω̅ (post διδω. αυτοις) G ¦ τελος της παρασι H ¦ (post αιωνιον) τελ τς παρ, τς ε̅ εβδ M ¦ τελ S² ¦ (post αυτοις) τελ ς̅ κ̅ τ εγκαινι f¹ ¦ τελ της ς̅ και τ εγκενιων 118 ¦ (post αυτοις) τελ τς ς̅ 28 30 τελος (post εσμεν) E Θ Ψ ¦ τελος του αγιου βα F ¦ τελος του εγκαινι κ̅, τ̅ αγι H ¦ τε̅ της πασχ Ω ¦ τελ του εγγεν 28

146

The Jews Attempt To Stone Jesus For Blasphemy

31 Ἐβάστασαν πάλιν λίθους οἱ Ἰουδαῖοι ἵνα λιθάσωσιν αὐτόν. B ℵ L 33 **uw**

31 Ἐβάστασαν λίθ······ ···· ·········αῖοι ἵνα λιθάσωσ··· ·········· 𝔓45

31 Ἐβάστ······· ν ·········· ············· ···ι Ἰουδαῖοι ἵν·· λ················· ·········· 𝔓75

31 Ἐβάστασαν οὖν πάλιν λίθους οἱ Ἰουδαῖοι ἵνα αὐτὸν λιθάσωσιν . 𝔓66

31 Ἐβάστασαν οὖν λίθους οἱ Ἰουδαῖοι ἵνα λιθάσωσιν αὐτόν. D 124 28 788

31 Ἐβάστασαν πάλιν λίθους ἵνα λιθάσωσιν αὐτόν. W

31 Ἐβάστασαν λίθους οἱ Ὀυδαῖοι ἵνα λιθάσωσιν αὐτόν. Θ*

31 Ἐβάστασαν λίθους οἱ Ἰουδαῖοι ἵνα λιθάσωσιν αὐτόν. Θc

31 Ἐβάστασαν οὖν οἱ Ἰουδαῖοι λίθους ἵνα λιθάσωσιν αὐτόν. 69

31 Ἐβάστασαν οὖν πάλιν λίθους ἵνα λιθάσωσιν αὐτὸ οἱ Ἰουδαῖοι. 1424

31 Ἐβάστασαν οὖν πάλιν αἴθουσοιν Ἰουδαῖοι ἵνα λιθάσουσιν αὐτόν. 579

31 Ἐβάστασαν οὖν πάλιν οἱ Ἰουδαῖοι λίθους ἵνα λιθάσωσιν αὐτόν. 1071

31 Ἐβάστασαν οὖν λίθους πάλιν οἱ Ἰουδαῖοι ἵνα λιθάσωσιν αὐτόν. 1346

31 Ἐβάστασαν οὖν πάλιν λίθους οἱ Ἰουδαῖοι ἵνα λιθάσωσιν αὐτόν. A 𝔐 K M U Δ Λ Π Ψ f^1 f^{13} 2 157 565 700 **τ**

32 ἀπεκρίθη αὐτοῖς ὁ Ἰησοῦς, Πολλὰ ἔργα ἔδειξα ὑμῖν καλὰ ἐκ τοῦ πατρός· B [**w**]

32 ἀπεκρίθη αὐτοῖς ·· ·············· ············ ········· ·· αλὰ ἔδειξα ὑμῖν ἐκ ······ ··············· ······· 𝔓45

32 ·············ίθη αὐτοῖς ·· ·············· ············· ······················ῖν ἔργα καλὰ ἐκ τοῦ ············· ······· 𝔓75

32 ἀπεκρίθη αὐτοῖς ὁ Ἰησοῦς, Πολλὰ ἔργα καλὰ ἔδειξα ὑμῖν ἐκ τοῦ πατρός· ℵ* **u**[**w**]

32 ἀπεκρίθη αὐτοῖς ὁ Ἰησοῦς, Πολλὰ ἔργα καλὰ ἔδειξα ὑμῖν ἐκ τοῦ πατρός μου· ℵc A K Λ Π Ψ f^1 f^{13}

32 ἀπεκρίθη αὐτοῖς ὁ Ἰησοῦς, Πολλὰ καλὰ ἔργα ἔδειξα ὑμῖν ἐκ τοῦ πατρός· D [↑157 565 1071

32 ἀπεκρίθη αὐτοῖς ὁ Ἰησοῦς, Πολλὰ ἔργα ἔδειξα ὑμῖν ἐκ τοῦ πατρός μου· W

32 ἀπεκρίθη αὐτοῖς ὁ Ἰησοῦς, Πολλὰ ἔργα καλὰ ἐδίδαξα ὑμῖν ἐκ τοῦ πατρός· Θ

32 ἀπεκρίθη Ἰησοῦς καὶ εἶπεν αὐτοῖς, Πολλὰ ἔργα καλὰ ἔδειξα ὑμῖν ἐκ τοῦ πατρός μου· 33

32 ἀπεκρίθη αὐτοῖς ὁ Ἰησοῦς, Πολλὰ καλὰ ἔργα ἔδιξα ὑμῖν ἐκ τοῦ πατρός μου· 579

32 ἀπεκρίθη αὐτοῖς ὁ Ἰησοῦς, Πολλὰ καλὰ ἔργα ἔδειξα ὑμῖν ἐκ τοῦ πατρός μου· 𝔓66 𝔐 L M U Δ 69 124 2 28 700 788 1346 1424 **τ**

διὰ ποῖον αὐτῶν ἔργον ἐμὲ λιθάζετε; **33** ἀπεκρίθησαν αὐτῷ οἱ Ἰουδαῖοι, B ℵ L Θ Ψ 33

······ ποῖον αὐτῶν ἔργον ἐμὲ ········ ζετε; **33** ἀπεκρίθησαν ········ ···· Ἰουδαῖοι, 𝔓45 [↑579 **uw**

διὰ ποῖον οὖν αὐτῶν ἔργον λιθάζεταί με; **33** ἀπεκρίθησαν αὐτῷ οἱ Ἰουδαῖοι, 𝔓66

····ὰ ποῖον ·········· ἔργον ······ **33** ἀπεκρίθη······· αὐτῷ ···· ················· 𝔓75

διὰ ποῖον αὐτῷ ἔργον λιθάζεταί με; **33** ἀπεκρίθησαν αὐτῷ οἱ Ἰουδαῖοι, A

······ ·········· ·········· **33** ························ ·········· ···· ················· F

διὰ ποῖον οὖν ἔργον λιθάζεταί με; **33** ἀπεκρίθησαν αὐτῷ οἱ Ἰουδαῖοι, W

διὰ ποῖον ἔργον λιθάζετέ με; **33** ἀπεκρίθησαν αὐτῷ οἱ Ἰουδαῖοι Λc

καὶ διὰ ποῖον αὐτῶν ἔργον λιθάζετέ με; **33** ἀπεκρίθησαν αὐτῷ οἱ Ἰουδαῖοι, f^{13}

καὶ διὰ ποῖον ἔργον λιθάζετέ με; **33** ἀπεκρίθησαν αὐτῷ οἱ Ἰουδαῖοι, 69 788

διὰ ποῖον ἔργον αὐτῶν λιθάζετέ με; **33** ἀπεκρίθησαν αὐτῷ οἱ Ἰουδαῖοι 124

διὰ ποῖον αὐτῶν ἔργον λιθάζεταί με; **33** ἀπεκρίθησαν αὐτῷ οἱ Ἰουδαῖοι, 28

διὰ ποῖον ἔργον ἐμὲ λιθάζετε; **33** ἀπεκρίθησαν αὐτῷ οἱ Ἰουδαῖοι, 157

διὰ ποῖον ἔργον αὐτῶν με λιθάζετε; **33** ἀπεκρίθησαν οὖν αὐτῷ οἱ Ἰουδαῖοι 1071

διὰ ποῖον αὐτῶν ἔργον λιθάζετέ με; **33** ἀπεκρίθησαν αὐτῷ οἱ Ἰουδαῖοι D 𝔐 K M U Δ Λ* Π f^1 2 565 700 1424 **τ**

[↓f^{13} 33 157 565 579 1071 **uw**

Περὶ καλοῦ ἔργου οὐ λιθάζομέν σε ἀλλὰ περὶ βλασφημίας, καὶ B 𝔓45.66 A K L M W Θ Π Ψ f^1

········ καλοῦ ἔργου οὐ λιθα·········· ····· ········ ἀ περ·· ·········φημει···· ····· 𝔓75

Περὶ καλοῦ ἔργου οὐ λιθάζομέν σε ἀλλὰ περὶ βλασφημίας, ℵ

λεγοντες, Περὶ καλοῦ ἔργου οὐ λιθάζομέν σε ἀλλὰ περὶ βλασφημίας, καὶ D 𝔐 U Δ Λ 124 2 28 700 1424 **τ**

---

lac. 10.31-33 C N P Γ ¦ vss. 32-33 F

A 31 ληθασωσιν E ¦ λιθασωσην L **32** απεκρειθη D | εδιξα 𝔓66 ℵ M | υμειν D | ποιων 69 579 1424 | εργων K 13 69 2 28 579 1424 | λιθαζεται 2* 33 579 **33** απεκριθησ D* | ληθαζομεν E | λιθαζωμεν 2 579 | σαι 579 | βλασφημειας 𝔓66 𝔓75 A ¦ βλασφιμιας E 579

B 32 lac. 𝔓75 ¦ ις B 𝔓66 ℵ A 𝔐 K L M S U W Δ Θ Λ Π Ψ Ω f^1 118 f^{13} 124 2 33 28 157 565 579 700 788 1071 1346 1424 ¦ ιης D | πρς A 𝔐 K L M S U W Δ Θ Λ Π Ψ Ω f^1 118 f^{13} 69 124 2 33 28 157 565 579 700 788 1071 1346 1424

ὅτι σὺ ἄνθρωπος ὢν ποιεῖς σεαυτὸν   θεόν. **34** ἀπεκρίθη αὐτοῖς   Ἰησοῦς, B 𝔓⁴⁵ W [**uw**]
ὅτι σὺ ἄνθρωπος ὢν ποιεῖς σεαυτὸν <u>τὸν</u> θεόν. **34** ἀπεκρίθη <u>Ἰησοῦς καὶ εἶπεν</u> αὐτοῖς, 𝔓⁶⁶*
ὅτι σὺ ἄνθρωπος ὢν ποιεῖς σεαυτὸν   θεόν. **34** ἀπεκρίθη <u>Ἰησοῦς καὶ εἶπεν</u> αὐτοῖς, 𝔓⁶⁶ᶜ
·········· ····· ·····ρωπος ὢν ποιεῖς σ········· ·······ν. **34** ἀπεκρίθη αὐτοῖς   <u>ὁ</u> Ἰησοῦς, 𝔓⁷⁵
ὅτι σὺ ἄνθρωπος ὢν ποιεῖς <u>ἑαυτὸν</u>   θεόν. **34** ἀπεκρίθη αὐτοῖς   <u>ὁ</u> Ἰησοῦς, G H U Λ f¹³ 28
ὅτι   ἄνθρωπος ὢν ποιεῖς σεαυτὸν   θεόν. **34** ἀπεκρίθη αὐτοῖς <u>ὁ</u> Ἰησοῦς <u>καὶ εἶπεν</u>, D 1071
ὅτι   ἄνθρωπος ὢν ποιεῖς σεαυτὸν   θεόν. **34** ἀπεκρίθη αὐτοῖς   <u>ὁ</u> Ἰησοῦς, Y K Π
ὅτι σὺ ἄνθρωπος ὢν ποιεῖς σεαυτὸν <u>θεός</u>. **34** ἀπεκρίθη αὐτοῖς   <u>ὁ</u> Ἰησοῦς, 579
ὅτι   ἄνθρωπος ὢν ποιεῖς <u>ἑαυτὸν</u>   θεόν. **34** ἀπεκρίθη αὐτοῖς   <u>ὁ</u> Ἰησοῦς, 1424
ὅτι σὺ ἄνθρωπος ὢν ποιεῖς σεαυτὸν   θεόν. **34** ἀπεκρίθη αὐτοῖς   <u>ὁ</u> Ἰησοῦς, א A 𝔐 L M Δ Θ
Ψ f¹ 2 33 157 565 700 [**uw**]τ

Οὐκ ἔστιν γεγραμμένον   ἐν τῷ νόμῳ ὑμῶν ὅτι Ἐγὼ <u>εἶπα</u>, **Θεοί** B 𝔓⁶⁶ᶜ·⁷⁵ אᶜ L W Ψ
Οὐκ ἔστιν γεγραμμένον <u>εν τηι γραφηι</u> ἐν τῷ νόμῳ   ὅτι Ἐγὼ <u>εἶπα</u>, **Θεοί** 𝔓⁴⁵ [↑157 1071 **uw**
Οὐκ ἔστιν γεγραμμένον   <u>ἐκ</u> τῷ νόμῳ ὑμῶν ὅτι Ἐγὼ <u>εἶπα</u>, **Θεοί** 𝔓⁶⁶*
Οὐκ ἔστιν γεγραμμένον   ἐν τῷ νόμῳ   ὅτι   <u>εἶπα</u>, **Θεοί** א*
Οὐκ ἔστιν γεγραμμένον   ἐν τῷ νόμῳ ὑμῶν   Ἐγὼ <u>εἶπόν</u>, **Θεοί** A Y M S U Δ Ω f¹³
Οὐκ ἔστιν γεγραμμένον   ἐν τῷ νόμῳ   ὅτι Ἐγὼ <u>εἶπόν</u>, **Θεοί** D Θ
Οὐκ ἔστιν γεγραμμένον   ἐν τῷ νόμῳ ὑμῶν ὅτι Ἐγὼ <u>εἶπόν</u>, **Θεοί** 33
Οὐκ ἔστιν <u>γεγραμμες</u>   ἐν τῷ νόμῳ ὑμῶν ὅτι Ἐγὼ <u>εἶπόν</u>, **Θεοί** 579 [↓700 1424 τ
Οὐκ ἔστιν γεγραμμένον   ἐν τῷ νόμῳ ὑμῶν   Ἐγὼ <u>εἶπα</u>, **Θεοί** 𝔐 K Λ Π f¹ 2 28 565

ἐστε; 35 εἰ   ἐκείνους εἶπεν θεοὺς πρὸς οὓς ὁ λόγος τοῦ θεοῦ ἐγένετο, καὶ οὐ B 𝔓⁶⁶ **uwτ** rell
ἐστε; 35 εἰ   ἐκείνους εἶπεν θεοὺς,   καὶ οὐ 𝔓⁴⁵
ἐστε; 35 εἰ   ἐκείνους <u>εἶπε</u> θεο···· ········ ···· λόγος τοῦ θεοῦ ἐγέν····ο, καὶ ο··· 𝔓⁷⁵
ἐστε; 35 εἰ   ἐκείνους <u>εἶπε</u> θεοὺς πρὸς οὓς ὁ λόγος τοῦ θεοῦ ἐγένετο, καὶ οὐ Y 157 700
ἐστε; 35 εἰ   ἐκείνους εἶπεν θεοὺς πρὸς οὓς ὁ λόγος <u>ἐγένετο τοῦ θεοῦ</u>, καὶ οὐ D
ἐστε; 35 εἰ <u>οὖν</u> ἐκείνους εἶπεν θεοὺς πρὸς οὓς ὁ λόγος τοῦ θεοῦ ἐγένετο, καὶ οὐ 1424

δύναται λυθῆναι ἡ γραφή, **36** ὃν ὁ πατὴρ ἡγίασεν   καὶ ἀπέστειλεν εἰς τὸν κόσμον B 𝔓⁶⁶ **uwτ** rell
δύναται λυθῆναι,   **36** ὃν ὁ πατὴρ ἡγίασεν   καὶ ἀπέστειλεν εἰς τὸν κόσμον 𝔓⁴⁵
············· ·····θῆναι ἡ γραφ·· **36** ὃν ὁ πα······ι········ καὶ ἀπέστ····εν εἰς τ····· ·····μον 𝔓⁷⁵
δύναται λυθῆναι ἡ γραφή, **36** ὃν ὁ πατὴρ <u>ἠγάπησεν</u> καὶ ἀπέστειλεν εἰς τὸν κόσμον U
δύναται <u>αὐθῆναι</u> ἡ γραφή, **36** ὃν ὁ πατὴρ   ἀπέστειλεν εἰς τὸν κόσμον 579
δύναται <u>αὐθῆναι</u> ἡ γραφή, **36** ὃν ὁ πατὴρ ἡγίασεν   καὶ ἀπέστειλεν εἰς τὸν κόσμον 1071

[↓f¹ 2 33 157 565 700 1071 **uwτ**
ὑμεῖς λέγετε ὅτι Βλασφημεῖς, ὅτι εἶπον,   Υἱὸς τοῦ θεοῦ εἰμι; **37** εἰ οὐ B 𝔓⁶⁶ᶜ A 𝔐 K L M U Δ Λ Π Ψ
ὑμεῖς λέγετε ὅτι Βλασφημεῖς, ὅτι εἶπον, <u>Ο</u> υἱὸς ····· ····· εἰμι; **37** εἰ οὐ 𝔓⁴⁵
·ὑμεῖς λέγετε ὅτι Βλασφημεῖς, ὅτι εἶπον,   Υἱὸς   θεοῦ εἰμι; **37** εἰ <u>οὖν</u> 𝔓⁶⁶*
············· ············φημεῖς,   Υἱὸς   ·····ῦ εἰμι; **37** εἰ ····· 𝔓⁷⁵
ὑμεῖς λέγετε ὅτι Βλασφημεῖς, ὅτι,   Υἱὸς   θεοῦ εἰμι; **37** εἰ οὐ G
ὑμεῖς λέγετε ὅτι Βλασφημεῖς, ὅτι εἶπον,   Υἱὸς τοῦ θεοῦ εἰμι; **37** εἰ <u>μου ἡ</u> Θ
ὑμεῖς λέγετε ὅτι Βλασφημεῖς, ὅτι εἶπον,   Υἱὸς τοῦ θεοῦ εἰμι; **37** εἰ <u>μὶ</u> f¹³
ὑμεῖς λέγετε ὅτι Βλασφημεῖς, ὅτι εἶπον,   Υἱὸς   θεοῦ εἰμι; **37** εἰ <u>μὴ</u> 69
ὑμεῖς λέγετε ὅτι Βλασφημεῖς, ὅτι εἶπον,   Υἱὸς τοῦ θεοῦ εἰμι; **37** εἰ <u>μὴ</u> 124 788
ὑμεῖς λέγετε ὅτι <u>Βλασφημοῖς</u>, ὅτι εἶπον,   Υἱὸς τοῦ θεοῦ εἰμι; **37** εἰ οὐ 579
ὑμεῖς λέγετε ὅτι Βλασφημεῖς, ὅτι εἶπον,   Υἱὸς   θεοῦ εἰμι; **37** εἰ οὐ א D E W 28 1424

---

lac. **10.33-37** C F N P Γ

A 33 ποις D* ¦ ποιης E* **34** εστι S Y K U Π Ω f¹ 118 13 69 28 157 565 700 788 1346 ¦ ε (εν) 𝔓⁶⁶* ¦ εσται W 579 **35** ειπε 118 ¦ λογους S ¦ δυνατε 579 ¦ λυθιναι 1346 **36** ηγιασε S Y 118 13 69 28 700 788 1346 ¦ ηγηασεν L ¦ απεστιλεν א L W Θ ¦ απεστηλεν 579 ¦ κοσμων 579 ¦ λεγεται 𝔓⁶⁶ D W 2* 579 1071 ¦ οτη 579 ¦ βλασφημις א ¦ ειμει W ¦ ειμη 579 **37** η (ει) 1071

B 33 ανο̅ς̅ 𝔓⁶⁶ A 𝔐 K L M S U W Δ Θ Π Ψ Ω f¹ 118 f¹³ 69 124 2 33 28 157 565 579 700 788 1071 1346 1424 ¦ θ̅ν̅ B 𝔓⁴⁵ 𝔓⁶⁶ 𝔓⁷⁵ א A D 𝔐 K L M S U W Δ Θ Λ Π Ψ Ω f¹ 118 f¹³ 69 124 2 33 28 157 565 700 788 1071 1346 1424 ¦ θ̅ς̅ 579 **34** ι̅ς̅ B 𝔓⁶⁶ 𝔓⁷⁵ א A 𝔐 K L M S U W Δ Θ Λ Π Ψ Ω f¹ 118 f¹³ 124 2 33 28 565 579 700 788 1071 1346 1424 ¦ ι̅η̅ 𝔓⁴⁵ ¦ ι̅η̅ς̅ D **35** θ̅υ̅ B 𝔓⁶⁶ 𝔓⁷⁵ א A D 𝔐 K L M S U W Δ Θ Λ Π Ψ Ω f¹ 118 f¹³ 69 124 2 33 28 565 579 700 788 1071 1346 1424 **36** π̅ρ̅ 𝔓⁴⁵ ¦ π̅η̅ρ̅ 𝔓⁶⁶ A 𝔐 K L M S U W Δ Θ Λ Π Ψ Ω f¹ 118 f¹³ 69 124 2 33 28 157 565 579 700 788 1071 1346 1424 ¦ υ̅ς̅ 𝔓⁴⁵ 𝔓⁶⁶ A 𝔐 K L M U Δ Λ Π Ψ Ω f¹ 2 33 28 565 579 1071 1424 ¦ θ̅υ̅ B 𝔓⁶⁶ 𝔓⁷⁵ א A D 𝔐 K L M S U W Δ Θ Λ Π Ψ Ω f¹ 118 f¹³ 69 124 2 33 28 157 565 579 700 788 1071 1346 1424

148

ποιῶ τὰ ἔργα τοῦ πατρός μου, μὴ πιστεύετέ μοι· **38** εἰ δὲ ποιῶ, κἂν ἐμοὶ μὴ   B 𝔓⁴⁵·⁶⁶ **uwτ** rell
·········· ·····γα τοῦ π··τρός μου, μ·· ················ μοι· **38** ε·· ·ἐ ποιῶ, κ···· ἐμοὶ μὴ   𝔓⁷⁵
ποιῶ τὰ ἔργα τοῦ πατρός μου, μὴ πιστεύετέ μοι· **38** εἰ δὲ ποιῶ, κἂν ἐμοὶ   Λ* 1*
ποιῶ τὰ ἔργα τοῦ πατρός μου, μὴ <u>πιστεύητέ</u> μοι· **38** εἰ δὲ ποιῶ, κἂν ἐμοὶ μὴ   118
ποιῶ τὰ ἔργα τοῦ πατρός μου, μὴ πιστεύετέ μοι· **38** εἰ δὲ ποιῶ, κἂν ἐμοὶ <u>οὐ</u>   f¹³
<u>πειῶ</u> τὰ ἔργα τοῦ πατρός μου, μὴ πιστεύετέ μοι· **38** εἰ δὲ ποιῶ, κἂν ἐμοὶ μὴ   579

πιστεύητε,	τοῖς ἔργοις	πιστεύετε,	ἵνα γνῶτε καὶ γεινώσκητε	B 𝔓⁷⁵
πιστεύητε,	τοῖς ἔργοις	<u>πιστεύσατε,</u>	ἵνα γνῶτε καὶ γεινώσκητε	𝔓⁴⁵
<u>πιστεύσηται,</u>	τοῖς ἔργοις	<u>πιστεύσαται,</u>	ἵνα γνῶτε καὶ <u>γινώσκηται</u>	𝔓⁶⁶*
<u>πιστεύηται,</u>	τοῖς ἔργοις	<u>πιστεύσαται,</u>	ἵνα γνῶτε καὶ <u>γινώσκηται</u>	𝔓⁶⁶ᶜ
<u>πιστεύεται,</u>	τοῖς ἔργοις	πιστεύεται,	ἵνα γνῶτε καὶ <u>πιστεύητε</u>	ℵ
<u>πιστεύεται,</u>	τοῖς ἔργοις	πιστεύεται,	ἵνα γνῶτε καὶ <u>πιστεύσητε</u>	A 𝔐 Λ 28
<u>θέλετε</u> <u>πιστεύειν,</u>	τοῖς ἔργοις	<u>πιστεύεται,</u>	ἵνα γνῶτε	D
πιστεύετε,	τοῖς ἔργοις	<u>πιστεύσητε,</u>		E*
πιστεύετε,	τοῖς ἔργοίς <u>μου</u>	<u>πιστεύσατε,</u>	ἵνα γνῶτε καὶ <u>πιστεύσητε</u>	H M f¹³
πιστεύητε,	τοῖς ἔργοις	<u>πιστεύσατε,</u>	ἵνα γνῶτε καὶ <u>πιστεύσητε</u>	Y Ψ 700 τ
πιστεύητε,	τοῖς ἔργοις	πιστεύετε,	ἵνα γνῶτε καὶ <u>πιστεύσητε</u>	K Π 1582ᶜ
πιστεύητε,	τοῖς ἔργοις	πιστεύετε,	ἵνα γνῶτε καὶ <u>γινώσκηται</u>	L
πιστεύετε,	τοῖς ἔργοις	πιστεύετε,	ἵνα γνῶτε καὶ <u>πιστεύσητε</u>	U 1071
<u>πιστεύεται,</u>	τοῖς ἔργοις	<u>πιστεύεται,</u>	<u>ἀναγνῶτε</u> καὶ <u>γινώσκεται</u>	W
πιστεύετε,	τοῖς ἔργοις	<u>πιστεύσετε,</u>	ἵνα γνῶτε καὶ <u>πιστεύσητε</u>	Δ
πιστεύετε,	τοῖς ἔργοις	πιστεύετε,	ἵνα γνῶτε καὶ <u>γινώσκητε</u>	Θ 33
πιστεύητε,	τοῖς ἔργοις	πιστεύετε,	ἵνα γνῶτε καὶ <u>γινώσκητε</u>	f¹ **uw**
<u>πιστεύεται,</u>	τοῖς ἔργοις	<u>πιστεύσαται,</u>	ἵνα γνῶτε καὶ <u>πιστεύσητε</u>	2
πιστεύητε,	τοῖς ἔργοίς <u>μοι</u>	<u>πιστεύσατε,</u>	ἵνα γνῶτε	157
πιστεύετε,	τοῖς ἔργοις	<u>πιστεύσατε,</u>	ἵνα γνῶτε καὶ <u>γινώσκητε</u>	565
πιστεύετε,	τοῖς ἔργοίς <u>μου</u>	πιστεύετε,	ἵνα γνῶτε καὶ <u>πιστεύεται</u>	579
πιστεύετε,	τοῖς ἔργοις	<u>πιστεύσατε,</u>	ἵνα γνῶτε	1424

ὅτι ἐν ἐμοὶ ὁ πατὴρ κἀγὼ ἐν τῷ πατρί.   **39** Ἐζήτουν   πάλιν αὐτὸν   B 157 [**w**]
ὅτι ἐν ἐμοὶ ὁ πατὴρ κἀγὼ ἐν <u>αὐτῷ.</u>   **39** Ἐζήτουν <u>δὲ</u>   αὐτὸν   𝔓⁴⁵
ὅτι ἐν ἐμοὶ ὁ πατὴρ κἀγὼ ἐν <u>αὐτῷ</u> πατρί.   **39** Ἐζήτουν <u>οὖν</u> πάλιν αὐτὸν   𝔓⁶⁶*
ὅτι ἐν ἐμοὶ ὁ πατὴρ κἀγὼ ἐν τῷ πατρί.   **39** Ἐζήτουν <u>οὖν</u> πάλιν αὐτὸν   𝔓⁶⁶ᶜ
ὅτι ἐν ἐμοὶ ὁ πατὴρ κἀ····· ἐν τῷ π··τρί.   **39** Ἐ·····ουν   αὐτ··· ··········   𝔓⁷⁵
ὅτι ἐν ἐμοὶ ὁ πατὴρ κἀγὼ ἐν τῷ πατρί.   **39** Ἐζήτουν <u>οὖν</u>   αὐτὸν   ℵ* [**w**]
ὅτι ἐν ἐμοὶ ὁ πατὴρ κἀγὼ ἐν τῷ πατρί.   **39** Ἐζήτουν <u>οὖν</u> <u>αὐτὸν</u> <u>πάλιν</u>   ℵᶜ L W 33 [**uw**]
ὅτι ἐν ἐμοὶ ὁ πατὴρ κἀγὼ ἐν <u>αὐτῷ.</u>   **39** Ἐζήτουν <u>οὖν</u> <u>αὐτὸν</u> <u>πάλιν</u>   A K Π Ψ f¹ 2 565 1424
ὅτι ἐν ἐμοὶ ὁ πατὴρ κἀγὼ ἐν τῷ πατρί.   **39** <u>Καὶ</u> <u>ἐζήτουν</u>   αὐτὸν   D
ὅτι ἐν ἐμοὶ ὁ πατὴρ κἀγὼ ἐν <u>αὐτῷ.</u>   **39** Ἐζήτουν   πάλιν αὐτὸν   𝔐 M Θ Λ 28 700
ὅτι ἐν ἐμοὶ ὁ πατὴρ κἀγὼ ἐν <u>αὐτῷ.</u>   **39** Ἐζήτουν   πάλιν   U
ὅτι ἐν ἐμοὶ ὁ πατὴρ κἀγὼ ἐν <u>αὐτῷ.</u>   **39** Ἐζήτουν <u>οὖν</u> <u>αὐτὸν</u> <u>πάλιν</u>   Δ
ὅτι ἐν ἐμοὶ ὁ πατὴρ κἀγὼ ἐν <u>αὐτῷ.</u>   **39** Ἐζήτουν   <u>αὐτὸν</u> <u>πάλιν</u>   Ω
ὅτι ἐν ἐμοὶ ὁ πατὴρ κἀγὼ ἐν <u>αὐτῷ.</u>   **39** Ἐζήτουν <u>οὖν</u> πάλιν αὐτὸν   f¹³ τ
ὅτι ἐν ἐμοὶ ὁ πατὴρ κἀγὼ ἐν <u>αὐτῷ.</u>   **39** Ἐζήτουν <u>οὖν</u>   αὐτὸν <u>οἱ Ἰουδαῖοι</u>   69
ὅτι ἐν ἐμοὶ ὁ πατὴρ κἀγὼ ἐν <u>αὐτῷ.</u>   **39** Ἐζήτουν <u>οὖν</u>   αὐτὸν   579
ὅτι ἐν ἐμοὶ ὁ πατὴρ κἀγὼ ἐν <u>αὐτῷ.</u>   **39** Ἐζήτουν <u>οὖν</u> πάλιν αὐτὸν <u>πιάσαι</u>   1071
ὅτι ἐν ἐμοὶ ὁ πατὴρ κἀγὼ ἐν <u>αὐτῷ.</u>   **39** Ἐζήτουν <u>πάλιν</u> <u>οὖν</u> αὐτὸν   1346
ὅτι ἐν ἐμοὶ ὁ πατὴρ κἀγὼ ἐν τῷ πατρί.   **39** Ἐζήτουν   <u>αὐτὸν</u> <u>πάλιν</u>   [**u**]

---

lac. **10.37-39** C F N P Γ

A 38 μημ 𝔓⁶⁶* ¦ πιστευεται 𝔓⁶⁶ A D W 2* 579 ¦ πιστευηται L ¦ πιστευειτε M ¦ γνωται L

B 37 π̅ρ̅ς̅ 𝔓⁴⁵ 𝔓⁶⁶ A 𝔐 K L M S U W Δ Θ Λ Π Ψ Ω f¹ 118 f¹³ 69 124 2 33 28 157 565 579 700 788 1071 1346 1424 **38** π̅ρ̅ 𝔓⁴⁵
¦ π̅η̅ρ̅ 𝔓⁶⁶ A 𝔐 K L M S U W Δ Θ Λ Π Ψ Ω f¹ 118 f¹³ 69 124 2 33 28 157 565 579 700 788 1071 1346 1424 ¦ π̅ρ̅ι̅ 𝔓⁶⁶ W L
33 157

C 38 τελος (post πατρι) D [σαββατω της ε̅´ εβδομ.: 10.27-38] ¦ (post αυτω) E S Θ Λ Ψ f¹³ 124 2 1071 1346 ¦ τελος του Σα G f¹
118 28 ¦ τελ της παρ,α εγκαινιω κ, του Σα Y ¦ τελ του Σα ε M **39** αρχ τη ι̅β̅ ιαννυαρ τω καιρω εκει εζητ οι ιουδ πιασαι του ι̅υ̅
f¹

D 39 ο̅γ̅/δ̅ ℵ S Y U Λ Π 118 124 28 788 1071 1424 ¦ ο̅γ̅/α A M Ψ ¦ ο̅γ̅ D H K Θ Ω f¹ 2 157 1346 ¦ ο̅γ̅/γ E ¦ ο̅δ̅/γ G L ¦ Ευ Ιω ο̅γ̅ :
Λο . : Μρ κ̅ς̅ : Μθ ρι̅ζ̅ E 788 ¦ Ιω ο̅δ̅ 124

πιάσαι,	καὶ ἐξῆλθεν ἐκ	τῆς χειρὸς αὐτῶν.	B 𝔓$^{45.66}$ **uwτ** rell
....	....λθεν ἐ··	τῆ·· χειρὸς αὐ······	𝔓^{75}
πιάσαι αὐτόν,	καὶ ἐξῆλθεν ἐκ	τῆς χειρὸς αὐτῶν.	U
πιάσαι,	καὶ ἐξῆλθεν ἐκ	τῶν χειρῶν αὐτῶν.	f^1
πιάσαι,	καὶ ἐξῆλθεν ἀπὸ	τῶν χειρῶν αὐτῶν.	565
αὐτόν,	καὶ ἐξῆλθεν ἐκ	τῆς χειρὸς αὐτῶν.	1071

Jesus Crosses The Jordan And Remains Where John Baptized

40 Καὶ ἀπῆλθεν	πάλιν	πέραν τοῦ Ἰορδάνου εἰς τὸν	τόπον	ὅπου	ἦν		Ἰωάνης	B 𝔓^{75*} D **w**
40 Καὶ ἀπῆλθεν		πέραν τοῦ Ἰορδάνου εἰς τὸν	τόπον	οὗ	ἦν		Ἰωάννης	𝔓^{66}
40 Καὶ ἀπῆλθεν	πάλιν	πέραν τοῦ Ἰορδάνου		ὅπου	ἦν		Ἰωάννης	ℵ*
40 Ἀπῆλθεν οὖν	πάλιν	πέραν τοῦ Ἰορδάνου εἰς τὸν	τόπον	ὅπου	ἦν		Ἰωάννης	A
40 Καὶ ἀπῆλθεν	πάλιν	πέραν τοῦ Ἰορδάνου εἰς τὸν	τόπον	ὅπου	ἦν	ὁ	Ἰωάννης	1
40 Καὶ ἀπῆλθεν	πάλιν	πέραν τοῦ Ἰωρδάνου εἰς	τόπον	ὅπου	ἦν		Ἰωάννης	579
40 Καὶ διῆλθεν	πάλιν	πέραν τοῦ Ἰορδάνου εἰς	τόπον	ὅπου	ἦν		Ἰωάννης	1424
40 Καὶ ἀπῆλθεν	πάλιν	πέραν τοῦ Ἰορδάνου εἰς τὸν	τόπον	ὅπου	ἦν		Ἰωάννης	𝔓$^{45.75c}$ **uτ** rell

τὸ πρῶτον	βαπτίζων καὶ ἔμενεν	ἐκεῖ. **41**	καὶ πολλοὶ ἦλθον πρὸς αὐτὸν	καὶ ἔλεγον	B [w]
τὸ πρότερον	βαπτίζων καὶ ἔμεινεν	ἐκεῖ. **41**	καὶ πολλοὶ ἦλθον πρὸς αὐτὸν	καὶ ἔλεγον	𝔓^{45} Δ f^{13}
τὸ πρότερον	βαπτίζων καὶ ἔμινεν	ἐκεῖ. **41**	καὶ πολλοὶ ἦλθον πρὸς αὐτὸν	καὶ ἔλεγον	ℵ [↑1071
τὸ πρῶτον	βαπτίζων καὶ ἔμινεν	ἐκεῖ. **41**	καὶ πολλοὶ ἦλθον πρὸς αὐτὸν	καὶ ἔλεγον	A
τὸ πρότερον	βαπτίζων καὶ ἔμινεν	ἐκεῖ. **41**	ἦλθον δὲ πολλοὶ πρὸς αὐτὸν	καὶ ἔλεγον	Θ
τὸ πρῶτον τὸν	βαπτίζων καὶ ἔμεινεν	ἐκεῖ. **41**	καὶ πολλοὶ ἦλθον πρὸς αὐτὸν	καὶ ἔλεγον	118
βαπτίζων τὸ πρῶτον	καὶ ἔμεινεν	ἐκεῖ. **41**	καὶ πολλοὶ ἦλθον πρὸς αὐτὸν ἐκεῖ	καὶ ἔλεγον	124
	βαπτίζων καὶ ἔμεινεν	ἐκεῖ. **41**	καὶ πολλοὶ ἦλθον πρὸς αὐτὸν	καὶ ἔλεγον	33
βαπτίζων τὸ πρότερον	καὶ ἔμεινεν	ἐκεῖ. **41**	καὶ πολλοὶ ἦλθον πρὸς αὐτὸν	καὶ ἔλεγον	579
	βαπτίζων καὶ ἔμεινεν	ἐκεῖ. **41**	καὶ πολλοὶ ἦλθον πρὸς αὐτὸν	καὶ ἔλεγον	1424
τὸ πρῶτον	βαπτίζων καὶ ἔμεινεν	ἐκεῖ. **41**	καὶ πολλοὶ ἦλθον πρὸς αὐτὸν	καὶ ἔλεγον	𝔓$^{66.75}$
					D 𝔐 K L M U W Λ Π Ψ f^1 2 28 157 565 700 **u[w]τ**

ὅτι	Ἰωάνης μὲν σημεῖον	ἐποίησεν	οὐδέν,	πάντα δὲ	ὅσα εἶπεν Ἰωάνης	B **w**
ὅτι	Ἰωάννης μὲν σημεῖον	ἐποίησεν	οὐδὲ ἕν,	πάντα δὲ	ὅσα Ἰωάννης εἶπεν	𝔓^{45}
	Ἰωάννης μὲν σημεῖον	ἐποίησεν	οὐδέν,	πάντα δὲ	ὅσα εἶπεν Ἰωάννης	ℵ
	Ἰωάνης μὲν σημεῖον	ἐποίησεν	οὐδέν,	πάντα δὲ	ὅσα Ἰωάνης εἶπεν	D
ὅτι	Ἰωάννης μὲν	ἐποίησεν	οὐδέν,	πάντα δὲ	ὅσα εἶπεν Ἰωάννης	E* Λ*
ὅτι	Ἰωάννης μὲν ἐποίησεν	σημεῖον	οὐδέν,	πάντα δὲ	ὅσα εἶπεν Ἰωάννης	K L M Π Ψ f^{13} 33
ὅτι	Ἰωάννης μὲν ἐποίησεν	σημεῖον	οὐδὲ ἕν,	πάντα δὲ	ὅσα εἶπεν	W [↑579
ὅτι	Ἰωάννης μὲν σημεῖον	ἐποίησεν	οὐδὲ ἕν,	πάντα δὲ	ὅσα εἶπεν Ἰωάννης	Θ
ὅτι	Ἰωάννης μὲν ἐποίησεν	σημεῖον	οὐδὲ ἕν,	πάντα δὲ	ὅσα εἶπεν Ἰωάννης	f^1 69 565 1346
ὅτι	Ἰωάννης ἐποίησεν	σημεῖον	οὐδὲ ἕν,	πάντα δὲ	ὅσα εἶπεν Ἰωάννης	124 788
ὅτι	Ἰωάννης μὲν ἐποίησεν	σημεῖον	οὐδέν,	πάντα γὰρ	ὅσα εἶπεν Ἰωάννης	157
ὅτι	Ἰωάννης σημεῖον οὐκ	ἐποίησεν	οὐδέν,	πάντα δὲ	ὅσα εἶπεν Ἰωάννης	1424
ὅτι	Ἰωάννης μὲν σημεῖον	ἐποίησεν	οὐδέν,	πάντα δὲ	ὅσα εἶπεν Ἰωάννης	𝔓$^{66.75}$ A 𝔐 U Δ Λ^c 2 28 700 1071 **uτ**

lac. 10.39-41 C F N P Γ

A 39 πιασε Θ* | αυτον (αυτων) 579 **40** απηλθε G S Y 118 69 157 700 | προτερων 579 ¦ πρωτερον 1071 | βτο E* ¦ βαπτιζον 1346 | εμειν W ¦ εμηνεν 579 **41** σημιον ℵ L W 579 ¦ σιμιον Θ | εποιησε 118 69 157 | ωσα 579

B 37 π̅ρ̅ς̅ 𝔓^{45} 𝔓^{66} A 𝔐 K L M S U W Δ Θ Λ Π Ψ Ω f^1 118 f^{13} 69 124 2 33 28 157 565 579 700 788 1071 1346 1424 **38** π̅ρ̅ 𝔓^{45} ¦ π̅η̅ρ̅ 𝔓^{66} A 𝔐 K L M S U W Δ Θ Λ Π Ψ Ω f^1 118 f^{13} 69 124 2 33 28 157 565 579 700 788 1071 1346 1424 | π̅ρ̅ι̅ 𝔓^{66} W L 33 157 **41** ιω̅ς̅ 118

C 38 τελος (post πατρι) D [σαββατω της ε̅΄ εβδομ.: 10.27-38] ¦ (post αυτω) E S Θ Λ Ψ f^{13} 124 2 1071 1346 ¦ τελος του Σα G f^1 118 28 ¦ τελ της παρ,α εγκαινιω κ, του Σα Y ¦ τελ του Σα ε̅ M **39** αρχ τη ιβ̅ ιαννυαρ τω καιρω εκει εζητ οι ιουδ πιασαι του ιυ̅ f^1

D 39 ϙ̅γ̅/δ ℵ S Y U Λ Π 118 124 28 788 1071 1424 ¦ ϙ̅γ̅/α A M Ψ ¦ ϙ̅γ̅ D H K Θ Ω f^1 2 157 1346 ¦ ϙ̅γ̅/γ E ¦ ϙ̅δ̅/γ̅ G L | Ευ Ιω ϙ̅γ̅ : Λο . : Μρ κ̅ϛ̅ : Μθ ρ̅ι̅ζ̅ E 788 | Ιω ϙ̅δ̅ 124 **40** ϙ̅δ̅/ι̅ (ante και εμεινεν) H Λ ¦ ϙ̅δ̅ K **41** ϙ̅δ̅/ι̅ ℵ A G M S U Π Ψ 118 124 28 1071 1424 ¦ ϙ̅δ̅ Θ f^1 2 157 1346 ¦ ϙ̅δ̅/ϛ̅ 788 | (ante και ελεγ.) ϙ̅δ̅/ι̅ E ¦ ϙ̅δ̅ D ¦ ϙ̅δ̅/β̅ Ω | Ευ Ιω ϙ̅δ̅ : Λο . : Μρ . : Μθ . E | Ιω ϙ̅δ̅ 124

περὶ τούτου ἀληθῆ ἦν.	**42** καὶ πολλοὶ ἐπίστευσαν εἰς αὐτὸν ἐκεῖ.	B 𝔓⁶⁶·⁷⁵ ℵ D L M Ψ *f*¹ 33 157 565
περὶ τούτου ἀληθῆ ἦν.	**42** καὶ πολλοὶ ἐπίστευσαν εἰς αὐτόν.	𝔓⁴⁵ 118 [↑1071 **uw**
περὶ τούτου ἀληθῆ ἦν.	**42** καὶ <u>ἐπίστευσαν</u> <u>πολλοὶ</u> εἰς αὐτὸν ἐκεῖ.	A K Π *f*¹³
περὶ τούτου ἀληθῆ ἦν.	**42** καὶ <u>ἐπίστευσαν</u> <u>πολλοὶ</u> ἐκεῖ εἰς αὐτόν.	𝔐 Λ 2 700 1424 τ
περὶ <u>αὐτοῦ</u> ἀληθῆ ἦν.	**42** καὶ <u>ἐπίστευσαν</u> <u>πολλοὶ</u> εἰς αὐτὸν ἐκεῖ.	U
περὶ τούτου ἀληθῆ ἦν.	**42** πολλοὶ <u>οὖν</u> ἐπίστευσαν εἰς αὐτὸν ἐκεῖ.	W
περὶ <u>αὐτοῦ</u> ἀληθῆ ἦν.	**42** καὶ <u>ἐπίστευσαν</u> πολλοὶ ἐκεῖ εἰς αὐτόν.	Δ
περὶ τούτου ἀληθῆ.	**42** καὶ <u>ἐπίστευσαν</u> πολλοὶ εἰς αὐτὸν ἐκεῖ.	Θ
περὶ τούτου ἀληθῆ ἦν.	**42** καὶ <u>ἐπίστευσαν</u> ἐκεῖ <u>πολλοὶ</u> εἰς αὐτόν.	28
περὶ <u>ἀληθηνή</u>.	**42** καὶ πολλοὶ ἐπίστευσαν εἰς αὐτὸν ἐκεῖ.	579

ῑᾱ περὶ λαζάρου

The Illness Of Lazarus Of Bethany

λͅε̅	**11.1**	⁺Ην δέ	τις ἀσθενῶν, Λάζαρος ἀπὸ Βηθανίας,	ἐκ τῆς κώμης		Μαρίας	B 𝔓⁶⁶ **uwτ** rell
	11.1	··γ δε ····	ἐκε·· ··σθ········· ········ ἀπὸ Βηθανία·	ἐκ τη ·········		···········	𝔓⁶
	11.1	····· δέ	τις ἀσθενῶν, Λάζαρος ἀπὸ <u>Βηθανίαμ</u>,	ἐκ τῆς κώμη·		···········	𝔓⁴⁵
	11.1	⁺Ην δέ	τ·········νῶν, ····ζαρος ······ θανεία···	··· τῆς κώμ··ς		Μαρία·	𝔓⁷⁵
	11.1	⁺Ην δέ	τις ἀσθενῶν, Λάζαρος ἀπὸ Βηθανίας,	ἐκ τῆς κώμης <u>τῆς</u>		Μαρίας	ℵ D
	11.1	⁺Ην δέ	τις ἀσθενῶν, Λάζαρος ἀπὸ <u>Βιθανίας</u>,	ἐκ τῆς κώμη		Μαρίας	U Ω
	11.1	⁺Ην δέ	τις ἀσθενῶν, Λάζαρος ἀπὸ Βηθανίας,	τῆς κώμης		Μαρίας	28

καὶ	Μάρθας	τῆς ἀδελφῆς αὐτῆς.	**2** ἦν δὲ		Μαριὰμ ἡ ἀλείψασα τὸν κύριον	B 33 **uw**
καὶ	Μάρθ···	τῆ·· ··δε	**2** ··· δὲ		Μαριὰ·· ἡ ἀ··ε	𝔓⁶
καὶ	Μάρθας	τῆς ἀδελ··ῆς αὐτῆς.	**2** ἦν δὲ <u>αὐτὴ ἡ</u>	Μαρ·····	·····ν κύριον	𝔓⁴⁵
	Μάρθα····	··ς ἀδελφῆς αὐτῆς.	**2** ἦ·····		Μαρία·· ··λ··· ψ····· τὸν κύριον	𝔓⁷⁵
		τῆς ἀδελφῆς <u>αὐτοῦ</u>.	**2** ἦν δὲ		<u>Μαρία</u> ἡ ἀλείψασα τὸν κύριον	A*
καὶ	Μάρθας	τῆς ἀδελφῆς <u>αὐτοῦ</u>.	**2** ἦν δὲ		<u>Μαρία</u> ἡ ἀλείψασα τὸν κύριον	Aᶜ
καὶ <u>τῆς</u>	Μάρθας	τῆς ἀδελφῆς αὐτῆς.	**2** ἦν δὲ		<u>Μαρία</u> ἡ ἀλείψασα τὸν κύριον	D*
καὶ	Μάρθας	τῆς ἀδελφῆς.	**2** ἦν δὲ		<u>Μαρία</u> ἡ ἀλείψασα τὸν κύριον	K*
		τῆς ἀδελφῆς αὐτῆς.	**2** ἦν δὲ		<u>Μαρία</u> ἡ ἀλείψασα τὸν κύριον	157
καὶ	Μάρθας	τῆς ἀδελφῆς αὐτῆς.	**2** ἦν δὲ		<u>Μαρία</u> ἡ <u>ἀλήψασα</u> τὸν κύριον	579 1071
καὶ	Μάρθας	τῆς ἀδελφῆς αὐτῆς.	**2** ἦν δὲ		<u>Μαρία</u> ἡ ἀλείψασα τὸν κύριον	𝔓⁶⁶ ℵ Dᶜ 𝔐 Kᶜ L
						M U W Δ Θ Λ Π Ψ *f*¹ *f*¹³ 2 28 565 700 1424 τ

μύρῳ	καὶ ἐκμάξασα τοὺς πόδας αὐτοῦ	ταῖς θριξὶν		αὐτῆς, ἧς	B 𝔓⁴⁵·⁶⁶ᶜ 69 124 788
μύρωι	κα· ἐκμ	······· αὐτοῦ ταῖς θριξι··		αὐτῆς, ἧς	𝔓⁶ [↑**uwτ** rell
μύρῳ	καὶ ἐκμάξασα τοὺς πόδας αὐτοῦ	ταῖς θριξὶν		αὐτῆς, ἧς <u>καὶ</u>	𝔓⁶⁶*
μύρ··	καὶ ἐκμ········ πόδας αὐτοῦ	······ θριξὶν		α········	𝔓⁷⁵
μύρῳ	καὶ ἐκμάξασα τοὺς πόδας	ταῖς θριξὶν		αὐτῆς, ἧς <u>καὶ</u>	D
μύρῳ	καὶ ἐκμάξασα τοὺς πόδας αὐτοῦ	ταῖς θριξὶν	<u>ἑαυτῆς</u>, ἧς		E S Y Δ Ω *f*¹³
μύρῳ	καὶ ἐκμάξασα τοὺς πόδας αὐτοῦ	ταῖς θριξὶν <u>τῆς κεφαλῆς</u>		αὐτῆς, ἧς	U Θ 700
<u>μύρων</u>	καὶ ἐκμάξασα τοὺς πόδας αὐτοῦ	ταῖς θριξὶν		αὐτῆς, ἧς	2 579

---

lac. **10.41-11.2** C F N P R Γ

A 41 περη Θ ¦ αληθη 2 ¦ ειν (ην) M **42** επηστευσαν 579 **11.1** τεις (τις) Θ ¦ ασθενον 579 ¦ εικ (εκ) G ¦ κομης Θ* ¦ αδελ K* ¦ αυαυτης 565 **2** αλιψασα 𝔓⁶⁶ ℵ A D L M W Θ ¦ αληψασα Ω 579 1346 ¦ μυρων E ¦ ται 𝔓⁶* ¦ τες (ταις) Θ ¦ θρηξιν A 579 ¦ θριξι U

B 11.2 κ̅ν̅ B 𝔓⁴⁵ 𝔓⁶⁶ 𝔓⁷⁵ ℵ A D 𝔐 K L M S U W Δ Θ Λ Π Ψ Ω *f*¹ 118 *f*¹³ 69 124 2 33 28 157 565 579 700 788 1071 1346 1424

C 42 τελ L **11.1** ῑᾱ A 118 ¦ αρχη: ανναγνοσμα περι του σαββατου D ¦ ῑᾱ (ῑβ̅ H) περι (+ του Θ Λ Ω *f*¹ 124 28 788 1071 1424) λαζαρου: E G H S Y L U Δ Θ Λ Π Ω *f*¹ 124 2 28 157 700 788 1071 1424 ¦ ῑβ̅ K ¦ αρχη: Σα του λαζαρου· G ¦ αρχη: Σαββατω του λαζαρου: τω καιρω εκεινω (om. 2) ην τις (ante ασθενων) E 2 ¦ αρχη: τω ην τις ασθενων H ¦ αρχ: Σα του λαζαρου· τω κ,ρ,ω ην τις ασθενων λαζα Υ ¦ του λαζαρου τω καιρω ην τις ασθενων λαζαρος M ¦ τω Σα του λαζαρου τω κ S ¦ αρχ L 124 ¦ αρχ: τω κ,ρω ην δε Θ ¦ αρχ τω Σα του λαζαρου τω καιρω εκ, Λ ¦ αρχ τω Σα του Λαζαρου Ψ ¦ Σα του Λαζαρ,ο τω καιρω Δ ¦ αρχ λ̅θ̅ Σα του αγ λαζαρου τω καιρω εκει ην τις ασθενων *f*¹ ¦ αρχ λ̅θ̅ Σα του λαζαρου τω ην τις ασθενων 118 ¦ αρχ Σα ι̅ς̅ *f*¹³ 1346 ¦ αρχ του Σαβ τω καιρω εκεινω ην τις ασθενων 28 ¦ αρχ Σα ϛ 157 788 1071 1424 ¦ αρχη τω καιρω 1424 ¦ σχͅο οτι ουκ ην αυτη η πορνην εν τω μθ ουδε η εν τω λο Λ

D 11.1 ϙ̅δ̅/ῑ Υ ¦ ϙ̅ε̅/δ̅ Ω ¦ ϙ̅ε̅/ῑ S 28

ὁ ἀδελφὸς   Λάζαρος ἠσθένει.   3 ἀπέστειλαν   οὖν αἱ ἀδελφαὶ   πρὸς αὐτὸν   B 𝔭⁶⁶ᶜ 124 788
⸳⸳⸳⸳⸳⸳φὸς   Λάζαρος ⸳⸳σθένει.   3 ⸳⸳⸳⸳⸳⸳λαν   οὖν αἱ ἀδελφαὶ   πρ⸳⸳⸳⸳⸳⸳   𝔭⁶ [↑uwτ rell
ὁ ἀδελφὸς   <u>Λάζαρ</u> ἠσθένει.   3 ἀπέστειλαν   οὖν αἱ ἀδελφαὶ   πρὸς αὐτὸν   𝔭⁴⁵
ὁ ἀδελφὸς ἦν Λάζαρος ἠσθένει.   3 <u>καὶ ἔστειλεν</u> οὖν <u>Μάρθα</u>   πρὸς αὐτὸν   𝔭⁶⁶*
⸳⸳δελφὸς   Λάζα⸳⸳⸳ σθένει.   3 α⸳⸳⸳στειλαν οὖν αἱ ἀδελ⸳⸳⸳   ⸳⸳⸳⸳⸳⸳ον   𝔭⁷⁵
ὁ ἀδελφὸς   Λάζαρος ἠσθένει.   3 ἀπέστειλαν   οὖν <u>πρὸς αὐτὸν</u>   <u>αἱ ἀδελφαὶ</u>   א
ὁ ἀδελφὸς   Λάζαρος ἠσθένει.   3 ἀπέστειλαν   οὖν αἱ ἀδελφαὶ <u>αὐτοῦ</u> πρὸς <u>τὸν Ἰησοῦν</u> D
⸳⸳⸳⸳⸳⸳⸳⸳⸳⸳   ⸳⸳⸳⸳⸳⸳⸳⸳⸳⸳   3   αὐτοῦ   F
ὁ ἀδελφὸς   Λάζαρος <u>ἠσθένησεν.</u> 3 ἀπέστειλαν   οὖν αἱ ἀδελφαὶ   πρὸς αὐτὸν   69*
ὁ ἀδελφὸς   Λάζαρος ἠσθένει.   3 ἀπέστειλαν   οὖν αἱ ἀδελφαὶ <u>αὐτοῦ</u> πρὸς <u>ἑαυτὸν</u> 1346
ὁ ἀδελφὸς   Λάζαρος ἠσθένει.   3 ἀπέστειλαν   οὖν αἱ ἀδελφαὶ <u>αὐτοῦ</u> πρὸς αὐτὸν   S Ω f¹ f¹³
                                                             28 157 565 579

λέγουσαι, Κύριε, ἴδε ὃν φιλεῖς ἀσθενεῖ.   B 𝔭⁴⁵·⁶⁶ uwτ rell
λέγουσαι, Κύριε, ἴδε ⸳⸳ν φιλε⸳⸳⸳⸳⸳⸳ θενεῖ.   𝔭⁶
λέγουσαι, Κύριε, ἴδε ὃν φιλεῖς ἀσθενεῖ. <u>ἀπέστειλαν οὖν αἱ ἀδελφαὶ πρὸς αὐτόν.</u> 𝔭⁷⁵*
λέγουσαι, Κύριε,   ὃν φιλεῖς ἀσθενεῖ.   S*
λέγουσαι, Κύριε, ἴδε ὃν φιλεῖς <u>ἀσθενής.</u>   579

4 ἀκούσας δὲ ὁ Ἰησοῦς εἶπεν,   Αὕτη ἡ ἀσθένεια   οὐκ ἔστιν πρὸς   B 𝔭⁴⁵·⁶⁶·⁷⁵ uwτ rell
4 ⸳⸳⸳⸳⸳⸳ύσας δὲ ⸳⸳ Ἰησοῦς εἶπ⸳⸳⸳   ⸳⸳⸳⸳τη ἡ ἀ⸳⸳⸳ένεια ·   ἔσ⸳⸳⸳   𝔭⁶
4 ἀκούσας δὲ   Ἰησοῦς εἶπεν,   Αὕτη ἡ ἀσθένεια <u>αὐτοῦ</u> οὐκ ἔστιν πρὸς   D
4 ἀκούσας δὲ ὁ Ἰησοῦς εἶπεν,   <u>Ἡ ἀσθένεια</u>   <u>αὐτοῦ</u> οὐκ ἔστιν πρὸς   69
4 ἀκούσας δὲ ὁ Ἰησοῦς εἶπεν <u>αὐτοῖς,</u> <u>Ἡ ἀσθένεια</u> αὕτη   οὐκ ἔστιν πρὸς   565*
4 ἀκούσας δὲ ὁ Ἰησοῦς εἶπεν,   <u>Ἡ ἀσθένεια</u> αὕτη   οὐκ ἔστιν πρὸς   565ᶜ 579 1071

θάνατον ἀλλ᾽ ὑπὲρ τῆς δόξης τοῦ θεοῦ,   ἵνα δοξασθῇ ὁ υἱὸς τοῦ θεοῦᵀ δι᾽ αὐτῆς. B 𝔭⁷⁵ uwτ rell
θ⸳⸳⸳⸳⸳⸳ν ἀλλ᾽   δο⸳⸳⸳   ⸳⸳⸳⸳ῦ,   ἵνα δ⸳⸳⸳⸳⸳⸳ ὁ υ⸳⸳⸳⸳⸳⸳   ι᾽ αὐτῇ⸳⸳ 𝔭⁶
θάνατον ἀλλ᾽ ὑπὲρ τῆς δόξης τοῦ θεοῦ,   ἵνα δοξασθῇ ὁ υἱὸς <u>αὐτοῦ</u>   δι᾽ αὐτῆς. 𝔭⁴⁵
θάνατον ἀλλ᾽ ὑπὲρ τῆς δόξης τοῦ θεοῦ,   ἵνα δοξασθῇ ὁ υἱὸς   δι᾽ αὐτῆς. 𝔭⁶⁶
θάνατον ἀλλ᾽ ὑπὲρ τῆς δόξης τοῦ θεοῦ, <u>ἀλλ᾽</u> ἵνα δοξασθῇ ὁ υἱὸς τοῦ θεοῦ δι᾽ αὐτῆς. א
θάνατον <u>ἀλλὰ</u> ὑπὲρ τῆς δόξης τοῦ θεοῦ,   ἵνα δοξασθῇ ὁ υἱὸς τοῦ θεοῦ δι᾽ αὐτῆς. W
θάνατον ἀλλ᾽ ὑπὲρ τῆς δόξης τοῦ θεοῦ,   ἵνα δοξασθῇ ὁ υἱὸς τοῦ θεοῦ δι᾽ <u>αὐτῶν.</u> 69
θάνατον <u>ἀλλὰ</u> ὑπὲρ τῆς δόξης τοῦ θεοῦ,   δι᾽ αὐτῆς. 579

        ᵀἵνα δοξασθῇ ὁ υἱὸς τοῦ θεοῦ 124

Jesus Goes To Bethany Only After Lazarus Has Died

5 ἠγάπα δὲ ὁ Ἰησοῦς τὴν   Μάρθαν καὶ τὴν ἀδελφὴν αὐτῆς   καὶ τὸν   B 𝔭⁴⁵ uwτ rell
5 ⸳⸳⸳⸳⸳⸳α δὲ ⸳⸳⸳⸳⸳⸳   Μάρ⸳⸳⸳⸳⸳⸳ν Μ⸳⸳⸳⸳⸳⸳ τ⸳⸳⸳⸳⸳⸳ φὴν αὐ⸳⸳⸳⸳⸳⸳   τὸν   𝔭⁶
5 ἠγάπα δὲ ὁ Ἰησοῦς τὴν   Μάρθαν καὶ τὴν ἀδελφὴν   καὶ τὸν   𝔭⁶⁶*
5 ἠγάπα δὲ ὁ Ἰησοῦς τὴν   Μάρ⸳⸳⸳⸳⸳⸳ <u>ἀδελφῆς</u> αὐτῆς   καὶ τὸν   𝔭⁷⁵
5 <u>ἐφίλει</u> δὲ ὁ Ἰησοῦς τὴν   Μάρθαν καὶ τὴν ἀδελφὴν αὐτῆς   καὶ τὸν   D
5 ἠγάπα δὲ ὁ Ἰησοῦς τήν <u>τε</u> <u>Μαριὰμ</u> καὶ <u>τὴν ἀδελφὴν αὐτῆς Μάρθαν</u> καὶ τὸν   Θ
5 ἠγάπα δὲ ὁ Ἰησοῦς τὴν   <u>Μαρίαν</u> <u>καὶ τὴν ἀδελφὴν αὐτῆς Μάρθαν</u> καὶ τὸν   Λ* f¹ f¹³ 565
5 ἠγάπα δὲ ὁ Ἰησοῦς τὴν   <u>Μάρθα</u>   καὶ τὴν ἀδελφὴν αὐτῆς   καὶ τὸν   118
5 ἠγάπα   ὁ Ἰησοῦς τὴν   <u>Μαρίαν</u> <u>καὶ τὴν ἀδελφὴν αὐτῆς Μάρθαν</u> καὶ τὸν   1346*

Λάζαρον. 6 ὡς οὖν ἤκουσεν ὅτι ἀσθενεῖ, τότε μὲν ἔμεινεν   ἐν ᾧ ἦν B 𝔭⁶⁶ᶜ uwτ rell
⸳⸳⸳⸳⸳⸳ν. 6   ν ἤκουσε⸳⸳⸳⸳⸳⸳   ν ἔμει⸳⸳⸳   ⸳⸳⸳⸳ ⸳⸳   𝔭⁶
Λάζαρον. 6 ὡς οὖν ἤκουσεν ὅτι ἀσθενεῖ, τότε μὲν ἔμεινεν   <u>ἐπὶ τῷ</u> 𝔭⁴⁵
Λάζαρον. 6 ὡς οὖν ἤκουσεν ὅτι ἀσθενεῖ, τότε μὲν ἔμεινεν   ᾧ ἦν   𝔭⁶⁶* Λ
Λάζα⸳⸳⸳ν. 6 ὡς ου⸳⸳⸳   υσεν ὅτι ἀσθενεῖ, τότε μὲν ⸳⸳⸳⸳εινεν   ἐν ⸳⸳   𝔭⁷⁵
Λάζαρον. 6 ὡς οὖν ἤκουσεν ὅτι ἀσθενεῖ, τότε μὲν ἔμεινεν <u>ὁ Ἰησοῦς</u> <u>ἐπὶ τῷ</u> D
Λάζαρον. 6 ὡς οὖν ἤκουσεν ὅτι ἀσθενεῖ, τότε   ἔμεινεν   ἐν ᾧ ἦν G
Λάζαρον. 6 ὡς οὖν ἤκουσεν ὅτι ἀσθενεῖ, τότε μὲν ἔμεινεν   ᾧ ἦν   579

lac. **11.2-6** C N P R Γ ¦ vss. 2-3 F

A **2** ησθενι א ¦ ησθενη Θ Λ 579 **3** απεστιλαν 𝔭⁶⁶ א L W Θ ¦ απεστηλεν 579 ¦ ειδε W 579 1071 ¦ εφιλεις L ¦ ασθενη Λ **4** ηπεν 579 ¦ ασθενεια 𝔭⁶⁶ W Θ 2 579 ¦ εστι S Υ Δ Ω f¹ 118 28 69 157 565 ¦ δοξασσθη Υ ¦ ατης (αυτης) **5** τιν (την¹) 1346 **6** ηκου 69* ¦ ασθενι Θ ¦ ασθενη 2* ¦ εμινεν א ¦ εμηνεν Θ

B **3** ιην D ¦ κε B 𝔭⁶ 𝔭⁴⁵ 𝔭⁶⁶ 𝔭⁷⁵ א A D 𝔐 K L M S U W Δ Θ Λ Π Ψ Ω f¹ 118 f¹³ 69 124 2 33 28 157 565 579 700 788 1071 1346 1424 4 ις B 𝔭⁶ 𝔭⁶⁶ 𝔭⁷⁵ א A 𝔐 K L M S U W Δ Θ Λ Π Ψ Ω f¹ 118 f¹³ 124 2 33 28 157 565 579 700 788 1071 1346 1424 ¦ lac. 𝔭⁴⁵ ¦ ιης D ¦ θυ¹·² B 𝔭⁷⁵ א A D 𝔐 K L M S U W Δ Θ Λ Π Ψ Ω f¹ 118 f¹³ 69 124 2 33 28 157 565 700 788 1071 1346 1424 ¦ θυ¹ 𝔭⁴⁵ 𝔭⁶⁶ 579 ¦ θυ³ 124 ¦ ις 𝔭⁴⁵ 𝔭⁷⁵ א 𝔐 K L M S U Δ Λ Π Ψ f¹ 2 33 28 565 1071 1424 **5** ις B 𝔭⁶⁶ (𝔭⁷⁵) א A 𝔐 K L M S U W Δ Θ Λ Π Ψ Ω f¹ 118 f¹³ 124 2 33 28 157 565 579 700 788 1071 1346 1424 ¦ lac. 𝔭⁴⁵ ¦ ιης D **6** ιης D

τόπῳ δύο ἡμέρας, 7 ἔπειτα μετὰ τοῦτο λέγει τοῖς μαθηταῖς,   Ἄγωμεν   B 𝔓75 uwτ rell
....έρας, 7 .... μαθ........   ....   𝔓6
τόπ........ .... 7 .... μετὰ τοῦτο λέγε··   ···γωμεν   𝔓45
τόπῳ δύο ἡμέρας, 7 εἶτα μετὰ τοῦτο λέγει τοῖς μαθηταῖς,   Ἄγωμεν   𝔓66c
τόπῳ δύο ἡμέρας, 7 εἶτα μετὰ τοῦτο λέγει αὐτοῖς,   Ἄγωμεν   𝔓66*
τόπῳ δύο ἡμέρας, 7 εἶτα μετὰ τοῦτο λέγει τοῖς μαθηταῖς αὐτοῦ,   Ἄγωμεν   D
τόπῳ δύο ἡμέρας, 7 ἔπειτα μετὰ τοῦτο λέγει τοῖς μαθηταῖς αὐτοῦ,   Ἄγωμεν   A K Δ Λ Π f13 28 157

εἰς τὴν Ἰουδαίαν πάλιν. 8 λέγουσιν αὐτῷ οἱ μαθηταί,   Ῥαββεί, νῦν   B 𝔓66 אc 𝔐 W Λ 2 w
....αίαν .... 8 .... ···η........   ....   𝔓6
εἰς τὴν Ἰουδα........ 8 .... ···ὑτῷ οἱ μαθητα··,   ········βεί, νῦν   𝔓45
εἰς τ........ ....αν πάλιν. 8 λέγου··ιν τῷ οἱ μαθ········   ········βί, νῦν   𝔓75
εἰς τὴν Ἰουδαίαν. 8 λέγουσιν αὐτῷ οἱ μαθηταί,   Ῥαββεί, νῦν   א*
εἰς τὴν Ἰουδαίαν πόλιν. 8 λέγουσιν αὐτῷ οἱ μαθηταί,   Ῥαββεί, νῦν   A
.... 8 ···γουσιν αὐτῷ οἱ μαθηταί,   Ῥαββεί, νῦν   C
εἰς τὴν Ἰουδαίαν πάλιν. 8 λέγουσιν αὐτῷ οἱ μαθηταῖ αὐτοῦ,   Ῥαββεί, νῦν   D
πάλιν εἰς τὴν Ἰουδαίαν. 8 λέγουσιν αὐτῷ οἱ μαθηταί,   Ῥαββή, νῦν   Θ
πάλιν εἰς τὴν Ἰουδαίαν. 8 λέγουσιν αὐτῷ οἱ μαθηταί,   Ῥαββί, νῦν   f1 f13
εἰς τὴν Ἰουδαίαν πάλιν. 8 λέγουσιν αὐτῷ οἱ μαθηταῖ αὐτοῦ,   Ῥαββί, νῦν   124
πάλιν εἰς τὴν Ἰουδαίαν. 8 λέγουσιν αὐτῷ οἱ μαθηταί,   Ῥαββεί, νῦν   565
εἰς τὴν Ἰουδαίαν πάλιν. 8 λέγουσιν αὐτῷ οἱ μαθηταὶ πάλιν,   Ῥαββεί, νῦν   1424   [↓157 579 uτ
εἰς τὴν Ἰουδαίαν πάλιν. 8 λέγουσιν αὐτῷ οἱ μαθηταί,   Ῥαββί, νῦν   F G K L M S U Δ Π Ψ Ω 33 28

ἐζήτουν σε λιθάσαι οἱ Ἰουδαῖοι, καὶ πάλιν ὑπάγεις ἐκεῖ; 9 ἀπεκρίθη Ἰησοῦς,   B 𝔓66 uw rell
ἐζήτουν σε λ········ ... ········ ····άλιν ὑπάγεις ········ 9 ···πεκρίθη ὁ Ἰησοῦς,   𝔓45
ἐζήτο······ λιθάσαι οἱ Ἰ········ ········ πάλιν ὑπάγ······ ι; 9 ἀπεκρίθη Ἰησοῦς,   𝔓75
ἐζήτουν σε οἱ Ἰουδαῖοι λιθάσαι, καὶ πάλιν ὑπάγεις ἐκεῖ; 9 ἀπεκρίθη Ἰησοῦς,   G 69 157 788 1424
ἐζήτουν σε οἱ Ἰουδαῖοι λιθάσαι, καὶ πάλιν ὑπάγεις ἐκεῖ; 9 ἀπεκρίθη ὁ Ἰησοῦς,   U Θ f1 f13 565
ἐζήτουν σε οἱ Ἰουδαῖοι ἀποκτεῖναι, καὶ πάλιν ὑπάγεις ἐκεῖ; 9 ἀπεκρίθη ὁ Ἰησοῦς,   579
ἐζήτουν σε λιθάσαι οἱ Ἰουδαῖοι, καὶ πάλιν ὑπάγεις ἐκεῖ; 9 ἀπεκρίθη ὁ Ἰησοῦς,   τ

Οὐχὶ δώδεκα ὧραί εἰσιν τῆς ἡμέρας; ἐάν τις περιπατῇ ἐν τῇ ἡμέρα,   B 𝔓66 א A C K L M W Π Ψ f1 33
Οὐχὶ δω········ ········ ···· ἡμέρας; ἐάν ········ ··· ἡμέρα περιπατῇ,   𝔓45   [↑157 565 788 uw
Οὐχ···· ·ώδεκα ········ ········μέρας; ἐάν τις πε···πατῇ ἐγ ········   𝔓75
Οὐχὶ δώδεκα ὧρας ἔχει ἡ ἡμέρα; ἐάν τις περιπατῇ ἐν τῇ ἡμέρα,   D
Οὐχὶ δώδεκα εἰσιν ὧραί τῆς ἡμέρας; ἐάν τις περιπατει ἐν τῇ ἡμέρα,   H Λc 124 2 28 1424
Οὐχὶ δώδεκα εἰσιν ὧραί τῆς ἡμέρας; ἐάν τις περιπατει ἐν τῇ ἡμέρα,   𝔐 U Δ Θ τ
Οὐχὶ δώδεκα εἰσιν ὧραί τῆς ἡμέρας; ἐάν τι περιπατει ἐν τῇ ἡμέρα,   Λ*
Οὐχὶ δώδεκα ὧραί εἰσιν τῆς ἡμέρας; ἐάν τις περιπατει ἐν τῇ ἡμέρα,   118 f13
Οὐχὶ δώδεκα ὧραί οἱ εἰσιν τῆς ἡμέρας; ἐάν τις περιπατεῖς ἐν τῇ ἡμέρα,   579

οὐ προσκόπτει, ὅτι τὸ φῶς τοῦ κόσμου τούτου βλέπει· 10 ἐὰν δέ τις περιπατῇ   B 𝔓66.75 uwτ rell
.... ········ ···ῶς τοῦ κόσ········ ········ 10 ········ περιπ···   𝔓45
οὐ προσκόπτει, ὅτι τὸ φῶς τοῦ κόσμου βλέπει· 10 ἐὰν δέ τις περιπατῇ   W*
οὐ προσκόπτει, ὅτι τὸ φῶς τούτου βλέπει· 10 ἐὰν δέ τις περιπατῇ   Π*
οὐ προσκόπτει, ὅτι τὸ φῶς τοῦ κόσμου τούτου βλέπει· 10 ἐάν τις περιπατῇ   124

ἐν τῇ νυκτί, προσκόπτει, ὅτι τὸ φῶς οὐκ ἔστιν ἐν αὐτῷ. 11 ταῦτα εἶπεν,   B 𝔓66.75 uwτ rell
ἐν τῇ νυκτί, προσκόπτει, ὅτι τὸ φῶς οὐκ ἔστιν ἐν αὐτῇ. 11 ταῦτα εἶπεν,   D*
ἐν τῇ νυκτί, προσκόπτει, ὅτι φῶς οὐκ ἔστιν ἐν αὐτῷ. 11 ταῦτα εἶπεν,   W
ἐν τῇ νυκτί, προσκόπτει, ὅτι τὸ φῶς οὐκ ἔστιν ἐν αὐτῷ. 11 ταῦτα ἐλάλησεν ὁ Ἰησοῦς,   157

---

lac. 11.6-11 N P Γ ¦ vs. 11 𝔓45 ¦ vss. 6-7 C

A 6 ηκου 69* ¦ ασθενι Θ ¦ ασθενη 2* ¦ εμινεν א ¦ εμηνεν Θ 7 επιτα א L* Θ 157 ¦ τουτω 579 ¦ μαθηται W ¦ αγωμεν S ¦ ις (εις) D* 8 σαι (σε) 579 ¦ λιθασε א L 9 ουχει D ¦ εισι C K Ψ f1 13 69 157 788 1346 ¦ της (τις) Θ ¦ περιπατει E* ¦ προσκοπτι Θ ¦ προσκωπτει 579 ¦ προσκοπτη 1346 ¦ βλεπι Θ 10 περιπατει G* H Ω 13 69 2 28 157 579 1346 1424 ¦ τι (τη) Θ ¦ νυκτει א ¦ προσκοπτι W Θ 11 ειπε Υ 118

B 9 ις B 𝔓66 𝔓75 א A C 𝔐 K L M S U W Δ Θ Λ Π Ψ Ω f1 118 f13 124 2 33 28 157 565 579 788 1346 1424 ¦ ιη 𝔓45 ¦ ιης D 11 ις 157

καὶ μετὰ τοῦτο λέγει αὐτοῖς, Λάζαρος ὁ φίλος ἡμῶν κεκοίμηται· ἀλλὰ πορεύομαι	B 𝔓^{66} **uwτ** rell
καὶ με··· τοῦτο λέγει αὐτοῖς, ···············ς ἡ φίλος ··· ῶν κ·······ίμητ····· ·········· ··ορεύομαι	𝔓^{75}
καὶ μετὰ τοῦτο λέγει αὐτοῖς, Λάζαρος ὁ φίλος ἡμῶν κοίμαται· ἀλλὰ πορεύομαι	D
μετὰ τοῦτο λέγει αὐτοῖς, Λάζαρος ὁ φίλος ἡμῶν κεκοίμηται· ἀλλὰ πορεύομαι	Δ
καὶ μετὰ τοῦτο λέγει αὐτοῖς, Λάζαρος ὁ φίλος ἡμῶν κεκοίμηται· ἀλλὰ πορεύσομαι	Θ
καὶ μετὰ τοῦτο λέγει, Λάζαρος ὁ φίλος ἡμῶν κεκοίμηται· ἀλλὰ πορεύομαι	33
καὶ μετὰ ταῦτα λέγει αὐτοῖς, Λάζαρος ὁ φίλος ἡμῶν κεκοίμηται· ἀλλὰ πορεύομαι	1424

ἵνα ἐξυπνίσω αὐτόν. **12** εἶπον οὖν οἱ μαθηταὶ αὐτῷ, Κύριε, εἰ κεκοίμηται	B C* f^{13} 33 157
ἵνα ἐξυπνίσω αὐτόν. **12** εἶπαν οὖν οἱ μαθηταὶ αὐτῷ, Κύριε, εἰ κεκοίμηται	𝔓^{66} Θ **uw**
····· ἐξυπ·····ω αὐτόν. **12** εἶπον ο·· ν οἱ μαθηταὶ αὐτῷ, Κ·········, εἰ κεκοίμηται	𝔓^{75}
ἵνα ἐξυπνίσω αὐτόν. **12** εἶπαν οὖν αὐτῷ οἱ μαθηταί, Κύριε, εἰ κεκοίμηται	ℵ
ἵνα ἐξυπνίσω αὐτόν. **12** εἶπον οὖν αὐτῷ, Κύριε, εἰ κεκοίμηται	A
τοῦ ἐξύπνισαι αὐτόν. **12** εἶπον οὖν αὐτῷ οἱ μαθηταί, Κύριε, εἰ κοίμαται	D*.c2
τοῦ ἐξύπνισαι αὐτόν. **12** εἶπον οὖν αὐτῷ οἱ μαθηταί, Κύριε, εἰ κεκοίμηται	D^{c1}
ἵνα ἐξυπνίσω αὐτόν. **12** εἶπον οὖν αὐτῷ οἱ μαθηταί, Κύριε, εἰ κεκοίμηται	K W Π
ἵνα ἐξυπνίσω αὐτόν. **12** εἶπον οὖν αὐτῷ οἱ μαθηταὶ αὐτοῦ, Κύριε, εἰ κεκοίμηται	S
ἵνα ἐξυπνίσω αὐτόν. **12** εἴπων οὖν οἱ μαθηταὶ αὐτοῦ, Κύριε, εἰ κεκοίμηται	Λ^{c}
ἵνα ἐξυπνίσω αὐτόν. **12** εἶπον οὖν αὐτῷ οἱ μαθηταὶ αὐτοῦ, Κύριε, εἰ κεκείμειται	579
ἵνα ἐξυπνίσω αὐτόν. **12** εἶπον οὖν οἱ μαθηταὶ αὐτοῦ, Κύριε, εἰ κεκοίμηται	C^{c} 𝔐 L M U Δ Λ* Ψ f^{1} 69 2 28 565 1424 τ

σωθήσεται. **13** εἰρήκει δὲ ὁ Ἰησοῦς περὶ τοῦ θανάτου αὐτοῦ, ἐκεῖνοι	B 𝔓^{66c} **uwτ** rell
σωθήσεται. **13** εἰρήκει δὲ ὁ Ἰησοῦς περὶ τῆς κοιμήσεως αὐτοῦ, ἐκεῖνοι	𝔓^{66*}
ἐγερθήσεται. **13** εἰρήκει δὲ ὁ Ἰησοῦς περὶ θανάτου αὐτοῦ, ἐκεῖνοι	𝔓^{75}
σωθήσεται. **13** εἰρήκει δὲ ὁ Ἰησοῦς περὶ τοῦ θανάτου, ἐκεῖνοι	ℵ*
σωθήσεται. **13** εἰρήκει δὲ ἴδε ὁ Ἰησοῦς περὶ τοῦ θανάτου αὐτοῦ, ἐκεῖνοι	G
13 εἰρήκει δὲ ὁ Ἰησοῦς περὶ τοῦ θανάτου αὐτοῦ, ἐκεῖνοι	1*
σωθήσεται. **13** εἰρήκαι δὲ ὁ Ἰησοῦς περὶ τοῦ θανάτου αὐτοῦ, ἐκεῖνοι	579
σωθήσεται. **13** ἐκεῖνοι	1424

δὲ ἔδοξαν ὅτι περὶ τῆς κοιμήσεως τοῦ ὕπνου λέγει. **14** τότε οὖν εἶπεν αὐτοῖς	B 𝔓^{66} **uwτ** rell
δὲ ἔδοξαν περὶ τῆς κοιμήσεως τοῦ ὕπνου λέγει. **14** τότε οὖν εἶπεν αὐτοῖς	𝔓^{75}
δὲ ἔδοξαν ὅτι περὶ τῆς κοιμήσεως τοῦ ὕπνου λέγει. **14** τότε εἶπεν αὐτοῖς	A 157 565
δὲ ἔδοξαν ὅτι περὶ τῆς κοιμήσεως τοῦ ὕπνου λέγει. **14** τότε λέγει αὐτοῖς	W
δὲ ἔδοξαν ὅτι περὶ τῆς κοιμήσεως τοῦ ὕπνου λέγει. **14** τότε εἶπεν	579

ὁ Ἰησοῦς παρρησίᾳ, Λάζαρος ἀπέθανεν, **15** καὶ χαίρω δι' ὑμᾶς	B 𝔓^{75} **uwτ** rell
Ἰησοῦς παρρησίᾳ, Λάζαρος ἀπέθανεν, **15** καὶ χαίρω δι' ὑμᾶς	𝔓^{66}
Ἰησοῦς παρησίᾳ, Λάζαρος ἀπέθανεν, **15** καὶ χαίρω δι' ὑμᾶς	ℵ*
ὁ Ἰησοῦς παρρησίᾳ, Λάζαρος ὁ φίλος ἡμῶν ἀπέθανεν, **15** καὶ χαίρω δι' ὑμᾶς	D
ὁ Ἰησοῦς παρρησίᾳ, Λάζος ἀπέθανεν, **15** καὶ χαίρω δι' ὑμᾶς	G
ὁ Ἰησοῦς παρησίᾳ, Λάζαρος ἀπέθανεν, **15** καὶ χαίρω δι' ὑμᾶς	W
παρρησίᾳ ὁ Ἰησοῦς, Λάζαρος ἀπέθανεν, **15** καὶ χαίρω δι' ὑμᾶς	f^{1} 565
παρρησίᾳ, Λάζαρος ἀπέθανεν, **15** καὶ χαίρω δι' ὑμᾶς,	33 157

ἵνα πιστεύσητε, ὅτι οὐκ ἤμην ἐκεῖ· ἀλλ' ἄγωμεν πρὸς αὐτόν. **16** εἶπεν οὖν	B K Δ Ω f^{1} f^{13} 2 565 1424 τ
·ἵνα πιστεύσηται, ὅτι οὐκ ἤμην ἐκεῖ· ἀλλὰ ἄγωμεν πρὸς αὐτόν. **16** εἶπεν οὖν	𝔓^{66} L W
······· ···στεύ··ητε, ὅτι οὐκ ἤμην ἐ······· ········ ···· ωμεν πρ····· ············ **16** εἶπεν οὖν	𝔓^{75}
ἵνα πιστεύσητε, ὅτι οὐκ ἤμην ἐκεῖ· ἀλλα ἄγωμεν πρὸς αὐτόν. **16** εἶπον οὖν	M
ἵνα πιστεύσητε, ὅτι οὐκ ἤμην ἐκεῖ· ἀλλα ἄγω······ πρὸς αὐτόν. **16** εἶπεν οὖν	33
ὅτι οὐκ ἤμην ἐκεῖ· ἀλλὰ ἄγωμεν πρὸς αὐτόν. **16** εἶπεν οὖν	157
·ἵνα πιστεύσιται, ὅτι οὐκ ἤμην ἐκεῖ· ἀλλὰ ἄγωμεν πρὸς αὐτόν. **16** εἶπεν οὖν	579 [↓700 1071 **uw**
ἵνα πιστεύσητε, ὅτι οὐκ ἤμην ἐκεῖ· ἀλλα ἄγωμεν πρὸς αὐτόν. **16** εἶπεν οὖν	ℵ A C D 𝔐 U Θ Λ Π Ψ 69 28

lac. 11.11-16 𝔓^{45} N P Γ

A 11 καικοιμητε E* ¦ καικοιμηται E^{c} Θ ¦ κεκοιμητε 13 2* 579 1346 | εξυπνησω E H Λ 69 2 157 579 788 1346 ¦ εξυπνεισω 1582* | αυαυτον U **12** κεδοιμητε 124* 2* **13** ειρηκι ℵ | κοιμοισεως 579 **14** παρρησεια 579 | τοτοτε G* | απεθανε Y 157 700 **15** ειμην G 1424 ¦ ημιν H Ω ¦ ημειν 579 | εκι ℵ **16** ου (ουν) G

B 6 ιης D **9** ις B 𝔓^{66} 𝔓^{75} ℵ A C 𝔐 K L M S U W Δ Θ Λ Π Ψ Ω f^{1} 118 f^{13} 124 2 33 28 157 565 579 788 1346 1424 ¦ ιη 𝔓^{45} ¦ ιης D **11** ις 157 **12** κε B 𝔓^{66} 𝔓^{75} ℵ A C D 𝔐 K L M S U W Δ Θ Λ Π Ψ Ω f^{1} 118 f^{13} 69 124 2 28 157 565 579 788 1346 1424 **13** ις B 𝔓^{66} 𝔓^{75} ℵ C 𝔐 K L M U W Δ Θ Λ Π Ψ Ω f^{1} 118 f^{13} 124 2 28 157 565 579 788 1346 ¦ lac. A ¦ ιης D **14** ις B 𝔓^{66} 𝔓^{75} A C 𝔐 K L M S U W Δ Θ Λ Π Ψ Ω f^{1} 118 f^{13} 124 2 28 565 579 700 788 1071 1346 1424 ¦ ιης D

Θωμᾶς ὁ λεγόμενος Δίδυμος τοῖς συνμαθηταῖς,   Ἄγωμεν καὶ ἡμεῖς ἵνα   B 𝔓⁶⁶ ℵ A C G L W Δ Θ
Θωμᾶς ὁ λεγόμενος Δίδυμος τοῖς συνμαθηταῖς αὐτοῦ, Ἄγωμεν καὶ ἡμεῖς ἵνα   D 1071
Θωμᾶς ὁ λεγόμενος Δίδυμος τοῖς μαθηταῖς,   Ἄγωμεν καὶ ἡμεῖς ἵνα   K 69 565
Θωμᾶς ὁ λεγόμενος Δίδυμος τοῖς συμμαθηταῖς αὐτοῦ, Ἄγωμεν καὶ ἡμεῖς ἵνα   28
Θωμᾶς ὁ λεγόμενος Δίδυμος τοῖς συνμαθηταῖς,   Ἄγωμεν ⋯⋯⋯ ⋅μεῖς ἵνα   33
Θωμᾶς ὁ λεγόμενος Δύδιμος τοῖς συνμαθηταῖς αὐτοῦ,, Ἄγωμεν καὶ ὑμεῖς ἵνα   579 [↓157 700 1424 uwτ
Θωμᾶς ὁ λεγόμενος Δίδυμος τοῖς συμμαθηταῖς,   Ἄγωμεν καὶ ἡμεῖς ἵνα   𝔓⁷⁵ 𝔐 M U Λ Π Ψ f¹ f¹³ 2

ἀποθάνωμεν   μετ᾽ αὐτοῦ.   B 𝔓⁶⁶·⁷⁵ 788 uwτ rell
συναποθάνωμεν μὲν μετ᾽ αὐτοῦ.   G*
συναποθάνωμεν   μετ᾽ αὐτοῦ.   Gᶜ f¹³
ἀποθάνωμεν   σὺν αὐτῷ.   K Π
ἀπο   579

I Am The Resurrection And The Life

17 Ἐλθὼν οὖν ὁ Ἰησοῦς   εὗρεν αὐτὸν τέσσαρας ἤδη ἡμέρας   B 69 788 uw
17 Ἐλθὼν οὖν ὁ Ἰησοῦς   εὗρεν αὐτὸν ἤδη τέσσαρας ἡμέρας   𝔓⁶⁶
17 Ἐλθὼν ⋅ὖν ὁ ⋅⋅ς   ε⋯⋯⋯ ⋯ν τέσσαρας ἤδη ἡμέρας   𝔓⁷⁵
17 Ἐλθὼν οὖν ὁ Ἰησοῦς   εὗρεν αὐτὸν τέσσαρες ἡμέρας ἤδη   ℵ*
17 Ἐλθὼν οὖν ὁ Ἰησοῦς εἰς Βηθανίαν εὗρεν αὐτὸν τέσσαρας ἡμέρας ἤδη   ℵᶜ
17 Ἐλθὼν οὖν ὁ Ἰησοῦς   εὗρεν αὐτὸν τέσσαρας ἡμέρας   A*
17 Ἐλθὼν οὖν ὁ Ἰησοῦς εἰς Βηθανίαν εὗρεν αὐτὸν τέσσαρας ἡμέρας ἤδη   Aᶜ Cᶜ Λ 124 157
17 Ἦλθεν οὖν ὁ Ἰησοῦς   καὶ εὗρεν αὐτὸν τέσσαρας ἤδη ἡμέρας   C*
17 Ἦλθεν οὖν ὁ Ἰησοῦς εἰς Βηθανίαν καὶ εὗρεν αὐτὸν τέσσαρας ἡμέρας   D
17 Ἐλθὼν οὖν ὁ Ἰησοῦς   εὗρεν αὐτὸν τεσσάρεις ἤδη ἡμέρας   Θ
17 Ἐλθὼν   ὁ Ἰησοῦς εἰς Βηθανίαν εὗρεν αὐτὸν τέσσαρας ἤδη ἡμέρας   13* 1346
17 Ἐλθὼν οὖν ὁ Ἰησοῦς εἰς Βηθανίαν εὗρεν αὐτὸν τέσσαρας ἤδη ἡμέρας   13ᶜ
17 Ἐλθὼν οὖν ὁ Ἰησοῦς εἰς Βηθανίαν εὗρεν αὐτὸν τέσ⋯ ⋯μέρας ἤδη   33
17 Ἐλθὼν οὖν ὁ Ἰησοῦς εἰς Βηθανίαν εὗρεν αὐτῷ τέσσαρας ἡμέρας ἤδι   579
17 Ἐλθὼν οὖν ὁ Ἰησοῦς εἰς Βιθανίαν εὗρεν αὐτὸν τέσσαρας ἡμέρας ἤδη   1071
17 Ἐλθὼν οὖν ὁ Ἰησοῦς   εὗρεν αὐτὸν τέσσαρας ἡμέρας ἤδη   𝔐 K L M U W Δ Π
                                                               Ψ f¹ 2 28 565 700 1424 τ

ἔχοντα ἐν τῷ μνημείῳ. 18 ἦν δὲ Βηθανία ἐγγὺς τῶν Ἱεροσολύμων ὡς ἀπὸ σταδίων   B ℵ* w
                     18 ⋯⋯ ⋯⋯ν ⋯ι ⋅Ιε   𝔓⁴⁵
ἐν τῷ μνημείῳ ἔχοντα. 18 ἦν δὲ ἡ Βηθανία ἐγγὺς τῶν Ἱεροσολύμων ὡς ἀπὸ σταδίων   𝔓⁶⁶ L Wᶜ
ἔ⋯⋯ ⋅φ μνημείῳ. 18 ἦν δὲ ⋅⋅ηθ⋯ ⋯⋯γὺς τῶν Ἱεροσολύμων ⋯⋯⋯ ⋯δίων   𝔓⁷⁵
ἐν τῷ μνημείῳ ἔχοντα. 18 ἦν δὲ ἡ Βηθανία ἐγγὺς τῶν Ἱεροσολύμων ἀπὸ σταδίων   D W*
ἔχοντα ἐν τῷ μνημείῳ. 18 ἦν δὲ ἡ Βιθανία ἐγγὺς τῶν Ἱεροσολύμων ὡς ἀπὸ σταδίων U Ωᶜ 2 1071
ἔχοντα ἐν τῷ μνημείῳ. 18 ἦν δὲ ἡ Βιθανία ἐγγὺς Ἱεροσολύμων ὡς ἀπὸ σταδίους   Θ*
ἔχοντα ἐν τῷ μνημείῳ. 18 ἦν δὲ ἡ Βιθανία ἐγγὺς Ἱεροσολύμων ὡς ἀπὸ σταδίους   Θᶜ
ἐν τῷ μνημείῳ ἔχοντα. 18 ἦν δὲ ἡ Βηθανία ἐγγὺς τῶν Ἱεροσολύμων ὡς ἀπὸ σταδίων Ψ
ἔχοντα ἐν τῷ μνημείῳ. 18 ἦν δὲ ἡ Βιθανία ἐγγὺς τῶν Ἱεροσολύμων.   Ω*
ἔχοντα ἐν τῷ μνημείῳ. 18 ἦν δὲ ἡ Βηθανία ἐγγὺς τῶν Ἱεροσολύμων ⋯⋯⋯ σταδίων   33
ἔχοντα ἐν τῷ μνημείῳ. 18 ἦν δὲ ἡ Βηθανία ἐγγὺς τῶν Ἱερωσολύμων ὡς ἀπὸ σταδίων 579
ἔχοντα ἐν τῷ μνημείῳ. 18 ἦν δὲ ἡ Βηθανία ἐγγὺς τῶν Ἱεροσολύμων ὡς ἀπὸ σταδίων ℵᶜ A C 𝔐 K M Δ
                                                            Λ Π f¹ f¹³ 28 157 565 700 1424 uτ

                                                            [↓157 1071 uw
δεκαπέντε.   λϛ 19 πολλοὶ δὲ ἐκ τῶν Ἰουδαίων   ἐληλύθεισαν   B 𝔓⁶⁶ ℵ C L W 33
⋯⋯⋯απέντε.   19 πο⋯   ⋯⋯ τῶν ⋯⋯δαίων   ἐληλύ⋯⋯⋯   𝔓⁴⁵
δεκαπέντε.   19 πολλοὶ δ⋅⋅ ⋯⋯ὼν Ἰ⋯⋯ αίων ἐληλύθει⋅αγ   𝔓⁷⁵
δεκαπέντε.   19 πολλοὶ δὲ ἐκ τῶν Ἱεροσολύμων ἐληλύθεισαν   D
δεκαπέντε.   19 πολλοὶ δὲ τῶν Ἰουδαίων   ἐληλύθεισαν   Θ
δεκαπέντε ὅπερ ἐστιν μίλια δύο. 19 καὶ πολλοι ἐκ τῶν Ἰουδαίων ἐληλύθεισαν   Λᵐᵍ
                     19 καὶ πολλοι ἐκ τῶν Ἰουδαίων ἐληλύθεισαν   Ω*
δεκαπέντε.   19 πολλοὶ οὖν ἐκ τῶν Ἰουδαίων ἐληλύθεισαν   f¹ 565 579
δεκαπέντε.   19 καὶ πολλοὶ τῶν Ἰουδαίων   ἐληλύθεισαν   1346
δεκαπέντε.   19 καὶ πολλοὶ ἐκ τῶν Ἰουδαίων ἐληλύθεισαν   A 𝔐 K M U Δ Λ*
                                                            Π Ψ f¹³ 2 28 700 1424 τ

lac. 11.16-19 N P Γ ¦ vss. 16-17 𝔓⁴⁵

A 16 λεγωμενος Θ | τοι (τοις) L | ημις ℵ | αποθανομεν E M | μεμετ U 17 ημερας ⋯⋯⋯ 2 | μνημιω ℵ C L W Θ 579 18 ενγυς D
E* 19 πολλυ 1071 | εληλυθισαν ℵ ¦ εληλυθησαν E L M Λ 13 69 2 28 1346 1424 ¦ ελυλυθισαν Θ ¦ εληλυθεισαν 579

B 17 ιϲ B 𝔓⁶⁶·⁷⁵ ℵ A Cᶜ 𝔐 K L M S U W Δ Θ Λ Π Ψ Ω f¹ 118 f¹³ 124 2 33 28 157 565 579 788 1071 1346 1424 ¦ ιης D 18 ιε
Θ

πρὸς τὴν	Μάρθαν καὶ	Μαριὰμ	ἵνα παραμυθήσωνται αὐτὰς περὶ τοῦ	B C* L **uw**
········· ·······ι̣ Μάρθαν καὶ	Μ·········	ἵνα παραμυθήσωνται αὐ······ πε···· ··οῦ	𝔓⁴⁵
πρὸς τὴν	Μάρθαν καὶ	<u>Μαρίαν</u>	ἵνα παραμυθήσωνται αὐτὰς περὶ τοῦ	𝔓⁶⁶ ℵ 157
········· ···γ Μ·········ν καὶ	Μαριὰμ	···α παραμυθήσων····· ···τὰς πε···· ···ῦ	𝔓⁷⁵
πρὸς τὰς <u>περὶ</u> Μάρθαν καὶ	Μαριὰμ	ἵνα παραμυθήσωνται αὐτὰς περὶ τοῦ	Cᶜ Θ
πρὸς	Μάρθαν καὶ	<u>Μαρίαν</u>	ἵνα παραμυθήσωνται αὐτὰς περὶ τοῦ	D
πρὸς <u>τὰς</u>	Μάρθαν καὶ	<u>Μαρίαν</u>	ἵνα παραμυθήσωνται αὐτὰς περὶ τοῦ	M
πρὸς τὴν	Μάρθαν καὶ <u>τὴν</u>	<u>Μαρίαν</u>	ἵνα παραμυθήσωνται αὐτὰς περὶ τοῦ	W
πρὸς τὰς <u>περὶ</u> Μάρθαν καὶ	Μαριὰμ	ἵνα <u>παραμυθήσονται</u> αὐτὰς περὶ	Δ
πρὸς τὰς <u>περὶ</u> Μάρθαν καὶ	<u>Μαρίαν</u>	ἵνα <u>παραμυθήσονται</u> αὐτὰς περὶ τοῦ	2 788 1071
πρὸς τὴν	Μάρ······	······ριὰν	ἵνα παραμυθήσωνται αὐτὰς περὶ τοῦ	33
πρὸς τὰς <u>περὶ</u> Μάρθαν			ἵνα παραμυθήσωνται αὐτὰς περὶ τοῦ	28
πρὸς τὴν	Μάρθαν καὶ	<u>Μαρίαν</u>	ἵνα <u>παραμηθησοντα</u> αὐτὰς περὶ τοῦ	579
<u>εἰς</u> <u>τὰς</u> <u>περὶ</u> Μάρθαν καὶ	<u>Μαρίαν</u>	ἵνα παραμυθήσωνται αὐτὰς περὶ τοῦ	1424 [↓565 700 τ
πρὸς τὰς <u>περὶ</u> Μάρθαν καὶ	<u>Μαρίαν</u>	ἵνα παραμυθήσωνται αὐτὰς περὶ τοῦ	A 𝔐 K U Λ Π Ψ f¹ f¹³

ἀδελφοῦ.	**20** ἡ οὖν Μάρθα	ὡς ἤκουσεν ὅτι	Ἰησοῦς ἔρχεται ὑπήντησεν	B 𝔓⁴⁵·⁶⁶·⁷⁵ ℵ D Y L W
ἀδελφοῦ <u>αὐτῶν</u>.	**20** ἡ οὖν Μάρθα	ὡς ἤκουσεν ὅτι <u>ὁ</u>	Ἰησοῦς ἔρχεται ὑπήντησεν	M τ [↑**uw**
ἀδελφοῦ <u>αὐτῶν</u>.	**20** ἡ οὖν Μάρθα	ὡς ἤκουσεν ὅτι	Ἰησοῦς ἔρχεται ὑπήντησεν	Δ 124 2 579 1346
ἀδελφοῦ.	**20** ἡ οὖν Μάρθα	ὡς ἤκουσεν ὅτι <u>ὁ</u>	Ἰησοῦς ἔρχεται ὑπήντησεν	Θ
ἀδελφοῦ <u>αὐτῶν</u>.	**20** ἡ οὖν <u>Μάρθαν</u>	ὡς ἤκουσεν ὅτι	Ἰησοῦς ἔρχεται ὑπήντησεν	13
ἀδελφοῦ <u>αὐτῶν</u>.	**20** ἡ οὖν Μάρθα	ὡς <u>ἡ</u>········· ὅτι	Ἰησοῦς ἔρχεται ὑπήντησεν	33
ἀδελφοῦ <u>αὐτοῦ</u>.	**20** ἡ οὖν Μάρθα	ὡς ἤκουσεν ὅτι	Ἰησοῦς ἔρχεται ὑπήντησεν	A C 𝔐 K U Λ Π Ψ f¹ 69 28 157 565 788 1424

αὐτῷ· Μαρία	δὲ ἐν τῷ οἴκῳ	ἐκαθέζετο.	**21** εἶπεν οὖν ἡ Μάρθα πρὸς	B ℵ C* **[w]**
αὐτῷ· Μα······	δὲ ἐν τῷ οἴκῳ <u>ἑαυτῆς</u>	ἐκαθέζετο.	**21** εἶπεν οὖν ἡ Μάρθα πρὸς <u>τὸν</u>	𝔓⁶⁶
αὐτῷ· Μαρία	δὲ ἐν τῷ οἴκῳ	ἐκαθέζετο.	**21** εἶπεν οὖν ἡ Μάρθα πρὸς <u>τὸν</u>	𝔓⁷⁵ Cᶜ Dᶜ Y K L Π Ψ
αὐτῷ· Μαρία	δὲ ἐν τῷ οἴκῳ <u>οἰκείᾳ</u>	<u>ἐκάθητο</u>.	**21** εἶπεν οὖν ἡ Μάρθα πρὸς <u>τὸν</u>	D* [↑f¹ f¹³ 157 τ
αὐτῷ· Μαρία	δὲ ἐν τῷ οἴκῳ	<u>ἐκάθητο</u>.	**21** εἶπεν οὖν ἡ Μάρθα πρὸς <u>τὸν</u>	W
αὐτῷ· <u>Μαριὰμ</u>	δὲ ἐν τῷ οἴκῳ	ἐκαθέζετο.	**21** εἶπεν οὖν ἡ Μάρθα πρὸς <u>τὸν</u>	Θ 1582 565 **u**
αὐτῷ· <u>Μαριὰμ</u>	δὲ ἐν τῷ οἴκῳ	ἐκαθέζετο.	**21** εἶπεν οὖν ······ ········· πρὸς <u>τὸν</u>	33
<u>αὐτῶν</u> <u>Μαριὰμ</u>	δὲ ἐν τῷ οἴκῳ	ἐκαθέζετο.	**21** εἶπεν οὖν ἡ Μάρθα πρὸς <u>τὸν</u>	579
αὐτῷ· Μαρία	δὲ ἐν τῷ οἴκῳ	ἐκαθέζετο.	**21** εἶπεν οὖν ἡ <u>Μάθα</u> πρὸς <u>τὸν</u>	788
αὐτῷ· <u>Μαριὰμ</u>	δὲ ἐν τῷ οἴκῳ	ἐκαθέζετο.	**21** εἶπεν οὖν ἡ Μάρθα πρὸς	**[w]** [↓28 1424
αὐτῷ· Μαρία	δὲ ἐν τῷ οἴκῳ	ἐκαθέζετο.	**21** εἶπεν οὖν Μάρθα πρὸς <u>τὸν</u>	A 𝔐 M U Δ Λ 69 124 2

Ἰησοῦν,	εἰ ἦς ὧδε οὐκ ἂν ἀπέθανεν ὁ ἀδελφός μου· **22**	καὶ νῦν	B **[w]**
Ἰησοῦν, <u>Κύριε</u>,	εἰ ἦς ὧδε <u>ὁ ἀδελφός μου οὐκ ἂν ἀπέθανεν</u>· **22** <u>ἀλλὰ</u>	καὶ νῦν	𝔓⁴⁵·⁶⁶ K Π
Ἰησοῦν, <u>Κύριε</u>,	εἰ ἦς ὧδε οὐκ ἂν ἀπέθανεν ὁ ἀδελφός μου· **22**	καὶ νῦν	𝔓⁷⁵ ℵ* C* **[uw]**
Ἰησοῦν, <u>Κύριε</u>,	εἰ ἦς ὧδε οὐκ ἂν ἀπέθανεν ὁ ἀδελφός μου· **22** <u>ἀλλὰ</u>	καὶ νῦν	ℵᶜ L W **[u]**
Ἰησοῦν, <u>Κύριε</u>,	εἰ ἦς ὧδε οὐκ ἂν <u>ὁ ἀδελφός μου ἐτεθήκει</u>· **22** <u>ἀλλὰ</u>	καὶ νῦν	A
Ἰησοῦν, <u>Κύριε</u>,	εἰ ἦς ὧδε οὐκ ἂν <u>ὁ ἀδελφός μου ἀπέθανεν</u>· **22** <u>ἀλλὰ</u>	καὶ νῦν	D
Ἰησοῦν, <u>Κύριε</u>,	εἰ ἦς ὧδε <u>ὁ ἀδελφός μου οὐκ ἂν τεθήκει</u>· **22** <u>ἀλλὰ</u>	καὶ νῦν	Θ Ω
Ἰησοῦν, <u>Κύριε</u>,	εἰ ἦς ὧδε οὐκ ἂν <u>μου ὁ ἀδελφὸς ἐτεθνήκει</u>· **22** <u>ἀλλὰ</u>	καὶ νῦν	Ψ 157
Ἰησοῦν, <u>Κύριε</u>,	εἰ ἦς ὧδε οὐκ ἂν ἀπέθανέν <u>μου ὁ ἀδελφός</u>· **22**	καὶ νῦν	f¹ 33
Ἰησοῦν, <u>Κύριε</u>,	εἰ ἦς ὧδε οὐκ ἂν ἀπέθανέν <u>μου ὁ ἀδελφός</u>· **22** <u>ἀλλὰ</u>	καὶ νῦν	118 565 579
Ἰησοῦν, <u>Κύριε</u>,	εἰ ἦς <u>ὧδε ὁ ἀδελφός μου οὐκ ἂν ἐτεθήκει</u>· **22** <u>ἀλλὰ</u>	καὶ νῦν	124 [↓1424 τ
Ἰησοῦν, <u>Κύριε</u>,	εἰ ἦς ὧδε <u>ὁ ἀδελφός μου οὐκ ἂν ἐτεθνήκει</u>· **22** <u>ἀλλὰ</u>	καὶ νῦν	Cᶜ 𝔐 M U Δ Λ f¹³ 2 28

lac. **11.19-22** Ν Ρ Γ

A 19 παραμυθησονται G Υ Λ Ω 28 157 1424 ¦ παραμηθησονται Θ* 69 ¦ παραμυθησοντε 2 ¦ περη Cᶜ **20** εικουσεν 1346 ¦ ερχιται F ¦ υπηντισεν 13 ¦ ειπηντησεν 579 ¦ εκαθεζετω Κ 579 **21** εις (ει ης) Θ* ¦ εις (ης) 69 ¦ ετεθνηκη F H ¦ ετεθνικη 2* ¦ απεθανε 118

B 20 ι̅ς̅ B 𝔓⁶⁶ 𝔓⁷⁵ ℵ A C 𝔐 K L M S U W Δ Θ Λ Π Ψ Ω f¹ 118 f¹³ 124 2 33 28 157 565 579 788 1346 1424 ¦ ι̅η̅ 𝔓⁴⁵ ¦ ι̅η̅ς̅ D
21 ι̅ν̅ B 𝔓⁶⁶ 𝔓⁷⁵ ℵ A C 𝔐 K L M S U W Δ Θ Λ Π Ψ Ω f¹ 118 f¹³ 124 2 33 28 157 565 579 788 1346 1424 ¦ ι̅η̅ 𝔓⁴⁵ ¦ ι̅η̅ν̅ D ¦ κ̅ε̅ 𝔓⁴⁵ 𝔓⁷⁵ ℵ A C D 𝔐 K L M S U W Δ Θ Λ Π Ψ Ω f¹ 118 f¹³ 69 124 2 33 28 157 565 579 788 1346 1424

οἶδα ὅτι ὅσα ἂν αἰτήσῃ τὸν θεὸν δώσει σοι ὁ θεός. **23** λέγει B A D 𝔐 K L U Δ Θ Λ Π Ψ f¹ f¹³
οἶδα ὅτι ὅσα ἂν <u>αἰτήσῃς</u> τὸν θεὸν δώσει σοι ὁ θεός. **23** λέγει 𝔓⁴⁵·⁶⁶   [↑157 565 **uwτ**
οἶδα ὅτι ὅσα <u>ἐὰν</u> αἰτήσῃ τὸν θεὸν δώσει σοι ὁ θεός. **23** λέγει 𝔓⁷⁵ C
οἶδα ὅτι ὅσα <u>ἐὰν</u> αἰτήσει τὸν θεὸν δώσει σοι ὁ θεός. **23** λέγει ℵ M
οἶδα ὅτι ὅσα <u>ἐὰν</u> <u>αἰτήσῃς</u> τὸν θεὸν δώσει σοι ὁ θεός. **23** λέγει W
οἶδα ὅτι ὅσα ἂν αἰτήσῃ τὸν θεὸν δώσει σοι <u>σοι</u> ὁ θεός. **23** λέγει 69
οἶδα ὅτι ὅσ⸱⸱⸱ ⸱⸱ση τὸν θεὸν δώσει σοι ὁ θεός. **23** λέγει 33
οἶδα ὅτι ὅσα ἂν <u>αἰτήσει</u> τὸν θεὸν δώσει σοι ὁ θεός. **23** λέγει 2 28
οἶδα ὅτι ὅσα ἂν <u>ἐτίσει</u> τὸν θεὸν <u>δώσοι</u> σοι ὁ θεός. **23** 579
οἶδα ὅτι ὅσα ἂν αἰτήσει τὸν θεὸν δώσει σοι ὁ θεός. **23** λέγει <u>οὖν</u> 1424

αὐτῇ ὁ Ἰησοῦς, Ἀναστήσεται ὁ ἀδελφός σου. **24** λέγει αὐτῷ ἡ Μάρθα, B 𝔓⁶⁶ C* K L Θ Π Ψ Ω 157 **uw**
α⸱⸱⸱⸱⸱ ⸱⸱⸱⸱⸱⸱⸱ ⸱⸱⸱⸱αστήσ⸱⸱⸱⸱⸱ ⸱ ἀδελφ⸱⸱⸱⸱ σου. **24** λέγει αὐτῷ Μάρθα, 𝔓⁴⁵
αὐτῇ Ἰησοῦς, Ἀναστήσεται ὁ ἀδελφός σου. **24** λέγει αὐτῷ Μάρθα, A
αὐτῇ ὁ Ἰησοῦς, Ἀναστήσεται <u>σου ὁ ἀδελφός</u>. **24** λέγει αὐτῷ ἡ Μάρθα, D
αὐτῇ ὁ Ἰησοῦς, Ἀναστήσεται ὁ ἀδελφός σου. **24** λέγει αὐ⸱⸱⸱⸱ ⸱⸱ 33
⸱⸱⸱⸱⸱⸱ Ἀναστήσεται ὁ ἀδελφός σου. **24** λέγει <u>αὐτὸν</u> Μάρθα, 579   [↓28 565 1424 τ
αὐτῇ ὁ Ἰησοῦς, Ἀναστήσεται ὁ ἀδελφός σου. **24** λέγει αὐτῷ Μάρθα, 𝔓⁷⁵ ℵ Cᶜ 𝔐 M U W Δ Λ f¹ f¹³ 2

Οἶδα ὅτι ἀναστήσεται ἐν τῇ ἀναστήσει ἐν τῇ ἐσχάτῃ ἡμέρᾳ. **25** εἶπεν B*
Οἶδα ⸱⸱⸱⸱⸱⸱⸱σεται ἐν τ⸱ ⸱⸱⸱⸱⸱⸱⸱σει ἐν τῇ ἐσχάτῃ ἡμέρᾳ. **25** εἶπ⸱⸱⸱ 𝔓⁴⁵
Οἶδα ὅτι ἀναστήσεται ἐν τῇ <u>ἀναστάσει</u> ἐν τῇ ἐσχάτῃ ἡμέρᾳ. **25** εἶπεν <u>οὖν</u> 𝔓⁷⁵ 1424
Οἶδα ὅτι ἀναστήσεται ἐν τῇ <u>ἀναστάσει</u> ἐν τῇ ἐσχάτῃ ἡμέρᾳ. **25** εἶπεν <u>δὲ</u> ℵ* Θ f¹ 565
<u>Οἶδα οἶδα</u> ὅτι ἀναστήσεται ἐν τῇ <u>ἀναστάσει</u> ἐν τῇ ἐσχάτῃ ἡμέρᾳ. **25** εἶπεν L
Οἶδα ὅτι ἀναστήσεται ἐν τῇ ἐσχάτῃ ἡμέρᾳ. **25** εἶπεν Δ Λ*
Οἶδα ὅτι ἀναστήσεται ἐν τῇ ἐσχάτῃ ἡμέρᾳ. **25** εἶπεν <u>οὖν</u> Ψ
Οἶδα ὅτι ἀναστήσεται ἐν τῇ ἐσχάτῃ ἡμέρᾳ. **25** <u>λέγει</u> f¹³
Οἶδα ὅτι ἀναστήσεται ἐν τῇ <u>ἀναστάσει</u> ἐν τῇ ἐσχάτῃ ἡμέρᾳ. **25** <u>λέγει</u> 69 124 788 1346
Οἶδα ὅτι ἀναστήσεται ἐν τῇ <u>ἀναστάσει</u> ἐν τῇ ἐσχάτῃ ἡμέρᾳ. **25** εἶπεν 𝔓⁶⁶ ℵᶜ A C D 𝔐 K M
                                                                      W Λᶜ Π 2 33 28 157 579 **uwτ**

αὐτῇ ὁ Ἰησοῦς, Ἐγώ εἰμι ἡ ἀνάστασις καὶ ἡ ζωή· ὁ πιστεύων εἰς ἐμὲ κἂν ἀποθάνῃ B **uwτ** rell
⸱⸱⸱⸱⸱⸱⸱ ⸱⸱ η, Ἐγώ εἰμι⸱⸱⸱⸱ ⸱⸱⸱⸱σις· ὁ πιστεύων εἰς ἐμὲ κἂν ⸱⸱⸱⸱⸱⸱⸱ 𝔓⁴⁵
αὐτῇ Ἰησοῦς, Ἐγώ εἰμι ἡ ἀνάστασις καὶ ἡ ζωή· ὁ πιστεύων εἰς ἐμὲ κἂν ἀποθάνῃ 𝔓⁶⁶ (lac. ὁ cj. sp.)
αὐ⸱⸱⸱⸱⸱ εἰμι ἡ α⸱⸱⸱⸱στασις καὶ ἡ ⸱ ⸱⸱⸱⸱⸱⸱τεύων ⸱⸱⸱⸱⸱⸱ ⸱⸱⸱⸱άν⸱⸱⸱⸱ 𝔓⁷⁵
αὐτῇ ὁ Ἰησοῦς, ⸱⸱⸱⸱⸱⸱⸱ ⸱⸱νάστασις καὶ ἡ ζωή· ὁ πιστεύων εἰς ἐμὲ κἂν ἀπο⸱⸱⸱⸱⸱ 33

[Cl Exc 6.4 διο και φησιν ο κυριος, <u>εγω ειμι η ζωη</u>]

ζήσεται, **26** καὶ πᾶς ὁ ζῶν καὶ πιστεύων εἰς ἐμὲ οὐ μὴ ἀποθάνῃ εἰς τὸν αἰῶνα· B 𝔓⁶⁶ **uwτ** rell
[ζήσ]ει, **26** κα⸱⸱⸱⸱⸱ ⸱⸱⸱⸱ καὶ πιστεύων εἰς ἐμὲ οὐ μὴ ἀπ⸱⸱⸱⸱⸱⸱⸱ 𝔓⁴⁵
⸱⸱ήσεται, **26** καὶ ⸱⸱⸱ ⸱⸱ῶν κα⸱⸱ ⸱⸱⸱στεύων εἰς ἐμὲ οὐ μὴ ἀποθάνῃ εἰς τὸν αἰῶνα· 𝔓⁷⁵
ζήσεται, **26** καὶ πᾶς ὁ ζῶν καὶ πιστεύων W
ζήσεται, **26** καὶ ⸱⸱⸱⸱⸱⸱ εἰς ἐμὲ οὐ μὴ ἀποθάνῃ εἰς τὸν αἰῶνα· 33
ζήσεται, **26** καὶ πᾶς ὁ ζῶν καὶ πιστεύων εἰς ἐμὲ οὐ μὴ ⸱⸱⸱⸱⸱⸱⸱⸱ 565

πιστεύεις τοῦτο; **27** λέγει αὐτῷ, Ναί κύριε, ἐγὼ πιστεύω ὅτι B*
⸱⸱⸱⸱⸱⸱⸱ τοῦτο; **27** λέγει αὐτῷ, Ναί κύριε, ἐγὼ π⸱⸱⸱⸱ 𝔓⁴⁵
πιστεύεις τοῦτο; **27** λέγει αὐτῷ, Ναί κύριε, <u>πιστευω</u> . ἐγὼ <u>πεπίστευκα</u> ὅτι 𝔓⁶⁶
⸱⸱⸱⸱⸱⸱⸱ εἰς τοῦτο; **27** λέγει αὐτῷ, Ναὶ κύριε, ἐγὼ <u>πεπίστευκα</u> ὅτι 𝔓⁷⁵
πιστεύεις τοῦτο; **27** λέγει αὐτῷ, <u>ὁ Ἰησοῦς,</u> ἐγὼ <u>πεπίστευκα</u> ὅτι A
πιστεύεις τοῦτο; **27** λέγει, Ναί κύριε, ἐγὼ <u>πεπίστευκα</u> ὅτι D
πιστεύεις τοῦτο; **27** λέγει αὐτῷ, Ναί κύριε, ἐγὼ <u>ἐπίστευσα</u> ὅτι E*
πιστεύεις τοῦτο; **27** λέγει <u>αὐτῇ</u>, Ναί κύριε, ἐγὼ <u>πεπίστευκα</u> ὅτι G
πιστεύεις τοῦτ⸱⸱⸱ **27** ⸱⸱⸱⸱⸱⸱ ⸱⸱⸱⸱⸱⸱ ὅτι 33
<u>πιστέβεις</u> τοῦτο; **27** λέγει αὐτῷ, ὅτι 579
πιστεύεις τοῦτο; **27** λέγει αὐτῷ, Ναί κύριε, ἐγὼ <u>πεπίστευκα</u> ὅτι Bᶜ ℵ C 𝔐 K L M U W Δ Θ Λ Π
                                                       Ψ f¹ f¹³ 2 28 157 565 700 1071 1424 **uwτ**

lac. 11.22-27 N P Γ ¦ vss. 26-27 565

A 22 αιτησοι 69 ¦ δωσι 𝔓⁶⁶ Θ ¦ δωσω M **23** αναστησαιται D **24** λεγι ℵ ¦ ειδα (οιδα) 579 ¦ αναστισεται E* **25** ειπε 118 ¦ ειμει W ¦ ει (η¹) Θ ¦ αναστασεις L ¦ αναστασης 2* ¦ αποθανει 1424 ¦ ζησετε U **26** αποθανι Θ ¦ αποθανει 69 1346 ¦ τουτω 579 ¦ των (τον) Θ **27** λεγι 𝔓⁶⁶ ¦ επιστευκα E* ¦ πεπιστεκα Θ*

B 22 θ̄ν̄ B 𝔓⁴⁵ 𝔓⁶⁶ 𝔓⁷⁵ ℵ A C D 𝔐 K L M S U W Δ Θ Λ Π Ψ Ω f¹ 118 f¹³ 69 124 2 33 28 157 565 579 788 1346 1424 ¦ θ̄ς̄ B 𝔓⁴⁵ 𝔓⁶⁶ 𝔓⁷⁵ ℵ A C D 𝔐 K L M S U W Δ Θ Λ Π Ψ Ω f¹ 118 f¹³ 69 124 2 33 28 157 565 579 <u>788</u> 1346 1424 **23** ῑς̄ B 𝔓⁶⁶ 𝔓⁷⁵ ℵ A C 𝔐 K L M S U W Δ Θ Λ Π Ψ Ω f¹ 118f¹³ 124 2 33 28 157 565 788 1346 1424 ¦ lac. 𝔓⁴⁵ ¦ ῑη̄ς̄ D **25** ῑς̄ B 𝔓⁶⁶ ℵ A C 𝔐 K L M S U W Δ Θ Λ Π Ψ Ω f¹ 118 f¹³ 124 2 33 28 157 565 579 788 1346 1424 ¦ ⸱η 𝔓⁴⁵ ¦ ῑη̄ς̄ D **27** κ̄ε̄ B 𝔓⁴⁵ 𝔓⁶⁶ 𝔓⁷⁵ ℵ C D 𝔐 K L M S U W Δ Θ Λ Π Ψ Ω f¹ 118 f¹³ 69 124 2 28 157 579 700 788 1071 1346 1424 ¦ ῑς̄ A

σὺ εἶ ὁ Χριστὸς ὁ υἱὸς τοῦ θεοῦ	ὁ εἰς τὸν κόσμον ἐρχόμενος.	B 𝔓66.75 uwτ rell
.... θεοῦ	ὁ εἰς τὸν κόσμον ἐρχόμενο··	𝔓45
σὺ εἶ ὁ Χριστὸς ὁ υἱὸς τοῦ θεοῦ	ὁ εἰς τὸν <u>κόσμος</u> ἐρχόμενος.	D*
σὺ εἶ ὁ Χριστὸς ὁ υἱὸς τοῦ θεοῦ	ὁ εἰς τὸν ἐρχόμενος.	69*
σὺ εἶ ὁ Χριστὸς ὁ υἱὸς τοῦ θεοῦ <u>τοῦ ζῶντος</u>	ὁ εἰς τὸν κόσμον ἐρχόμενος.	579

Jesus' Sorrow Over The Death Of Lazarus

28 Καὶ τοῦτο	εἰποῦσα ἀπῆλθεν καὶ ἐφώνησεν	Μαριὰμ τὴν ἀδελφὴν αὐτῆς	B C uw
28 .... ἐφώνησεν	<u>Μαρίαν</u> τὴν ἀδελ······	𝔓45
28 Καὶ <u>τοῦτο</u> εἰποῦ··α ἀπῆλθεν καὶ ἐφ······v	Μαρίαμ τὴν ἀδε··φὴν αυτ.ῆς	𝔓75
28 Καὶ τοῦτο εἰποῦσα ἀπῆλθεν καὶ ἐφώνησεν	<u>Μαρίαν</u> τὴν ἀδελφὴν αὐτῆς	א W
28 Καὶ <u>ταῦτα</u> εἰποῦσα ἀπῆλθεν καὶ ἐφώνησεν	Μαριὰμ τὴν ἀδελφὴν αὐτῆς	A K Θ Π 157
28 Καὶ <u>ταῦτα</u> εἰποῦσα ἀπῆλθεν καὶ ἐφώνησεν	<u>τὴν ἀδελφὴν αὐτῆς Μαριὰμ</u>	D
28 Καὶ τοῦτο εἰποῦσα <u>ἦλθεν</u> καὶ ἐφώνησεν	Μαριὰμ τὴν ἀδελφὴν αὐτῆς	L
28 Καὶ <u>ταῦτα</u> εἰποῦσα ἀπῆλθεν καὶ ἐφώνησεν <u>δὲ καὶ</u>	<u>Μαρίαν</u> τὴν ἀδελφὴν αὐτῆς	69
28 .... ···φώνησεν	Μαριὰμ τὴν ἀδελφὴν αὐτῆς	33
28 Καὶ <u>ταῦτα</u> εἰποῦσα ἀπῆλθεν καὶ ἐφώνησεν	Μαριὰμ τὴν ἀδελφὴν αὐτῆς	579
28 <u>ταῦτα</u> εἰποῦσα ἀπῆλθεν καὶ ἐφώνησεν	<u>Μαρίαν</u> τὴν ἀδελφὴν αὐτῆς	1424
28 Καὶ <u>ταῦτα</u> εἰποῦσα ἀπῆλθεν καὶ ἐφώνησεν	<u>Μαρίαν</u> τὴν ἀδελφὴν αὐτῆς	𝔓66 𝔐 M U Δ Λ Ψ f¹
		f¹³ 2 28 700 1071 τ

λάθρα εἰπᾶσα,	Ὁ διδάσκαλος πάρεστιν καὶ φωνεῖ σε. 29	ἐκείνη δὲ	ὡς	ἤκουσεν	B C* w
....	··· δ····σκαλος πάρεστιν καὶ φωνεῖ σε. 29	....	..	....	𝔓45
λάθρα εἰπᾶσα <u>ὅτι</u>	Ὁ διδάσκαλος πάρεστιν καὶ φωνεῖ σε. 29	ἐκείνη	<u>ἕως</u>	ἤκουσεν	𝔓66 *
λάθρα εἰπᾶσα <u>ὅτι</u>	Ὁ διδάσκαλος πάρεστιν καὶ φωνεῖ σε. 29	ἐκείνη δὲ	ὡς	ἤκουσεν	𝔓66c
λάθρα εἰπ······	··· διδ··σκαλ··ς πάρεστιν κα··· ·ωνεῖ σε. 29	ἐκείνη δὲ	ὡς	ἤκουσεν	𝔓75
λάθρα <u>εἰποῦσα</u>,	Ὁ διδάσκαλος πάρεστιν καὶ φωνεῖ σε. 29	ἐκείνη δὲ	ὡς	ἤκουσεν	א L Θ f¹³ u
<u>σιώπη εἰποῦσα ὅτι</u>	Ὁ διδάσκαλος πάρεστιν καὶ φωνεῖ σε. 29	ἐκείνη	ὡς	ἤκουσεν	D
λάθρα <u>εἰποῦσα</u>,	Ὁ διδάσκαλος <u>παρέστη</u> καὶ φωνεῖ σε. 29	ἐκείνη	ὡς	ἤκουσεν	M 157
λάθρα <u>εἰποῦσα ὅτι</u>	Ὁ διδάσκαλος πάρεστιν καὶ φωνεῖ σε. 29	ἐκείνη δὲ	ὡς	ἤκουσεν	W
λάθρα	.... ············vεῖ σε. 29	ἐκείνη δὲ	ὡς	ἤκουσεν	33
λάθρα <u>εἰποῦσα</u>,	Ὁ διδάσκαλος πάρεστιν καὶ φωνεῖ σε. 29	ἐκείνη δὲ	ὡς	<u>ἤκουσαν</u>	579 1071
λάθρα <u>εἰποῦσα</u>,	Ὁ διδάσκαλος πάρεστιν καὶ φωνεῖ σε. 29	ἐκείνη	ὡς	ἤκουσεν	A Cc 𝔐 K U Δ Λ
					Π Ψ f¹ 2 28 700 1424 τ

ἠγέρθη	ταχὺ	καὶ ἤρχετο	πρὸς αὐτόν· 30	οὔπω δὲ	ἐληλύθει ὁ Ἰησοῦς	B 𝔓75 א C* L W Ψ 1071
···· εἴρεται	ταχὺ	καὶ <u>ἔρχεται</u>	πρὸς ····τόν· 30	o·····	....	𝔓45 [↑uw
<u>ἐγείρεται</u>	ταχὺ	καὶ <u>ἔρχεται</u>	πρὸς αὐτόν· 30	οὔπω δὲ	<u>Ἰησοῦς ἐληλύθει</u>	𝔓66
ἠγέρθη	ταχὺ	καὶ <u>ἔρχεται</u>	πρὸς αὐτόν· 30	<u>οὐ γὰρ</u>	<u>Ἰησοῦς ἐληλύθει</u>	D
<u>ἐγείρεται</u>	<u>ταχέως</u>	καὶ <u>ἔρχεται</u>	πρὸς αὐτόν· 30	οὔπω δὲ	ἐληλύθει ὁ Ἰησοῦς	Θ 28
ἠγέρθη	ταχὺ	....	30		········θει ὁ Ἰησοῦς	33
ἠγέρθη	ταχὺ	καὶ ἤρχετο	πρὸς αὐτόν· 30	οὔπω <u>ἤδει</u>	ἐληλύθει ὁ Ἰησοῦς	157
ἠγέρθη	<u>τάχει</u>	καὶ ἤρχετο	πρὸς αὐτόν· 30	<u>οὔπω</u> δὲ	<u>ἐληλύθεις</u> Ἰησοῦς	579 [↓f¹³ 2 700 1424 τ
<u>ἐγείρεται</u>	ταχὺ	καὶ <u>ἔρχεται</u>	πρὸς αὐτόν· 30	οὔπω δὲ	ἐληλύθει ὁ Ἰησοῦς	A Cc 𝔐 K M U Δ Λ Π f¹

lac. 11.26-31 N P Γ 565

A 27 κοσμων ερχωμενος 579 28 απηλθε S Y U 118 157 700 ¦ εφωνησε S Y U 118 13 69 157 700 788 1346 ¦ εφωνισεν 579 ¦ παρεστι C Y K S U Π Ω 118 13 69 28 700 1346 ¦ παρεστην 579 ¦ φωνι 𝔓66 579 ¦ φωνη E G K M Θ Λ 28 ¦ σαι (σε) 579 1071 29 εγειρετε A 28 ¦ εγηρετε Cc ¦ εγερθη L ¦ ερχετε 28 30 ουπο 579 ¦ εληλυθη F H Θ Λ 2 28* 700 1346

B 27 χ̅ς̅ B 𝔓66 𝔓75 א A C 𝔐 K L M S U W Δ Θ Λ Π Ψ Ω f¹ 118 f¹³ 69 124 2 33 28 157 579 700 788 1071 1346 1424 ¦ lac. 𝔓45 ¦ χρς D ¦ υ̅ς̅ א C 𝔐 K L M S U Δ Λ Π Ψ f¹ 2 33 28 579 1071 1424 ¦ θ̅υ̅ B 𝔓45 𝔓66 𝔓75 א A C D 𝔐 K L M S U W Δ Θ Λ Π Ψ Ω f¹ 118 f¹³ 69 124 2 33 28 157 579 700 788 1071 1346 1424 30 ι̅ς̅ B 𝔓66 𝔓75 א A C 𝔐 K L M S U W Δ Θ Λ Π Ψ Ω f¹ 118 f¹³ 124 2 33 28 157 579 700 788 1071 1346 1424 ¦ της D

εἰς τὴν κώμην, ἀλλ' ἦν ἔτι ἐν τῷ τόπῳ ὅπου ὑπήντησεν αὐτῷ ἡ Μάρθα.   B 𝔭⁷⁵ ℵ C Δ Ψ f¹ 579 700
εἰς τ··· κώμην, ἀλλ' ἦν ἐπι τ··· τόπωι ·········· ···τῶι Μ···θα.   𝔭⁴⁵   [↑1071 uw
εἰς τὴν κώμην, <u>ἀλλὰ</u> ἦν ἔτι <u>ἐπὶ</u> τῷ τόπῳ ὅπου ὑπήντησεν αὐτῷ ἡ Μάρθα.   𝔭⁶⁶
εἰς τὴν κώμην, <u>ἀλλὰ</u> ἦν ἐν τῷ τόπῳ ὅπου ὑπήντησεν αὐτῷ Μάρθα.   D
εἰς τὴν κώμην, ἀλλ' <u>ἔτι ἦν</u> ἐν τῷ τόπῳ ὅπου ὑπήντησεν αὐτῷ Μάρθα.   F
εἰς τὴν κώμην, ἀλλ' ἦν ἔτι ἐν τῷ τόπῳ ὅπου ὑπήντησεν αὐτῷ Μάρθα.   W
εἰς τὴν κώμην, ἀλλ' ἦν <u>ἐπὶ</u> τόπῳ <u>ᾧ</u> ὑπήντησεν αὐτῷ ἡ Μάρθα.   Θ
<u>πρὸς</u> τὴν κώμην, ἀλλ' ἦν ἔτι ἐν τῷ τόπῳ ὅπου ὑπήντησεν αὐτῷ ἡ Μάρθα.   118
εἰς τὴν κώμην, ἀλλ' ἦν ἔτι <u>ἐπὶ</u> τῷ τόπῳ ὅπου ὑπήντησεν αὐτῷ ἡ Μάρθα.   f¹³
<u>πρὸς</u> τὴν κώμην, ἀλλ' ἦν <u>ἐπὶ</u> <u>τοῦ</u> <u>τόπου</u> ὅπου ὑπήντησεν αὐτῷ ἡ Μάρθα.   69
εἰς τὴν κώμην, ἀλλ' ἦν <u>ἐπὶ</u> τῷ τόπῳ ὅπου ὑπήντησεν αὐτῷ ἡ Μάρθα.   124 788
εἰς τὴν κώμην, ἀλλ' ἦν ἔτι ἐν τῷ τόπῳ ·········· ·········· ··   33
εἰς τὴν κώμην, ἀλλ' ἦν <u>ὅτι</u> <u>ἐπὶ</u> τῷ τόπῳ ὅπου ὑπήντησεν αὐτῷ ἡ Μάρθα.   1346   [↓157 1424 τ
εἰς τὴν κώμην, ἀλλ' ἦν ἐν τῷ τόπῳ ὅπου ὑπήντησεν αὐτῷ ἡ Μάρθα.   A 𝔐 K L M U Λ Π 28 2

31 οἱ οὖν Ἰουδαῖοι οἱ ὄντες μετ' αὐτῆς ἐν τῇ οἰκίᾳ καὶ παραμυθούμενοι αὐτήν,   B 𝔭^{66.75} uwτ rell
31 οἱ οὖν Ἰουδαῖοι οἱ ὄντ··· μετ' α ·········· παραμυθούμενοι αὐτήν,   𝔭⁴⁵
31 οἱ οὖν Ἰουδαῖοι οἱ ὄντες μετ' αὐτῆς ἐν τῇ οἰκίᾳ παραμυθούμενοι αὐτήν,   D
31 οἱ οὖν Ἰουδαῖοι ὄντες μετ' αὐτῆς ἐν τῇ οἰκίᾳ καὶ παραμυθούμενοι αὐτήν,   Δ
31 ·········· Ἰουδαῖοι οἱ ὄντες μετ' αὐτῆς ἐν τῇ οἰκίᾳ καὶ παραμυθούμενοι αὐτήν,   33

ἰδόντες τὴν Μαριὰμ ὅτι ταχέως ἀνέστη καὶ ἐξῆλθεν,   ἠκολούθησαν αὐτῇ   B C* D K L Δ Θ Π 33 157
ἰδόντ··· ···ην Μ ·········· τη κα··· ···ἐξῆλθεν,   ἠκολούθησ···   𝔭⁴⁵   [↑uw
ἰδόντες τὴν <u>Μαρίαν</u> ὅτι <u>ἀνέστη</u> <u>ταχέως</u> καὶ ἐξῆλθεν,   ἠκολούθησαν αὐτῇ   𝔭⁶⁶
ἰδόντες τὴν Μαριὰμ ὅτι ·········· τη καὶ ἐξῆλθεν, <u>καὶ</u>   ἠκολούθησαν αὐτῇ   𝔭⁷⁵
ἰδόντες τὴν <u>Μαρίαν</u> ὅτι <u>ταχὺ</u> ἀνέστη καὶ ἐξῆλθεν,   ἠκο··········· ···τῇ   C^c
ἰδόντες τὴν Μαριὰμ ὅτι ταχέως ἀνέστη καὶ ἐξῆλθεν,   ἠκολούθησαν <u>αὐτῷ</u>   579   [↓28 700 1071 1424 τ
ἰδόντες τὴν <u>Μαρίαν</u> ὅτι ταχέως ἀνέστη καὶ ἐξῆλθεν,   ἠκολούθησαν αὐτῇ   ℵ A 𝔐 M U W Λ Ψ f¹ f¹³ 2

δόξαντες ὅτι ὑπάγει εἰς τὸ μνημεῖον ἵνα κλαύσῃ ἐκεῖ. **32** ἡ οὖν Μαριὰμ   B C* L 33 157 uw
·········· τε·········· ·········· ···μεῖο··· <u>πάγει</u> ἵνα κλαύσῃ ἐκ··· **32** ·········· <u>ἱα</u>   𝔭⁴⁵
<u>λέγοντες</u> ὅτι ὑπάγει εἰς τὸ μνημεῖον ἵνα κλαύσῃ ἐκεῖ. **32** ἡ οὖν Μαριὰμ   𝔭^{66c} E*
<u>δοξ</u>··· <u>ζοντες</u> ὅτι ὑπ··· ··· ···ημε··· ν ἵνᾶ ···αύσῃ ·········· **32** ··· ···αριὰμ   𝔭⁷⁵
δόξαντες ὅτι <u>Ἰησοῦς</u> ὑπάγει εἰς τὸ μνημεῖον ἵνα κλαύσῃ ἐκεῖ. **32** ἡ οὖν <u>Μαρία</u>   ℵ*
δόξαντες ὅτι ὑπάγει εἰς τὸ μνημεῖον ἵνα κλαύσῃ ἐκεῖ. **32** ἡ οὖν <u>Μαρία</u>   ℵ^c D W 1 1582*
δόξαντες ὅτι ὑπάγει εἰς τὸ μνημεῖον ἵνα <u>κλαύσει ἂν</u> ἐκεῖ. **32** ἡ οὖν <u>Μαρία</u>   579   [118 f¹³ 700
<u>λέγοντες</u> ὅτι ὑπάγει εἰς τὸ μνημεῖον ἵνα <u>κλαύσει</u> ἐκεῖ. **32** ἡ οὖν <u>Μαρία</u>   124
<u>λέγοντες</u> ὅτι ὑπάγει εἰς τὸ μνημεῖον ἵνα κλαύσῃ ἐκεῖ. **32** ἡ οὖν <u>Μαρία</u>   𝔭^{66*} A C^c 𝔐 K M
   U Δ Θ Λ Π Ψ 1582^c 69 2 28 788 1071 1424 τ

ὡς ἦλθεν ὅπου ἦν Ἰησοῦς ἰδοῦσα αὐτὸν ἔπεσεν αὐτοῦ πρὸς τοὺς πόδας   B ℵ* C* Ψ 33 uw
ὡς η ··· ἦν <u>ὁ</u> Ἰησοῦς ··· ἰδοῦσα αὐτὸν ἔπεσ··· ·········· ···ὸς πόδ···   𝔭⁴⁵
ὡς ἦλθεν ὅπου ἦν Ἰησοῦς <u>καὶ</u> ἰδοῦσα αὐτὸν ἔπεσεν αὐτοῦ <u>εἰς</u> τοὺς πόδας   𝔭⁶⁶
ὡς ἦλθεν ὅπου ··· αὐτὸν ἔπεσεν αὐτοῦ ·········· ···όδας   𝔭⁷⁵
ὡς ἦλθεν ὅπου ἦν <u>ὁ</u> Ἰησοῦς ἰδοῦσα αὐτὸν ἔπεσεν αὐτοῦ πρὸς τοὺς πόδας   ℵ^c L f¹ 157
ὡς ἦλθεν ὅπου ἦν <u>ὁ</u> Ἰησοῦς ἰδοῦσα αὐτὸν ἔπεσεν αὐτοῦ <u>εἰς</u> τοὺς πόδας   A K Π
ὡς ἦλθεν ὅπου ἦν Ἰησοῦς ἰδοῦσα ἔπεσεν <u>πρὸς</u> <u>τοὺς</u> <u>πόδας</u> <u>αὐτοῦ</u>   D
ὡς ἦλθεν ὅπου <u>ὁ</u> Ἰησοῦς ἰδοῦσα <u>δὲ</u> αὐτὸν ἔπεσεν αὐτοῦ πρὸς τοὺς πόδας   W
ὡς <u>εἰσῆλθεν</u> ὅπου ἦν <u>ὁ</u> Ἰησοῦς ἰδοῦσα αὐτὸν ἔπεσεν αὐτοῦ <u>εἰς</u> τοὺς πόδας   Δ
ὡς ἦλθεν ὅπου ἦν <u>ὁ</u> Ἰησοῦς ἰδοῦσα αὐτὸν ἔπεσεν αὐτοῦ <u>εἰς</u> τοὺς πόδας   2 700 1071
ὡς ἦλθεν ὅπου ἦν Ἰησοῦς ἰδοῦσα αὐτὸν ἔπεσεν <u>εἰς</u> <u>τοὺς</u> <u>πόδας</u> <u>αὐτοῦ</u>   28 τ
<u>εἰσῆλθεν</u> ὅπου ἦν Ἰησοῦς ἰδοῦσα αὐτὸν ἔπεσεν αὐτοῦ πρὸς τοὺς πόδας   579
ὡς <u>ἀπῆλθεν</u> ὅπου ἦν <u>ὁ</u> Ἰησοῦς ἰδοῦσα αὐτὸν ἔπεσεν <u>εἰς</u> <u>τοὺς</u> πόδας <u>αὐτοῦ</u>   1424   [↓f¹³
ὡς ἦλθεν ὅπου ἦν <u>ὁ</u> Ἰησοῦς ἰδοῦσα αὐτὸν ἔπεσεν αὐτοῦ <u>εἰς</u> τοὺς πόδας   C^c 𝔐 M U Θ Λ

lac. 11.30-32 N P Γ 565

A 30 ης (εις) L | ιν (ην) 579 | τωπω 579 | | υπηντεισεν K ¦ υπηντισεν 579 **31** ωντες 579 | οικεια W 1346 | ειδοντες 579 | μνημιον ℵ D L W Θ 579 ¦ μνιμειον E | κλαυσει Θ 69 | απεθανε Υ **32** ηδουσα 579

B 31 ῑς ℵ* **32** ῑη 𝔭⁴⁵ | lac. 𝔭⁷⁵ ¦ ῑς B 𝔭⁶⁶ ℵ A C 𝔐 K L M S U W Δ Θ Λ Π Ψ Ω f¹ 118 f¹³ 124 2 33 28 157 579 700 788 1071 1346 1424 ¦ της D

λέγουσα αὐτῷ, Κύριε, εἰ ἦς ὧδε οὐκ ἄν μου ἀπέθανεν ὁ ἀδελφός. B 𝔓⁷⁵ ℵ C* L W Δ Θ Ψ 33 157 **uw**
λέγουσ·· ········ ········ εἰ ἦς ὧδε οὐκ ἄν ·ἀπ········ ········ ·· ·····φός. 𝔓⁴⁵
λέγουσα, Κύριε, εἰ ἦς ὧδε οὐκ ἄν μου ἀπέθανεν ὁ ἀδελφός. 𝔓⁶⁶
λέγουσα, Κύριε, εἰ ὧδε ἦς οὐκ ἄν μου ὁ ἀδελφὸς ἀπέθανεν. D
λέγουσαν αὐτῷ, Κύριε, εἰ ἦς ὧδε οὐκ ἄν ἀπέθανέν μου ὁ ἀδελφός. Λ*
λέγουσα αὐτῷ, Κύριε, εἰ ἦς ὧδε οὐκ ἄν ἀπέθανεν ὁ ἀδελφός μου. 69
λέγουσα αὐτῷ, Κύριε, εἰ ἦς ὧδε οὐκ ἄν ἀπέθανεν ὁ ἀδελφός. 124
λέγουσα, Κύριε, ἢ εἰς ὧδε οὐκ ἄν ἀπέθανέν μου ὁ ἀδελφός. 2
λέγουσα, Κύριε, εἰ ἦς ὧδε οὐκ ἄν ἀπέθανέν μου ὁ ἀδελφός. 28
λέγουσα, Κύριε, εἰς ὧδε οὐκ ἄν ἀπέθανεν ὁ ἀδελφός. 579
λέγουσα αὐτῷ, Κύριε, εἰ ὧδε οὐκ ἄν ἀπέθανέν μου ὁ ἀδελφός. 788 [↓1424 τ
λέγουσα αὐτῷ, Κύριε, εἰ ἦς ὧδε οὐκ ἄν ἀπέθανέν μου ὁ ἀδελφός. A Cᶜ 𝔐 K M U Λᶜ Π f¹ f¹³ 700 1071

33 Ἰησοῦς οὖν ὡς εἶδεν αὐτὴν κλαίουσαν καὶ τοὺς B 𝔓⁶⁶ **uwτ** rell
33 Ἰησοῦς οὖν ····· ····· ·····τὴν κλαίουσαν καὶ ········ 𝔓⁴⁵
33 ········ ····· ἴδεν αὐτὴν ·····υσαν ········ 𝔓⁷⁵
33 Ἰησοῦς οὖν εἶδεν αὐτὴν κλαίουσαν καὶ τοὺς ℵ*
33 ὁ οὖν Ἰησοῦς ὡς εἶδεν αὐτὴν κλαίουσαν καὶ τοὺς Θ
33 Ἰησοῦς οὖν ὡς εἶδεν αὐτὴν κλαίουσαν καὶ τοὺς 579
33 Ἰησοῦς οὖν ὡς οἶδεν αὐτὴν κλαίουσαν καὶ τοὺς 1346
33 Ἰησοῦς οὖν ὡς εἶδεν αὐτὴν κλαίουσαν καὶ ἐλθόντας τοὺς 1424*

συνελθόντας αὐτῇ Ἰουδαίους κλαίοντας, B ℵ A C 𝔐 K L M U Wᶜ Δ Θ Π Ψ f¹ f¹³ 2 33 28 157 700
·················· ·····ντας τοὺς σ·········τας αὐτῆι, 𝔓⁴⁵ [↑1071 **uwτ**
[Ἰουδαίους κλαίο]ντας τοὺς σ[υνεληλυθ]ότας αὐτῇ, 𝔓⁴⁵ (cj. Kenyon)
συνεληλυθότας σὺν αὐτῇ Ἰουδαίους κλαίοντας, 𝔓⁶⁶
συνελθόντας αὐ····· ·····υδ········ας, 𝔓⁷⁵
Ἰδοίους κλαίοντας τοὺς συνεληλυθότας μετ᾽ αὐτῆς D*
Ἰουδαίους κλαίοντας τοὺς συνεληλυθότας μετ᾽ αὐτῆς Dᶜ
συνελθόντας Ἰουδαίους κλαίοντας, W*
συνελθόντας αὐτῇ Ἰουδάους κλαίοντας, Λ
ἀαδελφοὺς αὐτῇ Ἰουδαίους 579
σὺν αὐτῇ Ἰουδαίους κλαίοντας, 1424

ἐνεβρειμήσατο τῷ πνεύματι καὶ ἐτάραξεν ἑαυτοῦ 34 καὶ εἶπεν, Ποῦ τεθείκατε B
ἐταρά······ ········ ········ ·····ούμενο·· 34 ·········· ·····οῦ τεθείκατε 𝔓⁴⁵
ἐταρά[χθη τῷ πνεύματι ὡς ἐγβριμ]ούμενος 34 ·········· ·····οῦ τεθείκατε 𝔓⁴⁵ (cj. Kenyon)
ἐβριμήσατο τῷ πνεύματι καὶ ἐτάραξεν ἑαυτὸν 34 καὶ εἶπεν, Ποῦ τεθείκατε 𝔓⁶⁶* ℵ* A
ἐταράχθη τῷ πνεύματι ὡς ἐμβριμώμενος 34 καὶ εἶπεν, Ποῦ τεθείκατε 𝔓⁶⁶ᶜ 1 1582*
ἐβρειμήσατο τ········ ········ ·····ραξε· ·····υτὸν 34 καὶ εἶπεν, Π········· ·····ε 𝔓⁷⁵
ἐταράχθη τῷ πνεύματι ὡς ἐνβρειμούμενος 34 καὶ εἶπεν, Ποῦ τεθείκατε D
ἐταράχθη τῷ πνεύματι ὡς ἐμβριμώμενος 34 καὶ λέγει, Ποῦ τεθείκατε Θ
ἐνεβριμήσατο τῷ πνεύματι καὶ ἐτάραξεν αὐτὸν 34 καὶ εἶπεν, Ποῦ τεθείκατε L* Δ 118 157 1424
ἐνεβριμήσατο τῷ πνεύματι καὶ ἐτάραξεν ἑαυτὸν 34 καὶ εἶπεν, Ποῦ τεθήκατε 124
ἐνεβριμήσατο τῷ πνεύματι καὶ ἐτάριξεν αὐτὸν 34 καὶ εἶπεν, Ποῦ τεθήκατε 579
ἐνεβριμήσατο τῷ πνεύματι καὶ ἐτάραξεν ἑαυτὸν 34 καὶ εἶπεν, Ποῦ τεθείκατε ℵᶜ C 𝔐 K Lᶜ M U W Λ
Π Ψ f¹³ 1582ᶜ 2 33 28 700 1071 **uwτ**

αὐτόν; λέγουσιν αὐτῷ, Κύριε, ἔρχου καὶ ἴδε. 35 ἐδάκρυσεν ὁ Ἰησοῦς. B 𝔓⁶⁶ᶜ 124 **uwτ** rell
αὐ·· ········ ········ ········ ····· ····· 35 ········ ·····η. 𝔓⁴⁵
αὐτόν; λέγουσιν αὐτῷ, ἔρχου ἴδε. 35 ἐδάκρυσεν ὁ Ἰησοῦς. 𝔓⁶⁶*
αὐτ····· ·····γουσιν αὐτῷ, Κ······ ········ 35 ·····δα·· ρ········· ·· 𝔓⁷⁵
αὐτόν; λέγουσιν αὐτῷ, Κύριε, ἔρχου καὶ ἴδε. 35 καὶ ἐδάκρυσεν Ἰησοῦς. ℵ*
αὐτόν; λέγουσιν αὐτῷ, Κύριε, ἔρχου καὶ ἴδε. 35 καὶ ἐδάκρυσεν ὁ Ἰησοῦς. D f¹³
αὐτόν; λέγουσιν αὐτῷ, Κύριε, ἔρχου καὶ ἴδε. 35 Δ
αὐτόν; λέγουσιν αὐτῷ, Κύριε, ἔρχου καὶ ἴδε. 35 ἐδάκρυσιν ὁ Ἰησοῦς. M
αὐτόν; λέγουσιν αὐτῷ, Κύριε, ἐλθὲ καὶ ἴδε. 35 καὶ ἐδάκρυσεν ὁ Ἰησοῦς. Θ
αὐτόν; 35 ἐδάκρυσεν ὁ Ἰησοῦς. 579

lac. 11.32-35 Ν Ρ Γ 565

A 32 ει (η) U 13 | απεθανε 118 700 33 ω (ως) 2* | ιδεν 𝔓⁷⁵ A C E K L M W Δ Θ Π 13 124 33 579 788 1424 | συνελθωντας 2* 33 | κλεουσαν 579 | ενεβριμισατο 69 | το (τω) E 34 ειπε Υ 118 157 | τεθικαται 𝔓⁶⁶ ℵ ¦ τεθικατε A ¦ τεθηκατε E F G H M Θ Λ Ω 13 69 2 33 28 1071 1346 | ειδε 𝔓⁶⁶ D W 69

B 32 κ̄ε B 𝔓⁶⁶ 𝔓⁷⁵ ℵ A C D 𝔐 K L M S U W Δ Θ Λ Π Ψ Ω f¹ 118 f¹³ 69 124 2 33 28 157 579 700 788 1071 1346 1424 33 ι̅ς B 𝔓⁶⁶ ℵ A C 𝔐 K L M S U W Δ Θ Λ Π Ψ Ω f¹ 118 f¹³ 124 2 33 28 157 579 700 788 1071 1346 1424 ¦ ι̅η̅ 𝔓⁴⁵ ¦ ι̅η̅ς D ¦ π̄νι 𝔓⁶⁶ ℵ A C 𝔐 K L M S U W Δ Θ Λ Π Ψ Ω f¹ 118 f¹³ 69 124 2 33 28 157 579 700 788 1071 1346 1424 34 κ̄ε B 𝔓⁶⁶ᶜ 𝔓⁷⁵ ℵ A C D 𝔐 K L M S U W Θ Λ Π Ψ Ω f¹ 118 f¹³ 69 124 2 33 28 157 700 788 1071 1346 1424 35 lac. 𝔓⁷⁵ ¦ ι̅ς B 𝔓⁶⁶ A C 𝔐 K L M S U W Θ Λ Π Ψ Ω f¹ 118 f¹³ 124 2 33 28 157 579 700 788 1071 1346 1424 ¦ .η̄ 𝔓⁴⁵ ¦ ι̅η̅ς D

36 ἔλεγον οὖν	οἱ Ἰουδαῖοι, Ἴδε πῶς ἐφίλει αὐτόν.	37 τινὲς δὲ ἐξ αὐτῶν εἶπον,	B τ rell
36 ἔλεγον ο̣ν̣··	············	37 ············	𝔭45
36 ἔλεγον οὖν	οἱ Ἰουδαῖοι, Ἴδε πῶς ἐφίλει αὐτόν.	37 τινὲς δὲ εἶπον ἐξ αὐτῶν,	𝔭66 Dᶜ
36 ············	···· ··δε πῶς ε····	37 ········ ··ξ αὐτῶν ··ῖπον,	𝔭75
36 ἔλεγαν οὖν	οἱ Ἰουδαῖοι, Ἴδε πῶς ἐφίλει αὐτόν.	37 τινὲς δὲ ἐξ αὐτῶν εἶπαν,	ℵ*
36 ἔλεγον οὖν	οἱ Ἰουδαῖοι, Ἴδε πῶς ἐφίλει αὐτόν.	37 τινὲς δὲ ἐξ αὐτῶν ἔλεγον,	A K Π
36 ἔλεγον οὖν	οἱ Ἰουδαῖοι, Ἴδε πῶς ἐφίλει αὐτόν.	37 τινὲς δὲ εἶπον ἐξ ὧν	D*
36	πῶς ἐφίλει αὐτόν.	37 τινὲς δὲ ἐξ αὐτῶν εἶπον,	Δ
36 ἔλεγον οὖν	οἱ Ἰουδαῖοι, Ἴδε πῶς αὐτὸν ἐφίλει.	37 τινὲς δὲ ἐξ αὐτῶν εἶπον,	Θ
36 ἔλεγον αὐτοῖς	οἱ Ἰουδαῖοι, Ἴδε πῶς ἐφίλει αὐτόν.	37 τινὲς δὲ ἐξ αὐτῶν εἶπον,	69
36 ἔλεγον οὖν	Ἰουδαῖοι, Ἴδε πῶς ἐφήλουν αὐτῷ.	37 τινὲς δὲ ἐξ αὐτῶν εἶπον,	579
36		37 τινὲς δὲ ἐξ αὐτῶν εἶπον,	1424*
36 ἔλεγον οὖν	οἱ Ἰουδαῖοι, Ἴδε πῶς ἐφίλει αὐτόν.	37 τινὲς δὲ ἐξ αὐτῶν εἶπαν,	uw

Οὐκ ἐδύνατο οὗτος ὁ ἀνοίξας τοὺς ὀφθαλμοὺς τοῦ τυφλοῦ ποιῆσαι ἵνα	B* 𝔭66 C D K W Θ Π Ψ 157 uw
·········· ··ίξας τοὺς ····· ····· ποιήσ··· ··να	𝔭75
Οὐκ ἠδύνατο οὗτος ὁ ἀνοίξας τοὺς ὀφθαλμοὺς τοῦ τυφλοῦ ποιῆσαι ἵνα μὴ	33 1424 [↓700 1071 τ
Οὐκ ἠδύνατο οὗτος ὁ ἀνοίξας τοὺς ὀφθαλμοὺς τοῦ τυφλοῦ ποιῆσαι ἵνα	Bᶜ ℵ A 𝔐 L M U Δ Λ f¹ f¹³ 2 28

καὶ οὗτος μὴ ἀποθάνῃ;	B 𝔭66.75 uwτ rell
κ···· ····· ·····	𝔭75
οὗτος ἀποθάνῃ;	33

Seventh Sign: Lazarus Raised From The Dead

38	Ἰησοῦς οὖν πάλιν ἐνβρειμώμενος	ἐν ἑαυτῷ ἔρχεται εἰς τὸ	μνημεῖον·	B*
38	Ἰησοῦς οὖν πάλιν ἐμβρειμώμενος	ἐν ἑαυτῷ ἔρχεται εἰς τὸ	μνημεῖον·	Bᶜ
38	····ς οὖν πα···· ··μβρει····	····ῷ ἔρχεται		𝔭75
38	Ἰησοῦς οὖν πάλιν ἐμβριμούμενος	ἐν ἑαυτῷ ἔρχεται εἰς τὸ	μνημεῖον·	ℵ A Y U 124 788
38	Ἰησοῦς οὖν πάλιν ἐμβριμησάμενος	ἐν ἑαυτῷ ἔρχεται εἰς τὸ	μνημεῖον·	C* 1424
38	Ἰησοῦς οὖν πάλιν ἐνβρειμώμενος	ἐν ἑαυτῷ ἔρχεται ἐπὶ τὸ	μνημεῖον·	D
38	Ἰησοῦς πάλιν ἐμβριμώμενος	ἐν ἑαυτῷ ἔρχεται εἰς τὸ	μνημεῖον·	E*
38	Ἰησοῦς οὖν ἐμβριμωάμενο	ἐν ἑαυτῷ ἔρχεται εἰς τὸ	μνημεῖον·	K
38	Ἰησοῦς οὖν πάλιν ἐνβρίμων	ἐν ἑαυτῷ ἔρχεται εἰς τὸ	μνημεῖον·	W
38	Ἰησοῦς οὖν πάλιν ἐμβριμώμενος	ἐν ἑαυτῷ ἔρχεται εἰς τὸν	μνημεῖον·	Δ
38 ὁ	Ἰησοῦς οὖν πάλιν ἐμβριμώμενος	ἐν ἑαυτῷ ἔρχεται εἰς τὸ	μνημεῖον·	Θ
38	Ἰησοῦς πάλιν ἐμβριμούμενος	ἐν ἑαυτῷ ἔρχεται εἰς τὸ	μνημεῖον·	f¹³
38 ὁ	Ἰησοῦς οὖν πάλιν ἐμβριμούμενος	ἐν ἑαυτῷ ἔρχεται εἰς τὸ	μνημεῖον·	69
38 ὁ	Ἰησοῦς πάλιν οὖν ἐμβριμώμενος	ἐν ἑαυτῷ ἔρχεται εἰς τὸ	μνημεῖον·	33
38 ἡ	Ἰησοῦς οὖν πάλιν ἐμβριμούμενος	ἐν ἑαυτῷ ἔρχεται εἰς τὸ	μνημεῖον·	579
38	Ἰησοῦς οὖν πάλιν ἐμβριμώμενος	ἐν ἑαυτῷ ἔρχεται εἰς τὸ	μνημεῖον·	𝔭66 Cᶜ 𝔐 L M Δᶜ Λ Π Ψ f¹ 2 28 157 700 1071 uwτ

ἦν δὲ	σπήλαιον καὶ λίθος ἐπέκειτο ἐπ᾽ αὐτῷ. 39 λέγει	ὁ Ἰησοῦς, Ἄρατε	B 𝔭66 uwτ rell
	····αιον καὶ ···· ···· 39 ····ει	ὁ Ἰησοῦς, Ἄρα···	𝔭75
ἦν δὲ	σπήλαιον καὶ λίθος ἐπέκειτο αὐτῷ. 39 λέγει	ὁ Ἰησοῦς, Ἄρατε	ℵ* L
ἦν δὲ	σπήλαιον καὶ λίθος ἐπέκειτο ἐπ᾽ αὐτῷ. 39 λέγει·	Ἰησοῦς, Ἄρατε	A D Π
ἦν δὲ	σπήλαιον καὶ λίθος ἐπέκειτο ἐπ᾽ αὐτῷ. 39 λέγει αὐτῇ	ὁ Ἰησοῦς, Ἄρατε	Δ*
ἦν δὲ	σπήλαιον καὶ λίθος ἐπέκειτο ἐπ᾽ αὐτῷ. 39 λέγει οὖν	ὁ Ἰησοῦς, Ἄρατε	Θ
ἦν δαὶ	σπήλαιον καὶ λίθος ἐπέκειτο ἐπ᾽ αὐτῷ. 39 λέγει	ὁ Ἰησοῦς, Ἄρατε	1
ἦν δὲ	σπήλαιον καὶ λίθον ἐπέκητο ἐπ᾽ αὐτῷ. 39 λέγει αὐτῷ	ὁ Ἰησοῦς, Ἄρατε	579
ἦν δὲ	σπήλαιον καὶ λίθος ἐπέκειτο ἐπ᾽ αὐτῷ. 39 λέγει αὐτοῖς	ὁ Ἰησοῦς, Ἄρατε	1071

lac. **11.36-39** N P Γ 565 ¦ vss. 37-39 𝔭45

A **36** ειδε 𝔭66 D W ¦ ειδη 579 ¦ πω D* ¦ εφειλει D **37** αυτον Θ 579 ¦ ηδυνατο 13 ¦ ανυξας D ¦ ποιεισαι 579 ¦ αποθανης D* ¦ αποθανει 69 1071 1424 **38** εαυαυτω 𝔭66 ¦ ερχετε A ¦ μνημιον ℵ L W Θ 579 ¦ σπηλεον D W Θ ¦ σπηλαιων L ¦ σπηλεον 2* ¦ αυτο H Ψ **39** λεγι ℵ ¦ αραται 𝔭66

B **38** ι̅ς̅ B 𝔭66 𝔭75 ℵ A C 𝔐 K L M S U W Δ Θ Λ Π Ψ Ω f¹ 118 f¹³ 124 2 33 28 157 579 700 788 1071 1346 1424 ¦ ι̅η̅ς̅ D **39** ι̅ς̅ B 𝔭66 𝔭75 ℵ A C 𝔐 K L M S U W Δ Θ Λ Π Ψ Ω f¹ 118 f¹³ 124 2 33 28 157 579 700 788 1071 1346 1424 ¦ ι̅η̅ς̅ D

τὸν λίθον. λέγει αὐτῷ ἡ ἀδελφὴ τοῦ τετελευτηκότος Μάρθα,   Κύριε,   B ℵ A C* W Π Ψ 33 157 **uw**
τὸν λίθον. λέγει αὐτῷ ἡ ἀδελφὴ τοῦ <u>τετελευκότος</u>   Μάρθα,   𝔓66*
τὸν λίθον. λέγει αὐτῷ ἡ ἀδελφὴ τοῦ τετελευτηκότος Μάρθα,   𝔓66c
.... τῷ ἡ ἀδελφῇ τ...... ....ἀρθα,   Κύριε,   𝔓75
τὸν λίθον. λέγει αὐτῷ ἡ ἀδελφὴ τοῦ <u>τεθνηκότος</u>   Κύριε,   Cc 𝔐 M U Δ Λ f¹ f¹³ 2 28 579 700
τὸν λίθον. λέγει αὐτῷ <u>ἡ Μάρθα ἡ ἀδελφὴ τοῦ τετελευτηκότος</u>, Κύριε,   D   [↑1071 1424 τ
τὸν λίθον. λέγει αὐτῷ ἡ ἀδελφὴ τοῦ <u>τελευτηκότος</u>   Μάρθα,   Κύριε,   K L
τὸν λίθον. λέγει αὐτῷ ἡ   Μάρθα,   Κύριε,   Θ

ἤδη ὄζει, τεταρτέος γάρ ἐστιν. **40** λέγει αὐτῇ ὁ Ἰησοῦς, Οὐκ εἶπόν σοι ὅτι ἐὰν B* W 2 1071
.... **40** λέγει αυ......   ....ὅτι ἐὰν 𝔓59
ἤδη ὄζει, <u>τεταρταῖος</u> γάρ ἐστιν. **40** λέγει αὐτῇ   Ἰησοῦς, Οὐκ εἶπόν σοι   ἐὰν 𝔓66
ἤδη ὄζ......   **40** λέγει   εἶπόν σοι   𝔓75
ἤδη ὄζει, <u>τεταρταῖος</u> γάρ ἐστιν. **40** λέγει αὐτῇ ὁ Ἰησοῦς, Οὐκ εἶπόν σοι ὅτι ἐὰν A f¹
ἤδη ὄζει, <u>τεταρταῖος</u>   ἐστιν. **40** λέγει αὐτῇ ὁ Ἰησοῦς, Οὐκ εἶπόν σοι ὅτι ἐὰν D
ἤδη ὄζει, <u>τεταρταῖος</u> γάρ ἐστιν. **40** λέγει <u>αὐτῆς</u> ὁ Ἰησοῦς, Οὐκ εἶπόν σοι ὅτι ἐὰν E*
ἤδη ὄζει, <u>τεταρτέως</u> γάρ ἐστιν. **40** λέγει αὐτῇ ὁ Ἰησοῦς, Οὐκ εἶπόν σοι ὅτι ἐὰν Θ
<u>ἴδε</u> ὄζει, <u>τεταρταῖος</u> γάρ ἐστιν. **40** λέγει αὐτῇ ὁ Ἰησοῦς, Οὐκ εἶπόν σοι   ἐὰν 69
ἤδη ὄζει, <u>τεταρταῖος</u> γάρ ἐστιν. **40** λέγει αὐτῇ ὁ Ἰησοῦς, Οὐκ εἶπόν σοι ὅτι ἐὰν Bc ℵ C 𝔐 K L M U Δ Λ
                                           Π Ψ 118 f¹³ 33 28 157 579 700 1424 **uwτ**

πιστεύσῃς ὄψῃ τὴν δόξαν τοῦ θεοῦ; **41** ἦραν   οὖν τὸν λίθον.   B 𝔓66.75 ℵ C* L W Θ Ψ **uw**
.... τὴν δ......   **41** ....ν τ...   𝔓59
......τεύσῃς ....ξαν τοῦ θεοῦ; **41** ἦρ...   ...γ τὸν λίθο...   𝔓75
πιστεύσῃς ὄψῃ τὴν δόξαν τοῦ θεοῦ; **41** ἦραν   οὖν τὸν λίθον, <u>οὗ ἦν</u>   A Π
πιστεύσῃς ὄψῃ τὴν δόξαν τοῦ θεοῦ; **41** <u>ὅτε οὖν ἦραν</u> τὸν λίθον.   D
πιστεύσῃς <u>ὄψει</u> τὴν δόξαν τοῦ θεοῦ; **41** ἦραν   οὖν τὸν λίθον, <u>οὗ ἦν ὁ τεθνηκὼς κείμενος</u>. Y U 1582c 2
πιστεύσῃς ὄψῃ τὴν δόξαν τοῦ   **41** ....   F   [↑τ
πιστεύσῃς <u>ὄψει</u> τὴν δόξαν τοῦ θεοῦ; **41** ἦραν   οὖν τὸν λίθον, <u>οὗ ἦν</u>   K 1 1582*
<u>πιστεύῃς</u> ὄψῃ τὴν δόξαν τοῦ θεοῦ; **41** ἦραν   οὖν τὸν λίθον, <u>οὗ ἦν ὁ τεθνηκὼς κείμενος</u>. Ω
πιστεύσῃς <u>ὄψει</u> τὴν δόξαν τοῦ θεοῦ; **41** ἦραν   οὖν τὸν λίθον, <u>ὅπου ἦν ὁ τεθνηκὼς κείμενος</u>. 118
πιστεύσῃς <u>ὄψει</u> τὴν δόξαν τοῦ θεοῦ; **41** ἦραν   οὖν τὸν λίθον.   33 157
πιστεύσῃς ὄψῃ τὴν δόξαν τοῦ θεοῦ; **41** ἦραν   οὖν τὸν λίθον, <u>οὗ ἦν</u>.   579
<u>πιστεύῃς</u> <u>ὄψει</u> τὴν δόξαν τοῦ θεοῦ; **41** ἦραν   οὖν τὸν λίθον, <u>οὗ ἦν ὁ τεθνηκὼς κείμενος</u>. 700
πιστεύσῃς ὄψῃ τὴν δόξαν τοῦ θεοῦ; **41** ἦραν   οὖν τὸν λίθον, <u>ὅπου ἦν</u>   1071
πιστεύσῃς ὄψῃ τὴν δόξαν τοῦ θεοῦ; **41** ἦραν   οὖν τὸν λίθον, <u>οὗ ἦν ὁ τεθνηκὼς κείμενος</u>. Cc 𝔐 M Δ
                                            Λ f¹³ 28 1424

ὁ δὲ   Ἰησοῦς ἦρεν τοὺς ὀφθαλμοὺς   ἄνω καὶ εἶπεν, Πάτερ,   B 𝔓66* **uwτ** rell
.... τοῦ .... καὶ 𝔓59
ὁ δὲ   Ἰησοῦς ἦρεν τοὺς ὀφθαλμοὺς <u>αὐτοῦ</u> ἄνω καὶ εἶπεν, Πάτερ,   𝔓66c 33 28 1071 1424
.. δὲ   Ἰησοῦς ...εν τοὺς ὀφθ...μοὺς   ἄνω κ...... ...πεν,   𝔓75
<u>καὶ</u> ὁ Ἰησοῦς ἦρεν τοὺς ὀφθαλμοὺς <u>αὐτοῦ</u> ἄνω καὶ εἶπεν, Πάτερ,   D
ὁ δὲ   Ἰησοῦς ἦρεν τοὺς ὀφθαλμοὺς <u>εἰς τὸν οὐρανὸν</u> ἄνω καὶ εἶπεν, Πάτερ,   Yc K Π
ὁ <u>οὖν</u>   Ἰησοῦς ἦρεν τοὺς ὀφθαλμοὺς   ἄνω καὶ εἶπεν, Πάτερ,   Θ f¹ f¹³
ὁ   Ἰησοῦς ἦρεν τοὺς ὀφθαλμοὺς <u>αὐτοῦ</u> ἄνω καὶ εἶπεν, Πάτερ,   69
ὁ <u>οὖν ὁ</u> Ἰησοῦς ἦρεν τοὺς ὀφθαλμοὺς   ἄνω καὶ εἶπεν, Πάτερ,   124
<u>οὐδεὶς</u>   ἦρεν τοὺς ὀφθαλμοὺς   ἄνω καὶ εἶπεν, Πάτερ, <u>εὐ</u> 579
ὁ <u>οὖν ὁ</u> Ἰησοῦς ἦρεν τοὺς ὀφθαλμοὺς <u>εἰς τὸν οὐρανὸν</u> ἄνω καὶ εἶπεν, Πάτερ,   1346

εὐχαριστῶ σοι ὅτι ἤκουσάς μου. **42** ἐγὼ δὲ ἤδειν ὅτι πάντοτέ μου ἀκούεις, ἀλλὰ B 𝔓66 **uwτ** rell
...... σοι ὅτι ......   **42** ἐγὼ   ...τοτέ μου ἀκ......   𝔓59
εὐχαρι... σοι ὅτι ἤκο... μου. **42** ....άντοτέ μο... ...ούεις, ...   𝔓75
εὐχαριστῶ σοι ὅτι ἤκουσάς μου. **42** ἐγὼ   ἤδειν ὅτι πάντοτέ μου ἀκούεις, ἀλλὰ D S
εὐχαριστῶ σοι ὅτι ἤκουσάς <u>με</u>. **42** ἐγὼ δὲ ἤδειν ὅτι πάντοτέ μου ἀκούεις, ἀλλὰ Δ
εὐχαριστῶ σοι ὅτι ἤκουσάς μου. **42** <u>κἀγὼ</u>   ἤδειν ὅτι πάντοτέ μου ἀκούεις, ἀλλὰ f¹³
εὐχαριστῶ σοι ὅτι ἤκουσάς μου. **42** <u>κἀγὼ</u>   <u>οἴδειν</u> ὅτι πάντοτέ μου ἀκούεις, ἀλλὰ 69

---

lac. **11.36-42** N P Γ 565 ¦ vss. 37-42 𝔓45 ¦ vss. 40-41 F

A 39 τεθνηκωτος 579 ¦ ηδει Λ 579 1071 ¦ οζι Θ ¦ οζη H Λ 28 1346 ¦ εστι S Y U Ω f¹ 118 157 700 788 1346 ¦ εστειν 579 **40** λεγι 𝔓66* ¦ αυτοι (αυτη) 1071 ¦ πιστευσεις K 13 2* 579 **41** ηρε Y U 118 69 157 700 ¦ τεθνηκος 28 1346 ¦ κιμενος Cc ¦ οφλμους Θ* ¦ ειπε 118 157 700 **42** ειδειν E* U 579 ¦ ηδιν W ¦ οιδειν 69 ¦ παντοται 𝔓66

B 39 κ̅ε̅ B 𝔓75 ℵ A C D 𝔐 K L M S U W Δ Θ Λ Π Ψ Ω f¹ 118 f¹³ 69 124 2 33 28 157 579 700 788 1071 1346 1424 **40** lac. 𝔓75 ¦ τ̅ς̅ B 𝔓66 ℵ A C 𝔐 K L M S U W Δ Θ Λ Π Ψ Ω f¹ 118 f¹³ 124 2 33 28 157 579 700 788 1071 1424 ¦ ι̅η̅ς̅ D ¦ θ̅υ̅ B 𝔓66 𝔓75 ℵ A C D 𝔐 K L M S U W Δ Θ Λ Π Ψ Ω f¹ 118 f¹³ 69 124 2 33 28 157 579 700 788 1071 1346 1424 **41** ι̅ς̅ B 𝔓66 𝔓75 ℵ A C 𝔐 K L M S U W Δ Θ Λ Π Ψ Ω f¹ 118 f¹³ 124 2 33 28 157 700 788 1071 1346 1424 ¦ ι̅η̅ς̅ D ¦ ουνον Yc K Π 1346 ¦ π̅ε̅ρ̅ 𝔓66 A C 𝔐 K L M S U Θ Λ Π Ψ Ω f¹ 118 f¹³ 69 124 2 33 28 157 579 700 788 1071 1346 1424 διὰ τὸν ὄχλον τὸν περιεστῶτα εἶπον, ἵνα πιστεύσωσιν ὅτι σύ με ἀπέστειλας. B 𝔭⁶⁶ **uwτ** rell

······ τὸν ὄχλον το· ········τα εἶπον, ἵνα ········σιν ὅτι σύ με ········ειλα· 𝔭⁴⁵

······ ·····ν περι··τῶτα ········ ··········· ··υ με ἀπέ······ 𝔭⁷⁵

διὰ τὸν ὄχλον περιεστῶτα εἶπον, ἵνα πιστεύσωσιν ὅτι σύ με ἀπέστειλας. Δ

διὰ τὸν ὄχλον τὸν <u>περεστῶτα</u> <u>μοι ποιῶ,</u> ἵνα πιστεύσωσιν ὅτι σύ με ἀπέστειλας. Θ

διὰ τὸν ὄχλον τὸν <u>περεστῶτα</u> εἶπον, ἵνα πιστεύσωσιν ὅτι σύ με ἀπέστειλας. Λ 28

διὰ τὸν ὄχλον τὸν περιεστῶτα <u>εἶνον,</u> ἵνα πιστεύσωσιν ὅτι σύ με <u>ἀπέστηλας.</u> 579

43 καὶ ταῦτα εἰπὼν φωνῇ μεγάλῃ ἐκραύγασεν, Λάζαρε, δεῦρο ἔξω. B 𝔭⁶⁶ **uwτ** rell

43 κ·· ταῦτα ········νῇι μεγα······ ······εν, δεῦρο <u>ἐλθὲ</u> ἔξω. 𝔭⁴⁵

43 καὶ ταῦτ· ········γασεν, Λάζ..ρ· ········ ······ 𝔭⁵⁹ (+ ον οσων ε)

43 ········ ····νῇ μεγ··· ········άζαρε, δ······· ἔξω. 𝔭⁷⁵

43 καὶ ταῦτα εἰπὼν φωνῇ μεγάλῃ <u>ἐκραύγαζεν,</u> <u>Λάζαρ,</u> δεῦρο ἔξω. ℵ*

43 καὶ ταῦτα εἰπὼν φωνῇ μεγάλῃ <u>ἔκραξεν,</u> Λάζαρε, δεῦρο ἔξω. C* W

43 καὶ ταῦτα εἰπὼν φωνῇ μεγάλῃ ἐκραύγασεν, Λάζαρε, <u>Λάζαρε,</u> δεῦρο ἔξω. Cᶜ

43 καὶ ταῦτα εἰπὼν <u>ἐκραύγασεν</u> <u>φωνῇ μεγάλῃ,</u> Λάζαρε, δεῦρο ἔξω. Θ

43 καὶ ταῦτα εἰπὼν <u>φωνὴν</u> μεγάλῃ ἐκραύγασεν, Λάζαρε, <u>δεύρω</u> ἔξω. 579

43 καὶ ταῦτα εἰπὼν φωνῇ μεγάλῃ <u>εἶπεν,</u> Λάζαρε, δεῦρο ἔξω. 1424

[Cl Pd I 6.3 και τω τεθνεωτι, <u>Λαζαρε,</u> ειπεν, εξιθι· ο δε εξηλθεν της γης, ο νεκρος . . .]

44 ἐξῆλθεν ὁ τεθνηκὼς δεδεμένος τοὺς πόδας καὶ τὰς χεῖρας κειρίαις, B C* L **uw**

44 <u>κ</u>···· ·········κὼς δεδε········ς π·····ας καὶ τὰς χεῖρας κειρίαις, 𝔭⁴⁵

44 ········ ·· ····κὼς·········όδας······ ········αις, 𝔭⁵⁹

44 ἐξῆλθεν ὁ τεθνηκὼς δεδεμένος τοὺς πόδας καὶ τὰς χεῖρας <u>κηρίαις,</u> 𝔭⁶⁶ Ψ

44 ε·······ς δεδεμέν·ς τοὺ······· ·······ς <u>κηρίαις,</u> 𝔭⁷⁵

44 <u>καὶ εὐθὺς</u> ἐξῆλθεν ὁ τεθνηκὼς δεδεμένος τοὺς πόδας καὶ τὰς χεῖρας κειρίαις, D

44 <u>καὶ</u> ἐξῆλθεν ὁ τεθνηκὼς δεδεμένος <u>τὰς χεῖρας</u> καὶ <u>τοὺς πόδας</u> <u>κηρίαις,</u> A Λ 157

44 <u>καὶ</u> ἐξῆλθεν ὁ τεθνηκὼς δεδεμένος <u>τὰς χεῖρας</u> καὶ <u>τοὺς πόδας</u> <u>κυρίαις,</u> 69

44 <u>καὶ</u> ἐξῆλθεν ὁ τεθνηκὼς δεδεμένος <u>τὰς χεῖρας</u> καὶ <u>τοὺς πόδας</u> κειρίαις, 118 28 579

44 <u>καὶ</u> ἐξῆλθεν ὁ τεθνηκὼς δεδεμένος τοὺς πόδας καὶ τὰς χεῖρας <u>κηρίαις,</u> Δ 1 1582ᶜ 33 1424

44 <u>καὶ</u> ἐξῆλθεν ὁ τεθνηκὼς δεδεμένος τοὺς πόδας καὶ τὰς χεῖρας κειρίαις, ℵ Cᶜ 𝔐 K M U W Θ Π 1582* *f*¹³ 2 τ

καὶ ἡ ὄψις αὐτοῦ σουδαρίῳ περιεδέδετο. λέγει Ἰησοῦς αὐτοῖς, B [w]

καὶ ·· ··ψις αὐτοῦ σουδαρίῳ <u>ἐδ</u>···ετο. ···γει <u>αὐτοῖς ὁ</u> Ἰησοῦς, 𝔭⁴⁵

······ ·· ········ ····δα······· ·····ει 𝔭⁵⁹

καὶ ἡ ὄψις αὐ········ρίῳ περιεδέδετο. λέγει Ἰησοῦς αυ······ 𝔭⁷⁵

καὶ ἡ ὄψις αὐτοῦ σουδαρίῳ <u>περιδέδετο.</u> λέγει <u>αὐτοῖς ὁ</u> Ἰησοῦς, D*

καὶ ἡ ὄψις αὐτοῦ σουδαρίῳ περιεδέδετο. λέγει <u>ὁ</u> Ἰησοῦς αὐτοῖς, L W [w]

καὶ <u>τὶν</u> <u>ὄψιν</u> αὐτοῦ σουδαρίῳ <u>περιδεδεμένος.</u> λέγει <u>αὐτοῖς ὁ</u> Ἰησοῦς, Θ

καὶ ἡ ὄψις <u>αὐτῷ</u> σουδαρίῳ περιεδέδετο. λέγει <u>αὐτοῖς ὁ</u> Ἰησοῦς, Λ 2ᶜ

καὶ ἡ ὄψις <u>αὐτῶν</u> σουδαρίῳ περιεδέδετο. λέγει <u>αὐτοῖς ὁ</u> Ἰησοῦς, 2*

καὶ ἡ ὄψις αὐτοῦ σουδαρίῳ περιεδέδετο. λέγει αὐτοῖς, 157

καὶ ἡ ὄψις αὐτοῦ σουδαρίῳ περιεδέδετο. <u>καὶ</u> λέγει <u>αὐτοῖς ὁ</u> Ἰησοῦς, 1424 [↓*f*¹³ 33 28 579 **uτ**

καὶ ἡ ὄψις αὐτοῦ σουδαρίῳ περιεδέδετο. λέγει <u>αὐτοῖς ὁ</u> Ἰησοῦς, 𝔭⁶⁶ ℵ A C Dᶜ 𝔐 K M U Δ Π Ψ *f*¹

Λύσατε αὐτὸν καὶ ἄφετε αὐτὸν ὑπάγειν. B 𝔭⁴⁵ 𝔭⁷⁵ C* L 157 **uw**

······· ·········· ν ······· ειν. 𝔭⁵⁹

Λύσατε αὐτὸν καὶ <u>ἄφεται</u> αὐτὸν ὑπάγειν. 𝔭⁶⁶ 579

Λύσατε αὐτὸν καὶ <u>ἄφεται</u> ὑπάγειν. ℵ W

Λύσατε αὐτὸν καὶ <u>ἐάσατε</u> αὐτὸν ὑπάγειν. Θ

Λύσατε αὐτὸν καὶ ἄφετε ὑπάγειν. A Cᶜ D 𝔐 K M U Δ Λ Π Ψ *f*¹ *f*¹³ 2 28 1424 τ

lac. 11.42-44 F N P Γ 565

A 42 πηριεστωτα E* │ ειπων L* │ απεστιλας ℵ L W ┊ απετειλας K ┊ απεστηλας Θ **43** ειπον Θ* │ εκραυγασε Y U 118 157 ┊ εκραυασεν L M **44** χιρας ℵ │ κιριαις ℵ C W │ καιρηαις 579 │ οψεις W 13 │ οψης 579 │ εγει (λεγει) 579 │ λυσαται 𝔭⁶⁶ E* W 579

B 44 ις B 𝔭⁶⁶ 𝔭⁷⁵ (C) 𝔐 K L M S U W Δ Θ Λ Π Ψ Ω *f*¹ 118 *f*¹³ 124 2 33 28 579 788 1346 1424 ┊ ιῆ 𝔭⁴⁵ ℵ A │ lac. C ┊ ιῆς D

Caiaphas Advises That It Is Expedient That One Man
Die For The People

45 Πολλοὶ οὖν ἐκ τῶν Ἰουδαίων οἱ   ἐλθόντες πρὸς τὴν Μαριὰμ καὶ θεασάμενοι   B 𝔓⁶ C L **uw**
45 Πολλοὶ   ἐκ τῶν Ἰουδαίων οἱ   ἐλθόντες πρὸς τὴν <u>Μαρίαν</u>   <u>ἑωράκοτες</u>   𝔓⁴⁵
45 ············ ···ν ἐκ τ···· Ἰου········ ···   ··λθόντες πρὸς ···········μ καὶ θεασα········   𝔓⁵⁹
45 Πολλοὶ οὖν ἐκ τῶν Ἰουδαίων οἱ   ἐλθόντες   τὴν <u>Μαρίαν</u>   <u>ἑωράκοτες</u>   𝔓⁶⁶*
45 Πολλοὶ οὖν ἐκ τῶν Ἰουδαίων οἱ   ἐλθόντες πρὸς τὴν <u>Μαρίαν</u>   <u>ἑωράκοτες</u>   𝔓⁶⁶ᶜ
45 Πο··λοὶ οὖν ἐκ τῶν Ἰουδαί···· ···   ····· Μαρ··μ ····   𝔓⁷⁵
45 Πολλοὶ <u>δὲ</u> ἐκ τῶν Ἰουδαίων οἱ   ἐλθόντες πρὸς τὴν <u>Μαρίαν</u> καὶ θεασάμενοι   ℵ
45 Πολλοὶ οὖν   <u>τῶν</u> Ἰουδαίων <u>τῶν</u>   ἐλθόντες πρὸς τὴν Μαριὰμ   <u>ἑωράκοτες</u>   D
45 Πολλοὶ οὖν ἐκ τῶν Ἰουδαίων οἱ   ἐλθόντες <u>μετὰ</u>   <u>Μαρίας</u> καὶ θεασάμενοι   Δ
45 Πολλοὶ οὖν   <u>τῶν</u> Ἰουδαίων οἱ   ἐλθόντες πρὸς τὴν <u>Μαρίαν</u> καὶ θεασάμενοι   f¹
45 Πολλοὶ οὖν ἐκ τῶν Ἰουδαίων οἱ   <u>ἐλθότες</u> πρὸς τὴν Μαριὰμ καὶ θεασάμενοι   33
45 Πολλοὶ οὖν ἐκ τῶν Ἰουδαίων οἱ   <u>ἐλθόντως</u> πρὸς τὴν Μαριὰμ καὶ θεασάμενοι   579
45 Πολλοὶ οὖν ἐκ τῶν Ἰουδαίων οἱ   ἐλθόντες πρὸς τὴν <u>Μαρίαν</u> καὶ θεασάμενοι   A 𝔐 K M U W Θ
                                                Λ Π Ψ f¹³ 2 28 157 1424 τ

<u>ὃ</u> ἐποίησεν,   ἐπίστευσαν εἰς αὐτόν·   46 τινὲς δὲ ἐξ αὐτῶν   B 𝔓⁶⁶* Aᶜ C* f¹ [**w**]
<u>ἃ</u> ἐποίησεν,   ἐπίσ········   46 ···νὲς δὲ ἐξ αυ······   𝔓⁶
<u>ἃ</u> ἐποίησεν,   ἐπίστευσαν εἰς αὐτόν·   46 τινὲς δὲ ἐξ αὐτῶν   𝔓⁴⁵ A* L W Θ Ψ
·· ··ποίησεν,   ἐπί············ ···ὑτόν   46 τι········ ···ῶν   𝔓⁵⁹   [↑**u**[**w**]
<u>ὅσα</u> ἐποίησεν,   ἐπίστευσαν εἰς αὐτόν·   46 τινὲς δὲ ἐξ αὐτῶν   𝔓⁶⁶ᶜ
<u>ἃ</u> ἐποίησεν   Ἰησοῦς, ἐπίστευσαν εἰς αὐτόν·   46 τινὲς δὲ ἐξ αὐτῶν   ℵ
<u>ἃ</u> ἐποίησεν <u>σημειον</u> <u>ὁ</u> Ἰησοῦς, ἐπίστευσαν·   46 τινὲς δὲ ἐξ αὐτῶν   Cᶜ
<u>ὃ</u> ἐποίησεν   <u>ὁ</u> Ἰησοῦς, ἐπίστευσαν εἰς αὐτόν·   46 τινὲς δὲ ἐξ αὐτῶν   D
<u>ἃ</u> ἐποίησεν   <u>ὁ</u> Ἰησοῦς·   46   S*
<u>ἃ</u> ἐποίησεν   <u>ὁ</u> Ἰησοῦς, ἐπίστευσαν εἰς αὐτόν·   46   Sᶜ
<u>ἃ</u> ἐποίησεν   <u>ὁ</u> Ἰησοῦς, ἐπίστευσαν εἰς αὐτόν·   46 τινὲς δὲ ἐξ αὐτῶν   𝔐 K M U Δ Λ Π 118
                                                f¹³ 2 33 28 157 1424 τ

ἀπῆλθον πρὸς τοὺς   <u>Φαρεισαίους</u> καὶ εἶπον αὐτοῖς   ἃ ἐποίησεν   B C
············· ····<u>ρὺς</u>   <u>Φαρισαίους</u> ············   ·· ἐποίησεν   𝔓⁶
············· πρὸς ··<u>ὺς</u>   Φαρισαίους καὶ εἶπον αὐ······   ·· ····οίησεν   𝔓⁴⁵
ἀπῆλ··· ····τοὺς   <u>Φαρισαι</u>······ν ··ὑτοῖς   ἃ ·   𝔓⁵⁹
<u>ἀπῆλθαν</u> πρὸς τοὺς   <u>Φαρισαίους</u> καὶ <u>εἶπαν</u> αὐτοῖς   ἃ ἐποίησεν   𝔓⁶⁶
ἀπῆλθον πρὸς τοὺς   <u>Φαρισαίους</u> καὶ <u>εἶπαν</u> αὐτοῖς   ἃ ἐποίησεν   ℵ **uw**
ἀπῆλθον πρὸς τοὺς   <u>Φαρισαίους</u> καὶ εἶπον αὐτοῖς   <u>ὅσα</u> ἐποίησεν   A Y K Π
ἀπῆλθον πρὸς τοὺς   <u>Φαρισαίους</u> καὶ εἶπον αὐτοῖς   <u>ὃ</u> ἐποίησεν   C M
<u>ἀπῆλθαν</u> πρὸς τοὺς   <u>Φαρισαίους</u> καὶ <u>εἶπαν</u> αὐτοῖς   <u>ὃ</u> ἐποίησεν   D
ἀπῆλθον πρὸς τοὺς   <u>Φαρισαίους</u> καὶ εἶπον   ἃ ἐποίησεν   G
om.   S
ἀπῆλθον πρὸς τοὺς <u>ἀρχιερεῖς</u> καὶ   <u>Φαρισαίους</u> καὶ εἶπον αὐτοῖς   <u>ὅσα</u> ἐποίησεν   f¹³
ἀπῆλθον πρὸς τοὺς <u>ἀρχιερεῖς</u> καὶ   <u>Φαρισαίους</u> καὶ εἶπον αὐτοῖς   <u>ὃ</u> ἐποίησεν   69 124 788
ἀπῆλθον πρὸς τοὺς   <u>Φαρισαίους</u>   579
ἀπῆλθον πρὸς τοὺς   <u>Φαρισαίους</u> καὶ εἶπον αὐτοῖς <u>πάντα</u> ἃ ἐποίησεν   1071
ἀπῆλθον πρὸς τοὺς <u>Ἰουδαίους</u> <u>καὶ</u> <u>τοὺς</u> <u>Φαρισαίους</u> καὶ εἶπον αὐτοῖς   ἃ ἐποίησεν   1424
ἀπῆλθον πρὸς τοὺς   <u>Φαρισαίους</u> καὶ εἶπον αὐτοῖς   ἃ ἐποίησεν   𝔐 L U W
                                                Δ Θ Λ Ψ f¹ 2 33 28 157 700 τ

---

lac. **11.45-46** F N P Γ 565 ¦ vss. 46 𝔓⁷⁵

A 45 προος K | θεασαμενο Λ* | αυτων Θ* **46** αυτον G* Θ 69 579

B 45 ῑς̄ ℵ Cᶜ E G H K M S U Δ Λ Π Ω 118 f¹³ 124 2 33 28 157 579 788 1346 1424 ¦ ῑη̄ς D

C 45 τελος D (post εις αυτον) [σαββατω ϛ̄ των νηστειων: 11.1-45] E H S Y Θ Λ Ψ f¹³ 124 2 579 788 1346 ¦ τελος του Σα G M ¦ τελ του λαζαρ f¹ 28 ¦ τελ λαζ,α 118 | αρχ τη β̄ τς β̄ εβδομαδος της ν̄ 157

Ἰησοῦς. λζ **47** συνήγαγον οὖν οἱ ἀρχιερεῖς καὶ οἱ Φαρεισαῖοι συνέδριον B
Ἰησοῦς. **47** ·················· ··········χιερεῖς ·········· ···············ν 𝔭⁶
·········· **47** ······ ·αγον ··ῦν οἱ ἀρχιερεῖς καὶ οἱ Φαρεισαῖ ·········δριον 𝔭⁴⁵
·········· **47** lac.   𝔭⁵⁹ (+ ···μινια ···γινεται)
Ἰησοῦς. **47** συνήγαγον οὖν οἱ ἀρχιερεῖς καὶ οἱ <u>Φαρισαῖοι</u> συνέδριον 𝔭⁶⁶D L **uw**
Ἰησοῦς. **47** ·· C
47 συνήγαγον οὖν οἱ ἀρχιερεῖς καὶ οἱ <u>Φαρισαῖοι</u> συνέδριον S
ὁ Ἰησοῦς. **47** συνή········ ································· 69
47 ································· συνέδριον 579
ὁ Ἰησοῦς. **47** συνήγαγον οὖν οἱ ἀρχιερεῖς καὶ οἱ <u>Φαρισαῖοι</u> συνέδριον <u>κατὰ τοῦ</u> Ἰησοῦ 700
ὁ Ἰησοῦς. **47** συνήγαγον οὖν οἱ ἀρχιερεῖς καὶ οἱ <u>Φαρισαῖοι</u> συνέδριον ℵ A 𝔐 K M U W Δ Θ Λ Π Ψ f¹
f¹³ 2 33 28 157 1071 1424 τ

καὶ ἔλεγον, Τί ποιοῦμεν ὅτι οὗτος ὁ ἄνθρωπος πολλὰ ποιεῖ σημεῖα; B 𝔭⁶⁶ A L M W
καὶ ἔλε········ ·········· ···ς ὁ ἄνθρω· ·············· 𝔭⁶ [↑Θ **uw**
καὶ ·········· ···οιήσομεν οὗτος ὁ ἄνθρωπος πολ··· ······· σημεῖα; 𝔭⁴⁵*
καὶ ·········· ···οιοῦμεν οὗτος ὁ ἄνθρωπος πολ··· ······· σημεῖα; 𝔭⁴⁵c
καὶ <u>ἔλεγαν</u>, Τί ποιοῦμεν ὅτι οὗτος ὁ ἄνθρωπος πολλὰ ποιεῖ σημεῖα; ℵ
καὶ ἔλεγον, Τί ποιοῦμεν οὗτος ὁ ἄνθρωπος <u>τοιαῦτα</u> <u>σημεῖα ποιεῖ</u>; D
καὶ ἔλεγον, Τί <u>ποιῶμεν</u> ὅτι οὗτος ὁ ἄνθρωπος πολλὰ <u>σημεῖα ποιει</u>; S Ω
καὶ ἔλεγον, Τί <u>οὖν</u> ποιοῦμεν ὅτι οὗτος ὁ ἄνθρωπος πολλὰ <u>σημεῖα ποιεῖ</u>; Δ
καὶ ἔλεγον, Τί ποιοῦμεν ὅτι <u>ὁ ἄνθρωπος οὕτως</u> πολλὰ <u>σημεῖα ποιεῖ</u>; Λ
καὶ ἔλεγον, Τί ποιοῦμεν ὅτι <u>ὁ ἄνθρωπος οὕτως</u> πολλὰ ποιεῖ σημεῖα; Ψ
<u>κατὰ τοῦ</u> Ἰησοῦ <u>λέγοντες</u>, Τί ποιοῦμεν ὅτι οὗτος ὁ ἄνθρωπος πολλὰ <u>σημεῖα ποιεῖ</u>; f¹³
καὶ ἔλεγον, Τί ποιοῦμεν ὅτι οὗτος ὁ ἄνθρωπος πολλὰ <u>σημεῖα ποιεῖ</u>; 2 700 1071
καὶ ἔλεγον, Τί <u>ποιῶμεν</u> ὅτι <u>ὁ ἄνθρωπος οὕτος</u> πολλὰ ποιεῖ σημεῖα; 33
καὶ ἔλεγον, Τί <u>ποιήσωμεν</u> ὅτι οὗτος ὁ ἄνθρωπος πολλὰ <u>σημεῖα ποιει</u>; 28 1424
καὶ ἔλεγον, Τί <u>ποιῶμεν αὐτὸν</u> ὅτι οὗτος ὁ ἄνθρωπος πολλὰ ποιεῖ <u>σημοῖα</u>; 579
καὶ ἔλεγον, Τί ποιοῦμεν ὅτι οὗτος ὁ ἄνθρωπος πολλὰ <u>σημεῖα ποιει</u>; 𝔐 K Π f¹ 157 τ

48 ἐὰν ἀφῶμεν αὐτὸν οὕτως, πάντες πιστεύσουσιν εἰς αὐτόν, καὶ B ℵc A E K M S U W Θ Λ Π Ψ 1582
48 ἐὰν ··········· πάντες ·········· <u>καὶ</u> 𝔭⁶ [↑2 28 157 **uw**
48 ······μεν αὐτὸν οὕτως, πάντες πιστεύ· 𝔭⁴⁵
48 ······ ἀφ·········· πα··········· εἰς· 𝔭⁵⁹
48 ἐὰν ἀφῶμεν αὐτὸν οὕτως, πάντες <u>πιστεύσωσιν</u> εἰς αὐτόν, καὶ 𝔭⁶⁶ 𝔐 L Δ 1 f¹³ 33 579 700 1071
48 ἐὰν ἀφῶμεν αὐτὸν οὕτως, πάντες <u>πιστεύουσιν</u> εἰς αὐτόν, καὶ ℵ* 118 1424
48 <u>καὶ</u> ἐὰν ἀφῶμεν αὐτὸν οὕτως, πάντες πιστεύσουσιν εἰς αὐτόν, καὶ D
48 ἐὰν ἀφῶμεν αὐτὸν <u>οὕτω</u>, πάντες πιστεύσουσιν εἰς αὐτόν, καὶ Υ τ
48 565

[↓124 2 33 28 565 579 700* 1071 1346 1424 **uwτ**
ἐλεύσονται οἱ Ῥωμαῖοι καὶ ἀροῦσιν ἡμῶν καὶ τὸν τόπον καὶ τὸ ἔθνος. B 𝔭⁶⁶c ℵ A 𝔐 L M U Δ Λ Ψ f¹
ἐλεύ········ ·········σιν ἡμῶν ············ 𝔭⁶
·········· ι οἱ ····μαῖοι καὶ ἀροῦσιν ἡμῶν ············ 𝔭⁴⁵
········ται ·······μῶ··· ········ καὶ ······· 𝔭⁵⁹
ἐλεύσονται οἱ Ῥωμαῖοι καὶ ἀροῦσιν ἡμῶν καὶ <u>τὸ</u> τόπον καὶ τὸ ἔθνος. 𝔭⁶⁶* H
·········· ·········· ·········· τ· ········· 𝔭⁷⁵
ἐλεύσονται οἱ Ῥωμαῖοι καὶ ἀροῦσιν <u>τὸν τόπον</u> <u>ἡμῶν</u> καὶ τὸ ἔθνος. D
ἐλεύσονται οἱ Ῥωμαῖοι καὶ ἀροῦσιν ἡμῶν τὸν τόπον καὶ τὸ ἔθνος. Υ Κ Π
ἐλεύσονται οἱ Ῥωμαῖοι καὶ ἀροῦσιν ἡμῶν καὶ <u>τὴν πόλιν</u> καὶ τὸ ἔθνος. W
ἐλεύσονται οἱ <u>Ῥωμέοι</u> καὶ <u>ἐροῦσιν</u> ἡμῶν καὶ τὸν τόπον καὶ τὸ ἔθνος. Θ
ἐλεύσονται Ῥωμαῖοι καὶ ἀροῦσιν ἡμῶν καὶ τὸν τόπον καὶ τὸ ἔθνος. f¹³
ἐλεύσονται οἱ Ῥωμαῖοι καὶ <u>αἱροῦσιν</u> ἡμῶν καὶ τὸν τόπον καὶ τὸ ἔθνος. 157
ἐλεύσονται οἱ Ῥωμαῖοι καὶ ἀροῦσιν ἡμῖν καὶ τὸν τόπον καὶ τὸ ἔθνος. 700c

lac. 11.46-48 𝔭⁷⁵ F N P Γ 565 ¦ vss. 47-48 C 69

A 47 συνεδρον 1*. | σημια ℵ Θ | πειει (ποιει) 1071 **48** ουτος Κ 2 | ελευσωνται 33 579 | τωπον 579

B 46 ῑς̄ B 𝔭⁶ 𝔭⁶⁶ ℵ A C 𝔐 K L M U W Δ Θ Λ Π Ψ Ω f¹ 118 f¹³ 124 2 33 28 157 700 788 1071 1346 1424 ¦ lac. 𝔭⁴⁵ ¦ τῆς D
47 ῑυ f¹³ 124 700 788 1346 | ᾱνος 𝔭⁶⁶ A 𝔐 K L M S U W Δ Λ Π Ψ Ω f¹ 118 f¹³ 124 2 33 28 157 579 700 788 1071 1346 1424

C 46 τελ Υ **47** αρχη: τη β̄ της ς̄ εβδ τω κ.ρ.ω συνηγα G ¦ αρχη: τη β̄ της ς̄ εβδ τω κ, συνηγαγον οι αρχιερ H ¦ αρχη: τη β̄ της ς̄ εβδομαδος τω καιρω εκεινω συνηγαγον οι αρχιερεις και οι φαρισαιοι συνεδριον. (<u>ante</u> και ελεγον) E ¦ αρχ (ante τι ποιουμεν): τη β̄ της ς̄ εβδ τω κ.ρ.ω συνηγαγον οι αρχιερς κ, οι φαρισ συνεδριον κατα του ιυ κ, ελεγον τι ποιουμε Υ ¦ τη β̄ της ς̄ εβδ τω καιρ.ω συνηγαγον οι αρχιερεις και οι φαρισαιοι συνε, Μ ¦ τη β̄ τς ς̄ εβδ τω κ και ελεγον S ¦ αρχ: τω κ.ρω συνηγαγον Θ ¦ τη β̄ τς ς̄ εβδ τω καιρω ο κς̄ συνηγαγον Ω ¦ αρχ μ̄ τη β̄ τς ς̄ εβδ τω καιρω εκει συνηγαγον οι αρχιερεις f¹ ¦ αρχ μ̄ τη β̄ τς ς̄ εβδομ.α: τω καιρω εκεινω συνηγαγον οι 118 ¦ αρχ f¹³ ¦ αρχ τη β̄ τς ς̄ εβδ 124 788 1346 ¦ τη β̄ τς αναληψημ: τω κ.ρ.ω εκ.ει 2 ¦ αρχ του β̄ τω καιρω εκεινω συναγαγον οι αρχιερεις 28 ¦ αρχ ηδ̄ τη β̄ τς ς̄ εβδ 1071

49 εἷς δέ τις ἐξ αὐτῶν Καϊάφας,	ἀρχιερεὺς ὢν τοῦ ἐνιαυτοῦ	B ℵ A 𝔐 K M U Λ* Π Ψ *f*[13] 33
49 ···· ··············· ·····φας,	···················· ···········ῦ	𝔭[6] [↑2 28 157 700 1424 **uwτ**
49 εἷς δέ τις ἐξ αὐτῶν <u>Καῖφας</u>,	ἀρχιε·	𝔭[45]
49 ···· ········· ··········	··························· ·············	𝔭[59]
49 εἷς δὲ ἐξ αὐτῶν Καϊάφας,	ἀρχιερεὺς ὢν τοῦ ἐνιαυτοῦ	𝔭[66]
49 ····· ···έ τις ἐξ αὐτῶν <u>Καῖφ</u>···	···········ς ὢν τοῦ ἐνιαυτοῦ	𝔭[75]
49 εἷς δέ τις ἐξ αὐτῶν <u>Καῖφας</u>,	ἀρχιερεὺς ὢν τοῦ ἐνιαυτοῦ	D
49 εἷς δέ τις ἐξ αὐτῶν Καϊάφας,	<u>ὢν ἀρχιερεὺς</u> τοῦ ἐνιαυτοῦ	L
49 εἷς δέ τις ἐξ αὐτῶν Καϊάφας,	ἀρχιερεὺς τοῦ ἐνιαυτοῦ	W
49 εἷς δέ τις ἐξ αὐτῶν Καϊάφας,	<u>ἀρχιερεῖς</u> ὢν τοῦ ἐνιαυτοῦ	Δ
49 εἷς δέ τις ἐξ αὐτῶν Καϊάφας <u>ὀνόματι</u>,	ἀρχιερεὺς ὢν τοῦ ἐνιαυτοῦ	Θ
49 εἷς δέ τις ἐξ αὐτῶν Καϊάφας,	ἀρχιερεὺς ὢν τοῦ ἐνιαυτοῦ <u>ἐξ οὗ</u> <u>γεγόνασιν</u>	Λ[mg]
49 εἷς δέ τις ἐξ αὐτῶν <u>ὀνάματι</u> Καϊάφας,	ἀρχιερεὺς ὢν τοῦ ἐνιαυτοῦ	*f*[1] 565
49 εἷς δέ τις ἐξ αὐτῶν Καϊάφας,	ἀρχιερεὺς ὢν τοῦ <u>εναυτοῦ</u>	579
49 εἷς δὲ ἐξ αὐτῶν Καϊάφας,	ἀρχιερεὺς ὢν τοῦ <u>αἰνιαυτοῦ</u>	1071

	ἐκείνου,	εἶπεν αὐτοῖς, Ὑμεῖς		οὐκ οἴδατε οὐδέν,	**50**	οὐδὲ	B 𝔭[66] **uwτ** rell
	ἐκείν···,	··············· ·····μεν		···· οἴδατ···	**50**		𝔭[6]
	·········ου,	εἶπεν αὐτοῖς, Ὑμεῖς		οὐκ οἴδατε οὐ····	**50**		𝔭[45]
	·············,				**50**		𝔭[59]
	ε·············,	····· τοῖς, Ὑμεῖς		οὐκ	**50**		𝔭[75]
<u>ὢν ἡ ταιάρχαι</u>	ἐκείνου,	εἶπεν αὐτοῖς, Ὑμεῖς		οὐκ οἴδατε οὐδέν,	**50**	οὐδὲ	Λ[mg]
	ἐκείνου,	εἶπεν αὐτοῖς, Ὑμεῖς		οὐκ <u>εἴδατε</u>,	**50**	οὐδὲ	579

<u>λογίζεσθε</u>	ὅτι συμφέρει ὑμῖν ἵνα εἷς ἄνθρωπος ἀποθάνῃ ὑπὲρ τοῦ λαοῦ καὶ		B 𝔭[66c] D **uw**
····γίζε····	··τι συμ······· ······· ἵν···· ····θρω·········· ·······ὐ····· ········ῦ······		𝔭[6]
···················	················φέρει ὑμῖν ἵνα εἷς ἄνθρωπος απο·········		𝔭[45]
··················	······················γα εἷς·········· ······· ρ τοῦ·······		𝔭[59]
<u>λογίζεσθε</u>	ὅτι συμφέρει ὑμῖν εἷς ἄνθρωπος ἀποθάνῃ ὑπὲρ τοῦ λαοῦ καὶ		𝔭[66*]
·················	········σ··μ··········· ········ποθάν···		𝔭[75]
λογίζεσθε	ὅτι συμφέρει ἵνα εἷς ἄνθρωπος ἀποθάνῃ ὑπὲρ τοῦ λαοῦ καὶ		ℵ
λογίζεσθε	ὅτι συμφέρει <u>ἡμῖν</u> ἵνα εἷς ἄνθρωπος ἀποθάνῃ ὑπὲρ τοῦ λαοῦ καὶ		A L W Θ Ψ 1 1582* 118
<u>διαλογίζεσθε</u>	ὅτι συμφέρει ὑμῖν ἵνα εἷς ἄνθρωπος ἀποθάνῃ ὑπὲρ τοῦ λαοῦ καὶ		M 1346 1424 [↑788
<u>διαλογίζεσθε</u>	ὅτι συμφέρει <u>ἡμῖν</u> ἵνα εἷς ἄνθρωπος ἀποθάνῃ ὑπὲρ τοῦ λαοῦ καὶ		𝔐 K U Δ Λ Π 1582c *f*[13]
			2 33 28 157 565 579 700 1071 τ

[↓Λ Π *f*[13] 2 157 579 1071 **uwτ**

μὴ	ὅλον τὸ ἔθνος ἀπόληται. **51** τοῦτο δὲ ἀφ' ἑαυτοῦ οὐκ εἶπεν, ἀλλὰ ἀρχιερεὺς		B 𝔭[66c] ℵ A D 𝔐 K L M Δ[c]
·····	····· ἔ·· ν ··········· ·····τα· **51** ·············· ········ οὐκ ε······· ἀλλὰ ·············		𝔭[6]
·····	····ον τὸ ἔ··νος ἀπόληται. **51** τοῦτο δὲ ἀφ' ἑ··υτοῦ ··········· ···········ερευ···		𝔭[45]
·····	·················νος ·············· **51** ·····φ' ἑαυ········ ·············χιερεὺς		𝔭[59]
·····	·········ν τὸ ἔθνο· ·············· **51** ·····φ' ἑαυτο····· ························ς		𝔭[75]
μὴ	ὅλον τὸ ἔθνος ἀπόληται. **51** τοῦτο δὲ ἀφ' ἑαυτοῦ οὐκ εἶπεν, ἀλλὰ <u>ἄρχων</u>		W
μὴ <u>ὁ</u>	ὅλον τὸ ἔθνος ἀπόληται. **51** τοῦτο δὲ ἀφ' ἑαυτοῦ οὐκ εἶπεν, ἀλλὰ ἀρχιερεὺς		Δ* [↓28 565 700 1424
μὴ	ὅλον τὸ ἔθνος ἀπόληται. **51** τοῦτο δὲ ἀφ' ἑαυτοῦ οὐκ εἶπεν, <u>ἀλλ'</u> ἀρχιερεὺς		𝔭[66*] Υ S U Θ Ψ Ω *f*[1] 33

A 49 αρχιευς K* | υμις ℵ | οιδαται 𝔭[66] **50** λογιζεσθαι 𝔭[66] A L W Θ ¦ διαλογιζεσθαι 2 33 28 579 1071 | συνφερει υμειν D | συνφερει Ω ¦ συμφερη 579 | ημειν 579 | ης (εις) Υ | αποθανει 28 | απωληται M 1424

B 50 ανος 𝔭[66] A 𝔐 K L M S U W Δ Θ Λ Π Ψ *f*[1] 118 *f*[13] 124 2 33 28 157 565 579 700 788 1071 1424

ὢν τοῦ ἐνιαυτοῦ ἐκείνου	ἐπροφήτευσεν ὅτι ἤμελλεν	Ἰησοῦς ἀποθνήσκειν	B* L 1071
ὢν τοῦ ἐνιαυτοῦ ἐκείνου	ἐπροφήτευσεν ὅτι ἔμελλεν	Ἰησοῦς ἀποθνήσκειν	Bᶜ ℵ uw
····· τοῦ ἐ···· υτοῦ ἐκ········	········· ····· μελλε···		𝔓⁶
···ν	ἐπροφήτευσεν ὅτι ἤμελ··εν	Ἰησοῦς ·················	𝔓⁴⁵
···ν ············· ἐκείνου	·················· ····· μελ···	·········· ·······ησκ···	𝔓⁵⁹
ὢν τοῦ ἐνιαυτοῦ	ἐπροφήτευσεν ὅτι ἤμελλεν	Ἰησοῦς ἀποθνήσκειν	𝔓⁶⁶
ὢν τοῦ ἐν·····	········ ήτευσεν	·········· ·······σκειν	𝔓⁷⁵
ὢν τοῦ ἐνιαυτοῦ ἐκείνου	προεφήτευσεν ὅτι ἤμελλεν	Ἰησοῦς ἀποθνήσκειν	A U Δ Ψ f¹ 565
ὢν τοῦ ἐνιαυτοῦ	ἐπροφήτευσεν ὅτι Ἰησοῦς ἤμελλεν	ἀποθνήσκειν	D
ὢν τοῦ ἐνιαυτοῦ ἐκείνου	προεφήτευσεν ὅτι ἤμελλεν	Ἰησοῦς ἀποθνήσκειν	𝔐 K M Λ Π 118 700
ὢν τοῦ ἐνιαυτοῦ ἐκείνου	προεφήτευσεν ὅτι ἤμελλεν ἀποθνήσκειν	Ἰησοῦς	W
ὢν τοῦ ἐνιαυτοῦ ἐκείνου	ἐπροφήτευσεν ὅτι ἤμελλεν ὁ	Ἰησοῦς ἀποθνήσκειν	Θ 33
ὢν τοῦ ἐνιαυτοῦ ἐκείνου	προεφήτευσεν ὅτι ἤμελλεν ὁ	Ἰησοῦς ἀποθνήσκειν	1582ᶜ 157
ὢν τοῦ ἐνιαυτοῦ ἐκείνου	προεφήτευσεν ὅτι ἔμελλεν ὁ	Ἰησοῦς ἀποθνήσκειν	f¹³ 2 28 τ
ὢν τοῦ ἐνιαυτοῦ ἐκείνου	προεφήτευσεν ὅτι ἤμελλεν ἀποθνήσκην	ὁ Ἰησοῦς	579
ὢν τοῦ ἐνιαυτοῦ ἐκείνου	προεφήτευσεν ὅτι μέλλει	ὁ Ἰησοῦς ἀποθνήσκειν	1424

ὑπὲρ τοῦ ἔθνους, 52	καὶ οὐχ ὑπὲρ τοῦ ἔθνους	μόνον ἀλλὰ ἵνα καὶ τὰ τέκνα τοῦ θεοῦ	B
······ ῦ ἔθ···· 52		μ········ ············ ·········να τοῦ ῡ	𝔓⁶
····· τοῦ ἔ····ους, 52	καὶ οὐχ ὑπὲρ τοῦ ἔθνο····	··όνο·········· α τοῦ θ̄ ···	𝔓⁴⁵
··πὲρ τοῦ ε̣··· 52	·· πὲρ τοῦ ἔ···	·········γα τοῦ θ̄ν̄	𝔓⁵⁹
ὑ····· 52	τοῦ ἔθνους	μο········ ······ τέκνα τοῦ θεοῦ	𝔓⁷⁵
ὑπὲρ τοῦ ἔθνους, 52	καὶ οὐχ ὑπὲρ τοῦ ἔθνους δὲ	μόνον ἀλλ᾽ ἵνα καὶ τὰ τέκνα τοῦ θεοῦ	ℵᶜ Ψ 579
ὑπὲρ τοῦ ἔθνους, 52	καὶ οὐχ ὑπὲρ τοῦ ἔθνους	μόνον ἀλλ᾽ ἵνα καὶ τὰ τοῦ θεοῦ τέκνα	A [↓rell
ὑπὲρ τοῦ ἔθνους, 52	καὶ οὐχ ὑπὲρ τοῦ ἔθνους	μόνον ἀλλ᾽ ἵνα καὶ τὰ τέκνα τοῦ θεοῦ	𝔓⁶⁶ uwτ

τὰ διεσκορπισμένα συναγάγη εἰς ἕν. λη̄ 53	ἀπ᾽ ἐκείνης οὖν τῆς	B ℵ A 𝔐 K L M U W Δ Θ Λ Π Ψ f¹ f¹³ 33	
·········· συναγάγη εἰς ἕν. 53		𝔓⁶ [↑28 157 565 1071 1424 uwτ	
τὰ ἐσκορπισμένα συναγα···· ··ις ἕν. 53	·········· τῆς	𝔓⁴⁵	
τὰ δ···· ··ορπισμένα συναγάγη εἰς ἕ·· 53		𝔓⁵⁹ (+ ερμενια ······ προσαλη·)	
τὰ ἐσκορπισμένα συναγάγη εἰς ἕν. 53	ἀπ᾽ ἐκείνης οὖν τῆς	𝔓⁶⁶ 700	
τ··· ········ συγα··· η εἰς ἕγ. 53		𝔓⁷⁵	
τὰ ἐσκορπισμένα εἰς ἕν συναγάγη. 53	ἀπ᾽ ἐκείνης οὖν τῆς	D	
τὰ διεσκορπισμένα συναγάγη εἰς τὸ ἕν. 53	ἀπ᾽ ἐκείνης οὖν τῆς	118	
τὰ διεσκορπισμένα συναγάγει εἰς ἥν. 53	ἀπ᾽ ἐκείνης οὖν τῆς	2 579	

ἡμέρας ἐβουλεύσαντο	ἵνα ἀποκτείνωσιν αὐτόν.	B 𝔓⁶⁶ ℵ D W Θ f¹³ uw	
ἡ····ρας ἐβουλεύσαντο	ἵ····· ··ποκ······	𝔓⁴⁵	
····· ας ἐβ·········τ̣ο̣	ἵνα ἀπ··κ ···νωσιν	𝔓⁷⁵	
ὥρας συνεβουλεύσαντο	ἵνα ἀποκτείνωσιν αὐτόν.	L 1071	
ἡμέρας συνεβουλεύσαντο	ἵνα ἀποκτείνουσιν αὐτόν.	1	[↓1424 τ
ἡμέρας συνεβουλεύσαντο	ἵνα ἀποκτείνωσιν αὐτόν.	A 𝔐 K M U Δ Λ Π Ψ 1582 2 33 28 157 565 579 700 118	

Jesus Departs To Ephraim Near The Wilderness

54 Ὁ οὖν	Ἰησοῦς	οὐκέτι παρησία	περιεπάτει ἐν τοῖς Ἰουδαίοις, ἀλλὰ	B*
54 Ὁ οὖν	Ἰησοῦς	οὐκέτι παρρησία	περιεπάτει ἐν τοῖς Ἰουδαίοις, ἀλλὰ	Bᶜ ℵ L M W 157 565 579
54 Ὁ δὲ	Ἰησοῦς	οὐκέτι παρρησία	περιεπάτει ἐν τοῖς Ἰουδαίοις, ἀλλὰ	𝔓⁶⁶ [↑1071 uw
54 ·· ······	···········	παρησία	περιεπάτε· ···· ··ῖς Ἰο········· ·······ὰ	𝔓⁴⁵ (Ἰησοῦς οὖν cj)
54 ·· οὖν	Ἰησοῦς	οὐκέτι αρρησία	περ··πάτει ἐν τοῖς Ἰο········οις, ἀλλ··	𝔓⁷⁵
54 Ἰησοῦς	οὖν	οὐκέτι παρησία	περιεπάτει ἐν τοῖς Ἰουδαίοις, ἀλλὰ	D 28
54 Ἰησοῦς	οὖν	οὐκέτι παρρησία	περιεπάτει ἐν τοῖς Ἰουδαίοις, ἀλλ᾽	Y
54 Ὁ οὖν ὁ	Ἰησοῦς	οὐκέτι παρρησία	περιεπάτει ἐν τοῖς Ἰουδαίοις, ἀλλὰ	Θ
54 Ὁ οὖν	Ἰησοῦς	οὐκέτι παρρησία	περιεπάτει ἐν τοῖς Ἰουδαίοις, ἀλλ᾽	f¹ [↓700 1424 τ
54 Ἰησοῦς	οὖν	οὐκέτι παρρησία	περιεπάτει ἐν τοῖς Ἰουδαίοις, ἀλλὰ	A 𝔐 K U Δ Λ Π Ψ f¹³ 2 33

lac. 11.51-54 C F N P Γ 69

A 51 εκινου ℵ | προεφυτευσεν Λ 13 | οτη 579 | ημελλν L* | αποθνησκιν ℵ D 52 διασκορπισμενα E | συναγαγει Η Λ 13 28 579 1071 1346 1424 53 εκινης 𝔓⁶⁶ ¦ εκενου Δ* | ειμερας 579 | αποκτινωσιν 𝔓⁶⁶ ℵ L W Θ | αποκτηνωσιν 579 54 ουκετη 579 | παρρισεια 579 | περιπατη 13 ¦ περιεπατι 579

B 51 ῑς̄ B 𝔓⁶⁶ ℵ A 𝔐 K L M S U W Δ Θ Λ Π Ψ Ω f¹ 118 f¹³ 124 2 33 28 157 565 579 700 788 1071 1346 1424 ¦ ῑη̄ 𝔓⁴⁵ ¦ ῑη̄ς D 52 θ̄ῡ B 𝔓⁴⁵ 𝔓⁵⁹ 𝔓⁶⁶ 𝔓⁷⁵ ℵ A D 𝔐 K L M S U W Δ Θ Λ Π Ψ Ω f¹ 118 f¹³ 124 2 33 28 157 565 579 700 788 1071 1346 1424 54 ῑς̄ B 𝔓⁶⁶ 𝔓⁷⁵ ℵ A 𝔐 K L M S U W Δ Θ Λ Π Ψ Ω f¹ 118 f¹³ 124 2 33 28 157 565 579 700 788 1071 1346 1424 ¦ ῑης̄ D

D 53 ϙ̄ε̄/δ̄ ℵ Y M U Π Ψ 118 124 788 1071 1424 ¦ ϙ̄ε̄/ᾱ A G L ¦ ϙ̄ε̄ D H K f¹ f¹³ 2 157 1346 ¦ ϙ̄ε̄/γ̄ E ¦ ϙ̄ε̄/ε̄ Λ | Ευ Ιω ϙ̄ε̄ : Λο . : Μρ κ̄ε̄ : Μθ ρῑζ̄ E | Ιω ϙ̄ε̄ : Λο σ̄ξ̄ : Μρ ρκ̄ς̄ : Μτ ρῑζ̄ 124

ἀπῆλθεν ἐκεῖθεν	εἰς τὴν χώραν	ἐγγὺς τῆς ἐρήμου, εἰς Ἐφραὶμ	λεγομένην	B uwτ rell
ἀπῆ······	······ ·ν χώραν	ἐγγὺς τῆς ε······ ·· φ······	λεγομέ····	𝔓⁴⁵
ἀπῆλθεν ἐκεῖθεν	εἰς τὴν χώραν	ἐγγὺς τῆς ἐρήμου, Ἐφραὶμ	λεγομένην	𝔓⁶⁶
······λθεν ἐκεῖθεν	εἰ··· ·ν χώραν	ἐγ······ εἰς Ἐ· ραὶμ	λ······	𝔓⁷⁵
ἀπῆλθεν ἐκεῖθεν	εἰς τὴν χώραν	ἐγγὺς τῆς ἐρήμου, εἰς Ἐφρὲμ	λεγομένην	ℵ L W
ἀπῆλθεν	εἰς τὴν χώραν σαμφούρειν	ἐγγὺς τῆς ἐρήμου, εἰς Ἐφραὶμ	λεγομένην	D
ἀπῆλθεν ἐκεῖθεν	εἰς χώραν	ἐγγὺς τῆς ἐρήμου, εἰς Ἐφρὲμ	λεγομένην	Θ
ἀπῆλθεν ἐκεῖθεν	εἰς χώραν	ἐγγὺς τῆς ἐρήμου, εἰς Ἐφραὶμ	λεγομένην	f¹ 124 565 788
ἀπῆλθεν	εἰς τὴν χώραν	ἐγγὺς τῆς ἐρήμου, εἰς Αἰφραὶμ	λεγομένην	579

πόλιν, κἀκεῖ	ἔμεινεν	μετὰ τῶν μαθητῶν.	B ℵ uw
······ κἀκεῖ	διέτρειβεν	με······ μαθη······	𝔓⁴⁵
καὶ ἔκεῖ	ἔμεινεν	μετὰ τῶν μαθητῶν.	𝔓⁶⁶*
πόλιν, καὶ ἔκεῖ	διέτριβεν	μετὰ τῶν μαθητῶν.	𝔓⁶⁶ᶜ ψ
······ ····κεῖ	ἔμεινεν		𝔓⁷⁵
πόλιν, κἀκεῖ	διέτριβεν	μετὰ τῶν μαθητῶν αὐτοῦ.	A 𝔐 K M U Λ Π 2 28 700 τ
πόλιν, κἀκεῖ	διέτριβεν	μετὰ τῶν μαθητῶν.	D Δ f¹ 565
πόλιν, καὶ ἐκεῖ	ἔμεινεν	μετὰ τῶν μαθητῶν.	L W
πόλιν, καὶ ἔκεῖ	διέτριβεν	μετὰ τῶν μαθητῶν αὐτοῦ.	Θ f¹³ 157 1071 1424
πόλιν, καὶ ἔκεῖ	διέτριβεν	μετ᾽ αὐτῶν καὶ ἐβάπτιζεν.	33
πόλιν, κἀκεῖν	ἔμεινεν	μετὰ τῶν μαθητῶν αὐτοῦ.	579

The Chief Priests Order The Arrest Of Jesus

55 Ἦν δὲ ἐγγὺς τὸ πάσχα	τῶν Ἰουδαίων, καὶ ἀνέβησαν πολλοὶ εἰς Ἱεροσόλυμα			B 𝔓⁶⁶ uwτ
55 ······α	τῶν Ἰουδαίων, καὶ ······ πολλοὶ εἰς ······			𝔓⁴⁵ [↑rell
55 Ἦν δὲ ······	······ ων, κ··· βησα······ ······			𝔓⁷⁵
55 Ἔγγὺς δὲ ἦν τὸ πάσχα	τῶν Ἰουδαίων, ἀνέβησαν οὖν εἰς Ἱεροσόλυμα πολλοὶ			D
55 Ἦν δὲ ἐγγὺς τῶν Ἰουδαίων	τὸ πάσχα, καὶ ἀνέβησαν πολλοὶ εἰς Ἱεροσόλυμα			124
55 Ἦν δὲ ἐγγὺς τὸ πάσχα ἑορτὴ	τῶν Ἰουδαίων, καὶ ἀνέβησαν πολλοὶ εἰς Ἱεροσόλυμα			33
55 Ἦ δὲ ἐγγὺς τὸ πάσχα ἡ ἑορτὴ	τῶν Ἰουδαίων, καὶ ἀνέβησαν πολλοὶ εἰς Ἱεροσωλύμοις			579

ἐκ τῆς χώρας πρὸ τοῦ πάσχα ἵνα ἁγνίσωσιν ἑαυτούς.	56 ἐζήτουν οὖν		τὸν	B 𝔓⁶⁶ uwτ rell
······ ····ώρας πρὸ τοῦ πάσχα ἵγ··· ···σιν ἑαυτ···	56 ······			𝔓⁴⁵
··· κ τῆ· χώρα······	ἵνα ἁ· νίσωσιν ἑαυ······	56 ······ οὖν	τὸν	𝔓⁷⁵
ἐκ τῆς χώρας πρὶν τὸ πάσχα ἵνα ἁγνίσωσιν ἑαυτούς.	56 ἐζήτουν οὖν καὶ		τὸν	D
ἐκ τῆς χώρας ἵνα ἁγνίσωσιν ἑαυτούς πρὸ τοῦ πάσχα.	56 ἐζήτουν οὖν		τὸν	G
ἐκ τῆς χώρας πρὸ τοῦ πάσχα ἵνα ἁγνίσωσιν αὐτούς.	56 ἐζήτουν οὖν		τὸν	M 157
ἐκ τῆς χώρας	ἵνα ἁγνίσωσιν ἑαυτούς.	56 ἐζήτουν οὖν	τὸν	33
ἐκ τῆς χώρας πρὸ τοῦ πάσχα ἵνα ἁγνίσωσιν ἑαυτούς.	56 ἐζήτουν οὖν		αὐτὸν	1071

Ἰησοῦν καὶ ἔλεγον μετ᾽	ἀλλήλων ἐν τῷ ἱερῷ ἑστηκότες,	Τί δοκεῖ	ὑμῖν;	B 𝔓⁶⁶ uwτ rell
······η καὶ ἔλεγον μετ᾽			···ῖν;	𝔓⁴⁵
Ἰησοῦν καὶ ἔλεγ······	ἐν τῷ ἱερῷ ἑστηκότες,		ὑμῖν;	𝔓⁷⁵
Ἰησοῦν καὶ ἔλεγαν μετ᾽	ἀλλήλων ἐν τῷ ἱερῷ ἑστηκότες,	Τί δοκεῖ	ὑμῖν;	ℵ
Ἰησοῦν καὶ ἔλεγαν μετ᾽	ἀλλήλων ἐν τῷ ἱερῷ ἑστῶτες,	Τί δοκεῖτε;		D
Ἰησοῦν καὶ ἔλεγον μετ᾽	ἀλλήλων ἑστηκότες ἐν τῷ ἱερῷ,	Τί δοκεῖ	ὑμῖν;	L Θ f¹³
Ἰησοῦν καὶ ἔλεγον μετ᾽	ἀλλήλων ἐν τῷ ἱερῷ ἑστηκότες,	Τί δοκεῖ	ἡμῖν;	118
Ἰησοῦν καὶ ἔλεγον μετὰ	ἀλλήλων ἐν τῷ ἱερῷ ἑστηκότες,	Τί δοκεῖ	ὑμῖν;	157 565
καὶ ἔλεγον μετ᾽	ἀλλήλων ἐν τῷ ἱερῷ ἑστηκότες,	Τί δωκεῖ	ὑμεῖς;	1071

ὅτι οὐ μὴ ἔλθη εἰς τὴν ἑορτήν;	57 δεδώκεισαν δὲ	οἱ ἀρχιερεῖς	B 𝔓⁶⁶ uwτ rell
ὅτι οὐ μὴ ἔλθ······	57 ······		𝔓⁴⁵
ὅτι οὐ μὴ ἔλθη εἰς τὴν	···ν; 57 δεδώκεισαν ··ὲ	οἱ ἀρχι······	𝔓⁷⁵
ὅτι οὐ μὴ ἔλθη εἰς τὴν ἑορτήν;	57 δεδώκεισαν δὲ καὶ	οἱ ἀρχιερεῖς	D 𝔐 2 28 1424 τ
ὅτι οὐ μὴ ἔλθη εἰς τὴν ἑορτήν;	57 δεδώκεισαν δὲ	οἱ ἀρχιερεῖς	Δ

lac. 11.54-57 C F N P Γ 69

A 54 απελθεν Θ | λεγομενην 𝔓⁶⁶* | πολην 579 | εμινεν 𝔓⁶⁶* ℵ | διετριβε Y U f¹ 118 13 157 700 1346 55 αγνησωσιν E K M Ω 28 579 1071 1346 56 αλλιλων 1071 | εστικοτες K | εστηκωτες 13 2 579 788 1346 | τη (τι) 579 | δοκι υμιν 𝔓⁶⁶ | ελθη ······ 700 | ορτην D* | εωρτην 579 57 δεδωκισαν ℵ Θ | δεδοκεισαν G S Ω 124 33 28 | δεδωκησαν 1424 | αρχιερις ℵ

B 56 ῑν B 𝔓⁶⁶ 𝔓⁷⁵ ℵ A 𝔐 K L M S U W Δ Θ Λ Π Ψ Ω f¹ 118 f¹³ 124 2 33 28 157 565 579 700 788 1346 1424 | .η 𝔓⁴⁵ | ῑην D

C 54 τελος (post μαθ. αυτου) E H S Y Θ f¹³ 124 28 788 1071 1346 1424 | τελος της β̄ (+ ϛ̄ M) G M 118

D 54 (ante κακει) ρ̅ζ/ᾱ ℵ | ρ̅ϛ 1071 55 ρ̅ϛ/ᾱ A E G M S U Y Λ Π Ψ Ω 28 1424 | ρ̅ϛ D H K f¹ 118 f¹³ 124 2 788 1346 | Ευ Ιω ρ̅ϛ : Λο σ̅ξ : Μρ ρν̅ζ : Μθ σο̅δ E | Μτ ξ̅β : Μρ μ̅δ : Λο κ̅ᾱ L | Ιω ρ̅ϛ : Λο . : Μρ . : Μτ . 124 | ρ̅ζ/ι̅(ante και ανεβησαν) ℵ E M S U Y Λ Π Ψ Ω 118 124 28 788 1071 1424 | ρ̅ζ D G H K f¹ f¹³ 1346 | Ευ Ιω ρ̅ζ : Λο . : Μρ . : Μθ . E | Ιω ρ̅ζ : Λο σ̅ξ : Μρ ρκ̅ζ : Μτ σοε 124 56 ρ̅ζ/ι A | ρ̅ϛ 157

καὶ οἱ Φαρεισαῖοι ἐντολὰς ἵνα ἐάν τις γνῷ   ποῦ ἐστιν μηνύσῃ, ὅπως πιάσωσιν   αὐτόν. B
καὶ οἱ <u>πρες</u>⋯⋯⋯⋯⋯⋯⋯⋯⋯⋯⋯⋯⋯⋯⋯⋯⋯⋯⋯⋯⋯⋯⋯⋯⋯⋯⋯⋯⋯ 𝔭45
⋯⋯⋯⋯⋯⋯⋯⋯⋯⋯⋯⋯⋯⋯⋯⋯⋯⋯⋯⋯⋯⋯⋯⋯⋯⋯⋯⋯⋯⋯⋯⋯⋯⋯⋯⋯ 𝔭75
καὶ οἱ <u>Φαρισαῖοι</u> ἐντολὰς ἵνα ἐάν τις γνῷ   ποῦ ἐστιν μηνύσῃ, ὅπως πιάσωσιν   αὐτόν. ℵ M W f[1] 565 **uw**
καὶ οἱ <u>Φαρισαῖοι</u> <u>ἐντολὴν</u> ἵνα <u>ἂν</u>   τις γνοῖ   ποῦ ἐστιν μηνύσῃ, ὅπως πιάσωσιν   αὐτόν. D*
καὶ οἱ <u>Φαρισαῖοι</u> <u>ἐντολὴν</u> ἵνα <u>ἂν</u>   τις γνῷ   ποῦ ἐστιν μηνύσῃ, ὅπως πιάσωσιν   αὐτόν. D^c
<u>ἐντολὰς</u> <u>καὶ</u> <u>οἱ</u> Φαρισαῖοι ἵνα ἐάν τις γνῷ   ποῦ ἐστιν μηνύσῃ, ὅπως πιάσωσιν   αὐτόν. 28
καὶ οἱ <u>Φαρισαῖοι</u> ἐντολὰς ἵνα ἐάν τις γνῷ   ποῦ ἐστιν μηνύσῃ, ὅπως <u>ποιάσωσιν</u> αὐτόν. 579
καὶ οἱ <u>Φαρισαῖοι</u> <u>ἐντολὴν</u> ἵνα ἐάν τις γνῷ   ποῦ ἐστιν μηνύσῃ, ὅπως πιάσωσιν   αὐτόν. 𝔭66 A 𝔐 K L U
Δ Θ Λ Π Ψ f[13] 2 33 157 700 1071 1424 τ

Mary Anoints Jesus In Her Home At Bethany
(Matthew 26.2-13; Mark 14.1-9; Luke 22.1-2; 7.36-50)

λ̅θ̅ 12.1 Ὁ οὖν Ἰησοῦς πρὸ ἒξ   ἡμερῶν τοῦ πάσχα ἦλθεν   εἰς Βηθανίαν, B **uw** τ rell
   12.1 Ὁ οὖν Ἰησοῦς πρὸ <u>πέντε</u> ἡμερῶν τοῦ πάσχα ἦλθεν   εἰς Βηθανίαν, 𝔭66*
   12.1 Ὁ οὖν Ἰησοῦς <u>πρὸς</u> ἒξ   ἡμερῶν τοῦ πάσχα ἦλθεν   εἰς Βηθανίαν, 𝔭66c L
   12.1 Ὁ οὖν Ἰησοῦς πρὸ ἒξ   ἡμερῶν τοῦ πάσχα ἦλθεν <u>ὁ</u> Ἰησοῦς εἰς Βηθανίαν, H
   12.1 Ὁ οὖν Ἰησοῦς πρὸ ἒξ   ἡμερῶν τοῦ πάσχα ἦλθεν   εἰς <u>Βιθανίαν,</u> U Ψ Ω 2* 1071
   12.1   πρὸ ἒξ   ἡμερῶν τοῦ πάσχα ἦλθεν   εἰς Βηθανίαν, Λ*

ὅπου ἦν   Λάζαρος,   ὃν ἤγειρεν ἐκ νεκρῶν   Ἰησοῦς. **2** ἐποίησαν οὖν αὐτῷ   B **uw**
ὅπου ἦν   Λάζαρος <u>ὁ τεθνηκὼς,</u> ὃν ἤγειρεν ἐκ νεκρῶν   Ἰησοῦς. **2** <u>ἐποίησεν</u>   αὐτῷ   𝔭66*
ὅπου ἦν   Λάζαρος <u>ὁ τεθνηκὼς,</u> ὃν ἤγειρεν ἐκ νεκρῶν   Ἰησοῦς. **2** <u>ἐποίησεν</u> οὖν αὐτῷ   𝔭66c
ὅπου ἦν   Λάζαρος,   ὃν ἤγειρεν <u>Ἰησοῦς ἐκ νεκρῶν.</u> **2** ἐποίησαν οὖν αὐτῷ   ℵ*
ὅπου ἦν   Λάζαρος,   ὃν ἤγειρεν <u>ὁ Ἰησοῦς ἐκ νεκρῶν.</u> **2** ἐποίησαν οὖν αὐτῷ   ℵc
ὅπου ἦν   Λάζαρος <u>ὁ τεθνηκὼς,</u> ὃν ἤγειρεν ἐκ νεκρῶν <u>ὁ</u> Ἰησοῦς. **2** ἐποίησαν οὖν αὐτῷ   A E G Δ Λc Π
ὅπου ἦν   Λάζαρος,   ὃν ἤγειρεν ἐκ νεκρῶν <u>ὁ</u> Ἰησοῦς. **2** <u>καὶ ἐποίησαν</u> αὐτῷ   D [↑124 2 33
ὅπου ἦν   Λάζαρος,   ὃν ἤγειρεν ἐκ νεκρῶν <u>ὁ</u> Ἰησοῦς. **2** ἐποίησαν   αὐτῷ   L W
ὅπου ἦν   Λάζαρος <u>ὁ τεθνηκὼς,</u> ὃν ἤγειρεν ἐκ νεκρῶν <u>ὁ</u> Ἰησοῦς. **2** ἐποίησαν   αὐτῷ   f[13]
ὅπου ἦν   Λάζαρος <u>ὁ τεθνηκὼς,</u> ὃν ἤγειρεν ἐκ νεκρῶν.   **2** ἐποίησαν οὖν   565
ὅπου ἦν   Λάζαρος <u>ὁ τεθνηκὼς,</u> ὃν ἤγειρεν ἐκ νεκρῶν <u>ὁ Ἰησοῦς ἐκ νεκρῶν.</u> **2** ἐποίησαν οὖν αὐτῷ   579
ὅπου ἦν <u>ὁ</u> Λάζαρος <u>ὁ τεθνηκὼς,</u> ὃν ἤγειρεν ἐκ νεκρῶν <u>ὁ</u> Ἰησοῦς. **2** ἐποίησαν οὖν αὐτῷ   1346
ὅπου ἦν   Λάζαρος <u>ὁ τεθνηκὼς,</u> ὃν ἤγειρεν ἐκ νεκρῶν.   **2** ἐποίησαν οὖν αὐτῷ   𝔐 K M U Θ Λ*
Ψ f[1] 28 157 700 788 1071 1424 τ

δεῖπνον ἐκεῖ, καὶ ἡ Μάρθα διηκόνει, ὁ δὲ Λάζαρος εἷς ἦν ἐκ τῶν ἀνακειμένων σὺν αὐτῷ. B ℵ L **uw**
δεῖπνον ἐκεῖ, καὶ   Μάρθα διηκόνει, ὁ δὲ Λάζαρος εἷς   ἐκ τῶν ἀνακειμένων σὺν αὐτῷ. 𝔭66*
δεῖπνον ἐκεῖ, καὶ   Μάρθα διηκόνει, ὁ δὲ Λάζαρος εἷς ἦν ἐκ τῶν ἀνακειμένων σὺν αὐτῷ. 𝔭66c
δεῖπνον ἐκεῖ, καὶ <u>διηκόνει</u> Μάρθα, ὁ δὲ Λάζαρος εἷς ἦν   τῶν ἀνακειμένων σὺν αὐτῷ. D
<u>ἐκεῖ δεῖπνον,</u> καὶ <u>διηκόνει</u> Μάρθα, ὁ   Λάζαρος εἷς ἦν   τῶν ἀνακειμένων σὺν αὐτῷ. Θ
<u>ἐκεῖ δεῖπνον,</u> καὶ ἡ Μάρθα διηκόνει, ὁ δὲ Λάζαρος εἷς ἦν   τῶν ἀνακειμένων σὺν αὐτῷ. f[13]
δεῖπνον ἐκεῖ, καὶ ἡ Μάρθα διηκόνει, ὁ δὲ Λάζαρος εἷς ἦν   τῶν <u>συνανακειμένων</u> αὐτῷ. W 28 1071 τ
<u>δίπνω</u> ἐκεῖ, καὶ ἡ Μάρθα διηκόνει, ὁ δὲ Λάζαρος εἷς ἦν   τῶν ἀνακειμένων σὺν αὐτῷ. A 𝔐 K M U
Δ Λ Π Ψ f[1] 124 2 33 157 565 700 1424

---

lac. **11.57-12.2** 𝔭75 C F N P Γ 69 ¦ vss. 12.1-.2 𝔭45

A 57 εντωλην 2 ¦ της (τις) Θ ¦ εστι Y U f[1] 118 565 ¦ εστην 579 ¦ μηνυσει 2 33 1346* ¦ οπω D* ¦ ωπως Θ* **12.1** τεθνηκος 13 ¦ τεθνικος 2 ¦ τεθνικως 33 ¦ ηγηρεν Θ ¦ ηγιρεν 579 **2** εποιεισεν 579 ¦ διπνον A L W Θ ¦ διηκωνει 579 ¦ διηκονι ℵ D ¦ ιν (ην) Θ

B 12.1 ι̅ς̅ B 𝔭66 ℵ A 𝔐 K L M S U W Δ Θ Λ Π Ψ Ω f[1] 118 f[13] 124 2 33 28 157 565 579 700 788 1071 1346 1424 ¦ ι̅η̅ς̅ D ¦ ι̅ς̅2 H L Δ Λc Π f[1] 124 2 579 1346

C 57 τελ β̅ f[1] **12.1** ι̅β̅ πε της αλειψασης τον κ̅ν̅ μυρω (vs. 2 Ω) 124 28 157 700 788 ¦ αρχη: ανναγνοσμα περη [+ τη (το^c) κυριακη των προφουτησματων α,ρω D^c] D ¦ αρχη: κυ, των βαιων G 2 ¦ αρχη: κ,υ των βαιων· προ εξ ημε, H ¦ αρχη: κυριακη τω βαιω: πρω εξ ημερω του πασχα ηλθον ο ι̅ς̅. (ante ηλθεν) E ¦ αρχ: (κατα ιω late hand) κ,υ των βαιων· προ εξ ημερ,ω Υ ¦ Σα των βαιων προ εξ ημερων του πασχα M ¦ κυ τω βαιω S ¦ αρχ: ηλθεν ο ι̅ς̅ Θ ¦ αρχ: κ,υ των βαιω: ηλθεν κ,ε ϙ̅ζ̅ Λ ¦ αρχ κ,υ των βαιω Ψ ¦ τη κ,υ των βαιων αρχ προ εξ ημερων Ω ¦ αρχ μα κ,υ βαιων προ εξ ημερων του πασχ f[1] ¦ αρχ μα κ,υ των βαιων: εις τ λειτουργ προ εξ ημερων 118 ¦ αρχ κ,υ τω βαϊω εις τ λειτ f[13] 124 ¦ αρχ τς κ,υ των βαιων: προ εξ ημερων του πασχα 28 ¦ αρχ κυριακη ϛ των βαιων 157 ¦ αρχ κ,υ τς βαϊφορου εις τ λειτουργ 788 ¦ αρχη 1071 1424 ¦ αρχ τη κ,υ των βαιων εις τ λειτουργ 1346 **2** ι̅β̅ πε της αλειψασης τον κ̅ν̅ μυρω S U ¦ ι̅β̅ περι της αλειψασης Δ ¦ ι̅β̅ 118 ¦ σκο τουτο χρή εν γαρ τη οικια αυτης το αριστον ην Λ

D 12.1 ϙ̅η̅ f[13] **2** ϙ̅η̅/α̅ ℵ A E G M S U Y Λ Π Ψ Ω 124 28 788 1424 ¦ ϙ̅η̅ D H K Θ f[1] 565 1071 1346 ¦ κ̅ζ̅/α̅ 118 (sic!) | Ευ Ιω ϙ̅η̅ : Λο ο̅δ̅ : Μρ ρ̅νη̅ : Μθ σ̅ο̅ς̅ E | Ιω ϙ̅η̅ : Λο . : Μρ . : Μτ . 124

ιβ̄   περὶ τῆς ἀλειψάσης τὸν κύριον μύρῳ

3	ἡ οὖν Μαριὰμ	λαβοῦσα	λείτραν	μύρου νάρδου πιστικῆς πολυτείμου	B uw
3	ἡ οὖν Μαρία	λαβοῦσα	λέτραν	μύρου πιστικῆς πολυτίμου	𝔓66*
3	ἡ οὖν Μαρία	λαβοῦσα	λείτραν	μύρου νάρδου πιστικῆς πολυτίμου	𝔓66c
3	ἡ οὖν Μαρία	λαμβάνει	λείτραν	πιστικῆς μύρου πολυτείμου καὶ	D
3				πολυτίμου	Q
3	ἡ οὖν Μαρία	λαβοῦσα	λήτραν	μύρου νάρδου πιστικῆς πολυτίμου	Θ 28
3	ἡ οὖν Μαριὰμ	λαβοῦσα	λίτραν	μύρου νάρδου πιστικῆς πολυτίμου	f¹ 33 565 579
3	ἡ οὖν Μαρία	λαβοῦσα	ἀλάβαστρον	μύρου νάρδου πιστικῆς πολυτίμου	157
3	ἡ οὖν Μαρία	λαβοῦσα	λίτραν	μύρου νάρδου πιστικῆς πολυτίμου	ℵ A 𝔐 K L M U W Δ Λ

Π Ψ f¹³ 2 700 1071 1424 τ

ἤλειψεν τοὺς πόδας	Ἰησοῦ καὶ ἐξέμαξεν ταῖς θριξὶν αὐτῆς τοὺς πόδας αὐτοῦ·	B [w]
	τοὺς πόδας αὐτοῦ·	F
ἤλειψεν τοὺς πόδας τοῦ	Ἰησοῦ καὶ ἐξέμαξεν τοὺς πόδας αὐτοῦ ταῖς θριξὶν ἑαυτῆς·	M
ἤλειψεν τοὺς πόδας τοῦ	Ἰησοῦ καὶ ταῖς θριξὶν αὐτῆς ἀπέμαξεν αὐτοῦ τοὺς πόδας·	Θ
ἤλειψεν τοὺς πόδας τοῦ	Ἰησοῦ καὶ ταῖς θριξὶν αὐτῆς ἐξέμαξεν·	f¹
ἤλειψεν τοὺς πόδας τοῦ	Ἰησοῦ καὶ ταῖς θριξὶν αὐτοῖς ἐξέμαξεν αὐτοῦ τοὺς πόδας·	f¹³
ἤλειψεν τοὺς πόδας τοῦ	Ἰησοῦ καὶ ταῖς θριξὶν αὐτῆς ἀπέμαξεν·	565
ἤλειψεν τοὺς πόδας τοῦ	Ἰησοῦ καὶ ταῖς θριξὶν αὐτῆς ἐξέμαξεν αὐτοῦ τοὺς πόδας·	788 1346
ἤλειψεν τοὺς πόδας τοῦ	Ἰησοῦ καὶ ἐξέμαξεν ταῖς θριξὶν αὐτῆς·	1071
ἤλειψεν τοὺς πόδας τοῦ	Ἰησοῦ καὶ ἐξέμαξεν ταῖς θριξὶν αὐτῆς τοὺς πόδας αὐτοῦ·	ℵ A D 𝔐 K L Q U W

Δ Λ Π Ψ 124 2 33 28 157 579 700 1424 u[w]τ

ἡ δὲ	οἰκία		ἐπλήσθη	ἐκ τῆς ὀσμῆς τοῦ μύρου. 4 λέγει	B
	··κία		ἐπ·	··κ τῆς ὀσμῆς τοῦ μ··ρου. 4 λ·····	𝔓75
καὶ ἡ	οἰκία		επληρωθη	ἐκ τῆς ὀσμῆς τοῦ μύρου. 4 λέγει	D
ἡ δὲ	οἰκία		ἐπληρώθη	τῆς ὀσμῆς τοῦ μύρου. 4 λέγει	W
ἡ δὲ	οἰκία	ὅλη	επληρωθη	ἐκ τῆς ὀσμῆς τοῦ μύρου. 4 λέγει	Θ f¹ f¹³ 565
ἡ δὲ	οἰκία		ἐπληρώθη ὅλη	ἐκ τῆς ὀσμῆς τοῦ μύρου. 4 λέγει	1424 [↓157 579 700 1071 uwτ
ἡ δὲ	οἰκία		ἐπληρώθη	ἐκ τῆς ὀσμῆς τοῦ μύρου. 4 λέγει	𝔓66 ℵ A 𝔐 K L M Q U Δ Λ Π Ψ 2 33 28

ιγ̄   περὶ ὧν εἶπεν Ἰούδας

δὲ		Ἰούδας ὁ Ἰσκαριώτης	εἷς	τῶν μαθητῶν αὐτοῦ,	B 𝔓66 W [uw]
		···ύδας ·· Ἰσκαριώτης		τῶν ···· θητῶν αὐτοῦ,	𝔓75
δὲ		Ἰούδας ὁ Ἰσκαριώτης	εἷς ἐκ	τῶν μαθητῶν αὐτοῦ,	ℵ [u]
		Ἰούδας ὁ Ἠσκαριώτης	εἷς	τῶν μαθητῶν αὐτοῦ,	L
		Ἰούδας ὁ Ἰσκαριώτης	εἷς	τῶν μαθητῶν αὐτοῦ,	33
δὲ		Ειούδας ᾧ Ἰσκαριώτις	εἷς	τῶν μαθητῶν αὐτοῦ,	579
		Ἰούδας ὁ Ἰσκαριώτης	εἷς	τῶν μαθητῶν αὐτοῦ,	[w]
οὖν		Ἰούδας ὁ Ἰσκαριώτης	εἷς ἐκ	τῶν μαθητῶν αὐτοῦ,	1071
οὖν εἷς	ἐκ τῶν μαθητῶν αὐτοῦ	Ἰούδας Σίμονος		Ἰσκαριώτης,	A Y M S Δ Θ Λ Π Ω f¹³ 2 28 700 τ
οὖν εἷς	ἐκ τῶν μαθητῶν αὐτοῦ	Ἰούδας ἀπὸ		Καρυώτου,	D
οὖν εἷς	ἐκ τῶν μαθητῶν αὐτοῦ	Ἰούδας Σιμώνος ὁ		Ἰσκαριώτης,	E*
οὖν εἷς	ἐκ τῶν μαθητῶν αὐτοῦ	Ἰούδας Σίμωννος ὁ		Ἰσκαριώτης,	Eᶜ
οὖν εἷς	ἐκ τῶν μαθητῶν αὐτοῦ	Ἰούδας Σίμων ὁ		Ἰσκαριώτης,	F G H
οὖν	ἐκ τῶν μαθητῶν αὐτοῦ	Ἰούδας Σίμωνος		Ἰσκαριώτης,	K
οὖν εἷς	ἐκ τῶν μαθητῶν αὐτοῦ	Ἰούδας Σίμωνος		Ἰσκαριώτης,	Q
οὖν Ἰησοῦς	ἐκ τῶν μαθητῶν αὐτοῦ	Ἰούδας Σίμων ὁ		Ἰσκαριώτης,	U
οὖν εἷς	ἐκ τῶν μαθητῶν αὐτοῦ	Ἰούδας Σίμωνος		Ἰσκαριώτου,	Ψ
οὖν εἷς	ἐκ τῶν μαθητῶν αὐτοῦ	Ἰούδας	ὁ	Ἰσκαριώτης,	f¹ 565
οὖν εἷς	ἐκ τῶν μαθητῶν αὐτοῦ	Ἰούδας Σίμονος		Ἰσκαριώτης,	124*
οὖν εἷς	τῶν μαθητῶν αὐτοῦ	Ἰούδας Σίμωνος		Ἰσκαριώτης εἷς ὧν ἐκ τῶν δώδεκα,	157
οὖν εἷς	ἐκ τῶν μαθητῶν αὐτοῦ	Ἰούδας Σίμωνος		Εισκαριώτης,	1424

lac. 12.3-4 𝔓45 C N P Γ 69 ¦ vs. 3 F Q

A 3 ει (η¹) 28 | πιστηκης Δ Θ 1071 | πολυτημου 579 | ηλιψεν ℵ L M W Θ 565 1071 ¦ ηλειψε D* G Y U f¹ 118 13 157 565 700
788 1346 | πληψεν 579 | εξεμαξε D G S Y U Ω 28 157 700 | ται (ταις) L | θρηξιν A 579 ¦ θριξην Δ | οικεια D W ¦ οικηα 579 |
επληρωθει 579 | ωσμης 579

B 3 ιϋ B 𝔓66 ℵ A G H Y K L M Q S U W Δ Θ Λ Π Ψ Ω f¹ 118 f¹³ 124 2 33 28 157 565 579 700 788 1071 1346 1424 ¦ ιηῦ D
4 ις U 7 ις B 𝔓66 𝔓75 ℵ A 𝔐 K L M Q S U W Δ Θ Λ Π Ψ Ω f¹ 118 f¹³ 2 33 28 157 565 579 700 788 1071 1346 1424 ¦ ιης D

C 3 ιβ̄ A ¦ ιβ̄ (ιγ H K) περι της αλειψασης (αλιψασης L ¦ αληψασις Θ ¦ αληψασης 2 565 1424) τον κν μυρω (μυρον Λ): E G H Y
K L M Θ Λ Π f¹ 2 565 1071 1424 | Ιω ιβ : Μθ ξβ̄ : Μρ μδ̄ : Λο κδ̄ M 4 ιγ A 118 ¦ ιγ (ιδ F H K) περι ων ειπεν (ηπεν L) ιουδας
(+ ισκαριωτης Θ ¦ ο ισκαριωτης 1071): 𝔐 K L U Θ Λ Π Ω f¹ 28 565 700 788 1071 1424 (ante vs. 5 S) ¦ ιγ περι των ειπον
Ιουδας Δ 2 ¦ ιγ M

ὁ μέλλων αὐτὸν παραδιδόναι, 5 Διὰ τί τοῦτο τὸ μύρον οὐκ ἐπράθη τριακοσίων B 𝔓⁶⁶ **uwτ** rell
ὁ μέλλων αὐ⋯⋯ ⋯ραδιδόναι, 5 Διὰ τί τοῦτο τὸ μύρον ⋯⋯ ⋯⋯άθη τριακοσίων 𝔓⁷⁵
ὃς ἤμελλεν παραδοῦναι αὐτόν, 5 Διὰ τί τοῦτο τὸ μύρον οὐκ ἐπράθη τριακοσίων D
ὁ μέλλων αὐτὸν παραδιδόναι, 5 Διὰ τί τοῦτο τὸ μύρον οὐκ ἐπράθη δηναρίων Θ
ὁ μέλλων αὐτὸν παραδιδόναι, 5 Διὰ τοῦτο τὸ μύρον οὐκ ἐπράθη τριακοσίων 13*
ὁ μέλλων αὐτὸν παραδιδόναι, 5 Διὰ τί τοῦτο μύρον οὐκ ἐπράθει διακωσίων 579*
ὁ μέλλων αὐτὸν παραδιδόναι, 5 Διὰ τί τοῦτο τὸ μύρον οὐκ ἐπράθη διακοσίων 118 13ᶜ 124 579ᶜ 1424
ὁ μέλλων αὐτὸν παραδιδόναι, 5 Διὰ τοῦτο τὸ μύρον οὐκ ἐπράθη διακοσίων 1346

δηναρίων καὶ ἐδόθη πτωχοῖς; 6 εἶπεν δὲ τοῦτο οὐχ ὅτι περὶ τῶν πτωχῶν B 𝔓⁶⁶ **uwτ** rell
δηναρίων ⋯⋯θη πτωχοῖς; 6 ε⋍πε δὲ τοῦτο οὐχ ⋯⋯ ⋯⋯ῶν πτ⋯⋯ 𝔓⁷⁵
δηναρίων καὶ ἐδόθη τοῖς πτωχοῖς; 6 τοῦτο δὲ εἶπεν οὐχ ὅτι περὶ τῶν πτωχῶν D
δηναρίων καὶ ἐδόθη πτωχοῖς; 6 εἶπε δὲ τοῦτο οὐχ ὅτι περὶ τῶν πτωχῶν Υ 157
τριακοσίων καὶ ἐδόθη τοῖς πτωχοῖς; 6 εἶπεν δὲ τοῦτο οὐχ ὅτι περὶ τῶν πτωχῶν Θ
δηναρίων καὶ ἐδόθη τοῖς πτωχοῖς; 6 εἶπεν δὲ τοῦτο οὐχ ὅτι περὶ τῶν πτωχῶν Ψ 33 1071
δηναρίων καὶ ἐθώθει πτωχοῖς; 6 εἶπεν δὲ οὕτως οὐχ ὅτι περὶ τῶν πτωχῶν 579

ἔμελεν αὐτῷ, ἀλλ᾽ ὅτι κλέπτης ἦν καὶ τὸ γλωσσόκομον ἔχων τὰ βαλλόμενα B א D L Q W Θ 1582 **uw**
ἔμελεν αὐτῷ, ἀλλ᾽ ὅτι κλέπτης ἦν καὶ τὸ γλωσσόκομον εἶχεν καὶ τὰ βαλλόμενα 𝔓⁶⁶ A M Δ Λ Π 1071 τ
ἔμελεν αὐτῷ, ⋯⋯λ᾽ ὅτι κ⋯⋯πτη ⋯⋯ ⋯⋯ τὸ γλωσσόκο⋯ον ἔχων τὰ βαλλόμεγ⋯ 𝔓⁷⁵
ἔμελεν αὐτῷ, ἀλλ᾽ ὅτι κλέπτης ἦν καὶ τὸ γλωσσόκομον ἔχων καὶ τὰ βαλλόμενα 1
ἤμελλεν αὐτῷ, ἀλλ᾽ ὅτι κλέπτης ἦν καὶ τὸ γλωσσόκομον ἔχων τὰ βαλλόμενα 33
ἔμελλεν αὐτῷ, ἀλλ᾽ ὅτι κλέπτης ἦν καὶ τὸ γλωσσόκομον ἔχων καὶ τὰ βαλλόμενα 157 565
ἔμελεν αὐτῷ, ἀλλ᾽ ὅτι κλέπτης ἦν τὸν γλωσσόκομον ἔχον τὰ βαλλόμενα 579 [↓700 1424
ἔμελλεν αὐτῷ, ἀλλ᾽ ὅτι κλέπτης ἦν καὶ τὸ γλωσσόκομον εἶχεν καὶ τὰ βαλλόμενα 𝔐 K U Ψ 118 f¹³ 2 28

ἐβάσταζεν. 7 εἶπεν οὖν ὁ Ἰησοῦς, Ἄφες αὐτήν, ἵνα εἰς τὴν ἡμέραν B 𝔓⁶⁶·⁷⁵ א D K L Q W Θ Π 33
ἐβάσταζεν. 7 εἶπεν οὖν ὁ Ἰησοῦς, Ἄφετε αὐτήν, ἵνα εἰς τὴν ἡμέραν Ψ [↑157 579 **uw**
ἐβάσταζεν. 7 εἶπεν οὖν ὁ Ἰησοῦς, Ἄφες αὐτήν, ὅτι εἰς τὴν ἡμέραν f¹³
ἐβάσταζεν. 7 εἶπεν ὁ Ἰησοῦς, Ἄφες αὐτήν, εἰς τὴν ἡμέραν 28
ἐβάσταζεν. 7 εἶπεν οὖν αὐτῷ ὁ Ἰησοῦς, Ἄφες αὐτήν, εἰς τὴν ἡμέραν 1424 [↓700 788 1071 τ
ἐβάσταζεν. 7 εἶπεν οὖν ὁ Ἰησοῦς, Ἄφες αὐτήν, εἰς τὴν ἡμέραν A 𝔐 M U Δ Λ f¹ 124 2 565

τοῦ ἐνταφιασμοῦ μου τηρήση αὐτό· 8 τοὺς πτωχοὺς γὰρ πάντοτε ἔχετε B 𝔓⁶⁶ᶜ 𝔓⁷⁵ א K Q W Π Ψ 157
τοῦ ἐνταφιασμοῦ μου τηρήση αὐτό· 8 τοὺς πτωχοὺς πάντοτε ἔχετε 𝔓⁶⁶* L [↑uw
τοῦ ἐνταφιασμοῦ τηρήση αὐτό· 8 D
τοῦ ἐνταφιασμοῦ τηρήση αὐτό· 8 τοὺς πτωχοὺς πάντοτε ἔχετε Θ
τοῦ ἐνταφιασμοῦ μου τετήρηκεν αὐτόν· 8 τοὺς πτωχοὺς γὰρ πάντοτε ἔχετε Λ
τοῦ ἐνταφιασμοῦ μου τηρήση αὐτό· 8 τοὺς πτωχοὺς γὰρ ἔχετε πάντοτε 33*
τοῦ ἐνταφιασμοῦ τηρήση αὐτῷ· 8 τοὺς πτωχοὺς γὰρ ἔχετε πάντοτε 33ᶜ
τοῦ ἐνταφιασμοῦ μου τηρήση αὐτῶν· 8 τοὺς πτωχοὺς γὰρ πάντοτε ἔχεται 579
τοῦ ἐνταφιασμοῦ μου τετήρηκεν αὐτῷ· 8 τοὺς πτωχοὺς γὰρ πάντοτε ἔχετε 2 1424
τοῦ ἐνταφιασμοῦ μου τετήρηκεν τοῦτο· 8 τοὺς πτωχοὺς γὰρ πάντοτε ἔχετε 1071 [↓τ
τοῦ ἐνταφιασμοῦ μου τετήρηκεν αὐτό· 8 τοὺς πτωχοὺς γὰρ πάντοτε ἔχετε A 𝔐 M U Δ f¹ f¹³ 28 565 700

μεθ᾽ ἑαυτῶν, ἐμὲ δὲ οὐ πάντοτε ἔχετε. B 𝔓⁶⁶ **uwτ** rell
om. 𝔓⁷⁵ D Λ*

lac. 12.4-8 𝔓⁴⁵ C N P Γ 69

A 4 μελλον 1424 | αυτων 28 579 1346 | παραδιδοναι Θ 2* 579 1071 5 τη (τι) L | ουτο (τουτο) 𝔓⁶⁶* | πραθη Δ ¦ επραθει 579ᶜ | ριακοσιων Η | τρακοσιων Κ* | διναριων Κ L Λ 2 33 | εδωθη Η 1424 6 ειπε Υ U 118 157 700 ¦ επεν Θ | ωτι¹ E 579 | ωτι² 579 | κλεπτεις 2* ¦ γωσσοκομον L ¦ γλωσσοκομιον W ¦ γλοσοκομων 157 ¦ γλοσσοκομων 579 ¦ γλωσσοκομον 1346 | ειχε Υ U 118 700 1071 ¦ εχον W Θ 579 7 ενταφηασμου Δ | τετηρικεν Ω 13 1071 ¦ τηριση 579 | αυτω Ε* 28 8 πτω 𝔓⁶⁶* ¦ πτοχους Δ* 1346 | πατοτε¹ S* ¦ παντωτε 579 | εχεται¹·² 𝔓⁶⁶ W 579 | εχεται² 33 | παντοται² 𝔓⁶⁶ ¦ παντωτε 579 | θ (μεθ) 1346*

The Chief Priests Plan To Put Lazarus To Death

9 Ἔγνω οὖν ὁ ὄχλος πολὺς ἐκ τῶν Ἰουδαίων ὅτι ἐκεῖ ἐστιν καὶ ἦλθον   Β ℵ L 28* [u]
9 Ἔγνω οὖν ὄχλος πολὺς τῶν Ἰουδαίων ὅτι ἐκεῖ ἐστιν καὶ ἦλθον   𝔓⁶⁶* 157
9 Ἔγνω οὖν ὁ ὄχλος ὁ πολὺς τῶν Ἰουδαίων ὅτι ἐκεῖ ἐστιν καὶ ἦλθον   𝔓⁶⁶ᶜ W
9 Ὄχλος δὲ πολὺς ἐκ τῶν Ἰουδαίων ἤκουσαν ὅτι ἐκεῖ ἐστιν καὶ ἦλθαν   D
9 Ἔγνω οὖν ὁ ὄχλος τῶν Ἰουδαίων ὅτι ἐκεῖ ἐστιν καὶ ἦλθον   579
9 Ἔγνω οὖν ἐκ τῶν Ἰουδαίων ὄχλος πολὺς ὅτι ἐκεῖ ἐστιν καὶ ἦλθον   700
9 Ἔγνω οὖν ὁ ὄχλος πολὺς ἐκ τῶν Ἰουδαίων ὅτι ἐκεῖ ἐστιν καὶ ἦλθαν   w
9 Ἔγνω οὖν ὄχλος πολὺς ἐκ τῶν Ἰουδαίων ὅτι ἐκεῖ ἐστιν καὶ ἦλθον   𝔓⁷⁵ A 𝔐 K M Q U Θ Δ Λ Π
         Ψ f¹ f¹³ 2 33 28ᶜ 565 1071 1424 [u]τ

οὐ διὰ τὸν Ἰησοῦν μόνον, ἀλλ᾽ ἵνα καὶ τὸν Λάζαρον ἴδωσιν ὃν ἤγειρεν   Β 𝔓⁶⁶ᶜ·⁷⁵ uwτ rell
οὐ διὰ τὸν Ἰησοῦν μόνον, ἀλλ᾽ ἵνα καὶ τὸν Λάον ἴδωσιν ὃν ἤγειρεν   𝔓⁶⁶*
οὐ διὰ τὸν Ἰησοῦν, ἀλλ᾽ ἵνα τὸν Λάζαρον ἴδωσιν ὃν ἤγειρεν   D
οὐχὶ διὰ τὸν Ἰησοῦν μόνον, ἀλλ᾽ ἵνα καὶ τὸν Λάζαρον ἴδωσιν ὃν ἤγειρεν   Θ
οὐ διὰ τὸν Ἰησοῦν μόνον, ἀλλ᾽ ἵνα καὶ τὸν Λάζαρον   Λ*
οὖν διὰ τὸν Ἰησοῦν μόνον, ἀλλ᾽ ἵνα καὶ τὸν Λαζάρων ἴδωσιν ὃν ἤγειρεν   579
οὐ διὰ τὸν Ἰησοῦν μόνον, ἀλλ᾽ ἵνα καὶ τὸν Λάζαρον ἴδωσιν ὃν ἤγειραν   788

ἐκ νεκρῶν. 10 ἐβουλεύσαντο δὲ καὶ οἱ ἀρχιερεῖς ἵνα καὶ τὸν Λάζαρον   Β
ἐκ νεκρῶν. 10 ε······λεύ············ ···· ····ρχιερεῖς ἵνα ·······τὸν ·······ζαρον   𝔓⁷⁵
ἐκ νεκρῶν ὁ Ἰησοῦς. 10 ἐβουλεύσαντο δὲ οἱ ἀρχιερεῖς ἵνα καὶ τὸν Λάζαρον   A 33
Ἰησοῦς ἐκ τῶν νεκρῶν. 10 ἐβουλεύσαντο δὲ οἱ ἀρχιερεῖς ἵνα καὶ τὸν Λάζαρον   D
ἐκ νεκρῶν. 10 ἐβουλεύσαντο οὖν οἱ ἀρχιερεῖς ἵνα καὶ τὸν Λάζαρον   M U
         10 ἐβουλεύσαντο δὲ οἱ ἀρχιερεῖς ἵνα καὶ τὸν Λάζαρον   W
om. 10   Λ*
ἐκ νεκρῶν. 10 ἐβουλεύσαντο δὲ οἱ ἀρχιερῆς ἵνα καὶ τὸν Λαζάρων   579
ἐκ νεκρῶν. 10 ἐβουλεύσαντο δὲ οἱ ἀρχιερεῖς ἵνα καὶ τὸν Λάζαρον   𝔓⁶⁶ uwτ rell

ἀποκτείνωσιν, 11 ὅτι πολλοὶ δι᾽ αὐτὸν ὑπῆγον τῶν Ἰουδαίων καὶ ἐπίστευον   Β uwτ rell
ἀποκτείνωσιν, 11 ὅτι πολλοὶ δι᾽ αὐτὸν τῶν Ἰουδαίων ἐπίστευσαν   𝔓⁶⁶
ἀποκτ··ίνω··ιν, 11 ····· δι᾽····τὸν ὑπῆγον τῶν ······ ·······τευον   𝔓⁷⁵
ἀποκτείνωσιν, 11 ὅτι πολλοὶ τῶν Ἰουδαίων δι᾽ αὐτὸν ὑπῆγον καὶ ἐπίστευον   D
ἀπο············σιν, 11 ὅτι πολλοὶ δι᾽ αὐτῶν ὑπεῖγον τῶν Ἰουδαίων καὶ ἐπίστευον   33
ἀποκτείνωσιν, 11 ὅτι πολλοὶ ὑπῆγον τῶν Ἰουδαίων δι᾽ αὐτὸν καὶ ἐπίστευον   28 1424
ἀποκτείνωσιν, 11 ὅτι δι᾽ αὐτὸν πολλοὶ ὑπῆγον τῶν Ἰουδαίων καὶ ἐπίστευον   157
ἀποκτείνωσιν, 11 ὅτι πολλοὶ δι᾽ αὐτὸν ἀπηγόντω τῶν Ἰουδαίων καὶ ἐπίστευον   579

εἰς τὸν Ἰησοῦν. Β 𝔓⁶⁶ uwτ rell
··ις τὸν Ἰ········ 𝔓⁷⁵
εἰς αὐτόν. 1424

---

lac. 12.9-11 𝔓⁴⁵ C N P Γ 69

A 9 εγνων E G | εστι Y f¹ 118 157 565 700 | ιδωσι 124 | ηγιρεν 𝔓⁶⁶ ¦ ηγερεν Δ* ¦ ηγηρεν 579 10 αποκτινωσιν ℵ W ¦ αποκτει-
νοσιν Y 11 αυτων 13 | υπηγων 28 | τον (των) Θ | επιστευων Ε Ω 2* 28 1071

B 9 ιν̄ Β 𝔓⁶⁶ 𝔓⁷⁵ ℵ A 𝔐 K L M Q S U W Δ Θ Λ Π Ψ Ω f¹ 118 f¹³ 124 2 33 28 157 565 579 700 788 1071 1346 1424 ¦ ιην̄ D |
ις̄ A 33 ¦ ιης D 11 ιν̄ Β 𝔓⁷⁵ ℵ A 𝔐 K L M Q S U W Δ Θ Λ Π Ψ Ω f¹ 118 f¹³ 124 2 33 28 157 565 579 700 788 1071 1346 ¦ ιην̄
D

C 11 τελο 579

D 9 ο̄θ̄/ῑ ℵ A E G L M S U Y Λ Π Ψ Ω 118 124 28 788 1071 1424 ¦ ο̄θ̄ D F H K Q 2 157 1346 | Ευ Ιω ο̄θ̄ : Λο . : Μρ . : Μθ . Ε |
Ιω ο̄θ̄ 124

Jesus Rides Into Jerusalem On An Ass
(Matthew 21.1-11; Mark 11.1-11; Luke 19.28-40)

μ̄ 12 Τῇ ἐπαύριον ὁ ὄχλος πολὺς ὁ ἐλθὼν εἰς τὴν ἑορτήν, B 𝔓⁶⁶* L **uw**
  12 Τῇ ἐπαύριον ὄχλος π········· ·· ··········· ··· ἑορτήν, 𝔓²
  12 Τῇ ἐπαύριον ὁ ὄχλος ὁ̲ πολὺς ὁ ἐλθὼν εἰς τὴν ἑορτήν, 𝔓⁶⁶ᶜ
  12 Τῇ ····αύριον ·· ·········λὺς ὁ ἐλθω· ··ὶς τη· ··ορτήν, · 𝔓⁷⁵
  12 Τῇ ἐπαύριον ὄχλος πολὺς ἐλθὼν εἰς τὴν ἑορτήν, ℵ* Δ 565 1346
  12 Τῇ ἐπαύριον ὄχλος πολὺς ὁ ἐλθὼν εἰς τὴν ἑορτήν̲ ἑορτήν, D*
  12 Τῇ ἐπαύριον οὖν̲ ὁ ὄχλος ὁ̲ πολλὺς̲ ὁ ἐλθὼν εἰς τὴν ἑορτήν, Θ
  12 Τῇ ἐπαύριον ὄχλος ··········· ·· ····θὼν εἰς τὴν ἑορτήν, 33
  12 Τῇ τε̲ ἐπαύριον ὄχλος πολὺς ὁ ἐλθὼν εἰς τὴν ἑορτήν, 157
  12 Τῇ ἐπαύριον ὄχλος πολὺς ὁ ἐλθὼν εἰς τὴν ἑορτήν, ℵᶜ A Dᶜ 𝔐 K M Q U W Λ
    Π Ψ f¹ f¹³ 2 28 579 700 1071 1424 τ

ἀκούσαντες ὅτι ἔρχεται ὁ Ἰησοῦς εἰς Ἱεροσόλυμα 13 ἔλαβον τὰ βαΐα B Θ f¹³ 2 1424 **uτ**
ἀκούσαντ······ ········· ·· εἰς Ἱερου······· 13 ········· · ·· ········· 𝔓²
ἀκούσαντες ὅτι ἔρχεται ὁ Ἰησοῦς εἰς Ἱεροσόλυμα 13 ἔλαβαν τὰ βαλιὰ̲ 𝔓⁶⁶*
ἀκούσαντες ὅτι ἔρχεται ὁ Ἰησοῦς εἰς Ἱεροσόλυμα 13 ἔλαβαν̲ τὰ βαΐα 𝔓⁶⁶ᶜ
·········ντες ὅτι ἔρχεται ὁ Ἰησοῦς εἰς ····ς Ἱεροσ· 13 ·········ον τὰ βαΐα 𝔓⁷⁵
ἀκούσαντες ὅτι Ἰησοῦς̲ ἔρχεται̲ εἰς Ἱεροσόλυμα 13 ἔλαβον τὰ βαΐα A L 33 157 1071
ἀκούσαντες ὅτι ἔρχεται Ἰησοῦς εἰς Ἱερουσαλὴμ̲ 13 ἔλαβον τὰ βαΐα D
ἀκούσαντες ὅτι ἔρχεται εἰς Ἱεροσόλυμα 13 ἔλαβον τὰ βαΐα 28
ἀκούσαντες ὅτι ἔρχεται ὁ Ἰησοῦς εἰς Ἱεροσώλυμα̲ 13 ἔλαβον τὰ βαΐα 579
ἀκούσαντες ὅτι ἔρχεται ὁ Ἰησοῦς εἰς Ἱεροσόλυμα 13 ἔλαβον οὖν̲ τὰ βαΐα 1346 [↓f¹ 565 700 **w**
ἀκούσαντες ὅτι ἔρχεται Ἰησοῦς εἰς Ἱεροσόλυμα 13 ἔλαβον τὰ βαΐα ℵ 𝔐 K M Q U W Δ Λ Π Ψ

τῶν φοινίκων καὶ ἐξῆλθον εἰς ὑπάντησιν αὐτῷ καὶ ἐκραύγασαν, B*
τῶν φοινίκων καὶ ἐξῆλθον εἰς ὑπάντησιν αὐτῷ καὶ ἐκραύγαζον̲, Bᶜ 𝔓⁷⁵ S W Ω 579 **uw**
······ φοινίκων ··········· ······ ἐκραύ·········, 𝔓²
τῶν φοινίκων καὶ ἐξῆλθον εἰς ὑπάντησιν αὐτῷ καὶ ἐκραύγασαν λέγοντες̲, 𝔓⁶⁶ Q
τῶν φοινίκων καὶ ἐξῆλθον εἰς ὑπάντησιν αὐτῷ καὶ ἐκραύγαζον̲ λέγοντες̲, ℵ
τῶν φοινίκων καὶ ἐξῆλθον εἰς ἀπάντησιν̲ αὐτῷ καὶ ἔκραζον̲ λέγοντες̲, A K Π
τῶν φοινίκων καὶ ἐξῆλθον εἰς συνάντησιν̲ αὐτοῦ̲ καὶ ἐκραύγαζον̲ λέγοντες̲, 𝔐 M Δ Θ Λ Ψ 124 2 700 τ
τῶν φοινίκων καὶ ἐξῆλθον εἰς συνάντησιν̲ αὐτῷ καὶ ἔκραζον̲, G 788
τῶν φοινίκων καὶ ἐξῆλθον εἰς συνάντησιν̲ αὐτῷ καὶ ἐκραύγαζον̲, L
τῶν φοινίκων καὶ ἐξῆλθον εἰς ἀπάντησιν̲ αὐτῷ καὶ ἔκραζον̲, U 28 1424
τῶν φοινίκων καὶ ἐξῆλθον εἰς ὑπάντησιν αὐτῷ καὶ ἔκραζον̲ λέγοντες̲, f¹ 565
τῶν φοινίκων καὶ ἐξῆλθον εἰς συνάντησιν̲ αὐτῷ καὶ ἔκραζον̲ λέγοντες̲, f¹³ 1071
τῶν φοι········· ···ξῆλθον εἰς ὑπάντησιν αὐτῷ καὶ ἔκραζον̲, 33
τῶν φοινίκων καὶ ἐξῆλθον εἰς συνάντησιν̲ αὐτῷ καὶ ἐκραύγαζον̲ λέγοντες̲, 157

Ὡσαννά· B 𝔓⁶⁶·⁷⁵ **uwτ** rell
············ 𝔓²

εὐλογημένος ὁ ἐρχόμενος ἐν ὀνόματι κυρίου B 𝔓⁶⁶·⁷⁵ **uwτ** rell
·········· ·· ἐρχόμε······ 𝔓²
εὐλογητὸς̲ ὁ ἐρχόμενος ἐν ὀνόματι κυρίου, D
εὐλογημένος ὁ ἐρχόμενος ἐν ο··········· ········· 33

lac. 12.12-13 𝔓⁴⁵ C N P Γ 69

A 12 πολλυς 2* | εωρτην 579 | ερχετε 2 1071 13 ελαβον E 579 | φοινεικων D | φοινηκων L | φυνικων E Θ | φοινκων G* | ης (εις) 579 | ει 1346 | εκραυγαζων 579 | εκραζων E 28 | εκραυγαζον Ω | οσσανα D* | ωσανα L Θ | ευλογημεν 1582* | ευλογημενο 1582ᶜ

B 12 ι̅ς̅ B 𝔓⁷⁵ ℵ A 𝔐 K L M S U W Δ Θ Λ Π Ψ Ω f¹ 118 f¹³ 124 2 33 157 565 579 700 788 1071 1346 1424 | ι̅η̅ς̅ D 13 κ̅υ̅ B 𝔓⁶⁶ 𝔓⁷⁵ ℵ A D 𝔐 K L M Q S U W Δ Θ Λ Π Ψ Ω f¹ 118 f¹³ 124 2 28 157 565 579 700 788 1071 1346 1424

C 12 ···χε του πιστις τεν······ ευαγγελ···· 𝔓² | ι̅δ̅ πε του ονου Λ 2 157 565 700 788 | ι̅δ̅ πε του πωλου (πολου 579) S Ω 579

D 12 ρ̅/α̅ ℵ A E G L M S U Y Λ Π Ψ Ω 118 124 28 788 1071 1424 | ρ̅ D F H K Q Θ 2 157 1346 | Ευ Ιω ρ̅ : Λο σ̅λ̅δ̅ : Μρ ρ̅ι̅θ̅ : Μθ σ̅θ̅ E | Ιω ρ̅ : Λο σ̅λ̅α̅ : Μρ ρ̅ι̅θ̅ : Μτ σ̅θ̅ 124

καὶ ὁ βασιλεὺς τοῦ Ἰσραήλ.   Β ℵ L Q W Ψ 579 **uw**
.... '' .... ··οῦ Ἰσραήλ.   𝔭²
ὁ βασιλεὺς τοῦ Ἰσραήλ.   𝔭⁶⁶ Κ Θ Π 1 1582* 157 565 τ
κα·· βασιλεὺς τοῦ Ἰσραήλ.   𝔭⁷⁵
βασιλεὺς τοῦ Ἰσραήλ.   Α 𝔐 Μ U Δ Λ 1582ᶜ ƒ¹³ 2 28 700 1071 1424
ὁ βασιλεὺς τοῦ Ἰστραήλ.   D
.... '' ··ασιλεὺς τοῦ Ἰσραήλ.   33

ιδ̄ περὶ τοῦ ὄνου

14 εὑρὼν δὲ ὁ Ἰησοῦς ὀνάριον ἐκάθισεν ἐπ' αὐτό,   καθώς ἐστιν γεγραμμένον   Β 𝔭⁶⁶·⁷⁵ **uwτ** rell
14 ε········· ·· ············· ·············· ·· π' αὐτ·   ·········· ········ ········   𝔭²
14 εὑρὼν δὲ ὁ Ἰησοῦς ὀνάριον ἐκάθισεν ἐπ' αὐτό,   καθώς ·······   F
14 εὑρὼν δὲ ὁ Ἰησοῦς ὀνάριον ἐκάθισεν ἐπ' αὐτῷ,   καθώς ἐστιν γεγραμμένον   Δ Π 1071
14 εὑρὼν δὲ ὁ Ἰησοῦς ὀνάριον ἐκάθισεν ἐπ' αὐτό,   καθώς ἐστιν γεγραμμ······   33
14 εὑρὼν δὲ ὁ Ἰησοῦς ὀνάριον ἐκάθισεν ἐπ' αὐτῶν,   καθώς ἐστιν γεγραμμένον   579

15 **Μὴ φοβοῦ, θυγάτηρ Σειών·**   Β* 𝔭⁶⁶ Α
15 **Μὴ φοβοῦ, ἡ θυγάτηρ Σειών·**   Βᶜ
15 **Μὴ φοβοῦ, ἡ θ**············ **Σειών·**   𝔭⁷⁵
15 **Μὴ φοβοῦ, θυγάτερ Σιών·**   ℵ 𝔐 Μ U Π Ψ ƒ¹ ƒ¹³ 2 28 157 700 1071 1424 τ
15 **Μὴ φοβοῦ, θυγάτηρ Σιών·**   D Κ L Q W Δ Λ 565 579 **uw**
15 **Μὴ φοβοῦ, θυγάτερ Σειών·**   Θ
15 ········   33

ἰδοὺ   ὁ βασιλεύς σου   ἔρχεται,   Β 𝔭⁶⁶·⁷⁵ **uwτ** rell
ἰδοὺ   ὁ βασιλεὺς   ἔρχεται,   Α
ἰδοὺ   ὁ βασιλεύς σοι   ἔρχεται,   Π
········   ·· ασιλεύς σου   ἔρχεται,   33
ἰδοὺ   ὁ βασιλεύς σου   ἔρχεταί σοι,   565
ἰδοὺ γὰρ ὁ βασιλεύσου   ἔρχεται,   579
ἰδοὺ γὰρ ὁ βασιλεύς σου   ἔρχεται,   1424

καθήμενος ἐπὶ πῶλον ὄνου.   Β 𝔭⁶⁶·⁷⁵ 124 788 **uwτ** rell
καθήμενος ἐπὶ πώλου ὄνου.   Ω ƒ¹³ 579

16 ταῦτα   οὐκ ἔγνωσαν αὐτοῦ οἱ μαθηταὶ τὸ πρῶτον,   ἀλλ' ὅτε ἐδοξάσθη   Β ℵ **uw**
16 ταῦτα   οὐκ ἔγνωσαν οἱ μαθηταὶ αὐτοῦ τὸ πρῶτον,   ἀλλ' ὅτε ἐδοξάσθη   𝔭⁶⁶* L Q
16 ταῦτα   οὐκ ἔγνωσαν οἱ μαθηταὶ αὐτοῦ τὸ πρῶτον,   ἀλλ' ὅτε ἐδοξάσθη ὁ   𝔭⁶⁶ᶜ W
16 ταῦτα   ········· ··ὑτοῦ οἱ μαθηταὶ τ······   ἀλλ' ὅτε ἐδο····σθη   𝔭⁷⁵
16 ταῦτα δὲ οὐκ ἐνόησαν οἱ μαθηταὶ αὐτοῦ τὸ πρῶτον,   ἀλλ' ὅτε ἐδοξάσθη ὁ   D
16 ταῦτα δὲ οὐκ ἔγνωσαν οἱ μαθηταὶ αὐτοῦ τὸ πρῶτον,   ἀλλ' ὅτε ἐδοξάσθη ὁ   Η Λ 1582ᶜ ƒ¹³ 157 1071 τ
16 ταῦτα δὲ οὐκ ἔγνωσαν   οἱ μαθηταὶ τὸ πρῶτον,   ἀλλ' ὅτε ἐδοξάσθη   Κ Π
16 ταῦτα   οὐκ ἐνόησαν αὐτοῦ οἱ μαθηταὶ τὸ πρῶτον,   ἀλλ' ὅτε ἐδοξάσθη ὁ   Θ
16 ταῦτα δὲ οὐκ ἔγνωσαν οἱ μαθηταὶ αὐτοῦ τὸ πρότερον,   ἀλλ' ὅτε ἐδοξάσθη ὁ   Ψ
16 ·········   ········· ·········   τὸ πρῶτον,   ἀλλ' ὅτε ἐδοξάσθη ὁ   33
16 καὶ ταῦτα οὐκ ἔγνωσαν αὐτοῦ οἱ μαθηταὶ   πρῶτον,   ἀλλ' ὅτε ἐδοξάσθη ὁ   579
16 ταῦτα δὲ οὐκ ἔγνωσαν οἱ μαθηταὶ αὐτοῦ τὸ πρῶτον,   ἀλλ' ὅτι ἐδοξάσθη ὁ   1346   [↓700 1424
16 ταῦτα δὲ οὐκ ἔγνωσαν οἱ μαθηταὶ αὐτοῦ τὸ πρῶτον,   ἀλλ' ὅτε ἐδοξάσθη   Α 𝔐 Μ U Δ ƒ¹ 2 28 565

lac. 12.13-16 𝔭⁴⁵ C N P Γ 69 ¦ vss. 14-16 F

A 14 εκαθεισεν A L W Δ Θ ¦ εκαθησεν E F H Ω 1 2 1071 1346 ¦ αυτω F* K M Θ Ω 13 28 ¦ καθος 1346 ¦ εστι D Y K S U Π Ω ƒ¹ 118 13 124 33 28 157 565 700 788 1346 1424 ¦ γεγραμενον L 15 πολου 579 16 ταυδα¹ G

B 13 ιηλ̄ 𝔭² 𝔭⁷⁵ ℵ A 𝔐 K L M Q S U W Θ Λ Π Ψ Ω ƒ¹ ƒ¹³ 124 2 33 28 157 565 579 700 788 1071 1346 1424 ¦ ισλ̄ Δ 14 ις B 𝔭⁶⁶ 𝔭⁷⁵ A 𝔐 K L M Q S U W Δ Θ Λ Π Ψ Ω ƒ¹ 118 ƒ¹³ 124 2 33 28 157 565 579 700 788 1071 1346 1424 ¦ ιης D

C 14 ιδ̄ A ¦ ιδ̄ (ιε F H K) περι του ονου (πωλου 28): E F H Y K L M U Δ Θ Π ƒ¹ 28 1424 [ante vs. 15 1071) ¦ ιγ̄ πε της ονου 124 ¦ αρχ 157 ¦ Ιω ιδ̄ : Μθ μς̄ : Μρ λβ̄ : Λο ξη̄ Μ ¦ τη μγα δ̄ (late hand) Y

D 14 ρα/ζ̄ ℵ A E G L M S U Y Λ Π Ψ 124 28 788 1071 1424 ¦ ρᾱ D F K Θ ƒ¹ ƒ¹³ 2 157 1346 ¦ Ευ Ιω ρᾱ : Λο σλβ̄ : Μρ . : Μθ σζ̄ E ¦ Μτ με̄ : Μρ λβ̄ : Λο ξη̄ L ¦ Ιω ρᾱ : Λο . : Μρ . : Μτ σζ̄ 124 16 ρβ/ι ℵ A E G M S Y Λ Π Ψ Ω 124 28 788 1424 ¦ ρβ̄ D K ƒ¹ ƒ¹³ 2 157 579 ¦ ρᾱ H ¦ ρβ/γ̄ L U ¦ ς̄/ρβ̄ 1071 ¦ Ευ Ιω ρβ̄ : Λο . : Μρ . : Μθ . E ¦ Ιω ρβ̄ : Λο . : Μρ . : Μτ . 124 ¦ ρβ̄ (ante αλλ οτε) Θ

Ἰησοῦς τότε ἐμνήσθησαν	ὅτι ταῦτα ἦν ἐπ'	αὐτῷ	γεγραμμένα	B 𝔓75 **uwτ** rell
Ἰησοῦς ἐμνήσθησαν	ὅτι ταῦτα ᾖ ἐπ'	αὐτῷ	γεγραμμένα	𝔓66*
Ἰησοῦς τότε ἐμνήσθησαν	ὅτι ταῦτα ἐπ' αὐτῷ ἦν		γεγραμμένα	ℵ
Ἰησοῦς τότε ἐμνήσθησαν	ὅτι ταῦτα ἦν περὶ αὐτοῦ		γεγραμμένα	D Θ
Ἰησοῦς τότε ἐμνήσθησαν οἱ μαθηταὶ αὐτοῦ	ὅτι ταῦτα ἦν ἐπ'	αὐτῷ	γεγραμμένα	L
Ἰησοῦς ἐμνήσθησαν	ὅτι ταῦτα ἦν ἐπ'	αὐτῷ	γεγραμμένα	W
Ἰησοῦς τότε ἐμνήσθη......	....	......	....	33

καὶ ταῦτα ἐποίησαν αὐτῷ. **17** ἐμαρτύρει οὖν ὁ ὄχλος ὁ ὢν μετ' αὐτοῦ ὅτε τὸν	B **uwτ** rell
καὶ ταῦ····· ··ποίησ·ν αὐτῷ. **17** ἐμαρτύρει οὖν ὁ ὄχλος ὁ ὢν με··' αὐτοῦ ὅτ·· τὸν	𝔓75
καὶ ταῦτα ἐποίησαν αὐτῷ. **17** ἐμαρτύρει οὖν ὁ ὄχλος ὁ ὢν μετ' αὐτοῦ ὅτι τὸν	𝔓66 D E* K Π 579
καὶ ταῦτα ἐποίησαν αὐτῷ. **17** ἐμαρτύρει δὲ ὁ ὄχλος ὁ ὢν μετ' αὐτοῦ ὅτι τὸν	L
καὶ ταῦτα ἐποίησαν αὐτῷ. **17** ἐμαρτύρει οὖν ὁ ὄχλος ·· ····· ··· ····	33
καὶ ταῦτα ἐποίησεν αὐτῷ. **17** ἐμαρτύρει οὖν ὁ ὄχλος ὁ ὢν μετ' αὐτοῦ ὅτε τὸν	1071
καὶ ταῦτα ἐποίησαν αὐτῷ. **17** ἐμαρτύρει οὖν ὁ ὄχλος ὢν μετ' αὐτοῦ ὅτε τὸν	1346

Λάζαρον ἐφώνησεν ἐκ τοῦ μνημείου καὶ ἤγειρεν αὐτὸν	B 𝔓66.75 **uwτ** rell
·············· ·············· ἐκ τοῦ μνημείου καὶ ἤγειρεν αὐτὸν	33

ἐκ	νεκρῶν. **18** διὰ τοῦτο	ὑπήντησεν αὐτῷ καὶ ὁ ὄχλος, ὅτι ἤκουσαν			B*
ἐκ	νεκρῶν. **18** διὰ τοῦτο καὶ	ὑπήντησεν αὐτῷ καὶ ὁ ὄχλος, ὅτι ἤκουσαν			Bᶜ
ἐκ	νεκρῶν. **18** διὰ τοῦτο	ὑπήντησεν αὐτῷ ὁ ὄχλος, ὅτι ἤκουσαν			𝔓66* 𝔓75ᶜ Λ **[u]**
ἐκ	νεκρῶν. **18** διὰ τοῦτο	ὑπήντησεν αὐτῷ ὄχλος, ὅτι ἤκουσαν			𝔓75*
ἐκ	νεκρῶν. **18** διὰ τοῦτο καὶ	ὑπήντησεν αὐτῷ ὄχλος πολύς, ὅτι ἤκουσαν			ℵ
ἐκ	νεκρῶν. **18** διὰ τοῦτο καὶ	ὑπήντησαν αὐτῷ ὄχλοι, ὅτι ἤκουσαν			D
ἐκ	νεκρῶν. **18** διὰ τοῦτο	ὑπήντησεν αὐτῷ ὁ ὄχλος, ὅτι ἤκουσεν			E H Δ 2
ἐκ	νεκρῶν. **18** διὰ τοῦτο καὶ	ὑπήντησεν αὐτῷ ὁ ὄχλος, ὅτι ἤκουσεν			G Y U 124 700 1424 τ
ἐκ	νεκρῶν. **18** διὰ τοῦτο	ὑπήντησεν αὐτῷ ὄχλος, ὅτι ἤκουσαν			W 157
ἐκ τῶν	νεκρῶν. **18** διὰ τοῦτο καὶ	ὑπήντησεν αὐτῷ ὁ ὄχλος, ὅτι ἤκουσαν			Θ
ἐκ	νεκρῶν. **18** ··············	·· ·············· ····· υσαν			33
ἐκ	νεκρῶν. **18** διὰ τοῦτο καὶ	ὑπήντησεν αὐτῷ ὁ ὄχλος, ὅτι ἤκουσαν			𝔓66ᶜ A K L M Q S Π Ψ

Ω f¹ f¹³ 28 565 579 1071 [u]w

τοῦτο αὐτὸν πεποιηκέναι τὸ σημεῖον. **19** οἱ οὖν Φαρεισαῖοι εἶπαν πρὸς ἑαυτούς,		B
αὐτὸν τοῦτο πεποιηκέναι τὸ σημεῖον. **19** οἱ οὖν Φαρισαῖοι εἶπαν πρὸς αὐτούς,		𝔓66*
αὐτὸν τοῦτο πεποιηκέναι τὸ σημεῖον. **19** οἱ οὖν Φαρισαῖοι εἶπαν πρὸς ἑαυτούς,		𝔓66ᶜ ℵ
τοῦτ····· ·ύτὸν π··ποιηκέναι τὸ ·······εῖον. **19** ······ ····γ Φαρισαῖοι εἶ······		𝔓75
τοῦτο αὐτὸν πεποιηκέναι τὸ σημεῖον. **19** οἱ οὖν Φαρισαῖοι εἶπον πρὸς αὐτούς,		D 579
τοῦτο αὐτὸν πεποιηκέναι τὸ σημεῖον. **19** οἱ οὖν Φαρισαῖοι εἶπον πρὸς ἑαυτούς,		E H
τοῦτο αὐτὸν πεποιηκέναι τὸ σημεῖον. **19** οἱ δὲ Φαρισαῖοι εἶπον πρὸς ἑαυτούς,		K
τοῦτον αὐτὸν πεποιηκέναι τὸ σημεῖον. **19** οἱ οὖν Φαρισαῖοι εἶπον πρὸς ἑαυτούς,		118*
τοῦτο αὐτὸν πεποιηκέναι τὸ σημεῖον. **19** οἱ οὖν Φαρισαῖοιᵀ εἶπον πρὸς ἑαυτούς,		1346
τοῦτο αὐτὸν πεποιηκέναι τὸ σημεῖον. **19** οἱ οὖν Φαρισαῖοι εἶπαν πρὸς ἑαυτούς,		uw
τοῦτο αὐτὸν πεποιηκέναι τὸ σημεῖον. **19** οἱ οὖν Φαρισαῖοι εἶπον πρὸς ἑαυτούς,		A 𝔐 L M Q U W Δ Θ

Λ Π Ψ f¹ f¹³ 2 33 28 157 565 700 1071 1424 τ

ᵀσυμβούλιον ἐποίησαν κατ' αὐτοῦ καὶ	1346

---

lac. **12.16-19** 𝔓45 C F N P Γ 69

A 16 περη Θ ¦ τα (ταυτα³) H **17** εμαρτυρι ℵ D W Θ ¦ μνημιου ℵ L W Θ ¦ ειγειρεν 2 **18** τουτω¹·² 579 ¦ υπηντισεν 2* ¦ οτ (οτι) L ¦ ηκουσε Y U 700 ¦ αυτων 579 ¦ πεποιηκαινε K ¦ πεποιηκενε Θ 579 700 ¦ πεποιημεναι 13 ¦ πεποιεικενε 2* ¦ πεποιεικεναι 2ᶜ ¦ σημιον 𝔓66 W Θ **19** ει (ειπον) H

B 16 ι̅ς̅ B 𝔓66 𝔓75 ℵ A 𝔐 K L M Q S U W Δ Θ Λ Π Ψ Ω f¹ 118 f¹³ 124 2 33 28 157 565 579 700 788 1071 1346 1424 ¦ ι̅η̅ς̅ D

C 16 τελο 579 **17** αρχη: τη αγια δ̅ εωθ τω κ̅ρ̅ω̅ εμαρτυρ, G ¦ ορθ 28 ¦ αρχ τω καιρω εκεινω εμαρτυρει ο οχλος ο ων μετ ι̅υ̅ λεγετ τη αγι δ̅ πρω Ω ¦ αρχ του ορθ τη αγ δ̅ f¹³ ¦ τι μγ δ̅ τη αγ κ̅, μ,γλ δ̅ πρωι: αρχ τω καιρω εκεινω εμαρτυρει ο οχλος ο ων 28 ¦ αρχ τη μγλ δ̅ πρω + τω καιρω εκεινω 1071 ¦ αρχ εις ······ 1346 **18** τελος (post σημειον) D [κυριακη των βαιων: 12.1-18] E H S Y Λ Θ Λ Ψ Ω 124 2 788 ¦ τελ τς κ,υ M ¦ τελ τ̅ βαιων f¹ f¹³ ¦ τελ των βαιων αρχ τς γ̅ τω καιρω εκεινω συμβουλιον εποιησαν οι φαρισαιοι κατα του ι̅υ̅ ειπον προς 28 **19** αρχη: τη γ̅ της ς̅ εβδομαδος τω καιρω εκεινω συμβουλιον εποιησαν οι φαρισαιοι κατα του ι̅υ̅ και ειπον προς εαυτ (ante θεωρειτε) E ¦ αρχη: τη γ̅ της ς̅ εβ τω κ̅,ρ̅,ω̅ συμβουλιον εποιησαν οι φαρισαιοι κατ του ι̅υ̅ και ειπον προς εαυτ θεωρειτε G ¦ αρχη: τη γ̅ της ς̅ εβδ τω κ̅,ρ̅,ω̅ συμβουλιον εποιησαν οι φα, κατα του ι̅υ̅ κ, ειπον· θεωρειτε H ¦ αρχ: τη γ̅ ς̅ εβδ τω κ̅,ρ̅,ω̅ συμβυλιον εποιησαν οι φαρις, κατα του ι̅υ̅ κ, ειπεν προς εαυτ, Y ¦ τη γ̅ τς̅ ς̅ εβδ τω καιρ, συμβουλιον εποιησαν οι φαρισαιοι κατ του ι̅υ̅ και ειπεν π̅ρ̅ εαυτους θεωρει, M ¦ τη γ̅ τς̅ ς̅ εβδ τω κ̅ συμβουλιον εποιησαν S ¦ (ante ιδε) σχολ τον οχλον φασιν· οιδεν γαρ η γραφη κοσμον και την κτισιν λεγειν και τους εν πονηρια ζωντας και το μεν, φησιν, ο εκ φερων κατα αριθμον· τον κοσμον αυτου. το δε οταν λεγει ο κοσμος υμας ου μισει εμε δε μισει· και χρη ταυτα ακριβως ειδεναι Λ ¦ τη γ̅ τς̅ ς̅ εβδ τω καιρω συμβουλιον εποιησαν οι φαρ, κατα του ι̅υ̅ Ω ¦ αρχ μ̅β̅ τη γ̅ τς̅ ς̅ εβδ,α τω καιρω εκει συμβουλ εποιησαν οι φαρις κ,τ του ι̅υ̅ κ̅ ελεγ προ εαυτους θεωρειτε f¹ ¦ αρχ μ̅β̅ τη γ̅ τς̅ ς̅ εβδομ,α τω καιρω εκεινω συμβουλ εποιησαν οι: τω καιρω εκεινω εμαρτυρει ο οχλος: τελ ουτος χαλω 118 ¦ τη δ̅ της αναληψημου: τω κ,ρ,ω εκ,ν συμβουλιον εποησαν οι φαρισαιοι κ,τ του ι̅υ̅ κ, ειπον 2 ¦ αρχ τη γ̅ 157 ¦ αρχη: τη γ̅ της ς̅ εβδ 124 788 1071 ¦ των βαιων αρχ τη γ̅ της ς̅ εβδ 1346 ¦ αρχη 1424

Θεωρεῖτε ὅτι οὐκ ὠφελεῖτε οὐδέν· ἴδε ὁ κόσμος ὀπίσω αὐτοῦ ἀπῆλθεν. B 𝔓⁶⁶ **uwτ** rell
⋯⋯⋯τε ὅτι οὐκ ⋯φελεῖτε οὐδέν· ἴδ⋯ ⋯⋯⋯⋯ ⋯σω αὐ·οῦ ἀπῆλθεν. 𝔓⁷⁵
Θεωρεῖτε ὅτι οὐκ ὠφελεῖτε οὐδέν· ἴδε ὁ κόσμος <u>ὅλος</u> ὀπίσω αὐτοῦ ἀπῆλθεν. D L Θ Ψ ƒ¹³ 157 1071
Θεωρεῖτε ὅτι οὐκ <u>ὠφελεῖ</u> οὐδέν· ἴδε ὁ κόσμος ὀπίσω αὐτοῦ ἀπῆλθεν. S   [↑1424
Θεωρεῖτε ὅτι οὐκ ὠφελεῖτε οὐδέν· <u>ἰδοὺ</u> ὁ κόσμος ὀπίσω αὐτοῦ ἀπῆλθεν. Λᶜ
Θεωρεῖτε ὅτι οὐκ ὠφελεῖτε οὐδέν· ἴδε ὁ κόσμος <u>ὅλος</u> ὀπίσω αὐτοῦ ἀπῆλθεν. 33
Θεωρεῖτε ὅτι οὐκ ὠφελεῖτε <u>οὐδὲ ἕν</u>· ἴδε ὁ κόσμος ὀπίσω αὐτοῦ ἀπῆλθεν. 579

ιε περὶ τῶν προσελθόντων Ἑλλήνων

The Grain Of Wheat That Dies Bears Fruit

μα 20 Ἦσαν δὲ Ἕλληνές τινες ἐκ τῶν ἀναβαινόντων ἵνα B 𝔓⁶⁶·⁷⁵ ℵ L M Q Ψ ƒ¹ 33 157 565 579
20 Ἦσαν δὲ <u>καὶ</u> Ἕλληνές τινες ἐκ τῶν ἀναβαινόντων ἵνα D Θ   [↑1071 **uw**
20 Ἦσαν δὲ Ἕλληνές τινες ἐκ τῶν <u>ἀναβάντων</u> ἵνα W
20 Ἦσαν δέ <u>τινες</u> Ἕλληνες ἐκ τῶν ἀναβαινόντων <u>εἰς Ἱεροσόλυμα</u> ἵνα ƒ¹³
20 Ἦσαν δέ <u>τινες Ἕλληνες</u> τῶν ἀναβαινόντων ἵνα 700 1424
20 Ἦσαν δέ <u>τινες</u> Ἕλληνες ἐκ τῶν ἀναβαινόντων ἵνα A 𝔐 K U Δ Λ Π 124 2 28 788 τ

προσκυνήσωσιν ἐν τῇ ἑορτῇ· **21** οὗτοι οὖν προσῆλθον Φιλίππῳ τῷ ἀπὸ B 𝔓⁶⁶·⁷⁵ **uτ** rell
<u>προσκυνήσουσιν</u> ἐν τῇ ἑορτῇ· **21** οὗτοι οὖν <u>προσῆλθαν τῷ</u> Φιλίππῳ τῷ ἀπὸ D
προσκυνήσωσιν ἐν τῇ ἑορτῇ· **21** οὗτοι οὖν προσῆλθον <u>Φιλίππο</u> τῷ ἀπὸ K*
<u>προσκυνήσουσιν</u> ἐν τῇ ἑορτῇ· **21** οὗτοι προσῆλθον Φιλίππῳ τῷ ἀπὸ L
προσκυνήσωσιν ἐν τῇ ἑορτῇ· **21** ⋯⋯⋯⋯ ⋯⋯⋯ ⋯⋯ Q
προσκυνήσωσιν ἐν τῇ ἑορτῇ· **21** οὗτοι οὖν προσῆλθον <u>τῷ</u> Φιλίππῳ τῷ ἀπὸ W
<u>προσκυνήσουσιν</u> ἐν τῇ ἑορτῇ· **21** οὗτοι οὖν προσῆλθον Φιλίππῳ τῷ ἀπὸ Δ
προσκυνήσωσιν ἐν τῇ ἑορτῇ· **21** οὗτοι οὖν προσῆλθον <u>Φίππῳ</u> τῷ ἀπὸ Θ
προσκυνήσωσιν ἐν τῇ ἑορτῇ· **21** οὗτοι οὖν προσῆλθον Φιλίππῳ 28
<u>προσκυνήσουσιν</u> ἐν <u>τῷ ἱερῷ</u>· **21** οὗτοι οὖν προσῆλθον Φιλίππῳ τῷ ἀπὸ 157
<u>προσκυνήσουσιν</u> ἐν τῇ ἑορτῇ· **21** <u>τότε</u> οὖν προσῆλθον Φιλίππῳ τῷ ἀπὸ 579
<u>προσκυνήσουσιν</u> <u>εἰς τὴν ἑορτήν</u>· **21** οὗτοι οὖν προσῆλθον Φιλίππῳ τῷ ἀπὸ 1424
προσκυνήσωσιν ἐν τῇ ἑορτῇ· **21** οὗτοι οὖν <u>προσῆλθαν</u> Φιλίππῳ τῷ ἀπὸ **w**

Βηθσαϊδὰ τῆς Γαλειλαίας, καὶ ἠρώτων αὐτὸν λέγοντες, Κύριε, θέλομεν B
<u>Βηθσαϊδὰ</u> τῆς <u>Γαλιλαίας</u>, καὶ ἠρώτων αὐτὸν λέγοντες, Κύριε, θέλομεν 𝔓⁶⁶ D K W
Βηθσαϊδ⋯ ⋯⋯ <u>Γαλιλαίας</u>, ⋯⋯ ⋯⋯των αὐτὸν ⋯⋯τ⋯ Κύριε, θ⋯⋯μεν 𝔓⁷⁵
Βηθσαϊδὰ τῆς <u>Γαλιλαίας</u>, καὶ <u>ἠρώτησαν</u> αὐτὸν λέγοντες, Κύριε, θέλομεν M ƒ¹ 565 1071 1424
Βηθσαϊδὰ τῆς <u>Γαλιλαίας</u>, καὶ ἠρώτων αὐτὸν λέγοντες, θέλομεν U*
<u>Βιθσαϊδὰ</u> τῆς <u>Γαλιλαίας</u>, καὶ ἠρώτων αὐτὸν λέγοντες, Κύριε, θέλομεν Ψ
Βηθσαϊδὰ τῆς <u>Γαλιλαίας</u>, λέγοντες, Κύριε, θέλομεν Ω*
  καὶ <u>ἠρώτησαν</u> <u>αὐτῷ</u> λέγοντες, θέλομεν 28
Βηθσαϊδὰ τῆς <u>Γαλιλαίας</u>, καὶ <u>ἠρώτουν</u> αὐτὸν λέγοντες, Κύριε, θέλομεν 579   [↓157 700 **uwτ**
Βηθσαϊδὰ τῆς <u>Γαλιλαίας</u>, καὶ ἠρώτων αὐτὸν λέγοντες, Κύριε, θέλομεν ℵ A 𝔐 Λ Uᶜ Δ Θ Λ Π ƒ¹³ 2 33

τὸν Ἰησοῦν ἰδεῖν. **22** ἔρχεται ὁ Φίλιππος καὶ λέγει τῷ Ἀνδρέα, B 𝔓⁶⁶ 𝔓⁷⁵ L 33 157 1071 **uw**
τὸν Ἰησοῦν ἰδεῖν. **22** ἔρχεται Φίλιππος καὶ λέγει τῷ <u>Ἀνδραία</u>, ℵ* Θ
τὸν Ἰησοῦν ἰδεῖν. **22** ἔρχεται <u>Φίλιππος</u> καὶ λέγει τῷ Ἀνδρέα, 124
τὸν Ἰησοῦν ἰδεῖν <u>τὸν Ἰησοῦν</u>. **22** ἔρχεται Φίλιππος καὶ λέγει τῷ Ἀνδρέα, 28*
τὸν Ἰησοῦν ἰδεῖν. **22** ἔρχεται Φίλιππος καὶ λέγει τῷ Ἀνδρέα, ℵᶜ A D 𝔐 K M U W Δ Λ Π
  Ψ ƒ¹ ƒ¹³ 2 28ᶜ 565 579 700 1424 τ

---

lac. 12.19-22 𝔓⁴⁵ C F N P Γ 69 ¦ vss. 21-22 Q

A 19 θεωριτε 𝔓⁶⁶ ¦ θεωρειται W 579 ¦ θεωρητε Θ ¦ ωφελιται 𝔓⁶⁶ Θ ¦ ωφελειται W 33 579 ¦ οφελειτε 28 ¦ ειδε ℵ W 1071 **20** αναβενοντων Θ **21** πρωτον Η ¦ αυτων 2 579 1346 ¦ λεγωντες 579 ¦ θελωμεν 2* 28 157 579 1424 ¦ ιδιν ℵ **22** ερχαιται¹ Μ ¦ ερχετε 1071 ¦ το (τω¹) Κ

B 21 κε B 𝔓⁶⁶ 𝔓⁷⁵ ℵ A D G H K L M S Uᶜ W Θ Π Ψ ƒ¹ 118 ƒ¹³ 124 2 33 565 579 700 788 1346 ¦ ιν B 𝔓⁶⁶ 𝔓⁷⁵ ℵ A 𝔐 K L M S U W Σ Θ Λ Π Ψ Ω ƒ¹ 118 ƒ¹³ 124 2 33 28 157 565 579 700 788 1346 1424 ¦ ιην D

C 19 τελος (post απηλθεν) Dᶜ **20** ιε A 118 ¦ ιε (ις H K ¦ ιδ 788 sic!) περι των (om. ƒ¹³) προσελθοντων (προσελθωντων 579) ελληνων: E G H Y K L M S U Δ Θ Λ Π Ω ƒ¹ ƒ¹³ 2 28 157 565 579 788 1071 1424 ¦ ιδ τω προσελθοντ ελληνων 124 ¦ αρχ 157

	ἔρχεται	Ἀνδρέας	καὶ	Φίλιππος καὶ	λέγουσιν τῷ Ἰησοῦ. **23** ὁ δὲ	B 𝔓75 A L **uw**
καὶ πάλιν		ὁ Ἀνδρέας δὲ	καὶ ὁ	Φίλιππος	λέγουσιν τῷ Ἰησοῦ. **23** ὁ δὲ	𝔓66*
		Ἀνδρέας δὲ	καὶ	Φίλιππος	λέγουσιν τῷ Ἰησοῦ. **23** ὁ δὲ	𝔓66c
καὶ πάλιν ἔρχεται	Ἀνδρέας	καὶ	Φίλιππος καὶ	λέγουσιν τῷ Ἰησοῦ. **23** ὁ δὲ	ℵ 157
πάλιν		ὁ Ἀνδραίας	καὶ	Φίλιππος	λέγουσιν τῷ Ἰησοῦ. **23** ὁ δὲ	D
καὶ πάλιν καὶ	Ἀνδρέας	καὶ	Φίλιππος	λέγουσιν τῷ Ἰησοῦ. **23** ὁ δὲ	H
καὶ πάλιν		Ἀνδρέας	καὶ ὁ	Φίλιππος	λέγουσιν τῷ Ἰησοῦ. **23** ὁ δὲ	W
		Ἀνδρέας τε	καὶ	Φίλιπος	λέγουσιν τῷ Ἰησοῦ. **23** ὁ δὲ	Θ*
		Ἀνδρέας τε	καὶ	Φίλιππος	λέγουσιν τῷ Ἰησοῦ. **23** ὁ δὲ	Θ*
καὶ πάλιν		Ἀνδρέας	καὶ	Φίλιππος καὶ	λέγουσιν τῷ Ἰησοῦ. **23** ὁ δὲ	33 1071
καὶ πάλιν		Ἀνδρέας	καὶ	Φίλιππος	λέγουσιν τῷ Ἰησοῦ. **23** ὁ δὲ	𝔐 K M U Δ Λ Π Ψ f¹

f¹³ 2 28 565 579 700 1424 τ

Ἰησοῦς ἀποκρείνεται αὐτοῖς λέγων, Ἐλήλυθεν ἡ ὥρα ἵνα δοξασθῇ ὁ υἱὸς τοῦ ἀνθρώπου. B
Ἰησοῦς ἀποκρίνεται αὐτοῖς λέγων, Ἐλήλυθεν ἡ ὥρα ἵνα δοξασθῇ ὁ υἱὸς τοῦ ἀνθρώπου. 𝔓66.75 ℵ L W 33
Ἰησοῦς ἀπεκρίθη λέγων αὐτοῖς, Ἐλήλυθεν ἡ ὥρα ἵνα δοξασθῇ ὁ υἱὸς τοῦ ἀνθρώπου. Θ f¹³ [↑579 **uw**
Ἰησοῦς ἀπεκρίνατο αὐτοῖς λέγων, Ἐλήλυθεν ἡ ὥρα ἵνα δοξασθῇ ὁ υἱὸς τοῦ ἀνθρώπου. A D 𝔐 K M U Δ

Λ Π Ψ f¹ 2 28 157 565 700 1071 1424 τ

24 ἀμὴν ἀμὴν λέγω ὑμῖν, ἐὰν μὴ ὁ κόκκος τοῦ σείτου πεσὼν εἰς τὴν γῆν ἀποθάνη, B Θ
24 ἀμὴν ἀμὴν λέγω ὑμῖν, ἐὰν μὴ ὁ κόκκος τοῦ σίτου πεσὼν εἰς τὴν γῆν ἀποαποθάνη, Λ
24 ἀμὴν ἀμὴν λέγω ὑμῖν, ἐὰν μὴ ὁ κόκκος τοῦ σίτου πεσὼν εἰς τὴν γῆν ἀποθάνη, 𝔓66.75 **uwτ** rell

αὐτὸς μόνος μένει· ἐὰν δὲ ἀποθάνη, πολὺν καρπὸν φέρει. **25** ὁ φιλῶν τὴν ψυχὴν αὐτοῦ 𝔓66.75 **uwτ** rell
αὐτὸς μόνος μένει· ἐὰν δὲ ἀποθάνη, πολὺ καρπὸν φέρει. **25** ὁ φιλῶν τὴν ψυχὴν αὐτοῦ Δ
.... ἀποθάνη, πολὺν καρπὸν φέρει. **25** ὁ φιλῶν τὴν ψυχὴν αὐτοῦ 69
πολὺν καρπὸν φέρει. **25** ὁ φιλῶν τὴν ψυχὴν αὐτοῦ 579

ἀπολλύει αὐτήν, καὶ ὁ μεισῶν τὴν ψυχὴν αὐτοῦ ἐν τῷ κόσμῳ τούτῳ B 𝔓75 ℵ
ἀπολλύει αὐτήν, καὶ ὁ μισῶν τὴν ψυχὴν αὐτοῦ ἐν τῷ κόσμῳ τούτῳ 𝔓66 W Ψ 33 **uw**
ἀπολέσει αὐτήν, καὶ ὁ μεισῶν τὴν ψυχὴν αὐτοῦ ἐν τῷ κόσμῳ τούτῳ D
.... ἐν τῷ κόσμῳ τούτῳ F
ἀπολλύει αὐτήν, καὶ ὁ μησῶν τὴν ψυχὴν αὐτοῦ ἐν τῷ κόσμῳ τούτῳ L
ἀπολέσει αὐτήν, καὶ ὁ μησῶν τὴν ψυχὴν αὐτοῦ ἐν τῷ κόσμῳ τούτῳ Θ
ἀπολέγει αὐτήν, καὶ ὁ μισῶν τὴν ψυχὴν αὐτοῦ ἐν τῷ κόσμῳ τούτῳ 579
ἀπολέση αὐτήν, καὶ ὁ μισῶν τὴν ψυχὴν αὐτοῦ ἐν τῷ κόσμῳ τούτῳ 1071 1346 1424 [↓700 τ
ἀπολέσει αὐτήν, καὶ ὁ μισῶν τὴν ψυχὴν αὐτοῦ ἐν τῷ κόσμῳ τούτῳ A 𝔐 K M U Δ Λ Π f¹ f¹³ 2 28 157 565

lac. **12.22-25** 𝔓45 C F N P Γ ¦ vss. 22-24 69

A 22 ερχετε² A ¦ λεγουσι Y U Ψ Ω f¹ 118 13 28 157 565 700 788 1346 ¦ λεγουν Λ **23** απεκρηθη 13 **24** υμειν 𝔓66 D ¦ υμην 579 ¦ κοκος L Ω ¦ σητον 1071 ¦ πεσον 579 ¦ αποθανει¹ 1071 ¦ μενη M 1424 ¦ αποθανει² Θ 28 ¦ πολλυν 2 28 **25** φειλων K ¦ απολεσι Θ ¦ απωλεσει 565 ¦ μισον Λ ¦ μησων 1071

B 22 ιη̅υ̅ 𝔓75 D ¦ ιυ̅ B 𝔓66 ℵ A 𝔐 K L M S U W Δ Θ Λ Π Ψ Ω f¹ 118 f¹³ 124 2 33 28 157 565 579 700 788 1071 1346 1424 **23** ι̅ς̅ B 𝔓66 𝔓75 ℵ A 𝔐 K L M S U W Δ Θ Λ Π Ψ Ω f¹ 118 f¹³ 124 2 33 28 157 565 579 700 788 1071 1346 1424 ¦ ιη̅ς̅ D ¦ υς̅ 𝔓66 𝔓75 𝔐 K L M U Δ Λ Π Ψ Ω f¹ 2 33 28 565 1071 1424 ¦ ανου̅ 𝔓66 𝔓75 A 𝔐 K L M S U W Δ Λ Π Ψ Ω f¹ 118 f¹³ 124 2 33 28 157 565 579 700 788 1071 1346 1424

C 23 του αγιου πολυκαρπ ειπ αμην (post ανου̅) H **24** ανναγνοσμα D ¦ αρχ (ante εαν μη): μ.η φε κ̅γ̅ του Σοταρασιου πατριαρχ: ειπεν ο κ̅ς̅ τοις εαυτου μαθ εαν μη ο κοκκος Y ¦ αρχ: (ante εαν μη) Θ ¦ εις τον αγιον πολυκαρπ ειπ ο κ̅ς̅ αμην Ω ¦ αρχ του αγ πο εαν μη f¹ ¦ αρχ εις τ αγ πολυκαρπ: ειπεν ο κ̅ς̅ αμην αμην λεγω υμιν και Σα προς .... 118 ¦ αρχ τς μγ β̅α̅ εις τ πανυχ 28 ¦ αρχ εις τον αγιον απο καρπ και εις τον αγιον ευπλ 157 **25** αρχ: Σα προ της υψ.ω ειπεν ο κ̅ς̅+ο φιλων τ ψυχ Y ¦ αρχ: εαν τις Θ ¦ σχ̅ο ο τας επιθυμιας αυτου εις ποιων ατοπως Λ ¦ σχ̅ο εν καιρω μαρτυριω Λ ¦ αρχ 118 f¹³ ¦ αρχ εις τ προσκ.υ τω τιμ ξυλ,ω 124 1346 ¦ ειπεν ο κ̅ς̅ ο φιλων την ψυχην αυτου απολεσει αυτην 28 ¦ αρχ εις τ προσκ,υνης τω ξυλ,ω 788 ¦ αρχ ορθ τς υψωσεως 1071

D 23 ρ̅γ̅/δ̅ ℵ A Y L M S U Λ Π Ψ Ω 118 28 1071 1424 ¦ ρ̅γ̅ D E G K Θ f¹ f¹³ 2 157 565 579 1346 ¦ ρ̅β̅ H ¦ ρ̅γ̅/α̅ 124 788 ¦ Ευ Ιω ρ̅γ̅ : Λο . : Μρ . : Μθ . E ¦ Ιω ρ̅γ̅ : Μθ σ̅ο̅θ̅ 124 **24** ρ̅δ̅/γ̅ ℵ ¦ ρ̅δ̅/ι̅ A E G M S U Y Λ Π Ω 118 28 1071 1424 ¦ ρ̅δ̅ D K Θ f¹ f¹³ 2 157 565 579 1346 ¦ ρ̅γ̅ H ¦ ρ̅δ̅/α̅ Ψ ¦ ρ̅δ̅/ι̅ 124 788 ¦ Ευ Ιω ρ̅δ̅ : Λο . : Μρ . : Μθ . E ¦ Ιω ρ̅δ̅ : Μθ . 124 **25** ρ̅ε̅/γ̅ ℵ A Y L M S U Λ Ψ Ω 118 124 28 788 1424 ¦ ρ̅ε̅ D K Θ f¹³ 2 157 565 579 1346 ¦ ρ̅ε̅/α̅ E Π ¦ ρ̅ε̅/ι̅ G 1071 ¦ ρ̅δ̅ H ¦ Ευ Ιω ρ̅ε̅ : Λο ο̅ς̅ : Μρ π̅ε̅ : Μθ ο̅ζ̅ E ¦ Ιω ρ̅ε̅ : Λο σια : Μρ ρη : Μθ σ̅ο̅θ̅ 124

εἰς ζωὴν αἰώνιον φυλάξει αὐτήν. μβ̄	26 ἐὰν ἐμοί τις διακονῇ,	B 𝔭66c.75 א*c A Y K M U Π Ψ 157 uw
...... ζωὴν αἰών······ ················ ··········	26 ······ ········ ···· ··········	𝔭59
εἰς ζωὴν αἰώνιον φυλάξει αὐτήν.	26 ἐὰν ἐμοί τις διακονῇ <u>ἐμοί τις διακονῇ</u>,	𝔭66*
εἰς ζωὴν αἰώνιον.	26 ἐὰν ἐμοί τις διακονῇ,	א*
εἰς ζωὴν αἰώνιον φυλάξει αὐτήν.	26 ἐάν τίς <u>μοι</u> διακονῇ,	D
εἰς ζωὴν αἰώνιον φυλάξει αὐτήν.	26 ἐὰν ἐμοὶ <u>διακονῇ τις</u>,	𝔐 Δ Λ 700 τ
εἰς ζωὴν αἰώνιον φυλάξει αὐτήν.	26 ἐὰν ἐμοὶ <u>διακονεὶ τις</u>,	F H 2 28
εἰς ζωὴν αἰώνιον φυλάξει αὐτήν.	26 ἐὰν <u>μοί</u> τις διακονῇ,	L
<u>φυλάξει αὐτὴν εἰς ζωὴν αἰώνιον</u>.	26 ἐὰν ἐμοί τις διακονῇ,	W
εἰς ζωὴν αἰώνιον φυλάξει αὐτήν.	26 ἐάν <u>τις ἐμοὶ</u> διακονῇ,	Θ f¹ f¹³ 33 565
εἰς ζωὴν αἰώνιον φυλάξει αὐτήν.	26 ἐὰν ἐμοί τις <u>διακονίσει</u>,	579
εἰς ζωὴν αἰώνιον φυλάξει αὐτήν.	26 ἐὰν ἐμοί τις <u>διακονεῖ</u>,	1071 1424
εἰς ζωὴν αἰώνιον φυλάξει αὐτήν.	26 ἐάν <u>τις ἐμὴ</u> διακονῇ,	1346

ἐμοὶ	ἀκολουθείτω, καὶ ὅπου εἰμὶ ἐγὼ ἐκεῖ καὶ ὁ διάκονος ὁ ἐμὸς ἔσται	B 𝔭75 uwτ rell
ἐμοὶ	ἀκολουθείτω, καὶ ὅπου <u>ἐγὼ εἰμὶ</u> ἐκεῖ καὶ ὁ διάκονος ὁ ἐμός <u>ἐστιν</u>·	𝔭66*
ἐμοὶ	ἀκολουθείτω, καὶ ὅπου <u>ἐγὼ εἰμὶ</u> ἐκεῖ καὶ ὁ διάκονος <u>ὁ ἐμὸς</u> ἔσται·	𝔭66c W
ἐμοὶ	ἀκολουθείτω, καὶ ὅπου <u>ἂν ἐγὼ εἰμὶ</u> καὶ ὁ διάκονος ὁ ἐμὸς ἔσται·	D
ἐμοὶ	ἀκολουθείτω, καὶ ὅπου εἰμὶ ἐγὼ ἐκεῖ καὶ ὁ διάκονος ὁ ἐμός·	L
ἐμοὶ	ἀκολουθείτω, καὶ ὅπου εἰμὶ ἐγὼ ἐκεῖ ὁ διάκονος ὁ ἐμὸς ἔσται·	Λ
ἐμοὶ <u>δὲ</u>	<u>ἀκολουθήτω</u>, καὶ ὅπου εἰμὶ ἐγὼ ἐκεῖ καὶ ὁ διάκονος ὁ ἐμὸς ἔσται·	2*
ἐμοὶ	ἀκολουθείτω, καὶ ὅπου εἰμὶ ἐγὼ ἐκεῖ καὶ ὁ διάκονός <u>μου</u> ἔσται·	579
<u>ἐμὴ</u>	ἀκολουθείτω, καὶ ὅπου εἰμὶ ἐγὼ ἐκεῖ καὶ ὁ διάκονος ὁ ἐμὸς ἔσται·	1346

ἐάν	τις ἐμοὶ διακονῇ τιμήσει	αὐτὸν ὁ πατήρ.	B 𝔭66*.75 א*c D L W Ψ f¹ 124 33 157 565 uw
ἐὰν <u>δέ</u>	τις ἐμοὶ διακονῇ τιμήσει	αὐτὸν ὁ πατήρ <u>μου</u>.	𝔭66c
ἐάν	τις ἐμοὶ διακονῇ <u>σειμήσει</u>	αὐτὸν ὁ πατήρ.	א*
<u>καὶ</u> ἐάν	τις ἐμοὶ διακονῇ τιμήσει	αὐτὸν ὁ πατήρ.	A 𝔐 K M Λ Π 2 τ
<u>καὶ</u> ἐάν	τις ἐμοὶ διακονῇ τιμήσει	αὐτὸν ὁ πατήρ <u>μου</u>.	U 28 700 1424
<u>καὶ</u> ἐάν	<u>ἐμοὶ διακονῇ τις</u> τιμήσει	αὐτὸν ὁ πατήρ.	Δ
ἐάν	τις ἐμοὶ διακονῇ τιμήσει	αὐτὸν ὁ πατήρ <u>μου</u>.	Θ 69
ἐάν	τις ἐμοὶ διακονῇ τιμήσει	αὐτὸν ὁ πατήρ <u>μου ὁ ἐν τοῖς ουρανοῖς</u>	f¹³
ἐὰν <u>δέ</u>	τις ἐμοὶ διακονῇ τιμήσει	αὐτὸν ὁ πατήρ.	579
ἐάν	τις ἐμοὶ διακονῇ <u>τιμήση</u>	αὐτὸν ὁ πατήρ.	788

Discourse Seven: The Hour Has Come For The Son Of Man To Be Lifted Up
(Matthew 10.37-39; 16.24-25; 26.38-39; Mark 8.34-35; 14.34-37;
Luke 9.23-24; 14.26-27; 17.33; 22.42)

27 Νῦν ἡ ψυχή μου τετάρακται, καὶ τί εἴπω; Πάτερ, σῶσόν με ἐκ τῆς ὥρας ταύτης; 𝔭66.75 uwτ rell
27 Νῦν ἡ ψυχή μου τετάρακται, καὶ τί εἴπω; Πάτερ, σῶσόν με τῆς ὥρας ταύτης; 579

lac. 12.25-27 𝔭45 C N P Γ

A 26 της (τις) 579 | διδιακονη¹ Θ | ακολουθιτω 𝔭66 א Θ | ακολουθητω E* L* Λ 69 579 1071 | ειμει W | διακος D* | εστε 𝔭66c | διακονει² F H 13 28 579 1071 1424 | τειμησει א*c D | τιμηση 69 27 τεταρακτε 2

B 26 π̄η̄ρ̄ 𝔭66 A D 𝔐 K L M S U W Δ Θ Λ Π Ψ Ω f¹ 118 f¹³ 69 124 2 33 28 157 565 579 700 788 1071 1346 1424 | ουνοις f¹³ 1346 27 π̄ε̄ρ̄ 𝔭66 A 𝔐 K L M S U W Θ Λ Π Ψ Ω f¹ 118 f¹³ 69 124 2 33 28 157 565 579 700 788 1071 1346 1424

C 26 (post ακολουθητω) σχο̅ δια τω καθαρω βιω Λ | (ante εγω) σχο̅ που δε ο χ̄ς̄ εν ουνοις και προ της αναστασεως τοινυν εκει μεταστωμεν τη ψυχη και των ω Λ | υπ (post π̄η̄ρ̄) E G 28 | υπ του αγιου H | τελ 579 27 ανναγνοσμα D

D 26 ρ̄ς̄/ι̅ א A E G L M S U Y Π Ψ Ω 124 28 788 1071 1424 ¦ ρ̄ς̄ D F K Ω f¹ f¹³ 2 157 565 579 1346 ¦ ρ̄ε̄ H ¦ ρ̄ς̄/γ̅ Λ | Ευ Ιω ρ̄ς̄ : Λο . : Μρ . : Μθ . E | Ιω ρ̄ς̄ : Λο . : Μρ ρ̄ο̄δ̄ : Μθ ο̅ζ̅ 124 27 ρ̄ζ̄/δ̅ א A Λ Π 118 124 28 788 1424 ¦ ρ̄ζ̄ D F K Θ f¹ f¹³ 2 157 579 1346 ¦ ρ̄ζ̄/γ̅ E ¦ ρ̄ζ̄/δ̅ G S Y L Ψ Ω (ante π̄ε̄ρ̄ 1071) ¦ ρ̄ς̄ H ¦ ρ̄ζ̄/ι̅ M ¦ ρ̄ζ̄/θ̅ U | Ευ Ιω ρ̄ζ̄ : Λο . : Μρ ρ̄ο̄δ̄ : Μθ σ̅γ̅ε̅ E | Ιω ρ̄ζ̄ : Λο . : Μρ . : Μθ σ̅θ̅, π 124 ἀλλὰ διὰ τοῦτο ἦλθον εἰς τὴν ὥραν ταύτην. **28** πατὴρ,   δόξασόν μου τὸ ὄνομα^τ. Β

ἀλλ᾽ διὰ τοῦτο η········· ······· τὴν ὥραν τα····· **28** ···········   δόξασόν <u>σου</u> τὸ ὄνομ··   𝔓⁷⁵

ἀλλὰ διὰ τοῦτο ἦλθον εἰς τὴν ὥραν ταύτην. **28** <u>πάτερ ἅγιε,</u> δόξασόν <u>σου</u> τὸ ὄνομα. Υ Π

ἀλλὰ διὰ τοῦτο ἦλθον εἰς τὴν ὥραν ταύτην. **28** <u>πάτερ ἅγιε,</u> δόξασόν <u>σου</u> τὸν <u>υἱόν.</u> *f*¹³

ἀλλὰ διὰ τοῦτο ἦλθον εἰς   ὥραν ταύτην. **28** <u>πάτερ,</u>   δόξασόν <u>σου</u> τὸ ὄνομα. Η

ἀλλὰ διὰ τοῦτο ἦλθον εἰς τὴν ὥραν ταύτην. **28** <u>πάτερ,</u>   δόξασόν <u>σου</u> τὸν <u>υἱόν.</u> L 1 118 33 579 1071

ἀλλὰ διὰ τοῦτο ἦλθον εἰς τὴν ὥραν ταύτην. **28** <u>πάτερ,</u>   δόξασόν <u>σου</u> τὸ ὄνομα. 𝔓⁶⁶ 124 788 **uwτ** rell

^τἐν τῇ δοξῇ ᾗ εἶχον παρά σοι πρὸ τοῦ τὸν κόσμον γένεσθαι. D

ἦλθεν οὖν   φωνὴ ἐκ τοῦ οὐρανοῦ,   Καὶ ἐδόξασα καὶ πάλιν δοξάσω. Β𝔓^{55.75} **uwτ** rell

<u>καὶ ἐγένετο</u> φωνὴ ἐκ τοῦ οὐρανοῦ <u>λέγουσα,</u> Καὶ ἐδόξασα καὶ πάλιν δοξάσω. D

ἦλθεν οὖν   φωνὴ ἐκ τοῦ οὐρανοῦ,   Καὶ ἐδόξασα <u>πάλιν καὶ</u> δοξάσω. Δ

29	ὁ		ὄχλος ὁ ἑστὼς	καὶ ἀκούσας	ἔλεγεν	βροντὴν γεγονέναι, ἄλλοι ἔλεγον,	Β [w]
29	··		··········· ·· ·········	···· ···············	····εγεν	<u>βροντὴ</u>	𝔓⁵⁹
29	ὁ <u>οὖν</u>		ὄχλος ὁ ἑστὼς	καὶ ἀκούσας	<u>ἔλεγον</u>	βροντὴν γεγονέναι, ἄλλοι ἔλεγον,	𝔓⁶⁶ 1071
29	ὁ ·····		··χλος ὁ ἑστὼς	καὶ ἀκου······	ἔλεγε·	··ροντὴν γεγονέναι, ἄλ···ι ἔλεγον,	𝔓⁷⁵
29	ὁ <u>οὖν</u>		ὄχλος ἑστὼς	ἀκούσας	ἔλεγεν	βροντὴν γεγονέναι, ἄλλοι ἔλεγον,	א*
29	ὁ <u>οὖν</u>		ὄχλος ὁ ἑστὼς	ἀκούσας	ἔλεγεν	βροντὴν γεγονέναι, ἄλλοι ἔλεγον,	א^c
29	ὁ <u>οὖν</u> ὁ		ὄχλος ὁ <u>ἑστηκὼς</u>	ἀκούσας	ἔλεγεν <u>ὅτι</u>	<u>βροντὴ γέγονεν,</u> ἄλλοι ἔλεγον,	D
29	ὁ <u>οὖν</u> ὁ		ὄχλος ὁ <u>ἑστηκὼς</u>	καὶ ἀκούσας	ἔλεγεν	βροντὴν γεγονέναι, ἄλλοι ἔλεγον,	Υ 13^c 788
29	ὁ <u>οὖν</u>		ὄχλος ὁ ἑστὼς	καὶ ἀκούσας	<u>ἔλεγον</u>	βροντὴν γεγονέναι, ἄλλοι ἔλεγον,	L U 2 28
29	ὁ <u>δὲ</u>		ὄχλος ὁ <u>ἑστηκὼς</u>	καὶ ἀκούσας	ἔλεγεν	βροντὴν γεγονέναι, ἄλλοι <u>δὲ</u> ἔλεγον,	W
29	ὁ <u>οὖν</u>		ὄχλος ὁ ἑστὼς	καὶ ἀκούσας	ἔλεγεν	<u>βροντὴ γέγονεν,</u> ἄλλοι ἔλεγον,	Θ
29	ὁ <u>οὖν</u>		ὄχλος ὁ ἑστὼς	<u>ἀκούων</u>	ἔλεγεν	βροντὴν γεγονέναι, ἄλλοι ἔλεγον,	1 1582* 565
29	ὁ <u>οὖν</u>		ὄχλος ὁ ἑστὼς	<u>ἀκούων</u>	ἔλεγεν	βροντὴν γεγονέναι, ἄλλοι ἔλεγον,	1582^c 118
29	ὁ <u>οὖν</u> ὁ		ὄχλος ὁ <u>ἑστηκὼς</u>	καὶ ἀκούσας	ἔλεγεν	βροντὴν γεγονέναι, ἄλλοι ἔλεγον,	69
29	ὁ <u>οὖν</u>		ὄχλος <u>καὶ</u> ἑστὼς	ἀκούσας	ἔλεγεν	<u>βροντὴ γεγονένε,</u> ἄλλοι ἔλεγον,	579 [↓u[w]τ
29	ὁ <u>οὖν</u>		ὄχλος ὁ ἑστὼς	καὶ ἀκούσας	ἔλεγεν	βροντὴν γεγονέναι, ἄλλοι ἔλεγον,	𝔐 Δ Λ 700 1424
29	ὁ <u>οὖν</u>		ὄχλος ὁ <u>ἑστηκὼς</u>	καὶ ἀκούσας	ἔλεγεν	βροντὴν γεγονέναι, ἄλλοι ἔλεγον,	A G K M Π Ψ 13* 124 33 157 1346

	Ἄγγελος αὐτῷ λελάληκεν.	**30** ἀπεκρίθη	καὶ εἶπεν Ἰησοῦς,	Οὐ δι᾽ ἐμὲ	Β𝔓⁷⁵ **w**
	Ἄγγελος αὐτῷ <u>ἐλάλησεν.</u>	**30** ἀπεκρίθη	<u>Ἰησοῦς καὶ εἶπεν,</u>	Οὐ δι᾽ ἐμὲ	𝔓⁶⁶
	Ἄγγελος αὐτῷ λελάληκεν.	**30** ἀπεκρίθη	Ἰησοῦς,	Οὐ δι᾽ ἐμὲ	א
<u>ὅτι</u>	Ἄγγελος αὐτῷ λελάληκεν.	**30** ἀπεκρίθη	<u>Ἰησοῦς καὶ εἶπεν,</u>	Οὐ δι᾽ ἐμὲ	D 69 788
	Ἄγγελος αὐτῷ λελάληκεν.	**30** ἀπεκρίθη	<u>Ἰησοῦς καὶ εἶπεν,</u>	Οὐ δι᾽ ἐμὲ	G K S W Π Ω 33 28 700 **u**
	Ἄγγελος αὐτῷ λελάληκεν.	**30** ἀπεκρίθη	καὶ εἶπεν <u>ὁ</u> Ἰησοῦς,	Οὐ δι᾽ ἐμὲ	L 157 1424
<u>ὅτι</u>	Ἄγγελος αὐτῷ λελάληκεν.	**30** ἀπεκρίθη	<u>ὁ</u> Ἰησοῦς <u>καὶ εἶπεν,</u>	Οὐ δι᾽ ἐμὲ	Θ *f*¹³
	Ἄγγελος <u>αὐτῶν</u> <u>λελάληκα.</u>	**30** ἀπεκρίθη	<u>ὁ</u> Ἰησοῦς <u>καὶ εἶπεν,,</u>	Οὐ <u>δεῖ</u> <u>ἐμαὶ</u>	579
	Ἄγγελος αὐτῷ λελάληκεν.	**30** ἀπεκρίθη	<u>οὖν καὶ εἶπεν αὐτοῖς ὁ</u> Ἰησοῦς,	Οὐ δι᾽ ἐμὲ	1071 [↓2 565 τ
	Ἄγγελος αὐτῷ λελάληκεν.	**30** ἀπεκρίθη	<u>ὁ</u> Ἰησοῦς <u>καὶ εἶπεν,</u>	Οὐ δι᾽ ἐμὲ	A 𝔐 M U Δ Λ Ψ *f*¹ 124

lac. 12.27-30 𝔓⁴⁵ C N P Γ

A 27 αλα, τουτω 579 **28** νομα Η* | ηθεν G **29** εστικος Κ | ελεγε Υ 118 69 157 700 | γεγοναιναι 𝔓^{66*} ¦ γεγοναινε 124 1071 | αγελος Η* | λελακεν 1424* **30** απεκρειθη D ¦ απεκριθι 13 | απεκριθει 28

B 28 π̅ε̅ρ̅ 𝔓⁶⁶ A 𝔐 K L M S U W Δ Θ Λ Π Ψ Ω *f*¹ 118 *f*¹³ 69 124 2 33 28 157 565 579 700 788 1071 1346 1424 | υ̅ν̅ L 33 1071 | ουνου A 𝔐 K L M S U Δ Λ Π Ψ Ω *f*¹ 118 *f*¹³ 69 124 2 28 157 565 579 700 788 1071 1346 1424 **30** ι̅ς̅ B 𝔓⁶⁶ 𝔓⁷⁵ א A 𝔐 K L M S U W Δ Θ Λ Π Ψ Ω *f*¹ 118 *f*¹³ 124 2 33 28 157 565 700 788 1071 1346 1424 ¦ ι̅η̅ς̅ D

C 27 υπ τη δ̅ τς αναληψημ 2 **28** αρχη: της υψωσεως του ορθρου. ειπεν ο κ̅ς̅ π̅ε̅ρ̅ Ε ειπ π̅ε̅ρ̅ δοξασον σου το ονομα (ante π̅ε̅ρ̅) Η ¦ αρχ: εις τ ορθρον της υψ,ω ειπεν ο κ̅ς̅ περ αγιε δοξασō Υ ¦ αρχ Λ ¦ εις τ ορθ σεπτε εις τ ι̅δ̅ ειπ ο κ̅ς̅ περ Ω² ¦ αρχ τω ορθρω τς υψωσεως ειπ ο κ̅ς̅ περ δοξασον σου το *f*¹ ¦ αρχ και εις τον ορθρον τς υψωσεως: ειπεν ο κ̅ς̅ περ δοξασον σου το ονομα 118 ¦ αρχ εις τ ορθ τς υψωσεως *f*¹³ 124 788 1346 ¦ αρχ περ δοξασον σου το ονομα ηλθεν ουν φωνη: εις τ ορθρ τς υψωσεως 28 ¦ αρχ εις τον ορθρον της υψω 157

D 27 (ante αλλα δια) ρη̅/ι̅ א E G S U Λ Ψ Ω 124 1424 ¦ ρ̅η̅ D F H Θ *f*¹³ 2 157 788 1346 | Ευ Ιω ρ̅η̅ : Λο . : Μρ . : Μθ . Ε | Ιω ρ̅η̅ : Λο . : Μρ . : Μθ . 124 **28** ρη̅/ι̅ Υ M Π 118 1071 ¦ ρ̅η̅ Κ **29** ρθ̅/α̅ Ψ

ἡ φωνὴ αὕτη γέγονεν   ἀλλὰ δι' ὑμᾶς. **31** νῦν   κρίσις ἐστὶν   B 𝔓⁷⁵ ℵ A L M Uᶜ W Ψ *f*¹ 33 157 565
.... **31** .... ἐστὶν   𝔓⁵⁹   [↑1071 **uw**
ἡ φωνὴ αὕτη ἦλθεν   ἀλλὰ δι' ὑμᾶς. **31** νῦν   κρίσις ἐστὶν   𝔓⁶⁶ D
αὕτη ἡ φωνὴ γέγονεν   ἀλλὰ δι' ὑμᾶς. **31** νῦν   κρίσις ἐστὶν   𝔐 K U* Δᶜ Π *f*¹³ 2 28 700 1424 τ
αὕτη φωνὴ γέγονεν   ἀλλὰ δι' ὑμᾶς. **31** νῦν   κρίσις ἐστὶν τοῦ κόσμου G*
αὕτη φωνὴ γέγονεν   ἀλλὰ δι' ὑμᾶς. **31** νῦν   κρίσις ἐστὶν   Δ*
ἡ φωνὴ αὕτη ἐλήλυθεν   ἀλλὰ δι' ὑμᾶς. **31** νῦν   κρίσις ἐστὶν   Θ 579
αὕτη ἡ φωνὴ γέγονεν   ἀλλὰ δι' ὑμᾶς. **31**   Λ*
αὕτη ἡ φωνὴ γέγονεν   ἀλλὰ δι' ὑμᾶς. **31** νῦν ἡ κρίσις ἐστι   Λᶜ

τοῦ κόσμου τούτου,   νῦν ὁ ἄρχων τοῦ κόσμου τούτου ἐκβληθήσεται ἔξω·   B 𝔓⁷⁵ **uwτ** rell
τοῦ κόσμου,   νῦν ὁ ἄρχων τοῦ κόσμου τούτου βληθήσεται ἔξω·   𝔓⁶⁶* D
τοῦ κόσμου τούτου,   νῦν ὁ ἄρχων τοῦ κόσμου τούτου βληθήσεται ἔξω·   𝔓⁶⁶ᶜ
τοῦ ....   𝔓⁵⁹
τοῦ κόσμου τούτου,   καὶ   ἐκβληθήσεται ἔξω·   ℵ*
τοῦ κόσμου,   νῦν ὁ ἄρχων τοῦ κόσμου τούτου ἐκβληθήσεται ἔξω·   W
τοῦ κόσμου τούτου,   νῦν ὁ ἄρχων τοῦ κόσμου τούτου βληθήσεται κάτω·   Θ
    νῦν ὁ ἄρχων τοῦ κόσμου τούτου ἐκβληθήσεται ἔξω·   Λ*
τοῦ κόσμου τούτου,   ἐκβληθήσεται ἔξω·   69
τοῦ κόσμου τούτου,   ἐκβληθήσεται ἔξω·   579

32 κἀγὼ   ἂν   ὑψωθῶ ἐκ   τῆς γῆς, πάντας ἑλκύσω   πρὸς ἐμαυτόν. **33** τοῦτο   B w
32 κἀγὼ   ἐὰν   ὑψωθῶ ἐκ   τῆς γῆς, πάντα ἑλκύσω   πρὸς ἐμαυτόν. **33** τοῦτο   𝔓⁶⁶
32 ......ὼ   ἐὰν   ......θῶ ἐκ   τῆς γῆς, πάντα ......σω   π...... ......υτόν. **33** τοῦτο   𝔓⁷⁵
32 κἀγὼ   ἐὰν   ὑψωθῶ ἐκ   τῆς γῆς, πάντα ἑλκύσω   πρὸς ἐμαυτόν. **33** τοῦτον   ℵ*
32 καὶ ἐγὼ ἐὰν   ὑψωθῶ ἀπὸ   τῆς γῆς, ἑλκύσω πάντα   πρὸς ἐμαυτόν. **33** τοῦτο   D
32 κἀγὼ   ἐὰν   ὑψωθῶ ἐκ   τῆς γῆς, πάντας ἑλκύσω   πρὸς ἐμαυτῷ. **33** τοῦτο   F
32 κἀγὼ   ἐὰν   ὑψωθῶ ἀπὸ   τῆς γῆς, πάντας ἑλκύσω   πρὸς ἐμαυτόν. **33** τοῦτο   L
32 κἀγὼ   ἂν   ὑψωθῶ ἐκ   τῆς γῆς, πάντας ἐκλύσω   πρὸς ἐμαυτόν. **33** τοῦτο   Δ
32 καὶ ἐγὼ ἂν   ὑψωθῶ ἐκ   τῆς γῆς, πάντας ἑλκύσω   πρὸς ἐμαυτόν. **33** τοῦτο   *f*¹³
32 καὶ ἐγὼ ἐὰν   ὑψωθῶ ἐκ   τῆς γῆς, πάντας ἑλκύσωσι   πρὸς ἐμαυτόν. **33** τοῦτο   69
32 καὶ ἐγὼ ἐὰν   ὑψωθῶ ἐκ   τῆς γῆς, πάντας ἑλκύσω   πρὸς ἐμαυτόν. **33** τοῦτο   124 788
32 κἀγὼ   ὅταν   ὑψωθῶ ἐκ   τῆς γῆς, πάντας ἑλκύσω   πρὸς ἐμαυτόν. **33** τοῦτο   157
32 κἀγὼ   ἐὰν   ὑψωθῶ ἐκ   τῆς γῆς, πάντας ἑλκύσω   πρὸς ἐμαυτόν. **33** τοῦτο   ℵᶜ A 𝔐 K M U W Θ
    Λ Π Ψ *f*¹ 2 33 28 565 579 700 1071 1346 1424 **uτ**

δὲ ἔλεγεν σημαίνων   ποίῳ θανάτῳ ἤμελλεν   ἀποθνήσκειν. **34** ἀπεκρίθη οὖν   B 𝔓⁶⁶ L W Ψ 1071 **uw**
δὲ ....ῳ ἤμελλεν   ἀποθνή...... **34** ......ρί...... ...ὺν   𝔓⁷⁵
δὲ ἔλεγεν σημαίνων   ποίῳ θανάτῳ ἔμελλεν   ἀποθνήσκειν. **34** ἀπεκρίθη οὖν   ℵ
δὲ ἔλεγεν σημαίνων   ποίῳ θανάτῳ ἤμελλεν   ἀποθνήσκειν. **34** ἀπεκρίθη   A D 𝔐 M Δ Θ 69 2 33
δὲ ἔλεγεν σημαίνων   ποίῳ θανάτῳ εἰμελλεν   ἀποθνήσκειν. **34** ἀπεκρίθη   Λ   [↑700 1424 τ
δὲ ἔλεγεν σημαίνω αὐτὸν ποίῳ θανάτῳ ἔμελλεν   ἀποθνήσκειν. **34** ἀπεκρίθη οὖν   579   [↓28 157 565
δὲ ἔλεγεν σημαίνων   ποίῳ θανάτῳ ἔμελλεν   ἀποθνήσκειν. **34** ἀπεκρίθη   H Y K S U Π Ω *f*¹ *f*¹³

αὐτῷ   ὁ ὄχλος, Ἡμεῖς ἠκούσαμεν ἐκ τοῦ νόμου ὅτι ὁ Χριστὸς μένει εἰς τὸν αἰῶνα,   B 𝔓⁶⁶·⁷⁵ **uwτ** rell
    ὁ ὄχλος, Ἡμεῖς ἠκούσαμεν ἐκ τοῦ νόμου ὅτι ὁ Χριστὸς μένει εἰς τὸν αἰῶνα,   H 33
αὐτῷ   ὄχλος, Ἡμεῖς ἠκούσαμεν ἐκ τοῦ νόμου ὅτι ὁ Χριστὸς μένει εἰς τὸν αἰῶνα,   Δ 124
αὐτῷ   ὁ ὄχλος, Ἡμεῖς ἠκούσαμεν ἐκ τοῦ νόμου ὅτι ὁ Χριστὸς εἰς τὸν αἰῶνα μένει,   Θ *f*¹³
    ὁ ὄχλος, Ἡμεῖς ἠκούσαμεν ἐκ τοῦ νόμου ὅτι   Χριστὸς μένει εἰς τὸν αἰῶνα,   157
αὐτὸν   ὁ ὄχλος, Ἡμεῖς ἠκούσαμεν ἐκ τοῦ νόμου ὅτι ὁ Χριστὸς μένει εἰς τὸν αἰῶναν,   579

---

lac. **12.30-34** 𝔓⁴⁵ C N P Γ

A 31 νειν 579 ¦ κρισεις L W 579 ¦ εστι S Y U Ω *f*¹ 118 124 28 69 157 565 700 ¦ αρχον Θ Λ ¦ εκβληθεσεται Δ* ¦ εκβληθεισεται 579 **32** γς L* **33** ελεγε Y U 118 13 69 157 700 788 1346 ¦ σημενων H L M Θ ¦ θανατο 1071 ¦ ημελεν Θ ¦ αποθνησθειν 𝔓⁶⁶* ¦ αποθησκειν L ¦ αποθνησκην 579 ¦ αποθνισκειν 1071 **34** ημις 𝔓⁶⁶ ℵ ¦ εικουσαμεν 579 ¦ μενη 579 1071 ¦ των (τον¹) Θ

B 34 χς̅ B 𝔓⁶⁶·⁷⁵ ℵ A 𝔐 K L M S U W Δ Θ Λ Π Ψ Ω *f*¹ 118 *f*¹³ 69 124 2 33 28 157 565 579 700 788 1071 1346 1424 ¦ χρς̅ D

C 34 ιε πε τουψ δει υψωθηναι τον υιον του ανου 124

καὶ πῶς λέγεις σὺ ὅτι δεῖ ὑψωθῆναι τὸν υἱὸν τοῦ ἀνθρώπου; τίς ἐστιν B L W Π **uw**
καὶ πῶς λέγεις σὺ δεῖ ὑψωθῆναι τὸν υἱὸν τοῦ ἀνθρώπου; 𝔓75
καὶ πῶς <u>σὺ</u> λέγεις ὅτι δεῖ ὑψωθῆναι τὸν υἱὸν τοῦ ἀνθρώπου; τίς ἐστιν <u>οὖν</u> D
καὶ πῶς <u>σὺ</u> λέγεις δεῖ ὑψωθῆναι τὸν υἱὸν τοῦ ἀνθρώπου; τίς ἐστιν 𝔐 Δc 28c 700 1424
καὶ πῶς <u>σὺ</u> λέγεις δεῖ ὑψωθῆναι τὸν υἱὸν τοῦ ἀνθρώπου; E F G 2* 28*
καὶ <u>πρὸς σὺ</u> λέγεις δεῖ ὑψωθῆναι τὸν υἱὸν τοῦ ἀνθρώπου; τίς ἐστιν Δ*
καὶ πῶς <u>σὺ</u> λέγεις ὅτι δεῖ ὑψωθῆναι τὸν υἱὸν τοῦ ἀνθρώπου; 69 788
καὶ πῶς <u>σὺ</u> λέγεις δεῖ ὑψωθῆναι τὸν υἱὸν τοῦ ἀνθρώπου; τίς 2c
καὶ πῶς <u>σὺ</u> λέγεις ὅτι δεῖ ὑψωθῆναι τὸν υἱὸν τοῦ ἀνθρώπου; τίς 157*
καὶ πῶς λέγεις <u>σοι</u> ὅτι δεῖ <u>ἡψωθῆναι</u> τὸν <u>Ἰησοῦν</u> τοῦ ἀνθρώπου; τίς ἐστιν 579 [↓f13 33 157c 565 1071 τ
καὶ πῶς <u>σὺ</u> λέγεις ὅτι δεῖ ὑψωθῆναι τὸν υἱὸν τοῦ ἀνθρώπου; τίς ἐστιν 𝔓66 ℵ A D K M U Θ Λ Ψ f1

οὗτος ὁ υἱὸς τοῦ ἀνθρώπου; 35 εἶπεν οὖν αὐτοῖς ὁ Ἰησοῦς, Ἔτι μεικρὸν χρόνον B D
.... 35 εἶπεν οὖν 𝔓59
.... 35 εἶπεν οὖν αὐτοῖς ὁ Ἰησοῦς, Ἔτι μεικρὸν χρόνον 𝔓75
.... 35 εἶπεν οὖν αὐτοῖς ὁ Ἰησοῦς, Ἔτι <u>μικρὸν</u> χρόνον E F G 2 28*
ὁ υἱὸς τοῦ ἀνθρώπου; 35 εἶπεν οὖν αὐτοῖς ὁ Ἰησοῦς, Ἔτι <u>μικρὸν</u> χρόνον H Ψ 33 28c
<u>ὁ λόγος</u> οὗτος; 35 εἶπεν οὖν αὐτοῖς ὁ Ἰησοῦς, Ἔτι <u>μικρὸν</u> χρόνον L
οὗτος ὁ υἱὸς τοῦ ἀνθρώπου; 35 εἶπεν οὖν αὐτοῖς ὁ Ἰησοῦς, Ἔτι <u>χρόνον</u> <u>μικρὸν</u> f13
35 εἶπεν οὖν αὐτοῖς ὁ Ἰησοῦς, Ἔτι <u>χρόνον</u> <u>μικρὸν</u> 69 788
οὗτος ὁ υἱὸς τοῦ ἀνθρώπου; 35 εἶπεν <u>αὐτῆς</u> ὁ Ἰησοῦς, Ἔτι <u>μηκρὸν</u> <u>χρόνων</u> 579
οὗτος ὁ υἱὸς τοῦ ἀνθρώπου; 35 εἶπεν οὖν <u>τοῖς</u> ὁ Ἰησοῦς, Ἔτι <u>μικρὸν</u> <u>χρόνον</u> 1346
οὗτος ὁ υἱὸς τοῦ ἀνθρώπου; 35 εἶπεν οὖν αὐτοῖς ὁ Ἰησοῦς, Ἔτι <u>μικρὸν</u> χρόνον 𝔓66 ℵ A Y K M S U W
Δ Θ Λ Π Ω f1 2 157 565 700 1071 1424 **uwτ**

τὸ φῶς ἐν ὑμῖν ἐστιν. περιπατεῖτε ὡς τὸ φῶς ἔχετε, ἵνα μὴ σκοτία ὑμᾶς B 𝔓75 W 1071 **uw**
τὸ φῶς ἐν ὑμῖν ἐστιν. περιπατεῖτε <u>ἕως</u> τὸ φῶς ἔχετε, ἵνα μὴ <u>ἡ</u> σκοτία ὑμᾶς ℵc 118 157
τὸ φῶς <u>μεθ</u> <u>ὑμῶν</u> ἐστιν. περιπατεῖτε ὡς τὸ φῶς ἔχετε, ἵνα μὴ σκοτία ὑμᾶς A
τὸ φῶς ἐν ὑμῖν ἐστιν. περιπατεῖτε <u>οὖν</u> ὡς τὸ φῶς ἔχετε, ἵνα μὴ <u>ὑμᾶς σκοτία</u> D
τὸ φῶς ἐν ὑμῖν ἐστιν. περιπατεῖτε ὡς τὸ φῶς ἔχετε, ἵνα μὴ <u>ἡ</u> σκοτία ὑμᾶς K L Θ Π Ψ f1 565
τὸ φῶς <u>μεθ</u> <u>ὑμῶν</u> ἐστιν. περιπατεῖτε <u>ἕως</u> τὸ φῶς ἔχετε, ἵνα μὴ σκοτία ὑμᾶς 𝔐 124 2 28 700
τὸ φῶς <u>μεθ</u> <u>ὑμῶν</u> ἐστιν. περιπατεῖτε <u>ἕως</u> τὸ φῶς ἔχετε, ἵνα μὴ <u>ἡ</u> σκοτία ὑμᾶς U Δc [↑1424 τ
τὸ φῶς <u>μεθ</u> <u>ἡμῶν</u> ἐστιν. περιπατεῖτε <u>ἕως</u> τὸ φῶς ἔχετε, ἵνα μὴ <u>ἡ</u> σκοτία ὑμᾶς Δ*
<u>μεθ</u> <u>ὑμῶν</u> ἐστιν. περιπατεῖτε <u>ἕως</u> τὸ φῶς ἔχετε, ἵνα μὴ σκοτία ὑμᾶς Λ
τὸ φῶς ἐν ὑμῖν ἐστιν. περιπατεῖτε <u>ἕως</u> ἔχετε, ἵνα μὴ σκοτία ὑμᾶς f13 [↓788 1346
τὸ φῶς ἐν ὑμῖν ἐστιν. περιπατεῖτε <u>ἕως</u> τὸ φῶς ἔχετε, ἵνα μὴ σκοτία ὑμᾶς 𝔓66 ℵ* M 69 33 579

καταλάβῃ· καὶ ὁ περιπατῶν ἐν τῇ σκοτίᾳ οὐκ οἶδεν ποῦ ὑπάγει. B 𝔓66.75 **uwτ** rell
<u>καταβῇ·</u> καὶ ὁ περιπατῶν ἐν τῇ σκοτίᾳ οὐκ οἶδεν ποῦ ὑπάγει. A
<u>λάβῃ·</u> καὶ ὁ περιπατῶν ἐν τῇ σκοτίᾳ οὐκ οἶδεν ποῦ ὑπάγει. W

36 ὡς τὸ φῶς ἔχετε, πιστεύετε εἰς τὸ φῶς, ἵνα υἱοὶ φωτὸς γένησθε. B 𝔓75 ℵ A D L W Θ Ψ 33 **uw**
36 <u>ἕως</u> τὸ φῶς ἔχετε, πιστεύετε εἰς τὸ φῶς, ἵνα υἱοὶ φωτὸς <u>γενήσεσθαι.</u> 579 [↓565 700 1071 1424 τ
36 T<u>ἕως</u> τὸ φῶς ἔχετε, πιστεύετε εἰς τὸ φῶς, ἵνα υἱοὶ φωτὸς γένησθε. 𝔓66 𝔐 K M U Δ Λ Π f1 f13 2 28 157

T εἶπεν ὁ κύριος πρὸς τοὺς πεπειστεύκοτας αὐτοὺς Ἰουδαίους 1071mg

---

lac. 12.34-36 𝔓45 C N P Γ

A 34 λεγις ℵ | δι (δει) 𝔓66 | δη 579 | ουτως 579 | της εστη (εστι) 28c **35** τω (το) 579 | ειμην (υμιν) 579 | εστι Υ U f1 157 565 700 | περιπατειται W | περιπατετε Λ* | εχεται 𝔓66 W 579 | ηνα (ινα) 579 | σκοτεια¹ 69 33 579 1424 | καταλαβει 28 | σκοτεια² D 69 33 579 1346 1424 | τι (τη) Θ | οιδε Υ 118 69 700 **36** τω (το¹) Θ | εχεται 𝔓66 D W Θ Ω 579 | πιστευεται 𝔓66 ℵ A L W 579 | ιοι (υιοι) 𝔓66* | φωτος 579 | γενησθαι 𝔓66 W 1071

B 34 υ̅ν̅ 𝔓66 ℵ 𝔐 K L M S U Δ Λ Π Ψ Ω f1 2 33 28 565 1071 1424 | ι̅ν̅ 579 | α̅ν̅ου̅¹·² 𝔓66 A H Y K M S U W Δ Θ Λ Π Ψ Ω f1 118 f13 124 33 157 565 579 700 788 1071 1346 1424 | α̅ν̅ου̅¹ E F G L 2 28 69 | υ̅ς̅ 𝔓66 ℵ H Y K M S U Δ Λ Π Ψ Ω f1 33 28c 565 1071 1424 | α̅ν̅ου 124 28c **35** ι̅ς̅ B 𝔓66 ℵ A 𝔐 K L M S U W Δ Θ Λ Π Ψ Ω f1 118 f13 124 2 33 28 157 565 579 700 788 1424 | της D

C 35 αρξ E 2 | αρξ του αγιου H | αρχ: (ante περιπατειτε) ειπεν ο κ̅ς̅ Θ | αρχ: (ante περιπατειτε) ειπεν ο κ̅ς̅ προς τους συνελθοντας πρ,ο αυτω ιουδ 2 | αρχη: τη δ̅ της ς̅ εβδ 1071 **36** αρχη: τη δ̅ της αναληψιμου: ειπεν ο κς προς τους συνελθοντας προς αυτον ιουδαιους: E | αρχη: τη δ̅ της ς̅ εβδ ειπ, πρ τους συνελθ G | αρχη: τη δ̅ της ς̅ εβδ ειπ, πρ εληλυθ πρ, εως το φως H | αρχ: τη δ̅ της ς̅ εβδ ειπεν ο κς προς τους ελ̅η̅λυθ προς αυτ εως το φως εχετε Υ | τη δ̅ τς ς̅ εβδ ειπεν ο κς πρ τς εληλυθ πρ αυτ ιουδ εως το φως εχετ M | τη δ̅ τ̅ς̅ ς̅ εβδ ειπεν ο κς προς τ εως το φως S | αρχ Ω 1346 | αρχ μγ τη δ̅ τς ς̅ εβδ ειπ ο κς προ τους εως το φως εχετε f1 | αρχ μγ της δ̅ : τη δ̅ της ς̅ εβδομα: ειπεν ο κς ετι το φως εχετε 118 | αρχ f13 | αρχη: τη δ̅ της ς̅ εβδ 124 788 αρχ τς δ̅ ειπεν ο κς προς τους εληλυθοτ προς αυτ ιουδ εως το φως εχετε 28 | αρχη ειπεν ο κς τοις εαυτου 1424 | τελος (post γενησθε) D [ημερα γ̅ της ς̅ εβδομ.: 12.19-36] E S Θ f13 124 788 1346 1424 | τελος της γ̅ κ. της μεγ D | τελος του γ̅ ε·· H | τελ της γ̅ κ, τ̅ου̅ Σα Y | τελ τς γ̅ ς̅ M | τε̅ Ω | τελ παντ f1 | τελ της γ̅ 118 | τελ του ορθρου τς υψωσεως 28

D 35 ρ̅η̅ (sic!) 1071

Many Disbelieved Though Jesus Did Many Signs
(Matthew 11.20; 13.14-17; Mark 4.12; Luke 10.23-24)

Ταῦτα ἐλάλησεν Ἰησοῦς, καὶ ἀπελθὼν ἐκρύβη ἀπ' αὐτῶν. μ̄γ̄ **37** Τοσαῦτα δὲ B 𝔭⁶⁶ᶜ ℵ* L Ψ **uw**
Ταῦτα ἐλάλησεν Ἰησοῦς, καὶ ἀπελθὼν ἐκρύβη ἀπ' αὐτῶν. **37** <u>Ταῦτα</u> δὲ 𝔭⁶⁶*
Ταῦτα ἐλάλησεν Ἰησοῦς, καὶ <u>ἀπῆλθεν καὶ</u> ἐκρύβη ἀπ' αὐτῶν. **37** Τοσαῦτα δὲ D
Ταῦτα ἐλάλησεν <u>ὁ</u> Ἰησοῦς, καὶ ἀπελθὼν ἐκρύβη ἀπ' αὐτῶν. **37** <u>Τοιαῦτα</u> δὲ F
Ταῦτα ἐλάλησεν <u>ὁ</u> Ἰησοῦς, καὶ ἀπελθὼν ἐκρύβη ἀπ' αὐτῶν. **37** Τοσαῦτα δὲ G
Ταῦτα ἐλάλησεν Ἰησοῦς, καὶ ἀπελθὼν <u>ἐκρύβει ἐπ'</u> <u>αὐτόν</u>. **37** Τοσαῦτα δὲ 579
Ταῦτα ἐλάλησεν <u>ὁ</u> Ἰησοῦς, καὶ ἀπελθὼν ἐκρύβη ἀπ' αὐτῶν. **37** Τοσαῦτα δὲ 𝔭⁷⁵ ℵᶜ A 𝔐 K M U
W Δ Θ Λ Π f¹ f¹³ 2 33 28 157 565 700 1071 1424 τ

αὐτοῦ σημεῖα πεποιηκότος ἔμπροσθεν αὐτῶν οὐκ ἐπίστευον εἰς αὐτόν, B **uwt** rell
αὐτοῦ σημεῖα ·················· ····προσθεν αὐτῶν · ὐκ ἐπίσ········· · ······ ··········· 𝔭⁷⁵
αὐτοῦ σημεῖα πεποιηκότος ἔμπροσθεν αὐτῶν οὐκ <u>ἐπίστευσαν</u> εἰς αὐτόν, 𝔭⁶⁶ G 69 788
<u>σημεῖα αὐτοῦ</u> πεποιηκότος ἔμπροσθεν αὐτῶν οὐκ ἐπίστευον εἰς αὐτόν, Λ 579
<u>σημεῖα</u> πεποιηκότος ἔμπροσθεν αὐτῶν οὐκ ἐπίστευον εἰς αὐτόν, 118
<u>σημεῖα αὐτοῦ</u> πεποιηκότος ἔμπροσθεν αὐτῶν οὐκ <u>ἐπίστευσαν</u> εἰς αὐτόν, f¹³
<u>σημεῖα</u> πεποιηκότος ἔμπροσθεν αὐτῶν οὐκ <u>ἐπίστευσαν</u> εἰς αὐτόν, 124

38 ἵνα ὁ λόγος Ἠσαΐου τοῦ προφήτου πληρωθῇ ὃν εἶπεν, B 𝔭⁶⁶ **uwt** rell
38 ἵνα ὁ λόγος Ἠσαΐου τοῦ προφήτου πληρωθῇ, 𝔭⁷⁵
38 ἵνα ὁ λόγος Ἠσαΐου πληρωθῇ ὃν εἶπεν, f¹³
38 ἵνα ὁ λόγος <u>πληρωθῇ</u> <u>Ἠσαΐου</u> <u>τοῦ</u> <u>προφήτου</u> ὃν εἶπεν, 1424

Κύριε, τίς ἐπίστευσεν τῇ ἀκοῇ ἡμῶν; B 𝔭⁶⁶·⁷⁵ **uwt** rell
τίς ἐπίστευσεν τῇ ἀκοῇ ἡμῶν; H
Κύριε, τίς ἐπίστευσεν τῇ ἀκοῇ <u>ὑμῶν</u>; 2

καὶ ὁ βραχίων κυρίου τίνι ἀπεκαλύφθη;

39 διὰ τοῦτο οὐκ ἠδύναντο πιστεύειν, ὅτι πάλιν εἶπεν Ἠσαΐας, B 𝔭⁷⁵ **uwt** rell
39 διὰ τοῦτο οὐκ <u>ἐδύναντο</u> πιστεύειν, ὅτι πάλιν εἶπεν Ἠσαΐας, 𝔭⁶⁶ K L Π Ψ f¹³
39 διὰ τοῦτο οὐκ <u>ἐδύναντο</u> πιστεύειν, <u>καὶ γὰρ</u> εἶπεν Ἠσαΐας, D
39 διὰ τοῦτο οὐκ <u>ἠδύνατο</u> πιστεύειν, ὅτι πάλιν Ἠσαΐας, 1
39 διὰ τοῦτο οὐκ ἠδύναντο <u>πιστεῦσαι</u>, ὅτι πάλιν εἶπεν Ἠσαΐας, 565
39 διὰ τοῦτο οὐκ ἠδύναντο πιστεύειν, ὅτι πάλιν <u>Εἰσαΐας</u>, 579

40 Τετύφλωκεν αὐτῶν τοὺς ὀφθαλμοὺς B 𝔭⁷⁵ **uwt** rell
40 Τετύφλωκεν αὐτῶν D

καὶ ἐπώρωσεν αὐτῶν τὴν καρδίαν, B* A L Θ Ψ f¹³ 33 1071 **uw**
καὶ <u>πεπώρωκεν</u> αὐτῶν τὴν καρδίαν, Bᶜ 𝔐 M U Δ Λ f¹ 2 565 700 1424 τ
καὶ <u>ἐπήρωσεν</u> αὐτῶν τὴν καρδίαν, 𝔭⁶⁶·⁷⁵ ℵ K W Πᶜ
τὴν καρδίαν, D
καὶ <u>ἐπερώτησεν</u> αὐτῶν τὴν καρδίαν, Π*
καὶ <u>πεπόρρωκεν</u> αὐτῶν τὴν καρδίαν, 28
καὶ <u>ἐπωρώθησαν</u> αὐτῶν τὴν καρδίαν, 157
καὶ <u>ἐπέρωσεν</u> <u>αὐτὸν</u> τὴν καρδίαν, 579
καὶ ἐπώρωσεν τὴν καρδίαν, 1346

ἵνα μὴ ἴδωσιν τοῖς ὀφθαλμοῖς B 𝔭⁶⁶·⁷⁵ **uwt** rell
ἴδωσιν τοῖς ὀφθαλμοῖς 2*
28

lac. 12.36-40 𝔭⁴⁵ C N P Γ

A **36** εκριβη 69 | αυτον Θ* **37** σημια ℵ D L W Θ | πεποιηκωτες 579 | ενπροσθεν D 28 | αυτον (αυτων) Δ* 579 | επιστευων 565 **38** λογως 579 | πληρωθη Θ | ων (ον) 579 | ειπε Υ f¹ 157 700 | επιστευσε Υ U f¹ 118 69 157 | ακωη 579 | βραχειων 𝔭⁶⁶ D | βραχιον F* K Ω 579 | τινη 579 **40** τετυφλοκεν U* 1071 | πεπορωκεν Eᶜ Δ | επορωσεν 69 33 | ιδωσι 𝔭⁶⁶ S Y L U Π Ω f¹ 118 13 69 157 565 700 788 | ειδωσιν ℵ Dᶜ H W 33 1071

B **36** ῑς B 𝔭⁶⁶ 𝔭⁷⁵ A 𝔐 K L M S U W Δ Θ Λ Π Ψ Ω f¹ 118 f¹³ 124 2 33 28 157 565 579 700 788 1071 1346 1424 | ῑης D **38** κε, κῡ B 𝔭⁶⁶ 𝔭⁷⁵ ℵ A D E F G Y K L M S U W Δ Θ Λ Π Ψ Ω f¹ 118 f¹³ 69 124 2 33 28 157 565 579 700 788 1071 1346 1424 | κῡ H W

D **39** ρ̄θ̄/ᾱ ℵ A G L M S U Υ Λ Ψ Ω 124 28 788 1071 1424 | ρ̄θ̄ D E F K Θ 118 2 157 1346 | ρ̄η̄β̄ H | ρ̄θ̄/δ̄ Π | Ιω ρ̄θ̄ : Λο ο̄ζ̄ : Μρ λ̄ζ̄ : Μθ ρ̄λ̄γ̄ 124

καὶ   νοήσωσι   τῇ καρδίᾳ καὶ στραφῶσι,   B 𝔓66c Ψ 33 uw
καὶ μὴ   νοήσωσι   τῇ καρδίᾳ καὶ στραφῶσι,   𝔓66*
καὶ   νοήσω⋯   τῇ καρδίᾳ ⋯⋯ τραφ⋯   𝔓75
καὶ   τῇ καρδίᾳ συνῶσιν   καὶ στραφῶσι,   ℵ
καὶ   νοήσωσι   τῇ καρδίᾳ καὶ ἐπιστραφῶσιν, A 𝔐 M U Δ Λ f¹ 2 565 700 τ
καὶ μὴ   νοήσουσιν τῇ καρδίᾳ καὶ στραφῶσιν,   D*
καὶ μὴ   νοήσουσιν τῇ καρδίᾳ καὶ ἐπιστραφῶσιν, D*
καὶ   συνῶσι   τῇ καρδίᾳ καὶ ἐπιστραφῶσι,   Υ
καὶ   τῇ καρδίᾳ συνῶσιν   καὶ ἐπιστρέψωσι,   Κ Π
καὶ   νοήσωσι   τῇ καρδίᾳ καὶ ἐπιστρέψωσιν, L W Θ 157 1071 1424
καὶ συνῶσι καὶ ἀκούσωσιν καὶ νοήσωσι τῇ καρδίᾳ καὶ ἐπιστρέψουσι, f¹³
καὶ τοῖς ὠσιν ἀκούσωσιν καὶ νοήσουσι τῇ καρδίᾳ καὶ ἐπιστρέψουσι, 69 [↓1346
καὶ τοῖς ὠσιν ἀκούσωσιν καὶ νοήσωσι τῇ καρδίᾳ καὶ ἐπιστρέψουσιν, 124 788
καὶ   νωήσωσιν   τὴν καρδίαν καὶ στραφῶσιν, 579

καὶ ἰάσομαι αὐτούς.   B 𝔓66.75 ℵ A D 𝔐 K M U* W Δ Λ Π Ψ f¹³ 2 157 700 1424 uw
καὶ ἰάσωμαι αὐτούς.   L Uᶜ Θ Ω f¹ 565 579 1071 τ

41 ταῦτα   εἶπεν Ἠσαῖας ὅτι εἶδεν τὴν δόξαν   αὐτοῦ, καὶ ἐλάλησεν B 𝔓66.75 ℵ A M Ψ Ω 1
41 ταῦτα δὲ εἶπεν Ἠσαῖας ὅτε εἶδεν τὴν δόξαν τοῦ θεοῦ αὐτοῦ, καὶ ἐλάλησεν D [↑124 33 157 1071 uw
41 ταῦτα   εἶπεν Ἠσαῖας ἐπεὶ εἶδεν τὴν δόξαν   αὐτοῦ, καὶ ἐλάλησεν W
41 ταῦτα   εἶπεν Ἠσαῖας ὅτε εἶδεν τὴν δόξαν τοῦ θεοῦ, καὶ ἐλάλησεν Θ f¹³
41 ταῦτα   εἶπεν Ἰσαῖας ὅτι εἶδεν τὴν δόξαν   αὐτοῦ, καὶ ἐλάλησεν 579 [↓565 700 1424 τ
41 ταῦτα   εἶπεν Ἠσαῖας ὅτε εἶδεν τὴν δόξαν   αὐτοῦ, καὶ ἐλάλησεν 𝔐 K L U Δ Λ Π 1582 2

περὶ αὐτοῦ. **42** ὅμως μέντοι καὶ ἐκ τῶν ἀρχόντων πολλοὶ ἐπίστευσαν εἰς αὐτόν, B 𝔓66.75 uwτ rell
περὶ αὐτοῦ. **42** ὅμως μέντοι   πολλοὶ τῶν ἀρχόντων ἐπίστευσαν εἰς αὐτόν, W
περὶ αὐτοῦ. **42** ὅπως μέντοι καὶ ἐκ τῶν ἀρχόντων πολλοὶ ἐπίστευσαν εἰς αὐτόν, 579

ἀλλὰ διὰ τοὺς Φαρεισαίους οὐχ ὡμολόγουν ἵνα μὴ ἀποσυνάγωγοι γένωνται· **43** ἠγάπησαν B
ἀλλὰ διὰ τοὺς Φαρισαίους οὐχ ὡμολόγουν ἵνα μὴ ἀποσυνάγωγος γένωνται· **43** ἠγάπησαν 𝔓66* 788
ἀλλὰ διὰ τοὺς Φαρισαίους οὐκ ὡμολόγουν ἵνα μὴ ἀποσυνάγωγοι γένωνται· **43** ἠγάπησαν f¹³
ἀλλὰ διὰ τοὺς Φαρισαίους οὐχ ὡμολόγουν ἵνα μὴ ἀποσυνάγωγοι γένωνται· **43** ἠγάπησα   579
ἀλλὰ διὰ τοὺς Φαρισαίους οὐχ ὡμολόγουν ἵνα μὴ ἀποσυνάγωγοι γένωνται· **43** ἠγάπησαν 𝔓66c.75 124
                                                                               1346 uwτ rell

γὰρ   τὴν δόξαν τῶν ἀνθρώπων μᾶλλον ἤπερ τὴν δόξαν τοῦ θεοῦ. B 𝔓66*.75 A D 𝔐 K M U Δ Θ Π 1582
γὰρ   τὴν δόξαν τῶν ἀνθρώπων μᾶλλον εἴπερ τὴν δόξαν τοῦ θεοῦ. Λ Ψ [↑124 2 33 700 788 u[w]τ
μᾶλλον τὴν δόξαν τῶν ἀνθρώπων μᾶλλον ὑπὲρ τὴν δόξαν τοῦ θεοῦ. 69
γὰρ   μᾶλλον τὴν δόξαν τῶν ἀνθρώπων ὑπὲρ τὴν δόξαν τοῦ θεοῦ. 579
γὰρ   μᾶλλον τὴν δόξαν τῶν ἀνθρώπων ἤπερ τὴν δόξαν τοῦ θεοῦ. 1424
γὰρ   τὴν δόξαν τῶν ἀνθρώπων μᾶλλον ὑπὲρ τὴν δόξαν τοῦ θεοῦ. 𝔓66c ℵ L W f¹³ 1 157 565 1071 [w]

Jesus Announces That He Has Come A Light Into The World

μδ **44** Ἰησοῦς δὲ   ἔκραξεν καὶ εἶπεν, Ὁ πιστεύων εἰς ἐμὲ οὐ   πιστεύει   B 𝔓66.75 uwτ rell
44 Ἰησοῦς δὲ   ἔκραζεν καὶ εἶπεν, Ὁ πιστεύων εἰς ἐμὲ οὐ   πιστεύει   A
44 Ἰησοῦς οὖν   ἔκραζεν καὶ ἔλεγεν, Ὁ πιστεύων εἰς ἐμὲ οὐ   πιστεύει   D
44 Ἔκραξεν δὲ ὁ Ἰησοῦς καὶ εἶπεν, Ὁ πιστεύων εἰς ἐμὲ οὐ   πιστεύει   W
44 Ὁ Ἰησοῦς δὲ   ἔκραζεν καὶ ἔλεγεν, Ὁ πιστεύων εἰς ἐμὲ οὐ μὴ πιστεύει   Θ
44 Ἰησοῦς δὲ   ἔκραξεν καὶ εἶπεν, Ὁ πιστεύων εἰς ἐμὲ οὐ   πιστεύει εἰς   Λ
44 Ὁ δὲ Ἰησοῦς   ἔκραζε καὶ ἔλεγεν, Ὁ πιστεύων εἰς ἐμὲ οὐ   πιστεύει   f¹³
44 Ὁ Ἰησοῦς δὲ   ἔκραζεν καὶ ἔλεγεν, Ὁ πιστεύων εἰς ἐμὲ οὐ   πιστεύει   69 788

---

lac. **12.40-44** 𝔓45 C N P Γ 28

A 40 ακουσωσι 788 ¦ νοησωσιν A E F G L M W Δ Λ 2 33 1071 ¦ νωησωσι Θ ¦ νωησωσιν 579 ¦ νοησω 1424 ¦ συνωσι Π ¦ στραφωσιν Ψ 33 ¦ επιστραφωσι S f¹ 118 565 700 ¦ επιστρεψωσι 157 ¦ επιστρεψουσι 788 ¦ ειασομαι 𝔓66 **41** ειπον H* ¦ ιδεν A K M Θ Π Ψ 2 33 565 579 1071 1424 ¦ ειδε Y U 118 69 157 700 788 ¦ ιδε 13 ¦ ελαλησε G Y U 118 13 69 157 700 788 1346 ¦ ατου (αυτου²) L **42** ωμως K ¦ αρχωντων 579 ¦ ομολογουν G H 13 33 579 700 1071 ¦ αποσυναγωγου 𝔓66* ¦ γενονται H K* 700 1346 **43** δοξα¹ Υ **44** εκραξε Y K U 118 69 157 700 788 ¦ πιστευη 579

B 41 θ̄υ D Θ f¹³ 69 788 1346 **43** αν̄ων 𝔓66 A E G H Y K L M S U W Δ Θ Λ Π Ψ Ω f¹ 118 f¹³ 69 124 2 33 157 565 579 700 788 1071 1346 1424 ¦ θ̄υ B 𝔓66 𝔓75 ℵ A D 𝔐 K L M S U W Δ Θ Λ Π Ψ Ω f¹ 118 f¹³ 69 124 2 33 157 565 579 700 788 1071 1346 1424 **44** ῑς B 𝔓66 𝔓75 ℵ A 𝔐 K L M S U W Δ Θ Λ Π Ψ Ω f¹ 118 f¹³ 124 2 33 157 565 579 700 788 788 1071 1346 1424 ¦ ιης D

D 41 ρ̄ι/ι ℵ A G M S U Υ Λ Π Ψ Ω 118 124 788 1071 1424 ¦ ρ̄ι D E F K f¹³ 2 157 1346 ¦ ρ̄ηγ H ¦ Ιω ρ̄ι : Λο ρ̄ις : Μρ ϟ̄ς : Μθ ϟ̄η 124 **44** ρ̄ια/α ℵ A G L M S U Υ Λ Π Ψ Ω 1071 1424 ¦ ρ̄ια D E F Hᶜ K Θ 118 f¹³ 2 157 1346 ¦ ρ̄ηδ H* ¦ ρ̄ια/ι 124 788 ¦ Ιω ρ̄ια : Λο . : Μρ . : Μθ . 124

εἰς ἐμὲ ἀλλὰ εἰς τὸν πέμψαντά   με, **45** καὶ ὁ θεωρῶν ἐμὲ θεωρεῖ   τὸν   B 𝔭75 ℵ L W Δ 157 **uw**
εἰς ἐμὲ ἀλλ'   εἰς τὸν πέμψαντά   με, **45** καὶ ὁ θεωρῶν ἐμὲ θεωρεῖ καὶ τὸν   𝔭66*
εἰς ἐμὲ ἀλλὰ εἰς τὸν πέμψαντά   με, **45** ὁ θεωρῶν ἐμὲ θεωρεῖ   τὸν   D
εἰς ἐμὲ ἀλλ'   εἰς τὸν πέμψαντά   με, **45**   U 579
εἰς ἐμὲ ἀλλ'   εἰς τὸν ἀποστείλαντά με, **45** καὶ ὁ θεωρῶν ἐμὲ θεωρεῖ   τὸν   1424
εἰς ἐμὲ ἀλλ'   εἰς τὸν πέμψαντά   με, **45** καὶ ὁ θεωρῶν ἐμὲ θεωρεῖ   τὸν   𝔭66c A 𝔐 K M Θ Λ Π Ψ
                                                 f^1 f^{13} 2 33 565 700 1071 τ

πέμψαντά με.   **46** ἐγὼ φῶς εἰς τὸν κόσμον   ἐλήλυθα, ἵνα   ὁ πιστεύων εἰς ἐμὲ ἐν   B 𝔭66*
               46 ἐγὼ φῶς εἰς τὸν κόσμον   ἐλήλυθα, ἵνα πᾶς ὁ πιστεύων εἰς ἐμὲ ἐν   U
ἀποστείλαντά με. **46** ἐγὼ φῶς εἰς τὸν κόσμον   ἐλήλυθα, ἵνα πᾶς ὁ πιστεύων εἰς ἐμὲ ἐν f^{13}
               46 ἐγὼ φῶς εἰς τὸν κόσμον τούτων ἐλήλυθα, ἵνα πᾶς ὁ πιστεύων εἰς ἐμὲ ἐν   579
πέμψαντά με.   **46** ἐγὼ φῶς εἰς τὸν κόσμον   ἐλήλυθα, ἵνα πᾶς ὁ πιστεύων εἰς ἐμὲ ἐν   𝔭66*.75
                                                       uwt rell

                                                     [↓33 157 565 1071 **uw**

τῇ σκοτίᾳ μὴ μείνῃ. **47** καὶ ἐάν τίς μου   ἀκούσῃ τῶν ῥημάτων καὶ μὴ φυλάξῃ,   B 𝔭75 ℵ A K L Π Ψ f^1 f^{13}
τῇ σκοτίᾳ μὴ μείνῃ. **47** καὶ ἐάν τίς μου   ἀκούσῃ τῶν ῥημάτων καὶ μὴ φυλάξῃ αὐτά, 𝔭66*
τῇ σκοτίᾳ μὴ μείνῃ. **47** καὶ ἐάν τίς μου   ἀκούσῃ τῶν ῥημάτων καὶ   φυλάξῃ αὐτά, 𝔭66*
τῇ σκοτίᾳ μὴ μείνῃ. **47** καὶ ἂν   ἀκούσῃ τῶν ῥημάτων καὶ   φυλάξῃ,   D
τῇ σκοτίᾳ μὴ μείνῃ. **47** καὶ ἐάν τίς μου   ἀκούσῃ τῶν ῥημάτων καὶ   πιστεύσῃ,   S 1424*
τῇ σκοτίᾳ μὴ μείνῃ. **47** καὶ ἐάν τίς μου   ἀκούει τῶν ῥημάτων καὶ μὴ πιστεύσῃ,   U
τῇ σκοτίᾳ μὴ μείνῃ. **47** καὶ ἐάν τίς μου μὴ ἀκούσῃ τῶν ῥημάτων μηδὲ φυλάξῃ,   W
τῇ σκοτίᾳ μὴ μείνῃ. **47** καὶ ἐάν τίς μου   ἀκούσῃ τῶν ῥημάτων καὶ   φυλάξει,   Θ 579
τῇ σκοτίᾳ μὴ μείνῃ. **47** καὶ ἐάν τίς μου   ἀκούσῃ τῆς φωνῆς   καὶ μὴ φυλάξῃ,   69   [↓1424c τ
τῇ σκοτίᾳ μὴ μείνῃ. **47** καὶ ἐάν τίς μου   ἀκούσῃ τῶν ῥημάτων καὶ μὴ πιστεύσῃ,   𝔐 M Δ Λ 124 2 700

ἐγὼ οὐ κρείνω αὐτόν· οὐ γὰρ ἦλθον ἵνα κρείνω τὸν κόσμον, ἀλλ'   ἵνα σώσω τὸν κόσμον.   B
ἐγὼ οὐ ⋯⋯νω αὐτόν· οὐ γὰρ ἦλθον ἵνα κ⋯⋯ τὸν κόσμον, ἀλ·⋯⋯⋯⋯⋯⋯⋯⋯ y κόσμον.   𝔭75
ἐγὼ οὐ κρείνω αὐτόν· οὐ γὰρ ἦλθον ἵνα κρείνω τὸν κόσμον, ἀλλὰ   σώσω τὸν κόσμον.   D*
ἐγὼ οὐ κρείνω αὐτόν· οὐ γὰρ ἦλθον ἵνα κρείνω τὸν κόσμον, ἀλλ'   ἵνα σώσω τὸν κόσμον.   Dc
ἐγὼ οὐ κρίνω αὐτόν· οὐ γὰρ ἦλθον ἵνα κρίνω τὸν κόσμον, ἀλλὰ ἵνα σώσω τὸν κόσμον.   W
ἐγὼ οὐ κρίνω αὐτόν· οὐ γὰρ ἦλθον ἵνα κρίνω τὸν κόσμον.   579
ἐγὼ οὐ κρίνω αὐτόν· οὐ γὰρ ἦλθον ἵνα κρίνω τὸν κόσμον, ἀλλ'   ἵνα σώσω τὸν κόσμον.   𝔭66 **uwt rell**

48 ὁ ἀθετῶν ἐμὲ καὶ μὴ λαμβάνων τὰ ῥήματά μου ἔχει τὸν κρείνοντα   αὐτόν·   B D
48 ὁ ἀθετῶν ⋯⋯⋯⋯⋯⋯⋯⋯⋯ ἀνων τὰ ῥήματά μου ⋯⋯⋯⋯⋯⋯⋯⋯ ντα   αὐτόν·   𝔭75
48 ὁ ἀθετῶν ἐμὲ καὶ μὴ λαμβάνων τὰ ῥήματά μου ε   κρίνοντα   αὐτόν·   𝔭66*
48 ὁ ἀθετῶν ἐμὲ καὶ μὴ λαμβάνων τὰ ῥήματά μου ἔχει τὸν κρίναντα   αὐτόν·   Δ
48 ὁ ἀθετῶν ἐμὲ καὶ μὴ λαμβάνων τὰ ῥήματά μου ἔχει τὸν κρίνοντα τὰ αὐτόν·   579
48 ὁ ἀθετῶν ἐμὲ καὶ μὴ λαμβάνων τὰ ῥήματά μου ἔχει τὸν κρίνοντα   αὐτόν·   𝔭66c **uwt rell**

ὁ λόγος ὃν   ἐλάλησα ἐκεῖνος κρεινεῖ αὐτὸν ἐν τῇ ἐσχάτῃ ἡμέρᾳ. **49** ὅτι   B D Θ
ὁ λόγος ὃν   ἐλάλησα ἐκεῖνος κρινεῖ αὐτὸν   τῇ ἐσχάτῃ ἡμέρᾳ. **49** ὅτι   𝔭66
ὁ ⋯⋯⋯⋯   ⋯⋯⋯⋯⋯⋯ ινεῖ αὐτὸν ἐν   **49** ⋯⋯   𝔭75
ὁ λόγος ὃν   ἐλάλησα ἐκεῖνος κρινεῖ αὐτὸν ἐν   ἐσχάτῃ ἡμέρᾳ. **49** ὅτι   W
ὁ λόγος ὃν ἐγὼ ἐλάλησα ἐκεῖνος κρινεῖ αὐτὸν ἐν τῇ ἐσχάτῃ ἡμέρᾳ. **49** ὅτι   1346
ὁ λόγος ὃν   ἐλάλησα ἐκεῖνος κρινεῖ αὐτὸν ἐν τῇ ἐσχάτῃ ἡμέρᾳ. **49** ὅτι   **uwt rell**

---

lac. 12.44-49 𝔭45 C N P Γ 28

A **44** εμαι 579 **45** θεορων 788 | θεωρι Θ | πεψαντα G **46** πιστευον F | εμαι 579 | τι (τη) Θ | σκοτεια D 69 2 33 579 1424 | σκοτηα L | μινη ℵ 1071 | μεινει H | μιη L | μηνει 579 | μινει 1346 **47** ακουσει H 2* 579 | πιστευσει H 2* | αυτων 579 | κομον¹ E | κοσμων Θ | εινα 𝔭66 | σω (σωσω) G* | σωσω 1071 **48** λαβανων Λ* | λαμβανον 579

B **41** θ̅υ̅ D Θ f^{13} 69 788 1346 **43** ανων 𝔭66 A E G H Y K L M S U W Δ Θ Λ Π Ψ Ω f^1 118 f^{13} 69 124 2 33 157 565 579 700 788 1071 1346 1424 | θ̅υ̅ B 𝔭66 𝔭75 ℵ A D 𝔐 K L M S U W Δ Θ Λ Π Ψ Ω f^1 118 f^{13} 69 124 2 33 157 565 579 700 788 1071 1346 1424 **44** ι̅ς̅ B 𝔭66 𝔭75 ℵ A 𝔐 K L M S U W Δ Θ Λ Π Ψ Ω f^1 118 f^{13} 124 2 33 157 565 579 700 788 788 1071 1346 1424 | ιης D

C **47** τελος (post κοσμον²) D [ημερα δ´: 12.36-47; τη αγια και μεγαλη ημερα δ´ εις ορθρον: 12.17-47] E H Θ f^{13} 124 2 788 | τε της δ̅ (+ ς̅ M) G Y M f^1 118 | τελ π··· θ̅ν̅ α·ην G **48** τη ε̅ της ς̅ εβε ζ,τ λουκ, κεφ τ̅μ̅ τω κ,ρ,ω αναστασ G

D **46** ριβ/ι ℵ A G L S U Y Λ Π Ψ Ω 118 788 1071 1424 | ρ̅ι̅β̅ D E F H K Θ f^{13} 2 157 1346 | ρ̅ι̅α̅ 579 πιστευσει H **47** ρ̅ι̅β̅ 579 **48** ρ̅ι̅δ̅ f^1

ἐγὼ ἐξ ἐμαυτοῦ οὐκ ἐλάλησα, ἀλλ᾽ ὁ πέμψας με πατὴρ αὐτός   μοι ἐντολὴν   B 𝔓⁶⁶ **uwτ** rell
⋯⋯⋯ ἐξ ἐμαυτο⋯ ⋯⋯⋯⋯ ⋯⋯⋯ ⋯⋯⋯ ⋯⋯⋯ ε πατὴρ αὐτ⋯   ⋯⋯⋯ ⋯⋯⋯   𝔓⁷⁵
ἐξ ἐμαυτοῦ ἐγὼ οὐκ ἐλάλησα, ἀλλ᾽ ὁ πέμψας με πατὴρ αὐτός   μοι ἐντολὴν   D
ἐξ ἐμαυτοῦ οὐκ ἐλάλησα, ἀλλ᾽ ὁ πέμψας με πατὴρ οὗτός   μοι ἐντολὴν   G
ἐγὼ ἀφ᾽ ἐμαυτοῦ οὐκ ἐλάλησα, ἀλλ᾽ ὁ πέμψας με πατὴρ αὐτός   μοι ἐντολὴν   L
ἐγὼ ἐξ ἐμαυτοῦ οὐκ ἐλάλησα, ἀλλ᾽ ὁ πέμψας με πατὴρ αὐτός   ἐντολήν μοι   W
ἐγὼ ἀπ᾽ ἐμαυτοῦ οὐκ ἐλάλησα, ἀλλ᾽ ὁ πέμψας με πατὴρ αὐτός   ἐντολήν μοι   f¹
ἐγὼ ἀπ᾽ ἐμαυτοῦ οὐκ ἐλάλησα, ἀλλ᾽ ὁ πέμψας με πατὴρ αὐτός   μοι ἐντολὴν   f¹³
ἐγὼ ἀπ᾽ ἐμαυτοῦ οὐκ ἐλήλυθα, ἀλλ᾽ ὁ πέμψας με πατὴρ αὐτός   ἐντολήν μοι   565
ἐγὼ ἐξ ἐμαυτοῦ οὐκ ἐλάλησα, ἀλλ᾽ ὁ πέμψας με πατὴρ ἐκεῖνος μοι ἐντολὴν   579
ἐγὼ ἐξ ἐμαυτοῦ οὐκ ἐλήλυθα, ἀλλ᾽ ὁ πέμψας με πατὴρ αὐτός   μοι ἐντολὴν   1071

δέδωκεν τί εἴπω καὶ τί λαλήσω. **50** καὶ οἶδα ὅτι ἡ ἐντολὴ αὐτοῦ ζωὴ αἰώνιός ἐστιν. B 𝔓⁶⁶ ℵ A M W Δ Ψ
⋯⋯⋯ ⋯πω καὶ τί λ⋯⋯ **50** ⋯⋯⋯ ⋯ ἡ ⋯ ὑτοῦ ζωὴ ⋯⋯ 𝔓⁷⁵ [f¹ 124 33 565 **uw**
ἔδωκεν τί εἴπω καὶ τί λαλήσω. **50** καὶ οἶδα ὅτι ἡ ἐντολὴ αὐτοῦ αἰώνιός ἐστιν ζωή. D
δέδωκεν τί εἴπω καὶ τί λαλήσω. **50** καὶ οἶδα ὅτι ἡ ἐντολὴ αὐτοῦ ζωὴ ἐστιν αἰώνιος. f¹³
ἔδωκεν τί εἴπω καὶ τί λαλήσω. **50** καὶ οἶδα ὅτι ἡ ἐντολὴ αὐτοῦ ζωὴ αἰώνιός ἐστιν. L*
δέδωκεν τί εἴπω καὶ τί λαλήσω. **50** καὶ οἶδα ὅτι ἡ ἐντολὴ αὐτῇ ζωὴ αἰώνιός ἐστιν. 579 [↓700 1071 1424 τ
ἔδωκεν τί εἴπω καὶ τί λαλήσω. **50** καὶ οἶδα ὅτι ἡ ἐντολὴ αὐτοῦ ζωὴ αἰώνιός ἐστι. 𝔐 K Lᶜ U Θ Λ Π 2 157

ἃ οὖν ἐγὼ λαλῶ, καθὼς εἴρηκέν μοι ὁ πατήρ,   οὕτως λαλῶ.   B ℵ A L M W Ψ f¹ 157 565 1071 **uw**
ἃ οὖν ἐγὼ λαλῶ, καθὼς εἴρηκέν μοι ὁ πατήρ,   οὕτως λαλῶ.   𝔓⁶⁶
⋯⋯⋯αλῶ, καθὼς ⋯⋯⋯ ⋯⋯⋯ ⋯τως λαλῶ.   𝔓⁷⁵
ἃ οὖν λαλῶ, καθὼς εἴρηκέν μοι ὁ πατήρ,   οὕτως λαλῶ ἤψη.   D
ἃ οὖν λαλῶ ἐγώ, καθὼς εἴρηκέν μοι ὁ πατήρ,   οὕτως λαλῶ.   𝔐 K U Δ Θ Λ Π 2 700
ἃ οὖν λαλῶ ἐγώ, καθὼς εἴρηκέν μοι ὁ πατήρ,   οὕτων λαλῶ.   E
ἃ οὖν λαλῶ ἐγώ, καθὼς εἴρηκέν μοι ὁ πατήρ,   οὕτω λαλῶ.   Y τ
ἃ οὖν ἐγὼ λαλῶ, καθὼς ἐνετείλατο μοι ὁ πατήρ,   οὕτως λαλῶ.   f¹³
ἃ οὖν λαλῶ ἐγώ, καθὼς ἐνετείλατο μοι ὁ πατήρ,   οὕτως λαλῶ.   124
⋯⋯⋯ ⋯⋯⋯ ὁ πατήρ,   οὕτως λαλῶ.   33
ἃ οὖν ἐγὼ λαλῶ,.   579
ἃ οὖν λαλῶ ἐγώ, καθὼς εἴρηκέν μοι ὁ πατήρ μου, οὕτως λαλῶ.   1424

Jesus Washes The Feet Of His Disciples
(Matthew 26.14-16; 11.26-27; Mark 14.10-11; Luke 22.3-6; 10.22)

μ̄ε̄ **13.1** Πρὸ δὲ τῆς ἑορτῆς τοῦ πάσχα εἰδὼς ὁ Ἰησοῦς ὅτι ἦλθεν   αὐτοῦ   B ℵ A Y K L M W Θ Π Ψ f¹
13.1 Πρὸ δὲ τῆς ἑορτῆς τοῦ πάσχα εἰδὼς ὁ Ἰησοῦς ὅτι ἥκει   αὐτοῦ   𝔓⁶⁶ [↑f¹³ 157 565 1071 **nw**
13.1 ⋯⋯⋯ χα ει· ὼ ⋯⋯⋯   𝔓⁷⁵
13.1 Πρὸ δὲ τῆς ἑορτῆς τοῦ πάσχα εἰδὼς ὁ Ἰησοῦς ὅτι παρῆν   αὐτοῦ   D
13.1 Πρὸ δὲ τῆς ἑορτῆς τοῦ πάσχα   33
13.1 Πρὸ δὲ τῆς ἑορτῆς τοῦ πάσχα ἰδὼν ὁ Ἰησοῦς ὅτι ἦλθεν   αὐτοῦ   579
13.1 Πρὸ δὲ τῆς ἑορτῆς τοῦ πάσχα εἰδὼς ὁ Ἰησοῦς ὅτι ἐλήλυθεν αὐτοῦ   𝔐 U Δ Λ 124 2 700 1424 τ

ἡ ὥρα ἵνα μεταβῇ ἐκ τοῦ κόσμου τούτου πρὸς τὸν πατέρα,   ἀγαπήσας τοὺς ἰδίους τοὺς   B **uτ** rell
⋯⋯⋯ α ἵνα ⋯⋯⋯ π ⋯⋯⋯ ἰδίους τοὺς   𝔓⁷⁵
ἡ ὥρα ἵνα μεταβῇ ἐκ τούτου τοῦ κόσμου πρὸν   πατέρα,   ἀγαπήσας τοὺς ἰδίους τοὺς   𝔓⁶⁶ⁱ
ἡ ὥρα ἵνα μεταβῇ ἐκ τούτου τοῦ κόσμου πρὸς τὸν πατέρα,   ἀγαπήσας τοὺς ἰδίους τοὺς   𝔓⁶⁶ᶜ
ἡ ὥρα ἵνα μεταβῇ ἐκ τοῦ κόσμου τούτου πρὸς τὸν πατέρα,   ἀγαπήσας τοὺς Ἰουδαίους τοὺς   ℵ*
⋯⋯⋯ μεταβῇ ἐκ τοῦ κόσμου τούτου πρὸς τὸν πατέρα,   ἀγαπήσ   33
ἡ ὥρα ἵνα μεταβῇ ἐκ τοῦ κόσμου τούτου πρὸς τὸν πατέρα—ἀγαπήσας τοὺς ἰδίους τοὺς   w

---

lac. 12.49-13.1 𝔓⁴⁵ C N P Γ 28

A 49 αιλαλησα Θ ¦ εδωκε Y 157 700 ¦ εδοκεν L* ¦ δεδοκεν 13 ¦ δεδωκε 118 69 **50** εντωλη 2 ¦ ειρικεν F ¦ ειρηκε Y 118 157 700 ¦ ουτος 13 69 1346 **13.1** του (τουτου) 69

B 49 π̄η̄ρ̄ 𝔓⁶⁶ A 𝔐 K L M S U W Δ Θ Λ Π Ψ Ω f¹ 118 f¹³ 69 124 2 33 157 565 579 700 788 1071 1346 1424 **50** π̄η̄ρ̄ 𝔓⁶⁶ A 𝔐 K L M S U W Δ Θ Λ Π Ψ Ω f¹ 118 f¹³ 69 124 33 157 565 700 788 1071 1346 1424 **13.1** ι̅ς̅ B 𝔓⁶⁶ ℵ A 𝔐 K L M S U W Δ Θ Λ Π Ψ Ω f¹ 118 f¹³ 124 2 157 565 579 700 788 1071 1346 1424 ¦ τη̅ς̅ D ¦ π̄ρ̄ᾱ 𝔓⁶⁶ A 𝔐 K L M S U W Δ Θ Λ Π Ψ Ω f¹ 118 f¹³ 69 124 2 33 157 565 579 700 788 1071 1346 1424

C 50 τελος (post λαλω) E F² 157 ¦ τε̅ τη α̅ γι̅ δ̅ Ω ¦ τελ του ορθ f¹³ 1346 **13.1** αρχ F Λ f¹³ ¦ αρχη: ευαγ δ̅ του νηπτι.: προ δε της εορτης του πασχ H ¦ εις τ νιπτηρα S ¦ αρχ μ̅δ̅ ευα τη νιπτηρ προ τς εορτης του πασχ f¹ ¦ αρχ μ̅δ̅ του νιπτηρας: τω εἰδως ο ι̅ς̅ οτι εληλυθ αυτου 118 ¦ αρχ τη αγια ε εις τ νιπτηρα 124 ¦ αρχ εις τον ορθρον τη αγ̅ δ̅ 157 ¦ ι̅ς̅ πε του νιπτηρος Λ ¦ αρχ εις τ νιπτηρα 788 ¦ αρχ εις τ νιπτηρα προ του νιψασθ 1346 ¦ (ante αγαπησας) ι̅ς̅ πε του νιπτηρος M U ¦ τελ S

D 13.1 ρ̄ῑβ̄ f¹

ι̅ς̅ περὶ τοῦ νιπτῆρος

ἐν τῷ κόσμῳ εἰς τέλος ἠγάπησεν αὐτούς. 2 καὶ δίπνου γινομένου, τοῦ διαβόλου B* L
ἐν τῷ κόσμῳ εἰς τέλος ἠγάπησεν αὐτούς. 2 καὶ <u>δείπνου</u> γινομένου, τοῦ διαβόλου B^c Ψ 579 u[w]
ἐν τῷ κόσμῳ εἰς τέλος ἠγάπησεν αὐτούς. 2 καὶ δίπνου <u>γεναμένου</u>, τοῦ <u>τε</u> διαβόλου 𝔓66
ἐν τῷ κόσμῳ εἰς τέλος ἠγάπησεν αὐτούς. 2 καὶ δίπνου <u>γεινομένου</u>, τοῦ διαβόλου ℵ*
ἐν τῷ κόσμῳ εἰς τέλος ἠγάπησεν αὐτούς. 2 καὶ δίπνου <u>γενομένου</u>, τοῦ διαβόλου ℵ^c Θ
ἐν τῷ κόσμῳ εἰς τέλος ἠγάπησεν αὐτούς. 2 καὶ δίπνου <u>γενομένου</u>, τοῦ <u>τε</u> διαβόλου A
ἐν τῷ κόσμῳ εἰς τέλος ἠγάπησεν αὐτούς. 2 καὶ δίπνου <u>γεινομένου</u>, τοῦ διαβόλου W
┄┄┄┄ ┄┄┄┄┄λος ἠγάπησεν αὐτούς. 2 καὶ <u>δείπνου</u> γενομένου, τ┄┄ ┄┄┄┄┄┄ 33
┄┄┄ ┄┄┄ εἰς τέλος ἠγάπησεν αὐτούς. 2 καὶ <u>δείπνου</u> <u>γενομένου</u>, τοῦ διαβόλου 28
ἐν τῷ κόσμῳ εἰς τέλος ἠγάπησεν αὐτούς—2 καὶ <u>δείπνου</u> γινομένου, τοῦ διαβόλου [w]
ἐν τῷ κόσμῳ εἰς τέλος ἠγάπησεν αὐτούς. 2 καὶ <u>δείπνου</u> <u>γενομένου</u>, τοῦ διαβόλου D 𝔐 K M U Δ
                                              Λ Π f¹ f¹³ 2 157 565 700 1071 1424 τ

ἤδη βεβληκότος εἰς τὴν καρδίαν ἵνα παραδοῖ αὐτὸν Ἰούδας Σίμωνος Ἰσκαριώτης, B ℵ* w
ἤδη βεβληκότος εἰς τὴν καρδίαν ἵνα <u>παραδῶ</u> αὐτὸν Ἰούδας Σίμωννος Ἰσκαριώτης, 𝔓66
ἤδη βεβληκότος εἰς τὴν καρδίαν ἵνα <u>παραδῶ</u> αὐτὸν Ἰούδας Σίμωνος Ἰσκαριώτης, ℵ^c
ἤδη βεβληκότος εἰς τὴν καρδίαν ἵνα <u>παραδῶ</u> αὐτὸν Ἰούδας Σίμωνος <u>Ἰσκαριώτου</u>, L M Ψ
ἤδη βεβληκότος εἰς τὴν καρδίαν ἵνα <u>παραδῶ</u> αὐτὸν Ἴδας Σίμωνος <u>Ἰσκαριώτη</u>, W
ἤδη βεβληκότος εἰς τὴν καρδίαν ἵνα παραδοῖ αὐτὸν Ἰούδας Σίμωνος <u>Ἰσκαριώτου</u>, u
┄┄┄┄ ┄┄┄┄┄ ┄┄┄ ┄┄┄┄ ┄┄┄┄┄ 565
ἤδη βεβληκότος εἰς τὴν καρδίαν Ἰούδα Σίμωνος Ἰσκαριώτου ἵνα αὐτὸν παραδῶ, A
ἤδη βεβληκότος εἰς τὴν καρδίαν Ἰούδα Σίμωνος ἀπὸ Καρυώτου ἵνα παραδοῖ αὐτόν, D*
ἤδη βεβληκότος εἰς τὴν καρδίαν Ἰούδα Σίμωνος ἀπὸ Καρυώτου ἵνα παραδῶ αὐτόν, D^c
ἤδη βεβληκότος εἰς τὴν καρδίαν Σίμωνος Ἰσκαριώτου ἵνα αὐτὸν παραδοῖ, f¹³
ἤδη βεβληκότος εἰς τὴν καρδίαν Σίμωνος Ἰσκαριώτου ἵνα αὐτὸν παραδῶ, 69 124 788 1346
┄┄┄ ┄┄┄ καρδίαν Ἰούδα Σίμωνος Ἰσκαριώτου ἵνα αὐτὸν ┄┄┄ 33
ἤδη βεβληκότος εἰς τὴν καρδίαν Ἰούδα Σίμων ὁ Ἰσκαριώτης ἵνα παραδῶ αὐτόν, 579
ἤδη βεβληκότος εἰς τὴν καρδίαν Ἰούδα Σίμωνος Ἰσκαριώτου ἵνα αὐτὸν παραδῶ , 𝔐 K U Δ Θ Λ Π f¹
                                         2 28 157 700 1071 1424 τ

3 εἰδὼς ὅτι πάντα ἔδωκεν αὐτῷ ὁ πατὴρ εἰς τὰς χεῖρας καὶ ὅτι ἀπὸ B ℵ L W uw
3 εἰδὼς ὅτι πάντα <u>δέδωκεν</u> αὐτῷ ὁ πατὴρ εἰς τὰς χεῖρας καὶ ὅτι ἀπὸ 𝔓66 D 1071*
3 εἰδὼς <u>ὁ Ἰησοῦς</u> ὅτι πάντα <u>δέδωκεν</u> αὐτῷ ὁ πατὴρ <u>αυ</u> εἰς τὰς χεῖρας καὶ ὅτι ἀπὸ E*
3 εἰδὼς <u>ὁ Ἰησοῦς</u> ὅτι πάντα ἔδωκεν αὐτῷ ὁ πατὴρ εἰς τὰς χεῖρας καὶ ὅτι ἀπὸ K
3 εἰδὼς <u>δὲ</u> <u>ὁ Ἰησοῦς</u> ὅτι πάντα <u>δέδωκεν</u> αὐτῷ ὁ πατὴρ εἰς τὰς χεῖρας καὶ ὅτι ἀπὸ Ω f¹³
3 εἰδὼς ὅτι πάντα ἔδωκεν αὐτῷ ὁ πατὴρ εἰς τὰς χεῖρας καὶ ὅτι ἀπὸ <u>τοῦ</u> f¹
3 εἰδὼς <u>ὁ Ἰησοῦς</u> ὅτι πάντα <u>δέδωκεν</u> αὐτῷ ὁ πατὴρ εἰς τὰς χεῖρας καὶ ὅτι ἀπὸ <u>του</u> 118
3 ┄┄┄┄ ┄┄ ┄┄┄┄┄ ┄┄<u>κεν</u> αὐτῷ ὁ πατὴρ εἰς τὰς χεῖρας καὶ ὅτι ἀπὸ 33
3 εἰδὼς <u>ὁ Ἰησοῦς</u> ὅτι πάντα <u>δέδωκεν</u> αὐτῷ ὁ πατὴρ εἰς τὰς χεῖρας καὶ ὅτι ἀπὸ A 𝔐 M U Δ
                                         Θ Λ Π Ψ 2 28 157 1071^c 1424 τ

---

lac. 13.1-3 𝔓45 𝔓75 C N P Γ | vss. 2-4 565 | vs. 1 28

A 13.1 το (τω) 579 | ειγαπησεν 579 **2** διπνου Δ | ηδι 2 1346 | ηδει 579 | βληκοτος F* | βεβληκοτως 579 | ις (εις) D* | αυτων 579
3 ιδως ℵ 13 28 579 | χιρας ℵ

B 3 ι̅ς̅ A 𝔐 K M S U Δ Θ Λ Π Ψ Ω f¹ 118 f¹³ 124 2 28 157 579 700 788 1071^c 1346 1424 | π̅η̅ρ̅ 𝔓66 A 𝔐 K L M S U W Δ Θ Λ
Π Ψ Ω f¹ 118 f¹³ 69 124 2 33 28 157 579 700 788 1071 1346 1424

C 2 ι̅ς̅ A | ι̅ς̅ (ι̅ζ̅ F K) περι του νιπτηρος (νηπτηρος H 579) 𝔐 K L Ω f¹ 124 28 579 | αρξ (αρχ F²) της μεγαλης ε̅ E F²
3 ανναγνοσμα εις τιν μεγαλην πεμπτη D | αρχη: αρξ προς μεγ ε̅ G | αρξ της μεγαλης ε̅ H | αρχ: ευαγγε του νιπτηρ,ο τω κ,ρ,ω
ειδως ο ις οτι παντ Υ | αρξ Θ | αρχ τη αγ και μγ ε 157 | ις περι του νιπτηρος Π 157 700 1071 | αρχ ευαγγε του
νιπτηρ,ο Ψ | αρξ αρ της μ,γλ ε̅ εως του εαυτ ποιηται εαυτα f¹ | αρξ αρχ της μ,γλ ε̅: τω καιρω εκεινω ειδως ο ις 118 | αρξου τη
αγι ε f¹³ | 124 | αρξου τη αγια ε̅ εις τ λειτ 788 1071 | αρξου τη αγια ε εις τ λειτ του πολοιπ του κ,τ μθ 1346

D 2 ριγ/θ̅ ℵ E G M S U Υ Λ Π Ω 118 124 1424 | ρι̅γ̅/α̅ A L | ρ̅ι̅γ̅ D F H K Θ f¹³ 2 157 565 1071 1346 | ρ̅ι̅γ̅/ζ̅ 788 | Ευ Ιω ρ̅ι̅γ̅ : Λο
σ̅ξ̅η̅ : Μρ . : Μθ . E | Ιω ρ̅ι̅γ̅ : Λο σ̅ξ̅β̅ : Μτ ρ̅ι̅α̅ 124 | (ante ινα) ρι̅δ̅/γ̅ L **3** ρι̅δ̅/γ̅ ℵ A E M S Υ Λ Π Ψ Ω 118 124 788 1071 1424 | ρ̅ι̅δ̅
D F H Θ f¹ 2 157 1346 | ρι̅δ̅/ι̅ G 28 | Ιω ρ̅ι̅δ̅ : Λο ρ̅ι̅θ̅ : Μτ . 124 | Ευ Ιω ρι̅δ̅ : Λο ρ̅ι̅θ̅ : Μρ . : Μθ ρ̅ι̅α̅ E | (ante και οτι) ρι̅ε̅/ι̅ ℵ A E
M Υ Λ Π Ψ Ω 788 1424 | ρι̅ε̅ D F H f¹ 1346 | ρι̅ε̅/ε̅ L | ρι̅δ̅/γ̅ U | ρι̅ε̅/γ̅ 28 | Ευ Ιω ρ̅ι̅ε̅ : Λο . : Μρ . : Μθ . E

θεοῦ ἐξῆλθεν καὶ   πρὸς τὸν θεὸν ὑπάγει, **4** ἐγείρεται ἐκ τοῦ δείπνου καὶ τίθησιν B **uwτ** rell
θεοῦ ἐξῆλθεν καὶ   πρὸς τὸν θεὸν ὑπάγει, **4** ἐγείρεται ἐκ τοῦ <u>δίπνου</u> καὶ τίθησιν 𝔓⁶⁶ א A W
θεοῦ ἐξῆλθεν καὶ <u>ὅτι</u> πρὸς τὸν θεὸν ὑπάγει, **4** ἐγείρεται ἐκ τοῦ δείπνου καὶ τίθησιν D
θεοῦ ἐξῆλθεν καὶ   πρὸς   θεὸν ὑπάγει, **4** ἐγείρεται ἐκ τοῦ δείπνου καὶ τίθησιν Λ Π
θεοῦ ἐξῆλ…… …… …… **4** …… ἐκ τοῦ δείπνου καὶ τίθησιν 33
θεοῦ ἐξῆλθεν καὶ   πρὸς τὸν θεὸν ὑπάγει, **4** ἐγείρεται τοῦ δείπνου καὶ τίθησιν 124 28

τὰ ἱμάτια   καὶ λαβὼν λέντιον διέζωσεν   ἑαυτόν· **5** εἶτα   B **uwτ** rell
τὰ ἱμάτια <u>αὐτοῦ</u> καὶ λαβὼν λέντιον διέζωσεν   ἑαυτόν· **5** εἶτα <u>λαβὼν</u> D 124
τὰ ἱμάτια   καὶ λαβὼν λέντιον <u>περιέξωσεν</u>   ἑαυτόν· **5** εἶτα   Δ
τὰ ἱμάτια   καὶ λαβὼν λέντιον διέζωσεν <u>διέζωσεν</u> ἑαυτόν· **5** εἶτα <u>λαβὼν</u> 13*
τὰ ἱμάτια   καὶ λαβὼν λέντιον διέζωσεν   ἑαυτόν· **5** εἶτα <u>λαβὼν</u> 13ᶜ 69 788 1346
τὰ ἱμάτια   καὶ λαβὼν ……   …… **5**   33
τὰ ἱμάτια <u>αὐτοῦ</u> καὶ λαβὼν λέντιον <u>διεζώσατο</u>   <u>αὐτόν·</u> **5** εἶτα   579

βάλλει ὕδωρ εἰς τὸν νιπτῆρα   καὶ ἤρξατο νίπτειν τοὺς πόδας τῶν μαθητῶν   B **uwτ** rell
βάλλει ὕδωρ εἰς τὸν <u>ποδανιπτῆρα</u> καὶ ἤρξατο νίπτειν τοὺς πόδας τῶν μαθητῶν   𝔓⁶⁶
βάλλει ὕδωρ εἰς τὸν νιπτῆρα   καὶ <u>ἤρξαντο</u> νίπτειν τοὺς πόδας τῶν μαθητῶν   A*
<u>ὕδωρ</u> <u>βάλλει</u> εἰς τὸν νιπτῆρα   καὶ ἤρξατο νίπτειν τοὺς πόδας τῶν μαθητῶν <u>αὐτοῦ</u> D
<u>ὕδωρ</u> <u>βάλλει</u> εἰς τὸν νιπτῆρα   καὶ ἤρξατο νίπτειν τοὺς πόδας τῶν μαθητῶν   ƒ¹³
<u>βαλεῖ</u> ὕδωρ εἰς τὸν νιπτῆρα   καὶ ἤρξατο νίπτειν τοὺς πόδας τῶν μαθητῶν   G
…… ὕδωρ εἰς τὸν νιπτῆρα   καὶ ἤρξατο νίπτειν τοὺς πόδ…… …… 33
<u>βάλλη</u> ὕδωρ εἰς τὸν <u>νειπτῆραν</u>   καὶ <u>ἤρξαντον</u> νίπτειν τοὺς πόδας τῶν μαθητῶν   579

καὶ ἐκμάσσειν τῷ λεντίῳ ᾧ ἦν διεζωσμένος. **6** ἔρχεται οὖν πρὸς   Σίμωνα Πέτρον· B 𝔓⁶⁶ **uwτ** rell
καὶ ἐκμάσσειν τῷ λεντίῳ ᾧ ἦν <u>διεσζωσμένος.</u> **6** ἔρχεται οὖν πρὸς <u>τὸν</u> <u>Πέτρον</u> <u>Σίμωνα·</u> D
καὶ ἐκμάσσειν τῷ λεντίῳ ᾧ ἦν <u>διεζωσμένος.</u> **6** ἔρχεται οὖν πρὸς   Σίμωνα Πέτρον· L
καὶ ἐκμάσσειν τῷ λεντίῳ ᾧ ἦν διεζωσμένος. **6** ἔρχεται πρὸς   Σίμωνα Πέτρον· U
καὶ ἐκμάσσειν λεντίῳ ᾧ ἦν διεζωσμένος. **6** ἔρχεται οὖν πρὸς   Σίμωνα Πέτρον· Δ
καὶ ἐκμάσσειν τῷ λεντίῳ ᾧ ἦν διεζωσμένος. **6** ἔρχεται οὖν πρὸς <u>τὸν</u> Σίμωνα Πέτρον· 69
καὶ ἐκμάσσειν τῷ λεντίῳ ᾧ ἦν διεζωσμένος. **6** ἔρχεται οὖν πρὸς   Πέτρον· 2*
…… …… ᾧ ἦν διεζωσμένος. **6** ἔρχεται οὖν πρὸς   Σίμωνα Π…… 33
καὶ ἐκμάσσειν τῷ λεντίῳ <u>ὃ</u> ἦν διεζωσμένος. **6** ἔρχεται οὖν πρὸς   Σίμωνα Πέτρον· 1424

    λέγει αὐτῷ,   Κύριε, σύ μου νίπτεις τοὺς πόδας; **7** ἀπεκρίθη Ἰησοῦς καὶ B 𝔓⁶⁶ **uw**
<u>καὶ</u> λέγει αὐτῷ,   σύ μου νίπτεις τοὺς πόδας; **7** ἀπεκρίθη Ἰησοῦς καὶ א*
    λέγει αὐτῷ <u>ἐκεῖνος</u>, Κύριε, σύ μου νίπτεις τοὺς πόδας; **7** ἀπεκρίθη Ἰησοῦς καὶ D L
<u>καὶ</u> λέγει αὐτῷ <u>ἐκεῖνος</u>, Κύριε, σύ μου νίπτεις τοὺς πόδας; **7** ἀπεκρίθη <u>ὁ</u> Ἰησοῦς καὶ K M Δᶜ ƒ¹³ 579
<u>καὶ</u> λέγει αὐτῷ <u>οὐχ ἐκεῖνος</u>, Κύριε, σύ μου νίπτεις τοὺς πόδας **7** ἀπεκρίθη Ἰησοῦς καὶ Δ*
…… ……πτεις τοὺς πόδας; **7** ἀπεκρίθη <u>ὁ</u> Ἰησοῦς 33
    λέγει αὐτῷ <u>ἐκεῖνος</u>, Κύριε, σύ μου νίπτεις τοὺς πόδας; **7** ἀπεκρίθη <u>ὁ</u> Ἰησοῦς 157
<u>καὶ</u> λέγει αὐτῷ <u>ἐκεῖνος</u>, Κύριε, σύ μου νίπτεις τοὺς πόδας; **7** ἀπεκρίθη Ἰησοῦς καὶ אᶜ A 𝔐 U W Θ Λ
    Π Ψ ƒ¹ 69 124 2 28 700 1071 1424 τ

---

lac. **13.3-7** 𝔓⁴⁵ 𝔓⁷⁵ C N P Γ 565

A 3 εξηθεν G ¦ εξηλθε Y U 118 157 700 **4** εγειρετε 𝔓⁶⁶ Θ 28 1071 ¦ τιθησι S Y U Ψ Ω ƒ¹ 118 124 28 69 157 700 788 ¦ τιθεισιν Θ 579 ¦ λαβον K ¦ λεντιων 579 **5** νιπτιν E* U ¦ νιπτην 13 1346 ¦ νειπτιν 579 **5** εκμασσιν E* W ¦ εκμασσει 69 ¦ εκμασσειν 579 ¦ ο (ῳ) Ω 28 ¦ διεζοσμενος 1071 **6** ερχετε Θ 579 1071 ¦ λεγι א ¦ εκινος אᶜ ¦ νιπτις א M U W ¦ νιπτης 13 579 1346 1424

B 3 θ̄ῡ, θ̄ν B 𝔓⁶⁶ א A D 𝔐 K L M S U W Δ Θ Λ Π Ψ Ω ƒ¹ 118 ƒ¹³ 69 124 2 28 157 579 700 788 1071 1346 1424 ¦ θ̄ῡ 33 **6** κ̄ε B 𝔓⁶⁶ א A D 𝔐 K L M S U W Δ Θ Λ Π Ψ Ω ƒ¹ 118 ƒ¹³ 69 124 2 28 157 579 700 788 1071 1346 1424 7 ῑς B 𝔓⁶⁶ א A 𝔐 K L M S U W Δ Θ Λ Π Ψ Ω ƒ¹ ƒ¹³ 124 2 33 28 157 700 788 1071 1346 1424 ¦ ῑης D

C 4 ῑς περι του νιπτηρος Δ (ante vs. 5 Θ) **6** πρωτον του ιουδα Λᵐᵍ

D 4 ρ̄ιε̄ Θ 2 ¦ ρ̄ιε̄/ῑ U 118 124 ¦ Ιω ρ̄ιε̄ : Λο . : Μτ . 124 **7** ρ̄ιδ̄ K

εἶπεν αὐτῷ, Ὃ ἐγὼ ποιῶ σὺ οὐκ οἶδας ἄρτι, γνώσῃ δὲ με ταῦτα. **8** λέγει αὐτῷ B*
εἶπεν αὐτῷ, Ὃ ἐγὼ ποιῶ σὺ οὐκ οἶδας ἄρ, γνώσῃ δὲ μετὰ ταῦτα. **8** λέγει αὐτῷ 𝔭66*
εἶπεν αὐτῷ, Ὃ ἐγὼ ποιῶ σὺ οὐκ οἶδας γὰρ τι, γνώσῃ δὲ μετὰ ταῦτα. **8** λέγει αὐτῷ 𝔭66c.2
εἶπεν αὐτῷ, Ἃ ἐγὼ ποιῶ σὺ οὐκ οἶδας ἄρτι, γνώσῃ δὲ μετὰ ταῦτα. **8** λέγει αὐτῷ ℵ*
.... **8** λέγει αὐτῷ C
εἶπεν αὐτῷ, Ὃ ἐγὼ ποιῶ σὺ οὐκ οἶδας ἄρτι, γνώσῃ δὲ μετὰ ταῦτα. **8** λέγει αὐτῷ ὁ L f13
εἶπεν αὐτῷ, Ὃ ἐγὼ ποιῶ σοι οὐκ οἶδας τι, γνώσῃ δὲ μετὰ ταῦτα. **8** λέγει αὐτῷ W
εἶπεν αὐτῷ, Ὃ ἐγὼ ποιῶ οὐκ οἶδας ἄρτι, γνώσῃ δὲ μετὰ ταῦτα. **8** λέγει αὐτῷ ὁ Δ
Ὃ ἐγὼ ποιῶ σ··· .... **8** λέγει αὐτῷ 33
Ὃ ἐγὼ ποιῶ σὺ οὐκ οἶδας ἄρτι, γνώσῃ δὲ μετὰ ταῦτα. **8** λέγει αὐτῷ ὁ 157
εἶπεν αὐτῷ, **8** 579 [↓rell
εἶπεν αὐτῷ, Ὃ ἐγὼ ποιῶ σὺ οὐκ οἶδας ἄρτι, γνώσῃ δὲ μετὰ ταῦτα. **8** λέγει αὐτῷ 𝔭66c.1 **uwτ**

Πέτρος, Οὐ μὴ νίψῃς μου τοὺς πόδας εἰς τὸν αἰῶνα. ἀπεκρίθη Ἰησοῦς αὐτῷ, B C* L uw
Πέτρος, Οὐ μὴ νίψῃς μου τοὺς πόδας εἰς τὸν αἰῶνα. ἀπεκρίθη αὐτῷ Ἰησοῦς, 𝔭66 W
.... ·ς τὸν αἰῶνα. ·····ρί··· 𝔭75
Πέτρος, Οὐ μὴ νίψῃς τοὺς πόδας μου εἰς τὸν αἰῶνα. ἀπεκρίθη αὐτῷ ὁ Ἰησοῦς, ℵ 𝔐 M U Λ 124 2 28
Πέτρος, Οὐ μὴ νίψῃς τοὺς πόδας μου εἰς τὸν αἰῶνα. ἀπεκρίθη Ἰησοῦς αὐτῷ, A [↑700 1424 τ
Πέτρος, Οὐ μὴ νίψῃς τοὺς πόδας μου εἰς τὸν αἰῶνα. ἀπεκρίθη Ἰησοῦς, Cc Ψ
Πέτρος, Κύριε, οὐ μὴ μου νίψῃς τοὺς πόδας εἰς τὸν αἰῶνα. ἀπεκρίθη Ἰησοῦς, D
Πέτρος, Οὐ μὴ νίψῃς τοὺς πόδας μου εἰς τὸν αἰῶνα. ἀπεκρίθη αὐτῷ Ἰησοῦς, E G K S Δ Π Ω
Πέτρος, Κύριε, οὐ μὴ νίψῃς τοὺς πόδας μου εἰς τὸν αἰῶνα. ἀπεκρίθη αὐτῷ Ἰησοῦς, Θ
Πέτρος, Οὐ μὴ μου νίψῃς τοὺς πόδας εἰς τὸν αἰῶνα. ἀπεκρίθη αὐτῷ ὁ Ἰησοῦς, f1 f13
Πέτρος, Οὐ μὴ νίψῃς τοὺς πόδας μου εἰ··· 33
Πέτρος, Οὐ μὴ νίψῃς μου τοὺς πόδας εἰς τὸν αἰῶνα. ἀπεκρίθη ὁ Ἰησοῦς, 157
om. 579
Πέτρος, Οὐ μὴ μου νίψῃς τοὺς πόδας εἰς τὸν αἰῶνα. ἀπεκρίθη Ἰησοῦς καὶ εἶπεν, 1071

Ἐὰν μὴ νίψω σε, οὐκ ἔχεις μέρος μετ' ἐμοῦ. **9** λέγει αὐτῷ Πέτρος Σίμων, Κύριε, B
.... μὴ .... ·χε· .... **9** λέγει α .... ·μῳ· 𝔭75
Ἐὰν μὴ νίψω σε, οὐκ ἔχεις μέρος μετ' ἐμοῦ. **9** λέγει αὐτῷ Σίμων Πέτρος, ℵ*
Ἐὰν μὴ νίψω σε, οὐκ ἔχεις μέρος μετ' ἐμοῦ. **9** λέγει αὐτῷ Πέτρος, Κύριε, D
Ἐὰν μὴ νίψω σε, οὐκ ἔχεις μέρος μετ' ἐμοῦ. **9** λέγει αὐτῷ Σίμω Πέτρος, Κύριε, F
Ἐὰν μὴ νίψω σε, οὐκ ἔχεις μέρος μετ' ἐμοῦ. **9** λέγει αὐτῷ Πέτρος Σείμων, Κύριε, W
Ἐὰν μὴ νίψω σε, οὐκ ἔχει μέρος μετ' ἐμοῦ. **9** λέγει αὐτῷ Σίμων Πέτρος, Κύριε, Λ
.... νίψω σε, οὐκ ἔχεις μέρος μετ' ἐμοῦ. **9** λέγει αὐτῷ 33
Ἐὰν μὴ νίψω σε, οὐκ ἔχεις μέρος μετ' μου. **9** λέγει αὐτῷ Σίμων Πέτρος, Κύριε, 1424
Ἐὰν μὴ νίψω σε, οὐκ ἔχεις μέρος μετ' ἐμοῦ. **9** λέγει αὐτῷ Σίμων Πέτρος, Κύριε, 𝔭66 ℵc A C 𝔐 K L M
U Δ Θ Π Ψ f1 f13 2 28 157 579 700 1071 **uwτ**

[↓rell
μὴ τοὺς πόδας μου μόνον ἀλλὰ καὶ τὰς χεῖρας καὶ τὴν κεφαλήν. **10** λέγει B 124 788 1346 **uwτ**
μὴ τοὺς πόδας μόνον ἀλλὰ καὶ τὰς χεῖρας καὶ τὴν κεφαλήν. **10** λέγει 𝔭66 E G H 69 2
.... ·ὀδ···· ··· ·ν··ν .... ·ς καὶ ····· **10** 𝔭75
μὴ μόνον τοὺς πόδας ἀλλὰ καὶ τὰς χεῖρας καὶ τὴν κεφαλήν. **10** λέγει D
μὴ τοὺς πόδας μου μόνον ἀλλὰ καὶ τὰς χεῖρας μου καὶ τὴν κεφαλήν. **10** λέγει F f13
.... ἀλλὰ καὶ τὰς χεῖρας καὶ τὴν κεφαλήν. **10** λέγει 33
μὴ τοὺς πόδας μου μόνον ἀλλὰ καὶ τὴν κεφαλήν μου. **10** λέγει 157*
μὴ τοὺς πόδας μου μόνον ἀλλὰ καὶ τὰς χεῖρας καὶ τὴν κεφαλήν μου. **10** λέγει 157c

lac. **13.7-10** 𝔭45 N P Γ 565 ¦ vss. 8, 10 𝔭75

A **7** αρ 𝔭66* ¦ αρτη 28 | γνωσει K U 13 69 2 1071 **8** νιψεις D 1 2 | των (τον) Θ | σαι (σε) 579 **9** λεγι 𝔭66 | χει 𝔭66* ¦ χιρας ℵ | καιφαλην D **7** 1346 | εσται L W **5**

B **8** κε D Θ | ις B 𝔭66 ℵ A C 𝔐 K L M S U W Δ Θ Λ Π Ψ Ω f1 118 f13 124 2 28 157 700 788 1071 1346 1424 ¦ της D **9** κε B 𝔭66 ℵc A C D 𝔐 K L M S U W Δ Θ Λ Π Ψ Ω f1 118 f13 69 124 2 28 157 579 700 788 1071 1346 1424

D **10** ριε K

αὐτῷ		Ἰησοῦς,	Ὁ λελουμένος οὐκ	ἔχει χρείαν εἰ μὴ	τοὺς πόδας	νίψασθαι,	B [w]
αὐτῷ ὁ	Ἰησοῦς,	Ὁ λελουμένος οὐκ	ἔχει χρείαν εἰ μὴ	τοὺς πόδας μόνον	νίψασθαι,	𝔓66
αὐτῷ ὁ	Ἰησοῦς,	Ὁ λελουμένος οὐκ	ἔχει χρείαν		νίψασθαι,	ℵ
αὐτῷ ὁ	Ἰησοῦς,	Ὁ λελουμένος οὐκ	ἔχει χρείαν ἢ	τοὺς πόδας	νίψασθαι,	A
αὐτῷ ὁ	Ἰησοῦς,	Ὁ λελουμένος οὐκ	ἔχει χρείαν εἰ μὴ	τοὺς πόδας	νίψασθαι,	C* W u
αὐτῷ ὁ	Ἰησοῦς,	Ὁ λελουμένος οὐ	χρείαν ἔχει τὴν κεφαλὴν νίψασθαι εἰ μὴ τοὺς πόδας μόνον,			D
αὐτῷ ὁ	Ἰησοῦς,	Ὁ λελουμένος οὐ	χρείαν ἔχει	τοὺς πόδας	νίψασθαι,	F H 2
αὐτῷ ὁ	Ἰησοῦς,	Ὁ λελουμένος οὐ	χρείαν ἔχει εἰ μὴ	τοὺς πόδας μόνον	νίψασθαι,	L Π 69 157
αὐτῷ ὁ	Ἰησοῦς,	Ὁ λελουμένος οὐ	χρείαν ἔχει εἰ μὴ	τοὺς πόδας μόνον	νίψασθαι,	Θ
αὐτῷ ,		Ὁ λελουμένος οὐκ	ἔχει χρείαν εἰ μὴ	τοὺς πόδας	νίψασθαι,	Ψ
αὐτῷ ὁ	Ἰησοῦς,	Ὁ λελουμένος οὐ	χρείαν ἔχει εἰ μὶ	τοὺς πόδας	νίψασθαι,	f13
αὐτῷ ὁ	Ἰησοῦς,	Ὁ λελουσμένος οὐ	χρείαν ἔχει ἢ	τοὺς πόδας	νίψασθαι,	124
αὐ····		········ ······	········ ···	τοὺς πόδας	νίψασθαι,	33
αὐτῷ ὁ	Ἰησοῦς,	Ὁ λελουμένος οὐ	χρείαν ἔχει			579
αὐτῷ ὁ	Ἰησοῦς,	Ὁ λελουσμένος οὐ	χρείαν ἔχει εἰ μὴ τοὺς πόδας		νίψασθαι,	788 1346
αὐτῷ ὁ	Ἰησοῦς,	Ὁ λελουμένος οὐχ ἂν	ἔχει εἰ μὴ τοὺς πόδας		νίψασθαι,	1071
αὐτῷ		Ἰησοῦς,	Ὁ λελουμένος οὐκ	ἔχει χρείαν ἢ	τοὺς πόδας νίψασθαι μόνον,	1424
αὐτῷ			Ὁ λελουμένος οὐκ	ἔχει χρείαν		νίψασθαι,	[w]
αὐτῷ ὁ	Ἰησοῦς,	Ὁ λελουμένος οὐ	χρείαν ἔχει ἢ	τοὺς πόδας	νίψασθαι,	Cc 𝔐 K M U Δ Λ f1 28 700 τ

ἀλλ'	ἔστιν καθαρὸς ὅλος· καὶ ὑμεῖς καθαροί ἐστε, ἀλλ' οὐχὶ πάντες.	11	ἤδει γὰρ	B 𝔓66 124 uwτ rell
ἀλλὰ	ἔστιν καθαρὸς ὅλος· καὶ ὑμεῖς καθαροί ἐστε, ἀλλ' οὐχὶ πάντες.	11	ἤδει γὰρ	ℵ 157
ἔστιν	γὰρ καθαρὸς ὅλος· καὶ ὑμεῖς καθαροί ἐστε, ἀλλ' οὐχὶ πάντες.	11	ἤδει γὰρ Ἰησοῦς	D
	ἔστιν καθαρὸς ὅλος· καὶ ὑμεῖς καθαροί ἐστε, ἀλλ' οὐχὶ πάντες.	11	ἤδει γὰρ	f13
ἀλλ'	ἔστιν καθαρὸς ὅλος· ······	11	ἤδει γὰρ	33

τὸν παραδιδόντα	αὐτόν·	διὰ τοῦτο εἶπεν ὅτι	Οὐχὶ πάντες καθαροί ἐστε.	B 𝔓66 C L W Ψ 157 uw
τὸν παραδιδόντα	αὐτόν·			D
τὸν παραδιδόντα	αὐτόν·	καὶ διὰ τοῦτο εἶπεν		118
τὸν παραδιδόντα	αὐτόν·	διὰ τοῦτο εἶπεν	Οὐχ οἱ πάντες καθαροί ἐστε.	69
τὸν παραδιδόντα	αὐτόν·	διὰ τοῦτο εἶπεν		33
τὸν παραδιδόντα	αὐτόν·	διὰ τοῦ··· ········	········	579
τὸν παραδιδούντα	αὐτόν·	διὰ τοῦτο εἶπεν ὅτι	Οὐχὶ πάντες καθαροί ἐστε.	1071 [↓f13 28 700 1424 τ
τὸν παραδιδόντα	αὐτόν·	διὰ τοῦτο εἶπεν	Οὐχὶ πάντες καθαροί ἐστε.	ℵ A 𝔐 K M U Δ Θ Λ Π f1

The Lesson: The Slave Is Not Greater Than The Master
(Matthew 23.8; 20.28, 26; 10.24, 40; 18.5; Mark 10:45, 43; 9.37; Luke 22.27, 26; 6.40; 9.48; 10.16)

				[↓28 579 1424 [u]wτ
μ̅ϛ̅ 12	Ὅτε οὖν ἔνιψεν τοὺς πόδας αὐτῶν	καὶ ἔλαβεν τὰ ἱμάτια αὐτοῦ	B C* 𝔐 K M U Δ Θ Λ Π f1 2
12	Ὅτε οὖν ἔνιψεν τοὺς πόδας αὐτῶν	ἔλαβεν τὰ ἱμάτια αὐτῶν	ℵ*
12	Ὅτε οὖν ἔνιψεν τοὺς πόδας αὐτῶν	καὶ ἔλαβεν τὰ ἱμάτια	D
12	Ὅτε οὖν ἔνιψεν τοὺς πόδας αὐτῶν	καὶ ἔλαβεν τὰ ἱμάτια ἑαυτοῦ	W
12	Ὅτε οὖν ἔνιψεν αὐτῶν τοὺς πόδας	καὶ ἔλαβεν τὰ ἱμάτια αὐτοῦ	f13
12	····· οὖν ἔνιψεν τοὺς πόδας αὐτῶν	ἔλαβεν τὰ ἱμάτια αὐτοῦ	33
12	Ὅτε οὖν ἔνιψεν τοὺς πόδας τῶν μαθητῶν	καὶ ἔλαβεν τὰ ἱμάτια αὐτοῦ	700 [↓[u]
12	Ὅτε οὖν ἔνιψεν τοὺς πόδας αὐτῶν	ἔλαβεν τὰ ἱμάτια αὐτοῦ	𝔓66 ℵc A Cc L Ψ 157 1071

lac. 13.10-12 𝔓45 𝔓75 N P Γ 565

A 10 λειλουμενος 𝔓66* ¦ λελουσμενος Ε Λ 13 69 2 ¦ εχι ℵ* ¦ χριαν A L W Δ Θ ¦ εστι S Y K U f1 118 28 69 157 1346 ¦ εσται L W 579 1424 11 ηδη K 1424 ¦ ηδι 579 ¦ παραδιδουντα Μ W 28 ¦ τουτω 579 ¦ ουχει W ¦ ετε K ¦ εσται W 579 1424 12 ενιψε G S Y U Ω f1 118 157 700 ¦ ελαβε S Y U 118 13 69 157 700 788 1346

B 10 ι̅ϛ̅ B 𝔓66 ℵ A C 𝔐 K L M S U W Δ Θ Λ Π Ω f1 118 f13 124 2 28 157 579 700 788 1071 1346 1424 ¦ ι̅η̅ς̅ D 11 ι̅η̅ς̅ D

C 10 τελος Ec Fc 28 ¦ τελ του δ̅ Μ 11 τελος του δ̅ ευαγ του νιπτ Η ¦ τελ του νιπτηρος f1 28 ¦ τελ 118 f13 124 579 788 1346 12 αρχη F2 124 ¦ αρχη: ευγ μετα το νιψασθαι οτε ουν εν G ¦ αρχη: ευὰ β̅ του νιπτη· τω κ, οτε ενιψεν τους π Η ¦ αρχ: (ante και ελαβε) ευαγγε β̅ μετ τον ιψ,α τω κ,ρ,ω οτε ενιψεν ο ι̅ς̅ τους ποδας των μαθ, αυτου. ελαβε τα ιματια Υ ¦ μετ τον νιπτηρ τω κ S ¦ αρχ με ευα β̅ μ,τ το νιψασ τω καιρω εκει οτε ενιψεν ο ι̅ς̅ του ποδ τ̅ μαθητων κ̅ ελα f1 ¦ αρχ με ευα β̅ μ,τ του νιπτηρος τω οτε ουν ενιψεν ο ι̅ς̅ 118 ¦ αρχ μετ το νιψ f13 ¦ αρχ οι μαθ νιψων τους ποδ: τω καιρω εκεινω οτε ουν ενιψεν τους ποδ 28 ¦ αρχ εις τ νιπτηρα μτ το νιψασθ 788 ¦ αρχ μετα του νιψασθ 1346

189

καὶ ἀνέπεσεν	πάλιν,	εἶπεν αὐτοῖς,	Γεινώσκετε	τί πεποίηκα ὑμῖν;	B	
καὶ ἀναπεσὼν	πάλιν	εἶπεν αὐτοῖς,	Γινώσκετε	τί πεποίηκα ὑμῖν;	𝔓⁶⁶ Aᶜ L Ψ 33 1071	
καὶ ἀνέπεσεν	πάλιν,	εἶπεν αὐτοῖς,	Γεινώσκεται	τί πεποίηκα ὑμῖν;	ℵ*	
καὶ ἀναπεσὼν	πάλιν	εἶπεν αὐτοῖς,	Γεινώσκεται	τί πεποίηκα ὑμῖν;	ℵᶜ	
			Γινώσκετε	τί πεποίηκα ὑμῖν;	A*	
καὶ ἀνέπεσεν	πάλιν,	εἶπεν αὐτοῖς,	Γινώσκετε	τί πεποίηκα ὑμῖν;	C* u[w]	
ἀναπεσὼν	πάλιν	εἶπεν αὐτοῖς,	Γεινώσκεται	τί πεποίηκα ὑμῖν;	D	
καὶ ἀνέπεσεν	πάλιν,	εἶπεν αὐτοῖς,	Γινώσκεται	τί πεποίηκα ὑμῖν;	W 579	
ἀναπεσὼν	πάλιν	εἶπεν αὐτοῖς,	Γεινώσκεται	τί πεποίηκα ὑμῖν;	Θ	
ἀναπεσὼν	πάλιν	εἶπεν αὐτοῖς,	Γινώσκεται	τί πεποίηκα ὑμῖν;	2*	
καὶ ἀνέπεσεν καὶ		εἶπεν αὐτοῖς,	Γινώσκετε	τί πεποίηκα ὑμῖν;	157	
καὶ ἀνέπεσεν,	πάλιν	εἶπεν αὐτοῖς,	Γινώσκετε	τί πεποίηκα ὑμῖν;	[w]	[↓700 1424 τ
ἀναπεσὼν	πάλιν	εἶπεν αὐτοῖς,	Γινώσκετε	τί πεποίηκα ὑμῖν;	Cᶜ 𝔐 Κ Μ U Δ Λ Π f¹ f¹³ 28	

13 ὑμεῖς φωνεῖτέ με Ὁ διδάσκαλος καὶ Ὁ κύριος, καὶ καλῶς λέγετε, εἰμὶ γάρ. B 𝔓⁶⁶ Υ 124 uwτ rell
13 ὑμεῖς φωνεῖτέ Ὁ κύριος καὶ Ὁ διδάσκαλος, καὶ καλῶς λέγετε, εἰμὶ γάρ. 69
13 ὑμεῖς φωνεῖτέ με Ὁ κύριος καὶ Ὁ διδάσκαλος, καὶ καλῶς λέγετε, εἰ μὴ γάρ. 788 1346 [↓1071
13 ὑμεῖς φωνεῖτέ με Ὁ κύριος καὶ Ὁ διδάσκαλος, καὶ καλῶς λέγετε, εἰμὶ γάρ. Cᶜ 𝔐 Μ Λ f¹³ 2 33 28 157

14 εἰ οὖν ἐγὼ ἔνιψα ὑμῶν τοὺς πόδας ὁ κύριος καὶ ὁ διδάσκαλος, B 𝔓⁶⁶ uwτ rell
14 εἰ οὖν ἐγὼ ἔνιψα τοὺς πόδας ὑμῶν ὁ κύριος καὶ ὁ διδάσκαλος πόσῳ μᾶλλον, D
14 εἰ οὖν ἐγὼ ἔνιψα τοὺς πόδας ὑμῶν ὁ κύριος καὶ ὁ διδάσκαλος, Κ Π 579
14 εἶπεν οὖν ἐγὼ ἔνιψα ὑμῶν τοὺς πόδας ὁ κύριος καὶ ὁ διδάσκαλος, Η*
14 εἰ οὖν ἐγὼ ἔνιψα ὑμῶν τοὺς πόδας ὁ κύριος καὶ ὁ διδάσκαλος πόσῳ μᾶλλον, Θ
14 εἰ οὖν ἐγὼ ὑμῶν ἔνιψα τοὺς πόδας ὁ κύριος καὶ ὁ διδάσκαλος, Λ

εἰ οὖν ἐγὼ ἔνιψα ὑμῶν τοὺς πόδας ὁ κύριος καὶ ὁ διδάσκαλος, καὶ ὑμεῖς ὀφείλετε B
καὶ ὑμεῖς ὀφείλετε 𝔓⁶⁶ uwτ rell

ἀλλήλων νίπτειν τοὺς πόδας· 15 ὑπόδειγμα γὰρ ἔδωκα ὑμῖν ἵνα καθὼς ἐγὼ B 𝔓⁶⁶ᶜ C D 𝔐 L W Δ Θ Λ 2
ἀλλήλων νίπτειν τοὺς πόδας· 15 ὑπόδειγμα δέδωκα ὑμῖν ἵνα καθὼς ἐγὼ 𝔓⁶⁶* 700 [↑579 1424 uwτ
νίπτειν ἀλλήλων τοὺς πόδας· 15 ὑπόδειγμα γὰρ δέδωκα ὑμῖν ἵνα καθὼς ἐγὼ ℵ
ἀλλήλων νίπτειν τοὺς πόδας· 15 ὑπόδειγμα γὰρ ἔδωκα ὑμῖν ἵνα καθὼς U
ἀλλήλων νίπτειν τοὺς πόδας· 15 ὑπόδειγμα γὰρ δέδωκα ὑμῖν ἵνα καθὼς 33
ἀλλήλων νίπτειν τοὺς πόδας· 15 ὑπόδειγμα γὰρ δέδωκα ὑμῖν ἵνα καθὼς ἐγὼ A Κ Μ Π Ψ f¹ f¹³ 28 157 1071

ἐποίησα ὑμῖν καὶ ὑμεῖς ποιῆτε. 16 ἀμὴν ἀμὴν λέγω ὑμῖν, οὐκ ἔστι B Υ 1582 τ
ἐποίησα ὑμῖν καὶ ὑμεῖς ποιεῖτε. 16 ἀμὴν ἀμὴν λέγω ὑμῖν, οὐκ ἔστιν D 𝔐 Μ Λ 2 28 579 1071
ἐποίησα ὑμῖν καὶ ὑμεῖς ποιεῖτε. 16 ἀμὴν ἀμὴν λέγω ὑμῖν, οὐκ ἔστι 1 118 [↑1424
πεποίηκα ὑμῖν καὶ ὑμεῖς ποιεῖτε. 16 ἀμὴν ἀμὴν λέγω ὑμῖν, οὐκ ἔστι f¹³
πεποίηκα ὑμῖν καὶ ὑμεῖς ποιῆτε. 16 ἀμὴν ἀμὴν λέγω ὑμῖν, οὐκ ἔστι 69
ἐποίησα ὑμῖν καὶ ὑμεῖς ὁμοίως ποιῆτε. 16 ἀμὴν ἀμὴν λέγω ὑμῖν, οὐκ ἔστι 157 [↓Π Ψ Ω 33 700 uw
ἐποίησα ὑμῖν καὶ ὑμεῖς ποιῆτε. 16 ἀμὴν ἀμὴν λέγω ὑμῖν, οὐκ ἔστιν 𝔓⁶⁶ ℵ A C K L S U W Δ Θ

δοῦλος μείζων τοῦ κυρίου αὐτοῦ οὐδὲ ἀπόστολος μείζων τοῦ πέμψαντος αὐτόν. 17 εἰ ταῦτα B 𝔓⁶⁶ᶜ uwτ
δοῦλος μείζων τοῦ κυρίου αὐτοῦ οὐδὲ ἀπόστολος τοῦ πέμψαντος αὐτόν. 17 εἰ ταῦτα 𝔓⁶⁶* [↑rell
δοῦλος μείζων τοῦ πέμψαντος αὐτόν. 17 εἰ ταῦτα Θ

lac. 13.12-17 𝔓⁴⁵ 𝔓⁷⁵ Ν Ρ Γ 565

A 12 αναβπεσων Δ* ¦ αναπεσον Θ ¦ ανεπεσε 157 | πεπεικα 13 | υμειν 𝔓⁶⁶ D 13 υμις ℵ | φωνιται 𝔓⁶⁶ | φωνητε Κ | φωνειται W 2 33 | μαι (με) 579 | καλος Θ | λεγεται 𝔓⁶⁶ ℵ W 2 33 579 | ειμει W 14 ενειψα W | πωσω Θ | υμις 𝔓⁶⁶ | οφειλεται 𝔓⁶⁶* | οφειλεται 𝔓⁶⁶ᶜ W 33 157 579 | οφιλεται ℵ | οφιλετε A L M 1071 | νηπτειν 579 | νιπτην 1346 | ποδδας ℵ 15 υποδιγμα 𝔓⁶⁶ ℵ L W 1071 | υποδηγμα Θ | υμειν¹ 𝔓⁶⁶ D 157 | υμειν² D | υμις ℵ | ποιηται 𝔓⁶⁶ ℵ | ποιειται Μ W 16 υμειν D | εστιν 124 ¦ εστι 700 | μιζον¹ ℵ | μιζων 579 ¦ μιζον² 𝔓⁶⁶ᶜ 579¦ μειζον W | αυτων 579

B 13 κ̅ς̅ B 𝔓⁶⁶ ℵ A C D 𝔐 K L M S U W Δ Θ Λ Π Ψ Ω f¹ 118 f¹³ 124 2 33 28 157 579 700 788 1071 1346 1424 14 κ̅ς̅¹ B 𝔓⁶⁶ ℵ A C D 𝔐 K L M S U W Δ Θ Λ Π Ψ Ω f¹ 118 f¹³ 69 124 2 33 28 157 579 700 788 1071 1346 1424 | κ̅ς̅² B 16 κ̅υ̅ ℵ A C D F G H Y K L M U W Π Ψ Ω f¹³ 124 2 33 28 157 579 700 1071 1346 ¦ κ̅υ̅ρι Δ

D 13 ρ̅ι̅ε̅/ι ℵ 124 28 788 ¦ ρ̅ι̅ε̅/γ A G L M S U Y Λ Π Ψ Ω 1071 1424 ¦ ρ̅ι̅ε̅ C F H K Θ f¹ 118 f¹³ 2 157 579 1346 ¦ ρ̅ι̅ε̅/δ E ¦ ρ̅ι̅ε̅/γ G S Y L U Ψ Ω 1071 | Ευ Ιω ρ̅ι̅ε̅ : Λο ξ̅γ̅ : Μρ . : Μθ ν̅θ̅ E | Ιω ρ̅ι̅ε̅ : Λο ξ̅γ̅ : Μρ ρ̅ι̅η̅ :Μθ ν̅η̅ 124 14 ρ̅ι̅ζ̅/ι̅ ℵ A E L S U Y Λ Π Ψ 118 124 788 1071 1424 ¦ ρ̅ι̅ζ̅ C K Θ Ω f¹ f¹³ 579 1346 ¦ ρ̅ι̅ζ̅ 28 | Ευ Ιω ρ̅ι̅ζ̅ : Λο . : Μρ . : Μθ . E | Ιω ρ̅ι̅ζ̅ : Λο κ̅θ̅ : Μρ . : Μθ ν̅θ̅ 124 15 ρ̅ι̅ζ̅ F H 2 157 ¦ ρ̅ι̅ζ̅/ι G M 16 ρ̅ι̅η̅/ε̅ ℵ 788 ¦ ρ̅ι̅η̅/γ A Y L M S U Λ Π Ψ Ω 118 124 28 1071 1424 ¦ ρ̅ι̅η̅ C D F G H K Θ f¹ f¹³ 2 157 579 1346 ¦ ρ̅ι̅η̅/δ E | Ευ Ιω ρ̅ι̅η̅ : Λο ν̅η̅ : Μρ . : Μθ ο̅ E | Ιω ρ̅ι̅η̅ : Λο ν̅θ̅ : Μρ ο̅ς̅ : Μτ ν̅θ̅ 124

οἴδατε, μακάριοί ἐστε ἐὰν ποιῆτε αὐτά. **18** οὐ περὶ πάντων ὑμῶν λέγω· ἐγὼ B 𝔓⁶⁶ **uwτ** rell
οἴδατε, μακάριοί ἐστε ἐὰν ποιῆτε αὐτά. **18** οὐ περὶ πάντων ὑμῶν λέγω· ἐγὼ <u>γὰρ</u> ℵ A Υ Κ Π *f*¹³
οἴδατε, μακάριοί ἐστε <u>ὅταν</u> ποιῆτε αὐτά. **18** οὐ περὶ πάντων ὑμῶν λέγω· ἐγὼ F
οἴδατε, μακάριοί ἐστε ἐὰν <u>ποιεῖτε</u> αὐτά. **18** οὐ περὶ πάντων ὑμῶν λέγω· ἐγὼ M S Ω 1424
οἴδατε, μακάριοί ἐστε ἐὰν <u>ποιεῖτε</u> αὐτά. **18** οὐ περὶ πάντων ὑμῶν λέγω· ἐγὼ <u>γὰρ</u> 28 1071
οἴδατε, μακάριοί ἐστε ἐὰν <u>ποιῆτε</u> αὐτά. **18** οὐ περὶ πάντων ὑμῶν λέγω· ἐγὼ <u>γὰρ</u> 788

οἶδα τίνας ἐξελεξάμην· ἀλλ' ἵνα ἡ γραφὴ πληρωθῇ, Ὁ τρώγων **μου τὸν ἄρτον** B C L 1071 **uw**
οἶδα τίνας ἐξελεξάμην· ἀλλ' ἵνα ἡ γραφὴ πληρωθῇ, Ὁ τρώγων <u>μετ</u>' <u>ἐμοῦ</u> τὸν ἄρτον ℵ M 33 157
οἶδα <u>οὓς</u> ἐξελεξάμην· ἀλλ' ἵνα <u>πληρωθῇ ἡ γραφή</u>, Ὁ τρώγων <u>μετ</u>' <u>ἐμοῦ</u> τὸν ἄρτον D
οἶδα <u>οὓς</u> ἐξελεξάμην· <u>ἀλλὰ</u> ἵνα ἡ γραφὴ πληρωθῇ, Ὁ τρώγων <u>μετ</u>' <u>ἐμοῦ</u> τὸν ἄρτον W
οἶδα <u>οὓς</u> ἐξελεξάμην· ἀλλ' ἵνα ἡ γραφὴ πληρωθῇ, Ὁ τρώγων <u>μετ</u>' <u>ἐμοῦ</u> *f*¹
οἶδα <u>οὓς</u> ἐξελεξάμην· ἀλλ' ἵνα ἡ γραφὴ πληρωθῇ, Ὁ τρώγων <u>μετ</u>' <u>ἐμοῦ</u> τὸν ἄρτον 𝔓⁶⁶ A 𝕸 Κ U Δ Θ
Λ Π Ψ *f*¹³ 2 28 579 700 1424 **τ**

ἐπῆρεν **ἐμὲ τὴν πτέρναν αὐτοῦ. 19** ἀπ' ἄρτι λέγω ὑμῖν πρὸ τοῦ γενέσθαι, B
ἐπῆρεν **ἐμὲ τὴν πτέρναν αὐτοῦ. 19** τοῦ γενέσθαι, 𝔓⁶⁶*
<u>ἐπῆρκεν ἐπ</u>' **ἐμὲ τὴν πτέρναν αὐτοῦ. 19** ἀπ' ἄρτι λέγω ὑμῖν πρὸ τοῦ γενέσθαι, ℵ A U W Θ Π 1 1582*
ἐπῆρεν <u>τὴν πτέρναν αὐτοῦ ἐπ</u>' <u>ἐμέ</u>. **19** ἀπ' ἄρτι λέγω ὑμῖν πρὸ τοῦ γενέσθαι, Υ [↑118
ἐπῆρεν <u>ἐπ</u>' <u>ἐμὲ</u> **πτέρναν αὐτοῦ. 19** ἀπ' ἄρτι λέγω ὑμῖν πρὸ τοῦ γενέσθαι, 69 2* 33
ἐπῆρεν <u>ἐπ</u>' **ἐμὲ τὴν πτέρναν αὐτοῦ. 19** ἀπ' ἄρτι λέγω ὑμῖν <u>πρὸς</u> τοῦ γενέσθαι, 1071
ἐπῆρεν <u>ἐπ</u>' **ἐμὲ τὴν πτέρναν αὐτοῦ. 19** ἀπ' ἄρτι λέγω ὑμῖν πρὸ τοῦ γενέσθαι, 𝔓⁶⁶ᶜ C D 𝕸 K L M Δ Λ
Ψ 1582ᶜ *f*¹³ 2ᶜ 28 157 579 700 1424 **uwτ**

ἵνα πιστεύητε ὅταν γένηται ὅτι ἐγώ εἰμι. **20** ἀμὴν ἀμὴν λέγω ὑμῖν, ὁ λαμβάνων B **[w]**
ἵνα <u>πιστεύσηται</u> ὅταν γένηται <u>ὅς τι</u> ἐγώ εἰμι. **20** ἀμὴν ἀμὴν λέγω ὑμῖν, ὁ λαμβάνων 𝔓⁶⁶*
ἵνα <u>πιστεύσηται</u> ὅταν γένηται ὅτι ἐγώ εἰμι. **20** ἀμὴν ἀμὴν λέγω ὑμῖν, ὁ λαμβάνων 𝔓⁶⁶ᶜ ℵ
ἵνα <u>ὅταν γένηται πιστεύσηται</u> ὅτι ἐγώ εἰμι. **20** ἀμὴν ἀμὴν λέγω ὑμῖν, ὁ λαμβάνων D W Δ
ἵνα <u>ὅταν γένηται πιστεύητε</u> ὅτι ἐγώ εἰμι. **20** ἀμὴν ἀμὴν λέγω ὑμῖν, ὁ λαμβάνων C
ἵνα <u>πιστεύσητε</u> ὅταν γένηται ὅτι ἐγώ εἰμι. **20** <u>ἀμὴν</u> λέγω ὑμῖν, ὁ λαμβάνων F H
ἵνα <u>πιστεύσητε</u> ὅταν γένηται ὅτι ἐγώ εἰμι. **20** ἀμὴν ἀμὴν λέγω ὑμῖν, ὁ λαμβάνων L **u**
ἵνα <u>ὅτι ἐγώ εἰμι πιστεύσητε ὅταν γένηται</u>. **20** ἀμὴν ἀμὴν λέγω ὑμῖν, ὁ λαμβάνων Ω*
ἵνα <u>ὅταν γένηται πιστεύσηται</u> ὅτι ἐγώ <u>εἶπον ὑμῖν</u>. **20** ἀμὴν ἀμὴν λέγω ὑμῖν, ὁ λαμβάνων *f*¹³
ἵνα <u>ὅταν γένητε πιστεύσητε</u> ὅτι ἐγώ εἰμι. **20** ἀμὴν ἀμὴν λέγω ὑμῖν, ὁ λαμβάνων 69
ἵνα <u>ὅταν γένηται πιστεύσητε</u> ὅτι ἐγώ <u>εἶπον ὑμῖν</u>. **20** ἀμὴν ἀμὴν λέγω ὑμῖν, ὁ λαμβάνων 157 1346
ἵνα <u>πιστεύσειται ἐὰν</u> γένηται ὅτι ἐγώ εἰμι. **20** ἀμὴν ἀμὴν λέγω ὑμῖν, ὁ λαμβάνων 579
ἵνα πιστεύητε ὅταν γένηται ὅτι <u>ἐγώ εἰμι</u>. **20** ἀμὴν ἀμὴν λέγω ὑμῖν, ὁ λαμβάνων **[w]**
ἵνα <u>ὅταν γένηται πιστεύσητε</u> ὅτι ἐγώ εἰμι. **20** ἀμὴν ἀμὴν λέγω ὑμῖν, ὁ λαμβάνων A 𝕸 K M
U Θ Λ Π Ψ *f*¹ 124 2 33 28 700 788 1071 1424 **τ**

ἄν τινα πέμψω ἐμὲ λαμβάνει, ὁ δὲ ἐμὲ λαμβάνων λαμβάνει τὸν πέμψαντά με. B ℵ C K L M W
ἄν τινα πέμψω ἐμὲ λαμβάνει, ὁ δὲ ἐμὲ λαμβάνων λαμβάνει <u>καὶ</u> τὸν πέμψαντά με 𝔓⁶⁶* [↑Π Ψ **uw**
<u>ἃ</u> τινα πέμψω ἐμὲ λαμβάνει, ὁ δὲ ἐμὲ λαμβάνων λαμβάνει τὸν πέμψαντά με A
<u>ἐὰν</u> τινα πέμψω ἐμὲ λαμβάνει, <u>καὶ ὁ λαμβάνων ἐμὲ</u> λαμβάνει τὸν πέμψαντά με D
<u>ἐὰν</u> τινα πέμψω ἐμὲ λαμβάνει, ὁ δὲ ἐμὲ λαμβάνων λαμβάνει τὸν <u>ἀποστείλαντα</u> με *f*¹ 2
ἄν τινα πέμψω ἐμὲ λαμβάνει, <u>καὶ ὁ</u> ἐμὲ λαμβάνων λαμβάνει τὸν πέμψαντά με. 33
<u>ἐὰν</u> τινα <u>λάβῃ</u> ἐμὲ λαμβάνει, ὁ δὲ ἐμὲ λαμβάνων λαμβάνει τὸν πέμψαντά με 28
ἄν τινα πέμψω ἐμὲ λαμβάνει, ὁ δὲ <u>λαμβὼν ἐπ</u>' ἐμὲ λαμβάνει τὸν πέμψαντά με. 579
<u>ἐὰν</u> τινα πέμψω ἐμὲ λαμβάνει, ὁ δὲ ἐμὲ λαμβάνων λαμβάνει τὸν πέμψαντά με 𝔓⁶⁶ᶜ 𝕸 U Δ Θ Λ
*f*¹³ 157 700 1071 1424 **τ**

lac. 13.17-20 𝔓⁴⁵ 𝔓⁷⁵ N P Γ 565

A **17** οιδαται 𝔓⁶⁶ Θ | εσται W 579 | ποιηται 𝔓⁶⁶ W 579 **18** λεγων 13 | τρογον 579 | τρωγων 1071 1346 | επηρε Υ | επιρεν 1071 | επειρεν 1346 **19** αρτη Θ | υμειν D | πρω L 579 | πιστευσειται 579 | γενεσθε Μ 33 | γεντε G K Θ 13 28 1071 | πιστευσειται 1071 | μι 𝔓⁶⁶ | ειμει W **20** υμειν 𝔓⁶⁶ D | υμην 579 | λαμβανvων 579 | λαμβανη¹ F G | λαμβανι² ℵ | μψαντα 𝔓⁶⁶* | πεμφατα C

C **17** τελους (post αυτα) D | τη αγια και μεγαλη ε´, ευαγγελιον του νιπτηρος: 13.3-17] | τελ 2 1346 | υπ εις ματθαιου κεφαλην σ̅ο̅θ̅ E | υπ μαθ κεφ σ̅ο̅θ̅ G | υπ της μεγ δ̅ G | υπ ζητ το λειπ εις τ μαθθ εις κ̅ε̅ σ̅ο̅θ̅ εσθιοντων Υ | υπο στρεψε κ,τ μθ *f*¹³ | τε υποστρεψ σ̅ο̅θ̅ κ,τ μθ 124 | υπ 2 | τελος F S Υ Λ Ψ 118 *f*¹³ 1424 | τελος της ε̅ G | τελος του β̅ ευ̅α του νιπτ, H | τελ του β̅ M *f*¹ | τελ μαθ νς θ | τελ του νιπτ: 28 | τε υπο στρεψ κ,υ μθ 788 **18** υπ της μγ ε̅ εις και ματ κ,ε σ̅ο̅θ̅ H | υπ Π | υπ τς μ,γλ ε τεραφου εις τ μτ κ,ε ρ̅η̅ *f*¹ | υπ εις το της μ,γλ ε μτ κ,ε σ̅ο̅β̅ 118 | υπ ματθ εις κ,ε σ̅ο̅θ̅ της μ,γλ ε ¨ 28

D **18** ρ̅ι̅θ̅/ι̅ ℵ A E G L M S U Υ Λ Π Ψ 124 28 788 1071 1424 | ρ̅ι̅θ̅ C D F H K Θ *f*¹ 118 *f*¹³ 2 157 579 1346 | Ευ Ιω ρ̅ι̅θ̅ : Λο .: Μρ .: Μθ . Ε | Ιω ρ̅ι̅θ̅ : Λο ρ̅ς̅ : Μρ .: Μτ . 124 **20** ρ̅κ̅/α̅ ℵ A E G L M S U Υ Λ Π Ψ Ω 118 124 788 1071 1424 | ρ̅κ̅ C D F H K Θ *f*¹ *f*¹³ 2 157 579 1346 | ρ̅κ̅/ε̅ 28 | Ευ Ιω ρ̅κ̅ : Λο ρ̅ι̅ς̅ : Μρ ρ̅ς̅ : Μθ θ̅η̅ E | Ιω ρ̅κ̅ : Λο .: Μρ .: Μτ . 124

Jesus Gives A Morsel To Judas As A Sign Of The Betrayal
(Matthew 26.20-25; Mark 14.17-21; Luke 22.14, 21-23)

μζ **21** Ταῦτα εἰπὼν   'Ιησοῦς ἐταράχθη τῷ πνεύματι καὶ ἐμαρτύρησεν καὶ εἶπεν, 'Αμὴν B 𝔓66* ℵ L [u]w

   21 Ταῦτα εἰπὼν ὁ 'Ιησοῦς ἐταράχθη τῷ πνεύματι καὶ ἐμαρτύρησεν καὶ εἶπεν,   1346

   21 Ταῦτα εἰπὼν ὁ 'Ιησοῦς ἐταράχθη τῷ πνεύματι καὶ ἐμαρτύρησεν καὶ εἶπεν, 'Αμὴν 𝔓66c A C D 𝔐 K
                                   M U W Δ Θ Λ Π Ψ f¹ f¹³ 2 33 28 157 579 700 1071 1424 [u]τ

ἀμὴν ὑμῖν λέγω ὅτι εἷς ἐξ ὑμῶν παραδώσει με. **22** ἔβλεπον   εἰς ἀλλήλους οἱ   B

ἀμὴν λέγω ὑμῖν ὅτι εἷς ἐξ ὑμῶν παραδώσει με. **22** ἔβλεπον οὖν οἱ 'Ιουδαῖοι εἰς ἀλλήλους οἱ   ℵ*

ἀμὴν λέγω ὑμῖν ὅτι εἷς ἐξ ὑμῶν παραδώσει με. **22** ἔβλεπον   εἰς ἀλλήλους οἱ   C Ψ uw

       ὅτι εἷς ἐξ ὑμῶν παραδώσει με. **22** ἔβλεπον οὖν   εἰς ἀλλήλους οἱ   1346

ἀμὴν λέγω ὑμῖν ὅτι εἷς ἐξ ὑμῶν παραδώσει με. **22** ἔβλεπον οὖν   εἰς ἀλλήλους οἱ   𝔓66 ℵc A
                               D 𝔐 K L M U W Δ Θ Λ Π f¹ f¹³ 2 33 28 157 579 700 1071 1424 τ

μαθηταὶ ἀπορούμενοι περὶ τίνος λέγει. **23** ἦν   ἀνακείμενος εἷς ἐκ τῶν B C* L Ψ uw

μαθηταὶ αὐτοῦ ἀπορούμενοι περὶ τίνος λέγει. **23** ἦν δὲ ἀνακείμενος εἷς ἐκ τῶν 𝔓66 124

μαθηταὶ ἀπορούμενοι περὶ τίνος λέγει. **23** ἦν δὲ ἀνακείμενος εἷς ἐκ τῶν ℵ A Cc Y K M W Δ Π

μαθηταὶ ἀπορούντες περὶ τίνος λέγει. **23** ἦν δὲ ἀνακείμενος εἷς ἐκ τῶν D [↑33 157 579 1071

μαθηταὶ αὐτοῦ ἀπορούντες περὶ τίνος λέγει. **23** ἦν δὲ ἀνακείμενος εἷς ἐκ τῶν f¹³

μαθηταὶ ἀπορούμενοι περὶ τίνος λέγει. **23** ἦν   ἀνακείμενος εἷς   τῶν 1424

μαθηταὶ ἀπορούμενοι περὶ τίνος λέγει. **23** ἦν δὲ ἀνακείμενος εἷς   τῶν 𝔐 U Θ Λ f¹ 2 28 700 τ

μαθητῶν αὐτοῦ ἐν τῷ κόλπῳ τοῦ 'Ιησοῦ, ὃν   ἠγάπα   'Ιησοῦς **24** νεύει οὖν τούτῳ B 𝔓66* [w]

μαθητῶν αὐτοῦ ἐν τῷ κόλπῳ τοῦ 'Ιησοῦ, ὃν   ἠγάπα ὁ 'Ιησοῦς· **24** νεύει   τούτῳ C* Λ

μαθητῶν αὐτοῦ ἐν τῷ κόλπῳ τοῦ 'Ιησοῦ, ὃν καὶ ἠγάπα ὁ 'Ιησοῦς· **24** νεύει οὖν τούτῳ D

μαθητῶν αὐτοῦ ἐν τῷ κόλπῳ τοῦ 'Ιησοῦ, ὃν   ἠγάπα ὁ 'Ιησοῦς· **24** νεύει οὖν τοῦτον G 28 157

μαθητῶν   ἐν τῷ κόλπῳ τοῦ 'Ιησοῦ, ὃν   ἠγάπα ὁ 'Ιησοῦς· **24** νεύει οὖν τούτῳ W

·μαθητῶν αὐτοῦ ἐν τῷ κόλπῳ τοῦ 'Ιησοῦ, ὃν   ἠγάπα·   **24** νεύει   τούτῳ 69

    .... ὁ 'Ιησοῦς· **24** νεύει οὖν τούτῳ 565

μαθητῶν αὐτοῦ ἐν τῷ κόλπῳ   'Ιησοῦ, ὃν   ἠγάπα ὁ 'Ιησοῦς· **24** νεύει οὖν τούτῳ 700

μαθητῶν αὐτοῦ ἐν τῷ κόλπῳ τοῦ 'Ιησοῦ, ὃν   ἠγάπα ὁ 'Ιησοῦς· **24** νεύει οὖν τούτῳ 𝔓66c u[w]τ rell

Σίμων Πέτρος καὶ λέγει αὐτῷ Εἰπὲ τίς ἐστιν περὶ οὗ   λέγει.   B C L 33 1071 w

Σίμων Πέτρος καὶ λέγει αὐτῷ Εἰπὲ   περὶ οὗ   λέγει.   𝔓66* (cj.)

Σίμων Πέτρος πύθεσθαι   περὶ οὗ   εἶπεν.   𝔓66c

Σίμων Πέτρος πύθεσθαι τίς ἂν εἴη περὶ οὗ ἔλεγεν· καὶ λέγει αὐτῷ, Εἰπὲ τίς ἐστιν περὶ οὗ λέγει. ℵ

Σίμων Πέτρους πύθεσθαι τίς ἂν εἴη οὗτος περὶ οὗ   λέγει.   D*

Σίμων Πέτρος πύθεσθαι τίς ἂν εἴη οὗτος περὶ οὗ   λέγει.   Dc

Σίμων Πέτρος πύθεσθαι τίς ἂν ἦ   περὶ οὗ   λέγει.   Θ

Σίμων Πέτρος πύθεσθαι   περὶ τίνος λέγει.   Ψ

Σίμων Πέτρος πείθεσθαι τίς ἂν εἴη περὶ οὗ   λέγει.   124

Σίμων Πέτρος πίθεσθαι αὐτοὶ τί ἂν εἴη περὶ τοῦ   λέγει ὅτι   579

Σίμων Πέτρος πείθεσθε τίς ἂν εἴη περὶ οὗ   λέγει.   788

Σίμων Πέτρος πίθεσθαι τίς ἂν εἴη περὶ οὗ   λέγει.   1346 [↓700 1424 uτ

Σίμων Πέτρος πύθεσθαι τίς ἂν εἴη περὶ οὗ   λέγει.   A 𝔐 K M U W Δ Λ Π f¹ f¹³ 2 28 157 565

lac. **13.21-24** 𝔓45 𝔓75 N P Γ ¦ vss.21-23 565

A **21** εμαρτυρησε Y 118 157 700 ¦ εμαρτυρισεν 13 579 1346 ¦ υμειν D ¦ παραδωσι W **22** εβλεπων 28 ¦ ις (εις) ℵ* ¦ ει E*
23 κοπω 𝔓66* **24** νενειν 13 ¦ τοτω 13* ¦ ον (ουν) Θ* ¦ ποιθεσθαι E* ¦ πειθεσθε 13

B **21** ιϲ B 𝔓66 ℵ A C 𝔐 K L M S U W Δ Θ Λ Π Ψ Ω f¹ 118 f¹³ 124 2 33 28 157 579 700 788 1071 1346 1424 ¦ ιης D ¦ πνι 𝔓66 ℵ
A C D 𝔐 K L M S U W Δ Θ Λ Π Ψ Ω f¹ 118 f¹³ 69 124 2 33 28 157 579 700 788 1071 1346 1424 **23** ιυ B 𝔓66 ℵ A C 𝔐 K L M
S U W Δ Θ Λ Π Ψ Ω f¹ 118 f¹³ 124 2 33 28 157 579 700 788 1071 1346 1424 ¦ ιηυ D ¦ ιϲ B 𝔓66 ℵ A C 𝔐 K L M S U W Δ Θ Λ
Π Ψ Ω f¹ 118 f¹³ 124 2 33 28 157 565 579 700 788 1071 1346 1424 ¦ ιης D

D **21** ρκα/ᾱ ℵ G 124 788 ¦ ρκα/δ A Y L M S U Λ Π Ψ Ω 118 28 1424 ¦ ρκα C D F H K f¹ f¹³ 2 157 579 1346 ¦ ρκα/γ E ¦ Ευ Ιω
ρκα : Λο . : Μρ ρξα : Μθ σοθ E ¦ Ιω ρκα : Λο . : Μρ . : Μτ . 124 ¦ (ante αμην¹) ρκβ F H ¦ ρκα/δ 1071 **22** ρκβ/ᾱ A E G L M S U
Y Λ Π Ψ Ω 118 124 28 788 1071 1424 ¦ ρκβ C D K f¹ f¹³ 2 157 579 1346 ¦ ρικ (sic) Θ ¦ Ευ Ιω ρκβ : Λο σξθ : Μρ ρξβ : Μθ σπ
E ¦ Ιω ρκβ :Λο σξθ : Μρ ρξα : Μτ σοθ 124 **23** ρκβ/ℵ ¦ ρκγ/ι A E G L M S U Y Λ Π Ψ Ω 118 124 28 1071 1424 ¦ ρκγ C D F H K
Θ f¹³ 2 157 579 1346 ¦ ρκβ Θ ¦ ρκγ/ϛ 788 ¦ Ευ Ιω ρκγ : Λο . : Μρ . : Μθ . E ¦ Ιω ρκγ :Λο σξβ : Μρ ρξβ : Μτ σπ 124 **24** ρκγ f¹

25	ἀναπεσὼν		ἐκεῖνος οὕτως	ἐπὶ τὸ στῆθος τοῦ Ἰησοῦ λέγει αὐτῷ, Κύριε, τίς	B C* w
25	ἀναπεσὼν	οὖν	ἐκεῖνος οὕτως	ἐπὶ τὸ στῆθος τοῦ Ἰησοῦ λέγει αὐτῷ, Κύριε, τίς	𝔓⁶⁶* L 33 157 1071 u
25	ἐπιπεσὼν	οὖν	ἐκεῖνος οὕτως	ἐπὶ τὸ στῆθος τοῦ Ἰησοῦ λέγει αὐτῷ, Κύριε, τίς	𝔓⁶⁶ᶜ M Δ f¹³
25	ἐπιπεσὼν	οὖν	ἐκεῖνος	ἐπὶ τὸ στῆθος τοῦ Ἰησοῦ λέγει αὐτῷ, Κύριε, τίς	ℵ* D W f¹ 69 565
25	ἀναπεσὼν	οὖν	ἐκεῖνος	ἐπὶ τὸ στῆθος τοῦ Ἰησοῦ λέγει αὐτῷ, Κύριε, τίς	ℵᶜ [↑788
25	ἐπιπεσὼν	δὲ	ἐκεῖνος	ἐπὶ τὸ στῆθος τοῦ Ἰησοῦ λέγει αὐτῷ, Κύριε, τίς	A Θ 700 τ
25	ἐπιπεσὼν	δὲ	ἐκεῖνος οὕτως	ἐπὶ τὸ στῆθος τοῦ Ἰησοῦ λέγει αὐτῷ, Κύριε, τίς	Cᶜ 𝔐 2 28 1424
25	ἀναπεσὼν	δὲ	ἐκεῖνος	ἐπὶ τὸ στῆθος τοῦ Ἰησοῦ λέγει αὐτῷ, Κύριε, τίς	Υ Π Ψ
25	ἀναπεσὼν	δὲ	ἐκεῖνος οὗτος	ἐπὶ τὸ στῆθος τοῦ Ἰησοῦ λέγει αὐτῷ, Κύριε, τίς	K
25	ἐπιπεσὼν	δὲ	ἐκεῖνος οὗτος	ἐπὶ τὸ στῆθος τοῦ Ἰησοῦ λέγει αὐτῷ, Κύριε, τίς	S U Λ
25	πεσὼν	οὖν	ἐκεῖνος	ἐπὶ τὸ στῆθος τοῦ Ἰησοῦ λέγει αὐτῷ, Κύριε, τίς	579

ἐστιν;	26	ἀποκρείνεται οὖν		Ἰησοῦς,		Ἐκεῖνός ἐστιν	B
ἐστιν;	26	ἀποκρίνεται		Ἰησοῦς,		Ἐκεῖνός ἐστιν	𝔓⁶⁶ M W [u]
ἐστιν;	26	ἀποκρίνεται		ὁ Ἰησοῦς καὶ λέγει,		Ἐκεῖνός ἐστιν	ℵ*
ἐστιν;	26	ἀποκρίνεται	οὖν	ὁ Ἰησοῦς καὶ λέγει,,		Ἐκεῖνός ἐστιν	ℵᶜ
ἐστιν;	26	ἀποκρείνεται αὐτῷ		ὁ Ἰησοῦς,		Ἐκεῖνός ἐστιν	C* L [w]
ἐστιν;	26	ἀποκρείνεται	αὐτῷ	ὁ Ἰησοῦς καὶ λέγει,		Ἐκεῖνός ἐστιν	D
ἐστιν;	26						F
ἐστιν;	26	ἀποκρίνεται	αὐτῷ	ὁ Ἰησοῦς καὶ λέγει,		Ἐκεῖνός ἐστιν	f¹³
ἐστιν;	26	ἀποκρίνεται	αὐτῷ	ὁ Ἰησοῦς καὶ λέγει αὐτῷ,	Ἐκεῖνός ἐστιν	69
ἐστιν;	26	ἀποκρίνεται	αὐτῷ	ὁ Ἰησοῦς,		Ἐκεῖνός ἐστιν	124
ἐστιν ὁ παραδίδους σε;	26	ἀποκρίνεται		ὁ Ἰησοῦς,		Ἐκεῖνός ἐστιν	28
ἐστιν;	26	ἀπεκρίνετο	οὖν	ὁ Ἰησοῦς,		Ἐκεῖνός ἐστιν	1071
ἐστιν;	26	ἀποκρίνεται	αὐτῷ	ὁ Ἰησοῦς καὶ λέγει,		Ἐκεῖνός ἐστιν	1346
ἐστιν;	26	ἀπεκρίνατο	αὐτῷ	ὁ Ἰησοῦς,		Ἐκεῖνός ἐστιν	1424
ἐστιν;	26	ἀποκρίνεται	οὖν	Ἰησοῦς,		Ἐκεῖνός ἐστιν	[w]
ἐστιν;	26	ἀποκρίνεται		ὁ Ἰησοῦς,		Ἐκεῖνός ἐστιν	A Cᶜ 𝔐 K U Δ

Θ Λ Π Ψ f¹ 2 33 157 565 579 700 [u]τ

ᾧ		ἐγὼ βάψω	τὸ ψωμίον καὶ	δώσω αὐτῷ.	βάψας οὖν		ψωμίον λαμβάνει καὶ	B [w]
ᾧ		ἐγὼ βάψας	τὸ ψωμίον	ἐπιδώσω.	καὶ ψας	τὸ	ψωμίον	𝔓⁶⁶*
ᾧ		ἐγὼ βάψας	τὸ ψωμίον	ἐπιδώσω.	βάψας οὖν	τὸ	ψωμίον	ℵ*
ᾧ		ἐγὼ βάψας	τὸ ψωμίον	ἐπιδώσω.	βάψας οὖν	τὸ	ψωμίον λαμβάνει καὶ	ℵᶜ
ᾧ		ἐγὼ ἐμβάψας	τὸ ψωμίον	ἐπιδώσω.	καὶ ἐμβάψας	τὸ	ψωμίον	A K Π f¹³
ᾧ		ἐγὼ βάψω	τὸ ψωμίον καὶ	δώσω αὐτῷ.	βάψας οὖν	τὸ	ψωμίον λαμβάνει καὶ	C [uw]
ᾧ	ἂν	ἐγὼ ἐνβάψας	τὸ ψωμίον	ἐπιδώσω.	καὶ βάψας	τὸ	ψωμίον	D
ᾧ		ἐγὼ βάψω	τὸ ψωμίον καὶ	δῷ αὐτῷ.	βάψας οὖν	τὸ	ψωμίον λαμβάνει καὶ	L
ᾧ		ἐγὼ βάψας	τὸ ψωμίον	δώσω αὐτῷ.	καὶ ἐμβάψας	τὸ	ψωμίον λαμβάνει καὶ	M
ᾧ		ἐγὼ δώσω	ἐνβάψας	τὸ ψωμίον.	καὶ ἐνβάψας	τὸ	ψωμίον	W
ᾧ		ἐγὼ βάψας	τὸ ψωμίον	ἐπιδώσω.	καὶ ἐμβάψας	τὸ	ψωμίον	Θ
ᾧ	ἂν	ἐγὼ ἐμβάψας	τὸ ψωμίον	ἐπιδώσω.	καὶ ἐμβάψας	τὸ	ψωμίον	f¹ 565
ᾧ		ἐγὼ βάψας	τὸ ψωμίον	ἐπιδώσω.	καὶ βάψας	τὸ	ψωμίον	69 788
ᾧ		ἐγὼ βάψας	τὸ ψωμίον	ἐπιδώσω αὐτῷ.	βάψας οὖν	τὸ	ψωμίον λαμβάνει καὶ	33
ᾧ		ἐγὼ βάψας	τὸ ψωμίον καὶ	δώσω αὐτῷ.	καὶ ἐμβάψας	τὸ	ψωμίον	157
ὁ		βάψας	τὸ ψωμίον					579
ᾧ		ἐγὼ βάψω	τὸ ψωμίον καὶ	δώσω αὐτῷ.	βάψας οὖν	τὸ	ψωμίον λαμβάνει καὶ	1071*
ᾧ		ἐγὼ βάψω	τὸ ψωμίον καὶ	δώσω αὐτῷ.	ἐμβάψας οὖν	τὸ	ψωμίον λαμβάνει καὶ	1071ᶜ
ᾧ		ἐγὼ βάψας	τὸ ψωμίον	ἐπιδώσω.	καὶ ἐμβάψας	τὸ	ψωμίον	1424
ᾧ		ἐγὼ βάψω	τὸ ψωμίον καὶ	δώσω αὐτῷ.	βάψας οὖν	τὸ	ψωμίον	[u]
ᾧ		ἐγὼ βάψας	τὸ ψωμίον	ἐπιδώσω.	καὶ ἐμβάψας	τὸ	ψωμίον	𝔓⁶⁶ᶜ 𝔐 U Δ Λ

Ψ 124 2 28 700 τ

lac. 13.25-26 𝔓⁴⁵ 𝔓⁷⁵ N P Γ

A 25 τωκ (το) 2 | στιθος E L 28 26 αποκρηνετε Δ Θ | εστι S | ο (ω) L | ψομιον L | εμψας A Λ* | λαμβανι ℵᶜ

B 25 ιῡ B 𝔓⁶⁶ ℵ A C 𝔐 K L M S U W Δ Θ Λ Π Ψ Ω f¹ 118 f¹³ 124 2 33 28 157 565 579 700 788 1071 1346 1424 ¦ ιηῡ D | κε
B 𝔓⁶⁶ ℵ A C D 𝔐 K L M S U W Δ Θ Λ Π Ψ Ω f¹ 118 f¹³ 69 124 2 33 28 157 565 579 700 788 1071 1346 1424 26 ις B 𝔓⁶⁶ A C
E G H Y K M S U W Δ Θ Λ Π Ψ Ω f¹ 118 f¹³ 124 2 33 28 157 565 579 700 788 1071 1346 1424 ¦ ιης D

D 25 ρκγ Θ 26 ρκδ/θ U ¦ ρκδ 579 | (ante βαψας) ρκδ/θ ℵ M Λ Π Ω 118 124 28 1424 ¦ ρκδ C D F H K L (ante και εμβαψας Θ f¹
2 157 1346) ¦ ρκδ/δ (ante και εμβ.) E 788 ¦ ρκδ/θ G S Y ¦ ρκδ/ι Ψ | Ευ Ιω ρκδ : Λο . : Μρ . : Μθ . E | Ιω ρκδ : Λο . : Μρ . : Μτ .
124

δίδωσι	Ἰούδᾳ Σίμωνος	Ἰσκαριώτου.	27 καὶ μετὰ τὸ ψωμίον τότε	εἰσῆλθεν	B*
<u>δίδωσιν</u>	Ἰούδᾳ Σίμωνος	Ἰσκαριώτου.	27 καὶ μετὰ τὸ ψωμίον τότε	εἰσῆλθεν	Bᶜ C M Ψ 33 157
<u>δίδωσιν</u>	Ἰούδᾳ Σίμωνος	Ἰσκαριώτου.	27 καὶ μετὰ τὸ ψωμίον	εἰσῆλθεν	א L [↑1071 **uw**
<u>δίδωσιν</u>	Ἰούδᾳ Σίμωνος ἀπὸ <u>Καρυώτου</u>.	27 καὶ	εἰσῆλθεν	D
<u>ἐπιδίδωσιν</u>	Ἰούδᾳ Σίμωνος	Ἰσκαριώτου.	27 καὶ μετὰ τὸ ψωμίον τότε	εἰσῆλθεν	Θ
<u>δίδωσιν</u>	Ἰούδᾳ Σίμωνος <u>τῷ</u> <u>Ἰσκαριώτῃ</u>.	27 καὶ μετὰ τὸ ψωμίον τότε	εἰσῆλθεν	f¹³
<u>δίδωσιν</u>	Ἰούδᾳ	<u>τῷ</u> <u>Ἰσκαριώτῃ</u>.	27 καὶ μετὰ τὸ ψωμίον τότε	εἰσῆλθεν	69 788
<u>δίδωσιν</u>	Ἰούδᾳ Σίμωνος	<u>Ἰσκαριώτῃ</u>.	27 καὶ μετὰ τὸ ψωμίον	εἰσῆλθεν	565
<u>δίδωσιν</u>	<u>Ἰούδας Σίμων ὁ</u>	<u>Ἰσκαριώτης</u>.	27 καὶ μετὰ τὸ ψωμίον	εἰσῆλθεν	579
<u>δίδωσιν</u>	Ἰούδᾳ Σίμωνος	<u>Ἰσκαριώτῃ</u>.	27 καὶ μετὰ τὸ ψωμίον τότε	εἰσῆλθεν	𝔓⁶⁶ A 𝔐 K U W Δ

Λ Π f¹ 124 2 28 700 1424 τ

εἰς ἐκεῖνον	ὁ Σατανᾶς λέγει οὖν	αὐτῷ	Ἰησοῦς, Ὁ ποιεῖς ποίησον τάχειον.	B L **w**
εἰς ἐκεῖνον	ὁ Σατανᾶς λέγει οὖν	αὐτῷ <u>ὁ</u> Ἰησοῦς, Ὁ ποιεῖς ποίησον τάχειον.	𝔓⁶⁶ א A C 𝔐 Θ Ψ
εἰς ἐκεῖνον	Σατανᾶς <u>καὶ λέγει</u>	αὐτῷ <u>ὁ</u> Ἰησοῦς, Ὁ ποιεῖς <u>ποιης</u>	τάχειον.	D* [↑33 579ᶜ 1424
εἰς ἐκεῖνον	Σατανᾶς <u>καὶ λέγει</u>	αὐτῷ <u>ὁ</u> Ἰησοῦς, Ὁ ποιεῖς ποίησον τάχειον.	Dᶜ
εἰς ἐκεῖνον	Σατανᾶς <u>λέγειν</u> οὖν	αὐτῷ <u>ὁ</u> Ἰησοῦς, Ὁ ποιεῖς ποίησον τάχειον.	Δ*
εἰς ἐκεῖνον	Σατανᾶς λέγει οὖν	αὐτῷ <u>ὁ</u> Ἰησοῦς, Ὁ ποιεῖς ποίησον τάχειον.	Δᶜ
εἰς <u>αὐτὸν</u>	ὁ Σατανᾶς λέγει οὖν	αὐτῷ <u>ὁ</u> Ἰησοῦς, Ὁ ποιεῖς ποίησον <u>τάχιον</u>.	157
εἰς <u>ἐκεῖνος ἀναστὰς</u> ὁ Σατανᾶς λέγει οὖν	αὐτῷ <u>ὁ</u> Ἰησοῦς, Ὁ ποιεῖς ποίησον τάχειον.	579*
εἰς ἐκεῖνον	ὁ Σατανᾶς λέγει οὖν	αὐτῷ <u>ὁ</u> Ἰησοῦς, Ὁ ποιεῖς ποίησον <u>τύχιον</u>.	788
εἰς ἐκεῖνον	ὁ Σατανᾶς λέγει οὖν	αὐτῷ <u>ὁ</u> Ἰησοῦς, Ὁ ποιεῖς <u>ποίησαν τάχιον</u>.	1071
εἰς ἐκεῖνον	ὁ Σατανᾶς λέγει οὖν	αὐτῷ <u>ὁ</u> Ἰησοῦς, Ὁ ποιεῖς ποίησον <u>τάχυον</u>.	1346
εἰς ἐκεῖνον	ὁ Σατανᾶς λέγει οὖν	αὐτῷ <u>ὁ</u> Ἰησοῦς, Ὁ ποιεῖς ποίησον <u>τάχιον</u>.	H Y K M S U W Λ

Π Ω f¹ f¹³ 2 28 565 700 **uτ**

28 τοῦτο	οὐδεὶς ἔγνω τῶν ἀνακειμένων	πρὸς τί εἶπεν αὐτῷ· 29 τινὲς γὰρ	B W Ψ 579 [**uw**]
28 τοῦτο <u>δὲ</u> οὐδεὶς ἔγνω τῶν ἀνακειμένων	πρὸς τί εἶπεν αὐτῷ· 29 τινὲς <u>δὲ</u>	𝔓⁶⁶
28 <u>τότε</u> <u>δὲ</u> οὐδεὶς ἔγνω τῶν ἀνακειμένων	πρὸς τί εἶπεν αὐτῷ· 29 τινὲς γὰρ	Λ
28 τοῦτο <u>δὲ</u> οὐδεὶς ἔγνω τῶν <u>συνανακειμένων</u>	πρὸς τί εἶπεν αὐτῷ· 29 τινὲς γὰρ	f¹³	[↓rell
28 τοῦτο <u>δὲ</u> οὐδεὶς ἔγνω τῶν ἀνακειμένων	πρὸς τί εἶπεν αὐτῷ· 29 τινὲς γὰρ	69 124 788 1346 [**uw**]τ

ἐδόκουν, ἐπεὶ τὸ γλωσσόκομον	εἶχεν	Ἰούδας, ὅτι λέγει αὐτῷ	Ἰησοῦς, Ἀγόρασον	B [**u**]**w**
ἐδόκουν, <u>ἐπὶ</u>	τὸ γλωσσόκομον	εἶχεν <u>ὁ</u> Ἰούδας, ὅτι λέγει αὐτῷ <u>ὁ</u> Ἰησοῦς, Ἀγόρασον	𝔓⁶⁶ E* Θ Π
ἐδόκουν, <u>ἐπὶ</u>	τὸ γλωσσόκομον	εἶχεν	Ἰούδας, ὅτι λέγει αὐτῷ	Ἰησοῦς, Ἀγόρασον	א
ἐδόκουν, <u>ἐπὶ</u>	τὸ γλωσσόκομον	εἶχεν	Ἰούδας, ὅτι λέγει αὐτῷ <u>ὁ</u> Ἰησοῦς, Ἀγόρασον	A L* 1346
ἐδόκουν, ἐπεὶ	τὸ γλωσσόκομον	εἶχεν <u>ὁ</u> Ἰούδας, ὅτι λέγει αὐτῷ <u>ὁ</u> Ἰησοῦς, Ἀγόρασον	C 𝔐 K Δ Λ Ψ 2
ἐδόκουν, <u>ὅτι</u>	τὸ γλωσσόκομον	εἶχεν <u>ὁ</u> Ἰούδας, ὅτι λέγει αὐτῷ <u>ὁ</u> <u>Ἰούδας</u>, Ἀγόρασον	D* [↑1424 τ
ἐδόκουν, <u>ὅτι</u>	τὸ γλωσσόκομον	εἶχεν <u>ὁ</u> Ἰούδας, ὅτι λέγει αὐτῷ <u>ὁ</u> Ἰησοῦς, Ἀγόρασον	Dᶜ
ἐδόκουν, <u>ἐπὶ</u>	τὸ <u>γλωσσοκόμιον</u>	εἶχεν	Ἰούδας, ὅτι λέγει αὐτῷ <u>ὁ</u> Ἰησοῦς, Ἀγόρασον	W
ἐδόκουν, ἐπεὶ τὸ γλωσσόκομον	εἶχεν	Ἰούδας, ὅτι λέγει αὐτῷ,	Ἀγόρασον	1 118 565
ἐδόκουν, ἐπεὶ τὸ γλωσσόκομον	εἶχεν <u>ὁ</u> Ἰούδας, ὅτι λέγει αὐτῷ,	Ἀγόρασον	1582
ἐδόκουν, <u>ἐπὶ</u> <u>τὸν</u> γλωσσόκομον	εἶχεν	Ἰούδας, ὅτι λέγει αὐτῷ <u>ὁ</u> Ἰησοῦς, Ἀγόρασον	579
ἐδόκουν, ἐπεὶ τὸ γλωσσόκομον	εἶχεν	Ἰούδας, ὅτι λέγει αὐτῷ <u>ὁ</u> Ἰησοῦς, Ἀγόρασον	F Lᶜ M U f¹³ 33

28 157 700 1071 [**u**]

ὧν χρείαν ἔχομεν εἰς τὴν ἑορτήν, ἢ τοῖς πτωχοῖς ἵνα τι δῷ. 30 λαβὼν οὖν τὸ ψωμίον	B 𝔓⁶⁶ **uwτ** rell
ὧν χρείαν ἔχομεν εἰς τὴν ἑορτήν, ἢ τοῖς πτωχοῖς ἵνα τι <u>δοῖ</u>. 30 λαβὼν οὖν τὸ ψωμίον	D
ὧν χρείαν ἔχομεν εἰς τὴν,	ἢ τοῖς πτωχοῖς ἵνα τι δῷ. 30 λαβὼν οὖν <u>ἐκεῖνος τὸ</u>	33
ὧν	<u>ἔχωμεν</u> εἰς τὴν ἑορτήν, ἢ τοῖς πτωχοῖς ἵνα τι δῷ. 30 λαβὼν οὖν τὸ ψωμίον	579
ὧν χρείαν ἔχομεν εἰς τὴν ἑορτήν, ἢ <u>τίς</u> πτωχοῖς ἵνα τι δῷ. 30 λαβὼν οὖν τὸ ψωμίον	1346

---

lac. 13.26-30 𝔓⁴⁵ 𝔓⁷⁵ N P Γ

A 26 δειδωσιν 1971 28 τουτω 579 | ανακειμενον 579 29 εδωκουν E M 579 | γλωσσωκομων 579 | ηχεν Ω | ον (ων) F* | χριαν א A L 1071 | εχωμεν 1424 | τιν (την) Θ 30 λαβον Θ* 1346 | ψωμειον D ¦ ψομιον 579

B 27 ι̅ς̅ B 𝔓⁶⁶ א A C 𝔐 K L M S U W Δ Θ Λ Π Ψ Ω f¹ 118 f¹³ 124 2 33 28 157 565 579 700 788 1071 1346 1424 ¦ ι̅η̅ς̅ D 29 ι̅ς̅ B 𝔓⁶⁶ א A C 𝔐 K L M S U W Δ Θ Λ Π Ψ Ω f¹³ 2 33 28 157 579 700 788 1071 1424 ¦ ι̅η̅ς̅ D

C 27 (ante ποιησον) τουτο δε ου προς ταττοντος εστιν. ουδε συμβουλευοντος αλλ ονειδιζοντος Λᵐᵍ· |

D 27 ρ̅κ̅δ̅/θ̅ A ¦ ρ̅κ̅ε̅/θ̅ S ¦ ρ̅κ̅δ̅ 565 | (ante λεγει) ρ̅κ̅ε̅/ι̅ א A E M U Y Λ Ψ 124 28 1071 14<u>24</u> ¦ ρ̅κ̅ε̅ C D F G H K Θ Ω f¹ 157 565 1346 ¦ ρ̅κ̅ε̅/α̅ Π 118 | Ευ Ιω ρ̅κ̅ε̅ : Λο . : Μρ . : Μθ . E | Ιω ρ̅κ̅ε̅ : Λο . : Μρ . : Μτ . 124 29 ρ̅κ̅ε̅ 579

194

ἐκεῖνος ἐξῆλθεν εὐθύς. ἦν δὲ νύξ.   Β 𝔓⁶⁶ ℵ C D L W 157 579 1071 uw
ἐκεῖνος εὐθέως ἐξῆλθεν. ἦν δὲ νύξ.   A 𝔐 K U Δ Θ Λ ƒ¹ 2 28 700 1424 τ
ἐκεῖνος εὐθέως ἐξῆλθεν.   G
ἐκεῖνος ἐξῆλθεν εὐθέως. ἦν δὲ νύξ.   M ƒ¹³
ἐκεῖνος εὐθέως ἐξῆλθεν. ἦν δὲ νύξ ὅτε ἐξῆλθεν.   Π 124 565
ἐκεῖνος ἐξῆλθεν εὐθέως. ἦν δὲ νύξ ὅτε ἐξῆλθεν.   Ψ
        ἐξῆλθεν εὐθέως. ἦν δὲ νύξ.   69 788
ψωμίον ἐξῆλθεν εὐθέως. ἦν δὲ νύξ.   33

Jesus Commands His Disciples To Love One Another

μῆ 31 Ὅτε οὖν ἐξῆλθεν,   λέγει   Ἰησοῦς, Νῦν ἐδοξάσθη ὁ υἱὸς τοῦ ἀνθρώπου, Β 𝔓⁶⁶ ℵ L uw
31 Ὅτε   ἐξῆλθεν,   λέγει ὁ   Ἰησοῦς, Νῦν ἐδοξάσθη ὁ υἱὸς τοῦ ἀνθρώπου, A 𝔐 K M Π 2ᶜ 700
31   λέγει ὁ   Ἰησοῦς, Νῦν ἐδοξάσθη ὁ υἱὸς τοῦ ἀνθρώπου, G 124   [↑1424
31 Ὅτε   ἐξῆλθεν,   λέγει   Ἰησοῦς, Νῦν ἐδοξάσθη ὁ υἱὸς τοῦ ἀνθρώπου, Υ S Δ 28
31 Ὅτε   ἐξῆλθεν, λέγει οὖν ὁ   Ἰησοῦς, Νῦν ἐδοξάσθη ὁ υἱὸς τοῦ ἀνθρώπου, U Ψ
31 Ὅτε   ἐξῆλθεν, καὶ λέγει ὁ   Ἰησοῦς, Νῦν ἐδοξάσθη ὁ υἱὸς τοῦ ἀνθρώπου, Λ
31 Ὅτε   ἐξῆλθεν, λέγει οὖν,   Νῦν ἐδοξάσθη ὁ υἱὸς τοῦ ἀνθρώπου, 2* [↓157 565 579 τ
31 Ὅτε οὖν ἐξῆλθεν,   λέγει ὁ   Ἰησοῦς, Νῦν ἐδοξάσθη ὁ υἱὸς τοῦ ἀνθρώπου, C D W Θ ƒ¹ ƒ¹³ 33

                                                      [↓579 1071 [u]w
καὶ ὁ θεὸς ἐδοξάσθη ἐν αὐτῷ· 32   καὶ ὁ θεὸς   Β 𝔓⁶⁶ ℵ* C* D L W Π ƒ¹ 2*
καὶ ὁ θεὸς ἐδοξάσθη ἐν αὐτῷ· 32 εἰ ὁ θεὸς ἐδοξάσθη ἐν αὐτῷ, καὶ ὁ θεὸς   ℵᶜ A Cᶜ 𝔐 K M U Δ Θ Λ Ψ ƒ¹³
                                                      2ᶜ 33 28 157 565 700 1424 [u]τ

δοξάσει αὐτὸν ἐν αὐτῷ, καὶ εὐθὺς   δοξάσει αὐτόν.   33 τεκνία,   Β 𝔓⁶⁶ ℵ* Λ uw
δοξάσει αὐτὸν ἐν ἑαυτῷ, καὶ εὐθὺς καὶ εὐς δοξάσει αὐτόν. 33 τεκνία,   D
δοξάσει αὐτὸν ἐν ἑαυτῷ.   33 τεκνία,   W
δοξάσει αὐτὸν ἐν ἑαυτῷ, καὶ εὐθὺς   δοξάσει αὐτὸν ἐν αὐτῷ. 33 τεκνία, 157
δοξάσει αὐτόν.   33 τεκνία μου, 579
δοξάσῃ αὐτὸν ἐν ἑαυτῷ, καὶ εὐθὺς   δοξάσει αὐτόν.   33 τεκνία,   1346
δοξάσει αὐτὸν ἐν ἑαυτῷ, καὶ εὐθὺς   δοξάσει αὐτόν.   33 τεκνία,   ℵᶜ A C 𝔐 K L M U Δ
                                                          Θ Π Ψ ƒ¹ ƒ¹³ 2 33 28 565 700 1071 1424 τ

ἔτι μεικρὸν   μεθ᾽ ὑμῶν εἰμι·   ζητήσετέ με, Β W
ἔτι μεικρὸν χρόνον μεθ᾽ ὑμῶν εἰμι·   ζητήσετέ με, ℵ
ἔτι μεκρὸν   μεθ᾽ ὑμῶν εἰμι·   ζητήσετέ με, D
ἔτι μικρὸν χρόνον μεθ᾽ ὑμῶν εἰμι·   ζητήσετέ με, L Θ 118 ƒ¹³ 28 157
ἔτι μικρὸν   μεθ᾽ ὑμῶν εἰμι·   ζητήσατέ με, U   [↑1071
ἔτι μικρὸν χρόνον μεθ᾽ ὑμῶν εἰμι, καὶ ὑπάγω πρὸς τὸν πέμψαντά με· ζητήσετέ με, Ψ
ἔτι μικρὸν   μεθ᾽ ὑμῶν εἰμι·   ζητεῖτέ με,   69
ἔτι μικρὸν   μεθ᾽ ὑμῶν εἰμι, καὶ ὑπάγω πρὸς τὸν πέμψαντά με· ζητήσετέ με, 33
ἔτι μικρὸν   μεθ᾽ ὑμῶν εἰμι·   ζητήσετέ με, 𝔓⁶⁶ A C 𝔐 K M Δ
                                                          Λ Π ƒ¹ 124 2 565 579 700 788 1424 uwτ

[Cl Pd I 13.3 παιδια, ετι μικρον μεθ υμων ειμι][Cl S III 99.2 τεκνια, φησιν, ολιγον ετι μεθ υμων ειμι ο
διδασκαλος][Cl S VI 104.3 τεκνια, ετι μικρον μεθ υμων ειμι]

lac. 13.30-33 𝔓⁴⁵ 𝔓⁷⁵ N P Γ

A 31 εξηλθε Υ ƒ¹ 118 157 700 | νυ (νυν) C | εδοξασ H* 33 τεκνεια D | υμον 579 | ειμει L W | ζητησεται 𝔓⁶⁶ ℵ A L W 33 |
ζητισετε K | ζησετε S* | ζιτισετε Θ | ζητησεται 2 1071 | ζειτησετε 579

B 31 ι̅ς̅ Β 𝔓⁶⁶ ℵ A C 𝔐 K L M S U W Δ Θ Λ Π Ψ Ω ƒ¹ 118 ƒ¹³ 124 2ᶜ 33 28 157 565 579 700 788 1071 1346 1424 ‖ της D | υς
𝔓⁶⁶ ℵᶜ C 𝔐 K L M S U Δ Θ Λ Π Ψ ƒ¹ 2 33 28 565 1071 1424 | ανου 𝔓⁶⁶ ℵ A C 𝔐 K L M S U W Δ Θ Λ Π Ψ Ω ƒ¹ 118 ƒ¹³ 69
124 2 33 28 157 565 579 700 788 1071 1346 1424 | θς̅ Β 𝔓⁶⁶ ℵ A C D 𝔐 K L M S U W Δ Θ Λ Π Ψ Ω ƒ¹ 118 ƒ¹³ 69 124 2 33 28
157 565 579 700 788 1071 1346 1424 32 θς̅¹ ℵᶜ A Cᶜ 𝔐 K M S U W Δ Θ Λ Π Ψ Ω ƒ¹ 118 ƒ¹³ 69 124 33 28 157 565 579 700
788 1071 1346 1424 | θς̅² Β 𝔓⁶⁶ ℵ A D 𝔐 K L M S U Δ Θ Λ Π Ψ Ω 118 ƒ¹³ 69 124 2 33 28 157 565 700 788 1346 1424 | lac. C

C 30 τελ της θ̅ ωρ τη μγ δ̅ την ημεραν Υ² ‖ τελ της θ̅ ωρ τη μγ δ̅ 2² 31 αρχη: εις το εκ νυκτος της αγιας (τη αγια Εᶜ)
παρασκευη. ειπεν ο κς̅ τοις εαυτου μαθηταις: (ante νυν) Ε | αρχη εις το αγιατα F | αρχη G | η διαθηκι: χς ις Λ | αρχη: ευ̅α̅ α
του παθ ειπ τοις εαυτ μαθθ νυν εδοξασθ ο υς̅ Η | αρχ (ante νυν): ευαγγε α̅ τω πα,θ νυν εδοξασθη ο υς̅ Υ | ··· ο κς̅ τοις ···· νυν
εδοξασθη ο υς̅ M | ειπ ο κς̅ τ εαυτ μαθ αναγνω α̅ S | αρχ: (ante λεγει ο) Θ | (ante νυν) αρχ ευαγγελ α̅ του παθους του κυ̅ ητοι η
διαθηκη Ψ | αναγρ,ω των παθ α̅ του ο κς̅ τοις εαυτ μαθ νυν εδοξασθη Ω | αρχ μς̅ ευα α̅ τ αγι πασχ ειπ ο κς̅ τοις εαυτου
μαθηταις νυν δεξασ ƒ¹ | αρχ μς̅ ευα α̅ των αγιων παθων: ειπεν ο κς̅ νυν δεξασ 118 | αρχ η διαθηκη 124 (ante νυν
788)‖ αρχ (ante νυν): ειπεν ο κς̅ τοις εαυτ μαθητ 2 | β̅ τς μ,γλ διαθηκ ειπεν ο κς̅ τς εαυτου μαθητ νυν εδοξασθ 28 | (ante λεγει)
αρχ της διαθηκης και αεχχα των αγιων παθων 157 | αρχ τη αγ κ, μγ παρ,α τ̅ παθ,. ευα α̅ 1071 | αρχ η διαθηκ ευα α̅ τω παθ
1346 | αρχη ειπεν ο κς̅ τοις ε 1424 33 αρχη D [13.33 ευαγγελιον α΄ των αγιων παθων]

D 31 ρκε 1071

καὶ καθὼς εἶπον τοῖς Ἰουδαίοις ὅτι Ὅπου ἐγὼ ὑπάγω ὑμεῖς οὐ Β ℵ^c A C K L M U Θ Π Ψ *f*[1] 69 124 33
καὶ καθὼς εἶπον τοῖς Ἰουδαίοις Ὅπου ὑπάγω ὑμεῖς οὐ 𝔭[66] 579 [↑28 157 565 788 1071 **uw**
καὶ καθὼς εἶπον τοῖς Ἰουδαίοις Ὅπου ἐγὼ ὑπάγω ὑμεῖς οὐ ℵ* D
καὶ καθὼς εἶπον τοῖς Ἰουδαίοις ὅτι Ὅπου <u>ὑπάγω ἐγὼ</u> ὑμεῖς οὐ 𝔐 Δ Λ 2 700 1424 τ
καὶ καθὼς <u>εἴρηκα</u> τοῖς Ἰουδαίοις Ὅπου ὑπάγω ὑμεῖς οὐ W
καὶ καθὼς <u>εἶπεν</u> τοῖς Ἰουδαίοις ὅτι Ὅπου ἐγὼ ὑπάγω ὑμεῖς οὐ *f*[13]
καὶ καθὼς εἶπον τοῖς Ἰουδαίοις ὅτι <u>ἐγὼ ὅπου</u> ὑπάγω ὑμεῖς οὐ 1346

δύνασθε ἐλθεῖν, καὶ ὑμῖν λέγω ἄρτι. **34** ἐντολὴν καινὴν δίδωμι ὑμῖν, Β 𝔭[66] **uwτ** rell
δύνασθε ἐλθεῖν, καὶ ὑμῖν λέγω· **34** <u>πλὴν</u> ἄρτι ἐντολὴν καινὴν δίδωμι ὑμῖν, 𝔭[66]
δύνασθε ἐλθεῖν, καὶ ὑμῖν λέγω ἄρτι· **34** <u>πλὴν</u> ἐντολὴν καινὴν δίδωμι ὑμῖν, 1 1582* 565
δύνασθε ἐλθεῖν, καὶ ὑμῖν λέγω ἄρτι. **34** ἐντολὴν καινὴν <u>δίδωμοι ἡμῖν</u>, 579
δύνασθε ἐλθεῖν, καὶ <u>ὑμεῖς</u> λέγω ἄρτι. **34** <u>πλὴν</u> ἐντολὴν καινὴν δίδωμι ὑμῖν, 1071

ἵνα ἀγαπᾶτε ἀλλήλους, καθὼς ἠγάπησα ὑμᾶς ἵνα καὶ ὑμεῖς ἀγαπᾶτε ἀλλήλους. Β 124 **uwτ** rell
ἵνα ἀγαπᾶτε ἀλλήλους, καθὼς <u>ἐγὼ</u> ἠγάπησα ὑμᾶς ἵνα καὶ ὑμεῖς <u>ἀλλήλους ἀγαπᾶτε</u>. 𝔭[66]
ἵνα ἀγαπᾶτε ἀλλήλους, καθὼς ἠγάπησα ὑμᾶς καὶ ὑμεῖς ἀγαπᾶτε ἀλλήλους. ℵ
ἵνα ἀγαπᾶτε ἀλλήλους. C *f*[13] 69*
ἵνα ἀγαπᾶτε ἀλλήλους, καθὼς <u>κἀγὼ</u> ἠγάπησα ὑμᾶς ἵνα καὶ ὑμεῖς <u>ἀλλαπᾶτε</u> ἀλλήλους. D
ἵνα .... F
ἵνα ἀγαπᾶτε ἀλλήλους, καθὼς ἠγάπησα ὑμᾶς ἵνα ἀγαπᾶτε ἀλλήλους. 700* 1424

35 ἐν τούτῳ γνώσονται πάντες ὅτι ἐμοὶ μαθηταί ἐστε, ἐὰν ἀγάπην ἔχητε Β **uwτ** rell
35 ἐν τούτῳ γνώσονται πάντες ὅτι <u>ἐμοῦ ἐστε μαθηταί</u>, ἐὰν ἀγάπην ἔχητε 𝔭[66]
35 ἐν τούτῳ γνώσονται πάντες ὅτι ἐμοὶ μαθηταί ἐστε, ἐὰν <u>ἀγαπᾶν</u> ἔχητε C
35 ἐν τούτῳ <u>γὰρ</u> γνώσονται πάντες ὅτι ἐμοὶ μαθηταί ἐστε, ἐὰν ἀγάπην ἔχητε D
35 ἐν τούτῳ γνώσονται πάντες ὅτι ἐμοὶ μαθηταί ἐστε, ἐὰν ἀγάπην <u>ἔχετε</u> H K* Λ *f*[13] 2 1424
35 ἐν τούτῳ γνώσονται πάντες ὅτι ἐμοὶ μαθηταί ἐστε, <u>ἵνα</u> ἀγάπην ἔχητε Λ
35 ἐν τούτῳ γνώσονται πάντες ὅτι ἐμοὶ μαθηταί ἐστε, ἐὰν <u>ἀγαπᾶτε</u> 69 124 788

ἐν ἀλλήλοις. Β 𝔭[66] **uwτ** rell
<u>μετ</u> ἀλλήλων. ℵ 118
ἐν <u>ἄλλοις</u>. C
ἀλλήλους. 69 124 788

Jesus Announces That Peter Will Deny Him
(Matthew 26.33-35; Mark 14.29-31; Luke 22.33-34)

36 Λέγει αὐτῷ Σίμων Πέτρος, Κύριε, ποῦ ὑπάγεις; ἀπεκρίθη Ἰησοῦς, Ὅπου Β C* L **[u]w**
36 Λέγει αὐτῷ Σίμων Πέτρος, Κύριε, ποῦ ὑπάγεις; ἀπεκρίθη <u>αὐτῷ</u> Ἰησοῦς, Ὅπου 𝔭[66] Α Θ **[u]**
36 Λέγει αὐτῷ Σίμων Πέτρος, Κύριε, ποῦ ὑπάγεις; <u>λέγει αὐτῷ ὁ</u> Ἰησοῦς, Ὅπου D
36 Λέγει αὐτῷ Σίμων Πέτρος, Κύριε, ποῦ ὑπάγεις; ἀπεκρίθη <u>ὁ</u> Ἰησοῦς, Ὅπου 1071
36 Λέγει αὐτῷ Σίμων Πέτρος, Κύριε, ποῦ ὑπάγεις; ἀπεκρίθη <u>αὐτῷ ὁ</u> Ἰησοῦς, Ὅπου ℵ C^c 𝔐 K M U W
Δ Λ Π Ψ *f*[1] *f*[13] 2 33 28 157 565 579 700 1424 τ

lac. 13.33-36 𝔭[45] 𝔭[75] N P Γ ¦ vss. 34-36 F

A 33 καθω Δ ¦ υμις 𝔭[66] ¦ δυνασθαι 𝔭[66] ℵ A D L W 2* 28 579 1071 ¦ ελθιν ℵ ¦ υμειν 𝔭[66] D 34 εντολιν Θ ¦ κενην W ¦ καιμην Δ ¦ διδομι H 13 69 124 1424 ¦ διδωμη L ¦ υμειν D ¦ αλλιλους[1] 1071 ¦ αλλαπατε D* ¦ εγαπησα E* ¦ αγαπαται[2] 𝔭[66] W 35 τουτο 2 1071 ¦ γνωσονται 33 1071 ¦ αθηται 𝔭[66]* ¦ μαθητε Θ ¦ εσται 𝔭[66] L M W 2 579 1071 ¦ εχηται 𝔭[66] ℵ W ¦ εχειτε Κ^c ¦ εχειται 579 ¦ αλλιλοις 1071

Β 36 κε̄ Β 𝔭[66] ℵ A C D 𝔐 K L M S U W Δ Θ Λ Π Ψ Ω 118 *f*[13] 69 124 2 33 28 157 565 579 700 788 1071 1346 1424 ¦ ῑς̄ Β 𝔭[66] ℵ A C 𝔐 K L M S U W Δ Θ Λ Π Ψ Ω *f*[1] 118 *f*[13] 124 2 33 28 157 565 579 700 788 1071 1346 1424 ¦ ῑη̄ς̄ D

D 36 ρ̄κς̄/α ℵ E G L M S U Λ Ψ Ω 124 28 788 1424 ¦ ρ̄κς̄ C D H K Θ Π *f*[1] *f*[13] 579 ¦ ρ̄κς̄/ε̄ 118¦ Ευ Ιω ρ̄κς̄ : Λο σοε : Μρ ρ̄θ̄ : Μθ σπ̄θ̄ E ¦ Ιω ρ̄κς̄ : Λο σο̄θ̄ : Μρ ρο Μτ σπ̄θ̄ 124

      ὑπάγω οὐ δύνασαί μοι νῦν ἀκολουθῆσαι,   ἀκολουθήσεις δὲ ὕστερον.   B 𝔓⁶⁶ L W f¹ 565 579 **uw**
ἐγὼ ὑπάγω οὐ δύνασαί μοι νῦν ἀκολουθῆσαι,   ἀκολουθήσεις δὲ ὕστερον.   ℵ 1582ᶜ 33
      ὑπάγω οὐ δύνασαί μοι νῦν ἀκολουθῆσαι,   ὕστερον δὲ ἀκολουθήσεις.   A Θ Π
      ὑπάγω οὐ δύνασαί μοι νῦν ἀκολουθεῖν,   ἀκολουθήσεις δὲ ὕστερον.   C*
      ὑπάγω οὐ δύνασαί μοι νῦν ἀκολουθεῖν,   ὕστερον δὲ ἀκολουθήσεις μοι.   Cᶜ
ἐγὼ ὑπάγω οὐ δύνασαί μοι συνακολουθῆσαι ἄρτι,   ὕστερον δέ μοι ἀκολουθήσεις.   D
ἐγὼ ὑπάγω οὐ δύνασαί μοι νῦν ἀκολουθῆσαι,   ὕστερον δὲ ἀκολουθήσεις μοι.   Sᶜ Uᶜ Ψ f¹³ 1071
ἐγὼ ὑπάγω οὐ δύνασαί μοι   ἀκολουθῆσαι,   ὕστερον δὲ ἀκολουθήσεις μοι.   U*
      ὑπάγω οὐ δύνασαί μοι   ἀκολουθῆσαι,   ὕστερον δὲ ἀκολουθήσεις μοι.   Δ
ἐγὼ ὑπάγω οὐ δύνασαί μοι νῦν ἀκολουθῆσαι,   ὕστερον δὲ ἀκολουθήσεις μοι.   118
ἐγὼ ὑπάγω οὐ δύνασαί με νῦν ἀκολουθῆσαι,   ὕστερον δὲ ἀκολουθήσεις μοι.   157   [↓1424 τ
      ὑπάγω οὐ δύνασαί μοι νῦν ἀκολουθῆσαι,   ὕστερον δὲ ἀκολουθήσεις μοι.   𝔐 K M Λ 2 28 700

37 λέγει αὐτῷ ὁ   Πέτρος, Κύριε, διὰ τί οὐ δύναμαί σοι   ἀκολουθεῖν ἄρτι; B [**w**]
37 λέγει αὐτῷ ὁ   Πέτρος, Κύριε, διὰ τί οὐ δύναμαί σοι   ἀκολουθῆσαι ἄρτι; 𝔓⁶⁶ M f¹ 69 124 28ᶜ
37 λέγει αὐτῷ   Πέτρος, Κύριε, διὰ τί οὐ δύνασαί μοι   ἀκολουθῆσαι ἄρτι; A [↑579 788 1346 **uτ**
37 λέγει αὐτῷ   Πέτρος,   διὰ τί οὐ δύναμαί σοι   ἀκολουθῆσαι ἄρτι; ℵ* 33 565
37 λέγει αὐτῷ   Πέτρος, Κύριε, διὰ τί οὐ δύναμαί σοι νῦν ἀκολουθεῖν;   C*
37 λέγει αὐτῷ,   Κύριε, διὰ τί οὐ δύναμαί σοι νῦν ἀκολουθῆσαι ἄρτι; D
37 λέγει αὐτῷ ὁ   Πέτρος, Κύριε, διὰ τί οὐ δύναμαί σοι νῦν ἀκολουθῆσαι;   L*
37 λέγει αὐτῷ   Πέτρος, Κύριε, διὰ τί οὐ δύναμαί σοι νῦν ἀκολουθῆσαι;   Lᶜ
37 λέγει αὐτῷ ὁ   Πέτρος, Κύριε, διὰ τί οὐ δύναμαί σοι νῦν ἀκολουθῆσαι ἄρτι; W 28*
37 λέγει αὐτῷ   Πέτρος, Κύριε, διὰ τί οὐ δύναμαί σοι   ἀκολουθῆσαι;   157
37 λέγει αὐτῷ Σίμων Πέτρος, Κύριε, διὰ τί οὐ δύναμαί σοι   ἀκολουθεῖν ἄρτι; [**w**]
37 λέγει αὐτῷ   Πέτρος,   Διά τί οὐ δύναμαί σοι   ἀκολουθῆσαι ἄρτι; ℵᶜ Cᶜ 𝔐 K U Δ Θ Λ
                                                                               Π Ψ 118 f¹³ 2 700

τὴν ψυχήν μου ὑπὲρ σοῦ θήσω. **38** ἀποκρείνεται   Ἰησοῦς   B
ὑπὲρ σοῦ τὴν ψυχήν μου θήσω. **38** ἀποκρίνεται   Ἰησοῦς   𝔓⁶⁶ ℵ
τὴν ψυχήν μου ὑπὲρ σοῦ θήσω. **38** ἀποκρίνεται   Ἰησοῦς   A C* L Θ **uw**
τὴν ψυχήν μου ὑπὲρ σοῦ θήσω. **38** ἀπεκρείθη   Ἰησοῦς καὶ εἶπεν αὐτῷ D
τὴν ψυχήν μου ὑπὲρ σοῦ θήσω. **38** ἀπεκρίθη   Ἰησοῦς   K Π
τὴν ψυχήν μου ὑπὲρ σοῦ θήσω. **38** ἀπεκρίθη   ὁ Ἰησοῦς   M
ὑπὲρ σοῦ τὴν ψυχήν μου θήσω. **38** ἀποκρίνεται   ὁ Ἰησοῦς   W 579
τὴν ψυχήν μου ὑπὲρ σοῦ θήσω. **38**   Λ*
τὴν ψυχήν μου ὑπὲρ σοῦ θήσω. **38** ἀποκρίνεται   ὁ Ἰησοῦς   Ψ 118 f¹³ 33 157
τὴν ψυχήν μου ὑπὲρ σοῦ θήσω. **38** ἀποκρίνεται αὐτῷ ὁ Ἰησοῦς   f¹ 565
τὴν ψυχήν μου ὑπὲρ σοῦ θήσω. **38** ἀπεκρίθη   αὐτῷ ὁ Ἰησοῦς   Cᶜ 𝔐 U Δ Λᶜ 2 28 700 1071 1424 τ

Τὴν ψυχήν σου ὑπὲρ ἐμοῦ θήσεις; ἀμὴν ἀμὴν λέγω σοι,   οὐ μὴ ἀλέκτωρ   B 𝔓⁶⁶ **uwτ** rell
Τὴν ψυχήν σου ὑπὲρ ἐμοῦ θήσεις; ἀμὴν ἀμὴν λέγω σου ὅτι οὐ μὴ ἀλέκτωρ   D*
Τὴν ψυχήν σου ὑπὲρ ἐμοῦ θήσεις; ἀμὴν ἀμὴν λέγω σοι ὅτι οὐ μὴ ἀλέκτωρ   Dᶜ

φωνήσῃ ἕως οὗ ἀρνήσῃ με   τρίς.   B 𝔓⁶⁶ 565 **uw**
φωνήσῃ ἕως οὗ ἀπαρνήσῃ με   τρίς.   ℵ* G Y K Π 700
φωνήσῃ ἕως οὗ ἀπαρνήσῃ με   τρεῖς. ℵᶜ A U 33
φωνήσει ἕως οὗ ἀπαρνήσῃ με   τρίς.   C 𝔐 Θ Λ Ψ 118 124 2 157 τ
φωνήσει ἕως οὗ ἀρνήσῃ με   τρίς.   D f¹
φωνήσει ἕως οὗ ἀρνήσῃ με   τρεῖς. L
φωνήσει ἕως οὗ ἀπαρνήσῃ με   τρεῖς. M
φωνήσῃ ἕως οὗ σύ με ἀπαρνήσῃ τρίς.   W
φωνήσει ἕως οὗ τρίς ἀπαρνήσει με.   f¹³
φωνήσει ἕως οὗ τρεῖς ἀπαρνήσῃ με.   28
φωνίσει ἕως οὗ μαι ἀπαρνήσει τρεῖς. 579
φωνήσει ἕως οὗ ἀπαρνήσει με τρίς.   1071
φωνήσῃ ἕως οὗ ἀπαρνήσει με   τρίς.   1424

lac. 13.36-38 𝔓⁴⁵ 𝔓⁷⁵ F N P Γ

A **36** δυνασε K* W* 13 | ακολουθησις 𝔓⁶⁶ K 700 ⁞ ακουθησεις U **37** δυναμε 𝔓⁶⁶ ℵ K* ⁞ ακολουθησε 𝔓⁶⁶ 579 **38** θησις M ⁞ θησης Θ | σου (ου) L | φωνησι Λ | απαρνησει M 2

B **37** κ̅ε̅ B 𝔓⁶⁶ ℵᶜ A C D 𝔐 K L M S U W Δ Θ Λ Π Ψ Ω f¹ 118 f¹³ 69 124 2 28 157 579 700 788 1071 1346 1424 **38** ι̅ς̅ B 𝔓⁶⁶ ℵ A C 𝔐 K L M S U W Δ Θ Λᶜ Π Ψ Ω f¹ 118 f¹³ 124 2 28 157 565 579 700 788 1346 1424 ⁞ ι̅η̅ς̅ D

D **37** ρ̅κ̅ϛ̅/α Y 1071

197

Discourse Eight: I Am The Way The Truth And The Life

μδ **14.1**   Μὴ ταρασσέσθω ὑμῶν ἡ καρδία·   Β 𝔓⁶⁶ **uwτ** rell
    14.1 <u>Καὶ εἶπεν τοῖς μαθηταῖς αὐτοῦ,</u> Μὴ ταρασσέσθω ὑμῶν ἡ καρδία·   D
    14.1   Μὴ ταρασσέσθω ὑμῶν   καρδία·   13*
    14.1   Μὴ ταρασσέσθω ὑμῶν ἡ καρδία <u>μηδὲ</u> <u>διλιάτω·</u>   1071

πιστεύετε εἰς τὸν θεόν καὶ εἰς ἐμὲ πιστεύετε. **2** ἐν τῇ οἰκίᾳ τοῦ πατρός μου μοναὶ Β 𝔓⁶⁶ **u[w]τ** rell
....   **2** .... μοναὶ N
πιστεύετε εἰς τὸν θεόν καὶ εἰς ἐμὲ <u>πιστεύηται.</u> **2** ἐν τῇ οἰκίᾳ τοῦ πατρός μου μοναὶ 579
πιστεύετε, εἰς τὸν θεόν καὶ εἰς ἐμὲ πιστεύετε. **2** ἐν τῇ οἰκίᾳ τοῦ πατρός μου μοναὶ [w]

                                                    [↓33 1071 **uw**
πολλαί εἰσιν· εἰ δὲ μή,   εἶπον ἂν ὑμῖν ὅτι πορεύομαι ἑτοιμάσαι τόπον ὑμῖν· Β Α C* D K L Π Ψ f¹³
πολλαί εἰσιν· εἰ δὲ μή,   <u>ἂν εἶπον</u> ὑμῖν   πορεύομαι ἑτοιμάσαι <u>ὑμῖν τόπον;</u> 𝔓⁶⁶*
πολλαί εἰσιν· εἰ δὲ μή,   <u>ἂν</u> εἶπον ἂν ὑμῖν ὅτι πορεύομαι ἑτοιμάσαι <u>ὑμῖν τόπον;</u> 𝔓⁶⁶ᶜ
πολλαί εἰσιν· εἰ δὲ μή,   εἶπον   ὑμῖν ὅτι πορεύομαι ἑτοιμάσαι τόπον ὑμῖν· א W
πολλαί εἰσιν· εἰ δὲ <u>μήγε,</u> εἶπον ἂν ὑμῖν;   1
πολλαί εἰσιν· εἰ δὲ <u>μήγε,</u> εἶπον ἂν ὑμῖν   πορεύομαι ἑτοιμάσαι τόπον ὑμῖν; 1582
πολλαί εἰσιν· εἰ δὲ μή,   εἶπον ἂν ὑμῖν   <u>πορεύσομαι</u> ἑτοιμάσαι τόπον ὑμῖν; 157
πολλαί εἰσιν· εἰ δὲ <u>μήγε,</u> εἶπον   ὑμῖν ὅτι πορεύομαι ἑτοιμάσαι τόπον ὑμῖν; 565
πολλαί εἰσιν· εἰ δὲ μή,   εἶπον   ὑμῖν ὅτι <u>πορέβομαι</u> ἑτοιμάσαι τόπον ὑμῖν; 579
πολλαί εἰσιν· εἰ δὲ μή,   εἶπον ἂν ὑμῖν   πορεύομαι ἑτοιμάσαι <u>ὑμῖν τόπον;</u> 1424   [↓2 28 700 τ
πολλαί εἰσιν· εἰ δὲ μή,   εἶπον ἂν ὑμῖν   πορεύομαι ἑτοιμάσαι τόπον ὑμῖν; Cᶜ 𝔐 M N U Δ Θ Λ 118

3 καὶ ἐὰν πορευθῶ καὶ ἑτοιμάσω   τόπον ὑμῖν, πάλιν ἔρχομαι   Β א L N Π Ψ f¹ f¹³ 33 1071 **uw**
3 καὶ ἐὰν πορευθῶ καὶ ἑτοιμάσω   <u>ὑμῖν τόπον,</u> πάλιν ἔρχομαι <u>πάλιν ἔρχομαι</u> 𝔓⁶⁶*
3 καὶ ἐὰν πορευθῶ καὶ ἑτοιμάσω   <u>ὑμῖν τόπον,</u> πάλιν ἔρχομαι   𝔓⁶⁶ᶜ C Y S U Λ Ω 118 28
3 καὶ ἐὰν πορευθῶ   ἑτοιμάσω   <u>ὑμῖν τόπον,</u> πάλιν ἔρχομαι   A 𝔐 W Δ Θ 2   [↑579 τ
3 <u>κἂν</u>   πορευθῶ   ἑτοιμάσαι τόπον ὑμῖν, <u>ἔρχομαι πάλιν</u> D
3 καὶ ἐὰν πορευθῶ   ἑτοιμάσαι τόπον ὑμῖν, πάλιν ἔρχομαι K 565
3 καὶ ἐὰν πορευθῶ   <u>ἑτοιμάσαι</u> <u>ὑμῖν τόπον,</u> πάλιν ἔρχομαι M 700 1424
3   πάλιν ἔρχομαι 69
3 καὶ ἐὰν <u>πορευθῶ</u> καὶ ἑτοιμάσω <u>ὑμῖν τόπον,</u> πάλιν ἔρχομαι 124
3 καὶ ἐὰν πορευθῶ   <u>ἑτοιμάσαι</u> τόπον ὑμῖν, πάλιν ἔρχομαι 157

καὶ παραλήμψομαι ὑμᾶς πρὸς ἐμαυτόν, ἵνα ὅπου εἰμὶ ἐγὼ   καὶ ὑμεῖς ἦτε. Β 𝔓⁶⁶ א A N 33 **uw**
καὶ παραλήμψομαι ὑμᾶς πρὸς ἐμαυτόν, ἵνα ὅπου εἰμὶ ἐγὼ   καὶ ὑμεῖς <u>ἔσθαι.</u> D
....·<u>·μ</u>ᾶς πρὸς ἐμαυτόν, ἵνα ὅπου <u>ἐγὼ εἰμι</u>   καὶ ὑμεῖς ἦτε. Q
καὶ παραλήμψομαι ὑμᾶς πρὸς ἐμαυτόν, ἵνα ὅπου <u>ἐγὼ εἰμι</u>   καὶ ὑμεῖς ἦτε. W
καὶ <u>παραλήψομαι</u> ὑμᾶς πρὸς ἐμαυτόν, ἵνα ὅπου εἰμὶ ἐγὼ <u>ἐκεῖ</u> καὶ ὑμεῖς ἦτε. Π
καὶ <u>παραλήψομαι</u> ὑμᾶς πρὸς ἐμαυτόν, ἵνα ὅπου εἰμὶ ἐγὼ καὶ ὑμεῖς <u>ἐκεῖ</u> ἦτε. f¹³
καὶ <u>παραλήψομαι</u> ὑμᾶς πρὸς ἐμαυτόν, ἵνα ὅπου εἰμὶ ἐγὼ   καὶ ὑμεῖς ἦτε. C 𝔐 K L M U Δ Θ Λ Ψ f¹
                                            69 124 2 28 157 565 579 700 788 1071 1424 τ

---

lac. **14.1-3** 𝔓⁴⁵ 𝔓⁷⁵ F P Q Γ | vss. 1-2 N

A 14.1 ταρασεσθω G H* Y 2 | πιστευεται¹·² 𝔓⁶⁶ W | πιστευεται¹ א M 579 2 οικεια D W | μονε 579 | εισι 788 | μι (μη) Θ | υμειν¹·² 𝔓⁶⁶ D | πορευομε 𝔓⁶⁶ N | ετοιμασε N | ετυμασαι Ω 2* 3 υμειν 𝔓⁶⁶ D | τοπων 579 | ερχομε N Θ 2 | παραλειψομαι E | παραληψομε N Θ | παραληψωμαι 579 | ιμι 𝔓⁶⁶ | ειμει W | υμις א N | ηται 𝔓⁶⁶ | ειτε G

B 14.1 θν̅ Β 𝔓⁶⁶ א A C D 𝔐 K L M S U W Δ Θ Λ Π Ψ Ω f¹ 118 f¹³ 69 124 2 33 28 157 565 579 700 788 1071 1346 1424 **2** π̅ρ̅ς̅
𝔓⁶⁶ A C 𝔐 K L M S U W Δ Θ Λ Π Ψ Ω f¹ 118 f¹³ 69 124 2 33 28 157 565 579 700 788 1071 1346 1424

C 14.1 ανναγνοσμα D | αρχη: τη παρασκευη της ς̅ εβδομαδος ειπεν ο κς̅ τοις εαυτου μαθητας E | αρχη: τη παρα, της ς̅ εβδ ειπ, τοις εαυτ μαθ μη τ, Ω | αρχη: τη παρακ,η της ς̅ εβδ ειπ τοις εαυτ μαθθ μη ταρασεσθ H | αρχ: τη παρα,τ̅ς̅ της ς̅ εβδ ειπεν ο κς̅ τοις εαυτ μαθ μη ταρασεσθ Y | τη παρα,κ τς̅ ς̅ ειπεν ο κς̅ τς̅ αυτ μα,θ μη ταρασεσθω, M | αρχ θ̅ Λ | ειπ ο κς̅ Ω | αρχ μ̅ζ̅ τη ς̅ τς̅ ς̅ εβδ ειπ ο κς̅ τοις εαυτ μαθ μη ταρασεσθω f¹ | αρχ μ̅ζ̅ τη παρ,α τς̅ ς̅ εβδομ,α ειπεν ο κς̅ τοις εαυτ μαθ μη ταρασεσθω 118 | αρχ τη ς̅ τς̅ ς̅ εβδ f¹³ 124 788 1346 | αρχ: τη παρ,α των αγιων πρ̅ων: ειπ̅ ο κς̅ τοις εαυτ μαθητ 2 | αρχ τς̅ ς̅ ειπεν ο κς̅ τς̅ εαυτ μαθητ μη ταρασεσθω 28 | αρχ τη πα τς̅ και εβδομηδος της ν̅ 157 | αρχ τη ς̅ τς̅ ς̅ εβδ ειπ ο κς̅ τοις εαυτ μαθθ 1071 | αρχη ειπεν ο κς̅ το 1424

D 14.1 ρκ̅ζ̅/ι̅ א A E G S U Π Ω 124 28 788 1424 | ρκ̅ζ̅ C D H K Θ f¹ 2 157 565 579 1071 | ρκ̅ζ̅/δ̅ Λ | ρκ̅ζ̅/α̅ Ψ | ρκ̅ς̅/ι̅ 118 | ρκ̅ς̅ 157 | Ευ Ιω ρκ̅ζ̅ : Λο . : Μρ . : Μθ . E | Ιω ρκ̅ζ̅ 124

4 καὶ ὅπου ἐγὼ ὑπάγω οἴδατε   τὴν ὁδόν.   **5** Λέγει αὐτῷ Θωμᾶς,   B ℵ C* Q 33 1071 [**u**]**w**
4 καὶ ὅπου   ὑπάγω οἴδατε <u>καὶ</u> τὴν ὁδὸν <u>οἴδατε</u>.   **5** Λέγει αὐτῷ Θωμᾶς,   𝔓⁶⁶* Θ f¹ f¹³ 2 565 1424
4 καὶ ὅπου   ὑπάγω οἴδατε   τὴν ὁδόν.   **5** Λέγει αὐτῷ Θωμᾶς,   𝔓⁶⁶ᶜ L W [**u**]
4 καὶ ὅπου   ὑπάγω οἴδατε <u>καὶ</u> τὴν ὁδὸν <u>οἴδατε</u>.   **5** Λέγει αὐτῷ Θωμᾶς <u>ὁ λεγόμενος</u>   D
4 καὶ ὅπου ἐγὼ ὑπάγω   τὴν ὁδὸν <u>οἴδατε</u>.   **5** Λέγει αὐτῷ Θωμᾶς,   157
4 καὶ ὅπου ἐγὼ ὑπάγω <u>οὐκ</u> οἴδατε τὴν ὁδόν.   **5** Λέγει αὐτῷ Θωμᾶς, 579   [↓124 28 700 τ
4 καὶ ὅπου ἐγὼ ὑπάγω οἴδατε <u>καὶ</u> τὴν ὁδὸν <u>οἴδατε</u>.   **5** Λέγει αὐτῷ Θωμᾶς,   A Cᶜ 𝔐 K M N U Δ Λ Π Ψ 118

Κύριε, οὐκ οἴδαμεν ποῦ ὑπάγεις·   πῶς οἴδαμεν τὴν ὁδόν.   B C* **w**
Κύριε, οὐκ οἴδαμεν ποῦ ὑπάγεις·   πῶς <u>δυνάμεθα τὴν ὁδὸν εἰδέναι</u>.   𝔓⁶⁶ L W **u**
Κύριε, οὐκ οἴδαμεν ποῦ ὑπάγεις· <u>καὶ</u> πῶς <u>τὴν ὁδὸν εἰδέναι δυνάμεθα</u> .   ℵ
<u>Δίδυμος</u>,   Κύριε, οὐκ οἴδαμεν ποῦ ὑπάγεις· <u>καὶ</u> πῶς <u>τὴν ὁδὸν οἴδαμεν</u>.   D
Κύριε, οὐκ οἴδαμεν ποῦ ὑπάγεις· <u>καὶ</u> πῶς <u>τὴν ὁδὸν δυνάμεθα εἰδέναι</u>.   K
Κύριε, οὐκ οἴδαμεν ποῦ ὑπάγεις· <u>καὶ</u> πῶς <u>δυνόμεθα τὴν ὁδὸν εἰδέναι</u>.   N
Κύριε, οὐκ οἴδαμεν ποῦ ὑπάγεις· <u>καὶ</u> πῶς <u>δυνάμεθα τὴν ὁδὸν εἰδέναι</u>.   A Cᶜ 𝔐 M Q U Δ Θ Λ Π
Ψ f¹ 118 f¹³ 2 33 28 157 565 579 700 1071 1424 τ

[↓f¹³ 2 33 28 565 579 700 1071 1424 [**u**]τ
6 λέγει αὐτῷ ὁ Ἰησοῦς, Ἐγώ εἰμι ἡ ὁδὸς καὶ ἡ ἀλήθεια καὶ ἡ ζωή·   B A C* D 𝔐 K M N Q U W Δ Θ Λ Π Ψ f¹
6 λέγει αὐτῷ ὁ Ἰησοῦς, Ἐγώ εἰμι ἡ ὁδὸς   καὶ ἡ ζωή·   157
6 λέγει αὐτῷ   Ἰησοῦς, Ἐγώ εἰμι ἡ ὁδὸς καὶ ἡ ἀλήθεια   καὶ ἡ ζωή·   𝔓⁶⁶ ℵ Cᶜ L [**u**]**w**

[Cl S I 32.4 περι ης ο κυριος αυτος ειπεν, <u>εγω ειμι η αληθεια</u>] [Cl S V 16.1 <u>εγω</u>, φησιν, <u>ειμι η αληθεια</u>]
[Cl Exc 61.1 <u>εγω η ζωη</u>, <u>εγω η αληθεια</u>]

οὐδεὶς ἔρχεται πρὸς τὸν πατέρα εἰ μὴ δι᾽ ἐμοῦ. **7** εἰ ἐγνώκειτέ   με,   B C 𝔐 K L M N Q U Δ Θ Λᶜ Π Ψ f¹ f¹³
οὐδεὶς ἔρχεται πρὸς τὸν πατέρα εἰ μὴ δι᾽ ἐμοῦ. **7** εἰ <u>ἐγνώκαταί</u>   με,   𝔓⁶⁶   [↑2 33 28 157 565 700 1424 **w**τ
οὐδεὶς ἔρχεται πρὸς τὸν πατέρα εἰ μὴ δι᾽ ἐμοῦ. **7** εἰ <u>ἐγνώκατε</u>   <u>ἐμέ</u>,   ℵ D*
οὐδεὶς ἔρχεται πρὸς τὸν πατέρα εἰ μὴ δι᾽ ἐμοῦ. **7** εἰ <u>ἐγνώκειτε</u>,   A
οὐδεὶς ἔρχεται πρὸς τὸν πατέρα εἰ μὴ δι᾽ ἐμοῦ. **7** εἰ <u>ἐγνώκιτε</u>   <u>ἐμέ</u>,   Dᶜ
οὐδεὶς ἔρχεται πρὸς τὸν πατέρα εἰ μὴ δι᾽ ἐμοῦ. **7** εἰ <u>ἐγνώκεταί</u> με,   W
οὐδεὶς ἔρχεται πρὸς τὸν πατέρα εἰ μὴ δι᾽ ἐμοῦ. **7**   <u>ἐγνώκειτέ</u> με,   Λ*
οὐδεὶς ἔρχεται πρὸς τὸν πατέρα εἰ μὴ δι᾽ ἐμοῦ. **7** εἰ <u>ἐγνώκητέ</u> με,   118
οὐδεὶς ἔρχεται πρὸς τὸν πατέρα εἰ μὴ δι᾽ ἐμοῦ. **7** εἰ <u>ἐγνώκατέ</u> με,   579 **u**
οὐδεὶς ἔρχεται πρὸς τὸν πατέρα εἰ μὴ δι᾽ ἐμοῦ. **7** εἰ ἐγνώκειτε,   1071

lac. 14.4-7 𝔓⁴⁵ 𝔓⁷⁵ F P Γ

A 4 οιδαται¹ 𝔓⁶⁶ L | οιδατε² 𝔓⁶⁶ | την Θ | οδων 579 **5** υπαγις N | οδων 579 **6** ειμει N W ¦ ειμη 28 | οος E* | αληθια 𝔓⁶⁶ N ¦ αληθεα Θ | ουδις ℵ N | ερχετε A Θ | μι (μη) Υ Λ 13 28 579 1071 **7** η (ει) 579 | εγνωκιτε Θ | εγνωκητε¹·² 1424

B 5 κ̅ε̅ B 𝔓⁶⁶ ℵ A C D 𝔐 K L M N Q S U W Δ Θ Λ Π Ψ Ω f¹ 118 f¹³ 69 124 2 33 28 157 565 579 700 788 1071 1346 1424 **6** ι̅ς̅
B 𝔓⁶⁶ ℵ A C 𝔐 K L M N Q S U W Δ Θ Λ Π Ψ Ω f¹ 118 f¹³ 124 2 33 28 157 565 579 700 788 1071 1346 1424 ¦ ι̅η̅ς̅ D | π̅ρ̅α̅ 𝔓⁶⁶
A C 𝔐 K L M N Q S U W Δ Θ Λ Π Ψ Ω f¹ 118 f¹³ 69 124 2 33 28 157 565 579 700 788 1071 1346 1424

D 5 ρ̅κ̅ζ̅/ι̅ 118

καὶ τὸν πατέρα μου ἂν ἤδειτε·	ἀπ᾽ ἄρτι γεινώσκετε	αὐτὸν καὶ ἑωράκατε.	B
καὶ τὸν πατέρα μου γνώσεσθε·	καὶ ἀπ᾽ ἄρτι γινώσκεται	αὐτὸν καὶ ἑωράκαται αὐτόν.	𝔓⁶⁶
καὶ τὸν πατέρα μου γνώσεσθαι	καὶ ἀπ᾽ ἄρτι γνώσεσθαι	αὐτὸν καὶ ἑωράκαται αὐτόν.	ℵ
καὶ τὸν πατέρα μου ἂν ἤδειτε·	ἀπ᾽ ἄρτι γινώσκετε	αὐτὸν καὶ ἑωράκατε ·······	C*
καὶ τὸν πατέρα μου ἐγνώκειτε ἂν	καὶ ἀπ᾽ ἄρτι γινώσκετε	αὐτὸν καὶ ἑωράκατε ·······	Cᶜ
καὶ τὸν πατέρα μου γνώσεσθαι	καὶ ἀπ᾽ ἄρτι γεινώσκετε	αὐτὸν καὶ ἑωράκατε αὐτόν.	D
καὶ τὸν πατέρα μου ἐγνώκειτε ἂν	καὶ ἀπ᾽ ἄρτι γινώσκετε	αὐτὸν καὶ ἑοράκατε αὐτόν.	𝔐 Kᶜ Μ Δ 28
καὶ τὸν πατέρα μου ἂν εἴδειτε·	καὶ ἀπ᾽ ἄρτι γινώσκεται	αὐτὸν καὶ ἑοράκατε αὐτόν.	L
καὶ τὸν πατέρα μου ἐὰν ἤδειτε	καὶ ἀπ᾽ ἄρτι γινώσκεται	αὐτὸν καὶ ἑωράκατε αὐτόν.	N
καὶ τὸν πατέρα μου ἐγνώκειτε ἂν·	ἀπ᾽ ἄρτι γινώσκετε	αὐτὸν καὶ ἑωράκατε αὐτόν.	Q
καὶ τὸν πατέρα μου γνώσεσθαι·	καὶ ἀπ᾽ ἄρτι γιγνώσκεται	αὐτὸν καὶ ἑωράκατε αὐτόν.	W
καὶ τὸν πατέρα μου γνώκειτε ἂν·	καὶ ἀπ᾽ ἄρτι γεινώσκεται	αὐτὸν καὶ ἑοράκατε αὐτόν.	Θ
καὶ τὸν πατέρα μου ἂν ἤδειτε·	ἀπ᾽ ἄρτι γινώσκετε	αὐτὸν καὶ ἑωράκατε αὐτόν.	Ψ f¹ [w]
καὶ τὸν πατέρα μου ἂν ἤδειτε·	καὶ ἀπ᾽ ἄρτι γινώσκετε	αὐτὸν καὶ ἑωράκατε αὐτόν.	1582ᶜ
καὶ τὸν πατέρα μου ἐγνώκητε ἂν	καὶ ἀπ᾽ ἄρτι γινώσκετε	αὐτὸν καὶ ἑωράκατε αὐτόν.	118
καὶ τὸν πατέρα μου ἐγνώκειτε ἂν	καὶ ἀπ᾽ ἄρτι γινώσκεται	αὐτὸν καὶ ἑωράκατε αὐτόν.	2*
καὶ τὸν πατέρα μου ἂν ἤδειτε·	ἀπ᾽ ἄρτι γινώσκετε	αὐτὸν καὶ ······· ·······	33
καὶ τὸν πατέρα μου ἂν ἤδειτε·	ἀπ᾽ ἄρτι γινώσκετε	αὐτὸν καὶ ἑοράκατε αὐτόν.	565
καὶ τὸν πατέρα μου ἐγνώσεσθαι	καὶ ἀπ᾽ ἄρτι γνώσεσθαι	αὐτὸν καὶ ἑωράκατε αὐτόν.	579
ἂν	ἀπ᾽ ἄρτι γινώσκεται	αὐτὸν καὶ ἑωράκατε αὐτόν.	1071
καὶ τὸν πατέρα μου γνώσεσθε·	καὶ ἀπ᾽ ἄρτι γινώσκετε	αὐτὸν καὶ ἑωράκατε αὐτόν.	u
καὶ τὸν πατέρα μου ἂν ἤδειτε·	ἀπ᾽ ἄρτι γινώσκετε	αὐτὸν καὶ ἑωράκατε.	[w]
καὶ τὸν πατέρα μου ἐγνώκειτε ἂν	καὶ ἀπ᾽ ἄρτι γινώσκετε	αὐτὸν καὶ ἑωράκατε αὐτόν.	A Υ K* S U Λ
			Π Ω f¹³ 2ᶜ 157 700 1424 τ

I Am In The Father And The Father In Me

8 λέγει αὐτῷ Φίλιππος, Κύριε, δεῖξον ἡμῖν τὸν πατέρα, καὶ ἀρκεῖ ἡμῖν. **9** λέγει	B 𝔓⁶⁶ uwτ rell
8 ······· ······· ······· ······· ······· ·· ㅤㅤㅤㅤ ··μῖν. **9** λέγει	𝔓⁷⁵
8 λέγει αὐτῷ ὁ Φίλιππος, Κύριε, δεῖξον ἡμῖν τὸν πατέρα, καὶ ἀρκεῖ ἡμῖν. **9** λέγει	ℵ
8 λέγει αὐτῷ Φίλιππος, Κύριε, δεῖξον ἡμῖν τὸν πατέρα, καὶ ἀρκεῖ ἡμῖν. **9** ἀπεκρίθη	N
8 ······· ······· δεῖξον ἡμῖν τὸν πατέρα, καὶ ἀρκεῖ ἡμῖν. **9** λέγει	33
8 λέγει αὐτῷ Φίλιππος, Κύριε, δεῖξον ἡμῖν τὸν πατέρα, καὶ ἀρκεῖ ὑμῖν. **9** λέγει	579 1346

		[↓157 565 579 700 1071 1424 [w]τ
αὐτῷ ὁ Ἰησοῦς, Τοσοῦτον χρόνον μεθ᾽ ὑμῶν εἰμι καὶ οὐκ ἔγνωκάς	B ℵᶜ 𝔐 K M U Δ Θ Λ Ψ f¹ f¹³ 2 28
αὐτῷ Ἰησοῦς, Τοσοῦτον χρόνον μεθ᾽ ὑμῶν εἰμι καὶ οὐκ ἔγνωκάς	𝔓⁶⁶ A Π
αὐτῷ ὁ ······· ······· εἰμι καὶ οὐκ ἔγνωκάς	𝔓⁷⁵
αὐτῷ ὁ Ἰησοῦς, Τοσούτῳ χρόνῳ μεθ᾽ ὑμῶν εἰμι καὶ οὐκ ἔγνωκάς	ℵ* D Q W u
αὐτῷ Ἰησοῦς, Τοσούτῳ χρόνῳ μεθ᾽ ὑμῶν εἰμι καὶ οὐκ ἔγνωκάς	L [w]
αὐτῷ ὁ Ἰησοῦς, Τοσοῦ······· ······· ἔγνωκάς	33

με, Φίλιππε; ὁ ἑωρακὼς ἐμὲ ἑώρακεν	τὸν πατέρα·	πῶς σὺ λέγεις,	B* ℵᶜ Q W uw
με, Φίλιππε; ὁ ἑωρακὼς ἐμὲ ἑώρακε	τὸν πατέρα·	πῶς σὺ λέγεις,	Bᶜ 579
με, Φίλιππε; ὁ ἑωρακὼς ἐμὲ ἑόρακε	τὸν πατέρα·	πῶς σὺ λέγεις,	𝔓⁶⁶
······· ·· ἐμὲ ἑώρακεν καὶ τὸν πα·······			𝔓⁷⁵
με, Φίλιππε; ὁ ἑωρακὼς ἐμὲ ἑώρακεν	τὸν πατέρα·	πῶς σὺ λέγεις ὅτι	ℵ*
με, Φίλιππε; ὁ ἑωρακὼς ἐμὲ ἑώρακε	τὸν πατέρα· καὶ	πῶς σὺ λέγεις,	D Y S U Ω f¹ f¹³ 157 τ
με, Φίλιππε; ὁ ἑωρακὼς ἐμὲ ἑόρακεν	τὸν πατέρα· καὶ	πῶς σὺ λέγεις,	E Δ Θ 2
με, Φίλιππε; ὁ ἑωρακὼς ἐμὲ ἑώρακεν	τὸν πατέρα·		G
με, Φίλιππε; ὁ ἑωρακὼς ἐμὲ ἑόρακε	τὸν πατέρα· καὶ	πῶς σὺ λέγεις,	H 788
με, Φίλιππε; ὁ ἑοράκὼς ἐμὲ ἑόρακεν	τὸν πατέρα· καὶ	πῶς σὺ λέγεις,	K L 28
με, Φίλιππε; ὁ ἑωρακὼς ἐμὲ ἑόρακεν	τὸν πατέρα· καὶ	πῶς σὺ λέγεις,	Π
με, Φίλιππε; ὁ ἑοράκὼς ἐμὲ ἑώρακεν	τὸν ·······	······· ·······	33
με, Φίλιππε; ὁ ἑοράκὼς ἐμὲ ἑόρακεν	τὸν πατέρα·		565 [↓1424
με, Φίλιππε; ὁ ἑωρακὼς ἐμὲ ἑώρακεν	τὸν πατέρα· καὶ	πῶς σὺ λέγεις,	A M N Λ Ψ 124 700 1071

lac. **14.7-9** 𝔓⁴⁵ F P Γ ¦ vs. 7 𝔓⁷⁵ ¦ vss. 8-9 C

A 7 ηδειται 33 ¦ ηδητε 565 ¦ αρτη 579 **8** διξον L N W Θ ¦ ημειν¹·² 𝔓⁶⁶ D ¦ αρκι 1071 **9** λεγι 𝔓⁶⁶ ¦ χρονο 579 ¦ ειμει N W ¦ ενωκας 𝔓⁶⁶* ¦ εορακος K ¦ εωρακος Θ Λ ¦ εμαι 𝔓⁶⁶ ¦ εορακε 28 ¦ εωρακε 700 ¦ σοι (συ) N 69 ¦ λεγις ℵ Dᶜ ¦ λεις D*

B 7 π̄ρ̄ᾱ A C 𝔐 K L M N Q S U W Δ Θ Λ Π Ψ Ω f¹ 118 f¹³ 69 124 2 33 28 157 565 579 700 788 1346 1424 **8** κ̄ε̄ B 𝔓⁶⁶ ℵ A D 𝔐 K L M N Q S W Δ Θ Λ Π Ψ Ω f¹ 118 f¹³ 69 124 2 28 157 565 579 700 788 1071 1346 1424 ¦ π̄ρ̄ᾱ 𝔓⁶⁶ A 𝔐 K L M N Q S U W Δ Θ Λ Π Ψ Ω f¹ 118 f¹³ 69 124 2 33 28 157 565 579 700 788 1071 1346 1424 **9** ῑς̄ B 𝔓⁶⁶ ℵ A 𝔐 K L M N Q S U W Δ Θ Λ Π Ψ Ω f¹ 118 f¹³ 124 2 33 28 157 565 579 700 788 1071 1346 1424 ¦ lac. 𝔓⁷⁵ ¦ ῑη̄ς̄ D ¦ π̄ρ̄ᾱ¹·² 𝔓⁶⁶ A E H Y K L M N Q S U W Δ Θ Λ Π Ψ Ω f¹ 118 f¹³ 69 124 2 28 157 579 700 788 1071 1346 1424 ¦ π̄ρ̄ᾱ¹ G 33 565

Δεῖξον ἡμῖν τὸν πατέρα;	**10** οὐ πιστεύσεις	ὅτι ἐγὼ ἐν τῷ πατρὶ	B*
⸏ξον ἡμῖν τὸν πατέρα;	**10** οὐ ⸏	⸏ ἐν τῷ πατρὶ	𝔓75
	10 οὐ πιστεύεις	ὅτι ἐγὼ ἐν τῷ πατρὶ	G 565
Δεῖξον ἡμῖν τὸν πατέρα <u>καὶ ἄρκει ἡμῖν</u>;	**10** πιστεύεις	ὅτι ἐγὼ ἐν τῷ πατρὶ	118
⸏ξον ἡμῖν τὸν πατέρα;	**10** οὐ πιστεύεις	ὅτι ἐγὼ ἐν τῷ πατρὶ	33
Δεῖξον ἡμῖν τὸν πατέρα;	**10** οὐ <u>πιστεύεις τοῦτο</u>	ὅτι ἐγὼ ἐν τῷ πατρὶ	157
Δεῖξον ἡμῖν τὸν πατέρα;	**10** οὐ <u>πιστέβεις</u>	ὅτι ἐγὼ ἐν τῷ πατρὶ	579
Δεῖξον ἡμῖν τὸν πατέρα <u>καὶ ἄρκει ὑμῖν</u>;	**10** οὐ <u>πιστεύεις</u>	ὅτι ἐγὼ ἐν τῷ πατρὶ	1424
Δεῖξον ἡμῖν τὸν πατέρα;	**10** οὐ <u>πιστεύεις</u>	ὅτι ἐγὼ ἐν τῷ πατρὶ	𝔓66 **uwτ** rell

καὶ ὁ πατὴρ ἐν ἐμοί ἐστιν; τὰ ῥήματα ἃ ἐγὼ	ὑμῖν ἀπ' ἐμαυτοῦ οὐ λαλῶ, ὁ δὲ	B*
καὶ ὁ πατὴρ ἐν ἐμοί ἐστιν; τὰ ῥήματα ἃ ἐγὼ <u>λέγω</u>	ὑμῖν ἀπ' ἐμαυτοῦ οὐ λαλῶ, ὁ δὲ	Bᶜ L N **uw**
καὶ ὁ πατὴρ ἐν ἐμοί ἐστιν; τὰ ῥήματα ἃ ἐγὼ <u>λάλω</u>	ὑμῖν ἀπ' ἐμαυτοῦ λαλῶ, ὁ δὲ	𝔓66* Λ*
καὶ ὁ πατ⸏ ⸏ ἐμοί ἐστιν; τ⸏ ῥήματα ἃ ἐγὼ <u>λέγω</u>	υ⸏ ἐμαυτοῦ οὐ λαλῶ, ὁ δὲ	𝔓75
καὶ ὁ πατὴρ ἐν ἐμοί ἐστιν; τὰ ῥήματα ἃ ἐγὼ <u>λελάληκα</u>	ὑμῖν ἀπ' ἐμαυτοῦ οὐ λαλῶ, ὁ δὲ	D Ψ
καὶ ὁ πατὴρ ἐν ἐμοί ἐστιν. τὰ ῥήματα ἃ ἐγὼ <u>λάλω</u>	ὑμῖν ἀπ' ἐμαυτοῦ οὐ λαλῶ, ὁ δὲ	118
καὶ ⸏ ⸏ ⸏ ⸏ ⸏ ἐγὼ <u>λάλω</u>	ὑμῖν ἀπ' ἐμαυτοῦ οὐ λαλῶ, ὁ δὲ	33
καὶ ὁ πατὴρ ἐν ἐμοί ἐστιν; τὰ ῥήματα ἃ ἐγὼ <u>λάλω ἐν</u>	ὑμῖν ἀπ' ἐμαυτοῦ λαλῶ, ὁ δὲ	579*
καὶ ὁ πατὴρ ἐν ἐμοί ἐστιν; τὰ ῥήματα ἃ ἐγὼ <u>λάλω ἐν</u>	ὑμῖν ἀπ' ἐμαυτοῦ λαλῶ, ὁ δὲ	579ᶜ
καὶ ὁ πατὴρ ἐμοί ἐστιν; τὰ ῥήματα ἃ ἐγὼ <u>ὑμῖν</u>	<u>λάλω</u> ἀπ' ἐμαυτοῦ οὐ λαλῶ, ὁ δὲ	788
καὶ ὁ πατὴρ ἐν ἐμοί ἐστιν; τὰ ῥήματα ἃ ἐγὼ <u>λάλω</u>	ὑμῖν ἀπ' ἐμαυτοῦ οὐ λαλῶ, ὁ δὲ	𝔓66ᶜ ℵ A 𝔐 K M
	Q U W Δ Θ Λᶜ Π f¹ f¹³ 2 28 157 565 700 1071 1424 **τ**	

πατὴρ ἐν ἐμοὶ μένων ποιεῖ τὰ ἔργα αὐτοῦ. **11**	πιστεύετέ μοι ὅτι	B 𝔓66 **uw**
πατὴρ ἐν ἐμοὶ μένων ποιεῖ τὰ ἔργα <u>αὐτός</u>. **11**	πιστεύετέ μοι ὅτι	𝔓75 L
πατὴρ <u>ὁ</u> ἐν ἐμοὶ μένων ποιεῖ τὰ ἔργα αὐτοῦ. **11**	πιστεύετέ μοι ὅτι	ℵ D
πατὴρ <u>ὁ</u> ἐν ἐμοὶ μένων <u>αὐτος</u> ⸏ **11**	⸏	N
πατὴρ <u>ὁ</u> ἐν ἐμοὶ μένων <u>αὐτος ποιεῖ τὰ ἔργα</u>. **11** οὐ	πιστεύετέ μοι ὅτι	U
πατὴρ <u>ὁ</u> ἐν ἐμοὶ μένων ποιεῖ τὰ ἔργα <u>αὐτός</u>. **11**	πιστεύετέ μοι ὅτι	W 579 1071
πατὴρ <u>ὁ</u> ἐν ἐμοὶ <u>μένω</u> <u>αὐτος ποιεῖ τὰ ἔργα</u>. **11**	πιστεύετέ μοι ὅτι	Δ
πατὴρ ἐν ἐμοὶ μένων <u>αὐτος ποιεῖ τὰ ἔργα</u>. **11**	πιστεύετέ μοι ὅτι	Ψ
πατὴρ <u>ὁ</u> ἐν ἐ⸏ ⸏ **11**	⸏στεύετέ μοι ὅτι	33
πατὴρ <u>ὁ</u> ἐν ἐμοὶ μένων <u>αὐτος ποιεῖ τὰ ἔργα</u>. **11**	πιστεύετε ὅτι	700 [↓565 1424 **τ**
πατὴρ <u>ὁ</u> ἐν ἐμοὶ μένων <u>αὐτος ποιεῖ τὰ ἔργα</u>. **11**	πιστεύετέ μοι ὅτι	A 𝔐 K M Q Θ Λ Π f¹ f¹³ 2 28 157

ἐγὼ ἐν τῷ πατρὶ καὶ ὁ πατὴρ ἐν ἐμοί·	B 𝔓66.75 118 124 788 **uwτ** rell
ἐγὼ ἐν τῷ πατρί·	A
ὁ πατὴρ ἐν ἐμοὶ <u>κἀγὼ ἐν τῷ πατρί</u>·	D
ἐγὼ ἐν τῷ πατρὶ καὶ ὁ πατὴρ ἐν ἐμοὶ <u>ἐστίν</u>·	Ψ f¹ f¹³ 157 565 1071 1424
ἐγὼ ἐν τῷ πατρὶ καὶ ὁ πατὴρ ἐν ἐμοί· τὰ ῥήματα ἃ ἐγὼ λάλω, ἀπ' ἐμαυτοῦ οὐ λάλω· ᵀ	69

ᵀὁ δὲ πατὴρ ὁ ἐν ἐμοὶ μένων αὐτὸς ποιεῖ τὰ ἔργα. πιστεύετέ μοι ὅτι ἐγὼ ἐν τῷ πατρὶ καὶ ὁ πατὴρ ἐν ἐμοί ἐστιν.	69

lac. 14.9-11 𝔓45 C F P Γ ¦ vss. 10-11 N

A 9 διξον N Θ ¦ ημειν D ¦ ημην Δ **10** εστι Υ 157 700 ¦ υμειν 𝔓66 D ¦ αφ (απ) N ¦ μενον K 2* ¦ ποιε D* ¦ ποιη M **11** πιστευεται¹·² 𝔓66 A W ¦ πιστευεται¹ ℵ L 2* 1071 ¦ πιστευεται² 2 1346

B 10 π̅ρ̅ι̅, π̅η̅ρ̅¹·² 𝔓66 A 𝔐 K L M N Q S U W Δ Θ Λ Π Ψ Ω f¹ 118 f¹³ 69 124 2 28 157 565 579 700 788 1071 1346 1424 ¦ π̅ρ̅ι̅ 33 **11** π̅η̅ρ̅ 𝔓75 A 𝔐 K L M Q S U W Δ Θ Λ Π Ψ Ω f¹ 118 f¹³ 69 124 2 33 28 157 565 579 700 788 1071 1346 1424 ¦ π̅η̅ρ̅¹ 𝔓66 𝔐 K L M Q S U W Δ Θ Λ Π Ψ Ω f¹ 118 f¹³ 69 124 2 33 28 157 565 579 700 788 1071 1346 1424 ¦ π̅ρ̅ 𝔓75 ¦ π̅η̅ρ̅²·³ 69 ¦ π̅ρ̅ι̅² 69

C 10 τελος (post εμοι εστιν) E Θ f¹³ 124 2 ¦ τελος της παρ. G ¦ τελ τς ς̅ 28 ¦ αρχη: τω Σαββατω των αγιων πρ̅ω̅ν̅. ειπεν ο κ̅ς̅ τοις εαυτου μαθηταις: (ante τα ρηματα) E 2 ¦ αρχη: του Σα ϟ̅: ειπεν ο κ̅ς̅ τα ρηματα α εγω λαλων G² ¦ τελος της παρασκ,ς της ς̅ εβδ (post εστιν) H ¦ αρχη: Σα ς̅ ειπ τοις εαυτ μαθθ τα ρηματα (ante τα ρηματα) H ¦ αρχ (ante τα ρηματα): Σα ς̅ ειπεν ο κ̅ς̅ τοις εαυτ μαθ τα ρηματα α εγω λαλ Υ ¦ (ante τα ρηματα) αρχ Λ 1346 ¦ ειπ ο κ̅ς̅ τα ρηματα Ω ¦ (ante τα ρηματα) αρχ μ̅η̅ Σα ς̅ ειπ ο κ̅ς̅ τοις εαυτ μαθητ τα ρηματα f¹ ¦ (ante τα ρηματα) αρχ μ̅η̅ των Σα της ς̅ εβδομ,α ειπεν ο κ̅ς̅ τοις εαυτ μαθηταις τα ρηματα 118 ¦ αρχ τω Σα τς ς̅ εβδ f¹³ 124 (ante τα ρημα. 788)¦ (ante τα ρημα.) αρχ του Σαβ: ειπεν ο κ̅ς̅ τα ρηματα εγω 28¦ αρχ τω Σα της ς̅ εβδομαδ της ν̅ 157 ¦ αρχ τω Σα της ς̅ εβδ. ειπ κ̅ς̅ τοις εαυτ μαθθ 1071 ¦ (ante τα ρηματα) αρχη ειπεν ο κ̅ς̅ 1424

D 10 (ante και ο πατηρ) ρ̅κ̅ζ̅/α̅ 118 **11** ρ̅κ̅η̅ 579

εἰ δὲ μή,   διὰ τὰ ἔργα αὐτοῦ   πιστεύετέ μοι.   B [w]
εἰ δὲ μή,   διὰ τὰ ἔργα αὐτοῦ   πιστεύετε.   𝔓⁶⁶*.⁷⁵
εἰ δὲ μή,   διὰ τὰ ἔργα <u>αὐτὰ</u>   πιστεύετε.   𝔓⁶⁶ᶜ ℵᶜ L 1071* u[w]
εἰ δὲ μή,   τὰ ἔργα <u>αὐτὰ</u>   πιστεύετε.   ℵ*
εἰ δὲ μή,   διὰ τὰ ἔργα <u>αὐτὰ</u>   πιστεύετέ μοι.   A 𝔐 K M Q U Δ Θ Λ Π Ψ f¹ f¹³ 2 28 565 700 1071ᶜ 1424 τ
εἰ δὲ <u>μήγε</u>,   διὰ τὰ ἔργα <u>αὐτὰ</u>   πιστεύετε.   D W
εἰ δὲ μή,   διὰ τὰ ἔργα <u>αὐτὰ μὴ</u>   πιστεύετέ μοι;   G
εἰ δὲ,   διὰ τὰ ἔργα <u>αὐτὰ</u>   πιστεύετέ μοι.   69*
....   33
εἰ δὲ μή,   διὰ τὰ ἔργα   πιστεύετέ μοι.   157
εἰ δὲ <u>μίγε</u>,   διὰ τὰ ἔργα <u>ταῦτα</u>   <u>πιστεύσηται</u>.   579

Believers Will Do Greater Works Than Jesus
(Matthew 18.19; 21.22; 7.7-8; Mark 16.1.7; 11.24; Luke 11.9-10)

v̄ 12 ἀμὴν ἀμὴν λέγω ὑμῖν,   ὁ πιστεύων εἰς ἐμὲ τὰ ἔργα ἃ ἐγὼ ποιῶ κάκεῖνος   B 𝔓⁶⁶ᶜ.⁷⁵ uwτ rell
12 ἀμὴν ἀμὴν λέγω ὑμῖν,   πιστεύων εἰς ἐμὲ τὰ ἔργα ἃ ἐγὼ ποιῶ κάκεῖνος   𝔓⁶⁶*
12 ἀμὴν ἀμὴν λέγω ὑμῖν <u>ὅτι</u>   ὁ πιστεύων εἰς ἐμὲ τὰ ἔργα ἃ ἐγὼ ποιῶ κάκεῖνος   Θ
12 ἀμὴν ἀμὴν λέγω ὑμῖν,   ὁ πιστεύων εἰς ἐμὲ τὰ   33

ποιήσει καὶ   μείζονα τούτων ποιήσει, ὅτι ἐγὼ πρὸς τὸν πατέρα   πορεύομαι·   B 𝔓⁶⁶ᶜ 69 u[w] rell
ποιήσει <u>κάκεῖ</u>   μείζονα   ποιήσει, ὅτι ἐγὼ πρὸς τὸν πατέρα   πορεύομαι·   𝔓⁶⁶*
ποιήσει καὶ   μείζονα τούτων ποιήσει, ὅτι ἐγὼ πρὸς τὸν πατέρα   <u>πορεύσομαι</u>·   𝔓⁷⁵
.... καὶ   μείζονα τούτων ποιήσει, ὅτι ἐγὼ   πορεύομαι·   33 (word order?)
ποιήσει καὶ   μείζονα τούτων ποιήσει, ὅτι ἐγὼ πρὸς τὸν πατέρα   πορεύομαι,   [w]
ποιήσει καὶ   μείζονα τούτων ποιήσει, ὅτι ἐγὼ πρὸς τὸν πατέρα <u>μου</u>   πορεύομαι·   𝔐 K M U Δ Λ 1582ᶜ 118 f¹³ 2 28 565 700 1424 τ

13 καὶ ὅ τι ἂν αἰτῆται   ἐν τῷ ὀνόματί μου τοῦτο ποιήσω, ἵνα δοξασθῇ ὁ πατὴρ   B
13 καὶ ὃ <u>ἐὰν αἰτήσηται</u>   ἐν τῷ ὀνόματί μου τοῦτο ποιήσω, ἵνα δοξασθῇ ὁ πατὴρ   𝔓⁶⁶
13 καὶ ὅ τι ἂν <u>αἰτῆτε</u>   ἐν τῷ ὀνόματί μου τοῦτο ποιήσω, ἵνα δοξασθῇ ὁ πατὴρ   𝔓⁷⁵ Q [w]
13 καὶ ὅ τι ἂν <u>αἰτήσηται</u>   ἐν τῷ ὀνόματί μου τοῦτο ποιήσω, ἵνα δοξασθῇ ὁ πατὴρ   D W Ψ 69
13 καὶ ὅ τι ἂν <u>αἰτήσητε</u>   ἐν τῷ ὀνόματί μου τοῦτο ποιήσω,   Λ* 118 157
13 καὶ ὃ <u>ἐὰν αἰτήσητε</u>   ἐν τῷ ὀνόματί μου τοῦτο ποιήσω, ἵνα δοξασθῇ ὁ πατὴρ   f¹ 565
13 καὶ ὅ τι ἂν <u>αἰτήσητε</u>   ἐν τῷ ὀνόματί μου τοῦτο ποιήσω, ἵνα δοξασθῇ ὁ πατὴρ   124 788
13 .... <u>πρα</u>   ἐν τῷ ὀνόματί μου τοῦτο ποιήσω, ἵνα δο.........   33
13 καὶ ὅ τι ἂν <u>αἰτήσητε</u>   ἐν τῷ ὀνόματί μου τοῦτο ποιήσω, ἵνα δοξασθῇ ὁ πατὴρ   ℵ A 𝔐 K L M U Δ Θ Λᶜ Π f¹³ 2 28 579 700 1071 1424 u[w]τ

ἐν τῷ υἱῷ· 14   ἐάν τι αἰτήσητέ με   ἐν τῷ ὀνόματί μου τοῦτο   ποιήσω.   B [w]
ἐν τῷ υἱῷ· 14   ἐάν τι αἰτήσητέ με   ἐν τῷ ὀνόματί μου <u>ἐγὼ</u>   ποιήσω.   𝔓⁶⁶* ℵ S W Δ Θ Ω f¹³ 2 28
ἐν τῷ υἱῷ· 14   ἐάν τι αἰτήσητέ με   ἐν τῷ ὀνόματί μου τοῦτο <u>ἐγὼ</u> ποιήσω.   𝔓⁶⁶ᶜ   [↑579 u
ἐν τῷ υἱῷ· 14   ἐάν τι αἰτ........ ε ....·γόματί μου τοῦτο   ποιήσ···   𝔓⁷⁵
ἐν τῷ υἱῷ· 14   ἐάν τι αἰτήσητε   ἐν τῷ ὀνόματί μου τοῦτο   ποιήσω.   A L Λᶜ Ψ 1071
ἐν τῷ υἱῷ· 14   <u>ἂν</u> τι αἰτήσητε   ἐν τῷ ὀνόματί μου <u>ἐγὼ</u>   ποιήσω.   D
ἐν τῷ υἱῷ· 14   ἐάν τι αἰτήσητε   ἐν τῷ ὀνόματί μου <u>ἐγὼ</u>   ποιήσω.   𝔐 K Q Π 69 1424ᶜ [w]τ
ἐν τῷ υἱῷ· 14   ἐάν τι αἰτήσητε   ἐν τῷ ὀνόματί μου <u>ἐγὼ</u> τοῦτο ποιήσω.   M
ἐν τῷ υἱῷ· 14 <u>καὶ</u> ἐάν τι αἰτήσητέ με   ἐν τῷ ὀνόματί μου <u>ἐγὼ</u>   ποιήσω.   U 700
om. 14   Λ* 118
ἐν τῷ υἱῷ· 14   f¹ 565
ἐν τῷ υἱῷ· 14   ἐάν <u>τις</u> αἰτήσητέ με   ἐν τῷ ὀνόματί μου τοῦτο   ποιήσω.   124
.... 14   .... με   ἐν τῷ ὀνόματί μου τοῦτο   ποιήσω.   33
14   ἐάν τι αἰτήσητε   ἐν τῷ ὀνόματί μου <u>ἐγὼ</u> ποιήσω ἵνα δοξασθη ὁ πατὴρ ἐν τῷ υἱῷ
ἐν τῷ υἱῷ· 14   ἐάν τι <u>αἰτήσητέ με</u>   ἐν τῷ ὀνόματί μου <u>ἐγὼ</u>   ποιήσω.   788   . [↑157
ἐν τῷ υἱῷ· 14   ἐάν τι αἰτήσητέ <u>μοι</u>   ἐν τῷ ὀνόματί μου <u>ἐγὼ</u>   ποιήσω.   1346
ἐν τῷ υἱῷ· 14   ἐὰν αἰτήσητε   ἐν τῷ ὀνόματί μου <u>ἐγὼ</u>   ποιήσω.   1424*

---

lac. 14.11-14 𝔓⁴⁵ C F N P Γ

A 12 αμη² 𝔓⁶⁶* | υμειν 𝔓⁶⁶ D | ειστευων 𝔓⁶⁶* ¦ πειστευων 𝔓⁶⁶ᶜ | ποιησι 𝔓⁶⁶ | μιζονα 𝔓⁶⁶ 579 | μειζωνα K L 1 13 28 1071 | τουτον U 13 αιτησειτε 2 1346 ¦ αιτησειται 579 1071 | τουτω 13 579 14 αιτησηται 𝔓⁶⁶ W 2 | ετηησητε Θ ¦ αιτησειτε 579 ¦ αιτησειται 1071 | μαι 𝔓⁶⁶ 579 | το (τω) Θ* | ονοματη Θ

B 12 π̄ρ̄ᾱ 𝔓⁶⁶ 𝔓⁷⁵ A 𝔐 K L M Q S U W Δ Θ Λ Π Ψ Ω f¹ f¹³ 69 124 2 28 157 565 579 700 788 1071 1346 1424 13 .ρ̄ 𝔓⁷⁵ ¦ π̄π̄ρ A 𝔐 K L M Q S U W̱ Δ Θ Λᶜ Π Ψ Ω f¹ f¹³ 69 124 2 28 565 579 700 1071 1346 1424 | ῡω̄ A 𝔐 K L M S Δ Λᶜ Π Ψ Ω f¹ 28 565 788 1071 1424 14 π̄η̄ρ 157

C 11 (post εμοι) τελ 788 | τελ τς παρ.κ M ¦ τελ ξ̄ f¹ ¦ τελ (post εστιν) 1346 12 τελος D [ημερα ϛ̄ της ϛ̄ εβδομ.: 14.1-12]

D 13 ρ̄κ̄η̄/δ̄ ℵ G L S U Y Π Ω 118 28 1071 1424 ¦ ρ̄κ̄η̄ D H K Θ f¹ 124 2 565 1346 ¦ ρ̄κ̄η̄/γ̄ E ¦ ρ̄κ̄η̄/ῑ Λ ¦ ρ̄κ̄η̄/ᾱ Ψ ¦ ρ̄κ̄η̄/ϛ̄ 788 | Ευ Ιω ρ̄κ̄η : Λο . : Μρ ρ̄κ̄ε̄ : Μθ σ̄ῑϛ̄ E 14 ρ̄κ̄θ̄/ῑ 118 ¦ ρ̄κ̄θ̄/ᾱ 1071

The Father Will Send The Counselor, The Spirit Of Truth

15	16	
15 Ἐὰν ἀγαπᾶτέ με, τὰς ἐντολὰς τὰς ἐμὰς τηρήσετε·	16 κἀγὼ ἐρωτήσω τὸν πατέρα	B Ψ 1071 uw
15 Ἐὰν ἀγαπῆται με, τὰς ἐντολὰς τὰς ἐμὰς τηρήσηται·	16 κἀγὼ ἐρωτήσω τὸν πατέρα	𝔭66*
15 Ἐὰν ἀγαπᾶτέ με, τὰς ἐντολὰς τὰς ἐμὰς τηρήσηται·	16 κἀγὼ ἐρωτήσω τὸν πατέρα	𝔭66c 579
15 ……… με, τὰς ἐντολὰς τὰς ἐμὰς τηρή…τε	16 κ…… ἐρωτήσω τὸν πατέρα	𝔭75
15 Ἐὰν ἀγαπᾶτε, τὰς ἐντολὰς τὰς ἐμὰς τηρήσητε·	16 κἀγὼ τηρήσω τὸν πατέρα	א*
15 Ἐὰν ἀγαπᾶτέ με, τὰς ἐντολὰς τὰς ἐμὰς τηρήσητε·	16 κἀγὼ ἐρωτήσω τὸν πατέρα	אc
15 Ἐὰν ἀγαπᾶτέ με, τὰς ἐντολὰς τὰς ἐμὰς τηρήσατε·	16 κἀγὼ ἐρωτήσω τὸν πατέρα	D Q f1 565
15 Ἐὰν ἀγαπᾶτέ με, τὰς ἐντολὰς τὰς ἐμὰς τηρήσετε·	16 καὶ ἐγὼ ἐρωτήσω τὸν πατέρα	L
15 Ἐὰν ἀγαπᾶτέ με, τὰς ἐντολάς μου τηρήσατε·	16 καὶ ἐγὼ ἐρωτήσω τὸν πατέρα	118
15 Ἐὰν ἀγα……… …… ρήσητε·	16 καὶ ἐγὼ ἐρωτήσω τὸν πατέρα	33
15 Ἐὰν ἀγαπᾶτέ με, τὰς ἐντολὰς τὰς ἐμὰς τηρήσατε·	16 καὶ ἐγὼ ἐρωτήσω τὸν πατέρα	A 𝔐 K M U W Δ Θ Λ Π f13 2 28 157 700 1424 τ

	17	
καὶ ἄλλον παράκλητον δώσει ὑμῖν, ἵνα μεθ᾽ ὑμῶν εἰς τὸν αἰῶνα ᾖ,	17 τὸ	B 𝔭75 u[w]
καὶ ἄλλα παράκλητον δώσει ὑμῖν, ἵνα μένη μεθ᾽ ὑμῶν εἰς τὸν αἰῶνα,	17 τὸ	𝔭66*
καὶ ἄλλον παράκλητον δώσει ὑμῖν, ἵνα μεθ᾽ ὑμῶν ᾖ εἰς τὸν αἰῶνα,	17 τὸ	א
καὶ ἄλλον παράκλητον δώσει ὑμῖν, ἵνα μένη εἰς τὸν αἰῶνα μεθ᾽ ὑμῶν,	17 τὸ τὸ	D*
καὶ ἄλλον παράκλητον δώσει ὑμῖν, ἵνα μένη εἰς τὸν αἰῶνα μεθ᾽ ὑμῶν,	17 τὸ	Dc
καὶ ἄλλον παράκλητον δώσει ὑμῖν, ἵνα μένει μεθ᾽ ὑμῶν εἰς τὸν αἰῶνα,	17 τὸ	Y f13 2 28 1424
καὶ ἄλλον παράκλητον δώσει ὑμῖν, ἵνα ᾖ μεθ᾽ ὑμῶν εἰς τὸν αἰῶνα,	17 τὸ	L Q Ψ 1071 [w]
καὶ ἄλλον παράκλητον δώσει ὑμῖν, ἵνα μένη μεθ᾽ ὑμῶν εἰς τὸν αἰῶνα,	17 τὸν	Δ
καὶ ἄλλον ……… …… εἰς τὸν αἰῶνα,	17 τὸ	33
καὶ ἄλλον παράκλητον δώσει ὑμῖν, ἵνα μείνη μεθ᾽ ὑμῶν εἰς τὸν αἰῶνα,	17 τὸ	157
καὶ ἄλλον παράκλητον δώσει ὑμῖν, ἵνα μένη μεθ᾽ ὑμῶν εἰς τὸν αἰῶνα,	17 τὸ	𝔭66c A 𝔐 K M U W Θ Λ Π f1 124 565 579 700 788 1346 τ

πνεῦμα τῆς ἀληθείας, ὃ ὁ κόσμος οὐ δύναται λαβεῖν, ὅτι οὐ θεωρεῖ αὐτὸ	B 𝔭66c.75 uwτ rell
πνεῦμα τῆς ἀληθείας, ὃ ὁ κόσμος οὐ δύναται λαβεῖν, ὅτι οὐ θεωρεῖ αὐτὸν	𝔭66* D* L
πνεῦμα τῆς ἀληθείας, ὃ ὁ κόσμος οὐ δύναται λαβεῖν, ὅτι οὐ θεωρεῖτε αὐτὸ	H
πνεῦμα τῆς ἀληθείας, ὃ ὁ κόσμος οὐ δύναται λαβεῖν, ὅτι οὐ θεωρεῖ αὐτῷ	M 69* 124 28 1071 1424
πνεῦμα τῆς ἀληθείας, ὃ ὁ κόσμος οὐ δύναται λαβεῖν, ὅτι οὐ θεωρεῖ τὸ	S*
πνεῦμα τῆς ἀληθείας, ὃ ὁ κόσμος ……… ………	33
πνεῦμα τῆς ἀληθείας, ὃς ὁ κόσμος οὐ δύναται λαβεῖν, ὅτι οὐ θεωρεῖ αὐτὸν	579

οὐδὲ γεινώσκει·	ὑμεῖς γεινώσκετε αὐτό,	ὅτι παρ᾽ ὑμῖν μένει καὶ	B
οὐδὲ γεινώσκει·	ὑμεῖς γεινώσκεται αὐτόν,	ὅτι παρ᾽ ὑμῖν μένει καὶ	𝔭66*
οὐδὲ γεινώσκει αὐτό·	ὑμεῖς γεινώσκεται αὐτό,	ὅτι παρ᾽ ὑμῖν μένει καὶ	𝔭66c
οὐδὲ γεινώσκει·	ὑμεῖς γινώσκετε αὐτό,	ὅτι παρ᾽ ὑμῖν μένει καὶ	𝔭75
οὐδὲ γινώσκει·	ὑμεῖς γεινώσκετε αὐτό,	ὅτι παρ᾽ ὑμῖν μένει καὶ	א
οὐδὲ γινώσκει αὐτό·	ὑμεῖς δὲ γεινώσκετε αὐτό,	ὅτι παρ᾽ ὑμῖν μένει καὶ	A
οὐδὲ γεινώσκει αὐτόν·	ὑμεῖς δὲ γεινώσκετε αὐτόν,	ὅτι παρ᾽ ὑμῖν μένει καὶ	D*
οὐδὲ γεινώσκει αὐτό·	ὑμεῖς δὲ γεινώσκετε αὐτό,	ὅτι παρ᾽ ὑμῖν μένει καὶ	Dc Θ
	ὑμεῖς δὲ γινώσκετε αὐτό,	ὅτι παρ᾽ ὑμῖν μένει καὶ	E
οὐδὲ γινώσκετε αὐτό·	ὑμεῖς δὲ γινώσκετε αὐτό,	ὅτι παρ᾽ ὑμῖν μένει καὶ	H
οὐδὲ γινώσκει αὐτόν·	ὑμεῖς δὲ γεινώσκεται αὐτόν,	ὅτι παρ᾽ ὑμῖν μένει καὶ	L
οὐδὲ γινώσκει αὐτό·	ὑμεῖς δὲ γινώσκετε αὐτῷ,	ὅτι παρ᾽ ὑμῖν μένει καὶ	M U 69 28 1424
οὐδὲ γινώσκει αὐτό·	ὑμεῖς γινώσκετε αὐτό,	ὅτι παρ᾽ ὑμῖν μένει καὶ	Q 1346
οὐδὲ γιγνώσκει·	ὑμεῖς γινώσκεται αὐτόν,	ὅτι παρ᾽ ὑμῖν μένει καὶ	W 579
οὐδὲ γινώσκει αὐτόν·	ὑμεῖς γινώσκετε αὐτόν,	ὅτι παρ᾽ ὑμῖν μένει καὶ	Ψ
·οὐδὲ γινώσκει αὐτό·	ὑμεῖς δὲ γινώσκεται αὐτό,	ὅτι παρ᾽ ὑμῖν μένει καὶ	2*
……… γινώσκει αὐτό·	ὑμεῖς δὲ γινώσκετε αὐτό,	ὅτι ……… ………	33
οὐδὲ γινώσκει αὐτῷ·	ὑμεῖς δὲ γινώσκετε αὐτό,	ὅτι παρ᾽ ὑμῖν μένει καὶ	1071
οὐδὲ γινώσκει·	ὑμεῖς γινώσκετε αὐτό,	ὅτι παρ᾽ ὑμῖν μένει καὶ	uw [↓565 700 τ
οὐδὲ γινώσκει αὐτό·	ὑμεῖς δὲ γινώσκετε αὐτό,	ὅτι παρ᾽ ὑμῖν μένει καὶ	𝔐 K Δ Λ Π f1 f13 2c 157

---

lac. 14.15-17 𝔭45 C F N P Γ

A 15 αγαπαται 𝔭66c W ¦ γαπατε A* ¦ μαι (με) 579 ¦ τηρησειται 579 ¦ τηρησεται 1071 16 των (τον) 579 ¦ δωση 157 579* ¦ υμειν 𝔭66 D 17 αληθιας 𝔭66 א ¦ δυνατε K Q 28 ¦ γινοσκει 579 ¦ υμις א ¦ γινοσκεται 579 ¦ υμειν1 𝔭66 D

B 16 π̄ρ̄ᾱ 𝔭75 A 𝔐 K L M Q S U W Δ Θ Λ Π Ψ Ω f1 118 f13 69 124 2 33 28 157 565 579 700 788 1071 1424 17 π̄ν̄ᾱ 𝔭66 𝔭75 א A D 𝔐 K L M Q S U W Δ Θ Λ Π Ψ Ω f1 118 f13 69 124 2 33 28 157 565 579 700 788 1071 1346 1424

C 15 αρχη: τη αγια ν εις τ γονυκλισιαν κατ ιω ειπεν, τοις εαυτ μαθ εαν αγαπα, G ¦ αρχ του αγ επιφ επισκοπ κυπρου 157 17 (post ο κοσμος) τους πονηρους φησιν Λ

D 15 ρ̄κ̄θ̄/ι א S Ω 28 ¦ ρ̄κ̄η̄/δ A ¦ ρ̄κ̄θ̄/α E G Y Ψ 157 1424 ¦ ρ̄κ̄θ̄ f1 2 1346 ¦ Ευ Ιω ρ̄κ̄θ̄ : Λο . : Μρ . : Μθ . E

ἐν ὑμῖν ἐστίν.   B 𝔓⁶⁶* D* W 69 565 w
....αι.   𝔓⁷⁵
ἐν ὑμῖν ἔσται.   𝔓⁶⁶ᶜ ℵ A Dᶜ 𝔐 K L M Q U Δ Θ Λ Π Ψ 118 f¹³ 2 28 157 579 700 1071 1424 u𝛕
σὺν ὑμῖν ἐστίν.   f¹
....   33

He Who Loves Me Keeps My Word

18 Οὐκ ἀφήσω ὑμᾶς ὀρφανούς, ἔρχομαι πρὸς ὑμᾶς. **19** ἔτι μεικρὸν καὶ ὁ κόσμος   B D
18 .... ω ὑμ.. ς ὀρφανού· .... πρὸς ὑμ.... **19** ἔτι μεικρὸν ··αὶ ὁ κόσμος   𝔓⁷⁵
18 Οὐκ ἀφήσω ὑμᾶς ὀρφανούς, ἔρχομαι πρὸς ὑμᾶς. **19** ἔτι <u>μικρὸν</u> καὶ ὁ κόσμος   𝔓⁶⁶ uw𝛕 rell
18 .... ·φήσω ὑμᾶς ὀρφανούς, ἔρχομαι πρὸς ὑμᾶς. **19** ἔτι   33

με οὐκέτι θεωρεῖ, ὑμεῖς δὲ θεωρεῖτέ με, ὅτι ἐγὼ ζῶ καὶ ὑμεῖς ζήσετε.   B uw
με οὐκέτι θεωρεῖ, ὑμεῖς θεωρεῖτέ με, ὅτι ἐγὼ ζῶ καὶ ὑμεῖς <u>ζήσεσθε</u>.   𝔓⁶⁶
με οὐκέτι θεωρεῖ, ὑμεῖς δὲ θεωρεῖτέ με, ὅτι <u>ζῶ ἐγὼ</u> καὶ ὑμεῖς ζήσετε.   𝔓⁷⁵
με οὐκέτι θεωρεῖ, ὑμεῖς δὲ θεωρεῖτέ με, ὅτι ἐγὼ ζῶ καὶ ὑμεῖς <u>ζήσεσθαι</u>.   ℵ A W 28 1071 1346 1424
με οὐκέτι θεωρεῖ, ὑμεῖς δὲ θεωρεῖτε,   ὅτι ἐγὼ ζῶ καὶ ὑμεῖς ζήσετε.   L
με οὐκέτι θεωρεῖ, ὑμεῖς δὲ θεωρεῖτε,   ὅτι ἐγὼ ζῶ καὶ ὑμεῖς <u>ζήσεσθε</u>.   Q
με <u>οὐ</u> θεωρεῖ, ὑμεῖς δὲ θεωρεῖτέ με, ὅτι ἐγὼ ζῶ καὶ ὑμεῖς <u>ζήσεσθε</u>.   Δ
.... δὲ θεωρεῖτέ με, ὅτι ἐγὼ ζῶ καὶ ὑμεῖς <u>ζήσεσθε</u>.   33
με οὐκέτι θεωρεῖ, ὑμεῖς δὲ θεωρεῖτε,   ὅτι ἐγὼ ζῶ καὶ ὑμεῖς <u>ζήσεσθαι</u>.   579   [↓157 565 700 𝛕
με οὐκέτι θεωρεῖ, ὑμεῖς δὲ θεωρεῖτέ με, ὅτι ἐγὼ ζῶ καὶ ὑμεῖς <u>ζήσεσθε</u>.   D 𝔐 K M U Θ Λ Π Ψ f¹ f¹³ 2

20 ἐν ἐκείνῃ τῇ ἡμέρᾳ ὑμεῖς γνώσεσθε ὅτι ἐγὼ ἐν τῷ πατρί μου καὶ ὑμεῖς ἐν ἐμοὶ   B 𝔓⁷⁵ L M Q 33 1071
20 ἐν ἐκείνῃ τῇ ἡμέρᾳ   γνώσεσθε ὅτι ἐγὼ ἐν τῷ πατρί μου καὶ ὑμεῖς ἐν ἐμοὶ   A   [↑w
20 ἐν ἐκείνῃ τῇ ἡμέρᾳ   γνώσεσθε ὅτι ἐγὼ ἐν τῷ πατρὶ   καὶ ὑμεῖς ἐν ἐμοὶ   Θ
20   ἐκείνῃ τῇ ἡμέρᾳ <u>γνώσεσθε ὑμεῖς</u> ὅτι ἐγὼ ἐν τῷ πατρί μου καὶ ὑμεῖς ἐν ἐμοὶ   W
20 ἐν ἐκείνῃ τῇ ἡμέρᾳ <u>γνώσεσθε ὑμεῖς</u> ὅτι ἐγὼ ἐν τῷ πατρί ᵀ καὶ ὑμεῖς ἐν ἐμοὶ   579
20 ἐν ἐκείνῃ τῇ ἡμέρᾳ <u>γνώσεσθε ὑμεῖς</u> ὅτι ἐγὼ ἐν τῷ πατρί μου καὶ ὑμεῖς ἐν ἐμοὶ   𝔓⁶⁶ ℵ D 𝔐 K U Δ Λ Π
Ψ f¹ f¹³ 2 28 157 565 700 1424 u𝛕

ᵀκαὶ <u>ὁ πατὴρ</u> ἐν ἐμοὶ   579

κἀγὼ ἐν ὑμῖν. **21** ὁ ἔχων τὰς ἐντολὰς   μου καὶ τηρῶν αὐτὰς ἐκεῖνός   B 𝔓⁶⁶·⁷⁵ uw𝛕 rell
καὶ <u>ἐγὼ</u> ἐν ὑμῖν. **21** ὁ ἔχων τὰς ἐντολὰς   μου καὶ τηρῶν αὐτὰς ἐκεῖνός   Eᶜ G Y M S U Δ Ω 2 28
κἀγὼ ἐν ὑμῖν. **21** ὁ ἔχων τὰς ἐντολὰς <u>τοῦ πατρὸς</u> μου καὶ τηρῶν αὐτὰς ἐκεῖνός   Ψ

ἐστιν ὁ ἀγαπῶν με· ὁ δὲ ἀγαπῶν με ἀγαπηθήσεται ὑπὸ τοῦ πατρός μου, κἀγὼ   B 𝔓⁶⁶ ℵ D G L Q Λ f¹
ἐστιν ὁ ἀγαπῶν με· ὁ δὲ ἀγαπῶν με <u>τηρηθήσεται</u> ὑπὸ τοῦ πατρός μου, κἀγὼ   𝔓⁷⁵ [↑565 1071 uw
ἐστιν ὁ ἀγαπῶν με·   ἀγαπηθήσεται ὑπὸ τοῦ πατρός μου, <u>καὶ ἐγὼ</u>   Δ
ἐστιν ὁ ἀγαπῶν με· ὁ δὲ ἀγαπῶν <u>ἐμὲ</u> ἀγαπηθήσεται ὑπὸ τοῦ πατρός μου, <u>καὶ ἐγὼ</u>   Θ
ἐστιν ὁ ἀγαπῶν με· ὁ δὲ ἀγαπῶν με ἀγαπηθήσεται ὑπὸ τοῦ πατρός μου, <u>καὶ ἐγὼ</u>   A 𝔐 K M U W Π Ψ 118
f¹³ 2 33 28 157 579 700 1424 𝛕

ἀγαπήσω αὐτὸν καὶ ἐμφανίσω αὐτῷ ἐμαυτόν. ν̄ᾱ **22** Λέγει   αὐτῷ Ἰούδας,   B 𝔓⁶⁶·⁷⁵ 788 uw𝛕 rell
ἀγαπήσω αὐτὸν καὶ ἐμφανίσω αὐτῷ ἐμαυτόν.   **22** Λέγει <u>πρὸς</u> <u>αὐτὸν</u> Ἰούδας,   𝔓⁶⁶
ἀγαπήσω αὐτὸν καὶ <u>ἐνφωνήσω</u> αὐτῷ ἐμαυτόν.   **22** Λέγει   αὐτῷ Ἰούδας,   D*
ἀγαπήσω αὐτὸν καὶ ἐμφανίσω <u>αὐτὸν ἐμαυτῷ</u>.   **22** Λέγει   αὐτῷ Ἰούδας,   M
ἀγαπήσω αὐτὸν καὶ ἐμφανίσω αὐτῷ ἐμαυτόν.   **22** Λέγει   αὐτῷ Ἰούδας,·   Λ
ἀγαπήσω αὐτὸν καὶ ἐμφανίσω αὐτῷ <u>ἐμαυτῷ</u>.   **22** Λέγει   αὐτῷ Ἰούδας,·   118 f¹³
ἀγαπήσω αὐτὸν καὶ ἐμφανίσω <u>ἐμαυτὸν αὐτῷ</u>.   **22** Λέγει   αὐτῷ Ἰούδας,   579

---

lac. **14.17-22** 𝔓⁴⁵ C F N P Γ

A 17 υμειν² D | εστε Dᶜ Δ 28 **18** αφισω 13 579 **19** ετει 579 | θεωριται 𝔓⁶⁶ ¦ θεωρειται L W 2 33 579 | μαι² Θ **20** εκινη ℵ | τ (τη) K | γνωσεσθαι ℵ A D L W 2 579 1071 | γνωσθε K | υμις¹·² ℵ | υμειν D Θ **21** μαι (με¹·²) 579 | αγαπηθεσεται 579 | ενφανισω Dᶜ ¦ εμφανησω H L U Λ 28 1071 1346 1424 | ενφανισω αυτων Θ | ενφανισω 565 **22** λεγι 𝔓⁶⁶ ¦ ¦ ημειν 𝔓⁶⁶ D

B 20 π̄ρι 𝔓⁶⁶ 𝔓⁷⁵ A 𝔐 K L M Q S U W Δ Θ Λ Π Ψ Ω f¹ 118 f¹³ 69 124 33 28 157 565 579 700 788 1071 1346 1424 | π̄η̄ρ 579 **21** π̄ρ̄ς Ψ ¦ π̄ρ̄ς 𝔓⁶⁶ A 𝔐 K L M Q S U W Δ Θ Λ Π Ψ Ω f¹ 118 f¹³ 69 124 2 33 28 157 565 579 700 788 1071 1346 1424

C 21 αρχ τη αγ αποτ̂ εβδ ειπ ο κ̄ς τοις ο εχοντας εντολας f¹ ¦ αρχ 2 ¦ αρχ ειπεν ο κ̄ς τς εαυτου μαθητες ο εχων τας εντολας μου 28 ¦ τελος (post εμαυτον) E Y Λ f¹³ 124 2 788 1346 ¦ τελος του Σα κ, της γονυκλισι G ¦ τελος του ϛ̄ Σα H ¦ τελ του ⋯ M² ¦ τελ Σα f¹ ¦ τελ του Σα 118¦ τελ υπ τς β̄ 28 **22** υπαρχη E 2 ¦ τη β̄ μετ την ᾱ ερβδο̇ ναλν̄ ζ 157

D 21 ρ̄κ̄ε̄/ᾱ U ¦ ρ̄κ̄θ̄/ᾱ 788 | (ante ο δε αγαπ.) ρ̄κ̄θ̄/ᾱ A L Λ ¦ ρ̄κ̄θ̄ D K Q Θ Π 124 579 | Ιω ρ̄κ̄θ̄ : Λο ρ̄ῑς : Μρ ϙ̄γ̄ : Μτ ϙ̄η̄ 124 **22** ρ̄λ̄/ῑ ℵ A E L S U Y Λ Ψ Ω 124 28 1071 1424 ¦ ρ̄λ̄ D K Θ f¹ f¹³ 2 157 579 1346 ¦ ρ̄λ̄/α G ¦ ρ̄κ̄ϛ̄ H ¦ ρ̄ῑ 118 sic!) ¦ ρ̄λ̄/ζ̄ 788 | Ευ Ιω ρ̄λ̄ : Λο . : Μρ . : Μθ . E | Ιω ρ̄λ̄ : Λο . : Μρ ϙ̄ϛ̄ : Μτ . 124

οὐχ ὁ Ἰσκαριώτης,	Κύριε,	τί γέγονεν ὅτι ἡμῖν μέλλεις ἐμφανίζειν σεαυτὸν	B 𝔭66* E L 33 700
οὐχ Ἰσκαριώτης,	Κύριε,	τί γέγονεν ὅτι ἡμῖν μέλλεις ἐμφανίζειν σεαυτὸν	𝔭75 [↑1071 [u]wτ
οὐχ ὁ Ἰσκαριώτης,	Κύριε,	τί γέγονεν ὅτι ἡμῖν μέλλεις ἐμφανίζεις σεαυτὸν	A
οὐχ ὁ ἀπὸ Καρυώτου,	Κύριε,	τί ἐστιν ὅτι μέλλεις ἡμῖν ἐμφανίζειν σεαυτὸν	D
οὐχ ὁ Σκαριώτης,	Κύριε, καὶ	τί γέγονεν ὅτι ἡμῖν μέλλεις ἐμφανίζειν σεαυτὸν	H
οὐχ ὁ Ἰσκαριώτης,	Κύριε, καὶ	τί γέγονεν ὅτι ἡμῖν μέλλεις ἐμφανίζειν σε·········	Q
οὐχ ὁ Ἰκαριώτης,	Κύριε, καὶ	τί γέγονεν ὅτι ἡμῖν μέλλεις ἐμφανίζειν σεαυτὸν	U
οὐχ ὁ Ἰσκαριώτης,	Κύριε, καὶ	τί γέγονεν ὅτι μέλλεις ἡμῖν ἐμφανίζειν σεαυτὸν	W
οὐχ ὁ Ἰσκαριῶτις,	Κύριε,	τί γέγονεν ὅτι ἡμῖν μέλλεις ἐμφανίζειν σεαυτὸν	Θ
οὐχ ὁ Ἰσκαριώτης,	Κύριε, καὶ	τί γέγονεν ὅτι ἡμῖν μέλλεις ἐμφανίζειν σεαυτῷ	118
οὐχ ὁ Ἰσκαριώτης,	Κύριε, καὶ	τί γέγονεν ὅτι ἡμῖν μέλλεις ἐμφανίζειν ἑαυτὸν	f13
οὐχ ὁ Ἰσκαριώτης,	Κύριε, καὶ	τί γέγονεν ὅτι μέλλης ἐμφανίζην σεαυτὸν	579
οὐχ ὁ Ἰσκαριώτης,	Κύριε, καὶ	τί γέγονεν ὅτι ἡμεῖς μέλλεις ἐμφανίζειν ἑαυτὸν	1346
οὐχ ὁ Ἰσκαριώτης,	Κύριε, καὶ	τί γέγονεν ὅτι ἡμῖν μέλλεις ἐμφανίζειν σεαυτὸν	𝔭66c ℵ 𝔐 K M Δ Λ Π Ψ f1 124 2 28 157 565 1424 [u]

καὶ οὐχὶ τῷ κόσμῳ; 23 ἀπεκρίθη	Ἰησοῦς καὶ εἶπεν αὐτῷ,	Ἐάν τις ἀγαπᾷ με	B 𝔭66.75 uw rell
καὶ οὐχὶ τῷ κόσμῳ; 23 ἀπεκρίθη ὁ	Ἰησοῦς καὶ εἶπεν αὐτῷ,	Ἐάν τις ἀγαπᾷ με	M Λ f13 τ
καὶ οὐχὶ τῷ κόσμῳ; 23 ἀπεκρίθη	Ἰησοῦς καὶ εἶπεν αὐτοῖς,	Ἐάν τις ἀγαπᾷ με	S Ω 28

τὸν λόγον μου τηρήσει καὶ ὁ πατήρ μου	ἀγαπήσει αὐτόν καὶ πρὸς αὐτὸν ἐλευσόμεθα	B 𝔭66.75 788 uwτ
τὸν λόγον μου τηρή······ καὶ ὁ πατήρ μου	ἀγαπήσει αὐτόν καὶ πρὸς αὐτὸν εἰσελευσόμεθα	𝔭66* [↑rell
τὸν λόγον μου τηρή······ καὶ ὁ πατήρ μου	ἀγαπήσει αὐτόν καὶ πρὸς αὐτὸν ἐλευσόμεθα	𝔭66c
τὸν λόγον μου τηρήση καὶ ὁ πατήρ μου	ἀγαπήσει αὐτόν καὶ πρὸς αὐτὸν ἐλευσόμεθα	ℵ G H Y* f13
τὸν λόγον μου τηρήσει καὶ ὁ πατήρ μου	ἀγαπήσει αὐτόν καὶ πρὸς αὐτὸν ἐλεύσομαι	D
τὸν λόγον μου τηρήση καὶ ὁ πατήρ μου	ἀγαπήσει αὐτόν καὶ πρὸς αὐτὸν πορευσόμεθα	69
τὸν λόγον μου τηρήσει καὶ ὁ πατήρ	ἀγαπήσει αὐτόν καὶ πρὸς αὐτὸν ἐλευσόμεθα	1424

καὶ μονὴν παρ' αὐτῷ ποιησόμεθα. 24 ὁ μὴ ἀγαπῶν με τοὺς λόγους μου οὐ τηρεῖ·		B 𝔭66.75 ℵ L W f1.13
καὶ πρὸς αὐτὸν μονὴν ποιήσομαι. 24 ὁ μὴ ἀγαπῶν με τοὺς λόγους μου οὐ τηρήσει·		D [↑33 565 uw
καὶ μονὴν παρ' αὐτῷ ποιήσωμεν. 24 ὁ μὴ ἀγαπῶν με τοὺς λόγους μου οὐ τηρεῖ·		M Δ Λ Ω 28 1424
καὶ μονὴν παρ' αὐτῷ ποιησώμεθα. 24 ὁ μὴ ἀγαπῶν με τὰς ἐντολάς μου οὐ τηρήσει·		579
καὶ μονὴν παρ' αὐτῷ ποιησώσεθα. 24 ὁ μὴ ἀγαπῶν με τοὺς λόγους μου οὐ τηρεῖ·		1071
καὶ μονὴν παρ' αὐτῷ ποιησώσεθα. 24 ὁ μὴ ἀγαπῶν με τοὺς λόγους μου οὐ τυρεῖ·		1346 [↓2 157 700 τ
καὶ μονὴν παρ' αὐτῷ ποιήσομεν. 24 ὁ μὴ ἀγαπῶν με τοὺς λόγους μου οὐ τηρεῖ·		A 𝔐 K U Θ Π Ψ 118 124

καὶ ὁ λόγος ὃν ἀκούετε οὐκ ἔστιν ἐμὸς ἀλλὰ τοῦ πέμψαντός με πατρός.	B 𝔭66.75 124 1346 uwτ
καὶ ὁ λόγος ὁ ἐμὸς ὃν ἀκούετε οὐκ ἔστιν ἐμὸς ἀλλὰ τοῦ πέμψαντός με πατρός.	D [↑rell
καὶ ὁ λόγος ὃν ἀκούετε οὐκ ἔστιν ἐμὸς ἀλλὰ τοῦ πέμψαντός με πατήρ.	H
καὶ ὁ λόγος ὃν ἀκούετε οὐκ ἔστιν ἐμὸς ἀλλὰ τοῦ πέμψαντός με.	f13

The Counselor Will Teach All Things

25 Ταῦτα λελάληκα ὑμῖν παρ' ὑμῖν μένων·	26 ὁ δὲ παράκλητος,	B 𝔭66.75 uwτ rell
25 Ταῦτα λελάληκα ὑμῖν παρ' ὑμῖν μένει·	26 ὁ δὲ παράκλητος,	Dc
25 Ταῦτα λελάληκα ὑμῖν παρ' ὑμῖν μένων·	26 ····· ··············	W
25 Ταῦτα λελάληκα ὑμῖν παρ' ὑμῖν μένων·	26 ἡ δὲ παράκλητος,	1
25 Ταῦτα λελάληκα ὑμῖν παρ' ὑμῶν μένων·	26 ὁ δὲ παράκλητος,	2

lac. 14.22-26 𝔭45 C F N P Q Γ ¦ vs. 26 W

A 22 ενφανιζειν 𝔭75 D Θ ¦ σεαυτον 2 ¦ το (τω) 579 23 απεκριθει K ¦ απεκριθι L ¦ λογων 579 ¦ της (τις) Θ ¦ αγαπηση G 28 ¦ ελευσομαιθα L ¦ ελευσωμεθα 579 ¦ ποιησομαιθα L ¦ ποιησωμεθα 13 579 24 ακουεται 𝔭66 ℵ W 579 25 λελακα Λ* ¦ υμειν1.2 𝔭66 ¦ υμειν1 D ¦ υμεν2 D* ¦ υμειν2 Dc ¦ υμην2 L* ¦ ημων 69

B 22 κε B 𝔭66 𝔭75 ℵ A D 𝔐 K L M Q S U W Δ Θ Λ Π Ψ Ω f1 118 f13 69 124 2 33 28 157 565 579 700 788 1071 1346 1424 23 ι̅ς̅ B 𝔭66 𝔭75 ℵ A 𝔐 K L M S U W Δ Θ Λ Π Ψ Ω f1 118 f13 124 2 33 28 157 565 579 700 788 1071 1346 1424 ¦ ι̅η̅ς̅ D ¦ π̅η̅ρ̅ A 𝔐 K L M S U W Δ Θ Λ Π Ψ Ω f1 118 f13 69 124 2 33 28 157 565 579 700 788 1071 1346 1424 24 π̅ρ̅ς̅ 𝔭66 A E G Y K L M S U W Δ Θ Λ Π Ψ Ω f1 118 124 2 33 28 157 565 579 700 1071 1346 1424 ¦ π̅η̅ρ̅ H

C 23 αρχη G ¦ αρχ: τη β̅ τς ν̅: ειπ ο κ̅ς̅ τοις εαυτ μαθητ 2 24 τελ του από f1 25 αρχη: H 2 26 ι̅ζ̅ περι του παρακλητου Θ Λ 157 ¦ αρχ 157

D 23 ρ̅λ̅/ι Π 24 ρ̅λ̅α/α Y 124 788 1071 ¦ ρ̅λ̅α f13 579 1346 ¦ Ιω ρ̅λ̅α : Λο . : Μρ . : Μτ . 124¦ (ante και ο λογος) ρ̅λ̅α/α ℵ A E G L S Λ Π Ψ Ω 118 28 1424 ¦ ρ̅λ̅α D K Θ f1 2 157 ¦ ρ̅κ̅η̅ H ¦ Ευ Ιω ρ̅λ̅α : Λο ρ̅ι̅ς̅ : Μρ ϙ̅ς̅ : Μθ ···* E 25 ρ̅λ̅β̅/ι ℵ A E G U Y Λ Π Ψ 118 28 1424 ¦ ρ̅λ̅β̅ D K Θ Ω f1 f13 2 157 565 579 1071 1346 ¦ ρ̅κ̅θ̅ H ¦ ρ̅λ̅β̅/β L ¦ ρ̅λ̅γ̅/ι S ¦ ρ̅λ̅β̅/α 124 788 ¦ Ευ Ιω ρ̅λ̅β̅ : Λο . : Μρ . : Μθ . E ¦ Ιω ρ̅λ̅β̅ 124

τὸ πνεῦμα τὸ ἅγιον ὃ πέμψει   ὁ πατὴρ   ἐν τῷ ὀνόματί μου, ἐκεῖνος ὑμᾶς   B 𝔓⁶⁶* uwτ rell
τὸ πνεῦμα τὸ ἅγιον ὃ πέμψει <u>ὑμῖν</u> ὁ πατὴρ   ἐν τῷ ὀνόματί μου, ἐκεῖνος ὑμᾶς   𝔓⁶⁶ᶜ
.... ῂρ   ·ν τῷ .... ὑμᾶς   𝔓⁷⁵
<u>πέμψει τὸ πνεῦμα   τὸ ἅγιον</u>   ὁ πατὴρ   ἐν τῷ ὀνόματί μου, ἐκεῖνος ὑμᾶς   ℵ*
τὸ πνεῦμα τὸ ἅγιον <u>ὃν πέμψει</u>   ὁ πατὴρ   ἐν τῷ ὀνόματί μου, ἐκεῖνος ὑμᾶς   ℵᶜ
τὸ πνεῦμα τὸ ἅγιον ὃ πέμψει   ὁ πατὴρ <u>μου</u> ἐν τῷ ὀνόματί μου, ἐκεῖνος ὑμᾶς   D Θ 118
τὸ πνεῦμα τὸ ἅγιον <u>ὃν πέμψῃ</u>   ὁ πατὴρ   ἐν τῷ ὀνόματί μου, ἐκεῖνος ὑμᾶς   L
τὸ πνεῦμα τὸ ἅγιον ὃ <u>πέμψῃ</u>   ὁ πατὴρ   ἐν τῷ ὀνόματί μου, ἐκεῖνος ὑμᾶς   Λ
τὸ πνεῦμα τὸ ἅγιον ὃ <u>πέμψας με</u>   πατὴρ   ἐν τῷ ὀνόματί μου, ἐκεῖνος ὑμᾶς   579
τὸ πνεῦμα τὸ ἅγιον ὃ πέμψει   ὁ πατὴρ   ἐν τῷ ὀνόματί μου, ἐκεῖνος ὑμᾶς   1071
τὸ πνεῦμα τὸ ἅγιον ὃ πέμψει   ὁ πατὴρ   ἐν τῷ ὀνόματί μου, ἐκεῖνος <u>διδάξει</u> 1346

διδάξει πάντα καὶ ὑπομνήσει ὑμᾶς πάντα ἃ   εἶπον ὑμῖν ἐγώ.   B L [u]w
διδάξει πάντα καὶ ὑπομνήσει ὑμᾶς πάντα ἃ   εἶπον υ····· ········   𝔓⁶⁶
διδάξει πα········ ········· ··········· ὑμᾶς πάντα ἃ   ··········· ···········   𝔓⁷⁵
διδάξει πάντα καὶ ὑπομνήσει ὑμᾶς πάντα ἃ <u>ἂν εἶπω</u> ὑμῖν.   D Π
διδάξει πάντα καὶ ὑπομνήσει ὑμᾶς πάντα <u>ὅσα</u>   εἶπον ὑμῖν.   Θ f¹ 33 28 565
διδάξει πάντα   ἃ   εἶπον ὑμῖν.   Λ
διδάξει πάντα καὶ ὑπομνήσει ὑμᾶς πάντα <u>ὅσα ἂν εἶπω</u> ὑμῖν.   157
<u>ὑμᾶς</u> πάντα καὶ ὑπομνήσει ὑμᾶς πάντα ἃ   εἶπον ὑμῖν.   1346   [↓1071 1424 [u]τ
διδάξει πάντα καὶ ὑπομνήσει ὑμᾶς πάντα ἃ   εἶπον ὑμῖν.   ℵ A 𝔐 K M U Δ Ψ 118 f¹³ 2 579 700

ν͞β 27 Εἰρήνην ἀφίημι ὑμῖν, εἰρήνην τὴν ἐμὴν δίδωμι   ὑμῖν·οὐ καθὼς ὁ κόσμος δίδωσιν   B 𝔓⁶⁶ uwτ
   27 ················ ········μ·   ··μὴν δι······   ······ ο͙ύ ·········· δίδωσιν   𝔓⁷⁵ [↑rell
   27 ᵀ<u>καὶ</u> ἀφίημι ὑμῖν, εἰρήνην τὴν ἐμὴν δίδωμι   ὑμῖν·οὐ καθὼς ὁ κόσμος δίδωσιν   124
   27 Εἰρήνην ἀφίημι ὑμῖν, εἰρήνην τὴν ἐμὴν δίδωμι   ὑμῖν·   2
   27 Εἰρήνην ἀφίημι ὑμῖν, εἰρήνην τὴν ἐμὴν δίδωμι   ὑμῖν·οὐ καθ·· ·· ·········· σιν   33
   27 Εἰρήνην <u>ἀφίεμαι</u> ὑμῖν, εἰρήνην τὴν ἐμὴν <u>δίδωμοι</u>   ὑμῖν·οὐ καθὼς ὁ κόσμος δίδωσιν   579

   ᵀεἰρήνην τὴν ἐμὴν δίδωμι   124   [Cl Q 37.4 αγαπην υμιν διδωμι την εμην]

ἐγὼ δίδωμι ὑμῖν. μὴ ταρασσέσθω ὑμῶν ἡ καρδία μηδὲ διλιάτω.   **28** ἠκούσατε   B* A E* K* L Θ
<u>ὑμῖν</u> ἐγὼ δίδωμι ὑμῖν. μὴ ταρασσέσθω ὑμῶν ἡ καρδία μηδὲ διλιάτω.   **28** ··κούσατ·   ℵ   [↑1071
   ········ σθω ὑμω·   **28** ἠκούσατε   𝔓⁷⁵
ἐγὼ δίδωμι ὑμῖν. μὴ ταρασσέσθω ὑμῶν ἡ καρδία μηδὲ <u>δειλειάτω</u>.   **28** ἠκούσατε   D
   μὴ ταρασσέσθω ὑμῶν ἡ καρδία μηδὲ <u>δειλιάτω</u>.   **28** ἠκούσατε   2
ἐγὼ δίδωμι ὑμῖν. μὴ ταρασσέσθω ὑμῶν ἡ καρδία μηδὲ <u>δειλιάτω</u>.   **28** ἠκού······   33
ἐγὼ <u>δίδωμοι</u> ὑμῖν. μὴ ταρασσέσθω ὑμῶν ἡ καρδία μηδὲ <u>διλήάτω</u>.   **28** ἠκούσατε   579
ἐγὼ δίδωμι ὑμῖν. μὴ ταρασσέσθω ὑμῶν ἡ καρδία μηδὲ <u>δειλιάτω</u>.   **28** ἠκούσατε   Bᶜ 𝔐 Kᶜ M U Δ Λ
   Π Ψ f¹ f¹³ 28 157 565 700 1424 uwτ

ὅτι ἐγὼ εἶπον ὑμῖν, Ὑπάγω καὶ   ἔρχομαι πρὸς ὑμᾶς. εἰ ἠγαπᾶτέ με ἐχάρητε ἂν   B 𝔓⁶⁶ uwτ rell
   ἔρχομα· π····· ········· ····· ···· ···· ········ ἂν   𝔓⁷⁵
ὅτι ἐγὼ εἶπον ὑμῖν, Ὑπάγω καὶ   ἔρχομαι πρὸς ὑμᾶς. <u>εἰ ἀγαπᾶτέ</u> με ἐχάρητε ἂν   D* H L f¹³ 579 1071
ὅτι ἐγὼ εἶπον ὑμῖν, Ὑπάγω καὶ   ἔρχομαι πρὸς ὑμᾶς. εἰ ἠγαπᾶτέ με <u>χάρητε</u> ἂν   Δ   [↑1424
ὅτι ἐγὼ εἶπον ὑμῖν, Ὑπάγω καὶ <u>ἐγὼ</u> ἔρχομαι πρὸς ὑμᾶς. <u>εἰ ἀγαπᾶτέ</u> με ἐχάρητε ἂν   69
······· ·········· ὑμῖν, Ὑπάγω καὶ   ἔρχομαι πρὸς ὑμᾶς. εἰ <u>ἀγαπᾶτέ</u> με ἐχάρητε ἂν   33

---

lac. **14.26-28** 𝔓⁴⁵ C F N P Q W Γ

A 26 διδαξη Θ ¦ υμειν D ¦ ειπων K 27 αφιημει D ¦ αφιεμι 1346 1424 ¦ δηδωμι¹ Θ ¦ διδω Ω ¦ διδομι 1424 ¦ υμειν¹·²·³ D ¦ εμιν¹ G ¦ διδομι² Η ¦ ταρεσεσθω G ¦ ταρασεσθω Υ K* Δ 1424 ¦ διλητω 579 **28** ειπων Θ ¦ υμειν D ¦ ερχωμαι 1071 ¦ η (ει) 13 ¦ ηγαπαται 2 ¦ εχαριτε 579

B 26 πν͞α ℵ A D 𝔐 K L M S U Δ Θ Λ Π Ψ Ω f¹ 118 f¹³ 69 124 2 33 28 157 565 700 788 1071 1346 1424 ¦ π͞η͞ρ A 𝔐 K L M S U Δ Θ Λ Π Ψ Ω f¹ 118 f¹³ 69 124 2 33 28 157 565 579 700 788 1071 1346 1424

C 26 τελ Λ 27 αρχη: τη β̄ της ν̄ ειπεν ο κ͞ς τοις εαυτου μαθηταις (ante μη ταρασ.) Ε ¦ αρχη: τη β̄ της ζ̄ εβδ ειπ, τοις εαυτου μαθ μη ταρ, G ¦ αρχη: τη β̄ της ν̄ ειπ, τοις εαυτ μαθθ μη ταρασσεσθ υμων Η ¦ αρχ (ante μη ταρασσ.): τη β̄ της ζ̄ εβδ ειπεν ο κ͞ς τοις εαυτ μαθ μη ταρασσεσθ Υ ¦ (ante μη ταρ.) αρχ μ͞θ τη β̄ τς ζ̄ εβδ ειπ ο κ͞ς μη ταρασσεσθ υμων f¹ ¦ (ante μη ταρ.) αρχ μ͞θ τη β̄ τς ν̄: ειπεν ο κ͞ς τοις εαυτου μαθ μη ταρασσεσθ υμων 118 ¦ (ante μη) αρχ τη β̄ τς ν̄ f¹³ ¦ (ante μη) αρχ τη β̄ πρ τς ν̄ 124 788 1346 ¦ (ante μη ταρασ.) αρξου τς β̄ 28 ¦ αρχ τς β̄ ειπεν ο κ͞ς τς εαυτου μαθητες μη ταρασεσθω 28 ¦ (ante μη ταρ.) αρχ 157 ¦ αρχη: (ante μη ταρ.) τη β̄ της ζ̄ εβδ ειπ, ο κς τοις εαυτου μαθθ 1071

D 27 ρ͞λ͞γ (ante μη ταρασεσθω) 1424

ὅτι   πορεύομαι πρὸς τὸν πατέρα,   ὅτι ὁ πατὴρ   μείζων μού ἐστιν.   B א^c A D* L Ψ f¹ 565 **uw**
ὁ̈ ⋯⋯⋯⋯⋯⋯⋯⋯⋯⋯⋯⋯ πατ⋯   ⋯⋯ ⋯⋯⋯⋯⋯⋯⋯ 𝔭⁷⁵
ὅτι   πορεύομαι πρὸς τὸν πατέρα,   ὅτι ὁ πατήρ <u>μου</u> μείζων μού ἐστιν.   א* D^c K* Θ Π
ὅτι <u>ἐγὼ</u> πορεύομαι πρὸς τὸν πατέρα <u>μου</u>, ὅτι ὁ πατήρ <u>μου</u> μείζων μού ἐστιν.   G
ὅτι <u>ἐγὼ</u> πορεύομαι πρὸς τὸν πατέρα <u>μου</u>, ὅτι ὁ πατήρ <u>μου</u> μείζων μού ἐστιν.   f¹³
ὅτι   πορεύομαι πρὸς τὸν πατέρα <u>μου</u>, ὅτι ὁ πατήρ <u>μου</u> μείζων μού ἐστιν.   157
ὅτι   πορεύ⋯⋯⋯⋯ πατέρα,   ὅτι ὁ πατὴρ   μείζων μού ἐστιν.   33
ὅτι <u>ἀπέρχωμαι</u> πρὸς τὸν πατέρα,   ὅτι ὁ πατὴρ <u>μου</u> μείζων μού ἐστιν.   579
ὅτι <u>εἶπον</u> πορεύομαι πρὸς τὸν πατέρα, ὅτι ὁ πατὴρ   μείζων μού ἐστιν.   1071   [↓1424 τ
ὅτι <u>εἶπον</u> πορεύομαι πρὸς τὸν πατέρα, ὅτι ὁ πατὴρ <u>μου</u> μείζων μού ἐστιν.   𝔐 K^c M U Δ Λ 2 28 700

29 καὶ νῦν εἴρηκα ὑμῖν   πρὶν   γενέσθαι, ἵνα ὅταν γένηται πιστεύσητε.   B **uwτ** rell
29 ⋯⋯ ⋯⋯ ⋯μεῖν πρὶν   ⋯⋯⋯⋯⋯ ⋯⋯ ⋯ν γένηται πιστευ⋯⋯   𝔭⁶⁶
29 ⋯⋯ ⋯⋯ ⋯α ⋯μ⋯ ⋅   ⋯⋯⋯⋯⋯⋯ ⋯τ⋯   𝔭⁷⁵
29 καὶ νῦν εἴρηκα ὑμῖν   πρὶν   γενέσθαι, ἵνα ὅταν γένηται πιστεύσητέ <u>μοι</u>.   D
29 καὶ νῦν εἴρηκα ὑμῖν   πρὶν   γενέσθαι, ἵνα <u>ἐὰν</u> γένηται πιστεύσητε.   L 579
29 καὶ νῦν εἴρηκα ὑμῖν   πρὶν <u>ἢ</u>   γενέσθαι, ἵνα ὅταν γένηται πιστεύσητε.   118
29 καὶ νῦν εἴρηκα ὑμῖν <u>πρὸ τοῦ</u> γενέσθαι, ἵνα ὅταν γένηται πιστεύσητε <u>ὅτι ἐγὼ εἶπον ὑμῖν</u>. f¹³
29 καὶ νῦν εἴρηκα ὑμῖν <u>πρὸ τοῦ</u> γενέσθαι, ἵνα ὅταν <u>γένητε</u> πιστεύσητε.   69 124
29 καὶ νῦν εἴρηκα ὑμῖν   πρὶν   γενέσθαι, ἵνα ὅταν <u>γένητε πιστεύσεται</u>.   2*
29 καὶ νῦν εἴρηκα ὑμῖν   πρὶν   γενέσθαι, ἵνα ὅταν γένηται <u>πιστεύσεται</u>.   2^c
29 καὶ νῦν εἴρηκα ὑμῖν   πρὶν   γενέσθαι, ἵνα ⋯⋯⋯⋯⋯σητε <u>ὅτι ἐγὼ εἶπον ὑμῖν</u>. 33
29 καὶ νῦν εἴρηκα ὑμῖν <u>πρὸ τοῦ</u> γενέσθαι, ἵνα ὅταν <u>γένητε πιστεύσητε</u>.   788
29 καὶ νῦν εἴρηκα ὑμῖν,   ἵνα ὅταν γένηται πιστεύσητε.   1071
29 καὶ νῦν εἴρηκα ὑμῖν <u>πρὸ τοῦ</u> γενέσθαι, ἵνα ὅταν γένηται πιστεύσητε.   1424

30 οὐκέτι πολλὰ λαλήσω μεθ᾽ ὑμῶν, ἔρχεται γὰρ ὁ τοῦ κόσμου ἄρχων·   καὶ ἐν   B 118 124 **uw** rell
30   πολλὰ λαλήσω   ⋯χεται γὰρ ὁ τοῦ ⋯⋯⋯⋯   καὶ ἐν   𝔭⁶⁶
30 οὐκέτι πολλὰ λαλήσω μεθ᾽ ὑμῶν, ἔρχεται γὰρ ὁ <u>ἄρχων τοῦ κόσμου τούτου</u>· καὶ ἐν   f¹ f¹³ 565 579
30 οὐκέτι πολλὰ λαλήσω μεθ᾽ ὑμῶν, ἔρχεται   ὁ <u>ἄρχων τοῦ κόσμου</u>·   καὶ ἐν   69
30 οὐκέτι πολλὰ λαλήσω μεθ᾽ ὑμῶν,   ⋯χων·   καὶ ἐν   33
30 οὐκέτι πολλὰ λαλήσω μεθ᾽ ὑμῶν, ἔρχεται γὰρ ὁ τοῦ κόσμου <u>τούτου</u> ἄρχων· καὶ ἐν   1424 τ

ἐμοὶ οὐκ ἔχει οὐδέν,   31 ἀλλ᾽ ἵνα γνῷ ὁ   κόσμος ὅτι ἀγαπῶ τὸν   B **uwτ** rell
ἐμοὶ ἔχει οὐδέν <u>εὑρεῖν</u>, 31 ἀλλ᾽ ἵνα γνῷ ὁ   κόσμος ὅτι ἀγαπῶ τὸν   D
ἐμοὶ <u>εὑρήσει</u> οὐδέν,   31 ἀλλ᾽ ἵνα γνῷ ὁ   κόσμος ὅτι ἀγαπῶ τὸν   Y K Π
ἐμοὶ οὐκ ἔχει οὐδέν,   31 ἀλλ᾽ ἵνα γνῷ ὁ <u>ἀλλ᾽ ἵνα γνῷ ὁ</u> κόσμος ὅτι ἀγαπῶ τὸν   S
ἐμοὶ οὐκ ἔχει οὐδέν,   31 ἀλλ᾽ ἵνα γνῷ ὁ   κόσμος ὅτι α⋯⋯⋯ ⋯⋯   33

πατέρα, καὶ καθὼς ἐντολὴν   ἔδωκεν μοι ὁ πατήρ, οὕτως   ποιῶ.   B L **w**
πατέρα,   καθὼς <u>ἐνετείλατο</u>   μοι ὁ πατήρ, οὕτως   ποιῶ.   A* E
πατέρα, καὶ καθὼς <u>ἐνετείλατο</u>   μοι,   οὕτως   ποιῶ.   D
πατέρα, καὶ καθὼς <u>ἐνετείλατο</u>   μοι ὁ πατήρ, <u>οὕτω</u>   ποιῶ.   Y τ
πατέρα, καὶ καθὼς <u>ἔδωκεν</u>   <u>μοι ὁ πατὴρ ἐντολὴν</u>, οὕτως   ποιῶ.   f¹
πατέρα, καὶ καθὼς ἐντολὴν <u>δέδωκεν</u> μοι ὁ πατήρ, οὕτως   ποιῶ.   33
πατέρα, καὶ καθὼς <u>ἔδωκέν μοι</u>   <u>ἐντολὴν</u> ὁ πατήρ, οὕτως   ποιῶ.   565
πατέρα, καὶ <u>τὴν ἐντολὴν ἢν δέδωκεν</u> μοι πατήρ, οὕτως   ποιῶ.   1071
πατέρα, καὶ καθὼς <u>ἐνετείλατο</u>   μοι ὁ πατήρ, οὕτως <u>καὶ</u> ποιῶ.   1424   [↓157 579 700 **u**
πατέρα, καὶ καθὼς <u>ἐνετείλατο</u>   μοι ὁ πατήρ, οὕτως   ποιῶ.   א A^c 𝔐 K M U Δ Θ Λ Π Ψ 118 f¹³ 2 28

ν̄γ̄ Ἐγείρεσθε, ἄγωμεν ἐντεῦθεν.   B **uwτ** rell
Ἐγέρθητε, ἄγωμεν ἐντεῦθεν.   1424

---

lac. **14.28-31** 𝔭⁴⁵ C F N P Γ W ¦ vs. 31 𝔭⁶⁶ ¦ vss. 30-31 𝔭⁷⁵

A 28 πορευομε A K L Θ ¦ εστι Y 118 157 ¦ μιζων 579 **29** υμειν 𝔭⁶⁶ D ¦ γενεσθε א ¦ γενητε Θ Λ 1071 ¦ ιν (ινα) א ¦ πιστευσηται A L ¦ πιστευσηται 579 **30** ερχετε Θ 1071 ¦ αρχον K 700 ¦ ερησει K* **31** αγαπο Θ ¦ των (τον) 579 ¦ ενετιλατο א ¦ ουτος 69* ¦ αγομεν 69 ¦ εγειρεσθαι E* L Ω 579 1071 1346

B 28 π̄ρ̄ᾱ A D 𝔐 K L M S U Δ Θ Λ Π Ψ Ω f¹ 118 f¹³ 69 124 2 33 28 157 565 579 700 788 1071 1346 1424 ¦ π̄η̄ρ̄ A D^c 𝔐 K L M S U Δ Θ Λ Π Ψ Ω f¹ 118 f¹³ 69 124 2 33 28 157 565 579 700 788 1071 1346 1424 ¦ π̄ᾱρ̄ D* **31** π̄ρ̄ᾱ A D 𝔐 K L M S U Δ Θ Λ Π Ψ Ω f¹ 118 f¹³ 69 124 2 33 28 157 565 579 700 788 1071 1346 1424 ¦ π̄η̄ρ̄ A 𝔐 K L M S U Δ Θ Λ Π Ψ Ω f¹ 118 f¹³ 69 124 2 33 28 157 565 579 700 788 1071 1346 1424

C 29 τελος 579 **31** αρχ: τ ᾱ ευα μαδ K² ¦ τη πα τ̄ ᾱ εβδομ M ¦ (post ποιω) τελ f¹

I Am The True Vine

15.1 Ἐγώ εἰμι ἡ ἄμπελος ἡ ἀληθινή,   καὶ ὁ πατήρ μου ὁ γεωργός ἐστιν.   B **nwτ** rell
15.1 Ἐγώ εἰμι ἡ ἄμπελος ἡ ἀληθινή,   καὶ ὁ πατήρ μου   γεωργός ἐστιν.   D Δ
15.1 Ἐγώ εἰμι ἄμπελος ἡ ἀληθινή,   καὶ ὁ πατήρ μου ὁ γεωργός ἐστιν.   M
15.1 Ἐγώ εἰμι ἡ ἄμπελος, <u>ὑμεῖς τὰ κλήματα</u>, καὶ ὁ πατήρ μου ὁ γεωργός ἐστιν.   28

[Cl Pd I 66.4 <u>εγω ειμι η αμπελος η αληθινη, και ο πατηρ μου ο γεωργος εστιν</u>]

2 πᾶν κλῆμα ἐν ἐμοὶ μὴ φέρον καρπόν αἴρει αὐτό,   καὶ πᾶν τὸ καρπὸν φέρον   B **nwτ** rell
2 πᾶν κλῆμα ἐν ἐμοὶ μὴ φέρον καρπόν αἴρει αὐτό,   καὶ πᾶν τὸ <u>καρποφόρον</u>   D
2 πᾶν κλῆμα ἐν ἐμοὶ μὴ φέρον καρπόν αἴρει,   καὶ πᾶν τὸ καρπὸν φέρον   1 1582* 565
2 πᾶν κλῆμα ἐν ἐμοὶ μὴ φέρον καρπόν αἴρει αὐτό,   69
2 πᾶν κλῆμα ἐν ἐμοὶ μὴ φέρον καρπόν αἴρει <u>αὐτός</u>,   καὶ πᾶν τὸ καρπὸν φέρον   579
2 πᾶν κλῆμα ἐν ἐμοὶ μὴ φέρον καρπόν αἴρει <u>αὐτόν</u>,   καὶ πᾶν τὸ καρπὸν φέρον   1346

καθαίρει αὐτὸ	ἵνα καρπὸν πλείονα φέρῃ.	**3** ἤδη		ὑμεῖς καθαροί ἐστε	B L M Ψ 33 157 1071 **uw**
·········	···να	**3**		········· ἐστε	𝔓⁶⁶
καθαίρει <u>αὐτὸν</u>	ἵνα καρπὸν <u>πλείω</u> φέρῃ.	**3** ἤδη		ὑμεῖς καθαροί ἐστε	ℵ
<u>καθαρίει</u> αὐτὸ	ἵνα <u>πλείονα</u> <u>καρπὸν</u> φέρῃ.	**3**			D*
<u>καθαρίει</u> αὐτὸ	ἵνα <u>πλείονα</u> <u>καρπὸν</u> φέρῃ.	**3** ἤδη		ὑμεῖς καθαροί ἐστε	Dᶜ
καθαίρει <u>αὐτὸν</u>	ἵνα <u>πλείονα</u> <u>καρπὸν</u> φέρῃ.	**3** ἤδη		ὑμεῖς καθαροί ἐστε	G
καθαίρει <u>αὐτῷ</u>	ἵνα <u>πλείονα</u> <u>καρπὸν</u> φέρῃ.	**3** ἤδη		ὑμεῖς καθαροί ἐστε	Θ 28
καθαίρει αὐτὸ	ἵνα <u>πλείονα</u> <u>καρπὸν</u> φέρῃ.	**3** ἤδη <u>καὶ</u>		ὑμεῖς καθαροί ἐστε	f¹³
	ἵνα <u>πλείονα</u> <u>καρπὸν</u> φέρῃ.	**3** ἤδη		ὑμεῖς καθαροί ἐστε	69
καθαίρει αὐτὸ	ἵνα <u>πλείονα</u> <u>καρπὸν</u> φέρει.	**3** ἤδη		<u>ὑμᾶς</u> καθαροί ἐστε	124
καθαίρει <u>αὐτῷ</u>	ἵνα καρπὸν <u>πλείωνα</u> φέρῃ.	**3** ἤδη		ὑμεῖς καθαρ <u>έστ</u>	579
καθαίρει αὐτὸ	ἵνα <u>πλείονα</u> <u>καρπὸν</u> φέρῃ.	**3** ἤδη		ὑμεῖς καθαροί ἐστε	788
καθαίρει <u>αὐτὸν</u>	ἵνα <u>πλείονα</u> <u>καρπὸν</u> <u>φέρει</u>.	**3** ἤδη <u>καὶ</u>	<u>ἡμεῖς</u>	καθαροί ἐστε	1346*
καθαίρει <u>αὐτὸν</u>	ἵνα <u>πλείονα</u> <u>καρπὸν</u> <u>φέρει</u>.	**3** ἤδη <u>καὶ</u>	ὑμεῖς	καθαροί ἐστε	1346ᶜ [↓1424 τ
καθαίρει αὐτὸ	ἵνα <u>πλείονα</u> <u>καρπὸν</u> φέρῃ.	**3** ἤδη		ὑμεῖς καθαροί ἐστε	A 𝔐 K U Δ Λ Π f¹ 2 565 700

[Cl Pd I 66.4 <u>παν κλημα εν εμοι μη φερον καρπον αιρει αυτο, και παν το καρποφορουν καθαιρει, ινα καρπον πλειω φερη</u>]

διὰ τὸν λόγον ὃν λελάληκα	ὑμῖν· **4**	μείνατε ἐν ἐμοί, κἀγὼ ἐν ὑμῖν. καθὼς	B **nwτ** rell
διὰ τὸν ········ ········κα <u>ἐν</u>	ὑμεῖν· **4**	μ········ ··μοί, κἀγὼ ἐν υ······	𝔓⁶⁶*
διὰ τὸν ········ ········κα	ὑμεῖν· **4**	μ········ ··μοί, κἀγὼ ἐν υ	𝔓⁶⁶ᶜ
om.	**4**		D*
διὰ τὸν λόγον ὃν λελάληκα	ὑμῖν· **4**	μείνατε ἐν ἐμοί, κἀγὼ ἐν ὑμῖν. καθὼς <u>γὰρ</u>	f¹³
διὰ τὸν λόγον ὃν λελάληκα	ὑμῖν· **4**	καθὼς	2* 700*

τὸ κλῆμα οὐ δύναται καρπὸν φέρειν	ἀφ' ἑαυτοῦ	ἐὰν	μὴ μένῃ	ἐν τῇ ἀμπέλῳ,	B ℵ L 579 **nw**
τὸ κλῆμα οὐ δυ········ ········έρειν	ἀφ' ἑαυτ····	···ὰν	μὴ <u>μεί</u>···	ἐν τῇ ἀμπέλῳ,	𝔓⁶⁶
	ἀφ' ἑαυτοῦ	ἐὰν	μὴ <u>μείνῃ</u>	ἐν τῇ ἀμπέλῳ,	D*
τὸ κλῆμα οὐ δύναται καρπὸν φέρειν	ἀφ' ἑαυτοῦ	ἐὰν	μὴ <u>μείνει</u>	ἐν τῇ ἀμπέλῳ,	G
τὸ κλῆμα οὐ δύναται καρπὸν φέρειν	ἀφ' ἑαῦτοῦ	<u>εἰ ἂν</u>	μὴ <u>μείνῃ</u>	ἐν τῇ ἀμπέλῳ,	1*
τὸ κλῆμα οὐ δύναται καρπὸν φέρειν	<u>ἐν</u> ἑαυτοῦ	ἐὰν	μὴ <u>μείνη</u>	ἐν τῇ ἀμπέλῳ,	69
τὸ κλῆμα οὐ δύναται καρπὸν <u>φέρει</u>	ἀφ' ἑαυτοῦ	ἐὰν	μὴ <u>μείνη</u>	ἐν τῇ ἀμπέλῳ,	124
τὸ κλῆμα οὐ δύναται καρπὸν φέρειν		ἐὰν	μὴ <u>μείνη</u>	ἐν τῇ ἀμπέλῳ,	1424
τὸ κλῆμα οὐ δύναται καρπὸν φέρειν	ἀφ' ἑαυτοῦ	ἐὰν	μὴ <u>μείνη</u>	ἐν τῇ ἀμπέλῳ,	A Dᶜ 𝔐 K M U Δ Θ Λ Π Ψ 1ᶜ 1582 118 f¹³ 2 33 28 157 565 700 1071 τ

---

lac. **15.1–4** 𝔓⁴⁵ 𝔓⁷⁵ C F N P Γ W ¦ vs. 1 𝔓⁶⁶

A 15.1 αληθεινη A M ¦ αληθηνη Θ Ω 579 ¦ γεοργος E* G Θ ¦ εστι Υ U Π 157 565 579 700 **2** φερων¹·² A 579 1071 1346 1424 ¦ φερων¹ H ¦ ερει K* L ¦ αυτω¹ L* 28 ¦ καθερει K* L M Θ 13 2* 579 ¦ πλιονα M Θ 1071 ¦ φερει H Υ K Θ Λ 13 2 28 579 1071 1424 **3** ηδε L ¦ ηδει 13 579 1071 ¦ ηδι 1346 ¦ εσται A 2 1424 ¦ λοιγον G* ¦ λογων 579 ¦ λελελαληκα 124 ¦ υμειν 𝔓⁶⁶ ¦ υμην 579 **4** μινατε ℵ A Dᶜ 579 ¦ μιναται 1071 ¦ κημα 𝔓⁶⁶* ¦ δυνατε M Θ 28 1424 ¦ φερει M 69 ¦ μηνη 1071

B 15.1 π̅η̅ρ̅ A D E G H K L M S U Θ Λ Π Ψ Ω f¹ 118 f¹³ 69 124 2 33 28 157 565 700 788 1071 1346 1424

C 15.1 αρχη: ειπεν ο κ̅ς̅ E ¦ αρχη: εισι ερ αρχ ειπεν ο κ̅ς̅ εγω ειμ, G ¦ αρχη: εις τ αγῖ κυπριαν, ειπ̲ H̲ ¦ αρχ: μη σεπτε β̅ του αγιου Μρ μαμαντ ειπεν ο κ̅ς̅ εγω ειμι η αμπελος Υ ¦ αρχ: τ α̅ ευδ μαδ K ¦ <u>αρχ</u>: εγω ειμι Θ ¦ αρχ ο κ̅ς̅ τ εαυτ μαθ ι εγω ειμι η αμπελο η αληθ ο λεγετ τη παρ, τς α εὶ τς αγ μαμα Ω ¦ αρχ ν̅ σεπτρ β̅ ειπ ο κ̅ς̅ τοις εαυτ εγω ειμι η αμ f¹ ¦ αρχ εις Μρ τυρας 118 ¦ αρχ λ̅,γη Σο σι f¹³ ¦ αρχ 124 ¦ αρχ ειπ ο κ̅ς̅ τοις εαυτ μαθητ 2 ¦ αρχ εις ιερο μρμρ 157 ¦ αρχ εις Σο λεγετ 788 ¦ τουτ το ευα λ̅,γι τῆ πα, α τς α εβδ 1071

οὕτως οὐδὲ ὑμεῖς ἐὰν μὴ ἐν ἐμοὶ μένητε.   **5** ἐγώ   εἰμι ἡ ἄμπελος, ὑμεῖς τὰ κλήματα.   B א A L Θ* **uw**
οὕτως κα ⋯⋯ ⋯⋯ ⋯⋯ ⋯⋯ ⋯ν ἐμοὶ <u>μένων</u>.   **5** ἐγώ   εἰμι ἡ ἄμπελος, ὑμεῖς τὰ κλήματα.   𝔭66
οὕτως και   ὁ   ἐν ἐμοὶ <u>μένων</u>.   **5** ἐγώ   εἰμι ἡ ἄμπελος, ὑμεῖς τὰ κλήματα.   𝔭66 (cj. Aland)
οὕτως οὐδὲ ὑμεῖς ἐὰν μὴ ἐν ἐμοὶ <u>μείνητε</u>.   **5** ἐγώ <u>γὰρ</u> εἰμι ἡ ἄμπελος, ὑμεῖς τὰ κλήματα.   D*
οὕτως οὐδὲ ὑμεῖς ἐὰν μὴ ἐν ἐμοὶ <u>μείνητε</u>.   **5** ἐγώ   εἰμι <u>εἰ μὴ</u> ἡ ἄμπελος, ὑμεῖς τὰ κλήματα. 124
οὕτως οὐδὲ ὑμεῖς ἐὰν μὴ <u>μείνητε ἐν</u> ἐμοί.   **5** ἐγώ   εἰμι ἡ ἄμπελος, ὑμεῖς τὰ κλήματα. 33
οὕτως οὐδὲ ὑμεῖς ἐὰν μὴ ἐν ἐμοὶ <u>μείνητε</u>.   **5** ἐγώ   εἰμι ἡ ἄμπελος <u>ἡ ἀληθινή</u>. 28
οὕτως οὐδὲ ὑμεῖς ἐὰν μὴ ἐν <u>ἐμῇ</u> <u>μένηται</u>.   **5** ἐγώ   εἰμι ἡ ἄμπελος, ὑμεῖς τὰ κλήματα. 579
οὕτως οὐδὲ ὑμεῖς ἐὰν μὴ ἐν ἐμοὶ <u>μείνητε</u>.   **5** ἐγώ   εἰμι ἡ ἄμπελος, ὑμεῖς τὰ κλήματα. 788
οὕτως οὐδὲ ὑμεῖς ἐὰν μὴ ἐν <u>ἐμῇ</u> <u>μείνητε</u>.   **5** ἐγώ   εἰμι ἡ ἄμπελος, ὑμεῖς τὰ κλήματα. 1346
οὕτως οὐδὲ ὑμεῖς ἐὰν μὴ ἐν ἐμοὶ <u>μείνητε</u>.   **5** ἐγώ   εἰμι ἡ ἄμπελος, ὑμεῖς τὰ κλήματα. Dᶜ 𝔐 K M U Δ
                                              Θᶜ Λ Π Ψ f¹ f¹³ 2 157 565 700 1071 1424 τ

ὁ μένων ἐν ἐμοὶ κἀγὼ ἐν αὐτῷ οὗτος φέρει καρπὸν πολύν, ὅτι χωρὶς ἐμοῦ οὐ δύνασθε   B **nwτ** rell
⋯ἔνων ἐν ἐμοὶ κἀγὼ ε⋯ ὑ ῷ οὗτος φ⋯ι καρπὸν πολύν, ⋯⋯ ⋯⋯ς ἐμοῦ οὐ δύνασθε   𝔭66
ὁ μένων   ἐμοὶ κἀγὼ ἐν αὐτῷ οὗτος φέρει καρπὸν πολύν, ὅτι χωρὶς ἐμοῦ οὐ δύνασθε   D*
ὁ μένων ἐν <u>ὑμῖν</u> κἀγὼ ἐν αὐτῷ οὗτος φέρει καρπὸν πολύν, ὅτι χωρὶς ἐμοῦ οὐ δύνασθε   f¹³
ὁ μένων ἐν ἐμοὶ κἀγὼ ἐν αὐτῷ οὗτος φέρει καρπὸν πολύν, ὅτι χωρὶς ἐμοῦ οὐ <u>δύνατε</u>   69
ὁ μένων ἐν ἐμοὶ κἀγὼ ἐν αὐτῷ <u>αὐτὸς</u> φέρει καρπὸν πολύν, ὅτι χωρὶς ἐμοῦ οὐ δύνασθε   579
ὁ μένων ἐν <u>ὑμῖν</u> κἀγὼ ἐν αὐτῷ <u>οὕτως</u> φέρει καρπὸν πολύν, ὅτι χωρὶς ἐμοῦ οὐ δύνασθε   788

ποιεῖν οὐδὲ ἕν. **6** ἐὰν   μή τις   μένῃ   ἐν ἐμοί, ἐβλήθη   ἔξω ὡς τὸ κλῆμα καὶ ἐξηράνθη   B
π⋯ ⋯εν. **6** ε   μή τις   μένῃ   ἐν ⋯⋯ ⋯θη   ἔξω ὡς τὸ κλῆμα ⋯⋯ ⋯ράνθη   𝔭66*
π⋯ ⋯εν. **6** ἐὰν   μή τις   μένῃ   ἐν ⋯⋯ ⋯θη   ἔξω ὡς τὸ κλῆμα ⋯⋯ ⋯ράνθη   𝔭66c
ποιεῖν <u>οὐδέν</u>. **6** ἐὰν   μή τις   μένῃ   ἐν ἐμοί, ἐβλήθη   ἔξω ὡς τὸ κλῆμα καὶ ἐξηράνθη   א* A Dᶜ 157
ποιεῖν. **6** ἐὰν   μή τις   μένῃ   ἐν ἐμοί, <u>ἐπλήθη</u>   ἔξω ὡς τὸ κλῆμα καὶ ἐξηράνθη   D* [⇑**uw**
ποιεῖν <u>οὐδέν</u>. **6** ἐὰν   μή τις <u>μὴ</u> μένῃ   ἐν ἐμοί, ἐβλήθη   ἔξω ὡς τὸ κλῆμα καὶ ἐξηράνθη   Θ
ποιεῖν <u>οὐδέν</u>. **6** <u>εἰ ἂν</u> μή τις   <u>μείνῃ</u> ἐν ἐμοί, ἐβλήθη   ἔξω ὡς τὸ κλῆμα καὶ ἐξηράνθη   1
ποιεῖν <u>οὐδέν</u>. **6** ἐὰν   μή τις   μ⋯⋯   ⋯⋯ ⋯θη   ἔξω ὡς τὸ κλῆμα καὶ ἐξηράνθη   33
ποιεῖν <u>οὐδέν</u>. **6** ἐὰν   μή τις   μένῃ   ἐν ἐμοί, <u>ἐμβληθήσεται</u> ἔξω ὡς τὸ κλῆμα καὶ ἐξηράνθη   579
ποιεῖν <u>οὐδέν</u>. **6** ἐὰν   τις   <u>μήνῃ</u> ἐν ἐμοί, ἐβλήθη   ἔξω ὡς τὸ κλῆμα καὶ ἐξηράνθη   1071
ποιεῖν <u>οὐδέν</u>. **6** ἐὰν   μή τις   <u>μείνῃ</u> ἐν <u>ἐμῇ</u>, <u>ἐβλήθητε</u> ἔξω ὡς τὸ κλῆμα καὶ ἐξηράνθη   1346
ποιεῖν <u>οὐδέν</u>. **6** ἐὰν   μή τις   <u>μείνῃ</u> ἐν ἐμοί, ἐβλήθη   ἔξω ὡς τὸ κλῆμα καὶ ἐξηράνθη   אᶜ 𝔐 K L M
                                       U Δ Λ Π Ψ 1582 118 f¹³ 2 28 565 700 1071 1424 τ

καὶ συνάγουσιν αὐτὰ καὶ εἰς τὸ πῦρ βάλλουσιν   καὶ καίεται. **7** ἐὰν μὴ μείνητε   B*
καὶ συνάγουσιν ⋯⋯⋯ὶ εἰς ⋯⋯ πῦρ βάλλουσιν ⋯⋯<u>τὰ</u> καὶ κα⋯⋯ι. **7** ἐὰ⋯ ⋯⋯ ⋯⋯   𝔭66 (αὐτὰ)
⋯⋯⋯⋯⋯⋯⋯⋯⋯⋯⋯⋯⋯⋯⋯⋯⋯⋯⋯⋯⋯   ⋯⋯⋯⋯⋯ **7** ⋯⋯ μείνῃ⋯   𝔭75
καὶ συνάγουσιν <u>αὐτὸ</u> καὶ εἰς τὸ πῦρ βάλλουσιν   καὶ καίεται. **7** ἐὰν   μείνητε   א L Δᶜ Π Ψ f¹ f¹³
καὶ συνάγουσιν <u>αὐτὸ</u> καὶ εἰς   πῦρ βάλλουσιν   καὶ καίεται. **7** ἐὰν <u>δὲ</u> μείνητε   D   [⇑565
καὶ συνάγουσιν αὐτὰ καὶ εἰς   πῦρ βάλλουσιν   καὶ καίεται. **7** ἐὰν   μείνητε   H 2 τ
καὶ συνάγουσιν αὐτὰ καὶ εἰς τὸ πῦρ <u>βαλοῦσι</u>   καὶ καίεται. **7** ἐὰν   μείνητε   M
καὶ συνάγουσιν αὐτὰ καὶ εἰς τὸ πῦρ βάλλουσιν   καὶ <u>καίετε</u>. **7** ἐὰν μὴ <u>μένητε ἐν ἐμοὶ</u>   Δ*
καὶ συνάγουσιν <u>αὐτὸ</u> καὶ εἰς τὸ πῦρ βάλλουσιν   καὶ καίεται. **7** ἐὰν   <u>μείνητε</u>   69
καὶ συνάγουσιν <u>αὐτὸ</u> καὶ εἰς τὸ πῦρ βάλλουσιν   καὶ καίεται. **7** ἐὰν   <u>μείνητε</u>   124 788
καὶ συνάγουσιν <u>αὐτὸ</u> καὶ εἰς τὸ πῦρ ⋯⋯   ⋯⋯ καίεται. **7** ἐὰν   μείνητε   33
καὶ συνάγουσιν αὐτὰ καὶ εἰς   πῦρ βάλλουσιν   καὶ καίεται. **7** ἐὰν   <u>μένηται</u>   579
καὶ συνάγουσιν <u>αὐτῷ</u> καὶ εἰς τὸ πῦρ βάλλουσιν   καὶ καίεται. **7** ἐὰν   <u>μήνητε</u>   1071
καὶ συνάγουσιν αὐτὰ καὶ εἰς τὸ πῦρ βάλλουσιν   καὶ καίεται. **7** ἐὰν   μείνητε   Bᶜ A 𝔐 K U Θ Λ 28
                                           157 700 1424 **uw**

---

lac. **15.4-7** 𝔭45 𝔭75 C F N P Γ W

A **4** ουτος 579 | υμις א | νηνητε M* ¦ μηνητε Mᶜ 1424 **5** υμις א | κλιματα L | ουτως M 13 2 1071 | χωρεις D | δυνασθαι א A D E L Δ Θ 33 579 1071 | ποιην Θ **6** μει (μη) 788 | μηνη 2* | ξηρανθη L | βαλλουσι Υ Ψ f¹ 118 13 69 157 565 700 788 | κεεται A M Θ 2* 579 | καιετε D Δ 13 **7** μεινηται A L U ¦ μεῖντε Υ* ¦ μηνητε M

C **5** αρχ του αγ μαθ ειπεν ο κ̅ς̅ τς εαυτου μαθητες εγω ειμι η αμπ 28 ¦ αρχ του α̅γ̅ μαμαντο 157 | v̅ 118

D **6** ρ̅λ̅γ̅/δ S Ω 28 ¦ ρ̅λ̅γ̅ f¹ 2 565 ¦ ρ̅λ̅ε̅ 118 **7** ρ̅λ̅γ̅/δ א A Υ L U Λ Π Ψ 118 124 788 1424 ¦ ρ̅λ̅γ̅ D H K Θ 1346 ¦ ρ̅λ̅γ̅/ι̅ Ε 1071 ¦ ρ̅λ̅γ̅/α̅ G ¦ ρ̅λ̅δ̅ f¹³ | Ευ Ιω ρ̅λ̅γ̅ : Λο . : Μρ ρ̅κ̅ε̅ : Μθ . Ε | Ιω ρ̅λ̅γ̅ : Λο . : Μρ ρ̅κ̅ε̅ : Μτ σ̅ι̅ς̅ 124

ἐν ἐμοὶ καὶ τὰ ῥήματά μου	ἐν ὑμῖν μείνη,	B **nwτ** rell
·····μοὶ καὶ τὰ ῥήμα····· ·····	····· ·····ένη,	𝔓66*
·····μοὶ καὶ τὰ ῥήμα····· ·····	····· ·είνη,	𝔓66c
····· ····· ····· ρή····· ·····	····· ·μ· γ	𝔓75
ἐν ἐμοὶ καὶ τὰ ῥήματά μου	μείνη,	ℵ*
ἐν ἐμοὶ καὶ τὰ ῥήματά μου	ἐν ὑμῶν μένει,	L
ἐν ἐμοὶ καὶ τὰ ῥήματά τὰ ἐμὰ οὐ μένει	ἐν ὑμῖν. ἐὰν δὲ μένητε ἐν ἐμοὶ μήνει καὶ	69
ἐν ἐμοὶ καὶ τὰ ῥήματά μου	ἐν ὑμῖν μένη,	579

ὃ	ἂν θέλητε	αἰτήσασθε,	καὶ γενήσεται ὑμῖν. 8 ἐν τούτῳ ἐδοξάσθη		B
ὃ	ἐὰν θέλητ·	·············σθαι,	καὶ γ·····σεται. 8 ἐν τούτῳ ἐδοξάσθ··		𝔓66
···· ·····ητ·		····· ····· ε	8 ····· ·υ····· η		𝔓75
ὅσα	ἐὰν θέλητε	αἰτήσεσθε,	καὶ γενήσεται ὑμῖν. 8 ἐν τούτῳ ἐδοξάσθη		ℵ
ὃ	ἐὰν θέλετε	αἰτήσασθαι,	καὶ γενήσεται ὑμῖν. 8 ἐν τούτῳ ἐδοξάσθη		A
ὃ	ἐὰν θέλητε	αἰτήσασθαι,	καὶ γενήσεται. 8 ἐν τούτῳ ἐδοξάσθη		D*
ὃ	ἐὰν θέλητε	αἰτήσασθαι,	καὶ γενήσεται. 8 ἐν τούτῳ ἐδοξάσθη		Dc 1071
ὃ	ἐὰν θέλητε	αἰτήσεσθε,	καὶ γενήσεται ὑμῖν. 8 ἐν τούτῳ ἐδοξάσθη		𝔐 K U Δ Λ Π Ψ 700 τ
ὃ	ἐὰν θέλητε	αἰτήσασθαι,	καὶ γενήσεται ὑμῖν. 8 ἐν τούτῳ ἐδοξάσθη		Y Θ 157
ὃ	ἐὰν θέληται	αἰτήσασθε,	καὶ γενήσεται ὑμῖν. 8 ἐν τούτῳ ἐδοξάσθη		L
ὃ	ἐὰν θέλητε	αἰτήσασθε,	καὶ γενήσεται ὑμῖν. 8 ἐν τούτῳ ἐδοξάσθη		M f1 f13 28 565 **uw**
ὃ	ἐὰν θέληται	αἰτήσεσθαι,	καὶ γενήσεται ὑμῖν. 8 ἐν τούτῳ ἐδοξάσθη		Δ 2
ὃ	ἐὰν θέλητε	αἰτήσεσθε,	καὶ δοθήσεται ὑμῖν. 8 ἐν τούτῳ ἐδοξάσθη		118
ὃ	ἐὰν θέλητε,		γενήσεται ὑμῖν. 8 ἐν τούτῳ ἐδοξάσθη		69
ὃ	ἐὰν θέλητε	·············	καὶ γενήσεται ὑμῖν. 8 ἐν τούτῳ ἐδοξάσθη		33
ὃ	ἐὰν θέλη	αἰτήσησθαι,	καὶ γενήσεται ὑμῖν. 8 ἐν τούτῳ ἐδοξάσθη		579
ὃ	ἐὰν θέλητε	αἰτήσασθε,	καὶ γενήσεται ὑμῖν. 8 ἐν τούτῳ ἐδοξάσθη		788
ὃ	ἐὰν θέλητε	αἰτήσησθε,	καὶ γενήσεται ὑμῖν. 8 ἐν τούτῳ ἐδοξάσθη		1424

ὁ πατήρ μου, ἵνα καρπὸν πολὺν	φέρητε	καὶ γένησθε	ἐμοὶ μαθηταί. 9 καθὼς	B M S Λ Π 1582 f13 33
·····ήρ μου, ἵνα κα··πὸν πλίονα	φέρηται	καὶ γέν··θαί	μου μαθηταί. 9 καθὼ·	𝔓66 [565 1424 u[w]
ὁ π····· ·····ου, ····· π····· ·····		·····	9 ····· ·····	𝔓75
ὁ πατήρ μου, ἵνα καρπὸν πολὺν	φέρητε	καὶ γενήσεσθαί μοι	μαθηταί. 9 καθὼς	ℵ
ὁ πατήρ μου, ἵνα καρπὸν πολὺν	φέρητε	καὶ γενήσεσθαι	ἐμοὶ μαθηταί. 9 καθὼς	A 2 28
ὁ πατήρ μου, ἵνα πολὺν καρπὸν	φέρητε	καὶ γένησθαί	μου μαθηταί. 9 καθὼς	D*
ὁ πατήρ μου, ἵνα πολὺν καρπὸν	φέρητε	καὶ γένησθαι	ἐμοὶ μαθηταί. 9 καθὼς	Dc
ὁ πατήρ μου, ἵνα καρπὸν πολὺν	φέρητε	καὶ γενήσεσθε	ἐμοὶ μαθηταί. 9 καθὼς	𝔐 K U Δ Ψ 118 124 700
ὁ πατήρ μου, ἵνα καρπὸν πολὺν	φέρητε	καὶ γένησθαί μοι	μαθηταί. 9 καθὼς	L [↑788 1346 [w]τ
ὁ πατήρ μου, ἵνα καρπὸν πολὺν	φέρητε	καὶ γένησθαι	ἐμοὶ μαθηταί. 9 καθὼς	Θ
ὁ πατήρ μου, ἵνα καρπὸν πολὺν	φέρητε	καὶ γένισθε	ἐμοὶ μαθηταί. 9 καθὼς	1
ὁ πατήρ, ἵνα καρπὸν πολὺν	φέρηται	καὶ γίνεσθαι	ἐμοὶ μαθηταί. 9 καθὼς	579
ὁ πατήρ μου, ἵνα καρπὸν πολὺν	φέρειται	καὶ γενήσεσθε	ἐμοὶ μαθηταί. 9 καθὼς	1071

ἠγάπησέν με ὁ πατήρ, κἀγὼ	ὑμᾶς ἠγάπησα· μείνατε ἐν τῇ ἀγάπῃ τῇ ἐμῇ.		Bc D* L Ψ f1 1071 u[w]
ἠγάπησέν με ὁ πατήρ, κἀγὼ	ὑμᾶς ἠγάπησα· μείνατε ἐ τῇ ἀγάπῃ τῇ ἐμῇ.		B*
ἠ·····ησέν με ὁ πατήρ, κἀγὼ	ἠγάπησα ὑμᾶς· ·····ίναται ἐν τ·· γάπη τῇ ἐμῇ.		𝔓66
ἠγάπησέν με ὁ πατήρ, κἀγὼ	ἠγάπησα ὑμᾶς· μείνατε ἐν τῇ ἀγάπῃ τῇ ἐμῇ.		118
ἠγάπησέν με ὁ πατήρ, κἀγὼ	ἠγάπησα ὑμᾶς· μείνατε ἐν τῇ ἀγάπῃ τῇ ἐμοί.		f13
ἠγάπησέν με ὁ πατήρ, καὶ ἐγὼ	ὑμᾶς ἠγάπησα· μείνατε ἐν τῇ ἀγάπῃ τῇ ἐμῇ.		33
ἠγάπησέν με ὁ πατήρ, κἀγὼ	ὑμᾶς ἠγάπησα, μείνατε ἐν τῇ ἀγάπῃ τῇ ἐμῇ.		[w]
ἠγάπησέν με ὁ πατήρ, κἀγὼ	ἠγάπησα ὑμᾶς· μείνατε ἐν τῇ ἀγάπῃ τῇ ἐμῇ.		ℵ A Dc 𝔐 K M U Δ Θ Λ Π 69
			124 2 28 157 565 579 700 788 1346 1424 τ

lac. 15.7–9 𝔓45 𝔓75 C F N P Γ W ¦ vs. 9 𝔓75

A 7 υμειν D ¦ υμην M ¦ ειμιν 13 ¦ μινη ℵ M 1071 8 τουτο K* L* 2* 579 1346 ¦ πολλυν 2 ¦ φερηται 𝔓66 ℵ A 33 ¦ φερειτε 13 2 579 1346 9 ηγαπησε Y 118 69 157 700 ¦ μειναται 𝔓66

B 8 π̄η̄ρ 𝔓66 A 𝔐 K L M S U Δ Θ Λ Π Ψ Ω f1 118 f13 124 2 33 28 157 565 579 700 788 1071 1346 1424 9 π̄η̄ρ 𝔓66 A 𝔐 K L M S U Δ Θ Λ Π Ψ Ω f1 118 f13 69 124 2 33 28 157 565 579 700 788 1071 1346 1424

C 7 τελος (post γενησ. υμιν) Ε Υ K f13 2 28 579 788 1346 ¦ τελος της β̄ τι ερ αρχ G ¦ τελος της β̄ G ¦ τελος τη β̄ της ῡ H ¦ τελ τς ξ̄ f1 8 τελ Θ 9 αρχη Ε G ¦ αρχη: του αγιου μωκιου· ειπ τοις εαυτ μαθθ καθως ηγαπησεν H ¦ αρχ: ειπεν ο κ̄ς καθως Θ ¦ αρχ να βαιω τᾱ τη αγ μωκιου ειπ ο κ̄ς καθως ηγαπ f1 ¦ αρχ νᾱ σεπτεβριω β̄ ειπεν ο κ̄ς εγω ειμι η αμπελος υμεις τα κληματα 118 ¦ μ̄ς επιεμβριω β̄ τω αγιω ιωαννυ κ, παυλ κωντ πὅ 2

D 8 ρ̄λ̄δ̄/ι ℵ A E L S U Y Λ Π Ψ Ω 118 124 28 788 ¦ ρ̄λ̄δ̄ D K Θ 565 1071 ¦ ρ̄λ̄δ̄/γ G ¦ ρ̄λ̄ε̄ f13 ¦ Ευ Ιω ρ̄λ̄δ̄ : Λο . : Μρ . : Μθ . Ε ¦ Ιω ρ̄λ̄δ̄ : Λο . : Μρ . : Μτ . 124 9 ρ̄λ̄δ̄ H 2 157

10 ἐὰν τὰς ἐντολάς μου	τηρήσητε,	μενεῖτε	ἐν τῇ ἀγάπῃ μου,	καθὼς	B nwτ rell
10	τηρῆται,	μεν···ται	ἐν τῇ ἀγάπῃ,	καθ···	𝔭66*
10 ἐὰν τὰς ἐντολάς μου	τηρήσηται,	μεν···ται	ἐν τῇ ἀγάπῃ μου,	καθ···	𝔭66c
10				καθὼς	ℵ*
10 ἐὰν τὰς ἐντολάς μου	τηρήσεται,	μενεῖτε	ἐν τῇ ἀγάπῃ τῇ ἐμῇ,	καθὼς	ℵc
10 ἐὰν τὰς ἐντολάς τὰς ἐμὰς τηρήσητε,		μενεῖτε	ἐν τῇ ἀγάπῃ μου,	καθὼς	A
10 ἐὰν τὰς ἐντολάς μου	τηρήσετε,	μενεῖτε	ἐν τῇ ἀγάπῃ μου,	καθὼς	L 157
10 ἐὰν τὰς ἐντολάς μου	τηρείσηται, μηνῆται καὶ		ἐν τῇ ἀγάπῃ μου,	καθὼς	579
10 ἐὰν τὰς ἐντολάς μου	τηρήσητε,	μενεῖτε	ἐν τῇ ἀγάπῃ μου,	καθὼς	788
10 ἐὰν τὰς ἐντολάς μου	τηρήσηται,	μενεῖται	ἐν τῇ ἀγάπῃ μου,	καθὼς	1071

ἐγὼ τοῦ πατρὸς	τὰς ἐντολὰς	τετήρηκα	καὶ μένω αὐτοῦ ἐν	τῇ ἀγάπῃ.	B* [w]
ἐγὼ τοῦ πατρὸς	τὰς ἐντολὰς	τετήρηκα	καὶ μενῶ αὐτοῦ ἐν	τῇ ἀγάπῃ.	Bc
······· τοῦ πατρὸς	τὰς ἐντολα··	·······α	καὶ μένω αὐτοῦ ····	·······	𝔭66
κἀγὼ τοῦ πατρός μου	τὰς ἐντολάς μου	ἐτήρησα	καὶ μένω αὐτοῦ ἐν	τῇ ἀγάπῃ.	ℵ*
κἀγὼ τοῦ πατρός μου	τὰς ἐντολὰς	ἐτήρησα	καὶ μένω αὐτοῦ ἐν	τῇ ἀγάπῃ.	ℵc
κἀγὼ τὰς ἐντολὰς τοῦ πατρός μου		τετήρηκα	καὶ μένω αὐτοῦ ἐν	τῇ ἀγάπῃ.	D
ἐγὼ τὰς ἐντολὰς τοῦ πατρός μου		τετήρηκα	καὶ μένω αὐτοῦ ἐὰν	τῇ ἀγάπῃ.	69*
ἐγὼ τὰς ἐντολὰς μοῦ πατρός μου		τετήρηκα	καὶ μένω αὐτοῦ ἐν	τῇ ἀγάπῃ.	124*
ἐγὼ τοῦ πατρός μου τὰς ἐντολὰς		τετήρηκα	καὶ μένω αὐτοῦ ἐν	τῇ ἀγάπῃ.	[w]
ἐγὼ τὰς ἐντολὰς τοῦ πατρός μου		τετήρηκα	καὶ μένω	ἐν τῇ ἀγάπῃ.	1346
ἐγὼ τὰς ἐντολὰς τοῦ πατρός μου		τετήρηκα	καὶ μένω αὐτοῦ ἐν	τῇ ἀγάπῃ.	A 𝔐 K L M U Δ Θ Λ Π

Ψ f1 f13 2 33 28 157 565 579 700 1071 1424 uτ

Chosen To Bear Fruit

νδ̄ 11 Ταῦτα	λελάληκα ὑμῖν ἵνα ἡ χαρὰ ἡ ἐμὴ ἐν ὑμῖν ᾖ			καὶ ἡ χαρὰ ὑμῶν	B A Θ Π Ψ f1 565 579
11 ···αῦτα	λελάληκα ········· ἡ ἐμὴ ·· ὑμ·· ··			····· ···· ···μῶ···	𝔭66 [↑1071 uw
11 Ταῦτα δὲ	λελάληκα ὑμῖν ἵνα ἡ χαρὰ ἡ ἐμὴ ἐν ὑμῖν ᾖ			καὶ ἡ χαρὰ ὑμῶν	D
11 Ταῦτα	λελάληκα ὑμῖν ἵνα ἡ χαρὰ ἡ ἐμὴ ἐν ὑμῖν μένῃ			καὶ ἡ χαρὰ ὑμῶν	H
11 Ταῦτα	λελάληκα ὑμῖν ἵνα ἡ χαρὰ ἡ ἐμοὶ ἐν ὑμῖν μείνῃ			καὶ ἡ χαρὰ ὑμῶν	118 f13
11 Ταῦτα	λελάληκα ὑμῖν ἵνα ἡ χαρὰ ἡ ἐμὴ ᾖ ἐν ὑμῖν			καὶ ἡ χαρὰ ὑμῶν	33
11 Ταῦτα	λελάληκα ὑμῖν ἵνα ἡ χαρὰ ἡ ἐμὴ ἐν ὑμῖν			καὶ ἡ χαρὰ ὑμῶν	157
11 Ταῦτα	λελάληκα ὑμῖν ἵνα ἡ χαρὰ ἡ ἐμὴ ἐν ὑμῖν μείνῃ			καὶ ἡ χαρὰ ὑμῶν	ℵ 𝔐 K L M U Δ Λ 69

124 2 28 700 788 1424 τ

[Cl S II 71.2 ταυτα λελαληκα υμιν, ινα η χαρα η εμη πληρωθη]

πληρωθῇ. **12** αὕτη	ἐστὶν ἡ ἐντολὴ ἡ ἐμή, ἵνα ἀγαπᾶτε ἀλλήλους καθὼς	ἠγάπησα ὑμᾶς.	B nwτ rell
···· ηρωθῇ. **12** α······	···· ἡ ἐντολὴ ἡ ἐμή, ἵν···· ·······λήλους ὡς	ἠγ···· ·········	𝔭66
πληρωθῇ. **12** αὕτη	ἐστὶν ἡ ἐντολὴ ἡ ἐμοί, ἵνα ἀγαπᾶτε ἀλλήλους καθὼς	ἠγάπησα ὑμᾶς.	118
πληρωθῇ. **12** αὕτη δὲ	ἐστὶν ἡ ἐντολὴ ἡ ἐμή, ἵνα ἀγαπᾶτε ἀλλήλους καθὼς	ἠγάπησα ὑμᾶς.	f13
πληρωθῇ. **12** αὕτη δὲ	ἐστὶν ἡ ἐντολὴ ἐμή, ἵνα ἀγαπᾶτε ἀλλήλους καθὼς	ἠγάπησα ὑμᾶς.	124
πληρωθῇ. **12** αὕτη	ἐστὶν ἡ ἐντολὴ ἡ ἐμή, ········ ·····ᾶτε ἀλλήλους καθὼς	ἠγάπησα ὑμᾶς.	33
πληρωθῇ. **12** αὕτη δὲ	ἐστὶν ἡ ἐντολὴ ἡ ἐμοί, ἵνα ἀγαπᾶτε ἀλλήλους καθὼς	ἠγάπησα ὑμᾶς.	1346

[Cl S II 71.2 αυτη δε εστιν η εντολη η εμη, ινα αγαπατε αλληλους καθως ηγαπησα υμας]

13 μείζονα ταύτης ἀγάπην οὐδὲ εἷς	ἔχει, ἵνα τις	τὴν ψυχὴν	αὐτοῦ	θῇ ὑπὲρ	B
13 ·····ίζονα ταύτης ··γάπην ο··δεὶς	ἔχει, ἵνα	τὴν ψυχὴν τὴν	ἑαυτοῦ	θ· ὑπὲρ	𝔭66
13 μείζονα ταύτης ἀγάπην οὐδεὶς	ἔχει, ἵνα	τὴν ψυχὴν	αὐτοῦ	θῇ ὑπὲρ	ℵ* D* Θ
13 μείζονα ταύτης ἀγάπην οὐδεὶς	ἔχει, ·········	····· ψυχὴν	αὐτοῦ	θῇ ὑπὲρ	33
13 μίζον ταύτης ἀγάπης οὐδεὶς	ἔχει, ἵνα τις	τὴν ψυχὴν	ἑαυτοῦ	θῇ ὑπὲρ	579
13 μείζονα ταύτης ἀγάπην οὐδεὶς	ἔχει, ἵνα τις	τὴν ψυχὴν	αὐτοῦ	θῇ ὑπὲρ	ℵc A Dc 𝔐 K L M U

Δ Λ Π Ψ f1 f13 2 28 157 565 700 1071 1424 uwτ

---

lac. 15.10–13 𝔭45 𝔭75 C F N P Γ W

A **10** εντωλας1 2 ¦ μενειται 𝔭66 ¦ μενιται ℵc ¦ εντωλας2 2* ¦ τετηρικα E 579 **11** υμειν1.2 D ¦ υ (υμιν1) H* ¦ λακα 579 ¦ μηνη 1346 **12** αυτι 2* ¦ εντωλη 2* ¦ αγατε G **13** μειζωνα L Δ 13 28 ¦ μειζωα 69 ¦ ουδις ℵ

B **10** π̅ρ̅ς̅ 𝔭66 A E G Y K L M S U Δ Θ Π Ψ Ω f1 118 f13 69 124 33 28 565 579 700 788 1071 1346

C **11** τελος G ¦ τελος του αγιου κυπριανου H ¦ τελ σεπτρ β̄ f1 118 **12** των αγχ 118

D **11** ρ̅λ̅ε̅ f1 157 **12** ρ̅λ̅ε̅/δ A Π ¦ ρ̅λ̅ε̅ K **13** ρ̅λ̅ε̅/δ ℵ L S U Y Λ 118 124 788 1424 ¦ ρ̅λ̅ε̅ D H Θ Ω f13 2 565 1071 ¦ ρ̅λ̅ε̅/ι E ¦ ρ̅λ̅ε̅/· G ¦ ρ̅λ̅ε̅/α Ψ ¦ ρ̅λ̅ς̅ f1 ¦ ρ̅λ̅β̅ 1346 ¦ Eυ Ιω ρ̅λ̅ε̅ : Λο . : Μρ ρ̅ι̅ε̅ : Μθ σ̅δ̅ E ¦ Ιω ρ̅λ̅ε̅ : Λο ν̅η̅ : Μρ ρ̅κ̅ε̅ : Μθ σ̅δ̅ 124

211

τῶν φίλων αὐτοῦ. **14** ὑμεῖς   φίλοι μού ἐστε ἐὰν ποιῆτε   ὃ   ἐγὼ ἐντέλλομαι ὑμῖν. B [w]
τῶν φίλων αὐτοῦ. **14** ὑμεῖς   φίλοι μού ἐστε ἐὰν <u>ποιῆται</u>   <u>ἃ</u>   ἐγὼ ἐντέλλομαι ὑμῖν. 𝔓⁶⁶ ℵᶜ L
τῶν φίλων αὐτοῦ. **14** ὑμεῖς <u>γὰρ</u> φίλοι μού ἐστε ἐὰν <u>ποιῆται</u>   <u>ἃ</u>   ἐγὼ ἐντέλλομαι ὑμῖν. ℵ*
τῶν φίλων αὐτοῦ. **14** ὑμεῖς <u>γὰρ</u> φίλοι μού ἐστε ἐὰν <u>ποιήσητε</u> <u>ἃ</u>   ἐγὼ ἐντέλλομαι ὑμῖν. D*
τῶν φίλων αὐτοῦ. **14** ὑμεῖς   φίλοι μού ἐστε ἐὰν ποιῆτε   <u>ἃ</u>   ἐγὼ ἐντέλλομαι ὑμῖν. Dᶜ f¹ 69 565
τῶν φίλων αὐτοῦ. **14** ὑμεῖς   φίλοι μού ἐστε ἐὰν <u>ποιεῖτε</u>   <u>ὅσα</u> ἐγὼ ἐντέλλομαι ὑμῖν. M 28 [↑n[w]
τῶν φίλων αὐτοῦ. **14** ὑμεῖς   φίλοι μού ἐστε ἐὰν ποιῆτε   <u>ὅσα</u>   ἐντέλλομαι ὑμῖν. Λ
τῶν φίλων αὐτοῦ. **14** ὑμεῖς   <u>φίλη</u> μού ἐστε ἐὰν ποιῆτε   <u>ὅσα</u> ἐγὼ ἐντέλλομαι ὑμῖν. 118
τῶν φίλων αὐτοῦ. **14** ὑμεῖς   φίλοι μού ἐστε ἐὰν <u>ποιεῖτε</u>   <u>ἃ</u>   ἐγὼ ἐντέλλομαι ὑμῖν. f¹³ 1071
τῶν φίλων αὐτοῦ. **14** ὑμεῖς   φίλοι μού ἐστε ἐὰν <u>ποιῆτε</u>   <u>ὅσα</u> ἐγὼ ἐντέλλομαι ὑμῖν. 124
τῶν φίλων αὐτοῦ. **14** ὑμεῖς   φίλοι μού ἐστε ἐὰν ποιῆτε   ……… ………λομαι ὑμῖν. 33
τῶν φίλων αὐτοῦ. **14** ὑμεῖς <u>γὰρ</u> <u>φίλι</u> μού ἐστε ἐὰν <u>ποιῆται</u>   ὃ   ἐγὼ ἐντέλλομαι ὑμῖν. 579
τῶν φίλων αὐτοῦ. **14** ὑμεῖς   φίλοι μού ἐστε ἐὰν <u>ποιῆτε</u>   <u>ἃ</u>   ἐγὼ <u>ἐνετειλάμην</u>. 788
τῶν φίλων αὐτοῦ. **14** ὑμεῖς   φίλοι μού ἐστε ἐὰν <u>ποιεῖτε</u>   <u>ὅσα</u> ἐγὼ ἐντέλλομαι ὑμῖν. 1424
τῶν φίλων αὐτοῦ. **14** ὑμεῖς   φίλοι μού ἐστε ἐὰν ποιῆτε   <u>ὅσα</u> ἐγὼ ἐντέλλομαι ὑμῖν. A 𝔐 K U Δ Θ Π
                                                                     Ψ 2 157 700 τ

15 οὐκέτι λέγω ὑμᾶς δούλους, ὅτι ὁ δοῦλος οὐκ οἶδεν   τί ποιεῖ αὐτοῦ ὁ κύριος· B 𝔓⁶⁶ ℵ A L Ψ 579 **uw**
15 ………… ……… ……… ………… …… … ……λος οὐκ οἶδεν   τί ποιεῖ <u>ὁ κύριος αὐτοῦ</u> N
15 οὐκέτι <u>ὑμᾶς λέγω</u> δούλους, ὅτι ὁ δοῦλος οὐκ οἶδεν   τί ποιεῖ <u>ὁ κύριος αὐτοῦ</u>· f¹³ 157
15 οὐκέτι λέγω ὑμᾶς δούλους, ὅτι ὁ δοῦλος οὐκ οἶδεν   τί ποιεῖ αὐτοῦ ……… 33
15 οὐκέτι λέγω ὑμᾶς δούλους, ὅτι ὁ δοῦλος οὐκ οἶδεν   τί ποιεῖ <u>ὁ κύριος αὐτοῦ</u> 1071
15 οὐκέτι λέγω ὑμᾶς δούλους, ὅτι ὁ δοῦλος οὐκ οἶδεν <u>τὸ</u> τί ποιεῖ <u>ὁ κύριος αὐτοῦ</u>· 1424 [↓2 28 565 700 τ
15 οὐκέτι <u>ὑμᾶς λέγω</u> δούλους, ὅτι ὁ δοῦλος οὐκ οἶδεν   τί ποιεῖ αὐτοῦ ὁ κύριος· D 𝔐 K M U Δ Θ Λ Π f¹

[Cl S VII 79.1 <u>ουκετι</u> <u>υμας</u> <u>δουλους</u>, αλλα <u>φιλους</u> λεγω]

ὑμᾶς δὲ εἴρηκα φίλους, ὅτι πάντα <u>ἃ</u>   ἤκουσα παρὰ τοῦ πατρός μου ἐγνώρισα ὑμῖν. B **nwτ** rell
ὑμᾶς δὲ <u>λέγω</u> ·····λους, ὅτ· ·····ντα <u>ἃ</u>   ἤ·····υσα <u>πρὸς</u> το··· ·····ς μου ἐγνώρισα ὑμῖν. 𝔓⁶⁶*
ὑμᾶς δὲ <u>λέγω</u> ·····λους, ὅτ· ·····ντα <u>ἃ</u>   ἤ·····υσα παρὰ το··· ·····ς μου ἐγνώρισα ὑμῖν. 𝔓⁶⁶ᶜ
ὑμᾶς δὲ εἴρηκα φίλους, ὅτι πάντα <u>ὅσα</u> ἤκουσα παρὰ τοῦ πατρός μου ἐγνώρισα ὑμῖν. D* S Ω 28
ὑμᾶς δὲ εἴρηκα φίλους, ὅτι πάντα <u>ἃ</u>   ἤκουσα παρὰ τοῦ πατρὸς   ἐγνώρισα ὑμῖν. 1 1582* 565
ὑμᾶς   εἴρηκα φίλους, ὅτι πάντα <u>ἃ</u>   ἤκουσα παρὰ τοῦ πατρός μου ἐγνώρισα ὑμῖν. 69
……… ··· εἴρηκα φίλους, ὅτι πάντα <u>ὅσα</u> ἤκουσα παρὰ τοῦ πατρός μου ἐγνώρισα ὑμῖν. 33

16 οὐχ ὑμεῖς με ἐξελέξασθαι,   ἀλλ᾽ ἐγὼ ἐξελεξάμην ὑμᾶς   B* ℵᶜ A L S Θ 2* 33 579 1071
16 οὐχ <u>ὑμῖς</u> ···· ἐξελέξασθαι,   ἀλλ᾽ ἐγὼ ἐξ······ ὑμᾶς   𝔓⁶⁶
16 οὐχ ὑμεῖς   ἐξελέξασθαι,   ἀλλ᾽ ἐγὼ ἐξελεξάμην ὑμᾶς   ℵ*
16 οὐχ ὑμεῖς με <u>ἐξελέξασθε</u>,   <u>ἀλλὰ</u> ἐγὼ ἐξελεξάμην ὑμᾶς   D
16 οὐχ ὑμεῖς με <u>ἐξελέξασθε</u>,   ἀλλ᾽ ἐγὼ ἐξελεξάμην ὑμᾶς <u>ἐκ τοῦ κόσμου</u> 28 [↓157 565 700 1424 **uwτ**
16 οὐχ ὑμεῖς με <u>ἐξελέξασθε</u>,   ἀλλ᾽ ἐγὼ ἐξελεξάμην ὑμᾶς   Bᶜ 𝔐 K M U Δ Λ Π Ψ f¹ f¹³ 2

καὶ ἔθηκα ὑμᾶς ἵνα ὑμεῖς ὑπάγητε   καὶ   καρπὸν φέρητε καὶ ὁ καρπὸς ὑμῶν B 788 **uwτ** rell
καὶ ἔθηκα   ἵνα ὑμεῖ· ·········<u>ται</u> καὶ   καρπὸν <u>ὁ φέρηται</u> κ····· ·····ὑμᾶς 𝔓⁶⁶
καὶ ἔθηκα ὑμᾶς ἵνα ὑμεῖς ὑπάγητε   καὶ <u>πολὺ</u> καρπὸν φέρητε καὶ ὁ καρπὸς ὑμῶν A
               ἵνα ὑμεῖς ὑπάγητε   καὶ   καρπὸν φέρητε καὶ ὁ καρπὸς ὑμῶν Δ 565 1424
καὶ ἔθηκα ὑμᾶς ἵνα ὑμεῖς <u>ὑπάγετε</u>   καὶ   καρπὸν φέρητε καὶ ὁ καρπὸς ὑμῶν 118
               ἵνα ὑμεῖς ὑπάγητε   καὶ <u>πολὺν</u> καρπὸν φέρητε καὶ ὁ καρπὸς ὑμῶν f¹³
καὶ ἔθηκα ὑμᾶς ἵνα   ὑπάγητε   καὶ   καρπὸν φέρητε καὶ ὁ καρπὸς ὑμῶν 28
καὶ ἔθηκα ὑμᾶς ἵνα ὑμεῖς ὑπάγητε   καὶ <u>πολὺν</u> καρπὸν φέρητε καὶ ὁ καρπὸς ὑμῶν 1346

---

lac. **15.13–16** 𝔓⁴⁵ 𝔓⁷⁵ C F P Γ W ¦ vss. 13–15 N

A 14 εσται A 2* 579 ¦ εντελλωμαι Λ ¦ υμειν D **15** οιδε Y 118 13 69 157 700 788 1346 ¦ ποιη Θ ¦ κοιριοις E ¦ ειρικα M ¦ εικουσα 2* ¦ εγνωρησα 2* 1424 ¦ υμειν D **16** υμις¹ 𝔓⁶⁶ ℵ ¦ υμοις 579 ¦ υμις² ℵ N ¦ υπαγηται 𝔓⁶⁶ N ¦ υπαγειται 2 579 ¦ κα² 𝔓⁶⁶* ¦ φερηται 𝔓⁶⁶ ℵ N ¦ φερειτε E* 13 2* ¦ φερειται 579

B 15 κς̄ B 𝔓⁶⁶ ℵ A D G H K L M N S U Θ Π Ψ Ω f¹ f¹³ 69 124 2 157 565 579 788 1346 ¦ πρς̄ A 𝔐 K L M N S U Δ Θ Λ Π Ψ Ω f¹ 118 f¹³ 69 124 2 33 28 157 565 579 700 788 1071 1346 1424

C 15 τελ 157

D 14 ρλς̄/ι ℵ E G L S U Y Λ Π Ψ Ω 118 124 788 1071 1424 ¦ ρλς̄/δ A ¦ ρλς̄ D K Θ f¹³ 2 157 ¦ ρλγ̄ 1346 ¦ Ευ Ιω ρλς̄ : Λο . : Μρ . : Μθ . E ¦ Ιω ρλς̄ : Λο . : Μρ ριε : Μθ ρις̄ 124 **15** ρλς̄ H f¹ **16** ρλζ̄/δ 1071 ¦ ρλζ̄ 1346 ¦ ρλζ̄/δ (ante και ο καρ. Y L) ¦ ρλς̄ 2 ¦ Ευ Ιω ρλζ̄ : Λο . : Μρ ρκε : Μθ σις E ¦ Ιω ρ:λζ̄ : Λο . : Μρ . : Μθ . 124

μένη,	ἵνα ὅ τι ἂν	αἰτῆτε	τὸν πατέρα	ἐν τῷ ὀνόματί μου δῷ	ὑμῖν.	B L Ψ [w]
μ····η,	ἵ··· ὅ τι ἂν	α	τὸν πατέρα	···· τῷ ὀν·ματί μο····	········.	𝔓66
μένη,	ὅ τι ἐὰν	αἰτήσηται	τὸν πατέρα	ἐν τῷ ὀνόματί μου δώσει	ὑμῖν.	ℵ*
μένη,	ἵνα ὅ τι ἐὰν	αἰτήσηται	τὸν πατέρα	ἐν τῷ ὀνόματί μου δῷ	ὑμῖν.	ℵc
μένη,	ἵνα ὅ τι ἂν	αἰτήσητε	τὸν πατέρα	ἐν τῷ ὀνόματί μου δώῃ	ὑμῖν.	𝔐
μείνῃ,	ἵνα ὅ τι ἂν	αἰτήσητε	τὸν πατέρα	ἐν τῷ ὀνόματί μου δῷ	ὑμῖν.	Υ Κ Π
μένη,	ἵνα ὅ τι ἂν	αἰτήσητε	τὸν πατέρα	ἐν τῷ ὀνόματί μου δώει	ὑμῖν.	M
μένει,	ἵνα ὅ τι ἂν	αἰτήσηται	τὸν πατέρα	ἐν τῷ ὀνόματί μου δώῃ	ὑμῖν.	N
μένῃ,	ἵνα ὅ τι ἂν	αἰτήσηται	τὸν πατέρα	ἐν τῷ ὀνόματί μου δῷ	ὑμῖν.	Δ
μένη,	ἵνα ὅ τι ἂν	αἰτήσητε	τὸν πατέρα	ἐν τῷ ὀνόματί μου δώσει	ὑμῖν.	Θ
μένει,	ἵνα ὅ τι ἐὰν	αἰτήσητε	τὸν πατέρα	ἐν τῷ ὀνόματί μου δώῃ	ὑμῖν.	Λ
μένει,	καὶ ὅ τι ἂν	αἰτήσητε	τὸν πατέρα	ἐν τῷ ὀνόματί μου τούτω, ποιήσω ἵνα		f13
μένει,	καὶ ὅ τι ἂν	αἰτήσητε		ἐν τῷ ὀνόματί μου τούτω, ποιήσω ἵνα		69
μένη,	καὶ ὅ τι ἂν	αἰτήσητε		ἐν τῷ ὀνόματί μου τούτω, ποιήσω ἵνα		124
μένει,	ἵνα ὅ τι ἂν	ἐτήσητε	τὸν πατέρα	ἐν τῷ ὀνόματί μου δῷ	ὑμῖν.	2
μένει,	ἵνα ὅ ····	····τήσητε	τὸν πατέρα	ἐπὶ τῷ ὀνόματί μου δώῃ	ὑμῖν.	33
μένει,	ἵνα ὅ τι ἂν	αἰτήσητε	τὸν πατέρα	ἐν τῷ ὀνόματί μου δῷ	ὑμῖν.	28
μένη,	ἵνα ὅ τι ἂν	αἰτείσηται	τὸν πατέρα	ἐν τῷ ὀνόματί μου δώσει	ὑμῖν.	579
μένη,	καὶ ὅ τι ἂν	αἰτήσητε		ἐν τῷ ὀνόματί μου τοῦτο, ποιήσω ἵνα		788
μένη,	ἵνα ὅ τι ἂν	αἰτήσητε	τὸν πατέρα μου	ἐν τῷ ὀνόματί μου δώῃ	ὑμῖν.	1424
μένη,	ἵνα ὅ τι ἂν	αἰτήσητε	τὸν πατέρα	ἐν τῷ ὀνόματί μου δῷ	ὑμῖν.	A DS U Ω f1 157

565 700 1071 u[w]τ

	ν̅ε̅ 17	ταῦτα ἐντέλλομαι ὑμῖν, ἵνα ἀγαπᾶτε ἀλλήλους.		B 𝔓66c uwτ rell
	17	ταῦτα ἐντέλλομαι ὑμῖν, ἀγαπᾶτε ἀλλήλους.		𝔓66* D
δόξασθε ὁ πατὴρ ἐν τῷ υἱῷ.	17	ταῦτα ἐντέλλομαι ὑμῖν, ἵνα ἀγαπᾶτε ἀλλήλους.		f13
δοξασθῇ ὁ πατὴρ ἐν τῷ υἱῷ.	17	ταῦτα ἐντέλλομαι ὑμῖν, ἵνα ἀγαπᾶτε ἀλλήλους.		124 788 1346

The Hatred Of The World

18 Εἰ	ὁ κόσμος ὑμᾶς μεισεῖ,	γεινώσκετε	ὅτι ἐμὲ πρῶτον ὑμῶν	μεμείσηκεν.	19 εἰ	B
18 Εἰ	ὁ κόσμος ὑμᾶς ἐμίσεισε,	γινώσκετε	ὅτι ἐμὲ πρῶτον ὑμῶν	μεμείσηκεν.	19 εἰ	𝔓66*
18 Εἰ	ὁ κόσμος ὑμᾶς ἐμισεῖ,	γινώσκετε	ὅτι ἐμὲ πρῶτον ὑμῶν	μεμείσηκεν.	19 εἰ	𝔓66c
18 Εἰ	ὁ κόσμος ὑμᾶς μεισεῖ,	γινώσκετε	ὅτι ἐμὲ πρῶτον	ἐμίσηκεν.	19 εἰ	ℵ*
18 Εἰ	ὁ κόσμος ὑμᾶς μεισεῖ,	γινώσκετε	ὅτι ἐμὲ πρῶτον ὑμῶν	μεμίσηκεν.	19 εἰ	ℵc
18 Εἰ	ὁ κόσμος ὑμᾶς μισεῖ,	γεινώσκετε	ὅτι ἐμὲ πρῶτον	μεμείσηκεν.	19 εἰ	D
18 Εἰ	ὁ κόσμος ὑμᾶς μησεῖ,	γινώσκετε	ὅτι ἐμὲ πρῶτον ὑμῶν	μεμίσηκεν.	19 εἰ	E* K L 1071
18 Εἰ	ὁ κόσμος μισεῖ ὑμᾶς,	γινώσκεται	ὅτι ἐμὲ πρῶτον ὑμῶν	ἐμίσησεν.	19 εἰ	N
18 Εἰ	ὁ κόσμος ὑμᾶς μεισεῖ,	γεινώσκετε	ὅτι ἐμὲ πρῶτον ὑμῶν	μεμήσηκεν.	19 εἰ	Θ
18 Εἰ εἰ	ὁ κόσμος ὑμᾶς μισεῖ,	γινόσκεται	ὅτι ἐμὲ πρῶτον	μεμίσηκεν.	19 εἰ	579
18 Εἰ	ὁ κόσμος ὑμᾶς μισεῖ,	γινώσκετε	ὅτι πρῶτον ὑμῶν	μεμίσηκεν.	19 εἰ	1346
18 Εἰ	ὁ κόσμος ὑμᾶς μισεῖ,	γινώσκετε	ὅτι ἐμὲ πρῶτον ὑμῶν	μεμίσηκεν.	19 εἰ	A 𝔐 M U Δ

Λ Π Ψ f1 f13 2 33 28 157 565 700 1424 uwτ

---

lac. 15.16–19 𝔓45 𝔓75 C F P Γ W

A 16 τ (τι) S* ¦ αιτησειτε 13 1071 ¦ ονοματη Θ ¦ τουτο 69 1346 ¦ υμειν D 17 εντελλομε υμειν D ¦ εντελλωμαι 579 ¦ υμειν 1071 ¦ αγαπαται 𝔓66* 579 18 πρωτων Θ ¦ μεμησηκεν 2* 19 η (ει) Λ 579 1071

B 16 π̅ρ̅α̅ 𝔓66 A 𝔐 K L M N S U Δ Θ Λ Π Ψ Ω f1 118 f13 2 33 28 157 565 579 1071 1346 1424 ¦ π̅η̅ρ 13 69 124 788 1346

C 16 τελος (post δωη υμιν) E G M1 ¦ τελος του αγιου μωκιου H f1 17 αnναγνοσμα D ¦ αρχη: τω Σαββατω της γ̅ εβδομαδος και εις μαρκον (μ̅ρ̅μ̅). ειπεν ο κ̅ς̅ τοις εαυτου μαθηταις E ¦ αρχη: ειπ. ο κ̅ς̅ τοις εαυτ μαθ. G ¦ Σα της γ̅ εβδ λεγεται κ, εις τ μρ μρ G ¦ αρχη: Σα γ ειπ τοις εαυτ μαθθ ταυτα εντελλομ̣· κ, εις μρμρ πθ η̅ς H ¦ αρχ: Σα της γ εβδ λεγετ δε κ, εις MρMρ ειπεν ο κ̅ς̅ τοις αυτ μαθ ταυτα εντελλομαι υμιν Υ ¦ Σα γ απο τ πασχ S ¦ αρχ: ειπεν ο κ̅ς̅ τοις εαυτου μαθηταις ταυτα εντελλομαι Θ ¦ Σα δ̅ εβδ κ,υ αγ εμιρς ειπ ο κ̅ς̅ εντελλομαι Ω ¦ αρχ Λ ¦ αρχ ν̅β̅ Σα γ̅ ειπ ο κ̅ς̅ τοις ταυτα εντελλω κ εις μρμρ f1 ¦ αρχ ν̅β̅ των Σα της γ̅ εβδομα,α̅: και εις μρμρ 118 ¦ αρχ τω Σα τς γ εβδμαδ λεγετ κ, εις μρμρ 2 ¦ αρχ Σα γ̅ 788 ¦ αρχ τω Σα τς ζ̅ εβδ. ειπεν ο κ̅ς̅ τοις εαυτ μαθθ 1071 ¦ αρχ αρ απο του πασχ κ, εις μαρτ 1346 ¦ αρχ του αγ̅ γενησεως του αγ̅ δημητριου του αγ̅ μ̅κ̅ και Σα γ̅ τς γ̅ εβδομαδ ν̅ 157 ¦ αρξη ειπεν ο κ̅ς̅ τοις ε 1424

D 16 (ante ινα ο τι) ρλ̅ζ̅/δ̅ ℵ G S Υ Λ Π Ω 118 28 1424 ¦ ρλ̅ζ̅ D H K Θ f13 ¦ ρλ̅ζ̅/γ E ¦ ρλ̅ζ̅/α N 124 788 17 ρλ̅η̅/ι ℵ E G L S Yc Λ Π Ψ Ω 124 28 788 1071 1424 ¦ ρλ̅η̅ D H K M2 Θ f1 f13 ¦ ρλ̅θ̅/ι Y* ¦ ρλ̅η̅/α N ¦ ρλ̅η̅ 118 2 1346 ¦ ρλ̅ζ̅ 157 ¦ Ευ Ιω ρλ̅η̅ Λο . : Μρ . : Μθ . E ¦ Ιω ρλ̅η̅ : Λο . : Μρ . : Μθ . 124 18 ρλ̅η̅/ι A ¦ ρλ̅η̅ 157 19 ρλ̅η̅/ι U

ἐκ τοῦ κόσμου ἦτε, ὁ κόσμος ἂν τὸ ἴδιον ἐφίλει· ὅτι δὲ ἐκ τοῦ κόσμου οὐκ ἐστέ,   B uwτ rell
ἐκ τοῦ κόσμου ἦτε, ὁ κόσμος ἂν <u>τὸν</u> ἴδιον ἐφίλει· ὅτι δὲ <u>οὐκ ἐκ τούτου τοῦ κόσμου</u> ἐστέ,   𝔭⁶⁶*
ἐκ τοῦ κόσμου ἦτε, ὁ κόσμος ἂν <u>τὸν</u> ἴδιον ἐφίλει· ὅτι δὲ <u>οὐκ ἐκ τοῦ κόσμου</u> ἐστέ,   𝔭⁶⁶c
ἐκ τοῦ κόσμου ἦτε, ὁ κόσμος ἂν τὸ ἴδιον ἐφίλει· ὅτι   ἐκ τοῦ κόσμου   <u>ἦτε</u>,   D*
ἐκ τοῦ κόσμου ἦτε, ὁ κόσμος ἂν τὸ ἴδιον ἐφίλει· ὅτι   ἐκ τοῦ κόσμου οὐκ ἐστέ,   Dᶜ
ἐκ τοῦ κόσμου <u>ἦτε</u>, ὁ κόσμος ἂν τὸ ἴδιον ἐφίλει· ὅτι δὲ ἐκ τοῦ κόσμου οὐκ ἐστέ,   124 788
ἐκ ········· ·········ε, ὁ κόσμος ἂν τὸ ἴδιον ἐφίλει· ὅτι δὲ ἐκ τοῦ κόσμου οὐκ ἐστέ,   33
ἐκ τοῦ κόσμου ἦτε, ὁ κόσμος ἂν τὸ ἴδιον <u>ἐφύλει</u>· ὅτι δὲ ἐκ τοῦ κόσμου οὐκ ἐστέ,   1346

ἀλλ᾽ ἐγὼ ἐξελεξάμην ὑμᾶς ἐκ τοῦ κόσμου, διὰ τοῦτο μεισεῖ ὑμᾶς ὁ κόσμος.   B
ἀλλ᾽ ἐγὼ ἐξελεξάμην ὑμᾶς ἐκ τοῦ κόσμου, διὰ τοῦτο <u>ὑμᾶς μισεῖ</u> ὁ κόσμος.   𝔭⁶⁶
ἀλλ᾽ ἐγὼ ἐξελεξάμην ὑμᾶς ἐκ τοῦ κόσμου, διὰ τοῦτο <u>ὁ κόσμος</u> μισεῖ ὑμᾶς.   ℵ
ἀλλ᾽ ἐγὼ ἐξε········· ·········· ···μου, διὰ τοῦτο <u>μισεῖ</u> ὑμᾶς ὁ κόσμος.   33
ἀλλ᾽ ἐγὼ ἐξελεξάμην ὑμᾶς ἐκ τοῦ κόσμου.   1346
ἀλλ᾽ ἐγὼ ἐξελεξάμην ὑμᾶς ἐκ τοῦ κόσμου, διὰ τοῦτο <u>μισεῖ</u> ὑμᾶς ὁ κόσμος.   A D 𝔐 K L M N U Δ Θ Λ Π

Ψ f¹ f¹³ 2 33 28 157 565 579 700 1071 1424 uwτ

20 μνημονεύετε	τοῦ	λόγου	οὗ	ἐγὼ εἶπον	ὑμῖν,	Οὐκ ἔστιν		δοῦλος μείζων	B 𝔭⁶⁶ uwτ
20 μνημονεύετε	<u>τὸν</u>	<u>λόγον</u>	<u>ὃν</u>	<u>ἐλάλησαι</u>	<u>ὑμᾶσιν</u>,	Οὐκ ἔστιν		δοῦλος μείζων	ℵ* [↑rell
20 μνημονεύετε	<u>τὸν</u>	<u>λόγον</u>	<u>ὃν</u>	<u>ἐλάλησαι</u>	ὑμῖν,	Οὐκ ἔστιν		δοῦλος μείζων	ℵᶜ
20 μνημονεύετε	<u>τοὺς</u>	<u>λόγους</u>	<u>οὓς</u>	ἐγὼ εἶπον	ὑμῖν,	Οὐκ ἔστιν <u>μου</u>		δοῦλος μείζων	D*
20 μνημονεύετε	<u>τοὺς</u>	<u>λόγους</u>	<u>οὓς</u>	ἐγὼ εἶπον	ὑμῖν,	Οὐκ ἔστιν		δοῦλος μείζων	Dᶜ
20 μνημονεύετε	τοῦ	λόγου	<u>μου</u>	ἐγὼ εἶπον	ὑμῖν,	Οὐκ ἔστιν		δοῦλος μείζων	𝔐 Λ
20 μνημονεύετε	τοῦ	λόγου	<u>μου</u> οὗ	ἐγὼ εἶπον	ὑμῖν,	Οὐκ ἔστιν		δοῦλος μείζων	Δ 124ᶜ
20 μνημονεύετε	τοῦ	λόγου	οὗ	ἐγὼ εἶπον	ὑμῖν <u>ὅτι</u>	Οὐκ ἔστιν		δοῦλος μείζων	118
20 μνημονεύετε	τοῦ	λόγου	οὗ	ἐγὼ ει·········				μείζων	33
20 μνημονεύετε	<u>τὸν</u>	<u>λόγον</u>	<u>ὃν</u>	<u>λελάληκα</u>	ὑμῖν,	Οὐκ ἔστιν		δοῦλος μείζων	579

τοῦ κυρίου αὐτοῦ. εἰ ἐμὲ ἐδίωξαν, καὶ ὑμᾶς διώξουσιν· εἰ τὸν λόγον μου ἐτήρησαν, καὶ   B 𝔭⁶⁶ uwτ rell
τοῦ κυρίου αὐτοῦ. εἰ ἐμὲ ἐδίωξαν, καὶ ὑμᾶς διώξου········· ········ ·········σαν, καὶ   33

τὸν ὑμέτερον τηρήσουσιν.	**21** ἀλλὰ ταῦτα πάντα	ποιήσουσιν εἰς	ὑμᾶς	διὰ τὸ ὄνομά	B L Θ f¹ 1071
τὸν ὑμέτερον τηρή	**21** ἀλλὰ ταῦτα πάντα	<u>ποιοῦσιν</u> εἰς	ὑμᾶς	διὰ τὸ ὄνομά	𝔭⁶⁶ [↑uw
τὸν ὑμέτερον <u>τηρήσωσιν.</u>	**21** ἀλλὰ ταῦτα πάντα	ποιήσουσιν		διὰ τὸ ὄνομά	ℵ*
τὸν ὑμέτερον <u>τηρήσωσιν.</u>	**21** ἀλλὰ ταῦτα πάντα	ποιήσουσιν εἰς	ὑμᾶς	διὰ τὸ ὄνομά	ℵᶜ
τὸν ὑμέτερον τηρήσουσιν.	**21** ἀλλὰ ταῦτα	ποιήσουσιν εἰς	ὑμᾶς	διὰ τὸ ὄνομά	D* 579
τὸν ὑμέτερον τηρήσουσιν.	**21** ἀλλὰ ταῦτα	ποιήσουσιν	<u>ὑμῖν</u>	διὰ τὸ ὄνομά	Dᶜ
τὸν ὑμέτερον τηρήσουσιν.	**21** ἀλλὰ ταῦτα πάντα	<u>ποιήσωσιν</u>	<u>ὑμῖν</u>	διὰ τὸ ὄνομά	Δ
τὸν ὑμέτερον <u>τηρήσωσιν.</u>	**21** ἀλλὰ ταῦτα πάντα	ποιήσουσιν	<u>ὑμῖν</u>	διὰ τὸ ὄνομ	Ψ
τὸν ὑμέτερον τηρήσουσιν.	**21** ἀλλὰ ταῦτα πάντα	ποιήσουσιν	ὑμᾶς	διὰ τὸ ὄνομά	2 565
τὸν ὑμέτερον τηρήσουσιν.	**21** ἀλλὰ ταῦτα πάντα	ποι·········	········ ·········μά		33
τὸν <u>ἡμέτερον</u> τηρήσουσιν.	**21** ἀλλὰ ταῦτα πάντα	ποιήσουσιν	<u>ὑμῖν</u>	διὰ τὸ ὄνομά	1346
τὸν ὑμέτερον τηρήσουσιν.	**21** ἀλλὰ ταῦτα πάντα	ποιήσουσιν	<u>ὑμῖν</u>	διὰ τὸ ὄνομά	A 𝔐 K M N U Λ

Π 118 f¹³ 28 157 700 1424 τ

μου, ὅτι οὐκ οἴδασι τὸν πέμψαντά με. **22** εἰ μὴ ἦλθον καὶ ἐλάλησα   B 𝔭⁶⁶ Y K M S U Π Ψ Ω f¹ f¹³ 28 157
μου, ὅτι οὐκ <u>οἴδασιν</u> τὸν πέμψαντά με. **22** εἰ μὴ ἦλθον καὶ ἐλ········   33   [↑565 700 τ
μου, ὅτι. **22** εἰ μὴ ἦλθον καὶ ἐλάλησα   579   [↓uw
μου, ὅτι οὐκ <u>οἴδασιν</u> τὸν πέμψαντά με. **22** εἰ μὴ ἦλθον καὶ ἐλάλησα   ℵ A D E G H L N Δ Λ 124 2 1071 1424

lac. 15.19–22 𝔭⁴⁵ 𝔭⁷⁵ C F P Γ W

A 19 εφειλει D ¦ εφιλη E H 579 700 ¦ εφιλει 2* ¦ εσται N 28 579 1071 ¦ τουτου 579 ¦ μησι 1071 **20** μνημονευεται 𝔭⁶⁶ ℵ 2* 579 ¦ μνημονευε E* ¦ λογων 579 ¦ υμειν D ¦ εστι S Y U 118 13 69 157 565 788 1346 ¦ μειζον E 69 157 ¦ μιζων L N Θ ¦ μιζον 579 ¦ ετηρισαν 13 579 **21** ποιουσιν 𝔭⁶⁶ ¦ πεψαντα 1 ¦ πενψαντα 28 **22** μι (μη) 2 579

B 20 κ̅υ̅ 𝔭⁶⁶ ℵ A D E H K L M N U Θ Π Ψ Ω f¹ f¹³ 69 124 2 28 157 565 579 1071 1346

D 20 ρ̅λ̅θ̅/γ̅ ℵ A G N S U Y Λ Π Ω 118 124 28 788 1071 1424 ¦ ρ̅λ̅θ̅ D H K Θ f¹ f¹³ 2 157 579 1346 ¦ ρ̅λ̅θ̅/δ̅ E ¦ ρ̅λ̅θ̅/ι̅ L Ψ ¦ Ευ Ιω ρ̅λ̅θ̅ : Λο μ̅θ̅ : Μρ .: Μθ ο̅ E ¦ Ιω ρ̅λ̅θ̅ : Λο ν̅η̅ : Μρ ρ̅κε̅ : Μτ ρι̅ς̅ 124 ¦ (ante ουκ εστιν) ρ̅μ̅/ι̅ A ¦ (ante ει εμε) ρ̅μ̅/ι̅ ℵ G L N S U Y Λ Π Ψ 124 28 788 1424 ¦ ρ̅μ̅ D H K Θ f¹ 118 f¹³ 2 157 565 579 1346 ¦ ρ̅μ̅/α̅ E ¦ Ευ Ιω ρμ : Λο ο̅ν̅ : Μρ ρ̅λ̅θ̅ : Μθ σ̅μ̅δ̅ E ¦ Ιω ρ̅μ̅ : Λο ρ̅ι̅θ̅ : Μρ ρ̅λ̅θ̅ : Μτ ο̅ 124 **21** ρ̅μ̅α̅/ℵ ℵ A E G L N S U Y Λ Ω 118 124 28 1071 1424 ¦ ρ̅μ̅α̅ D H K Θ Π f¹ f¹³ 2 157 565 579 788 1346 ¦ ρμα/δ̅ Ψ ¦ Ευ Ιω ρ̅μ̅α̅ : Λο σ̅ν̅ : Μρ ρ̅λ̅θ̅ : Μθ π̅ς̅ E ¦ Ιω ρ̅μ̅α̅ : Λο σ̅ν̅ : Μρ . : Μτ σ̅μ̅α̅ 124 ¦ (ante οτι ουκ) ρ̅μ̅β̅/γ̅ ℵ L N S U Λ Ψ Ω 118 124 28 1424 ¦ ρ̅μ̅β̅/δ̅ E ¦ ρ̅μ̅β̅/ι̅ G ¦ Ευ Ιω ρ̅μ̅β̅ : Μρ . : Μθ ρ̅ι̅α̅ E ¦ Ιω ρ̅μ̅β̅ : Λο .: Μρ . : Μτ ρ̅ι̅β̅ 124 **22** ρ̅μ̅γ̅/ι̅ ℵ E G L S U Y Λ Ψ Ω 118 124 28 1424 ¦ ρ̅μ̅β̅/ι̅ A Y 1071 ¦ ρ̅μ̅γ̅ D H K f¹ 157 565 579 788 1346 ¦ ρ̅μ̅γ̅/ς̅ N ¦ ρ̅μ̅β̅ Θ 2 ¦ Ευ Ιω ρμγ : Λο . : Μρ . : Μθ . E ¦ Ιω ρ̅μ̅γ̅ : Λο . : Μρ . : Μτ . 124 ¦ ρ̅μ̅γ̅/ι̅ (ante νυν δε) A Y 1071 ¦ ρμγ 2

αὐτοῖς, ἁμαρτίαν οὐκ εἴχοσαν· νῦν δὲ πρόφασιν οὐκ ἔχουσιν περὶ τῆς ἁμαρτίας B 𝔭⁶⁶ אᶜ L 1 **uw**
αὐτοῖς, ἁμαρτίαν οὐκ εἴχοσαν· νῦν   πρόφασιν οὐκ ἔχουσιν περὶ τῆς ἁμαρτίας א*
αὐτοῖς, ἁμαρτίαν <u>οὐχ εἶχαν</u>· νῦν δὲ πρόφασιν οὐκ ἔχουσιν περὶ τῆς ἁμαρτίας D*
αὐτοῖς, ἁμαρτίαν <u>οὐχ εἶχον</u>· νῦν δὲ πρόφασιν οὐκ ἔχουσιν περὶ τῆς ἁμαρτίας Dᶜ
αὐτοῖς, ἁμαρτίαν οὐκ εἴχοσαν· νῦν δὲ ⋯⋯⋯⋯⋯⋯ ⋯⋯⋯ ⋯⋯ ⋯⋯⋯⋯⋯ N*
αὐτοῖς, ἁμαρτίαν οὐκ <u>εἶχον</u>· νῦν δὲ Nᶜ
⋯ὑτοῖς, ⋯⋯⋯⋯⋯ ⋯⋯κ εἴχοσαν· νῦν δὲ πρόφασιν οὐκ ἔχουσιν περὶ τῆς ἁμαρτ⋯⋯ 33
αὐτοῖς, ἁμαρτίαν οὐκ <u>εἶχον</u>· νῦν δὲ πρόφασιν   ἔχουσιν περὶ τῆς ἁμαρτίας 579
αὐτοῖς, ἁμαρτίαν οὐκ <u>οἶχον</u>· νῦν δὲ πρόφασιν οὐκ ἔχουσιν περὶ τῆς ἁμαρτίας 1071
αὐτοῖς, ἁμαρτίαν οὐκ <u>εἶχον</u>· νῦν δὲ πρόφασιν οὐκ ἔχουσιν περὶ τῆς ἁμαρτίας A 𝔐 K M U Δ Θ Λ Π Ψ
                                                       1582 118 *f*¹³ 2 28 157 565 700 1071 1424 τ

αὐτῶν. **23** ὁ ἐμὲ μεισῶν καὶ τὸν πατέρα μου μεισεῖ. **24** εἰ τὰ ἔργα μὴ ἐποίησα ἐν αὐτοῖς B D 1071
       23 ὁ ἐμὲ μ⋯⋯ων καὶ τὸν πατέρα μου <u>μισεῖ</u>. **24** εἰ τὰ ⋯⋯γα μὴ ἐποίη⋯⋯ ⋯ν αὐτοῖς 𝔭⁶⁶
αὐτῶν. **23** ὁ ἐμὲ μεισῶν καὶ τὸν πατέρα μου <u>μισεῖ</u>. **24** εἰ τὰ ἔργα μὴ ἐποίησα ἐν αὐτοῖς א A
⋯⋯⋯⋯⋯ **23** ⋯⋯ ⋯⋯⋯⋯⋯ ⋯⋯⋯ τὸν πατέρα μου <u>μισεῖ</u>. **24** εἰ τὰ ἔργα μὴ ἐποίησα ἐν αὐτοῖς 33
αὐτῶν. **23** ὁ ἐμὲ <u>μισῶν</u> καὶ τὸν πατέρα μου <u>μισεῖ</u>. **24** εἰ τὰ ἔργα <u>μοι</u> ἐποίησα ἐν αὐτοῖς 579
αὐτῶν. **23** ὁ ἐμὲ <u>μισῶν</u> καὶ τὸν πατέρα μου <u>μισεῖ</u>. **24** εἰ τὰ ἔργα μὴ <u>ἐποίησαν</u> αὐτοῖς 1346*
αὐτῶν. **23** ὁ ἐμὲ <u>μισῶν</u> καὶ τὸν πατέρα μου <u>μισεῖ</u>. **24** εἰ τὰ ἔργα μὴ ἐποίησα ἐν αὐτοῖς 𝔐 K L M U
                                     Δ Θ Λ Π Ψ *f*¹ *f*¹³ 2 28 157 565 700 1424 **uwτ**

ἃ οὐδεὶς ἄλλος ἐποίησεν, ἁμαρτίαν οὐκ εἴχοσαν· νῦν δὲ καὶ ἑωράκασιν καὶ B א **uw**
ἃ <u>μηδ</u>⋯⋯ ἄλλος ἐποίη⋯⋯ν, ἁμαρτίαν οὐκ εἴχοσαν· νῦν δὲ καὶ <u>ἑοράκασιν</u> ⋯αὶ 𝔭⁶⁶
ἃ οὐδεὶς ἄλλος ἐποίησεν, ἁμαρτίαν οὐκ <u>εἶχαν</u>· νῦν δὲ καὶ <u>ἑοράκασιν</u> καὶ D*
ἃ οὐδεὶς ἄλλος <u>πεποίηκεν</u>, ἁμαρτίαν οὐκ <u>εἶχον</u>· νῦν δὲ καὶ <u>ἑοράκασιν</u> καὶ E Gᶜ H M Δ 2*
ἃ οὐδεὶς ⋯⋯⋯ ἄλλος <u>πεποίηκεν</u>, ἁμαρτίαν οὐκ <u>εἶχον</u>· νῦν δὲ καὶ <u>ἑοράκασιν</u> καὶ G*
ἃ οὐδεὶς ἄλλος ἐποίησεν, ἁμαρτίαν οὐκ <u>εἶχον</u>· νῦν δὲ καὶ <u>ἑοράκασιν</u> καὶ K Θᶜ Π
ἃ οὐδεὶς ἄλλος ἐποίησεν, ἁμαρτίαν οὐκ εἴχοσαν· νῦν δὲ καὶ ἑωράκασιν καὶ L Θ*
⋯⋯⋯⋯⋯ ⋯⋯⋯⋯⋯ ⋯⋯⋯⋯⋯ νῦν δὲ καὶ <u>ἑωράκασιν</u> καὶ Γ   [↑1071 τ
ἃ οὐδεὶς ἄλλος <u>πεποίηκεν</u>, ἁμαρτίαν οὐκ εἴχοσαν· νῦν δὲ καὶ ἑωράκασιν καὶ S U Λ Ω 118 2ᶜ 700
ἃ οὐδ⋯⋯ ⋯⋯⋯⋯⋯ ⋯⋯⋯⋯⋯ ⋯⋯κ <u>εἴχωσαν</u>· νῦν δὲ καὶ <u>ἑοράκασιν</u> καὶ 1
ἃ οὐδεὶς ἄλλος <u>πεποίηκεν</u>, ⋯⋯⋯⋯⋯ 28
ἃ οὐδεὶς ἄλλος <u>πεποίηκεν</u>, ἁμαρτίαν οὐκ εἴχοσαν· νῦν δὲ καὶ <u>ἑοράκασιν</u> καὶ 565
ἃ οὐδεὶς ἄλλος ἐποίησεν, ἁμαρτίαν οὐκ <u>εἶχον</u>· νῦν δὲ   ἑωράκασιν καὶ 1424   [↓157 579
ἃ οὐδεὶς ἄλλος ἐποίησεν, ἁμαρτίαν οὐκ <u>εἶχον</u>· νῦν δὲ καὶ ἑωράκασιν καὶ A Dᶜ Y Ψ 1582 *f*¹³

μεμεισήκασιν καὶ ἐμὲ καὶ τὸν πατέρα μου. **25** ἀλλ᾿ ἵνα πληρωθῇ ὁ λόγος ὁ B
μεμεισήκασιν   ἐμὲ καὶ τὸν πατέρα μου. **25** ἀλλ᾿ ἵνα πληρωθῇ ὁ λόγος ὁ 𝔭⁶⁶ Dᶜ
μεμεισήκασίν   <u>με</u> καὶ τὸν πατέρα μου. **25** ἀλλ᾿ ἵνα πληρωθῇ ὁ λόγος ὁ D*
<u>μεμισήκασιν</u> ⋯⋯⋯ **25** ⋯⋯⋯θῇ ὁ λόγος ὁ 33
      ἐμὲ καὶ τὸν πατέρα μου. **25** ἀλλ᾿ ἵνα πληρωθῇ ὁ λόγος ὁ 700
<u>μεμισήκασιν</u> καὶ ἐμὲ καὶ τὸν πατέρα μου. **25** ἀλλ᾿ ἵνα πληρωθῇ ὁ λόγος ὁ א A 𝔐 K L M U Γ Δ Θ Λ Π Ψ
                                       *f*¹ *f*¹³ 2 157 565 579 1071 1424 **uwτ**

---

lac. 15.22–25 𝔭⁴⁵ 𝔭⁷⁵ C F N P Γ W ¦ vss. 22-24 Γ ¦ vss. 15.24–25 28

A 22 ηχον K 579 ¦ προφασι 13 ¦ πρωφασιν 2 ¦ εχουσι S Y U Π Ω *f*¹ 118 13 157 565 700 788 **23** των (τον) 1346 ¦ μισον 579 ¦ μησει E ¦ μιση 1424 **24** ουδις א ¦ ουδες Λ* ¦ ααλλος 1346 ¦ αμαρτειαν D ¦ ηχον 579 ¦ κε² (και) L ¦ εορακασι H Γ 565 ¦ εωρακασι S Y U Ψ Ω *f*¹ 118 13 69 124 157 700 788 1346 ¦ μεμεσηκασι H S Y Γ Ψ Ω *f*¹ 118 13 69 124 157 565 788 1346 ¦ μεμεσηκασιν L ¦ μεμισικασι U ¦ μεμισεικασιν Θ ¦ εμησησαν 1346

B 23 π̄ρ̄ᾱ A 𝔐 K L M S U Δ Θ Λ Π Ψ Ω *f*¹ 118 *f*¹³ 69 124 2 33 28 157 565 579 700 788 1071 1346 1424 **24** π̄ρ̄ᾱ 𝔭⁶⁶ A 𝔐 K L M S U Γ Δ Θ Λ Π Ψ Ω *f*¹ 118 *f*¹³ 69 124 2 157 565 579 700 788 1071 1346 1424

D 23 ρ̄μ̄δ̄/ᾱ א E L Λ Π Ψ 118 124 ¦ ρ̄μ̄δ̄/ῑ A G S U Y Ω 28 1071 1424 ¦ ρ̄μ̄δ̄ D H *f*¹ 2 157 565 788 1346 ¦ ρ̄μ̄γ̄ Θ ¦ ρ̄μ̄ε̄ 579¦ Ευ Ιω ρ̄μ̄δ̄ : Λο ρῑς : Μρ ō̄ς : Μθ ō̄η̄ E ¦ Ιω ρ̄μ̄δ̄ : Λο ⎯. : Μρ . : Μτ . 124 **24** ρ̄μ̄ε̄/ῑ א A G L S U Y Λ Π Ψ Ω 118 124 28 788 1071 1424 ¦ ρ̄μ̄ε̄ D E H *f*¹ 2 157 565 1346 ¦ ρ̄μ̄δ̄ Θ ¦ Ευ Ιω ρ̄μ̄ε̄ : Λο . : Μρ . : Μθ . E ¦ Ιω ρ̄μ̄ε̄ : Λο . : Μρ . : Μτ 124 ¦ ρ̄μ̄ε̄ (ante νυν δε) Θ

ἐν τῷ νόμῳ αὐτῶν γεγραμμένος   ὅτι Ἐμείσησάν   με δωρεάν.   B D
········· τῶν γεγραμμ········   𝔭22
ἐν τῷ ··όμῳ   ὅτι Ἐμίση····ν   με   𝔭66 *
ἐν τῷ νόμῳ αὐτῶν γεγραμμένος   ὅτι Ἐμίσησάν   με δωρεάν.   𝔭66c אc G Ψ f¹ 565 579 1071 uw
ἐν τῷ κόσμῳ αὐτῶν γεγραμμένος   ὅτι Ἐμίσησάν   με δωρεάν.   א*
γεγραμμένος ἐν τῷ νόμῳ αὐτῶν   ὅτι Ἐμείσησάν   με δωρεάν.   A
γεγραμμένος ἐν τῷ νόμῳ αὐτῶν   ὅτι Ἐμήσησάν   με δωρεάν.   E M 2*
γεγραμμένος ἐν τῷ νόμῳ αὐτῶν   ὅτι Ἐμίσησάν   με δωρεάν.   H K S U Γ Δ Λ Π Ω 118 f¹³ 2c 157 700 1424
γεγραμμένος ἐν τῷ νόμῳ αὐτῶν   ὅτι Ἐμίσαν   με δωρεάν.   Y   [↑τ
ἐν τῷ νόμῳ αὐτῶν γεγραμμένος   ὅτι Ἐμήσησάν   με δωρεάν.   L
ἐν τῷ νόμῳ αὐτῶν γεγραμμένος   ὅτι Ἐμήσεισάν   με δωρεάν.   Θ
ἐν τῷ νόμῳ αὐτῶν γεγραμμένος   33

ιζ περὶ τοῦ παρακλήτου

The Counselor Will Bear Witness To Jesus

νϛ 26 Ὅταν   ἔλθῃ ὁ παράκλητος ὃν ἐγὼ πέμψω ὑμῖν παρὰ τοῦ πατρός,   B א Δ uw
   26 Ὅταν   ἔλθῃ ὁ πα·········   ·····ῖν παρὰ τοῦ πατρός,   𝔭22
   26   ····· αρα   𝔭66
   26 Ὅταν δὲ ἔλθῃ ὁ παράκλητος ὃν ἐγὼ πέμψω ὑμῖν παρὰ τοῦ πατρός μου,   D
   26 Ὅταν δὲ ἔλθῃ ὁ παράκλητος ὃν ἐγὼ πέμψω ὑμῖν,   G
   26 Ὅταν δὲ   ὁ παράκλητος ὃν ἐγὼ πέμψω ὑμῖν παρὰ τοῦ πατρός,   Λ
   26   ὁ παράκλητος ὃν ἐγὼ πέμψω ὑμῖν παρὰ τοῦ   33
   26 Ὅταν   ἔλθῃ ὁ παράκλητος ὃν ἐγὼ πέμψω ὑμῖν παρὰ τοῦ πατρός μου,   579
   26 Ὅταν δὲ ἔλθῃ ὁ παράκλητος ὃν ἐγὼ πέμψω   παρὰ τοῦ πατρός μου,   1424 [↓2 157 565 700 1071 τ
   26 Ὅταν δὲ ἔλθῃ ὁ παράκλητος ὃν ἐγὼ πέμψω ὑμῖν παρὰ τοῦ πατρός,   A 𝔐 K L M U Γ Θ Π Ψ f¹ f¹³

τὸ πνεῦμα τῆς ἀληθείας ὃ παρὰ τοῦ πατρὸς   ἐκπορεύεται, ἐκεῖνος μαρτυρήσει   B uwτ rell
····················· ··········· ······· πατρὸς   ἐκπορεύε·········   𝔭22
τὸ πνεῦμα τῆς ἀληθείας ὃ παρὰ τοῦ πατρός μου   ἐκπορεύεται, ἐκεῖνος μαρτυρήσει   D
····················· ··········· ··   ἐκπορεύεται, ἐκεῖνος μαρτυρήσῃ   33

περὶ ἐμοῦ· 27 καὶ ὑμεῖς δὲ μαρτυρεῖτε, ὅτι ἀπ' ἀρχῆς μετ' ἐμοῦ ἐστε.   B uwτ rell
········· μοῦ· 27 καὶ ὑμ·····   ·······μοῦ ἐστε.   𝔭22
περὶ ἐμοῦ· 27 καὶ ὑμεῖς   μαρτυρεῖτε, ὅτι ἀπ' ἀρχῆς μετ' ἐμοῦ ἐστε.   D
περὶ ἐμοῦ· 27 καὶ ὑμεῖς δὲ μαρτυρεῖτε, ὅτι ἐξ ἀρχῆς μετ' ἐμοῦ ἐστε.   f¹
περὶ ἐμοῦ· 27 ·······   ·······τ' ἐμοῦ ἐστε.   33
περὶ ἐμοῦ· 27 καὶ ὑμεῖς   μαρτυρεῖτε, ὅτι ἐξ ἀρχῆς μετ' ἐμοῦ ἐστε.   565

Persecution And Death For The Follower

                                                                              [↓uwτ rell
16.1 Ταῦτα λελάληκα ὑμῖν ἵνα μὴ σκανδαλισθῆτε. 2 ἀποσυναγώγους   ποιήσουσιν   B 124 788 1346
16.1 Τ·········   ·········αλισθῆτε. 2 ·········   𝔭22
16.1 Ταῦτα λελάληκα ὑμῖν ἵνα   σκανδαλισθῆτε. 2 ἀποσυναγώγους γὰρ ποιήσωσιν   א*
16.1 Ταῦτα λελάληκα ὑμῖν ἵνα μὴ σκανδαλισθῆτε. 2 ἀποσυναγώγους γὰρ ποιήσωσιν   אc
16.1 Ταῦτα λελάληκα ὑμῖν ἵνα μὴ σκανδαλισθῆτε. 2 ἀποσυναγώγους   ποιησώσουσιν f¹³
16.1 Ταῦτα λελάληκα ὑμῖν ἵνα μὴ σκανδαλισθῆτε. 2 ἀποσυναγώγους   ποιήσων   69
16.1 Ταῦτα λελάληκα ὑμῖν ἵνα μὴ σκαν·····   2 ·········   33
16.1 Ταῦτα λελάληκα ὑμῖν ἵνα   σκανδαλισθῆτε. 2 ἀποσυναγώγους   ποιήσωσιν   1424*
16.1 Ταῦτα λελάληκα ὑμῖν ἵνα μὴ σκανδαλισθῆτε. 2 ἀποσυναγώγους   ποιήσωσιν   1071 1424c

lac. 15.25–16.2 𝔭45 𝔭75 C F N P W 28 ¦ vss. 15.27-16.1 𝔭66

A 26 υμειν D ¦ εκπορευετε D Η Θ 13 1071 ¦ μαρτυρηση L ¦ μαρτυρισει 13 579 ¦ μαμαρτυρησει 1424 27 μαρτυριτε א ¦ μαρτυ-
ρηται 579 ¦ αρχεις Θ 13 2 ¦ εσται A L M 579 1424 16.1 υμειν D ¦ μι (μη) 579 ¦ σκανδαλησθητε E Γ ¦ σκανδαλισθηται L ¦
σκανδαλησθηται 579

B 26 π̅ρ̅ς̅1.2 𝔭22 A E H Y K L M S U Γ Δ Θ Λ Π Ψ Ω f¹ 118 f¹³ 69 124 2 157 565 579 700 788 1071 1346 1424 ¦ π̅ρ̅ς̅1 D ¦ π̅ρ̅ς̅2
G ¦ π̅ν̅α א A D 𝔐 K L M S U Γ Δ Θ Λ Π Ψ Ω f¹ 118 f¹³ 69 124 2 157 565 579 700 788 1071 1346 1424

C 26 ιζ A 118 ¦ ιζ̅ (ιη K) περι του παρακλητου 𝔐 K L S Γ Δ Π Ω 2 ¦ αρχη: εις τ ορθρον της ν̅ ειπ, οταν δε ελθ G 16.1 τελ του
Σα Γ 2 αρχη: τη γ̅ της ν̅ ειπεν ο κ̅ς̅ τοις εαυτου μαθηταις (ante ερχετ. ωρα) E 2 ¦ αρχη: τη γ̅ της ζ̅ εβδ ειπ, τοις εαυτου μαθ
ερχετ, ωρ, G ¦ αρχη: τη γ̅ της ν̅ ειπ τοις εαυτ μαθ ερχετ ωρ H ¦ αρχ (ante ωρα): τη γ̅ της ζ̅ εβδ ειπεν ο κ̅ς̅ τοις εαυτ μαθ ερχεται
ωρα Y ¦ (ante αλλ ερχεται) τη γ̅ τς ν̅ ειπεν ο κ̅ς̅ τοις εαυτ μαθ ερχεται ωρα, M ¦ αρχη: ημερα γ̅ ειπεν ο κ̅ς̅ τοις εαυτ μαθ ερχετ
ωρα Γ ¦ (ante αλλ ερχ,) αρχ ν̅γ̅ τη γ̅ τς ζ̅ εβδ ειπ ο κ̅ς̅ τοις ερχεται ωρα ινα f¹ ¦ (ante αλλ ερχ,) αρχ ν̅γ̅ τη γ̅ τς ν̅ ειπεν ο κ̅ς̅ τοις
εαυτου μαθ ερχεται ωρα ινα 118 ¦ αρχ f¹³ 1346 ¦ αρχη: τη γ πρ̅ π̅ς̅ ν̅ 124 788 ¦ αρχ τη γ̅ μετ την ανα̅ 157 ¦ (ante αλλ) αρχη:
τη γ̅ της ζ̅ εβδ ειπ, ο κ̅ς̅ τοις εαυτου μαθ θτ 1071 ¦ αρχη ειπεν ο κ̅ς̅ τοις 1424

D 16.1 ρ̅μ̅ς̅/δ U ¦ ρ̅μ̅ς̅ 579 ¦ ρ̅μ̅ς̅/α 1071 2 ρ̅μ̅ς̅/α Γ Λ Π Ψ Ω 118 1424

ὑμᾶς· ἀλλ᾽ ἔρχεται ὥρα ἵνα πᾶς ὁ ἀποκτείνας   δόξῃ λατρείαν προσφέρειν τῷ θεῷ.   B [w]
.... ·ρχεται ὥρ· ....   ℘22
....· ῷ θ   ℘66
ὑμᾶς· ἀλλὰ ἔρχεται ὥρα ἵνα πᾶς ὁ ἀποκτείνας ὑμᾶς δόξῃ λατρείαν προσφέρειν τῷ θεῷ.   ℵ Θ
ὑμᾶς· ἀλλ᾽ ἔρχεται ὥρα ἵνα πᾶς ὁ ἀποκτείνας ὑμᾶς δόξῃ λατρείαν προσφέρειν τῷ κυρίῳ.   A
ὑμᾶς· ἀλλ᾽ ἔρχεται ὥρα ἵνα πᾶς ὁ ἀποκτείνας ὑμᾶς δόξῃ λατρείαν προσφέρῃ τῷ θεῷ.   Δ
           ἔρχεται ὥρα ἵνα πᾶς ὁ ἀποκτείνας ὑμᾶς δόξῃ λατρείαν προσφέρειν τῷ θεῷ.   69
ὑμᾶς· ἀλλ᾽ ἔρχεται ὥρα ἵνα πᾶς ὁ ἀποκτείνας .... δόξῃ λατρείαν προσφέρειν τῷ θεῷ.   33
ἡμᾶς· ἀλλ᾽ ἔρχεται ὥρα ἵνα πᾶς ὁ ἀποκτείνας ὑμᾶς δόξῃ λατρείαν προσφέρειν τῷ θεῷ.   579
ὑμᾶς· ἀλλ᾽ ἔρχεται ὥρα ἵνα πᾶς ὁ ἀποκτείνας ὑμᾶς δόξῃ λατρείαν προσφέρει τῷ θεῷ.   1071
ὑμᾶς· ἀλλ᾽ ἔρχεται ὥρα ἵνα πᾶς ὁ ἀποκτείνας ὑμᾶς δόξῃ λατρείαν προσφέρειν τῷ θεῷ.   u[w]τ rell

[↓Π 2 700 uw

3 καὶ ταῦτα ποιήσουσιν   ὅτι οὐκ ἔγνωσαν τὸν πατέρα   οὐδὲ ἐμέ. 4 ἀλλὰ   B A 𝔐 K M U Λ
3 ....· νο· .... 4 ....   ℘66
3 καὶ ταῦτα ποιήσωσιν ὑμῖν   ὅτι οὐκ ἔγνωσαν τὸν πατέρα   οὐδὲ ἐμέ. 4 ἀλλὰ   ℵ
3 καὶ ταῦτα ποιήσουσιν ὑμῖν   ὅτι οὐκ ἔγνωσαν τὸν πατέρα   οὐδὲ ἐμέ. 4   D*
3 καὶ ταῦτα ποιήσουσιν ὑμῖν   ὅτι οὐκ ἔγνωσαν τὸν πατέρα   οὐδὲ ἐμέ. 4 ἀλλὰ   Dᶜ f¹ f¹³ 565 579
3   ταῦτα ποιήσουσιν ὑμῖν   ὅτι οὐκ ἔγνωσαν τὸν πατέρα   οὐδὲ με. 4 ἀλλὰ   L   [↑1071 τ
3 καὶ ταῦτα ποιήσουσιν   ὅτι οὐκ ἔγνωσαν τὸν πατέρα   οὐδὲ ἐμέ. 4 ἀλλὰ   Δ
3 καὶ ταῦτα ποίουσιν   ὅτι οὐκ ἔγνωσαν τὸν πατέρα   οὐδὲ ἐμέ. 4 ἀλλὰ   Θ
3 καὶ ταῦτα ποιήσουσιν ὑμῖν   ὅτι οὐκ οἴδασι τὸν πατέρα   οὐδὲ ἐμέ. 4 ἀλλὰ   Ψ
3 καὶ ταῦτα ποιήσουσιν   ὅτι οὐκ οἴδασι τὸν πατέρα   οὐδὲ ἐμέ. 4 ἀλλὰ   118
3 καὶ ταῦτα ποιήσουσιν ἡμῖν   ὅτι οὐκ ἔγνωσαν τὸν πατέρα   οὐδὲ ἐμέ. 4 ἀλλὰ   124
3 καὶ ταῦτα ποιήσωσιν εἰς ὑμᾶς ὅτι οὐκ ἔγ· 4   33
3 καὶ ταῦτα ποιήσωσιν   ὅτι οὐκ οἴδασιν τὸν πατέρα μου οὐδὲ ἐμέ. 4 ἀλλὰ   1424

ταῦτα λελάληκα ὑμῖν ἵνα ὅταν ἔλθῃ ἡ ὥρα αὐτῶν μνημονεύητε αὐτῶν   B 118 124 157 1071 uw
.... α λε· .... ὥρα ....   ℘66
ταῦτα λελάληκα ὑμῖν ἵνα ἂν ἔλθῃ ἡ ὥρα   μνημονεύηται αὐτῶν   ℵ*
ταῦτα λελάληκα ὑμῖν ἵνα ἐὰν ἔλθῃ ἡ ὥρα   μνημονεύηται   ℵᶜ
ταῦτα λελάληκα ὑμῖν ἵνα ὅταν ἔλθῃ ἡ ὥρα αὐτῶν μνημονεύηται αὐτῶν   A
ταῦτα λελάληκα ὑμῖν ἵνα ὅταν ἔλθῃ ἡ ὥρα   μνημόνευτε   D*
ταῦτα λελάληκα ὑμῖν ἵνα ὅταν ἔλθῃ ἡ ὥρα   μνημονεύσητε   Dᶜ 788
ταῦτα λελάληκα ὑμῖν ἵνα ὅταν ἔλθῃ ἡ ὥρα   μνημονεύετε αὐτῶν   Ε Γ Δ Λ 565 1424
ταῦτα λελάληκα ὑμῖν ἵνα ἐὰν ἔλθῃ ἡ ὥρα αὐτῶν μνημονεύετε   𝔐 K U Ψ 1582 2ᶜ 700 τ
ταῦτα λελάληκα ὑμῖν ἵνα ὅταν ἔλθῃ ἡ ὥρα   μνημονεύηται αὐτῶν   M
ταῦτα λελάληκα ὑμῖν   ὅταν ἔλθῃ ἡ ὥρα   μνημονεύητε αὐτῶν   S*
ταῦτα λελάληκα ὑμῖν ἵνα ὅταν ἔλθῃ ἡ ὥρα αὐτῶν μνημονεύειτε αὐτῶν   Θ
ταῦτα λελάληκα ὑμῖν ἵνα ὅταν ἔλθῃ ἡ ὥρα αὐτῶν μνημονεύσητε αὐτῶν   Π
ταῦτα λελάληκα ὑμῖν ἵνα ὅταν ἔλθῃ ἡ ὥρα   μνημονεύειτε αὐτῶν   1
ταῦτα λελάληκα ὑμῖν ἵνα ὅταν ἔλθῃ ἡ ὥρα αὐτῶν μνημονεύσητε   f¹³
ταῦτα λελάληκα ὑμῖν ἵνα ὅταν ἔλθῃ ἡ ὥρα   μνημονεύεται αὐτῶν   2*
.... ληκα ὑμῖν ἵνα ὅταν ἔλθῃ ἡ ὥρα αὐτῶν   33
ταῦτα λελάληκα ὑμῖν ἵνα   579

ὅτι ἐγὼ εἶπον ὑμῖν.   B uwτ rell
·· τι ἐγ· ....   ℘66
ὅτι ἐγὼ εἶπον.   ℵ*
....   33
om.   579
ὅτι   εἶπον ὑμῖν.   1346*

lac. 16.2-4 ℘45 ℘75 C F N P W 28

A 2 αλ Λ | ερχετε Κ Θ 700 1071 | αποκτινας ℵ L | λατριαν ℵ Ε Κ* L Δ Θ 1071 | προσφεριν ℵ ¦ προσφερει Κ* 3 υμειν D 4 υμειν¹·²·³ D | ιν (ινα) 1582 | ω (ωρα) Γ | αυτον 1346

B 2 κ̄ω̄ A ¦ θ̄ω̄ B ℵ D 𝔐 K L M S U Γ Δ Θ Λ Π Ψ Ω f¹ 118 f¹³ 69 124 2 157 565 579 700 788 1071 1346 1424 3 π̄ρ̄ᾱ A D 𝔐 K L M S U Γ Δ Θ Λ Π Ψ Ω f¹ 118 f¹³ 69 124 2 157 565 579 700 788 1071 1346 1424

C 2 τελος (post θ̄ω̄) D [σαββατω της γ´ εβδομ.: 15.17–16.2] Ε Υ Θ Λ f¹³ 124 579 788 ¦ τελ Σα G ¦ τελος του Σα κ, εις μρ Η ¦ τε̄ του αγιου γεμο··· Ω ¦ τελ Σα κ̄ τ̄ αγιων f¹ ¦ τελ του Σα 118 3 ῑ̄ζ̄ περι του παρακλητου 1424 4 αρχ: ειπεν ο κ̄ς̄ ταυτα λελαληκα Θ

D 2 ρ̄μ̄ς̄/ᾱ (ante αλλα εχεται) ℵ Ε G L S Y 124 788 ¦ ρ̄μ̄ς̄ D Η Κ Θ f¹ f¹³ 157 565 1346 | Ευ Ιω ρ̄μ̄ς̄ : Λο σ̄η̄ : Μρ ρ̄λ̄θ̄ : Μθ π̄ζ̄ Ε | Ιω ρ̄μ̄ς̄ : Λο σ̄ν̄ : Μρ ρ̄λ̄θ̄ : Μτ σ̄μ̄δ̄ 124 3 ρ̄μ̄ζ̄ 565 579 ¦ ρ̄μ̄ς̄ 2 4 ρ̄μ̄ζ̄/ι S

The Counselor Comes Because Jesus Goes To The Father

Ταῦτα δὲ ὑμῖν ἐξ ἀρχῆς οὐκ εἶπον, ὅτι   μεθ' ὑμῶν ἤμην. 5 νῦν δὲ   ὑπάγω πρὸς   B uwτ rell
.... ·ξ ἀρχ·   5   𝔓66
Ταῦτα δὲ ὑμῖν ἐξ ἀρχῆς οὐκ εἶπον, ὅτι   μεθ' ὑμῶν ἤμην. 5 νῦν δὲ ἐγὼ ὑπάγω πρὸς   ℵ
Ταῦτα δὲ ἐξ ἀρχῆς ὑμῖν οὐκ εἶπον, ὅτι   μεθ' ὑμῶν ἤμην. 5 νῦν δὲ   ὑπάγω πρὸς   D 157
Ταῦτα δὲ ἐξ ἀρχῆς οὐκ εἶπον ὑμῖν, ὅτι   μεθ' ὑμῶν ἤμιν. 5 νῦν δὲ   ὑπάγω πρὸς   L
Ταῦτα δὲ ὑμῖν ἐξ ἀρχῆς οὐκ εἶπον, ὅτι   μεθ' ὑμῶν ἤμιν. 5 νῦν δὲ   ὑπάγω πρὸς   Γ Θ Λ
Ταῦτα δὲ ἐξ ἀρχῆς οὐκ εἶπον ὑμῖν, ὅτι ἐγὼ μεθ' ὑμῶν ἤμην. 5 νῦν δὲ   ὑπάγω πρὸς   118
Ταῦτα δὲ   ἐξ ἀρχῆς οὐκ εἶπον, ὅτι   μεθ' ὑμῶν ἤμην. 5 νῦν δὲ   ὑπάγω πρὸς   69
.... δὲ ἐξ ἀρχῆς ὑμῖν οὐκ εἶπον, ὅτι   μεθ' ὑμῶν   5   33
Ταῦτα δὲ ὑμῖν ἐξ ἀρχῆς οὐκ εἶπον, ὅτι   μεθ' ἡμῶν ἤμιν. 5 νῦν δὲ   ὑπάγω πρὸς   565
om.   5   579

τὸν πέμψαντά με, καὶ οὐδεὶς ἐξ ὑμῶν ἐρωτᾷ με, Ποῦ ὑπάγεις; 6 ἀλλ' ὅτι   B uwτ rell
.... ·μῶν ἐρωτᾷ με, Π······   6 ···λ' ὅτι   𝔓66
τὸν πέμψαντά με, καὶ οὐδεὶς ἐξ ὑμῶν ἐρωτᾷ με, Ποῦ ὑπάγει; 6 ἀλλ' ὅτι   ℵ*
τὸν πέμψαντά με, καὶ οὐδεὶς ἐξ ὑμῶν ἐρωτᾷ με, Ποῦ ὑπάγεις; 6   ὅτι   A
τὸν πατέρα τὸν πέμψαντά με, καὶ οὐδεὶς ἐξ ὑμῶν με ἐρωτᾷ, Ποῦ ὑπάγεις; 6 ἀλλ' ὅτι   69
.... καὶ οὐδεὶς ἐξ ὑμῶν ἐρωτᾷ με, Ποῦ ὑπάγεις; 6 ἀλλ' ὅτι   33
om.   6   579

ταῦτα λελάληκα ὑμῖν ἡ λύπη πεπλήρωκεν ὑμῶν τὴν καρδίαν. 7 ἀλλ' ἐγὼ τὴν ἀλήθειαν B uwτ rell
ταῦτ· .... ·άληκα ὑ·   7   𝔓66
...... λελάληκα ὑμῖν ἡ λύπη πεπλήρωκεν ὑμῶν τὴν καρδίαν. 7 ἀλλ' ἐγὼ τὴν ἀλήθειαν Λ*
ταῦτα λελάληκα ὑμῖν ἡ λύπη πεπλήρωκεν ὑμῖν τὴν καρδίαν. 7 ἀλλ' ἐγὼ τὴν ἀλήθειαν 2
.... ἡ λύπη πεπλήρωκεν ἡμῶν τὴν καρδίαν. 7 ἀλλ' ἐγὼ τὴν ἀλήθειαν 579
ταῦτα λελάληκα ὑμῖν ἡ λύπη πεπλήρωκεν ἡμῶν τὴν καρδίαν. 7 ἀλλ' ἐγὼ τὴν ἀλήθειαν 1346

λέγω ὑμῖν, συμφέρει ὑμῖν ἵνα ἐγὼ ἀπέλθω. ἐὰν γὰρ   μὴ ἀπέλθω, ὁ παράκλητος   B ℵ D Θ f¹ uwτ
ὑμῖν λέγω, συμφέρει ὑμῖν ἵνα ἐγὼ ἀπέλθω. ἐὰν γὰρ ἐγὼ μὴ ἀπέλθω, ὁ παράκλητος   K Π 33 579 1071
ὑμῖν λέγω, συμφέρει ὑμῖν ἵνα ἐγὼ ἀπέλθω. ἐὰν γὰρ   μὴ ἀπέλθω, ὁ παράκλητος   L Ψ
λέγω ὑμῖν, συμφέρει ὑμῖν ἵνα ἐγὼ ἀπέλθω. ἐὰν γὰρ ἐγὼ μὴ ἀπέλθω, ὁ παράκλητος   A 𝔐 M U Γ Δ Λ 1582ᶜ
                                                                                 118 f¹³ 2 157 565 700 1424

οὐ μὴ ἔλθῃ   πρὸς ὑμᾶς· ἐὰν δὲ πορευθῶ,   πέμψω αὐτὸν πρὸς ὑμᾶς. 8 καὶ ἐλθὼν B L Ψ 33 1071 w
....   8 καὶ ἐλθὼν 𝔓66*
.... ἐὰν δὲ πορευθῶ,   πέμψω   πρὸς ὑμᾶς. 8 καὶ ἐλθὼν 𝔓66ᶜ
οὐκ ἐλεύσεται πρὸς ἡμᾶς· ἐὰν δὲ πορευθῶ,   πέμψω αὐτὸν πρὸς ὑμᾶς. 8 καὶ ἐλθὼν ℵ*
οὐκ ἐλεύσεται πρὸς ὑμᾶς· ἐὰν δὲ πορευθῶ,   πέμψω αὐτὸν πρὸς ὑμᾶς. 8 καὶ K
.... ἐὰν δὲ πορευθῶ,   πέμψω αὐτὸν πρὸς ὑμᾶς. 8 καὶ ἐλθὼν W
οὐκ ἐλεύσεται πρὸς ὑμᾶς· ἐὰν δὲ πορευθῶ, ἐγὼ πέμψω αὐτὸν πρὸς ὑμᾶς. 8 καὶ ἐλθὼν f¹³
οὐκ ἐλεύσεται πρὸς ὑμᾶς· ἐὰν   πορευθῶ,   πέμψω αὐτὸν πρὸς ὑμᾶς. 8 καὶ ἐλθὼν 69
οὐκ ἐλεύσεται πρὸς ὑμᾶς· ἐὰν δὲ πορευθῶ,   πέμψω αὐτὸν πρὸς ὑμᾶς. 8 καὶ ἐλθὼν 124 788
οὐκ ἐλεύσεται πρὸς ὑμᾶς· ἐὰν δὲ πορευθῶ,   πέμψω αὐτὸν πρὸς ὑμᾶς. 8 καὶ ἐλθὼν ℵᶜ A D 𝔐 M U Γ Δ
                                                                         Θ Λ Π f¹ 2 157 565 579 700 1424 uτ

ἐκεῖνος ἐλέγξει τὸν κόσμον περὶ ἁμαρτίας καὶ περὶ δικαιοσύνης καὶ περὶ κρίσεως· B uwτ rell
ἐκεῖνος ἐλέγξει τὸν κόσμον περὶ ἁμαρτίας καὶ περὶ δικαιοσύνης καὶ   κρίσεως· 69*

9 περὶ ἁμαρτίας μέν, ὅτι οὐ πιστεύουσιν εἰς ἐμέ· 10 περὶ δικαιοσύνης δέ, ὅτι   B uwτ rell
9 περὶ ἁμαρτίας μέν, ὅτι   πιστεύουσιν εἰς ἐμέ· 10 περὶ δικαιοσύνης δέ, ὅτι   ℵ*
9 περὶ ἁμαρτίας μέν, ὅτι οὐ πιστεύουσιν εἰς ἐμέ· 10 περὶ δικαιοσύνης,   ὅτι   69
9 περὶ ἁμαρτίας μέν, ὅτι οὐ πιστεύουσιν εἰς ἐμέ· 10 περὶ δὲ δικαιοσύνης, ὅτι   124

---

lac. 16.4–10 𝔓⁴⁵ 𝔓⁷⁵ C F N P 28 ¦ vss. 4–7 W

A 5 νυ (νυν) K* ¦ ημιν 565 1071 ¦ πεψαντα G ¦ ουδις ℵ ¦ υπαγης K 1071 6 λεληκα Θ ¦ υμειν D ¦ ημην Λᶜ 7 τη (την) G ¦ αληθιαν M 579 ¦ αληθιαν Θ ¦ υμειν¹·² D ¦ μι (μη¹) 1071 ¦ ελευσετε Θ 8 ελεγξη E L ¦ ελεγξι Θ ¦ ελλεγξει Ω ¦ ελλεξει 579 ¦ κρισαιος 579 8 δικαιοσυνης Υ ¦ δικαιωσυνης Θ 9 αμαρτειας D 10 δικαιωσυνης A Θ

B 5 π̅ρ̅α̅ 69

C 5 αρχ Λ

D 4 (ante ταυτα δε) ρ̅μ̅ζ̅/ι̅ ℵ A E G U Y Γ Λ Π Ψ Ω 118 124 788 1071 1424 ¦ ρ̅μ̅ζ̅ D H K L Θ f¹ f¹³ 2 1346¦ Ευ Ιω ρ̅μ̅ζ̅ : Λο . : Μρ . : Μθ . E ¦ Ιω ρμζ : Λο . : Μρ . : Μτ 124

πρὸς τὸν πατέρα   ὑπάγω καὶ οὐκέτι θεωρεῖτέ με· **11** περὶ δὲ κρίσεως,   B ℵ D L W 1 1582* 157 579 **uw**
....γω......... .... **11** ....εω·   𝔭⁶⁶
<u>ὑπάγω</u>   <u>πρὸς</u> <u>τὸν</u> <u>πατέρα</u> καὶ οὐκέτι θεωρεῖτέ με· **11** περὶ δὲ κρίσεως,   Ψ
πρὸς τὸν πατέρα <u>μου</u> ὑπάγω καὶ <u>οὐ</u>   θεωρεῖτέ με· **11** περὶ δὲ κρίσεως,   Υ Π
πρὸς τὸν πατέρα <u>πορεύομαι</u> καὶ οὐκέτι θεωρεῖτέ με· **11** περὶ δὲ κρίσεως,   33
πρὸς τὸν πατέρα <u>μου</u> ὑπάγω καὶ οὐκέτι θεωρεῖτέ με· **11** περὶ δὲ κρίσεως,   A 𝔐 K M U Γ Δ Θ Λ 1582ᶜ 118
                                                  f^{13} 2 565 700 1071 1424 τ

ὅτι ὁ ἄρχων τοῦ κόσμου τούτου   κέκριται.   B **uwτ** rell
.... ··οὖ κ······ .... 𝔭⁶⁶
ὅτι   ἄρχων τοῦ κόσμου τούτου <u>τοῦ</u> κέκριται.   Δ*
ὅτι ὁ ἄρχων τοῦ κόσμου τούτου <u>τοῦ</u> κέκριται.   Δᶜ
ὅτι ὁ ἄρχων τοῦ κόσμου   κέκριται. f^1

The Spirit Of Truth Will Teach The Disciples All Truth

νζ **12** Ἔτι πολλὰ ἔχω ὑμῖν λέγειν, ἀλλ' οὐ δύνασθε   βαστάζειν ἄρτι· **13** ὅταν   B ℵᶜ L Ψ 118 33 1071
    12 Ἔτι πολλὰ ἔχω ὑμῖν λέγειν, ἀλλ' οὐ δύνασθε   βαστάζειν· **13** ὅταν   ℵ*   [↑**uw**
    12 .... λέγει·· ....τι· **13** ὅ····   𝔭⁶⁶
    12 Ἔτι πολλὰ ἔχω <u>λέγειν</u> <u>ὑμῖν</u>, ἀλλ' οὐ δύνασθε <u>αὐτὰ</u> βαστάζειν ἄρτι· **13** ὅταν   D
    12 Ἔτι πολλὰ ἔχω <u>λέγειν</u> <u>ὑμῖν</u>, ἀλλ' οὐ δύνασθε   βαστάζειν ἄρτι· **13** ὅταν   Δ 124 2 579 700 788
    12 .... <u>γειν</u> <u>ὑμῖν</u>, ἀλλ' οὐ δύνασθε   βαστάζειν ἄρτι· **13** ὅταν   28   [↑1346
    12 Ἔτι πολλὰ <u>λέγειν</u> <u>ἔχω</u> <u>ὑμῖν</u>, ἀλλ' οὐ δύνασθε   βαστάζειν ἄρτι· **13** ὅταν   A 𝔐 K M U W Γ Θ Λ
                                                Π f^1 f^{13} 157 565 579 1424 τ

δὲ ἔλθη ἐκεῖνος, τὸ πνεῦμα τῆς ἀληθείας,   ὁδηγήσει ὑμᾶς εἰς τὴν ἀλήθειαν πᾶσαν·   B A [w]
.... ἀλήθ······   𝔭⁶⁶
δὲ ἔλθη ἐκεῖνος, τὸ πνεῦμα τῆς ἀληθείας,   ὁδηγήσει ὑμᾶς <u>ἐν</u> <u>τῇ</u> <u>ἀληθείᾳ·</u>   ℵ*
δὲ ἔλθη ἐκεῖνος, τὸ πνεῦμα τῆς ἀληθείας,   ὁδηγήσει ὑμᾶς <u>ἐν</u> <u>τῇ</u> <u>ἀληθείᾳ</u> πάσῃ·   ℵᶜ L f^1 33 565
   ἔλθη ἐκεῖνος, τὸ πνεῦμα τῆς ἀληθείας, <u>ἐκεῖνος</u> <u>ὑμᾶς</u> <u>ὁδηγήσει</u> <u>ἐν</u> <u>τῇ</u> <u>ἀληθείᾳ</u> πάσῃ·   D [1071 u[w]
δὲ ἔλθη ἐκεῖνος, τὸ πνεῦμα τῆς ἀληθείας,   <u>ὁδηγήσῃ</u> ὑμᾶς εἰς <u>πᾶσαν</u> <u>τὴν</u> <u>ἀλήθειαν·</u>   G 124
δὲ ἔλθη ἐκεῖνος, τὸ πνεῦμα τῆς ἀληθείας,   ὁδηγήσει ὑμᾶς <u>ἐν</u> <u>τῇ</u> ἀληθείᾳ πάσῃ·   W
δὲ ἔλθη ἐκεῖνος, τὸ πνεῦμα τῆς ἀληθείας,   ὁδηγήσει ὑμᾶς <u>ἐν</u> <u>πάσῃ</u> <u>τῇ</u> <u>ἀληθείᾳ</u>   Θ
   ἔλθη ἐκεῖνος, τὸ πνεῦμα τῆς ἀληθείας,   ὁδηγήσει ὑμᾶς <u>ἐν</u> <u>τῇ</u> <u>ἀληθείᾳ</u> πάσιν·   579
δὲ ἔλθη ἐκεῖνος,   ὁδηγήσει ὑμᾶς εἰς <u>πᾶσαν</u> <u>τὴν</u> <u>ἀλήθειαν·</u>   1424
δὲ ἔλθη ἐκεῖνος, τὸ πνεῦμα τῆς ἀληθείας,   ὁδηγήσει ὑμᾶς εἰς <u>πᾶσαν</u> <u>τὴν</u> <u>ἀλήθειαν·</u>   𝔐 K M U Γ
                                              Δ Λ Π Ψ 118 f^{13} 2 28 157 700 τ

οὐ γὰρ λαλήσει ἀφ' ἑαυτοῦ, ἀλλ' ὅσα   ἀκούσει λαλήσει καὶ τὰ ἐρχόμενα   B W Ψ f^1 u[w]
....ῦ, ἀλλ' ὅ···· ....χόμεν··   𝔭⁶⁶
οὐ γὰρ λαλήσει ἀφ' ἑαυτοῦ, ἀλλ' ὅσα   <u>ἀκούει</u> λαλήσει καὶ τὰ ἐρχόμενα   ℵ L [w]
οὐ γὰρ λαλήσει ἀφ' ἑαυτοῦ, ἀλλ' ὅσα <u>ἐὰν</u> <u>ἀκούσῃ</u> λαλήσει καὶ τὰ ἐρχόμενα   A K Π 565
οὐ γὰρ λαλήσει ἀφ' ἑαυτοῦ, <u>ἀλλὰ</u> ὅσα   ἀκούσει λαλήσει καὶ τὰ ἐρχόμενα   D*
οὐ γὰρ λαλήσει ἀφ' ἑαυτοῦ, <u>ἀλλὰ</u> ὅσα <u>ἂν</u> ἀκούσει λαλήσει καὶ τὰ ἐρχόμενα   Dᶜ
οὐ γὰρ λαλήσει ἀφ' ἑαυτοῦ, ἀλλ' <u>ὃς</u> <u>ἂν</u> <u>ἀκούσῃ</u> λαλήσει καὶ τὰ ἐρχόμενα   G Δ
οὐ γὰρ λαλήσει ἀφ' ἑαυτοῦ, ἀλλ' ὅσα <u>ἂν</u> ἀκούσει λαλήσει καὶ τὰ ἐρχόμενα   E* H Θ 1071
οὐ γὰρ λαλήσει ἀφ' ἑαυτοῦ, <u>ἀλλὰ</u> ὅσα <u>ἂν</u> ἀκούσει <u>λαλήσῃ</u> καὶ τὰ ἐρχόμενα   Λ
οὐ γὰρ λαλήσει ἀφ' ἑαυτοῦ, ἀλλ' ὅσα <u>ἂν</u> <u>ἀκούσῃ</u> <u>λαλήσῃ</u> καὶ τὰ ἐρχόμενα   Υ 1424
οὐ γὰρ <u>λαλήσῃ</u> ἀφ' ἑαυτοῦ, ἀλλ' ὅσα <u>ἂν</u> <u>ἀκούσῃ</u> <u>λαλήσῃ</u> καὶ τὰ ἐρχόμενα   124 788
οὐ γὰρ λαλήσει ἀφ' ἑαυτοῦ, ἀλλ' <u>ὃ</u>   <u>ἐὰν</u> ἀκούσει λαλήσει καὶ τὰ ἐρχόμενα   2
οὐ γὰρ λαλήσει ἀφ' ἑαυτοῦ, ἀλλ' ὅσα <u>ἂν</u> ἀκούει λαλήσει καὶ τὰ ἐρχόμενα   33   [↓157 700 τ
οὐ γὰρ λαλήσει ἀφ' ἑαυτοῦ, ἀλλ' ὅσα <u>ἂν</u> <u>ἀκούσῃ</u> λαλήσει καὶ τὰ ἐρχόμενα   Eᶜ M S U Γ Ω 118 f^{13} 28

lac. 16.10–13 𝔭⁴⁵ 𝔭⁷⁵ C F N P ¦ vss. 10-12 28

A 10 θεωρειται A 2 ¦ θεωριται W ¦ θεορειτε Ω ¦ μαι (με) 579 **11** αχων G ¦ κεκριτε W ¦ καικριται 579 **12** υμειν D ¦ υμην Λᶜ ¦ δυνασθαι ℵ A L M U W Δ Θ 2* 33 28 579 1071 ¦ αρτιν K **13** ελθει M ¦ αληθιας ℵ ¦ λαλαλησει G ¦ ληση 1424 ¦ ωδηγηση 69 ¦ οδιγησει 579 1071 1346 ¦ πασει 1071 ¦ ακουσι E* ¦ ερχομενα 579

B 10 π̅ρ̅α̅ A 𝔐 K L M S U W Γ Δ Θ Λ Π Ψ Ω f^1 118 f^{13} 69 124 2 33 157 565 579 700 788 1071 1346 1424 **13** π̅ν̅α̅ ℵ A D 𝔐 K L M S U W Γ Δ Θ Λ Π Ψ Ω f^1 118 f^{13} 69 124 2 33 28 157 565 579 700 788 1071 1346

C 13 τη δ̅ της πεντηκοστης 1424

D 13 ρμ̅ζ̅ 157

ἀναγγελεῖ ὑμῖν.	**14** ἐκεῖνος ἐμὲ	δοξάσει, ὅτι ἐκ τοῦ ἐμοῦ	λήμψεται	καὶ ἀναγγελεῖ	B A D W 33 **uw**
....	**14**	....	....	καὶ ἀνα............	𝔓^{5}
....	**14**	δο..........	....	.... ἀναγγ.........	𝔓^{66}
ἀναγγελεῖ ὑμῖν.	**14** ἐκεῖνος ἐμὲ	δοξάσει, ὅτι ἐκ τοῦ ἐμοῦ	λήμψεται	καὶ ἀναγγέλλει	ℵ
ἀναγγελεῖ ὑμῖν.	**14** ἐκεῖνός με	δοξάσει, ὅτι ἐκ τοῦ ἐμοῦ	λήψεται	καὶ ἀναγγελεῖ	S Ω 28 565
ἀναγγελεῖ ὑμῖν.	**14**				Λ* 579
ἀναγγελεῖ ὑμῖν.	**14** ἐκεῖνος ἐμὲ	δοξάσει, ὅτι ἐκ τοῦ ἐμοῦ	δοξάσει	καὶ ἀναγγελεῖ	Λ^{c}
ἀναγγελεῖ ὑμῖν.	**14** ἐκεῖνος ἐμὲ	δοξάσει, ὅτι ἐκ τοῦ ἐμοῦ	λήψεται	καὶ ἀναγκελεῖ	118
ἀναγγελεῖ ὑμῖν.	**14** ἐκεῖνος ἐμὲ	δοξάσει, καὶ ἐκ τοῦ ἐμοῦ	λήψεται	καὶ ἀναγγελεῖ	69
ἀναγγελεῖ ὑμῖν.	**14** ἐκεῖνος ἐμὲ	δοξάσει, ὅτι ἐκ τοῦ ἐμοῦ	λήψεται	καὶ ἀναγγελεῖ	𝔐 K L M U Γ Δ Θ Π Ψ f^{1} f^{13} 2 157 700 1071 1424 τ

ὑμῖν.	**15** πάντα ὅσα ἔχει ὁ πατὴρ ἐμά ἐστιν·	διὰ τοῦτο εἶπον	ὅτι ἐκ τοῦ ἐμοῦ	B **uwτ** rell
....	**15** .... ἔχει ὁ πατὴρ ἐ......	....ν	ὅτι ἐκ τ......	𝔓^{5}
ὑμῖν.	**15**			𝔓^{66} ℵ*
ὑμῖν.	**15** πάντα ὅσα ἔχει ὁ πατὴρ ἐμά ἐστιν·	διὰ τοῦτο εἶπον ὑμῖν	ὅτι ἐκ τοῦ ἐμοῦ	ℵ^{c} L Θ 118 1071
....	**15**	διὰ τοῦτο εἶπον ὑμῖν	ὅτι ἐκ τοῦ ἐμοῦ	N
	15 πάντα ὅσα ἔχει ὁ πατὴρ ἐμά ἐστιν·	διὰ τοῦτο εἶπον	ὅτι ἐκ τοῦ ἐμοῦ	Λ* 579

λαμβάνει	καὶ ἀναγγελεῖ	ὑμῖν.	B **uw** rell
....	.... ελεῖ	ὑμῖν.	𝔓^{5}
om.			𝔓^{66} ℵ*
λήμψεται	καὶ ἀναγγέλλει	ὑμῖν.	ℵ^{c}
λήμψεται	καὶ ἀναγγελεῖ	ὑμῖν.	A
λήψεται	καὶ ἀναγγελεῖ	ὑμῖν.	Y K Π 2 1424 τ
λαμβάνει	καὶ ἀναγκελεῖ	ὑμῖν.	118

The Question About "A Little While"

16 Μεικρὸν	καὶ οὐκέτι	θεωρεῖτέ με, καὶ πάλιν μεικρὸν	καὶ ὄψεσθέ με.			B D
16	....	.........ρ......... ....αὶ	..αὶ ὄψεσθέ			𝔓^{5}
16 ....ọν	....τι	θεωρῖτ̣... ....αὶ πάλιν μικρὸ..	καὶ ὄψεσ...... με.			𝔓^{66}
16 Μεικρὸν	καὶ οὐκέτι	θεωρεῖτέ με, καὶ πάλιν μικρὸν	καὶ ὄψεσθέ με.			ℵ
16 Μικρὸν	καὶ οὐκέτι	θεωρεῖτέ με, καὶ πάλιν μικρὸν	καὶ ὄψεσθέ με.			L W **uw**
16 Μικρὸν	καὶ οὐκέτι	θεωρεῖτέ με, καὶ πάλιν μικρὸν	καὶ ὄψεσθέ με.		ὅτι	Θ Λ f^{1}
16 Μικρὸν	καὶ οὐκέτι	θεωρεῖτέ με, καὶ πάλιν μικρὸν	καὶ ὄψεσθέ με.	καὶ	ὅτι	N Ψ
16 Μικρὸν	καὶ οὐ	θεωρεῖτέ με, καὶ πάλιν μικρὸν	καὶ ὄψεσθέ με.	καὶ	ὅτι	69*
16 Μικρὸν	καὶ οὐκέτι	θεωρεῖτέ με, καὶ πάλιν μικρὸν	καὶ ὄψεσθέ με.	καὶ	ἐγὼ	33
16 Μικρὸν	καὶ οὐ	θεωρεῖτέ με, καὶ πάλιν μικρὸν	καὶ ὄψεσθέ με.			1071
16 Μικρὸν	καὶ οὐ	θεωρεῖτέ με, καὶ πάλιν μικρὸν	καὶ ὄψεσθέ με.		ὅτι ἐγὼ	τ
16 Μικρὸν	καὶ οὐ	θεωρεῖτέ με, καὶ πάλιν μικρὸν	καὶ ὄψεσθέ με.		ὅτι	A 𝔐 K M U Γ Δ Π 118 f^{13} 2 28 157 565 579 700 1424

lac. 16.13–16 𝔓^{45} 𝔓^{75} C F P ¦ vss. 13-15 N

A 13 υμειν D **14** λιψεται K ¦ ληψετε 13 | υμειν D **15** εχι ℵ^{c} ¦ εχη E | εστι S Y Π Ω f^{1} 118 13 69 28 157 565 700 | τουτω 579 | λαμβανι ℵ^{c} ¦ λιψεται 2 ¦ λαλαμβανει 1346 | αναγγελι ℵ^{c} | υμειν D **16** θεωριτ. 𝔓^{66} ¦ θεωριται W ¦ θεωρειται 33 | μαι (με) 579 | οψεσθαι A W 2* 565 579 1071

B 15 πηρ A 𝔐 K L M S U W Γ Δ Θ Λ Π Ψ Ω f^{1} 118 f^{13} 69 2 33 28 157 565 579 700 788 1071 1346 1424 ¦ πρ 𝔓^{5}

C 13 τελος (post αληθειαν) E Y f^{13} 124 28 788 1346 ¦ τελος της γ G M 118 ¦ τελος της γ της ν H ¦ τελ με Γ ¦ (post παση) τελ τς γ f^{1} ¦ τελ 579**14** τελος της η εωθ G **15** αρχη: τη δ της ν ειπεν ο κς τοις εαυτου μαθηταις· E 2 ¦ αρχη: τη δ της ζ εβδ ειπεν, τοις εαυτ μαθ παντα οσα εχ. G ¦ αρχη: τη δ της ν ειπ, τοις εαυτ μαθθ παντα οσα εχει H ¦ αρχ: Y ¦ τη δ τς ν ειπεν ο κς τς εαυτ μαθ παντα οσα εχει ο πηρ M ¦ ημερα δ αρχ μς ειπεν ο κς τοις εαυτ μαθ παντα οσα εχει ο πηρ Γ ¦ αρχ νδ τη δ τς ζ εβδ τς ν ειπ ο κς τοις παντ οσα εχει ο πηρ f^{1} ¦ αρχ νδ τη δ τς ν ειπεν ο κς τοις παντ οσα εχει 118 ¦ αρχ τη δ πρ της ν 124 1346 ¦ αρχ τη δ τ··· f^{13} ¦ αρχ τς δ ειπεν ο κς τς εαυτ μαθητ παντα οσα 28 ¦ αρχ τη δ 157 ¦ τη δ πρ της ν 788 ¦ αρχη: τη δ της ζ εβδ. ειπεν ο κς τοις εαυτ μαθτ 1071

D 14 ρμη/γ ℵ ¦ ρμη/ι S **15** ρμη/γ A G L M U Y Π Ψ Ω 124 1424 ¦ ρμη D H K Γ Θ f^{1} f^{13} 2 157 579 1346 ¦ ρμη/δ E ¦ ρμη/ι Λ 28 788 1071 | Ιω ρμη : Λο ριθ : Μτ ριθ 124 | (ante δια τουτο) ρμθ D H Θ f^{1} f^{13} 1346 ¦ ρμθ/ι E L Γ Λ Ψ 124 788 1424 | Ιω ρμθ : Λο . :Μρ . : Μτ . 124 **16** ρμθ/ι ℵ A G M S U Y Π Ω 28 1071 ¦ ρμθ K 2 579

	17 εἶπαν οὖν ἐκ τῶν μαθητῶν	αὐτοῦ πρὸς ἀλλήλους,	B 𝔓⁶⁶ W **uw**
	17 .... θητῶν	αὐτοῦ	𝔓⁵
	17 εἶπον οὖν ἐκ τῶν μαθητῶν	αὐτοῦ πρὸς ἀλλήλους,	א D L 1071
ὑπάγω πρὸς τὸν πατέρα μου.	**17** εἶπον οὖν ἐκ τῶν μαθητῶν	αὐτοῦ πρὸς ἀλλήλους,	G
ὑπάγω πρὸς τὸν πατέρα.	**17** εἶπον οὖν πρὸς ἀλλήλους	ἐκ τῶν μαθητῶν αὐτοῦ,	K
ὑπάγω πρὸς τὸν πατέρα.	**17** εἶπον οὖν ἐκ τῶν μαθητῶν αὐτῶν	αὐτοῦ πρὸς ἀλλήλους,	Λ
ὑπάγω πρὸς τὸν πατέρα.	**17**		69
ὑπάγω πρὸς τὸν πατέρα.	**17** εἶπαν οὖν ἐκ τῶν μαθητῶν	αὐτοῦ πρὸς ἀλλήλους,	33
ὑπάγω πρὸς τὸν πατέρα.	**17** εἶπον οὖν ἐκ τῶν μαθητῶν αὐτοῦ τινες	πρὸς ἀλλήλους,	579
ὑπάγω πρὸς τὸν πατέρα.	**17** εἶπον οὖν ἐκ τῶν μαθητῶν	αὐτοῦ πρὸς ἀλλήλους,	A 𝔐 M N U Γ
			Δ Θ Π Ψ f¹ f¹³ 2 28 157 565 700 1424 τ

Τί ἐστι τοῦτο ὃ λέγει ἡμῖν, Μεικρὸν καὶ οὐ	θεωρεῖτέ με, καὶ πάλιν μεικρὸν	B
..... ἐστιν τοῦτο	·εωρε···έ με, ...	𝔓⁵
Τί ἐστιν τοῦτο ὃ λέγ··· ἡμῖν, Μικρὸν καὶ οὐ	θεωρῖταί μ·· ·αὶ πάλιν μικρὸν	𝔓⁶⁶
Τί ἐστιν τοῦτο ὃ λέγει ἡμῖν,	μικρὸν	א*
Τί ἐστιν τοῦτο ὃ λέγει ἡμῖν, Μεικρὸν καὶ οὐκέτι ὄψεσθέ	με, καὶ πάλιν μεικρὸν	D
Τί ἐστι τοῦτο ὃ λέγει ἡμῖν, Μικρὸν καὶ οὐ	θεωρεῖτέ με, καὶ πάλιν μικρὸν	Y S U 1 118 f¹³ 28 157
Τί ἐστι τοῦτο ὃ λέγει ἡμῖν, Μικρὸν καὶ οὐκέτι	θεωρεῖτέ με, καὶ πάλιν μικρὸν	1582 [↑565 700 τ
Τί ἐστιν τοῦτο ὃ λέγει ἡμῖν, Μικρὸν καὶ οὐκέτι	θεωρεῖτέ με, καὶ πάλιν μικρὸν	W Ψ 124 33
om.		69
Τί ἐστι τοῦτο ὃ λέγει ὑμῖν, Μικρὸν καὶ οὐ	θεωρεῖτέ με, καὶ πάλιν μικρὸν	788
Τί ἐστιν τοῦτο ὃ λέγει, Μικρὸν καὶ οὐ	θεωρεῖτέ με, καὶ πάλιν μικρὸν	1071
Τί ἐστιν τοῦτο ὃ λέγει ἡμῖν, Μικρὸν καὶ οὐ	θεωρεῖτέ με, καὶ πάλιν μικρὸν	אᶜ A 𝔐 K L M N Γ Δ
		Θ Λ Π 2 579 1424 **uw**

καὶ ὄψεσθέ με; καί, Ὅτι ὑπάγω	πρὸς τὸν πατέρα;	**18** ἔλεγον οὖν,	B אᶜ A L M Nᶜ Λ Π Ψ f¹³ 33
....	.... ρα;	**18** ἔλεγον οὖν,	𝔓⁵ [↑565 579 700 1071 **uw**
καὶ ὄψεσθέ με; κα···· ὑπάγω	πρὸ·· τὸν πατέρα;	**18** ἔλεγον ο··ν,	𝔓⁶⁶
καὶ ὄψεσθέ με; καί, ˙Ω ὑπάγω	πρὸς τὸν πατέρα;	**18** ἔλεγον οὖν,	א*
καὶ ὄψεσθέ με; καί, Ὅτι ἐγὼ ὑπάγω	πρὸς τὸν πατέρα;	**18**	D*
καὶ ὄψεσθέ με; καί, Ὅτι ἐγὼ ὑπάγω·······	πρὸς τὸν πατέρα;	**18** ἔλεγον οὖν,	G*
καὶ ὄψεσθέ με; Ὅτι ἐγὼ ὑπάγω	πρὸς τὸν πατέρα;	**18** ἔλεγον οὖν,	H
καὶ ὄψεσθέ με; καί, Ὅτι ὑπάγω	πρὸς τὸν;	**18** ἔλεγον οὖν,	N*
καὶ ὄψεσθέ με; καί, Ἐγὼ ὑπάγω	πρὸς τὸν πατέρα;	**18** ἔλεγον οὖν,	W
καὶ ὄψεσθέ με; Ὅτι ὑπάγω	πρὸς τὸν πατέρα;	**18** ἔλεγον οὖν,	118 1346
		18 ἔλεγον οὖν,	69 [↓1424 τ
καὶ ὄψεσθέ με; καί, Ὅτι ἐγὼ ὑπάγω	πρὸς τὸν πατέρα;	**18** ἔλεγον οὖν,	Dᶜ 𝔐 K U Γ Δ Θ f¹ 2 28 157

Τί ἐστι τοῦτο ὃ λέγει μεικρόν;	οὐκ οἴδαμεν.	B
.... μεικρόν;	οὐκ οἶδα······	𝔓⁵
···· ἐσ··· τοῦτο μικρόν;	οὐκ οἴδαμεν τί λαλεῖ.	𝔓⁶⁶
Τί ἐστιν τοῦτο τὸ μικρόν;	οὐκ οἴδαμεν τί λαλεῖ.	א* W f¹ f¹³ 579 [**u**]
Τί ἐστιν τοῦτο ὃ λέγει μικρόν;	οὐκ οἴδαμεν τί λαλεῖ.	אᶜ L Ψ 33 1071 [**w**]
Τοῦτο τί ἐστιν ὃ λέγει τὸ μικρόν;	οὐκ οἴδαμεν τί λαλεῖ.	A
Τί ἐστιν τοῦτο τὸ μικρόν;	οὐκ οἴδαμεν ὃ λέγει.	D*
Τοῦτο ἐστιν τί ὃ λέγει τὸ μεικρόν;	οὐκ οἴδαμεν τί λαλεῖ.	Dᶜ
Τοῦτο τί ἐστιν ὃ λέγει τὸ μικρόν;	οὐκ οἴδαμεν τί λαλεῖ.	𝔐 K M N U Γ Δ Λ Π 118 2 28 157 700 1424ᶜ τ
Τοῦτο τί ἐστιν ὃ λέγει τὸ μικρόν;	οὐκ οἴδαμεν τη λέγει.	Θ
Τί ἐστι τοῦτο τὸ μικρόν;	οὐκ οἴδαμεν τί λαλεῖ.	69 565
Τί ἐστιν τοῦτο μικρόν;	οὐκ οἴδαμεν τί λαλεῖ.	124
Τοῦτο ἐστιν ὃ λέγει τὸ μικρόν;	οὐκ οἴδαμεν τί λαλεῖ.	1424*
Τί ἐστιν τοῦτο ὃ λέγει τὸ μικρόν;	οὐκ οἴδαμεν τί λαλεῖ.	[**u**]
Τί ἐστιν τοῦτο ὃ λέγει μικρόν;	οὐκ οἴδαμεν.	[**w**]

lac. **16.16–18** 𝔓⁴⁵ 𝔓⁷⁵ C F P

A 17 αλλιλους 1071 | ημειν 𝔓⁶⁶ D | τουτω 579 | θεωριται 𝔓⁶⁶ אᶜ W ¦ θεωρειται A 33 ¦ θεωριτε N | μαι (με¹.²) 579 | κα (και²) Λ* | οψεσθαι A N W Δ 2* 1071 **18** ελεγων Θ | του (τουτο) Π* ¦ τουτω 579 | εστι 788 1346 | λεγι אᶜ | ουδαμεν 565 | λαλη 579

B 16 π̅ρ̅α̅ A 𝔐 K M N S U Γ Δ Θ Λ Π Ψ Ω f¹ 118 f¹³ 69 124 2 33 28 157 565 579 700 788 1346 1424 **17** π̅ρ̅α̅ 𝔓⁵ 𝔓⁶⁶ A 𝔐 K L M Nᶜ S U W Γ Δ Θ Λ Π Ψ Ω f¹ 118 f¹³ 124 2 33 28 157 565 579 700 788 1071 1346 1424

221

v̅η̅ 19 ἔγνω		Ἰησοῦς ὅτι		ἤθελον	αὐτὸν ἐρωτᾶν,	B L [u]w
19 ⋯⋯νω		Ἰησοῦς ὅτι		ἤ⋯λον		𝔓⁵
19 ἔγνω		⋯⋯⋯⋯	ἤμελλον κ⋯	η⋯λον	αὐτὸν ⋯⋯τᾶν,	𝔓⁶⁶*
19 ἔγνω		⋯⋯⋯⋯	ἤμελλον		αὐτὸν ⋯⋯τᾶν,	𝔓⁶⁶ᶜ
19 ἔγνω	ὁ	Ἰησοῦς ὅτι	ἤμελλον		αὐτὸν ἐρωτᾶν,	א
19 ἔγνω	ὁ	Ἰησοῦς ὅτι ὅτι		ἤθελον	αὐτὸν ἐπερωτῆσαι περὶ τούτου,	D*
19 ἔγνω	ὁ	Ἰησοῦς ὅτι		ἤθελον	αὐτὸν ἐπερωτῆσαι περὶ τούτου,	Dᶜ
19 ἔγνω δὲ	ὁ	Ἰησοῦς ὅτι		ἤθελον	αὐτὸν ἐρωτᾶν,	Y U Π 157
19 ἔγνοι		Ἰησοῦς ὅτι	ἤμελλον		αὐτὸν ἐρωτᾶν,	W
19 ἔγνω δὲ	ὁ	Ἰησοῦς ὅτι		ἤθελον	αὐτὸν περὶ τούτου ἐρωτᾶν,	Θ
19 ἔγνω	ὁ	Ἰησοῦς ὅτι		ἤθελον	αὐτὸν ἐρωτᾶν,	1 1582* 33 565 [u]
19 ἔγνω οὖν	ὁ	Ἰησοῦς ὅτι	ἤμελλον		αὐτὸν ἐρωτᾶν,	69
19 ἔγνω οὖν	ὁ	Ἰησοῦς ὅτι		ἤθελον	αὐτὸν ἐρωτῖσαι,	2
19 ἔγνω δὲ	ὁ	Ἰησοῦς ὅτι	ἔμελλον		αὐτὸν ἐρωτᾶν,	579
19 ἔγνω οὖν		Ἰησοῦς ὅτι		ἤθελον	ἐρωτᾶν αὐτόν,	1071
19 ἔγνω οὖν	ὁ	Ἰησοῦς ὅτι		ἤθελον	αὐτὸν ἐρωτᾶν,	A 𝔐 K M N Γ Δ

Λ Ψ 1582ᶜ 118 f¹³ 28 700 1424 τ

καὶ εἶπεν αὐτοῖς,	Περὶ τούτου ζητεῖτε	μετ'	ἀλλήλων	ὅτι εἶπον, Μεικρὸν καὶ	B D
⋯αὶ εἶπεν αὐτ⋯ς,	⋯⋯⋯⋯⋯⋯ ⋯⋯ῆτε	μετ'	ἀλλήλ⋯	⋯⋯⋯⋯ ⋯⋯ον καὶ	𝔓⁵
εἶπεν α⋯οῖς,	⋯⋯⋯ τούτου ⋯⋯ῖτα⋯			⋯⋯⋯ ⋯⋯ον,	𝔓⁶⁶*
καὶ εἶπεν,	Περὶ τούτου ζητεῖτε	μετ'	ἀλλήλων	ὅτι εἶπον, Μικρὸν καὶ	A
καὶ εἶπεν αὐτοῖς,	Περὶ τούτου ζητεῖτε	πρὸς	ἀλλήλους	ὅτι εἶπον, Μικρὸν καὶ	N
καὶ εἶπεν αὐτοῖς,	Περὶ τούτου ζητεῖτε	μετ'	ἀλλήλων	ὅτι εἶπον, Μικρὸν καὶ	uwτ rell

οὐ	θεωρεῖτέ με, καὶ πάλιν μεικρὸν καὶ ὄψεσθέ με; 20 ἀμὴν ἀμὴν λέγω ὑμῖν ὅτι			B D
οὐ	θεωρε⋯ ⋯⋯⋯ ⋯⋯⋯⋯⋯⋯⋯⋯⋯ν καὶ ὄψεσθέ μ⋯ 20 ⋯⋯⋯⋯ ⋯⋯⋯ω ὑμεῖν ὅτ⋯			𝔓⁵
⋯⋯⋯	⋯⋯⋯⋯⋯⋯⋯⋯⋯⋯⋯⋯⋯⋯ 20 ⋯μὴν			𝔓⁶⁶
οὐκέτι	θεωρεῖτέ με, καὶ πάλιν μικρὸν καὶ ὄψεσθέ με; 20 ἀμὴν ἀμὴν λέγω ὑμῖν ὅτι			Θ 1582 565
οὐ	θεωρεῖτέ με, καὶ πάλιν μικρὸν καὶ ⋯⋯⋯⋯⋯ 20			13
οὐ	θεωρεῖτέ με, καὶ πάλιν μικρὸν καὶ ὄψεσθέ με; 20 ἀμὴν λέγω ὑμῖν ὅτι			69 788 1346
οὐ θέτω	θεωρεῖτέ με, καὶ πάλιν μικρὸν καὶ ὄψεσθέ με; 20 ἀμὴν ἀμὴν λέγω ὑμῖν ὅτι			33
οὐ	θεωρεῖτέ με, καὶ πάλιν μικρὸν καὶ ὄψεσθέ με; 20 ἀμὴν ἀμὴν λέγω ὑμῖν ὅτι			uwτ rell

κλαύσετε	καὶ θρηνήσετε	ὑμεῖς, ὁ δὲ κόσμος χαρήσεται· ὑμεῖς	λυπηθήσεσθε,	B D1 1582* uw
⋯⋯⋯⋯	⋯⋯⋯ ⋯⋯ετε	ὑμεῖς, ὁ δὲ ⋯⋯⋯⋯⋯⋯⋯⋯αι· ὑμεῖς	λευπη	𝔓⁵
⋯⋯⋯⋯	⋯⋯⋯⋯⋯	⋯⋯⋯⋯⋯⋯⋯ .. ⋯⋯⋯⋯⋯⋯⋯⋯⋯ θε,		𝔓⁶⁶
κλαύσετε	καὶ θρηνήσητε	ὑμεῖς, ὁ δὲ κόσμος χαρήσεται· ὑμεῖς	λυπηθήσεσθε,	א*
κλαύσηται	καὶ θρηνήσηται	ὑμεῖς, ὁ δὲ κόσμος χαρήσεται· ὑμεῖς δὲ	λυπήσεσθε,	N*
κλαύσηται	καὶ θρηνήσηται	ὑμεῖς, ὁ δὲ κόσμος χαρήσεται· ὑμεῖς δὲ	λυπηθήσεσθε,	Nᶜ 1346
κλαύσετε		ὑμεῖς, ὁ δὲ κόσμος χαρήσεται· ὑμεῖς	λυπηθήσεσθε,	Λ*
κλαύσετε	καὶ πενθήσετε	ὑμεῖς, ὁ δὲ κόσμος χαρήσεται· ὑμεῖς	λυπηθήσεσθε,	Λᶜ
κλαύσετε	καὶ θρηνήσετε	ὑμεῖς, ὁ δὲ κόσμος χαρήσεσθε· ὑμεῖς δὲ	λυπηθήσεσθε,	69
κλαύσετε	καὶ πενθήσετε	ὑμεῖς, ὁ δὲ κόσμος χαρήσεται· ὑμεῖς δὲ	λυπηθήσεσθε,	124
κλαύσετε	καὶ θρηνήσητε	ὑμεῖς, ὁ δὲ κόσμος χαρήσεται· ὑμεῖς δὲ	λυπηθήσεσθε,	28
κλαύσετε	καὶ θρηνήσετε	ὑμεῖς, ὁ δὲ κόσμος χαρήσεται· ὑμεῖς δὲ	λυπηθήσεσθε,	אᶜ A 𝔐 K L M U W

Γ Δ Θ Π Ψ 1582ᶜ 118 2 33 157 565 579 700 788 1071 1424 τ

---

lac. 16.19–20 𝔓⁴⁵ 𝔓⁷⁵ C F P ¦ vs. 20 13

A 19 εγινω G* | περη K Θ | τουτο (τουτου) Λ | ζητητε (𝔓⁵) L Θ ¦ ζητιται W | θεωριται A ¦ θεωρειται W | οψεσθαι A N W Δ 579 1071 20 υμειν 𝔓⁵ D | κλαυσεται Y W 2* 33 579 1071 | θρηνησεται A D W 33 579 ¦ θρηνησετετε Y ¦ θρινησετε Θ 2ᶜ | θρηνησεται 2* 1071 | υμις¹·² א N | κομος Π | λευπ⋯ 𝔓⁵ | χαρησετε Θ ¦ χαρισετε 28 ¦ χαρισεται 579 700 | λυπηθησεσθαι א A W 2* 33 579 1071

B 19 ι̅ς̅ B א A 𝔐 K L M N S U W Γ Δ Θ Λ Π Ψ Ω f¹ 118 f¹³ 124 2 33 28 157 565 579 700 788 1071 1346 1424 ¦ ιη̅ς̅ 𝔓⁵ D

D 20 ρν/δ A ¦ ρν D K Π 579

[↓f¹ 69 565 700 1071 **uwτ**

ἀλλ'	ἡ λύπη ὑμῶν εἰς χαρὰν γενήσεται.	**21** ἡ γυνὴ ὅταν τίκτῃ λύπην ἔχει,	Ν B A G M S U W Δ Π Ψ Ω
....	·· η ὑμῶν εἰς χαρὰν	**21** ·· .... ἡ ὅταν τίκτῃ λεύ···	𝔭5
....	....	**21** ·· ·····υνὴ ὅταν τίκτῃ λύπ···	𝔭22
....	ἡ .... ησεται.	**21** ἡ γυνὴ ὅταν .... ··ύπην ἔχει,	𝔭66
ἀλλὰ	ἡ λύπη ὑμῶν εἰς χαρὰν γενήσεται.	**21** ἡ γυνὴ ὅταν τίκτῃ λύπην ἔχει,	D E L Γ Θ 157
ἀλλ'	ἡ λύπη ὑμῶν εἰς χαρὰν γενήσεται.	**21** ἡ γυνὴ ὅταν <u>τίκτει</u> λύπην ἔχει,	H Y N 118 28 788 1346
ἀλλ'	ἡ λύπη ὑμῶν εἰς χαρὰν <u>γένηται</u>.	**21** ἡ γυνὴ ὅταν τίκτῃ λύπην ἔχει,	K [↑1424
<u>ἀλλὰ</u>	ἡ λύπη ὑμῶν εἰς χαρὰν γενήσεται.	**21** ἡ γυνὴ ὅταν <u>τίκτει</u> λύπην ἔχει,	Λ 124
<u>ἀλλὰ δὲ</u>	ἡ λύπη <u>ἡμῶν</u> εἰς χαρὰν γενήσεται.	**21** ἡ γυνὴ ὅταν <u>τίκτει</u> λύπην ἔχει,	2*
<u>ἀλλὰ</u>	ἡ λύπη <u>ἡμῶν</u> εἰς χαρὰν γενήσεται.	**21** ἡ γυνὴ ὅταν <u>τίκτει</u> λύπην ἔχει,	2ᶜ
<u>ἀλλὰ</u>	ἡ λύπη <u>ἡμῶν</u> εἰς χαρὰν γενήσεται.	**21** ἡ γυνὴ ὅταν τίκτῃ λύπην ἔχει,	33
ἀλλ'	ἡ <u>λύπη</u> <u>ἡμῶν</u> εἰς χαρὰν γενήσεται.	**21** ἡ γυνὴ ὅταν τίκτῃ λύπην ἔχει,	579

ὅτι ἦλθεν ἡ ὥρα	αὐτῆς· ὅταν δὲ γεννήσῃ τὸ παιδίον, οὐκέτι μνημονεύει τῆς	B **uwτ** rell
·······ρα	αὐτῆς· .... ··αι···ον, οὐκέ···	𝔭5
....	·····τῆς· ὅταν δὲ γεννη······ ....νεύει τῆς	𝔭22
ὅτι ἦλθεν ἡ <u>ἡμέρα</u>	αὐτῆς· ὅταν δὲ γεννήσῃ τὸ παιδίον, οὐκέτι μνημονεύει τῆς	𝔭66 D
ὅτι ἦλθεν ἡ ὥρα	αὐτῆς· ὅταν δὲ <u>γενήσῃ</u> τὸ παιδίον, οὐκέτι μνημονεύει τῆς	A N
ὅτι ἦλθεν ἡ ὥρα	αὐτῆς· ὅταν δὲ γεννήσῃ παιδίον, οὐκέτι μνημονεύει τῆς	1 1582* 565
ὅτι ἦλθεν <u>αὐτῆς</u>	<u>ἡ ὥρα</u>· ὅταν δὲ γεννήσῃ τὸ παιδίον, οὐκέτι <u>μνημονέβει</u> τῆς	579

θλείψεως	διὰ τὴν χαρὰν ὅτι ἐγεννήθη	ἄνθρωπος εἰς τὸν κόσμον. **22** καὶ ὑμεῖς	B 𝔭66
····είψ··ως	δι···· ....ήθη	ἄνθρω··· ...... **22** καὶ ὑμεῖς	𝔭5
θλίψεω···	...............ήθη	ἄνθρωπος εἰς τὸν κ···· ... **22**	𝔭22
<u>θλίψεως</u>	διὰ τὴν χαρὰν ὅτι ἐγεννήθη <u>ὁ</u>	ἄνθρωπος εἰς τὸν κόσμον. **22** καὶ ὑμεῖς	Ν
....	.... ὅτι <u>ἐγεννήθη</u>	ἄνθρωπος εἰς τὸν κόσμον. **22** καὶ ὑμεῖς	C
<u>λύπης</u>	διὰ τὴν χαρὰν ὅτι ἐγεννήθη	ἄνθρωπος εἰς τὸν κόσμον. **22** καὶ ὑμεῖς	D
<u>θλίψεως αὐτῆς</u>	διὰ τὴν χαρὰν ὅτι ἐγεννήθη <u>ὁ</u>	ἄνθρωπος εἰς τὸν κόσμον. **22** καὶ ὑμεῖς	157
<u>λύπης</u>	διὰ τὴν χαρὰν ὅτι ἐγεννήθη <u>ὁ</u>	ἄνθρωπος εἰς τὸν κόσμον. **22** καὶ ὑμεῖς	579
<u>θλίψεως</u>	διὰ τὴν χαρὰν ὅτι ἐγεννήθη	ἄνθρωπος εἰς τὸν κόσμον. **22** καὶ ὑμεῖς	**uwτ** rell

οὖν νῦν μὲν λύπην ἔχετε·	πάλιν δὲ ὄψομαι	ὑμᾶς, καὶ χαρήσεται ὑμῶν ἡ καρδία,	B C* f¹ 565 **uw**
οὖν γῦν μὲν	.... ὄψομαι	ὑμ····· .... ·· ···αρδία,	𝔭5
...... ν λύπην ἔχετε·	....	.........σεται ὑμῶν ἡ καρ···	𝔭22
οὖν νῦν μὲν λύπην <u>ἔξεται</u>·	πάλιν δὲ ὄψομαι	ὑμᾶς, καὶ χαρήσεται ὑμῶν ἡ καρδία,	𝔭66 Νᶜ W* 33
<u>νῦν μὲν οὖν</u> λύπην <u>ἔχεται</u>·	πάλιν δὲ ὄψομαι	ὑμᾶς, καὶ χαρήσεται ὑμῶν ἡ καρδία,	Ν*
οὖν <u>λύπην μὲν νῦν ἔξεται</u>·	πάλιν δὲ ὄψομαι	ὑμᾶς, καὶ χαρήσεται ὑμῶν ἡ καρδία,	A
οὖν <u>λύπην μὲν νῦν</u> <u>ἔξετε</u>·	πάλιν δὲ ὄψομαι	ὑμᾶς, καὶ χαρήσεται ὑμῶν ἡ καρδία,	D Ψ
οὖν νῦν μὲν λύπην <u>ἔξητε</u>·	πάλιν δὲ ὄψομαι	ὑμᾶς, καὶ χαρήσεται ὑμῶν ἡ καρδία,	Y Θ Π 157
οὖν νῦν μὲν λύπην <u>ἔξηται</u>·	πάλιν δὲ ὄψομαι	ὑμᾶς, καὶ χαρήσεται ὑμῶν ἡ καρδία,	L
οὖν νῦν μὲν λύπην ἔχετε·	πάλιν δὲ ὄψομαι	ὑμᾶς, καὶ χαρήσεται ὑμῶν ἡ καρδία,	M Wᶜ 1071
οὖν <u>λύπην μὲν νῦν</u> ἔχετε·	πάλιν δὲ ὄψομαι	ὑμᾶς, καὶ χαρήσεται ὑμῶν ἡ καρδία,	N
<u>λύπην μὲν νῦν</u> ἔχετε·	πάλιν δὲ ὄψομαι	ὑμᾶς, καὶ χαρήσεται ὑμῶν ἡ καρδία,	U
οὖν <u>λύπην μὲν οὖν</u> ἔχετε·	πάλιν δὲ ὄψομαι	ὑμᾶς, καὶ χαρήσεται ὑμῶν ἡ καρδία,	Γ
οὖν <u>λύπην μὲν οὖν</u> ἔχετε·	πάλιν δὲ ὄψομαι	ὑμᾶς, καὶ χαρήσεται ὑμῶν ἡ καρδία,	Λ 124
<u>μὲν λύπην μὲν νῦν</u> ἔχετε·	πάλιν δὲ ὄψομαι	ὑμᾶς, καὶ χαρήσεται ὑμῶν ἡ καρδία,	69
οὖν <u>λύπην μὲν νῦν</u> ἔχεται·	πάλιν δὲ <u>ὄψομε</u>	ὑμᾶς, καὶ χαρήσεται ὑμῶν ἡ καρδία,	2*
<u>λύπην μὲν ἔχεται</u>·	πάλιν δὲ <u>ὄψωμαι</u>	ὑμᾶς, καὶ χαρήσεται <u>ἡμῶν</u> ἡ καρδία,	579
<u>λύπην μὲν ἔχετε νῦν</u>·	πάλιν δὲ ὄψομαι	ὑμᾶς, καὶ χαρήσεται ὑμῶν ἡ καρδία,	700
<u>νῦν</u> <u>οὖν</u> λύπην <u>ἔχεται</u>·	πάλιν δὲ ὄψομαι <u>πρὸς</u>	ὑμᾶς, καὶ χαρήσεται ὑμῶν ἡ καρδία,	1346
οὖν λύπην ἔχετε·	πάλιν δὲ ὄψομαι	ὑμᾶς, καὶ χαρήσεται ὑμῶν ἡ καρδία,	1424 [↓28 788 τ
οὖν <u>λύπην μὲν νῦν</u> ἔχετε·	πάλιν δὲ ὄψομαι	ὑμᾶς, καὶ χαρήσεται ὑμῶν ἡ καρδία,	Cᶜ 𝔐 K Δ 118 2ᶜ

lac. **16.20–22** 𝔭45 𝔭75 F P 13 ¦ vss. 20–21 C

A **20** ει (εις) H ¦ γενησετε L 28 **21** τηκτη L ¦ τικτι H N ¦ τικτει 1071 ¦ λευπη 𝔭5 ¦ οτα (οταν) K ¦ γεννηση H 2* 28 579 1071 1346 ¦ ουκετει 579 ¦ μνημωνευει Θ ¦ θλημψεως 2* ¦ τιν (την) Θ **22** υμις N ¦ οφομε N Θ ¦ οψωμαι E ¦ χαρησαιται L ¦ χαρησετε Λ ¦ χαρισεται 1071

B **21** ανος 𝔭22 A C 𝔐 K L M N S U W Γ Δ Θ Λ Π Ψ Ω f¹ 118 124 2 33 28 69 157 565 579 700 788 1071 1346 1424

καὶ τὴν χαρὰν ὑμῶν οὐδεὶς ἀρεῖ   ἀφ' ὑμῶν.   **23** καὶ ἐν ἐκείνῃ τῇ ἡμέρᾳ ἐμὲ οὐκ   B D* Sᶜ Γ [**w**]
....δεὶς ἀρεῖ   **23** .... τ· ἥμε.....   𝔓⁵
....δεὶς αἴρει   ἀφ'...ν.   **23** .... α   𝔓²²
      τὴν χαρὰν ὑμῶν ....ιρι   ἀφ' ὑ.....   **23** κα·..ν ἐκείνῃ τῇ ....έ.   𝔓⁶⁶*
καὶ τὴν χαρὰν ὑμῶν ....ιρι   ἀφ' ὑ.....   **23** κα·..ν ἐκείνῃ τῇ ....έ.   𝔓⁶⁶ᶜ
καὶ τὴν χαρὰν ὑμῶν οὐδεὶς ἐρεῖ   ἀφ' ὑμῶν.   **23** καὶ ἐν ἐκείνῃ τῇ ἡμέρᾳ ἐμὲ οὐκ   N
καὶ τὴν χαρὰν ὑμῶν οὐδεὶς ἀφέρει   ἀφ' ὑμῶν.   **23** καὶ   ἐκείνῃ τῇ ἡμέρᾳ ἐμὲ οὐκ   W
καὶ τὴν χαρὰν ὑμῶν οὐδεὶς αἴρει.   **23** καὶ ἐν ἐκείνῃ τῇ ἡμέρᾳ ἐμὲ οὐκ   1424
καὶ τὴν χαρὰν ὑμῶν οὐδεὶς αἴρει   ἀφ' ὑμῶν.   **23** καὶ   ἐκείνῃ τῇ ἡμέρᾳ ἐμὲ οὐκ   Θ
καὶ τὴν χαρὰν ἡμῶν οὐδεὶς αἴρει   ἀφ' ὑμῶν.   **23** καὶ   ἐκείνῃ τῇ ἡμέρᾳ   οὐκ   579
καὶ τὴν χαρὰν ὑμῶν οὐδεὶς αἴρει   ἀφ' ὑμῶν.   **23** ἐν ἐκείνῃ τῇ ἡμέρᾳ ἐμὲ οὐκ   1071
καὶ τὴν χαρὰν ὑμῶν οὐδεὶς αἴρει   ἀφ' ὑμῶν.   **23** καὶ ἐν ἐκείνῃ τῇ ἡμέρᾳ ἐμὲ οὐκ   ℵ A C Dᶜ 𝔐 K L M U

Δ Λ Π Ψ *f*¹ 69 124 2 33 28 157 565 700 788 1346 1424 **u**[**w**]τ

ἐρωτήσετε   οὐδέν. ἀμὴν ἀμὴν λέγω ὑμῖν,   ἄν   τι αἰτήσητε τὸν πατέρα   B C L **u**[**w**]
....   οὐδέν. ἀμὴν ......   ἄν   τι αἰτη......   𝔓⁵
ἐρωτήσετ·   ...δ .... τι ἐάν αἰτήσ......   𝔓²²
            ....έν. ....   𝔓⁶⁶
ἐρωτήσηται οὐδέν. ἀμὴν ἀμὴν λέγω ὑμῖν, ὅτι ὃ ἄν   αἰτήσητε τὸν πατέρα   ℵ
ἐρωτήσετε   οὐδέν. ἀμὴν ἀμὴν λέγω ὑμῖν, ὅτι   ἄν   αἰτήσητε τὸν πατέρα   A W
ἐρωτήσετε   οὐδέν. ἀμὴν ἀμὴν λέγω ὑμῖν,   ἐάν τι αἰτήσητε τὸν πατέρα   D* Ψ
ἐρωτήσετε   οὐδέν. ἀμὴν ἀμὴν λέγω ὑμῖν, ὅτι ἐάν τι αἰτήσητε τὸν πατέρα   Dᶜ
ἐρωτήσετε   οὐδέν. ἀμὴν ἀμὴν λέγω ὑμῖν, ὅτι ὃ ἐάν   αἰτήσητε τὸν πατέρα   Υ Θ Π
ἐρωτήσετε   οὐδέν. ἀμὴν ἀμὴν λέγω ὑμῖν, ὅτι ὅσα ἐάν αἰτήσητε τὸν πατέρα   K M
ἐρωτήσετε   οὐδέν. ἀμὴν ἀμὴν λέγω ὑμῖν,   ὃ ἐάν   αἰτήσητε τὸν πατέρα μου   N
ἐρωτήσητε   οὐδέν. ἀμὴν ἀμὴν λέγω ὑμῖν, ὅτι ὅσα ἄν   αἰτήσητε τὸν πατέρα   Λ 579
ἐρωτήσηται οὐδέν. ἀμὴν ἀμὴν λέγω ὑμῖν, ὅτι ὅσα ἄν   αἰτήσητε τὸν πατέρα   2
ἐρωτήσετε   οὐδέν. ἀμὴν ἀμὴν λέγω ὑμῖν, ὅτι ὃ ἐάν   αἰτήσητε τὸν πατέρα   33
ἐρωτήσετε   οὐδέν. ἀμὴν ἀμὴν λέγω ὑμῖν, ὅτι ὅσα ἄν   αἰτήσητε τὸν πατέρα   788
ἐπερωτήσηται οὐδέν. ἀμὴν ἀμὴν λέγω ὑμῖν, ὅτι ὅσα ἄν   αἰτήσητε τὸν πατέρα   1071
ἐρωτήσετε   οὐδέν· ἀμὴν ἀμὴν λέγω ὑμῖν,   ἄν   τι αἰτήσητε τὸν πατέρα   [**w**]
ἐρωτήσετε   οὐδέν. ἀμὴν ἀμὴν λέγω ὑμῖν, ὅτι ὅσα ἄν   αἰτήσητε τὸν πατέρα   𝔐 U Γ Δ *f*¹ 69 124

28 157 565 700 1424 τ

δώσει ὑμῖν ἐν τῷ ὀνόματί μου.   **24** ἕως ἄρτι οὐκ ᾐτήσατε   οὐδὲν ἐν τῷ ὀνόματί μου·   B ℵ C* L Δ **w**
.... ἐν τῷ ὀγ....α.....   **24**   ....   𝔓⁵
.... ὑμῖν ε·.....   **24**   ....   𝔓²²
.... 𝔓....ό.   **24** ....σαται   οὐδ......   𝔓⁶⁶
ἐν τῷ ὀνόματί μου δώσει ὑμῖν.   **24** ἕως ἄρτι οὐκ ᾐτήσασθαι   οὐδὲν ἐν τῷ ὀνόματί με·   A*
ἐν τῷ ὀνόματί μου δώσει ὑμῖν.   **24** ἕως ἄρτι οὐκ ᾐτήσασθαι   οὐδὲν ἐν τῷ ὀνόματί μου·   Aᶜ
ἐν τῷ ὀνόματί μου δώσει ὑμῖν.   **24** ἕως ἄρτι οὐκ ᾐτήσατε   ἐν τῷ ὀνόματί μου οὐδὲν·   N
δώσει ὑμῖν.   **24** ἕως ἄρτι οὐκ ᾐτήσατε   οὐδὲν ἐν τῷ ὀνόματί μου·   118
ἐν τῷ ὀνόματί μου δώῃ ὑμῖν.   **24** ἕως ἄρτι οὐκ ᾐτήσατε   οὐδὲν ἐν τῷ ὀνόματί μου·   33
ἐν τῷ ὀνόματί μου δώσει ὑμῖν.   **24** ἕως ἄρτι οὐκ ᾐτήσασθε   οὐδὲν ἐν τῷ ὀνόματί μου·   28
ἐν τῷ ὀνόματί μου δώσει ὑμῖν.   **24** ἕως ἄρτι οὐκ ᾐτήσατε   οὐδὲν ἐν τῷ ὀνόματί μου·   Cᶜ D 𝔐 K M U

W Γ Θ Λ Π Ψ *f*¹ 69 124 2 157 565 579 700 788 1071 1346 1424 **u**τ

---

lac. **16.22–24** 𝔓⁴⁵ 𝔓⁷⁵ F P 13

A 22 ουδις ℵ ¦ αιρι 𝔓⁶⁶ Θ **23** εκινη N ¦ ερωτησεται L N W Ω 33 ¦ αιρωτησεται 579 ¦ υμειν¹·² D ¦ τη (τι) L ¦ αιτησηται ℵ D L M N W Δ Θ 579 **24** ητησαται 𝔓⁶⁶ ℵ L 579 ¦ ετησαται N

B 23 π̅ρ̅α̅ A C 𝔐 K L M N S U W Γ Δ Θ Λ Π Ψ Ω *f*¹ 118 124 2 33 28 69 157 565 579 700 788 1071 1346 1424

C 23 αρχη: τη ε̅ της ν̅ ειπεν ο κ̅ς̅ τοις εαυτου μαθηταις (ante αμην¹) E 2 ¦ αρχη G ¦ αρχη της ε̅ G ¦ αρχη: τη ε̅ της ζ̅ εβδ ειπ, τοις εαυτ μ αμην αμ G ¦ ε̅ της ν̅ ειπ τοις εαυτ μαθθ αμην αμην ¦ αρχ (ante αμην¹): τη ε̅ της ζ̅ εβδ ειπεν ο κ̅ς̅ τοις εαυτ μαθ αμην αμην λεγω υμιν οτι ο εαν αιτησητε Υ ¦ (ante αμην) τη ε̅ τς ζ̅ εβδ ειπεν ο κ̅ς̅ τς εαυτ μαθ αμην αμ, M ¦ (ante αμην) ημερα ε̅ αρχ μ̅ζ̅ ειπεν ο κ̅ς̅ τοις εαυτ μαθ αμην αμην Γ ¦ τη ε̅ τς ν̅ αρχ ειπ ο κ̅ς̅ αμην Ω ¦ (ante αμην) αρχ ν̅ε̅ τη ε̅ τς ζ̅ εβδ τς ν̅ ειπ ο κ̅ς̅ τοις αμ αμην λεγ υμιν *f*¹ ¦ (ante αμην) αρχ ν̅ε̅ τη ε̅ τς ν̅ ειπεν ο κ̅ς̅ τοις εαυτ μαθηταις 118 ¦ αρχ τς ε ειπεν ο κ̅ς̅ τς εαυτου μαθητ αμην αμην λεγ 28 ¦ (ante αμην) αρχ τη ε̅ μετα την αναλη 157 ¦ αρχ τη ε̅ πρ της ν̅ 788 ¦ αρχ (ante αμην¹): τη ε̅ της ζ̅ εβδ ειπεν ο κ̅ς̅ 1071 ¦ τελος (post δωσει υμιν) E Υ Θ 124 579 788 1346 ¦ τελος της δ̅ G *f*¹ 28

D 23 (ante αμην¹) ρ̅ν̅/δ̅ ℵ G L M S U Y Λ Ω 118 124 28 788 1071 1424 ¦ ρ̅ν̅ C Γ Θ *f*¹ 2 157 565 1346 ¦ ρ̅ν̅/β̅ E ¦ ρ̅ν̅/β̅ Ψ ¦ Ευ Ιω ρν : Λο . : Μρ ρκε : Μθ σις E ¦ Ιω ρν : Μρ . : Μθ σις 124

αἰτεῖτε	καὶ λήμψεσθε,	ἵνα ἡ χαρὰ ὑμῶν ᾖ πεπληρωμένη.	B ℵ^c A D L N **uw**
.....	..... ·ήμψεσθε,	..... ·· επ·· ρω·····	𝔭⁵
....	....	.... ·········· ν·····	𝔭²²
··· <u>τήσασθαι</u>	.....	.... ·ρὰ ὑμῳ·· ··	𝔭⁶⁶
<u>αἰτήσασθαι</u>	καὶ λήμψεσθε,	ἵνα ἡ χαρὰ ὑμῶν ᾖ πεπληρωμένη.	ℵ*
αἰτεῖτε	καὶ <u>λήψεσθε</u>,	ἵνα ἡ χαρὰ ὑμῶν <u>εἰ</u> πεπληρωμένη.	U
<u>αἰτήασθαι</u>	καὶ <u>λήψεσθαι</u>,	ἵνα ἡ χαρὰ ὑμῶν <u>πεπληρωμένη ἦν</u>.	W
αἰτεῖτε	καὶ <u>λήμψεσθαι</u>,	ἵνα ἡ χαρὰ ὑμῶν ᾖ <u>πληρωμένη</u>.	Δ
<u>αἰτήσασθαι</u>	καὶ <u>λήμψεσθαι</u>,	ἵνα ἡ χαρὰ <u>ἡμῶν</u> ᾖ πεπληρωμένη.	579 [↓565 700 788 1071 1346 1424 τ
αἰτεῖτε	καὶ <u>λήψεσθε</u>,	ἵνα ἡ χαρὰ ὑμῶν ᾖ πεπληρωμένη.	C 𝔐 K M Γ Θ Λ Π Ψ f¹ 69 124 2 33 28 157

The Hour Comes When Jesus Will No Longer Speak In Figures

ν̅θ̅	25	Ταῦτα ἐν παροιμίαις λελάληκα ὑμῖν·	ἔρχεται ὥρα ὅτε	οὐκέτι ἐν	B ℵ^c C* D* L W 1582^c 69
	25	····· ····· ·α ·ς λελάληκα ·····	····· ω··· ὅτε	··ὑκέτ··· ···	𝔭⁵ [↑33 579 788 **uw**
	25	....	....	....	𝔭²²
	25	·····τα ἐν ····· ·ελάλ ·····	·ρχετ··· ὅτε	οὐκέτι ·ν	𝔭⁶⁶
	25	Ταῦτα ἐν παροιμίαις λελάληκα ὑμῖν·	ἔρχεται ὥρα <u>ὅπου</u>	οὐκέτι ἐν	ℵ*
	25	Ταῦτα ἐν παροιμίαις λελάληκα ὑμῖν· <u>ἀλλ'</u>	ἔρχεται ὥρα <u>ὅτι</u>	οὐκέτι ἐν	E S Γ
	25	Ταῦτα ἐν παροιμίαις <u>λάληκα</u> ὑμῖν· <u>ἀλλ'</u>	ἔρχεται ὥρα ὅτε	οὐκέτι ἐν	Δ
	25	Ταῦτα ἐν παροιμίαις λελάληκα ὑμῖν· <u>ἀλλὰ</u>	ἔρχεται ὥρα ὅτε	οὐκέτι ἐν	Θ 157
	25	Ταῦτα ἐν παροιμίαις λελάληκα ὑμῖν·	ἔρχεται ὥρα	οὐκέτι ἐν	1 1582*
	25	Ταῦτα ἐν παροιμίαις λελάληκα ὑμῖν· <u>ἀλλ'</u>	ἔρχεται ὥρα ὅτε	οὐκέτι ἐν	A C^c D^c 𝔐 K M N U Λ Π

Ψ 118 124 2 28 565 700 1071 1346 1424 τ

παροιμίαις	λαλήσω ὑμῖν,	ἀλλὰ	παρησίᾳ περὶ	τοῦ πατρὸς	B*
παροιμίαις	*λαλήσω ὑμῖν,	ἀλλὰ	<u>παρρησίᾳ</u> περὶ	τοῦ πατρὸς	B^c **uwτ** rell
....	·····ήσω <u>ὑμεῖν</u>,	ά·· ·	....	τοῦ πατρὸς	𝔭⁵
....	....	....	....	·····ρς	𝔭²²
πα·····	····· <u>ὑμεῖν</u>,	ἀλλ··	παρρ··σίᾳ περὶ	····· ς <u>λαλήσω ὑμεῖν</u>	𝔭^{66*}
πα·····	····· <u>ὑμεῖν</u>,	ἀλλ··	παρρ··σίᾳ περὶ	····· ς	𝔭^{66c}
παροιμίαις	λαλήσω <u>ὑμεῖν</u>,	ἀλλὰ <u>ἐν</u>	παρησίᾳ περὶ	τοῦ πατρὸς	D
παροιμίαις	λαλήσω ὑμῖν,	ἀλλὰ <u>ἐν</u>	<u>παρρησίᾳ παρὰ</u>	τοῦ πατρὸς	579
παροιμίαις	λαλήσω ὑμῖν,	ἀλλὰ	<u>παρρησίᾳ</u> περὶ	τοῦ πατρός <u>μου</u>	1071

*118 begin different and late hand.

ἀπαγγελῶ	ὑμῖν.	26	ἐν ἐκείνῃ τῇ ἡμέρᾳ ἐν τῷ ὀνόματί μου	αἰτήσεσθε,	B A C* Y K L M U Θ Π 33 28
ἀπαγγε·····		26	··· ·κείνη τῇ ἡμέρ·····	·····μου αἰτήσεσθε,	𝔭⁵ [↑157 1071 **uw**
....	ὑμ·····	26	....	·····ήσ·····	𝔭²²
ἀπαγγελῶ	<u>·μειν</u>.	26	ἐν ·····ίνῃ τῇ ἡμέρᾳ ἐν τῷ ··γόμα·····	·····θαι,	𝔭⁶⁶
<u>ἀπαγγέλλω</u>	ὑμῖν.	26	ἐν ἐκείνῃ τῇ ἡμέρᾳ <u>αἰτήσασθαι</u> <u>ἐν τῷ</u> ὀνόματί <u>μου</u>,		ℵ*
<u>ἀπαγγέλλω</u>	ὑμῖν.	26	ἐν ἐκείνῃ τῇ ἡμέρᾳ ἐν τῷ ὀνόματί μου	αἰτήσεσθε,	ℵ^c
<u>ἀναγγελῶ</u>	ὑμῖν.	26	ἐν ἐκείνῃ τῇ ἡμέρᾳ ἐν τῷ ὀνόματί μου	αἰτήσεσθε,	C^c 𝔐 N Γ Δ Λ Ψ 118 69 124 2
ἀπαγγελῶ	<u>ὑμεῖν</u>.	26	ἐν ἐκείνῃ τῇ ἡμέρᾳ ἐν τῷ ὀνόματί μου	αἰτήσεσθε,	D [↑700 788 1346 τ
ἀπαγγελῶ	ὑμῖν.	26	ἐν ἐκείνῃ τῇ ἡμέρᾳ <u>αἰτήσασθε</u> <u>ἐν τῷ</u> ὀνόματί <u>μου</u>,		W
<u>ἀναγγελῶ</u>	ὑμῖν.	26	ἐν ἐκείνῃ τῇ ἡμέρᾳ <u>αἰτήσασθε</u> <u>ἐν τῷ</u> ὀνόματί <u>μου</u>,		f¹
<u>ἀναγγελῶ</u>	ὑμῖν.	26	ἐν ἐκείνῃ τῇ ἡμέρᾳ <u>αἰτήσεσθε</u> <u>ἐν τῷ</u> ὀνόματί <u>μου</u>,		565
<u>ἀναγγελῶ</u>	ὑμῖν.	26	ἐν ἐκείνῃ τῇ ἡμέρᾳ <u>αἰτεῖσθαι</u> <u>ἐν τῷ</u> ὀνόματί <u>μου</u>,		579
<u>ἀναγγελῶ</u>	ὑμῖν.	26	ἐν ἐκείνῃ τῇ ἡμέρᾳ ἐν τῷ ὀνόματί μου	<u>αἰτήσησθε</u>,	1424

---

lac. 16.24–26 𝔭⁴⁵ 𝔭⁷⁵ F P 13

A 24 αιτησασθαι 𝔭⁶⁶ ¦ αιτιται ℵ^c ¦ αιτητε Κ Λ ¦ αιτειται Μ ¦ αιτιτε Ν ¦ λη (ληψεσθε) Κ* ¦ λημψεσθαι L N W ¦ ληψεσθαι 157 1071 25 παρομιαις¹ C ¦ παρυμιαις Κ 2 ¦ υμειν¹ 𝔭⁵ D ¦ ερχετε Κ ¦ ουκεπ (ουκετι) L ¦ υμειν^{2.3} 𝔭⁶⁶ D 26 αιτησεσθαι 𝔭⁶⁶ L N Θ 2* 1346 ¦ αιτησασθαι ℵ W

B 25 π̅ρ̅ς̅ 𝔭⁵ 𝔭²² 𝔭⁶⁶ A C 𝔐 K L M N S U W Γ Δ Θ Λ Π Ψ Ω f¹ 118 69 124 33 28 157 565 579 700 788 1071 1424

D 25 ρ̅ν̅α̅/ι̅ ℵ A E G M N S U Y Γ Λ Ψ Ω 118 124 28 788 1071 1424 ¦ ρ̅ν̅α̅ C D K Θ Π f¹ 2 157 579 1346 ¦ ρ̅ν̅α̅/ε̅ L ¦ Ευ Ιω ρ̅ν̅α̅ : Λο . : Μρ . : Μθ . E ¦ Ιω ρ̅ν̅α̅ : Μρ ρ̅κ̅ε̅ : Μθ . 124

καὶ οὐ λέγω ὑμῖν ὅτι ἐγὼ ἐρωτήσω τὸν πατέρα   περὶ ὑμῶν· **27** αὐτὸς γὰρ ὁ πατὴρ   B **uwτ** rell
⋯⋯ ⋯⋯ ⋯⋯   ⋯τι ἐγὼ ἐρωτή⋯ ⋯   ⋯   * **27** ⋯⋯⋯⋯ ⋯ρ ὁ πατὴρ   𝔓⁵
⋯⋯ ⋯⋯ ⋯μι⋯   ⋯⋯⋯⋯ω ⋯ πατέρα   **27**   𝔓²²
καὶ οὐ λέ⋯ ⋯ ὑμ⋯   ⋯ρωτήσω τὸν πατέρ⋯   * **27** ⋯⋯⋯⋯ ⋯ρ ὁ πατὴρ   𝔓⁶⁶
καὶ οὐ λέγω ὑμῖν ὅτι ἐγὼ ἐρωτήσω τὸν πατέρα μου περὶ ὑμῶν· **27** αὐτὸς γὰρ ὁ πατὴρ   D
καὶ   λέγω ὑμῖν ὅτι ἐγὼ ἐρωτήσω τὸν πατέρα   περὶ ὑμῶν· **27** αὐτὸς γὰρ ὁ πατὴρ   H* L*
καὶ οὐ λέγω ὑμῖν ὅτι   ἐρωτήσω τὸν πατέρα   περὶ ὑμῶν· **27** αὐτὸς γὰρ ὁ πατὴρ   N
καὶ οὐ λέγω ὑμῖν ὅτι ἐγὼ ἐρωτήσω τὸν πατέρα   περὶ ἡμῶν· **27** αὐτὸς γὰρ ὁ πατὴρ   579
καὶ οὐ λέγω ὑμῖν ὅτι   ἐρωτήσω τὸν πατέρα μου περὶ ὑμῶν· **27** αὐτὸς γὰρ ὁ πατὴρ   1424

*𝔓⁵ 𝔓⁶⁶ (om. περι υμων cj. Aland; 𝔓⁵ based on spaces and 𝔓⁶⁶ on a floating fragment)

φιλεῖ ὑμᾶς, ὅτι ὑμεῖς ἐμὲ πεφιλήκατε καὶ πεπιστεύκατε ὅτι ἐγὼ παρὰ τοῦ πατρὸς   B C* D **w**
φιλεῖ ὑμ⋯ ⋯ ⋯⋯⋯   πεφιλήκατ⋯ καὶ ⋯⋯⋯⋯⋯⋯   ὅτι   παρὰ   θεοῦ   𝔓⁵
⋯⋯ ⋯μᾶς, ὅτι ὑμ⋯ ⋯   ⋯⋯⋯⋯⋯κατ⋯ ὅτι ἐγ⋯   𝔓²²
⋯⋯ ⋯ὑμᾶς, ὅτι ⋯⋯μὲ ⋯ πε⋯ ⋯⋯⋯ πεπιστ⋯   ὅτι ⋯⋯⋯⋯⋯⋯ ⋯υ   𝔓⁶⁶
φιλεῖ ὑμᾶς, ὅτι ὑμεῖς με πεφιλήκατε καὶ πεπιστεύκατε ὅτι ἐγὼ παρὰ   θεοῦ   א* A*
φιλεῖ ὑμᾶς, ὅτι ὑμεῖς με πεφιλήκατε καὶ πεπιστεύκατε ὅτι ἐγὼ παρὰ   πατρὸς   אᶜ
φιλεῖ ὑμᾶς, ὅτι ὑμεῖς ἐμὲ πεφιλήκατε καὶ πεπιστεύκατε ὅτι ἐγὼ παρὰ   θεοῦ   Aᶜ N Θ 33 579 [**u**]
φιλεῖ ὑμᾶς, ὅτι ὑμεῖς με πεφιλήκατε   ὅτι ἐγὼ παρὰ τοῦ πατρὸς   L
φιλεῖ ὑμᾶς, ὅτι ὑμεῖς ἐμὲ πεφιλήκατε καὶ πεπιστεύκατε ὅτι ἐγὼ   Γ
φιλεῖ ὑμᾶς, ὅτι ἐμὲ ὑμεῖς πεφιλήκατε καὶ πεπιστεύκατε ὅτι ἐγὼ παρὰ τοῦ θεοῦ   157
φιλεῖ ὑμᾶς, ὅτι   ἐμὲ πεφιλήκατε καὶ πεπιστεύκατε ὅτι ἐγὼ παρὰ τοῦ θεοῦ   565
φιλεῖ ὑμᾶς, ὅτι ὑμεῖς ἐμὲ πεφιλήκατε καὶ πεπιστεύκατε ὅτι ἐγὼ παρὰ τοῦ θεοῦ   Cᶜ 𝔐 K M U W Δ
                                         Λ Π Ψ *f*¹ 69 124 2 28 700 788 1071 1346 1424 [**u**]τ

[Cl Pd I 8.2 <u>αυτος γαρ ο πατηρ φιλει υμας, οτι υμεις εμε πεφιληκατε</u>]

ἐξῆλθον. **28**   ἐξῆλθον ἐκ   τοῦ πατρὸς   καὶ ἐλήλυθα εἰς τὸν κόσμον·   πάλιν B C* L Ψ 33 **w**
ἐξ⋯⋯ **28**   ⋯⋯⋯ν παρὰ τοῦ πατρὸς   καὶ ε⋯⋯⋯⋯ ⋯⋯ ⋯⋯ μον·   πάλιν 𝔓⁵
⋯⋯⋯ν. **28**   ἐξ⋯⋯ ν παρὰ ⋯οῦ π⋯⋯⋯   πάλιν 𝔓²²
ἐξῆλθον. **28**   ⋯⋯⋯⋯ ⋯⋯⋯   ἐ⋯⋯⋯⋯⋯⋯⋯⋯⋯⋯ν 𝔓⁶⁶
ἐξῆλθον. **28**   καὶ ἦλθον   εἰς τὸν κόσμον·   πάλιν D
ἐξῆλθον. **28**   καὶ ἐλήλυθα εἰς τὸν κόσμον·   πάλιν W
28   παρὰ τοῦ πατρὸς   καὶ ἐλήλυθα εἰς τὸν κόσμον·   πάλιν Γ
ἐξῆλθον. **28**   παρὰ τοῦ πατρὸς   καὶ ἐλήλυθα εἰς τὸν κόσμον·   πάλιν Δ 579
ἐξῆλθον. **28** <u>καὶ ἡμῖν</u> ἐξῆλθον <u>παρὰ</u> τοῦ πατρὸς   καὶ ἐλήλυθα εἰς τὸν κόσμον·   πάλιν Θ
ἐξῆλθον. **28** <u>καὶ ἡμῖν</u> ἐξῆλθον <u>παρὰ</u> τοῦ πατρὸς   καὶ ἐλήλυθα εἰς τὸν κόσμον·   πάλιν 69
ἐξῆλθον <u>καὶ ἥκω</u>. **28** ἐξῆλθον <u>παρὰ</u> τοῦ <u>θεοῦ</u>   καὶ ἐλήλυθα εἰς τὸν κόσμον·   πάλιν 124
ἐξῆλθον <u>καὶ ἥκω</u>. **28** ἐξῆλθον <u>παρὰ</u> τοῦ πατρὸς   καὶ ἐλήλυθα εἰς τὸν κόσμον·   πάλιν 788 1346
ἐξῆλθον. **28**   ἐξῆλθον <u>παρὰ</u> τοῦ πατρὸς   καὶ ἐλήλυθα εἰς τὸν κόσμον·   πάλιν א A Cᶜ 𝔐 K
                                      M N U Λ Π *f*¹ 2 28 157 565 700 1071 1424 **u**τ

ἀφίημι   τὸν κόσμον καὶ πορεύομαι πρὸς τὸν πατέρα.   B **uwτ** rell
⋯⋯⋯⋯   ⋯⋯ ⋯⋯⋯⋯⋯ καὶ πορεύ⋯μαι ⋯⋯⋯ ⋯⋯ ⋯⋯⋯⋯ 𝔓⁵
α⋯⋯⋯⋯⋯   𝔓²²
ἀφίη⋯   ⋯ορεύο⋯⋯   𝔓⁶⁶
ἀφίημι   τὸν κόσμον καὶ πορεύομαι πρὸς τὸν πατέρα μου.   H
<u>ἀφίημιν</u> τὸν κόσμον καὶ πορεύομαι πρὸς τὸν πατέρα.   579

---

lac. **16.26–28** 𝔓⁴⁵ 𝔓⁷⁵ F P 13

A 26 υμειν D **27** φιλι D ¦ φιλη M 579 ¦ υμις N ¦ πεφιλικατε 579 ¦ πεφιλεικατε 1071 **28** αφημι M ¦ αφειημει N ¦ αφιημει W ¦ αφιειμι 1424 ¦ πορευομε K N Θ ¦ πορευμαι Ω

B 26 π̄ρ̄ᾱ 𝔓²² 𝔓⁶⁶ A C 𝔐 K L M N S U W Γ Δ Θ Λ Π Ψ Ω *f*¹ 118 69 124 2 33 28 157 565 579 700 788 1071 1346 1424 **27** π̄π̄ρ̄ 𝔓⁶⁶ A C 𝔐 K L M N S U W Γ Δ Θ Λ Π Ψ Ω *f*¹ 118 69 124 2 33 28 157 565 579 700 788 1071 1346 1424 ¦ π̄ρ̄ 𝔓⁵ ¦ θ̄ῡ 𝔓⁵ 𝔓⁶⁶ א A 𝔐 K M N S U W Δ Θ Λ Π Ψ Ω *f*¹ 118 69 124 2 33 28 157 565 579 700 788 1071 1346 1424 ¦ π̄ρ̄ς̄ C L **28** π̄ρ̄ς̄ 𝔓⁵ 𝔓²² A C 𝔐 K L M N S U Γ Δ Θ Λ Π Ψ Ω *f*¹ 118 69 2 33 28 157 565 579 700 788 1071 1346 1424 ¦ θ̄ῡ 124 ¦ π̄ρ̄ᾱ A C 𝔐 K L M N S U W Γ Δ Θ Λ Π Ψ Ω *f*¹ 118 69 124 2 33 28 157 565 579 700 788 1071 1346 1424

The Hour Comes When All Will Scatter And Leave Jesus Alone

29 Λέγουσιν	οἱ μαθηταὶ αὐτοῦ,	Ἴδε νῦν ἐν παρρησίᾳ λαλεῖς καὶ παροιμίαν	B C* uw
29 ....σιν	οἱ μ........	.... παρρησίᾳ	𝔭5*
29 ....σιν αὐτῶ	οἱ μ........	.... παρρησίᾳ	𝔭5c
29	....ταὶ αὐτ....	....ε νυ¹	𝔭60
29	....	....αὶ παρο·μίαν	𝔭66
29 Λέγουσιν	οἱ μαθηταὶ αὐτῶ,	Ἴδε νῦν ἐν παρρησίᾳ λαλεῖς καὶ παροιμίαν	ℵ*
29 Λέγουσιν	οἱ μαθηταὶ αὐτοῦ,	Ἴδε νῦν παρρησίᾳ λαλεῖς καὶ παροιμίαν	ℵ^c N Θ Λ Π Ψ 1
29 Λέγουσιν αὐτῶ	οἱ μαθηταὶ αὐτοῦ,	Ἴδε νῦν ἐν παρρησίᾳ λαλεῖς καὶ παροιμίαν	C^c D [↑1582* 157
29 Λέγουσιν αὐτῶ	οἱ μαθηταί,	Ἴδε νῦν ἐν παρρησίᾳ λαλεῖς καὶ παροιμίαν	W
29 Λέγουσιν	οἱ μαθηταί,	Ἴδε νῦν παρρησίᾳ λαλεῖς καὶ παροιμίαν	565
29 Λέγουσιν αὐτῶ	οἱ μαθηταί,	Ἴδε νῦν παρρησίᾳ λαλεῖς καὶ παροιμίαν	579
29 Λέγουσιν αὐτῶ	οἱ μαθηταὶ αὐτοῦ,	Ἴδε νῦν παρρησίᾳ λαλεῖς καὶ παροιμίαν	A 𝔐 K L M U Γ Δ
			1582^c 118 69 124 2 33 28 700 788 1071 1346 1424 τ

οὐδεμίαν λέγεις. 30 νῦν οἴδαμεν	ὅτι οἶδας πάντα καὶ οὐ χρείαν ἔχεις ἵνα τίς σε	B uwτ rell
........ίαν λέγ.... 30	ὅτι οἶδας π........	𝔭5
.... 30 ....οἴδαμεν οὖν ὅ........	....ν ἔχεις ....ε	𝔭66
οὐδεμίαν λέγεις. 30 νῦν ἐγνώκαμεν	ὅτι οἶδας πάντα καὶ οὐ χρείαν ἔχεις ἵνα τίς σε	69 788 1346

ἐρωτᾷ· ἐν τούτῳ πιστεύομεν ὅτι ἀπὸ	θεοῦ ἐξῆλθες.	31 ἀπεκρίθη αὐτοῖς	Ἰησοῦς,	B C W Θ uw
....	....	31 ....κρί....αὐτοῖς	Ἰησοῦς,	𝔭22
ἐ....τᾷ· ἐν .... πιστεύομε·· ὅτι ἀπὸ	θεοῦ ἐξ........	31 ....κρίθη αὐτοῖς	Ἰησοῦς,	𝔭66
ἐρωτᾷ· ἐν τούτῳ πιστεύομεν ὅτι παρὰ	θεοῦ ἐξῆλθες.	31 ἀπεκρίθη αὐτοῖς ὁ	Ἰησοῦς,	D
ἐρωτᾷ· ἐν τούτῳ πιστεύομεν ὅτι ἀπὸ	θεοῦ ἐξῆλθες.	31 ἀπεκρίθη αὐτοῖς,		S
ἐρωτᾷ· ἐν τούτῳ πιστεύομεν ὅτι ἀπὸ	θεοῦ ἐλήλυθας.	31 ἀπεκρίθη αὐτοῖς ὁ	Ἰησοῦς,	69 124 788
ἐρωτᾷ· ἐν τούτῳ γινώσκομεν ὅτι ἀπὸ	θεοῦ ἐξῆλθες.	31 ἀπεκρίθη αὐτοῖς ὁ	Ἰησοῦς,	33 [↑1346
ἐπερωτᾷ· ἐν τούτῳ πιστεύομεν ὅτι ἀπὸ	θεοῦ ἐξῆλθες.	31 ἀπεκρίθη αὐτοῖς ὁ	Ἰησοῦς,	1071
ἐρωτᾷ· ἐν τούτῳ πιστεύομεν ὅτι ἀπὸ	θεοῦ ἐξῆλθες.	31 ἀπεκρίθη αὐτοῖς ὁ	Ἰησοῦς,	ℵ A 𝔐 K L M
				N U Γ Λ Π Ψ f¹ 2 28 157 565 579 700 1424 τ

Ἄρτι πιστεύετε; 32 ἰδοὺ ἔρχεται ὥρα καὶ	ἐλήλυθεν	ἵνα σκορπισθῆτε	B ℵ^c A C* D* L W
32	ὥρα	ἐλήλ·θεν	𝔭22 [↑33 uw
Ἄρτι πιστευ.... 32 ἰδὲ ἔρ....ται ὥρα καὶ	ἐλήλυθεν	....ι ....ῆται	𝔭66
Ἄρτι πιστεύετε; 32 ἰδοὺ ἔρχεται ὥρα καὶ	ἐλήλυθεν ἡ ὥρα	ἵνα σκορπισθῆτε	ℵ*
Ἄρτι πιστεύεται; 32 ἔρχεται ὥρα καὶ νῦν	ἐλήλυθαιν	ἵνα σκορπισθῆτε	2
Ἄρτι πιστεύετε; 32 ἰδοὺ ἔρχεται ὥρα καὶ νῦν	ἐλήλυθεν	ἵνα σκορπισθῆτε	D^c C^c 𝔐 K M N U
			Γ Δ Θ Λ Π Ψ f¹ 69 124 28 157 565 579 700 788 1071 1346 1424 τ

ἕκαστος εἰς τὰ ἴδια κἀμὲ	μόνον ἀφῆτε·	καὶ οὐκ εἰμὶ μόνος, ὅτι ὁ	B ℵ C* N Ψ f¹ 565 uw
.... α κἀμὲ		....	𝔭22
πάντες ἕκαστος εἰ........ κἀμὲ	μόν....	οὐκ εἰ·ὶ μόνος, ...τι ὁ	𝔭66*
ἕκαστος εἰ........ κἀμὲ	μόν....	οὐκ εἰ·ὶ μόνος, ...τι ὁ	𝔭66c
ἕκαστος εἰς τὰ ἴδια κἀμὲ	μόνον ἀφίητε·	καὶ οὐκ εἰμὶ μόνος, ὅτι ὁ	L
ἕκαστος εἰς τὰ ἴδια καὶ ἐμὲ	μόνον ἀφῆτε·	καὶ οὐκ εἰμὶ μόνος, ὅτι ὁ	A C^c D 𝔐 K M U W Γ Δ Θ Λ
			Π 118 69 2 33 28157 579 700 788 1071 1346 1424 τ

lac. 16.29–32 𝔭45 𝔭75 F P 13

A 29 μαθητε Θ | ειδε W 1071 | λαλης 1071 **30** χριαν ℵ A L N Δ | της (τις) L | ρωτα Θ* | τουτο L Γ Ω 1071 | πιστευομεν 2 | πιστευονμεν 1071 **31** πιστευεται ℵ N W 579 1346 **32** ερχετε Θ 118 28 | ελιλυθεν 1071 | σκορπισθηται 𝔭66 L N W 579 | σκορπησθητε M | ις (εις) D* | ιδεια N | αφηται W | αφειτε 69 579 | ειμει N W | ειμη Γ

B 30 θ̅υ̅ B 𝔭66 ℵ A C D 𝔐 K L M N S U W Γ Δ Θ Λ Π Ψ Ω f¹ 69 124 2 33 28 157 565 579 700 788 1071 1346 1424 **31** ι̅ς̅ B 𝔭22 𝔭66 ℵ A C 𝔐 K L M N U W Γ Δ Θ Λ Π Ψ Ω f¹ 118 124 2 33 28 157 565 579 700 788 1071 1346 1424 | τ̅η̅ς̅ D

D 31 ρ̅ν̅β̅/δ̅ ℵ A G L (ante αρτι M) N S U Y Λ Π Ω 118 124 28 788 1424 | ρ̅ν̅β̅ C K Γ Θ f¹ 2 157 565 1346 | ρ̅ν̅β̅/γ̅ E | σ̅ι̅β̅ H | ρ̅ν̅β̅/θ̅ Ψ | Ευ Ιω ρ̅ν̅β̅ : Λο . : Μρ ρ̅ξ̅η̅ : Μθ σ̅π̅ζ̅ E | Ιω ρ̅ν̅β̅ : Λο . : Μρ ρ̅ξ̅η̅ : Μτ σ̅π̅ζ̅ 124 **32** ρ̅ν̅β̅ D

πατὴρ   μετ᾽ ἐμοῦ ἐστιν. **33** ταῦτα   λελάληκα ὑμῖν ἵνα ἐν ἐμοὶ εἰρήνην ἔχητε·   B **uwτ** rell
....   ἐστιν. **33** 𝔭22
πατὴρ   μ········ ·····τιν. **33** ··αὗτα δὲ ····· ηκα ····· ········οἱ εἰρή··ην ·······   𝔭66
πατὴρ   μετ᾽ ἐμοῦ ἐστιν. **33** ταῦτα   λελάληκα ὑμῖν ἵνα ἐν ἐμοῦ εἰρήνην ἔχητε·   Δ*
πατὴρ   μετ᾽ ἐμοῦ ἐστιν. **33** ταῦτα   λελάληκα ὑμῖν ἵνα ἐν ἐμοὶ εἰρήνην ἔχετε·   Λ 28ᶜ 700* 1071
πατὴρ μου μετ᾽ ἐμοῦ ἐστιν. **33** ταῦτα   λελάληκα ὑμῖν ἵνα ἐν ἐμοὶ εἰρήνην ἔχετε   69 788 1346
πατὴρ μου μετ᾽ ἐμοῦ ἐστιν. **33** ταῦτα   λελάληκα ὑμῖν ἵνα ἐν ἐμοὶ εἰρήνην ἔχετε·   28*
πατὴρ   μετ᾽ ἐμοῦ ἐστιν. **33** ταῦτα   λελάληκα ὑμῖν ἵνα ἐν ἐμοὶ μόνον εἰρήνην ἔχειτε·   579

ἐν τῷ κόσμῳ θλεῖψιν   ἔχετε, ἀλλὰ θαρσεῖτε,   ἐγὼ νενίκηκα τὸν κόσμον.   B
····λλὰ ··········αι,   ἐγὼ νε··κη···· ····ό····   𝔭66
ἐν τῷ κόσμῳ θλεῖψειν   ἔξετε, ἀλλὰ θαρσεῖτε,   ἐγὼ νενίκηκα τὸν κόσμον.   D
ἀλλὰ θαρσεῖτε,   ἐγὼ νενίκηκα τὸν κόσμον.   Δ
ἐν τῷ κόσμῳ θλίψιν   ἔξετε, ἀλλὰ θαρσεῖτε,   ἐγὼ νενίκηκα τὸν κόσμον.   69 124 788 τ
ἀλλὰ θαρσεῖτε,   ἐγὼ νενίκηκα τὸν κόσμον.   157 1424
ἐν τῷ κόσμῳ θλίψιν   ἔχητε, ἀλλὰ θαρσεῖτε ὅτι ἐγὼ νενίκηκα τὸν κόσμον.   1071
ἐν τῷ κόσμῳ θλίψιν   ἔχετε, ἀλλὰ θαρσεῖτε,   ἐγὼ νενίκηκα τὸν κόσμον.   **uw** all exc.

Jesus Prays That The Father Will Glorify The Son

ξα̅ **17.1** Ταῦτα ἐλάλησεν   Ἰησοῦς, καὶ ἐπάρας τοὺς ὀφθαλμοὺς αὐτοῦ εἰς τὸν   B Θ **uw**
17.1 ············· ·················   ··········ς, κ···· ·········λμοὺ······ ······· ····   𝔭60
17.1 ·············ν   ········ ·····πάρας τοὺς ο········   𝔭66
17.1 Ταῦτα λελάληκεν   Ἰησοῦς, καὶ ἐπάρας τοὺς ὀφθαλμοὺς αὐτοῦ εἰς τὸν   ℵ
17.1 Ταῦτα ἐλάλησεν   ὀ Ἰησοῦς, καὶ ἐπάρας τοὺς ὀφθαλμοὺς αὐτοῦ εἰς τὸν   C* D L f¹ 69 33 565 788
17.1 Ταῦτα λελάληκεν   ὀ Ἰησοῦς, καὶ ἐπάρας τοὺς ὀφθαλμοὺς αὐτοῦ εἰς τὸν   W   [↑1071 1346 1424
17.1 Ταῦτα λελάληκεν   ο Ἰησοῦς, καὶ ἐπάρας τοὺς ὀφθαλμοὺς αὐτοῦ εἰς τὸν   579 [↓Π Ψ 118 28 157 τ
*****17.1** Ταῦτα ἐλάλησεν   ὀ Ἰησοῦς, καὶ ἐπῆρεν τοὺς ὀφθαλμοὺς αὐτοῦ εἰς τὸν   A Cᶜ 𝔐 K M N U Γ Δ Λ

*118 begin another new and different hand.

οὐρανὸν   εἶπεν, Πάτερ, ἐλήλυθεν ἡ ὥρα· δόξασόν σου τὸν υἱόν, ἵνα   ὀ υἱὸς   B ℵ C* W **uw**
·······νὸν   ·················θεν ἡ ὥ····· ·········ν υἱόν, ἵνα   ···· ·······   𝔭60
············   ·· ·······υ υἱόν, ἵνα   𝔭66
οὐρανὸν καὶ   εἶπεν, Πάτερ, ἐλήλυθεν ἡ ὥρα· δόξασόν σου τὸν υἱόν, ἵνα   ὀ υἱός σου   A
οὐρανὸν   εἶπεν, Πάτερ, ἐλήλυθεν ἡ ὥρα· δόξασόν σου τὸν υἱόν, ἵνα   ὀ υἱός σου   D Θ f¹ 579
οὐρανὸν   εἶπεν, Πάτερ, ἐλήλυθεν ἡ ὥρα· δόξασόν σου τὸν υἱόν, ἵνα καὶ ὀ υἱός σου   G L f¹³ 565ˢᵘᵖ
οὐρανὸν καὶ   εἶπεν, Πάτερ, ἐλήλυθεν ἡ ὥρα· δόξασόν σου τὸν υἱόν, ἵνα καὶ   υἱός σου   K [↑1071 1424
οὐρανὸν καὶ   εἶπεν, Πατήρ, ἐλήλυθεν ἡ ὥρα· δόξασόν σου τὸν υἱόν, ἵνα καὶ ὀ υἱός σου   N
οὐρανὸν   εἶπεν, Πάτερ, ἐλήλυθεν ἡ ὥρα· δόξασόν σου τὸν υἱόν, ἵνα   ···· ········ σου   33
οὐρανὸν   εἶπεν, Πάτερ, ἐλήλυθεν ἡ ὥρα· δόξασόν σου τὸν υἱόν, ἵνα   ·····   565*
οὐρανὸν καὶ   εἶπεν, Πάτερ, ἐλήλυθεν ἡ ὥρα· δόξασόν σου τὸν υἱόν, ἵνα καὶ ὀ υἱός σου   Cᶜ 𝔐 M U Γ Δ
Λ Π Ψ 118 2 28 157 700 1346 τ

---

lac. 16.32–17.1 𝔭45 𝔭75 F P 13 ¦ vss. 17.1 565

A 32 εστι Υ 118 157 565 700 **33** υμειν D ¦ υμι K ¦ υμην 579 ¦ ιρηνην M ¦ εχηται ℵ N W ¦ εχεται K Θ 2* 579 ¦ κοσμο 579 ¦ εχεται (εχετε) N W 579 ¦ θαρσειται 𝔭66 ℵ W 579 ¦ θαρσητε L M ¦ νενικικα E K 579 ¦ νενηκηκα L **17.1** επηρε Υ 118 28 157 700 ¦ επειρεν U ¦ ουρανοαν L ¦ ειπε Υ 118 157 700 ¦ εληλοιθεν Γ

B 32 π̄η̄ρ̄ 𝔭66 A C 𝔐 K L M N S U W Γ Δ Θ Λ Π Ψ Ω f¹ 118 69 124 2 33 28 157 565 579 700 788 1071 1346 1424 **17.1** ι̅ς̅ B 𝔭60 ℵ A C 𝔐 K L M N S U W Γ Δ Θ Λ Π Ψ Ω f¹ 118 124 2 33 28 157 565 579 700 788 1071 1346 1424 ¦ ι̅η̅ς̅ D ¦ ουνον A 𝔐 K M U Γ Δ Λ Π Ψ f¹ 118 69 124 2 157 565 700 788 1071 1346 1424 ¦ ουνανον L ¦ π̅ε̅ρ̅ A C 𝔐 K L M S U W Γ Δ Θ Λ Π Ψ Ω f¹ 118 2 28 69 124 157 565 579 700 788 1071 1346 1424 ¦ π̅η̅ρ̅ N ¦ υ̅ν̅ 𝔭60 ℵ A C 𝔐 K L M N S U Γ Δ Λ Π Ψ Ω f¹ 2 33 28 1071 1424 ¦ υ̅ς̅ ℵ C 𝔐 K L M N S U Γ Δ Λ Π Ψ Ω f¹ 2 28 1071 1424

C 32 τελ (post εστιν) Θ **33** τελος (post εχητε) E Υ 124 1346 1424 ¦ τελος της ε̅ (+ ζ M) G H M f¹ 118 (post εχετε 28) ¦ (post εχητε) τελ μ̅ζ̅ Γ ¦ τελος (post κοσμον) 788 1346 **17.1** αννανγοσμα D ¦ αρχη: τη κυριακη των αγιων πρων. επαρας ο ι̅ς̅ τους οφθαλμους (+ αυτου Eᶜ) εις τον ουρανον ειπεν: π̅ε̅ρ̅· (ante δοξασον) E ¦ αρχη: κυ, τω αγιω πρων τω κ.ρ.ω επαρας ο ι̅ς̅ τους οφθαλμους αυτ εις τ ουνον ειπεν π̅ε̅ρ̅ ελη̅λ̅ (ante π̅ε̅ρ̅) G ¦ κ,υ πρ της ν̅ τ̅ αγιου πρων: τω κ, επαρας ο ι̅ς̅ τους οφθαλμ αυτ εις τον ουνον ειπεν· π̅ε̅ρ̅ εληλυθ η ωρ H ¦ αρχ (ante τους οφθ.): κ,υ ζ̅ τω κ,ρ,ω επαρας ο ι̅ς̅ τους οφθαλμους Υ ¦ (ante π̅ε̅ρ̅) ··· τω αγ, πρων τω καιρ, επαρας τους οφθαλμους αυτου εις τον ουνον ειπεν ο ι̅ς̅ περ δοξασον, M ¦ κυ ς̅ τ̅ αγιω πρω τω κ S ¦ κυρ των αγιων πρ̄ων τω καιρω επαρας ο ι̅ς̅ τους οφθαλμους αυτ εις τον ουνον ειπεν Γ ¦ αρχ: τω κ,ρω επαρας ο ι̅ς̅ τους οφθαλμους Θ ¦ (ante π̅ε̅ρ̅) αρχ Λ ¦ κ,υ τω καιρω επηρεν ο ι̅ς̅ Ω ¦ αρχ ν̅ς̅ κ,ε ζ̅ των αρχ πρων τ̅ εν νικαια, τω καιρω επαρας ο ι̅ς̅ τους οφθαλμου· f¹ ¦ αρχ ν̅ς̅ κ,υ, των α̅γ̅ε̅ πρων τον εν νικαι̅α̅, τω επαρας ο ι̅ς̅ τους οφθαλμου αυτου εις τον 118 ¦ αρχ κ,υ προ της ν̅ 124 788 ¦ αρχ: τη κ,υ τω αγιω πρω: τω κ,ρω επαρας ο ι̅ς̅ τους οφθαλμους αυτ εις τ ουνον ειπε: 2 ¦ αρχ τ̅ς̅ κ,υ τω καιρω εκεινω επαρας ο ι̅ς̅ τους οφθαλμους 28 ¦ αρχ κυριακη προ της ν̅ των αγιων πρων των εννικαια· το αυτ και προ τη παρασκε τ̅ς̅ ν̅ 157 ¦ αρχ τη ς̅ τ̅ς̅ ζ̅ εβδ. κ, τη κ,ρ αγ των τιν πρων 1071 ¦ αρχ κ,υ τη αγ προ ν̅ 1346 ¦ αρχη τω καιρω επαρ 1424

D 33 ρνγ/ι̅ ℵ A Υ U Λ 788 ¦ ρνγ C D Γ Θ f¹ 2 565 1346 **17.1** ρνγ̅ E K 157 565 ¦ ρνγ/ι̅ G S L M N Π Ψ Ω 118 124 28 1071 1424 ¦ σιγ H ¦ Ιω ρνγ 124

228

[↓Γ Ψ *f*¹157 700 **uwτ**

δοξάσῃ σέ, 2	καθὼς ἔδωκας αὐτῷ ἐξουσίαν πάσης σαρκός, ἵνα πᾶν ὃ δέδωκα	Β ℵ A C D L N U W
.... 2	καθὼς	𝔭⁶⁰
.... 2	··δωκας αὐτ· .... κός, ἵνα πᾶ···	𝔭⁶⁶
δοξάσῃ σέ, 2	καθὼς ἔδωκας αὐτῷ ἐξουσίαν πάσης σαρκός, ἵνα πᾶν ὃ ἔδωκα	E G K S Λ Π 2
δοξάσει σέ, 2	καθὼς ἔδωκας αὐτῷ ἐξουσίαν πάσης σαρκός, ἵνα πᾶν ὃ ἔδωκα	Η Υ Δ Θ Ω 565ˢᵘᵖ
δοξάσει σέ, 2	καθὼς ἔδωκας αὐτῷ ἐξουσίαν πάσης σαρκός, ἵνα πᾶν ὃ δέδωκα	M 28 579 1071
δοξάσῃ σέ, 2	καθὼς ἔδωκας ἐξουσίαν πάσης σαρκός, ἵνα πᾶν ὃ δέδωκα	69 [↑1424
δοξάσῃ σέ, 2 καὶ	καθὼς ἔδωκας αὐτῷ ἐξουσίαν πάσης σαρκός, ἵνα πᾶν ὃ δέδωκα	124 788 1346
δοξάσει σέ, 2	καθὼς ἔδωκας αὐτῷ ἐξουσίαν πάσης σαρκός, ... ὃ δ···	33

αὐτῷ δώσει αὐτοῖς	ζωὴν αἰώνιον. 3 αὕτη δέ ἐστιν ἡ αἰώνιος ζωὴ ἵνα γεινώσκωσι	σὲ	Β Θ
..... αὐτοῖς	ζωὴν ····· νιο· 3 ·····τιν ἡ αἰ···· ζωὴ ἵν··	σὲ	𝔭⁶⁶
αὐτῷ δώσω αὐτῷ	ζωὴν αἰώνιον. 3 αὕτη δέ ἐστιν ἡ αἰώνιος ζωὴ ἵνα γινώσκωσιν	σὲ	ℵ*
αὐτῷ δώσῃ αὐτοῖς	ζωὴν αἰώνιον. 3 αὕτη δέ ἐστιν ἡ αἰώνιος ζωὴ ἵνα γινώσκωσιν	σὲ	ℵᶜ C H K M S
αὐτῷ ἔχῃ	ζωὴν αἰώνιον. 3 αὕτη δέ ἐστιν ἡ αἰώνιος ζωὴ ἵνα γεινώσκουσιν	σὲ	A [↑Ω u
αὐτῷ δώσῃ αὐτοῖς	ζωὴν αἰώνιον. 3 αὕτη δέ ἐστιν ἡ αἰώνιος ζωὴ ἵνα γεινώσκουσιν	σὲ	D
αὐτῷ δῶς αὐτοῖς	ζωὴν αἰώνιον. 3 αὕτη δέ ἐστιν ἡ αἰώνιος ζωὴ ἵνα γινώσκωσιν	σὲ	G 1071
αὐτῷ δώσει αὐτοῖς	ζωὴν αἰώνιον. 3 αὕτη ἐστιν ἡ αἰώνιος ζωὴ ἵνα γινώσκωσιν	σὲ	L
αὐτῷ δῶς αὐτῷ	ζωὴν αἰώνιον. 3 αὕτη δέ ἐστιν ἡ αἰώνιος ζωὴ ἵνα γινώσκουσιν	σὲ	N Δ 157
αὐτῷ δώσει αὐτῷ	ζωὴν αἰώνιον. 3 αὕτη δέ ἐστιν ἡ αἰώνιος ζωὴ ἵνα γινώσκουσιν		W
αὐτῷ δώσῃ αὐτῷ	ζωὴν αἰώνιον. 3 αὕτη δέ ἐστιν ἡ αἰώνιος ζωὴ ἵνα γινώσκωσιν	σὲ	1 1582ᶜ
αὐτῷ δώσῃ αὐτῷ	ζωὴν αἰώνιον. 3 αὕτη δέ ἐστιν ἡ αἰώνιος ζωὴ ἵνα γινώσκωσιν	σὲ	1582*
αὐτῷ δώσῃ αὐτοῖς	ζωὴν αἰώνιον. 3 αὕτη δέ ἐστιν ἡ αἰώνιος ζωὴ ἵνα	.....	33
αὐτῷ δώσει αὐτοῖς	ζωὴν αἰώνιον. 3 αὕτη δέ ἐστιν αἰώνιος ζωὴ ἵνα γινώσκουσιν	σὲ	579
αὐτῷ δώσει αὐτοῖς	ζωὴν αἰώνιον. 3 αὕτη δέ ἐστιν ἡ αἰώνιος ζωὴ ἵνα γινώσκωσι	σὲ	118 700 w
αὐτῷ δώσῃ αὐτοῖς	ζωὴν αἰώνιον. 3 αὕτη δέ ἐστιν ἡ αἰώνιος ζωὴ ἵνα γινώσκωσι	σὲ	τ
αὐτῷ δώσει αὐτοῖς	ζωὴν αἰώνιον. 3 αὕτη δέ ἐστιν ἡ αἰώνιος ζωὴ ἵνα γινώσκωσιν	σὲ	𝔐 U Γ Π Ψ 69
			124 2 28 565ˢᵘᵖ 788 1346 1424

τὸν μόνον ἀληθινὸν θεὸν καὶ ὃν ἀπέστειλας Ἰησοῦν Χριστόν.	Β **uwτ** rell	
τὸν μόνο·· ·ληθινὸ· ······ ····· ·······ἔμψας Ἰησοῦν Χριστόν.	𝔭⁶⁶ (ἀπεπεμψας cj. Aland)	
τὸν μόνον ἀληθινὸν θεὸν καὶ ὃν ἀπέστειλας Ἰησοῦν Χριστόν εἰς τοῦτον τὸν κόσμον.	D	
τὸν μόνον ἀληθινὸν θεὸν καὶ ὃν ἀπέστιλεν Ἰησοῦν Χριστόν.	W	
τὸν ἀληθινὸν μόνον θεὸν καὶ ὃν ἀπέστειλας Ἰησοῦν Χριστόν.	69	

4 ἐγώ	σε	ἐδόξασα ἐπὶ τῆς γῆς	τὸ ἔργον	τελειώσας	ὃ δέδωκάς μοι ἵνα		Β ℵᶜ A L N *f*¹ **uw**
4 ἐγώ δ· ····		·δόξα·α ἐπὶ τῆς γῆς	τὸ ἔργον	τ·······ώσας	·· ····δωκάς μο· ἵνα		𝔭⁶⁶
4 ἐγώ	σε	ἐδόξασα ἐπὶ τῆς γῆς	τὸ ἔργον	τελειώσας	ὃ δέδωκάς με ἵνα		ℵ*
4 ἐγώ	σε	ἐδόξασα ἐπὶ τῆς γῆς	τὸ ἔργον	τελειώσας	ὃ ἔδωκάς μοι ἵνα		C Π
4 ἐγώ	σε	ἐδόξασα ἐπὶ τῆς γῆς καὶ	τὸ ἔργον	ἐτελείωσα	ὃ ἔδωκάς μοι ἵνα		D
4 ἐγώ	σε	ἐδόξασα ἐπὶ τῆς γῆς	τὸ ἔργον	ἐτελείωσα	ὃ ἔδωκάς μοι ἵνα		Υ Κ
4 ἐγώ	σε	ἐδόξασα ἐπὶ τῆς γῆς	τὸ ἔργον σου	τελειώσας	ὃ ἔδωκάς μοι ἵνα		W
4 ἐγώ	σε	ἐδόξασα ἐπὶ		τὸ ἔργον	τελειώσας	ὃ δέδωκάς μοι ἵνα	33
4 ἐγὼ δὲ		ἐδόξασα ἐπὶ τῆς γῆς	τὸ ἔργον	τελειώσας	ὃ δέδωκάς μοι ἵνα		579
4 ἐγώ	σε	ἐδόξασα ἐπὶ τῆς γῆς	τὸ ἔργον	ἐτελείωσα	ὃ δέδωκάς μοι ἵνα		𝔐 M U Γ Δ Θ Λ Ψ
						118 69 124 2 28 157 565ˢᵘᵖ 700 788 1071 1346 1424 τ	

ποιήσω·	5 καὶ νῦν δόξασόν με σύ,	πάτερ, παρὰ σεαυτῷ τῇ δόξῃ ᾗ	εἶχον	Β u[w]τ rell
ποιή·	5 καὶ νῦν δόξα· ···ε σύ,	π·· ····ρὰ σεαυτῷ τῇ δ···	···ἶχον	𝔭⁶⁶
ποιήσω·	5 καὶ νῦν δόξασόν με σύ,	πάτερ, παρὰ σεαυτῷ τῇ δόξῃ ἣν	εἶχον	ℵ* 579 [w]
ποιήσω·	5 καὶ νῦν δόξασόν με σύ,	πατήρ, παρὰ σεαυτῷ τῇ δόξῃ ᾗ	εἶχον	D*
ποιήσω·	5 καὶ νῦν δόξασόν με σοί,	πατήρ, παρὰ σεαυτῷ τῇ δόξῃ ᾗ	εἶχον	N
ποιήσω αὐτό·	5 καὶ νῦν δόξασόν με σύ,	πάτερ, παρὰ σεαυτῷ τῇ δόξῃ ᾗ	εἶχον	U 700
ποιήσω·	5 καὶ νῦν δόξασόν με ·····	πάτερ, παρ·· ··········· τῇ δόξῃ ᾗ	εἶχον	33
ποιήσω·	5 καὶ νῦν δόξασόν με,	πάτερ, παρὰ σεαυτῷ τῇ δόξῃ ᾗ	εἶχον	1346

lac. 17.1–5 𝔭⁴⁵ 𝔭⁷⁵ F P 13 565

A 1 ειπε Υ 118 157 700 ¦ εληλοιθεν Γ **2** καθος εδοκας L ¦ πασσης M ¦ πασις Θ ¦ δοση G* ¦ δωσι Θ **3** γινωσκωσι ℵ C Υ *f*¹ 28 69 565ˢᵘᵖ 788 1346 ¦ γινωσκοσιν Γ ¦ γεινωσκωσιν Θ ¦ γινωσκουσι 157 ¦ αληθεινον A L W Δ 33 1071 ¦ αληθηνον E 579 ¦ αληθινον Θ ¦ απεστιλας ℵ N ¦ απεστηλας M ¦ ις (εις) D* **4** τελιωσας ℵ N W ¦ ετελιωσα M Δ ¦ ετελησωσα Θ **5** χον (ειχον) G*

Β 1 ουνον A 𝔐 K M U Γ Δ Λ Π Ψ *f*¹ 118 69 124 2 157 565 700 788 1071 1346 1424 ¦ ουνων L ¦ πε̅ρ A C 𝔐 K L M S U W Γ Δ Θ Λ Π Ψ Ω *f*¹ 118 2 28 69 124 157 565 579 700 788 1071 1346 1424 ¦ π̅η̅ρ N ¦ υ̅ν̅ 𝔭⁶⁰ ℵ A C 𝔐 K L M N S U Γ Δ Λ Π Ψ Ω *f*¹ 2 33 28 1071 1424 ¦ υ̅ς̅ ℵ C 𝔐 K L M N S U Γ Δ Λ Π Ψ Ω *f*¹ 2 28 1071 1424 **3** θ̅ν̅ Β ℵ A C D 𝔐 K L M N S U W Γ Δ Θ Λ Π Ψ Ω *f*¹ 118 69 124 2 33 28 157 565ˢᵘᵖ 579 700 788 1071 1346 1424 ¦ ι̅ν̅ χ̅ν̅ Β 𝔭⁶⁶ ℵ A C 𝔐 K L M N S U W Γ Δ Θ Λ Π Ψ Ω *f*¹ 118 69 124 2 33 28 157 565ˢᵘᵖ 579 700 788 1071 1346 1424 ¦ ι̅η̅ς̅ χ̅ρ̅ν̅ D **5** πε̅ρ A C 𝔐 K L M S U W Γ Δ Θ Λ Π Ψ Ω *f*¹ 118 69 124 2 33 28 157 565ˢᵘᵖ 579 700 788 1071 1346 1424 ¦ π̅η̅ρ N

πρὸ τοῦ τὸν κόσμον εἶναι παρὰ σοί.   B **uwτ** rell
         εἶν⸳⸳⸳⸳ ⸳⸳⸳⸳   𝔭60
<u>παρά σοι πρὸ το</u>⸳⸳⸳ ⸳⸳⸳⸳⸳ ⸳⸳⸳⸳⸳⸳<u>ον εἶναι.</u>   𝔭66*
<u>παρά σοι πρὸ τοῦ γένεσθαι τὸν κόσμον.</u>   D

Jesus Prays That His Disciples May Be One

6 Ἐφανέρωσά σου τὸ ὄνομα τοῖς ἀνθρώποις οὓς ἔδωκάς   μοι ἐκ   τοῦ   B ℵ A K W Θ Π 1582 157
6 ⸳⸳⸳⸳ανέρω⸳⸳⸳⸳⸳⸳ ⸳⸳⸳⸳⸳νομα τ⸳⸳⸳ ⸳⸳⸳⸳⸳⸳⸳⸳⸳⸳⸳⸳⸳⸳⸳δωκάς   ⸳⸳⸳   ⸳⸳⸳   𝔭60   [↑579 **uw**
6 Ἐ⸳⸳⸳⸳⸳⸳⸳ ρωσά   ⸳⸳⸳ ι ε⸳⸳ ⸳⸳<u>ύτου</u> τοῦ   𝔭66
6 Ἐφανέρωσα <u>τὸ ὄνομά σου</u> τοῖς ἀνθρώποις οὓς ἔδωκάς   μοι ἐκ   τοῦ   D N
6 Ἐφανέρωσά σου τὸ ὄνομα τοῖς ἀνθρώποις οὓς <u>δέδωκάς</u>   μοι ἐκ   τοῦ   C 𝕸 L M U Γ Δ Λ Ψ 1 118
                                                 69 124 2 33 28 565ˢᵘᵖ 700 788 1071 1346 1424 τ

κόσμου.   σοὶ ἦσαν κἀμοὶ   αὐτοὺς ἔδωκας   καὶ τὸν λόγον σου τετήρηκαν.   B **uw**
⸳⸳⸳⸳σμου.   αὐτου⸳⸳⸳⸳   καὶ⸳⸳⸳⸳   𝔭60
κόσμο⸳⸳   ⸳⸳⸳⸳⸳ ⸳⸳⸳ά⸳⸳⸳   αὐτοὺς ἔδωκα⸳   ⸳⸳⸳ου <u>τερ</u>⸳⸳⸳⸳⸳   𝔭66*
κόσμο⸳⸳   ⸳⸳⸳⸳⸳ ⸳⸳⸳ά⸳⸳⸳   αὐτοὺς ἔδωκα⸳   ⸳⸳⸳ου τετηρ   𝔭66ᶜ
κόσμου.   σοὶ ἦσαν <u>καὶ ἐμοὶ</u> αὐτοὺς ἔδωκας   καὶ τὸν λόγον σου <u>ἐτήρησαν.</u>   ℵ
κόσμου.   σοὶ ἦσαν <u>καὶ ἐμοὶ</u> αὐτοὺς ἔδωκας   καὶ τὸν λόγον σου τετηρήκασιν.   A K Θ Π 118 28 157
κόσμου.   σοὶ ἦσαν <u>καὶ ἐμοὶ</u> αὐτοὺς ἔδωκας   καὶ τὸν λόγον σου τετήρηκαν.   D W   [↑1071 1346
κόσμου.   σοὶ ἦσαν <u>καὶ ἐμοὶ</u> <u>αὐτοῖς</u> ἔδωκας   καὶ τὸν λόγον σου τετήρηκαν.   L
κόσμου.   σοὶ ἦσαν <u>καὶ ἐμοὶ</u> αὐτοὺς <u>δέδωκας</u>   καὶ τὸν λόγον σου <u>ἐτήρησαν.</u>   N
κόσμου <u>μου</u>. σοὶ ἦσαν <u>καὶ ἐμοὶ</u> αὐτοὺς <u>δέδωκας</u>   καὶ τὸν λόγον σου <u>τετηρήκασιν.</u>   U
κόσμου.   σοὶ ἦσαν κἀμοὶ   αὐτοὺς ἔδωκας   καὶ τὸν λόγον σου <u>τετηρήκασιν.</u>   f¹
κόσμου.   <u>σὺ</u> ἦσαν <u>καὶ ἐμοὶ</u> αὐτοὺς ἔδωκας   καὶ τὸν λόγον σου τετήρηκαν.   124
κόσμου.   σοὶ ἦσαν κἀμοὶ   αὐτοὺς <u>δέδωκας</u>   καὶ τὸν λόγον σου <u>ἐτήρησαν.</u>   33
κόσμου.   σοὶ ἦσαν <u>καὶ ἐμοὶ</u> αὐτοῦ <u>δέδωκας</u>   καὶ τὸν λόγον σου <u>τετηρίκασιν.</u>   579
κόσμου.   <u>σὺ</u> ἦσαν <u>καὶ ἐμοὶ</u> αὐτοὺς <u>δέδωκας</u>   καὶ τὸν λόγον σου <u>τετηρήκασιν.</u>   1424
κόσμου.   σοὶ ἦσαν <u>καὶ ἐμοὶ</u> αὐτοὺς <u>δέδωκας</u>   καὶ τὸν λόγον σου <u>τετηρήκασιν.</u>   C 𝕸 M Γ Δ Λ 69 2
                                                   565ˢᵘᵖ 700 788 τ

ξα̅ 7   νῦν ἔγνωκαν   ὅτι πάντα ὅσα ἐδωκές   μοι παρὰ σοῦ εἰσιν⸳   8 ὅτι τὰ   B
7   ⸳⸳υν ⸳⸳⸳⸳⸳⸳⸳⸳⸳⸳⸳⸳⸳   8 ⸳⸳⸳⸳   𝔭60
7   ⸳⸳⸳⸳⸳⸳⸳⸳⸳⸳α ὅσα⸳⸳⸳⸳   8 ⸳⸳⸳⸳   𝔭66
7   νῦν <u>ἔγνων</u>   ὅτι πάντα ὅσα <u>δέδωκάς</u> μοι παρὰ σοῦ εἰσιν⸳   8 ὅτι τὰ   ℵ
7   νῦν ἔγνωκαν   ὅτι πάντα ὅσα <u>ἔδωκάς</u>   μοι παρὰ σοῦ <u>ἔστιν.</u>   8 ὅτι τὰ   A f¹
7   νῦν ἔγνωκαν   ὅτι πάντα ὅσα <u>δέδωκάς</u> μοι παρὰ σοῦ εἰσιν⸳   8 ὅτι τὰ   C L N Ψ 157 **u[w]**
7   νῦν <u>ἐγνώκασιν</u> ὅτι πάντα ὅσα <u>δέδωκάς</u> μοι παρὰ σοῦ <u>ἔστιν.</u>   8 ὅτι τὰ   S
7   νῦν <u>ἔγνωσαν</u>   ὅτι πάντα ὅσα <u>δέδωκάς</u> μοι παρὰ σοῦ <u>ἔστιν.</u>   8 ὅτι τὰ   U 69 788 1346
7   ὅτι πάντα ὅσα <u>δέδωκάς</u> μοι παρὰ σοῦ εἰσιν⸳   8 ὅτι τὰ   Λ*
7   νῦν <u>ἔγνωκα</u>   ὅτι πάντα ὅσα <u>δέδωκάς</u> μοι παρὰ σοῦ εἰσιν⸳   8 ὅτι τὰ   W
7   νῦν <u>ἔγνωκα</u>   ὅτι πάντα ὅσα <u>δέδωκάς</u> μοι⸳   8   118
7 <u>καὶ</u> νῦν <u>ἔγνωσαν</u> ὅτι πάντα ὅσα <u>δέδωκάς</u> μοι παρὰ σοῦ <u>ἔστιν.</u>   8 ὅτι τὰ   124
7   νῦν <u>ἔγνωσαν</u>   ὅτι πάντα ὅσα <u>δέδωκάς</u> μοι παρὰ σοῦ εἰσιν⸳   8 ὅτι τὰ   33 1071
7   νῦν <u>ἔγνωκα</u>   ὅτι πάντα <u>ἃ</u>   ἔδωκάς   μοι παρὰ σοῦ εἰσιν⸳   8 ὅτι τὰ   579
7   νῦν ἔγνωκαν   ὅτι πάντα ὅσα <u>δέδωκάς</u> μοι   8   700 1424*
7   νῦν ἔγνωκαν   ὅτι πάντα ὅσα <u>ἔδωκάς</u>   μοι παρὰ σοῦ εἰσιν⸳   8 ὅτι τὰ   [**w**] [↓28 565ˢᵘᵖ 1424ᶜ τ
7   νῦν ἔγνωκαν   ὅτι πάντα ὅσα <u>δέδωκάς</u> μοι παρὰ σοῦ <u>ἔστιν.</u>   8 ὅτι τὰ   D 𝕸 K M Γ Δ Θ Λᶜ Π 2

---

lac. 17.5–8 𝔭45 𝔭75 F P 13 565

A 5 ιναι 579 6 τω (το) Θ | τετηρηκασι Υ 118 788 ¦ τετηρηκασην 2*

B 6 α̅νοις A C 𝕸 K L M N S U W Γ Δ Θ Λ Π Ψ Ω f¹ 118 69 124 2 33 28 157 565ˢᵘᵖ 579 700 788 1071 1346 1424

ῥήματα	ἃ	ἔδωκές	μοι δέδωκα αὐτοῖς, καὶ αὐτοὶ ἔλαβον καὶ ἔγνωσαν	ἀληθῶς	B
ῥήματα	..	··········	······ ·ἔδωκα ········ ········· ἔλαβον κ···	ἀληθῶς	𝔓60
··········		··········	······ωκα αὐτοῖς, κα· ·········		𝔓66mg
ῥήματα	ἃ	δέδωκάς	μοι δέδωκα αὐτοῖς, καὶ αὐτοὶ ἔλαβον	ἀληθῶς	ℵ*
ῥήματα	ἃ	ἔδωκάς	μοι δέδωκα αὐτοῖς, καὶ αὐτοὶ ἔλαβον	ἀληθῶς	A
ῥήματα	ἃ	ἔδωκάς	μοι δέδωκα αὐτοῖς, καὶ αὐτοὶ ἔλαβον καὶ ἔγνωσαν	ἀληθῶς	C 579 u[w]
ῥήματά σου	ἃ	ἔδωκάς	μοι δέδωκα αὐτοῖς, καὶ αὐτοὶ ἔλαβον	ἀληθῶς	D
ῥήματα	ἃ	ἔδωκάς	μοι ἔδωκα αὐτοῖς, καὶ αὐτοὶ ἔλαβον καὶ ἔγνωσαν	ἀληθῶς	N
ῥήματα	ἃ	ἔδωκάς	μοι ἔδωκα αὐτοῖς, καὶ αὐτοὶ ἔλαβον	ἀληθῶς	W
ῥήματα	ὅσα	ἔδωκάς	μοι δέδωκα αὐτοῖς, καὶ αὐτοὶ ἔλαβον καὶ ἔγνωσαν	ἀληθῶς	Π
			δέδωκα αὐτοῖς, καὶ αὐτοὶ ἔλαβον καὶ ἔγνωσαν	ἀληθῶς	118
ῥήματα	ἃ	δέδωκάς	μοι δέδωκα αὐτοῖς, καὶ αὐτοὶ ἔλαβον ἀληθῶς καὶ ἔγνωσαν	ἀληθῶς	157
			δέδωκα αὐτοῖς, καὶ αὐτοὶ ἔλαβον καὶ ἔγνωσαν	ἀληθῶς	700 1424*
ῥήματα	ἃ	δέδωκάς	μοι δέδωκα αὐτοῖς, καὶ αὐτοὶ ἔλαβον καὶ ἔγνωσαν	ἀληθῶς	ℵᶜ 𝔐 K L M

U Γ Δ Θ Λ Ψ *f*¹ 69 124 2 33 28 565ˢᵘᵖ 788 1071 1346 1424ᶜ [w]τ

ὅτι παρὰ σοῦ ἐξῆλθον, καὶ ἐπίστευσαν ὅτι σύ με ἀπέστειλας. 9 ἐγὼ περὶ αὐτῶν ἐρωτῶ,	B uwτ rell
ὅτι ········· ········· καὶ ἐπίσ········· ······· ἀπέστει····· 9 ········· ········ ὦν ἐρωτ···	𝔓60
·····ρὰ σοῦ ἐ········· ·····αν ὅτι σύ με ········· 9 ········· ········· ρὶ αὐτῶν,	𝔓66* 3 1 2 (cj.)
ὅτι παρὰ σοῦ ἐξῆλθον, καὶ ἐπίστευσας ὅτι σύ με ἀπέστειλας. 9 ἐγὼ περὶ αὐτῶν ἐρωτῶ,	ℵ*
ὅτι παρὰ σοῦ ἐξῆλθον, καὶ ἐπίστευσαν ὅτι σοί με ἀπέστειλας. 9 ἐγὼ περὶ αὐτῶν ἐρωτῶ,	L
ὅτι παρὰ σοῦ ἐξῆλθον, καὶ ἐπίστευσαν ὅτι σύ με ἀπέστειλας. 9 ἐγὼ περὶ αὐτὸν ἐρωτῶ,	69* 788

[↓M Λ Π Ψ *f*¹ 69 124 157 565ˢᵘᵖ 788 1346 1424 uwτ

οὐ περὶ τοῦ κόσμου ἐρωτῶ ἀλλὰ περὶ ὧν δέδωκάς μοι, ὅτι σοί εἰσιν, 10 καὶ	B ℵ A C 𝔐 K L
········· ········· ········· ἔδωκ·· ········· εἰσιν, 10 ·········	𝔓60
οὐ ········· ·····ωτῶ ἀλλὰ πε········· ·····κάς μ······· εἰσιν, 10 ·········	𝔓66
οὐ περὶ τοῦ κόσμου ἐρωτῶ ἀλλὰ περὶ ὧν ἔδωκάς μοι, ὅτι σοί εἰσιν, 10 καὶ	D N W Θ 579
οὐ περὶ τοῦ κόσμου ἐρωτῶ ἀλλὰ περὶ ὧν δέδωκάς μοι, ὅτι σοί ἦσαν καὶ εἰσιν, 10 καὶ	28

[↓124 2 33 28 157 579 700 788 1071 uwτ

τὰ ἐμὰ πάντα σά ἐστιν καὶ τὰ σὰ ἐμά,	καὶ δεδόξασμαι ἐν αὐτοῖς.	B A C 𝔐 Kᶜ M U W Δ Λ Π Ψ*f*¹ 69
·····ὰ πάντ··· ·····τιν καὶ τὰ σὰ ἐ···	καὶ ἐδόξασμε ἐν αὐτοῖς.	𝔓66*
τὰ ἐμὰ πάντα σά ἐστιν καὶ τὰ σὰ ἐμά,	καὶ δεδόξασμε ἐν αὐτοῖς.	𝔓66ᶜ L N Γ Θ 118 565ˢᵘᵖ 1346
ἐμοὶ αὐτοὺς ἔδωκας,	καὶ δεδόξασμε ἐν αὐτοῖς.	ℵ [↑1424
τὰ ἐμὰ πάντα σά ἐστιν καὶ τὰ σὰ ἐμά ἐστίν,	καὶ ἐδόξασμε ἐν αὐτοῖς.	D
τὰ ἐμὰ πάντα σά ἐστιν καὶ τὰ σὰ ἐμά,	καὶ δεδόξασμ ἐν αὐτοῖς.	K*

11 καὶ οὐκέτι εἰμὶ ἐν	τῷ κόσμῳ,	καὶ αὐτοὶ ἐν τῷ κόσμῳ	εἰσίν, κἀγὼ	B ℵ u[w]
11 ·········	·····σμῳ,	······ ῷ κόσμῳ	········· ·········	𝔓60
11 καὶ ·····ἔτι εἰμὶ ἐν	τῷ κόσμῳ, καὶ	······ τῷ κόσμῳ	εἰσίν, καὶ	𝔓66
11 καὶ ἔτι ἐν τῷ κόσμῳ	εἰμί,	καὶ οὗτοι ἐν τῷ κόσμῳ	εἰσίν, καὶ ἐγὼ	A*
11 καὶ οὐκέτι ἐν τῷ κόσμῳ	εἰμι,	καὶ οὗτοι ἐν τῷ κόσμῳ	εἰσίν, καὶ ἐγὼ	Aᶜ Π
11 καὶ οὐκέτι εἰμὶ ἐν	τῷ κόσμῳ,	καὶ οὗτοι ἐν τῷ κόσμῳ	εἰσίν, κἀγὼ	C* L Ψ *f*¹ [w]
11 καὶ οὐκέτι εἰμὶ ἐν τούτῳ	τῷ κόσμῳ,	καὶ οὗτοι ἐν τῷ κόσμῳ	εἰσίν, κἀγὼ	D
11 καὶ οὐκέτι ἐν τῷ κόσμῳ	εἰσίν,	καὶ οὗτοι ἐν τῷ κόσμῳ	εἰσίν, καὶ ἐγὼ	K
11 καὶ οὐκέτι εἰμὶ ἐν	·········	καὶ οὗτοι ἐν	καὶ ἐγὼ	33
11 καὶ οὐκέτι εἰμὶ ἐν τῷ ἐν	τῷ κόσμῳ,	καὶ οὗτοι ἐν τῷ κόσμῳ	εἰσίν, καὶ ἐγὼ	565ˢᵘᵖ
11 καὶ οὐκέτι εἰμὶ ἐν	τῷ κόσμῳ,	καὶ οὗτοι ἐν τῷ κόσμῳ οὐκ	εἰσίν, καὶ ἐγὼ	1424
11 καὶ οὐκέτι εἰμὶ ἐν	τῷ κόσμῳ,	καὶ οὗτοι ἐν τῷ κόσμῳ	εἰσίν, καὶ ἐγὼ	Cᶜ 𝔐 M N U W

Γ Δ Θ Λ 118 69 124 2 28 157 579 700 788 1071 1346 τ

---

lac. 17.8–11 𝔓45 𝔓75 F P 13 565

A 8 απεστιλας ℵ D N W ¦ απεστιλας Θ 9 περη¹ Θ | αυτον 579 | συ (σοι) H 579 1071 | εισι S Y 118 28 157 700 ¦ ησιν U 10 κα (και¹) L | εστι S Y K Ω *f*¹ 118 28 157 700 788 | δεδοξασμ K* ¦ δεδοξασμε Ω 124* 579 1071 11 ειμει N W | εισι S Y Ω *f*¹ 118 28 157 700 788

C 11 αρχη της συνοδου (ante π̅ε̅ρ̅) G ¦ αρχη: μη, ιουλλιω ι̅ς̅ του αγιου χ̅λ̅π̅ρ̅ω̅, H | αρχη: τω κ, επαρας ο ι̅ς̅ τους οφθαλμ αυτ εις τους μαθθ αυτ κ, ειπεν π̅ε̅ρ̅ αγιε H ¦ εις τ μνημ των αγιων πατερμ τ̅ς̅ δ̅ κ ε̅ συνοδ τω καιρω επαρ ο ι̅ς̅ τους οφθαλμους αυτου εις τους μαθητας αυτ ειπεν π̅ε̅ρ̅ αγιε Γ ¦ (ante π̅ε̅ρ̅) αρχ 118 ¦ (ante π̅ε̅ρ̅) αρχ τ̅ς̅ ϛ̅ του κ̅α̅ι̅ρ̅ω̅ εκεινω επαρας ο ι̅ς̅ τους οφθαλμους αυτ εις τους μαθητας αυτου ειπεν π̅ε̅ρ̅ αγιε 28 ¦ αρχ τη ϛ̅ των εξακοσιων λ̅ αγιων π̅ρ̅ω̅ν̅ των εν χαλκηδη 157

πρὸς σὲ ἔρχομαι.   Πατὴρ ἅγιε, τήρησον   B N
········ σὲ ἔρχομ····   ············ ········· ····σον   𝔓60
πρὸς σ··· ····· χομαι.   ····ερ ἅγιε, τήρ········   𝔓66
πρὸς σὲ ἔρχομαι. οὐκέτι εἰμὶ ἐν τῷ κόσμῳ καὶ ἐν τῷ κόσμῳ εἰμί.   Πάτερ ἅγιε, τήρησον   D
···   Πάτερ ἅγιε, τήρησον   13
πρὸς σὲ ἔρχομαι.   Πάτερ ἅγιε, τήρησον   uwτ rell

αὐτοὺς ἐν τῷ ὀνόματί σου   B uwτ rell
αὐτ··ὺς ἐ·· ···· ········τί σου   𝔓60
αυ····ς ἐν τῷ ο·······ατί σου   𝔓66
αὐτοὺς ἐν τῷ ὀνόματί σου. καὶ ὅτε ἤμην μετ᾽ αὐτῶν   ἐγὼ ἐτήρουν αὐτοὺς   D*
αὐτοὺς ἐν τῷ ὀνόματί σου. καὶ ὅτε ἤμην μετ᾽ αὐτῶν ἐν τῷ κόσμῳ ἐγὼ ἐτήρουν αὐτοὺς   Dᶜ

ᾧ   δέδωκάς μοι,   B A C 𝔐 K Γ Δ Θ Λ Π Ψ f¹ f¹³ 2 33 28 565ˢᵘᵖ 700 1071 uw
ᾧ·ᾧ··   ·············· ······   𝔓60
··ᾧ·ᾧ··   ·······κάς μοι,   𝔓66
ᾧ   ἔδωκάς μοι,   ℵ L M W
ἐν τῷ ὀνόματί σου ὃ   δέδωκάς μοι,   D*
ἐν τῷ ὀνόματί σου οὓς δέδωκάς μοι,   Dᶜ
οὗ   ἔδωκάς μοι,   N*
οὓς   ἔδωκάς μοι,   Nᶜ
ὃ   δέδωκάς μοι,   U 157 1424
οὓς   δέδωκάς μοι,   69 τ
ᾧ   ἔδωκάς μοι,   579

[Cl Exc 9.3 πατερ αγιε, αγιασον αυτους εν τω ονοματι σου]

ἵνα ὦσιν ἓν καθὼς καὶ ἡμεῖς.   12 ὅτε ἤμεν μετ᾽ αὐτῶν   B*
ἵνα ὦσιν ἓν καθὼς   ἡμεῖς.   12 ὅτε ἤμεν μετ᾽ αὐτῶν   Bᶜ
···· α ὦσιν ἓν ········   ·········   12 ········· ······· ··········   𝔓60
                               12 ὅτε ········ ····τ᾽ αὐτῶν   𝔓66*
                               12 ὅτε ········ ····τ᾽ αὐτῶν   𝔓66ᶜ
ἵνα ὦσιν ἓν καθὼς   ἡμεῖς.   12 ὅτε ἤμην μετ᾽ αὐτῶν   ℵ D L 1582* 1071 uw
ἵνα ὦσιν ἓν καθὼς   ἡμεῖς.   12 ὅτε μὴν μετ᾽ αὐτῶν   C*
ἵνα ὦσιν ἓν καθὼς   ἡμεῖς.   12 ὅτε μὴν μετ᾽ αὐτῶν ἐν τῷ κόσμῳ   Cᶜ
ἵνα ὦσιν ἓν καθὼς καὶ ἡμεῖς.   12 ὅτε ἤμην μετ᾽ αὐτῶν ἐν τῷ κόσμῳ   S
ἵνα ὦσιν ἓν καθὼς   ἡμεῖς.   12 ὅτε ἤμην μετ᾽ αὐτῶν   W
ἵνα ὦσιν ἓν καθὼς καὶ ἡμεῖς ἕν. 12 ὅτε ἤμην μετὰ αὐτῶν ἐν τῷ κόσμῳ   Θ
ἵνα ὦσιν ἓν καθὼς   ἡμεῖς ἓν ἐσμεν. 12 ὅτε ἤμην μετ᾽ αὐτῶν ἐν τῷ κόσμῳ   Ψ 33 1424
ἵνα ὦσιν ἓν καθὼς   ἡμεῖς.   12 ὅτι ἤμην μετ᾽ αὐτῶν   1
ἵνα ὦσιν ἓν καθὼς   ἡμεῖς.   12 ὅτι ἤμην μετ᾽ αὐτῶν ἐν τῷ κόσμῳ   118
ἵνα ὦσιν ἓν καθὼς   ἡμεῖς.   12 ὅτε ἤμην μετ᾽ αὐτῶν ἐν τῷ κόσμῳ   124 788
ἵνα ὦσιν ἓν καθὼς καὶ ὑμεῖς.   12 ὅτε ἤμην μετ᾽ αὐτῶν ἐν τῷ κόσμῳ   579
ἵνα ὦσιν ἓν καθὼς καὶ ὑμεῖς.   12 ὅτε ἤμην   ἐν τῷ κόσμῳ   700
ἵνα ὦσιν ἓν καθὼς   ἡμεῖς.   12 ὅτε ἤμην μετ᾽ αὐτῶν ἐν τῷ κόσμῳ   A 𝔐 K M N U Γ Δ Λ Π
                                                                    1582ᶜ f¹³ 2 28 157 565ˢᵘᵖ τ

ἐγὼ ἐτήρουν αὐτοὺς ἐν τῷ ὀνόματί σου   ᾧ   δέδωκάς μοι, καὶ ἐφύλαξα,   καὶ   B 𝔓66ᶜ L 33 uw
··γὼ ἐτή······ ············ ···· ···ᾧ ὀνόματί μου,   καὶ ε····λαξ·   ······   𝔓66*
··γὼ ἐτή······ ············ ···ᾧ ὀνόματί σου,   καὶ ε····λαξ·   ······   𝔓66ᶜ
ἐγὼ ἐτήρουν αὐτοὺς ἐν τῷ ὀνόματί κσου,   καὶ ἐφύλασσον,   καὶ   ℵ*
ἐγὼ ἐτήρουν αὐτοὺς ἐν τῷ ὀνόματί σου   ὃ   δέδωκάς μοι, καὶ ἐφύλαξα,   καὶ   ℵᶜ
ἐγὼ ἐτήρουν αὐτοὺς ἐν τῷ ὀνόματί σου   ᾧ   ἔδωκάς μοι, καὶ ἐφύλαξα,   καὶ   C* W 579
ἐγὼ ἐτήρουν αὐτοὺς ἐν τῷ ὀνόματί σου   οὓς ἔδωκάς μοι   ἐφύλαξα,   καὶ   Cᶜ
ἐγὼ ἐτήρουν αὐτοὺς ἐν τῷ ὀνόματί σου καὶ οὓς ἔδωκάς μοι,   ἐφύλαξα,   καὶ   N
ἐγὼ ἐτήρουν αὐτοὺς ἐν τῷ ὀνόματί   οὓς δέδωκάς μοι   ἐφύλαξα,   καὶ   565ˢᵘᵖ
ἐγὼ ἐτήρουν αὐτοὺς ἐν τῷ ὀνόματί σου   οὓς δέδωκάς μοι   ἐφύλαξα,   καὶ   A D 𝔐 K M U Γ Δ
                                                                        Θ Λ Π Ψ f¹ f¹³ 2 28 157 700 1071 1424 τ

lac. 17.11-12 𝔓45 𝔓75 F P 13 565

A 11 ερχομε N Θ | τηρισον 579 | το (τω³) L* | ονονοματι N ¦ ονοματη Θ | δεδοκας 700 1346 | ωσι 28* | ημις N 12 ημιν (ημην) Γ Λ Ω 579 1071 1346 ¦ ειμην 1424 | ονοματη Θ

B 11 π̄ε̄ρ̄ 𝔓66 A C 𝔐 K L M S U Γ Δ Θ Λ Π Ψ Ω f¹ 118 f¹³ 69 124 2 33 28 157 565ˢᵘᵖ 579 700 788 1071 1346 1424 ¦ π̄η̄ρ̄ N

οὐδεὶς ἐξ αὐτῶν ἀπώλετο εἰ μὴ ὁ υἱὸς τῆς ἀπωλείας, ἵνα ἡ γραφὴ πληρωθῇ. **13** νῦν δὲ B **uwτ** rell
⋯ὐδεὶς   αὐτῶ⋯   ⋯ ⋯ τῆς ἀπ⋯   ⋯   ⋯   ⋯   **13** ⋯   ⋯ 𝔭66*
⋯ὐδεὶς ἐξ αὐτῶ⋯   ⋯ ⋯ τῆς ἀπ⋯   ⋯   ⋯   ⋯   **13** ⋯   ⋯ 𝔭66c
οὐδεὶς ⋯   ⋯   ⋯ ἀπωλείας, ἵνα ἡ γραφὴ πληρωθῇ. **13** νῦν δὲ 33
⋯   ⋯   ⋯ ω εἰ μὴ ὁ υἱὸς τῆς ἀπωλείας, ἵνα ἡ γραφὴ πληρωθῇ. **13** νῦν δὲ 565

πρὸς σὲ ἔρχομαι καὶ ταῦτα λαλῶ ἐν   τῷ κόσμῳ ἵνα ἔχωσι τὴν χαρὰν τὴν ἐμὴν B 1346 **uwτ** rell
σὲ ⋯ρχομαι   τῷ κόσμ⋯   τὴν ἐμὴν 𝔭66
πρὸς σὲ ἔρχομαι καὶ ταῦτα λαλῶ ἐν τούτῳ τῷ κόσμῳ ἵνα ἔχωσι τὴν χαρὰν τὴν ἐμὴν D
πρὸς σὲ ἔρχομαι καὶ ταῦτα λαλῶ ἐν   τῷ κόσμῳ ἵνα ἔχωσι τὴν χαρὰν f13
πρὸς σὲ ἔρχομαι καὶ ταῦτα λαλῶ ἐν   τῷ κόσμῳ ἵνα ἔχωσι τὴν χαρὰν τὴν ἐμὴν 124 788
πρὸς σὲ ἔρχομαι καὶ ⋯   ⋯   ⋯ ἵνα ἔχωσι τὴν χαρὰν τὴν ἐμὴν 33

πεπληρωμένην ἐν   ἑαυτοῖς. **14** ἐγὼ   δέδωκα αὐτοῖς τὸν λόγον σου B ℵc A N Π Ψ
⋯   ⋯   ⋯   **14** ⋯   ⋯υτοῖς το⋯   ⋯ 𝔭60 [↑69* **uw**
⋯μεγ⋯ ν   αὐτοῖς. **14** ἐγὼ   ⋯δωκα αὐτ⋯   ⋯ λόγον σου 𝔭66
πεπληρωκένην ἐν   αὐτοῖς. **14** ἐγὼ   δέδωκα αὐτοῖς τὸν λόγον σου ℵ*
πεπληρωμένην ἐν ταῖς καρδίαις ἑαυτῶν. **14** ἐγὼ   δέδωκα αὐτοῖς τὸν λόγον σου C*
πεπληρωμένην ἐν   αὐτοῖς. **14** ἐγὼ δὲ ἔδωκα τὸν λόγον σου ἐν αὐτοῖς D
πεπληρωμένην ἐν   ἑαυτοῖς. **14** ἐγὼ   ἔδωκα αὐτοῖς τὸν λόγον σου W 579
πεπληρωμένην ἐν   αὐτοῖς. **14** ἐγὼ δὲ ἔδωκα αὐτοῖς τὸν λόγον σου Θ
πεπληρωμένην ἐπ'   αὐτοῖς. **14** ἐγὼ   δέδωκα αὐτοῖς τὸν λόγον σου Λ f13 69c
πεπληρωμένην ἐν   αὐτοῖς. **14** ἐγὼ   δέδωκα αὐτοῖς τὸν λόγον σου Cc 𝔐 K L M U Γ
                                        Δ f1 124 2 33 28 157 565 700 1071 1424 τ

καὶ ὁ κόσμος ἐμείσησεν αὐτούς, ὅτι οὐκ εἰσὶν ἐκ   τοῦ κόσμου καθὼς ἐγὼ B A W
⋯ὶ ὁ κόσμος   ⋯ούς, ὅτι οὐ⋯   ⋯μου καθὼς ἐγὼ 𝔭60
κ⋯ ⋯ κόσμος ἐμ⋯ αὐτούς, ὅτι ὅτι⋯ εἰσὶν ἐκ   τῷ ῦ κο⋯μου 𝔭66*
κ⋯ ⋯ κόσμος ἐμ⋯ αὐτούς, ὅτι ὅτι⋯ εἰσὶν ἐκ   τῷ ῦ κο⋯μου καθὼς ἐγὼ 𝔭66c
καὶ ὁ κόσμος ἐμίσησεν αὐτούς, ὅτι οὐκ εἰσὶν ἐκ   τοῦ κόσμου καθὼς ℵ*
καὶ ὁ κόσμος μείσει   αὐτούς, ὅτι οὐκ εἰσὶν ἐκ τούτου τοῦ κόσμου D
καὶ ὁ κόσμος ἐμήσησεν αὐτούς, ὅτι οὐκ εἰσὶν ἐκ   τοῦ κόσμου καθὼς ἐγὼ L 1071
καὶ ὁ κόσμος ἐμίσησεν αὐτούς, ὅτι οὐκ εἰσὶν ἐκ   τοῦ κόσμου οὐ καθὼς ἐγὼ Δ*
καὶ ὁ κόσμος ἐμείσεισεν αὐτούς, ὅτι οὐκ εἰσὶν ἐκ   τοῦ κόσμου καθὼς ἐγὼ Θ
καὶ ὁ κόσμος ἐμήσισεν αὐτούς, ὅτι οὐκ εἰσὶν ἐκ   τοῦ κόσμου καθὼς ἐγὼ Λ
καὶ ὁ κόσμος ἐμίσησεν αὐτούς, ὅτι οὐκ εἰσὶν ἐκ   τοῦ κόσμου Π* f13
καὶ ὁ κόσμος ἐμίσησεν αὐτούς, ὅτι οὐκ εἰσὶν ἐκ   τοῦ κόσμου καθὼς ἐγὼ ℵc C 𝔐 K M N U
                                 Γ Δc Πc Ψ f1 124 2 33 28 157 565 579 700 1346 1424 **uwτ**

οὐκ εἰμὶ ἐκ τοῦ κόσμου. **15** οὐκ ἐρωτῶ ἵνα ἄρῃς αὐτοὺς   B*
⋯   ⋯   ⋯ τοῦ κόσμου. **15** ⋯   ω ἵνα ἄρῃς α   κόσμου 𝔭60
ἐκ τ⋯   **15** οὐκ ἐρωτῶ ἵνα ἄρῃς αυ⋯ ἐκ τοῦ κόσμου ἀλλ' 𝔭66*
                      15 οὐκ ἐρωτῶ ἵνα ἄρῃς αὐτοὺς ἐκ τοῦ κόσμου ἀλλ' D Π* f13
ἐκ τοῦ κόσμου οὐκ εἰμί. **15** οὐκ ἐρωτῶ ἵνα ἄρῃς αὐτοὺς ἐκ τοῦ κόσμου ἀλλ' M
οὐκ.   **15** οὐκ ἐρωτῶ ἵνα ἄρῃς αὐτοὺς ἐκ τοῦ κόσμου ἀλλ' K*
οὐκ εἰμὶ ἐκ τοῦ κόσμου μου. **15** οὐκ ἐρωτῶ ἵνα ἄρῃς αὐτοὺς ἐκ τοῦ κόσμου ἀλλ' Ψ
οὐκ εἰμὶ ἐκ τοῦ κόσμου. **15**   33
οὐκ εἰμὶ ἐκ τοῦ κόσμου. **15** οὐκ ἐρωτῶ ἵνα ἄρῃς αὐτοῦ ἐκ τοῦ κόσμου ἀλλ' 579 [↓rell
οὐκ εἰμὶ ἐκ τοῦ κόσμου. **15** οὐκ ἐρωτῶ ἵνα ἄρῃς αὐτοὺς ἐκ τοῦ κόσμου ἀλλ' Bc 124 1346 **uwτ**

lac. **17.12–15** 𝔭45 𝔭75 F P ¦ vs. 12 565

A 12 ουδις ℵ ¦ απολετο K Γ 2 1071 ¦ απωλετω Θ 565 ¦ απολετω 579 ¦ μι (μη) 28 1071 1346 ¦ απωλιας ℵ Λ 1071 ¦ απολειας K 2* 565 579 13 εχωσιν ℵ A C D E G H L M N W Δ Θ Λ Ψ 124 2 33 1071 1424 14 εμιησεν 1582* ¦ εμησησεν 2* ¦ ησιν L ¦ κοσ (κοσμου1) L ¦ ειμει N W ¦ ημει 579 15 αρεις K ¦ αρις U Γ 579 ¦ αρ Λ*

B 12 υ̅ς̅ ℵ G H K M N S U Λ Π Ψ Ω 2 28 565 1071 1424

C 13 τελος (post εν αυτοις) D ⌐κυριακη ζ': 17.1–13⌐ E Y Θ Λ f13 124 2 788 1346 ¦ τελος της κυ, (+ ζ M) G M f1 118 ¦ τελος της κ,υ πρ της ν H ¦ τελ των πρων Γ ¦ τελ τς κ,ε 28

D 15 ρ̅ν̅δ̅ Θ

	ἐκ τοῦ πονηροῦ. **16** ἐκ	τοῦ κόσμου οὐκ εἰσὶν καθὼς ἐγὼ	B*
ἵνα τηρήση ··ύτοὺς ··κ τοῦ πονηροῦ. **16** ἐκ		···ῦ ··όσμου οὐκ ε·σὶν καθὼς	𝔓66*
ἵνα τηρήσης ··ύτοὺς ··κ τοῦ πονηροῦ. **16**			𝔓66c
ἵνα τηρήσης αὐτοὺς ἐκ τοῦ πονηροῦ. **16** ἐκ τούτου	τοῦ κόσμου οὐκ εἰσὶν καθὼς κἀγὼ	D
ἵνα τηρήσης αὐτοὺς ἐκ τοῦ πονηροῦ. **16** ἐκ	τοῦ κόσμου οὐκ εἰσὶν καθὼς κἀγὼ	69
om. **16**			33
ἵνα τηρήσης αὐτοὺς ἐκ τοῦ πονηροῦ. **16** ἐκ	τοῦ κόσμου οὐκ εἰσὶν καθὼς ἐγὼ	Bc uwτ rell

οὐκ εἰμὶ ἐκ τοῦ κόσμου. **17**	ἁγίασον αὐτοὺς ἐν	ἀληθείᾳ·	B
··κ το··· κό··μου οὐκ ····· **17**	ἁγίασον αὐτοὺς ἐν	·····ίᾳ·	𝔓66*
17	ἁγίασον αὐτοὺς ἐν		𝔓66c
οὐκ εἰμὶ ἐκ τοῦ κόσμου. **17**	ἁγίασον αὐτοὺς ἐν τῇ ἀληθείᾳ·		ℵ* A C* D L W uw
οὐκ εἰμὶ ἐκ τοῦ κόσμου. **17**	ἁγίασον αὐτοὺς ἐν τῇ ἀληθείᾳ σου·		ℵc Cc 1071
ἐκ τοῦ κόσμου οὐκ εἰμί. **17** Πάτερ ἅγιε, ἁγίασον αὐτοὺς ἐν τῇ ἀληθείᾳ σου σου·			Δ*
ἐκ τοῦ κόσμου οὐκ εἰμί. **17** Πάτερ ἅγιε, ἁγίασον αὐτοὺς ἐν τῇ ἀληθείᾳ σου·			Δc
ἐκ τοῦ κόσμου οὐκ εἰμί. **17**	ἁγίασον αὐτοὺς ἐν τῇ ἀληθείᾳ·		Θ 1 1582* 579
17	ἁγίασον αὐτοὺς ἐν τῇ ἀληθείᾳ σου·		33
ἐκ τοῦ κόσμου οὐκ εἰμί. **17**	ἁγίασον αὐτοὺς ἐν τῇ ἀληθείᾳ σου·		𝔐 K M N U Γ Λ Π Ψ

1582c 118 f13 2 28 157 565 700 1424 τ

ὁ λόγος ὁ σὸς ἡ ἀλήθειά ἐστιν. **18** καθὼς ἐμὲ ἀπέστειλας	εἰς	τὸν κόσμον,	B W 579
····· ········· **18** ···ὼς ἐμ		····· κόσμον,	𝔓60
ὁ λόγος ὁ σὸς ἀλήθ·ά ἐ····· **18** ····θὼ··· μὲ ἀπέστιλας ·	·····	·····	𝔓66
····· ἐστιν. **18** καθὼς ἐμὲ ἀπέστειλας	εἰς	τὸν κόσμον,	ℵ*
ὁ λόγος ὁ σὸς ἀλήθειά ἐστιν. **18** καθὼς πάτερ ἀπέ΄στειλάς με	εἰς τοῦτον τὸν κόσμον,		D
ὁ λόγος ὁ σὸς ἀλήθειά ἐστιν. **18** καθὼς ἐμὲ ἀπέστειλα	εἰς	τὸν κόσμον,	1424
ὁ λόγος ὁ σὸς ἀλήθειά ἐστιν. **18** καθὼς ἐμὲ ἀπέστειλα	εἰς	τὸν κόσμον,	uwτ rell

κἀγὼ ἀπέστειλα αὐτοὺς εἰς	τὸν κόσμον· κἀγὼ ἀπέστειλα αὐτοὺς εἰς τὸν κόσμον·		B
····· ·······λα αὐτοὺς εἰς	·····		𝔓60
om.			𝔓66 2 788
κἀγὼ ἀπέστειλα αὐτοὺς εἰς τοῦτον τὸν κόσμον·			D
κἀγὼ ἀπέστειλα αὐτοῦ εἰς	τὸν κόσμον·		Y
κἀγὼ ἀπεστέλλω αὐτοὺς εἰς	τὸν κόσμον·		f13
κἀγὼ ἀπέστειλα αὐτοὺς εἰς	τὸν κόσμον·		124 uwτ rell

19 καὶ ὑπὲρ αὐτῶν ἐγὼ ἁγιάζω ἐματόν, ἵνα ὦσιν καὶ αὐτοὶ ἡγιασμένοι ἐν ἀληθίᾳ.	B*
19 καὶ ὑπὲρ αυ····· ····· ἁγιάζω ἐμαυ····· ····· ὦσιν καὶ αὐ····· ····νοι ἐν ἀληθ·····	𝔓60
19 καὶ ὑπὲρ αὐτῶν ····· ·····όν, ἵνα ὦσιν αὐ····· ἡγιασ····· ι ἐν ἀλ·····	𝔓66*
19 καὶ ὑπὲρ αὐτῶν ····· ·····όν, ἵνα ὦσιν καὶ αὐ····· ἡγιασ····· ι ἐν ἀλ·····	𝔓66c
19 καὶ ὑπὲρ αὐτῶν ἐγὼ ἁγιάζω ἐμαυτόν, ἵνα καὶ αὐτοὶ ὦσιν ἡγιασμένοι ἐν ἀληθείᾳ.	Cc 𝔐 M U Γ Δ Λ
19 καὶ ὑπὲρ αὐτῶν ἁγιάζω ἐμαυτόν, ἵνα ὦσιν καὶ αὐτοὶ ἡγιασμένοι ἐν ἀληθίᾳ.	ℵ [118 2 28 1424 τ
19 καὶ ὑπὲρ αὐτῶν ἁγιάζω ἐμαυτόν, ἵνα ὦσιν καὶ αὐτοὶ ἡγιασμένοι ἐν ἀληθείᾳ.	A Y W [w]
19 καὶ ὑπὲρ αὐτῶν ἐγὼ ἁγιάζω ἐμαυτόν, ἵνα ὦσιν καὶ αὐτοὶ ἡγιασμένοι ἐν ἀληθείᾳ.	124
19 καὶ ὑπὲρ αὐτῶν ἀξιάζω ἐμαυτόν, ἵνα ὦσιν καὶ αὐτοὶ ἡγιασμένοι ἐν ἀληθείᾳ.	579
19 καὶ ὑπὲρ αὐτῶν ἁγιάζω ἐμαυτόν, ἵνα καὶ αὐτοὶ ὦσιν ἡγιασμένοι ἐν ἀληθείᾳ.	700
19 καὶ ὑπὲρ αὐτῶν ἁγιάζω ἐμαυτόν, ἵνα ὦσιν καὶ αὐτοὶ ἡγιασμένοι ἐν ἀληθείᾳ.	788
19 καὶ ὑπὲρ αὐτῶν ἐγὼ ἁγιάζω ἐμαυτόν, ἵνα ὦσιν καὶ αὐτοὶ ἡγιασμένοι ἐν ἀληθείᾳ.	Bc C* D K L N Θ Π

Ψ f1 f13 33 157 565 1071 u[w]

---

lac. **17.15–19** 𝔓45 𝔓75 F P

A 15 τηρήσεις 28 1424 ¦ τηρισις 579 ¦ πονιρου 579 **16** εισι Y 118 157 565 700 ¦ ησιν 579 ¦ εκστου (εκ του) 788 ¦ ειμει N W ¦ ημι 579 **17** αληθια1 ℵ ¦ αληθια2 ℵc Θ ¦ εστι 118 28 69 565 700 788 1346 **18** απεστιλας 𝔓66 ℵ N W ¦ απεστιλα ℵ L N W ¦ αποστειλα Λ* **19** αυτον 2 ¦ ωσι f1 69 ¦ υγιασμενοι 69

B 17 περ Δ **18** περ 1424

C 18 αρχη: τη παρασ, της ν τω καιρω εκεινω επαρας ο ϊς τους οφθαλμους αυτου εις τους μαθητας ειπεν καθως σοι περ απεσ-τειλας με εις τον κοσμον: (ante καγω απεστ.) E ¦ αρχη: τη παρ, της ϛ εβδ τω κ.ρ.ω επαρας ο ϊς τους οφθαλμς αυτ εις τους μαθ ειπεν καθως συ περ εμε απεστ, (ante εμε] G ¦ αρχη: τη παρασκε, της ν H (ante καθως) ¦ αρχη: τω κ, επαρας ο ϊς τους οφθαλμ αυτ εις τ μαθ αυτ ειπεν καθως εμε απεστ H ¦ αρχ: τη παρ,α της ζ εβδ τω κ.ρ,ω επαρας ο ϊς τους οφθαλμους εις τους μαθ επιπε καθως συ περ απεστειλας εμε εις τ κ,ο Y ¦ παρασ, τς ζ εβδ τω καιρ,ω επαρ ο ϊς τους οφθαλμους αυτ εις τους μαθ ειπεν καθως συ περ απεστειλας εμε εις τ κοσμον M ¦ ημερα ϛ αχρ μη τω καιρω εκ επαρας ο ϊς τους οφθαλμους αυτου εις τ μαθ αυτου ειπεν καθως συ περ εμε απεστειλας εις τον κοσμον Γ ¦ αρχ Λ ¦ τη γ τς ν Ω ¦ αρχ νζ τη ϛ τς ζ εβδ τω καιρω επαρα ο ϊς τους οφθαλ-μους αυτ εις τ ουνουν ειπε καθως συ περ εμε f1 ¦ αρχ τη ϛ της νϛ τω επαρας ο ϊς τους οφθαλμους αυτου εις τον ουνον ειπεν καθως εμε απεστειλας εις τον κοσμον 118 ¦ αρχ τη ϛ ειπ τς ν κ, υ ιω f13 ¦ αρχ τη ϛ πρ τς ν 124 788 ¦ αρχ τη ϛ πρ ν 1346 ¦ αρχη: τη παρ, της ν τω καιρω: επαρας ο ϊς τους οφθαλμους εις τους μαθητας ειπεν καθως συ περ 2 ¦ αρχη ειπεν ο κς τω καιρω επαρας ο ϊς τους 1424 ¦ (ante καγω) αρχ παρασκ τω καιρω εκεινω επαρας ο ϊς τους οφθαλμους αυτου εις τους μαθητας αυτ ειπε: καθως συ περ καμε απεστειλα 28 ¦ αρχ τω κ,αι εκ,ει. επαρας ο ϊς τους οφθαλμ αυτου εις τους μαθτ αυτου ειπ καθ 1071

D 18 ρμγ (sic!)1071

Jesus Prays For All Who Will Believe Through The Word Of The Disciples That They May Be One

[↓Ψ *f*¹³ 28 157 1424 **uw**

20 Οὐ περὶ τούτων δὲ ἐρωτῶ μόνον, ἀλλὰ καὶ περὶ	τῶν πιστευόντων	B ℵ A C D* 𝔐 K M Θ Λ
20 ········ ·οὐ· ·ων· ········ ········ ········ ········	········ ········	𝔓⁶⁰
20 ········ ········ ········ ········ ········ ········	········ ·γτων·	𝔓⁶⁶
20 Οὐ περὶ τούτων δὲ ἐρωτῶ μόνον, ἀλλὰ καὶ περὶ	τῶν πιστευσόντων	Dᶜ E L N τ
20 Οὐ περὶ τούτων δὲ μόνον ἐρωτῶ, ἀλλὰ καὶ περὶ	τῶν πιστευόντων	W
20 Οὐ περὶ τούτων δὲ ἐρωτῶ μόνον, ἀλλὰ καὶ περὶ πάντων	τῶν πιστευόντων	Π *f*¹ 565 700
20 Οὐ περὶ τούτων ἐρωτῶ μόνον, ἀλλὰ καὶ	τῶν πιστευόντων	118
20 Οὐ περὶ τούτων δὲ ἐρωτῶ μόνον, ἀλλὰ καὶ ὑπὲρ	τῶν πιστευόντων	579

διὰ τοῦ λόγου αὐτῶν εἰς ἐμέ, **21** ἵνα	πάντες ἐν ὦσιν, καθὼς σύ,	πατήρ,	B D N W **w**
·ιὰ τοῦ ········	**21**	πάντες ········ ·γ, κ·		𝔓⁶⁶
διὰ τοῦ λόγου αὐτῶν εἰς ἐμέ, **21** ἵνα	πάντες ὦσιν, καθὼς σύ,	πάτερ,	C*
εἰς ἐμέ, **21** ἵνα	πάντες ἐν ὦσιν, καθὼς σοί,	πάτερ,	Λ
διὰ τοῦ λόγου αὐτῶν εἰς ἐμέ, **21** ἵνα	πάντες ἐν ὦσιν, καθὼς σοί,	πάτερ,	28
διὰ τοῦ λόγου αὐτῶν εἰς ἐμέ, **21** ἵνα καὶ αὐτοὶ	πάντες ἐν ὦσιν, καθὼς σύ,	πάτερ,	700
διὰ τοῦ λόγου αὐτῶν εἰς ἐμέ, **21** ἵνα	πάντες ἐν ὦσιν, καθὼς σύ,	πάτερ,	788
διὰ τοῦ λόγου αὐτῶν εἰς ἐμέ, **21** ἵνα	πάντες ἐν ὦσιν, καθὼς σύ,	πάτερ,	ℵ A Cᶜ 𝔐 K L M U

Γ Δ Θ Ψ *f*¹ *f*¹³ 2 33 157 565 579 1071 1424 **uτ**

ἐν ἐμοὶ κἀγὼ	ἐν σοί, ἵνα καὶ αὐτοὶ ἐν ἡμῖν	ὦσιν, ἵνα	ὁ κόσμος πιστεύῃ	B C* W **uw**
ἐν ἐμοὶ ········	ἐν σοί, ἵγα κ..... αὐτοὶ ἐν ἡμεῖν	········ ἵνα	ὁ κόσμο·· ·ιστεύῃ	𝔓⁶⁶
ἐν ἐμοὶ κἀγὼ	ἐν σοί, ἵνα καὶ αὐτοὶ ἐν ἡμῖν ἓν	ὦσιν, ἵνα	ὁ κόσμος πιστεύῃ	ℵ*
ἐν ἐμοὶ κἀγὼ	ἐν σοί, ἵνα καὶ αὐτοὶ ἐν ἡμῖν	ὦσιν, ἵνα	ὁ κόσμος πιστεύσῃ	D
ἐν ἐμοὶ καὶ ἐγὼ	ἐν σοί, ἵνα καὶ αὐτοὶ ἐν ἡμῖν ἓν	ὦσιν, ἵνα	ὁ κόσμος πιστεύσῃ	Θ
ἐν ἐμοὶ κἀγὼ	ἐν σοί, ἵνα καὶ αὐτοὶ ἐν ἡμῖν ἓν	ὦσιν, ἵνα καὶ	ὁ κόσμος πιστεύσῃ	*f*¹
ἐν ἐμοὶ κἀγὼ	ἐν σοί, ἵνα καὶ οὗτοι ἐν ἡμῖν ἓν	ὦσιν, ἵνα	ὁ κόσμος πιστεύσῃ	28
ἐν ἐμοὶ κἀγὼ	ἐν σοί, ἵνα καὶ αὐτοὶ ἐν ὑμῖν ἓν	ὦσιν, ἵνα	ὁ κόσμος πιστεύσῃ	579
ἐν ἐμοὶ κἀγὼ	ἐν σοί, ἵνα καὶ αὐτοὶ ἐν ἡμῖν ἓν	ὦσιν, ἵνα	ὁ κόσμος πιστεύσῃ	788
ἐν ἐμοὶ κἀγὼ	ἐν σοί, ἵνα καὶ αὐτοὶ ἓν	ὦσιν, ἵνα	ὁ κόσμος πιστεύσῃ	1424
ἐν ἐμοὶ κἀγὼ	ἐν σοί, ἵνα καὶ αὐτοὶ ἐν ἡμῖν ἓν	ὦσιν, ἵνα	ὁ κόσμος πιστεύσῃ	ℵᶜ A Cᶜ 𝔐 K L M N

U Γ Δ Π Ψ 118 *f*¹³ 2 33 157 565 700 1071 τ

ὅτι σύ με ἀπέστειλας. **22** κἀγὼ	τὴν δόξαν	ἣν δέδωκάς μοι δέδωκα	B C* Gᶜ L Ω *f*¹ 33
ὅτι σύ ····· ἀπέστειλας. **22** κἀγὼ	····γ δόξαν	ἣν ····δωκάς μοι δέδωκα	𝔓⁶⁶ [↑565 **uw**
ὅτι σύ με ἀπέστειλας. **22** κἀγὼ	τὴν δόξαν	ἣν δέδωκάς μοι ἔδωκα	ℵ
ὅτι σύ με ἀπέστειλας. **22** καὶ ἐγὼ	τὴν δόξαν	ἣν ἔδωκάς μοι ἔδωκα	A N Θ Π
ὅτι σύ με ἀπέστειλας. **22** κἀγὼ	τὴν δόξαν	ἣν ἔδωκάς μοι δέδωκα	D U Ψ
ὅτι σύ με ἀπέστειλας. **22** κἀγὼ τοι τὴν δο	τὴν δόξαν	ἣν δέδωκάς μοι δέδωκα	G*
ὅτι σύ με ἀπέστειλας. **22** καὶ ἐγὼ	τὴν δόξαν	ἣν δέδωκάς μοι ἔδωκα	K M 1346
ὅτι σύ με ἀπέστειλας. **22** καὶ ἐγὼ	τὴν δόξαν μου	ἣν δέδωκάς μοι δέδωκα	W
ὅτι σύ με ἀπέστειλας. **22** κἀγὼ	τὴν δόξαν	ἣν ἔδωκάς μοι δέδωκα	157
ὅτι σύ με ἀπέστειλας. **22** ἐγὼ	τὴν δόξαν	ἣν ἔδωκάς μοι δέδωκα	579
ὅτι σύ με ἀπέστειλας. **22** καὶ ἐγὼ	τὴν δόξαν	ἣν δέδωκάς μοι δέδωκα	Cᶜ 𝔐 Γ Δ Λ 118 *f*¹³ 2

28 700 1071 1424 τ

αὐτοῖς, ἵνα ὦσιν	ἓν καθὼς ἡμεῖς ἕν·	**23** ἐγὼ	ἐν αὐτοῖς καὶ σὺ	ἐν ἐμοί,	B 𝔓⁶⁶ C* L W 33
αὐτοῖς, ἵνα ὦσιν	ἓν καθὼς ἡμεῖς·	**23** ἐγὼ	ἐν αὐτοῖς καὶ σὺ	ἐν ἐμοί,	ℵ* [↑1582* **uw**
αὐτοῖς, ἵνα ὦσιν τὸ	ἓν καθὼς ἡμεῖς ἕν·	**23** σὺ ἐν ἐμοί κἀγὼ ἐν αὐτοῖς,			D
αὐτοῖς, ἵνα ὦσιν	ἓν καθὼς ἡμεῖς ἕν·	**23** ἐγὼ	ἐν αὐτοῖς καὶ σὺ ἓν	ἐν ἐμοί,	1
αὐτοῖς, ἵνα ὦσιν	ἓν καθὼς ἡμεῖς ἔσμεν·	**23** ἐγὼ	ἐν αὐτοῖς καὶ σὺ	ἐν ἐμοί,	124 788
αὐτοῖς, ἵνα ὦσιν	ἓν καθὼς ἡμεῖς ἔσμεν·	**23** κἀγὼ	ἐν αὐτοῖς καὶ σὺ	ἐν ἐμοί,	157 565
αὐτοῖς, ἵνα ὦσιν	ἓν καθὼς ἡμεῖς·	**23** κἀγὼ	ἐν αὐτοῖς καὶ σὺ	ἐν ἐμοί,	579
αὐτοῖς, ἵνα ὦσιν	ἓν καθὼς ἡμεῖς ἓν ἔσμεν·	**23** ἐγὼ	ἐν αὐτοῖς καὶ σὺ	ἐν ἐμοί,	ℵᶜ A Cᶜ 𝔐 K M N

U Γ Δ Θ Λ Π Ψ 1582ᶜ 118 *f*¹³ 2 28 700 1071 1424 τ

lac. **17.20–23** 𝔓⁴⁵ 𝔓⁷⁵ F P

A 20 μονων Lᶜ 13 | αυτον Θ **21** ωσι¹ S Ω 118 157 565 700 | καντοι (και αυτοι) Θ* ¦ ημειν 𝔓⁶⁶ D ¦ ημην Θ ¦ πιστευσει 2* 1071 | απεστιλας 𝔓⁶⁶ ℵ L N W **22** εδοκα Θ* ¦ δεδοκα 13 ¦ ημις N

B 21 π̅ε̅ρ̅ A C 𝔐 K L M S U Γ Δ Θ Λ Π Ψ Ω *f*¹ 118 *f*¹³ 69 124 2 33 28 157 565 579 700 788 1071 1346 1424 ¦ π̅π̅ρ̅ N W

C 21 τελος τ̅ χ̅λ̅π̅ρ̅ω̅ H ¦ τελ τς συνοδου Γ ¦ τελ 1346 **22** των π̅ρ̅ 118

ἵνα ὦσιν τετελειωμένοι εἰς   ἕν,   ἵνα γεινώσκῃ ὁ κόσμος ὅτι σύ με ἀπέστειλας   B
ἵνα ὦσιν τετελειωμένοι εἰς   ἕν, καὶ   γινώσκῃ ὁ κόσμος ὅτι σύ με ἀπέστειλας   𝔓⁶⁶ א W 1 1582*
ἵνα ὦσιν τετελειωμένοι εἰς εἰς ἕν,   ἵνα γινώσκῃ ὁ κόσμος ὅτι σύ με ἀπέστειλας   C*
ἵνα ὦσιν τετελειωμένοι εἰς   ἕν,   ἵνα γινώσκῃ ὁ κόσμος ὅτι σύ με ἀπέστειλας   Cᶜ L 69 124 33 788
ἵνα ὦσιν τετελειωμένοι εἰς τὸ ἕν,   ἵνα γεινώσκῃ ὁ κόσμος ὅτι σύ με ἀπέστειλας   D   [↑uw
ἵνα ὦσιν τετελειωμένοι εἰς   ἕν, καὶ ἵνα γινώσκει ὁ κόσμος ὅτι σύ με ἀπέστειλαϲ   H Y K Γ Λ f¹³ 2*
ἵνα ὦσιν τετελειωμένοι εἰς   ἕν, καὶ ἵνα γινώσκει ὁ κόσμος ὅτι σύ με ἀπέστειλας   Θ [28 565 700 1071
ἵνα ὦσιν τετελειωμένοι εἰς   ἕν,   ἵνα γινώσκει ὁ κόσμος ὅτι σύ με ἀπέστειλας   118
ἵνα ὦσιν τετελειωμένοι εἰς   ἕν, καὶ   γινώσκει ὁ κόσμος ὅτι σύ με ἀπέστειλας   579
ἵνα ὦσιν τετελειωμένοι εἰς   ἕν, καὶ ἵνα γνῶ ὁ κόσμος ὅτι σύ με ἀπέστειλας   1424
ἵνα ὦσιν τετελειωμένοι εἰς   ἕν, καὶ ἵνα γινώσκῃ ὁ κόσμος ὅτι σύ με ἀπέστειλας   A 𝔐 M N U Δ Π Ψ
                                                               1582ᶜ 2ᶜ 157 τ

[Cl Pd I 71.1 ινα παντες εν ωσι, καθως συ, πατερ, εν εμοι καγω εν σοι, ινα και αυτοι εν ημιν εν ωσιν, ινα και ο κοσμος πιστευη, οτι συ με απεστειλας. καγω την δοξαν, ην εδωκας μοι, δεδωκα αυτοις, ινα ωσιν εν καθως ημεις εν· εγω εν αυτοις και συ εν εμοι, ινα ωσι τετελειωμενοι εις εν] [Cl Pd I 8.2 και ηγαπησας αυτους, καθως εμε ηγαπησας)

καὶ ἠγάπησας αὐτοὺς καθὼς ἐμὲ   ἠγάπησας. **24** Πατήρ, ὃ δέδωκάς μοι,   B w
....   **24**   ὃ δέδω ......   𝔓⁶⁰
καὶ ἠγάπησα· ······· ου· ··αθὼς ἐμὲ   ἠγάπησας. **24** Π········ ·· ······ ω··άς μοι,   𝔓⁶⁶
καὶ ἠγάπησας αὐτοὺς καθὼς ἐμὲ   ἠγάπησας. **24** Πάτερ, ὃ δέδωκάς μοι,   א u
καὶ ἠγάπησας αὐτοὺς καθὼς ἐμὲ   ἠγάπησας. **24** Πατήρ, οὓς ἔδωκάς μοι,   A
καὶ ἠγάπησα αὐτοὺς καθὼς σύ με   ἠγάπησας. **24** Πάτερ, ὃ δέδωκάς μοι,   D
καὶ ἠγάπησας αὐτοὺς καθὼς ἐμὲ   ἠγάπησας. **24** Πατήρ, οὓς δέδωκάς μοι,   N
καὶ ἠγάπησας αὐτοὺς καθὼς κἀμὲ   ἠγάπησας. **24** Πάτερ, ὃ δέδωκάς μοι,   W
καὶ ἠγάπησας αὐτοὺς καθὼς ἐμὲ   ἠγάπησας. **24** Πάτερ, οὗ δέδωκάς μοι,   Θ
καὶ ἠγάπησας αὐτοὺς καθὼς ἐμὲ   ἠγάπησαν. **24** Πάτερ, ὃ δέδωκάς μοι,   579
καὶ ἠγάπησα αὐτοὺς καθὼς ἐμὲ   ἠγάπησας. **24** Πάτερ, οὓς δέδωκάς μοι,   1424
καὶ ἠγάπησας αὐτοὺς καθὼς ἐμὲ   ἠγάπησας. **24** Πάτερ, οὓς δέδωκάς μοι,   C 𝔐 K L M U Γ Δ Λ Π Ψ f¹
                                             f¹³ 2 33 28 157 565 700 1071 τ

θέλω ἵνα ὅπου εἰμὶ ἐγὼ κἀκεῖνοι   ὦσιν μετ᾽ ἐμοῦ, ἵνα θεωρῶσι τὴν δόξαν τὴν ἐμὴν   B uwτ rell
······ ····· ὅπου ·········· ······ ι   ὦσιν με········· ········ θεωρῶσιν τ······ τὴν ἐμὴν   𝔓⁶⁰
θέλω ἵν·· ·········· ··μὶ ····κεῖνοι   ὦσιν μ···· ········ ······ τὴν δο······ τὴν   𝔓⁶⁶ (cj. εγω ειμι)
θέλω ἵνα ὅπου εἰμὶ ἐγὼ καὶ ἐκεῖνοι   ὦσιν μετ᾽ ἐμοῦ, ἵνα θεωρῶσι τὴν δόξαν τὴν ἐμὴν   A K N U W Π 157
θέλω ἵνα ὅπου εἰμὶ ἐγὼ κἀκεῖνοι   ὦσιν μετ᾽ ἐμοῦ, ἵνα θεωρῶσι τὴν δόξαν   D
θέλω ἵνα ὅπου εἰμὶ ἐγὼ κἀκεῖνοι   ὦσιν μετ᾽ ἐμοῦ, ἵνα θεωρῶσι τὴν δόξαν τὴν ἐμὴν   124 788

ἣν ἔδωκάς   μοι ὅτι ἠγάπησας μετὰ ὑπὸ καταβολῆς κόσμου. **25** πατὴρ δίκαιε,   B*
ἣν ἔδωκάς   μοι ὅτι ἠγάπησάς με   πρὸ καταβολῆς κόσμου. **25** πατὴρ δίκαιε,   Bᶜ N [w]
ἣν ·········   μοι ὅτι ἠγάπ······· με   πρ·· κατα········· **25** ·········   𝔓⁶⁰
·········   ·οι ·· τι ἠγά·········   **25** ·········   𝔓⁶⁶
ἣν δέδωκάς μοι ὅτι ἠγάπησάς με   πρὸ καταβολῆς κόσμου. **25** πατὴρ δίκαιε,   A [w]
ἣν ἔδωκάς   μοι ὅτι ἠγάπησάς με   πρὸ καταβολῆς κόσμου. **25** πάτερ δίκαιε,   𝔐 K Γ Θ Λ Π 2ᶜ 157 τ
ἣν ἔδωκάς   μοι ὅτι ἠγάπησάς με   πρὸ καταβολῆς κόσμου. **25** πάτερ ἅγιε,   2*
ἣν δέδωκάς μοι ὅτι ἠγάπησάς με   πρὸ καταβολῆς κόσμου. **25** πάτερ δίκαιε,   א C D H L M U W Δ Ψ Ω f¹
                                             f¹³ 33 28 565 579 700 1071 1424 u

[Cl; Pd I 71.2 πατερ, ους εδωκας μοι, θελω ινα οπου ειμι εγω κακεινοι ωσι μετ εμου, ινα θεωρωσι την δοξαν την εμην, ην εδωκας μοι οτι ηγαπησας με προ καταβολης κοσμου]

lac. **17.23–25** 𝔓⁴⁵ 𝔓⁷⁵ F P

A 23 ωσι S Y K U Π Ψ f¹ 118 28 69 157 565 700 788 | τετελιωμενοι א D N W | απεστιλας 𝔓⁶⁶ א L N W Θ **24** οπο H | ωπου 788 | ειμει W | εκινοι N | κακηνοι 579 | ωσι Y 118 13 69 28 157 700 788 | θεωρωσιν 𝔓⁶⁰ א A C E H L M N U Wᶜ Δ Θ Λ Ψ 2 33 579 1071 1424 | θεωρησωσιν G | θεωρουσιν W* **25** δικαιαι N

B 24 π̅η̅ρ A N | π̅ε̅ρ C 𝔐 K L M S U Γ Δ Θ Λ Π Ψ Ω f¹ 118 f¹³ 69 124 2 33 28 157 565 579 700 788 1071 1346 1424 **25** π̅η̅ρ A N | π̅ε̅ρ C 𝔐 K L M S U Γ Δ Θ Λ Π Ψ Ω f¹ 118 f¹³ 69 124 2 33 28 157 565 579 700 788 1071 1346 1424

C 23 τελ (post αυτοις) 579 | τελ (post απεστειλας) 2

D 25 ρ̅ν̅δ̅/γ̅ א Y L M N̲ S U Λ Ψ Ω 118 12̲4̲ 28 788 1424 | ρ̅ν̅δ̅ C D H K Γ Π f¹ f¹³ 2 157 565 1346 | ρ̅ν̅δ̅/δ̅ E | ρ̅ν̅δ̅/α̅ G | Ευ Ιω ρ̅ν̅δ̅ : Λο ριθ : Μρ . : Μθ ρια E | Ιω ρ̅ν̅δ̅ : Λο ρ̅θ̅ : Μρ ρος̅ : Μτ ριβ 124

καὶ ὁ κόσμος	σε οὐκ ἔγνω, ἐγὼ δέ σε ἔγνων,	καὶ οὗτοι ἔγνωσαν ὅτι σύ με	B **uwτ** rell
....	.... γω,	.... γω·αν .... με	𝔭66
καὶ ὁ κόσμος	σε οὐκ ἔγνω, ἐγὼ δὲ ἔγνων,	καὶ οὗτοι ἔγνωσαν ὅτι σύ με	A
ὁ κόσμος τούτος	σε οὐκ ἔγνω, ἐγὼ δέ σε ἔγνωκα,	καὶ οὗτοι ἔγνωσαν ὅτι σύ με	D
καὶ ὁ κόσμος	σε οὐκ ἔγνω, ἐγὼ δὲ ἔγνων σε,	καὶ οὗτοι ἔγνωσαν ὅτι σύ με	W 579
καὶ ὁ κόσμος	σε οὐκ ἔγνω, ἐγὼ δέ σε ἔγνων,	ὅτι σύ με	69

[Cl Pd I 71.2 πατερ δικαιε, και ο κοσμος σε ουκ εγνω, εγω δε σε εγνων κακεινοι εγνωσαν, οτι συ με απεστειλας]

ἀπέστειλας· 26 καὶ ἐγνώρισα	αὐτοῖς τὸ ὄνομά σου καὶ γνωρίσω, ἵνα ἡ ἀγάπη	B **uwτ** rell
.... 26 .... ρισα	αὐ· .... ·γωρ	𝔭66
ἀπέστειλας· 26 καὶ ἐγνώρισαν	αὐτοῖς τὸ ὄνομά σου καὶ γνωρίσω, ἵνα ἡ ἀγάπη	Θ
ἀπέστειλας· 26 καὶ ἐγνώρισα ἐν	αὐτοῖς τὸ ὄνομά σου καὶ γνωρίσω, ἵνα ἡ ἀγάπη	1071

ἣν ἠγάπησάς με	ἐν αὐτοῖς ᾖ	κἀγὼ	ἐν αὐτοῖς.	B **uwτ** rell
....	ἐν αυ ...... ἣν κ	....	𝔭66
ἣν ἠγάπησας αὐτοὺς	ἐν αὐτοῖς ᾖ	κἀγὼ	ἐν αὐτοῖς.	א
ᾖ ἠγάπησάς με	ἐν αὐτοῖς ᾖ	κἀγὼ	ἐν αὐτοῖς.	D
ἣν ἠγάπησάς με	ἐν αὐτοῖς ᾖ	καὶ ἐγώ	ἐν αὐτοῖς.	W
ἣν ἠγάπησάς με	ἐν αὐτοῖς	κἀγὼ	ἐν αὐτοῖς.	579
ἣν ἠγάπησάς με	ᾖ ἐν αὐτοῖς	κἀγὼ	ἐν αὐτοῖς.	1424

[Cl Pd I 71.2 και εγνωρισα αυτοις το ονομα σου και γνωρισω]

Jesus Betrayed By Judas And Arrested In The Garden
By Soldiers From The Chief Priests
(Matthew 26.30, 36, 47-56; Mark 14.26, 32, 43-50; Luke 22.39-40, 47-53)

ξβ̄ 18.1	Ταῦτα εἰπὼν	Ἰησοῦς ἐξῆλθεν σὺν τοῖς	μαθηταῖς αὐτοῦ πέραν τοῦ	B א^c L* **uw**
18.1	......·τα Ἰησοῦς	ει· ...... ·ἐξ	μαθη· ......·τοῦ	𝔭66
18.1	Ταῦτα εἰπὼν	Ἰησοῦς ἐξῆλθεν σὺν αὐτοῖς	μαθηταῖς αὐτοῦ πέραν τοῦ	א*
18.1	Ταῦτα εἰπὼν ὁ	Ἰησοῦς ἐξῆλθεν σὺν τοῖς	μαθηταῖς αὐτοῦ πέραν τοῦ	A C D 𝔐 K L^c M N U W

Γ Δ Θ Λ Π Ψ f¹ f¹³ 2 33 28 157 565 579 700 1071 1424 τ

[↓f¹³ 33 157 565 700 1071 1424 **wτ**]

χειμάρρου τῶν Κέδρων	ὅπου ἦν κῆπος, εἰς ὃν εἰσῆλθεν	αὐτὸς καὶ	B א^c C G H K L M N U Θ Λ Π Ψ f¹
......·άρου τ	εἰς ὃν εἰσῆλθεν	......	𝔭66*
......·άρρου τ	εἰς ὃν εἰσῆλθεν	......	𝔭66c
χειμάρρου τοῦ Κέδρου	ὅπου ἦν κῆπος, εἰς ὃν εἰσῆλθεν	αὐτὸς καὶ	א* D
χειμάρρου τοῦ Κεδρὼν	ὅπου ἦν κῆπος, εἰς ὃν εἰσῆλθεν	αὐτὸς καὶ	A S Δ Ω **u**
χειμάρρου τῶν Κέδρων	ὅπου ἦν κῆπος, εἰς ὃν εἰσῆλθον	αὐτὸς καὶ	E 2
χειμάρρου τοῦ Κέδρου	ὅπου ἦν κῆπος, εἰς ὃν εἰσῆλθεν	αὐτὸς καὶ	Y
χειμάρρου τοῦ Κέδρου	ὅπου ἦν κῆπος, εἰς ὃν εἰσελήλυθεν	αὐτὸς καὶ	W
χειμάρρου τῶν Καίδρων	ὅπου ἦν κῆπος, εἰς ὃν εἰσῆλθεν	αὐτὸς καὶ	Γ 28
χειμάρρου τῶν Κέδρων	ὅπου ἦν κῆπος, εἰς ὃν ἐξῆλθεν	αὐτὸς καὶ	579

lac. 17.25–18.1 𝔭45 𝔭75 F P

A 25 κε (και¹) C | απεστιλας א L N W 26 εγνωρησα Η Ω 2 28 1071 | τω (το) 700 | γνωρησω L 28 **18.1** ειπον 565 | εξηλθε Y 118 28 69 157 700 788 | αναυτου 1346 | ···αρου 𝔭66* | χιμαρρου א 1071 | χειμαρου Ω 700 | κιπος N 579

B 18.1 ι̅ς̅ B 𝔭66 א A C 𝔐 K L M N S U W Γ Δ Θ Λ Π Ψ Ω f¹ 118 f¹³ 124 2 33 28 565 700 788 1071 1346 1424 | ι̅η̅ς̅ D

C 26 τελος (post εν αυτοις) E Y L Θ Λ f¹³ 124 579 788 1346 1424 | τελος της πα, G | τελος της παρα, της v̅ H | τελ τς παρ, ζ M | τελ μη Γ | τελ ξ̅ f¹ | τελ τς ς κ, τς v̅ τς παραβολης 28 | Σα ιω κ,ε ξ̅ζ̅ κ,ιω κ,ε κ̅ζ̅ 118 **18.1** αρχ: ευγ β̅ G | αρχη: ευα β̅ τ̅ παθ. τω κ εξηλθεν ο ις συν τοις μαθθ αυτ Η | αρχ: β̅ της παθ τω κ,ρ,ω εξηλθεν ο ις συν τοις μαθ αυτ Υ | β̅ των παθθ τω καιρω, εξηλθεν ο ις συν τοις μθ αυτου, M | αναγνω β̅ τω κ εξηλθ ο ις S | ευαγγε̅ τω παθ β̅ αρχ τω καιρω εξηλθεν ο ις συν Γ | αρχ: εξηλθεν ο ις Θ | ευαγγλ β̅ κ, τ ιω τω κρω εκ, κ, εξηλθ ο ις συν τ μαθθ αυτ. περαν του χειμαρρου τε̅ αλλ ινα φαγωσιν το πασχ Λ | αρχ ευαγγελιον β̅ Ψ | αναγν,ω β̅ τω καιρω εξηλθον Ω | αρχ νη ευα β̅ τ̅ αγι παθ τω καιρω εξηλθ ο ις τοις f¹ | αρχ νη ευα β̅ τ̅ αγι παθων: τω εξηλθεν ο ις συν τοις μαθηταις αυτου προς αυτους 118 | αρχ ευα β̅ των παθ f¹³ 124 788 1346 | αρχ του β̅ ευα τ̅ απχ παθ 28 | αρχ β̅ τη αγιων παθων 157 | αρχ τη αγ κ, μγλ παρ,α. ευα β̅ τ̅ παθ + τω κ,αι εκ,ει 1071 | αρχη τω καιρω 1424

D 25 (ante κ. ουτοι) ρ̅ν̅ε̅/ι̅ א S U Λ Π Ω 118 | (ante εγω δε) ρ̅ν̅ε̅/ι̅ L | ρ̅ν̅ε̅ Θ 565 | ρ̅ν̅δ̅/γ̅ 1071 26 ρ̅ν̅ε̅ C D G H K Γ f¹ f¹³ 2 157 1346 | ρ̅ν̅ε̅/ι̅ E Y M 124 28 788 (ante και γνωρισω Ψ) | ρ̅ν̅ε̅/γ̅ 1071 | Ευ Ιω ρ̅ν̅ε̅ : Λο . : Μρ . : Μθ . Ε | Ιω ρ̅ν̅ε̅ : Λο . : Μρ .: Μτ . 124 **18.1** ρ̅ν̅ς̅/δ̅ א N | [ρ̅ν̅]ς̅/α̅ A | ρ̅ν̅ς̅ C D H K L Γ Θ f¹ f¹³ 2 565 1346 | ρ̅ν̅ς̅/α̅ E G S Y M U Λ Π Ψ Ω 118 124 788 1071 1424 | Ευ Ιω ρ̅ν̅ς̅ : Λο σ̅ο̅θ̅ : Μρ ρ̅ο̅β̅ : Μθ ρ̅μ̅α̅ Ε | Ιω ρ̅ν̅ς̅ : Λο ρ̅θ̅ : Μρ ρ̅ο̅β̅ : Μτ ρ̅ι̅β̅ 124

οἱ μαθηταὶ αὐτοῦ. **2** ἤδει δὲ καὶ Ἰούδας ὁ παραδιδοὺς αὐτὸν τὸν τόπον, ὅτι πολλάκις   B **uwτ** rell
.... τοῦ. **2** ᾔδει δ···· ....· .... ···τον τ·······. ....·ς   𝔭66
οἱ μαθηταὶ αὐτοῦ. **2** ᾔδει δὲ καὶ Ἰούδας ὁ <u>παραδιδών</u> αὐτὸν τὸν τόπον, ὅτι πολλάκις   D
οἱ μαθηταὶ αὐτοῦ. **2** ᾔδει δὲ καὶ Ἰούδας ὁ παραδιδοὺς αὐτὸν τὸν τόπον, ὅτι πολλάκις   G 124
οἱ μαθηταὶ αὐτοῦ. **2** ᾔδει δὲ καὶ Ἰούδας <u>αὐτῶν</u> τόπον, ὅτι πολλάκις   579
οἱ μαθηταὶ αὐτοῦ. **2** ᾔδει δὲ καὶ Ἰούδας τὸν τόπον, ὅτι πολλάκις   1424*

συνήχθη   Ἰησοῦς μετὰ τῶν μαθητῶν αὐτοῦ ἐκεῖ. **3** ὁ οὖν Ἰούδας λαβὼν   B
συνήχθ·   .... ···θητων ···········**3** ὁ   𝔭66*
συνήχθ·   ···············θητων αὐτοῦ ···········**3** ὁ   𝔭66c
συνήχθη   Ἰησοῦς <u>ἐκεῖ μετὰ τῶν μαθητῶν αὐτοῦ</u>. **3** ὁ οὖν Ἰούδας λαβὼν   א L **uw**
συνήχθη   <u>ἐκεῖ</u> ὁ Ἰησοῦς <u>μετὰ τῶν μαθητῶν αὐτοῦ</u>. **3** ὁ οὖν Ἰούδας λαβὼν   D 579
συνήχθη <u>καὶ</u> ὁ Ἰησοῦς <u>ἐκεῖ μετὰ τῶν μαθητῶν αὐτοῦ</u>. **3** ὁ οὖν Ἰούδας λαβὼν   𝔐 Γ Δᶜ 2 28
συνήχθη <u>καὶ</u>   .... ··········**3**   H
συνήχθη   ὁ Ἰησοῦς <u>ἐκεῖ μετὰ τῶν μαθητῶν αὐτοῦ</u>. **3** ὁ οὖν Ἰούδας <u>παραλαβὼν</u>   N f¹ 565
<u>συνέχθη καὶ</u> ὁ Ἰησοῦς <u>ἐκεῖ μετὰ τῶν μαθητῶν αὐτοῦ</u>. **3** ὁ οὖν Ἰούδας λαβὼν   Δ*
συνήχθη <u>καὶ</u>   Ἰησοῦς <u>ἐκεῖ μετὰ τῶν μαθητῶν αὐτοῦ</u>. **3** ὁ οὖν Ἰούδας λαβὼν   Λ
συνήχθη   ὁ Ἰησοῦς <u>ἐκεῖ μετὰ τῶν μαθητῶν αὐτοῦ</u>. **3** ὁ οὖν Ἰούδας λαβὼν <u>ὅλην</u>   f¹³
συνήχθη   ὁ Ἰησοῦς <u>ἐκεῖ μετὰ τῶν μαθητῶν αὐτοῦ</u>. **3** ὁ οὖν Ἰούδας λαβὼν   A C Y K M U W Θ
Π Ψ 118 124 33 157 700 1071 1424 τ

τὴν σπεῖραν καὶ ἐκ τῶν ἀρχιερέων καὶ τῶν Φαρεισαίων ὑπηρέτας ἔρχεται ἐκεῖ   B
τὴν σπεῖρα··· .... ······ κα··· ....ἔρ·······   𝔭66
τὴν σπεῖραν καὶ ἐκ τῶν ἀρχιερέων καὶ <u>ἐκ</u> τῶν <u>Φαρισαίων</u> ὑπηρέτας ἔρχεται   א*
τὴν σπεῖραν καὶ ἐκ τῶν ἀρχιερέων καὶ τῶν Φαρεισαίων ὑπηρέτας ἔρχεται ἐκεῖ   C
τὴν σπεῖραν καὶ ἐκ τῶν ἀρχιερέων καὶ <u>ἐκ</u> τῶν <u>Φαρισαίων</u> ὑπηρέτας ἔρχεται ἐκεῖ   D 579 **u[w]**
τὴν σπεῖραν καὶ ἐκ τῶν ἀρχιερέων καὶ τῶν <u>Φαρισέων</u> ὑπηρέτας ἔρχεται ἐκεῖ   L
τὴν σπεῖραν καὶ ἐκ τῶν ἀρχιερέων καὶ <u>Φαρισαίων</u> ὑπηρέτας <u>ἐκεῖ ἔρχεται</u>   U
τὴν σπεῖραν καὶ ἐκ τῶν ἀρχιερέων καὶ <u>γραμματέων</u> ὑπηρέτας ἔρχεται ἐκεῖ   118
τὴν σπεῖραν καὶ ἐκ τῶν ἀρχιερέων καὶ τῶν <u>Φαρισαίων</u> ὑπηρέτας ἔρχεται ἐκεῖ   [w]
τὴν σπεῖραν καὶ ἐκ τῶν ἀρχιερέων καὶ <u>Φαρισαίων</u> ὑπηρέτας ἔρχεται ἐκεῖ   אᶜ A 𝔐 K M N
W Γ Δ Θ Λ Π Ψ f¹ f¹³ 2 33 28 157 565 700 1071 1424 τ

[↓Θ Λ Π 118 2 700 **uwτ**
μετὰ φανῶν καὶ λαμπάδων καὶ ὅπλων. **4** Ἰησοῦς οὖν εἰδὼς πάντα τὰ ἐρχόμενα   B A C 𝔐 K M U Γ
.... ·······π······ **4** .... ········ενα   𝔭60
.... ·············· **4** .... ···ντα τ···· 𝔭66
μετὰ φανῶν καὶ λαμπάδων καὶ ὅπλων. **4** Ἰησοῦς <u>δὲ</u> εἰδὼς πάντα τὰ ἐρχόμενα   א L W f¹ 33 565
μετὰ φανῶν καὶ λαμπάδων καὶ ὅπλων. **4** Ἰησοῦς <u>δὲ</u> <u>εἰδὼν</u> πάντα τὰ ἐρχόμενα   D
μετὰ <u>λαμπάδων</u> καὶ <u>φανῶν</u> καὶ ὅπλων. **4** Ἰησοῦς οὖν εἰδὼς πάντα τὰ ἐρχόμενα   N
μετὰ φανῶν καὶ λαμπάδων καὶ ὅπλων. **4** Ἰησοῦς οὖν <u>εἰδὼν</u> πάντα τὰ ἐρχόμενα   Ψ
μετὰ φανῶν καὶ λαμπάδων καὶ ὅπλων. **4** Ἰησοῦς οὖν εἰδὼς πάντα τὰ <u>ἐπερχόμενα</u>   Δ 28 1424
μετὰ φανῶν καὶ λαμπάδων καὶ ὅπλων. **4** <u>ὁ δὲ</u> Ἰησοῦς <u>ἰδὼν</u> πάντα ἐρχόμενα   f¹³
μετὰ φανῶν καὶ λαμπάδων καὶ ὅπλων. **4** <u>ὁ δὲ</u> Ἰησοῦς <u>ἰδὼν</u> πάντα τὰ ἐρχόμενα   69 124 788
μετὰ φανῶν καὶ λαμπάδων καὶ ὅπλων. **4** Ἰησοῦς οὖν <u>ἰδὼν</u> πάντα τὰ ἐρχόμενα   157
μετὰ φανῶν καὶ λαμπάδων καὶ ὅπλων. **4** Ἰησοῦς εἰδὼς πάντα τὰ ἐρχόμενα   579
μετὰ <u>τῶν</u> φανῶν καὶ λαμπάδων καὶ ὅπλων. **4** Ἰησοῦς <u>δὲ</u> εἰδὼς πάντα τὰ <u>ἐπερχόμενα</u>   1071
μετὰ φανῶν καὶ λαμπάδων καὶ ὅπλων. **4** <u>ὁ δὲ</u> Ἰησοῦς πάντα τὰ ἐρχόμενα   1346

---

lac. 18.1-4 𝔭45 𝔭75 F P ¦ vss. 2-4 H

A 2 ηδη E 1424 ¦ ηνδει Θ ¦ πολακεις A N W Δ ¦ πολακις Θ ¦ πολλακης 2 **3** σπιραν 𝔭66 N ¦ αρχιεραιων 579 ¦ ερχετε 28 1071 ¦ εκι אᶜ ¦ οπλον M **4** ιδως A C N S W ¦ ιδων Ψ ¦ παντας K ¦ ερχομενα 579

B 2 ι̅ς̅ B א A C 𝔐 K L M N S U W Γ Δ Θ Λ Π Ψ Ω f¹ 118 f¹³ 124 2 33 28 565 579 700 788 1071 1346 1424 ¦ ιη̅ς̅ D **4** ι̅ς̅ B א A C 𝔐 K L M N S U W Γ Δ Θ Λ Π Ψ Ω f¹ 118 f¹³ 124 2 33 28 157 565 579 700 788 1071 1346 1424 ¦ ιη̅ς̅ D

C 1 τελος (post μαθ. αυτου) E S Y M² Θ Ψ 118 124 2 ¦ τελος του α̅ ευγ G 1071 ¦ τελος του δ̅ ευα̅ τ̅ παθ H Ω ¦ τελ τω παθ α̅ Γ ¦ τελ f¹ f¹³ 157 788 ¦ τελ ευα̅ α̅ 1346 **2** αρχ 157 ¦ τελο 579 1346

D 2 ρ̅ν̅ζ̅/ι̅ א A G L M S U Y Λ Π Ψ Ω 118 124 28 788 1071 1424 ¦ ρ̅ν̅ζ̅ C D H K Γ Θ f¹ f¹³ 2 157 565 1346 ¦ ρ̅ν̅ζ̅/· E ¦ Ευ Ιω ρ̅ν̅ζ̅ : Λο .: Μρ .: Μθ . E ¦ Ιω ρ̅ν̅ζ̅ : Λο σο̅θ̅ : Μρ ρ̅π̅α̅ : Μτ σ̅ο̅α̅ 124 **3** ρ̅ν̅η̅/α̅ א A Y L M S U Λ Π Ψ Ω 118 124 28 788 1071 1424 ¦ ρ̅ν̅η̅ C K Γ Θ f¹ f¹³ 157 565 ¦ [ρ]ν̅η̅ D ¦ ρ̅ν̅η̅/· E ¦ ρ̅ν̅η̅/ι̅ G ¦ Ευ Ιω ρ̅ν̅η̅ : Λο σ̅π̅ε̅ : Μρ ρ̅π̅α̅ : Μθ τ̅ E ¦ Ιω ρ̅ν̅η̅ : Λο σ̅π̅ε̅ : Μρ . : Μτ . 124 **4** ρ̅ν̅θ̅/ι̅ א G L M S U Y Λ Ψ Ω 118 28 788 1071 1424 ¦ ρ̅ν̅θ̅/α A ¦ ρ̅ν̅θ̅ C K Γ Θ Π f¹ f¹³ 124 2 157 565 ¦ [ρ]ν̅θ̅ D ¦ ρ̅ν̅θ̅/· E ¦ Ευ Ιω ρ̅ν̅θ̅ : Λο .: Μρ . : Μθ . E ¦ Ιω ρ̅ν̅θ̅ : Λο .: Μρ . : Μτ . 124

ἐπ' αὐτὸν ἐξῆλθε   καὶ λέγει αὐτοῖς, Τίνα ζητεῖτε; **5** ἀπεκρίθησαν αὐτῷ, Ἰησοῦν   B C* D *f*¹ 565 **uw**
⋯⋯⋯⋯θεν ἔξω   κ⋯   ⋯⋯⋯⋯⋯⋯⋯⋯⋯ Τίνα ζητε⋯⋯ **5** ⋯⋯⋯⋯⋯⋯⋯⋯⋯⋯⋯ Ἰησοῦν   𝔭⁶⁰
⋯⋯ ⋯⋯⋯⋯ ⋯ξ⋯θην   ⋯⋯⋯⋯⋯⋯⋯⋯⋯⋯⋯⋯⋯⋯⋯⋯ **5** ἀπ⋯⋯⋯⋯⋯⋯⋯⋯⋯⋯⋯⋯⋯   𝔭⁶⁶
ἐπ' αὐτὸν   εἶπεν αὐτοῖς, Τίνα ζητεῖτε; **5** ἀπεκρίθησαν αὐτῷ, Ἰησοῦν   U*
ἐπ' αὐτὸν ἐξελθών   εἶπεν αὐτοῖς, Τίνα ζητεῖτε; **5** ἀπεκρίθησαν αὐτῷ, Ἰησοῦν   ℵ A Cᶜ𝔐 K L M N
                                                          Uᶜ W Γ Δ Θ Λ Π Ψ 118 *f*¹³ 2 33 28 157 579 700 1071 1424 τ

τὸν Ναζωραῖον. λέγει αὐτοῖς,   Ἐγώ εἰμι Ἰησοῦς. ἱστήκει δὲ καὶ Ἰούδας ὁ   B* [**w**]
τὸν Ναζωραῖον. λέγει αὐτοῖς,   Ἐγώ εἰμι Ἰησοῦς. εἱστήκει δὲ καὶ Ἰούδας ὁ   Bᶜ
τὸν Ναζω⋯⋯⋯⋯⋯ αὐτοῖς,   Ἐγώ⋯⋯⋯⋯⋯⋯⋯⋯ δὲ καὶ Ἰούδ⋯⋯   𝔭⁶⁰
⋯⋯⋯⋯⋯⋯ ζ⋯⋯⋯⋯⋯⋯   ⋯⋯⋯⋯ ἱστήκ⋯ ⋯⋯⋯⋯⋯⋯⋯⋯⋯   𝔭⁶⁶*
⋯⋯⋯⋯⋯⋯ ζ⋯⋯⋯⋯⋯⋯   ⋯⋯⋯⋯ ἱστήκ⋯ ⋯⋯⋯⋯⋯ ὁ   𝔭⁶⁶ᶜ
τὸν Ναζωραῖον. λέγει αὐτοῖς   Ἰησοῦς, Ἐγώ εἰμι.   ἱστήκει δὲ καὶ Ἰούδας ὁ   ℵ
τὸν Ναζωραῖον. λέγει αὐτοῖς ὁ Ἰησοῦς, Ἐγώ εἰμι.   ἱστήκει δὲ καὶ Ἰούδας ὁ   A G N Θ Ψ 28
τὸν Ναζαρηνόν. λέγει αὐτοῖς,   Ἐγώ εἰμι.   ἱστήκει δὲ καὶ Ἰούδας ὁ   D
τὸν Ναζωρέον. λέγει αὐτοῖς ὁ Ἰησοῦς, Ἐγώ εἰμι.   εἱστήκει δὲ καὶ Ἰούδας ὁ   L
τὸν Ναζωραῖον. λέγει αὐτοῖς ὁ Ἰησοῦς, Ἐγώ εἰμι.   εἱστήκη δὲ καὶ Ἰούδας ὁ   2
τὸν Ναζωραίων. λέγει αὐτοῖς ὁ Ἰησοῦς, Ἐγώ εἰμι.   ἱστήκει δὲ   Ἰούδας ὁ   579
τὸν Ναζωραῖον. λέγει αὐτοῖς ὁ Ἰησοῦς, Ἐγώ εἰμι.   εἱστήκει δὲ καὶ Ἰούδας ὁ   700 τ
τὸν Ναζοραῖον. λέγει αὐτοῖς ὁ Ἰησοῦς, Ἐγώ εἰμι.   εἱστήκει δὲ καὶ Ἰούδας ὁ   1424
τὸν Ναζωραῖον. λέγει αὐτοῖς,   Ἐγώ εἰμι.   εἱστήκει δὲ καὶ Ἰούδας ὁ   u
τὸν Ναζωραῖον. λέγει αὐτοῖς,   Ἐγώ εἰμι.   ἱστήκει δὲ καὶ Ἰούδας ὁ   [**w**]
τὸν Ναζωραῖον. λέγει αὐτοῖς ὁ Ἰησοῦς, Ἐγώ εἰμι.   εἱστήκει δὲ καὶ Ἰούδας ὁ   C 𝔐 K M U W Γ Δ
                                                          Λ Π *f*¹ *f*¹³ 33 157 565 1071

παραδιδοὺς αὐτὸν μετ' αὐτῶν. **6** ὡς οὖν εἶπεν αὐτοῖς,   Ἐγώ εἰμι,   B ℵᶜ D W **nw**
                μετ' α⋯⋯⋯ **6** ὡς ου⋯ ⋯⋯⋯⋯⋯⋯⋯⋯⋯⋯⋯⋯⋯   ⋯⋯⋯μι,   𝔭⁶⁶*
παραδιδοὺς αὐτὸν μετ' α⋯⋯⋯ **6** ὡς ου⋯ ⋯⋯⋯⋯⋯⋯⋯⋯⋯⋯⋯⋯⋯   ⋯⋯⋯μι,   𝔭⁶⁶ᶜ
παραδιδοὺς αὐτὸν μετ' αὐτῶν. **6** ὡς οὖν εἶπεν,   Ἐγώ εἰμι,   ℵ*
παραδιδοὺς αὐτὸν μετ' αὐτῶν. **6** ὡς   εἶπεν αὐτοῖς,   Ἐγώ εἰμι,   A
παραδιδοὺς αὐτὸν ⋯⋯⋯⋯⋯⋯ **6** ⋯⋯⋯⋯⋯⋯⋯⋯⋯⋯⋯⋯⋯   ⋯⋯⋯⋯⋯   *G
παραδιδοὺς αὐτὸν μετ' αὐτῶν. **6** ὡς οὖν εἶπεν αὐτοῖς,   Ἐγώ εἰμι,   N Π Ψ *f*¹ 33 157 565
παραδιδοὺς αὐτὸν μετὰ αὐτῶν. **6** ὡς οὖν εἶπεν αὐτοῖς,   Ἐγώ εἰμι,   Θ   [↑1071
παραδιδοὺς αὐτὸν μετ' αὐτῶν. **6** ὡς   εἶπεν αὐτοῖς ὅτι Ἐγώ εἰμι,   *f*¹³
παραδιδοὺς αὐτὸν μετ' αὐτῶν. **6** ὡς οὖν εἶπεν αὐτοῖς ὁ Ἰησοῦς ὅτι Ἐγώ εἰμι,   579
παραδιδοὺς αὐτὸν μετ' αὐτῶν. **6** ὡς οὖν εἶπεν αὐτοῖς   ὅτι Ἐγώ εἰμι,   C 𝔐 Gˢᵘᵖ K M U Γ Δ Λ
                                                          118 69 124 2 28 700 788 1346 1424 τ

* G (supplement late cursive hand through 18.19)

ἀπῆλθαν εἰς τὰ ὀπίσω καὶ ἔπεσαν χαμαί. **7** πάλιν οὖν ἐπηρώτησεν αὐτούς,   B **w**
ἀ⋯⋯⋯⋯⋯⋯⋯⋯⋯⋯⋯⋯⋯⋯⋯⋯⋯ **7** ⋯⋯⋯⋯⋯⋯ ὥτη⋯⋯⋯⋯   𝔭⁶⁶
ἀπῆλθαν εἰς τὰ ὀπίσω καὶ ἔπεσαν χαμαί. **7** πάλιν οὖν αὐτοὺς ἐπηρώτησεν,   ℵ W
ἀπῆλθον εἰς τὰ ὀπίσω καὶ ἔπεσον χαμαί. **7** πάλιν οὖν ἐπηρώτησεν αὐτούς,   A U Ψ *f*¹³ 1071
ἀπῆλθον εἰς τὰ ὀπίσω καὶ ἔπεσον χαμαί. **7** πάλιν οὖν ἐπηρώτησεν αὐτούς,   C L **u**
ἀπῆλθαν εἰς τὰ ὀπίσω καὶ ἔπεσαν χαμαί. **7** πάλιν οὖν αὐτοὺς ἐπηρώτησεν λέγων,   D
ἀπῆλθεν εἰς τὰ ὀπίσω καὶ ἔπεσε χαμαί. **7** πάλιν οὖν αὐτοῖς ἐπηρώτησεν,   Gˢᵘᵖ
ἀπῆλθον εἰς τὰ ὀπίσω καὶ ἔπεσον χαμαί. **7** πάλιν οὖν αὐτοὺς ἐπηρώτησεν,   1 1582* 579
ἀπῆλθον εἰς τὰ ὀπίσω καὶ ἔπεσον χαμαί. **7** πάλιν οὖν ἠρώτησεν αὐτούς,   33
ἀπῆλθον εἰς τὰ ὀπίσω καὶ ἔπεσον χαμαί. **7** πάλιν οὖν αὐτοῖς ἐπηρώτησεν,   28 565
ἀπῆλθον εἰς τὰ ὀπίσω καὶ ἔπεσον χαμαί. **7** πάλιν   αὐτοὺς ἐπηρώτησεν,   157
ἀπῆλθον εἰς τὰ ὀπίσω καὶ ἔπεσον χαμαί. **7** πάλιν οὖν αὐτοὺς ἐπηρώτησεν ὁ Ἰησοῦς, 1424
ἀπῆλθον εἰς τὰ ὀπίσω καὶ ἔπεσον χαμαί. **7** πάλιν οὖν αὐτοὺς ἐπηρώτησεν,   𝔐 K M N Γ Δ Θ Λ
                                                          Π 1582ᶜ 118 2 700 τ

lac. 18.4-7 𝔭⁴⁵ 𝔭⁷⁵ F H P ¦ vss. 5-7 G

A 4 εξηλθεν C D *f*¹ ¦ ζητιτε N ¦ ζητητε Θ 5 ακριθησαν E* ¦ απεκρεθησ K ¦ ειμει N W ¦ αυτων Θ 579 6 ος (ως) 579 ¦ ειμει N W ¦ απηλθων Θ ¦ οπειsω D ¦ ωπισω 2 ¦ επεσων E* Θ ¦ χαμε A C W 2* 1071 7 παλλιν Gˢᵘᵖ ¦ επηρωτισε Gˢᵘᵖ ¦ επηρωτησε S Y 118 28 157 700 ¦ επερωτισεν U

B 5 ι̅ν̅ B𝔭⁶⁰ ℵ A C E G Y K L M N S U W Γ Δ Θ Λ Π Ψ Ω *f*¹ 118 *f*¹³ 124 2 33 28 157 565 579 700 788 1071 1346 1424 ¦ ιην
D ¦ ι̅ς̅ Bℵ A C E G Y K L M N S U W Γ Δ Θ Λ Π Ψ Ω *f*¹ 118 *f*¹³ 124 28 565 579 700 788 1071 1346 1424 6 ι̅ς̅ 579 7 ι̅ς̅ 1424

[↓Ψ 118 2 33 28 157 700 1071

Τίνα ζητεῖτε; οἱ δὲ εἶπον,   Ἰησοῦν τὸν Ναζωραῖον. **8** ἀπεκρίθη   Β 𝕏 Α C 𝔐 Κ Μ U W Γ Θ Λ Π

....ἰ δὲ <u>εἶπαν</u>, ... **8** ἀπ..........   𝔓66

Τίνα ζητεῖτε; οἱ δὲ <u>εἶπαν</u> <u>πάλιν</u>, Ἰησοῦν τὸν Ναζωραῖον. **8** ἀπεκρίθη <u>αὐτοῖς</u> <u>ὁ</u>   D

Τίνα ζητεῖτε; οἱ δὲ εἶπον,   Ἰησοῦν τὸν <u>Ναζωραίων</u>. **8** ἀπεκρίθη   L Δ

Τίνα ζητεῖτε; οἱ δὲ εἶπον,   Ἰησοῦν τὸν <u>Ναζωραῖον</u>. **8** ἀπεκρίθη   ὁ Ν τ

Τίνα ζητεῖτε; οἱ δὲ εἶπον,   Ἰησοῦν τὸν <u>Ναζαραῖον</u>. **8** ἀπεκρίθη   Ω

Τίνα ζητεῖτε; οἱ δὲ εἶπον,   Ἰησοῦν τὸν <u>Ναζωραῖον</u>. **8** ἀπεκρίθη <u>αὐτοῖς</u> <u>ὁ</u> 𝑓1 𝑓13 565

Τίνα ζητεῖτε; οἱ δὲ εἶπον,   Ἰησοῦν τὸν <u>Ναζωραῖον</u>. **8** ἀπεκρίθη   579 1424

Τίνα ζητεῖτε; οἱ δὲ <u>εἶπαν</u>,   Ἰησοῦν τὸν Ναζωραῖον. **8** ἀπεκρίθη   **uw**

Ἰησοῦς, Εἶπον ὑμῖν ὅτι ἐγώ εἰμι· εἰ οὖν ἐμὲ ζητεῖτε, ἄφετε τούτους ὑπάγειν· **9** ἵνα Β **uwτ** rell

.... <u>μεῖν</u> ὅτι ἐ.......... .... <u>τεῖται</u>, ἄφ.......... **9** ·να 𝔓66

Ἰησοῦς, Εἶπον ὑμῖν ὅτι ἐγώ εἰμι· εἰ οὖν ἐμὲ ζητεῖτε, ἄφετε <u>τούτοις</u> ὑπάγειν· **9** ἵνα Gsup

[↓𝑓1 124 28 157 565 788 1424 **uwτ**

πληρωθῇ ὁ λόγος ὃν εἶπεν ὅτι Οὓς δέδωκάς μοι οὐκ ἀπώλεσα ἐξ αὐτῶν οὐδένα. Β 𝕏 C 𝔐 Κ L N W Λ Π Ψ

πληρω·· ·· ·· ·· ·· ·· Οὓς <u>ἔδωκάς</u> ··οι ου·· ··πώλ····· ··ἐξ α········ ····ένα. 𝔓66

πληρωθῇ ὁ λόγος ὃν εἶπεν ὅτι Οὓς δέδωκάς μοι οὐκ ἀπώλεσα ἐξ <u>αὐτοῦ</u> οὐδένα. A

πληρωθῇ ὁ λόγος ὃν εἶπεν ὅτι Οὓς <u>ἔδωκάς</u> μοι   <u>ἐξ αὐτῶν</u> <u>οὐδένα</u> <u>ἀπώλεσα</u>. D

πληρωθῇ ὁ λόγος ὃν <u>εἶπον</u> ὅτι Οὓς δέδωκάς μοι οὐκ ἀπώλεσα ἐξ αὐτῶν οὐδένα. M

πληρωθῇ ὁ λόγος ὃν εἶπεν ὅτι Οὓς δέδωκάς μοι οὐκ ἀπώλεσα ἐξ αὐτῶν <u>οὐ</u>. U*

πληρωθῇ ὁ λόγος ὃν εἶπεν ὅτι Οὓς <u>ἔδωκάς</u> μοι οὐκ ἀπώλεσα ἐξ αὐτῶν οὐδένα. Θ

<u>ὁ λόγος</u> <u>πληρωθῇ</u> ὃν εἶπεν ὅτι Οὓς δέδωκάς μοι οὐκ ἀπώλεσα ἐξ αὐτῶν οὐδένα. 𝑓13

10 Σίμων οὖν Πέτρος ἔχων μάχαιραν εἵλκυσεν αὐτὴν καὶ ἔπαισε τὸν Β Υ 69 157 700 τ

10 ·····ων οὖν Π········· μάχαιραν εἵλκ······· καὶ <u>ἔπεσεν</u> τὸ· 𝔓60

10 Σίμῳ· οὐ·· ·········χαιραν ···λκ··· ·····εσεν τὸν 𝔓66

10 <u>Τότε Σίμων</u> Πέτρος ἔχων μάχαιραν εἵλκυσεν αὐτὴν καὶ <u>ἔπαισεν</u> τὸν D

10 Σίμων οὖν Πέτρος ἔχων μάχαιραν εἵλκυσεν αὐτὴν καὶ <u>ἔπαισεν</u> τὸν K S U Γ Λ Π Ψ Ω 𝑓1.13 33 565 **uw**

10 Σίμων οὖν Πέτρος ἔχων μάχαιραν εἵλκυσεν αὐτὴν καὶ <u>ἔπεσεν</u> τὸν 𝕏 A C E Gsup L M N W Δ Θ 124 2 28 579 1071 1424

τοῦ ἀρχιερέως δοῦλον καὶ ἀπέκοψεν αὐτοῦ τὸ ὠτάριον τὸ δεξιόν· ἦν δὲ Β C* L W **uw**

··········ρέως δοῦλον κα·········· αὐτοῦ τὸ ὠτάρ···· ··· ·····ξιόν· ἦν δὲ 𝔓60

····ὑλ·γ········ ····ε····· ς καὶ ἀπέ·····εν <u>τὸ ὠτίον αὐτοῦ</u> τὸ δεξιό·· ·ν δὲ 𝔓66 (ωτιον cj)

<u>δοῦλον</u> <u>τοῦ ἀρχιερέως</u> καὶ ἀπέκοψεν αὐτοῦ τὸ ὠτάριον τὸ δεξιόν· ἦν δὲ 𝕏

<u>δοῦλον</u> <u>τοῦ ἀρχιερέως</u> καὶ ἀπέκοψεν αὐτοῦ τὸ <u>ὠτίον</u> τὸ δεξιόν· ἦν δὲ D

τοῦ ἀρχιερέως δοῦλον καὶ ἀπέκοψεν αὐτοῦ τὸ ὠτάριον τὸ δεξιόν· ἦν δὲ 118

<u>δοῦλον</u> <u>τοῦ ἀρχιερέως</u> καὶ <u>ἄφειλεν</u> αὐτοῦ τὸ <u>ὠτίον</u> τὸ δεξιόν· ἦν δὲ 1424

τοῦ ἀρχιερέως δοῦλον καὶ ἀπέκοψεν αὐτοῦ τὸ <u>ὠτίον</u> τὸ δεξιόν· ἦν δὲ A Cc 𝔐 K M N U Γ Δ Θ Λ Π Ψ𝑓1 𝑓13 2 33 28 157 565 579 700 1071 τ

ὄνομα τῷ δούλῳ   Μάλχος. **11** εἶπεν οὖν ὁ Ἰησοῦς τῷ Πέτρῳ, Βάλε Β 788 1346 **uwτ**

ὄνο··· ··· ·····ῳ   Μάλχος. **11** ···· ··Ἰησοῦς τῷ··········· 𝔓60 [↑rell

ο····· τῷ δούλ··   ·····λχος. **11** εἶπ·ν οὐ·· ·····ς τῷ Πέτρῳ, 𝔓66

<u>τὄνομα</u> <u>τοῦ</u> <u>δούλου</u> <u>ἐκείνου</u> Μάλχος. **11** εἶπεν οὖν ὁ Ἰησοῦς τῷ Πέτρῳ, Βάλε D*

<u>τὸ ὄνομα</u> <u>τοῦ</u> <u>δούλου</u> <u>ἐκείνου</u> Μάλχος. **11** εἶπεν οὖν ὁ Ἰησοῦς τῷ Πέτρῳ, Βάλε Dc

ὄνομα τῷ δούλῳ   <u>Μάλχο</u>. **11** εἶπεν οὖν ὁ Ἰησοῦς τῷ Πέτρῳ, Βάλε <u>εἰς</u> Gsup

                    11 εἶπεν οὖν ὁ Ἰησοῦς τῷ Πέτρῳ, Βάλε 118

ὄνομα τῷ δούλῳ <u>ἐκείνω</u> Μάλχος. **11** εἶπεν οὖν ὁ Ἰησοῦς τῷ Πέτρῳ, Βάλε 𝑓13

---

lac. **18.7-11** 𝔓45 𝔓75 F G H P

A 7 τεινα 579 | ζητιτε N ¦ ζητειται W **8** υμειν 𝔓66 D | ειμει N W | ζητειται 𝔓66 Gsup W 579 ¦ ζηται N | αφεται Gsup N W **9** ων (ον) Gsup | δεκας (δεδωκας) 69 | απολεσα E L Θ* 1424 **10** ηλκυσεν K* Γ 69 2 579 1071 | επεσε Gsup 28 ¦ επαισε 118 788 1346 | απεκωψεν Gsup ¦ πεκοψεν Θ* | τω (το1) 1071 | οτιον Gsup 579¦ δεξειον D **11** βαλλε 2c | βαλαι 579

B 7 ιν Β 𝕏 Α C E Gsup Υ K L M N S U W Γ Δ Θ Λ Π Ψ Ω 𝑓1 118 𝑓13 124 2 33 28 157 565 579 700 788 1071 1346 1424 ¦ ιην D **8** ις Β 𝕏 Α C E Gsup Υ K L M N S U W Γ Θ Λ Π Ψ Ω 𝑓1 118 𝑓13 124 2 33 28 157 565 579 700 788 1071 1346 1424 ¦ ιης D **11** ις Β 𝔓60 𝔓66 𝕏 Α C E Gsup Υ K L M N S U W Γ Δ Θ Λ Π Ψ Ω 𝑓1 118 𝑓13 124 2 33 28 157 565 579 700 788 1071 1346 1424 ¦ ιης D

C 10 (ante Μαλχος) σχ̅ο ουτος εστιν ος κ, ραπισας αυτον Λ

D 10 ρ̅ξ/α 𝕏 A E L M N S U Υ Λ Ψ Ω 118 28 1071 1424 ¦ ρ̅ξ C Gsup K Γ Θ Π 𝑓1 𝑓13 124 2 157 565 579 788 1346 ¦ [ρ̅]ξ D | Ευ Ιω ρ̅ξ : Λο σπ̅ζ : Μρ ρ̅πγ : Μθ τ̅β E | Ιω ρ̅ξ : Λο σ̅π : Μρ ρ̅οε : Μθ τ̅β 124 **11** [ρ̅ξα] A ¦ ρ̅ξα C D Gsup 𝑓1 565 ¦ ρ̅ξα/α Ω 1071

τὴν μάχαιραν   εἰς τὴν θήκην·   B **uw** rell
τὴν μάχαιραν   εἰς τὴν ⋯⋯⋯   𝔓66
τὴν μάχαιράν <u>σου</u> εἰς τὴν θήκην <u>αὐτοῖς</u>·   Gsup
τὴν μάχαιραν   εἰς τὴν θήκην· <u>πάντες γὰρ οἱ λαβόντες μάχαιραν ἐν μαχαίρᾳ ἀπολοῦνται.</u> Θ
τὴν μάχαιράν <u>σου</u> εἰς τὴν θήκην·   1 28 157 579 700 1424 τ
τὴν μάχαιράν <u>σου</u> εἰς τὴν θήκην <u>αὐτῆς</u>·   ƒ13
τὴν <u>χαιράν σου</u> εἰς τὴν θήκην <u>αὐτοῦ</u>·   1346

τὸ ποτήριον ὃ δέδωκέν μοι ὁ πατὴρ   οὐ μὴ πίω αὐτό;   B 788 **uwτ** rell
⋯⋯ ποτήριον ὃ δέδωκέν μ⋯⋯ ⋯⋯⋯⋯ <u>ου</u> οὐ μὴ πίω αὐτ⋯   𝔓66
τὸ ποτήριον ὃ <u>ἔδωκέν</u> μοι ὁ πατὴρ   οὐ μὴ πίω αὐτό;   D N Δ Ψ 118
τὸ ποτήριον ὃ ἔδωκέν μοι ὁ πατὴρ   οὐ μὴ πίω <u>αὐτῷ</u>;   E* L M 28 1071
τὸ ποτήριον ὃ <u>ἔδωκεν</u> μοι ὁ πατὴρ   οὐ μὴ πίω <u>αὐτῷ</u>;   Θ 1424
τὸ ποτήριον ὃ <u>δέδωκάν</u> μοι ὁ πατὴρ   οὐ μὴ πίω αὐτό;   ƒ13
τὸ ποτήριον ὃ δέδωκέν μοι ὁ πατήρ <u>μου</u> οὐ μὴ πίω αὐτό;   69 700
τὸ ποτήριον ὃ <u>δέδωκέ</u> μοι ὁ πατὴρ   οὐ μὴ <u>ποίω αὐτῷ</u>;   1346

Jesus Led Before Annas The High Priest
(Matthew 26.57; Mark 14.53; Luke 22.54)

ξγ̄ 12 Ἡ οὖν σπεῖρα καὶ ὁ χειλίαρχος καὶ οἱ ὑπηρέται τῶν Ἰουδαίων συνέλαβον   B D W Θ 28
   12 Ἡ οὖν σ⋯⋯⋯ ⋯αὶ ὁ <u>χιλ αρχ</u> ⋯ καὶ   ὑπηρέ⋯⋯ ⋯⋯υδαίων συ⋯έλαβον   𝔓66*
   12 Ἡ οὖν σ⋯⋯⋯ ⋯αὶ ὁ <u>χιλ αρχ</u>⋯ καὶ οἱ ὑπηρέ⋯⋯ ⋯⋯υδαίων συ⋯έλαβον   𝔓66c
   12 Ἡ οὖν σπεῖρα καὶ ὁ <u>χιλίαρχος</u> καὶ οἱ ὑπηρέται τῶν <u>Ἰουδέων</u> συνέλαβον   L
   12 Ἡ οὖν σπεῖρα καὶ ὁ <u>χιλίαρχος</u> καὶ οἱ ὑπηρέται τῶν Ἰουδαίων συνέλαβον   **uwτ** rell

τὸν Ἰησοῦν καὶ ἔδησαν αὐτὸν 13 καὶ ἤγαγον   πρὸς Ἄνναν πρῶτον·   B ℵ* D W 579 **uw**
τ⋯ Ἰησοῦν ⋯⋯ αγ αὐτό⋯ 13 καὶ ἤγαγ⋯   προ⋯ ⋯⋯ωτο⋯·   𝔓66
τὸν Ἰησοῦν καὶ ἔδησαν αὐτὸν 13 καὶ <u>ἀπήγαγον</u>   πρὸς Ἄνναν πρῶτον·   ℵc C* N Δ 33 1071
τὸν Ἰησοῦν καὶ ἔδησαν αὐτὸν 13 καὶ <u>ἀπήγαγον</u>   πρὸς <u>Ἄναν</u> πρῶτον·   Gsup
τὸν Ἰησοῦν καὶ <u>ἔδυσαν</u> αὐτὸν 13 καὶ <u>ἀπήγαγον αὐτὸν</u> πρὸς Ἄνναν πρῶτον·   118
τὸν Ἰησοῦν καὶ ἔδησαν αὐτὸν 13 καὶ ἤγαγον <u>αὐτὸν</u> πρὸς Ἄνναν πρῶτον·   69 124 788
τὸν Ἰησοῦν καὶ ἔδησαν αὐτὸν 13 καὶ <u>ἀπήγαγον αὐτὸν</u> πρὸς Ἄνναν πρῶτον <u>αὐτῶν</u>·   28
τὸν Ἰησοῦν καὶ ἔδησαν αὐτὸν 13 καὶ <u>ἀπήγαγον αὐτὸν</u> πρὸς Ἄνναν πρῶτον·   A Cc 𝔐 K L M U Γ Θ Λ
                                                       Π Ψ ƒ1 ƒ13 2 157 565 700 1424 τ

ἦν γὰρ πενθερὸς τοῦ Καϊάφα, ὃς ἦν ἀρχιερεὺς τοῦ ἐνιαυτοῦ ἐκείνου· 14 ἦν δὲ   B **uwτ** rell
ἦν γα⋯ ⋯⋯θερο⋯ ⋯⋯⋯⋯φα, ⋯⋯ ⋯⋯⋯⋯ευς τ⋯ ε̇⋯ 14 ⋯⋯ ⋯⋯   𝔓66
ἦν γὰρ πενθερὸς τοῦ <u>Καΐφα</u>, ὃς ἦν ἀρχιερεὺς τοῦ ἐνιαυτοῦ ἐκείνου· 14 ἦν δὲ <u>καὶ</u>   C
ἦν γὰρ πενθερὸς τοῦ <u>Καΐφα</u>, ὃς ἦν ἀρχιερεὺς τοῦ ἐνιαυτοῦ ἐκείνου· 14 ⋯⋯ ⋯⋯   D*
ἦν <u>δὲ</u> πενθερὸς τοῦ Καϊάφα, ὃς ἦν ἀρχιερεὺς τοῦ ἐνιαυτοῦ ἐκείνου· 14 ἦν δὲ   Gsup

*D (supplement 18.14—20.13 in late hand)

Καϊάφας ὁ συμβουλεύσας τοῖς Ἰουδαίοις ὅτι συμφέρει ἕνα ἄνθρωπον   B **uwτ** rell
Καϊα⋯⋯ ⋯⋯ ⋯⋯⋯⋯⋯⋯⋯⋯ ς Ἰουδα⋯ ὅ⋯ ⋯⋯ερε⋯ ἄνθρωπο⋯   𝔓66
Καϊάφας ὁ συμβουλεύσας τοῖς Ἰουδαίοις ὅτι <u>συμφέρειν</u> ἕνα ἄνθρωπον   579

ἀποθανεῖν ὑπὲρ τοῦ λαοῦ.   B ℵ C* Dsup L W Θ ƒ1 ƒ13 33 565 **uw**
ἀποθ⋯⋯⋯⋯ ⋯⋯⋯ ⋯⋯⋯ υ̇.   𝔓66
ἀποθανεῖν ὑπὲρ <u>τῶν</u> λαοῦ.   579
<u>ἀπολέσθαι</u> ὑπὲρ τοῦ λαοῦ.   A Cc 𝔐 K M N U Γ Δ Λ Π Ψ 118 2 28 157 700 1424 τ

---

lac. 18.11-14 𝔓45 𝔓75 F G H P ¦ vs. 14 D

A 11 θηκειν 579 | ποτηρηον L ¦ πωτηριον 579 | δεδωκε Gsup Y 28 69 157 700 788 ¦ εδωκε 118 | μι (μη) Gsup **12** σπιρα ℵ N ¦ σπιρα 579 | υπερεται C | υπηρετε L **13** ενιαυτου Θ | εκινου N **14** εν (ην) Dsup | συνβουλευσας W | εν (ενα) Dsup | συμφερι W | αποθανιν ℵ | απωλεσθαι 28

B 11 τ̄η̄ρ̄ A C E Gsup Y K L M N S U W Γ Δ Θ Λ Π Ψ Ω ƒ1 ƒ13 69 124 2 33 28 157 565 579 700 788 1071 1346 1424 **12** ῑν̄ B 𝔓66 ℵ A C E Gsup Y K L M N S U W Γ Δ Θ Λ Π Ψ Ω ƒ1 118 ƒ13 124 2 33 28 157 565 579 700 788 1071 1346 1424 ¦ ῑη̄ν̄ D **14** ᾱν̄ο̄ν̄ 𝔓66 A C E Gsup Y K L M N S U W Γ Δ Λ Π Ψ Ω ƒ1 118 ƒ13 69 124 2 33 28 157 565 579 700 788 1071 1346 1424

D 11 (ante το ποτηριον) ρ̄ξ̄ᾱ/ᾱ ℵ E L M N S U Λ Π Ψ 118 124 28 788 1424 ¦ ρ̄ξ̄β̄ Gsup ¦ ρ̄ξ̄ᾱ K Γ Θ ƒ13 2 157 579 1346 | Ευ Ιω ρ̄ξ̄ᾱ : Λο σ̄π̄ᾱ : Μρ ρ̄ξ̄ᾱ : Μθ σ̄ο̄δ̄ E | Ιω ρ̄ξ̄ᾱ : Λο σ̄π̄ᾱ : Μρ ρ̄π̄γ̄ : Μθ σ̄ο̄δ̄ 124 **12** ρ̄ξ̄β̄/ᾱ ℵ | [ρ̄ξ̄β̄] A | ρ̄ξ̄β̄ C D Γ Θ ƒ1 ƒ13 2 157 565 579 1346 ¦ ρ̄ξ̄β̄/ᾱ E S Y L M N Λ Ψ Ω 118 124 28 788 1071 1424 ¦ ρ̄ξ̄γ̄ Gsup ¦ ρ̄ξ̄β̄/δ̄ U | Ευ Ιω ρ̄ξ̄β̄ : Λο σ̄ο̄̄ : Μρ ρ̄π̄ζ̄ : Μθ τ̄ς̄ E | Ιω ρ̄ξ̄β̄ : Λο σ̄ο̄̄ : Μρ ρ̄π̄ζ̄ : Μθ τ̄ς̄ 124 | ρ̄ξ̄γ̄/ῑ (ante και εδησαν) N **13** ρ̄ξ̄γ̄/ῑ ℵ Y L M S Λ Π Ψ Ω 118 124 28 788 1071 1424 (ante ην γαρ U) ¦ ρ̄ξ̄γ̄/ᾱ A ¦ ρ̄ξ̄γ̄ C D E F Γ Θ ƒ1 ƒ13 2 565 579 1346 ¦ ρ̄ξ̄δ̄ Gsup ¦ ρ̄ξ̄β̄ K | Ευ Ιω ρ̄ξ̄γ̄ : Λο . : Μρ . : Μθ . E | Ιω ρ̄ξ̄γ̄ : Λο . : Μρ . : Μτ . 124 **14** ρ̄ξ̄ε̄/δ̄ Gsup ¦ ρ̄ξ̄γ̄ K ¦ ρ̄ξ̄γ̄/δ̄ Π ¦ ρ̄ξ̄δ̄/ᾱ Ψ

Peter Denies A First Time That He Is A Disciple
(Matthew 26.58; Mark 14.54; Luke 22.54)

15 Ἠκολούθει	δὲ τῷ Ἰησοῦ	Σίμων Πέτρος καὶ	ἄλλος μαθητής. ὁ δὲ	B ℵ* A D^sup W Ψ **uw**	
15	....	.... Πέτρος καὶ	.... τής. ὁ δὲ	𝔓60	
15 Η̣· ο̣λο̣ύθι	δ···	·····τρ̅·̅ς καὶ	ἄλλος μα······	𝔓66*	
15 Η̣· ο̣λο̣ύθι	δ···	·····τρ̅·̅ς καὶ	ἄλλος μα······ ὁ δ··	𝔓66c	
15 Ἠκολούθει	δὲ αὐτοῖς	Σίμων Πέτρος καὶ ὁ	ἄλλος μαθητής. ὁ δὲ	C*	
15 Ἠκολούθεισαν	δὲ τῷ Ἰησοῦ	Σίμων Πέτρος καὶ ὁ	ἄλλος μαθητής. ὁ δὲ	Θ	
15 Ἠκολούθει	δὲ τῷ	Σίμων Πέτρος καὶ ὁ	ἄλλος μαθητής. ὁ δὲ	69	
15 Ἠκολούθει	δὲ τῷ Ἰησοῦ	Σίμων Πέτρος καὶ ὁ	ἄλλος μαθητής.	2*	
15 Ἠκολούθει	δὲ	Σίμων Πέτρος καὶ ὁ	ἄλλος μαθητής. ὁ δὲ ἄλλος	565	
15 Ἠκολούθει	δὲ τῷ Ἰησοῦ	Σίμων Πέτρος καὶ ὁ	ἄλλος μαθητής. ὁ δὲ	1424	

ℵ^c C^c 𝔐 K L M N U Γ
Δ Λ Π f^1 f^13 2^c 33 28 157 579 700 788 1071 τ

μαθητὴς ἐκεῖνος γνωστὸς ἦν τῷ ἀρχιερεῖ	καὶ συνεισῆλθεν τῷ Ἰησοῦ εἰς τὴν αὐλὴν	B W 579 [w]	
μαθ······ .... ἦν γνωστὸς ·····	····· ··υνεισῆλθ··· ····· τὴν αὐλήν	𝔓60	
.... ·····ῖνο·· ····τὸς τῷ ἀρχιερε·	συν···σῆλθεν τῷ Ἰησοῦ εϊ····· ·····	𝔓66*	
····· ·····ῖνο·· ····τὸς τῷ ἀρχιερε·	συν···σῆλθεν τῷ Ἰησοῦ εϊ····· αὐλὴν	𝔓66c	
ἐκεῖνος ἦν γνωστὸς τῷ ἀρχιερεῖ	καὶ συνεισῆλθεν τῷ Ἰησοῦ εἰς τὴν αὐλὴν	2*	
μαθητὴς ἐκεῖνος ἦν γνωστὸς τῷ ἀρχιερεῖ	καὶ συνεισῆλθεν τῷ Ἰησοῦ εἰς τὸ πραιτόριαν	28	
μαθητὴς ἐκεῖνος ἦν γνωστὸς τῷ ἀρχιερεῖ	καὶ συνῆλθε τῷ Ἰησοῦ εἰς τὴν αὐλὴν	118 565	
μαθητὴς ἐκεῖνος ἦν γνωστὸς τῷ ἀρχιερεῖ	καὶ συνεισῆλθεν τῷ Ἰησοῦ εἰς τὴν αὐλὴν	**u**[w]τ rell	

τοῦ ἀρχιερέως, ξδ̅	16 ὁ δὲ Πέτρος ἱστήκει	πρὸς τῇ	θύρᾳ	ἔξω.	ἐξῆλθεν	οὖν	B* A D^sup W Δ Ψ 33
τοῦ ἀρ·····	16 ·· δὲ Πέτρο·						𝔓60 [↑1071 **w**
·····ῦ ἀρχιερέως,	16 ὁ δ·····ρος ἱσ·····ει	πρὸς τῇ	θύρᾳ	ἔξω. ε̣·ῆλθεν		ο̣ῦ̣ν	𝔓66
τοῦ ἀρχιερέως,	16 ὁ δὲ Πέτρος ἱστήκει	ἔξω πρὸς τῇ	θύρᾳ.		ἐξῆλθεν	οὖν	ℵ
τοῦ ἀρχιερέως,	16 ὁ δὲ Πέτρος εἱστήκει	πρὸς τὴν	θύραν	ἔξω.	ἐξῆλθεν	οὖν	G^sup
τοῦ ἀρχιερέως,	16 ὁ δὲ Πέτρος εἱστήκει	πρὸς τὴν	θύραν	ἔξω.	ἐξῆλθεν	οὖν	N
τοῦ ἀρχιερέως,	16 ὁ δὲ Πέτρος εἱστήκει	πρὸς τὴν	θύρᾳ	ἔξω.	ἐξῆλθεν	οὖν	Γ
τοῦ ἀρχιερέως,	16 ὁ δὲ Πέτρος εἱστήκει	πρὸς τὴν	θύραν	ἔξω.	ἐξῆλθεν	οὖν	f^13
τοῦ ἀρχιερέως,	16 ὁ δὲ Πέτρος εἱστήκει	πρὸς τὴ	θύραν	ἔξω.	εἰσῆλθεν	οὖν	69
τοῦ ἀρχιερέως,	16 ὁ δὲ Πέτρος εἱστήκει	πρὸς τὴν	θύρᾳ	ἔξω.			28
τοῦ ἀρχιερέως,	16 ὁ δὲ Πέτρος ἱστήκει	ἔξω πρὸς τὴν	θύραν.		ἐξῆλθεν	οὖν	579
τοῦ ἀρχιερέως,	16 ὁ δὲ Πέτρος ἱστήκει	πρὸς τῇ	θύρᾳ	ἔξω.	εἰσῆλθεν	οὖν	788
τοῦ ἀρχιερέως,	16 ὁ δὲ Πέτρος εἱστήκει	πρὸς τῇ	θύρᾳ	ἔξω.	εἰσῆλθον	οὖν	1346
τοῦ ἀρχιερέως,	16 ὁ δὲ Πέτρος εἱστήκει	πρὸς τῇ	θύρᾳ	ἔξω.	ἐξῆλθεν	οὖν	B^c C 𝔐 K L M U Θ Λ Π

f^1 118 124 2 157 565 700 1424 **u**τ

---

lac. 18.15-16 𝔓45 𝔓75 D F G H P ¦ vs. 16 28

A 15 ηκολουθι 𝔓66 ℵ ¦ ηκολουθη E G^sup K L 2 28 69 579 1071 1346 ¦ αλος G^sup Θ ¦ μαθηταις¹ C ¦ εκινος N ¦ εν (ην) D^sup ¦ αρχιερι D^sup ¦ συνεισελθε G^sup ¦ συνεισηλθε S Y U Ω 13 69 157 788 1346 ¦ συνειηλθεν L ¦ συνησηλθεν K* Θ ¦ συνεισηλθενθεν 1* ¦ συνεισειλθεν 579 16 ειτηκει L* ¦ ειστηκη Λ

B 15 ιυ̅¹ B 𝔓66 ℵ A D^sup E G^sup Y K L M N S U W Γ Δ Θ Λ Π Ψ Ω f^1 118 f^13 124 2 33 28 .157 565 579 700 788 1071 1346 ¦ ιυ̅² B 𝔓66 ℵ A C D^sup E G^sup Y K L M N S U W Γ Δ Θ Λ Π Ψ Ω f^1 118 f^13 124 2 33 28 157 565 579 700 788 1071 1346 1424

C 16 ιη αρνησις πετρου Λ

D 15 ρ̅ξ̅δ̅/δ̅ ℵ Y L M U Λ Π Ω 118 124 28 788 1424 ¦ ρ̅ξ̅δ̅/α̅ A S 1071 ¦ ρ̅ξ̅δ̅ C K Γ Θ f^1 f^13 2 157 579 1346 ¦ ρ̅ξ̅δ̅/γ̅ E ¦ ρ̅ξ̅δ̅/ι̅ N ¦ ρ̅ξε̅/ι̅ Ψ ¦ Ευ Ιω ρ̅ξδ̅ : Λο . : Μρ ρ̅π̅η̅ : Μθ τ̅ζ̅ E ¦ Ιω ρ̅ξδ̅ :Λο σ̅ϡ̅α̅ : Μρ ρ̅π̅η̅ : Μτ τ̅ζ̅ 124 ¦ (ante ο δε μαθ.) ρ̅ξε̅/ι̅ ℵ E L S U Y M N Λ Π Ω 118 124 28 788 1071 1424 ¦ ρ̅ξε̅ G^sup K Γ Θ f^1 f^13 2 157 1346 ¦ ρ̅ξγ̅ 579 (sic!) ¦ Ευ Ιω ρ̅ξε̅ : Λο . : Μρ . : Μθ . E ¦ Ιω ρ̅ξε̅ : Λο . : Μρ ρ̅ϟ̅ε̅ : Μτ τ̅ι̅δ̅ 124 ¦ (ante και συνεισηλ.) ρ̅ξε̅/ι̅ A 16 ρ̅ξ̅ς̅/α̅ ℵ A E L M S Y Λ Π Ψ Ω 118 124 28 788 1071 1424 ¦ ρ̅ξ̅ς̅ K Γ Θ f^1 f^13 2 157 ¦ ρ̅ξ̅ς̅/δ̅ U ¦ ρ̅ξ̅ε̅ 579 1346 ¦ Ευ Ιω ρ̅ξ̅ς̅ : Λο . : Μρ . : Μθ τ̅ι̅δ̅ E ¦ Ιω ρ̅ξ̅ς̅ : Λο . : Μρ . : Μτ . 124 ¦ (ante εξηλθεν) ρ̅ξ̅ς̅/ι̅ A E L S U Y Ψ Ω 1071 1424 (ante ος ην M) N Λ Π ¦ ρ̅ξ̅ε̅ C G^sup f^1 f^13 ¦ ρ̅ξ̅ς̅ K Γ Θ 2 157 579 ¦ ρ̅ξ̅ς̅/α̅ 118 124 788 ¦ Ευ Ιω ρ̅ξ̅ς̅ : Λο . : Μθ . E ¦ Ιω ρ̅ξ̅ς̅ : Λο . : Μρ . : Μτ . 124

ὁ μαθητὴς ὁ ἄλλος ὁ		γνωστὸς	τοῦ	ἀρχιερέως	καὶ εἶπεν τῇ	θυρωρῷ	καὶ	B C* L uw
ὁ μαθη····	··				καὶ εἶπ···	···ῷ	καὶ	𝔓59
ὁ μαθη····	····	ἦν γν···στὸς	···ῦ ἀρ·ιερέ···		···πεν ·ῇ	θυρώ	καὶ	𝔓66*
ὁ μαθη····	····	ἦν γν···στὸς	···ῦ ἀρ·ιερέ···		···πεν ·ῇ	θυρουρῷ	καὶ	𝔓66c
ὁ μαθητὴς ὁ ἄλλος ὃς ἦν γνωστὸς			τῷ	ἀρχιερεῖ	καὶ εἶπεν τῇ	θυρῷ	καὶ	Y*
ὁ μαθητὴς ἐκεῖνος ὃς ἦν γνώριμος			τῷ	ἀρχιερεῖ	καὶ εἶπεν τῇ	θυρωρῷ	καὶ	N
ὁ μαθητὴς ὁ ἄλλος ὃς ἦν γνωστὸς			τῷ	ἀρχιερεῖ	καὶ εἶπεν τῷ	θυρωρῷ	καὶ	W
ὁ μαθητὴς ἐκεῖνος ὃς ἦν γνωστὸς			τῷ	ἀρχιερεῖ	καὶ εἶπεν τῇ	θυρωρῷ	καὶ	Ψ 118 f13 157
ὁ μαθητὴς ὁ ἄλλος ὃς ἦν γνωστὸς			τοῦ	ἀρχιερέως	καὶ εἶπεν τῇ	θυρωρῷ	καὶ	579
ὁ μαθητὴς ἐκεῖνος					καὶ εἶπεν τῇ	θυρωρῷ	καὶ	1424
ὁ μαθητὴς ὁ ἄλλος ὃς ἦν γνωστὸς			τῷ	ἀρχιερεῖ	καὶ εἶπεν τῇ	θυρωρῷ	καὶ	ℵ A Cc Dsup 𝔐 K M U

Γ Δ Θ Λ Π f1 2 33 565 700 1071 τ

εἰσήγαγε τὸν Πέτρον. **17** λέγει οὖν		τῷ Πέτρῳ ἡ παιδίσκη ἡ θυρωρός,	Μὴ καὶ	Bc
εἰσήγαγε τὸν Πέτρον. **17** λέγει οὖ		τῷ Πέτρῳ ἡ παιδίσκη ἡ θυρωρός,	Μὴ καὶ	B*
εἰ···············τρον. **17**	···τρῳ ἡ	·······υρωρ···		𝔓59
εἰ·ήγαγε ···· ·έτρον. **17**	ἡ παιδίσκ·· ·······υρὸς τῷ Πέτ·ῳ,		Μὴ καὶ	𝔓66
εἰσήνεγκε τὸν Πέτρον. **17** λέγει οὖν		ἡ παιδίσκη ἡ θυρωρὸς τῷ Πέτρῳ,	Μὴ καὶ ℵ
εἰσήγαγε τὸν Πέτρον. **17** λέγει οὖν		τῷ Πέτρῳ ἡ παιδίσκη ἡ θυρωρός,	Μὴ καὶ	C* L 33 1071 uw
εἰσήγαγε τὸν Πέτρον. **17** λέγει οὖν		ἡ παιδίσκη ἡ θυρωρὸς τῷ Πέτρῳ,	Μὴ καὶ	Y S f1 f13 157
εἰσήνεγκε τὸν Πέτρον. **17** λέγει οὖν αὐτῶν		παιδίσκη ἡ θυρωρὸς τῷ Πέτρῳ,	Μὴ καὶ	W [↑700 τ
εἰσήνεγκε τὸν Πέτρον. **17** καὶ λέγει οὖν		ἡ παιδίσκη ἡ θυρωρὸς τῷ Πέτρῳ,	Μὴ καὶ	579
εἰσήγαγεν τὸν Πέτρον. **17** λέγει οὖν		ἡ παιδίσκη ἡ θυρωρὸς τῷ Πέτρῳ,	Μὴ καὶ	A Cc Dsup E K M

N U Γ Δ Θ Λ Π Ψ Ω 124 2 565 1424

σὺ ἐκ τῶν μαθητῶν εἶ τοῦ ἀνθρώπου τούτου; λέγει ἐκεῖνος, Οὐκ εἰμί. **18** ἱστήκεισαν	B* ℵ A M N W Δ Ψ
···ῶν μ	**18**	𝔓59 [33 1071 w
σὺ ε··· ··ῶν ····θητῶν τ···ῦ ἀνθρώπου ···ύτο··; λέγει ἐκ···νος, Οὐκ εἰμ··. **18** ···τήκ···	𝔓66*
σὺ ε··· ··ῶν ····θητῶν εἶ τ···ῦ ἀνθρώπου ···ύτο··; λέγει ἐκ···νος, Οὐκ εἰμ··. **18** ···τήκ···	𝔓66c
σὺ ἐκ τῶν μαθητῶν τοῦ ἀνθρώπου τούτου ἦ; λέγει ἐκεῖνος, Οὐκ εἰμί. **18** ἠστήκισαν	579
σὺ ἐκ τῶν μαθητῶν εἶ τοῦ ἀνθρώπου τούτου; λέγει ἐκεῖνος, Οὐκ εἰμί. **18** εἱστήκεισαν	Bc C Dsup 𝔐 K L

U Γ Θ Λ Π f1 f13 2 157 565 700 1424 uτ

[↓N W Θ Λ Π 118 f13 157 1424 uwτ

δὲ	οἱ δοῦλοι	καὶ οἱ ὑπηρέται ἀνθρακιὰν πεποιηκότες, ὅτι ψῦχος ἦν, καὶ	B A C Dsup 𝔐 K M
··ὲ	οἱ δ··ῦλοι	············· ···επ·········	ὅτι ψῦχ········	···ὶ	𝔓66
δὲ καὶ	οἱ δοῦλοι	καὶ οἱ ὑπηρέται ἀνθρακιὰν πεποιηκότες, ὅτι ψῦχος ἦν, καὶ	ℵ
····	καὶ	·············· ···τι ψῦχος ἦν, καὶ	H
	καὶ	οἱ δοῦλοι καὶ οἱ ὑπηρέται ἀνθρακιὰν πεποιηκότες, ὅτι ψῦχος ἦν, καὶ	L
δὲ	οἱ δοῦλοι	καὶ ὑπηρέται ἀνθρακιὰν πεποιηκότες, ὅτι ψῦχος ἦν, καὶ	Ψ
δὲ	οἱ δοῦλοι	καὶ οἱ ὑπηρέται ἀνθρακιὰν πεποιηκότες, ὅτι ψῦχος ἦν·	f1
δὲ	οἱ δοῦλοι ἐκεῖνοι	καὶ οἱ ὑπηρέται ἀνθρακιὰν πεποιηκότες, ὅτι ψῦχος ἦν, καὶ	124
δὲ	οἱ δοῦλοι	καὶ ὑπηρέται ἀνθρακιὰν πεποιηκότες, ὅτι ψῦχος ἦν·	565
δὲ	οἱ δοῦλοι	καὶ οἱ ὑπηρέται ἀνθρακιὰν πεποιηκότες, ὅτι ψῦχος ἦν, καὶ	1346

ἐθερμαίνοντο·	ἦν δὲ	καὶ ὁ Πέτρος μετ᾽ αὐτῶν ἑστὼς	καὶ θερμαινόμενος	B ℵ C L 33 1071 uw
ε·············		καὶ ὁ Π···········	·········ενος.	𝔓66
ἐθερμαίνοντο·	ἦν δὲ	μετ᾽ αὐτῶν ὁ Πέτρος	καὶ θερμαινόμενος.	K*
ἐθερμαίνοντο·	ἦν δὲ	καὶ Πέτρος μετ᾽ αὐτῶν ἑστὼς	καὶ θερμαινόμενος.	W
	ἦν δὲ	καὶ ὁ Πέτρος μετ᾽ αὐτῶν ἑστὼς	καὶ θερμαινόμενος.	f1
ἐθερμαίνοντο·	ἦν δὲ	μετ᾽ αὐτῶν καὶ ὁ Πέτρος ἑστὼς	καὶ θερμαινόμενος.	f13
ἐθερμαίνοντο·	ἦν γὰρ	μετ᾽ αὐτῶν καὶ ὁ Πέτρος ἑστὼς	καὶ θερμαινόμενος.	69
	ἦν δὲ	καὶ ὁ Πέτρος ἑστὼς μετ᾽ αὐτῶν	καὶ θερμαινόμενος.	565
ἐθερμαίνοντο·	ἦν δὲ	μετ᾽ αὐτῶν ὁ Πέτρος ἑστὼς	καὶ θερμαινόμενος.	A Dsup 𝔐 Kc M N U Γ Δ Θ Λ

Π Ψ 118 2 157 700 1424 τ

---

lac. 18.16-18 𝔓45 𝔓75 D F G H P 28

A 16 εκινος N | ως (ος) 579 | ειπε Gsup Y 118 69 157 700 788 1346 | θυρωρω 1424 | εισηνεγκεν 579 | των 13 579 **17** παιδισκαι U ¦ πεδισκη Θ ¦ πεδισκαι 579 | θυρωρως K M | θυροος 579 1424 | η (ει) 2 1424 | εικενος Dsup ¦ εκινος N | ειμει N W | ημει 579 **18** ιστηκισαν ℵ ¦ εισεκησαν Gsup K 565 1424 | υπηρετι Dsup ¦ υπηρετε Θ 1071 | ανθρακειαν N 33 | πεποιηκωτες Gsup 579 | εθερμενοντο A E* Gsup K* L N W Γ Δ Θ 13 124 2 788 1346 | εθερμενοντω 579 | θερμενομενος A L Nc U W Γ Δ Θ Λ 13 2 579 788 | θερμενος Dsup 124* ¦ θερμενομενον N*

B 17 ανου A C Dsup E Gsup Y K L M N S U W Γ Δ Θ Λ Π Ψ Ω f1 118 f13 69 124 2 33 157 565 579 700 788 1071 1346 1424

D 16 ρ̅ξ̅η̅/α̅ (ante και εισηνεγκε) ℵ **17** ρ̅ξ̅η̅/α̅ A E L M N S U Y Λ Π Ψ Ω 118 124 788 1071 1424 ¦ ρ̅ξ̅η̅ C Gsup K Γ Θ f1 f13 2 157 579 | ρ̅ξ̅ς̅ 1346 | Ευ Ιω ρ̅ξ̅η̅ : Λο σ̅ς̅α̅ : Μρ ρ̅ο̅ε̅ : Μθ τ̅ι̅δ̅ E | Ιω ρ̅ξ̅η̅ : Λο . : Μρ . : Μτ . 124 | (ante λεγ. εκεινος) ρ̅ξ̅η̅ C Gsup ¦ ρ̅ξ̅ς̅ 1346 **18** ρ̅ξ̅θ̅/ι̅ ℵ A Y M N S U Π Ψ Ω 118 124 788 1071 1424 ¦ ρ̅ξ̅θ̅/ε̅ E ¦ ρ̅ξ̅θ̅ K Γ Θ f1 f13 2 157 579 1346 | Ευ Ιω ρ̅ξ̅θ̅ : Λου . : Μρ . : Μθ . E | Ιω ρ̅ξ̅θ̅ : Λο . : Μρ . : Μτ . 124

The High Priest Questions Jesus About His Teaching
(Matthew 19.59-61, 67-68, 57; Mark 14.55-58, 65, 53; Luke 22.66, 63-65, 54)

19 Ὁ οὖν ἀρχιερεὺς ἠρώτησεν τὸν Ἰησοῦν περὶ τῶν μαθητῶν αὐτοῦ καὶ περὶ τῆς B uwτ rell
19 ··· οὖν ἀρχι·········· ·ὸν Ἰησοῦν πε··· ··········· ···ὑτοῦ καὶ πε··· 𝔭60
19 Ὁ ǫ··········· ········εν τὸν Ἰησοῦν ···ρὶ ··· ········· αὐτοῦ καὶ περ··· 𝔭66
19 τὸν Ἰησοῦν περὶ τῶν μαθητῶν αὐτοῦ καὶ περὶ τῆς G
19 Ὁ οὖν ἀρχιερεὺς ἐπιρώτησεν τὸν Ἰησοῦν περὶ τῶν μαθητῶν αὐτοῦ καὶ περὶ τῆς Θ
19 Ὁ οὖν ἀρχιερεὺς ἠρώτησεν τὸν Ἰησοῦν περὶ τῶν μαθητῶν αὐτοῦ καὶ τῆς 69 124 788

διδαχῆς αὐτοῦ. **20** ἀπεκρίθη αὐτῷ Ἰησοῦς, Ἐγὼ παρησίᾳ λελάληκα τῷ κόσμῳ, B*
διδαχῆς αὐτοῦ. **20** ἀπεκρίθη αὐτῷ Ἰησοῦς, Ἐγὼ παρρησίᾳ λελάληκα τῷ κόσμῳ, Bᶜ L uw
········ **20** ἀπεκρίθη ···γὼ παρρησ· ····όσμῳ, 𝔭60
········ **20** ···εκρίθη αὐτῷ Ἰ ···· άλησα τῷ κόσ· 𝔭66
διδαχῆς αὐτοῦ. **20** καὶ ἀπεκρίθη Ἰησοῦς αὐτῷ , Ἐγὼ παρρησίᾳ λελάληκα τῷ κόσμῳ, ℵ*
διδαχῆς αὐτοῦ. **20** καὶ ἀπεκρίθη αὐτῷ Ἰησοῦς, Ἐγὼ παρρησίᾳ λελάληκα τῷ κόσμῳ, ℵᶜ
διδαχῆς αὐτοῦ. **20** ἀπεκρίθη αὐτῷ ὁ Ἰησοῦς, Ἐγὼ παρρησίᾳ λελάληκα τῷ κόσμῳ, A Δ Ψ 33 1071
διδαχῆς αὐτοῦ. **20** ἀπεκρίθη ὁ Ἰησοῦς, Ἐγὼ παρρησίᾳ λελάληκα τῷ κόσμῳ, C* 579
διδαχῆς αὐτοῦ. **20** ἀπεκρίθη ὁ Ἰησοῦς, Ἐγὼ παρρησίᾳ ἐλάλησα τῷ κόσμῳ, Cᶜ
διδαχῆς αὐτοῦ. **20** ἀπεκρίθη αὐτῷ Ἰησοῦς, Ἐγὼ ῥαρρησίᾳ ἐλάλησα τῷ κόσμῳ, Dˢᵘᵖ
διδαχῆς αὐτοῦ. **20** καὶ ἀπεκρίθη αὐτῷ ὁ Ἰησοῦς, Ἐγὼ παρρησίᾳ λελάληκα τῷ κόσμῳ, N
διδαχῆς αὐτοῦ. **20** ἀπεκρίθη αὐτῷ Ἰησοῦς, Ἐγὼ παρρησίᾳ ἐλάλησα τῷ κόσμῳ, Θ
διδαχῆς αὐτοῦ. **20** ἀπεκρίθη δὲ αὐτῷ ὁ Ἰησοῦς, Ἐγὼ παρρησίᾳ λελάληκα τῷ κόσμῳ, f¹ 565
διδαχῆς αὐτοῦ. **20** ἀπεκρίθη αὐτῷ ὁ Ἰησοῦς, Ἐγὼ παρρησίᾳ ἐλάλησα τῷ κόσμῳ, 𝔐 K M U W
 Γ Λ Π 118 f¹³ 2 157 700 1424 τ

ἐγὼ πάντοτε ἐδίδαξα ἐν συναγωγῇ καὶ ἐν τῷ ἱερῷ, ὅπου πάντες οἱ Ἰουδαῖοι B ℵ A C* L N W Θ Π
ἐγὼ ·········ξα ἐν συν········ ·ερῷ, ὅπ········· ········· 𝔭60 [↑f¹³ 69ᶜ 33 uw
·········τοται ἐδίδ··· ····αι ἐγ τῷ ···ουδαιοι 𝔭66
ἐγὼ πάντοτε ἐδίδαξα ἐν συναγωγῇ καὶ ἐν τῷ ἱερῷ, ὅπου πάντοτε οἱ Ἰουδαῖοι Dˢᵘᵖ
ἐγὼ πάντοτε ἐδίδαξα ἐν τῇ συναγωγῇ καὶ ἐν τῷ ἱερῷ, ὅπου πάντοτε οἱ Ἰουδαῖοι Λ 118 τ
ἐγὼ πάντοτε ἐδίδαξα ἐν τῇ συναγωγῇ καὶ ἐν τῷ ἱερῷ, ὅπου πάντες οἱ Ἰουδαῖοι f¹ 565
ἐγὼ πάντοτε ἐν συναγωγῇ καὶ ἐν τῷ ἱερῷ, ὅπου πάντες οἱ Ἰουδαῖοι 69*
ἐγὼ πάντοτε ἐδίδαξα ἐν τῷ ἱερῷ καὶ ἐν συναγωγῇ, ὅπου πάντες οἱ Ἰουδαῖοι 579
ἐγὼ ἐδίδαξα ἐν συναγωγῇ καὶ ἐν τῷ ἱερῷ, ὅπου πάντες οἱ Ἰουδαῖοι 1071 [↓157 700 1424
ἐγὼ πάντοτε ἐδίδαξα ἐν συναγωγῇ καὶ ἐν τῷ ἱερῷ, ὅπου πάντοτε οἱ Ἰουδαῖοι Cᶜ 𝔐 K M U Γ Δ Ψ 2

[↓33 1424 uw
συνέρχονται, καὶ ἐν κρυπτῷ ἐλάλησα οὐδέν. **21** τί με ἐρωτᾷς; ἐρώτησον τοὺς B ℵ C* L W Ψ
·········ο······ ····πτῷ ἐλ· λησα ········· **21** ···········ας; ἐρώτησον ········· 𝔭66
συνέρχονται, καὶ ἐν κρυπτῷ ἐλάλησα οὐδέν. **21** τί με ἐρωτᾷς; ἐπερώτησον τοὺς A Θ 1071
συνέρχοντο, καὶ ἐν κρυπτῷ ἐλάλησα οὐδέν. **21** τί με ἐπερωτᾷς; ἐπερώτησον τοὺς M
συνέρχονται, καὶ ἐν κρυπτῷ ἐλάλησα οὐδέν. **21** τί με ἐπερωτᾷς; ἐρώτησον τοὺς f¹ f¹³ 565
συνέρχοντες, καὶ ἐν κρυπτῷ οὐκ ἐλάλησα οὐδὲ ἔν. **21** τί με ἐπερωτᾷς; ἐρώτησον τοὺς 579
συνέρχονται, καὶ ἐν κρυπτῷ ἐλάλησα οὐδέν. **21** τί με ἐπερωτᾷς; ἐπερώτησον τοὺς Dˢᵘᵖ Cᶜ 𝔐 K
 N U Γ Δ Λ Π 118 2 157 700 τ

ἀκηκοότας τί ἐλάλησα αὐτοῖς· ἴδε οὗτοι οἴδασιν ἃ εἶπον ἐγώ. **22** ταῦτα δὲ αὐτοῦ B uwτ rell
·········όας··· ··· ἄλησα αὐτοι· ···ι οἶδ··· ··· εἶπον ἐγώ. **22** 𝔭66
ἀκηκοότας ὅτι ἐλάλησα αὐτούς· ἴδε οὗτοι οἴδασιν ἃ εἶπον ἐγώ. **22** ταῦτα δὲ αὐτοῦ Δ
ἀκηκοότας τί ἐλάλησα αὐτοῖς· ἴδε οὗτοι οἴδασιν ἃ εἶπον ἐγώ. **22** ταῦτα αὐτοῦ 69 124 788

---

lac. **18.19-22** 𝔭45 𝔭75 D F P 28 ¦ vs. 19 G

A 19 ηρωτησε ℵ S Y U f¹ 118 13 69 157 700 1346 ¦ ηρωτισε Gˢᵘᵖ ¦ περη² Θ **20** συναγωγει 2 ¦ ···τοται 𝔭66 ¦ παντωτε Θ 579¦ παντε Η ¦ ε (εν³) Dˢᵘᵖ **21** επερωτεσον Dˢᵘᵖ ¦ επερωτησον Θ ¦ ερωτισον 13 ¦ ακηκοατας A ¦ ακηκωατας 13 69 579 ¦ ακηκωατας 1071 ¦ ειδε Dˢᵘᵖ W Δ 579 1071 ¦ οι (οιδασιν) 69*

B 19 ῑν B 𝔭60 𝔭66 ℵ A C Dˢᵘᵖ 𝔐 K L M N S U W Γ Δ Θ Λ Π Ψ Ω f¹ 118 f¹³ 124 2 33 157 565 579 700 788 1071 1346 1424 **20** ῑϛ B 𝔭66 A C Dˢᵘᵖ 𝔐 K L M N S U W Γ Δ Θ Λ Π Ψ Ω f¹ 118 f¹³ 124 2 157 565 579 700 788 1071 1346 1424

D 19 ρ̄ξ̄θ̄/ῑ Λ **20** ρο/ι ℵ G N 118 ¦ ρο/α A E M S U Y Λ Π Ψ Ω 124 788 1071 1424 ¦ ρο C H K Γ Θ f¹ f¹³ 2 157 565 1346 ¦ ρ̄ξ̄θ̄/ῑ L ¦ ρο/δ N ¦ Ευ Ιω ρο : Λου σπ̄θ̄ : Μρ ρπ̄ᾱ : Μθ τ̄δ̄ Ε **21** ροα/ι ℵ A E M N S U Y Π Ψ Ω 118 124 788 1071 1424 ¦ ροα C H K L Γ Θ f¹ f¹³ 2 157 565 1346 ¦ ροα/α G Λ ¦ Ευ Ιω ροα : Λου . : Μρ . : Μθ . Ε **22** ρο̄β̄/ι ℵ A E L M N S U Y Π Ψ Ω 118 1071 1424 ¦ ρο̄β̄ C H K Γ Θ f¹ f¹³ 2 157 565 1346 ¦ ρο̄β̄/ι G Λ ¦ ρο̄β̄/δ 124 788 ¦ Ευ Ιω ρο̄β̄ : Λου τ̄γ̄ : Μρ . : Μθ . Ε

εἰπόντος εἷς παρεστηκὼς τῶν ὑπηρετῶν	ἔδωκε	ῥάπισμα τῷ Ἰησοῦ εἰπών,	B
.... ηρε····	····ωκεν	ῥάπεισ···· Ἰησοῦ εἰπών,	𝔓⁵⁹
···········τος .... τῶν	ἔδ	···································· εἰπών,	𝔓⁶⁶
εἰπόντος εἷς παρεστηκὼς τῶν ὑπηρετῶν	ἔδωκεν	ῥάπισμα τῷ Ἰησοῦ εἰπών,	ℵ* W **uw**
εἰπόντος εἷς <u>τῶν παρεστηκότων</u> ὑπηρετῶν	ἔδωκεν	ῥάπισμα τῷ Ἰησοῦ εἰπών,	ℵᶜ
εἰπόντος εἷς <u>τῶν ὑπηρετῶν παρεστηκὼς</u>	ἔδωκε	ῥάπισμα τῷ Ἰησοῦ εἰπών,	A G Y U 118 *f*¹³ 157 τ
εἰπόντος εἷς <u>τῶν ὑπηρετῶν παρεστώτων</u>	ἔδωκεν	ῥάπισμα τῷ Ἰησοῦ εἰπών,	C* L Ψ 33
εἰπόντος εἷς <u>τῶν ὑπηρετῶν παρεστὸς</u>	ἔδωκεν	ῥάπισμα τῷ Ἰησοῦ εἰπών,	Θ
εἰπόντος εἷς <u>τῶν ὑπηρετῶν ἐστηκὼς</u>	ἔδωκε	ῥάπισμα τῷ Ἰησοῦ εἰπών,	69
<u>εἰπῶτους</u> εἷς <u>τῶν παρεστηκότων τῶν ὑπηρετῶν</u>	ἔδωκεν	ῥάπισμα τῷ Ἰησοῦ εἰπών,	579
εἰπόντος εἷς <u>τῶν παρεστηκότων</u> ὑπηρετῶν	ἔδωκε	ῥάπισμα τῷ Ἰησοῦ εἰπών,	700
εἰπόντος εἷς <u>τῶν παρεστηκότων</u> ὑπηρετῶν	ἔδωκεν	ῥάπισμα τῷ Ἰησοῦ <u>λέγω,</u>	1071
εἰπόντος εἷς <u>τῶν ὑπηρετῶν παρεστηκὼς</u>	ἔδωκεν	ῥάπισμα τῷ Ἰησοῦ εἰπών,	Cᶜ Dˢᵘᵖ 𝔐 K M N Γ Δ Λ Π *f*¹ 124 2 565 1424

Οὕτως ἀποκρείνη τῷ ἀρχιερεῖ; **23** ἀπεκρίθη αὐτῷ	Ἰησοῦς, Εἰ κακῶς ἐλάλησα	B
Οὕτως ·········νη τῷ ἀρχιερεῖ; **23** ························		𝔓⁵⁹
························ **23**	Εἰ κακῶ····	𝔓⁶⁰
·············· ἀρχιε···· **23**	······κῶς	𝔓⁶⁶
Οὕτως <u>ἀποκρίνη</u> τῷ ἀρχιερεῖ; **23** <u>ὁ δὲ Ἰησοῦς εἶπεν αὐτῷ,</u>	Εἰ κακῶς <u>εἶπον</u>	ℵ* W
Οὕτως <u>ἀποκρίνη</u> τῷ ἀρχιερεῖ; **23** <u>ὁ δὲ Ἰησοῦς εἶπεν αὐτῷ,</u>	Εἰ κακῶς ἐλάλησα	ℵᶜ *f*¹³
Οὕτως <u>ἀποκρίνη</u> τῷ ἀρχιερεῖ; **23** ἀπεκρίθη αὐτῷ	Ἰησοῦς, Εἰ κακῶς ἐλάλησα	C* H L **uw**
Οὕτως <u>ἀποκρίνει</u> τῷ ἀρχιερεῖ; **23** ἀπεκρίθη αὐτῷ <u>ὁ</u>	Ἰησοῦς, Εἰ κακῶς ἐλάλησα	M Λ 118 2 1071
Οὕτως <u>ἀποκρήνη</u> τῷ ἀρχιερεῖ; **23** ἀπεκρίθη αὐτῷ	Ἰησοῦς, Εἰ κακῶς ἐλάλησα	Θ
Οὕτως <u>ἀποκρίνει</u> τῷ ἀρχιερεῖ; **23** <u>ὁ δὲ Ἰησοῦς εἶπεν αὐτῷ,</u>	Εἰ κακῶς <u>εἶπον</u>	579
Οὕτως <u>ἀποκρίνει</u> τῷ ἀρχιερεῖ; **23** <u>ὁ δὲ Ἰησοῦς εἶπεν αὐτῷ,</u>	Εἰ κακῶς ἐλάλησα	1346
Οὕτως <u>ἀποκρίνη</u> τῷ ἀρχιερεῖ; **23** ἀπεκρίθη αὐτῷ <u>ὁ</u>	Ἰησοῦς, Εἰ κακῶς ἐλάλησα	A Cᶜ Dˢᵘᵖ 𝔐 K N U Γ Δ Π Ψ *f*¹ 33 157 565 700 1424 τ

[↓33 157 565 579 700 1071 **uw**

μαρτύρησον περὶ τοῦ κακοῦ· εἰ δὲ	καλῶς, τί με δέρεις; ξε **24** ἀπέστειλεν οὖν	B C* L N W Δ Θ Ψ *f*¹
······τύρησον πε··········· ···ὺ· εἰ δὲ	καλῶς, **24** ἀπέστειλεν ο····	𝔓⁶⁰
························ οὗ· ····	··········· έρεις; **24** ἀπ·········	𝔓⁶⁶
μαρτύρησον περὶ τοῦ κακοῦ· εἰ δὲ <u>καὶ</u>	καλῶς, τί με δέρεις; **24** ἀπέστειλεν	E
μαρτύρησον περὶ τοῦ κακοῦ· εἰ δὲ	καλῶς, τί με δέρεις; **24** ἀπέστειλεν <u>δὲ</u>	ℵ *f*¹³
μαρτύρησον περὶ τοῦ κακοῦ· εἰ δὲ	καλῶς, τί με δέρεις; **24** ἀπέστειλεν	A Cᶜ Dˢᵘᵖ 𝔐 K M U Γ Λ Π 118 2 1424 τ

αὐτὸν ὁ Ἅννας δεδεμένον πρὸς Καϊάφαν τὸν ἀρχιερέα.	B **uw**τ rell
··········· ·· γνας δεδε·········· ···ν ἀρχιερε··	𝔓⁶⁰
··········· γγ.... δεδεμε········· ···γ τὸν ἀρχιερέα.	𝔓⁶⁶
αὐτον Ἅννας δεδεμένον πρὸς Καϊάφαν τὸν ἀρχιερέα.	Dˢᵘᵖ Γ 1346*
αὐτὸν ὁ Ἅννας δεδεμένον πρὸς Καϊάφαν τὸν <u>ἀρχιερέαν.</u>	H
αὐτὸν ὁ Ἅννας πρὸς Καϊάφαν τὸν ἀρχιερέα.	N
αὐτὸν ὁ <u>Ανας</u> δεδεμένον πρὸς Καϊάφαν τὸν ἀρχιερέα.	Θ*
αὐτὸν ὁ Ἅννας δεδεμένον πρὸς <u>Καϊάφα</u> τὸν ἀρχιερέα.	Λ
αὐτὸν ὁ Ἅννας <u>πρὸς Καϊάφαν δεδεμένον</u> τὸν ἀρχιερέα.	1424

---

lac. **18.22-24** 𝔓⁴⁵ 𝔓⁷⁵ D F P 28

A 22 ειποτος L* | τον (των) L | ραπεισ[μα] 𝔓⁵⁹ | ειπον (ειπων) 1346 | ουτος 69 1071 | αποκρινει U Λ 69 1424 **23** κακω 700* | μαρτυρισον H 2* 700 | περη Θ | ι (ει²) L | δερις ℵ N ¦ δαιρεις Y 157 ¦ δερης H K 2 **24** απεστιλεν 𝔓⁶⁰ ℵ N W Θ ¦ απεστειλε 69 ¦ δεδεμμενον 579

B 22 ι̅υ̅ B ℵ C Dˢᵘᵖ 𝔐 K L M N S U W Γ Δ Θ Λ Π Ψ Ω *f*¹ 118 *f*¹³ 124 2 33 157 565 579 700 788 1071 1346 1424 **23** ι̅ς̅ B ℵ A C Dˢᵘᵖ 𝔐 K L M N S U W Γ Δ Θ Λ Π Ψ Ω *f*¹ 118 *f*¹³ 124 2 33 565 579 788 1071 1346 1424

D 23 ρ̅ο̅γ̅/ι̅ ℵ A E G L M S U Υ Λ Π Ψ Ω 124 788 1071 1424 ¦ ρ̅ο̅γ̅ C K Γ Θ *f*¹ *f*¹³ 2 157 1346 ¦ lac. H | Ευ Ιω ρ̅ο̅γ̅ : Λου τ̅ι̅ : Μρ σ̅γ̅ : Μθ τ̅κ̅γ̅ E **24** ρ̅ο̅γ̅ 118 ¦ ρ̅ο̅δ̅/ᾱ ℵ A E G L M N S U Υ Λ Π Ψ Ω 118 124 788 1424 ¦ ρ̅ο̅δ̅ C K Γ Θ *f*¹ *f*¹³ 2 157 1071 1346 ¦ lac. H | Ευ Ιω ρ̅ο̅δ̅ : Λο τ̅ι̅ : Μρ σ̅δ̅ : Μθ τ̅κ̅ε̅ E

Peter Denies Jesus Again And The Cock Crows
(Matthew 26.71-74; Mark 14.68-72; Luke 22.58-62)

25 Ἦν δὲ Σίμων Πέτρος ἑστὼς καὶ θερμαινόμενος.   εἶπον οὖν αὐτῷ, Μὴ καὶ σὺ ἐκ   B uwτ rell
25 ....ος ἑστὼ· ....μενομ....·   𝔭60
25 ....τρος ἑστὼς κα·   ··ἶπαν οὖν αὐτῷ,   𝔭66
25 Ἦν δὲ Σίμων Πέτρος ἑστὼς καὶ θερμαινόμενος.   εἶπεν οὖν αὐτῷ, Μὴ καὶ σὺ ἐκ   Λ
25 Ἦν δὲ Σίμων Πέτρος ἑστὼς καὶ θερμαινόμενος. μ   εἶπον οὖν αὐτῷ, Μὴ καὶ σὺ ἐκ   788
25 Ἦν δὲ   Πέτρος ἑστὼς καὶ θερμαινόμενος.   εἶπον οὖν αὐτῷ, Μὴ καὶ σὺ ἐκ   1424

τῶν μαθητῶν αὐτοῦ εἶ;   ἠρνήσατο   ἐκεῖνος καὶ εἶπεν, Οὐκ εἰμί.   B 69 124 788 uwτ
 ··αθητῶν α...   𝔭60   [↑rell
τῶν μαθητῶν αὐτοῦ εἶ;   ἠρνήσατο   ·κ····ος καὶ εἶπ·   𝔭66
τῶν μαθητῶν εἶ   ἐκείνου;   ἠρνήσατο   ἐκεῖνος καὶ λέγει, Οὐκ εἰμί.   A 33
τῶν μαθητῶν εἶ τοῦ ἀνθρώπου ἐκείνου;   ἠρνήσατο   ἐκεῖνος καὶ εἶπεν, Οὐκ εἰμί.   C*
τῶν μαθητῶν αὐτοῦ ἦ;   ἠρνήσατο   ἐκεῖνος καὶ εἶπεν, Οὐκ εἰμί.   Cc.1
τῶν μαθητῶν αὐτοῦ ἦ;   ἠρνήσατο οὖν ἐκεῖνος καὶ εἶπεν, Οὐκ εἰμί.   2*   [↓2c 1424
τῶν μαθητῶν αὐτοῦ εἶ;   ἠρνήσατο οὖν ἐκεῖνος καὶ εἶπεν, Οὐκ εἰμί.   Cc 𝔐 Μ Γ Δ Λ f13

26 λέγει   εἷς ἐκ τῶν δούλων τοῦ ἀρχιερέως, συγγενὴς ὢν οὗ ἀπέκοψε   B Y U 118 f13 157 700 τ
26 λέγει   εἷς ἐκ τ .... τοῦ ἀρχιερέω·· .... ὢν οὗ ἀπέκ······   𝔭60
26 ····ει   ··ς ἐκ τῶν .... ερεω·, συγγεν···· .... εν   𝔭66
26 λέγει   εἷς ἐκ τῶν δούλων τοῦ ἀρχιερέως, συγγενὴς ὢν οὗ ἀπέκοψεν   ℵ Dsup Δ Θ
26 λέγει   εἷς ἐκ τῶν δούλων τοῦ ἀρχιερέως, συγγενὴς ὢν οὗ ἀπέκοψεν   A C 𝔐 Μ W Γ Λ Π 124 2
26 λέγει   εἷς ἐκ τῶν δούλων τοῦ ἀρχιερέως, συγκενὴς ὢν οὗ ἀπέκοψε   K   [↑1071 uw
26 λέγει   εἷς ἐκ τῶν δούλων τοῦ ἀρχιερέως, ὃ συγγενὴς οὗ ἀπέκοψεν   L Ν Ψ
26 λέγει οὖν   εἷς ἐκ τῶν δούλων τοῦ ἀρχιερέως, ὃ συγγενὴς οὗ ἀπέκοψε   f1 565
26 λέγει   εἷς ἐκ τῶν δούλων τοῦ ἀρχιερέως, ὃ συγγενὴς οὗ ἀπέκοψεν   33
26 λέγει οὖν   ἐκ τῶν δούλων τοῦ ἀρχιερέως, συγγενὴς ὢν οὗ ἀπέκοψεν   579
26 λέγει   εἷς ἐκ τῶν δούλων τοῦ ἀρχιερέως, συγγενὴς ὢν οὗ ἀπέκοψεν ὁ   1424

Πέτρος τὸ ὠτίον,   Οὐκ ἐγώ σε εἶδον ἐν τῷ κήπῳ μετ᾽ αὐτοῦ; 27 πάλιν οὖν   B uwτ rell
.... τὸ ὠτίον,   Ου·· .... ἐν τῷ κήπῳ .... 27 πάλιν οὖν   𝔭60
Πέτρος τὸ ὠ·····   .... ··ε εἶδ·ν ἐν τῷ .... 27 πάλι·· οὖν   𝔭66
Πέτρος τὸ ὠτίον,   Οὐκ ἐγώ σε εἶδον ἐν τῷ κήπῳ μετ᾽ αὐτοῦ; 27 πάλιν   Y
Πέτρος τὸ ὠτάριον, Οὐκ ἐγώ σε ἴδων ἐν τῷ κήπῳ μετ᾽ αὐτοῦ; 27 πάλιν οὖν   579
Πέτρος τὸ ὠτίον,   Οὐκ ἐγώ σε οἶδον ἐν τῷ κήπῳ μετ᾽ αὐτοῦ; 27 πάλιν οὖν   1346

ἠρνήσατο   Πέτρος, καὶ εὐθέως ἀλέκτωρ ἐφώνησεν.   B A C* 𝔐 K L Γ Δ Λ Π Ψ 1 1582 2* 700 1424 uw
η............   Πέτρ··ς, κα·· 𝔭60
ἠρ··ησατ· .... ·ὺς ἀ·έκ··· ἐφώ······   𝔭66
ἠρνήσατο ὁ Πέτρος, καὶ εὐθέως ἀλέκτωρ ἐφώνησεν.   ℵ Cc Η Μ Ν S U Θ 1582c 118 2c 33 157 1071 τ
ἠρνήσατο   Πέτρως, καὶ εὐθέως ἀλέκτωρ ἐφώνησεν.   Dsup
ἠρνήσατο   Πέτρος, καὶ εὐθὺς ἀλέκτωρ ἐφώνησεν.   W 579
ὁ Πέτρος ἠρνήσατο, καὶ εὐθέως ἀλέκτωρ ἐφώνησεν.   f13
ἠρνήσατο,   καὶ εὐθέως ἀλέκτωρ ἐφώνησεν.   565

lac. 18.24-28 𝔭45 𝔭75 D F P 28

A 25 εστος Θ* Λ ¦ θερμενος Dsup ¦ θερμενομενος A E L Nc W Δ Θ Λ 13 124 2 579 ¦ θερμενομεμενος N* ¦ θερμαινομενομενος 565 ¦ ειρνησατο Λ Ω ¦ ηρνισατο 2* ¦ εκινος N ¦ ειμει N W ¦ ημει 579 26 ης (εις) 1346 ¦ δολων Dsup ¦ δουλον L* ¦ συγγενεις 579 ¦ πεκοψεν 1071* ¦ ιδον ℵ C Dsup K M N Δ Π 33 565 1424 ¦ κιπω L 27 ου (ουν) Λ ¦ παλην Θ ¦ εφωνησε 13 788 1346

C 25 ιζ περι τς αρνησ πετρου 1071 27 ωρ θ L 28 αρχη: ωρα θ τω καιρω εκεινω (om. 2) E 2 ¦ αρχη: ῑω ευγ δ̄ τω κ,ρ,ω αγουσιν τ, G ¦ ευα δ̄ τ παθ κ, εις τ θ̄ ωρ τω κ, αγουσιν τον ῑν Η ¦ αρχ: δ̄ τ παθ τω κ,ρ,ω αγουσι τον ῑν απο του Y (+ late hand τη μγ παρ,α της θ ωρ. Y2 (also in mg.) ¦ αρχ του K2 ¦ των παθθ τω καιρω, ····οι τον ···· τον ῑν M ¦ αναγνω δ̄ ωρ θ̄ τω κ S ¦ τω παθ ευαγγε δ̄ τω καιρω αγουσιν τον ῑν απο του καιαφα Γ ¦ αρχ L Θ Λ ¦ αρχ ευαγγε του παθους του κυ Ψ ¦ αρχ νθ ωρ θ̄ ευα δ̄ τ αγι παθ τω καιρω εκει αγουσιν τ ῑν απο του τη αυτ κ τη θ̄ ωρ τη μ,γλ παρα f1 ¦ αρχ ϙ̄θ ευα δ̄ των αγιων παθων τω αγουσιν τον ῑν απο του καιαφα εις τον πραιτωρ: και ωρ θ̄ της μ,γλ παρα 118 ¦ αρχ ωρα θ̄ f13 ¦ αρχ ωρα θ̄ ευα δ̄ των παθ 124 1346 ¦ ωρ θ̄ ευα δ̄ 157 ¦ αρχ ευα δ̄ ωρα θ̄ : ευα δ̄ τω παθ 788 ¦ ευα δ̄ των παθ 1071 ¦ ωρ θ̄ 1071 ¦ αρχη τω καιρω 1424 ¦ (post πασχα) τε Ψ

D 25 ροε/ᾱ ℵ A G L M N Y Λ Π 118 124 1424 ¦ ροε K Γ Θ f1 f13 2 157 1346 ¦ ροε/ι U Ψ 788 ¦ ροε/ε 1071 ¦ (ante ειπον ουν) ροε C ¦ ροε/ᾱ E Ω ¦ lac. Η ¦ Ευ Ιω ροε : Λο . : Μρ σζ̄ : Μθ τκθ E 27 ρω̄θ L 579 ¦ ρος 2

246

Jesus Is Led From Caiaphas' House To The Praetorium
(Matthew 27.1-2; Mark 15.1; Luke 22.66; 23.1)

ξϛ 28 Ἄγουσιν οὖν τὸν Ἰησοῦν ἀπὸ τοῦ Καϊάφα εἰς τὸ πραιτώριον· ἦν δὲ πρωΐ·   καὶ   B Y uw rell
   28 .... τὸ πραιτώρι· ....   καὶ $\mathfrak{P}^{60}$
   28 .... τὸν Ἰησοῦν α .... ιτώριο· ....   καὶ $\mathfrak{P}^{66}$
   28 Ἄγουσιν οὖν τὸν Ἰησοῦν ἀπὸ τοῦ <u>Καῖφα</u> εἰς τὸ πραιτώριον· ἦν δὲ πρωΐ·   καὶ   D^{sup}
   28 Ἄγουσιν οὖν τὸν Ἰησοῦν ἀπὸ τοῦ Καϊάφα εἰς τὸ πραιτώριον· ἦν δὲ <u>πρωΐα</u>·   καὶ $\mathfrak{M}$ K N Γ Θ Π 2 τ
   28 Ἄγουσιν   τὸν Ἰησοῦν ἀπὸ τοῦ Καϊάφα εἰς τὸ πραιτώριον· ἦν δὲ πρωΐ·   καὶ   L M U 69 788
   28 Ἄγουσιν οὖν τὸν Ἰησοῦν ἀπὸ τοῦ Καϊάφα εἰς τὸ πραιτώριον· ἦν δὲ   καὶ   33
   28   ἦν δὲ πρωΐ·   καὶ   28
   28 Ἄγουσιν οὖν τὸν Ἰησοῦν ἀπὸ τοῦ Καϊάφα εἰς τὸ πραιτώριον· ἦν δὲ <u>ἦν δὲ</u> πρωΐ·   καὶ   1071*
   28 Ἄγουσιν   τὸν Ἰησοῦν ἀπὸ τοῦ Καϊάφα εἰς τὸ πραιτώριον· ἦν δὲ <u>πρωΐα</u>·   καὶ   124 1424

αὐτοὶ οὐκ εἰσῆλθον εἰς τὸ πραιτώριον, ἵνα μὴ μιανθῶσιν ἀλλὰ   φάγωσιν τὸ πάσχα. B ℵ A C* W Δ Θ f¹
αὐτοὶ οὐ· εἰς τὸ πραιτω· ἢ μιανθῶσιν · ωσι τὸ πάσ· $\mathfrak{P}^{60}$ [565 579 uw
· οὐκ ει · ον, ἵν· · σιν· $\mathfrak{P}^{66}$
αὐτοὶ οὐκ εἰσῆλθον εἰς τὸ πραιτώριον, ἵνα μὴ μιανθῶσιν ἀλλὰ   φάγωσιν πάσχα. D^{sup}
αὐτοὶ οὐκ εἰσῆλθον εἰς τὸ πραιτώριον, ἵνα μὴ μιανθῶσιν <u>ἀλλ'</u>   φάγωσιν τὸ πάσχα. N
αὐτοὶ οὐκ εἰσῆλθον εἰς <u>τὸν</u> πραιτώριον, ἵνα μὴ μιανθῶσιν <u>ἀλλ' ἵνα</u> φάγωσιν τὸ πάσχα. 1071
αὐτοὶ οὐκ εἰσῆλθον εἰς τὸ πραιτώριον, ἵνα μὴ μιανθῶσιν <u>ἀλλ' ἵνα</u> φάγωσιν τὸ πάσχα. C^c $\mathfrak{M}$ K L M U Γ
   Λ Π Ψ 1582^c 118 f¹³ 2 33 28 157 700 1424 τ

[Cl F 28 ακολουθεις αρα τη ιδ οτε και επαθεν εωθεν αυτον οι αρχιερεις και οι γραμματεις τω Πιλατω
προσαγαγοντες <u>ουκ εισηλθον εις το πραιτωριον, ινα μη μιανθωσιν, αλλ ακωλυτως εσπερας το πασχα φαγωσι</u>]

29 ἐξῆλθεν οὖν ὁ Πειλᾶτος   ἔξω πρὸς αὐτοὺς καὶ φησίν, Τίνα κατηγορίαν   B* C* w
29 ἐξῆλθεν οὖν ὁ <u>Πιλᾶτος</u>   ἔξω πρὸς αὐτοὺς καὶ φησίν, Τίνα κατηγορίαν   B^c L f¹ 33 565 1071 u
29 οὖ· ὁ <u>Πιλᾶ</u>· $\mathfrak{P}^{60}$
29 ·λᾶτ· ἔξω κ· φησίν, ·ἵνα· ·ατηγορίαν· $\mathfrak{P}^{66}$
29 ἐξῆλθεν οὖν <u>πρὸς αὐτοὺς</u> ὁ <u>Πιλᾶτος</u>   <u>ἔξω</u> καὶ φησίν, Τίνα κατηγορίαν   ℵ
29 ἐξῆλθεν οὖν ὁ Πειλᾶτος   πρὸς αὐτοὺς καὶ <u>εἶπεν</u>, Τίνα κατηγορίαν   A
29 ἐξῆλθεν οὖν ὁ Πειλᾶτος   πρὸς αὐτοὺς καὶ <u>εἶπεν</u>, Τίνα κατηγορίαν   C^c
29 ἐξῆλθεν οὖν ὁ <u>Πιλᾶτος</u>   <u>πρὸς αὐτοὺς ἔξω</u> καὶ <u>εἶπεν</u>, Τίνα κατηγορίαν   N f¹³
29 ἐξῆλθεν οὖν <u>πρὸς αὐτοὺς</u> ὁ <u>Πειλᾶτος</u> <u>ἔξω</u> καὶ φησίν, Τίνα κατηγορίαν   W
29 ἐξῆλθεν οὖν ὁ <u>Πιλᾶτος</u>   καὶ <u>εἶπεν</u>, Τίνα κατηγορία   Θ
29 ἐξῆλθεν οὖν ὁ <u>Πιλᾶτος</u>   ἔξω πρὸς αὐτοὺς καὶ φησίν, Τίνα κατηγορίαν   Π 700
29 ἐξῆλθεν οὖν ὁ <u>Πιλᾶτος</u>   πρὸς αὐτοὺς καὶ φησίν, Τίνα κατηγορίαν   Ψ
29 ἐξῆλθεν οὖν ὁ <u>Πιλᾶτος</u>   <u>πρὸς αὐτοὺς ἔξω</u> καὶ φησίν, Τίνα κατηγορίαν   579
29 ἐξῆλθεν ὁ <u>Πιλᾶτος</u> οὖν   ἔξω πρὸς αὐτοὺς καὶ <u>εἶπεν</u>, Τίνα κατηγορίαν   788   [↓28 157 1424 τ
29 ἐξῆλθεν οὖν ὁ ὁ <u>Πιλᾶτος</u>   πρὸς αὐτοὺς καὶ <u>εἶπεν</u>, Τίνα κατηγορίαν   D^{sup} $\mathfrak{M}$ K M U Γ Δ Λ 118 2

φέρετε   τοῦ ἀνθρώπου τούτου; 30 ἀπεκρίθησαν καὶ εἶπαν αὐτῷ, Εἰ μὴ ἦν οὗτος   B ℵ* [u]w
φέρετ· <u>κατὰ</u>   τοῦ ἀνθρώπῳ ·του; 30 ἀπεκρίθησαν κ· αὐτῷ, Εἰ μὴ ἦν οὗτος $\mathfrak{P}^{66}$
φέρετε <u>κατὰ</u>   τοῦ ἀνθρώπου τούτου; 30 ἀπεκρίθησαν καὶ εἶπαν αὐτῷ, Εἰ μὴ ἦν οὗτος   ℵ^c C N [u]
φέρετε <u>κατὰ</u>   τοῦ ἀνθρώπου τούτου; 30 ἀπεκρίθησαν καὶ <u>εἶπεν</u> αὐτῷ, Εἰ μὴ ἦν οὗτος   D^{sup}
φέρετε <u>κατὰ τὰ</u>   τοῦ ἀνθρώπου τούτου; 30 ἀπεκρίθησαν καὶ <u>εἶπον</u> αὐτῷ, Εἰ μὴ ἦν οὗτος   S
φέρετε   <u>τῷ ἀνθρώπῳ τούτῳ</u>; 30 ἀπεκρίθησαν καὶ <u>εἶπον</u> αὐτῷ, Εἰ μὴ ἦν   579
φέρετε <u>κατὰ</u>   τοῦ ἀνθρώπου τούτου; 30 ἀπεκρίθησαν καὶ <u>εἶπον</u> αὐτῷ, Εἰ μὴ ἦν   1424
φέρετε <u>κατὰ</u>   τοῦ ἀνθρώπου τούτου; 30 ἀπεκρίθησαν καὶ <u>εἶπον</u> αὐτῷ, Εἰ μὴ ἦν οὗτος   A $\mathfrak{M}$ K L M U
   W Γ Δ Θ Λ Π Ψ f¹ f¹³ 2 33 28 157 565 700 1071 τ

lac. 18.28-30 $\mathfrak{P}^{45}$ $\mathfrak{P}^{75}$ D F P ¦ vs. 28 28

A 28 αγουσι 69 788 ¦ α (απο) G* ¦ πρετωριον$^{1.2}$ W Θ 69 ¦ πρετωριον^2 E L ¦ πραιτοριον$^{1.2}$ f¹³ 700 ¦ πραιτοριον^1 2 ¦
πρετοριον$^{1.2}$ 579 ¦ πρωει W ¦ πραιτοριαν^2 Ω 28 ¦ μι (μη) Λ ¦ φαγωσιν $\mathfrak{P}^{60}$ C Y K U Γ Ω f¹ 118 13 69 28 157 565 700 788 1346
29 αυαντους 579 ¦ ειπε Y 118 69 157 700 ¦ φερεται $\mathfrak{P}^{66}$ D^{sup} N W Ω 13 2 579 1071

B 28 ιν B $\mathfrak{P}^{66}$ ℵ A C D^{sup} $\mathfrak{M}$ K L M N S U W Γ Δ Θ Λ Π Ψ Ω f¹ 118 f¹³ 124 2 33 157 565 579 700 788 1071 1346 1424
29 ανου $\mathfrak{P}^{66}$ A C D^{sup} $\mathfrak{M}$ K L M N S U W Γ Δ Θ Λ Π Ψ Ω f¹ 118 f¹³ 69 124 2 33 28 157 565 700 788 1071 1346 1424

C 28 τελος (post πασχα) E S L Θ Λ f¹³ 124 2 157 579 788 1424 ¦ τελος του β̄ ευαγγελιου G f¹ ¦ τελος του β̄ ευα τ παθ H Ω ¦
τελ του β̄ Y M 1071² ¦ τελ τω παθ β Γ ¦ τελ του β̄ των παθων 118 ¦ τελ λ,ο ευα ϛ 1346 29 αρχ 2 157

D 28 ρ̅ο̅ϛ̅/α̅ ℵ A E G L M N S U Y Λ Π Ψ Ω 118 124 788 1071 1424 ¦ ρ̅ο̅ϛ̅ C H K Γ Θ f¹ f¹³ 157 1346 ¦ ρ̅ο̅ϛ̅ 2 ¦ Ευ Ιω ρ̅ο̅ϛ̅ : Λο. :
Μρ . : Μθ . E ¦ (ante ην δε) ρ̅ο̅ζ̅/ι̅ ℵ G L U Ψ ¦ ρ̅ο̅ζ̅ C H K Γ Θ ¦ (ante και αυτοι) ρ̅ο̅ζ̅/α̅ A E S Y Λ Π Ω 118 124 788 1071 1424 ¦
ρ̅ο̅ζ̅/α̅ M ¦ ρ̅ο̅ζ̅ f¹ 157 1346 ¦ Ευ Ιω ρ̅ο̅ζ̅ : Λο . : Μρ σ̅ζ̅ : Μθ τ̅κ̅θ̅ E ¦ (ante ινα μη) ρ̅ο̅ζ̅ f¹³ 29 ρ̅ο̅ζ̅/β̅ N

κακὸν ποιῶν, οὐκ ἄν σοι παρεδώκαμεν αὐτόν. **31** εἶπεν οὖν αὐτοῖς Πειλᾶτος, B* w
κακὸν ποιῶν, οὐκ ἄν σοι παρεδώκαμεν αὐτόν. **31** εἶπεν οὖν αὐτοῖς Πιλᾶτος, Bᶜ
·········· ·········· ·········· **31** εἶπεν ······ ·········· τος, 𝔓⁶⁰
κα······ ···υκ ἄν παρεδώκιμεν σο· ·········· **31** ···πεν οὖν αὐτο··· ···ειλᾶτ··· 𝔓⁶⁶
κακὸν ποιήσας, οὐκ ἄν σοι παρεδώκειμεν αὐτόν. **31** εἶπεν οὖν αὐτοῖς ὁ Πιλᾶτος, ℵ*
κακὸν ποιῶν, οὐκ ἄν σοι παρεδώκειμεν αὐτόν. **31** εἶπεν οὖν αὐτοῖς ὁ Πιλᾶτος, ℵᶜ
κακοποιός, οὐκ ἄν σοι παρεδώκαμεν αὐτόν. **31** εἶπεν οὖν αὐτοῖς ὁ Πειλᾶτος, A Cᶜ Dˢᵘᵖ Θ
κακοποιῶν, οὐκ ἄν σοι παρεδώκαμεν αὐτόν. **31** εἶπεν οὖν αὐτοῖς Πειλᾶτος, C*
κακὸν ποιῶν, οὐκ ἄν σοι παρεδώκαμεν αὐτόν. **31** εἶπεν οὖν αὐτοῖς ὁ Πιλᾶτος, L 33 u
κακὸν ποιῶν, οὐκ ἄν σοι παρεδώκειμεν αὐτόν. **31** εἶπεν οὖν αὐτοῖς ὁ Πειλᾶτος, W
κακοποιῶν, οὐκ ἄν σοι παρεδώκαμεν αὐτόν. **31** εἶπεν οὖν αὐτοῖς ὁ Πιλᾶτος, Ψ
κακοποιός, οὐκ ἄν σοι παρεδώκαμεν αὐτόν. **31** εἶπεν οὖν ὁ Πιλᾶτος, 157
κακοποιός, οὐκ ἄν σοι παρεδώκαμεν αὐτόν. **31** εἶπεν οὖν αὐτοῖς ὁ Πιλᾶτος, 𝔐 K M N U Γ Δ Λ Π
*f*¹ *f*¹³ 2 28 565 579 700 1071 1424 τ

Λάβετε αὐτὸν ὑμεῖς καὶ κατὰ τὸν νόμον ὑμῶν κρείνατε αὐτόν. εἶπον B
Λάβετ·· ·········· ·········· καὶ κατὰ τ··· ·········· ἡμῶν κρίν···· ···ἶπον 𝔓⁶⁰
·········· οὖν αὐ······ ·········· νόμον ·········· ·········· 𝔓⁶⁶ (cj. om. αυτον, ουν²)
Λάβετε αὐτὸν ὑμεῖς καὶ κατὰ τὸν νόμον ὑμῶν κρίνατε. εἶπον οὖν ℵ* 28
Λάβετε αὐτὸν ὑμεῖς καὶ κατὰ τὸν νόμον ὑμῶν κρίνατε αὐτόν. εἶπον οὖν ℵᶜ 𝔐 L M Γ Δ Λ Ψ 118 *f*¹³
Λάβετε αὐτὸν ὑμεῖς καὶ κατὰ τὸν νόμον ὑμῶν κρείνατε. εἶπον οὖν W [↑2 33 1071 1424 τ
Λάβετε αὐτὸν ὑμεῖς καὶ κατὰ τὸν νόμον ὑμῶν κρίνατε αὐτόν. εἶπον C 124 uw
Λάβετε αὐτὸν ὑμεῖς καὶ κατὰ τὸν νόμον ὑμῶν κρίνατε. εἶπον δὲ 1 1582* 565
Λάβετε αὐτὸν ὑμεῖς καὶ κατὰ τὸν νόμον ὑμῶν κρίναται. εἶπον οὖν 579 [↓157 700
Λάβετε αὐτὸν ὑμεῖς καὶ κατὰ τὸν νόμον ὑμῶν κρίνατε αὐτόν. εἶπον δὲ A Dˢᵘᵖ Y K N U Θ Π 1582ᶜ

αὐτῷ οἱ Ἰουδαῖοι, Ἡμῖν οὐκ ἔξεστιν ἀποκτεῖναι οὐδένα· **32** ἵνα B uwτ rell
·········· οἱ Ἰουδαῖ···, Ἡμε··· ·········· οὐδένα· **32** ἵνα 𝔓⁵²
αὐτ···· ·········· αιοι, Ἡ···· ·········· ·········· **32** ·········· 𝔓⁶⁰
·········· τῷ οἱ Ἰο··· ·········· στ··γ ἀποκ··· **32** ···γα 𝔓⁶⁶
αὐτῷ οἱ Ἰουδαῖοι, Ἡμῖν οὐκ ἔξεστιν ἀποκτεῖναι οὐδένα ιουδένα· **32** ἵνα ℵ*
αὐτῷ οἱ Ουδαῖοι, Ἡμῖν οὐκ ἔξεστιν ἀποκτεῖναι οὐδένα· **32** ἵνα S*
αὐτῷ οἱ Ἰουδέοι, Ἡμῖν οὐκ ἔξεστιν τίνα ἀποκτεῖναι οὐδένα· **32** ἵνα Θ
αὐτῷ οἱ Ἰουδαῖοι, Ἡμῖν οὐκ ἔξεστιν οὐδένα ἀποκτεῖναι· **32** ἵνα *f*¹ 565
αὐτῷ οἱ Ἰδαῖοι, Ἡμῖν οὐκ ἔξεστιν οὐδένα ἀποκτεῖναι· **32** ἵνα 1582
οἱ Ἰουδαῖοι, Ἡμῖν οὐκ ἔξεστιν ἀποκτεῖναι οὐδένα· **32** ἵνα 28

ὁ λόγος τοῦ Ἰησοῦ πληρωθῇ ὃν εἶπεν σημαίνων ποίῳ θανάτῳ ἤμελλεν ἀποθνῄσκειν. B uwτ rell
ὁ λό··· ·········· ···πεν σημαίνω··· ·········· ······θνήσκειν. 𝔓⁵²
·········· ···οῦ Ἰησοῦ πληρωθ··· ·········· ···μαίνων ······άτῳ ἤμελλ··· ······κειν. 𝔓⁶⁰
ὁ λόγος τοῦ Ἰησοῦ ·········· ···ἶπεν σημαίνω··· ······τ··· ···λλεν ἀπο··· 𝔓⁶⁶
ὁ λόγος τοῦ Ἰησοῦ πληρωθῇ σημαίνων ποίῳ θανάτῳ ἤμελλεν ἀποθνήσκειν. ℵ*
ὁ λόγος τοῦ Ἰησοῦ πληρωθῇ ὃν εἶπεν σημαίνων ποίῳ θανάτῳ ἔμελλεν ἀποθνήσκειν. Y K S Π Ω 28
ὁ λόγος τοῦ θεοῦ πληρωθῇ ὃν εἶπεν σημαίνων ποίῳ θανάτῳ ἔμελλεν ἀποθνήσκειν. L [↑565 700
πληρωθῇ ὁ λόγος τοῦ Ἰησοῦ ὃν εἶπεν σημαίνων ποίῳ θανάτῳ ἤμελλεν ἀποθνήσκειν. W
ὁ λόγος τοῦ θεοῦ πληρωθῇ ὃν εἶπεν σημαίνων ποίῳ θανάτῳ ἤμελλεν ἀποθνήσκειν. Δ
ὁ λόγος τοῦ Ἰησοῦ πληρωθῇ ὃν εἶπεν σημαίνων ποίῳ θανάτῳ ᾧ ἤμελλεν ἀποθνήσκειν. 69

---

lac. 18.30-32 𝔓⁴⁵ 𝔓⁷⁵ D F P

A 30 κακαποιος Ω ¦ κακωποιος 579 ¦ μι (μη) 13 1071 ¦ αυτων 1071 31 λαβεται Dˢᵘᵖ N W 579 ¦ υμις ℵ N ¦ νομων Θ ¦ κριναται N 579 ¦ υμειν 𝔓⁵² ¦ αποκτιναι ℵ N W ¦ αποκτηναι 2 32 ειπε Y 118 157 ¦ σημινων Dˢᵘᵖ ¦ σημενων L N ¦ ποι A ¦ θα (θανατω) G ¦ αποθνησκιν ℵ N ¦ αποθησκειν L

B 32 ιῡ B 𝔓⁶⁰ 𝔓⁶⁶ ℵ A C Dˢᵘᵖ 𝔐 K M N S U W Γ Θ Λ Π Ψ Ω *f*¹ 118 *f*¹³ 124 2 33 28 157 565 579 700 788 1071 1346 1424 ¦ θῡ L Δ

Pilate Questions Jesus About Kingship And About Truth
(Matthew 27.11-12; Mark 15.2-3; Luke 23.3-8)

ξζ 33 Εἰσῆλθεν οὖν πάλιν εἰς τὸ πραιτώριον ὁ Πειλᾶτος καὶ ἐφώνησε τὸν Ἰησοῦν καὶ B*
   33 Εἰσῆλθεν οὖν πάλιν εἰς τὸ πραιτώριον ὁ Πιλᾶτος   καὶ ἐφώνησε τὸν Ἰησοῦν καὶ Bᶜ f¹³
   33 Ἰσ⋯⋯⋯⋯⋯⋯⋯⋯⋯⋯⋯⋯⋯⋯⋯ριον ὁ Π⋯⋯⋯⋯ι ἐφώνησ⋯ ⋯⋯⋯⋯⋯ καὶ 𝔭⁵²
   33 Εἰσῆλθεν ⋯⋯ ⋯⋯ τὸ πραιτώρ⋯⋯⋯⋯⋯⋯⋯⋯⋯ι ἐφώνησ⋯ ⋯⋯⋯⋯ ⋯⋯⋯ 𝔭⁶⁰
   33 ⋯σῆλθ⋯⋯⋯γ πάλιν ⋯⋯ ⋯⋯ ὤριον ὁ Π⋯⋯τος κ⋯ ⋯⋯ τὸ⋯ Ἰησοῦν κ⋯ 𝔭⁶⁶
   33 Εἰσῆλθεν οὖν εἰς τὸ πραιτώριον πάλιν ὁ Πειλᾶτος καὶ ἐφώνησεν τὸν Ἰησοῦν καὶ A
   33 Εἰσῆλθεν οὖν πάλιν εἰς τὸ πραιτώριον ὁ Πειλᾶτος καὶ ἐφώνησεν τὸν Ἰησοῦν καὶ C* W w
   33 Εἰσῆλθεν οὖν   εἰς τὸ πραιτώριον ὁ Πειλᾶτος καὶ ἐφώνησε τὸν Ἰησοῦν καὶ Cᶜ
   33 Εἰσῆλθον οὖν πάλιν εἰς τὸ πραιτώριον Πειλᾶτος καὶ ἐφώίησεν τὸν Ἰησοῦν καὶ Dˢᵘᵖ
   33 Εἰσῆλθεν οὖν εἰς   τώριον πάλιν ὁ Πιλᾶτος καὶ ἐφώνησε τὸν Ἰησοῦν καὶ Υ*
   33 Εἰσῆλθεν οὖν εἰς τὸ πραιτώριον πάλιν ὁ Πιλᾶτος καὶ ἐφώνησε τὸν Ἰησοῦν καὶ Υᶜ f¹ 28 157 τ
   33 Εἰσῆλθεν οὖν πάλιν εἰς τὸ πραιτώριον ὁ Πιλᾶτος καὶ ἐφώνησεν τὸν Ἰησοῦν καὶ L Δ 124 579
   33 Εἰσῆλθεν οὖν εἰς τὸ πραιτώριον ὁ Πιλᾶτος πάλιν καὶ ἐφώνησεν τὸν Ἰησοῦν καὶ N Ψ [↑1071 u
   33 Εἰσῆλθεν οὖν πάλιν ὁ Πιλᾶτος εἰς τὸ πραιτώριον καὶ ἐφώνησε τὸν Ἰησοῦν καὶ 69
   33 Εἰσῆλθεν οὖν   εἰς τὸ πραιτώριον ὁ Πιλᾶτος καὶ ἐφώνησεν τὸν Ἰησοῦν καὶ 33
   33 Εἰσῆλθεν   πάλιν εἰς τὸ πραιτώριον ὁ Πιλᾶτος καὶ ἐφώνησε τὸν Ἰησοῦν καὶ 788
   33 Εἰσῆλθεν οὖν εἰς τὸ πραιτώριον πάλιν ὁ Πιλᾶτος καὶ ἐφώνησεν τὸν Ἰησοῦν καὶ ℵ 𝔐 Κ Μ Υ Γ
                                                        Θ Λ Π 118 2 565 700 1424

εἶπεν αὐτῷ, Σὺ εἶ ὁ βασιλεὺς τῶν Ἰουδαίων; 34   ἀπεκρίθη   Ἰησοῦς, B L uw
εἶπ⋯⋯⋯⋯ ⋯⋯⋯⋯⋯⋯⋯⋯⋯⋯⋯⋯⋯⋯αιω⋯; 34   ⋯⋯⋯⋯⋯⋯⋯   ⋯⋯⋯⋯ 𝔭⁵²
⋯⋯⋯⋯⋯⋯⋯⋯⋯⋯⋯⋯⋯⋯⋯⋯⋯⋯⋯⋯ 34   ⋯εκρίθ⋯   ⋯⋯⋯⋯ 𝔭⁶⁰
⋯πεν   ⋯⋯⋯⋯⋯⋯⋯⋯⋯⋯⋯⋯⋯⋯⋯⋯ 34   ἀπεκρίνα⋯ο   Ἰησοῦς, 𝔭⁶⁶
εἶπεν αὐτοῖς, Σὺ εἶ ὁ βασιλεὺς τῶν Ἰουδαίων; 34   ἀπεκρίνατο   ὁ Ἰησοῦς, A
εἶπεν αὐτῷ, Σὺ εἶ ὁ βασιλεὺς τῶν Ἰουδαίων; 34   ἀπεκρίθη   ὁ Ἰησοῦς, C* M 579
εἶπεν αὐτῷ, Σὺ εἶ ὁ βασιλεὺς τῶν Ἰουδαίων; 34 καὶ ἀπεκρίνατο   ὁ Ἰησοῦς, Dˢᵘᵖ W
εἶπεν αὐτῷ, Σὺ εἶ ὁ βασιλεὺς τῶν Ἰουδαίων; 34   ἀπεκρίνατο   ὁ Ἰησοῦς, N U Θ Π Ψ 1582ᶜ 33
εἶπεν αὐτῷ, Σὺ εἶ ὁ βασιλεὺς τῶν Ἰουδαίων; 34   ἀπεκρίνατο   Ἰησοῦς, 1 1582* [↑157 565 700
εἶπεν αὐτῷ, Σὺ εἶ ὁ βασιλεὺς τῶν Ἰουδαίων; 34 ἀπεκρίθη Ἰησοῦς καὶ εἶπεν αὐτῷ, 1071 [↓28 1424 τ
εἶπεν αὐτῷ, Σὺ εἶ ὁ βασιλεὺς τῶν Ἰουδαίων; 34   ἀπεκρίθη αὐτῷ ὁ Ἰησοῦς, ℵ Cᶜ 𝔐 Κ Γ Δ Λ 118 f¹³

Ἀπὸ σεαυτοῦ σὺ τοῦτο λέγεις ἢ ἄλλοι εἶπόν σοι περὶ ἐμοῦ; 35 ἀπεκρίθη ὁ Πειλᾶτος, B* C* w
Ἀπὸ σεαυτοῦ σὺ τοῦτο λέγεις ἢ ἄλλοι εἶπόν σοι περὶ ἐμοῦ; 35 ἀπεκρίθη ὁ Πιλᾶτος, Bᶜ L u
⋯⋯⋯ ⋯⋯⋯⋯τοῦ ⋯⋯⋯⋯⋯⋯⋯⋯⋯⋯⋯⋯⋯⋯⋯⋯⋯⋯ 35 ἀπ⋯⋯⋯⋯⋯⋯ 𝔭⁶⁰
Ἀπὸ σεαυ⋯⋯⋯⋯ τοῦτο λέ⋯⋯⋯ ⋯⋯λοι ε⋯πέν σο⋯ ⋯ρὶ ἐμοῦ; 35 ἀπεκρ⋯⋯ ⋯⋯λᾶτος, 𝔭⁶⁶*
Ἀπὸ σεαυ⋯⋯⋯ σὺ τοῦτο λέ⋯⋯⋯ ⋯⋯λοι ε⋯πέν σο⋯ ⋯ρὶ ἐμοῦ; 35 ἀπεκρ⋯⋯ ⋯⋯λᾶτος, 𝔭⁶⁶ᶜ
Ἀπὸ σεαυτοῦ   τοῦτο εἶπας ἢ ἄλλοι σοι εἶπον περὶ ἐμοῦ; 35 ἀπεκρίθη ὁ Πιλᾶτος, ℵ*
Ἀπὸ σεαυτοῦ σὺ τοῦτο λέγεις ἢ ἄλλοι σοι εἶπον περὶ ἐμοῦ; 35 ἀπεκρίθη ὁ Πειλᾶτος, ℵᶜ Ψ
Ἀφ' ἑαυτοῦ σὺ τοῦτο λέγεις ἢ ἄλλοι σοι εἶπον περὶ ἐμοῦ; 35 ἀπεκρίθη ὁ Πιλᾶτος, A Cᶜ
Ἀφ' ἑαυτοῦ   τοῦτο λέγεις ἢ ἄλλοι εἶπόν σοι περὶ ἐμοῦ; 35 ἀπεκρίθη ὁ Πειλᾶτος, Dˢᵘᵖ
Ἀφ' ἑαυτοῦ σὺ τοῦτο λέγεις ἢ ἄλλος σοι εἶπεν περὶ ἐμοῦ; 35 ἀπεκρίθη ὁ Πιλᾶτος, Υ S Π 2
Ἀφ' ἑαυτοῦ σὺ τοῦτο λέγεις ἢ ἄλλοι σοι εἶπεν περὶ ἐμοῦ; 35 ἀπεκρίθη ὁ Πιλᾶτος, M
Ἀπὸ σεαυτοῦ σὺ τοῦτο λέγεις ἢ ἄλλος σοι εἶπεν περὶ ἐμοῦ; 35 ἀπεκρίθη ὁ Πιλᾶτος, N
Ἀφ' ἑαυτοῦ σὺ τοῦτο λέγεις ἢ ἄλλοι εἶπόν σοι περὶ ἐμοῦ; 35 ἀπεκρίθη ὁ Πειλᾶτος, W
Ἀφ' ἑαυτοῦ σὺ τοῦτο λέγεις ἢ ἄλλοι εἶπόν σοι περὶ ἐμοῦ; 35 ἀπεκρίθη ὁ Πειλᾶτος, Θ
Ἀφ' ἑαυτοῦ σὺ τοῦτο λέγεις ἢ ἄλλοι σοι εἶπαν περὶ ἐμοῦ; 35 ἀπεκρίθη ὁ Πιλᾶτος, f¹³
Ἀπὸ σεαυτοῦ σὺ τοῦτο λέγεις ἢ ἄλλος σοι εἶπον περὶ ἐμοῦ; 35 ἀπεκρίθη αὐτῷ ὁ Πιλᾶτος, 124
Ἀπὸ σεαυτοῦ σὺ τοῦτο λέγεις ἢ ἄλλοι συ εἶπον περὶ ἐμοῦ; 35 ἀπεκρίθη ὁ Πιλᾶτος, 579
Ἀφ' ἑαυτοῦ σὺ τοῦτο λέγεις ἢ ἄλλοι σοι εἶπεν περὶ ἐμοῦ; 35 ἀπεκρίθη ὁ Πιλᾶτος, 1071
Ἀφ' ἑαυτοῦ σὺ τοῦτο λέγεις ἢ ἄλλοι σοι περὶ ἐμοῦ εἶπον; 35 ἀπεκρίθη ὁ Πιλᾶτος, 1424
Ἀφ' ἑαυτοῦ σὺ τοῦτο λέγεις ἢ ἄλλοι σοι εἶπον περὶ ἐμοῦ; 35 ἀπεκρίθη ὁ Πιλᾶτος, 𝔐 Κ U Γ Δ Λ
                                                        f¹ 33 28 157 565 700 τ

---

lac. 18.33-35 𝔭⁴⁵ 𝔭⁷⁵ D F P

A 33 ισ(ηλθεν) 𝔭⁵² | πρετωριον Ε* W 69 | πραιτοριαν Κ 28 700 | πρετοριον 2 | εφονησεν 2 | εφωνησε 118 700 34 απεκρεινατο Θ | σοι (συ) 69 | τουτω 579 | λεγις ℵᶜ N | ει (η) 579 1071 | αλλο M 35 απεικριθη Dˢᵘᵖ

B 33 ιν̅ B 𝔭⁶⁶ ℵ A C Dˢᵘᵖ 𝔐 Κ L M N S U W Γ Δ Θ Λ Π Ψ Ω f¹ 118 f¹³ 124 2 33 28 157 565 579 700 788 1071 1346 1424
34 ι̅ς̅ B 𝔭⁶⁶ ℵ C Dˢᵘᵖ 𝔐 Κ L N S U W Γ Δ Θ Λ Π Ψ Ω f¹ 118 f¹³ 124 2 33 28 157 565 579 700 788 1071 1346 1424

D 33 ρο̅η̅/α̅ ℵ A E G L M N S U Y Λ Π Ω 118 124 28 788 1071 1424 | ρο̅η̅ C H K Γ Θ f¹ f¹³ 2 157 565 1346 | ρο̅η̅/δ̅ Ψ | Ευ Ιω
ρο̅η̅ : Λο τι̅α̅ : Μρ σ̅ε̅ : Μθ τκ̅ς̅ Ε | Ιω ρο̅η̅ : Λο τβ̅ : Μρ σ̅ : Μθ τκ̅ 124 34 ρο̅θ̅/ι̅ A L M U Ψ 1071 1424 | ρο̅θ̅ C | ρο̅θ̅/ G 35 ρο̅θ̅/ι̅ ℵ
E N S Y Π Ω 118 28 788 | ρο̅θ̅ H K Γ Θ f¹ f¹³ 124 2 157 1346 | Ευ Ιω ρο̅θ̅ : Λο . : Μρ . : Μθ . Ε | Ιω ρο̅θ̅ : ΛΚο τγ̅ : Μρ σα̅ : Θ .
124

[↓Θ Λ Π Ψ 1582ᶜ 118 *f*¹³ 28 157 1424 **uwτ**

Μήτι   ἐγὼ Ἰουδαῖός εἰμι; τὸ ἔθνος τὸ σὸν καὶ οἱ ἀρχιερεῖς παρέδωκάν σε ἐμοί· B 𝕂ᶜ A C 𝕸 K L M N
.... ἔθ 𝔭60
<u>Μὴ γὰρ</u> ἐγὼ Ἰου·   τὸ ἔθνος τὸ σὸν καὶ οἱ α·········· ·αρέδωκάν σε ἐμοί· 𝔭66
<u>Μὴ</u>   ἐγὼ Ἰουδαῖός εἰμι; τὸ ἔθνος τὸ σὸν καὶ <u>ὁ</u> <u>ἀρχιερεὺς</u> παρέδωκάν σε ἐμοί· 𝕂*
Μήτι   ἐγὼ Ἰουδαῖός εἰμι; τὸ ἔθνος τὸ σὸν καὶ   ἀρχιερεῖς παρέδωκάν σε ἐμοί· Dˢᵘᵖ
<u>Μὴ</u>   ἐγὼ Ἰουδαῖός εἰμι; τὸ ἔθνος τὸ σὸν καὶ οἱ ἀρχιερεῖς παρέδωκάν σε ἐμοί· W 1 1582* 565
Μήτι   ἐγὼ Ἰουδαῖός εἰμι; τὸ ἔθνος τὸ <u>ἐσὸν</u> καὶ οἱ ἀρχιερεῖς παρέδωκάν σε ἐμοί· 1346

τί ἐποίησας; **36** ἀπεκρίθη   Ἰησοῦς, Ἡ βασιλεία ἡ ἐμὴ οὐκ ἔστιν ἐκ τοῦ κόσμου τούτου· B **uw** rell
.... **36** ....   βασιλε ...... ·ν ἐκ το .... υ· 𝔭60
τ· .... ς; **36** ἀπε···· θη   Ἰησοῦς, Ἡ βασι .... ·όσμο ...... ς· 𝔭66
τί ἐποίησας; **36** ἀπεκρίθη   Ἰησοῦς, Ἡ <u>ἐμή</u> <u>βασιλεία</u> οὐκ ἔστιν ἐκ τοῦ κόσμου τούτου· 𝕂
τί ἐποίησας; **36** ἀπεκρίθη   Ἰησοῦς, Ἡ βασιλεία ἡ ἐμὴ οὐκ ἔστιν ἐκ τοῦ κόσμου τού······· C
τί ἐποίησας; **36** ἀπεκρίθη <u>ὁ</u> Ἰησοῦς, Ἡ βασιλεία ἡ <u>ἐμοὶ</u> οὐκ ἔστιν ἐκ τοῦ κόσμου τούτου· 1346   [↓τ
τί ἐποίησας; **36** ἀπεκρίθη <u>ὁ</u> Ἰησοῦς, Ἡ βασιλεία ἡ ἐμὴ οὐκ ἔστιν ἐκ τοῦ κόσμου τούτου· N Δ *f*¹³ 33 579

εἰ ἐκ τοῦ κόσμου τούτου ἦν ἡ βασιλεία ἡ ἐμή,   οἱ ὑπηρέται οἱ ἐμοὶ ἠγωνίζοντο,   B* [u]
εἰ ἐκ τοῦ κόσμου τούτου ἦν ἡ βασιλεία ἡ ἐμή,   οἱ <u>ὑπηρέτε</u> οἱ ἐμοὶ ἠγωνίζοντο <u>ἄν</u>,   Bᶜ 1071
εἰ ἐκ το·········· ·του ἦν ἡ β ·······   ········ ·ρέτε ······ ·ηρέται οἱ ἐ ······ 𝔭60
.... ·όσμου ἦν ἡ ·······   ·ηρέται οἱ ἐ ······ 𝔭66
εἰ ἐκ τοῦ κόσμου τούτου ἦν ἡ <u>ἐμὴ</u> <u>βασιλεία, καὶ</u> οἱ ὑπηρέται οἱ ἐμοὶ ἠγωνίζοντο <u>ἄν</u>,   𝕂
εἰ ἐκ τοῦ κόσμου τούτου ἦν ἡ <u>ἐμὴ</u> <u>βασιλεία</u>,   οἱ ὑπηρέται <u>ἄν</u> οἱ ἐμοὶ ἠγωνίζοντο,   Dˢᵘᵖ N Θ
εἰ ἐκ τοῦ κόσμου τούτου ἦν ἡ βασιλεία ἡ ἐμή,   οἱ ὑπηρέται οἱ ἐμοὶ ἠγωνίζοντο <u>ἄν</u>,   L Ψ *f*¹ 69 33 579
εἰ <u>ἦν ἐκ</u> <u>τοῦ κόσμου τούτου</u> ἡ βασιλεία ἡ ἐμή,   οἱ ὑπηρέται οἱ ἐμοὶ ἠγωνίζοντο <u>ἄν</u>,   W [↑788 [u]w
εἰ ἐκ τοῦ κόσμου τούτου ἦν ἡ βασιλεία ἡ ἐμή,   οἱ <u>ὑπηρέτε</u> <u>ἄν</u> οἱ ἐμοὶ ἠγωνίζοντο,   Γ
εἰ ἐκ τοῦ κόσμου τούτου ἦν   βασιλεία ἡ ἐμή,   οἱ ὑπηρέται <u>ἄν</u> οἱ ἐμοὶ ἠγωνίζοντο,   Ω*
εἰ ἐκ τοῦ κόσμου τούτου ἦν ἡ βασιλεία ἡ <u>ἐμοί</u>,   οἱ ὑπηρέται οἱ ἐμοὶ ἠγωνίζοντο <u>ἄν</u>,   *f*¹³
εἰ ἐκ τοῦ κόσμου τούτου ἦν ἡ <u>ἐμὴ</u> <u>βασιλεία</u>,   οἱ ὑπηρέται οἱ ἐμοὶ ἠγωνίζοντο <u>ἄν</u>,   124
                            ἦν ἡ βασιλεία ἡ <u>ἐμοί</u>,   οἱ ὑπηρέται οἱ ἐμοὶ ἠγωνίζοντο <u>ἄν</u>,   1346
εἰ ἐκ τοῦ κόσμου τούτου ἦν ἡ βασιλεία ἡ ἐμή,   οἱ ὑπηρέται <u>ἄν</u> οἱ ἐμοὶ <u>ἠγωνίσαντο</u>,   1424
εἰ ἐκ τοῦ κόσμου τούτου ἦν ἡ βασιλεία ἡ ἐμή,   οἱ ὑπηρέται <u>ἄν</u> οἱ ἐμοὶ ἠγωνίζοντο,   A 𝕸 K M U Δ Λ
                                                                                Π 118 2 28 157 565 700 τ

[↓**uwτ** rell
ἵνα μὴ παραδοθῶ τοῖς Ἰουδαίοις· νῦν δὲ ἡ βασιλεία ἡ ἐμὴ οὐκ ἔστιν ἐντεῦθεν. **37** εἶπεν B 124 1346
···α .... ·ιο·· .... **37** 𝔭60
.... παραδοθῶ τοῖς   .... δὲ ἡ <u>βασιλι</u> .... ·τεῦθε· **37** 𝔭66
ἵνα μὴ παραδοθῶ τοῖς Ἰουδαίοις· νῦν δὲ ἡ <u>ἐμὴ</u> <u>βασιλεία</u> οὐκ ἔστιν ἐντεῦθεν. **37** εἶπεν 𝕂
ἵνα μὴ <u>παραδῶ</u> τοῖς <u>Ἰουδαίς</u>· νῦν δὲ ἡ βασιλεία ἡ ἐμὴ οὐκ ἔστιν ἐντεῦθεν. **37** εἶπεν Dˢᵘᵖ
ἵνα μὴ παραδοθῶ τοῖς Ἰουδαίοις· νῦν δὲ ἡ βασιλεία ἡ <u>ἐμοὶ</u> οὐκ ἔστιν ἐντεῦθεν. **37** εἶπεν H *f*¹³
ἵνα μὴ παραδοθῶ τοῖς <u>Ἰδαίοις</u>· νῦν δὲ ἡ βασιλεία ἡ ἐμὴ οὐκ ἔστιν ἐντεῦθεν. **37** εἶπεν K
ἵνα μὴ <u>παραδῶ</u> τοῖς Ἰουδαίοις· νῦν δὲ ἡ βασιλεία ἡ ἐμὴ οὐκ ἔστιν ἐντεῦθεν. **37** εἶπεν 69
ἵνα μὴ παραδοθῶ τοῖς Ἰουδαίοις· νῦν δὲ ἡ βασιλεία ἡ <u>ἐμοὶ</u> οὐκ ἔστιν ἐντεῦθεν. **37** εἶπεν 788

οὖν αὐτῷ ὁ Πειλᾶτος, Οὐκοῦν βασιλεὺς εἶ σύ; ἀπεκρίθη   ὁ Ἰησοῦς, B* A Dˢᵘᵖ Θ [w]
.... ·εκρίθη 𝔭60
·········· ·τος, ·ὺ·· ὖν βασι· .... ·πεκρ···· ···· Ἰησοῦς, 𝔭66
οὖν αὐτῷ ὁ <u>Πιλᾶτος</u>, Οὐκοῦν βασιλεὺς εἶ σύ; ἀπεκρίθη <u>αὐτῷ</u> ὁ Ἰησοῦς, K
οὖν αὐτῷ ὁ <u>Πιλᾶτος</u>, Οὐκοῦν βασιλεὺς εἶ σύ; ἀπεκρίθη   Ἰησοῦς, L Γ Δ Ψ 118 33 28 157
οὖν αὐτῷ ὁ Πειλᾶτος, Οὐκοῦν βασιλεὺς εἶ σύ; ἀπεκρίθη   Ἰησοῦς, W [w]   [↑565 1071
οὖν <u>αὐτοῖς</u> ὁ <u>Πιλᾶτος</u>, Οὐκοῦν βασιλεὺς εἶ σύ; ἀπεκρίθη   ὁ Ἰησοῦς, *f*¹³
οὖν αὐτῷ ὁ <u>Πιλᾶτος</u>, Οὐκοῦν βασιλεὺς εἶ σύ; ἀπεκρίθη   ὁ Ἰησοῦς, Bᶜ 𝕂 𝕸 M N U Λ Π *f*¹ 69 124
                                                                 2 579 700 788 1346 1424 **uτ**

lac. 18.35-37 𝔭⁴⁵ 𝔭⁷⁵ D F P ¦ vss. 36-37 C

A 35 ημι K ¦ ειμει N W ¦ τοσσον (το σον) 124 ¦ παρεδοκαν M **36** βασιλια¹ M ¦ εμει (εμη¹·²) E* ¦ η (ει) Ω 579 1071 ¦ βασιλια² 𝕂 ¦ οιπηρεται L ¦ ηγωνιζοτο Dˢᵘᵖ ¦ ηγωνιζοντο E* L Γ Λ Ω 2* 565 1346 ¦ ηγωνιζωντο M 579 ¦ ηγωνηζοντο Θ ¦ παραδωθω H L 1424 ¦ παραδωθω Δ* 579 ¦ εμι (εμη³) Dˢᵘᵖ ¦ εστην 1071 **37** υκουν 𝔭66

B 36 ι̅ς̅ B 𝔭66 𝕂 A C Dˢᵘᵖ 𝕸 K L M N S U W Γ Δ Θ Λ Π Ψ Ω *f*¹ 118 124 2 28 157 565 579 700 788 1071 1346 1424 **37** ι̅ς̅ B 𝔭66 𝕂 A Dˢᵘᵖ 𝕸 K L M N S U W Γ Δ Θ Λ Π Ψ Ω *f*¹ 118 *f*¹³ 124 2 33 28 157 565 579 700 788 1071 1346 1424

D 36 ρο̅θ̅/ι̅ Λ **37** ρ̅π̅/δ̅ 𝕂 G M N U Y Π 118 124 788 1424 ¦ ρ̅π̅/α̅ A L S Λ Ω 28 1071 ¦ ρ̅π̅/γ̅ E ¦ ρ̅π̅ H K Γ Θ Ψ *f*¹ 2 157 565 1346 ¦ Ευ Ιω ρ̅π̅ : Λο . : Μρ σ̅α̅ : Μθ τ̅κ̅α̅ E ¦ Ιω ρ̅π̅ : Λο . : Μρ . : Μτ . 124 ¦ (ante απεκριθη) ρ̅π̅α̅/ι̅ 𝕂 N ¦ ρ̅π̅α̅ H *f*¹³ 157

[↓f[13] 33 1071 u[w]]

Σὺ λέγεις ὅτι βασιλεύς εἰμι.	ἐγὼ εἰς τοῦτο	γεγέννημαι καὶ εἰς τοῦτο ἐλήλυθα	B ℵ D^sup L Ψ f[1]
·······················	·······ῦτο	γ··γέννημαι ····················	𝔓52 ·····
·······················λεύς εἰμ·	·······το	γεγένν·········· ····· το ἐλήλυθ··	𝔓60
κ··ὶ εἶπ··········ύς ε··μι.		·········ήλυθ····	𝔓66
Σὺ λέγεις ὅτι βασιλεύς εἰμι ἐγώ.	ἐγὼ εἰς τοῦτο καὶ	γεγέννημαι καὶ εἰς τοῦτο ἐλήλυθα	A
Σὺ λέγεις ὅτι βασιλεύς εἰμι ἐγώ.	εἰς τοῦτο	γεγέννημαι καὶ εἰς τοῦτο ἐλήλυθα	W
Σὺ λέγεις ὅτι βασιλεύς εἰμι.	ἐγὼ εἰς τοῦτο	γεγένημαι καὶ εἰς τοῦτο ἐλήλυθα	69
Σὺ λέγεις ὅτι βασιλεύς εἰμι ἐγώ.	ἐγὼ εἰς τοῦτο	γεγένημαι καὶ εἰς τοῦτο ἐλήλυθα	700
Σὺ λέγεις ὅτι βασιλεύς εἰμι;	ἐγὼ εἰς τοῦτο	γεγέννημαι καὶ εἰς τοῦτο ἐλήλυθα	[w]
Σὺ λέγεις ὅτι βασιλεύς εἰμι ἐγώ.	ἐγὼ εἰς τοῦτο	γεγέννημαι καὶ εἰς τοῦτο ἐλήλυθα	𝔐 K M N U Γ Δ
			Θ Λ Π 118 2 28 157 565 579 1424 τ

εἰς τὸν κόσμον, ἵνα μαρτυρήσω	τῇ ἀληθείᾳ· πᾶς	ὁ ὢν ἐκ τῆς ἀληθείας ἀκούει	B uwτ rell
···········σμον, ἵνα μαρτυ		··· ἐκ τῆς ἀληθε···	𝔓52
···········θεία· π··		·········ηθε····	𝔓60
εἰς τ·· κόσμον, ···········ρήσω	τ·· ἀληθείᾳ· πᾶς	ὁ ὢν ἐκ τῆς ἀληθι·· ἀκούει	𝔓66
εἰς τὸν κόσμον, ἵνα μαρτυρήσῃ περὶ	τῆς ἀληθίας· πᾶς	ὁ ὢν τῆς ἀληθείας ἀκούει	ℵ*
εἰς τὸν κόσμον, ἵνα μαρτυρήσων	τῇ ἀληθείᾳ· πᾶς	ὁ ὢν ἐκ τῆς ἀληθείας ἀκούει	D^sup
εἰς τὸν κόσμον, ἵνα μαρτυρήσω	τῇ ἀληθείᾳ· πᾶς οὖν ὁ ὢν ἐκ τῆς ἀληθείας ἀκούει		118

μου τῆς φωνῆς.	38 λέγει	αὐτῷ ὁ Πειλᾶτος, Τί	ἐστιν	ἀλήθεια;	B* A D^sup W Θ 579 w
···········ν·····	38 λέγει	αὐτῷ··			𝔓52
··ου	38				𝔓60
μου τῆς φωνῆς.	38 λέγει οὖν αὐτῷ	Πειλᾶτος, Τί	ἐστιν	ἀλήθι··;	𝔓66
μου τῆς φωνῆς.	38 λέγει	αὐτῷ ὁ Πιλᾶτος, Τίς	ἐστιν	ἀλήθεια;	ℵ*
μου τῆς φωνῆς.	38 λέγει	αὐτῷ ὁ Πιλᾶτος, Τί	ἐστιν ἡ	ἀλήθεια;	f[1]
μου τοὺς λόγους.	38 λέγει	αὐτῷ ὁ Πιλᾶτος, Τί	ἐστιν	ἀλήθεια;	118
μου τῆς φωνῆς.	38 λέγει	αὐτῷ ὁ Πιλᾶτος, Τί	ἐστιν	ἀλήθεια;	B^c ℵ^c 𝔐 K L M N U Γ Δ Λ Π Ψ
					f[13] 2 33 28 157 565 700 1071 1424 uτ

The Jews Ask For Barabbas
(Matthew 27.13-25; Mark 15.4-11; Luke 23.4, 17-20)

Καὶ τοῦτο εἰπὼν πάλιν *ἐξῆλθεν πρὸς τοὺς Ἰουδαίους καὶ λέγει αὐτοῖς, Ἐγὼ οὐδεμίαν			B uwτ rell
···αὶ τοῦτο ·········· ········· τοὺς Ἰο········ ··········· ·········εμί···			𝔓52
Καὶ τοῦτο εἰπὼν πάλ···· ἐξῆλθ··· ·ρὸς τοὺς Ἰουδαίους ····ι ··········· Ἐγὼ οὐδεμίαν			𝔓66
Καὶ τοῦτο εἰπὼν ἀπῆλθε πάλιν πρὸς τοὺς Ἰουδαίους καὶ λέγει αὐτοῖς, Ἐγὼ οὐδεμίαν			157
Καὶ τοῦτο εἰπὼν ἐξῆλθεν πάλιν πρὸς τοὺς Ἰουδαίους καὶ λέγει αὐτοῖς, Ἐγὼ οὐδεμίαν			579

* 118 return to original hand.

εὑρίσκω	ἐν αὐτῷ αἰτίαν.	39 ἔστιν δὲ συνήθεια ὑμῖν	ἵνα ἕνα	ἀπολύσω ὑμῖν	B uw
		39 ········ νήθεια ὑμ···	ἕν··	··π········	𝔓60
ευ········	αἰ··αν ἐν αὐτῷ.	39 ἔστιν ·········	ἵγα ἔγα	ἀ········	𝔓66
αἰτίαν εὑρίσκω	ἐν αὐτῷ.	39 ἔστιν δὲ συνήθεια ὑμῖν	ἵνα ἕνα	ἀπολύσω ὑμῖν	ℵ K U Δ Π f[1] 33
αἰτίαν ἐν αὐτῷ	εὑρίσκω.	39 ἔστιν δὲ συνήθεια ὑμῖν	ἵνα ἕνα	ἀπολύσω ὑμῖν	D^sup [565 1071]
εὑρίσκω	ἐν αὐτῷ αἰτίαν.	39 ἔστιν δὲ συνήθεια ὑμῶν	ἵνα ἕνα	ἀπολύσω ὑμῖν	L
αἰτίαν εὑρίσκω	ἐν αὐτῷ.	39 ἔστιν δὲ συνήθεια ὑμῶν	ἵνα ἕνα	ὑμῖν ἀπολύσω	N
αἰτίαν εὑρίσκω	ἐν αὐτῷ.	39 ἔστιν δὲ συνήθεια ὑμῖν	ἵνα ἕνα	ἀπολύω ὑμῖν	W
αἰτίαν εὑρίσκω	ἐν αὐτῷ.	39 ἔστιν δὲ συνήθεια ὑμῖν	ἵνα ἕνα	ἀπολύσω	Ψ
αἰτίαν θανάτου	εὑρίσκω ἐν αὐτῷ.	39 ἔστιν δὲ συνήθεια ὑμῖν	ἵνα ἕνα	ὑμῖν ἀπολύσω	69
εὑρίσκω	ἐν αὐτῷ αἰτίαν.	39 ἔστιν δὲ συνήθεια ὑμῖν	ἵνα ἕνα ἃ	ἀπολύσω ὑμῖν	579
αἰτίαν εὑρίσκω	ἐν αὐτῷ.	39 ἔστιν δὲ συνήθεια ὑμῖν	ἵνα ἕνα	ὑμῖν ἀπολύσω	A 𝔐 M Γ Θ Λ
					118 f[13] 2 28 157 700 1424 τ

---

lac. 18.37-39 𝔓45 𝔓75 C D F P

A **37** ειμη K Γ ¦ ειμει W | τουτω[1.2] 579 | γεγεγηναι W Γ 2 1424 | ελιλυθα 1071 | μαρτυρισω 2 1071 | αληθια ℵ^c N | αληθιας 𝔓66 ℵ | ακουι D^sup | εξηλθε 788 **38** αληθια 𝔓66 | αληθα M | τουτω 69 579 1071 | ειπον E* | παλην Θ | εξηλθε Y 118 69 700 | ουδαμιαν Ω ¦ δεμιαν 69 | ευρησκω K **39** εστι Y f[1] 118 28 69 157 565 700 | συνηθια 𝔓60 ℵ ¦ 579 | συνηθαια D^sup | υυμιν[1] U | υμειν[2] N

D **37** (ante εγω εις τουτο) ρπα/ι A E L M S U Υ Λ Π 118 124 28 788 1071 1424 ¦ ρπα/α G Ω ¦ ρπα K Γ Θ Ψ f[1] 1346 ¦ (ante πας ο) ρπα 2¦ Ευ Ιω ρπα : Λο . : Μρ . : Μθ . E ¦ Ιω ρπα : Λο . : Μρ . : Μτ . 124 **38** ρπβ/θ N S ¦ (ante και τουτο) ρπβ ℵ E H f[1] f[13] 2 157 565 1346 ¦ ρπβ/θ A E G U Υ Π Ω 28 1071 1424 ¦ ρπβ/ε L ¦ ρπβ/α M ¦ ρπβ/ι Λ ¦ ρπβ/β 118 ¦ ρπβ (ante και λεγει) Θ ¦ ρπβ/θ 124 788 ¦ Ευ Ιω ρπβ : Λο τγ : Μρ . : Μθ . E ¦ Ιω . : Λο τγ : Μρ σγ : Μθ τκα 124 **39** ρπγ N H K N Θ Ψ f[1] f[13] 2 565 1346 ¦ ρπγ/α A E M Ω ¦ ρπγ/δ G Y L U Λ Π 118 124 788 1071 1424 ¦ Ευ Ιω ρπγ : Λο τι : Μρ σγ : Μθ τκς E ¦ Ιω . : Λο τι : Μρ σδ : Μθ τκε 124

τῷ πάσχα· βούλεσθε οὖν   ἀπολύσω ὑμῖν τὸν βασιλέα τῶν Ἰουδαίων;   B* [w]
ἐν τῷ πάσχα· βούλεσθε οὖν   ἀπολύσω ὑμῖν τὸν βασιλέα τῶν Ἰουδαίων;   Bᶜ A Dˢᵘᵖ L N Ψ f¹ f¹³ 33 157
·········· ······· οὖν   ἀπο········· ······ βασιλέα ······   𝔭⁶⁰   [↑565 1071 u[w]
···· πάσχα· β·········   ······ σω ὑμῖν τὸ ··ασιλ··· ······δαίων·   𝔭⁶⁶
ἐν τῷ πάσχα· βούλεσθε οὖν ἵνα ἀπολύσω ὑμῖν τὸν βασιλέα τῶν Ἰουδαίων;   ℵ K U W Π
ἐν τῷ πάσχα· βούλεσθε οὖν   ἀπολύσω   τὸν βασιλέα τῶν Ἰουδαίων;   Θ
ἐν τῷ πάσχα· βούλεσθε οὖν   ἀπολύσω ὑμῖν τὸν βασιλέα τῶν Ἰουδαίω;   579
ἐν τῷ πάσχα· βούλεσθε οὖν ἵνα ὑμῖν ἀπολύσω τὸν βασιλέα τῶν Ἰουδαίων;   700
ἐν τῷ πάσχα· βούλεσθε οὖν   ὑμῖν ἀπολύσω τὸν βασιλέα τῶν Ἰουδαίων;   𝔐 M Γ Δ Λ 118 2 28 1424 τ

40 ἐκραύγασαν οὖν πάλιν λέγοντες,   Μὴ τοῦτον ἀλλὰ τὸν Βαραββᾶν.   B ℵ L W Ω* 118 579 1071
40 ······ ······ ··· λέ·······   ······ ······ ἀλ······   𝔭⁶⁰   [↑uw
40 ἐκ······   [πά]ντες   Μὴ τοῦτον ··λλὰ ······ βᾶν.   𝔭⁶⁶*
40 ἐκ······   [πά]ντες λέγοντες, Μὴ τοῦτον ··λλὰ ······ βᾶν.   𝔭⁶⁶ᶜ
40 ἐκραύγασαν οὖν πάλιν πάντες λέγοντες, Μὴ τοῦτον ἀλλὰ τὸν Βαραββᾶν.   A 𝔐 M Γ Λ 2 1424 τ
40 ἐκραύγασαν οὖν πάλιν λέγοντες πάντες, Μὴ τοῦτον ἀλλὰ   Βαραββᾶν.   Dˢᵘᵖ
40 ἐκραύγασαν   πάλιν πάντες λέγοντες, Μὴ τοῦτον ἀλλὰ τὸν Βαραββᾶν.   S
40 ἐκραύπαμαν οὖ πάλιν πάντες λέγοντες, Μὴ τοῦτον ἀλλὰ τὸν Βαραββᾶν.   Δ
40 ἐκραύγασαν οὖν πάλιν πάντες λέγοντες, Μὴ τοῦτον ἀλλὰ τὸν Βαρραββᾶν.   Θ
40 ἐκραύγασαν οὖν   πάντες λέγοντες, Μὴ τοῦτον ἀλλὰ τὸν Βαραββᾶν.   69   [↓157 565 700
40 ἐκραύγασαν οὖν   πάντες λέγοντες, Μὴ τοῦτον ἀλλὰ τὸν Βαραββᾶν.   G K N U Π Ψ f¹ f¹³ 33 28

ἦν δὲ ὁ Βαραββᾶς   λῃστής.   B ℵ A 𝔐 K L M N U W Δ Λ Π Ψ 1582ᶜ 118 f¹³ 2 33 28 157 565 579 700 1071
ἦν δὲ B·········   ····τής.   𝔭⁶⁶*   [↑1424 uwτ
ἦν δὲ ὁ B·········   ····τής.   𝔭⁶⁶ᶜ
ἦν δὲ Βαραββᾶς   λῃστής.   Dˢᵘᵖ
ἦν δὲ ὁ Βαραβᾶς   λῃστής.   Υ 69
ἦν δὲ ὁ Βαρραβᾶς   οὗτος λῃστής.   Θ*
ἦν δὲ ὁ Βαρραββᾶς οὗτος λῃστής.   Θᶜ
ἦν δὲ ὁ Βαραββᾶς   οὗτος λῃστής.   1 1582*

Jesus Scourged And Ridiculed Though Pilate Finds No Crime In Him
(Matthew 27.26-29; Mark 15.15-19; Luke 23.24-25, 11, 4)

ξη̄ 19.1 Τότε οὖν ἔλαβεν ὁ Πειλᾶτος τὸν Ἰησοῦν καὶ ἐμαστείγωσεν. 2 καὶ οἱ   B*
    19.1 Τότε οὖν ἔλαβεν ὁ Πιλᾶτος τὸν Ἰησοῦν καὶ ἐμαστείγωσεν. 2 καὶ οἱ   Bᶜ
    19.1 [Τότε οὖν ὁ Πειλᾶτος] ἔλαβεν τ ········· ······ ···αστ········ 2 ······ ··ι   𝔭⁶⁶ (cj. Aland)
    19.1 Τότε οὖν λαβὼν ὁ Πιλᾶτος τὸν Ἰησοῦν ἐμαστίγωσεν. 2 καὶ οἱ   ℵ
    19.1 Τότε οὖν ἔλαβεν ὁ Πειλᾶτος τὸν Ἰησοῦν καὶ ἐμαστίγωσεν. 2 καὶ οἱ   A Dˢᵘᵖ Θ w
    19.1 Τότε οὖν ὁ Πιλᾶτος λαβὼν τὸν Ἰησοῦν ἐμαστίγωσεν. 2 καὶ οἱ   L 33 1071
    19.1 Τότε οὖν ὁ Πιλᾶτος ἔλαβεν τὸν Ἰησοῦν καὶ ἐμαστίγωσεν. 2 καὶ οἱ   M Ψ
    19.1 Τότε οὖν ἔλαβεν τὸν Ἰησοῦν ὁ Πιλᾶτος καὶ ἐμαστίγωσεν. 2 καὶ οἱ   N
    19.1 Τότε οὖν λαβὼν ὁ Πειλᾶτος τὸν Ἰησοῦν ἐμαστίγωσεν. 2 καὶ οἱ   W
    19.1 Τότε οὖν ὁ Πηλᾶτος λαβὼν τὸν Ἰησοῦν ἐμαστίγωσεν. 2 καὶ οἱ   579
    19.1 Τότε οὖν ἔλαβεν ὁ Πιλᾶτος τὸν Ἰησοῦν καὶ ἐμαστίγωσεν. 2 καὶ οἱ   𝔐 K U Γ Δ Λ Π f¹
                                      f¹³ 2 28 157 565 700 1424 uτ

στρατιῶται πλέξαντες στέφανον ἐξ ἀκανθῶν ἐπέθηκαν αὐτοῦ   τῇ κεφαλῇ, καὶ   B 124 788 1346
στρατιῶ· αι πλέξαντες ἐξ ··κανθ··ν στέφανον ἐπέθηκαν αὐτοῦ   τῇ κε··αλῇ, καὶ   𝔭⁶⁶ [↑uwτ rell
στρατιῶται πλέξαντες στέφανον ἐξ ἀκανθῶν ἐπέθηκαν αὐτοῦ   τῇ κεφαλῇ, καὶ   ℵ*
στρατιῶται πλέξαντες στέφανον ἐξ ἀκανθῶν ἐπέθηκαν αὐτοῦ ἐπὶ τὴν κεφαλήν, καὶ   A U Π
στρατιῶται πλέξαντες στέφανον ἐξ ἀκανθῶν ἐπέθηκαν ἐπὶ τὴν κεφαλὴν αὐτοῦ, καὶ   G
στρατιῶται πλέξαντες στέφανον ἐξ ἀκανθῶν ἐπέθηκαν αὐτῶν   τῇ κεφαλῇ, καὶ   f¹³

---

lac. 18.39-19.2 𝔭⁴⁵ 𝔭⁷⁵ C D F P

A 39 βουλεσθαι A E* N W Δ Θ Ω 28 579 1071 ¦ βουλεσται Dˢᵘᵖ ¦ βουλεσθ L ¦ των (τον) 13 ¦ τον (των) Θ 40 εκραυασαν L M ¦ λεγωντες 1071 19.1 εμαστηγωσεν M U Γ 2 1424 ¦ εμαστιγωσε 28 ¦ εμαστιγωσε 118 157 700 2 στρατιωτε L M Θ1071 ¦ τεφανον G

B 19.1 ιν B ℵ A Dˢᵘᵖ 𝔐 K L M N S U W Γ Δ Θ Λ Π Ψ Ω f¹ 118 f¹³ 124 2 33 28 157 565 579 700 788 1346 1424

D 40 ρπδ/α ℵ A E G L M N S U Υ Λ Π Ω 118 124 788 1071 1424 ¦ ρπδ H K Γ Θ Ψ f¹ f¹³ 2 157 565 1346 ¦ Ευ Ιω ρπδ : Λο τι : Μρ σδ : Μθ τκε Ε ¦ Ιω . : Λο . : Μρ σζ : Μτ τκβ 124 19.1 ρπε/δ A G L M N S U Λ Ω 118 28 1071 1424 ¦ ρπε E H K Γ Θ Π Ψ f¹ 2 565 1346 ¦ ρπε/α 124 788 ¦ Ευ Ιω ρπε : Λο . : Μρ σζ : Μθ τκθ Ε 2 ρπε/δ ℵ Υ

[↓f¹³ 33 565 579 700 **uw**

ἱμάτιον πορφυροῦν περιέβαλον αὐτόν **3** καὶ ἤρχοντο πρὸς αὐτὸν καὶ ἔλεγον, B 𝔓⁶⁶ ℵ L N U W Θ Λ Π
ἱμάτιον πορφυροῦν περιέβαλον <u>αὐτῷ</u> **3** καὶ ἔλεγον, 28 1424 [↓157 1071 τ
ἱμάτιον πορφυροῦν περιέβαλον αὐτόν **3** καὶ ἔλεγον, A Dˢᵘᵖ 𝔐 Κ Μ Γ Δ Ψ f¹ 2

Χαῖρε ὁ βασιλεὺς τῶν Ἰουδαίων· καὶ ἐδίδοσαν αὐτῷ ῥαπίσματα. B N W Ψ f¹ 565 **uw**
Χαῖρε <u>βασιλεῦ</u> τῶν Ἰουδαίων· καὶ ἐδίδοσαν αὐτῷ ῥαπίσματα. 𝔓⁶⁶ ℵ
Χαῖρε ὁ βασιλεὺς τῶν Ἰουδαίων· καὶ <u>ἐδίδοσαν</u> αὐτῷ ῥαπίσματα. L 700
Χαῖρε ὁ βασιλεὺς τῶν Ἰουδαίων· καὶ <u>ἐδίδου</u> αὐτῷ ῥαπίσματα. K 28
Χαῖρε ὁ βασιλεὺς τῶν Ἰουδαίων· καὶ <u>ἐδίδουν</u> αὐτῷ <u>ῥαπτίσματα.</u> Δ
Χαῖρε ὁ βασιλεὺς τῶν <u>Ἰουδαῖον·</u> καὶ <u>ἐδίδωσαν</u> αὐτῷ ῥαπίσματα. 579 [↓1071 1424 τ
Χαῖρε ὁ βασιλεὺς τῶν Ἰουδαίων· καὶ <u>ἐδίδουν</u> αὐτῷ ῥαπίσματα. A Dˢᵘᵖ 𝔐 Μ U Γ Θ Λ Π 118 f¹³ 2 33 157

4 Καὶ ἐξῆλθε πάλιν ἔξω ὁ Πειλᾶτος καὶ λέγει αὐτοῖς, Ἴδε ἄγω ὑμῖν αὐτὸν B*
4 Καὶ ἐξῆλθε πάλιν ἔξω ὁ <u>Πιλᾶτος</u> καὶ λέγει αὐτοῖς, Ἴδε ἄγω ὑμῖν αὐτὸν Bᶜ
4 ⋯⋯ <u>⋯ἦλθεν</u> πάλιν ἔξω ⋯ειλᾶ⋯ ⋯ ὶ λέγει αὐ⋯ ⋯ ⋯ ⋯το⋯ 𝔓⁶⁶*
4 ⋯⋯ <u>⋯ἦλθεν</u> <u>οὖν</u> πάλιν ἔξω ⋯ειλᾶ⋯ ⋯ ὶ λέγει αὐ⋯ ⋯ ⋯ ⋯το⋯ 𝔓⁶⁶ᶜ
4 <u>ἐξῆλθεν</u> πάλιν ὁ <u>Πιλᾶτος</u> ἔξω καὶ λέγει αὐτοῖς, Ἴδε ἄγω ὑμῖν αὐτὸν ℵ
4 Καὶ <u>ἐξῆλθεν</u> πάλιν ἔξω ὁ Πειλᾶτος καὶ λέγει αὐτοῖς, Ἴδε ἄγω ὑμῖν αὐτὸν A [**w**]
4 <u>ἐξῆλθεν</u> πάλιν ἔξω ὁ Πειλᾶτος καὶ λέγει αὐτοῖς, Ἴδε ἄγω ὑμῖν αὐτὸν Dˢᵘᵖ
4 Ἐξῆλθε <u>οὖν</u> πάλιν ἔξω ὁ <u>Πιλᾶτος</u> καὶ λέγει αὐτοῖς, Ἴδε ἄγω ὑμῖν αὐτὸν E Y M S
4 Καὶ <u>ἐξῆλθεν</u> πάλιν ἔξω ὁ <u>Πιλᾶτος</u> καὶ λέγει αὐτοῖς, Ἴδε ἄγω ὑμῖν αὐτὸν K Π 33 **u**
4 Καὶ <u>ἐξῆλθεν</u> πάλιν <u>ὁ Πιλᾶτος ἔξω</u> καὶ λέγει αὐτοῖς, Ἴδε ἄγω ὑμῖν αὐτὸν L 1071
4 <u>Ἐξῆλθεν οὖν</u> <u>ὁ Πειλᾶτος ἔξω</u> καὶ λέγει αὐτοῖς, Ἴδε ἄγω ὑμῖν αὐτὸν W
4 <u>ἐξῆλθεν</u> πάλιν ἔξω ὁ <u>Πιλᾶτος</u> καὶ λέγει αὐτοῖς, Ἴδε ἄγω ὑμῖν αὐτὸν Γ f¹ 157 565
4 <u>Ἐξῆλθεν οὖν</u> πάλιν ἔξω ὁ Πειλᾶτος καὶ λέγει αὐτοῖς, Ἴδε ἄγω ὑμῖν αὐτὸν Θ
4 <u>Ἐξῆλθεν οὖν</u> πάλιν <u>ὁ Πιλᾶτος ἔξω</u> καὶ λέγει αὐτοῖς, Ἴδε ἄγω ὑμῖν αὐτὸν <u>ὑμῖν</u> <u>αὐτὸν</u> 118
4 <u>Ἐξῆλθεν οὖν</u> πάλιν <u>ὁ Πιλᾶτος ἔξω</u> καὶ λέγει αὐτοῖς, Ἴδε ἄγω ὑμῖν αὐτὸν f¹³
4 Καὶ <u>ἐξῆλθεν</u> <u>οὖν</u> πάλιν <u>ὁ Πιλᾶτος ἔξω</u> καὶ λέγει αὐτοῖς, Ἴδε ἄγω ὑμῖν αὐτὸν 69
4 <u>Ἐξῆλθεν οὖν</u> πάλιν <u>ὁ Πιλᾶτος</u> καὶ λέγει αὐτοῖς, Ἴδε ἄγω <u>αὐτὸν ὑμῖν</u> 28
4 <u>Ἐξῆλθεν οὖν</u> <u>ὁ Πηλᾶτος πάλιν</u> καὶ <u>εἶπεν</u> αὐτοῖς, Ἴδε ἄγω <u>ὑμῖν ἐντεῦθεν,</u> 579
4 <u>Ἐξῆλθεν οὖν</u> πάλιν <u>ὁ Πιλᾶτος ἔξω</u> καὶ λέγει αὐτοῖς, Ἴδε ἄγω <u>ὑμῖν ἔξω</u> 788
4 <u>Ἐξῆλθεν οὖν</u> <u>ὁ Πιλᾶτος ἔξω</u> καὶ λέγει αὐτοῖς, Ἴδε ἄγω ὑμῖν αὐτὸν 1346
4 <u>Ἐξῆλθεν οὖν</u> <u>ἔξω πάλιν</u> ὁ <u>Πιλᾶτος</u> καὶ λέγει αὐτοῖς, Ἴδε ἄγω <u>αὐτὸν ὑμῖν</u> 1424
4 <u>Ἐξῆλθεν</u> πάλιν <u>ὁ Πειλᾶτος ἔξω</u> καὶ λέγει αὐτοῖς, Ἴδε ἄγω ὑμῖν αὐτὸν [**w**] [↓700 τ
4 <u>Ἐξῆλθεν οὖν</u> πάλιν ἔξω ὁ <u>Πιλᾶτος</u> καὶ λέγει αὐτοῖς, Ἴδε ἄγω ὑμῖν αὐτὸν G H N U Δ Λ Ψ Ω 2

ἔξω, ἵνα γνῶτε ὅτι οὐδεμίαν αἰτίαν εὑρίσκω ἐν αὐτῷ. **5** ἐξῆλθεν οὖν B f¹ 33 565 **uw**
⋯ξω, ἵνα γγῶ⋯ ⋯⋯ <u>ἐν ⋯⋯ῷ ουχ</u> εὑρίσκω. **5** ⋯ οὖ⋯ 𝔓⁶⁶
ἔξω, ἵνα γνῶτε <u>τί</u> αἰτίαν <u>οὐχ</u> εὑρίσκω. **5** ἐξῆλθεν οὖν ℵ*
ἔξω, ἵνα γνῶτε ὅτι <u>αἰτίαν οὐδεμίαν</u> εὑρίσκω ἐν αὐτῷ. **5** ἐξῆλθεν οὖν ℵᶜ
ἔξω, ἵνα γνῶτε ὅτι οὐδεμίαν <u>ἐν αὐτῷ αἰτίαν</u> εὑρίσκω. **5** ἐξῆλθεν οὖν A
ἔξω, ἵνα γνῶτε ὅτι <u>ἐν αὐτῷ</u> **5** G
ἔξω, ἵνα γνῶτε ὅτι <u>αἰτίαν</u> <u>ἐν αὐτῷ οὐδεμίαν</u> εὑρίσκω. **5** ἐξῆλθεν οὖν L 157
ἔξω, ἵνα <u>ἐπιγνῶτε</u> ὅτι <u>ἐν αὐτῷ οὐδεμίαν αἰτίαν</u> εὑρίσκω. **5** ἐξῆλθεν οὖν N
ἔξω, ἵνα γνῶτε ὅτι αἰτίαν <u>ἐν αὐτῷ οὐχ</u> εὑρίσκω. **5** ἐξῆλθεν οὖν W
ἔξω, ἵνα γνῶτε ὅτι οὐδεμίαν αἰτίαν <u>ἐν αὐτῷ</u> εὑρίσκω . **5** ἐξῆλθεν οὖν Ψ
ἔξω, ἵνα γνῶτε ὅτι <u>ἐν αὐτῷ</u> <u>οὐχ εὑρίσκω αἰτίαν.</u> **5** ἐξῆλθεν οὖν f¹³
<u>ἵνα γνῶτε</u> ὅτι <u>αὐτῷ αἰτίαν οὐχ εὑρίσκω.</u> **5** ἐξῆλθεν οὖν 579
<u>αὐτόν, ἵνα γνῶτε</u> ὅτι <u>ἐν αὐτῷ</u> <u>οὐχ εὑρίσκω αἰτίαν.</u> **5** ἐξῆλθεν οὖν 788
ἔξω, ἵνα γνῶτε ὅτι <u>αἰτίαν οὐδεμίαν ἐν αὐτῷ</u> εὑρίσκω. **5** ἐξῆλθεν οὖν 1071
ἔξω, ἵνα γνῶτε ὅτι <u>ἐν αὐτῷ</u> <u>οὐχ εὑρίσκω αἰτίαν.</u> **5** ἐξῆλθεν 1346 [↓2 28 700 1424 τ
ἔξω, ἵνα γνῶτε ὅτι ἐν αὐτῷ οὐδεμίαν αἰτίαν εὑρίσκω. **5** ἐξῆλθεν οὖν Dˢᵘᵖ 𝔐 Κ Μ U Γ Δ Θ Λ Π

---

lac. **19.2-5** 𝔓⁴⁵ 𝔓⁷⁵ C D F P ¦ vss. 4-5 G

A **2** ειματιον A Dˢᵘᵖ ¦ ηματιον 2 ¦ πορφοιρουν E* ¦ εμαστιγωσε Y ¦ αυτων 2 **3** χαι H ¦ ραπησματα 2* **4** ειδε W ¦ αυτων 1071 ¦ γνωται L W 579 1071 ¦ ωτι Dˢᵘᵖ

D **4** ρπ̅ς̅/δ̅ ℵ Α Ε G N S U Y Λ Π Ω 118 124 28 1071 1424 ¦ ρπ̅ς̅ H K Γ Θ Ψ f¹ f¹³ 2 1346 ¦ ρπ̅ς̅/α̅ L M 788 ¦ Ευ Ιω ρπ̅ς̅ : Λο : Μρ . : Μθ . Ε ¦ Ιω ρπ̅ς̅ : Λο τ̅γ̅ Μρ σ̅ζ̅ : Μτ τκθ̅ 124 **5** ρπ̅ζ̅ ℵ H K N Γ Θ Ψ f¹ f¹³ 124 2 157 788 1346 ¦ ρπ̅ζ̅/θ̅ Α ¦ ρπ̅ζ̅/γ̅ Ε ¦ ρπ̅ζ̅/δ̅ S Y L U Α Π Ω 118 28 1071 1424 ¦ ρπ̅ζ̅/α̅ M ¦ Ευ Ιω ρπ̅ζ̅ : Λο . : Μρ σ̅ζ̅ : Μθ τκθ̅ Ε ¦ Ιω ρπ̅ζ̅ : Λο τιᾱ : Μρ σ̅ε̅ : Μτ τκ̅ς̅ 124

Ἰησοῦς ἔξω, φορῶν τὸν ἀκάνθινον στέφανον καὶ τὸ πορφυροῦν ἱμάτιον. B [w]
............ω, φο............................ν στέφ............................οὖν .... 𝔓⁶⁰
............ξ..., ἔχων τ............ ....τέφανον καὶ ....ον. 𝔓⁶⁶
ὁ Ἰησοῦς ἔξω, φορῶν τὸν ἀκάνθινον στέφανον καὶ πορφυροῦν ἱμάτιον. ℵ
ἔξω ὁ Ἰησοῦς, φορῶν τὸν ἀκάνθινον στέφανον καὶ τὸ πορφυροῦν ἱμάτιον. Y K N U Θ Λ Π 1582ᶜ 157 1424
ἔξω ὁ Ἰησοῦς, ἔχων τὸν ἀκάνθινον στέφανον καὶ τὸ πορφυροῦν ἱμάτιον. 1 1582* 565
ὁ Ἰησοῦς ἔξω, φορῶν τὸν ἀκάνθινον στέφανον καὶ τὸ πορφυροῦν ἱμάτιον. A Dˢᵘᵖ 𝔐 L M W Γ Δ Ψ 118 ƒ¹³ 2
33 28 579 700 u[w]τ

καὶ λέγει αὐτοῖς, Ἰδοὺ ἄνθρωπος. B
.... Ἰδοὺ ἄν............ 𝔓⁶⁰
om. 𝔓⁶⁶* (𝔓⁶⁶ᶜ not visible)
καὶ λέγει αὐτοῖς, Ἰδοὺ ὁ ἄνθρωπος. ℵ L W Ψ ƒ¹ 33 565 579 1071 uw
καὶ λέγει αὐτοῖς ὁ Πιλᾶτος, Ἴδε ὁ ἄνθρωπος. ℵᶜ
καὶ λέγει αὐτοῖς, Ἴδε ὁ ἄνθρωπος. A Dˢᵘᵖ 𝔐 K M N* U Γ Δ Θ Λ Π 118 ƒ¹³ 2 28 157 700 1424 τ

The Jews Condemn Jesus To Death
Because He Made Himself To Be The Son Of God
(Matthew 27.20-23; Mark 15.13-14; Luke 23.18-23)

6 Ὅτε οὖν εἶδον αὐτὸν οἱ ἀρχιερεῖς καὶ οἱ ὑπηρέται ἐκραύγασαν B 118 uwτ rell
6 Ὅτε οὖν ε............ οἱ ἀρ............ ὑπηρέτα ..κρ............ 𝔓⁶⁶
6 Ὅτε οὖν εἶδον αὐτὸν οἱ ἀρχιερεῖς καὶ οἱ ὑπηρέται ἔκραξαν ℵ*
6 Ὅταν οὖν εἶδον αὐτὸν οἱ ἀρχιερεῖς καὶ οἱ ὑπηρέται ἐκραύγασαν ƒ¹ 565
6 Ὅτε οὖν εἶδον αὐτὸν οἱ ἀρχιερεῖς καὶ οἱ ὑπηρέται τῶν Ἰουδαίων ἐκραύγασαν ƒ¹³
6 Ὅτε οὖν ἴδων αὐτὸν οἱ ἀρχιερεῖς καὶ οἱ ὑπηρέται ἐκραύγασαν 579 1071
6 Ὅτε οὖν εἶδον αὐτὸν ὅ ὁ ὄχλος καὶ οἱ ἀρχιερεῖς καὶ οἱ ὑπηρέται ἐκραύγασαν 700

λέγοντες, Σταύρωσον σταύρωσον. λέγει αὐτοῖς ὁ Πειλᾶτος, Λάβετε B* W w
λέγοντες, Σταύρωσον σταύρωσον. λέγει αὐτοῖς ὁ Πιλᾶτος, Λάβετε Bᶜ L Ψ 1 1582* uτ
....ν. λέγει ὁ Πειλᾶτος, Λάβεται 𝔓⁶⁶*
....ν σταύρωσον. λέγει ὁ Πειλᾶτος, Λάβεται 𝔓⁶⁶ᶜ
Σταύρωσον σταύρωσον αὐτόν. καὶ λέγει αὐτοῖς ὁ Πιλᾶτος, Λάβετε ℵ
λέγοντες, Σταύρωσον σταύρωσον αὐτόν. λέγει αὐτοῖς ὁ Πειλᾶτος, Λάβετε A Dˢᵘᵖ Θ
λέγοντες, Σταύροσσον σταύρωσον αὐτόν. λέγει αὐτοῖς ὁ Πιλᾶτος, Λάβεται 579
λέγοντες, Ἄρον ἄρον σταύρωσον αὐτόν. λέγει αὐτοῖς ὁ Πιλᾶτος, Λάβεται 1071
λέγοντες, Σταύρωσον σταύρωσον αὐτόν. λέγει αὐτοῖς ὁ Πιλᾶτος, Λάβετε 𝔐 K M N U Γ Δ Λ Π
1582ᶜ 118 ƒ¹³ 2 33 28 157 565 700 1424

lac. 19.5-6 𝔓⁴⁵ 𝔓⁷⁵ C D F G P

A 5 φωρων E Γ | ακανθηνον 69 1071 | ηματιον 2* 6 ιδον ℵ A Dˢᵘᵖ Y K L M N U W Λ Π Ψ 13 124 33 565 788 1346 1424 | υοιπηρεται M | πηρετε K* | υπηρετε Kᶜ | εκραυασαν L M | λεγοντες 579 | λε··γει E* | λαβεται 𝔓⁶⁶ N W

B 5 ι̅ς̅ B ℵ A Dˢᵘᵖ 𝔐 K L M N S U W Γ Δ Θ Λ Π Ψ Ω ƒ¹ 118 ƒ¹³ 124 2 33 28 157 565 579 700 788 1071 1346 1424 | ανος 𝔓⁶⁰ A Dˢᵘᵖ 𝔐 K L M N S W Γ Δ Θ Λ Π Ψ Ω ƒ¹ 118 ƒ¹³ 69 124 2 2 565 579 700 788 1071 1346 1424 6 στ̅ρ̅ω̅σ̅ο̅ν̅¹·² 118 ƒ¹³ 69 157 788 1346 ¦ στρ̅ω̅σ̅ο̅ν̅¹ 124

C 6 αρχη: οι συμφωνας του σρου· τω καιρω εκεινω συμβουλιον εποιησαν οι αρχιερεις και οι πρεσβυτεροι του λαου κατα του ι̅υ̅ οπως αυτον απολεσωσιν· και παρεγενοντο προς Πιλατον λεγοντες. αρον αρον σταυρωσον αυτον: (ante λεγει αυτοις) E ¦ αρχη: εις τ υψω, τω στρου· τω κ, συμβουλιον εποιησαν· οι αρχερεις κ, οι πρεσβυτεροι· κατα του ι̅υ̅ οπως αυτον απολεσωσιν κ, παραγενονται προς πιλατον λεγοντες· αρον αρον στρω αυτον λεγει αυτοις ο πιλατος λαβε H ¦ αρχ του στρ Hᵐᵍ ¦ αρχ (ante σταυρωσον¹): μη σε.π ι̅δ̅ ηυψ,ω τω κ,ρ,ω συμβουλιον εποιησαν οι αρχιερς κ, οι πρε̅, κατα του ι̅υ̅ πως αυτον απολεσωσι κ, παρεγενοντ προς πιλ λεγοντ σταυρωσον σταυρ,ω Y ¦ μη σεπτεμβ ι̅δ̅ εις τ λειτουργι, τς υψωσ··· τω καιρ, συμ··· εποι, οι αρχι, κ, οι πρεβ, κ··· ι̅υ̅ οπως αυτ ··· και παρεγε···πιλατ λεγοντες αρον αρον σταυρωσον M ¦ εις τ υψωσ: τω καιρω συμβουλιον εποιησαν οι αρχιερεις κ, οι πρεσβυτ κατ του ι̅υ̅ οπως αυτ απολεσωσιν κ παρεγενοντο πρ πιλατ λεγοντες αρον αρον σταυρωσον αυτ Γ ¦ αρχ: τς υψωσε: τω κ,αι εκεινω συμβουλ εποιησ οι αρχερς και οι πρεσβυτε, κατ του ι̅υ̅ οπως αυτ απολεσωσσ κ, παρεγενοντ προ πηλ.τ λεγοντ Λ ¦ της υψωσεως τω καιρω συμβουλιον εποιησαν οι αρχερς κ, οι πρ,ε κατ του ι̅υ̅ οπως αυτον απολεσω ων κ, παρεγενοντ προ, πιλατον λεγοντες Ω ¦ (ante σταυρωσον¹) αρχ ξ··· ι̅α̅ σεπτρ εις τ λειτγ τς υψωσε τω καιρω εκει συμβουλιον εποιησ οι αρχιερ κ̅ οι πρεσβυ κ,τ̅ τ̅ ι̅υ̅ οπως αυτ απολεσωσ κ̅ παρεγενοντο πρō πιλατος λεγοντες αρον αρον στρωσον αυτ ƒ¹ ¦ (ante λεγει αυτοις) αρχ ξ λ,μι σεπτρ ι̅δ̅ ευα της λ, τω συμβουλιον εποιησαν οι αρχιερεις και οι πρεσβυτερων κ,τ του ι̅υ̅ οπως αυτον απολεσωσοι και παρεγενοντο προς πιλατον λεγοντες στρωσον στρωσον αυτον λ,γ 118 ¦ απωδ λ,εγ εις τ υψωσ 124 ¦ εις τ υψω, του τιμ··· στρου: τω κ, ρ,ω εκ,ω συμβουλιον εποιησαν̲ οι αρχερες κ, οι πρεσβυτεροι· κατα του ι̅υ̅ οπως αυτον απολεσωσιν κ, παραγενονται προς πιλατον λεγοντες· αρον αρον σταυρωσον αυτον 2 ¦ (ante λεγει) αρχ του ···· τω κ, συμβουλιον εποιησαν κ, αρχ κ, οι γραμματ κ, οι πρεσβυτεροι κατ του ι̅υ̅ οπως αυτον απολεσ κ, παραγενονται προς πιλατον λεγοντες αρον αρον σταυρωσον αυτον λεγ αυτ ο πιλατ 28 ¦ (ante οτε) αρχ εις την λειτουργ της υψωσεως 157 ¦ αρχ 788 1346 ¦ (ante σταυρωσον²) αρχ Γ

D 6 ρπη/α̅ ℵ A Y L M S U Λ Π Ω 118 124 28 788 1071 1424 ¦ ρπη/γ̅ E ¦ ρπη H K Γ Θ Ψ ƒ¹ ƒ¹³ 2 157 565 1346 ¦ Ευ Ιω ρ̅π̅η̅ : Λο τι̅α̅ : Μρ σ̅ε̅ : Μθ τ̅κ̅ς̅ E ¦ Ιω ρπη : Λο . : Μρ . : Μτ . 124 ¦ (ante λεγει αυτοις) ρπθ/ι̅ ℵ A E L M N S U Y Λ Π Ω 118 124 28 788 1071 1424 ¦ ρ̅π̅θ̅ H K Γ Θ Ψ ƒ¹ ƒ¹³ 2 157 565 1346 ¦ Ευ Ιω ρ̅π̅θ̅ : Λο . : Μρ . : Μθ . E ¦ Ιω ρ̅π̅θ̅ : Λο . : Μρ . : Μτ . 124 ¦ (ante λαβετε) ρ̅ϟ̅/α̅ L

αὐτὸν ὑμεῖς καὶ σταυρώσατε· ἐγὼ γὰρ οὐχ εὑρίσκω ἐν αὐτῷ αἰτίαν. **7** ἀπεκρίθησαν   B **uwτ** rell
υ̣........................ν σταυρώσατε· ἐγὼ γὰρ οὐχ εὑρ...κ............................ **7** ἀπεκρίθησαν   𝔓66
ὑμεῖς αὐτὸν καὶ σταυρώσατε· ἐγὼ γὰρ οὐχ εὑρίσκω ἐν αὐτῷ αἰτίαν. **7** ἀπεκρίθησαν   Dsup Ψ
ὑμεῖς αὐτὸν καὶ σταυρώσατε· ἐγὼ γὰρ οὐκ εὑρίσκω ἐν αὐτῷ αἰτίαν. **7** ἀπεκρίθησαν   L
ὑμεῖς αὐτὸν καὶ σταυρώσατε· ἐγὼ γὰρ οὐχὶ εὑρίσκω ἐν αὐτῷ αἰτίαν. **7** ἀπεκρίθησαν   W
αὐτὸν ὑμεῖς καὶ σταυρώσατε· ἐγὼ γὰρ οὐ.. **7** ....   Γ
αὐτὸν ὑμεῖς καὶ σταυρώσατε· ἐγὼ γὰρ οὐκ εὑρίσκω ἐν αὐτῷ αἰτίαν. **7** ἀπεκρίθησαν   Δ
αὐτὸν ὑμεῖς καὶ σταυρώσατε· ἐγὼ γὰρ οὐχ εὑρίσκω ἐν αὐτῷ αἰτίαν. **7** ἀπεκρίθησαν οὖν   700

[↓Δ Ψ **uw**
αὐτῷ   οἱ Ἰουδαῖοι,   Ἡμεῖς νόμον ἔχομεν καὶ κατὰ τὸν νόμον   ὀφείλει   B Dsup L N
ο̣· ·ουδαι···   .... ····μον ἔχομεν καὶ κατὰ τὸν νόμ····   ὀφίλει   𝔓66
οἱ Ἰουδαῖοι,   Ἡμεῖς νόμον ἔχομεν καὶ κατὰ τὸν νόμον   ὀφείλει   ℵ W 579
οἱ Ἰουδαῖοι,   Ἡμεῖς νόμον ἔχομεν καὶ κατὰ τὸν νόμον ἡμῶν   ὀφείλει   1 1582* 565
αὐτῷ   οἱ Ἰουδαῖοι καὶ εἶπαν,   Ἡμεῖς νόμον ἔχομεν καὶ κατὰ τὸν νόμον ἡμῶν ὀφείλει   f13
αὐτῷ   οἱ Ἰουδαῖοι καὶ εἶπον,   Ἡμεῖς νόμον ἔχομεν καὶ κατὰ τὸν νόμον ἡμῶν ὀφείλει   69 788
αὐτῷ καὶ   οἱ Ἰουδαῖοι καὶ εἶπον,   Ἡμεῖς νόμον ἔχομεν καὶ κατὰ τὸν νόμον ἡμῶν ὀφείλει   124
αὐτῷ   οἱ Ἰουδαῖοι,   Ἡμεῖς νόμον ἔχομεν καὶ κατὰ τὸν νόμον ἡμῶν ὀφείλει   A 𝔐 K M U
Θ Λ Π 1582c 118 2 33 28 157 700 1071 1424 τ

ἀποθανεῖν, ὅτι υἱὸν θεοῦ ἑαυτὸν   ἐποίησεν.   B 𝔓66 ℵ L Ψ f1 f13 33 565 579 1071 **uw**
ἀποθανεῖν, ὅτι ἑαυτὸν υἱὸν θεοῦ   ἐποίησεν.   A Dsup 𝔐 K N U Θ Π 118 157 1424
ἀποθανεῖν, ὅτι ἑαυτὸν θεοῦ υἱὸν   ἐποίησεν.   S Y Δ Λ 2 28 700
ἀποθανεῖν, ὅτι υἱὸν θεοῦ αὐτὸν   ἐποίησεν.   M
ἀποθανεῖν, ὅτι υἱὸν τοῦ θεοῦ ἑαυτὸν   ἐποίησεν.   W
ἀποθανεῖν, ὅτι ἑαυτὸν υἱὸν τοῦ θεοῦ   ἐποίησεν.   τ

Pilate Questions Jesus A Second Time
(Matthew 27.13-14; Mark 15.4-5; Luke 23.9)

8 Ὅτε οὖν ἤκουσεν ὁ Πειλᾶτος   τοῦτον τὸν λόγον, μᾶλλον   ἐφοβήθη,   B* 𝔓66 A Dsup W Θ w
8 Ὅτε οὖν ἤκουσεν ὁ Πιλᾶτος   τὸν λόγον τοῦτον, μᾶλλον   ἐφοβήθη,   ℵ
8 Ὅτε οὖν ἤκουσεν ὁ Πιλᾶτος   τούτων τῶν λόγων, μᾶλλον   ἐφοβήθη,   H
8 Ὡς οὖν ἤκουσεν τοῦτον τὸν λόγον   ὁ Πιλᾶτος,   μᾶλλον   ἐφοβήθη,   f13
8 Ὡς οὖν ἤκουσεν τοῦτον τὸν λόγον   ὁ Πιλᾶτος,   μᾶλλον δὲ ἐφοβήθη,   69
8 Ὅτε οὖν ἤκουσεν τοῦτον τὸν λόγον   ὁ Πιλᾶτος,   μᾶλλον   ἐφοβήθη,   124
8 Ὅτε οὖν ἤκουσεν ὁ Πηλᾶτος ἤκουσεν   τοῦτον τὸν λόγον, μᾶλλον   ἐφοβήθη,   579
8 Ὅτε οὖν ἤκουσεν ὁ Πιλᾶτος   τοῦτον τὸν λόγον, μᾶλλον   ἐφοβήθη,   Bc 𝔐 K L M N U Δ Λ
Π Ψ f1 2 33 28 157 565 700 1071 1424 **uτ**

[↓N Wc Θ* Λ Π Ψ f1 f13 28 157 565 1424 **uwτ**
9 καὶ εἰσῆλθεν εἰς τὸ πραιτώριον πάλιν   καὶ λέγει τῷ Ἰησοῦ, Πόθεν εἶ σύ;   B ℵc A 𝔐 K L M*
9 ······θεν εἰς τὸ π..αιτώρι···········   ···ὶ λέγει τῷ Ἰησοῦ, ···όθεν··· σ···;   𝔓66
9 καὶ εἰσῆλθεν εἰς τὸ πραιτώριον   καὶ λέγει τῷ Ἰησοῦ, Πόθεν εἶ σύ;   ℵ*
9 καὶ εἰσῆλθον εἰς τὸ πραιτώριον πάλιν   καὶ λέγει τῷ Ἰησοῦ, Πόθεν εἶ σύ;   Dsup
9 καὶ εἰσῆλθεν εἰς τὸ πραιτώριον ὁ Πιλᾶτος πάλιν   καὶ λέγει τῷ Ἰησοῦ, Πόθεν εἶ σύ;   Mc
9 καὶ εἰσῆλθεν εἰς τὸ πραιτώριον πάλιν καὶ   καὶ λέγει τῷ Ἰησοῦ, Πόθεν εἶ σύ;   W*
9 καὶ εἰσῆλθεν εἰς τὸ πραιτώριον πάλιν ὁ Πιλᾶτος   καὶ λέγει τῷ Ἰησοῦ, Πόθεν εἶ σύ;   Θc

---

lac. **19.6-9** 𝔓45 𝔓75 C D F G P Γ

A 6 υμις N | σταυρωσαται Dsup N W | αιτειαν 579 **7** απεκριθησα L* | ημις Dsup* N | νομων 1.2 579 | εχωμεν Ω 2 28 | το (τον) 700 | οφιλει 𝔓66 ℵ A Dsup N S W Θ 579 1071 ⁝ οφειλη E* K 1346 | αποθανιν ℵ N **8** εκουσεν Dsup | ηκουσε 69| λογων Dsup **9** τω (το) Dsup | πρετωριον W 69 | πραιτοριον E K* Θ 579 700 1346 | παλν M | πθεν L*

B 6 σ̅ρ̅ωσατε L f13 69 124 2 157 579 788 1346 **7** υ̅ν̅ 𝔓66 ℵ A 𝔐 K L M N S U Δ Λ Π Ψ Ω f1 2 33 28 565 1071 1424 | θ̅υ̅ B 𝔓66 ℵ A Dsup 𝔐 K L M N S U W Δ Θ Λ Π Ψ Ω f1 118 f13 69 2 33 28 157 565 579 700 1071 1346 1424 **9** ι̅υ̅ B 𝔓66 ℵ A Dsup 𝔐 K L M N S U W Δ Θ Λ Π Ψ Ω f1 118 f13 124 2 33 28 157 565 579 700 788 1071 1346 1424

C 6 (post σταυρωσατε) υπ Ω | υπ του σ̅τ̅ρ̅ (post αιτιαν) H | υπ ς (post αιτιαν) Θ **9** αρξ: αρξ του σ̅τ̅ρ̅ου παλιν ο πιλατος; λεγει τω ι̅υ̅ (ante λεγει) H | αρχ: παλιν ο πιλατος Θ ⁝ (ante ποθεν) αρξ τς υψωσεως παλ ουν ο πιλατ λεγει τω ι̅υ̅ Ω

D 6 (ante εγω γαρ) ρ̅ο̅/θ̅ ℵ E M S U Y Ω 118 124 28 788 1424 ⁝ ρ̅ο̅/ι̅ A 1071 | ρ̅ο̅ H K Θ Λ Π f1 f13 157 565 1346 | ρ̅ο̅/α̅ N | Ευ Ιω ρ̅ο̅ : Λο τ̅γ̅ : Μρ . : Μθ . E | Ιω ρ̅ο̅ : Λο . : Μρ . : Μτ . 124 **7** ρ̅ο̅α̅/ι̅ ℵ A E L M N S U Y A Ω 118 124 28 788 1071 1424 | ρ̅ο̅α̅ H K Θ Π f1 f13 157 565 1346 | ρ̅ο̅ Ψ | Ευ Ιω ρ̅ο̅α̅ : Λο . Μρ . : Μθ . E | Ιω ρ̅ο̅α̅ : Λο . : Μρ . : Μτ . 124 **7** (ante οτι υιον) ρ̅ο̅β̅/α̅ M ⁝ ρ̅ο̅α̅ Ψ **8** ρ̅ο̅β̅/ℵ N | ρ̅ο̅β̅/δ A Y L U Π 124 788 1071 1424 | ρ̅ο̅β̅ H K Θ Ψ f1 f13 157 565 1346 | Ιω ρ̅ο̅β̅ : Λο . : Μρ . : Μτ . 124 **9** (ante ο δε ι̅ς̅) ρ̅ο̅γ̅/ι̅ A 124 ⁝ ρ̅ο̅β̅/γ̅ E | ρ̅ο̅γ̅ K Π f13 ⁝ ρ̅ο̅β̅/δ S Λ Ω 28 ⁝ ρ̅ο̅β̅ 118 | Ευ Ιω ρ̅ο̅β̅ : Λο . : Μρ σ̅α̅ : Μθ τ̅κ̅δ̅c E

ὁ δὲ   Ἰησοῦς ἀπόκρισιν οὐκ ἔδωκεν αὐτῷ. **10** λέγει οὖν αὐτῷ ὁ Πειλᾶτος,   B* D^sup W Θ w
·········   ·············· ····όκρισιν οὐκ ἔδ······· ···τ···· **10** ······· οὖν αὐτῷ ὁ Πειλ·······   𝔓^66
ὁ δὲ   Ἰησοῦς ἀπόκρισιν οὐκ ἔδωκεν αὐτῷ. **10** λέγει   αὐτῷ ὁ Πιλᾶτος,   ℵ* f^13 28
ὁ δὲ   Ἰησοῦς ἀπόκρισιν οὐκ ἔδωκεν αὐτῷ. **10** λέγει   αὐτῷ ὁ Πειλᾶτος,   A
<u>καὶ ὁ</u>   Ἰησοῦς ἀπόκρισιν οὐκ ἔδωκεν αὐτῷ. **10** λέγει οὖν αὐτῷ ὁ <u>Πιλᾶτος</u>,   M
ὁ δὲ   ἀπόκρισιν οὐκ ἔδωκεν αὐτῷ. **10** λέγει οὖν αὐτῷ ὁ <u>Πιλᾶτος</u>,   Ψ
ὁ δὲ   Ἰησοῦς ἀπόκρισιν οὐκ ἔδωκεν <u>αὐτόν</u>. **10** λέγει οὖν αὐτῷ ὁ <u>Πιλᾶτος</u>,   1424
ὁ δὲ   Ἰησοῦς ἀπόκρισιν οὐκ ἔδωκεν αὐτῷ. **10** λέγει οὖν αὐτῷ ὁ <u>Πιλᾶτος</u>,   B^c ℵ^c 𝔐 K L N U Δ Λ Π f^1 2
                                                                                           33 157 565 579 700 1071 u𝛕

Ἐμοὶ οὐ λαλεῖς; οὐκ οἶδας ὅτι   ἐξουσίαν ἔχω ἀπολῦσαί σε καὶ   ἐξουσίαν ἔχω   B ℵ A N uw
·········· ····· ·········· ····κ οἶδας ὅτι   ε·············· ···· ···········ἰ σε καὶ   ε·············· ·······   𝔓^66
Ἐμοὶ οὐ λαλεῖς; οὐκ οἶδας ὅτι   ἐξουσίαν ἔχω <u>ἀπολῦ σταυρῶσαί σε καὶ</u>   ἐξουσίαν ἔχω   E*
Ἐμοὶ οὐ λαλεῖς; οὐκ οἶδας ὅτι <u>καὶ</u> ἐξουσίαν ἔχω <u>σταυρῶσαί σε καὶ</u>   ἐξουσίαν ἔχω   Θ
Ἐμοὶ οὐ λαλεῖς; οὐκ οἶδας ὅτι   ἐξουσίαν ἔχω <u>σταυρῶσαί σε καὶ</u>   ἔχω   Ψ*
                οὐκ οἶδας ὅτι   ἐξουσίαν ἔχω <u>σταυρῶσαί σε καὶ</u>   ἐξουσίαν ἔχω   69
Ἐμοὶ οὐ λαλεῖς; οὐκ οἶδας ὅτι   ἐξουσίαν ἔχω <u>σταυρῶσαί σε καὶ</u>   ἐξουσίαν ἔχω   D^sup 𝔐 K L
                                                                     M U W Δ Λ Π Ψ^c f^1 f^13 2 33 28 157 565 579 700 1071 1424 𝛕

σταυρῶσαί σε; **11**   ἀπεκρίθη αὐτῷ   Ἰησοῦς,   Οὐκ εἶχες ἐξουσίαν   B [u]w
·············αἱ σ··; **11** <u>καὶ</u> ἀπεκ······· ········· ··········   ·········· ·········· ····ουσίαν   𝔓^66*
·············αἱ σ··; **11**   ἀπεκ······   ·········· ··········   𝔓^66c
σταυρῶσαί σε; **11**   ἀπεκρίθη αὐτῷ <u>ὁ</u> Ἰησοῦς,   Οὐκ <u>ἔχεις</u> ἐξουσίαν   ℵ
σταυρῶσαί σε; **11**   ἀπεκρίθη   <u>ὁ</u> Ἰησοῦς,   Οὐκ <u>ἔχεις</u> ἐξουσίαν   A N
<u>ἀπολῦσαί σε;</u> **11**   ἀπεκρίθη αὐτῷ   Ἰησοῦς,   Οὐκ <u>ἔχεις</u> ἐξουσίαν   D^sup Ψ
<u>ἀπολῦσαί σε;</u> **11**   ἀπεκρίθη   Ἰησοῦς,   Οὐκ <u>ἔχεις</u> ἐξουσίαν   H Ω
<u>ἀπολῦσαί σε;</u> **11**   ἀπεκρίθη   <u>ὁ</u> Ἰησοῦς,   Οὐκ εἶχες ἐξουσίαν   K M Δ 𝛕
<u>ἀπολῦσαί σε;</u> **11**   ἀπεκρίθη αὐτῷ <u>ὁ</u> Ἰησοῦς,   Οὐκ <u>ἔχεις</u> ἐξουσίαν   L 33 579 1071
<u>ἀπολῦσαί σε;</u> **11** <u>καὶ</u> ἀπεκρίθη   <u>ὁ</u> Ἰησοῦς,   Οὐκ εἶχες ἐξουσίαν   W f^1 565
<u>ἀπολῦσαί σε;</u> **11**   ἀπεκρίθη   <u>ὁ</u> Ἰησοῦς,   Οὐκ εἶχες ἐξουσίαν   Θ
<u>ἀπολῦσαί σε;</u> **11**   ἀπεκρίθη   Ἰησοῦς,   Οὐκ <u>ἔχεις</u> κατ' ἐμοῦ   Π
<u>ἀπολῦσαί σε;</u> **11**   ἀπεκρίθη   <u>ὁ</u> Ἰησοῦς <u>καὶ εἶπεν αὐτῷ</u>, Οὐκ εἶχες ἐξουσίαν   f^13
<u>ἀπολῦσαί σε;</u> **11**   ἀπεκρίθη   <u>ὁ</u> Ἰησοῦς <u>καὶ εἶπεν αὐτῷ</u>, Οὐκ <u>οἶχες</u> ἐξουσίαν   1346
σταυρῶσαί σε; **11**   ἀπεκρίθη   Ἰησοῦς,   Οὐκ εἶχες ἐξουσίαν   [u]
<u>ἀπολῦσαί σε;</u> **11**   ἀπεκρίθη   Ἰησοῦς,   Οὐκ εἶχες ἐξουσίαν   E Y S U 118 2 28
                                                                                        157 700 1424

κατ' ἐμοῦ οὐδεμίαν εἰ μὴ ἦν δεδομένον σοι ἄνωθεν· διὰ τοῦτο ὁ παραδούς   μέ σοι   B ℵ uw
κατ' ε······· ·············· ···· ··· ἦν δεδομ······ ···· ······· ····ὑτο ····   𝔓^66
κατ' ἐμοῦ οὐδεμίαν εἰ μὴ ἦν δεδομένον σοι ἄνωθεν· διὰ τοῦτο ὁ <u>παραδιδούς</u>   μέ σοι   D^sup L W
<u>οὐδεμίαν κατ' ἐμοῦ</u> εἰ μὴ ἦν <u>σοι δεδομένον</u> ἄνωθεν· διὰ τοῦτο ὁ παραδούς   μέ σοι   E 1424
κατ' ἐμοῦ οὐδεμίαν εἰ μὴ ἦν <u>σοι δεδομένον</u> ἄνωθεν· διὰ τοῦτο ὁ <u>παραδιδούς</u>   μέ σοι   K Ψ f^1 124 33 157
<u>οὐδεμίαν κατ' ἐμοῦ</u> εἰ μὴ ἦν <u>σοι ἄνωθεν δεδομένη</u>· διὰ τοῦτο ὁ παραδούς   μέ σοι   Θ [↑565 579 1071
κατ' ἐμοῦ   εἰ μὴ ἦν <u>σοι δεδομένον</u> ἄνωθεν· διὰ τοῦτο ὁ <u>παραδός</u>   μέ σοι   Λ*
<u>οὐδεμίαν κατ' ἐμοῦ</u> εἰ μὴ ἦν <u>σοι δεδομένον</u> ἄνωθεν· διὰ τοῦτο ὁ <u>παραδός</u>   μέ σοι   Λ^c
<u>ἐξουσίαν</u> οὐδεμίαν εἰ μὴ ἦν <u>σοι δεδομένον</u> ἄνωθεν· διὰ τοῦτο ὁ <u>παραδιδούς</u>   μέ σοι   Π
·············· ·········· ···· ·· ····· ·············· ······· ······ ······ ·······   28*   [↓28^sup 700 𝛕
<u>οὐδεμίαν κατ' ἐμοῦ</u> εἰ μὴ ἦν <u>σοι δεδομένον</u> ἄνωθεν· διὰ τοῦτο ὁ <u>παραδιδούς</u>   μέ σοι   A 𝔐 M N U Δ 118 f^13

*28 (supplement 19.11—21.18)

---

lac. **19.9-11** 𝔓^45 𝔓^75 C D F G P Γ ¦ vs. 11 28

A 10 λαλις ℵ N ¦ λαλης 1071 ¦ απολυσε N Θ 2* 579 ¦ σταυρωσε A N Θ 2 579 ¦ σαι (σε^{1.2}) Θ 2* 579 **11** εχις ℵ ¦ μ (μη) L ¦ μι 579 ¦ ειν (ην) 579 ¦ δεδωμενον K 579 ¦ ανοθεν M ¦ τουτω 579 ¦ μαι 1424 ¦ συ (σοι) 2

B 9 ι̅ς̅ B ℵ A D^sup 𝔐 K L M N S U W Δ Θ Λ Π Ω f^1 118 f^13 124 2 33 28 157 565 579 700 788 1071 1346 1424 ¦ lac. 𝔓^66 **10** στρωσαι H K f^13 69 124 157 788 1346 ¦ σ̅τ̅ρ̅ω̅σ̅ε̅ 579 **11** ι̅ς̅ B ℵ A D^sup 𝔐 K L M N S U W Θ Λ Π Ψ Ω f^1 f^13 124 2 33 28 157 565 579 700 788 1071 1346 1424

C 11 υπ του σ̅τ̅ρ̅ο̅υ̅ (post εχει) H 28^sup ¦ υπ (post δεδομενη) Θ ¦ (ante ανωθεν) υπ Ω ¦ υπ εις τ τς υψω f^1 ¦ υπερ της υψωσε 118

D 10 ρ̅ο̅γ̅/ι̅ ℵ N 118 28 788 1424 (ante εμοι ου Λ) ¦ ρ̅ο̅γ̅/ι̅ E S Y L U 1071 ¦ ρ̅ο̅γ̅ H Θ Ψ f^1 157 1346 ¦ ρ̅ο̅γ̅/α̅ M ¦ Ευ Ιω ρ̅ο̅γ̅ : Λο τιγ : Μρ σε : Μθ τ̅κ̅ς̅^c E

μείζονα ἁμαρτίαν ἔχει. **12** Ἐκ τούτου	ὁ Πειλᾶτος ἐζήτει ἀπολῦσαι αὐτόν·	οἱ δὲ	B w
·········· γα ἁμ ··········· ····· **12**	·· ··········· ᾶτ·ς ἐζήτει αὐτόν ··················· ·	οἱ δ·	𝔓66
μείζονα ἁμαρτίαν ἔχει. **12** Ἐκ τούτου	ὁ Πιλᾶτος ἐζήτει ἀπολῦσαι αὐτόν·	οἱ δὲ	ℵ Ψ 1071 u
μείζονα ἁμαρτίαν ἔχει. **12** Ἐκ τούτου	ἐζήτει ὁ Πειλᾶτος ἀπολῦσαι αὐτόν·	οἱ δὲ	A Dsup
μείζονα ἁμαρτίαν ἔχει. **12** Ἐκ τούτου	ἐζήτει ἀπολῦσαι αὐτὸν ὁ Πιλᾶτος·	οἱ δὲ	Κ Π
μείζον ἁμαρτίαν ἔχει. **12** Ἐκ τούτου	ὁ Πιλᾶτος ἐζήτει ἀπολῦσαι αὐτόν·	οἱ δὲ	L
μείζονα ἁμαρτίαν ἔχει. **12** Ἐκ τούτου	ὁ Πιλᾶτος ἐζήτει αὐτὸν ἀπολῦσαι·	οἱ δὲ	M 33
μείζονα ἁμαρτίαν ἔχει. **12** Ἐκ τούτου	ὁ Πειλᾶτος ἐζήτει αὐτὸν ἀπολῦσαι·	οἱ δὲ	W
μείζον ἁμαρτίαν ἔχει. **12** Ἐκ τούτου	ἐζήτει ἀπολῦσαι αὐτὸν ὁ Πειλᾶτος·	οἱ δὲ	Θ
μείζονα ἁμαρτίαν ἔχει. **12** Ἐκ τούτου οὖν	ἐζήτει ὁ Πιλᾶτος ἀπολῦσαι αὐτόν·	οἱ δὲ	f¹
μείζονα ἁμαρτίαν ἔχει. **12** Ἐκ τούτου οὖν	ὁ Πιλᾶτος ἐζήτει ἀπολῦσαι τὸν Ἰησοῦν·	οἱ δὲ	f¹³
μείζον ἁμαρτίαν ἔχει. **12** Ἐκ τούτου οὖν	ὁ Πιλᾶτος ἀπολῦσαι ἐζήτει τὸν Ἰησοῦν·	οἱ δὲ	69
μείζον ἁμαρτίαν ἔχει. **12** Ἐκ τούτου οὖν	ἐζήτει ὁ Πιλᾶτος ἀπολῦσαι αὐτόν·	οἱ δὲ	565
μείζων ἁμαρτίαν ἔχει. **12** Ἐκ τούτου οὖν	ὁ Πηλᾶτος ἐζήτει ἀπολῦσαι αὐτόν·	οἱ δὲ οἱ	579
μείζω ἁμαρτίαν ἔχει. **12** Ἐκ τούτου	ἐζήτει ὁ Πιλᾶτος ἀπολῦσαι αὐτόν·	οἱ δὲ	700
μείζον ἁμαρτίαν ἔχει. **12** Ἐκ τούτου οὖν	ὁ Πιλᾶτος ἐζήτει ἀπολῦσαι τὸν Ἰησοῦν·	οἱ δὲ οἱ	1346
μείζονα ἁμαρτίαν ἔχει. **12** Ἐκ τούτου	ἐζήτει ὁ Πιλᾶτος ἀπολῦσαι αὐτόν·	οἱ δὲ	𝔐 Ν U Δ Λ
			118 28sup 2 157 1424 τ

Ἰουδαῖοι	ἐκραύγασαν λέγοντες, Ἄν	τοῦτον ἀπολύσης, οὐκ εἶ φίλος τοῦ	B
···γδαῖοι	ἐκραύ····· σα·· λέγοντες, Ἄν	τοῦτον ··πολύ·· ης, οὐκ εἶ φίλος τοῦ	𝔓66*
···γδαῖοι	ἐκραύ····· σα·· λέγοντες, Ἐὰν	τοῦτον ··πολύ·· ης, οὐκ εἶ φίλος τοῦ	𝔓66c
Ἰουδαῖοι	ἔλεγον, Ἐὰν	τοῦτον ἀπολύσης, οὐκ εἶ φίλος τοῦ	ℵ*
Ἰουδαῖοι	ἐκραύγαζον λέγοντες, Ἐὰν	τοῦτον ἀπολύσης, οὐκ εἶ φίλος τοῦ	A N
Ἰουδαῖοι	ἐκραύγασαν λέγοντες, Ἐὰν	τοῦτον ἀπολύσης, οὐκ εἶ φίλος τοῦ	Dsup Ψ 33 157 700 1071 uw
Οἰουδαῖοι	ἐκραύγαζον λέγοντες, Ἐὰν	τοῦτον ἀπολύσης, οὐκ εἶ φίλος τοῦ	E*
Ἰουδαῖοι	ἐκραύγαζον λέγοντες, Ἐὰν	τοῦτον ἀπολύσης, οὐκ εἶ φίλος τοῦ	L M W Θ Π f¹ 69 124 565 788
Οἰουδαῖοι	ἔκραζον λέγοντες, Ἐὰν	τοῦτον ἀπολύσης, οὐκ εἶ φίλος του	28sup [↑1346
Ἰουδαῖοι	ἐκραύγαζον, Ἐὰν	τοῦτον ἀπολύσης, οὐκ εἶ φίλος τοῦ	579 [↓τ
Ἰουδαῖοι	ἔκραζον λέγοντες, Ἐὰν	τοῦτον ἀπολύσης, οὐκ εἶ φίλος τοῦ	ℵc 𝔐 Κ U Δ Λ 118 f¹³ 2 1424

Καίσαρος· πᾶς	ὁ βασιλέα	ἑαυτὸν ποιῶν ἀντιλέγει τῷ Καίσαρι.	B uw rell
Καί·αρο·· πᾶς	ὁ βασιλέα	ἑαυτὸν ποιῶν ἀντιλέ··ει τῷ Κα····αρι.	𝔓66
Κέσαρος· πᾶς	ὁ βασιλέα	ἑαυτὸν ποιῶν ἀντιλέγει τῷ Καίσαρι.	A
Καίσαρος· πᾶς γὰρ	ὁ βασιλέα	ἑαυτὸν ποιῶν ἀντιλέγει τῷ Καίσαρι.	Dsup
Καίσαρος· πᾶς	ὁ βασιλέα	ἑαυτὸν ποιῶν ἀντιλέγει τῷ Καισάρει.	L Δ Θ 1071
Καίσαρος· πᾶς	ὁ βασιλέα	ποιῶν ἑαυτὸν ἀντιλέγει τῷ Καισάρει.	M
Κέσαρος· πᾶς	ὁ βασιλέα	ἑαυτὸν ποιῶν ἀντιλέγει τῷ Καισάρι.	N
Καίσαρος· πᾶς	ὁ βασιλέα	ποιῶν ἑαυτὸν ἀντιλέγει τῷ Καίσαρι.	W
Καίσαρος· πᾶς	ὁ βασιλέα τινα	ποιῶν ἑαυτὸν ἀντιλέγει τῷ Καισάρει.	579
Καίσαρος· πᾶς οὖν	ὁ βασιλέα	ἑαυτὸν ποιῶν ἀντιλέγει τῷ Καίσαρι.	700
Καίσαρος· πᾶς	ὁ βασιλέα	αὐτὸν ποιῶν ἀντιλέγει τῷ Καίσαρι.	τ

---

lac. **19.11-12** 𝔓45 𝔓75 C D F G P Γ 28

A 11 μιζον L ¦ μιζονα Dsup N W ¦ μειζωνα U ¦ μειζων Θ ¦ μιζων 579 **12** τουτο 1071 ¦ εζηται Dsup ¦ εζητι N W ¦ εζητη Θ ¦ εκρυγαζον A ¦ εκραυαζον L M ¦ εκραξων 28sup ¦ τουτων 579 ¦ απολυσεις 579 1424¦ εαυτων 13

B 12 ι̅ν̅ f¹³ 124 788 1346

C 12 υπ του στρου H

Pilate Condemns Jesus And Delivers Him To Be Crucified
(Matthew 27.23-26; Mark 15.14-15; Luke 23.16, 23-25)

13 Ὁ οὖν Πειλᾶτος ἀκούσας τῶν λόγων τούτων	ἤγαγεν ἔξω τὸν Ἰησοῦν	Β Α w
13 οὖν Πειλᾶτος ἀκούσας ⋯⋯ ⋯⋯⋯ ⋯⋯⋯⋯ν	ἤγαγεν ἔξ⋯	𝔭⁶⁶*
13 Ὁ οὖν Πειλᾶτος ἀκούσας ⋯⋯ ⋯⋯⋯ ⋯⋯⋯⋯ν	ἤγαγεν ἔξ⋯	𝔭⁶⁶ᶜ
13 Ὁ οὖν <u>Πιλᾶτος</u> ἀκούσας τῶν λόγων τούτων	ἤγαγεν ἔξω τὸν Ἰησοῦν	א L M Ψ 33 u
13 Ὁ οὖν Πειλᾶτος ἀκούσας <u>τούτων τῶν λόγων</u>	ἤγαγεν ἔξω τὸν Ἰησοῦν	Dˢᵘᵖ
13 Ὁ οὖν <u>Πιλᾶτος</u> ἀκούσας <u>τούτων τῶν λόγων</u>	ἤγαγεν ἔξω τὸν Ἰησοῦν	𝔐 Δ f¹ f¹³ 28ˢᵘᵖ
13 Ὁ οὖν Πειλᾶτος ἀκούσας τῶν λόγων τούτων	ἤγαγεν <u>τὸν Ἰησοῦν ἔξω</u>	W [↑157
13 Ὁ οὖν <u>Πιλᾶτος</u> ἀκούσας <u>τὸν λόγον</u> τούτου	ἤγαγεν ἔξω τὸν Ἰησοῦν	Λ Π
13 Ὁ οὖν <u>Πιλᾶτος</u> ἀκούσας <u>τούτων τῶν λόγων</u>	ἤγαγεν ἔξω τὸν Ἰησοῦν	2*
13 <u>Τότε</u> οὖν <u>ὁ Πιλᾶτος</u> ἀκούσας <u>τὸν λόγον</u> τούτων	ἤγαγεν ἔξω τὸν Ἰησοῦν	579
13 Ὁ οὖν <u>Πιλᾶτος</u> ἀκούσας <u>τούτον</u> <u>τὸν λόγον μᾶλλον ἐφοβήθη</u> ἤγαγεν ἔξω τὸν Ἰησοῦν		1424
13 Ὁ οὖν <u>Πιλᾶτος</u> ἀκούσας <u>τούτον</u> <u>τὸν λόγον</u>	ἤγαγεν ἔξω τὸν Ἰησοῦν	Κ Ν U Ω 118 69 2ᶜ 565 700 788 1071 τ

καὶ ἐκάθισεν ἐπὶ	βήματος εἰς τόπον λεγόμενον	Λιθόστρωτον,	Ἑβραϊστὶ δὲ	Β אᶜ Α L Ν U Π Ψ 33
⋯⋯ ⋯θισεν ἐπὶ	βήμ⋯⋯	⋯⋯τον,	Ἑβραϊστὶ δὲ	𝔭⁶⁶* [↑1071 uw
⋯⋯ ⋯θισεν ἐπὶ	βήμ⋯⋯ εἰς τό ⋯⋯⋯	⋯⋯⋯⋯τον,	Ἑβραϊστὶ δὲ	𝔭⁶⁶ᶜ
καὶ ἐκάθισεν ἐπὶ	βήματος εἰς τόπον λεγόμενον	Λιθόστρωτον,	Ἑβραϊστὶ	א* Dˢᵘᵖ
καὶ ἐκάθισεν ἐπὶ <u>τοῦ</u>	βήματος εἰς τόπον λεγόμενον	<u>Λειθόστροτον</u>,	Ἑβραϊστὶ δὲ	Θ*
καὶ ἐκάθισεν ἐπὶ <u>τοῦ</u>	βήματος εἰς τόπον λεγόμενον	<u>Λειθόστρωτον</u>,	Ἑβραϊστὶ δὲ	Θᶜ
καὶ ἐκάθισεν ἐπὶ	βήματος εἰς τόπον <u>ὃς λέγεται</u>	Λιθόστρωτον,	Ἑβραϊστὶ	f¹
καὶ ἐκάθισεν ἐπὶ <u>τοῦ</u>	βήματος εἰς τόπον λεγόμενον	Λιθόστρωτον,	<u>Ἑβραϊστὴ</u> δὲ	f¹³ 28ˢᵘᵖ 1424
καὶ ἐκάθισεν ἐπὶ	βήματος εἰς τόπον λεγόμενον	Λιθόστρωτον,	Ἑβραϊστὶ <u>λεγόμενον</u>	157
καὶ ἐκάθισεν ἐπὶ <u>τοῦ</u>	βήματος εἰς τόπον <u>ὃς λέγεται</u>	Λιθόστρωτον,	Ἑβραϊστὶ	565
καὶ ἐκάθισεν ἐπὶ	βήματος εἰς τόπον <u>ἐπιλεγόμενον</u> <u>Λιθοστρότων</u>,		Ἑβραϊστὴ δὲ	579
καὶ ἐκάθισεν ἐπὶ <u>τοῦ</u>	βήματος εἰς τόπον λεγόμενον	Λιθόστρωτον,	Ἑβραϊστὶ δὲ	1346
καὶ ἐκάθισεν ἐπὶ <u>τοῦ</u>	βήματος εἰς τόπον λεγόμενον	Λιθόστρωτον,	Ἑβραϊστὶ δὲ	𝔐 Κ Μ W Δ Θ Λ 118 69 2 700 τ

Γαββαθα. 14	ἦν δὲ παρασκευὴ τοῦ πάσχα, ὥρα	ἦν ὡς	ἕκτη.	καὶ λέγει	τοῖς	Β Α 33 uw
⋯⋯θα. 14	ἦν δὲ πα⋯⋯⋯ ⋯⋯ ὥρα		ἕκτη.	⋯⋯⋯		𝔭⁶⁶*
⋯⋯⋯θα. 14	ἦν δὲ πα⋯⋯⋯⋯ ὥρα	ἦν ὡς	ἕκτη.	⋯⋯		𝔭⁶⁶ᶜ
<u>Γολγοθᾶ</u>. 14	ἦν δὲ παρασκευὴ τοῦ πάσχα, ὥρα	ἦν ὡς	ἕκτη.	καὶ λέγει	τοῖς	א*
Γαββαθα. 14	ἦν δὲ παρασκευὴ τοῦ πάσχα, ὥρα	ἦν ὡς	<u>τρίτη</u>.	καὶ λέγει	τοῖς	אᶜ L Ψ
Γαββαθα. 14	ἦν δὲ παρασκευὴ τοῦ πάσχα, ὥρα	ἦν <u>ὁσεὶ</u>	<u>τρίτη</u>.	καὶ λέγει	τοῖς	Dˢᵘᵖ
Γαββαθα. 14	ἦν δὲ παρασκευὴ τοῦ πάσχα, ὥρα <u>δὲ</u>	ὡς	ἕκτη.	καὶ λέγει	τοῖς	Ε S Λ
<u>Γαβαθα</u>. 14	ἦν δὲ παρασκευὴ τοῦ πάσχα, ὥρα <u>δὲ</u>	<u>ὡσεὶ</u>	ἕκτη.	καὶ λέγει	τοῖς	Η 2
Γαββαθα. 14	ἦν δὲ παρασκευὴ τοῦ πάσχα, ὥρα	ἦν <u>ὡσεὶ</u>	ἕκτη.	καὶ λέγει	τοῖς	Υ Μ Ν U f¹³ 1071
Γαββαθα. 14	ἦν δὲ παρασκευὴ τοῦ πάσχα, ὥρα <u>δὲ</u>	ἦν ὡς	ἕκτη.	καὶ λέγει	τοῖς	Κ
Γαββαθα. 14	ἦν δὲ παρασκευὴ τοῦ πάσχα, ὥρα	ἦν ὡς	ἕκτη.	καὶ <u>ἔλεγεν</u>	τοῖς	W
Γαββαθα. 14	ἦν δὲ παρασκευὴ τοῦ πάσχα, ὥρα	ἦν <u>ὡσεὶ</u>	<u>τρίτη</u>.	καὶ λέγει	τοῖς	Δ
<u>Χαφβαθα</u>. 14	ἦν δὲ παρασκευὴ τοῦ πάσχα, ὥρα <u>δὲ</u>	ὡς	ἕκτη.	καὶ λέγει	τοῖς	Θ
<u>Γαβαθα</u>. 14	ἦν δὲ παρασκευὴ τοῦ πάσχα, ὥρα	ἦν ὡς	ἕκτη.	καὶ λέγει	τοῖς	Π
<u>Γαβαθα</u>. 14	ἦν δὲ παρασκευὴ τοῦ πάσχα, ὥρα <u>δὲ</u>	ὡς	ἕκτη.	καὶ λέγει	τοῖς	Ω 1424
<u>Καπφαθα</u>. 14	ἦν δὲ παρασκευὴ τοῦ πάσχα, ὥρα	ἦν <u>ὡσεὶ</u>	ἕκτη.	καὶ λέγει	τοῖς	f¹ 565
Γαββαθα. 14	ἦν δὲ παρασκευὴ τοῦ πάσχα, ὥρα <u>δὲ</u>	<u>ὡσεὶ</u>	ἕκτη.	καὶ λέγει	τοῖς	118 28ˢᵘᵖ 700 τ
Γαββαθα. 14	ἦν δὲ παρασκευὴ τοῦ πάσχα, ὥρα	<u>ὡσεὶ</u>	ἕκτη.	καὶ λέγει	τοῖς	157
<u>Γολγοθᾶ</u>. 14	ἦν δὲ παρασκευὴ τοῦ πάσχα, ὥρα	ἦν ὡς	ἕκτη.	καὶ <u>ἔλεγεν</u>	τοῖς	579

lac. 19.13-14 𝔭⁴⁵ 𝔭⁷⁵ C D F G P Γ 28

A 13 τον (των) L | λογον 13 1346 | τουτον Υ* Θ | εγαγεν Dˢᵘᵖ | εκαθεισεν Α Dˢᵘᵖ W | εκαθησεν Ε Κ L Μ Ω 2 28 579 1071 1346 | βηματοος 1582 | λεγωμενον Λ 14 ωσι 2| ω (ως) 1424*

B 13 ιν Β א Α Dˢᵘᵖ 𝔐 Κ L Μ Ν S U W Δ Θ Λ Π Ψ Ω f¹ 118 f¹³ 124 2 33 28ˢᵘᵖ 157 565 579 700 788 1071 1346 1424

C 13 αρχ: Θ | αρξ υπ ο ουν Πιλατος Ω | αρξ τς υψωσεν f¹ | αρξ τς υψωσεν του στρου 118 | αρξου του στρου 28ˢᵘᵖ

D 14 ρ̅ο̅δ̅/α̅ 788 | (ante και λεγει) ρ̅ο̅δ̅/α̅ א Α Ε S Υ Π 124 1071 1424 | ρ̅ο̅δ̅ Η Κ f¹ 157 1346 | ρ̅ο̅δ̅/δ̅ 118 | Ευ Ιω ρ̅ο̅δ̅ : Λο τι̅γ̅ : Μρ σε̅ : Μθ τκ̅ς̅ Ε

Ἰουδαίοις, Ἴδε ὁ βασιλεὺς ὑμῶν. **15** ἐκραύγασαν οὖν ἐκεῖνοι, ᵀΑρον ἆρον, B ℵᶜ L Ψ 1071 **uw**
·····υδα············· ὑμῶ.. **15** [οι δε εκραυγαζον] <u>λέγοντες</u>, ·········· ·········· 𝔭⁶⁰ (cj.)
·········οις, Ἴδε ὁ βασ·········· ·········· **15** [οι δε] <u>ἔλεγον</u>, ᵀΑρον, 𝔭⁶⁶* (cj.)
·········οις, Ἴδε ὁ βασ·········· ·········· **15** [οι δε] ···ραύγασαν, ᵀΑρον ἆρον, 𝔭⁶⁶ᶜ (cj.)
Ἰουδαίοις, Ἴδε ὁ βασιλεὺς ὑμῶν. **15** <u>οἱ δὲ</u> ἔλεγον, ᵀΑρον ἆρον, ℵ* W
Ἰουδαίοις, Ἴδε ὁ βασιλεὺς ὑμῶν. **15** <u>οἱ δὲ</u> ἐκραύγασον, ᵀΑρον ἆρον, A
Ἰουδαίοις, Ἴδε ὁ βασιλεὺς ὑμῶν. **15** <u>οἱ δὲ</u> <u>ἐκραύγαζον</u>, ᵀΑρον ἆρον, Dˢᵘᵖ Θ Π
<u>Ἰδαίοις,</u> Ἴδε ὁ βασιλεὺς ὑμῶν. **15** <u>οἱ δὲ</u> <u>ἐκραύγαζον</u>, ᵀΑρον ἆρον, K
Ἰουδαίοις, Ἴδε ὁ βασιλεὺς ὑμῶν. **15** <u>οἱ δὲ</u> <u>ἐκραύγαζον</u> <u>λέγοντες</u>, ᵀΑρον ἆρον, N
Ἰουδαίοις, Ἴδε ὁ βασιλεὺς ὑμῶν. **15** <u>οἱ δὲ</u> <u>ἐκραύγασαν</u> <u>λέγοντες</u>, ᵀΑρον ἆρον, U ƒ¹³ 700
Ἰουδαίοις, Ἴδε ὁ βασιλεὺς ὑμῶν. **15** ἐκραύγασαν οὖν, ᵀΑρον ἆρον, 33
Ἰουδαίοις, Ἴδε ὁ βασιλεὺς <u>ἡμῶν</u>. **15** <u>οἱ δὲ</u> ἔλεγον, ᵀΑρον ἆρον, 579 [↓565 1424 τ
Ἰουδαίοις, Ἴδε ὁ βασιλεὺς ὑμῶν. **15** <u>οἱ δὲ</u> ἐκραύγασαν, ᵀΑρον ἆρον, 𝔐 M Δ Λ ƒ¹ 28ˢᵘᵖ 157

σταύρωσον αὐτόν. λέγει αὐτοῖς ὁ Πειλᾶτος, Τὸν βασιλέα ὑμῶν σταυρώσω; B A Dˢᵘᵖ W **w**
·····αύρωσον αὐτ··· ·········· ·········· ὁ <u>Πιλᾶτος</u>, ······· ·········· ὑμῶν στ··········· 𝔭⁶⁰
σρ··· ·········· ·········· ὁ Πε̣ ·········· ·········· ···ν σρ̅··· 𝔭⁶⁶
σταύρωσον. λέγει αὐτοῖς ὁ <u>Πιλᾶτος</u>, Τὸν βασιλέα ὑμῶν σταυρώσω; ƒ¹³
σταύρωσον αὐτόν. λέγει αὐτοῖς ὁ <u>Πηλᾶτος</u>, Τὸν βασιλέα <u>ἡμῶν</u> σταυρώσω; 579
σταύρωσον αὐτόν. λέγει αὐτοῖς ὁ <u>Πιλᾶτος</u>, Τὸν βασιλέα ὑμῶν σταυρώσω; ℵ 𝔐 K L M N U Δ Θ Λ Π Ψ
ƒ¹ 2 33 28ˢᵘᵖ 157 565 700 788 1071 1346 1424 **uτ**

ἀπεκρίθησαν οἱ ἀρχιερεῖς, Οὐκ ἔχομεν βασιλέα εἰ μὴ Καίσαρα. B **uwτ** rell
·········ρ···ησαν ·········· ·········· ···ὐκ ·········· ·········· 𝔭⁶⁰
·········· ·········· ·········· ···ασιλεα ει μη Και̣ς····· 𝔭⁶⁶
ἀπεκρίθησαν οἱ ἀρχιερεῖς, Οὐκ <u>ἔχομεν</u> βασιλέα εἰ μὴ Καίσαρα. E Λ 2 579 700
ἀπεκρίθησαν <u>οὖν</u> οἱ ἀρχιερεῖς, Οὐκ ἔχομεν βασιλέα εἰ μὴ Καίσαρα. ƒ¹³
ἀπεκρίθησαν <u>οὖν</u> οἱ ἀρχιερεῖς, Οὐκ <u>ἔχωμεν</u> <u>οὖ</u> βασιλέα εἰ μὴ Καίσαρα. 1346

ξθ̅ 16 τότε οὖν παρέδωκεν αὐτὸν αὐτοῖς ἵνα σταυρωθῇ. B **uwτ** rell
16 ········· ······ ·········· ·········· ·········· 𝔭⁶⁰
16 ········· ···αρέδωκεν α········· ·········· σταυρωθη. 𝔭⁶⁶
16 τότε οὖν παρέδωκεν <u>αὐτοῖς</u> <u>αὐτὸν</u> ἵνα σταυρωθῇ. ℵ
16 τότε οὖν παρέδωκεν <u>αὐτὸν αὐτοῖς</u> ἵνα σταυρωθῇ. οἵ δε στρατιῶται 118

lac. 19.14-16 𝔭⁴⁵ 𝔭⁷⁵ C D F G P Γ 28

A 14 ειδε W 1071 **15** εκραυασαν L ┊ εκραυγαζων Θ ┊ εκραυγασαεν 1* ┊ εκινοι ℵᶜ ┊ των (τον) 579 ┊ απεκριθεισαν 1071 ┊ υμω Θ ┊ βασειλεα² W ┊ η (ει) 579 ┊ μι (μη) E* Λ 565 579 1071 **16** ι (οι) 118

B 15 στ̅ρ̅ω̅σον H 118 ƒ¹³ 69 124 2 157 788 1346 ┊ στ̅ρ̅ω̅σω H L 118 ƒ¹³ 69 124 2 28ˢᵘᵖ 157 579 788 1346 **16** στ̅ρ̅ωθη H L 118 ƒ¹³ 69 2 28ˢᵘᵖ 157 788

C 16 τελος (post σταυρωθη) E S L Θ Ψ 157 579 788 ┊ τελος τη δ̅ κ̣υ τ̈ ·· H ┊ ·· του δ̅ Y ┊ τε̅ του δ̅ Ω 1071 ┊ τελ τη δ̅ ευα̅ ƒ¹ ┊ τελ του δου 118 ┊ τελ του ορθρ 124 ┊ τελ του δ̅κ̣υ των απχ παθων 28ˢᵘᵖ ┊ υπερ της υψωσεως 118 ┊ τελ δ̅ ευα̅ 1346

D 14 (ante ιδε) ρ̅ο̅δ̅/α̅ M ┊ ρ̅ο̅δ̅/ι̅ 28ˢᵘᵖ **15** ρ̅ο̅δ̅/β̅ L ┊ ρ̅ο̅δ̅ Θ Ψ 2 ┊ ρ̅ο̅δ̅/α̅ U Λ ┊ (ante λεγει αυτοις) ρ̅ο̅ε̅/ι̅ ℵ A E M S U Y Λ Π 28ˢᵘᵖ 1071 1424 ┊ ρ̅ο̅ε̅/α̅ L 124 788 ┊ ρ̅ο̅ε̅ Θ Ψ ƒ¹ 118 2 157 1346 ┊ Ευ Ιω ρ̅ο̅ε̅ : Λο . : Μρ . : Μθ . E ┊ Ιω ρ̅ο̅ε̅ : Λο τι̅δ̅ : Μρ σ̅ς̅ : Μτ τ̅κ̅η̅ 124 **16** ρ̅ο̅ς̅/α̅ ℵ A E L M N S U Y Λ Π Ω 124 788 1071 1424 ┊ ρ̅ο̅ς̅/α̅ E S Y L U Ω 1071 ┊ ρ̅ο̅ς̅ H Θ Ψ 118 2 157 565 1346 ┊ ρ̅ο̅ε̅ K ┊ Ευ Ιω ρ̅ο̅ς̅ : Λο τι̅δ̅ : Μρ σ̅ς̅ : Μθ τ̅κ̅η̅ E ┊ Ιω ρ̅ο̅ς̅ : Λο τιε : Μρ σ̅θ̅ : Μτ τ̅λ̅β̅ 124

Jesus Bears His Cross To The Place Of The Skull Where He Is Crucified As "King Of The Jews"
(Matthew 27.32-38; Mark 15.21-27; Luke 23.26-38)

Παρέλαβον οὖν	τὸν Ἰησοῦν,		**17** καὶ βαστάζων	B L Ψ 33 **uw**	
....	τὸν Ἰ.........		**17**	𝔭60	
ο[ι δε πα]ραλ[αβοντες] αὐτὸν	[απηγαγο]ν,		**17**	𝔭66* (cj.)	
ο[ι δε πα]ραλ[αβοντες] αὐτὸν	[απηγαγο]ν,		**17** καὶ βαστάζων	𝔭66c (cj.)	
οἱ δὲ λάβοντες	τὸν Ἰησοῦν	ἀπήγαγον αὐτόν,	**17** καὶ βαστάζων	ℵ*	
Παραλάβοντες οὖν	τὸν Ἰησοῦν	ἀπήγαγον αὐτόν,	**17** καὶ βαστάζων	ℵc	
Παρέλαβον δὲ	τὸν Ἰησοῦν καὶ	ἀπήγαγον,	**17** καὶ βαστάζων	A τ	
Παρέλαβον οὖν	τὸν Ἰησοῦν καὶ	ἤγαγον,	**17** καὶ βαστάζων	Dsup 1071	
οἱ δὲ παραλάβοντες αὐτὸν	ἀπήγαγον εἰς τὸ πραιτώριον,		**17** καὶ βαστάζων	M	
οἱ δὲ παραλάβοντες τὸν Ἰησοῦν	ἀπήγαγον,		**17** καὶ βαστάζων	N W	
Παραλάβοντες δὲ	τὸν Ἰησοῦν	εἰς τὸ πραιτώριον ἀπήγαγον,	**17** καὶ βαστάζων	U	
οἱ δὲ παραλάβοντες αὐτὸν	ἀπήγαγον,		**17** καὶ βαστάζων	f¹ 565	
παραλάβοντες	τὸν Ἰησοῦν	ἀπήγαγον,	**17** καὶ βαστάζων	118	
οἱ δὲ παραλάβοντες αὐτὸν ἤγαγον καὶ ἐπέθηκαν αὐτῷ τὸν σταυρόν,			**17** καὶ βαστάζων	f¹³	
οἱ δὲ παραλάβοντες αὐτὸν	ἐπέθηκαν αὐτῷ τὸν σταυρόν,		**17** καὶ βαστάζων	69 124 788	
οἱ δὲ παραλάβοντες τὸν Ἰησοῦν	ἀπήγαγον,		**17** καὶ ἐβάσταζον	579	
Παραλάβοντες δὲ	τὸν Ἰησοῦν	ἀπήγαγον εἰς τὸ πραιτώριον,	**17** καὶ βαστάζων	700	
Παρέλαβον δὲ	τὸν Ἰησοῦν καὶ	ἤγαγον,	**17** καὶ βαστάζων	𝔐 K Δ Θ Λ Π 2 28sup 157 1424	

αὐτῷ	τὸν σταυρὸν	ἐξῆλθεν	εἰς τὸν	λεγόμενον Κρανίου Τόπον,	ὃ	λέγετε	B*
αὐτῷ	τὸν σταυρὸν	ἐξῆλθεν	εἰς τὸν	λεγόμενον Κρανίου Τόπον,	ὃς	λέγεται	Bc
··ὑτῷ	......	....	εἰς τ··· ·	.... ······νίου Τόπ····	··	....	𝔭60
			εἰς Τό··ον	λ···μενο············ου,	ὃ	λέγεται	𝔭66* (cj.)
ἑαυτῷ	......	····λθεν	εἰς Τό··ον	λ···μενο············ου,	ὃ	λέγεται	𝔭66c (cj.)
ἑαυτῷ	τὸν σταυρὸν	ἐξῆλθεν	εἰς τὸν	λεγόμενον Κρανίου Τόπον,	ὃ	λέγεται	ℵ W **u**
τὸν σταυρὸν ἑαυτοῦ		ἐξῆλθεν	εἰς τὸν	λεγόμενον Κρανίου Τόπον,	ὃ	λέγεται	A
ἑαυτοῦ	τὸν σταυρὸν	ἐξῆλθεν	εἰς τὸν	λεγόμενον Κρανίου Τόπον,	ὃς	λέγηται	Dsup
τὸν σταυρὸν αὐτοῦ		ἐξῆλθεν	εἰς τόπον	λεγόμενον Κρανίου Τοπον,	ὃς	λέγεται	𝔐 Λ 28sup 1424
τὸν σταυρὸν αὐτοῦ		ἐξῆλθεν	εἰς τὸν	λεγόμενον Κρανίου Τόπον,	ὃ	λέγεται	K 157
ἑαυτῷ	τὸν σταυρὸν	ἐξῆλθεν	εἰς τὸν	λεγόμενον Κρανίου Τόπον,			L Ψ
τὸν σταυρὸν αὐτοῦ		ἐξῆλθεν	εἰς τὸν	λεγόμενον Κρανίου Τόπον,	ὃς	λέγεται	M 118 τ
τὸν σταυρὸν ἑαυτοῦ		ἐξῆλθεν	εἰς τὸν	λεγόμενον Κρανίου Τόπον,	ὃς	λέγεται	N U Θ
τὸν······		....	....	....	··	....	Δ
ἑαυτῷ	τὸν σταυρὸν	ἐξῆλθεν	εἰς τὸν	λεγόμενον Κρανίου Τόπον,	ὃς	λέγεται	Π
τὸν σταυρὸν ἑαυτῷ		ἐξῆλθεν	εἰς τὸν	λεγόμενον Κρανίου Τόπον,	ὃς	λέγεται	f¹ 565
αὐτὸν		ἐξῆλθεν	εἰς τόπον	λεγόμενον Κρανίου Τόπον,	ὃς	λέγετε	f¹³
αὐτὸν		ἐξῆλθεν	εἰς τὸν	λεγόμενον Κρανίου Τόπον,	ὃς	λέγεται	69 124 788
τὸν σταυρὸν αὐτοῦ		ἐξῆλθεν	εἰς τόπον	λεγόμενον Κρανίου Τόπον,	ὣς	λέγεται	2
αὐτῷ	τὸν σταυρὸν	ἐξῆλθεν	εἰς τὸν	λεγόμενον Κρανίου Τόπον,			33
αὐτῷ	τὸν σταυρὸν	ἐξῆλθεν	εἰς τὸν	λεγόμενον Κρανίου Τόπον,	ὃ	λέγεται	579 **w**
τὸν σταυρὸν ἑαυτοῦ		ἐξῆλθεν	εἰς τόπον	λεγόμενον Κρανίου Τόπον,	ὃς	λέγεται	700
τὸν σταυρὸν αὐτοῦ		ἐξῆλθεν	εἰς Τόπον	λεγόμενον Κρανίον,	ὃ	λέγετε	1071

lac. 19.16-17 𝔭45 𝔭75 C D F G P Γ 28 ¦ vs. 17 Δ

A 16 παραλαβον L **17** βασταζον K* 157 ¦ σταυρων L ¦ τοπων 579

B 16 ι̅ν̅ B 𝔭60 ℵ A Dsup E Y K L N S U W Δ Θ Λ Π Ψ Ω 118 2 33 28sup 157 579 700 1071 1424 ¦ στρ̅ο̅ν f¹³ 69 124 788 1346 **17** στρ̅ο̅ν H S Y K U Λ Π Ω 118 2 28sup 157 565 579 700 1071 1424 ¦ σρ̅ω̅ν L

C 16 αρχ (ante παρελαβον): Υ ¦ αρχ 157 **17** (post τοπον) υπ M ¦ σχὸ οπου γαρ ο αδαμεκετο εκει ο αδαμεστρ̅ω̅θη (το τροπαι ον εστησεν Λc) Λ

D 16 (ante παρελαβον) ρ̅ο̅ζ̅/α̅ ℵ E L M S U Y Λ Π Ω 124 788 1071 1424 ¦ ρ̅ο̅ζ̅ H Θ Ψ f¹³ 2 157 565 1346 ¦ ρ̅ο̅ς̅ K f¹ ¦ Ευ Ιω ρ̅ο̅ζ̅ : Λο τιε : Μρ σ̅θ̅ : Μθ . Ε ¦ Ιω ρ̅ο̅ζ̅ : Λο τιζ : Μρ σι, σιβ : Μτ τλ̅δ̅ 124 **17** ρ̅ο̅ζ̅ A f¹ 118 ¦ ρ̅ο̅ζ̅/α̅ N

Ἑβραϊστὶ Γολγοθ, **18** ὅπου αὐτὸν ἐσταύρωσαν καὶ μετ᾽ αὐτοῦ ἄλλους δύο ἐντεῦθεν B [w]
··βραϊστ· **18** ···τὸν ἐσ··· ··········· ···ῦ··· 𝔭60
Ἑβρα¨ϛτὶ Γο··· **18** ··που αὐτὸν στρν κ··· ····· ····ους δύο ἐντεῦθεν 𝔭66*
Ἑβρα¨ϛτὶ Γο··· **18** ··που αὐτὸν εστρν κ··· ····· ····ους δύο ἐντεῦθεν 𝔭66c
Ἑβραϊστὶ Γολγοτα, **18** ὅπου αὐτὸν ἐσταύρωσαν καὶ μετ᾽ αὐτοῦ δύο ἄλλους ἐντεῦθεν Dsup
Ἑβραϊστὶ δὲ Γολγοθα, **18** ὅπου αὐτὸν ἐσταύρωσαν καὶ μετ᾽ αὐτοῦ ἄλλους δύο ἐντεῦθεν L Ψ 33
Ἑβραϊστὶ Γολγοθα, **18** ὅπου ἐσταύρωσαν αὐτὸν καὶ μετ᾽ αὐτοῦ ἄλλους δύο ἐντεῦθεν 1 565
Ἑβραϊστὶ Γολγολθα, **18** ὅπου ἐσταύρωσαν αὐτὸν καὶ μετ᾽ αὐτοῦ ἄλλους δύο ἐντεῦθεν 1582
Ἑβραϊστὴ Γολγογοθα, **18** ὅπου αὐτὸν ἐσταύρωσαν καὶ μετ᾽ αὐτοῦ ἄλλους δύο ἐντεῦθεν 28sup
Ἑβραϊστὴ Γολγοθα, **18** ὅπου αὐτὸν ἐσταύρωσαν καὶ μετ᾽ αὐτοῦ ἄλλους δύο ἐντεῦθεν 2 579 1424
Ἑβραϊστὴ Γολγοθα, **18** ὅπου αὐτὸν ἐσταύρωσαν καὶ μετ᾽ αὐτοῦ ἄλλους δύο λῃστὰς ἐντεῦθεν 1071
Ἑβραϊστὶ Γολγοθα, **18** ὅπου αὐτὸν ἐσταύρωσαν καὶ μετ᾽ αὐτοῦ ἄλλους δύο ἐντεῦθεν ℵ A 𝔐 K M
N U W Θ Λ Π 118 *f*13 157 700 u[w]τ

καὶ ἐντεῦθεν, μέσον δὲ τὸν Ἰησοῦ. **19** ἔγραψεν δὲ καὶ τίτλον ὁ Πειλᾶτος καὶ ἔθηκεν B Dsup W w
····· ····ῦθεν, ··έσον δὲ τὸν Ἰησοῦν. **19** ········· δὲ κα··· ··ίτλον ὁ Πε··· ···θηκεν 𝔭66
καὶ ἐντεῦθεν, μέσον δὲ τὸν Ἰησοῦν. **19** ἔγραψεν δὲ καὶ τίτλον ὁ Πειλᾶτος καὶ ἐπέθηκεν A Θ
καὶ ἐντεῦθεν, μέσον δὲ τὸν Ἰησοῦν. **19** ἔγραψεν δὲ καὶ τίτλον ὁ Πιλᾶτος καὶ ἐπέθηκεν K
καὶ ἕνα ἐντεῦθεν, μέσον δὲ τὸν Ἰησοῦν. **19** ἔγραψεν δὲ καὶ τίτλον ὁ Πιλᾶτος καὶ ἔθηκεν 579
καὶ ἐντεῦθεν, μέσον δὲ τὸν Ἰησοῦν. **19** ἔγραψεν δὲ καὶ τίτλον ὁ Πιλᾶτος καὶ ἔθηκεν ℵ 𝔐 L M
N U A Π Ψ *f*1 *f*13 2 33 28sup 157 565 700 1071 1424 uτ

ἐπὶ τοῦ σταυροῦ· ἦν δὲ γεγραμμένον, Ἰησοῦς B uwτ rell
··ου σταυροῦ· ἦ··· ·········· ········· 𝔭66
ἐπὶ τοῦ σταυροῦ· ἦν δὲ τὸ γεγραμμένον, Ἰησοῦς Dsup
ἐπὶ τοῦ σταυροῦ· ἦν δὲ γεγραμμένον· Ἑβραϊστή, Ῥωμαϊστί, Ἑλληνιστί, Ἰησοῦς *f*13
ἐπὶ τοῦ σταυροῦ· ἦν δὲ γεγραμμένον· Ἑβραϊστί, Ἑλληνιστί, Ῥωμαϊστί, Ἰησοῦς 69
ἐπὶ τοῦ σταυροῦ· ἦν δὲ γεγραμμένον· Ἑβραϊστή, Ῥωμαϊστί, Ἑλληνιστί, Ἰησοῦς 124 788 1346
ἐπὶ τοῦ σταυροῦ· ἦν δὲ γεγραμμένον· Ἑβραϊστή, Ἑλληνιστί, Ῥωμαϊστί, Ἰησοῦς 579

ὁ Ναζωραῖος ὁ βασιλεὺς τῶν Ἰουδαίων. **20** τοῦτον οὖν τὸν τίτλον B uwτ rell
··α···ραῖ··· ·········v. **20** τοῦ··· ······ ······ 𝔭66
ὁ Ναζωραῖος ὁ βασιλεὺς τῶν Ἰουδαίων. **20** ℵ*
ὁ Ναζωρέος ὁ βασιλεὺς τῶν Ἰουδαίων. **20** τοῦτον οὖν τὸν τίτλον Dsup L
ὁ Ναζοραῖος ὁ βασιλεὺς τῶν Ἰουδαίων. **20** τοῦτον οὖν τὸν τίτλον U Ω 1424
ὁ Ναζωραῖος ὁ βασιλεὺς τῶν Ἰουδαίων. **20** τότε οὖν τὸν τίτλον W
ὁ βασιλεὺς τῶν Ἰουδαίων. **20** 69
Ναζωραῖος ὁ βασιλεὺς τῶν Ἰουδαίων. **20** τοῦτον δὲ τὸν τίτλον 579

πολλοὶ ἀνέγνωσαν τῶν Ἰουδαίων, ὅτι ἐγγὺς ἦν ὁ τόπος τῆς πόλεως ὅπου ἐσταυρώθη B 118 uw rell
············ ············ ·········· ····· ·· ····πόλε···· ········ ···ρώθη 𝔭60
·····λοὶ ἀ··········· τῶν Ἰουδαίων, ὅτι····· ····· ·· πος τῆς πόλε··· ······ 𝔭66
om. ℵ*
πολλοὶ τῶν Ἰουδαίων ἀνέγνωσαν, ὅτι ἐγγὺς ἦν ὁ τόπος τῆς πόλεως ὅπου ἐσταυρώθη Dsup
πολλοὶ ἀνέγνωσαν ἐκ τῶν Ἰουδαίων, ὅτι ἐγγὺς ἦν ὁ τόπος τῆς πόλεως ὅπου ἐσταυρώθη N
ἀνέγνωσαν πολλοὶ τῶν Ἰουδαίων, ὅτι ἐγγὺς ἦν τῆς πόλεως ὁ τόπος ὅπου ἐσταυρώθη W 579
πολλοὶ ἀνέγνωσαν τῶν Ἰουδαίων, ὅτι ἐγγὺς ἦν τόπος τῆς πόλεως ὅπου ἐσταυρώθη Π*
πολλοὶ ἀνέγνωσαν τῶν Ἰουδαίων, ὅτι ἐγγὺς ἦν τῆς πόλεως ὁ τόπος ὅπου ἐσταυρώθη *f*1 *f*13 565 τ
ὅτι ἐγγὺς ἦν τῆς πόλεως ὁ τόπος ὅπου ἐσταυρώθη· 69

---

lac. **19.17-20** 𝔭45 𝔭75 C D F G P Γ Δ 28

A 18 εσσταυρωσαν L τευθεν1 Dsup | το (τον) Θ **19** εγραψε Y 118 13 69 28sup 157 700 788 1346 | τιτλο 1071* | βασισιλευς K **20** πολαιος 579

B 18 εσρῶσαν L ⋮ εστρῶσαν S Λ 118 *f*13 69 124 2 157 788 1346 | ιν B 𝔭66 ℵ A Dsup 𝔐 K L M N S U W Θ Λ Π Ψ Ω *f*1 118 *f*13 124 2 33 28sup 157 565 579 700 788 1071 1346 1424 **19** στρου H Y K L M S Λ Ω *f*1 118 *f*13 69 124 2 33 28sup 157 565 579 700 788 1346 1424 | ις B ℵ A Dsup 𝔐 K L M N S U W Θ Λ Π Ψ Ω *f*1 118 *f*13 124 2 33 28sup 157 565 579 700 788 1071 1346 1424 **20** εσρῶθη L ⋮ εστρῶθη S Λ 118 *f*13 69 124 2 157 579 788 1071 1346

D 18 ρϟζ K | (ante και μετ) ρϟη/α ℵ A E L M S U Υ Λ Π Ω 118 124 788 1424 ⋮ ρϟη Θ Ψ *f*1 *f*13 2 28sup 157 565 1346 | Ευ Ιω ρϟη : Λο τιζ : Μρ σιε : Μθ τλε Ε | Ιω ρϟη : Λο τιθ : Μρ σια : Μτ τλε 124 **19** ρϟθ/α ℵ A E L M S U Υ Λ Π Ω 118 124 788 1071 1424 ⋮ ρϟη H K ⋮ ρϟθ Θ Ψ *f*1 *f*13 2 565 1346 | σα (ante Ιησους)118 | Ευ Ιω ρϟθ : Λο τκη : Μρ σιδ : Μθ τλε Ε | Ιω ρϟθ : Λο τκα : Μρ . : Μτ . 124 **20** σ/α A | σ/ι E S Y L U Λ Π Ω 124 788 1071 1424 ⋮ ρϟθ H K 28sup 157 ⋮ σ Θ Ψ *f*1 2 565 1346 ⋮ σα 118 | Ευ Ιω σ : Λο . : Μρ . : Μθ . E 124

ὁ Ἰησοῦς· καὶ ἦν γεγραμμένον Ἑβραϊστί,   Ῥωμαϊστί,   Ἑλληνιστί.   B ℵ^c L N Ψ **uw**
⋯ ⋯ ⋯ μένο⋯ ⋯ ⋯ σ⋯ 𝔭⁶⁰
⋯ ⋯ αἰ η ⋯ αμ ⋯ ⋯ ⋯ λ̣ηνιστ̣ 𝔭⁶⁶
om. ℵ* 69
ὁ Ἰησοῦς· καὶ ἦν γεγραμμένον Ἑβραϊσταί,   Ἑλληνισταί,   Ῥωμαϊσταί.   D^{sup}
ὁ Ἰησοῦς· καὶ ἦν γεγραμμένον Ἑβραϊστί,   Ἑλληνηστί,   Ῥωμαϊστί.   E
ὁ Ἰησοῦς· καὶ ἦν γεγραμμένον Ἑβραϊστί,   Ῥωμαειστί,   Ἑβραειστί.   W
ὁ Ἰησοῦς·   f¹³
ὁ Ἰησοῦς· καὶ ἦν γεγραμμένον Ἑβραϊστή,   Ἑλληνιστί,   Ῥωμαϊστί.   2
ὁ Ἰησοῦς· καὶ ἦν γεγραμμένος Ἑβραϊστί,   Ῥωμαϊστί,   Ἑλληνιστί.   33
ὁ Ἰησοῦς· καὶ ἦν γεγραμμένον Ἑβραϊστί,   Ἑληνιστί,   Ῥωμαϊστί.   28^{sup}
ὁ Ἰησοῦς· καὶ ἦν γεγραμμένον Ἑβραϊστή,   Ῥωμαϊστή,   Ἑλληνηστή.   579
ὁ Ἰησοῦς· καὶ ἦν γεγραμμένον Ἑβραϊστή,   Ἑλληνηστή,   Ῥωμαϊστή.   1071
ὁ Ἰησοῦς· καὶ ἦν γεγραμμένον Ἑβραϊστή,   Ἑλληνιστή,   Ῥωμαϊστή.   1424
ὁ Ἰησοῦς· καὶ ἦν γεγραμμένον Ἑβραϊστί,   Ἑλληνιστί,   Ῥωμαϊστί.   A 𝔐 K M U Θ Λ Π f¹ 157 565 700 τ

21 ἔλεγον οὖν τῷ Πειλάτῳ οἱ ἀρχιερεῖς τῶν Ἰουδαίων, Μὴ γράφε, Ὁ βασιλεὺς τῶν   B A W Θ **w**
21 ⋯ Πειλάτῳ οἱ ἀρχ⋯ ⋯ αίων, Μὴ γράφ⋯ ⋯ α⋯ ⋯ υς τω⋯   𝔭⁶⁶
21 om.   ℵ*
21 ἔλεγον οὖν τῷ Πειλάτῳ   ἀρχιερεῖς τῶν Ἰουδαίων, Μὴ γράφε, Ὁ βασιλεὺς τῶν   D^{sup}
21 ἔλεγον οὖν τῷ Πιλάτῳ οἱ ἀρχιερεῖς τῶν Ἰουδαίων,   28^{sup}
21 ἔλεγον οὖν τῷ Πιλάτῳ οἱ ἀρχιερεῖς,   Μὴ γράφε, Ὁ βασιλεὺς τῶν   1071
21 ἔλεγον οὖν τῷ Πιλάτῳ οἱ ἀρχιερεῖς τῶν Ἰουδαίων, Μὴ γράφε, Ὁ βασιλεὺς τῶν   ℵ^c 𝔐 K L M N U
Λ Π Ψ f¹ f¹³ 2 33 157 565 579 700 1424 **uτ**

Ἰουδαίων, ἀλλ᾽ ὅτι ἐκεῖνος εἶπε,   Βασιλεὺς   τῶν Ἰουδαίων εἰμί.   B L Ψ 33 **w**
⋯ ν, ἀλλ᾽ ⋯ τι ἐκε⋯ γος εἶπ⋯ ⋯ ιλεύς εἰμι τῶν Ἰουδαίω⋯   𝔭⁶⁶
   ἀλλ᾽ ὅτι ἐκεῖνος εἶπε,   Βασιλεύς εἰμι τῶν Ἰουδαίων.   ℵ* 28^{sup}
Ἰουδαίων, ἀλλὰ ὅτι ἐκεῖνος εἶπε,   Βασυλεύ εἰμι τῶν Ἰουδαίων.   D^{sup}*
Ἰουδαίων, ἀλλὰ ὅτι ἐκεῖνος εἶπε,   Βασυλεύς εἰμι τῶν Ἰουδαίων.   D^{supc}
Ουδαίων, ἀλλ᾽ ὅτι ἐκεῖνος εἶπε,   Βασιλεύς εἰμι τῶν Ἰουδαίων.   E*
Ἰουδαίων.   565
Ἰουδαίων, ἀλλ᾽ ὅτι ἐκεῖνος εἶπεν ὅτι Βασιλεύς εἰμι τῶν Ἰουδαίων.   1071   [↓157 579 700 1424 **uτ**
Ἰουδαίων, ἀλλ᾽ ὅτι ἐκεῖνος εἶπε,   Βασιλεύς εἰμι τῶν Ἰουδαίων.   ℵ^c A 𝔐 K M N U W Θ Λ Π f¹ f¹³ 2

22 ἀπεκρίθη   ὁ Πειλᾶτος, Ὃ γέγραφα, γέγραφα.   B A D^{sup} W Θ **w**
22 ⋯ ρίθη   ⋯ Πειλᾶτος, Ὃ γέγρ⋯ ⋯ ραφα.   𝔭⁶⁶
22 ἀπεκρίθη αὐτοῖς ὁ Πιλᾶτος, Ὃ γέγραφα, γέγραφα.   f¹³ 157
22 ἀπεκρίθη   ὁ Πηλᾶτος, Ὃ γέγραφα, γέγραφα.   579   [↓1071 1424 **uτ**
22 ἀπεκρίθη   ὁ Πιλᾶτος, Ὃ γέγραφα, γέγραφα.   ℵ 𝔐 K L M N U Λ Π Ψ f¹ 69 124 2 33 28^{sup} 565 700 788

The Soldiers Cast Lots For Jesus' Tunic
(Matthew 27.35; Mark 15.24; Luke 23.33-34)

ō̄ **23** Οἱ οὖν στρατιῶται ὅτε ἐσταύρωσαν   τὸν Ἰησοῦν, ἔλαβον τὰ ἱμάτια αὐτοῦ καὶ   B **uwτ** rell
23 ⋯ ταύρω⋯ ⋯ ιμα⋯   𝔭⁶⁰
23 Οἱ οὖν στρατιῶ⋯ ⋯ σταύρωσαν τὸν Ἰησοῦν, ἔλ⋯ ⋯ αὐτοῦ καὶ   𝔭⁶⁶
23 Οἱ οὖν στρατιῶται οἱ σταυώσαντες τὸν Ἰησοῦν, ἔλαβον τὰ ἱμάτια αὐτοῦ καὶ   ℵ 579
23 Οἱ οὖν στρατιῶται   ἐσταύρωσαν τὸν Ἰησοῦν, ἔλαβον τὰ ἱμάτια αὐτοῦ καὶ   L
23 Οἱ οὖν στρατιῶται ὅτε ἐσταύρωσαν   τὸν Ἰησοῦν, λαβὼν τὰ ἱμάτια αὐτοῦ   69
23 Οἱ οὖν στρατιῶται ὅτε ἐσταύρωσαν αὐτόν,   ἔλαβον τὰ ἱμάτια αὐτοῦ καὶ   124* 1071

lac. 19.20-23 𝔭⁴⁵ 𝔭⁷⁵ C D F G P Δ Γ 28

A 20 γεγραμενον Θ* ¦ γεγραμμεννον 579 21 ελεγων 28^{sup} ¦ ου (ουν) D^{sup} ¦ γραφαι L N Θ 579 ¦ εκινος N ¦ ειπεν ℵ A D^{sup} E H
K L M N S U W Θ Λ Π Ψ Ω f¹ f¹³ 69 124 2 33 579 788 1346 1424 ¦ ειμη E* ¦ ειμει N W ¦ γεγραπφα² Θ^c 22 απεκριθηθη 1346
23 τρατιωτη K ¦ στρατιωτε L 2* ¦ στρατιωτε 1071 ¦ ειματια D^{sup}

B 20 ι̅ς̅ B A D^{sup} 𝔐 K L M N S U W Θ Λ Π Ψ Ω f¹ 118 f¹³ 124 2 33 28^{sup} 157 565 579 700 788 1071 1346 1424 23 εσταυρω̄σαν
H S A f¹³ 69 124 2 157 788 1346 ¦ στρω̄σαντες 579 ¦ ι̅ν̅ B 𝔭⁶⁶ ℵ A D^{sup} 𝔐 K L M N S U W Θ Λ Π Ψ Ω f¹ 118 f¹³ 2 33 28^{sup}
157 565 579 700 788 1071 1346 1424

C 20 υπ του στρ̄ου (post ρωμαιστι) H 28^{sup} ¦ υπ (post ρωμαιστι) M Θ ¦ υπ εις τ υψωσεν f¹ 23 αρχ Υ Ω ¦

D 21 σ̅ H K 157 ¦ σ̅α̅/ι̅ Y 23 σ̅α̅/δ̅ ℵ 124 788¦ σ̅α̅/ι̅ A N ¦ σ̅α̅/α̅ E S L M U Λ Π 1071 1424 ¦ σ̅α̅ H K Θ Ψ f¹ 118 f¹³ 2 28^{sup} 157
565 ¦ Ευ Ιω σ̅α̅ : Λο τκ : Μρ σιβ : Μθ τλδ̅ E ¦ Ιω σ̅α̅ : Λο τκα : Μρ σιε : Μτ τλς̅ 124

ἐποίησαν   τέσσαρα μέρη, ἑκάστῳ στρατιώτῃ μέρος, καὶ τὸν χιτῶνα. B 𝕸 K U W Λ Π Ψ *f*¹ 2 28ˢᵘᵖ 157 565
....τῳ σ............... ....καὶ τὸν χι......... 𝔓⁶⁰   [↑700 1071 1424 **uτ**
··ποίησα··   ....ρα μέρη, ἐκ···· ῳ στρα······· μ···ος, κα······ ··τῳ· 𝔓⁶⁶
ἐποίησαν   <u>τέσσερα</u> μέρη, ἑκάστῳ στρατιώτῃ μέρος.   ℵ*
ἐποίησαν   <u>τέσσερα</u> μέρη, ἑκάστῳ στρατιώτῃ μέρος, καὶ τὸν χιτῶνα. ℵᶜ A L M N Θ 33 **w**
<u>ποιήσαντες</u> τέσσαρα μέρη, ἑκάστῳ στρατιώτῃ μέρος, καὶ τὸν χιτῶνα. Dˢᵘᵖ
ἐποίησαν   τέσσαρα μέρη, ἑκάστῳ στρατιώτῃ μέρος, <u>τὸν δὲ</u> χιτῶνα. *f*¹³
<u>ποιήσαντες</u> τέσσαρα μέρη, ἑκάστῳ <u>στρατιώτῳ</u> μέρος, καὶ τὸν χιτῶνα. 579

ἦν δὲ   ὁ χιτὼν ἄρραφος, ἐκ τῶν ἄνωθεν ὑφαντὸς δι᾽ ὅλου. B 1582ᶜ 118 565 **τ**
......   ὁ χιτ········· ...· .... ὑφαν····· ...· .... 𝔓⁶⁶
<u>ἐπεὶ ἦν</u> ὁ χιτὼν <u>ἄραφος</u>, ἐκ τῶν ἄνωθεν ὑφαντὸς δι᾽ ὅλου. *f*¹³
<u>ἐπεὶ ἦν</u> <u>ἄραφος</u>, ἐκ τῶν ἄνωθεν ὑφαντὸς δι᾽ ὅλου. 124 788
ἦν δὲ   ὁ χιτὼν <u>ἄραφος</u>, <u>ἀπὸ</u> τῶν ἄνωθεν ὑφαντὸς δι᾽ ὅλου. 579   [↓157 700 1071 1424 **uw**
ἦν δὲ   ὁ χιτὼν <u>ἄραφος</u>, ἐκ τῶν ἄνωθεν ὑφαντὸς δι᾽ ὅλου. ℵ A Dˢᵘᵖ 𝕸 K L M N U W Θ Λ Π Ψ *f*¹ 2 33 28ˢᵘᵖ

                                                    [↓28ˢᵘᵖ 157 565 579 700 1424 **τ**
24 εἶπον οὖν πρὸς ἀλλήλους, Μὴ σχίσωμεν αὐτόν, ἀλλὰ λάχωμεν περὶ B Aᶜ 𝕸 K M N U Θ Λ Π Ψ *f*¹ 2 33
24 .... πρὸς ἀλλήλους, Μὴ .... ἀλλὰ λάχω... .... 𝔓⁶⁶
24 <u>εἶπαν</u> οὖν πρὸς <u>αὐτούς</u>, Μὴ σχίσωμεν αὐτόν, ἀλλὰ λάχωμεν περὶ ℵ*
24 <u>εἶπαν</u> οὖν πρὸς <u>ἑαυτούς</u>, Μὴ σχίσωμεν αὐτόν, ἀλλὰ λάχωμεν περὶ ℵᶜ
24 εἶπον οὖν πρὸς <u>αὐτούς</u>, Μὴ σχίσωμεν αὐτόν, ἀλλὰ λάχωμεν περὶ A*
24 εἶπον <u>δὲ</u> πρὸς ἀλλήλους, Μὴ σχίσωμεν αὐτόν, ἀλλὰ λάχωμεν περὶ Dˢᵘᵖ
24 <u>εἶπαν</u> οὖν πρὸς ἀλλήλους, Μὴ σχίσωμεν αὐτόν, ἀλλὰ λάχωμεν περὶ L W **uw**
24 εἶπον   πρὸς ἀλλήλους, Μὴ σχίσωμεν αὐτόν, ἀλλὰ λάχωμεν περὶ *f*¹³
24 <u>εἶπεν</u> οὖν πρὸς ἀλλήλους, Μὴ σχίσωμεν αὐτόν, ἀλλὰ λάχωμεν περὶ 1071
24 <u>εἶπεν</u>   πρὸς ἀλλήλους, Μὴ σχίσωμεν αὐτόν, ἀλλὰ λάχωμεν περὶ 1346

αὐτοῦ τίνος ἔσται· ἵνα ἡ γραφὴ πληρωθῇ,   B ℵ [**u**]**w**
····τοῦ τι······· ····ται· ἵν··· ···· ····· ·ωθῇ,   𝔓⁶⁶
αὐτοῦ τίνος <u>ἐστίν</u>· ἵνα ἡ γραφὴ πληρωθῇ <u>ἡ λέγουσα</u>, Dˢᵘᵖ
αὐτοῦ τίνος ἔσται· ἵνα <u>πληρωθῇ ἡ γραφὴ</u> <u>ἡ λέγουσα</u>, 579
αὐτοῦ τίνος ἔσται· ἵνα ἡ γραφὴ πληρωθῇ <u>ἡ λέγουσα</u>, [**u**]**τ** rell

    Διεμερίσαντο τὰ ἱμάτιά μου   *ἑαυτοῖς*   B **uwτ** rell
    ....   𝔓⁶⁶
    Διεμερίσαντό <u>μου τὰ ἱμάτια</u>   *ἑαυτοῖς*   ℵ
    Διεμερίσαντο τὰ ἱμάτιά μου   *ἑαυτοῖς*   W Λ* 579
    Διεμερίσαντο τὰ ἱμάτιά μου <u>καὶ</u> *ἑαυτοῖς*   13*

    καὶ ἐπὶ τὸν ἱματισμόν μου ἔβαλον   *κλῆρον.* B **uwτ** rell
    ...... ·πὶ· τὸν ἱματισμόν μου ἔβ·······ν   ··λῆρον. 𝔓⁶⁶
    καὶ ἐπὶ τὸν ἱματισμόν μου <u>ἔβαλλον</u>   *κλῆρον.* H 2 788 1346 1424
    καὶ ἐπὶ τὸν ἱματισμόν μου ἔβαλον.   K*

o̅α̅ Οἱ μὲν οὖν στρατιῶται ταῦτα ἐποίησαν.   B **uwτ** rell
    Οἱ μὲν οὖν ····ρατ··τ··ται ··αὐτα ε···········   𝔓⁶⁶
    Οἱ μὲν οὖν στρατιῶται <u>ἐποίησαν ταῦτα</u>.   L S Ψ 1071
    Οἱ   οὖν στρατιῶται ταῦτα ἐποίησαν.   2

lac. 19.23-24 𝔓⁴⁵ 𝔓⁷⁵ C D F G P Δ Γ 28

A 23 ποιησαν L ¦ μερει Θ 13 579 1071 ¦ εκαστο Θ* ¦ εκαστως L ¦ στρατιωτι E 13 ¦ τρατιωτη K ¦ χειτωνα W 2* 33 579 ¦ χιτον Dˢᵘᵖ ¦ χειτων W 2 **24** αλλιλους 1071 ¦ σχησωμεν 579 1346 ¦ λαχομεν M N 1424 ¦ ε (η¹) Dˢᵘᵖ ¦ διεμερησαντο Θ 1346¦ ηματια 2 ¦ στρατιωτε L ¦ στρατοιωται 1071

C 23 (ante χιτωνα) σχολ εν γαρ τη παλαιετινη δυο ρακκη συμβαλλοντες ουτως υφαινουσιν τα ιματια· τουτο δε λεγει δηλων το ευτελες των ιματιων Λ **24** ευᾶ θ̅ τ̅ παθ H 124 ¦ (ante διεμερισαντο) αρξ τς μγ παρ,α 2 ¦ (ante οι ουν) αρχ ¦ τελ Υ² 579

D 23 ο̅β̅/ι̅ (ante ην δε)118

263

Jesus' Mother And The Two Marys At The Cross
(Matthew 26.55-56; Mark 15.40-41; Luke 23.48-49)

25 ἱστήκεισαν δὲ παρὰ τῷ σταυρῷ τοῦ Ἰησοῦ ἡ μήτηρ αὐτοῦ καὶ ἡ ἀδελφὴ τῆς   B* ℵ A D^supc N Ψ 33 w
25 ἱ·········αν δ·· αρὰ τῷ ·······ρῷ ······· μήτηρ α·· τοῦ καὶ ·· δε······· ·ῆς   𝔭66
25 ἱστήκεισαν δὲ παρὰ τῷ σταυρῷ τοῦ Ἰησοῦ ἡ μήτηρ αὐτοῦ καὶ   ἀδελφὴ τῆς   D^sup*
25 εἱστήκεισαν δὲ παρὰ τῷ σταυρῷ   ἡ μήτηρ αὐτοῦ καὶ ἡ ἀδελφὴ τῆς   W
25 εἱστήκεισαν δὲ παρὰ τῷ σταυρῷ τοῦ Ἰησοῦ ἡ μήτηρ   καὶ ἡ ἀδελφὴ τῆς   1 1582*
25 εἱστήκεισαν δὲ παρὰ τῷ σταυρῷ τοῦ Ἰησοῦ ἡ μήτηρ αὐτοῦ καὶ ἡ ἀδελφὴ τῆς   B^c 𝔐 K L M U Θ Λ Π
                                                1582^c f^13 2 28^sup 157 565 579 700 1071 1424 ut

μητρὸς αὐτοῦ, Μαρία   ἡ τοῦ Κλωπᾶ^Τ   καὶ Μαρία   ἡ   Μαγδαληνή.   B uwτ rell
············τ ··········· · τοῦ ············ ············ ············ ·······νή.   𝔭60
μητρὸς ·····οῦ, Μαρί· ·· τοῦ Κλωπᾶ   καὶ Μαρ··· ············ ············   𝔭66
μητρὸς αὐτοῦ, Μαριὰμ ἡ τοῦ Κλωπᾶ   καὶ Μαριὰμ ἡ   Μαγδαληνή.   ℵ f^1 565
μητρὸς αὐτοῦ, Μαρία   ἡ τοῦ Κλωπᾶ   καὶ Μαρία   ἡ   Μαγδαληνήν.   E*
μητρὸς αὐτοῦ, Μαρία   ἡ τοῦ Κλωπᾶ   καὶ Μαρία   ἡ   Μαγδαληνή.   H Ω 69 28^sup
μητρὸς αὐτοῦ, Μαρία   ἡ τοῦ Κλωπᾶ   καὶ Μαριὰμ ἡ   Μαγδαληνή.   L
μητρὸς αὐτοῦ, Μαρία   ἡ τοῦ Κλωπᾶ   καὶ Μαρία   ἡ   Μαγδαλινή.   Π 124 1071
μητρὸς αὐτοῦ, Μαριὰμ ἡ τοῦ Κλοπᾶ   καὶ Μαριὰμ ἡ   Μαγδαληνή.   Ψ
μητρὸς αὐτοῦ, Μαρία   ἡ τοῦ Κλωπᾶ^Τ   καὶ Μαρία   ἡ καλουμένη Μαγδαληνή.   118
μητρὸς αὐτοῦ, Μαριὰμ ἡ τοῦ Κλωπᾶ   καὶ Μα······· ············   33

^Τὸ τίς Κλωπᾶ καὶ Ἰωσὴφ ἀδελφοὶ καὶ Μαρία ἡ μη̄ρ τοῦ κ̄ῡ καὶ μαρία ἀδελφὰς· οἱ οὖν δύο ἀδελφοὶ ἔλαβον τὰς δύο ἀδελφάς. S

                                                   [↓118 f^13 28^sup 157 1424 uwτ

26 Ἰησοῦς οὖν   ἰδὼν   τὴν μητέρα   καὶ τὸν μαθητὴν παρεστῶτα   B A D^sup 𝔐 K L M N Λ^c Π Ψ
26 Ἰησοῦς ·······   κα· ············   𝔭60
26 Ἰησοῦς οὖν   ἰδὼν   τη··   ···ν μαθητὴν π········   𝔭66
26   καὶ τὸν μαθητὴν παρεστῶτα   ℵ*
26 Ἰησοῦς δὲ   ἰδὼν   τὴν μητέρα   καὶ τὸν μαθητὴν παρεστῶτα   ℵ^c
26 Ἰησοῦς οὖν   ἰδὼν   τὴν μητέρα   καὶ τὸν μαθητὴν   W Λ*
26 Ὁ Ἰησοῦς οὖν   ἰδὼν   τὴν μητέρα αὐτοῦ καὶ τὸν μαθητὴν παρεστῶτα   Θ
26 Ἰησοῦς οὖν   ἰδὼν   τὴν μητέρα αὐτοῦ καὶ τὸν μαθητὴν παρεστῶτα   Ω
26 Ἰησοῦς οὖν ὡς εἶδεν τὴν μητέρα   καὶ τὸν μαθητὴν παρεστῶτα   f^1 565
26 Ἰησοῦς οὖν   ἰδὼν   τὴν μητέρα καὶ   καὶ τὸν μαθητὴν παρεστῶτα   f^13
26 Ἰησοῦς οὖν   ἰδὼς   τὴν μητέρα   καὶ τὸν μαθητὴν παρεστῶτα   2
26   ······· τὸν μαθητὴν παρεστῶτα   33
26 Ἰησοῦς οὖν   ἰδὼν   τὴν μητέραν καὶ καὶ τὸν μαθητὴν παρεστῶτα   579

lac. 19.24-26 𝔭45 𝔭75 C D F G P Δ Γ 28

A 25 ιστηκισαν ℵ N ¦ εἱστηκησαν E S* 2 1071 ¦ εἱστηκισαν K* ¦ εἱστικησαν 579 ¦ ειτηκεισαν 1346 26 ου (ουν) E* ¦ ειδων D^sup* 1071 ¦ ιδεν 565

B 25 σ̄τ̄ρ̄ω̄ H Y K M S U Λ Ω f^1 118 f^13 69 124 2 33 28^sup 157 565 579 700 788 1071 1346 1424 ¦ σ̄ρ̄ω̄ L ¦ ῑῡ B ℵ A D^sup 𝔐 K L M N S U Θ Λ Π Ψ Ω f^1 118 f^13 124 2 33 28^sup 157 565 579 700 788 1071 1346 1424 ¦ μ̄π̄ρ̄ A 𝔐 K L M N S U Θ Λ Π Ψ Ω f^1 118 f^13 69 124 2 33 28^sup 157 565 579 700 788 1071 1346 1424 ¦ μ̄ρ̄ς̄ A 𝔐 K L M N S U Θ Λ Π Ψ Ω f^1 118 f^13 69 124 2 33 28^sup 157 565 579 700 788 1071 1346 1424 26 ῑς̄ B 𝔭66 ℵ^c A D^sup 𝔐 K L M N S U W Θ Λ Π Ψ Ω f^1 118 f^13 124 2 28^sup 157 565 579 700 788 1071 1346 1424 ¦ μ̄ρ̄ᾱ ℵ^c A 𝔐 K L M N S U Θ Λ Π Ψ Ω f^1 118 f^13 69 124 2 28^sup 157 565 700 788 1071 1346 1424 ¦ μ̄ρ̄ᾱν̄ 579

C 25 αρχη: του αγιου ιωαννου του θεολογου: τω καιρω εἱστηκησαν (ante παρα τω) E ¦ αρξ της μεγαλης παρασκευης E ¦ αρχη: ευα θ̄ τ̄ παθ κ, του αγιου ῑω̄ του θεολογ, τω κ, ιστηκησαν παρα τω H ¦ αρξ του στρου κ, εις τ ·· H^2 ¦ αρχ: τ παθ λεγετ δικ, του θεολογου μ̄ημαιω η̄ τω κ,ρ̄,ω εἱστηκεισαν π̄,α Y ¦ αναγνω θ̄ τω κ S ¦ αρχ L Λ ¦ παθ ευα θ̄ ιωαννου ···λογου ···ρω, εισ, M ¦ αρχ ευαγγελ θ̄ του παθους του κ̄ῡ Ψ ¦ ευαγγ θ̄ των παθ αρχ τω καιρω τς υ εἱστηκεισαν Ω ¦ αρχ ευα ε του αγ ῑω̄ του θεολ αρξου του στρου τω καιρω εκεινω εἱστηκεισαν παρα τω στρω 28^sup ¦ αρχ τς υψωσεν f^1 ¦ αρξ της υψωσεν 118 ¦ αρχ ξα ευα θ̄ των αγιων παθων: τω κ,ρ εκ,α εἱστηκεισαν παρα τω στρω του ῑῡ η μ̄η̄ρ̄: και απτο κ̄ς̄ κ,μαιω η του θεολογου 118 ¦ αρχ ευα θ̄ f^13 ¦ αρχ εις τ αγιου ῑω̄ το θεολ,ογ (+ τω καιρω εκεινω 2^2) 2 ¦ αρχ ευα θ̄ των αγιων παθων· και εις τον ευαγγελιστην θεολο 157 ¦ αρχ ευα θ̄ των παθων 788 ¦ αρχ λ,γ του αγιων του θεολγ + ωτ κ,αι εκ,ει 1071 ¦ αρχ ευα δ̄ των παθων 1346 ¦ παρασκ, σ̄β̄/ι εἱστηκεισαν δε M

D 25 σ̄β̄/ῑ ℵ E L M S U Y Λ Π Ω 124 788 1071 1424 ¦ σ̄β̄/α A ¦ σ̄β̄ H K Θ Ψ f^1 118 f^13 28^sup 157 565 1346 ¦ Ευ Ιω σ̄β̄ : Λο . : Μρ . : Μθ . E ¦ Ιω σ̄β̄ : Λο . : Μρ σ̄ιᾱ : Μτ . 124

ὃν ἠγάπα,	λέγει τῇ μητρί,	Γύναι, ἴδε ὁ υἱός σου. **27** εἶτα λέγει	B uw
···· ·········α,	λέγει τῇ μ·········	···· ·ιός σου. **27** εἶτ· ·········	𝔭⁶⁶
ὃν ἠγάπα,	<u>καὶ</u> λέγει τῇ μητρί,	Γύναι, <u>ἰδοὺ</u> ὁ υἱός σου. **27** εἶτα λέγει	ℵ*
ὃν ἠγάπα,	λέγει τῇ μητρί,	Γύναι, <u>ἰδοὺ</u> ὁ υἱός σου. **27** εἶτα λέγει	ℵᶜ Lᶜ W Ψ f¹ 565
	λέγει τῇ μητρί,	Γύναι, <u>ἰδοὺ</u> ὁ υἱός σου. **27** εἶτα λέγει	L*
ὃν ἠγάπα,	λέγει τῇ μητρί <u>αὐτοῦ</u>,	Γύναι, ἴδε ὁ υἱός σου. **27** εἶτα λέγει	M N Λᶜ 118 28ˢᵘᵖ 157
ὃν ἠγάπα <u>ὁ Ἰησοῦς</u>,	λέγει τῇ μητρί <u>αὐτοῦ</u>,	Γύναι, <u>ἰδοὺ</u> ὁ υἱός σου. **27** εἶτα λέγει	Θ
ὃν ἠγάπα,	λέγει·········	**27**	33
	λέγει τῇ μητρί <u>αὐτοῦ</u>,	Γύναι, <u>ἰδοὺ</u> ὁ υἱός σου. **27** εἶτα λέγει	1346
ὃν ἠγάπα,	λέγει τῇ μητρί <u>αὐτοῦ</u>,	Γύναι, <u>ἰδοὺ</u> ὁ υἱός σου. **27** εἶτα λέγει	A Dˢᵘᵖ 𝔐 K U Λ* Π
			f¹³ 2 700 1071 1424 τ

τῷ μαθητῇ,	Ἴδε ἡ μήτηρ σου. καὶ ἀπ' ἐκείνης τῆς ὥρας	ἔλαβεν	B ℵ L W Θ Ψ 579 uw
···· ·········	···· ······ ἡ μήτηρ σου.	···· ········ ὥρας ἔλα····	𝔭⁶⁶
τῷ μαθητῇ,	Ἰδοὺ ἡ μήτηρ σου. καὶ ἀπ' ἐκείνης τῆς ἡμέρας	ἔλαβεν	A Y 69 124
····μαθητῇ,	Ἰδοὺ ἡ μήτηρ σου. καὶ ἀπ' ἐκείνης τῆς ὥρας	ἔλαβεν	G
τῷ μαθητῇ,	Ἴδε ἡ μήτηρ σου. <u>ἀπ'</u> ἐκείνης <u>οὖν</u> τῆς ὥρας	ἔλαβεν	N
τῷ μαθητῇ,	Ἰδοὺ ἡ μήτηρ σου. <u>ἀπ'</u> ἐκείνης <u>οὖν</u> τῆς ὥρας	ἔλαβεν	f¹ 565
τῷ μαθητῇ,	Ἴδε ἡ μήτηρ σου. καὶ ἀπ' ἐκείνης τῆς ἡμέρας	ἔλαβεν	f¹³
τῷ μαθητῇ,	Ἴδε ἡ μήτηρ σου. καὶ ἀπ' ἐκείνης τῆς ἡμε····	·········	33
τῷ μαθητῇ <u>αὐτοῦ</u>,	Ἰδοὺ ἡ μήτηρ σου. καὶ ἀπ' ἐκείνης τῆς ὥρας	ἔλαβεν	157 [↓700 1071 1424 τ
τῷ μαθητῇ,	Ἰδοὺ ἡ μήτηρ σου. καὶ ἀπ' ἐκείνης τῆς ὥρας	ἔλαβεν	Dˢᵘᵖ 𝔐 K M U Λ Π 118 2 28ˢᵘᵖ

ὁ μαθητὴς αὐτὴν	εἰς τὰ ἴδια.	B A 𝔐 K L M N Θ Λ Π Ψ 118 2 157 579 uw
···· ········ ·ὴν	εἰς τὰ ἴδια.	𝔭⁶⁶
<u>αὐτὴν</u> ὁ μαθητὴς	εἰς τὰ ἴδια.	ℵ Dˢᵘᵖ W f¹ f¹³ 565 1071 τ
<u>αὐτὴν</u> ὁ μαθητὴς <u>ἐκεῖνος</u>	εἰς τὰ ἴδια.	U Ω 28ˢᵘᵖ 1424
·· ·············	······ ···	33
ὁ μαθητὴς <u>ἐκεῖνος</u> αὐτὴν	εἰς τὰ ἴδια.	700
<u>αὐτῆς ὁ μαθητὴς</u>	εἰς τὰ ἴδια.	1346

Jesus Bows His Head And Gives Up His Spirit
(Matthew 27.46-50; Mark 15.34-37; Luke 23.45, 36-37, 46)

28 Μετὰ τοῦτο Ἰησοῦς εἰδὼς ὅτι ἤδη πάντα τετέλεσται,		B [w]
28 M········· ····ὡς ὅτι ἤδη πάν····		𝔭⁶⁶
28 Μετὰ τοῦτο <u>εἰδὼς ὁ</u> Ἰησοῦς ὅτι <u>πάντα ἤδη</u> τετέλεσται,		ℵ Y Nᶜ Λ 157 τ
28 Μετὰ τοῦτο <u>εἰδὼς ὁ</u> Ἰησοῦς ὅτι ἤδη πάντα τετέλεσται,		A L Π 33 1071 u[w]
28 Μετὰ τοῦτο <u>εἰδὼς ὁ</u> Ἰησοῦς ὅτι ἤδη πάντα <u>τετελείωται</u>,		Dˢᵘᵖ
28 Μετὰ τοῦτο <u>ἰδὼν ὁ</u> Ἰησοῦς ὅτι <u>πάντα ἤδη</u> τετέλεσται,		𝔐 K 118 69 2 28ˢᵘᵖ
28 Μετὰ τοῦτο <u>ὁ</u> Ἰησοῦς εἰδὼς ὅτι <u>πάντα ἤδη</u> τετέλεσται,		M
28 Μετὰ <u>ταῦτα εἰδὼς ὁ</u> Ἰησοῦς ὅτι ἤδη πάντα τετέλεσται <u>τὰ περὶ αὐτοῦ</u>,		N*
28 Μετὰ τοῦτο <u>εἰδὼς ὁ</u> Ἰησοῦς ὅτι <u>πάντα ἤδη τελευτᾷ</u>,		U
28 Μετὰ τοῦτο <u>εἰδὼς ὁ</u> Ἰησοῦς ὅτι <u>πάντα ἤδη</u> τετέλεσται		W f¹ 565
28 Μετὰ τοῦτο <u>εἰδὼς ὁ</u> Ἰησοῦς ὅτι <u>πάντα ἤδη</u> τετέλεσται <u>περὶ αὐτοῦ</u>,		Θ
28 Μετὰ τοῦτο <u>ἰδὼν ὁ</u> Ἰησοῦς ὅτι ἤδη πάντα τετέλεσται,		Ψ
28 Μετὰ τοῦτο <u>ἰδὼν ὁ</u> Ἰησοῦς ὅτι <u>πάντα ἤδη τετέλεσθαι</u>,		f¹³
28 Μετὰ τοῦτο <u>εἰδὼς ὁ</u> Ἰησοῦς ὅτι <u>τὰ πάντα</u> τετέλεσται,		579
28 Μετὰ τοῦτο <u>εἰδὼς ὁ</u> Ἰησοῦς ὅτι πάντα τετέλεσται <u>τὰ περὶ αὐτοῦ</u>,		700
28 Μετὰ τοῦτο <u>ἰδὼν ὁ</u> Ἰησοῦς ὅτι <u>πάντα δὲ ἤδη τετέλεσθαι</u>,		788
28 Μετὰ τοῦτο <u>ἰδὼν ὁ</u> Ἰησοῦς ὅτι πάντα τετέλεσται,		1424

lac. 19.26-28 𝔭⁴⁵ 𝔭⁷⁵ C D F P Δ Γ 28 ¦ vss. 26-27 G

A 26 ειδε Dˢᵘᵖ **27** ειδε ℵ N W ¦ εκινης ℵ N ¦ εκηνεις 579 ¦ ιδεια N **28** τουτω 579 ¦ ιδως N M W Θ 579 ¦ ειδων S Ω ¦ ηδην Dˢᵘᵖ ¦ τετελεστε U ¦ τεταιλεσται 1424

B 26 ι̅ς Θ ¦ μ̅ρ̅ι A 𝔐 K L M N S U Λ Π Ψ Ω f¹ 118 f¹³ 69 124 2 28ˢᵘᵖ 157 565 579 700 788 1071 1346 1424 ¦ υ̅ς 𝔐 K M N S U Π Ψ Ω f¹ 2 565 1071 1424 **27** μ̅η̅ρ̅ A 𝔐 K L M N S Λ Π Ψ Ω f¹ 118 f¹³ 69 124 2 33 28ˢᵘᵖ 157 565 579 700 788 1071 1346 1424 **28** ι̅ς̅ B ℵ A Dˢᵘᵖ 𝔐 K L N S U W Θ Λ Π Ψ Ω f¹ 118 f¹³ 124 2 33 28ˢᵘᵖ 157 565 579 700 788 1071 1346 1424

C 27 υπ του θεολογου εις το τελος του ευαγγελιου (post ιδια) E 2 ¦ υπ του σ̅τ̅ρ̅ου G ¦ υπ του θεολ G² M ¦ υπ του θεολγ εις τ τε του ευαγγελιου H² ¦ υπ του θεολ εις κ,ε σ̅λ̅β̅ ουτος ι̅ς̅ παν ο μαθ Y ¦ υπ Σα β̅ εις τ ι̅α̅ αιωθ ο μια κ χγ ουτο ·ου μαθ ο̅ μια τ̅ε̅ περι τουτ Λ ¦ υπ του θεολογ εν τω γ̅σ̅ εστιν ο αρξ τ̅ς̅ υψω f¹ ¦ υπερ του θεολογ σν κ,ε ξ̅ζ̅ υπερ της υψωσεν 118 ¦ (post διψω) υπ Ψ **28** φ. ·ες λ̅γ̅ G

D 27 (ante και απ) σ̅γ̅ 157 **28** σ̅γ̅/λ̅ ℵ E ¦ σ̅γ̅/α̅ A N ¦ ο̅γ̅/δ̅ G L M Y S U Λ Π Ω 124 788 1424 ¦ σ̅γ̅ H K Θ Ψ 118 f¹³ 2 565 1346 ¦ σ̅γ̅/γ̅ 1071 ¦ Ευ Ιω σ̅γ̅ : Λο . : Μρ σ̅ι̅α̅ : Μθ τ̅λ̅γ̅ E ¦ Ιω σ̅γ̅ : Λο τ̅κ̅θ̅ : Μρ σ̅ι̅α̅ : Μτ τ̅γ̅ 124

ἵνα τελειωθῇ ἡ γραφή, λέγει, Διψῶ. **29** σκεῦος   ἔκειτο ὄξους μεστόν·   B A L W Ψ 579 **uw**
⋯⋯γει, Διψῶ. **29** σκε⋯⋯   ⋯ειτο ⋯⋯⋯ ⋯εστόν·   𝔭66*
ἵνα τελειωθῇ ἡ ⋯ραφή, ⋯γει, Διψῶ. **29** σκε⋯⋯   ⋯ειτο ⋯⋯⋯ ⋯εστόν·   𝔭66c
ἵνα πληρωθῇ ἡ γραφή, λέγει, Διψῶ. **29** σκεῦος δὲ ἔκειτο ὄξους μεστόν·   ℵ
ἵνα πληρωθῇ ἡ γραφή, λέγει, Διψῶ. **29** σκεῦος οὖν ἔκειτο ὄξους μεστόν·   Dsup Θ 69 124 157 788 1346
ἵνα ἡ γραφή πληρωθῇ, λέγει, Διψῶ. **29** σκεῦος οὖν ἔκειτο ὄξους μεστόν·   f1 565
ἵνα πληρωθῇ ἡ γραφή, λέγει, Διψῶ. **29** σκεῦος οὖν ἔκειτο ὄξος μεστόν·   f13
⋯⋯⋯ ⋯⋯⋯⋯ ⋯⋯ **29** ⋯⋯⋯υος   ἔκειτο ὄξους μεστόν·   33   [↓1071 1424 τ
ἵνα τελειωθῇ ἡ γραφή, λέγει, Διψῶ. **29** σκεῦος οὖν ἔκειτο ὄξους μεστόν·   𝔐 K M N U Λ Π 118 2 28sup 700

σπόγγον οὖν μεστὸν τοῦ ὄξους   ὑσσώπῳ   B ℵc L W Ψ f1 565 **uw**
⋯⋯⋯⋯⋯ ⋯ὴν μεστο⋯ ⋯ῦ ὄξου⋯   ⋯π⋯   𝔭66
σπόγγον οὖν μεστὸν   ὄξους   ὑσσώπῳ   ℵ*
οἱ δὲ πλήσαντες σπόγγον τοῦ ὄξους μετὰ χολῆς καὶ ὑσσώπου καὶ Θ
οἱ δὲ πλήσαντες σπόγγον   ὄξους μετὰ χολῆς καὶ ὑσσώπῳ   f13
σπόγγον οὖν μεστὸν τοῦ ⋯⋯⋯⋯   33
σπόγγον οὖν μεστὸν καὶ ὄξους   ὑσσώπῳ   579
οἱ δὲ πλήσαντες σπόγγον   ὄξους, καὶ   ὑσσώπῳ   A Dsup 𝔐 K M N U Λ Π 118
                                                        2 28sup 157 700 1071 1424 τ

περιθέντες   προσήνεγκαν αὐτοῦ τῷ στόματι. **30** ὅτε οὖν ἔλαβεν   B **uw**τ rell
⋯⋯ ριθέντες   προσήνεγκαν αὐτοῦ τ⋯ ⋯τόματι. **30** ὅτε οὖν ἔλ⋯εν   𝔭66
περιθέντες   προσήνεγκαν   τῷ στόματι. **30** ὅτε οὖν ἔλαβεν   G*
περιθέντες   προσήνεγκαν αὐτοῦ τῷ στόματι. **30** ὅτε δὲ ἔλαβεν   Υ Π
περιθέντες καλάμῳ προσήνεγκαν αὐτοῦ τῷ στόματι. **30** ὅτε οὖν ἔλαβεν   Θ
⋯⋯⋯⋯⋯⋯   ⋯⋯⋯καν αὐτοῦ τῷ στόματι. **30** ὅτε   ἔλαβεν   33
περιτιθέντες   προσήνεγκαν αὐτοῦ τῷ στόματι. **30** ὅτε οὖν ἔλαβεν   579

τὸ ὄξος   Ἰησοῦς   εἶπεν, Τετέλεσται, καὶ κλείνας τὴν κεφαλὴν   B W
τὸ ὄ[ξος ὁ] Ἰησοῦς ⋯⋯⋯⋯ Τετέλεσ⋯αι, καὶ κλί⋯⋯ ⋯εφ⋯⋯ν 𝔭66 (cj.)
τὸ ὄξος   εἶπεν, Τετέλεσται, καὶ κλείνας τὴν κεφαλὴν   ℵ*
τὸ ὄξος ὁ Ἰησοῦς   εἶπεν, Τετέλεσται, καὶ κλείνας τὴν κεφαλὴν   ℵc A Θ
τὸ ὄξος ὁ Ἰησοῦς   εἶπεν, Τετελείωται, καὶ κλίνας τὴν κεφαλὴν   Dsup
ὁ Ἰησοῦς τὸ ὄξος   εἶπεν, Τετέλεσται, καὶ κλίνας τὴν κεφαλὴν   E
ὁ Ἰησοῦς τὸ ὄξος μετὰ τῆς χολῆς εἶπεν, Τετέλεσται, καὶ κλίνας τὴν κεφαλὴν   f13
ὁ Ἰησοῦς τὸ ὄξος μετὰ χολῆς εἶπεν, Τετέλεσται, καὶ κλίνας τὴν κεφαλὴν   69
τὸ ὄξος   ⋯⋯⋯⋯ Τετέλεσται, καὶ κλίνας ⋯⋯⋯ ⋯ κεφαλὴν   33
τὸ ὄξος εἶπεν   ὁ Ἰησοῦς, Τετέλεσται, καὶ κλίνας τὴν κεφαλὴν   579
τὸ ὄξος Ἰησοῦς   εἶπεν, Τετέλεσται, καὶ κλίνας τὴν κεφαλὴν   [**uw**]
τὸ ὄξος ὁ Ἰησοῦς   εἶπεν, Τετέλεσται, καὶ κλίνας τὴν κεφαλὴν   𝔐 K L M N U Λ Π Ψ
                                                        f1 28sup 157 565 700 1071 1424 [**uw**]τ

παρέδωκεν   τὸ πνεῦμα. B **uw**τ rell
παρ⋯δωκεν   τὸ πν⋯. 𝔭66
παραδέδωκεν τὸ πνεῦμα. W

---

lac. **19.26-30** 𝔭45 𝔭75 C D F P Δ Γ 28

A **28** τελιωθη M N W | λεγη 1346 **29** οξου1 S | υσωπω N | το (τω) E* Θ Ω 1 13 124 2* 28sup 579 **30** ου (ουν) L | ελαβε Υ 118 157 700 | ειπε Υ 118 28sup 69 157 700 | τελεσται G | τετελεστε 28sup | κλινας E* 2* | κεφαλη L | κεφαλιν Ω | καιφαλην 2 | παρεδωκε Υ U Ψ 118 28sup 157 700 788 1346 | παρεδοκεν 2* | τω (το2) Ω 2 1071

B **30** ιϲ B 𝔭66 A Dsup 𝔐 K L M S U W Θ Λ Π Ψ Ω f1 118 f13 124 2 28sup 157 565 579 700 788 1071 1346 1424 | πνα 𝔭66 ℵ A Dsup 𝔐 K L M N S U W Θ Λ Π Ψ Ω f1 118 f13 124 2 33 28sup 157 565 579 700 788 1071 1346 1424

C **28** υπ (post γραφη) Θ **30** αρξ της στρου G | αρξ (ante και κλεινας) Θ | αρχ ευαγγελ ιδ του παθους του κυ Ψ | αρξ της υψωσεν 118

D **28** κεφ σλγ G (ante ινα τελ.) **30** σδ/α L | σδ Ψ | (ante και κλινας) σδ/α ℵ A G S U Y Λ Π Ω 118 124 788 1071 1424 | σδ E H K Θ f13 2 157 1346 | σε/ι M | Ευ Ιω σδ : Λο τκθ : Μρ σκα : Μθ τμγ E | Ιω σδ : Λο . : Μρ σκγ : Μτ τλγ 124

A Soldier Pierces Jesus' Side And Blood And Water Come Forth
(Mark 15.42; Luke 23.54)

ο̅β̅ 31 Οἱ οὖν	Ἰουδαῖοι, ἐπὶ παρασκευῇ ἦν, ἵνα μὴ μείνῃ ἐπὶ τοῦ σταυροῦ τὰ	B* W
31 Οἱ οὖν	Ἰουδαῖοι, ἐπεὶ παρασκευῇ ἦν, ἵνα μὴ μείνῃ ἐπὶ τοῦ σταυροῦ τὰ	B^c ℵ L Ψ f¹ f¹³ 33
31 ···· ου··	··ρυδαῖο·· ·πὶ παρασκευῇ ἦν, ι···· μὴ μείν··· ···· τοῦ σταυροῦ τὰ	𝔓⁶⁶ [↑565 1071 uw
31 Οἱ οὖν	Ἰουδαῖ, ἵνα μὴ μείνῃ ἐπὶ τοῦ σταυροῦ τὰ σώματα ἐν τῷ σαββάτῳ,	K
31 Οἱ οὖν οἱ	Ἰουδαῖοι, ἵνα μὴ μείνῃ ἐπὶ τοῦ σταυροῦ τὰ σώματα ἐν τῷ σαββάτῳ,	Θ
31 Οἱ οὖν οἱ	Ἰουδαῖοι, ἐπὶ παρασκευῇ ἦν, ἵνα μὴ μείνῃ ἐπὶ τοῦ σταυροῦ τὰ	579
31 Οἱ οὖν	Ἰουδαῖοι, ἐπεὶ παρασκευὴν ἦν, ἵνα μὴ μείνῃ ἐπὶ τοῦ σταυροῦ τὰ	788
31 Οἱ οὖν	Ἰουδαῖοι, ἵνα μὴ μείνῃ ἐπὶ τοῦ σταυροῦ τὰ σώματα ἐν τῷ σαββάτῳ,	A D^{sup} 𝔐 M N U Λ
		Π 118 2 28^{sup} 157 700 1424 τ

σώματα ἐν τῷ σαββάτῳ,	ἦν γὰρ μεγάλη ἡ	ἡμέρα ἐκείνη τοῦ σαββάτου, ἠρώτησαν	B* [w]
σώματα ἐν τῷ σαββάτῳ,	ἦν γὰρ μεγάλη ἡ	ἡμέρα ἐκείνου τοῦ σαββάτου, ἠρώτησαν	B^c f¹ f¹³ 565 1071
σώματα ἐν τῷ σαββάτῳ,	ἦν γὰρ μεγάλη	ἡμέρα ἐκείνου τοῦ σαββάτου, ἠρώτησαν	ℵ W 1346 [↑u[w]
σώμ···· ···ἄτῳ,	ἦν γὰρ ············· ··	············· νου τοῦ σα·······	𝔓⁶⁶
ἐπὶ παρασκευῇ ἦν,	ἦν γὰρ μεγάλη ἡ	ἡμέρα ἐκείνου τοῦ σαββάτου, ἠρώτησεν	A*
ἐπὶ παρασκευῇ ἦν,	ἦν γὰρ μεγάλη	ἡμέρα ἐκείνου τοῦ σαββάτου, ἠρώτησον	A^c
ἐπὶ παρασκευῇ,	ἦν γὰρ μεγάλη ἡ	ἡμέρα τοῦ σαββάτου ἐκείνου, ἠρώτησαν	D^{sup}*
ἐπὶ παρασκευῇ ἦν,	ἦν γὰρ μεγάλη ἡ	ἡμέρα τοῦ σαββάτου ἐκείνου, ἠρώτησαν	D^{sup.c} N
ἐπεὶ παρασκευῇ ἦν,	ἦν γὰρ μεγάλη	ἡμέρα ἐκείνου τοῦ σαββάτου, ἠρώτησαν	𝔐 2 700
σώματα ἐν τῷ σαββάτῳ,	ἦν γὰρ μεγάλη ἡ	ἡμέρα τοῦ σαββάτου ἐκείνου, ἠρώτησαν	L Ψ
ἐπεὶ παρασκευῇ ἦν,		ἐκείνου τοῦ σαββάτου, ἠρώτησαν	M
ἐπὶ παρασκευῇ ἦν,	ἦν γὰρ μεγάλη	ἡμέρα ἐκείνου τοῦ σαββάτου, ἠρώτησαν	Θ
σώματα ἐν τῷ σαββάτῳ,	ἦν γὰρ μεγάλη ἡ	ἡμέρα ἐκείνου τοῦ σαββάτου ἐκείνη, ἠρώτησαν	69
σώματα ἐν τῷ σαββάτῳ,	············· ἡ	ἡμέρα ἐκείνη τοῦ σαββάτου, ἠρώ···	33
ἐπεὶ παρασκευῇ ἦν,	ἦν γὰρ μεγάλη ἡ	ἡμέρα ἐκείνη τοῦ σαββάτου, ἠρώτησαν	157
σώματα ἐν τῷ σαββάτῳ,	ἦν γὰρ μεγάλη	ἡμέρα τοῦ σαββάτου ἐκείνου, ἠρώτησαν	579 [↓28^{sup} 1424 τ
ἐπεὶ παρασκευῇ ἦν,	ἦν γὰρ μεγάλη ἡ	ἡμέρα ἐκείνου τοῦ σαββάτου, ἠρώτησαν	K U Λ Π Ω 118

τὸν Πειλᾶτον	ἵνα κατεαγῶσιν αὐτῶν τὰ σκέλη καὶ ἀρθῶσιν. 32 ἦλθον οὖν οἱ	B A W
τὸν Πιλᾶτ···	············· ν αὐτῶν τ······· ············· θῶσιν. 32 ἦλθαν ······ ····	𝔓⁶⁶
οὖν τὸν Πιλᾶτον	ἵνα κατεαγῶσιν αὐτῶν τὰ σκέλη καὶ ἀρτῶσιν. 32 ἦλθον οὖν οἱ	ℵ* L
τὸν Πειλᾶτον	ἵνα κατεαγῶσιν αὐτῶν τὰ σκέλη καὶ ἀρθῶσιν. 32 ἦλθον οὖν οἱ	D^{sup}
τὸν Πηλᾶτον	ἵνα κατεαγῶσιν αὐτῶν τὰ σκέλη καὶ ἀρθῶσιν. 32 ἦλθον οὖν οἱ	Ω
τὸν Πιλᾶτον	ἵνα κατεαγῶσιν αὐτῶν τὰ σκέλη καὶ ἀρθῶσιν. 32 ἦλθον οὖν	f¹³
τὸν Πιλᾶτον	ἵνα κατεαγῶσιν ············· ···· καὶ ἀρθῶσιν. 32 ἦλθον οὖν οἱ	33
τὸν Πηλᾶτον	ἵνα κατεαγῶσιν αὐτῶν τὰ σκέλη καὶ ἀρθῶσιν. 32 ἦλθον οὖν οἱ	579
τῶν Πιλάτων	ἵνα κατεαγῶσιν αὐτῶν τὰ σκέλη καὶ ἀρθῶσιν. 32 ἦλθον οὖν οἱ	1071
τὸν Πιλᾶτον	ἵνα κατεαγῶσιν αὐτῶν τὰ σκέλη καὶ ἀρθῶσιν. 32 ἦλθον οὖν οἱ	ℵ^c 𝔐 K M N U W Θ
		Λ Π Ψ f¹ 69 124 2 28^{sup} 157 565 700 788 1346 1424 uτ

στρατιῶται καὶ τοῦ μὲν πρώτου κατέαξαν τὰ σκέλη καὶ τοῦ ἄλλου	τοῦ	B uwτ rell
···· ται καὶ τοῦ μὲγ ············· αξαν τὰ σκε····	····ῦ̣	𝔓⁶⁶
στρατιῶται καὶ τοῦ μὲν πρώτου κατέαξαν τὰ σκέλη καὶ τοῦ ἄλλου ὁμοίως	τοῦ	Θ
στρατιω··· ···· ··· ν πρώτου κατέαξαν τὰ σκέλη καὶ τοῦ ἄλλου	τοῦ	33

lac. 19.31-32 𝔓⁴⁵ 𝔓⁷⁵ C D F P Δ Γ 28

A 31 επη Θ ¦ παρασκευι D^{sup} ¦ παρασκευει 2* ¦ μινη ℵ N Θ ¦ μινητ D^{sup} ¦ μηνη 2 ¦ μηνει 579 1346 ¦ στου D^{sup}* ¦ εκινου N Θ ¦ ηρωτισαν E ¦ κατεγωσιν L ¦ καταιαγωσιν M 2 ¦ αυτω L ¦ αυτον S* 579 32 προτου Θ ¦ αλου Θ

B 31 σ̅τ̅ρ̅ο̅υ̅ D^{sup} G H Y K M S Λ Ω f¹ 118 f¹³ 69 124 2 28^{sup} 157 565 579 700 788 1071 1346 1424 ¦ σ̅ρ̅ο̅υ̅ L

C 31 αρχ ευα̅ θ̅ τ̅ αγι παθ τω καιρω εισ̅τ̅ηκεισαν παρα τω του το λειτ ά διακοπος f¹ ¦ αρξ της παρ, G ¦ αρξου Θ 1346 ¦ αρχ τς μ, γλ παρ ης ε εως του εξεκεντ f¹ ¦ αρξ της μ, γλ παραδοσεως του εξεκεντησαν 118 ¦ αρξου του θεολογ τη μ, γλ ς̅ εσπερ̅ 28^{sup} ¦ αρχ τη μεγα πα̅ 157

D 31 σε̅/λ̅ A E G L S U Y Λ Π Ω 118 124 788 1071 1424 ¦ σ̅ε̅ H K Θ Ψ f¹³ 2 157 565 1346 ¦ Ευ Ιω σ̅ε̅ : Λο . : Μρ . : Μθ . E 124 ¦ (ante ην γαρ) σε̅/λ̅ ℵ

συνσταυρωθέντος αὐτῷ· **33** ἐπὶ δὲ τὸν Ἰησοῦν ἐλθόντες ὡς εἶδον ἤδη αὐτὸν τεθνηκότα, B L W **w**
συνστ.......... **33** ..πὶ δὲ.......... ἐλθόν.......... .....γ ἤδ... ὑτὸν τεθνη.......... 𝔓66
συνσταυρωθέντος αὐτῷ· **33** ἐπὶ δὲ τὸν Ἰησοῦν ἐλθόντες <u>εὗρον</u> <u>αὐτὸν</u> <u>ἤδη</u> τεθνηκότα, ℵ*
συνσταυρωθέντος αὐτῷ· **33** ἐπὶ δὲ τὸν Ἰησοῦν ἐλθόντες ὡς εἶδον <u>αὐτὸν</u> <u>ἤδη</u> τεθνηκότα, ℵᶜ
συνσταυρωθέντος αὐτῷ· **33** ἐπὶ δὲ τὸν Ἰησοῦν ἐλθόντες ὡς εἶδον <u>αὐτὸν</u> <u>ἤδη</u> τεθνηκότα, A Dˢᵘᵖ 𝔐 N Ψ
<u>συνσταυρωθέντων</u> αὐτῷ· **33** ἐπὶ δὲ τὸν Ἰησοῦν ἐλθόντες ὡς εἶδον <u>αὐτὸν</u> <u>ἤδη</u> τεθνηκότα, Θ   [↑f¹³ 2
συνσταυρωθέντος αὐτῷ· **33** .... Ἰησοῦν ἐλθόντες ὡς εἶδον <u>αὐτὸν</u> <u>ἤδη</u> τεθνηκότα, 33
συνσταυρωθέντος αὐτῷ· **33** ἐπὶ δὲ τὸν Ἰησοῦν ἐλθόντες ὡς <u>ἴδων</u> <u>αὐτὸν</u> <u>ἴδει</u> <u>τεθνηκώτα</u>, 579
<u>συσταυρωθέντος</u> αὐτῷ· **33** ἐπὶ δὲ τὸν Ἰησοῦν ἐλθόντες ὡς εἶδον ἤδη αὐτὸν τεθνηκότα, **u**
<u>συσταυρωθέντος</u> αὐτῷ· **33** ἐπὶ δὲ τὸν Ἰησοῦν ἐλθόντες ὡς εἶδον <u>αὐτὸν</u> <u>ἤδη</u> τεθνηκότα, G Y K M S U Λ
Π Ω f¹ 69 28ˢᵘᵖ 157 565 700 1071 1424 τ

οὐ κατέαξαν αὐτοῦ τὰ σκέλη, **34** ἀλλ᾿ εἰς τῶν στρατιωτῶν   λόγχῃ   B **uwτ** rell
.... ἔλη, **34** 𝔓66
<u>καὶ</u> οὐ κατέαξαν αὐτοῦ τὰ σκέλη, **34** ἀλλ᾿ εἰς τῶν στρατιωτῶν   λόγχῃ   ℵ
οὐ κατέαξαν αὐτοῦ τὰ σκέλη, **34** <u>ἀλλὰ</u> εἰς τῶν στρατιωτῶν   λόγχῃ   Dˢᵘᵖ W Θ
οὐ κατέαξαν αὐτοῦ τὰ σκέλη, **34** ἀλλ᾿ εἰς τῶν στρατιωτῶν <u>ἐξελθὼν</u> λόγχῃ   69
οὐ κατέαξαν αὐτοῦ τὰ σκέλη, **34** ἀλλ᾿ εἰς τῶν στρατιωτῶν   <u>λόγχην</u>   579

αὐτοῦ τὴν πλευρὰν ἔνυξεν, καὶ ἐξῆλθεν εὐθὺς αἷμα καὶ ὕδωρ. B ℵ L N W Ψ 33 **uw**
....ν πλευρὰ· ἔνυξ... ..αὶ ἐξῆ... ..ν εὐθὺς α..μα καὶ ὕ..ωρ. 𝔓66
αὐτοῦ τὴν πλευρὰν ἔνυξεν, καὶ <u>εὐθὺς</u> <u>ἐξῆλθεν</u> αἷμα καὶ ὕδωρ. A 𝔐 K Θ Π f¹ 2 1071 τ
αὐτοῦ τὴν πλευρὰν ἔνυξεν, καὶ <u>εὐθέως</u> <u>ἐξῆλθεν</u> αἷμα καὶ ὕδωρ. Dˢᵘᵖ G M U 118 f¹³ 28ˢᵘᵖ 157 565 700
τὴν πλευρὰν ἔνυξεν, καὶ <u>εὐθὺς</u> <u>ἐξῆλθεν</u> αἷμα καὶ ὕδωρ. Λ   [↑1424
<u>τὴν</u> <u>πλευρὰν</u> <u>αὐτοῦ</u> ἔνυξεν, καὶ <u>εὐθέως</u> <u>ἐξῆλθεν</u> αἷμα καὶ ὕδωρ. 69 1346
<u>τὴν</u> <u>πλευρὰν</u> <u>αὐτοῦ</u> <u>ἤνοιξεν</u>, καὶ ἐξῆλθεν εὐθὺς <u>ὕδωρ</u> <u>καὶ</u> <u>αἷμα</u>. 579

35 καὶ ὁ ἑωρακὼς μεμαρτύρηκε, καὶ ἀληθινὴ αὐτοῦ ἐστιν ἡ μαρτυρία, καὶ ἐκεῖνος B
35 κα.. ..ωρακὼς <u>εμα</u> <u>τύ</u> <u>ηκεν</u>, ...ηθιν... ..στιν ..ψ... ..ῦ ἡ μα........ α, κα... ..ξι... 𝔓66
35 καὶ ὁ ἑωρακὼς <u>μεμαρτύρηκεν</u>, καὶ <u>ἀληθὴς</u> αὐτοῦ ἐστιν ἡ μαρτυρία, <u>κἀκεῖνος</u> ℵ
35 καὶ ὁ ἑωρακὼς <u>μεμαρτύρηκεν</u>, καὶ ἀληθινὴ <u>ἐστιν</u> <u>αὐτοῦ</u> ἡ μαρτυρία, <u>κἀκεῖνος</u> 𝔐 N U Λ
35 καὶ ὁ ἑωρακὼς <u>μεμαρτύρηκεν</u>, καὶ ἀληθινὴ <u>ἐστιν</u> <u>ἡ</u> <u>μαρτυρία</u> <u>αὐτοῦ</u>, <u>κἀκεῖνος</u> H 118 1424
35 καὶ ὁ ἑωρακὼς μεμαρτύρηκε, καὶ ἀληθινὴ <u>ἐστιν</u> <u>αὐτοῦ</u> ἡ μαρτυρία, <u>κἀκεῖνος</u> Y K 28ˢᵘᵖ 700
35 καὶ ὁ ἑωρακὼς μεμαρτύρηκε, καὶ ἀληθινὴ αὐτοῦ ἐστιν ἡ μαρτυρία, καὶ ἐκεῖνος W Θ 1582
35 καὶ ὁ ἑωρακὼς μεμαρτύρηκε, καὶ <u>ἀληλοθινὴ</u> αὐτοῦ ἐστιν ἡ μαρτυρία, καὶ ἐκεῖνος 1   [↑1071 **uw**
35 καὶ ὁ ἑωρακὼς μεμαρτύρηκε, καὶ ἀληθινὴ αὐτοῦ ἐστιν ἡ μαρτυρία, <u>κἀκεῖνος</u> f¹³ 157 565 τ
35 καὶ ὁ ἑωρακὼς <u>μεμερτύρικεν</u>, καὶ <u>ἀληθής</u> <u>ἐστιν</u> <u>αὐτοῦ</u> ἡ μαρτυρία, <u>κἀκεῖνος</u> 124
35 καὶ ὁ ἑωρακὼς <u>μεμαρτύρηκεν</u>, καὶ ἀληθινὴ <u>ἐστην</u> <u>ἡ</u> <u>μαρτυρία</u> <u>αὐτοῦ</u>, καὶ ἐκεῖνος 579
35 καὶ ὁ ἑωρακὼς <u>μεμαρτύρηκεν</u>, καὶ ἀληθινὴ αὐτοῦ ἐστιν ἡ μαρτυρία, <u>κἀκεῖνος</u> A Dˢᵘᵖ L M Π
Ψ 69 2 33

οἶδεν ὅτι ἀληθῆ λέγει, ἵνα καὶ ὑμεῖς <u>πιστεύητε</u>. **36** ἐγένετο γὰρ ταῦτα ἵνα ἡ B ℵ* **[u]w**
.........ν ὅτι ἀλ..... ..γε... .α κα... ..εἰς <u>πιστε</u> ..αι. **36** ἐγ...γετ... ....ῦτα 𝔓66
οἶδεν ὅτι ἀληθῆ λέγει, ἵνα καὶ ὑμεῖς <u>πιστεύσηται</u>. **36** ἐγένετο γὰρ ταῦτα ἵνα ἡ Dˢᵘᵖ W
οἶδεν ὅτι ἀληθῆ λέγει, ἵνα ὑμεῖς <u>πιστεύσητε</u>. **36** ἐγένετο γὰρ ταῦτα ἵνα ἡ 𝔐 M 118 28ˢᵘᵖ 700
οἶδεν ὅτι ἀληθῆ λέγει, ἵνα καὶ ὑμεῖς <u>πιστεύσητε</u>. **36** ἐγένετο <u>δὲ</u> ταῦτα ἵνα ἡ K N   [1424 τ
.........ὅτι ἀληθῆ λέγει, ἵνα ὑμεῖς <u>πιστεύσηται</u>. **36** ἐγένετο γὰρ ταῦτα ἵνα ἡ Δ
οἶδεν ὅτι ἀληθῆ λέγει, ἵνα καὶ ὑμεῖς <u>πιστεύσειτε</u>. **36** ἐγένετο γὰρ ταῦτα ἵνα ἡ Θ 2 1071
οἶδεν ὅτι ἀληθῆ λέγει, ἵνα καὶ ὑμεῖς πιστεύητε. **36** ἐγένετο <u>δὲ</u> ταῦτα ἵνα ἡ Ψ
<u>εἶδον</u> ὅτι ἀληθῆ λέγει, ἵνα καὶ ὑμεῖς <u>πιστεύσητε</u>. **36** ἐγένετο γὰρ ταῦτα ἵνα ἡ 69
οἶδεν ὅτι ἀληθῆ λέγει, ἵνα καὶ ὑμεῖς <u>πιστεύσητε</u>. **36** ἐγένετο γὰρ ταῦτα ἵνα ἡ 579 1346
οἶδεν ὅτι ἀληθῆ λέγει, ἵνα καὶ ὑμεῖς <u>πιστεύσητε</u>. **36** ἐγένετο γὰρ ταῦτα ἵνα ἡ 788   [↓33 157 565 **[u]**
οἶδεν ὅτι ἀληθῆ λέγει, ἵνα καὶ ὑμεῖς <u>πιστεύσητε</u>. **36** ἐγένετο γὰρ ταῦτα ἵνα ἡ ℵᶜ A H Y L U Λ Π f¹ f¹³

---

lac. **19.32-36** 𝔓⁴⁵ 𝔓⁷⁵ C D F P Δ Γ 28

A **33** επει E W | των (τον) 1071 | ελθωντες 579 | ιδον ℵᶜ Dˢᵘᵖ K M N S W Θ Π Ψ Ω 13 124 33 565 788 1346 1424* | ειδων L | ηδον 2 | ηδει (ηδη) 118 | ηδι 1346 | τεθνηκοτα Dˢᵘᵖ | τεθνηκατα K | τεθνηκωτα 1346 **34** ης (εις) L | τον (των) M Θ | στρατιοτων 1071 | λογχει 2 | πλεραν Λ* | ηενυξεν E* | ενυξε Y 118 157 700 | ενοιξεν 1071 1424 **35** εορακας Dˢᵘᵖ E G H N Πᶜ 1 565 | εορακος K | εωρακος L Λ | μεμαρτυρηκεν ℵ A Dˢᵘᵖ E G H L M N S U W Θ Λ Π Ψ Ω f¹ 69 2 788 1424 | μεμαρτυρικεν K 13 1071 1346 | μεμαρτυρηκε 118 | αληθειην A M W 33 1424 | αληθηνη E 2 579 1071 | αλιθηνη Λ | κακινος N | εκινος Θ | αληθη (αληθη) L | λεγι Dˢᵘᵖ | υμις ℵ N

B **32** συνσταυρωθεντος H L f¹³ 124 2 579 788 1346 | συσταυρωθεντος S 69 157 **33** ιν B ℵ A Dˢᵘᵖ 𝔐 K L M N S U W Θ Λ Π Ψ Ω f¹ 118 f¹³ 124 2 33 28ˢᵘᵖ 157 565 579 700 788 1071 1346 1424

C **35** (post μαρτυρια) τελ της υψωσε 118 | τελ 124 788 1346 | τε του στρου 2 | τελος της του σταυρου (post μαρτυρια) E² | τελος του στρου G H Ω | τελ (post μαρτυρια Y) S Θ Λ f¹³ 157 | τελ τς υψω, M f¹ | τελ του στρου κ, του θεολογ 28ˢᵘᵖ

γραφὴ πληρωθῇ,	Ὀστοῦν οὐ συντριβήσεται	αὐτοῦ.	37 καὶ πάλιν ἑτέρα γραφή B uwτ rell
γραφὴ πλ······	·····στου······	·····ντριβήσετ····	37 ·αὶ πά······ ·α γραφή 𝔭⁶⁶
γραφὴ πληρωθῇ.			37 καὶ πάλιν ἑτέρα γραφή 1424* γραφή
πληρωθῇ,	Ὀστοῦν οὐ συντριβήσεται	αὐτοῦ.	37 καὶ πάλιν ἐν ἑτέρα γραφή 1346
γραφὴ πληρωθῇ,	Ὀστοῦν οὐ συντριβήσεται ἀπ᾽	αὐτοῦ.	37 καὶ πάλιν ἑτέρα γραφή ℵ S Ω 69 124 33
			565 1071

[Cl Exc 62.2 οστουν γαρ αυτου ου συντριβησεται, φησι, ινα ιδωσιν εις ον εξεκεντησαν]

λέγει,	Ὄψονται εἰς ὃν ἐξεκέντησαν.	B uwτ rell
λ··γει,	·············· εἰς ὃν ·······έντησαν.	𝔭⁶⁶
	Ὄψονται εἰς ὃν ἐξεκέντησαν.	f¹ 565

ιη περὶ τῆς αἰτήσεως τοῦ κυριακοῦ σώματος

Joseph Of Arimathea Buries The Body Of Jesus
(Matthew 27.57-61; Mark 15.43-47; Luke 23.50-56)

ογ	38	Μετὰ δὲ ταῦτα ἠρώτησεν τὸν Πειλᾶτον	Ἰωσὴφ	ἀπὸ	Ἀρειμαθαίας,	B*
	38	Μετὰ δὲ ταῦτα ἠρώτησεν τὸν Πιλᾶτον	Ἰωσὴφ	ἀπὸ	Ἀρειμαθαίας,	Bᶜ
	38	·········· ταῦτα ἠ···· σεν το···	σὴφ	ἀπ···	····θαια·	𝔭⁶⁶
	38	Μετὰ δὲ ταῦτα ἠρώτησεν τὸν Πιλᾶτον	Ἰωσὴφ ὁ ἀπὸ		Ἀριμαθαίας,	ℵ U 1582 f¹³ 33 565 [u]
	38	Μετὰ δὲ ταῦτα ἠρώτησεν τὸν Πειλᾶτον ὁ	Ἰωσὴφ	ἀπὸ	Ἀριμαθαίας,	A
	38	Μετὰ δὲ ταῦτα ἠρώτησεν τὸν Πιλᾶτον	Ἰωσὴφ	ἀπὸ	Ἀριμαθέας,	Dˢᵘᵖ
	38	Μετὰ ταῦτα ἠρώτησεν τὸν Πιλᾶτον	Ἰωσὴφ ὁ ἀπὸ		Ἀριμαθαίας,	E K M 28ˢᵘᵖ 700
	38	Μετὰ ταῦτα ἠρώτησεν τὸν Πιλᾶτον	Ἰωσὴφ ὁ ἀπὸ		Ἀρημαθαίας,	G
	38	Μετὰ δὲ ταῦτα ἠρώτησεν τὸν Πιλᾶτον ὁ	Ἰωσὴφ	ἀπὸ	Ἀριμαθαίας,	𝔐 Δ 2 1424
	38	Μετὰ δὲ ταῦτα ἠρώτησεν τὸν Πιλᾶτον	Ἰωσὴφ ὁ ἀπὸ		Ἀριμαθέας,	L Ψ [u]
	38	Μετὰ δὲ ταῦτα ἠρώτησεν τὸν Πιλᾶτον	Ἰωσὴφ	ἀπὸ	Ἀριμαθαίας,	N
	38	Μετὰ δὲ ταῦτα ἠρώτησεν τὸν Πιλᾶτον	Ἰωσὴφ	ἀπὸ	Ἀριμαθίας,	W 124 1071
	38	Μετὰ δὲ ταῦτα ἠρώτησεν τὸν Πιλᾶτον ὁ	Ἰωσὴφ	ἀπὸ	Ἀριμαθίας,	Θ
	38	Μετὰ ταῦτα ἠρώτησεν τὸν Πιλᾶτον Δ Π	Ἰωσὴφ,ε ὁ ἀπὸ		Ἀριμαθείας,	Λ
	38	Μετὰ ταῦτα ἠρώτησεν τὸν Πιλᾶτον	Ἰωσὴφ ὁ ἀπὸ		Ἀριμαθίας,	Π
	38	Μετὰ δὲ ταῦτα ἠρώτησεν τὸν Πιλᾶτον	Ἰωσὴφ ὁ ἀπὸ		Ἀριμαθθαίας,	1
	38	Μετὰ δὲ ταῦτα ἠρώτησαν τὸν Πιλᾶτον	Ἰωσὴφ	ἀπὸ	Ἀριμαθαίας,	118
	38	Μετὰ ταῦτα ἠρώτησεν τὸν Πιλᾶτον ὁ	Ἰωσὴφ ὁ ἀπὸ		Ἀριμαθίας,	157
	38	Μετὰ δὲ ταῦτα ἠρώτησεν τὸν Πηλᾶτον	Ἰωσὴφ	ἀπὸ	Ἀριμαθαίας,	579
	38	Μετὰ δὲ ταῦτα ἠρώτησεν τὸν Πιλᾶτον ὁ	Ἰσὴφ ὁ ἀπὸ		Ἀριμαθαίας,	1346
	38	Μετὰ δὲ ταῦτα ἠρώτησεν τὸν Πειλᾶτον	Ἰωσὴφ ὁ ἀπὸ		Ἀριμαθαίας,	w
	38	Μετὰ δὲ ταῦτα ἠρώτησε τὸν Πιλᾶτον	Ἰωσὴφ ὁ ἀπὸ		Ἀριμαθαίας,	τ

ὢν μαθητὴς	Ἰησοῦ κεκρυμμένος δὲ διὰ τὸν φόβον τῶν Ἰουδαίων, ἵνα ἄρῃ τὸ σῶμα	B [w]
··············	·············· διὰ ·············· ἄρ··	𝔭⁶⁶
ὢν μαθητὴς τοῦ	Ἰησοῦ κεκρυμμένος δὲ διὰ τὸν φόβον τῶν Ἰουδέων, ἵνα ἄρῃ τὸ σῶμα	Θ
ὢν μαθητὴς τοῦ	Ἰησοῦ	69
μαθητὴς ὢν τοῦ	Ἰησοῦ κεκρυμμένος δὲ διὰ τὸν φόβον τῶν Ἰουδαίων, ἵνα ἄρῃ τὸ σῶμα	157
ὢν μαθητὴς τοῦ	Ἰησοῦ κεκρυμμένος δὲ διὰ τὸν φόβον τῶν Ἰουδαίων, ἵνα ἄρῃ τὸ σῶμα	ℵ A Dˢᵘᵖ 𝔐 K L

M N U W Δ Λ Π Ψ f¹ f¹³ 2 33 28ˢᵘᵖ 565 579 700 1071 1424 u[w]τ

lac. 19.36-38 𝔭⁴⁵ 𝔭⁷⁵ C D F P Γ 28

A 36 οστου L ¦ ωστουν 1071 ¦ συντριβησετε 2ᶜ 37 οψοντε Θ ¦ ο (ον) G* 38 ταυταυτα G ¦ ηρωτησε Dˢᵘᵖ Y f¹ 13 69 157 700 788 ¦ κεκρυμενος K ¦ καικρυμμενος Θ ¦ κεκριμμενος Λ ¦ των φωβων τον Θ ¦ τον (των) G* Y ¦ αρει H 579 ¦ τω (το¹) K 13 579 ¦ σομα¹ 1071

B 38 ιυ¹ B ℵ A Dˢᵘᵖ 𝔐 K L M N S U W Δ Θ Λ Π Ψ Ω f¹ 118 f¹³ 124 2 33 28ˢᵘᵖ 157 565 579 700 788 1071 1346 1424

C 36 τελ τς θ ωρ 1017 37 τελος και παλιν εις ματθαιον κεφαλη τμζ (post εξεκεντ.) E ¦ υπ της παρα, εις μαθ κεφαλ τμζ ησαν δε εκει γυναικες G ¦ τελος του ευαγγελιου G ¦ τελος του ευα δ H ¦ τε του θ Y 1071 ¦ της θ ωρ τη μγ, πα Y² ¦ τελ K² Λ Ψ f¹³ 124 579 788 ¦ τε ων παθ Ω ¦ τελ τς θ ωρ κ του ο··· ευα ση τελος εν η ωδε f¹ ¦ τελ του θ και της υπερ ωρα τη μγ 118 ¦ υπερ της μ,γλ παρ,μς μτ ησαν δε 118 ¦ τελ κ, παλιν υποστρεφη εις τ κατα μαθ· κεφαλ· τμζ 2 ¦ τελ τς θ ωρ 28ˢᵘᵖ ¦ τελ του θ ευα 28ˢᵘᵖ ¦ υπ (post εξεκεντησαν) της κατ μαθη κ,φαλ τμζ Θ ¦ υπ Π ¦ υπ μθ κ,ε τμζ τη μ,γλ ς εοπε 28ˢᵘᵖ 38 ιη A ¦ ιη (ιθ K) περι της αιτησεως (αιτισαιως E) του κυριακου σωματος 𝔐 K L Δ Π 2 28ˢᵘᵖ 157 788 1424 ¦ ιη M ¦ ιθ πε τς αιτησεως του σωματος του ιυ (κυ S Ω) S Λ Ω ¦ αρχη: και παλιν εις ματθαιον κεφαλη τμζ (ante ηρωτησεν) E ¦ αρχη: ευγ ια των παθ τω κ,ρ,ω ηρωτησεν τον πιλ G ¦ αρχη: ευα ια των παθ τω κ, ηρωτησεν H ¦ αρχ: ια τω παθ τω κ,ρ,ω ηρωτησε τον πιλατον Y ¦ στραφ,ο εις τ μαθ κ,ε τ·· ησαν δε ·· Y² ¦ ια τω παθθ τω καιρω, ηρωτησεν τον πιλατ ιωσηφ ο απο αρι, M ¦ αναγνω ια τω κ S ¦ αρχ Λ ¦ αρχ αναγν,ω εσθιν, ζ Ψ ¦ ·· ια τω καιρω ηρωτησεν Ω ¦ τελ γραφου εις τ τς μ,γλ παρηβατε ···· δε εκει κ γυναικες f¹ ¦ αρχ ευα ια των παθ f¹³ 124 788 1346 ¦ ευαγγε ια τω καιρω εκεινω 2 ¦ αρχ ια τω καιρω εκεινω ηρωτισεν τον πιλατ 28ˢᵘᵖ ¦ αρχ ευα τη πα των παθων ια 157 ¦ αρχ τω κ,αι εκ,ει ηρωτηξεν ευα ιά 1071

D 38 σς/ᾱ ℵ A E G L M N S U Λ Π 118 124 788 1071 1424 ¦ σς H K Θ Ψ f¹ 2 28ˢᵘᵖ 1346 ¦ σς/δ Y ¦ σις 157 ¦ Ευ Ιω σς : Λο τλβ ¦ Μρ σκζ : Μθ τμη E ¦ Ιω σς : Λο τλβ : Μρ σκζ : Μτ τμη 124 ¦ Μτ ξη : Μρ μη : Λο ·· L ¦ σζ/ί (ante κ. επετρεψεν) E 1071

τοῦ Ἰησοῦ· καὶ ἐπέτρεψεν ὁ Πειλᾶτος. ἦλθεν οὖν καὶ ἦρεν τὸ σῶμα αὐτοῦ.	B w
.... ἦλθ··· .... ἦρεν τὸ ··ῶμα αὐτο··.	𝔓^{66}
τοῦ Ἰησοῦ· καὶ ἐπέτρεψεν ὁ Πιλᾶτος. ἦλθον οὖν καὶ ἦραν αὐτόν.	ℵ*
τοῦ Ἰησοῦ· καὶ ἐπέτρεψεν ὁ Πιλᾶτος. ἦλθεν οὖν καὶ ἦρεν τὸ σῶμα αὐτοῦ.	ℵ^{c} L Λ Ψ 1071 **u**
τοῦ Ἰησοῦ·	A H 1
τοῦ Ἰησοῦ· καὶ ἐπέτρεψεν ὁ Πιλᾶτος. ἦλθεν οὖν καὶ ἦρεν	M
τοῦ Ἰησοῦ· καὶ ἐπέτρεψεν ὁ Πιλᾶτος. ἦλθον οὖν καὶ ἦραν τὸ σῶμα τοῦ Ἰησοῦ.	N
τοῦ Ἰησοῦ· καὶ ἐπέτρεψεν ὁ Πειλᾶτος. ἦλθον οὖν καὶ ἦραν αὐτόν.	W
τοῦ Ἰησοῦ· καὶ ἐπέστρεψεν ὁ Πιλᾶτος. ἦλθεν δὲ καὶ ἦρεν τὸ σῶμα τοῦ Ἰησοῦ.	Δ*
τοῦ Ἰησοῦ· καὶ ἐπέστρεψεν ὁ Πιλᾶτος. ἦλθεν οὖν καὶ ἦρεν τὸ σῶμα τοῦ Ἰησοῦ.	Δ^{c}
τοῦ Ἰησοῦ· καὶ ἐπέτρεψεν ὁ Πιλᾶτος. ἀπῆλθεν οὖν καὶ ἦρεν τὸ σῶμα τοῦ Ἰησοῦ.	Θ
τοῦ Ἰησοῦ· καὶ ἐπέτρεψεν ὁ Πιλᾶτος. ἦλθεν δὲ καὶ ἦρεν τὸ σῶμα τοῦ Ἰησοῦ.	1582
τοῦ Ἰησοῦ· καὶ ἐπέτρεψεν αὐτῷ ὁ Πιλᾶτος. ἦλθεν οὖν καὶ ἦρεν τὸ σῶμα τοῦ Ἰησοῦ.	f^{13}
καὶ ἐπέτρεψεν ὁ Πιλᾶτος. ἦλθεν οὖν καὶ ἦρεν τὸ σῶμα τοῦ Ἰησοῦ.	69
τοῦ Ἰησοῦ·	2* 579
τοῦ Ἰησοῦ· καὶ ἐπέτρεψεν ὁ Πιλᾶτος.	2^{c}
τοῦ Ἰησοῦ· καὶ ἐπέτρεψεν ὁ Πιλᾶτος. ἦλθεν οὖν καὶ ἦρεν τὸ σῶμα τοῦ Ἰησοῦ.	D^{sup} 𝔐 K U Π 118 124 33 28^{sup} 157 565 700 788 1424 **τ**

39 ἦλθεν δὲ καὶ Νεικόδημος, ὁ ἐλθὼν πρὸς αὐτὸν νυκτὸς τὸ πρῶτον,	B
39 .... κ̣α̣ὶ Νικόδημος, ὁ ἐλ······γ πρὸς α[ὐτὸ] νυκ̣..ὸς πρ···τ̣····	𝔓^{66*} (cj.)
39 .... κ̣α̣ὶ Νικόδημος, ὁ ἐλ······γ πρὸς α·······ν νυκ̣..ὸς τὸ πρ···τ̣····	𝔓^{66c}
39 ἦλθεν δὲ καὶ Νικόδημος, ὁ ἐλθὼν πρὸς αὐτὸν νυκτὸς τὸ πρῶτον,	A L U Ψ 1071 **uw**
39 ἦλθεν δὲ καὶ Νίδημος, ὁ ἐλθὼν πρὸς τὸν Ἰησοῦν νυκτὸς τὸ πρῶτον,	D^{sup}
39 ἦλθεν οὖν καὶ Νικόδημος, ὁ ἐλθὼν πρὸς τὸν Ἰησοῦν νυκτὸς τὸ πρῶτον,	E
39 ἦλθεν δὲ καὶ Νικόδιμος, ὁ ἐλθὼν πρὸς τὸν Ἰησοῦν νυκτὸς τὸ πρῶτον,	Θ
39 ἦλθεν καὶ Νικόδημος, ὁ ἐλθὼν πρὸς τὸν Ἰησοῦν νυκτὸς τὸ πρῶτον,	Λ
39 ἦλθεν δὲ καὶ Νικόδημος, ὁ ἐλθὼν νυκτὸς πρὸς τὸν Ἰησοῦν τὸ πρότερον,	f^{13}
39 ἦλθεν δὲ καὶ Νικόδημος, ὁ ἐλθὼν νυκτὸς πρόστερον τὸν Ἰησοῦ πρότερον,	69*
39 ἦλθεν δὲ καὶ Νικόδημος, ὁ ἐλθὼν νυκτὸς πρὸς τὸν Ἰησοῦ πρότερον,	69^{c}
39 ἦλθεν δὲ καὶ Νικόδημος, ὁ ἐλθὼν νυκτὸς πρὸς τὸν Ἰησοῦν τὸ πρῶτον,	124
39 om.	579
39 ἦν δὲ καὶ Νικόδημος, ὁ ἐλθὼν πρὸς τὸν Ἰησοῦν νυκτὸς τὸ πρῶτον,	1424
39 ἦλθεν δὲ καὶ Νικόδημος, ὁ ἐλθὼν πρὸς τὸν Ἰησοῦν νυκτὸς τὸ πρῶτον,	ℵ 𝔐 K M N W Δ Π f^{1} 2 33 28^{sup} 157 565 700 **τ**

φέρων ἕλιγμα σμύρνης καὶ ἀλόης ὡς λείτρας ἑκατόν. **40** ἔλαβον οὖν	B
····ρων μ̣·········· ····· ṿ····ης κα·· .... ···σεὶ λ............ ἑκ·······γ. **40** ε........... οὐṿ	𝔓^{66}
ἔχων ἕλιγμα σζμύρνης καὶ ἀλόης ὡς λίτρας ἑκατόν. **40** ἔλαβον οὖν	ℵ*
φέρων μῖγμα σζμύρνης καὶ ἀλόης ὡς λίτρας ἑκατόν. **40** ἔλαβον οὖν	ℵ^{c}
φέρων μῖγμα σμύρνης καὶ ἀλόης ὡσεὶ λίτρας ἑκατόν. **40** ἔλαβον οὖν	A N U f^{1} f^{13} 33 565 700 1071
φέρων μῖγμα ζμύρνης καὶ ἀλόης ὡς λίτρας ἑκατόν. **40** ἔλαβον οὖν	D^{sup} [↑1424 **τ**
φέρων μῖγμα σμύρνης καὶ ἀλόης ὡς λίτρας ἑκατόν. **40** ἔλαβον οὖν	𝔐 L M Δ Λ Π 118 2 28^{sup} **u[w]**
φέρων μῖγμα σμύρνης καὶ ἀλόης ὡς λήτρας ἑκατόν. **40** ἔλαβον οὖν	K
ἔχων ἕλιγμα ζμύρνης καὶ ἀλόης ὡσεὶ λίτρας ἑκατόν. **40** ἔλαβον οὖν	W
φέρων μεῖγμα σμύρνης καὶ ἀλόης ὡς λήτρας ἑκατόν. **40** ἔλαβον οὖν	Θ
φέρων σμῖγμα σμύρνης καὶ ἀλόης ὡς λίτρας ἑκατόν. **40** ἔλαβον οὖν	Ψ
φέρων σμῖγμα σμύρνης καὶ ἀλόης ὡσεὶ λίτρας ἑκατόν. **40** ἔλαβον οὖν	157
om. **40**	579
φέρων ἕλιγμα σμύρνης καὶ ἀλόης ὡς λίτρας ἑκατόν. **40** ἔλαβον οὖν	[w]

lac. 19.38-40 𝔓^{45} 𝔓^{75} C D F P Γ 28

A 38 επεστρεψεν Y* ǀ ηλθε Y ǀ ηρε Y 13 69 28^{sup} 157 700 788 1346 **39** ηλθε Y 118 28^{sup} 69 157 700 ǀ ελθον 565 ǀ προτον Θ* ¦ πρωτερον 1346 **39** φερον 13 124 1346 ǀ αλωης E Ψ 157 1346 1424 ǀ λητρας 1071 1346

B 38 ιυ^{2} B ℵ A D^{sup} 𝔐 K L M N S U W Δ Θ Λ Π Ψ Ω f^{1} 118 f^{13} 124 2 33 28^{sup} 157 565 579 700 788 1071 1346 1424 ǀ ιυ^{3} D^{sup} E G Y K N S U Δ Θ Π Ω 118 f^{13} 124 33 28^{sup} 157 565 700 788 1346 1424 **39** ιν ℵ D^{sup} 𝔐 K M N S W Δ Θ Λ Π Ω f^{1} 118 f^{13} 124 2 28^{sup} 157 565 700 788 1346 1424 ǀ ρ Θ

C 39 ιζ πε τς αιτησεως του σωμτ του ιυ 1071

D 38 (ante ηλθεν ουν) σζ/ι ℵ Y Λ ǀ Ευ Ιω σζ : Λο . : Μρ . : Μθ . E **39** σζ/α A M ¦ σζ/ι G S Y L U Π 118 124 788 1424 ¦ σζ H K Θ Ψ f^{1} f^{13} 2 28^{sup} ǀ Ιω σζ : Λο τλγ Μρ σκη : Μτ τμθ 124 **40** ση/α ℵ A E G L M S U Y Λ Π Ω 118 1071 1424 ¦ ση K Ψ f^{1} 2 ¦ ση/ι N ¦ σζ 157 ǀ Ευ Ιω ση : Λο τλ : Μρ σκη : Μθ τμθ E

τὸ σῶμα τοῦ Ἰησοῦ καὶ ἔδησαν   αὐτὸ   ὀθονίοις μετὰ τῶν ἀρωμάτων, καθὼς B ℵ K N W Δ Π Ψ *f*[1] 124
τὸ σ⋯⋯ τοῦ Ἰ⋯⋯⋯ αι ε⋯⋯⋯γ   αὐτὸ   ὀθ⋯⋯⋯ς μ⋯ὰ τῷ⋯⋯⋯μάτων, ⋯⋯⋯⋯ 𝔓66*   [↑33 565 **uwτ**
τὸ σ⋯⋯ τοῦ Ἰ⋯⋯⋯ αι ε⋯⋯⋯γ   αὐτὸ   ὀθ⋯⋯⋯ς μ⋯ὰ τῶν⋯⋯μάτων, ⋯⋯⋯⋯ 𝔓66c
τὸ σῶμα τοῦ θεοῦ καὶ ἔδησαν   αὐτὸ ἐν ὀθονίοις μετὰ τῶν ἀρωμάτων, καθὼς A
τὸ σῶμα τοῦ Ἰησοῦ καὶ ἔδησαν αὐτῷ ἐν ὀθονίοις μετὰ τῶν ἀρωμάτων, καθὼς E* 28sup 1424
τὸ σῶμα τοῦ Ἰησοῦ καὶ ἔδησαν αὐτῷ   ὀθονίοις μετὰ τῶν ἀρωμάτων, καθὼς L
τὸ σῶμα τοῦ Ἰησοῦ καὶ ἐνείλησαν αὐτῷ ἐν ὀθονίοις μετὰ τῶν ἀρωμάτων, καθώς Θ
τὸ σῶμα τοῦ Ἰησοῦ καὶ ἔδησαν αὐτὸν   ὀθονίοις μετὰ τῶν ἀρωμάτων, καθὼς *f*[13]
τὸ σῶμα τοῦ Ἰησοῦ καὶ ἔδησαν αὐτὸ   ὀθονίοις μετὰ   ἀρωμάτων, καθὼς 69
τὸ σῶμα τοῦ Ἰησοῦ καὶ εἴλισαν αὐτὸ ἐν ὀθονίοις μετὰ τῶν ἀρωμάτων, καθὼς 157
            καὶ ἔδησαν αὐτῷ   ὀθονίοις μετὰ τῶν ἀρωμάτων, καθὼς 579   [↓700 1071
τὸ σῶμα τοῦ Ἰησοῦ καὶ ἔδησαν αὐτὸ ἐν ὀθονίοις μετὰ τῶν ἀρωμάτων, καθὼς Dsup 𝔐 M U Λ 118 2

ἔθος ἐστὶ τοῖς Ἰουδαίοις ἐνταφιάζειν. **41** ἦν δὲ ἐν τῷ τόπῳ ὅπου ἐσταυρώθη B Y K S U Π Ω *f*[1] 28sup 157
ἔθος ἐστὶν τ⋯⋯ υδα⋯⋯ ταφιάζειν. **41** ⋯ἐ εγ⋯ τόπῳ ὅπου ⋯⋯υρ⋯θη 𝔓66   [↑565 700 788 **τ**
ἔθος ἦν τοῖς Ἰουδαίοις ἐνταφιάζειν. **41** ἦν δὲ ἐν τῷ τόπῳ ὅπου ἐσταυρώθη ℵ* W
ἔθος ἐστὶν Ἰουδαίς ἐνταφιάζειν. **41** ἦν δὲ ἐν τόπῳ ὅπου ἐσταυρώθη Dsup
     ἐστὶν τοῖς Ἰουδαίοις ἐνταφιάζειν. **41** ἦν δὲ ἐν τῷ τόπῳ ὅπου ἐσταυρώθη Θ
     ἐστὶ τοῖς Ἰουδαίοις ἐνταφιάζειν. **41** ἦν δὲ ἐν τῷ τόπῳ ὅπου ἐσταυρώθη *f*[13]
ἔθος ἐστὶ τοῖς Ἰουδαίοις ἐνταφιάζειν. **41** ἦν δὲ ἐν τόπῳ ὅπου ἐσταυρώθη 69
ἔθος τοῖς Ἰουδαίοις ἐνταφιάζειν. **41** ἦν δὲ ἐν τῷ τόπῳ ὅπου ἐσταυρώθη 579
ἔθος ἐστὶ τοῖς Ἰουδαίοις ἐνταφιάζειν. **41** ἦν δὲ ἐν τῷ τόπῳ ὅπου ἐσταυρώθη 1346 [↓33 1071 1424 **uw**
ἔθος ἐστὶν τοῖς Ἰουδαίοις ἐνταφιάζειν. **41** ἦν δὲ ἐν τῷ τόπῳ ὅπου ἐσταυρώθη ℵc A 𝔐 L M N Δ Λ Ψ 124 2

    κῆπος, καὶ ἐν τῷ κήπῳ μνημεῖον καινὸν ἐν ᾧ οὐδέπω οὐδεὶς ἦν τεθειμένος· B W 1071 **uw**
    ⋯⋯⋯ ⋯ὶ ἐν τῷ ⋯πῳ μνημ⋯⋯ ⋯⋯⋯ον ἐγ ⋯ δέπ⋯ οὐ⋯⋯ ⋯⋯⋯⋯με⋯ · 𝔓66
    κῆπος, καὶ ἐν τῷ κήπῳ μνημεῖον καινὸν ἐν ᾧ οὐδεὶς οὐδέπω ἦν τεθειμένος· ℵ
    κῆπος, καὶ ἐν τῷ κήπῳ μνημεῖον καινὸν ἐν ᾧ οὐδέπω οὐδεὶς· K*
ὁ Ἰησοῦς κῆπος, καὶ ἐν τῷ κήπῳ μνημεῖον καινὸν ἐν ᾧ οὐδεὶς πώποτε ἐτέθη· N
    κῆπος, καὶ ἐν τῷ κήπῳ μνημεῖον καινὸν ἐν ᾧ οὐδέπωτε οὐδεὶς ἐτέθη· Θ
    κῆπος, καὶ ἐν τῷ τόπῳ μνημεῖον καινὸν ἐν ᾧ οὐδέπω οὐδεὶς ἐτέθη· 1 1582*
    κῆπος, καὶ ἐν τῷ κήπῳ μνημεῖον κενὸν ἐν ᾧ οὐδέπω οὐδεὶς ἐτέθη· 118
    κῆπος, καὶ ἐν τῷ τόπῳ μνημεῖον καινὸν ἐν ᾧ οὐδέπω οὐδεὶς ἐτέθει· 157
    κῆπος, καὶ ἐν τῷ τόπῳ μνημεῖον καινὸν ἐν ᾧ οὐδέπω οὐδεὶς ἦν τεθειμένος· 579
    κῆπος, καὶ ἐν τῷ κήπῳ μνημεῖον καινὸν ἐν ᾧ οὐδεὶς οὐδέπω ἐτέθη· 1424
    κῆπος, καὶ ἐν τῷ κήπῳ μνημεῖον καινὸν ἐν ᾧ οὐδέπω οὐδεὶς ἐτέθη· A Dsup 𝔐 Kc
                                             L M U Δ Λ Π Ψ 1582c *f*[13] 2 33 28sup 565 700 **τ**

42 ἐκεῖ οὖν διὰ τὴν παρασκευὴν τῶν Ἰουδαίων, ὅτι ἐγγὺς ἦν τὸ μνημεῖον, B **uwτ** rell
42 ⋯⋯⋯ οὖν διὰ ⋯⋯⋯ ⋯⋯⋯ ⋯⋯⋯ εγγ⋯⋯⋯ν τὸ μνημεῖον, 𝔓66
42 ἐκεῖ ἦν διὰ τὴν παρασκευὴν τῶν Ἰουδαίων, ὅτι ἐγγὺς ἦν τὸ μνημεῖον, 579

    ἔθηκαν τὸν Ἰησοῦν. B **uwτ** rell
    ἔ⋯⋯καν ⋯⋯γ Ἰησοῦν. 𝔓66
ὅπου ἔθηκαν τὸν Ἰησοῦν. ℵ*
    ἔθηκαν αὐτόν. Ψ
    ἔθηκαν αὐτὸν τὸν Ἰησοῦν. 69
⋯⋯νω ἔθηκαν τὸν Ἰησοῦν. 1071

lac. **19.39-42** 𝔓45 𝔓75 C D F P Γ 28

A 40 εδεισαν 13 | τω (των) 𝔓66* | καθος 13 | εθως 579 | ενταφηαζειν 2 **41** το (τω[1]) E* 28sup | κηκηπος Dsup | μνημιον ℵ Dsup L N W | μνημειν G | κενον Dsup N 69 | ουδις ℵ Dsup **42** εγυς L | μνημιον ℵ Dsup N W Θ | μνημον L | παρασκευειν 579

B 40 θ̄ῡ A | ῑῡ B 𝔓66 ℵ Dsup 𝔐 K L M N S U W Δ Θ Λ Π Ψ Ω *f*[1] 118 *f*[13] 124 2 33 28sup 157 565 700 788 1071 1346 1424 **41** εστρώθη S Λ 118 *f*[13] 69 124 2 157 579 788 1071 1346 | ῑς̄ N **42** ῑν̄ B 𝔓66 ℵ A Dsup 𝔐 K L M N S U W Δ Θ Λ Π Ω *f*[1] *f*[13] 124 2 33 28sup 157 565 579 700 1071 1346 1424

C 42 τελος (post τον ῑν̄) E S Ψ *f*[13] 124 157 788 | τελος του ῑᾱ ευγ G | τελος του ῑᾱ ευα του παθ H | τελ του ῑᾱ *f*[1] 118 | τελ του ῑᾱ Y 28sup | τε̄ του ῑᾱ των παθ Ω | τελ ε̄ του ῑᾱ 1071 | τελ ευα ῑᾱ 1346

D 41 σ̄η̄ H Θ *f*[13] 157 1346 | σ̄η̄/ᾱ 124 | Ιω σ̄η̄ : Λο τ̄λ̄ς̄ : Μρ σ̄λ̄ᾱ : Μτ τ̄ν̄β̄ 124

Mary Magdalene First At The Tomb Reports to Peter And The Disciple Whom Jesus Loved
That The Stone Had Been Removed
(Matthew 28.1—4; Mark 16.1—4; Luke 24.1—3, 10—12)

οδ **20.1** Τῇ δὲ μιᾷ τῶν σαββάτων Μαρία   ἡ Μαγδαληνὴ ἔρχεται πρωΐ   B Dsup 𝕸 M N U Δ Θ Π 118 f13 2
20.1 ···· δὲ μι·· τῶν σαβ····ων   ·····αγ·····ηνὴ ἔρχ····   𝔭66   [↑28sup 157 700 1424 **uwτ**
20.1 Τῇ δὲ μιᾷ τῶν σαββάτων <u>Μαριὰμ</u> ἡ Μαγδαληνὴ ἔρχεται πρωΐ   א A L f1 565
20.1 Τῇ δὲ μιᾷ τῶν σαββάτων Μαρία   Μαγδαληνὴ ἔρχεται πρωΐ   K
20.1 Τῇ δὲ μιᾷ τῶν σαββάτων <u>Μαριὰμ</u> ἡ Μαγδαληνὴ ἔρχεται   W
20.1 Τῇ δὲ μιᾷ τῶν σαββάτων Μαρία   ἡ <u>Μαγδαλινὴ</u> ἔρχεται πρωΐ   Λ Ψ 124 1071
20.1 Τῇ δὲ μιᾷ τῶν σαββάτων <u>ἔρχεται Μαριὰμ</u> ἡ <u>Μαγδαλινὴ</u> πρωΐ   33
20.1 Τῇ δὲ μιᾷ τῶν σαββάτων <u>Μαριὰμ</u> ἡ <u>Μαγδαλινὴ</u> ἔρχεται πρωΐ   579

[↓118 124 2 33 28sup 700 1424 **uwτ**
σκοτίας ἔτι οὔσης εἰς τὸ μνημεῖον καὶ βλέπει τὸν λίθον ἠρμένον   B A Dsup 𝕸 K L M N U Δ Θ Π Ψ
············ ··τι οὔσης ε····   ···········έπει τὸν ···········   𝔭66 .
σκοτίας ἔτι οὔσης εἰς τὸ μνημεῖον καὶ βλέπει τὸν λίθον ἠρμένον <u>ἀπὸ τῆς θύρας</u>   א f1 565
σκοτίας ἔτι οὔσης εἰς τὸ μνημεῖον καὶ βλέπει τὸν λίθον <u>ἠρμένου</u>   H
σκοτίας ἔτι οὔσης <u>ἐπὶ</u> τὸ μνημεῖον καὶ βλέπει τὸν λίθον ἠρμένον <u>ἀπὸ τῆς θύρας</u>   W
σκοτίας   οὔσης εἰς <u>τὸν</u> μνημεῖον καὶ βλέπει τὸν λίθον ἠρμένον   Λ
<u>εἰς τὸ μνημεῖον σκοτίας</u> <u>ἔτι οὔσης</u> καὶ βλέπει τὸν λίθον ἠρμένον   f13
σκοτίας ἔτι οὔσης εἰς τὸ μνημεῖον καὶ βλέπει τὸν λίθον ἠρμένον <u>ἐκ</u> <u>τῆς θύρας</u> 157
<u>σκοτεία</u> ἔτι οὔσης <u>ἐπὶ</u> τὸ μνημεῖον καὶ βλέπει τὸν λίθον ἠρμένον <u>ἀπὸ τῆς θύρας</u> 579
<u>ἔτι σκοτίας</u> οὔσης εἰς τὸ μνημεῖον καὶ βλέπει τὸν λίθον ἠρμένον   1071
<u>εἰς τὸ μνημεῖον σκοτεία</u> <u>ἔτι οὔσης</u> καὶ βλέπει τὸν λίθον ἠρμένον   1346

ἐκ τοῦ μνημείου. **2** τρέχει οὖν καὶ ἔρχεται πρὸς   Σίμωνα Πέτρον καὶ πρὸς τὸν   B 118 **uwτ** rell
·· ···ῦ μ··με·· **2** ··········χεται πρὸς   Σ······ ·········αὶ πρὸς τὸν   𝔭66
ἐκ τοῦ μνημείου. **2** τρέχει οὖν καὶ ἔρχεται πρὸς <u>τὸν</u> Σίμωνα Πέτρον καὶ πρὸς τὸν   א
ἐκ τοῦ μνημείου. **2** τρέχει οὖν καὶ ἔρχεται πρὸς   <u>Σίμων</u> Πέτρον καὶ πρὸς τὸν   H
    τοῦ μνημείου. **2** τρέχει οὖν καὶ ἔρχεται πρὸς   Σίμωνα Πέτρον καὶ πρὸς τὸν   f1 157 565 579
<u>ἀπὸ</u> τοῦ μνημείου. **2** τρέχει οὖν καὶ ἔρχεται πρὸς   Σίμωνα Πέτρον καὶ πρὸς τὸν   69 1424
ἐκ τοῦ μνημείου. **2** τρέχει οὖν καὶ ἔρχεται πρὸς   <u>Σίμονα</u> Πέτρον καὶ πρὸς τὸν   788

ἄλλον μαθητὴν ὃν ἐφίλει ὁ Ἰησοῦς καὶ λέγει αὐτοῖς, Ἦραν τὸν κύριον   ἐκ τοῦ μνημείου, B **uwτ**
rell
········· μαθητὴ··· ν ἐφίλει ὁ Ἰησοῦς κ··· ········· αὐτοῖς, Ἦρ··ν τὸν κύριον   ἐκ τοῦ ··γημείου, 𝔭66
ἄλλον μαθητὴν ὃν ἐφίλει ὁ Ἰησοῦς καὶ λέγει αὐτοῖς, Ἦραν τὸν κύριόν <u>μου</u> ἐκ τοῦ μνημείου, Δ
ἄλλον μαθητὴν ὃν <u>ἠγάπα</u> ὁ Ἰησοῦς καὶ λέγει αὐτοῖς, Ἦραν τὸν κύριον   ἐκ τοῦ μνημείου, 1071

καὶ οὐκ οἴδαμεν ποῦ ἔθηκαν αὐτόν. **3** Ἐξῆλθεν οὖν   ὁ Πέτρος καὶ ὁ ἄλλος μαθητής, B **uwτ** rell
κα·· ··ὺκ οἴδαμεν π··ῦ ἔθη··αν αὐτόν. **3** ···ῆλθε·· ·ὖν   ὁ Πέ··ρος καὶ ὁ ····ος μαθ····ής, 𝔭66
καὶ οὐκ οἴδαμεν ποῦ ἔθηκαν αὐτόν. **3** Ἐξῆλθεν οὖν   ὁ Πέτρος καὶ   ἄλλος μαθητής, Dsup
καὶ οὐκ <u>οἶδα</u> ποῦ ἔθηκαν αὐτόν. **3** Ἐξῆλθεν οὖν   ὁ Πέτρος καὶ ὁ ἄλλος μαθητής, S 579
καὶ οὐκ οἴδαμεν ποῦ ἔθηκαν αὐτόν. **3** Ἐξῆλθεν οὖν <u>καὶ</u> ὁ Πέτρος καὶ ὁ ἄλλος μαθητής, Ψ

καὶ ἤρχοντο εἰς τὸ μνημεῖον. **4** ἔτρεχον δὲ   οἱ δύο ὁμοῦ· καὶ ὁ ἄλλος μαθητὴς   B **uwτ** rell
καὶ η·······οντο εἰς τὸ μνημ···· **4** ἔτρε··ον δὲ οἱ δύο ὁμοῦ· ········· [μα] τὴ··   𝔭66*
καὶ η·······οντο εἰς τὸ μνημ···· **4** ἔτρε··ον δὲ οἱ δύο ὁμοῦ· ········· [μα]θητὴ··   𝔭66c
              4 <u>καὶ ἔτρεχον</u> οἱ δύο ὁμοῦ· <u>προέδραμεν δὲ</u>   א*
καὶ ἤρχοντο εἰς τὸ μνημεῖον. **4** ἔτρεχον δὲ   οἱ δύο ὁμοῦ· <u>ὁ δὲ ἄλλος</u> μαθητὴς   A U 33

---

lac. 20.1-4 𝔭45 𝔭75 C D F P Γ 28

A 20.1 τι (τη) E | τω (των) Θ | ερχετε Dsup Θ 1071 | σκοτειας 2 33 1424 | τω (το) Θ | μνημιον Dsup L N W Θ | κα (και) W |
βλεπη 1346 | μνημιου א Dsup L N W Θ | μειου U **2** αλον H* 1071 | εφιλι Dsup | εφηλη 1346 | μνημιου א Dsup L N W Θ | μειου
Y **3** ερχοντο Dsup Δ | μνημιον אc Dsup L N W Θ **4** ματης 𝔭66* |

B 20.2 ις, κν B 𝔭66 א A Dsup 𝕸 K L M N S U W Δ Θ Λ Π Ψ Ω f1 118 f13 124 2 33 28sup 157 565 579 700 788 1071 1346 1424
| κν 69

C 20.1 αρχη: αναστασιμον ζ °τι μια` (° 2) (ante τ. σαββατων) E G 2 | αρχη: αναστ ζ τη μια των σαββατω H | αρχ: εωθ ζ τη μια
των σαββατων Y | αναστασιμ, ζ τη μια των σαββατων μαρια, M | εωθ S | αρχ: εωθ ζ τη κυριακη Λ | αναστ ζ του ορθ αρχ τη δε
μια Ω | αρχ ξβ εωθιν ζ τη μια τ σαββατ f1 | αρχ ξγ εωθιν ζ τη μια των σαββατων μαρια 118 | αρχ εωθ ζ f13 124 1346 | αρχ
του ζ εωθ τη μια των σαββατων 28sup | αρχ ευα εωθινον ζ 157 788 1071 | αρχη τω καιρω 1424

D 20.1 σθ/α א A G L M N S U Y Λ Π 1071 1424 | σθ/δ E 124 788 | σθ H K Θ Ψ f1 f13 2 28sup 157 1346 | σθ/ι 118 | Ευ Ιω σθ :
Λο τλς : Μρ ολα : Μθ τνβ E 124 **2** σι/ι א E G L S U Y Λ Π 124 788 1424 | σι/ε A | σι H K Θ 118 2 28sup 1346 | σι/α M | Ευ Ιω
σι : Λο . : Μρ . : Μθ . E 124 **3** σι Ψ

272

προέδραμεν τάχειον τοῦ Πέτρου   καὶ ἦλθε πρῶτος εἰς τὸ μνημεῖον,   B* Δ 33
προέδραμεν <u>τάχιον</u> τοῦ Πέτρου   καὶ ἦλθε πρῶτος εἰς τὸ μνημεῖον,   Bᶜ Y S 118 69 28ˢᵘᵖ
·······ρα·ε······ ······· ·········· ·   ······ ··········· ···· μν··· εῖον,   𝔓⁶⁶   [↑157 700 τ
     <u>τάχιον</u> τοῦ Πέτρου   καὶ <u>ἦλθεν</u> <u>εἰς τὸ μνημεῖον πρῶτος</u>,   ℵ*
προέδραμεν <u>τάχιον</u> τοῦ Πέτρου   καὶ <u>ἦλθεν</u> <u>εἰς τὸ μνημεῖον πρῶτος</u>,   ℵᶜ
προέδραμεν <u>τάχιον</u> τοῦ Πέτρου   καὶ <u>ἦλθεν</u> πρῶτος εἰς τὸ μνημεῖον,   A E G L Θ Ψ w
<u>προέφθασεν</u> <u>τάχιον</u> τοῦ Πέτρου   καὶ <u>ἦλθεν</u> πρῶτος εἰς τὸ μνημεῖον,   U
προέδραμεν <u>τάχιον</u> τοῦ Πέτρου   καὶ <u>ἦλθεν</u> πρῶτος <u>ἐπὶ</u> τὸ μνημεῖον,   W
προέδραμεν <u>τάχιον</u> τοῦ Πέτρου <u>μετ'</u> <u>αὐτοῦ</u> καὶ <u>ἦλθεν</u> πρῶτος εἰς τὸ μνημεῖον,   579
προέδραμεν <u>τάχιον</u> τοῦ Πέτρου   καὶ <u>ἦλθεν</u> πρῶτος εἰς τὸ μνημεῖον,   Dˢᵘᵖ H K M N Λ Π Ω
                                         f¹ f¹³ 2 565 1071 1424 u

                                     [↓28ˢᵘᵖ 157 700 1071 1424 uwτ

5 καὶ παρακύψας βλέπει κείμενα τὰ ὀθόνια,   οὐ μέντοι εἰσῆλθεν.   B Dˢᵘᵖ 𝔐 K M U Δ Π 118 f¹³ 2
5 καὶ παρακύψ····· ········· κει····να τὰ ὀθόν····   οὐ μέγ··· ··············   𝔓⁶⁶
5 καὶ παρακύψας βλέπει <u>τὰ ὀθόνια κείμενα</u>.   ℵ*
5 καὶ παρακύψας βλέπει <u>τὰ ὀθόνια κείμενα</u>,   οὐ μέντοι εἰσῆλθεν.   ℵᶜ A N
5 καὶ παρακύψας βλέπει κείμενα τὰ ὀθόνια,   οὐ <u>μέντοιγε</u> εἰσῆλθεν.   L f¹ 33 565 579
5 καὶ παρακύψας βλέπει κείμενα τὰ ὀθόνια,   οὐ <u>μέντοις</u> εἰσῆλθεν.   W
5 καὶ παρακύψας βλέπει κείμενα τὰ ὀθόνια, <u>οὐ</u>   οὐ μέντοι εἰσῆλθεν.   Θ
5 καὶ παρακύψας βλέπει   τὰ ὀθόνια,   οὐ μέντοι εἰσῆλθεν.   Λ
5 καὶ παρακύψας βλέπει <u>τὰ ὀθόνια κείμενα μόνα</u>, οὐ <u>μέντοιγε</u> εἰσῆλθεν.   Ψ
5 om.   69
5 καὶ <u>παρακείψας</u> βλέπει κείμενα τὰ ὀθόνια,   οὐ μέντοι εἰσῆλθεν.   1346

6 ἔρχεται οὖν καὶ   Σίμων Πέτρος ἀκολουθῶν αὐτῷ καὶ εἰσῆλθεν   εἰς τὸ   B ℵᶜ L Ψ 33 uw
6 ·······αι οὖν καὶ   ·····μων ··············· ········ ῶν αὐτῷ ······   ······ ····   𝔓⁶⁶
6 om.   ℵ* 69
6 ἔρχεται οὖν καὶ <u>ὁ</u> Σίμων Πέτρος ἀκολουθῶν αὐτῷ καὶ εἰσῆλθεν   εἰς τὸ   W
6 ἔρχεται   Σίμων Πέτρος ἀκολουθῶν αὐτῷ καὶ εἰσῆλθεν   εἰς τὸ   157
6 ἔρχεται οὖν   Σίμων Πέτρος ἀκολουθῶν αὐτῷ καὶ εἰσῆλθεν <u>πρῶτον</u> εἰς τὸ   1424
6 ἔρχεται οὖν   Σίμων Πέτρος ἀκολουθῶν αὐτῷ καὶ εἰσῆλθεν   εἰς τὸ   A Dˢᵘᵖ 𝔐 K M N U Δ
                                 Θ Λ Π f¹ f¹³ 2 28ˢᵘᵖ 565 579 700 1071 τ

μνημεῖον, καὶ θεωρεῖ τὰ ὀθόνια κείμενα,   7 καὶ τὸ σουδάριον, ὃ ἦν ἐπὶ τῆς   B uwτ rell
·······εῖον, καὶ θ·········   7 καὶ τὸ·········   𝔓⁶⁶
      τὰ ὀθόνια κείμενα,   7 καὶ τὸ σουδάριον, ὃ ἦν ἐπὶ τῆς   ℵ*
μνημεῖον,   7 καὶ τὸ σουδάριον, ὃ ἦν ἐπὶ τῆς   Λ*
μνημεῖον, καὶ θεωρεῖ τὰ ὀθόνια κείμενα <u>μόνα</u>, 7 καὶ τὸ σουδάριον, ὃ ἦν ἐπὶ τῆς   1582ᶜ
      καὶ θεωρεῖ τὰ ὀθόνια κείμενα,   7 καὶ τὸ σουδάριον, ὃ ἦν ἐπὶ τῆς   69

κεφαλῆς αὐτοῦ, οὐ μετὰ   τῶν ὀθονίων κείμενον ἀλλὰ χωρὶς ἐντετυλιγμένον εἰς   B uwτ rell
········ς αυ···ῦ, ϙ·····   ········· ··· μεγον α··········· ·············μένον εἰς   𝔓⁶⁶
κεφαλῆς αὐτοῦ, οὐ μετὰ   τῶν ὀθονίων κείμενον ἀλλὰ χωρὶς <u>ἐντετιλιγμένον</u> εἰς   118 1346
κεφαλῆς αὐτοῦ, οὐ μετὰ <u>τὰ</u> τῶν ὀθονίων κείμενον ἀλλὰ χωρὶς ἐντετυλιγμένον εἰς   69

ἕνα τόπον. 8 τότε οὖν εἰσῆλθεν καὶ ὁ ἄλλος μαθητὴς ὁ   ἐλθὼν πρῶτος εἰς τὸ μνημεῖον   B uwτ rell
ἕν··· 8   ········· εἰσῆλθεν κ······ ·····λος μα·····   ·λθὼν πρῶτος ······ τὸ μνημεῖο··   𝔓⁶⁶
ἕνα τόπον. 8 τότε οὖν εἰσῆλθεν   ὁ ἄλλος μαθητὴς ὁ   ἐλθὼν πρῶτος   τὸ μνημεῖον   Dˢᵘᵖ*
ἕνα τόπον. 8 τότε οὖν εἰσῆλθεν   ὁ ἄλλος μαθητὴς ὁ   ἐλθὼν πρῶτος εἰς τὸ μνημεῖον   Dˢᵘᵖ·ᶜ
ἕνα τόπον. 8 τότε οὖν εἰσῆλθεν καὶ ὁ ἄλλος μαθητὴς ὁ <u>ὁ</u> ἐλθὼν πρῶτος εἰς τὸ μνημεῖον   1346

καὶ εἶδεν καὶ   ἐπίστευσεν· 9 οὐδέπω γὰρ ᾔδεισαν τὴν γραφὴν ὅτι δεῖ αὐτὸν ἐκ   B uwτ rell
καὶ <u>ἶδεν</u> καὶ   ε······στευσεν· 9 ··ὐδέπ··· γ··ρ δεισαν···· ··ὴν γραφ··· ··τι <u>δῖ</u> αυ····· ἐκ   𝔓⁶⁶
καὶ εἶδεν καὶ   ἐπίστευσεν· 9 οὐδέπω γὰρ <u>ᾔδει</u>   τὴν γραφὴν ὅτι δεῖ αὐτὸν ἐκ   ℵ*
καὶ εἶδεν καὶ <u>οὐκ</u> ἐπίστευσεν· 9 οὐδέπω γὰρ ᾔδεισαν τὴν γραφὴν ὅτι δεῖ αὐτὸν ἐκ   Dˢᵘᵖ
καὶ <u>εἶδον</u> καὶ   <u>ἐπίστευσαν</u>· 9 οὐδέπω γὰρ ᾔδεισαν τὴν γραφὴν ὅτι δεῖ αὐτὸν ἐκ   69 124
καὶ <u>ἶδεν</u> καὶ   <u>ἐπίστευσαν</u>· 9 οὐδέπω γὰρ ᾔδεισαν τὴν γραφὴν ὅτι δεῖ αὐτὸν ἐκ   788
καὶ <u>ἶδεν</u> καὶ   ἐπίστευσεν· 9 οὐδέπω γὰρ ᾔδεισαν τὴν γραφὴν ὅτι δεῖ αὐτὸν ἐκ   1346

---

lac. 20.4-9 𝔓⁴⁵ 𝔓⁷⁵ C D F P Γ 28

A 4 προεδραμε 118 28ˢᵘᵖ 69 157 700 | ηθεν G* ¦ ηλθεν Δ 33 ¦ ηλθε 788 | μνημιον ℵ Dˢᵘᵖ L N W Θ 5 παρκυψας Θ | κιμενα Dˢᵘᵖ N Θ | οθωνια 13 579 1346 | εισηλθε 28ˢᵘᵖ 6 ησηλθεν Θ | μνημιον ℵᶜ Dˢᵘᵖ L N W | οθωνια Λᶜ | θεωρι ℵᶜ Θ | οθωνια 13 | κιμενα Dˢᵘᵖ N 7 οθωνον K ¦ οθωναν Δ ¦ οθωνιων Θ 2 ¦ οθωνιων 13 | κιμενον Dˢᵘᵖ N ¦ χωρεις A ¦ εντετυλιγμεν G ¦ εντετυλληγμενον U Θ 8 εισηλθε Y 118 28ˢᵘᵖ 69 157 700 | ηλθων Dˢᵘᵖ ¦ τω (το) Θ ¦ προτος 1071 | μνημιον ℵ Dˢᵘᵖ L N W ¦ 𝔓⁶⁶ Dˢᵘᵖ L M N Π Ψ 13 33 565 579 788 1071 1424 ¦ ειδε Y 118 28ˢᵘᵖ 157 700 ¦ ιδον 124 9 εδισαν Dˢᵘᵖ ¦ ηδησαν E H 2 1071 1424 ¦ ηδισαν W ¦ ειδεισαν 13 | ωτι Dˢᵘᵖ ¦ δι 𝔓⁶⁶ Dˢᵘᵖ | αυτων K

νεκρῶν ἀναστῆναι. **10** ἀπῆλθον οὖν πάλιν πρὸς αὐτοὺς   οἱ μαθηταί.   B ℵ* L 33 **uw**
νεκ⋯⋯γ ἀνασ⋯⋯αι. **10** ἀπη⋯⋯ν οὖν π⋯⋯ν πρὸς ⋯⋯⋯⋯⋯⋯⋯αθηταί.   𝔓66
νεκρῶν ἀναστῆναι. **10**   N*
νεκρῶν ἀναστῆναι. **10** ἀπῆλθον οὖν πάλιν   <u>ἑαυτοὺς</u> οἱ μαθηταί.   Nᶜ
νεκρῶν ἀναστῆναι. **10** ἀπῆλθον οὖν πάλιν πρὸς <u>ἑαυτοὺς</u> οἱ μαθηταί <u>θαυμάζοντες τὸ γέγονος</u>,   Λᵐᵍ
νεκρῶν ἀναστῆναι. **10** ἀπῆλθον οὖν πάλιν πρὸς <u>ἑαυτοὺς</u> οἱ μαθηταί.   ℵᶜ A Dˢᵘᵖ 𝔐 K M U W Δ Θ
                                                                 Λ* Π Ψ f¹ f¹³ 2 28ˢᵘᵖ 157 565 579 700 1071 1424 τ

Jesus Appears To Mary Magdalene In The Garden
(Matthew 28.2—10; Mark 16.5—11; Luke 24.4—11)

o͞e **11** Μαρία   δὲ εἱστήκει πρὸς τῷ μνημείῳ ἔξω κλαίουσα.   ὡς οὖν ἔκλαιεν,   B Nᶜ **u**
    11   ⋯⋯⋯⋯ μνημ⋯⋯   𝔓⁵
    11 Μαρία   δὲ   ⋯ς τῷ μγ·μείῳ ἔ⋯   𝔓66*
    11 <u>Μαριὰμ</u> δὲ   ⋯ς τῷ μγ·μείῳ ἔ⋯   𝔓66c
    11 <u>Μαριὰμ</u> δὲ <u>ἱστήκει ἐν</u>   τῷ μνημείῳ   κλαίουσα.   ὡς οὖν ἔκλαιεν,   ℵ*
    11 <u>Μαριὰ</u> δὲ <u>ἱστήκει ἐν</u>   τῷ μνημείῳ ἔξω κλαίουσα.   ὡς οὖν ἔκλαιεν,   ℵᶜ
    11 Μαρία   δὲ <u>ἱστήκει πρὸς</u> τῷ μνημείῳ   κλαίουσα.   ὡς οὖν ἔκλαιεν,   A
    11 Μαρία   δὲ εἱστήκει πρὸς τῷ μνημείῳ <u>κλαίουσα ἔξω</u>   ὡς οὖν ἔκλαιεν,   Dˢᵘᵖ Λ 28ˢᵘᵖ
    11 Μαρία   δὲ εἱστήκει πρὸς τῷ μνημείῳ <u>κλαίουσα ἔξω.</u> ὡς οὖν ἔκλαιεν,   𝔐 M Π
    11 Μαρία   δὲ εἱστήκει πρὸς <u>τὸ μνημεῖον</u> <u>κλαίουσα ἔξω.</u> ὡς οὖν ἔκλαιεν,   G K U Θ Ω* 118 2 157
    11 Μαρία   δὲ <u>ἱστήκει πρὸς τὸ μνημεῖον</u> <u>κλαίουσα ἔξω.</u> ὡς οὖν ἔκλαιεν,   H [↑700 1346 1424 τ
    11 Μαρία   δὲ <u>ἱστήκει πρὸς τῷ μνημείῳ</u> ἔξω κλαίουσα.   ὡς οὖν ἔκλαιεν,   L N* W Δ **w**
    11 <u>Μαριὰμ</u> δὲ εἱστήκει πρὸς <u>τὸ μνημεῖον</u> <u>κλαίουσα ἔξω.</u> ὡς οὖν ἔκλαιεν,   Ψ
    11 <u>Μαριὰμ</u> δὲ εἱστήκει πρὸς τῷ μνημείῳ ἔξω κλαίουσα.   ὡς οὖν ἔκλαιεν,   f¹ 565
    11 Μαρία   δὲ <u>ἱστήκει πρὸς τὸ μνημεῖον</u> <u>κλαίουσα ἔξω.</u> ὡς οὖν ἔκλαιεν,   f¹³ 1071
    11 <u>Μαριὰμ</u>   εἱστήκει πρὸς <u>τὸ μνημεῖον</u> <u>κλαίουσα ἔξω.</u> ὡς οὖν ἔκλαιεν,   69
    11 <u>Μαριὰμ</u> δὲ <u>ἱστήκει πρὸς τὸ μνημεῖον</u> ἔξω κλαίουσα.   ὡς οὖν ἔκλαιεν,   33
    11 Μαρία   <u>ἔξω ἱστήκει</u> πρὸς <u>τὸ μνημεῖον</u> κλαίουσα.   ὡς οὖν ἔκλαιεν,   579
    11 Μαρία   <u>ἱστήκει πρὸς τὸ μνημεῖον</u> <u>κλαίουσα ἔξω.</u> ὡς οὖν ἔκλαιεν,   788

παρέκυψεν εἰς τὸ μνημεῖον **12** καὶ θεωρεῖ δύο ἀγγέλους ἐν λευκοῖς καθεζομένους, ἕνα   B **uwτ** rell
παρέκυ⋯⋯⋯ **12** ⋯⋯⋯ ρεῖ δύο ⋯⋯⋯⋯⋯⋯⋯⋯⋯⋯⋯⋯ ⋯   𝔓⁵
⋯⋯⋯⋯⋯⋯⋯⋯⋯⋯ **12** ⋯⋯⋯⋯ι δύο ⋯⋯⋯⋯λους ἐν λευ⋯⋯⋯⋯ομ⋯⋯ς, ἕνα   𝔓66
παρέκυψεν εἰς τὸ μνημεῖον **12** καὶ θεωρεῖ   ἀγγέλους <u>καθεζομένους ἐν λευκοῖς</u>, ἕνα   ℵ*
παρέκυψεν εἰς τὸ μνημεῖον **12** καὶ θεωρεῖ δύο ἀγγέλους <u>καθεζομένους ἐν λευκοῖς</u>, ἕνα   ℵᶜ
παρέκυψεν εἰς τὸ μνημεῖον **12** καὶ θεωρεῖ δύο ἀγγέλους,   ἕνα   Dˢᵘᵖ
παρέκυψεν εἰς τὸ μνημεῖον **12** καὶ θεωρεῖ δύο ἀγγέλους ἐν λευκοῖς καθεζομένους, ⋯⋯   H
παρέκυψεν εἰς τὸ μνημεῖον **12** καὶ θεωρεῖ δύο ἀγγέλους ἐν <u>λευκεῖς</u> καθεζομένους, ἕνα   118

πρὸς τῇ   κεφαλῇ   καὶ ἕνα πρὸς τοῖς ποσίν, ὅπου ἔκειτο   τὸ σῶμα τοῦ   Ἰησοῦ.   B **uwτ** rell
⋯⋯⋯⋯ ⋯⋯⋯⋯ ⋯⋯⋯⋯⋯⋯⋯⋯⋯⋯⋯⋯⋯⋯⋯⋯⋯⋯⋯⋯ ⋯⋯⋯⋯⋯⋯ ⋯⋯⋯   𝔓⁵
πρὸς τ⋯   ⋯⋯⋯⋯ ⋯α⋯⋯ρὸς τοῖς ποσί⋯ ⋯⋯⋯ ⋯⋯⋯⋯ τοῦ   Ἰησοῦ.   𝔓66
πρὸς τῇ   κεφαλῇ   καὶ ἕνα πρὸς τοῖς ποσίν, ὅπου ἔκειτο   τὸ σῶμα τοῦ <u>κυρίου</u> Ἰησοῦ.   G N
πρὸς <u>τὴν</u> <u>κεφαλήν</u> καὶ ἕνα πρὸς τοῖς ποσίν, ὅπου ἔκειτο   τὸ σῶμα τοῦ   Ἰησοῦ.   K 565* 579
πρὸς τῇ   κεφαλῇ   καὶ ἕνα πρὸς τοῖς ποσίν, ὅπου <u>ἔθηκαν</u> τὸ σῶμα τοῦ   Ἰησοῦ.   2

---

lac. **20.9-12** 𝔓⁴⁵ 𝔓⁷⁵ C D F P Γ 28 | vs. 12 H

A 9 αναστειναι E* **10** απηλθων E* | ο (οι) Λ **11** ηστηκει Δ | τω (το¹) Dˢᵘᵖ Θ Λ 28ˢᵘᵖ | μνημιω ℵ Dˢᵘᵖ L N W Θ | κλεουσα E* 2 | εκλειεν Dˢᵘᵖ | εκλαιε Y 118 28ˢᵘᵖ 69 157 | εκλεεν 2* 579 | τω (το²) Θ | παρεκυμψεν N | σπαρεκειψεν 1071 | μνημιον² ℵ Dˢᵘᵖ L N W **12** θεωρι Dˢᵘᵖ | ποδιν Dˢᵘᵖ | πωσιν Θ | εκιτο N Θ | εκειτω 579 | τω (το) Ω 2 579

B 12 κ͞υ G N | τ͞υ B 𝔓66 ℵ A Dˢᵘᵖ 𝔐 K L M N S U W Δ Θ Λ Π Ψ Ω f¹ 118 f¹³ 124 2 33 28ˢᵘᵖ 157 565 579 700 788 1071 1346 1424

C 10 τελος G² S Y Λ Ψ 118 f¹³ 124 157 788 1071 1346 | τελος τη ζ ευα H | τελ τς ζ M f¹ | τελ του ζ εωθ 28ˢᵘᵖ **11** αρχη: αναστασιμον η̄ τω καιρω εκεινω εισ<u>τ</u>ηκει μαρια (ante προς τω) E | αρχη: αναστασιμον η̄ G | αρχη: αναστ η̄ τω κ, μαρια ιστηκι, (ειστηκει 2) H 2 | αρχ: εωθ η̄ τω κ,ρ,ω εισ,ε μαρια εισττηκει Υ | αναστασιμ,ο τω καιρω, μαρια εισττηκει προς τω μνημειω Μ | εωθ τω κ S | αρχ ευαγγ͞ε εωθινο αναστασιμ η̄ Ψ | αρχ: εωθ η̄ τω καιρω εκ, Λ | ευαγγ͞ε η̄ του ορθ αρχ τω καιρω Μαρια δε εισττηκει Ω | αρχ η̄ ζ͞δ εωθιν η̄ τω καιρω εκει μαρια, εισττηκει πρὸ τ͞ω f¹ | αρχ ζ͞δ εωθιν η̄ τω καιρω εκεινω μαρια εισττηκει προς το μνημειον 118 | αρχ εωθ η̄ f¹³ 124 788 1346 | αρχ εωθ η̄ τω καιρω εκεινω μαρια ιστηκ 28ˢᵘᵖ | αρχ: ευα εωθ η̄ 1071 | αρχη τω καιρω 1424 | ευα εωθινον η εις τ͞ αγ μ τ̄ μαγδαληνην 157

D 10 σ͞ι͞α/α A M 118 **11** σ͞ι͞α/α ℵ 𝔐 L N S U Λ Π Ω 124 788 1346 1424 | σ͞ι͞α H K Θ Ψ f¹ f¹³ 2 157 1071 | Ευ Ιω σ͞ι͞α : Λο τ͞λ͞ς : Μρ σ͞λ͞α : Μθ τ͞νθ̄ E 124 **12** σιβ 2

13 καὶ λέγουσιν αὐτῇ ἐκεῖνοι, Γύναι, τί κλαίεις;	καὶ λέγει αὐτοῖς ὅτι ᾽Ηραν	B
13		𝔭5
13 καὶ λ⸳⸳⸳⸳⸳⸳⸳⸳ῇ Γύγ⸳⸳⸳ τί κ⸳⸳⸳⸳⸳⸳	⸳⸳⸳υτοῖ⸳ ὅτ⸳ ⸳⸳ραν	𝔭66
13 λέγουσιν αὐτῇ ἐκεῖνοι, Γύναι, τί κλαίεις;	λέγει αὐτοῖς ὅτι ᾽Ηραν	ℵ
13 καὶ λέγουσιν αὐτῇ ἐκεῖνοι, Γύναι, τί κλαίεις; τινα ζητεις;	λέγει αὐτοῖς ὅτι ᾽Ηραν	A* 69 1424
13	τινα ζητεις; λέγει αὐτοῖς ὅτι ᾽Ηραν	D
13 καὶ λέγουσιν αὐτοὶ ἐκεῖνοι, Γύναι, τί κλαίεις;	λέγει αὐτοῖς ὅτι ᾽Ηραν	118 f13
13 καὶ λέγουσιν αὐτοὶ ἐκεῖνοι, Γύναι, τί κλαίεις; τινα ζητεις;	λέγει αὐτοῖς ὅτι ᾽Ηραν	579
13 καὶ λέγουσιν αὐτῇ ἐκείνη, Γύναι, τί κλαίεις;	λέγει αὐτοῖς ὅτι ᾽Ηραν	1346
13 καὶ λέγουσιν αὐτῇ ἐκεῖνοι, Γύναι, τί κλαίεις;	λέγει αὐτοῖς ῞Οτι ἦραν	[w] [↓rell
13 καὶ λέγουσιν αὐτῇ ἐκεῖνοι, Γύναι, τί κλαίεις;	λέγει αὐτοῖς ὅτι ᾽Ηραν	124 788 u[w]τ

τὸν κύριόν μου, καὶ οὐκ οἶδα	ποῦ ἔθηκαν	αὐτόν. 14 ταῦτα	εἰποῦσα	B ℵ A N S Π Ψ Ω 33 157	
⸳⸳⸳⸳⸳⸳⸳⸳ μο⸳⸳⸳	⸳⸳⸳⸳⸳⸳	14 ταῦτα	⸳⸳⸳⸳⸳⸳	𝔭5	[↑579 1071 uw
⸳⸳ὸν κύριον⸳⸳⸳	⸳⸳⸳ οὑκ οἶδα	πο⸳⸳θηκαν αὐ⸳ 14 ⸳αῦτα	εἰποῦσα	𝔭66	
τὸν κύριόν μου, καὶ οὐκ οἶδα	ποῦ τέθεικαν	αὐτόν. 14 ταῦτα	εἰποῦσα	D	
τὸν κύριόν μου, καὶ οὐκ οἶδα	ποῦ ἔθηκαν	αὐτόν. 14 ταῦτα δὲ	εἰποῦσα	L	
τὸν κύριόν μου, καὶ οὐκ οἶδα	ποῦ τεθείκασιν	αὐτόν. 14 ταῦτα	εἰποῦσα	W	
τὸν κύριόν μου, καὶ οὐκ οἶδα	ποῦ ἔθηκαν	αὐτόν. 14 καὶ ταῦτα ἐποῦσα		Δ 700	
τὸν κύριόν μου, καὶ οὐκ οἴδαμεν	ποῦ ἔθηκαν	αὐτόν. 14 ταῦτα	εἰποῦσα	Θ 1* 1582* 565	
τὸν κύριόν μου, καὶ οὐκ οἶδα	ποῦ ἔθηκαν	αὐτόν. 14 ταῦτα	εἰποῦσα	1c	
τὸν κύριόν μου, καὶ οὐκ οἴδαμεν	ποῦ ἔθηκαν	αὐτόν. 14 καὶ ταῦτα	εἰποῦσα	1582c [↓28sup 1424 τ	
τὸν κύριόν μου, καὶ οὐκ οἶδα	ποῦ ἔθηκαν	αὐτόν. 14 καὶ ταῦτα εἰποῦσα		𝔐 K M U Λ 118 f13 2	

ἐστράφη εἰς τὰ ὀπίσω, καὶ θεωρεῖ τὸν Ἰησοῦν ἑστῶτα, καὶ οὐκ ᾔδει ὅτι	Ἰησοῦς	B uw rell
⸳⸳⸳⸳⸳⸳ σω, καὶ	⸳⸳⸳⸳⸳ κ ᾔδει ⸳⸳⸳	𝔭5
ἐσ⸳⸳άφη εἰς τὰ ὀπι⸳ω, καὶ θεωρεῖ ⸳⸳⸳ν Ἰησοῦν ἐστ⸳⸳τα, καὶ οὐκ ᾔδει ὅτι	Ἰησοῦς	𝔭66
ἐστράφη εἰς τὰ ὀπίσω, καὶ εἶδεν τὸν Ἰησοῦν ἑστῶτα, καὶ οὐκ ᾔδει ὅτι	Ἰησοῦς	W 579
ἐστράφη εἰς τὰ ὀπίσω, καὶ θεωρεῖ τὸν Ἰησοῦν ἑστῶτα, καὶ οὐκ ᾔδει ὅτι ὁ	Ἰησοῦς	Λ τ

ἐστιν. 15 λέγει αὐτῇ Ἰησοῦς, Γύναι, τί κλαίεις; τίνα ζητεῖς; ἐκείνη	δοκοῦσα ὅτι	B ℵc L W uw
15 Γύναι,	δοκοῦ⸳	𝔭5
ἐστιν. 15 λ⸳⸳εῖ ⸳⸳ῇ Ἰησοῦς, Γύναι, τί κλαίεις; τί⸳ ⸳⸳εῖς; ⸳κ⸳⸳νη	δοκοῦσα ὅτ⸳	𝔭66
ἐστιν. 15 λέγει αὐτῇ Ἰησοῦς, Γύναι, τί κλαίεις; τίνα ζητεῖς; ἐκείνη δὲ	δοκοῦσα ὅτι	ℵ*
ἐστιν. 15 λέγει αὐτῇ ὁ Ἰησοῦς, Γύναι, τί κλαίεις; τίνα ζητεῖς; ἐκεῖνοι	δοκοῦσα ὅτι	f13
ἐστιν. 15 λέγει αὐτῇ ἐκεῖνος, Γύναι, τί κλαίεις; τίνα ζητεῖς; ἐκείνη	δοκοῦσα ὅτι	28sup
ἐστιν. 15 λέγει αὐτῇ ὁ Ἰησοῦς, Γύναι, τί κλαίοις; τίνα ζητεῖς; ἐκείνη	δοκοῦσα ὅτι	1346
ἐστιν. 15 λέγει αὐτῇ ὁ Ἰησοῦς, Γύναι, τί κλαίεις; τίνα ζητεῖς; ἐκείνη	δοκοῦσα ὅτι	A D 𝔐 K M N U

Θ Δ Λ Π Ψ f1 69 124 2 33 157 565 579 700 788 1071 1424 τ

[↓Π Ψ f1 f13 28sup 157 565 1424 uwτ

ὁ κηπουρός ἐστιν λέγει αὐτῷ, Κύριε, εἰ σὺ	ἐβάστασας αὐτόν, εἰπέ μοι ποῦ	B ℵc A 𝔐 K L M N Θ Λ
⸳⸳ ⸳⸳⸳⸳⸳⸳ αὐτῷ,	⸳⸳⸳⸳⸳ μοι π⸳⸳	𝔭5
⸳⸳ κη⸳ουρός ⸳⸳έγει αὐτῷ, Κ⸳ εἰ σ⸳⸳ ⸳⸳άστα⸳⸳⸳	⸳⸳⸳y, εἰπ⸳⸳⸳ ποῦ	𝔭66
ὁ κηπουρός ἐστιν λέγει αὐτῷ, Κύριε, εἰ σὺ εἶ ὁ βάστασας	αὐτόν, εἰπέ μοι ποῦ	ℵ*
ὁ κηπουρός ἐστιν λέγει αὐτῷ, Κύριε, εἰ σὺ ἦρες	αὐτόν, εἰπέ μοι ποῦ	D
ὁ κηπουρός ἐστιν λέγει αὐτῷ, Κύριε, σὺ ἐβάσταξας	αὐτόν, εἰπέ μοι ποῦ	W
ὁ		579

---

lac. 20.13-15 𝔭45 𝔭75 C F H P Γ 28 ¦ vs. 13 D ¦ vs. 15 579

A 13 εκινοι N ¦ κλεεις 2* 1424 ¦ οτη 124* ¦ αυτων 2 **14** εστραφει 1424 ¦ οπισω 2 ¦ θεωρι Θ ¦ ιδεν 579 ¦ εστωτα N ¦ ηδι D M ¦ ηδη Θ 1346 1424 ¦ ειδη 13 ¦ εστι Υ 118 28sup 157 700 **15** αυτι E ¦ κλαιοις 13 ¦ κλεεις 2 ¦ ζητις N ¦ εκινη N Θ ¦ εκηνει 579 ¦ δωκουσα 579 ¦ κυπουρος 13 ¦ εστι Υ U 118 157 700

B 13 κν̄ 𝔭66 ℵ A D E K L M N S U W Δ Θ Λ Π Ψ Ω f1 118 f13 69 124 2 33 28sup 157 565 579 700 788 1071 1346 1424 **14** ιν̄, ις̄ B 𝔭66 ℵ A 𝔐 K L M N S U W Δ Θ Λ Π Ψ Ω f1 118 f13 124 2 33 28sup 157 565 579 700 788 1071 1346 1424 ¦ ιην, ιης D **15** ις̄ B 𝔭66 ℵ A 𝔐 K L M N S U W Δ Θ Λ Π Ψ Ω f1 118 f13 2 33 157 565 579 700 788 1071 1346 1424 ¦ ιης D ¦ κε̄ B 𝔭66 ℵ A D K L S U W Δ Θ Λ Π Ψ Ω 118 f13 69 2 33 28sup 157 565 1071

D 13 σιβ̄/ῑ ℵ A 𝔐 L U Π 118 788 1071 ¦ σιβ̄ K Θ Ψ f1 124 157 1346 ¦ σιβ̄/ᾱ M ¦ σιγ̄ 2 ¦ Ευ Ιω σιβ̄ : Λο . : Μρ . : Μθ . E 124 ¦ (ante λεγει) σιβ̄ f13 **14** σιβ̄/ῑ Λ ¦ σιβ̄/δ̄ 1424 **15** σιβ̄/ῑ S Ω

ἔθηκας   αὐτόν, κἀγὼ αὐτὸν ἀρῶ. **16** λέγει αὐτῇ   Ἰησοῦς, Μαριάμ.   στραφεῖσα   ἐκείνη B L **uw**
....   **16** ....   ς, Μα............   ....   𝔭66
ἔθηκας   αὐτόν, κἀγὼ αὐτὸν ἀρῶ. **16** λέγει αὐτῇ <u>ὁ</u> Ἰησοῦς, Μαριάμ.   στραφεῖσα <u>δὲ</u> ἐκείνη א
<u>τέθεικας</u> αὐτόν, κἀγὼ αὐτὸν ἀρῶ. **16** λέγει αὐτῇ   Ἰησοῦς, <u>Μαρία</u>.   στραφεῖσα <u>δὲ</u> ἐκείνη D
<u>αὐτὸν</u>   <u>ἔθηκας</u>, κἀγὼ αὐτὸν ἀρῶ. **16** λέγει αὐτῇ <u>ὁ</u> Ἰησοῦς, <u>Μαρία</u>.   στραφεῖσα   ἐκείνη 𝔐 Δ 2 τ
<u>αὐτὸν</u>   <u>ἔθηκας</u>, κἀγὼ αὐτὸν ἀρῶ. **16** λέγει αὐτῇ <u>ὁ</u> Ἰησοῦς, Μαριάμ.   στραφεῖσα <u>δὲ</u> ἐκείνη N
ἔθηκας   αὐτόν, κἀγὼ <u>ἀρῶ</u> <u>αὐτόν</u>. **16** λέγει αὐτῇ <u>ὁ</u> Ἰησοῦς, Μαριάμ.   στραφεῖσα   ἐκείνη W
ἔθηκας   αὐτόν, κἀγὼ <u>αὐτὸν</u> ἀρῶ. **16** λέγει αὐτῇ   Ἰησοῦς, <u>Μαρία</u>.   στραφεῖσα <u>δὲ</u> ἐκείνη Θ
<u>αὐτὸν</u>   <u>ἔθηκας</u>, κἀγὼ αὐτὸν ἀρῶ. **16** λέγει αὐτῇ <u>ὁ</u> Ἰησοῦς, Μαριάμ.   στραφεῖσα   ἐκείνη Π
ἔθηκας   αὐτόν, κἀγὼ αὐτὸν ἀρῶ. **16** λέγει αὐτῇ <u>ὁ</u> Ἰησοῦς, Μαριάμ.   στραφεῖσα   ἐκείνη 𝑓¹ 33 565
ἔθηκας   αὐτόν, κἀγὼ αὐτὸν ἀρῶ. **16** λέγει αὐτῇ <u>ὁ</u> Ἰησοῦς, <u>Μαρία</u>.   <u>ἐκείνη</u>   <u>στραφεῖσα</u> 69
ἔθηκας   αὐτόν, κἀγὼ αὐτὸν ἀρῶ. **16** λέγει αὐτῇ <u>ὁ</u> Ἰησοῦς, <u>Μαρία</u>.   στραφεῖσα   ἐκείνη A G K M
U Λ Ψ 118 𝑓¹³ 28ˢᵘᵖ 157 700 1071 1424

λέγει αὐτῷ Ἑβραϊστί,   Ραββουνει ὃ λέγεται   Διδάσκαλε.   B N **w**
....γει αὐτῷ............   ....έγετ............   𝔭66
λέγει αὐτῷ Ἑβραϊστί,   <u>Ραββουνι</u> ὃ λέγεται   Διδάσκαλε.   א* L W Δ Π* 33 157 **u**
λέγει αὐτῷ,   <u>Ραββουνι</u> ὃ λέγεται   Διδάσκαλε.   A 𝔐 K M U Λ Πᶜ 𝑓¹ 2 28ˢᵘᵖ 1071 τ
λέγει αὐτῷ Ἑβραϊστί,   <u>Ραββωνει</u> ὃ λέγεται <u>Κύριε</u> Διδάσκαλε.   D
λέγει αὐτῷ,   <u>Ραβουνι</u> ὃ λέγεται   Διδάσκαλε.   Ω 118 69 124 565 700 788
λέγει αὐτῷ,   Ραββουνι ὃ λέγεται   Διδάσκαλε.   1424
λέγει αὐτῷ Ἑβραϊστί,   <u>Ραββουνι</u> ὃ λέγεται   Διδάσκαλε. <u>καὶ</u> <u>προέδραμεν</u> <u>ἄψασθαι</u> <u>αὐτοῦ</u>. אᶜ
λέγει αὐτῷ <u>Ευραιστή</u>, <u>Ραββωνι</u> ὃ λέγεται   Διδάσκαλε. <u>καὶ</u> <u>προέδραμεν</u> <u>ἄψασθαι</u> <u>αὐτοῦ</u>. Θ
λέγει αὐτῷ Ἑβραϊστί,   <u>Ραβουνι</u> ὃ λέγεται   Διδάσκαλε. <u>καὶ</u> <u>προέδραμεν</u> <u>ἄψασθαι</u> <u>αὐτοῦ</u>. Ψ
λέγει αὐτῷ,   <u>Ραβουνι</u> ὃ λέγεται   Διδάσκαλε. <u>καὶ</u> <u>προέδραμεν</u> <u>ἄψασθαι</u> <u>αὐτοῦ</u>. 𝑓¹³

17 λέγει αὐτῇ   Ἰησοῦς, Μή ἅπτου μου, οὔπω γὰρ ἀναβέβηκα πρὸς τὸν πατέρα·   B [**w**]
17 .... ω γὰρ ἀναβ...... α π...... α μου·   𝔭66
17 λέγει αὐτῇ <u>ὁ</u> Ἰησοῦς, Μή <u>μου</u> <u>ἅπτου</u>, οὔπω γὰρ ἀναβέβηκα πρὸς τὸν πατέρα·   א W 124
17 λέγει αὐτῇ   Ἰησοῦς, Μή <u>μου</u> <u>ἅπτου</u>, οὔπω γὰρ ἀναβέβηκα πρὸς τὸν πατέρα·   D **u**[**w**]
17 λέγει αὐτῇ   Ἰησοῦς, Μή <u>μου</u> <u>ἅπτου</u>, οὔπω γὰρ ἀναβέβηκα πρὸς τὸν πατέρα μου·   L Ψ
17 λέγει αὐτῇ <u>ὁ</u> Ἰησοῦς, Μή <u>μου</u> <u>ἅπτου</u>, οὔπω γὰρ ἀναβέβηκα πρὸς τὸν πατέρα μου·   A 𝔐 K M N U Δ Θ Λ
Π 𝑓¹ 𝑓¹³ 2 33 28ˢᵘᵖ 157 565 700 1071 1424 τ

[↓2 33 28ˢᵘᵖ 157 565 700 788 1071 1424 **uwτ**
πορεύου δὲ   πρὸς τοὺς ἀδελφούς μου καὶ εἰπὲ αὐτοῖς,   Ἀναβαίνω   B 𝔐 Kᶜ M N U Δ Θ Λ Π Ψ 𝑓¹ 69 124
πορευ......   ....φούς μου κ............   ..αβαί..ω   𝔭66
πορεύου δὲ   πρὸς τοὺς ἀδελφούς   καὶ εἰπὲ αὐτοῖς, <u>Ἰδοὺ</u> ἀναβαίνω   א*
πορεύου <u>οὖν</u> πρὸς τοὺς ἀδελφούς μου καὶ εἰπὲ αὐτοῖς, <u>Ἰδοὺ</u> ἀναβαίνω   אᶜ
πορεύου   πρὸς τοὺς ἀδελφούς μου καὶ εἰπὲ αὐτοῖς,   Ἀναβαίνω   A
πορεύου <u>οὖν</u> πρὸς τοὺς ἀδελφούς   καὶ εἰπὲ αὐτοῖς,   Ἀναβαίνω   D
om.   G
πορεύου δὲ   πρὸς τοὺς ἀδελφούς μου καὶ εἰπέ,   Ἀναβαίνω   K*
πορεύου <u>οὖν</u> πρὸς τοὺς ἀδελφούς μου καὶ εἰπὲ αὐτοῖς,   Ἀναβαίνω   L
πορεύου δὲ   πρὸς τοὺς ἀδελφούς   καὶ εἰπὲ αὐτοῖς,   Ἀναβαίνω   W
πορεύου δὲ   πρὸς τοὺς ἀδελφούς μου καὶ εἰπὲ <u>αὐτοὺς</u> <u>ὅτι</u> Ἀναβαίνω   𝑓¹³
πορεύου δὲ   πρὸς τοὺς ἀδελφούς μου καὶ εἰπὲ αὐτοῖς <u>ὅτι</u> Ἀναβαίνω   1346

πρὸς τὸν <u>πατέρα</u> μου καὶ πατέρα ὑμῶν καὶ θεόν μου   καὶ θεὸν ὑμῶν. **18** ἔρχεται Μαριὰμ B א L 𝑓¹ 33
π...... ν π............ ι πατέρα μ<u>ῶ</u>ν καὶ θεόν   θ...... ὑμῶν. **18** ἔ..χεται Μαριὰμ 𝔭66 [↑565 **uw**
καὶ πατέρα ὑμῶν   καὶ θεὸν ὑμῶν. **18** ἔρχεται <u>Μαρία</u>   G
πρὸς τὸν πατέρα μου καὶ πατέρα ὑμῶν καὶ θεόν μου   καὶ θεὸν ὑμῶν. **18** ἔρχεται <u>οὖν</u> <u>Μαρία</u> 1071 1346
πρὸς τὸν πατέρα μου καὶ πατέρα ὑμῶν καὶ θεόν μουᵀ καὶ θεὸν ὑμῶν. **18** ἔρχεται <u>Μαρία</u>   A D 𝔐 K M N
U W Δ Θ Λ Π Ψ 118 𝑓¹³ 2 28ˢᵘᵖ 157 700 1424 τ

ᵀκαὶ θεόν μου Δ

---

lac. **20.15-18** 𝔭⁴⁵ 𝔭⁷⁵ C F H P Γ 28 579

A 16 στραφησα Θ 1071 | λεγετε A U Δ Θ 13 565 | προσεδραμμεν αψασθε Θ **17** αναβενω W

B 16 ιϲ B א A 𝔐 K L M N S U W Δ Θ Λ Π Ψ Ω 𝑓¹ 118 𝑓¹³ 124 2 28ˢᵘᵖ 157 565 700 788 1071 1346 1424 | ιηϲ D | κε D **17** ιϲ B
א A 𝔐 K L M N S U W Δ Θ Λ Π Ψ Ω 𝑓¹ 118 𝑓¹³ 124 2 33 28ˢᵘᵖ 157 565 700 788 1071 1346 1424 | ιηϲ D | πρα¹·² 𝔭66 A D E Y
K L M N S U W Δ Θ Λ Π Ψ Ω 𝑓¹ 118 𝑓¹³ 69 124 2 33 28ˢᵘᵖ 157 565 700 788 1071 1346 1424 | πρα¹ G | πρα³ 𝔭66 A 𝔐 K L M
N S U W Δ Θ Λ Π Ψ Ω 𝑓¹ 118 𝑓¹³ 69 124 2 33 28ˢᵘᵖ 157 565 700 788 1071 1346 1424 | θ̅ν̅¹·² 𝔭66 א A D E Y K L M N S U W
Δ Θ Λ Π Ψ Ω 𝑓¹ 118 𝑓¹³ 69 124 2 33 28ˢᵘᵖ 157 565 700 788 1071 1346 1424 | θ̅ν̅² G | θ̅ν̅³ Δ

ἡ Μαγδαληνὴ ἀγγέλλουσα	τοῖς μαθηταῖς	ὅτι Ἑώρακα	τὸν κύριον, καὶ	B ℵ* uw
⋯⋯γδ⋯τηνὴ ἀγ⋯λλουσα	τοῖς μ⋯θη⋯αῖς	ὅτι Ἑόρακα	τὸν κύριον, κα⋯	𝔓66*
⋯⋯γδ⋯τηνὴ ἀπαγ⋯λλουσα	τοῖς μ⋯θη⋯αῖς	ὅτι Ἑόρακα	τὸν κύριον, κα⋯	𝔓66c
ἡ Μαγδαληνὴ ἀπαγγέλλουσα	τοῖς μαθηταῖς	ὅτι Ἑώρακα	τὸν κύριον, καὶ	ℵc
ἡ Μαγδαληνὴ ἀγγέλλουσα	τοῖς μαθηταῖς	ὅτι Ἑώρακεν	τὸν κύριον, καὶ	A
ἡ Μαγδαληνὴ ἀπαγγέλλουσα	τοῖς μαθηταῖς αὐτοῦ	ὅτι Ἑώρακεν	τὸν κύριον, καὶ	D
ἡ Μαγδαληνὴ ἀπαγγέλλουσα	τοῖς μαθηταῖς	ὅτι Ἑώρακεν	τὸν κύριον, καὶ	E K M
ἡ Μαγδαληνὴ ἀναγγέλλουσα	τοῖς μαθηταῖς	ὅτι Ἑώρακεν	τὸν κύριον, καὶ	G Δ
ἡ Μαγδαληνὴ ἀναγγέλλουσα	τοῖς μαθηταῖς	ὅτι Ἑώρακεν	τὸν κύριον, καὶ	Y
ἡ Μαγδαληνὴ ἀπαγγέλουσα	τοῖς μαθηταῖς	ὅτι Ἑώρακα	τὸν κύριον, καὶ	L* Πc 118 700
ἡ Μαγδαληνὴ ἀπαγγέλλουσα	τοῖς μαθηταῖς	ὅτι Ἑόρακα	τὸν κύριον, καὶ	N
ἡ Μαγδαληνὴ ἀναγγέλουσα	τοῖς μαθηταῖς	ὅτι Ἑωράκαμεν	τὸν κύριον, καὶ	S
ἡ Μαγδαληνὴ ἀναγγέλλουσα	τοῖς μαθηταῖς	ὅτι Ἑώρακα	τὸν κύριον, καὶ	W
ἡ Μαγδαληνὴ ἀναγγέλλουσα	τοῖς μαθηταῖς	ὅτι Ἑόρακα	τὸν κύριον, καὶ	Θ Π* 565
ἡ Μαγδαλινὴ ἀπαγγέλλουσα	τοῖς μαθηταῖς	ὅτι Ἑώρακεν	τὸν κύριον, καὶ	Λ Ψ
ἡ Μαγδαληνὴ ἀναγγέλλουσα	τοῖς μαθηταῖς	ὅτι Ἑώρακεν	τὸν κύριον, καὶ	Ω
ἡ Μαγδαλινὴ ἀναγγέλλουσα	τοῖς μαθηταῖς	ὅτι Ἑώρακεν	τὸν κύριον, καὶ	2
ἡ Μαγδαλινὴ ἀναγγέλλουσα	τοῖς μαθηταῖς	ὅτι Ἑωράκαμεν	τὸν κύριον, καὶ	33
ἡ Μαγδαληνὴ ἀναγγέλλουσα	τοῖς μαθηταῖς	ὅτι Ἑώρακα	τὸν κύριον, καὶ	1071 [↓157 1424 τ
ἡ Μαγδαληνὴ ἀπαγγέλλουσα	τοῖς μαθηταῖς	ὅτι Ἑώρακεν	τὸν κύριον, καὶ	Lc U f1 f13 28sup

ταῦτα εἶπεν αὐτῇ.		B uwτ rell
⋯⋯⋯τα εἶπεν αὐτῇ.		𝔓66
ἃ εἶπεν αὐτῇ ἐμήνυσεν αὐτοῖς.		D
ταῦτα εἶπεν αὐτοῖς.		69 1424

Jesus Appears To Ten Disciples On The Week's First Day
(Matthew 16.19; 18.18; Mark 16.14; Luke 24.36—39)

ος	19 Οὔσης οὖν ὀψίας τῇ ἡμέρᾳ ἐκείνῃ τῇ	μιᾷ	σαββάτων καὶ τῶν θυρῶν		B ℵc A L 33 uw
	19 Οὔσης οὖν ⋯ ψίας τῇ ἡμέρᾳ ἐκείνῃ τῇ	⋯⋯	σαβ⋯άτων καὶ τ⋯⋯ θυρῶ⋯		𝔓66
	19 Οὔσης οὖν ὀψίας τῇ ἡμέρᾳ ἐκείνῃ	μιᾷ	σαββάτων καὶ τῶν θυρῶν		ℵ*
	19 Οὔσης ὀψίας τῇ ἡμέρᾳ ἐκείνῃ τῇ	μιᾷ τῶν	σαββάτων καὶ τῶν θυρῶν		G Λ f13 28sup 1424*
	19 Οὔσης οὖν ὀψίας τῇ ἡμέρᾳ ἐκείνῃ τῇ	μιᾶς	σαββάτων καὶ τῶν θυρῶν		W
	19 Οὔσης δὲ ὀψίας τῇ ἡμέρᾳ ἐκείνῃ τῇ	μιᾷ τῶν	σαββάτων καὶ τῶν θυρῶν		700
	19 Οὔσης οὖν ὀψίας τῇ ἡμέρᾳ ἐκείνῃ τῇ	μιᾷ τῶν	σαββάτων καὶ τῶν θυρῶν		D 𝔐 K M N U Δ Θ Π Ψ

f1 124 2 157 565 788 1071 1346 1424c τ

κεκλεισμένων ὅπου ἦσαν οἱ μαθηταὶ	διὰ τὸν φόβον τῶν Ἰουδαίων,	B ℵ* A D W Λ uw
⋯ εκ⋯⋯σμένω⋯ ⋯υ ἦσαν ⋯⋯	⋯⋯ ⋯⋯ ⋯⋯ ⋯⋯	𝔓66
κεκλεισμένων ὅπου ἦσαν οἱ μαθηταὶ αὐτοῦ συνηγμένοι	διὰ τὸν φόβον τῶν Ἰουδαίων,	L U Π Ψ 33
κεκλαισμένων ὅπου ἦσαν οἱ μαθηταὶ αὐτοῦ συνηγμένοι	διὰ τὸν φόβον τῶν Ἰουδαίων,	Δ
κεκλεισμένων ὅπου ἦσαν οἱ μαθηταὶ συνηγμένοι	διὰ τὸν φόβον τῶν Ἰουδαίων,	ℵc 𝔐 K M N Θ f1

f13 2 28sup 157 565 700 1071 1424 τ

ἦλθεν ὁ Ἰησοῦς καὶ ἔστη εἰς τὸ μέσον καὶ λέγει αὐτοῖς, Εἰρήνη ὑμῖν. 20 καὶ τοῦτο	B uwτ rell
⋯⋯ ⋯⋯ εἰς τὸ μ⋯⋯⋯⋯ ⋯⋯⋯ῖς, Εἰρήν⋯ ⋯⋯ 20 ⋯⋯⋯⋯	𝔓66
ἦλθεν ὁ Ἰησοῦς καὶ ἔστη εἰς τὸ μέσον καὶ λέγει, Εἰρήνη ὑμῖν. 20 καὶ τοῦτο	ℵ*
ἦλθεν ὁ Ἰησοῦς καὶ ἔστη εἰς τὸ μέσον καὶ λέγει αὐτοῖς, Εἰρήνη ὑμῖν. 20 καὶ τοῦτο	D
ἦλθεν ὁ Ἰησοῦς καὶ ἔστη εἰς τὸ μέσον καὶ λέγει αὐτοῖς, Εἰρήνη ὑμῖν. 20 καὶ ταῦτα	W

lac. 20.18-20 𝔓45 𝔓75 C F H P Γ 28 579

A 18 εωρακε Y U f1 118 13 69 28sup 157 700 788 1346 | ιπεν Π* 18 | οψειας W | μεια D | εκινη N Θ | κεκλεισμενων ℵ A D L N W | κεκλησμενων E* 2 | σαν (ησαν) K* | η (οι) Θ | των φοβων Θ | τον (των3) 2 | εστι K | ιρηνη ℵ | υμειν D

B 18 κν B 𝔓66 ℵ A D 𝔐 K L M N S U W Δ Θ Λ Π Ψ Ω f1 118 f13 69 2 33 28sup 157 565 700 788 1071 1346 1424 19 ιϲ B ℵ A 𝔐 K L M N S U W Δ Θ Λ Π Ψ Ω f1 118 f13 124 2 33 28sup 157 565 700 788 1071 1346 1424 | ιης D

C 18 τελος (ειπεν αυτη) 𝔐 L S Λ Ψ 118 f13 124 2 157 788 1071 1346 | τελ η̄ f1 | τελ του η̄ εωθ 28sup 19 τον απολυσηον D | αρχη: κυριακη της απολουσιμου. και εις τον αγιον θωμαν· και αναστασιμον θ ουσης οψιας: (ante τη ημερα) E | αρχη: κυ, του αντιπασχ G | εις τ αγιον θωμᾶ λεγεται κ, αναστασιμον θ G | αρχ: εωθ θ λεγετ δε κ, το αντ πασχ ουσης οψιας τη ημ,ε Y | αναστασιμ.ο θ ουσης οψιας τη ημερα εκεινη M | εις τ αντ πασχ S | αρχ L Θ | αρχ ευαγγε αναστ εωθηνο θ ταυτο κ, τη κ,υ του αντιπασχ Ψ | αρχ: εωθ θ Λ | τη νεα κ,υ αναστ τη μγ κ,υ εις τ λυχνι κ, ουσης Ω | αρχ ζ τη μ,γλ κ,υ εσπ κ κ,υ αντιπασχ κ του αγ απ̄ο θωμα κ̄ εωθιν θ κ̄ το ορθρ ὑ ουσης οψ f1 | αρχ ξε εωθιν θ: ουσης οψιας τη ημερα εκεινη: και τη μ,γλ κ,υ εσπρ και τω ορθρου της λ, 118 | αρχ εωθ θ̄ f13 124 788 1346 | αρχη: τη κυριακη της απολουσιμου. και εις τον αγιον θωμαν· λεγετ κ, αναστ θ 2 | αρχ ουσης εωθ θ 28sup | αρχ ευαγγελιον εωθινον θ και εις τον αποστολον θωμα 157 | ευα εωθ θ 1071

D 19 σ̄ιγ̄/θ̄ ℵ A G M S Y Π Ω 119 1071 1424 | σ̄ιγ̄/α E | σ̄ιγ̄ K Θ Λ f1 2 28sup 1346 | σ̄ιγ̄/ε U 788 | σ̄γ̄ Ψ (sic!) | σ̄ζ̄/ε 124 (sic!) | Ευ Ιω σιγ : Λο τμγ : Μρ σλζ̄ : Μθ τνγ E | Ιω σιζ̄ : Λο τμ 124

εἰπὼν ἔδειξε καὶ   τὰς χεῖρας   καὶ τὴν πλευρὰν αὐτοῖς. ἐχάρησαν   B A w
⋯⋯⋯ ⋯⋯⋯ [αὐτοῖς τα]ς χεῖρα[ς   καὶ τὴν πλευρὰν αὐτο]ῦ. ἐχάρη⋯⋯   𝔓⁶⁶ (cj.)
εἰπὼν ἔδειξεν   τὰς χεῖρας   καὶ τὴν πλευρὰν αὐτοῖς. ἐχάρησαν   ℵ D W u
εἰπὼν ἔδειξεν αὐτοῖς τὰς χεῖρας   καὶ τὴν πλευράν.   ἐχάρησαν   N f¹
εἰπὼν ἔδειξεν αὐτοῖς τὰς χεῖρας καὶ   καὶ τὴν πλευρὰν αὐτοῦ. ἐχάρησαν   Δ
εἰπὼν ἔδειξεν αὐτοῖς τὰς χεῖρας καὶ τοὺς πόδας   καὶ τὴν πλευρὰν αὐτοῦ. ἐχάρησαν   f¹³
εἰπὼν ἔδειξεν αὐτοῖς τὰς χει⋯⋯   ⋯⋯ ⋯⋯ ⋯⋯ ⋯⋯ ⋯⋯   28ˢᵘᵖ
εἰπὼν ἔδειξεν αὐτοῖς τὰς χεῖρας καὶ τοὺς πόδας.   ἐχάρησαν   565
εἰπὼν ἔδειξεν αὐτοῖς τὰς χεῖρας   καὶ τὴν πλευρὰν αὐτοῦ. ἐχάρησαν   𝔐 K L M U Θ Λ
                                                                    Π Ψ 118 69 124 2 33 157 700 788 1071 1424 τ

οὖν οἱ μαθηταὶ   ἰδόντες τὸν κύριον. 21 εἶπεν οὖν αὐτοῖς ὁ Ἰησοῦς πάλιν,   B A 𝔐 K M Θ Λ Π 118 f¹³
⋯⋯ ⋯⋯ ⋯⋯   ⋯⋯ ες τ ⋯⋯ 21   𝔓⁶⁶   [↑157 1424 [uw]τ
οὖν οἱ μαθηταὶ   ἰδόντες τὸν κύριον. 21 εἶπεν οὖν αὐτοῖς   πάλιν,   ℵ* [uw]
οὖν οἱ μαθηταὶ   ἰδόντες τὸν κύριον. 21 καὶ εἶπεν αὐτοῖς   πάλιν,   ℵᶜ L Ψ
οὖν οἱ μαθηταὶ αὐτοῦ ἰδόντες τὸν κύριον. 21 εἶπεν οὖν αὐτοῖς   πάλιν,   D
οὖν   μαθηταὶ   ἰδόντες τὸν κύριον. 21 εἶπεν οὖν αὐτοῖς ὁ Ἰησοῦς πάλιν,   N
οὖν οἱ μαθηταὶ   ἰδόντες τὸν κύριον. 21 εἶπεν οὖν πάλιν αὐτοῖς,   W
δὲ οἱ μαθηταὶ   ἰδόντες τὸν κύριον. 21 εἶπεν οὖν αὐτοῖς πάλιν ὁ Ἰησοῦς,   1 1582* 565
οὖν οἱ μαθηταὶ   ἰδόντες τὸν κύριον. 21 εἶπεν οὖν αὐτοῖς πάλιν ὁ Ἰησοῦς,   1582ᶜ
οὖν οἱ μαθηταὶ   ἰδόντες τὸν κύριον. 21 καὶ εἶπεν αὐτοῖς πάλιν ὁ Ἰησοῦς,   1071

                                                    [↓Ψ f¹ f¹³ 157 565 1424 uwτ
Εἰρήνη ὑμῖν· καθὼς ἀπέσταλκέν με ὁ πατήρ, κἀγὼ πέμπω   ὑμᾶς. 22 καὶ τοῦτο   B ℵᶜ·¹ A 𝔐 K M W Θ Λ
⋯⋯⋯⋯⋯⋯⋯⋯⋯⋯⋯⋯⋯⋯⋯⋯⋯⋯⋯⋯⋯⋯⋯⋯ 22 ⋯⋯⋯ ⋯⋯   𝔓⁶⁶
Εἰρήνη ὑμῖν· καθὼς ἀπέσταλκέν με ὁ πατήρ, κἀγὼ πέμψω   ὑμᾶς. 22 καὶ τοῦτο   ℵ*
Εἰρήνη ὑμῖν· καθὼς ἀπέσταλκέν με ὁ πατήρ, κἀγὼ ἀποστέλλω ὑμᾶς. 22 καὶ τοῦτο   ℵᶜ·² Π
Εἰρήνη ὑμῖν· καθὼς ἀπέσταλκέν με ὁ πατήρ, κἀγὼ ἀποστέλλω ὑμᾶς. 22   τοῦτο   D*
Εἰρήνη ὑμῖν· καθὼς ἀπέσταλκέν με ὁ πατήρ, κἀγὼ πέμπω   ὑμᾶς. 22   τοῦτο   Dᶜ
Εἰρήνη ὑμῖν· καθὼς ἀπέστειλεν με ὁ πατήρ, κἀγὼ ἀποστέλλω ὑμᾶς. 22 καὶ τοῦτο   L
Εἰρήνη ὑμῖν· καθὼς ἀπέστειλεν με ὁ πατήρ, κἀγὼ πέμπω   ὑμᾶς. 22 καὶ τοῦτο   N
Εἰρήνη ὑμῖν· καθὼς ἀπέσταλκέν με ὁ πατήρ, κἀγὼ ἀποστέλλω ὑμᾶς. 22 καὶ τοῦτο   33

εἰπὼν ἐνεφύσησεν   καὶ λέγει αὐτοῖς, Λάβετε πνεῦμα ἅγιον· 23 ἄν τινος   B [w]
ει⋯⋯   ⋯⋯ ⋯⋯ ει αὐτ..ῖ ⋯⋯   23 ⋯ν τινῳ· 𝔓⁶⁶
εἰπὼν ἐνεφύσησεν   καὶ λέγει αὐτοῖς, Λάβετε πνεῦμα ἅγιον· 23 ἐάν τινων   A 124 788
εἰπὼν ἐνεφύσησεν αὐτοῖς καὶ λέγει αὐτοῖς, Λάβετε πνεῦμα ἅγιον· 23 ἐάν τινων   D
εἰπὼν ἐνεφύσησεν   αὐτοῖς καὶ λέγει, Λάβετε πνεῦμα ἅγιον· 23 ἄν τινων   W
ὑπὼν ἐνεφύσησεν   καὶ λέγει αὐτοῖς, Λάβετε πνεῦμα ἅγιον· 23 ἄν τινων   1346
εἰπὼν ἐνεφύσησεν   καὶ λέγει αὐτοῖς, Λάβετε πνεῦμα ἅγιον· 23 ἄν τινων   ℵ 𝔐 K L M N U Δ Θ Λ
                                                     Π Ψ f¹ f¹³ 2 33 157 565 700 1071 1424 u[w]τ

---

lac. 20.20-23 𝔓⁴⁵ 𝔓⁷⁵ C F H P Γ 28 579 ¦ vs. 21 𝔓⁶⁶

A 20 ειπον E* ¦ εδιξεν ℵ N ¦ εδειξεν A D 𝔐 K L M S U W Θ Λ Π Ψ Ω f¹ 13 69 28ˢᵘᵖ 157 1424 ¦ χιρας ℵ ¦ εχαρισαν U 157 ¦ ειδοντες D ¦ ιδοντες 1071 **21** υμειν D ¦ καθω G ¦ απεσταλκε Υ f¹ 118 13 69 157 700 788 1346 ¦ απεστιλεν N **22** τουτουτο Θ ¦ ειπον K* ¦ ενεφυσησεν E 1071 ¦ ενεφυσησε Υ 118 69 157 700 ¦ ενεφσησεν L* ¦ λαβεται N W 2*

B 20 κ͞ν B ℵ A D 𝔐 K L M N S U W Δ Θ Λ Π Ψ Ω f¹ 118 f¹³ 69 124 2 33 157 565 700 788 1346 1424 **21** ι͞ς B ℵᶜ A 𝔐 K M N S U Δ Θ Λ Π Ω f¹ 118 f¹³ 124 2 33 157 565 700 788 1071 1346 1424 ¦ π͞η͞ρ A 𝔐 K L M N S U W Δ Θ Λ Π Ψ Ω f¹ 118 f¹³ 69 124 2 33 157 565 700 788 1071 1346 1424 **22** π͞ν͞α ℵ A 𝔐 K L M N S U W Δ Θ Λ Π Ψ Ω f¹ 118 f¹³ 69 124 2 33 157 565 700 788 1346 1071 1424

D 19 σ͞ι͞γ/θ ℵ A G M S Υ Π Ω 119 1071 1424 ¦ σ͞ι͞γ/α E ¦ σ͞ι͞γ K Θ Λ f¹ 2 28ˢᵘᵖ 1346 ¦ σ͞ι͞γ/ε U 788 ¦ σ͞γ Ψ (sic!) ¦ σ͞ζ/ε 124 (sic!) ¦ Ευ Ιω σιγ : Λο τ͞μ͞γ : Μρ σ͞λ͞ζ : Μθ τ͞ν͞γ E ¦ Ιω σ͞ι͞ζ : Λο τ͞μ 124 **20** (ante εχαρησαν) σ͞ι͞δ/ι ℵ A 𝔐 L N S U Λ Π Ω 118 1424 ¦ σ͞ι͞δ K Θ f¹ f¹³ 2 157 1346 ¦ σ͞ι͞δ/δ 124 788 ¦ Ευ Ιω σ͞ι͞δ : Λο . : Μρ . : Μθ . E ¦ Ιω σ͞ι͞ζ : Λο τ͞μ 124 **21** σ͞ι͞δ/ι 1071 **22** σ͞ι͞ε/ζ 1071 ¦ [σ͞ι͞ε]ζ A ¦ σ͞ι͞ε/ζ U ¦ σ͞δ Ψ (sic!) **23** σ͞ι͞ε/ζ ℵ E G L S Υ Λ Π Ω 118 124 788 1424 ¦ σ͞ι͞ε K Θ f¹ f¹³ 2 1346 ¦ Ευ Ιω σ͞ι͞ε : Λο . : Μρ . : Μθ ρ͞π͞ε E

ἀφῆτε	τὰς ἁμαρτίας	ἀφείονται	αὐτοῖς, ἄν		τινος	κρατῆτε	κεκράτηνται.	B*
·ἀφῆτε	τὰς ἁμαρτίας	<u>ἀφίενται</u>	αὐτοῖς, ἄν		τινος	κρατῆτε	κεκράτηνται.	Bᶜ
								𝔭⁶⁶
ἀφῆτε	τὰς ἁμαρτίας	<u>ἀφεθήσεται</u>	αὐτοῖς, <u>ἐὰν δέ</u>		τινων	<u>κρατῆνται</u>	κεκράτηνται.	ℵ*
ἀφῆτε	τὰς ἁμαρτίας	<u>ἀφέωνται</u>	αὐτοῖς, ἄν		<u>τινων</u>	κρατῆτε	κεκράτηνται.	ℵᶜ f¹³ u[w]
ἀφῆτε	τὰς ἁμαρτίας	<u>ἀφέωνται</u>	αὐτοῖς, <u>ἐάν</u>		<u>τινων</u>	κρατῆτε	κεκράτηνται.	A f¹ 565 788 1346
ἀφῆτε	τὰς ἁμαρτίας	<u>ἀφέωνται</u>	αὐτοῖς, <u>ἐάν</u>		<u>τινων</u>	<u>κρατήσετε</u>	κεκράτηνται.	D*
ἀφῆτε	τὰς ἁμαρτίας	<u>ἀφέωνται</u>	αὐτοῖς, <u>ἐάν</u>		<u>τινων</u>	<u>κρατήσητε</u>	κεκράτηνται.	Dᶜ
ἀφῆτε	τὰς ἁμαρτίας	<u>ἀφέονται</u>	αὐτοῖς, ἄν		<u>τινων</u>	κρατῆτε	κεκράτηνται.	L Uᶜ 157
ἀφῆτε	τὰς ἁμαρ·							N
ἀφῆτε	τὰς ἁμαρτίας	<u>ἀφήεντε</u>	αὐτοῖς, ἄν		<u>τινων</u>	κρατῆτε	κεκράτηνται.	Θ
ἀφῆτε	τὰς ἁμαρτίας	<u>ἀφίωνται</u>	αὐτοῖς, ἄν		<u>τινων</u>	κρατῆτε	κεκράτηνται.	Ψ
ἀφῆτε	τὰς ἁμαρτίας	<u>ἀφέωνται</u>	αὐτοῖς, <u>ἐάν</u>		τινων	κρατῆτε	<u>κεκράτητε.</u>	124*
<u>ἀφίετε</u>	τὰς ἁμαρτίας	<u>ἀφίενται</u>	αὐτοῖς, ἄν		<u>τινων</u>	κρατῆτε	κεκράτηνται.	1424
ἀφῆτε	τὰς ἁμαρτίας	<u>ἀφίονται</u>	αὐτοῖς, ἄν		τινος	κρατῆτε	κεκράτηνται.	[w]
ἀφῆτε	τὰς ἁμαρτίας	<u>ἀφίενται</u>	αὐτοῖς, ἄν		<u>τινων</u>	κρατῆτε	κεκράτηνται.	𝔐 K M N U* W Δ Λ
								Π 69 2 33 700 1071 τ

Thomas Will Not Believe That The Disciples Have Seen The Lord
(Luke 24.39)

[↓1346 uwτ rell]

ο̅ζ̅ 24	Θωμᾶς δὲ εἷς ἐκ τῶν δώδεκα, ὁ λεγόμενος Δίδυμος, οὐκ ἦν		μετ᾽ αὐτῶν ὅτε	B 118 124 788
24	Θωμᾶς δὲ εἷς ἐκ τῶν δώδεκα, λεγόμενος Δίδυμος, οὐκ ἦν		μετ᾽ αὐτῶν ὅτε	D
24	Θωμᾶς δὲ εἷς ἐκ τῶν δώδεκα, ὁ λεγόμενος Δίδυμος, οὐκ ἦν <u>ἐκεῖ</u>		μετ᾽ αὐτῶν ὅτε	L
24	Θωμᾶς δὲ εἷς ἐκ τῶν δώδεκα, ὁ λεγόμενος Δίδυμος, οὐκ ἦν		μετ᾽ αὐτῶν <u>πότε</u>	Δ
24	Θωμᾶς <u>οὖν</u> εἷς ἐκ τῶν δώδεκα, ὁ λεγόμενος Δίδυμος, οὐκ ἦν		μετ᾽ αὐτῶν ὅτε	f¹
24	Θωμᾶς δὲ εἷς ἐκ τῶν δώδεκα, ὁ λεγόμενος <u>Δύδιμος</u>, οὐκ ἦν		μετ᾽ αὐτῶν ὅτε	f¹³

	ἦλθεν Ἰησοῦς. 25 ἔλεγον οὖν αὐτῷ οἱ ἄλλοι μαθηταί,	Ἑοράκαμεν		B*
	ἦλθεν Ἰησοῦς. 25 ἔλεγον οὖν αὐτῷ οἱ ἄλλοι μαθηταί,	<u>Ἑωράκαμεν</u>		Bᶜ ℵᶜ uw
<u>οὖν</u>	ἦλθεν Ἰησοῦς. 25 ἔλεγον αὐτῷ οἱ μαθηταί,	<u>Ἑωράκαμεν</u>		ℵ*
	ἦλθεν Ἰησοῦς. 25 ἔλεγον οὖν αὐτῷ οἱ ἄλλοι μαθηταὶ <u>ὅτι</u>	Ἑωράκαμεν		D
	ἦλθεν <u>ὁ</u> Ἰησοῦς. 25 ἔλεγον οὖν αὐτῷ οἱ ἄλλοι μαθηταί,	Ἑοράκαμεν		E G K L M W Δ Θ 2* 565
	25 ·····ν αὐτῷ οἱ ἄλλοι μαθηταί,	Ἑ·····καμεν		N
	ἦλθεν <u>ὁ</u> Ἰησοῦς. 25 ἔλεγον οὖν αὐτῷ οἱ ἄλλοι μαθηταί,	<u>Ἑω</u>·····		33
	ἦλθεν <u>ὁ</u> Ἰησοῦς. 25 ἔλεγον οὖν αὐτῷ οἱ ἄλλοι μαθηταί,	<u>Ἑωράκαμεν</u>		A S U Υ Λ Π Ψ Ω f¹ f¹³
				2ᶜ 157 700 1071 1424 τ

τὸν κύριον. ὁ δὲ εἶπεν αὐτοῖς, Ἐὰν μὴ ἴδω	ἐν	ταῖς χερσὶν αὐτοῦ		B ℵᶜ A 𝔐 Kᶜ L M N U W Δ Θ Λ Π f¹
	<u>εἴδω</u>	ε̅·̅		𝔭⁶⁶ [↑f¹³ 2 157 565 700 1424 uwτ
τὸν κύριον. ὁ δὲ εἶπεν αὐτοῖς, Ἐὰν μὴ ἴδω	ἐν	ταῖς χερσὶν		ℵ*
τὸν κύριον. ὁ δὲ εἶπεν αὐτοῖς, Ἐὰν μὴ ἴδω	<u>εἰς</u>	<u>τὰς</u> <u>χεῖρας</u> αὐτοῦ		D
τὸν κύριον. ὁ δὲ εἶπεν αὐτοῖς, Ἐὰν μὴ <u>ἴδωμεν</u>	ἐν	ταῖς χερσὶν αὐτοῦ		K*
τὸν κύριον. ὁ δὲ εἶπεν, Ἐὰν μὴ ἴδω	ἐν	ταῖς χερσὶν αὐτοῦ		Ψ
τὸν κύριον. ὁ δὲ εἶπεν αὐτοῖς, Ἐὰν μὴ ἴδω	ἐν	ταῖς χερσὶν <u>αὐτὸν</u>		118
·· δὲ εἶπεν αὐτοῖς, Ἐὰν μὴ ἴδω	ἐν	ταῖς χερσὶν αὐτοῦ		33
τὸν κύριον. ὁ δὲ εἶπεν αὐτοῖς, Ἐὰν μὴ <u>εἴδω</u>	ἐν	ταῖς χερσὶν αὐτοῦ		1071

---

lac. 20.23-25 𝔭⁴⁵ 𝔭⁷⁵ C F H N R Γ 28 579 ¦ vss. 23-24 𝔭⁶⁶

A 23 αφηται ℵ N ¦ αφιεντε 2* ¦ αφεωντε 1346 ¦ τινον 13 1346 ¦ κρατηται ℵᶜ 1424 ¦ κρατειτε E 13 2* ¦ καικρατηνται A Λ 2* ¦ κεκρατηντε D 124ᶜ 788 1346 ¦ κρατηνται L ¦ καικρατηντε 13 24 τω δεκα L 25 ειδω 𝔭⁶⁶ ℵ D M 69 ¦ τες (ταις) E* Θ

B 24 ι̅β̅ D ¦ ι̅ς̅ B ℵ A 𝔐 K L S U W Δ Θ Λ Π Ψ Ω f¹ 118 f¹³ 124 2 157 565 700 788 1071 1346 1424 ¦ ι̅η̅ς̅ D 25 κ̅ν̅ B ℵ A D 𝔐 K L M N S U W Δ Θ Λ Π Ψ Ω f¹ 118 f¹³ 69 124 2 157 565 700 788 1071 1346 1424

C 23 τελ του ορθρ τς ν̅ f¹ 118

D 24 σ̅ι̅ς̅/ι̅ ℵ A 𝔐 L M S U Λ Π Ω 118 1071 1424 ¦ σ̅ι̅ς̅ K Θ f¹ f¹³ 124 2 1346 ¦ σ̅ε̅ Ψ (sic!) ¦ σ̅ι̅ς̅/ς̅ 788 ¦ Eυ Ιω σ̅ι̅ς̅ : Λο . : Μρ . : Μθ . E 25 (ante ο δε) σ̅ς̅ Ψ (sic!)

τὸν τύπον   τῶν ἥλων καὶ βάλω τὸν δάκτυλόν μου εἰς τὸν τύπον τῶν ἥλων   B 𝔐 K M U Δ Π Ψ 1 f¹³ 2 157
······ τύπους ······   ······ ω τὸν δ······   𝔭⁶⁶   [↑700 1071 1424 **uwτ**
τὸν τύπον   τῶν ἥλων καὶ βάλω <u>μου</u> <u>τὸν δάκτυλον</u> εἰς <u>τὴν χεῖραν αὐτοῦ</u>   ℵ*
τὸν τύπον   τῶν ἥλων καὶ βάλω <u>μου</u> <u>τὸν δάκτυλον</u> εἰς τὸν τύπον τῶν ἥλων   ℵᶜ L W
τὸν τύπον   τῶν ἥλων καὶ βάλω τὸν δάκτυλόν μου εἰς τὸν <u>τόπον</u> τῶν ἥλων   A
τὸν τύπον   τῶν ἥλων καὶ βάλω <u>μου</u> <u>τὰς χεῖρας</u> εἰς <u>τὴν πλευρὰν αὐτοῦ</u>,   D
······ ········   τῶν ἥλων καὶ βάλω τὸν δάκτυλόν μου εἰς τὸν τύπον τῶν ἥλων   H
τὸν <u>τόπον</u>   τῶν ἥλων καὶ βάλω τὸν δάκτυλόν μου εἰς τὸν τύπον τῶν ἥλων   N
τὸν τύπον   τῶν ἥλων καὶ βάλω τὸν δάκτυλόν μου εἰς τὸν <u>τόπων</u> τῶν ἥλων   Θ
τὸν τύπον   τῶν ἥλων καὶ βάλω   Λ 69
τὸν τύπον   τῶν ἥλων καὶ βάλω τὸν δάκτυλόν μου εἰς τὸν τύπον τῶν <u>ποδῶν</u>   1582
     τύπον   τῶν ἥλων καὶ βάλω τὸν δάκτυλόν μου εἰς τὸν τύπον τῶν ἥλων   118
τὸν τύπον   ········   <u>τὸν δάκτυλόν</u> εἰς τὸν τύπον τῶν ἥλων   33
<u>τοὺς τύπους</u> τῶν ἥλων καὶ βάλω τὸν δάκτυλόν μου εἰς τὸν τύπον τῶν ἥλων   565

καὶ βάλω μου τὴν χεῖραν   εἰς τὴν πλευρὰν αὐτοῦ,   οὐ μὴ πιστεύσω.   B W
······   ······   ······   𝔭⁶⁶ C
καὶ βάλω μου <u>τὴν χεῖρα</u>   εἰς τὴν πλευρὰν αὐτοῦ,   οὐ μὴ πιστεύσω.   ℵ L **uw**
καὶ βάλω <u>τὴν χεῖράν μου</u>   εἰς τὴν πλευρὰν αὐτοῦ,   οὐ μὴ πιστεύσω.   A 1424
καὶ βάλω <u>μου</u> <u>τὸν δάκτυλον</u> εἰς <u>τὸν τύπον τῶν ἥλων</u>, οὐ μὴ πιστεύσω.   D
καὶ βάλω   <u>τὴν χεῖρα</u>   εἰς τὴν πλευρὰν αὐτοῦ,   οὐ μὴ πιστεύσω.   f¹
         <u>τὴν χεῖρά μου</u>   εἰς τὴν πλευρὰν αὐτοῦ,   οὐ μὴ πιστεύσω.   Λ 69
καὶ βάλω μου τὴν χεῖ······   ······   οὐ μὴ πιστεύσω.   33   [↓700 1071 τ
καὶ βάλω <u>τὴν χεῖρά μου</u>   εἰς τὴν πλευρὰν αὐτοῦ,   οὐ μὴ πιστεύσω.   𝔐 K M N U Δ Θ Π Ψ 118 f¹³ 2 157 565

Thomas Is Present When The Risen Lord Again Appears After Eight Days
(Mark 16.14; Luke 24.36—39)

                                        [↓118 f¹³ 2 157 700 1424 **uwτ**
o͞η 26 Καὶ μεθ' ἡμέρας ὀκτὼ   πάλιν ἦσαν ἔσω οἱ μαθηταὶ αὐτοῦ καὶ   B A C 𝔐 K L M U Δ Θ Λ Π Ψ
   26 ········   ········   ······ ητ······   ······   𝔭⁶⁶
   26 Καὶ μεθ' ἡμέρας ὀκτὼ   πάλιν ἦσαν ἔσω οἱ μαθηταὶ   καὶ   ℵ f¹ 124 565 788
   26 Καὶ μεθ' ἡμέρας ὀκτὼ   πάλιν ἦσαν ἔσω οἱ μαθηταὶ αὐτοῦ καὶ ὁ   D
   26 Καὶ μεθ' ἡμέρας ὀκτὼ   πάλιν ἦσαν   οἱ μ········   ······   N
   26 Καὶ <u>μετὰ</u> ἡμέρας ὀκτὼ   πάλιν ἦσαν ἔσω οἱ μαθηταὶ   καὶ   W
   26 Καὶ μεθ' ἡμέρας ὀκτὼ   πάλιν ἦσαν ἔσω οἱ μαθηταὶ   καὶ ὁ   69
   26 Καὶ μεθ' ἡμέρας ὀκτὼ   πάλιν ἦσα········   ······   33
   26 Καὶ μεθ' ἡμέρας ὀκτὼ ······ πάλιν ἦσαν ἔσω οἱ μαθηταὶ αὐτοῦ καὶ   1071

Θωμᾶς μετ' αὐτῶν. ἔρχεται   ὁ Ἰησοῦς τῶν θυρῶν κεκλεισμένων καὶ ἔστη εἰς τὸ   B 118 **uwτ** rell
········ τ' αὐτ······   ······ ὧν κ······   𝔭⁶⁶
Θωμᾶς μετ' αὐτῶν. ἔρχεται <u>οὖν</u> ὁ Ἰησοῦς τῶν θυρῶν κεκλεισμένων καὶ ἔστη εἰς τὸ   D f¹ 565
Θωμᾶς μετ' αὐτῶν. ἔρχεται   Ἰησοῦς τῶν θυρῶν κεκλεισμένων καὶ ἔστη εἰς τὸ   W
········ μετ' αὐτῶν. ἔρχεται   ὁ Ἰησοῦς τῶν θυρῶν κεκλεισμένων   33

μέσον καὶ εἶπεν,   Εἰρήνη ὑμῖν. 27 εἶτα λέγει τῷ Θωμᾷ, Φέρε τὸν δάκτυλόν σου   B **uwτ** rell
μέσον καὶ <u>λέγει</u>,   Εἰρήνη ὑμῖν. 27 εἶτα λέγει τῷ Θωμᾷ, Φέρε τὸν δάκτυλόν σου   N
μέσον   <u>λέγει αὐτοῖς</u>, Εἰρήνη ὑμῖν. 27 εἶτα λέγει τῷ Θωμᾷ, Φέρε τὸν δάκτυλόν σου   Θ
μέσον καὶ εἶπεν <u>αὐτοῖς</u>, Εἰρήνη ὑμῖν. 27 εἶτα λέγει τῷ Θωμᾷ, Φέρε τὸν δάκτυλόν σου   Δ Λᶜ
········   ········ ὑμῖν. 27 εἶτα λέγει τῷ Θωμᾷ, Φέρε τὸν δάκτυλόν ······   33
<u>μέσῳ</u> καὶ εἶπεν,   Εἰρήνη ὑμῖν. 27 εἶτα λέγει τῷ Θωμᾷ, Φέρε τὸν δάκτυλόν σου   1346*

---

lac. 20.25-27 𝔭⁴⁵ 𝔭⁷⁵ C F H P Γ 28 579 ¦ vss. 25-26 N

A 25 τον ιλων¹ 2 ¦ ιλων (ηλων¹) L ¦ τω (των²) Θ **26** εισαν K ¦ ερχετε Θ ¦ τον θυρον 1071 ¦ κεκλισμενων ℵ A D L N W ¦ καικλησμενων E 2* ¦ κεκλεσμενων K Λ ¦ κεκλισμενων 2ᶜ ¦ ες (εις) 1346 ¦ εστι K ¦ μεσων K ¦ ιρηνη ℵ ¦ ηρηνη 2 ¦ υμειν D **27** δακτυλων Θ

B 26 ι͞ς B ℵ A C 𝔐 K L M N S U W Δ Θ Λ Π Ψ Ω f¹ 118 f¹³ 124 2 33 157 565 700 788 1071 1424 ¦ ι͞η͞ς D

C 25 τελ τς μ, γ κ, υ εσπ f¹ 118 ¦ τελ τη κ, υ του πασχα εσπερα 1346

D 26 σι͞ζ/θ ℵ G L M S U Y Λ Π Ω 118 124 788 1071 1424 ¦ σι͞ζ/η A ¦ σι͞ζ C K f¹ f¹³ 157 565 1346 ¦ σι͞ζ/α E ¦ σι͞η H ¦ σι͞ς Θ ¦ σ͞ζ Ψ (sic!) ¦ Ευ Ιω σι͞ζ : Λο τ͞μγ : Μρ σλ͞ζ : Μθ τν͞ζ E

ὧδε καὶ ἴδε τὰς χεῖράς μου, καὶ φέρε τὴν χεῖρά σου καὶ βάλε εἰς τὴν πλευράν μου,ᵀ B **uwτ** rell
ὧδε καὶ ἴδε τὰς ⋯⋯⋯ ⋯⋯ ⋯⋯⋯ ⋯⋯⋯⋯ ⋯⋯⋯ ⋯⋯⋯⋯ ⋯⋯ ⋯⋯⋯ ⋯⋯ Y
ὧδε καὶ ἴδε τὰς χεῖράς μου, καὶ φέρε τὴν χεῖρά σου καὶ βάλε εἰς τὴν πλευ⋯⋯ ⋯⋯ N
<u>ὧδε</u> καὶ ἴδε τὰς χεῖράς μου, καὶ φέρε τὴν χεῖρά σου καὶ βάλε εἰς τὴν πλευράν μου, 124 788
⋯⋯⋯ ⋯⋯ ⋯⋯⋯ ⋯⋯ φέρε τὴν χεῖρά σου καὶ βάλε εἰς τὴν πλευράν μου, 33
ὧδε καὶ ἴδε τὰς χεῖράς μου, καὶ φέρε τὴν <u>χεῖράν</u> σου καὶ βάλε εἰς τὴν πλευράν μου, 1424

ᵀκαὶ φέρε τὴν χεῖρά σου καὶ βάλε εἰς τὴν πλευράν μου. A*

καὶ μὴ γείνου ἄπιστος ἀλλὰ πιστός. **28**		ἀπεκρίθη	Θωμᾶς καὶ εἶπεν αὐτῷ,	B Θ
⋯ὶ μὴ <u>γίνου</u> ἄπ⋯⋯⋯⋯⋯ **28**		ἀπεκρίθη	Θω⋯⋯⋯ ⋯ ὑτῷ,	𝔓⁶⁶
καὶ μὴ <u>γίνου</u> ἄπιστος ἀλλὰ πιστός. **28**		ἀπεκρίθη <u>ὁ</u>	Θωμᾶς καὶ εἶπεν αὐτῷ,	א L
καὶ μὴ <u>γίνου</u> ἄπιστος ἀλλὰ πιστός. **28**		ἀπεκρίθη	Θωμᾶς καὶ εἶπεν αὐτῷ,	C* G W Ψ f¹ f¹³ 1071
καὶ μὴ <u>ἴσθι</u> ἄπιστος ἀλλὰ πιστός. **28**		ἀπεκρίθη	Θωμᾶς καὶ εἶπεν αὐτῷ,	D		[↑**uw**
καὶ μὴ <u>γίνου</u> ἄπιστος ἀλλὰ πιστός. **28** <u>καὶ</u>	ἀπεκρίθη <u>ὁ</u>	Θωμᾶς καὶ εἶπεν αὐτῷ,	N τ
⋯⋯⋯ ⋯⋯⋯⋯⋯⋯⋯⋯ **28** ⋯⋯	⋯⋯⋯⋯⋯⋯ καὶ εἶπεν αὐτῷ,	33
καὶ μὴ <u>γίνου</u> ἄπιστος ἀλλὰ πιστός. **28** <u>καὶ</u>	ἀπεκρίθη	Θωμᾶς καὶ εἶπεν αὐτῷ,	A Cᶜ 𝔐 K M U Δ Λ Π
								118 124 2 157 565 700 1346 1424

Ὁ κύριός μου καὶ ὁ θεός μου. **29** λέγει	αὐτῷ	Ἰησοῦς, Ὅτι ἑώρακάς με	B [**w**]
Ὁ κύριός μου κ⋯⋯ ⋯⋯⋯⋯⋯ **29** ⋯⋯⋯	⋯ ὑτῷ	Ἰησοῦς, Ὅτι ε⋯⋯⋯⋯ ⋯⋯	𝔓⁶⁶
Ὁ κύριός μου καὶ ὁ θεός μου. **29** <u>εἶπεν δὲ</u> αὐτῷ <u>ὁ</u>	Ἰησοῦς, Ὅτι ἑώρακάς με <u>καὶ</u>	א*
Ὁ κύριός μου καὶ ὁ θεός μου. **29** <u>λέγι δὲ</u> αὐτῷ <u>ὁ</u>	Ἰησοῦς, Ὅτι ἑώρακάς με	אᶜ
Ὁ κύριός μου καὶ θεός μου. **29** λέγει	αὐτῷ <u>ὁ</u>	Ἰησοῦς, Ὅτι ἑώρακάς με	D
Ὁ κύριός μου καὶ ὁ θεός μου. **29** λέγει	αὐτῷ <u>ὁ</u>	Ἰησοῦς, Ὅτι <u>ἑόρακάς</u> με	𝔐 K L Θ Πᶜ 565
Ὁ κύριός μου καὶ ὁ θεός μου. **29** <u>εἶπεν δὲ</u> αὐτῷ <u>ὁ</u>	Ἰησοῦς, Ὅτι <u>ἑόρακάς</u> με	W
Ὁ κύριός μου καὶ ὁ θεός μου. **29** λέγει	αὐτῷ <u>ὁ</u>	Ἰησοῦς, Ὅτι <u>ἑόρακάς</u> με	Δ
Ὁ κύριός μου καὶ ὁ θεός μου. **29** <u>εἶπεν δὲ</u> αὐτῷ <u>ὁ</u>	Ἰησοῦς, Ὅτι <u>ἑόρακάς</u> με	f¹³
Ὁ κύριός μου καὶ ὁ θεός μου. **29** λέγει	αὐτῷ <u>ὁ</u>	Ἰησοῦς, Ὅτι <u>ἑόρα</u>⋯⋯ ⋯⋯	33
Ὁ κύριός μου καὶ ὁ θεός μου. **29** λέγει	αὐτῷ <u>ὁ</u>	Ἰησοῦς, Ὅτι ἑώρακάς με, Θωμᾶ,	τ
Ὁ κύριός μου καὶ ὁ θεός μου. **29** λέγει	αὐτῷ <u>ὁ</u>	Ἰησοῦς, Ὅτι ἑώρακάς με	A C M N S U Λ Π*
								Ψ Ω f¹ 2 157 700 1071 1424 **u**[**w**]

πεπίστευκας; μακάριοι οἱ μὴ ἰδόντες	καὶ πιστεύσαντες.	B אᶜ C 𝔐 L K M N U Δ Θ Λ Π Ψ 1582ᶜ 118 69
⋯⋯⋯⋯ ευκας; μα⋯⋯ριο⋯ ⋯⋯⋯ ες	καὶ πι⋯⋯ευσ⋯⋯⋯	𝔓⁶⁶	[↑2 157 565 700 1071 1424 **uwτ**
πεπίστευκας; μακάριοι οἱ μὴ ἰδόντες <u>με</u> καὶ πιστεύσαντες.	א* 1 1582* 124 788 1346
πεπίστευκας; μακάριοι οἱ μὴ ἰδόντες	<u>πεπιστεύσαντες.</u>	A
πεπίστευκας; μακάριοι οἱ μὴ <u>εἰδόντες</u>	καὶ πιστεύσαντες.	D
πεπίστευκας; μακάριοι οἱ μὴ <u>εἰδότες</u>	καὶ πιστεύσαντες.	W
πεπίστευκας; μακάριοι οἱ μὴ ἰδόντες <u>με</u>	<u>πιστεύοντες</u> .	f¹³
⋯⋯⋯⋯⋯⋯ μακάριοι οἱ μὴ ἰδόντες	καὶ πιστεύσαντες.	33

[Cl S II 9.6 <u>μακαριοι</u> τοινυν <u>οι μη ιδοντες και πιστευσαντες</u>]

This Book Written That We May Believe That Jesus Is The Christ
(Matthew 1.1; Mark 1.1; Luke 3.23)

30 Πολλὰ μὲν οὖν καὶ ἄλλα σημεῖα ἐποίησεν ὁ Ἰησοῦς ἐνώπιον τῶν μαθητῶν, B A E K S Δ Λ Π Ω [**uw**]
30 ⋯⋯⋯ μὲν ο<u>ὖ</u>ν καὶ ⋯⋯⋯⋯⋯ ἐποίησεν ὁ Ἰησοῦς ἐνώπ⋯⋯⋯ μαθητῶν <u>αὐτοῦ</u>, 𝔓⁶⁶
30 Πολλὰ μὲν οὖν καὶ ἄλλα σημεῖα ἐποίησεν   Ἰησοῦς ἐνώπιον τῶν μαθητῶν <u>αὐτοῦ</u>, D
30 Πολλὰ μὲν οὖν καὶ ἄλλα σημεῖα <u>πεποίηκεν</u> ὁ Ἰησοῦς ἐνώπιον τῶν μαθητῶν <u>αὐτοῦ</u>, W
30 Πολλὰ μὲν οὖν καὶ ἄλλα ⋯⋯⋯ ⋯⋯⋯⋯νώπιον τῶν μαθητῶν <u>αὐτοῦ</u>, 33
30 Πολλὰ μὲν οὖν καὶ ἄλλα σημεῖα ἐποίησεν ὁ Ἰησοῦς ἐνώπιον τῶν μαθητῶν <u>αὐτοῦ</u>, א C G H L M
								N U Θ Ψ f¹ f¹³ 2 157 565 700 1071 1424 [**uw**]τ

lac. 20.27-30 𝔓⁴⁵ 𝔓⁷⁵ F P Y Γ 28 579

A 27 ειδε W 69 1071 | αηστος 2* **29** ειπε 788 **30** πολλα E | σημια W

B 28 κ̅ς̅ B 𝔓⁶⁶ א A C D 𝔐 K L M S U W Δ Θ Λ Π Ψ Ω f¹ 118 f¹³ 69 124 2 33 157 565 700 788 1071 1346 1424 | θ̅ς̅ B 𝔓⁶⁶ א A C D 𝔐 K L M S U W Δ Θ Λ Π Ψ Ω f¹ 118 f¹³ 69 124 2 33 157 565 700 788 1071 1346 1424 **29** ι̅ς̅ B א A C 𝔐 K L M S U W Δ Θ Λ Π Ψ Ω f¹ 118 f¹³ 124 2 157 565 700̲ 788 1071 1346 1424 ¦ ι̅η̅ς̅ D **30** ι̅ς̅ B א A C 𝔐 K L M S U W Δ Θ Λ Π Ψ Ω f¹ 118 f¹³ 124 2 157 565 700 788 1071 1346 1424 ¦ ι̅η̅ς̅ D

D 28 σι̅η̅/ι̅ א A E L M S U Λ Π Ω 118 1071 1424 ¦ σι̅η̅ C G K f¹ 124 2 157 1346 ¦ σι̅θ̅ H ¦ σι̅η̅/ς̅ 788 | Ευ Ιω σι̅η̅ : Λο . : Μρ . : Μθ . E **30** σι̅η̅ Θ

ἃ οὐκ ἔστιν γεγραμμένα ἐν τῷ βιβλίῳ τούτῳ· **31** ταῦτα δὲ γέγραπται ἵνα πιστεύητε   B ℵ* 157 1071 [u]w
ἃ ου········· ·······γραμμένα ··ν   βιβλ········ ····φ· **31** ταῦτᾶ δὲ γέγραπται ······· ·······<u>τεύηται</u>   𝔭66*
ἃ ου········· ·······γραμμένα ··ν τῷ βιβλ········ ····φ· **31** ταῦτᾶ δὲ γέγραπται ······· ·······<u>τεύηται</u>   𝔭66c
ἃ οὐκ ἔστιν γεγραμμένα ἐν τῷ <u>βίβλῳ</u> τούτῳ· **31** ταῦτα δὲ γέγραπται ἵνα <u>πιστεύσητε</u>   D
ἃ οὐκ ἔστιν γεγραμμένα ἐν τῷ βιβλίῳ τούτῳ· **31**   G*
ἃ οὐκ ἔστιν γεγραμμένα ἐν τῷ βιβλίῳ τούτῳ· **31** ταῦτα δὲ γέγραπται ἵνα <u>πιστεύσηται</u>   L N W
ἃ οὐκ ἔστιν γεγραμμένα ἐν τῷ βιβλίῳ τούτῳ· **31** ταῦτα δὲ γέγραπται ἵνα <u>πιστεύηται</u>   Θ
··· ······ ἔστιν ·······γραμμένα ἐν τῷ βιβλίῳ τούτῳ· **31** ·······τα δὲ γέγραπται ἵνα <u>πιστεύσητε</u>   33
ἃ οὐκ ἔστιν γεγραμμένα ἐν τῷ βιβλίῳ τούτῳ· **31** ταῦτα δὲ γέγραπται ἵνα <u>πιστεύσητε</u>   788
ἃ οὐκ ἔστιν γεγραμμένα ἐν τῷ βιβλίῳ τούτῳ· **31** ταῦτα δὲ γέγραπται ἵνα <u>πιστεύσητε</u>   ℵc A C 𝔐 K M U Δ
                                             Λ Π Ψ f1 f13 2 565 700 1424 [u]τ

ὅτι   Ἰησοῦς ἐστιν ὁ Χριστὸς ὁ υἱὸς τοῦ θεοῦ, καὶ ἵνα πιστεύοντες   B **uw** rell
ὅτι   Ἰησοῦς ἐσ········· ·········· καὶ ἵγα π········   𝔭66
ὅτι   Ἰησοῦς ἐστιν ὁ Χριστὸς ὁ υἱὸς τοῦ θεοῦ,   ἵνα πιστεύοντες   ℵ*
ὅτι   Ἰησοῦς <u>Χριστὸς υἱός ἐστιν</u>   τοῦ θεοῦ, καὶ ἵνα πιστεύοντες   D
om.   G*
ὅτι <u>ὁ</u> Ἰησοῦς ἐστιν ὁ Χριστὸς ὁ υἱὸς τοῦ θεοῦ, καὶ ἵνα πιστεύοντες   Gc τ
······   ·········· ἐστιν ὁ Χριστὸς ὁ υἱὸς τοῦ θεοῦ, καὶ ἵνα πιστεύοντες   N
ὅτι   Ἰησοῦς <u>ὁ Χριστός ἐστιν</u> ὁ υἱὸς τοῦ θεοῦ, καὶ ἵνα πιστεύοντες   W
ὅτι   Ἰησοῦς ἐστιν ὁ Χριστὸς ὁ υἱὸς τοῦ θεοῦ, καὶ ἵνα πιστεύοντες <u>καὶ ἵνα πιστεύοντες</u>   69*
ὅτι   ·········· ·········· ὁ υἱὸς τοῦ θεοῦ, καὶ ἵνα πιστεύοντες   33

ζωὴν   ἔχητε ἐν τῷ ὀνόματι αὐτοῦ.   B A Cc 𝔐 K M N U W Δ Θ Λ Π f1 f13 2 157 565 700 1071 1424 **uw**τ
········   ····· ··· ·······μα········ ·········   𝔭66
ζωὴν <u>αἰώνιον</u> ἔχητε ἐν τῷ ὀνόματι αὐτοῦ.   ℵ C* D L Ψ 69 124 33 788
om.   G*

Jesus Reveals Himself To Disciples By The Sea Of Tiberias
(Matthew 4.18; Mark 1.16; Luke 5.1—5)

o̅θ̅ **21.1** Μετὰ ταῦτα ἐφανέρωσεν ἑαυτὸν πάλιν   Ἰησοῦς   τοῖς μαθηταῖς   B C* **w**
21.1 M········· ·····α ἐφαν··ρω·· εν ···········   τοῖς μαθητα···   𝔭66
21.1 Μετὰ ταῦτα ἐφανέρωσεν <u>πάλιν ἑαυτὸν</u> <u>ὁ</u> Ἰησοῦς   τοῖς μαθηταῖς   ℵ
21.1 Μετὰ ταῦτα ἐφανέρωσεν ἑαυτὸν πάλιν   Ἰησοῦς   τοῖς μαθηταῖς <u>αὐτοῦ</u>   Cc
21.1 Μετὰ ταῦτα <u>πάλιν</u> <u>ἐφανέρωσεν ἑαυτὸν</u>   τοῖς μαθηταῖς <u>αὐτοῦ</u>   D
21.1 Μετὰ ταῦτα ἐφανέρωσεν ἑαυτὸν   <u>ὁ</u> Ἰησοῦς   τοῖς μαθηταῖς <u>αὐτοῦ</u>   G
21.1 Μετὰ ταῦτα ἐφανέρωσεν ἑαυτὸν πάλιν   <u>ὁ</u> Ἰησοῦς   τοῖς μαθηταῖς <u>αὐτοῦ</u>   H U 700 1071
21.1 Μετὰ ταῦτα ἐφανέρωσεν ἑαυτὸν πάλιν   Ἰησοῦς   τοῖς μαθηταῖς   M
21.1 Μετὰ ταῦτα ἐφανέρωσεν ἑαυτὸν <u>ὁ Ἰησοῦς</u>   <u>πάλιν</u> Ἰησοῦς   τοῖς μαθηταῖς   W
21.1 <u>Μεταῦτα</u>   ἐφανέρωσεν ἑαυτὸν πάλιν <u>ὁ</u> Ἰησοῦς   τοῖς μαθηταῖς   Δ
21.1 Μετὰ ταῦτα ἐφανέρωσεν ἑαυτὸν <u>ὁ Ἰησοῦς</u>   <u>πάλιν</u> Ἰησοῦς   τοῖς μαθηταῖς <u>αὐτοῦ</u>   Ψ
21.1 Μετὰ ταῦτα ἐφανέρωσεν ἑαυτὸν πάλιν <u>ὁ</u> Ἰησοῦς   τοῖς μαθηταῖς <u>αὐτοῦ</u> <u>ἐγέρθεις</u>   f13 2
21.1 Μετὰ ταῦτα ἐφανέρωσεν ἑαυτὸν <u>ὁ Ἰησοῦς</u>   <u>πάλιν</u> Ἰησοῦς   τοῖς μαθηταῖς <u>αὐτοῦ</u> <u>ἐγέρθεις</u>   69
21.1 Μετὰ ταῦτα ἐφανέρωσεν ἑαυτὸν   <u>ὁ</u> Ἰησοῦς   τοῖς μαθηταῖς <u>αὐτοῦ</u> <u>ἐγέρθεις</u>   1424
21.1 Μετὰ ταῦτα ἐφανέρωσεν ἑαυτὸν πάλιν <u>ὁ</u> Ἰησοῦς   τοῖς μαθηταῖς   A 𝔐 K L N
                                             Θ Λ Π f1 33 157 565 **u**τ

---

lac. 20.30-21.1 𝔭45 𝔭75 F P R Y Γ 28 579

A 30 εστι S Ω f1 118 13 69 157 700 788 1346 ¦ γεγραμενα Δ ¦ εγραμμενα 124*¦ τουτο 1071 **31** αιωνηον L ¦ εχηται N W 1071 ¦ εχειτε H Λ 2* **21.1** εφαναιρωσεν1 N ¦ παλι 124*

B 31 ι̅ς̅ B ℵ A C E Gc H K L M N S U W Δ Θ Λ Π Ψ Ω f1 118 f13 124 2 157 565 700 788 1071 1346 1424 ¦ ι̅η̅ς̅ D ¦ χ̅ς̅ B ℵ A C E Gc H K L M N S U W Δ Θ Λ Π Ψ Ω f1 118 f13 69 124 2 565 700 788 1071 1346 1424 ¦ χ̅ρ̅ς̅ D ¦ υ̅ς̅ ℵ C E H K L M N S U W Δ Λ Π Ψ Ω f1 2 33 565 1071 1424 ¦ θ̅υ̅ B ℵ A C D E Gc H K L M N S U W Δ Θ Λ Π Ψ Ω f1 118 f13 69 124 2 33 157 565 700 788 1071 1346 1424 **21.1** ι̅ς̅ B ℵ A C 𝔐 K L N S U W Δ Θ Λ Π Ψ Ω f1 118 f13 124 2 33 157 565 700 788 1071 1346 1424

C 30 τελος G **31** τελος (post ονομ. αυτου) E H S Λ Ψ 118 124 2 157 788 1071 1346 ¦ τελ του θ̅ εωθ κ̅ του απο f1 **21.1** αρχη: ········¸ι̅ τω καιρω εκεινω εφανεροσεν εαυτον ο ι̅ς̅ τοις μαθηταις αυτου εγερθεις εκ νεκρων: (ante επι της) E ¦ αρχη: αναστασιμον ι̅ εωθ G ¦ αρχη: αναστ ι̅ τω κ, εφανερωσεν εαυτον ο ι̅ς̅ τοις μαθ αυτ; ειπ της θαλα, H ¦ αρχ L ¦ αναστασιμ¸ο ι̅ τω καιρ, εφανε, εαυτ ο ι̅ς̅ τς μαθθ αυτ εγερθ εκ νεκρ, επι της θαλασσης της τιβεριαδ¸ο M ¦ τω κ εφανερωσ εγερθ εκ νεκρων S ¦ αρχ: τω κ̅,ρ εφανερωσεν Θ ¦ αρχ: ευθ ι̅ τω καιρω, Λ ¦ αρχ ευαγγε αναστασιμου εωθινο ι̅ Ψ ¦ ευαγγε, αναστ ορθ ι̅ αρχ̲ τω καιρω εφανερωσεν Ω ¦ αρχ ξε̅ εωθ υπ κ̅,τ̅ κ,ν εφανερωσεν ε ·········· f1 ¦ αρχ ξε̅ εωθ δεκατον τω εφανερωσεν εαυτον ο ι̅ς̅ τοις μαθ αυτου εγερθεις εκ νεκρων επι της θαλασσης 118 ¦ αρχ εωθ ι̅ f13 788 ¦ εωθ ι̅ 124 ¦ αναστ ι̅ τω κ̅,ρ,ω εκ,ν εφανερ,ω εαυτ ο ι̅ς̅ τοις μαθι αυτ: 2¦ αρχ ευα ι̅ 157 ¦ αρχ ευα εωθι̅ 1071

D 21.1 σ̅ι̅θ̅/ε̅ ℵ E Λ Π Ω ¦ σ̅ι̅θ̅/θ̅ A L M S U 118 788 1071 ¦ σ̅ι̅θ̅ C G Hc K Θ Ψ f1 f13 124 2 157 1346 1424 ¦ σ̅ι̅η̅ H* Θ ¦ σ̅ι̅θ̅/ι̅ N ¦ Ευ Ιω σ̅ι̅θ̅ : Λο λ : Μρ . : Μθ . E

ἐπὶ τῆς θαλάσσης τῆς Τιβεριάδος· ἐφανέρωσεν δὲ οὕτως. **2** ἦσαν ὁμοῦ B **uwτ** rell
.... τῆς Τιβεριάδ· .... ὕτως. **2** ἦσα· 𝔓66
.... ἐφανέρωσεν δὲ οὕτως. **2** ἦσαν ὁμοῦ P
ἐκ νεκρῶν ἐπὶ τῆς θαλάσσης τῆς Τιβεριάδος· ἐφανέρωσεν δὲ οὕτως. **2** 13
ἐκ νεκρῶν ἐπὶ τῆς θαλάσσης τῆς Τιβεριάδος· ἐφανέρωσεν δὲ οὕτως. **2** ἦσαν ὁμοῦ 69 124 788 1346 1424
ἐκ νεκρῶν ἐπὶ τῆς θαλάσσης τῆς Τηβεριάδος· ἐφανέρωσεν δὲ οὕτως. **2** ἦσαν ὁμοῦ 2

Σίμων Πέτρος καὶ Θωμᾶς ὁ λεγόμενος Δίδυμος καὶ Ναθαναὴλ ὁ   ἀπὸ Κανὰ τῆς B **uwτ** rell
....ς καὶ Θωμ··· .... Δ··δυϊμος καὶ ....   ···ὁ Κα 𝔓66
Σίμων Πέτρος καὶ Θωμᾶς ὁ λεγόμενος Δίδυμος καὶ Ναθανὴλ ὁ   ἀπὸ Κανὰ τῆς C
Σίμων Πέτρος καὶ Θωμᾶς ὁ λεγόμενος Δίδυμος καὶ Ναθαναὴλ ὃς ἦν ἀπὸ Κανὰ τῆς D
Σίμων Πέτρως καὶ Θωμᾶς ὁ λεγόμενος Δίδυμος καὶ Ναθαναὴλ ὁ   ἀπὸ Κανὰ τῆς Θ*
Σίμων Πέτρος .... λεγόμενος Δίδυμος καὶ Ναθαναὴλ ὁ   ἀπὸ Κανὰ τῆς 33

Γαλειλαίας καὶ οἱ   τοῦ Ζεβεδαίου καὶ ἄλλοι ἐκ τῶν μαθητῶν αὐτοῦ δύο. B
Γαλ······· .... οἱ   τοῦ Ζεβεδα··ου κ··· .... ἐκ τῶν μαθητῶν αὐ······ 𝔓66
Γαλιλαίας καὶ οἱ υἱοὶ   Ζεβεδαίου καὶ ἄλλοι ἐκ τῶν μαθητῶν αὐτοῦ δύο. ℵ D
Γαλιλαίας καὶ οἱ τοῦ Ζεβεδαίου υἱοὶ καὶ ἄλλοι ἐκ τῶν μαθητῶν αὐτοῦ δύο. C Θ 700
Γαλιλαίας καὶ οἱ ιοι τοῦ Ζεβεδαίου καὶ ἄλλοι ἐκ τῶν μαθητῶν αὐτοῦ δύο. E
Γαληλαίος καὶ οἱ   τοῦ Ζεβεδαίου καὶ ἄλλοι ἐκ τῶν μαθητῶν αὐτοῦ δύο. H*
Γαληλέος καὶ οἱ   τοῦ Ζεβεδαίου καὶ ἄλλοι ἐκ τῶν μαθητῶν αὐτοῦ δύο. Hᶜ
Γαλιλαίας καὶ οἱ   τοῦ Ζεβεδέου καὶ ἄλλοι ἐκ τῶν μαθητῶν αὐτοῦ δύο. W 565
Γαλιλαίας καὶ   τοῦ Ζεβεδαίου καὶ ἄλλοι ἐκ τῶν μαθητῶν αὐτοῦ δύο. Δ*
Γαλιλαίας καὶ ···   ······· καὶ ἄλλοι ἐκ τῶν μαθητῶν αὐτοῦ δύο. 33
Γαλιλαίας καὶ υἱοὶ τοῦ Ζεβεδαίου καὶ ἄλλοι ἐκ τῶν μαθητῶν αὐτοῦ δύο. 157
Γαλιλαίας καὶ οἱ υἱοὶ τοῦ Ζεβεδαίου καὶ ἄλλοι ἐκ τῶν μαθητῶν αὐτοῦ δύο. 1071
Γαλιλαίας καὶ οἱ   τοῦ Ζεβεδαίου καὶ ἄλλοι ἐκ τῶν μαθητῶν αὐτοῦ δύο. A 𝔐 K L M N P U Δᶜ Λ Π
  Ψ *f*¹ 69 124 2 788 1346 1424 **uwτ**

3 λέγει αὐτοῖς Σίμων Πέτρος, Ὑπάγω ἁλιεύειν. λέγουσιν αὐτῷ, Ἐρχόμεθα καὶ ἡμεῖς B 118 **uwτ** rell
3 ·έγει αυ······ς Σίμων Π······ ·······γω ἁ··ύε· ν. λέγο····· ·······ρχο······ ·······με·· 𝔓66
3 λέγει τούτοις Σίμων Πέτρος, Ὑπάγω ἁλιεύειν. λέγουσιν αὐτῷ, Ἐρχόμεθα καὶ ἡμεῖς D
3 λέγει αὐτοῖς Σίμων Πέτρος, Ὑπάγω ἁλιεύειν. λέγουσιν αὐτῷ, Ἐρχόμεθα καὶ ὑμεῖς Λ
3 λέγει αὐτοῖς Σίμων Πέτρος, Ὑπάγω ἁλιεύειν. λέγουσιν αὐτῷ, Ἐρχόμεθα *f*¹
3 λέγει αὐτοῖς Σίμων Πέτρος, Ὑπάγω ·······ειν. ·······σιν αὐτῷ, Ἐρχόμεθα καὶ ἡμεῖς 33

σὺν σοί. ἐξῆλθον καὶ ἐνέβησαν εἰς τὸ πλοῖον, καὶ ἐν ἐκείνῃ τῇ νυκτὶ B C* W *f*¹ 69 565 788 **u**
  ·······ησ······· 𝔓66
σὺν σοί. ἐξῆλθον οὖν καὶ ἐνέβησαν εἰς τὸ πλοῖον, καὶ ἐν ἐκείνῃ τῇ νυκτὶ ℵ N Θ
σὺν σοί. καὶ ἐξῆλθον καὶ ἐνέβησαν εἰς τὸ πλοῖον εὐθύς, καὶ ἐν ἐκείνῃ τῇ νυκτὶ A 1071
σὺν σοί. ἐξῆλθαν καὶ ἐνέβησαν εἰς τὸ πλοῖον, καὶ ἐν ἐκείνῃ τῇ νυκτὶ D w
σὺν σοί. ἐξῆλθον οὖν καὶ ἐνέβησαν εἰς τὸ πλοῖον εὐθύς, καὶ ἐν ἐκείνῃ τῇ νυκτὶ G
σὺν σοί. ἐξῆλθον οὖν καὶ ἐνέβησαν εἰς τὸ πλοῖον, καὶ ἐκείνῃ τῇ νυκτὶ L
σὺν σοί. καὶ ἦλθον καὶ ἐνέβησαν εἰς τὸ πλοῖον εὐθύς, καὶ ἐν ἐκείνῃ τῇ νυκτὶ P
σὺν σοί. ἐξῆλθον καὶ ἀνέβησαν εἰς τὸ πλοῖον, καὶ ἐν ἐκείνῃ τῇ νυκτὶ Δ
σὺν σοί. ἐξῆλθον καὶ ἀνέβησαν εἰς τὸ πλοῖον εὐθύς, καὶ ἐν ἐκείνῃ τῇ νυκτὶ Λ 1346 τ
σὺν σοί. καὶ ἐξῆλθον καὶ ἐνέβησαν εἰς τὸ πλοῖον, καὶ ἐν ἐκείνῃ τῇ νυκτὶ Ψ
σὺν σοί. ·······θον οὖν καὶ ἐνέβησαν εἰς τὸ πλοῖον, καὶ ··· ·······είνη τῇ νυκτὶ 33
σὺν σοί. ἐξῆλθον οὖν καὶ ἀνέβησαν εἰς τὸ πλοῖον εὐθύς, καὶ ἐν ἐκείνῃ τῇ νυκτὶ 157 [↓700 1424
σὺν σοί. ἐξῆλθον καὶ ἐνέβησαν εἰς τὸ πλοῖον εὐθύς, καὶ ἐν ἐκείνῃ τῇ νυκτὶ Cᶜ 𝔐 K M U Π 118 124 2

ἐπίασαν οὐδέν. B **uwτ** rell
ἐκοπίασαν οὐδέν. ℵ*
ἐπίασαν οὐδὲ ἔν. C* W
ἐπείασαν οὐδέν. D
ἐποίησαν οὐδέν. 124
ἐποίασαν οὐδέν. 1346

---

lac. 21.1-3 𝔓45 𝔓75 F Y Γ 28 579 ¦ vss. 2-3 13

A 21.1 θαλασης K* | εφανερωσε² U 118 69 157 788 1346 **2** λεγωμενος Θ **2** αυτουτου D | συ (σοι) U **3** λεγουσειν N | ερχωμεθα Θ | ημις N | εξηλθων E | ενεβισαν U | εκινη ℵ N

The Great Catch Of Fish
(Luke 24.36, 41; 5.4—10)

4 πρωΐας δὲ ἤδη γεινομένης ἔστη 　Ἰησοῦς εἰς τὸν αἰγιαλόν, οὐ μέντοι ᾔδεισαν 　Β
4 ⋯⋯⋯⋯⋯⋯⋯⋯⋯⋯⋯ ⋯⋯⋯⋯⋯ ⋯⋯γιαλ⋯⋯ 　　　　　　　　ἔγνω⋯ 　𝔓66
4 πρωΐας δὲ 　　γενομένης ἔστη 　Ἰησοῦς ἐπὶ τὸν αἰγιαλόν, οὐ μέντοι ἔγνωσαν 　ℵ*
4 πρωΐας δὲ ἤδη γενομένης ἔστη 　Ἰησοῦς ἐπὶ τὸν αἰγιαλόν, οὐ μέντοι ἔγνωσαν 　ℵᶜ Ψ
4 πρωΐας δὲ ἤδη γεινομένης ἔστη 　Ἰησοῦς ἐπὶ τὸν αἰγιαλόν, οὐ μέντοι ᾔδεισαν 　Α
4 πρωΐας δὲ ἤδη γινομένης ἔστη 　Ἰησοῦς εἰς τὸν αἰγιαλόν, οὐ μέντοι ᾔδεισαν 　C* E 2 [w]
4 πρωΐας δὲ ἤδη γενομένης ἔστη 　Ἰησοῦς ἐπὶ τὸν αἰγιαλόν, οὐ μέντοι ᾔδεισαν 　Cᶜ D
4 πρωΐας 　　ἤδη γενομένης ἔστη ὁ Ἰησοῦς εἰς τὸν αἰγιαλόν, οὐ μέντοι ᾔδεισαν 　G
4 πρωΐας δὲ ἤδη γενομένης ἔστη ὁ Ἰησοῦς εἰς τὸν αἰγιαλόν, οὐ μέντοι ᾔδεισαν 　Η Κ Ν Δ Λ Ω f¹ τ
4 πρωΐας δὲ ἤδη γινομένης ἔστη ὁ Ἰησοῦς ἐπὶ τὸν αἰγιαλόν, οὐ μέντοι ἔγνωσαν 　L
4 πρωΐας δὲ ἤδη γενομένης ἔστη ὁ Ἰησοῦς ἐπὶ τὸν αἰγιαλόν, οὐ μέντοι ᾔδεισαν 　Μ U Θ 118 700
4 πρωΐας δὲ ἤδη γενομένης ἔστη 　Ἰησοῦς εἰς τὸν αἰγιαλόν, οὐ μέντοι ᾔδεισαν 　Ρ Π u
4 πρωΐας δὲ ἤδη γενομένης ἔστη 　Ἰησοῦς 　　　　　　　　　　　　　　　　Ｗ
4 πρωΐας δὲ ἤδη γενομένης ἔστη 　　　εἰς τὸν αἰγιαλόν, οὐ μέντοι ᾔδεισαν 　S
4 πρωΐας δὲ ἤδη γενομένης ἔστη ὁ Ἰησοῦς ἐπὶ τὸν αἰγιαλόν, οὐ μέντοι ἔγνωσαν 　33 1071
4 πρωΐας δὲ ἤδη γινομένης ἔστη 　Ἰησοῦς ἐπὶ τὸν αἰγιαλόν, οὐ μέντοι ᾔδεισαν 　[w] [↓1346 1424
4 πρωΐας δὲ 　　γενομένης ἔστη ὁ Ἰησοῦς εἰς τὸν αἰγιαλόν, οὐ μέντοι ᾔδεισαν 　69 124 157 565 788

οἱ μαθηταὶ 　　ὅτι Ἰησοῦς ἐστιν. 5 λέγει οὖν αὐτοῖς 　Ἰησοῦς, Παιδία, μή τι 　Β ℵᶜ [u]w
⋯⋯ ⋯⋯⋯⋯⋯ 　　⋯⋯⋯⋯⋯τιν. 5 λε⋯⋯ 　　　　　⋯⋯α, μ⋯ 　𝔓66
οἱ μαθηταὶ 　　ὅτι Ἰησοῦς ἐστιν. 5 λέγει οὖν αὐτοῖς 　Ἰησοῦς, Παιδία, μή 　ℵ*
οἱ μαθηταὶ 　　ὅτι Ἰησοῦς ἐστιν. 5 λέγει οὖν αὐτοῖς, 　　　μή τι 　Α*
οἱ μαθηταὶ 　　ὅτι Ἰησοῦς ἐστιν. 5 λέγει 　　αὐτοῖς ὁ Ἰησοῦς, Παιδία, μή τι 　Cᶜ Ν U
　　　　　　　　　　　　 5 καὶ λέγει αὐτοῖς, 　　Παιδία, μή 　Ｗ
οἱ μαθηταὶ 　　ὅτι ὁ Ἰησοῦς ἐστιν. 5 λέγει οὖν 　　　ὁ Ἰησοῦς, Παιδία, μή τι 　Λ
οἱ μαθηταὶ 　　ὅτι Ἰησοῦς ἐστιν. 5 λέγει οὖν 　　　ὁ Ἰησοῦς, Παιδία, μή τι 　118
οἱ μαθηταὶ αὐτοῦ ὅτι Ἰησοῦς ἐστιν. 5 λέγει οὖν αὐτοῖς ὁ Ἰησοῦς, Παιδία, μή τι 　69
　　　　　　　 ὅτι Ἰησοῦς ἐστιν. 5 λέγει οὖν αὐτοῖς ὁ Ἰησοῦς, Παιδία, μή τι 　157
οἱ μαθηταὶ 　　ὅτι Ἰησοῦς ἐστιν. 5 λέγει, 　　　　　Παιδία, μή τι 　1071
οἱ μαθηταὶ 　　ὅτι Ἰησοῦς ἐστιν. 5 λέγει οὖν αὐτοῖς ὁ Ἰησοῦς, Παιδία, μή τι 　Αᶜ C* D 𝔐 Κ L Μ Ρ
　　　　　　　　　　　　　　　　　　　　Δ Θ Π Ψ f¹ 124 2 33 565 700 788 1346 1424 [u]τ

[Cl Pd I 12.2 σταθεις, φησιν, ο κυριος ἐπι τω αιγιαλω προς τους μαθητας. αλιευοντες δε ετυχον ενεφωνησεν τε, παιδια μη τι οψον ἐχετε;]

προσφάγιον ἔχετε; ἀπεκρίθησαν αὐτῷ, Οὔ. 6 ὁ δὲ εἶπεν αὐτοῖς, Βάλετε εἰς τὰ δεξιὰ 　Β uwτ rell
⋯⋯⋯⋯⋯⋯⋯ θησ⋯⋯⋯ 　　　　　6 ⋯⋯⋯⋯⋯ν αὐ⋯⋯ις, Β ⋯⋯⋯ τὰ δεξιὰ 　𝔓66
προσφάγιον ἔχετε; ἀπεκρίθησαν αὐτῷ, Οὔ. 6 　　λέγει αὐτοῖς, Βάλετε εἰς τὰ δεξιὰ 　ℵ* Ｗ
προσφάγιον ἔχετε; ἀπεκρίθησαν αὐτῷ, Οὔ. 6 ὁ δὲ 　　αὐτοῖς, Βάλετε εἰς τὰ δεξιὰ 　C
προσφάγιον ἔχητε; ἀπεκρίθησαν αὐτῷ, Οὔ. 6 ὁ δὲ εἶπεν αὐτοῖς, Βάλετε εἰς τὰ δεξιὰ 　Ψ 1424
προσφάγιον ἔ⋯⋯⋯ ἀπεκρίθησαν αὐτῷ, Οὔ. 6 ὁ δὲ εἶπεν αὐτοῖς, Βάλετε εἰς τὰ δεξιὰ 　33
⋯⋯⋯⋯⋯⋯ ⋅⋅ χετε; ἀπεκρίθησαν αὐτῷ, Οὔ. 6 ὁ δὲ εἶπεν αὐτοῖς, Βάλετε εἰς τὰ δεξιὰ 　28ˢᵘᵖ
προσφάγιον ἔχετε; ἀπεκρίθησαν αὐτῷ, Οὔ. 6 ὁ δὲ εἶπεν αὐτοῖς, Βάλλετε εἰς τὰ δεξιὰ 　1071

μέρη τοῦ πλοίου τὸ δίκτυον, καὶ εὑρήσετε. 　　　　　　　　　　　　　Β uwτ rell
μέρη τ⋯⋯⋯⋯⋯⋯⋯⋯ υον, καὶ εὑρήσετα⋯ ⋯⋯ ⋯⋯ν δι' ὅλης 　νυκτὸς ⋯⋯⋯⋯⋯⋯⋯ν 　𝔓66
μέρη τοῦ πλοίου τὸ δίκτυον, καὶ εὑρήσετε. οἱ δὲ εἶπον δι' ὅλης τῆς νυκτὸς ἐκοπιάσαμεν 　ℵᵐᵍ
μέρη τοῦ πλοίου τὸ δίκτυον, καὶ εὑρήσετε. οἱ δὲ εἶπον δι' ὅλης 　νυκτὸς κοπιάσαντες 　Ψ
μέρη τοῦ πλοίου 　δίκτυον, καὶ εὑρήσητε. 　　　　　　　　　　　　　69
μέρη τοῦ πλοίου τὸ δι⋯⋯⋯ καὶ εὑρήσετε. 　　　　　　　　　　　　　33

lac. 21.4-6 𝔓45 𝔓75 F Υ Γ 13 28 579

A 4 πρωηας Θ | ηδησαν Ε Μ Θ 2 1346 1424 | εστι 118 157 700 5 ου (ουν) D | ατοις G | μι (μη) L | προσφαγειον A D | εχεται A E* N W Θ 2* 1346 | απεκρισαν Κ* 6 βαλεται W | βαλε Λ* | δεξεια D | μερι Ε ¦ μερει 1071 | δικτυων 1 | ευρησεται 𝔓66 A N P W 2* | ευρησητε 69 1424

B 4 ιϲ¹⋅² Β ℵ Α C 𝔐 Κ L Μ Ν Ρ U Δ Θ Λ Π Ψ Ω f¹ 118 124 2 33 157 565 700 788 1071 1346 1424 ¦ ιης D ¦ ιϲ¹ W ¦ ιϲ² S 5 ιϲ Β ℵ A C 𝔐 Κ L Μ Ν Ρ S U Δ Θ Λ Π Ψ Ω f¹ 118 124 2 33 157 565 700 788 1346 1424 ¦ ιης D

D 5 σκ C Κ Η 157 1346 ¦ σκ/ι G Λ 6 σιθ/θ 1424

[↓124 2 33 28ˢᵘᵖ 157 565 700 788 1346 1071 **uwτ**

ἔβαλον οὖν,   Β ℵᶜ Α C 𝔐 Κ L Μ Ν Ρ U Δ Λ Π *f*¹ 69

καὶ οὐδὲ·· ἐλάβ········ ···· ···· σῷ [ο]νομ[ατι] ············· ········   𝔭⁶⁶

ο̣ἱ̣ δ̣ὲ̣ ἔβαλον,   ℵ* D W

καὶ οὐδὲν ἐλάβομεν ἐπὶ δὲ τῷ σῷ ῥήματι   βαλοῦμεν. ἔβαλον οὖν,   ℵᵐᵍ

ἔβαλον οὖν αὐτῷ   Θ

οὐδὲν ἐλάβομεν ἐπὶ δὲ τῷ σῷ ῥήματι   βαλοῦμεν. ἔβαλον οὖν,   Ψ

ἔβαλλον οὖν,   Ω 1424

καὶ οὐκέτι αὐτὸ ἐλκύσαι ἴσχυον   ἀπὸ τοῦ πλήθους   τῶν ἰχθύων. **7** λέγει οὖν   Β C Ν Λ Ψ 1071 **uw**
καὶ οὐκέτι αὐτὸ ἰλκύσαι ἴσχυον   ἀπὸ τοῦ πλήθους   τῶν ἰχθύων. **7** λέγει οὖν   ℵ
καὶ οὐκέτι αὐτὸ εἰλκύσαι ἴσχυον   ἀπὸ τοῦ πλήθους   τῶν ἰχθύων. **7** λέγει οὖν   D
καὶ οὐκέτι αὐτῷ ἐλκύσαι ἴσχυον   ἀπὸ τοῦ πλήθους   τῶν ἰχθύων. **7** λέγει οὖν   L
καὶ οὐκέτι αὐτὸ ἴσχυσαν ἐλκύσαι   ἀπὸ τοῦ πλήθους   τῶν ἰχθύων. **7** λέγει οὖν   W
καὶ οὐκέτι αὐτὸ εἰλικύσαι ἴσχυσαν   ἀπὸ τοῦ πλήθους   τῶν ἰχθύων. **7** λέγει οὖν   Δ
καὶ οὐκέτι ἐλκύσαι αὐτὸ ἴσχυον   ἀπὸ τοῦ πλήθους   τῶν ἰχθύων. **7** λέγει οὖν   Θ Π *f*¹ 157 565
καὶ οὐκέτι αὐτὸ ἐλκύσαι ἴσχυον   ἀπὸ τοῦ πλοίθους   τῶν ἰχθύων. **7** λέγει οὖν   124
καὶ οὐκέτι αὐτὸ ἐλκύσαι ἴσχυον   ἀπὸ τοῦ πλήθους   τῶν ἰχθύ····· **7** ········· οὖν   33
καὶ οὐκέτι αὐτῷ ἐλκύσαι ἴσχυσαν   ἀπὸ τοῦ πλήθους   τῶν ἰχθύων. **7** λέγει οὖν   2* 1424
καὶ οὐκέτι αὐτὸ ἐλκύσαι ἴσχυσαν   ἀπὸ τοῦ πλήθους   τῶν ἰχθύων. **7** λέγει οὖν   Α 𝔐 Κ Μ Ρ U 118 69 2ᶜ
28ˢᵘᵖ 700 788 1346 τ

ὁ μαθητὴς ἐκεῖνος ὃν ἠγάπα ὁ Ἰησοῦς τῷ Πέτρῳ, Ὁ κύριός ἐστιν.   Σίμων οὖν   Β **uwτ** rell
·· ············· ············· ············· ············· ἐστι·· ·········· ······   𝔭⁶⁶
ὁ μαθητὴς ἐκεῖνος ὃν ἠγάπα   Ἰησοῦς τῷ Πέτρῳ, Ὁ κύριός ἐστιν ἡμῶν. Σίμων οὖν   D

Πέτρος ἀκούσας ὅτι ὁ κύριός ἐστιν τὸν ἐπενδύτην διεζώσατο, ἦν γὰρ γυμνός, καὶ   Β **uwτ** rell
············· ············· ············· ············· την δ········το, ἦ·   𝔭⁶⁶

ἔβαλεν ἑαυτὸν εἰς τὴν θάλασσαν, **8** οἱ δὲ ἄλλοι μαθηταὶ τῷ   πλοιαρίῳ ἦλθον,   Β **uwτ** rell
········· α··τὸν   **8**   ἄλλ····   ············· ··λθο··   𝔭⁶⁶
ἔβαλεν ἑαυτὸν εἰς τὴν θάλασσαν, **8** οἱ δὲ ἄλλοι μαθηταὶ τῷ ἄλλῳ πλοιαρίῳ ἦλθον,   ℵ
ἥλατο   εἰς τὴν θάλασσαν, **8** οἱ δὲ ἄλλοι μαθηταὶ τῷ   πλοιαρίῳ ἦλθαν,   D*
ἥλατο   εἰς τὴν θάλασσαν, **8** οἱ δὲ ἄλλοι μαθηταὶ τῷ   πλοιαρίῳ ἦλθαν,   Dᶜ
ἔβαλεν αὐτὸν εἰς τὴν θάλασσαν, **8** οἱ δὲ ἄλλοι μαθηταὶ τῷ   πλοιαρίῳ ἦλθον,   L
ἔβαλεν ἑαυτὸν εἰς τὴν θάλασσαν, **8** οἱ δὲ ἄλλοι μαθηταὶ τῷ   πλοίῳ   ἦλθον,   Ρ W

οὐ γὰρ ἦσαν μακρὰν ἀπὸ τῆς γῆς ἀλλὰ ὡς ἀπὸ πηχῶν   διακοσίων, σύροντες   Β ℵ C **uw**
οὐ γὰρ ἦσαν μακρὰν ἀπὸ τῆς γῆς ἀλλὰ ὡς ἀπὸ πηχέων διακοσίων, σύροντες   Α W
············· ············· ·ἦ· γῆς ἀλλ̕ ὡς ἀπὸ ············· ········σίων, σύροντες   𝔭⁶⁶
οὐ γὰρ ἦσαν μακρὰν ἀπὸ τῆς γῆς ἀλλ̕ ὡς ἀπὸ πηχῶν   διακοσίων, σύραντες   1071
οὐ γὰρ ἦσαν μακρὰν ἀπὸ τῆς γῆς ἀλλ̕ ὡς ἀπὸ πηχῶν   διακοσίων, σύροντες   D 𝔐 Κ L Μ Ν Ρ U Δ Θ Λ Π
Ψ *f*¹ 69 124 2 33 28ˢᵘᵖ 157 565 700 788 1346 1424 τ

τὸ δίκτυον τῶν ἰχθύων.   Β **uwτ** rell
τ·· ············· ··· ὦν ἰχθύων.   𝔭⁶⁶
τὸ δίκτυον.   1071

Jesus Gave Bread And Fish To The Disciples
(Luke 5.11; 24.42—43)

[↓1582 118 28ˢᵘᵖ 69 124 157 565 788 1346 1424 **uwτ**

9 ὡς οὖν ἀπέβησαν εἰς τὴν γῆν βλέπουσιν ἀνθρακιὰν κειμένην καὶ ὀψάριον   Β Α C D 𝔐 Κ Μ Ν Θ Π Ψ
9 ὡς οὖν ···· ···· τὴν ··ῆν βλέπου···· ····νην καὶ ···········   𝔭⁶⁶
9 ὡς οὖν ἀνέβησαν εἰς τὴν γῆν βλέπουσιν ἀνθρακιὰν κειμένην καὶ ὀψάριον   ℵ* Η W
9 ὡς οὖν ἀπέβησαν ἐπὶ τὴν γῆν βλέπουσιν ἀνθρακιὰν κειμένην καὶ ὀψάριον   ℵᶜ L 1071ᶜ
9 ὡς οὖν ἀπέβησαν εἰς τὴν γῆν εἶδαν   ἀνθρακιὰν κειμένην καὶ ὀψάριον   Ρ
9 ὡς οὖν ἐπέβησαν εἰς τὴν γῆν βλέπουσιν ἀνθρακιὰν κειμένην καὶ ὀψάριον   Λ
9 ὡς οὖν ἀπέβησαν εἰς τὴν γῆν βλέπουσιν ἀνθρακιὰν κειμένην καὶ ὀψάρια   1
9 ὡς οὖν ἀνέβησαν ἐπὶ τὴν γῆν βλέπουσιν ἀνθρακιὰν κειμένην καὶ ὀψάριον   1071*

lac. 21.6-9 𝔭⁴⁵ 𝔭⁷⁵ F Y Γ 13 28 579

A 7 εκινος Ν ¦ εστι¹·² 118 28ˢᵘᵖ 157 700 ¦ εστι² S ¦ εστι² 1 ¦ θαλασαν 28ˢᵘᵖ **8** το (τω) Θ ¦ εισαν 1071 ¦ γην L ¦ ος (ως) Θ* ¦ πιχων Ε* ¦ πυχων 69 **9** ανθρακειαν D ¦ κιμενην Ν Θ

B 7 ιϲ Β ℵ Α C 𝔐 Κ L Μ Ν Ρ S U W Δ Θ Λ Π Ψ Ω *f*¹ 118 124 2 33 28ˢᵘᵖ 157 565 700 788 1071 1346 1424 ¦ ιης D ¦ κϲ¹·² Β ℵ Α C D 𝔐 Κ L Μ Ν Ρ S U W Δ Θ Λ Π Ψ Ω *f*¹ 118 69 124 2 33 157 565 700 788 1071 1346 1424 ¦ κϲ¹ 28ˢᵘᵖ

D 7 σκ/ι̅ ℵ Α Ε S U Π Ω 118 124 788 1071 1424 ¦ σκ Κ Θ Ψ *f*¹ 2 ¦ Ευ Ιω σκ : Λο . ¦ Μρ . : Μθ . Ε ¦ Ιω σκ : Λο . 124 **9** σκα/θ̅ ℵ Α Ε G L Μ Ν S U Λ Π Ω 118 124 788 1424 ¦ σκα C Η Κ Θ Ψ *f*¹ 2 157 1346 ¦ σκα/γ̅ 1071 ¦ Ευ Ιω σκα : Λο τμα : Μρ . : Μθ . Ε ¦ Ιω σκα : Λο λ̅ 124

ἐπικείμενον καὶ ἄρτον. **10** λέγει   αὐτοῖς Ἰησοῦς, Ἐνέγκατε ἀπὸ τῶν ὀψαρίων   B [w]
ἐπικείμενον καὶ ἄρτον. **10** λέγει   αὐτοῖς <u>ὁ</u> Ἰησοῦς, Ἐνέγκατε <u>ἐκ</u> τῶν ὀψαρίων   D L
ἐπικείμενον καὶ ἄρτον. **10** λέγει <u>οὖν</u> αὐτοῖς <u>ὁ</u> Ἰησοῦς, Ἐνέγκατε ἀπὸ τῶν ὀψαρίων   N
ἐπικείμενον καὶ ἄρτον. **10** λέγει   αὐτοῖς <u>ὁ</u> Ἰησοῦς, Ἐνέγκατε ἀπὸ τῶν ὀψαρίων   u[w]τ rell

ὧν ἐπιάσατε νῦν. **11**   ἀνέβη οὖν Σίμων Πέτρος καὶ εἵλκυσεν τὸ δίκτυον   B C N 33 **uw**
ὧν ἐπιάσατε νῦν. **11**   <u>ἐνέβη</u> οὖν Σίμων Πέτρος καὶ εἵλκυσεν τὸ δίκτυον   ℵ L Ψ 1582 565
ὧν ἐπιάσατε νῦν. **11**   ἀνέβη   Σίμων Πέτρος καὶ <u>ἤλκυσεν</u> τὸ δίκτυον   E* M
ὧν ἐπιάσατε νῦν. **11**   <u>ἐνέβη</u> οὖν Σίμων Πέτρος καὶ <u>εἵλκυσιν</u> τὸ δίκτυον   W
ὧν ἐπιάσατε νῦν. **11**   ἀνέβη οὖν Σίμων Πέτρος καὶ <u>ἤλκυσεν</u> τὸ δίκτυον   Θ 1071
ὧν <u>ἐποιάσατε</u> νῦν. **11** <u>καὶ</u> <u>ἐνέβη</u> οὖν Σίμων Πέτρος καὶ εἵλκυσεν τὸ δίκτυον   1
ὧν ἐπιάσατε νῦν. **11**   ἀνέβη   Σίμων Πέτρος   εἵλκυσεν τὸ δίκτυον   1346
ὧν ἐπιάσατε νῦν. **11**   ἀνέβη   Σίμων Πέτρος καὶ εἵλκυσεν τὸ δίκτυον   A D 𝔐 K P U Δ Λ Π
                                          118 69 124 2 28ˢᵘᵖ 157 700 788 1424 τ

εἰς τὴν γῆν μεστὸν ἰχθύων μεγάλων ἑκατὸν πεντήκοντα τριῶν· καὶ τοσούτων   B ℵ C N Π **uw**
εἰς τὴν γῆν μεστὸν <u>μεγάλων ἰχθύων</u> ἑκατὸν πεντήκοντα τριῶν· καὶ τοσούτων   A W Δ Θ Ψ 33
<u>μεστὸν ἐπὶ</u> τὴν γῆν <u>μέγων</u>   <u>ἰχθύων</u> ἑκατὸν πεντήκοντα τριῶν· καὶ τοσούτων   D*
<u>μεστὸν ἐπὶ</u> τὴν γῆν <u>μεγάλων ἰχθύων</u> ἑκατὸν πεντήκοντα τριῶν· καὶ τοσούτων   Dᶜ
<u>ἐπὶ τῆς γῆς</u> μεστὸν <u>μεγάλων ἰχθύων</u> ἑκατὸν πεντήκοντα τριῶν· καὶ τοσούτων   G
εἰς τὴν γῆν μεστὸν <u>μεγάλων ἰχθύων</u> ἑκατὸν πεντήκοντα τριῶν· καὶ τοσούτων <u>αὐτῶν</u>   L
εἰς τὴν γῆν μεστὸν ....   P
<u>ἐπὶ</u> τὴν γῆν μεστὸν <u>μεγάλων ἰχθύων</u> ἑκατὸν πεντήκοντα τριῶν· καὶ τοσούτων   f¹ 565
<u>ἐπὶ τῆς γῆς</u> μεστὸν ἰχθύων   ἑκατὸν πεντήκοντα τριῶν· καὶ τοσούτων   118
<u>ἐπὶ</u> τὴν γῆν μεστὸν ἰχθύων μεγάλων ἑκατὸν πεντήκοντα τριῶν· καὶ τοσούτων   69 124 788 1346 1424
<u>ἐπὶ τῆς γῆς</u> μεστὸν ἰχθύων μεγάλων ἑκατὸν πεντήκοντα τριῶν· καὶ τοσούτων   𝔐 K M U Λ 2 28ˢᵘᵖ
                                          157 700 1071 τ

ὄντων οὐκ ἐσχίσθη τὸ δίκτυον. **12** λέγει   αὐτοῖς Ἰησοῦς, Δεῦτε ἀριστήσατε.   B [w]
ὄντων οὐκ ἐσχίσθη τὸ δίκτυον. **12** λέγει   αὐτοῖς <u>ὁ</u> Ἰησοῦς, Δεῦτε <u>ἀρίσταται.</u>   W
ὄντων οὐκ ἐσχίσθη τὸ δίκτυον. **12** λέγει <u>οὖν</u> αὐτοῖς <u>ὁ</u> Ἰησοῦς, Δεῦτε ἀριστήσατε.   1071
ὄντων οὐκ ἐσχίσθη τὸ δίκτυον. **12** λέγει   αὐτοῖς <u>ὁ</u> Ἰησοῦς, Δεῦτε ἀριστήσατε.   u[w]τ rell

οὐδεὶς   ἐτόλμα τῶν μαθητῶν ἐξετάσαι αὐτόν, Σὺ τίς εἶ; εἰδότες ὅτι ὁ κύριός ἐστιν.   B C w
οὐδεὶς <u>δὲ</u>   ἐτόλμα τῶν μαθητῶν ἐξετάσαι αὐτόν, Σὺ τίς εἶ; <u>εἰδόντες</u> ὅτι ὁ κύριός ἐστιν.   Λ
οὐδεὶς <u>δὲ</u>   .... τῶν μαθητῶν ἐξετάσαι αὐτόν, Σὺ τίς εἶ; εἰδότες ὅτι ὁ κύριός ἐστιν.   33
οὐδεὶς <u>μέντοι</u> ἐτόλμα τῶν μαθητῶν ἐξετάσαι αὐτόν, Σὺ τίς εἶ; εἰδότες ὅτι ὁ κύριός ἐστιν.   1071
οὐδεὶς <u>δὲ</u>   ἐτόλμα τῶν μαθητῶν ἐξετάσαι αὐτόν, Σὺ τίς εἶ; εἰδότες ὅτι ὁ κύριός ἐστιν.   uτ rell

13 ἔρχεται   Ἰησοῦς καὶ λαμβάνει τὸν ἄρτον καὶ   δίδωσιν αὐτοῖς,   B C W **uw**
13 ἔρχεται <u>ὁ</u> Ἰησοῦς καὶ λαμβάνει τὸν ἄρτον καὶ   δίδωσιν αὐτοῖς,   ℵ L Ψ f¹ 33 157* 565
13 ἔρχεται   Ἰησοῦς καὶ λαμβάνει τὸν ἄρτον <u>εὐχαριστήσας</u> <u>ἔδωκεν</u> αὐτοῖς,   D   [↑700
13 ἔρχεται <u>οὖν ὁ</u> Ἰησοῦς καὶ λαμβάνει τὸν ἄρτον καὶ   δίδωσιν αὐτοῖς,   A 𝔐 K M N U Δ Θ Λ Π
                                          118 69 124 2 28ˢᵘᵖ157ᶜ 788 1071 1346 1424 τ

---

lac. 21.9-13 𝔓⁴⁵ 𝔓⁶⁶ 𝔓⁷⁵ F Υ Γ 13 28 579

A **9** επικιμενον N Θ ¦ επεικειμενον 1071 **10** ενεγκαται ℵ W ¦ επιασαται W **11** ανεβει 1071 ¦ ειλκυσε S U Ω f¹ 118 28ˢᵘᵖ 69 157 700 788 1346 ¦ μεστων Ω ¦ ιχθυον Δ* ¦ μμεγαλων Θ ¦ εκατων Ω 1071 ¦ πεντικοντα E U Θ Ω 2 565 1071 ¦ πεντεκοντα Λ ¦ δυκτυον 1071 **12** ουδις ℵ ¦ εξετασε Θ 1071 ¦ της (τις) L ¦ ιδοτες L **13** ερχετε Ω ¦ λαμβανη Θ ¦ διδοσιν 1424

B **10** ι̅ς̅ B ℵ A C 𝔐 K L M N P S U W Δ Θ Λ Π Ψ Ω f¹ 118 124 2 33 28ˢᵘᵖ 157 565 700 788 1071 1346 1424 ¦ ι̅η̅ς̅ D **11** ρ̅ν̅γ̅ D **12** ι̅ς̅ B ℵ A C 𝔐 K L M N W Δ Θ Λ Π Ψ Ω f¹ 118 124 2 33 28ˢᵘᵖ 157 565 700 788 1071 1346 1424 ¦ ι̅η̅ς̅ D ¦ κ̅ς̅ B ℵ A C 𝔐 K L M N S U W Δ Θ Λ Π Ψ Ω f¹ 118 69 124 2 33 157 565 700 788 1071 1346 1424 **13** ι̅ς̅ B ℵ A C 𝔐 K L M N S U W Δ Θ Λ Π Ψ Ω f¹ 118 124 2 33 28ˢᵘᵖ 157 565 700 788 1071 1346 1424 ¦ ι̅η̅ς̅ D

D **11** σ̅κ̅β̅/θ̅ ℵ E G L M S U Λ Π Ω 118 124 1071 1424 ¦ σ̅κ̅β̅/δ̅ A 788 ¦ σ̅κ̅β̅ C H K Θ Ψ f¹ 2 157 1346 ¦ Ευ Ιω σ̅κ̅β̅ : Λο λ̅ : Μρ . : Μθ . E ¦ Ιω σ̅κ̅β̅ : Λο . 124 ¦ (ante τοσουτων) σ̅κ̅γ̅ 157 **12** σ̅κ̅γ̅/ε A ¦ σ̅κ̅γ̅/θ̅ G S M Λ Π Ω 124 788 1424 ¦ σ̅κ̅γ̅ E H K Θ Ψ f¹ 118 2 1346 ¦ σ̅κ̅γ̅/ι U ¦ σ̅κ̅δ̅ 157 ¦ Ευ Ιω σ̅κ̅γ̅ : Λο τμ̅δ̅ : Μρ . : Μθ . E ¦ Ιω σ̅κ̅γ̅ : Λο λ̅ 124 ¦ (ante ουδεις) σ̅κ̅γ̅/θ̅ ℵ ¦ σ̅κ̅δ̅/ι A E G L M S U Λ Ω 124 788 1424 ¦ σ̅κ̅δ̅ C H K Θ Ψ f¹ 118 2 1346 ¦ σ̅κ̅γ̅ 1071 ¦ Ευ Ιω σ̅κ̅δ̅ : Λο . : Μρ . : Μθ . E ¦ Ιω σ̅κ̅δ̅ : Λο τμ̅α̅ 124 ¦ (ante ειδοτες) σ̅κ̅δ̅/ι ℵ (ante ουδεις Π) **13** σ̅κ̅ε̅/θ̅ A E G L M S U Λ Π 124 788 1424 ¦ σ̅κ̅ε̅ C H K Θ Ψ f¹ 118 2 1346 ¦ σ̅κ̅ε̅/δ̅ Ω ¦ σ̅κ̅δ̅/ι 1071 ¦ Ευ Ιω σ̅κ̅ε̅ : Λο τμ̅δ̅ : Μρ . : Μθ . E ¦ Ιω σ̅κ̅ε̅ : Λο σο̅δ̅ 124 ¦ (ante και διδωσιν) σ̅κ̅ε̅/θ̅ ℵ

καὶ τὸ ὀψάριον ὁμοίως. **14** τοῦτο   ἤδη   τρίτον ἐφανερώθη   Ἰησοῦς   τοῖς μαθηταῖς   B C D **uw**
καὶ τὸ ὀψάριον ὁμοίως. **14** τοῦτο δὲ   ἤδη   τρίτον ἐφανερώθη ὁ Ἰησοῦς   τοῖς μαθηταῖς   ℵ G Θ 33 700
καὶ τὸ ὀψάριον ὁμοίως. **14** τοῦτο δὲ   ἤδη   τρίτον ἐφανερώθη   <u>τοῖς μαθηταῖς ὁ Ἰησοῦς</u>   L   [↑1071
καὶ τὸ ὀψάριον ὁμοίως. **14** τοῦτο δὲ   τρίτον ἐφανερώθη ὁ Ἰησοῦς   τοῖς μαθηταῖς   N
καὶ τὸ ὀψάριον ὁμοίως. **14** τοῦτο   ἤδη   τρίτον ἐφανερώθη   τοῖς μαθηταῖς   W
καὶ τὸ ὀψάριον ὁμοίως. **14** τοῦτο   τρίτον ἐφανερώθη ὁ Ἰησοῦς   τοῖς μαθηταῖς   69
καὶ τὸ ὀψάριον ὁμοίως. **14** τοῦτο   ἤδη   τρίτον <u>ἐφανέρωσεν</u> ὁ Ἰησοῦς   τοῖς μαθηταῖς   1346
καὶ τὸ ὀψάριον ὁμοίως. **14** τοῦτο   ἤδη   τρίτον ἐφανερώθη ὁ Ἰησοῦς   τοῖς μαθηταῖς   A 𝔐 K M U Δ
                                       Λ Π Ψ f¹ 124 28ˢᵘᵖ 157 565 788 1424 τ

ἐγερθεὶς ἐκ νεκρῶν.   B ℵ A C L N W Θ Π f¹ 33 157 **uw**
<u>αὐτοῦ</u> ἐγερθεὶς ἐκ νεκρῶν.   D 𝔐 K M U Δ Λ Ψ 118 69 124 2 28ˢᵘᵖ 565 700 788 1071 1346 1424 τ

Jesus' Question About Love And His Commission To Peter

π̄ **15** Ὅτε οὖν ἠρίστησαν   λέγει τῷ Σίμωνι Πέτρῳ ὁ Ἰησοῦς,   Σίμων Ἰωάνου,   ἀγαπᾷς   B ℵᶜ **w**
15 Ὅτε οὖν ἠρίστησαν   λέγει τῷ Σίμωνι Πέτρῳ ὁ Ἰησοῦς,   Σίμων,   ἀγαπᾷς   ℵ*
15 Ὅτε οὖν ἠρίστησαν   λέγει τῷ Σίμωνι Πέτρῳ ὁ Ἰησοῦς,   Σίμων <u>Ἰωάννου</u>,   ἀγαπᾷς   C* W **u**
15 Ὅτε οὖν ἠρίστησαν   λέγει <u>ὁ Ἰησοῦς τῷ Σίμωνι Πέτρῳ</u>,   Σίμων Ἰωάνου,   ἀγαπᾷς   D
15 Ὅτε οὖν <u>ἠρίστησεν</u>   λέγει τῷ Σίμωνι Πέτρῳ ὁ Ἰησοῦς,   Σίμων <u>Ἰωνᾶ</u>,   ἀγαπᾷς   K
15 Ὅτε οὖν ἠρίστησαν   λέγει τῷ <u>Σίμων</u> Πέτρῳ ὁ Ἰησοῦς,   Σίμων <u>Ἰωάννου</u>,   ἀγαπᾷς   L
15 Ὅτε οὖν ἠρίστησαν   λέγει τῷ Σίμωνι Πέτρῳ,   Σίμων Ἰωνᾶ,   ἀγαπᾷς   S 157 1424
15 Ὅτε οὖν ἠρίστησαν   λέγει τῷ Σίμωνι Πέτρῳ ὁ Ἰησοῦς,   Σίμων <u>Ἰων</u>,   ἀγαπᾷς   Θ
15 Ὅτε οὖν <u>ἠρίστευσαν</u>   λέγει τῷ Σίμωνι Πέτρῳ ὁ Ἰησοῦς,   Σίμων <u>Ἰωνᾶ</u>,   ἀγαπᾷς   118
15 Ὅτε οὖν ἠρίστησαν   λέγει τῷ Σίμωνι Πέτρῳ ὁ Ἰησοῦς,   Σίμων <u>Ἰωνᾶ</u>,   ἀγαπᾷς   A Cᶜ 𝔐 M N U
                           Δ Λ Π Ψ f¹ 69 124 2 33 28ˢᵘᵖ 565 700 788 1346 1071 τ

με πλέον   τούτων; λέγει αὐτῷ, Ναί, κύριε, σὺ   οἶδας ὅτι φιλῶ σε. λέγει   B ℵ C D S Θ Λ Ω **uw**
με <u>πλεῖον</u>   τούτων; λέγει αὐτῷ, Ναί, κύριε, <u>σοι</u>   οἶδας ὅτι φιλῶ σε. λέγει   K 2
με πλέον   τούτων; λέγει αὐτῷ, Ναί, κύριε, ⋯   ⋯⋯⋯ ⋯⋯ ⋯⋯⋯   L
με <u>πλεῖον πάντων</u> τούτων; λέγει αὐτῷ, Ναί, κύριε, σὺ   οἶδας ὅτι φιλῶ σε. λέγει   W
με;   λέγει αὐτῷ, Ναί, κύριε, σὺ   οἶδας ὅτι φιλῶ σε. λέγει   1 1582* 565
με <u>πλοῖον</u>   τούτων; λέγει αὐτῷ, Ναί, κύριε,   οἶδας ὅτι φιλῶ σε. λέγει   1346
με <u>πλεῖον</u>   τούτων; λέγει αὐτῷ, Ναί, κύριε, σὺ   οἶδας ὅτι φιλῶ σε. λέγει   A 𝔐 M N U Δ Π Ψ 1582ᶜ
                                       118 69 124 33 28ˢᵘᵖ 157 700 788 1071 1424 τ

                         [118 69 124 2 33 28ˢᵘᵖ157 700 788 1071 1346 1424 **uw**τ

αὐτῷ,   Βόσκε τὰ ἀρνία   μου. **16** λέγει αὐτῷ πάλιν   δεύτερον,   B A 𝔐 K M N Δ Λ Π Ψ 1582ᶜ
αὐτῷ,   Βόσκε τὰ ἀρνία   μου. **16** <u>πάλιν λέγει αὐτῷ</u>,   ℵ*
αὐτῷ,   Βόσκε τὰ ἀρνία   μου. **16** <u>πάλιν λέγει αὐτῷ τὸ β̄</u>,   ℵᶜ
αὐτῷ,   Βόσκε τὰ <u>πρόβατα</u> μου. **16** <u>πάλιν λέγει αὐτῷ</u>   δεύτερον,   C*
αὐτῷ,   Βόσκε τὰ ἀρνία   μου. **16** <u>πάλιν λέγει αὐτῷ</u>   δεύτερον,   Cᶜ W Θ
αὐτῷ <u>ὁ Ἰησοῦς</u>, Βόσκε τὰ <u>πρόβατα</u> μου. **16** λέγει αὐτῷ   δεύτερον <u>ὁ κύριος</u>,   D
αὐτῷ <u>ὁ Ἰησοῦς</u>, Βόσκε τὰ ἀρνία   μου. **16** λέγει αὐτῷ πάλιν   δεύτερον,   U
αὐτῷ,   Βόσκε τὰ ἀρνία   μου. **16** λέγει αὐτῷ πάλιν <u>τὸ</u> δεύτερον,   f¹ 565

---

lac. 21.13-16 𝔭⁴⁵ 𝔭⁶⁶ 𝔭⁷⁵ F L P Y Γ 13 28 579 ¦ vss. 15-16 L

A 13 ομοιος 2 14 τουτων 69* ¦ τουτω 69ᶜ ¦ ηδει 1071 ¦ εφαναιρωθη N ¦ εγερθις Θ ¦ εγερθει 700* ¦ εγερθης 1071 15 ηρηστησαν 565 ¦ πλιον N ¦ πλεων Θ ¦ πληον 1071 ¦ υδας Θ ¦ σαι (σε) U 2* ¦ τ (τα) Θ ¦ αρνεια A Δ

B 14 ι̅ς̅ B ℵ A C E G K L M N S U Δ Θ Λ Π Ψ Ω f¹ 118 124 2 33 28ˢᵘᵖ 157 565 700 788 1071 1346 1424 ¦ ι̅η̅ς̅ D 15 ι̅ς̅ B ℵ A C 𝔐 K L M N U W Δ Θ Λ Π Ψ Ω f¹ 118 124 2 33 28ˢᵘᵖ 69 565 700 788 1071 1346 ¦ ι̅η̅ς̅ D ¦ κ̅ε̅ B ℵ A C D 𝔐 K L M N S U W Δ Θ Λ Π Ψ Ω f¹ 118 124 2 33 28ˢᵘᵖ 69 157 565 700 788 1071 1346 1424 ¦ ι̅η̅ς̅ D ¦ ι̅ς̅ U 16 κ̅ς̅ D

C 14 αναστασι μ̄ ι̅β̅ (post νεκρων) E² ¦ αρχ: εωθ ι̅α̅ τω καιρω εκ, Λ ¦ αρχ: εωθ ι̅α̅ 788 ¦ τελος G H S Θ Λ 124 157 788 1071 1346 ¦ τελ του ι̅ f¹ ¦ τελ τς ι̅ εωθ 28ˢᵘᵖ 15 αρχη: Σαββατω · της ⋯⋯⋯ερωσεν εαυτον ο ι̅ς̅ τ⋯⋯⋯⋯ του εγερθεις εκ νεκρων και λεγει τω σιμωνι πετρω: (ante σιμων) E ¦ αρχη: Σα της ν̄ και αναστασιμον ι̅β̅ τω κ,ρω εφανερωσεν εαυτον ο ι̅ς̅ τοις μαθηταις αυτ εγ, εκ νεκρω και λεγει τω σιμωνι πετρ, σιμω ιωνα G ¦ αναστ ι̅δ̅ το αυτ κ, Σα της ν̄ H ¦ αρχ: τω κ, εφανερωσεν εαυτ ο ι̅ς̅ τοις μαθθ αυτ εγερθεις εκ νεκρων κ, λεγει τω σιμω, (ante λεγει) H ¦ αναστασιμ,ο ι̅α̅ ⋯⋯ τς ν̄ ⋯ιρ, εφανε ο ι̅ς̅ τς μαθθ εγερθ εκ νεκ,ρ και λεγει τω σιμω πετρ, M ¦ τω Σα τς ν̄ τω κ εφαν S ¦ αρχ τω καιρω εφανερωσεν εαυτ ο ι̅ς̅ τοις μαθηταις εκ ⋯⋯ Ω ¦ αρχ ξ̅ξ̅ εωθιν ι̅α̅ Δ τς ν̄ τω καιρω εφανερωσεν εαυτ ο ι̅ς̅ τοις μαθηταις αυτ εγερθεις εκ νεκ κ̅ λεγ τω σιμωνι πετρου f¹ ¦ αρχ ξ̅ξ̅ εωθιν ενδεκατον τω καιρω εφανερωσεν εαυτ ο ι̅ς̅ τοις μαθηταις αυτου εγερθεις εκ νεκρων και λεγει τω σιμωνι πετρου ο ιωνα αγ⋯⋯ 118 ¦ αρχ τω Σα της η̄ 124 ¦ αρχη: αναστασιμο ι̅α̅ Σα της ν̄ τω κ,ρω εφανερωσεν εαυτον ο ι̅ς̅ τοις μαθηταις αυτου εγερθεις εκ νεκρω και λεγει τω σιμωνι πετρω 2 ¦ αρχ τς ι̅α̅ εωθ: τω καιρω εκεινω εφανερωσεν εαυτ ο ι̅ς̅ εγερθεις εκ νεκρων και λεγει 28ˢᵘᵖ ¦ αρχ ευα ι̅α̅ και εις τον θεολογον 157 ¦ αρξ ευα εωθι ι̅α̅ 1071 ¦ αρξ εωθι ι̅α̅ 1346 ¦ αρχη τω καιρω εφανερωσεν εαυτ/ ο ι̅ς̅ τοις μαθητ αυτ εγερ εκ νεκρω και λεγει τω σιμωνι πετρω 1424

D 14 σ̅κ̅ς̅/ι̅ ℵ A E L S U Λ Π Ω 124 788 1424 ¦ σ̅κ̅ς̅ C Θ Ψ 1346 ¦ σ̅κ̅ε̅/θ 118 ¦ σ̅κ̅ς̅ 1071 ¦ Ευ Ιω σ̅κ̅ς̅ : Λο . : Μρ . : Μθ . E ¦ Ιω σ̅κ̅ς̅ : Λο . 124 15 σ̅κ̅ς̅/ι̅ G M 1071 ¦ σ̅κ̅ς̅ H K f¹ ¦ σ̅κ̅ζ̅/θ Π ¦ σ̅κ̅η̅ 28ˢᵘᵖ ¦ (ante λεγει αυτω¹) σ̅κ̅ζ̅/θ ℵ G M S A 118 124 788 1424 ¦ σ̅κ̅ζ̅ K Θ Ψ 2 1346 ¦ σ̅κ̅ζ̅/ι̅ 1071 ¦ Ιω σ̅κ̅ζ̅ · Λο . 124 ¦ (ante λεγει αυτω²) σ̅κ̅ζ̅/θ A G M Ω ¦ σ̅κ̅ζ̅ E H ¦ σ̅κ̅ζ̅/θ U 16 σ̅κ̅η̅ C E H K Θ Ψ Ω 2 ¦ (ante λεγει αυτω¹) σ̅κ̅η̅/ι̅ ℵ S U Λ Π 118 788 1424 ¦ σ̅κ̅η̅/θ A 1071 ¦ σ̅κ̅η̅ 1346 ¦ σ̅κ̅θ̅/θ M ¦ σ̅κ̅θ̅ 28ˢᵘᵖ

Σίμων Ἰωάνου, ἀγαπᾷς με; λέγει αὐτῷ, Ναί, κύριε, σὺ οἶδας ὅτι φιλῶ σε. B D w
Σίμων Ἰωάννου, ἀγαπᾷς με; λέγει αὐτῷ, κύριε, σὺ οἶδας ὅτι φιλῶ σε. ℵ*
Σίμων Ἰωάννου, ἀγαπᾷς με; λέγει αὐτῷ, Ναί, κύριε, σὺ οἶδας ὅτι φιλῶ σε. ℵᶜ C* W u
Σίμων Ἰωνᾶ, ἀγαπᾷς με; λέγει αὐτῷ, Ναί, κύριε, σοι οἶδας ὅτι φιλῶ σε. 1 788
Σίμων Ἰωνᾶ, ἀγαπᾷς με; λέγει αὐτῷ, Ναί, κύριε, σὺ οἶδας ὅτι φιλῶ σε. A Cᶜ 𝔐 K M N U Δ Θ Λ Π Ψ
1582 118 69 2 33 28ˢᵘᵖ157 565 700 1071 1346 1424 τ

λέγει αὐτῷ, Ποίμαινε τὰ προβάτιά μου. **17** λέγει αὐτῷ τὸ τρίτον, Σίμων B 565* [w]
λέγει αὐτῷ, Ποίμαινε τὰ προβάτιά μου. **17** λέγει αὐτῷ τρίτον, Σίμων C
λέγει αὐτῷ, Ποίμαινε μου τὰ πρόβατα. **17** λέγει αὐτῷ τὸ τρίτον, Σίμων D
λέγει αὐτῷ ὁ Ἰησοῦς, Ποίμαινε τὰ πρόβατά μου. **17** λέγει αὐτῷ τὸ τρίτον, Σίμων N Λ 1071
  17 λέγει αὐτῷ τὸ τρίτον, Σίμων 1
λέγει αὐτῷ, Ποίμαινε τὰ πρόβατά μου. **17** λέγει αὐτῷ τὸ τρίτον, Σίμων ℵ A 𝔐 K M U W Δ Θ
Π Ψ 1582 118 69 124 2 33 28ˢᵘᵖ157 565ᶜ 700 788 1424 u[w]τ

Ἰωάνου, φιλεῖς με; ἐλυπήθη ὁ Πέτρος ὅτι εἶπεν αὐτῷ τὸ τρίτον, Φιλεῖς με; B Dᶜ w
Ἰωάννου, φιλεῖς με; ἐλυπήθη δὲ ὁ Πέτρος ὅτι εἶπεν αὐτῷ τὸ τρίτον, καὶ φιλεῖς με; ℵ*
Ἰωάννου, φιλεῖς με; ἐλυπήθη ὁ Πέτρος ὅτι εἶπεν αὐτῷ τὸ τρίτον, Φιλεῖς με; ℵᶜ C* u
Ἰωάνου, φιλεῖς με; ἐλυπήθη ὁ Πέτρος ὅτι εἶπεν αὐτῷ, Φιλεῖς με; D*
.... ὅτι εἶπεν αὐτῷ τὸ τρίτον, Φιλεῖς με; Y
Ἰωάννου, ἀγαπᾷς με; ἐλυπήθη ὁ Πέτρος ὅτι εἶπεν αὐτῷ τὸ τρίτον, ἀγαπᾷς με; W
Ἰωανᾶ, φιλεῖς με; ἐλυπήθη ὁ Πέτρος ὅτι εἶπεν αὐτῷ τὸ τρίτον, Φιλεῖς με; 69 1071
Ἰωνᾶ, φιλεῖς με; ἐλυπήθη ὁ Πέτρος ὅτι εἶπεν αὐτῷ τὸ τρίτον, Φιλεῖς με; A Cᶜ 𝔐 K M N U
Δ Θ Λ Π Ψ f¹ 124 2 33 28ˢᵘᵖ 157 565 700 788 1346 1424 τ

καὶ εἶπεν, Κύριε, πάντα σὺ οἶδας, σὺ γεινώσκεις ὅτι φιλῶ σε. λέγει αὐτῷ B
καὶ λέγει αὐτῷ, Κύριε, πάντα σὺ οἶδας, σὺ γινώσκεις ὅτι φιλῶ σε. καὶ λέγει αὐτῷ, ℵ
λέγει αὐτῷ, Κύριε, σὺ πάντα οἶδας, σὺ γινώσκεις ὅτι φιλῶ σε. λέγει αὐτῷ A
καὶ εἶπεν αὐτῷ, Κύριε, πάντα σὺ οἶδας, σὺ γινώσκεις ὅτι φιλῶ σε. λέγει αὐτῷ C* w
καὶ λέγει αὐτῷ, Κύριε, πάντα σὺ οἶδας, σὺ γεινώσκεις ὅτι φιλῶ σε. λέγει αὐτῷ, D
καὶ λέγει αὐτῷ, Κύριε, πάντα σὺ οἶδας, σὺ γινώσκεις ὅτι φιλῶ σε. λέγει αὐτῷ N Θ 33 u
καὶ λέγει αὐτῷ, Κύριε, πάντα σὺ οἶδας, σὺ γιγνώσκεις ὅτι φιλῶ σε. λέγει αὐτῷ, W
καὶ λέγει, Κύριε, σὺ πάντα οἶδας, σὺ γινώσκεις ὅτι φιλῶ σε. λέγει αὐτῷ Ψ 157
καὶ λέγει αὐτῷ, Κύριε, σὺ πάντα οἶδας, σὺ γινώσκεις ὅτι φιλῶ σε. λέγει αὐτῷ, f¹ 565
καὶ εἶπεν αὐτῷ, Κύριε, σὺ πάντα οἶδας, σὺ γινώσκεις ὅτι φιλῶ σε. λέγει αὐτῷ Cᶜ 𝔐 K M U Δ
Λ Π 118 69 2 28ˢᵘᵖ 700 788 1071 1346 1424 τ

Ἰησοῦς, Βόσκε τὰ προβάτιά μου. **18** ἀμὴν ἀμὴν λέγω σοι, ὅτε ἦς νεώτερος, B Cᶜ [w]
Βόσκε τὰ πρόβατά μου. **18** ἀμὴν ἀμὴν λέγω σοι, ὅτε ἦς νεώτερος, ℵ D W 1 1582ᶜ 1071 [u]
ὁ Ἰησοῦς, Βόσκε τὰ προβάτιά μου. **18** ἀμὴν ἀμὴν λέγω σοι, ὅτε ἦς νεώτερος, A
Ἰησοῦς, Βόσκε τὰ προβάτιά μου. **18** ἀμὴν ἀμὴν λέγω σοι, ὅτι ἦς νεώτερος, C*
ὁ Ἰησοῦς, Βόσκε τὰ ἀρνία μου. **18** ἀμὴν ἀμὴν λέγω σοι, ὅτε ἦς νεώτερος, Λ
Βόσκε τὰ προβάτιά μου. **18** ἀμὴν ἀμὴν λέγω σοι, ὅτε ἦς νεώτερος, 1582* 565
Βόσκε τὰ ἀρνία μου. **18** ἀμὴν ἀμὴν λέγω σοι, ὅτε ἦς νεώτερος, 33
ὁ Ἰησοῦς, Βόσκε τὰ πρόβατά μου. **18** ἀμὴν ἀμὴν λέγω σοι, ὅταν ἦς νεώτερος, 1424
Ἰησοῦς, Βόσκε τὰ πρόβατά μου. **18** ἀμὴν ἀμὴν λέγω σοι, ὅτε ἦς νεώτερος, [w]
ὁ Ἰησοῦς, Βόσκε τὰ πρόβατά μου. **18** ἀμὴν ἀμὴν λέγω σοι, ὅτε ἦς νεώτερος, 𝔐 K M N U Δ Θ Π Ψ 118
69 124 2 28ˢᵘᵖ 157 700 788 1346 [u]τ

lac. **21.16-18** 𝔓⁴⁵ 𝔓⁶⁶ 𝔓⁷⁵ F L P Γ 13 28 579 ¦ vss. 16-17 Y

A 16 σαι (σε) E U 2 ¦ ποιμενε D H Θ 2 28ˢᵘᵖ 788 1424 ¦ ποιμεναι N Δ **17** ελυπιθη Θ ¦ ελυπη 69 ¦ σοι (συ¹) 2* **18** εις νεοτερος εζωννυες σεαυτων Θ ¦ εις (ης) 1346 ¦ νεοτερος 700 1346 1424

B 16 κ̅ε̅ B ℵ A C D 𝔐 K M N S U W Δ Θ Λ Π Ψ Ω f¹ 118 124 2 33 28ˢᵘᵖ 69 157 565 700 788 1071 1346 1424 ¦ ι̅ς̅ N Λ 1071 **17** κ̅ε̅ B ℵ A C D 𝔐 K M N S U W Δ Θ Λ Π Ψ Ω f¹ 118 124 2 33 28ˢᵘᵖ 69 157 565 700 788 1071 1346 1424 ¦ ι̅ς̅ B A C 𝔐 K M N S U Δ Θ Λ Π Ψ Ω 118 124 2 28ˢᵘᵖ 157 700 788 1346 1424

D 16 (ante λεγει αυτω²) σ̅κ̅θ̅/θ̅ ℵ Λ 1071 ¦ σ̅κ̅θ̅ C Ψ 2 1346 ¦ σ̅κ̅η̅/ι̅ 124 ¦ Ιω σ̅κ̅η̅ : Λο . 124 ¦ (ante λεγει αυτω³) σ̅κ̅θ̅/ι̅ A Π Ω ¦ σ̅κ̅θ̅ E H K 118 ¦ σ̅λ̅ Ψ ¦ σ̅κ̅θ̅/θ̅ S U 124 788 1424 ¦ Ιω σ̅κ̅θ̅ : Λο . 124 **17** (ante λεγει αυτω¹) σ̅λ̅/ι̅ ℵ S U Λ 118 124 788 1071 1424 ¦ σ̅λ̅/ε̅ A ¦ σ̅λ̅ C E K Ω 2 28ˢᵘᵖ 157 1346 ¦ σ̅κ̅θ̅/θ̅ G ¦ σ̅κ̅θ̅ θ̅ ¦ Ιω σ̅λ̅ : Λο . 124 ¦ (ante ελυπηθη) σ̅λ̅/ι̅ G Π ¦ σ̅λ̅ H Θ ¦ (ante λεγει αυτω²) σ̅λ̅α̅/θ̅ ℵ Y M S U Λ Π 1071 1424 ¦ σ̅λ̅α̅ E H K Θ Ψ Ω 118 2 157 1346 ¦ σ̅λ̅α̅/β̅ 124 788 **18** σ̅λ̅β̅/β̅ ℵ ¦ σ̅λ̅α̅/ι̅ A ¦ σ̅λ̅α̅ C 28ˢᵘᵖ ¦ σ̅λ̅β̅ E H K Θ Ψ 157 1346 ¦ σ̅λ̅β̅/ι̅ S Y U Λ Ω 788 1071 1424 ¦ σ̅λ̅β̅/β̅ 118

ἐζώννυες σεαυτὸν καὶ περιεπάτεις ὅπου ἤθελες· ὅταν δὲ γηράσῃς, ἐκτενεῖς τὰς χεῖράς B uwτ rell
ἐζώννυες σεαυτὸν καὶ περιεπάτεις ὅπου ἤθελες· ὅταν δὲ γηράσῃς, ἐκτενεῖς <u>τὴν χῖράν</u> ℵ*
ἐζώννυες σεαυτὸν καὶ περιεπάτεις ὅπου ἤθελες· ὅταν δὲ γηράσῃς, ἐκτενεῖς τὰς <u>χεῖρά</u> Y
ἐζώννυες σεαυτὸν καὶ <u>περιπάτεις</u> ὅπου ἤθελες· ὅταν δὲ γηράσῃς, ἐκτενεῖς τὰς χεῖράς Δ
ἐζώννυες <u>ἑαυτὸν</u> καὶ περιεπάτεις ὅπου ἤθελες· ο····· ···· ··········· ···· ·········· 28sup
ἐζώννυες <u>ἑαυτὸν</u> καὶ περιεπάτεις ὅπου ἤθελες· ὅταν δὲ γηράσῃς, ἐκτενεῖς τὰς χεῖράς 157 1071 1424

σου, καὶ ἄλλος ζώσει σε καὶ οἴσει ὅπου οὐ θέλεις. 19 τοῦτο δὲ εἶπεν B C* w
σου, καὶ <u>ἄλλοι ζώσουσιν</u> σε καὶ <u>ποιήσουσίν σοι ὅσα</u> οὐ θέλεις. 19 τοῦτο δὲ εἶπεν ℵ*
σου, καὶ <u>ἄλλοι ζώσουσιν</u> σε καὶ <u>ἀποίσουσίν σε</u> ὅπου οὐ θέλεις. 19 τοῦτο δὲ εἶπεν ℵc
σου, καὶ ἄλλος <u>σε ζώσει</u> καὶ οἴσει <u>σε</u> ὅπου οὐ θέλεις. 19 τοῦτο δὲ εἶπεν A
σου, καὶ <u>ἄλλοι</u> σε <u>ζώσωσίν</u> σε καὶ <u>οἴσουσιν</u> ὅπου οὐ θέλεις. 19 τοῦτο δὲ εἶπεν Cc
σου, καὶ <u>ἄλλοι</u> σε <u>ζωσούσει</u> καὶ <u>ἀπάγουσίν σε</u> ὅπου <u>σὺ</u> θέλεις. 19 <u>ταῦτα</u> δὲ εἶπεν D*
σου, καὶ <u>ἄλλοι</u> σε <u>ζωσούσει</u> καὶ <u>ἀπάγουσίν σε</u> ὅπου <u>σὺ οὐ</u> θέλεις. 19 <u>ταῦτα</u> δὲ εἶπεν Dc
σου, καὶ ἄλλος σε <u>ζώσει</u> καὶ <u>οἴσῃ</u> ὅπου οὐ θέλεις. 19 τοῦτο δὲ εἶπεν U
σου, καὶ <u>ἄλλοι</u> σε <u>ζώσουσιν</u> καὶ <u>ἀποίσουσίν σε</u> ὅπου <u>σὺ</u> οὐ θέλεις. 19 τοῦτο δὲ <u>ἔλεγεν</u> W
σου, καὶ ἄλλος <u>σε ζώσει</u> καὶ <u>εἰσι</u> ὅπου <u>σὺ</u> οὐ θέλεις. 19 τοῦτο δὲ <u>ἔλεγεν</u> Θ
σου, καὶ <u>ἀπὸ</u> σε <u>ζώσουσιν</u> καὶ <u>ἀποίσουσιν</u> ὅπου οὐ θέλεις. 19 τοῦτο δὲ εἶπεν Π
σου, καὶ ἄλλος <u>σε ζώσῃ</u> καὶ <u>οἴσῃ</u> ὅπου οὐ θέλεις. 19 τοῦτο δὲ εἶπεν Ψ 2
σου, καὶ <u>ἄλλοι</u> σε <u>ζώσουσιν</u> καὶ <u>ἀποίσουσίν σε</u> ὅπου οὐ θέλεις. 19 τοῦτο δὲ <u>ἔλεγεν</u> f1 565
σου, καὶ ἄλλος <u>σε ζώσει</u> καὶ οἴσει ὅπου οὐ θέλεις. 19 τοῦτο εἶπεν 69
σου, καὶ <u>ἄλλοι</u> σε <u>ζώσουσιν</u> καὶ <u>ἀποίσουσίν σε</u> ὅπου οὐ θέλεις. 19 τοῦτο δὲ εἶπεν 33
σου, καὶ ἄλλος <u>σε ζώσοι</u> καὶ <u>οἴσοι</u> ὅπου οὐ θέλεις. 19 τοῦτο δὲ εἶπεν 788 1346
σου, καὶ ἄλλος <u>σε ζώσει</u> καὶ οἴσει ὅπου οὐ θέλεις. 19 τοῦτο δὲ εἶπεν 𝔐 K M N Δ
Λ 118 124 157 700 1071 1424 uτ

σημαίνων ποίῳ θανάτῳ δοξάσει τὸν θεόν. καὶ τοῦτο εἰπὼν λέγει αὐτῷ, Ἀκολούθει μοι. B uwτ rell
σημαίνων ποίῳ θανάτῳ δοξάσει τὸν θεόν. καὶ <u>ταῦτα</u> εἰπὼν λέγει αὐτῷ, Ἀκολούθει μοι. Λ
σημαίνων ποίῳ θανάτῳ δοξάσει τὸν θεόν. καὶ τοῦτο εἰπὼν λέγει, Ἀκολούθει μοι. 157

Peter's Question About The Disciple Whom Jesus Loved

20 Ἐπιστραφεὶς ὁ Πέτρος βλέπει τὸν μαθητὴν ὃν ἠγάπα ὁ Ἰησοῦς ἀκολουθοῦντα, ὃς B A C 33 uw
20 Ἐπιστραφεὶς <u>δὲ</u> ὁ Πέτρος βλέπει τὸν μαθητὴν ὃν ἠγάπα ὁ Ἰησοῦς, ℵ*
20 Ἐπιστραφεὶς <u>δὲ</u> ὁ Πέτρος βλέπει τὸν μαθητὴν ὃν ἠγάπα ὁ Ἰησοῦς ἀκολουθοῦντα, ℵc
20 Ἐπιστραφεὶς ὁ Πέτρος βλέπει τὸν μαθητὴν ὃν ἠγάπα Ἰησοῦς ἀκολουθοῦντα, ὃς D
20 Ἐπιστραφεὶς ὁ Πέτρος βλέπει τὸν μαθητὴν ὃν ἠγάπα ὁ Ἰησοῦς, ὃς W
20 Ἐπιστραφεὶς <u>δὲ</u> Πέτρος βλέπει τὸν μαθητὴν ὃν ἠγάπα ὁ Ἰησοῦς ἀκολουθοῦντα, ὃς 1 1582*
20 Ἐπιστραφεὶς <u>δὲ</u> ὁ Πέτρος βλέπει τὸν μαθητὴν ὃν ἠγάπα ὁ Ἰησοῦς ἀκολουθοῦντα, ὃς 𝔐 K M N U Δ
Θ Λ Π Ψ 1582c 118 69 124 2 157 565 700 788 1071 1346 1424 τ

[↓Π Ψ f1 69 124 157 565 1346 1424 uwτ
καὶ ἀνέπεσεν ἐν τῷ δείπνῳ ἐπὶ τὸ στῆθος αὐτοῦ καὶ εἶπεν, Κύριε, τίς ἐστιν B A 𝔐 K M Θ Λ
καὶ ἀνέπεσεν ἐν τῷ δείπνῳ ἐπὶ τὸ στῆθος αὐτοῦ καὶ <u>λέγει αὐτῷ</u>, Κύριε, τίς ἐστιν ℵ*
καὶ ἀνέπεσεν ἐν τῷ δείπνῳ ἐπὶ τὸ στῆθος αὐτοῦ καὶ εἶπεν <u>αὐτῷ</u>, Κύριε, τίς ἐστιν ℵc D W 33
καὶ ἀνέπεσεν ἐν τῷ δείπνῳ ἐπὶ τὸ στῆθος <u>τοῦ Ἰησοῦ</u> καὶ εἶπεν <u>αὐτῷ</u>, τίς ἐστιν C*
καὶ ἀνέπεσεν ἐν τῷ δείπνῳ ἐπὶ τὸ στῆθος <u>τοῦ Ἰησοῦ</u> καὶ εἶπεν <u>αὐτῷ</u>, Κύριε, τίς ἐστιν Cc
καὶ ἀνέπεσεν ἐν τῷ δείπνῳ ἐπὶ τὸ στῆθος αὐτοῦ καὶ εἶπεν, <u>καὶ</u> τίς ἐστιν G
καὶ ἀνέπεσεν ἐπὶ τὸ στῆθος αὐτοῦ καὶ εἶπεν, Κύριε, τίς ἐστιν Y
καὶ ἀνέπεσεν ····· ······· ἐπὶ τὸ στῆθος αὐτοῦ καὶ εἶπεν, ·········· ········· N
καὶ ἀνέπεσεν ἐν τῷ δείπνῳ ἐπὶ τὸ στῆθος αὐτοῦ καὶ εἶπεν, Κύριε, ····· ········· 788

lac. **21.18-20** 𝔓45 𝔓66 𝔓75 F L P Γ 13 28 579 ¦ vs. 20 N 788

A **18** σεαυτων 2* ¦ εις U ¦ η (ης) Λ* ¦ ει 69 ¦ περιεπατης E K Θ 2* 700 1071 1424 ¦ γειρασης G U* ¦ γερασης H ¦ γηρασεις 1346 ¦ εκτενις ℵ ¦ εκτενης Θ 2* 1071 ¦ χιρας ℵc D* N ¦ ζωση M 1424 ¦ υσει H ¦ ησοι 69 ¦ οισει 2 ¦ θελις ℵ ¦ θελης 2 1071 1424 **19** ειπε Y 118 157 700 ¦ σημενων D Θ ¦ ποι 1071 ¦ δοξασε K* ¦ δοξασι Θ ¦ ακολουθι ℵ ¦ ακολουθη E* Θ 2* 1071 **20** βλεπι ℵ ¦ διπνω W Θ ¦ δηπνω 2 ¦ στιθος Λ 2 ¦ ειπε Y 118 157 ¦ της (τις) Θ

B **19** θ̄ν̄ B ℵ A C D 𝔐 K M N S U W Δ Θ Λ Π Ψ Ω f1 118 69 124 2 33 157 565 700 788 1071 1346 1424 **20** ι̅ς̅ B ℵ A C 𝔐 K M N S U W Δ Θ Λ Π Ψ Ω f1 118 124 2 33 157 565 700 788 1071 1346 1424 ¦ ι̅η̅ς̅ D ¦ κ̅ε̅ B ℵ A D E H Y K M S U W Δ Θ Λ Π Ψ Ω f1 118 69 124 2 33 157 565 700 788 1071 1346 1424

C **19** τελος του ἀπὸ (post θ̄ν̄) H ¦ τελ τς γαλ, ι f1

D **19** σ̅λ̅· C ¦ σ̅λ̅γ̅ E

ὁ παραδιδούς σε; **21** τοῦτον οὖν ἰδὼν ὁ Πέτρος λέγει τῷ   Ἰησοῦ, Κύριε,   B C 33 **uw**
ὁ παραδιδούς σε; **21** τοῦτον οὖν ἰδὼν ὁ Πέτρος <u>εἶπεν</u> τῷ   Ἰησοῦ,   ℵ
ὁ <u>παραδιδῶν</u> σε; **21** τοῦτον οὖν ἰδὼν ὁ Πέτρος λέγει <u>αὐτῷ</u> Ἰησοῦ, Κύριε,   D
ὁ παραδιδούς σε; **21** τοῦτον   ἰδὼν ὁ Πέτρος λέγει,   Κύριε,   Y
ὁ παραδιδούς σε; **21** τοῦτον   ἰδὼν ὁ Πέτρος <u>εἶπεν</u> τῷ   Ἰησοῦ, Κύριε,   W
ὁ παραδιδούς σε; **21** τοῦτον   ἰδὼν ὁ Πέτρος λέγει τῷ   Ἰησοῦ, Κύριε,   A 𝔐 K M U Δ Θ Λ Π Ψ *f*[1] 69
                                                                              124 2 157 565 700 1071 1346 1424 τ

οὗτος δὲ τί; **22** λέγει αὐτῷ ὁ Ἰησοῦς, Ἐὰν αὐτὸν θέλω μένειν   ἕως ἔρχομαι, τί   B **uwτ** rell
οὗτος δὲ τί; **22** λέγει αὐτῷ ὁ Ἰησοῦς, Ἐὰν αὐτὸν θέλω μένειν <u>οὕτως</u> ἕως ἔρχομαι, τί   D

πρὸς σέ; σύ   μοι ἀκολούθει. **23** ἐξῆλθεν οὖν οὗτος ὁ λόγος εἰς τοὺς   B ℵ D W *f*[1] 33 **uw**
πρὸς σέ; σύ   μοι ἀκολούθει. **23** ἐξῆλθεν οὖν <u>ὁ λόγος οὗτος</u> εἰς τοὺς   A
πρὸς σέ; σὺ <u>δέ</u> μοι ἀκολούθει. **23** ἐξῆλθεν οὖν οὗτος ὁ λόγος εἰς τοὺς   C*
πρὸς σέ; σὺ <u>δὲ</u> <u>ἀκολούθει μοι</u>. **23** ἐξῆλθεν οὖν οὗτος ὁ λόγος εἰς τοὺς   Cᶜ
πρὸς σέ; ····· ······· ··············· **23** ·········· ······· ······· .. ·········· ·····   Π
πρὸς σέ; <u>σοὶ</u> <u>ἀκολούθει μοι</u>. **23** ἐξῆλθεν οὖν οὗτος ὁ λόγος εἰς τοὺς   565
πρὸς σέ; σὺ   <u>ἀκολούθει μοι</u>. **23** ἐξῆλθεν οὖν <u>ὁ λόγος</u> <u>οὗτος</u> εἰς τοὺς   𝔐 K M U Δ Θ Λ Πˢᵘᵖ Ψ 118 69
                                                                              124 2 157 700 1071 1346 1424 τ

ἀδελφοὺς   ὅτι ὁ μαθητὴς ἐκεῖνος οὐκ ἀποθνήσκει· οὐκ εἶπεν δὲ αὐτῷ   B ℵ C W 33 **uw**
ἀδελφοὺς <u>καὶ ἔδοξαν</u> ὅτι ὁ μαθητὴς ἐκεῖνος οὐκ ἀποθνήσκει· <u>καὶ</u> οὐκ εἶπεν αὐτὸ   D
ἀδελφοὺς <u>ὅτι μαθητὴς</u> ὅτι ὁ μαθητὴς ἐκεῖνος οὐκ ἀποθνήσκει· <u>καὶ</u> οὐκ εἶπεν αὐτὸ   Δ*
ἀδελφοὺς <u>ὅτι ὁ μαθητὴς</u> ὅτι ὁ μαθητὴς ἐκεῖνος οὐκ ἀποθνήσκει· <u>καὶ</u> οὐκ εἶπεν αὐτῷ   Δᶜ·¹
ἀδελφοὺς   ὅτι ὁ μαθητὴς ἐκεῖνος οὐκ ἀποθνήσκει· <u>καὶ</u> οὐκ εἶπεν   69 124
ἀδελφοὺς   ὅτι ὁ μαθητὴς ἐκεῖνος οὐκ ἀποθνήσκει· <u>καὶ καὶ</u> οὐκ εἶπεν   1346
ἀδελφοὺς   ὅτι ὁ μαθητὴς ἐκεῖνος οὐκ ἀποθνήσκει· <u>καὶ</u> οὐκ εἶπεν αὐτῷ   A 𝔐 K M U Δᶜ·²
                                                        Θ Λ Πˢᵘᵖ Ψ *f*[1] 118 2 157 565 700 1071 1424 τ

ὁ Ἰησοῦς ὅτι οὐκ ἀποθνήσκει ἀλλ’, Ἐὰν αὐτὸν θέλω μένειν ἕως ἔρχομαι,   B **uwτ** rell
ὁ Ἰησοῦς   οὐκ <u>ἀποθνήσκεις</u> <u>ἀλλά</u>, Ἐὰν αὐτὸν θέλω μένειν ἕως ἔρχομαι,   D
              οὐκ ἀποθνήσκει ἀλλ’, Ἐὰν αὐτὸν θέλω μένειν ἕως ἔρχομαι,   Λ*
ὁ Ἰησοῦς   οὐκ ἀποθνήσκει ἀλλ’, Ἐὰν αὐτὸν θέλω μένειν ἕως ἔρχομαι,   Λᶜ
ὁ Ἰησοῦς ὅτι οὐκ ἀποθνήσκει ἀλ··· ········ ··········· θέλω μένειν ἕως ἔρχομαι,   33

τί πρὸς σέ; B ℵᶜ A C* 𝔐 K M U W Δ Θ Λ Πˢᵘᵖ Ψ 1582ᶜ 118 69 124 2 33 157 700 1071 1346 1424 [**u**]**wτ**
om.   ℵ* Cᶜ 1 1582* 565 [**u**]
   πρὸς σέ;   D

The Witness Of The Disciples Is True

24 Οὗτός ἐστιν ὁ μαθητὴς ὁ καὶ μαρτυρῶν περὶ τούτων καὶ ὁ γράψας ταῦτα,   καὶ   B W [**w**]
24 Οὗτός ἐστιν ὁ μαθητὴς ὁ   μαρτυρῶν περὶ τούτων <u>ὁ</u> <u>καὶ</u> γράψας ταῦτα,   καὶ   ℵᶜ 69 124 33 1346
24 Οὗτός ἐστιν ὁ μαθητὴς ὁ   μαρτυρῶν περὶ τούτων <u>ὦ</u> <u>καὶ</u> γράψας ταῦτα,   καὶ   Θ
24 Οὗτός ἐστιν ὁ μαθητὴς ὁ   μαρτυρῶν περὶ τούτων καὶ γράψας ταῦτα, <u>ὁ</u> καὶ   G
24 Οὗτός ἐστιν ὁ μαθητὴς ὁ   μαρτυρῶν περὶ τούτων καὶ γράψας ταῦτα,   καὶ   ℵ* A C D 𝔐 K M
                                                        U Δ Λ Πˢᵘᵖ Ψ *f*[1] 2 157 565 700 1071 1424 **u**[**w**]**τ**

οἴδαμεν ὅτι ἀληθὴς αὐτοῦ ἡ μαρτυρία ἐστίν.   B C* W **uw**
οἴδαμεν ὅτι ἀληθής <u>ἐστιν</u> <u>αὐτοῦ ἡ μαρτυρία</u>.   D 69
οἴδαμεν ὅτι ἀληθής <u>ἐστιν ἡ μαρτυρία αὐτοῦ</u>.   ℵ A Cᶜ 𝔐 K M U Δ Θ Λ Πˢᵘᵖ Ψ *f*[1] 124 2 157 565 700 1071 1346
οἴδαμεν ὅτι ἀληθὴς αὐτοῦ <u>ἐστιν ἡ μαρτυρία</u>.   33   [↑1424 τ

---

lac. 21.20-24 𝔓⁴⁵ 𝔓⁶⁶ 𝔓⁷⁵ F L N P Γ 13 28 579 788 ¦ vss. 22-24 Π

A 21 ειδων D 700 ¦ ιδον Θ **22** μενιν ℵ ¦ μαινειν A ¦ μενην G Θ 2 ¦ μενει Λ¦ ερχομαι S ¦ ερχομε τη Θ ¦ σοισ (συ) 2 ¦ ακολουθι ℵ ¦ ακολουθη Θ 2* 1071 **23** απωθνη<κει 1071 ¦ μαινειν A ¦ μενην M Θ 2 ¦ ερχομε M Θ* **24** οτος D* ¦ ττουτων E* ¦ αλληθης Θ ¦ αληθεις 1071

B 21 ι̅υ̅ B ℵ A C E G H K M S U W Δ Θ Λ Π Ψ Ω *f*[1] 118 124 2 33 157 565 700 1071 1346 1424 ¦ ι̅η̅υ̅ D ¦ κ̅ε̅ B ℵ A C D 𝔐 K M S U W Δ Θ Λ Π Ψ Ω *f*[1] 118 69 124 2 33 157 565 700 1071 1346 1424 **22** ι̅ς̅ B ℵ A C 𝔐 K M S U W Δ Θ Λ Π Ψ Ω *f*[1] 118 124 2 33 157 565 700 1071 1346 1424 ¦ ι̅η̅ς̅ D **23** ι̅ς̅ B ℵ A C 𝔐 K M S U W Δ Θ Λᶜ Πˢᵘᵖ Ψ *f*[1] 118 124 2 33 157 565 700 1071 1346 1424 ¦ ι̅η̅ς̅ D

C 24 αρξ E ¦ αρξ του θεολ, G 2 ¦ αρξ του θεολογ, H 118 1346 ¦ αρχη H ¦ αρξ του θεολογου τς λειτουργειας *f*[1] ¦ κ̅ε̅ λ̅β̅ Λ

D 23 σ̅λ̅α̅/· G **24** σ̅λ̅β̅/ι̅ G

Jesus Did Many Things Which Have Not Been Recorded

25 Ἔστιν δὲ καὶ ἄλλα πολλὰ ἃ   ἐποίησεν ὁ   Ἰησοῦς, ἄτινα ἐὰν γράφηται   B ℵ^c C* Ψ 33 **uw**
25 om.   ℵ*
25 Ἔστιν δὲ καὶ ἄλλα πολλὰ <u>ὅσα</u> ἐποίησεν ὁ <u>Χριστὸς</u> Ἰησοῦς, ἄτινα ἐὰν γράφηται   D
25 Ἔστιν δὲ καὶ ἄλλα πολλὰ <u>ὅσα</u> ἐποίησεν ὁ   Ἰησοῦς <u>ἐνώπιον τῶν μαθητῶν</u>
                                                            <u>αυτου</u>, ἄτινα ἐὰν γράφηται 1346 (cf. Jn. 20.30)
25 Ἔστιν δὲ καὶ ἄλλα πολλὰ <u>ὅσα</u> ἐποίησεν ὁ   Ἰησοῦς, ἄτινα ἐὰν γράφηται   A C^c 𝔐 K M U W
                                                            Δ Θ Λ Π^{sup} ƒ¹ 69 124 2 157 565 700 1071 1424 τ

καθ᾽ ἕν, οὐδ᾽ αὐτὸν οἶμαι τὸν κόσμον χωρήσειν τὰ γραφόμενα βιβλία. ^T   B ℵ^c **w**
om.   ℵ*
καθ᾽ ἕν, <u>οὐδὲ</u> αὐτὸν οἶμαι τὸν κόσμον <u>χωρῆσαι</u> τὰ γραφόμενα βιβλία.   A C^c W
καθ᾽ ἕν, <u>οὐδὲ</u> αὐτὸν οἶμαι τὸν κόσμον χωρήσειν τὰ γραφόμενα βιβλία.   C*
καθ᾽ ἕν, οὐδ᾽ αὐτὸν οἶμαι τὸν κόσμον <u>χωρῆσαι</u> τὰ γραφόμενα βιβλία.   D ƒ¹ **u**
καθ᾽ ἕν, οὐδ᾽ αὐτὸν οἶμαι τὸν κόσμον <u>χωρῆσαι</u> τὰ γραφόμενα βιβλία. ᾽ <u>Ἀμήν</u>. Δ Θ 69
καθ᾽ <u>εἷς</u>, <u>οὐδὲ</u> αὐτὸν οἶμαι τὸν κόσμον <u>χωρῆσαι</u> τὰ γραφόμενα βιβλία. ᾽ <u>Ἀμήν</u>. Λ
καθ᾽ ἕν, ·····δ·· ···ύτὸν οἶμαι τὸν κόσμον <u>χωρῆσαι</u> τὰ γραφόμενα βιβλία. ᾽ <u>Ἀμήν</u>. 33
καθ᾽ ἕν, <u>οὐδὲ</u> αὐτὸν οἶμαι τὸν κόσμον <u>χωρῆσαι</u> τὰ γραφόμενα βιβλία. ᾽ <u>Ἀμήν</u>. 𝔐 K M U Π^{sup} Ψ 124 2
                                                                              157 565 700 1071 1424 τ

^T τὸ περὶ τῆς μοιχαλίδος κεφάλαιον ἐν τῷ κατὰ Ἰωάννην εὐαγγελίῳ ὡς ἐν τοῖς πλείοσιν
ἀντιγράφοις μὴ κείμενον. μηδὲ παρὰ τῶν θείων πατέρων τῶν ἑρμηνευσαν τῶν μνημόνευθεν.
φημὶ δὴ Ἰωάννου τοῦ Χρ καὶ Κυρίλλου Ἀλέξανδρε ὃν δὲ μὴν ὑπὸ Θεοῦ,ᾧ μώγου ἐστὶν. καὶ τῶν
λοιπῶν παρέλειψα κατὰ τὸν τόπον. κεῖται δὲ οὗτος μετ᾽ ὀλίγα τῆς ἀρχ· τὸν π̄ς κ,ε. ἑξῆς τοῦ
ἐρεύνησον καὶ ἴδε ὅτι προφήτης ἐκ τῆς Γαλιλαίας, οὐκ ἐγείρεται:
καὶ ἐπορεύθησαν ἕκαστος εἰς τὸν τόπον αὐτοῦ, Ἰησοῦς δὲ ἐπορεύθη εἰς τὸ ὄρος τῶν Ἐλαιῶν.
ὄρθρου δὲ πάλιν παρεγένετο εἰς τὸ ἱερὸν καὶ πᾶς ὁ λαὸς ἤρχετο πρὸς αὐτόν, καὶ καθίσας
ἐδίδασκεν αὐτούς. ἄγουσιν δὲ οἱ ἀρχιερεῖς καὶ οἱ φαρισαῖοι γυναῖκα ἐπὶ μοιχεία
κατειλημμένην, καὶ στήσαντες αὐτὴν ἐν μέσῳ λέγουσιν αὐτῷ, Διδάσκαλε, αὕτη ἡ γυνὴ
κατείληπται ἐπ᾽ αὐτοφώρῳ μοιχευομένη· ἐν δὲ τῷ νόμῳ ἡμῖν Μωσῆς ἐνετείλατο τὰς τοιαύτας
λιθάζειν· σὺ οὖν τί λέγεις; τοῦτο δὲ ἔλεγον πειράζοντες αὐτόν, ἵνα εὕρωσι κατηγορεῖν αὐτοῦ.
ὁ δὲ Ἰησοῦς κάτω κύψας τῷ δακτύλῳ ἔγραφεν εἰς τὴν γῆν. ὡς δὲ ἐπέμενον ἐπερωτῶντες αὐτόν,
ἀνέκυψεν καὶ εἶπεν αὐτοῖς, Ὁ ἀναμάρτητος ὑμῶν πρῶτος βαλλέτω λίθον ἐπ᾽ αὐτήν. καὶ πάλιν
κατακύψας ἔγραφεν εἰς τὴν γῆν. ἀκούσαντες δὲ ἐξήρχοντο εἰς ἕκαστος αὐτῶν ἀρξάμενοι ἀπὸ
τῶν πρεσβυτέρων καὶ κατελείφθη μόνος καὶ ἡ γυνὴ ἐν μέσῳ ἐστῶσα. ἀνακύψας δὲ ὁ Ἰησοῦς
εἶπεν αὐτῇ, Γύναι, ποῦ εἰσιν; οὐδείς σε κατέκρινεν; ἡ δὲ εἶπεν, οὐδείς, κύριε. εἶπεν δὲ ὁ
Ἰησοῦς, οὐδὲ ἐγώ σε κατακρίνω· πορεύου, καὶ ἀπὸ τοῦ νῦν μηκέτι ἁμάρτανε. ƒ¹ (not 118)

---

lac. 21.25 𝔓⁴⁵ 𝔓⁶⁶ 𝔓⁷⁵ F L N P R Γ Π 13 28 579 788

A 25 εστι Υ Π^{sup} ƒ¹ 118 69 157 700 | γραφητε Ε Η Υ Κ Μ Δ 69 124 2 700 1071 1424 | οιμε Η 2 | χωρησε D ¦ χωρισαι G |
βιβλεια D |

B 25 χ̄ρ̄ς D | ῑς̄ B ℵ A C 𝔐 K M S U W Δ Θ Λ Π^{sup} Ψ Ω ƒ¹ 118 124 2 33 157 565 700 1071 1346 1424 ¦ ῑη̄ς D

C 25 τελος του κατα ιω ευαγγελιου Η ¦ τελ Υ ¦ τελ παντων 118

D 25 σ̄λ̄δ̄ Ε

Pstsrpt: Κατα Ιωαννη Β ¦ ευαγγελιον κατα Ιωαννην ℵ A C E Δ Ψ 1582 2 33 565 ¦ ευαγγελιον κατα Ιωαννη ετελεσθη αρχεται
ευαγγελιον κατα Λουκαν D ¦ το κατα ιω̄ ευαγ εξεδοθ μετα χρονης και της του χῡ αναλ. G ¦ εκ τ κατ ιω̄ στιχχ ¸β̄τ̄ Η ¦ lac. Υ ¦
ending fragmentary; unreadable K ¦ ευαγγελιον κατ ιω̄ στιχχ ¸β̄τ̄ το κατα ιω̄ ευαγγδ̄ εξεδοθη μετα χρονους λ̄β̄ της του χῡ
αναληψεως S ¦ κατα ιω̄αννην W ¦ ευαγγελιον κατα Ιωαννην. ιρηνη τω γραφωντι και τω αναγεινωσκοντει δοξα τω θω̄ αμην
Θ ¦ ευαγγελιον κατα ιω̄. εγραφη και αντεβληθ ομοιως εκ των αυτων αντιγραφων εν στιχοις ¸β̄τ̄ι κ̄ε̄ σ̄λ̄β̄ +φως+ +ζωη+ Λ ¦ τελ
του κ,τ ιω̄ μα ευᾱ Π^{sup} ¦ ευαγγελιστων τεσσαρων θειοι λογοι γραφεντες ὧδε ληξιν εσχον των πονων Ψ ¦ ῑς̄ κ̄ς̄ κᾱ ιω̄ 1 ¦
συνεγραφη το κατα ιωαννην αγιον ευαγγελιον, μετα χρονοις λ̄β̄ της του κῡ και θῡ και σρ̄ς̄ ημων ιῡ χῡ αναληψεως δια
στιχχοι ¸β̄τ̄ και κ̄ε̄ σ̄λ̄β̄ 118 ¦ διδου μοι σⲣ̄ λυτρον αμπλακηματων και βασιλειας της σους αξιωσωμαι 124 ¦ ευαγγελιον
κατα Ιωαννου 1346 ¦ τελος του κατα Ιωαννην ευαγγελιου αμην 1424 ¦
          ευαγγελιον κατα ιωαννην· εγραφη και αντεβληθη ομοιως εκ των αυτων αντιγραφων· εν στιχοις /αχῑᾱ· κεφαλαιοις
σ̄λ̄μ̄. επιγραμμα εις τον αγιον ιωαννην και ευαγγελιστην τον θεολογον. 157
          ευαγγελιον κατα ιωαννου. εγραφη ελληνι εις εφεσον. μετα τε λ̄· της αναληψεως του κῡ εχει δε ρηματα ᾱ λ̄ κ̄η̄·
στιχου /β̄κ̄δ̄. επιδοι μετ ανοῡ βασιλεως. 1346
          Βροντης τον υιον, τις βροτων μη θαυμων:
          Αει γαρ ουτος ως εν αρχη τον λογον:
          Τω πρι δεικνυε και πριν ου σιωμενον:
          Παλιν τον αυτον γηγενη πεφιοσοπα:
          Τρα·οι θεουργον και παθη τον σαρμον: υποθε εις τον κατα ιωαννην:
          Ουτος ιωαννης ο ευαγγελιστης πατριδος μενην ητοι κωμης ευτελους. απο βηθσαιδα της γαλιλαιας. πρ̄ς̄ δε αλιεως
και πενητος· παιδειας δε της εξωθεν ουδ οτι ουν αυτω με την· ουτος ο αλιευς και ιδιωτης. ιδιωτειαν την εσχατην·
αγραμματα μη ειδως. μητε προτερον μη θ υστερον, μετα το συγγενεσθαι χω̄, ταυτ φθεγγεται την συγγραφην. τον α ιδιον του
θῡ λογον· ευαγγελιον κατα ιω̄. τα θεουργον και παθη του γεγεννηκοτι· τελ. τω και τ ιωαννην:
          ετοιμολογια: Ο μην κατα το ονομα της σεληνης λεγεται· μην η γαρ αυτη ερμηνευεται τη ελλαδιφωνη:
          Χ̄ς̄ ειρηται επειδη σαρκα ενεδυσατο· ῑς̄ ειρηται το ονομα της σαρκος. λογος επειδη εκ τινος· υιος επειδη εκ πρ̄ς̄.
μονογενης, επειδη μονο εκ μονου· θ̄ς̄ επειδη ποιητης και βλεπων τα παντα: 157

Η — εκγλογ δα τ δ ευαγγελιστ· σημαινον δια της αρχ κ, του τελος· την περικοπην εκαστου ευαλιστου αμα δε κ, τ τ κεφα
πω‧‧‧‧ς· εχει δε ακριβως την αρχ απο το αγι πασχ τε‧‧‧‧‧ωμην ο λγ, τη κυ, του πασχ κατ ιω κ,ε δ εν αρχη ην ο λο‧‧δ‧‧ ιυ χυ
εγενετ

τη β της· διακιν,ς κατ ιω κ,ε η θν ουδεις εορ,· τε ιω βαπτιζ
τη γ της διακιν,ς κατ λ,υ κ,ε τλθ τω ω καιρ,ω ο πετρος αναστ: τε εν τη κλασει τ
τη δ της διακ,ς κατ ιω κ,ε ις τω κ,ρ,ω ιστηκει ο ις κ, εις τ, τε επι τυπτου ανο·
τη ε της δ,κ,ς κατ ιω,κ,ε κδ τω κ,ρ,ω ανος τις ην εκ τ φ,· τε ζωην αιων
τη ς της δ,κ,ς κατ ιω κ,ε ιθ τω κ,ρ,ω ηλθεν ο ις εις καπερ: τε ω ειπεν ο ις:
τω Σα της δ,κ,ς κατ ιω κ,ε ν τω κ,ρ,ω ηλθ ο ις κ, οι μαθθ αυτ· τε ο θς αληθης εστ εβδ
κ,υ α του αντ πασχ κ,τ ιω κ,ε σιγ ουσης οψιας τη ημε, τε ονοματι αυτ
εβδ β mg τη β της β εβδ κ,τ ιω κ,ε ιη τω κ,ρ,ω γαμος εγενετ· τε οι μαθθται αυτ:
και εις κοιμη mg τη γ κ,τ ιω κ,ε κδ: ειπ ο κς τοις εαυτ μαθθου τ ηγαπ: τε εστιν ειργασμενας
τη δ κ,τ ιω κ,ε λθ ειπ προς του εληλυθ ο πηρ μου εως: τε θανατ εις την ζω,
τη ε κ,τ ιω κ,ε μαθ ειπ προτ εληλ α μαμ λεγ υ μοτ οτ λ,ογ τε πεμψαντος με πρς
τη ς κατ ιω κ,ε μα ειπ πρ εληλ καθως ακουω κρινω· τε επι σα θενουντ ··
τω Σα κ,τ ιω κ,ε ν τω κ,ρ,ω ιδοντ οι ανοι ο εποιησ· τε εσφραγισεν ο θς
εβδ γ mg κ,υ β κ,τ μαρκ κ,ε σκζ τω κ,ρ,ω ελθ ιωσηφ ο απο αριμ· τε εφοβουντο γαρ
τη β της γ εβδ κ,τ ιω κ,ε λζ τω κ,ρ,ω ην τις βασιλικ, τε εκ της ιουδαιου εις τ γαλιλ
τη γ κατ ιω κ,ε νβ ειπ πρ εληλυθ εργαζεσθ μη τ τε τε ζωην διδους τω κοσμ
τη δ κ,τ ιω κ,ε νε ειπ πρ πεπιστευκοτ εγω ειμ ο αρτ τε εν τη εσχατ ημερα
τη ε κατ ιω κ,ε νη ειπ πρ εληλυθ τουτο εστ το θε τε εν τη εσχατ ημερα
τη ς κ,τ ιω κ,ε ξγ ειπ πρ εληλυθ εγω ειμ ο αρτ οι πρεσ τε εν τη εσχατ η ημερ
τω Σα κατ ιω κ,ε ρλη ειπ τοις εαυτ μαθθ εαυτ εντελλομ τε προσφερειν τω θω
κ,υ γ ‧‧‧‧‧‧‧‧‧‧‧‧‧‧ν εβηθη εις ιεροσο τε ·υτον υγιει
εβδ δ τη β κ‧‧‧‧‧‧‧‧‧ πρ πεπισ ο τρωγων τε θυ του ζωντος
τη γ κατ ιω ‧‧‧‧‧‧‧‧ρω περιεπατ ο ις εν τη γα κ,τ τε φοβοντ ιουδαι
τη δ κατ ιω κ,ε ο· της εορτης μεσουσης τε οτι ουπω εληλοθη ωρ αυτ
τη ε κ,τ ιω κ,ε πς ειπ πρ εληλυθ εγω ειμ το φω τε οτι ουπω εληλυθ η ωρ αυτ
τη ς κ,τ ιω κ,ε πθ ειπ πρ εληλυθ εγω υπαγω τε πολλοι επιστευσεν εις αυτ
τω Σα κ,τ ιω κ,ε πθ ειπ πρ εληλυθ εαν υμεις μεινετ τε εξηλθον κ, η κω
κ,υ α κ,τ ιω κ,ε λγ τω κ,ρ,ω ερχετ ο ις εις πολ της σαμ· τε του κοσμου ολου
εβδ ε mg τη β κατ ιω κ,ε πθ ειπ πρ εληλυθ ει ο θς πηρ υμ τε ου μη θεωρηση εις τ αγ
τη γ κ, ιω κ,ε πθ ειπ αμαμλε εαν τον λογ τε και παρηγενου τς
τη δ κατ ιω κ,ε μθ τω κ,ρ,ω επαρας ο ις τους οφθ τε ο ερχομ,ο εις τ κοσμ
τη ε κ,τ ιω κ,ε πθ ειπ πρ εληλυθ εις κριμ εγω εις τ κοσμ τε και πομην ευρησει
τη ς κ,τ ιω κ,ε Ϥβ ειπ προ, δια τουτο μ,ε πηρ με τε διδομι αυτοις
τω Σα κ,τ ιω κ,ε Ϥβ ειπ προ, τα προβατα εμα τε καγω εν αυτω
·βδ·mg κ,υ ε κ,τ ιω κ,ε πθ τω κ,ρ,ω παραγ ο ις ειδ ανον τυφλ τε και προεκυνησεν αυτω
τη β της ς εβδ κ,τ ιω Ϥδ τω κ,ρ,ω συνηγαγοι αρχρ κ, οι φ, τε μετα τ μαθθ αυτ
τη γ κ,τ ιω κ,ε Ϥβ τω κ,ρ,ω συμβουλι εποιησ οι φ, τε ινα υιοι φωτο γενησθ
τη δ κ,τ ιω κ,ε Ϥη ειπ προ, εως το φως εχετε τε αλλ ινα σωσω τ κοσμ
τη ε της αναληψ, του ορθ κ,τ μρ κ,ε σλδ αναστ ο ις πρωι τε σημειων αμην
εις τ λειτουργ, κ,τ λ,ου κ,ρ τμ αναστ ο ις εκ νεκρ, τε τον θν αμην
τη ς της αυτ εβδ κ,τ ιω κ,ε ρκζ ειπ τ εαυτ μη ταρασεσθ τε ο πηρ εν εμοι εστιν
τω Σα κ,τ ιω κ,ε ρκζ ειπ τ εαυτ τα ρηματα τε αυτον εμαυτω
κ,υ ς τ αγι πρω κ,τ ιω ρηγ τω κ,ρ,ω επαρ ο ις τ οφθ, τε επ·ομ, εν αυτ
εβδ ζ mg τη β της ν κ,τ ιω κ,ε ρλβ ειπ τ εαυτ μη ταρασεσθ‧‧‧‧‧‧‧ ι υμιν
τη γ κ,τ ιω κ,ε ρμς ειπ τ εαυτ ερχεται ωρ‧‧‧‧‧‧‧‧τα ληθ
τη δ κατ ιω κ,ε ρμη ειπ τ εαυτ παντα οσα ‧‧‧‧‧‧‧σει υμιν
τη ε κ,τ ιω κ,ε ρν ειπ τ εαυτ αμαμλε οτι οσα αντ τε ινα εν εμ ειρην εχητ
τη ς κ,τ ιω κ,ε ρνγ τω κ,ρ,ω επαρ ο ις τους οφθ, τε εν αυτ η καγω εν αυτω,
τω Σα της ν κ,τ ιω κ,ε σκς τω κ,ρ,ω εφανερ,ω εαυτ τε βιβλια αμην
κ,υ ζ της ν του ορθ κ,τ ιω σιγ ουσης οψιας τη ημ τε κρατητε κεκρατητ
εις τ λειτουργ, κ,τ ιω κ,ε πα τη εσχατ ημ,ε τη μγ τε αλλ εξει το φως της ζω
τη επαυριον της ν τη β κ, αρχ του κατ ματθ ευα
τη β κατ ματθ κ,ε ρπα ειπ ορατε μη κ,τ φρονη, τε εκει ειμι εν μεσω αυτ
τη γ κ,τ ματθ κ,ε κγ τω κ,ρ,ω ηκολουθ τω ιυ οχλο, τε πολυς εν τ ουνοις
τη δ κ,τ ματθ κ,ε λε ειπ τ εαυτ οιαν μη περισευση τε βληθησετ εις τ γεεννα
τη ε κ,τ ματθ κ,ε λζ ειπ τ εαυτ μαθ ος αν απολυση τε υπαγε μετ αυτ δυο
τη ς κ,τ ματθ κ,ε νς ειπ αιτειτε κ, δωθησετ τε καρπους καλους ποιει
τω Σα α κ,τ ματθ κ,ε λθ ειπ τω αιτουν τις εδιδ τε τελειος εστιν
κ,υ α τ αγι παντ κ,τ ματτ κ,ε ϙγ ειπ ο κς πας οστις ομο εως τε πρς μου
αρχ τω Σα κ,υ mg ειπ ο κς εν ουνοις κ, υπ εις κ,ε ϙς ο φιλων πρα η μρα, εως ουκ εστι
μου αξιο κ, υπ εις κ,ε ϙϥε αποκριθ δε πετρος ειπ αυτ, ιδ ημε τε κ, εσχατ πρωτο
Σα β κ,τ ματθ κ,ε ν ειπ ο κς μη κρινει ινα μη κριθε τε κ, τω κρουοντ ανο·
κ,υ β κ,τ ματθ κ,ε κ τω κ,ρ,ω πεπατ ο ις παρα την θαλ τε μαλακιαν εν τω λαω
Σα γ κ,τ ματ κ,ε ξα ειπ ο κς πας οστις ακουει μου τε εις μαρτυριο αυτ
κ,υ γ κ,τ ματθ κ,ε μζ ειπ ο κς ·υχνο του σωματος τε προστεθησετ υμ
Σα ζ ‧‧‧‧ ματθ κ,ε ν τω κ,ρ,ω ελθ ο ις εις τ οικιαν τε οι μαθητ αυτου
κ,υ ‧‧‧‧‧‧‧‧ ελθοντ τω ιυ εις καπ τε ο π αυτ εν τη ωρ εκε,
Σα ε ‧‧‧‧‧‧‧‧ αγων ο ις ειδ μαθθ τε αμαρταλους εις μετανοιαν

κ‚υ ε̄ κ‚τ μ·········ον τω ι̅υ̅ ε·· τ ·ω τ γερτε τ̂ε εις την ιδιαν πολιν
Σα ϛ̄ κ‚τ ματθ κε̂ ο δ τ αρχων τις πρ ηλθ τω ι̅υ̅ τ̂ε εις ολην τ̂ γ̂ εκει̅ν
κ‚υ ϛ̄ κ‚τ ματθ κ‚ε ο̄ τω εμβας ο ι̅ς εις το πλοιον τ̂ε τοιαυτ̂ τοις ανοις
Σα ζ̄ κ‚τ ματθ κ‚ε ο̄ϛ ειπ ο κ̅ς ο φιλων πρ̄α η μρ̄ τ̂ε εν ταις πο̅σιν αυτ̂
κ‚υ ζ̄ κ‚τ ματθ κ‚ε ο̄ε τω παραγοντ τω ι̅υ̅ ηκολ‚ου τ̂ε κ, πασαν μαλακ εν τω λ‚ω
Σα η̄ κ‚τ ματθ κ‚ε ρ̄κγ ειπ ο κ̅ς ο μη ων μετ εμου τ̂ε κ, εκ τ̂ λογους κατ δικασθ
κ‚υ η̄ κ‚τ ματθ κ‚ε ρ̄μς τω ιδεν ο ι̅ς πολυν οχλ τ̂ε εως ου απολυση του οχλου
Σα θ̄ κ‚τ ματθ κ‚ε ρ̄ξ τω πρ‚οκαλεσαμ‚ε ο ι̅ς του ι̅β̄ τ̂ε εις τα ορ̂ η μαγδαλ
κ‚υ θ̄ κ‚τ ματθ κ‚ε ρ̄μγ τω ηναγκασεν ο ι̅ς τους μαθθ τ̂ε εις την γην γεννσαρετ,
Σα ῑ κ‚τ ματ κ‚ε ρ̄οζ τω προσηλθ οι το διδραγμ τ̂ε εν τη βασι̂ τ̂ ουρα
κ‚υ ῑ κ‚τ ματ κ‚ε ρ̄οδ τω ανος τις προσηλθ τω ι̅υ̅ τ̂ε κ, τη τριτ ημε, αναστησετ
Σα ι̅ᾱ κ‚τ ματ κ‚ε ρ̄πθ τω προσηλθ οι φαρισαιοι τ̂ε ο δυναμ‚ο χωρειν χωρειτ
κ‚υ ι̅ᾱ κ‚τ ματθ κ‚ε ρ̄πη ειπ την παραβ̄ο ομοιωθ̄ αν̄ο βασ̂ τ̂ε τα παραπτωματ αυτ
Σα ι̅β̄ κ‚τ ματ κ‚ε ο̄ε τω εκπορευομενου του ι̅υ̅ τ̂ε, ηκολουθ αυτω
κ‚υ ι̅β̄ κ‚τ ματ, κ‚ε ρ̄γγ τω νεανισκ τις προ‚ηλθ τω ι̅υ̅ τ̂ε παραδ θω̅ παντ δυνατα
Σα ι̅γ̄ κ‚τ ματ, κ‚ε σ̄κγ τω συμβουλιον ελαβ̄ο τ̂ε κ, αφεντ αυτον απηλθ
κ‚υ ι̅γ̄ κ‚τ ματ, κ‚ε σ̄ιθ ειπ τη παβ̄ο ανος τις ην οικοδ τ̂ε θαυμαστη εν οφθ,
Σα ι̅δ̄ κ‚τ ματ, κ‚ε σ̄κζ τω ελαλησεν ο ι̅ς τοις οχλ τ̂ε κ, οστις τα πεινωσει εαυτ υψωθ
κ‚υ ι̅δ̄ κατ μαθ κ‚ε σ̄κα εις τ̂ πα ομοιωθ̄ αν̄ο βασι̂ τ̂ε ολιγοι δε εκλεκτοι

δει ειδεναι οτι εως μετ τει······ ολ‚υ ουκ ······ (top)

Σα ι̅ε̄ κ‚τ ματ κ‚ε σ̄μϛ τω προσηλθ οι μαθθ τω ·· τ̂ε ο ι̅ς του αν̄ου ε···
κ‚υ ι̅ε̄ κ‚τ ματ κ‚ε σ̄κδ τω νομικος τας προσηλθ τ̂ε εξερωτ······· ουκ στη·
Σα ι̅ϛ̄ κ‚τ ματ κ‚ε σ̄νη ειπ ο κ̅ς αμαμλ‚ε θ····αρεθ··············· ερχετ
κ‚υ ι̅ϛ̄ κ‚τ ματ κ‚ε σ̄ξθ ειπ ο κ̅ς τη αποστι ···ο δε········· υπ·
Σα ι̅ζ̄ κ‚τ ματ κ‚ε σ̄ξη ειπ ο κ̅ς ομοιω ι̂ παρθνοις ········ ου αν̄ου ερχετ

κ‚υ ι̅ζ̄ κ‚τ ματ κ‚ε ρ̄ηζ τ̂ ελθ ο ι̅ς εις τα μερη τυ̅ρ τ̂ε απο της ωρας εκεινης
αρχ του κατ λουκα ευαγγελιου

Σα ᾱ κ‚τ λ‚υ κ‚ε κ̄γ τω ηλθ ο ι̅ς εις καπερναουμ τ̂ε πα̅σι κ, εξερχοντ
κ‚υ ᾱ κ‚τ λ‚υ κ‚ε κ̄θ τω εστως ο ι̅ς πα την λιμν̂ τ̂ε ηκολουθσαν αυτω
Σα β̄ κ‚τ λ‚υ κ‚ε λ̄ε τω ην διδασκων ο ι̅ς τ̂ε παραδοξασ̂η μερ̂ο
κ‚υ β̄ κ‚τ λ‚υ κ‚ε ν̄δ ειπ ο κ̅ς καθως θελετε ιν, τ̂ε οικτιρμωνες τ̂
Σα γ̄ κ‚τ λ‚υ κ‚ε λ̄η τω παραγων ο ι̅ς εθεασατ τ̂ε αμαρτιουλους εις μετα,
γ̄ κ‚τ λ‚υ κ‚ε ξ̄ζ τω επορευετο ο ι̅ς εις π̂ο καλομ, τ̂ε ο θ̅ς τον λαον αυτ̂
Σα δ̄ κ‚τ λ‚υ κ‚ε μ̄δ τω επορευετ ο ι̅ς τοις σαββα, τ̂ε υγιης ως η αλλη
κ‚υ δ̄ κ‚τ λ‚υ κ‚ε ο̄ς ειπ ο κ̅ς τ̂ πα εξηλθ ο σπειρω, τ̂ε ο εχω τα ακου, ακου
Σα ε̄ κ‚τ λ‚υ κ‚ε ξ̄ε τω εισηλθ ο ι̅ς εις καπερν, τ̂ε δουλον υγιαινοντ
κ‚υ ε̄ κ‚τ λ‚υ κ‚ε ρ̄ϛς ειπ ο κ̅ς ανος τις ην πλυ, τ̂ε αναστη πισθησοντ
Σα ϛ̄ κ‚τ λ‚υ κ‚ε ο̄θ ειπ ο κ̅ς ουδεις λυχν αψ τ̂ε κ, ποιουντες αυτ
κ‚υ ϛ̄ κ‚τ λ‚υ κ‚ε π̄γ τω ελθοντ τω ι̅υ̅ εις τ̂ χω̅ τ̂ γαδ τ̂ε οσα εποιησεν αυτω
Σα ζ̄ κ‚τ λ‚υ κ‚ε π̄ϛ τω συγκαλεσαμ‚ο ο ι̅ς τ̂ε κ, θεραπευομενο
κ‚υ ζ̄ κ‚τ λ‚υ κ‚ε π̄ε τω ανος τις προσηλθ τω ι̅υ̅ τ̂ε μηδενι ει··· το γεγο,
Σα ν̄ κ‚τ λ‚υ κ‚ε ρ̄θ τω κατελθοντι τω ι̅υ̅ τ̂ε επι τη μεγαλη· τη του ου·
κ‚υ γ̄ κ‚τ λ‚υ κ‚ε ρ̄πς τω νομικος τις προσηλθ τ̂ε πορευου κ, συ ποιει ομοιωσ

293

Codex K (Cyprius)

κανων πρωτος εν ῶ οι τεσσαρες

ματθ	μρ	λου.	ιω
η	β	ζ	ι
ια	δ	ι	ς
ια	δ	ι	ιβ
ια	δ	ι	ιδ
ια	δ	ι	κη
ιδ	ε	ιζ	ιε
κγ	κζ	ιζ	μς
κγ	κζ	λδ	μς
κγ	κζ	με	μς
νγ	ρκε	ρκε	ρκη
νγ	ρκε	ρκε	ρλγ
νγ	ρκε	ρκε	ρλζ
νγ	ρκε	ρκε	ρη
ο	κ	λζ	λη
πζ	ρλθ	ση	ρμ
πζ	ρλθ	ση	ρμα
πζ	ρλθ	ση	ρμς
ϙη	ϙς	ρις	ρκ
ϙη	λζ	ρις	ρια
ϙη	λζ	ρις	μ
ϙη	λζ	ρις	ρκθ
ϙη	λζ	ρις	ρλα
ρλγ	ν	οζ	ρθ
ρμα	ν	ιθ	νθ
ρμβ	να	κα	λε
ρμς	ξγ	ϙβ	μζ
ρμζ	ξδ	ϙγ	μθ
ρμθ	ξς	λε	να
ρμθ	ξς	μγ	να
ρξς	πβ	ϙδ	πβ
ρο	πε	ϙς	ρε
ρο	πε	σια	ρε

ματθ	μρ	λου.	ιω
ος	ριη	σλβ	ρλα
σθ	ριθ	σλδ	ρ
σια	ρκα	σλε	κα
σις	ρκα	ρκε	ρκη
σις	ρκε	ρκε	ρλγ
σις	ρκε	ρκε	ρλζ
σις	ρκε	ρκε	ρν
σκ	ρκε	σλθ	οζ
σκ	ρκε	σλθ	πε
σκ	ρκε	σλθ	πη
σμα	λθ	σν	ρμ
σμα	λθ	σξα	ρμς
σοδ	ρνς	σξ	κ
σοδ	ρνς	σξ	μη
σοδ	ρνς	σξ	ϙς
σος	ρνη	οδ	ϙη
σπ	ρξβ	σξθ	ρκβ
σπδ	ρξε	σξς	νε
σπδ	ρξε	σξς	ξγ
σπδ	ρξε	σξς	ξε
σπδ	ρξε	σξς	ξζ
σπθ	ρο	σοε	ρκς
σϙ	ρο	σοε	ρκς
σϙα	ροβ	σοθ	ρνς
σϙδ	ροε	σπα	ρξα
σϙε	ρς	σπβ	νζ
τ	ρπα	σπε	οθ
τ	ρπα	σπε	ρνη

τελος κανόνο τεταρτ,

κανων δευτερος εν ῶ οι τρεις

ματθ	μρ	λου
ρϙθ	ριδ	ρογ
σα	ριδ	σκβ
σα	ριβ	σκβ
σγ	ριδ	σο
σε	ρις	σκδ
ος	ριζ	σλβ
ση	ριη	σλγ
σιη	ρκζ	σμ
σιθ	ρκη	σμα
σκγ	ρα	σμγ
σκε	ρλδ	σμε
σκς	ρλγ	σμδ
σκθ	ρλε	ρλζ
σλβ	ρλς	ροθ
σμβ	ρλζ	σλζ
σμβ	ρλζ	σμη
σμγ	ρλη	σμθ
σμη	ρμγ	σθ
σμη	ρμγ	σνγ
σμθ	ρμδ	σνδ
σνα	ρμς	σνε
σνγ	ρμη	σδ
σνε	ρμη	σβ
σνε	ρμη	σδ
σνη	ρν	σνζ
σνθ	ρνα	σνη
σξγ	ργ	ρνε
σξγ	ρπε	ρνε
σξδ	ρνγ	ρνς

κανων δευτερος εν ῶ οι τρεις

ματθ	μρ	λου
σξδ	ρνε	ρνς
σξθ	ρνδ	σκη
σοα	μβ	πα
σοα	μβ	σα
σοη	ρξι	ρνο
σπα	ρξγ	σκη
σπε	ρξς	πα
σπε	ρξς	σλ
σϙς	ροξ	σπ
σϙς	ροζ	σπδ
τα	ρπβ	σπς
τη	ρπθ	τε
τιβ	ρϙγ	σϙθ
τις	ρϙξ	σϙγ
τιζ	ρϙη	σϙε
τκβ	σε	τθ
τκε	σκβ	τι
τλη	σιη	τκβ
τλθ	σιθ	τκε
τμ	σκ	τν
τμβ	σκβ	τκγ
τμδ	σκδ	τκη
τμς	σκε	τλδ
τνδ	σλβ	τλζ
τνδ	σλβ	τλη
τνη	σλη	τμβ
τνθ	σλη	τμβ
τνθ	σμα	τμβ

τελος κανονο δευτερος

κανων γ̄ εν ω̄ οι τρεις   κανων δ̄ εν ω̄ οι τρεις   κανω ζ̄ εν ω̄ οι δυο

ματθ	μρ	λου	ματθ	μρ	λου	ματθ	ιω	λου	μρ
α	ιδ	α	ιη	ν	κϛ	ε	πγ	κγ	ιβ
α	ιδ	γ	ιζ	κϛ	ϙη	ιθ	ιθ	κε	ιδ
α	ιδ	ϛ	ιζ	κϛ	ϙε	ιθ	λβ	κϛ	ιϛ
ζ	ϛ	β	ρν	ξζ	να	ιθ	λδ	κϛ	κη
ζ	ϛ	κε	ρν	ξζ	ϙγ	ρκ	πβ	κη	ιζ
νθ	ξγ	ριϛ	ρξα	οϛ	κγ	ρπε	σιε	πδ	μη
ξδ	ξε	λζ	ρξα			σζ	ρα	ϙα	ξα
ϙ	νη	ριη	ρξα	οϛ	νγ			ρ	οε
ϙ	νη	ρλθ	οδ	ριε	ϙα			ρυ	ϙϛ
ϙϛ	σια	ρε	οδ	ριε	λε			σοϛ	σιϛ
ρια	ριθ	ρμη	σοϛ	ρνθ	ϙη				
ρια	ριθ	λ							
ρια	ριθ	ριδ	σοθ	ρξα	οβ				
ριβ	ριθ	πζ	σοθ	ρξα	ρκδ				
ριβ	ριθ	μη	σπζ	ρξη	ρνβ				
ριβ	ριθ	ξα							
ριβ	ριθ	π	σϙγ	ροδ	ρζ				
ριβ	ριθ	οϛ	σϙθ	ρπ	ρυ				
ριβ	ριθ	ϙ	τζ	ρπη	ρξδ				
ριβ	ριθ	ρνδ	τκα	σα	ρπ				
ριβ	ριθ	ρμβ	τκθ	σζ	ρπε				
			τλγ	σια	σγ				

τελος κανονο τρίτο   τελος κανόνος ζ̄   τελος κανόνος η̄

κανω θ̄ εν ω̄ οι δυο   κανω ῑ εν ω̄ ματθ ιδιως   κανων ῑ εν ω̄ μαρκ, ιδιως   κανων ῑ εν ω̄ λουκ, ιδιως   κανων ῑ εν ω̄ ιω̄ ιδιως

λου	ιω	ματθ	ματθ	μρ	λου	λου	λου	ιω	ιω	ιω
λ	σιθ	β	ροα	ιθ	α	ρμγ	σκζ	δ	οη	ρνγ
λ	σκγ	δ	ροζ	λα	γ	ρμθ	σλϛ	ζ	πα	ρνε
σζβ	ρκ	ϛ	ρπα	μγ	ε	ρνα	σνβ	ο	πδ	ρνζ
σξβ	ρκδ	ιγ	ρπδ	μϛ	θ	ρνδ	σνϛ	ια	πϛ	ρνθ
σοδ	σκε	κδ	ρπϛ	νη	ιβ	ρξγ	σνθ	ιγ	πθ	ρξγ
σοδ	σκζ	κη	ρπη	ξβ	κ	ρξδ	σξδ	ιϛ	ϙα	ρξζ
σοδ	σλα	λγ	ρϙα	ο	κβ	ρξε	σοα	ιη	ϙδ	ρξζ
τγ	ρϙ	λε	ρϙϛ	οδ	κθ	ρξϛ	σογ	κβ	ϙζ	ροα
τζ	ρϙ	λζ	σ	πα	λα	ροδ	σοϛ	κδ	ϙθ	ροα
τιβ	ρϙ	λθ	σι	πη	ν	ροϛ	σοη	κζ	ρβ	ρογ
τγ	ρπϛ	μβ	σιβ	ϙ	να	ροη	σοϛ	κθ	ρδ	ροϛ
τζ	ρπϛ	με	σιη	ϙδ	ξζ	ρπ	σπη	λα	ρϛ	ροθ
τιβ	ρπϛ	νβ	σκβ	ρα	ξη	ρπγ	σϙϛ	λγ	ρζ	ρπα
τγ	ρπβ	νϛ	σκζ	ρδ	οβ	ρπη	σϙη	λϛ	ρι	ρπθ
τζ	ρπβ	οε	σλ	ρκγ	οε	ρϙ	τα	λθ	ρι	ρϙα
τιβ	ρπβ	πα	σλγ	ρλβ	ϙ	ρϙβ	τδ	μα	ριβ	ρϙγ
τμ	σιγ	ρθ	σλε	ρπϛ	ϙ	ρϙϛ	τϛ	μβ	ριε	ρϙε
τμ	σιζ	ϙθ	σλθ	σιγ	ρδ	σα	τη	μγ	ριζ	σ
τμα	σκβ	ρα	σμε	ρξ		σγ	τι	μδ	ριθ	σβ
τμα	σκγ	ρϛ	σξη			ριγ	ση	τκ	με	σε
		ρθ	σογ			ριζ	σι	τκϛ	ν	σϛ
		ριγ	σπγ			ρκβ	σιδ	τλθ	νβ	σι
		ριε	τγ			ρκη	σκγ	τμβ	νδ	σιβ
		ριη	τιθ			ρλα	σκε		νϛ	σιδ
		ρκϛ	τκδ						νη	σιϛ
		ρλϛ	τκζ						ξ	σιη
		ρμ	τμε						ξβ	σκ
		ρνα	τνα						ξδ	σκα
		ρνε	τνε						ξϛ	σκδ
		ρξζ	της						ξη	σκϛ
									οα	σκη
									ογ	σλ
									οε	σλβ

τελος   κανόνος

τελος κανονος ῑ   τελος κανονος ῑ   τελος κανονος ῑ   τε κανονος ῑ

Μθ	Μρ	Λο	Ιω
η	β	ζ	ι
ια	δ	ι	ι
ια	δ	ι	ς
ια	δ	ι	ιβ
ια	ε	ι	κη
ια	κζ	ιγ	ιε
κγ	κζ	ιζ	μς
κγ	κ	μ	μς
κγ	ϙς	με	μς
ο	ϙς	λζ	λη
ϙη	ϙς	ρις	ρκ
ϙε	ϙς	ρις	ριδ
ϙη	ϙς	ρις	μ
ϙη	ϙς	ρις	ρκθ
ϙη	λζ	ρις	ρλα
ϙη	ν	οζ	ρθ, ρλα
ρλγ	να	ιθ	νθ
ρλδ	ξδ	κα	λε
ρμα	πβ	ϙγ	μθ
ρμβ	πβ	ϙδ	οδ
ρνζ	ρλθ	ϙδ	ιζ
ρμζ	ρκα	σλδ	ρ
ρξϛ	ρκβ	σλη	κα
σθ	ρκβ	σλθ	πε
σια	ρκβ	σμβ	πη
σκ	ρλθ	σξα	οζ
σκ	ρλθ	σν	ρμθ
σκ	ρνϛ	σξ	ρμα
σμδ	ρνϛ	σξ	κ
σμδ	ρνϛ	σξ	μη
σοδ	ρνη	σοδ	ϙϛ
σοδ	ρξβ	σξε	ϙη
σοδ	ρξε	σξε	ρκβ
σος	ρξε	σξε	νε
σπ	ρξε	σξε	ξγ
σπδ	ρξε	σξε	ξε

Μθ	Μρ	Λο	Ιω
σπδ	ρο	σοε	ξϛ
σπδ	ροβ	σοθ	ρκϛ
σπδ	ροε	σπα	ρνϛ
σπθ	ρος	σπβ	ρξα
σϙα	ρος	σπβ	ρος
σιδ	ρπα	σπε	ροζ
σϙε	ρπα	σπε	ροη
σϙε	ρπγ	σπζ	ρπβ
τ	ρπδ	σπθ	ρος
τ	ρπς	σϙ	ροζ
τβ	ρπζ	σϙ	ροη
τδ	ρϙδ	σϙδ	ρπβ
τϛ	ρϙδ	σϙδ	ρπγ
τϛ	ρϙε	σϙα	ρπς
τιγ	ρϙς	σϙα	ρπζ
τιγ	ρϙθ	σϙβ	ρος
τιδ	σ	τ	ροζ
τιδ	σδ	τβ	ροη
τις	σε	τγ	ρπδ
τιη	σϛ	τιδ	ρπς
τκ	σν	τιγ	ρπζ
τκε	σθ	τιδ	ρπη
τκϛ	σι	τιε	ρϙβ
τκϛ	σιβ	τιη	ρϙγ
τκη	σιδ	τκ	ρϙδ
τλα	σιε	τκα	ρϙς
τλβ	σιϛ	τκβ	ρϙη
τλε	σιθ	τκγ	ρϙθ
τλϛ	σκα	τλβ	σδ
τλζ	σκγ	τλγ	σς
τλη	σκε	τλδ	ση
τμϛ	σκϛ	τλε	σθ
τμη	σκη	τλϛ	σι
τμθ	σλα	τλϛ	σια
τνβ	σλβ	τλη	σιβ
τνβ	σλγ	τλη	σιε

καν, β + ενω οι γ̄

Μθ	Μρ	Λο
ιε	ϛ, ι	ιε
κα	ρβ	λβ
λα	λθ	ρπε
λβ	μα	ρλγ
λβ	῀ιγ	οθ
ν	ιη	νς
ξβ	ιε	δ
ξβ	μζ	κδ
ξγ	κα	λγ
ξϛ	κβ	κς
ξη	κβ	λη
οα	κγ	λθ
οβ	μθ	ρκϛ
οβ	νβ	μ
ογ	κθ	πε
οϛ	λ	ρξθ
οθ	νγ	πϛ
π	νγ	μδ
πβ		πζ
πγ	νδ	π, πη
πγ	νε	ριβ
πε	νϛ	ρια
πε	νζ	πη
πη	ρμα	ρμη
πθ	ρμα	ρνα
ϙβ	μ	π
ϙγ	πϛ	σζ
ϙδ	πϛ	μς
ϙε	λ	ο
ργ	κδ	μα
ριδ	κε	μβ
ρις	λβ	ρκζ
ρκα	λγ	ρκθ
ρκβ	λδ	ρμζ
ρκγ	λθ	πβ
ρλ	λϛ	πβ

Μθ	Μρ	Λο
ρλα	λη	ος
ρλς	μδ	πη
ρλζ	νζ	ρξζ
ρμγ	νθ	ϙ
ρμθ	ξς	ια
ρμθ	ξϛ	μγ
ρνγ	ξθ	λε
ρνδ	οθ	λς
ρξδ	πγ	ρμδ
ρξη	πγ	ϙε
ρξη	πε	ος
ρο	πζ	ϙς
ροβ	ϙα	ϙη
ροδ	ϙγ	ϙθ
ρος	ϙε	ρα
ροη	ϙε	ρβ
ροη	ϙθ	σιζ
ροθ	ρε	ρϙζ
ρϙ	ρς	ρϙθ
ρϙβ	ρζ	ρϙε
ρϙγ	ρζ	σις
ρϙγ	ρη	σκα
ρϙδ	ρη	σιβ
ρϙδ	ρια	σνα
ρϙε	ριδ	σιθ
ρϙη	ρις	σκ
ρϙθ	ριζ	σκα
σα	ρκ	σογ
σγ	ρκα	σκβ
σε	ρκζ	σο
σς	ρκη	σκλ
ση	ρλ	σλβ
σιζ	ρλα	σλγ
σιθ	ρλγ	σμ
σκγ	ρλε	σμα
σκε	ρλς	σμγ

Μθ	Μρ	Λο
σκϛ	ρλζ	σμε
σκθ	ρλζ	σμδ
σκθ	ρλη	σλζ
σμβ	ρμγ	σμη
σμβ	ρμγ	σμζ
σμγ	ρμδ	σμζ
σμη	ρμς	σμη
σμη	ρμη	σμθ
σμθ	ρν	σθ
σνα	ρνα	σνγ
σνγ	ρνε	σνδ
σνδ	ρνδ	σνε
σνη	μβ	σδ
σξδ	ρξ	σνζ
σξθ	ρξγ	σνη
σοα	ρξγ	σνς
σοη	ρξς	σκη
σπα	ροζ	σλ
σπε	ροζ	σξγ
σπε	ρπβ	σξη
σϙς	ρπθ	σζε
σϙς	ρϙγ	σξζ
τα	ρϙϛ	σπ
τη	ρϙη	σπδ
τιβ	σβ	σπς
τις	σιη	τε
τιζ	σιθ	σϙε
τκβ	σκ	σϙγ
τκη	σκβ	σϙε
τλθ	σκδ	τθ
τμ	σκε	τκβ
τμβ	σκς	τκε
τμδ	σκζ	τκζ
τμς	σλα	τκγ
σνγ	σλβ	τκη
τνδ	σλγ	τλζ

297

καν, δ ενω οι γ̄

Μθ	Μρ	ιω
ιη	η	κς
ριζ	κς	ϙγ
ριζ	κς	ϙε
ρν	κζ	ϙς
ρξα	οζ	να
ρξα	οζ	νγ
σδ	ριε	ϙα
σδ	ριε	ρλε
σις	ρκε	ρν
σις	ρκε	ρκη
σις	ρκε	ρλγ
σις	ρκε	ρλζ
σοζ	ρπδ	ρπδ
σοθ	ρπς	ρπζ
σοθ	ρπζ	ρπη
σοζ	ρπη	ρπθ
τκα	σα	ρϙγ
τκα	σγ	ρϙδ
τκγ	σε	ρϙς
τκε	σς	ρϙθ
τκθ	σθ	σγ
τλγ	σια	σζ

καν, ε ενω οι β̄

Μθ	Λο
γ	β
ι	η
ιβ	ια
ις	ιγ
κε	μς
κς	μη
κη	μθ
λα	να
λδ	ρϙδ
λς	ρξβ
λη	νγ
μ	νβ
μα	νε
μγ	ρκγ
με	ρνε
μθ	ρλδ
να	ρνς
νγ	ρνθ
νε	ρκε
νς	νδ
νζ	ρο
νη	ξα
ξ	ροα
ξα	ξβ
ξε	ξς
ξς	ρε
ξη	ρη
ξη	ο
πδ	ρια
πε	ριβ
πς	ριδ
πζ	ρλς
ϙγ	ριζ
ϙε	ρμα
ϙς	ρξβ

καν, ε̄ ενω οι β̄

Μθ	Λο	Μθ	Λο
ρβ	ξθ	σμα	ροε
ρδ	οα	σνε	σβ
ρς	ϙγ	σνς	σε
ρζ	ογ	σνζ	σιγ
ρι	ριε	σξα	σζ
ρις	ρη	σξβ	σιβ
ρις	ρξε	σξε	ρνζ
ριζ	ροζ	σξζ	ρνη
ριθ	ρκς	σξθ	σκθ
ρκε	ξβ	σο	σλα
ρκς	ρκη	σοβ	σλγ
ρκζ	ρλβ		
ρκθ	ρλ		
ρλβ	ρλγ		
ρλε	ρκ		
ρλη	ρκη		
ρνς	νζ		
ρνη	σκς		
ρξβ	ρξα		
ροβ	σ		
ρπβ	ρπζ		
ρπβ	ρπθ		
ρπγ	ρϙη		
ρπζ	ρϙθ		
ρϙζ	σοβ		
σιγ	σοζ		
σκα	ροα		
σκη	ρλθ		
σλα	ροε		
σλα	σιε		
σλδ	ρμβ		
σλς	ρλς		
σλζ	ρλζ		
σλη	ρλη		
σμ	ρμδ		
σμα	ρμε		

καν, ς̄ ενω οι β̄ — **καν, ς̄ εμω πο β̄** — **καν, ζ εμω πο β̄** — **καν, η ενω οι β̄** — **καν, θ̄ ενω οι β̄**

Μθ | Μρ (first pair):

Μθ	Μρ
θ	γ
ιζ	δ
κ	ε
κβ	ια
μδ	ρκς
οζ	ξγ
πζ	ρλθ
ρ	ϙη
ρλη	με
ρμη	ξα
ρμθ	ξε
ρξ	ξη
ρνδ	οα
ρνζ	οβ
ρνθ	ογ
ρξ	ος
ρξγ	οη
ρξε	π
ρξθ	πδ
ρογ	πθ
ρπ	ρ
ρπθ	ργ
σβ	ριγ
σιδ	ρκ
σιε	ρκα
σκδ	ρλα
σμς	ρμ
σμζ	ρμβ
σν	ρμε
σνβ	ρμζ
σνδ	ρμθ
σξ	ρνβ
σξγ	ρνγ
σοε	ρνζ
σπ	ρξδ
σπς	ρξζ

Μθ | Μρ (second pair):

Μθ	Μρ
σπη	ρξθ
σϙ	ροα
σϙβ	ροϙ
σϙη	ροε
τε	ρϙ
τθ	ρϙβ
τια	ση
τα	σζ
τλζ	σκδ
τμδ	σκς
τμζ	σκθ
τν	σλ

Μθ | Ιω:

Μθ	Ιω
ε	πγ
ιθ	ιθ
ιθ	λβ
ιθ	λδ
ρκ	πβ
ρπε	ιε
σζ	ρα

ενω μθ ιδιως

Μθ	Μθ	Μθ
β	ρα	σ
δ	ρς	σι
ς	ρθ	σιβ
ιγ	ριγ	σιη
κα	ριε	σκβ
κζ	ριη	σκζ
κθ	ρκδ	σλ
λα	ρκς	σλγ
λγ	ρλς	σλθ
λς	ρμ	σμε
λθ	ρνα	σξη
μβ	ρνε	σογ
με	ρξζ	τιθ
νβ	ροα	σπγ
νς	ροζ	σϙ
οε	ρπα	τκα
πα	ρπδ	τμε
πθ	ρπς	τνα
ϙα	ρπη	τνα
ϙθ	ρϙα	τνε

Λο | Μκ:

Λο	Μκ
κγ	ιβ
κε	ιδ
κζ	ις
κζ	κη
κη	ιζ
πδ	μη
πθ	νς
ϙα	ξα
ρ	οε
ργ	ϙζ
ρς	ρλς
σοζ	σις
τ	σλ
λε	

ενω μρ ιδιως

Μκ	Μκ
ιθ	πη
λα	ϙβ
μγ	ϙδ
μς	ρα
νη	ρδ
ξβ	ρκγ
ο	ρλβ
οδ	ρπς
πα	σιγ

Λο | Ιω:

Λο	Ιω
λ	σιθ
λ	σκγ
σξβ	ρικ
σξβ	ρκα
σοδ	σκε
σοδ	σκζ
σοδ	σλα
τγ	ρϙ
τζ	ρϙ
τιβ	ρϙ
τιγ	ρπς
τζ	ρπς
τιβ	ρπς
τγ	ρπβ
τζ	ρπβ
τιβ	ρνβ
τμ	σιγ
τμ	σις
τμα	σκα
τμα	σκγ
τμα	σκε

Κανωνα Εν ω οι ᾱ

Μτ	Μρ	Λο	Ιω	Μτ	Μρ	Λο	Ιω	Μτ	Μρ	Λο
η	β	η	ι	τκη	σς	τιδ	ρϞς	ιε	ς	ιε
ια	δ	ι	ς	τλα	σθ	τιε	ρϞζ	κα	ι	λβ
ια	δ	ι	ιβ	τλβ	σι	τιη	ρϞζ	λα	ρβ	ρπε
ια	δ	ι	ιδ	τλδ	σιβ	τκα	σα	λβ	λθ	ρλγ
ια	δ	ι	κη	τκ	σ	τβ	ροη	λβ	λθ	οθ
ιδ	ιε	ιγ	ιε	τκι	σδ	τι	ρπδ	ν	μα	νς
κγ	κη	ιη	μς	τκς	σε	τι	ρπη	ξβ	ιγ	δ
κγ	κη	λδ	μς	τκς	σε	τιγ	ρϞδ	ξγ	ιγ	κδ
κγ	κζ	με	μς	τκη	σς	τιδ	ρϞς	ξγ	ιη	λγ
ο	κ	λζ	λη	τλα	σθ	τιε	ρϞζ	ξβ	ιε	κς
Ϟη	Ϟς	ριϛ	ρκ	τλβ	σι	τιη	ρϞζ	ξθ	μξ	πγ
Ϟη	Ϟς	ριϛ	ρια	τλδ	σιβ	τκα	σα	οα	κα	λη
Ϟη	Ϟς	ριϛ	μ	τλε	σιδ	τκδ	ρϞθ	οβ	κβ	λθ
Ϟη	Ϟς	ριϛ	ρκθ	τλς	σιε	τιη	ρϞη	οβ	κβ	ρπς
Ϟη	Ϟς	ριϛ	ρλα	τλς	σιε	τιθ	ρϞη	ογ	κγ	μ
λγ	λζ	οζ	ρθ	τμγ	σκγ	τκθ	σδ	οδ	μθ	πϞ
ρμα	ν	ιθ	νθ	τμη	σκη	τλβ	σς	ος	νβ	ρξθ
ρμβ	νη	κα	λε	τμθ	σκη	τνι	σζ	οθ	νθ	ος
ρμζ	ξδ	Ϟγ	μθ	τνβ	σλα	τλς	σθ	π	λ	μδ
ρξϛ	πβ	Ϟδ	οδ	τνβ	σλα	τλς	σια	πβ	νγ	πη
ρξϛ	πβ	Ϟδ	οζ	τε	σος	τος	α	πβ	νγ	ρι
σθ	ριθ	σλδ	ρ	κ,α	νομος			πγ	νδ	πη
σιη	ρκα	σλη	κα					πγ	νδ	ριβ
σκ	ρκβ	σλθ	πε					πε	νε	ριδ
σκ	ρκβ	σμβ	πη					πε	νε	πη
σκ	ρκθ	σξα	οη					πη	ρμα	ρμη
σμα	ρλθ	σν	ρμς					πη	ρμα	σνα
πη	ρλθ	σν	ρμα					Ϟβ	μ	π
σοδ	ρνς	σξ	κ					Ϟδ	πς	Ϟη
σοδ	ρνς	σξ	μη					Ϟδ	πς	ρμς
σοδ	ρνς	σξ	Ϟς					ρϞ	α	ο
σος	ρνη	οδ	Ϟη					ριδ	κδ	῀μα
σπ	ρξβ	σξθ	ρηβ					ριϛ	κε	μβ
σπδ	ρξε	σξς	νε					ριϛ	κε	ρξε
σπδ	ρξε	σξς	ξγ					ριϛ	κε	ροζ
σπδ	ρξε	σξς	ξζ					ρκα	λβ	ρκζ
σπδ	ρξε	σξς						ρκβ	λγ	ρκθ
σπθ	ρο	σοε	ρκζ					ρκγ	λδ	ρμζ
σϞα	ροβ	σοθ	ρνς					ρλ	λε	πβ
σϞδ	ροε	σπα	ρξα					ρλα	λς	ος
σϞε	ρος	σπβ	νζ							
σϞε	ρος	σπβ	μβ							
τ	ρπα	σπε	ρνη							
τ	ρπα	σπε	οθ							
τβ	ρπγ	σπζ	ρξ							
τδ	ρπδ	σπθ	ρο							
τς	ρπς	σϞ	ρξβ							
τς	ρπη	σϞ	ροδ							
τι	ρϞα	σϞη	ξθ							
τιγ	ρϞδ	σϞδ	ροβ							
τιδ	ρϞε	σϞα	ρξη							
τιδ	ρϞε	σϞα	ρξς							
τιε	ρϞς	σϞβ	ροε							
τιη	ρϞθ	τ	ρος							

Codex 565

Mτ	Mρ	Λο	Mτ	Mρ	Λο	Mτ	Mρ	Λο
ρλε	λη	οη	ρϙθ	ρια	νογ	σοα	μβ	σλ
ρλζ	μδ	ρξζ	σα	ριβ	σηβ	σοη	ρξ	σξγ
ρμγ	νϙ	ϙ	σγ	ριδ	σθ	σπα	ρξγ	σξη
ρμδ	νθ	ιβ	σε	ρις	σκδ	σπε	ρξς	σξβ
ρμθ	ξς	μγ	ος	ριη	σλβ	σπε	ρξς	σξη
ρμθ	ξς	λε	ση	ριη	σλγ	σϙς	ροη	σπ
ρνγ	ξθ	λς	σιη	ρκη	σμ	σϙς	ροζ	σπδ
ρξδ	οθ	ρμδ	σιθ	ρκη	σμα	τα	ρπβ	σπς
ρξη	πγ	ϙε	σκι	ρλ	σμγ	τη	ρπθ	τε
ρξη	πγ	ϙς	σκι	ρλδ	σμε	τιβ	ρϙγ	σϙθ
ρο	πε	ϙς	σκη	ρλγ	σμδ	τις	ρϙη	σϙθ
ροβ	πζ	ϙη	σκθ	ρλε	ρλη	τιζ	ρϙη	σϙε
ροδ	ϙα	ϙθ	σκθ	ρλε	σμς	τκβ	σβ	τθ
ρος	ϙγ	ρα	σμβ	ρλβ	σλη	τλη	σιη	τκβ
ροη	ϙε	ρβ	σμβ	ρλβ	σμη	τλθ	σιθ	τκε
ροη	ϙε	σιβ	σμγ	ρλη	σμθ	τμ	σκη	τκη
ροθ	ϙθ	ρϙβ	σμη	ρμγ	σθ	τμβ	σκβ	τκγ
ρς	ρε	ρϙι	σμη	ρμγ	σνγ	τμδ	σκδ	τκη
ρϙβ	ρϙ	σις	σμθ	ρμδ	σμδ	τμς	σκε	τλ
ρϙγ	ρζ	ρκα	σνα	ρμς	σνε	τνδ	σλβ	τλη
ρϙγ	ρη	σιη	σνγ	ρμη	σδ	τνδ	σλγ	τλη
ρϙδ	ρη	ρνβ	σνη	ρν	σμη			
ρϙδ	ρη	σιθ	σνα	ρνα	σνη	τε	λος	του
ρϙε	ρθ	σκ	σξδ	ρνε	ρνς			
ρϙη	ρι	σηα	σξθ	ρνδ	σκη	β	κα	νονος

Mτ	Λο	Iω	Mτ	Λο	Iω
α	ιδ	α	ριη	κς	ϙε
α	ιδ	γ	ρν	ρη	να
α	ιδ	ι	ρξα	ροη	νγ
η	ς	β	ρξα	οζ	νγ
η	α	κε	σδ	ριε	ϙα
ιη	η	κς	σδ	ριε	ρλε
νθ	ξγ	ρις	σις	ρκε	ρν
ξδ	ξε	λη	σις	ρκε	ρνη
ϙ	νη	ριη	σις	ρκε	ρλζ
ϙ	νη	ρλθ	σις	ρκε	ρλγ
ϙζ	σια	ρε	σοζ	σνθ	π
ρια	ριθ	λ	σοε	ρξα	οβ
ρια	ριθ	ριδ	σοθ	ρξα	ρκα
ρια	ριθ	ρμη	σπζ	ρξη	ρνβ
ριβ	ριθ	πζ	σϙς	ροδ	ρη
ριβ	ριθ	μδ	σϙη	ροη	ο
ριβ	ριθ	ξα	σϙθ	ρπ	ργ
ριβ	ριθ	η	τζ	ρπη	ρξδ
ριβ	ριθ	ρς	τκα	σα	ρπ
ριβ	ριθ	ς	τκα	σα	ρϙβ
ριβ	ριθ	ρνδ	τκγ	σι	ρπγ
ριβ	ριθ	ρμβ	τκθ	ση	ρπε
ρμς	ϙβ	μη	τκθ	ση	ρπη
ριη	κς	ϙγ	τλγ	σια	σγ

πλει	τουτ	καν,ο	τελει	τουτ	καν,ο

300

Κανωνος εν ω οι β̄

Iη	Λο	Iη	Λο	Iη	Λο	Iη	Λο	Iη	Λο
γ	β	μθ	ρν	ϙϛ	ρπθ	ρνη	σκζ	σλη	ρμ
ι	η	να	νθ	ϙϛ	ρπδ	ρξβ	ρξη	σμ	ρμα
ιβ	ια	νγ	ρκε	ρβ	ξθ	ροε	ση	σμα	ροε
ιϛ	ιϛ	νδ	νδ	ρδ	οα	ρπβ	ρπη	σνε	σβ
κε	μϛ	νε	ρο	ρε	ϙγ	ρπβ	ρπθ	σνϛ	σι
κη	μη	νη	ξα	ρη	ογ	ρπγ	οϙη	σνη	σιγ
κϛ	μη	νη	ξ	ρη	ριε	ρπη	ρϙθ	σξα	σζ
λ	μθ	ξ	ροα	ρι	ριη	ρϙη	ροβ	σξβ	σιβ
λδ	ριθ	ξα	ξδ	ριθ	ρκϛ	σιγ	σλε	σξε	ρνη
λϛ	ρξβ	ξε	ροβ	ρκε	ξβ	σκα	ρπα	σξϛ	ρνε
λη	νγ	ξϛ	ξα	ρκη	ρκη	σκη	ρλθ	σλβ	ρνη
μ	νβ	ξη	ρε	ρκη	ρλβ	σλα	ροθ	σα	σκθ
μα	νε	οη	ρη	ρθ	ρλ	σλα	σιε	σοβ	σλα
μγ	ρκγ	πδ	ρια	ρλβ	πα	σλβ	ρμβ		
μϛ	ρνγ	πη	ρθ	ρλδ	ρκ	σλδ	ρλϛ	τελος	του ε
μη	ρλδ	ϙγ	ρμε	ρλη	ρξη	σλϛ	σλε	κανο	νος
μη	ρϙα	ϙε	ρξ	ρϙϛ	νη	σλη	ρλη		

Κανονος εν ω οι β̄

Mτ	Mρ	Mτ	Mρ	Mτ	Mρ	Mτ	Iω	Λο	Mρ
θ	γ	σκδ	ρλα	σι	ιθ	ε	πγ	κγ	ιβ
ιη	ζ	σμϛ	ρμ	σιβ	λα	ιθ	ιθ	κε	ιδ
κ	θ	σμζ	ρμβ	σιη	μγ	ιθ	λβ	κη	ιϛ
κβ	ια	σν	ρμε	σκβ	μϛ	ιθ	λδ	κη	ξη
μδ	ρκϛ	σνβ	ρμη	σκη	νη	ρκ	πβ	κη	ιη
οη	ξγ	σνδ	ρμθ	σλ	ϙβ	ρπε	σιε	πδ	μη
ρ	ϙη	σξ	ρνβ	σλγ	ο	ση	ρα	πθ	νϛ
ρλθ	με	σξγ	ρνγ	σλε	οβ			ϙα	ξα
ρμε	ξ	σοε	ρνη	σλθ	πα	τε	λος	ρ	οε
ρμη	ξε	σπβ	ρξδ	σμε	πη	του	η	ργ	ϙη
ρνβ	ξη	σπϛ	ρξζ	σξη	ϙ	κα	νονος	σμη	ρλϛ
ρνδ	οα	σπη	ρξθ	σογ	ϙβ			σοη	σιϛ
ρνη	οβ	ση	ροα	σπγ	ϙξη			τλε	σλ
ρνθ	ογ	σϙβ	ρογ	τγ	ρκ				
ρξ	οϛ	σϙη	ροθ	τιθ	ρπ			τελος	του
ρξγ	οη	τε	ρπε	τκδ	σκγ				
ρξε	π	τθ	ρϙ	τκη	ρλβ			η κα	νονος
ρξθ	πδ	τια	ρϙβ	τμε	ρπϛ				
ρογ	πθ	τλ	σν	τνθ	σιγ				
ρπ	ρ	τλη	σιη	τνε					
ρπθ	ργ	τμα	σκα	τνϛ	τλ				
σβ	ριγ	τμη	σκϛ		του				
σιδ	ρκ	τν	σκθ	τελος του	μτθ				
σιε	ρκδ	τελος ϛ	μαθ,						

Λο	Ιω
λ	σιθ
λ	σκβ
σξβ	ριγ
σξβ	ρκδ
σοδ	σκθ
σοδ	σκζ
σοδ	σλα
τγ	ρϟ
τδ	ρϟ
τιθ	ρϟ
τιη	ρπϛ
τη	ρπϛ
τιβ	ρπϛ
τγ	ρπβ
τη	ρπβ
τιβ	ρπβ
τμ	σιγ
τμ	σιζ
τμϛ	σκα
τμα	σκγ
τμα	σκε
τμγ	
τμα	

Μτ	Μτ
β	ρϛ
δ	ρθ
ϛ	ριγ
ιγ	ριε
κδ	ριη
κη	ρκδ
κθ	ρκϛ
λγ	ρλϛ
λε	ρμ
λη	ρνα
λθ	ρνε
μβ	ρξβ
με	ροα
σνβ	ροη
νϛ	ρπα
οε	ρπδ
πα	ρπϛ
πθ	ρπη
ϙη	ρϟα
ϙθ	ρϟϛ
ρα	σ

Καν,ω Ι εν ω Λο ιδ

Λο	Λο	Λο
α	ρμθ	σλϛ
γ	ρνα	σνβ
ε	ρνδ	σνϛ
	ρνθ	σνθ
ι	ρξγ	σξδ
κ	ρξδ	σοα
κβ	ρξϛ	σογ
κθ	ροδ	σοϛ
λα	ροϛ	σοη
ν	ροη	σπγ
να	ρπ	σπη
ξη	ρπγ	σϟϛ
ξη	ρπη	σϟη
οβ	ρϟ	τα
οε	ρϟβ	τδ
ρδ	ρϟη	τϛ
ρϛ	σα	τη
ρη	σγ	τιϛ
ριγ	ση	τκ
ριη	σι	τκϛ
		τλγ
ρκβ	σιδ	τλδ
ρκδ	σκγ	τλθ
ρλα	σκε	τμβ
ρμγ	σκη	τμε
τελος	του	Λ,ου

Καν,ω Ι εν ω Ιω ιδ

Ιω	Ιω	Ιω	Ιω
δ	ˆξβ	ριθ	ρξθ
ρ	ξδ	ρκγ	ροα
θ	ξϛ	ρκε	ρογ
ια	ξη	ρκη	ροϛ
ιγ	σα	ρκθ	ροθ
ιϛ	ογ	ρλ	ρπα
ιη	οε	ρλβ	ρπθ
κβ	οη	ρλδ	ρϟα
κδ	πα	ρλϛ	ρϟγ
κη	πδ	ρλη	ρϟε
κθ	πϛ	ρμ	σ
λα	πθ	ρμγ	σβ
λγ	ϙβ	ρμδ	σε
λϛ	ϙδ	ρμε	ση
λθ	ϙη	ρμη	σι
μα	ϙθ	ρμθ	σιβ
			σιδ
μγ	ρβ	ρνα	σιϛ
με	ρδ	ρνγ	σιη
ν	ρϛ	ρνε	σκ
νβ	ρη	ρνη	σκδ
νδ	ρι	ρνθ	σκϛ
νϛ	ριβ	ρξγ	σκη
νι	ριε		σλ
ξ	ριη	ρξε	σλβ
		ρξη	
τελ	του	Ιω